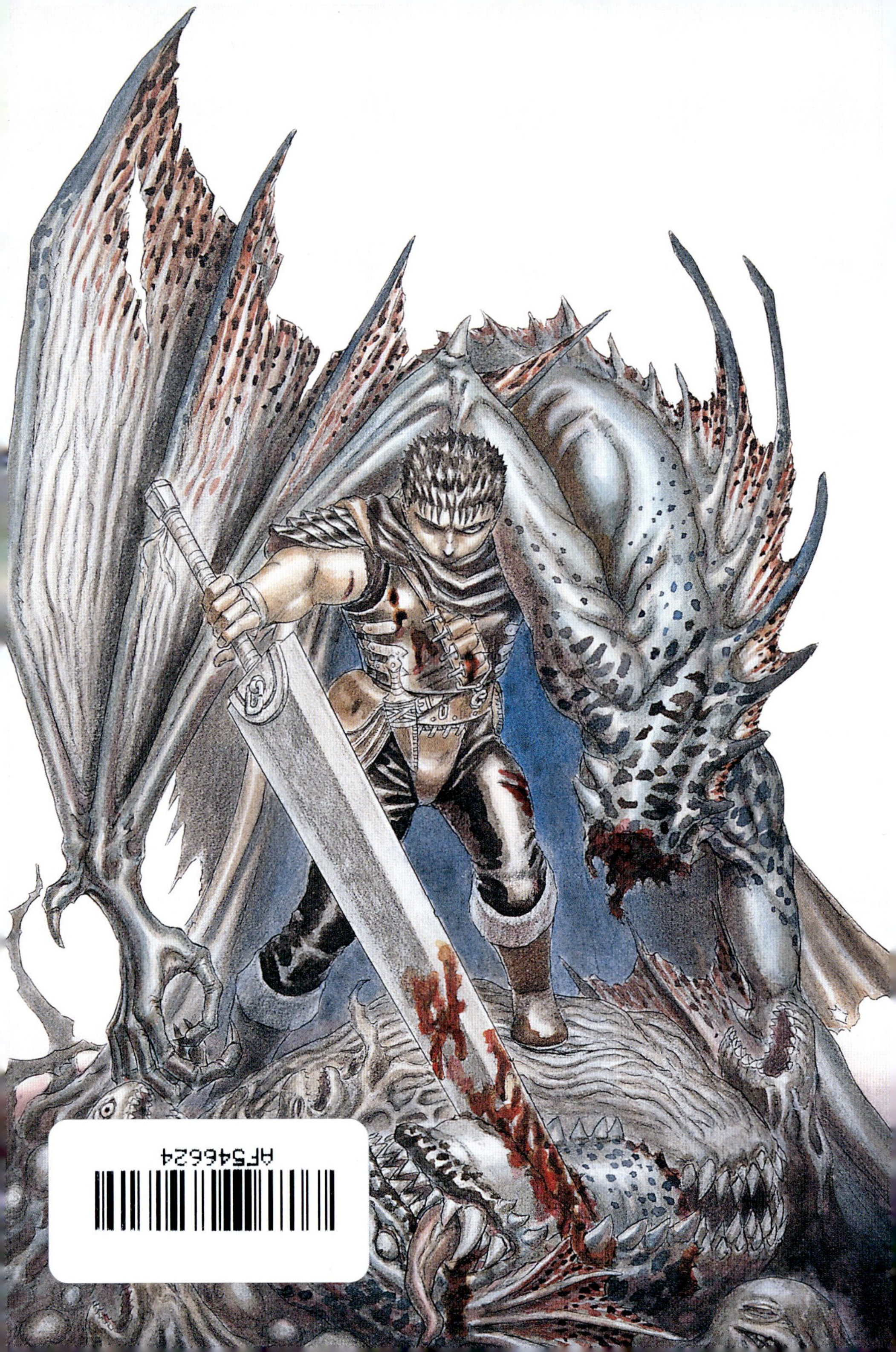

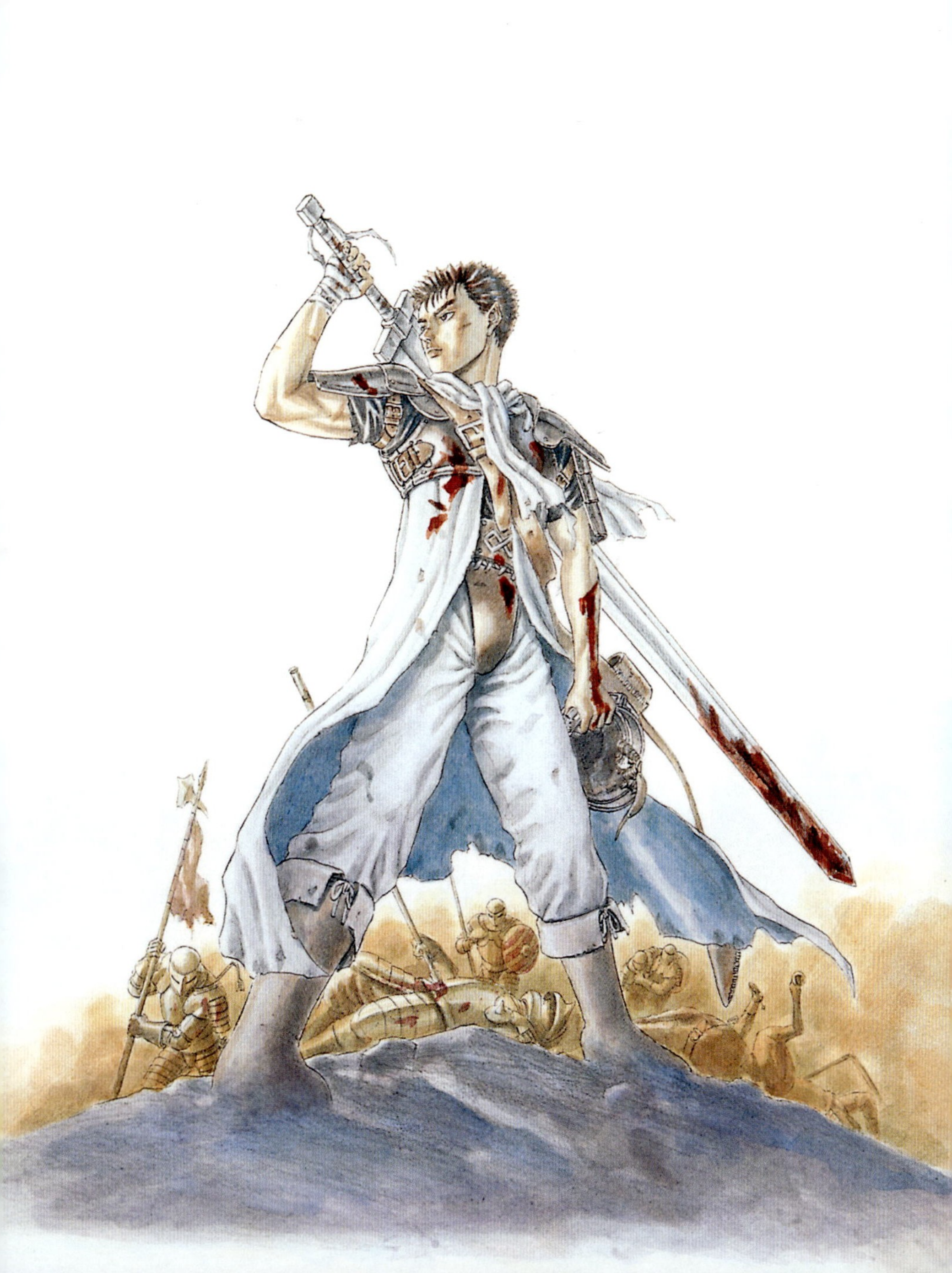

KENTARO MIURA präsentiert

BERSERK

Band 2

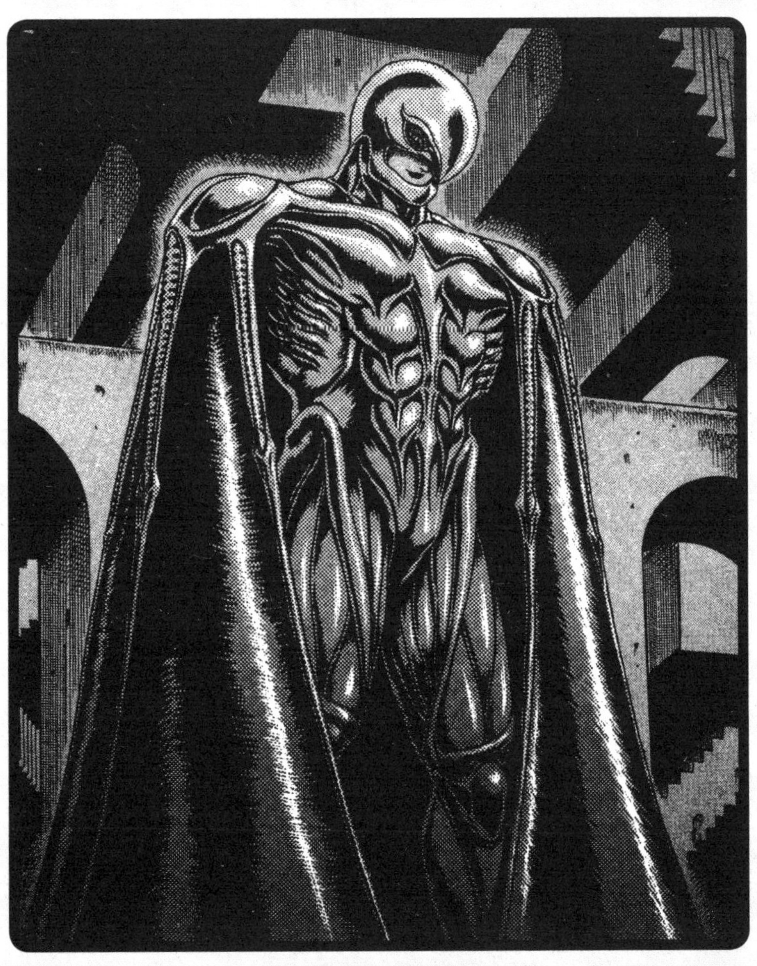

ULTIMATIVE EDITION

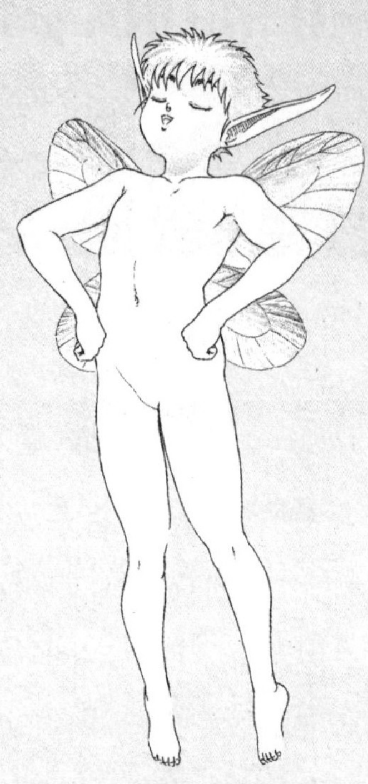

INHALT

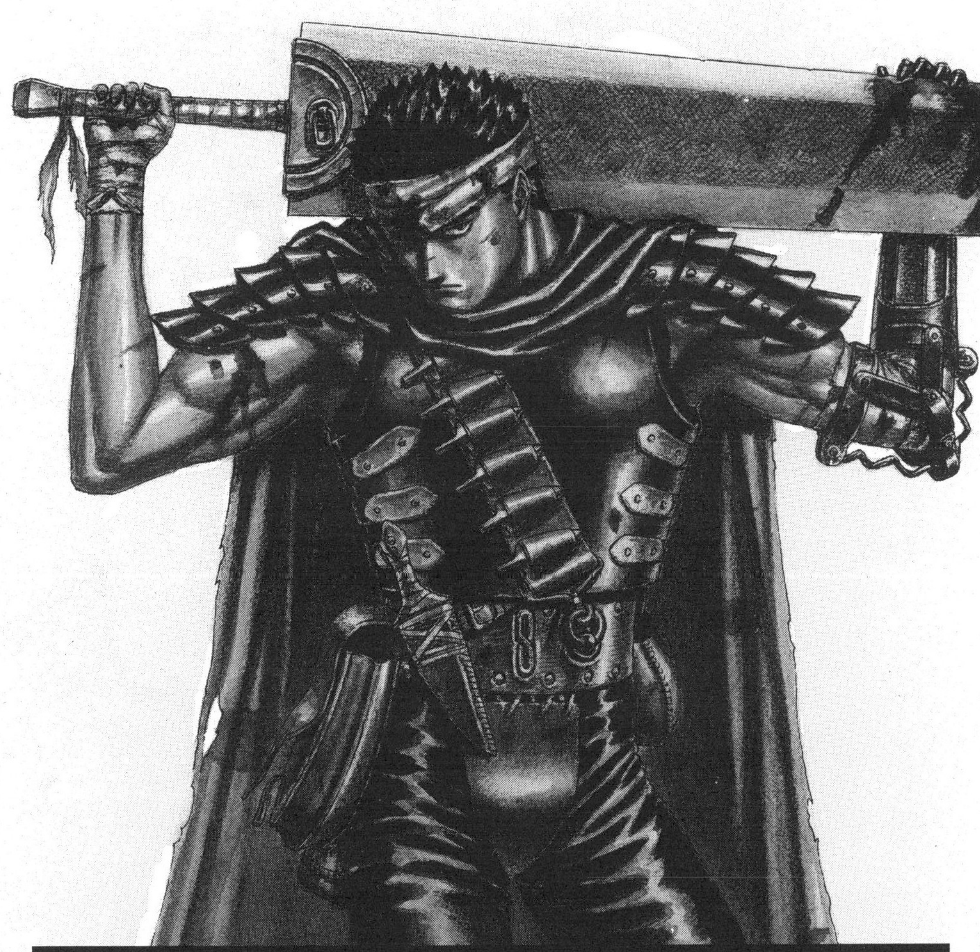

BERSERK

EIN SCHUTZENGEL NAMENS BEGIERDE (4)

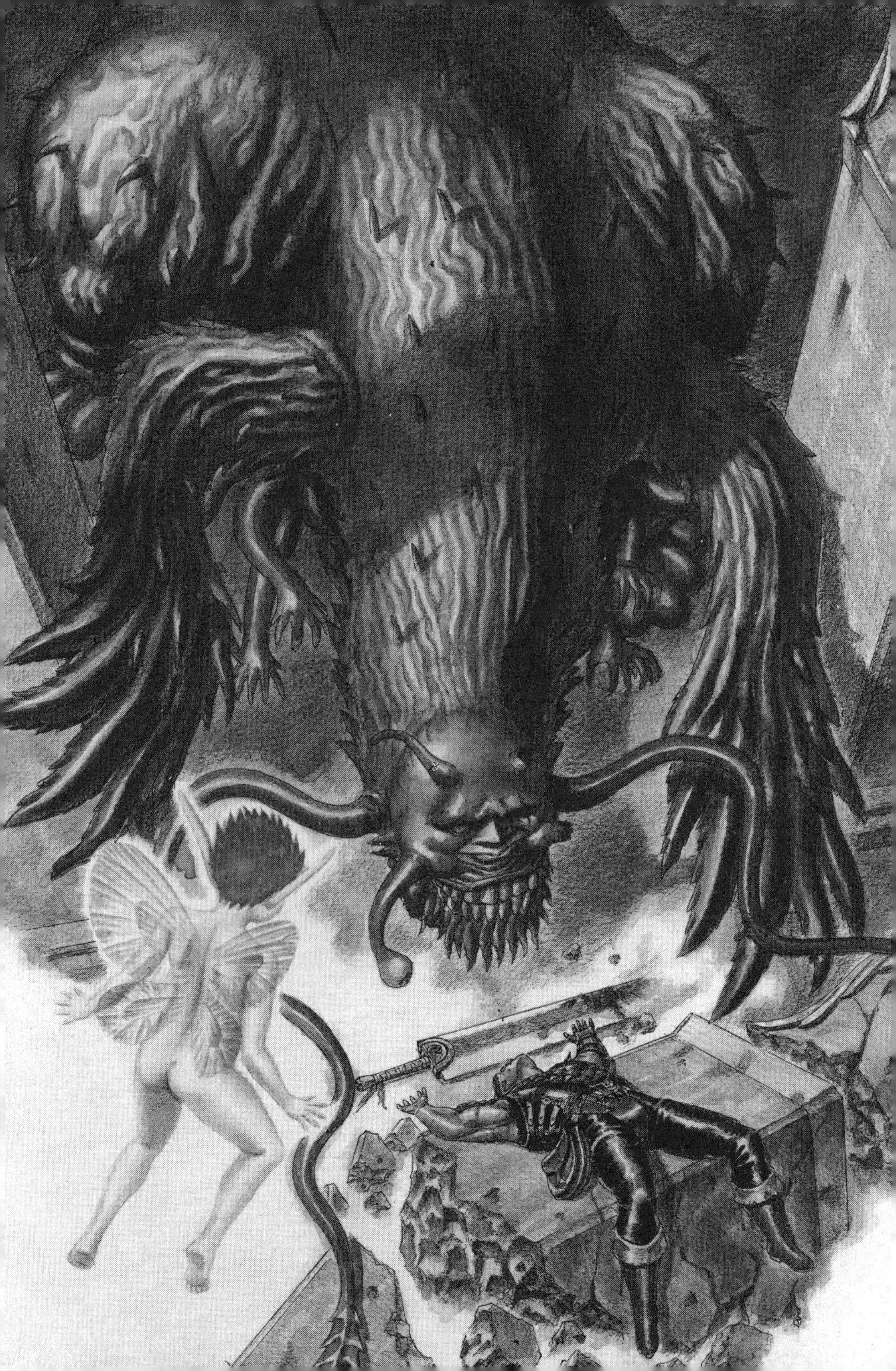

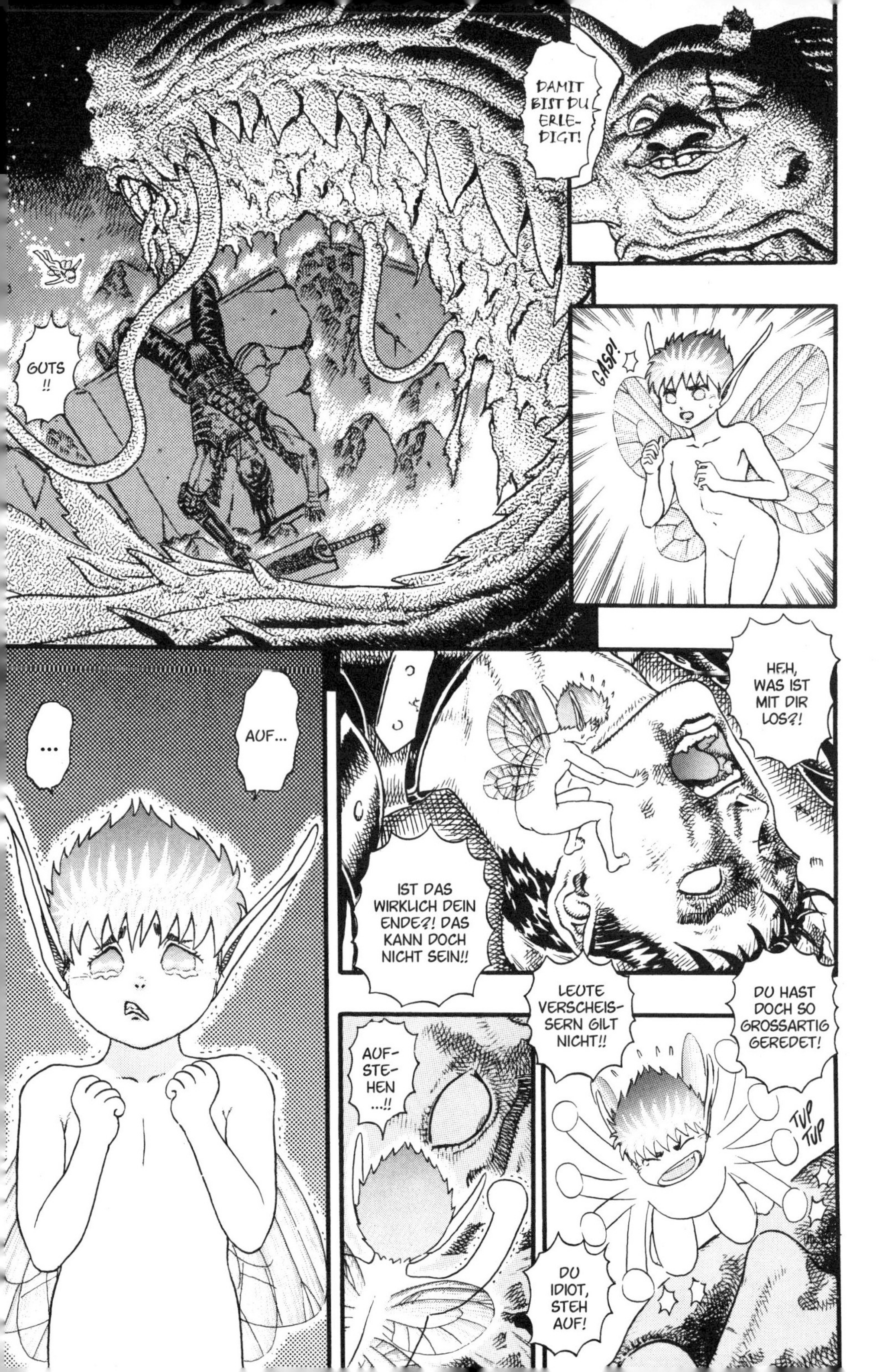
DAMIT BIST DU ERLEDIGT!
GUTS!!
GASP!
HEH, WAS IST MIT DIR LOS?!
IST DAS WIRKLICH DEIN ENDE?! DAS KANN DOCH NICHT SEIN!!
DU HAST DOCH SO GROSSARTIG GEREDET!
LEUTE VERSCHEISSERN GILT NICHT!!
TUP TUP
DU IDIOT, STEH AUF!
AUFSTEHEN...!!
AUF...
...

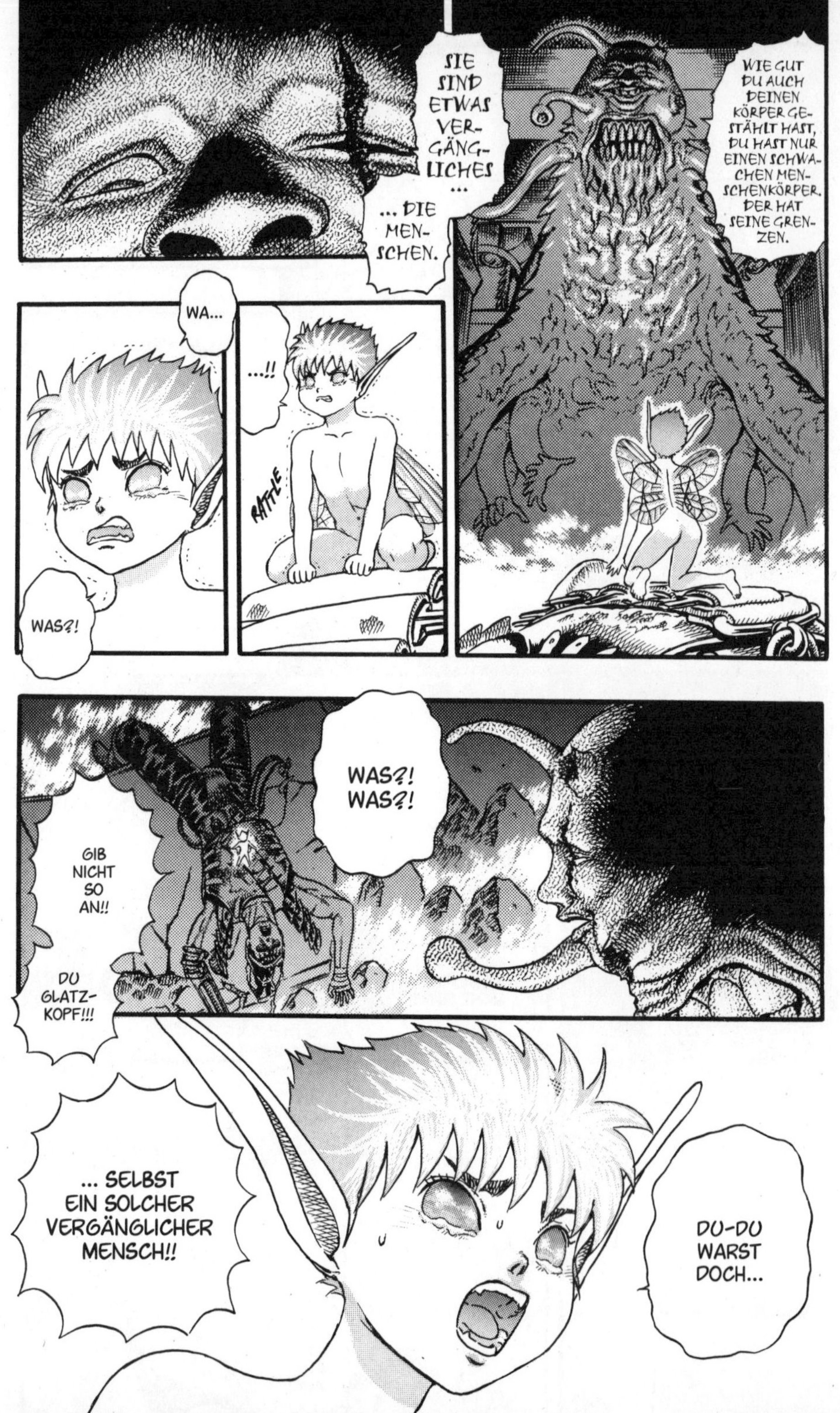

WIE GUT DU AUCH DEINEN KÖRPER GESTÄHLT HAST, DU HAST NUR EINEN SCHWACHEN MENSCHENKÖRPER. DER HAT SEINE GRENZEN.
SIE SIND ETWAS VERGÄNGLICHES ...
... DIE MENSCHEN.
...!!
RATTLE
WA...
WAS?!
WAS?! WAS?!
GIB NICHT SO AN!!
DU GLATZKOPF!!!
DU-DU WARST DOCH...
... SELBST EIN SOLCHER VERGÄNGLICHER MENSCH!!

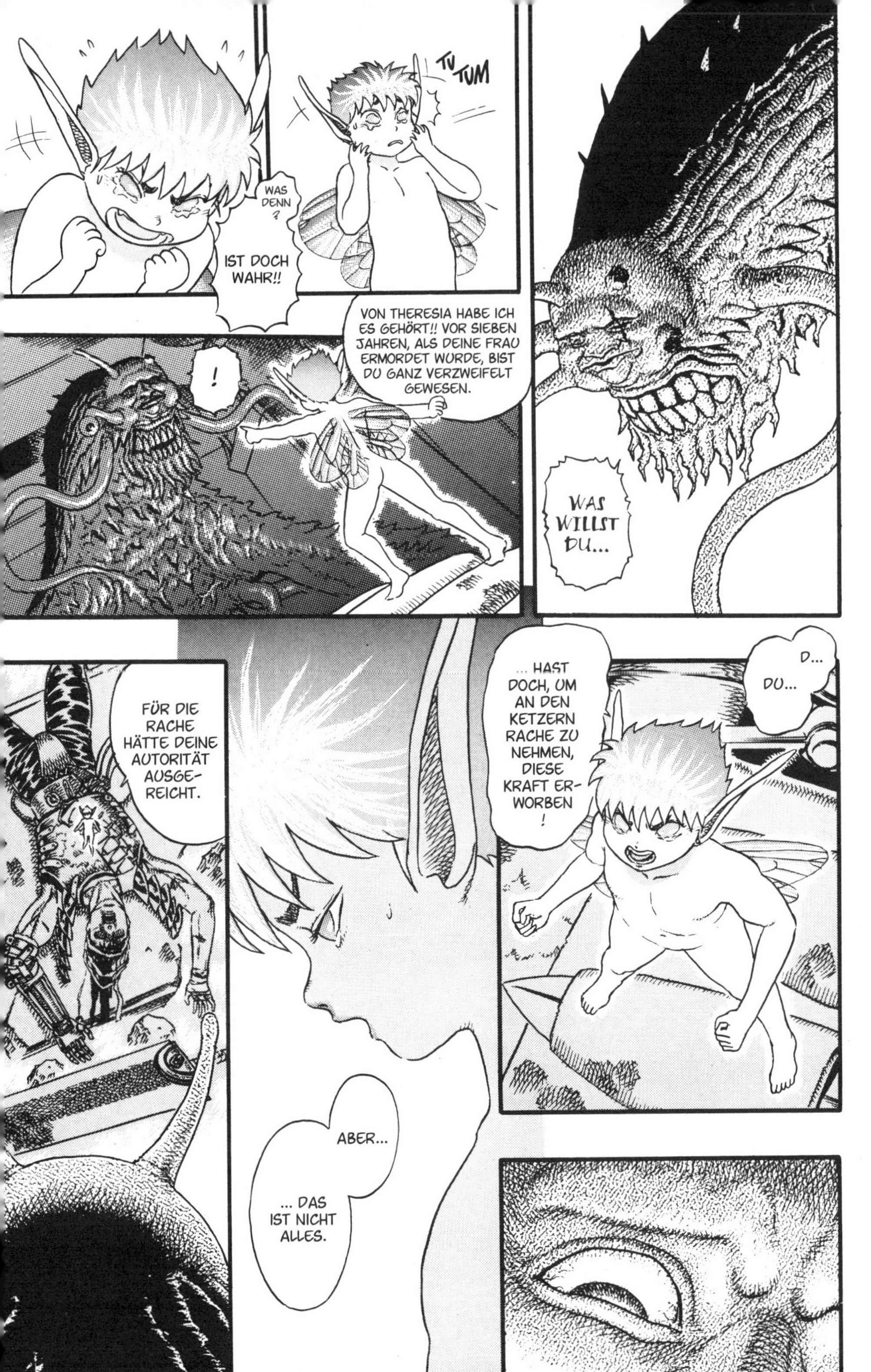
TU TUM
WAS DENN?
IST DOCH WAHR!!
VON THERESIA HABE ICH ES GEHÖRT!! VOR SIEBEN JAHREN, ALS DEINE FRAU ERMORDET WURDE, BIST DU GANZ VERZWEIFELT GEWESEN.
!
WAS WILLST DU...
D... DU...
... HAST DOCH, UM AN DEN KETZERN RACHE ZU NEHMEN, DIESE KRAFT ERWORBEN!
FÜR DIE RACHE HÄTTE DEINE AUTORITÄT AUSGEREICHT.
ABER...
... DAS IST NICHT ALLES.

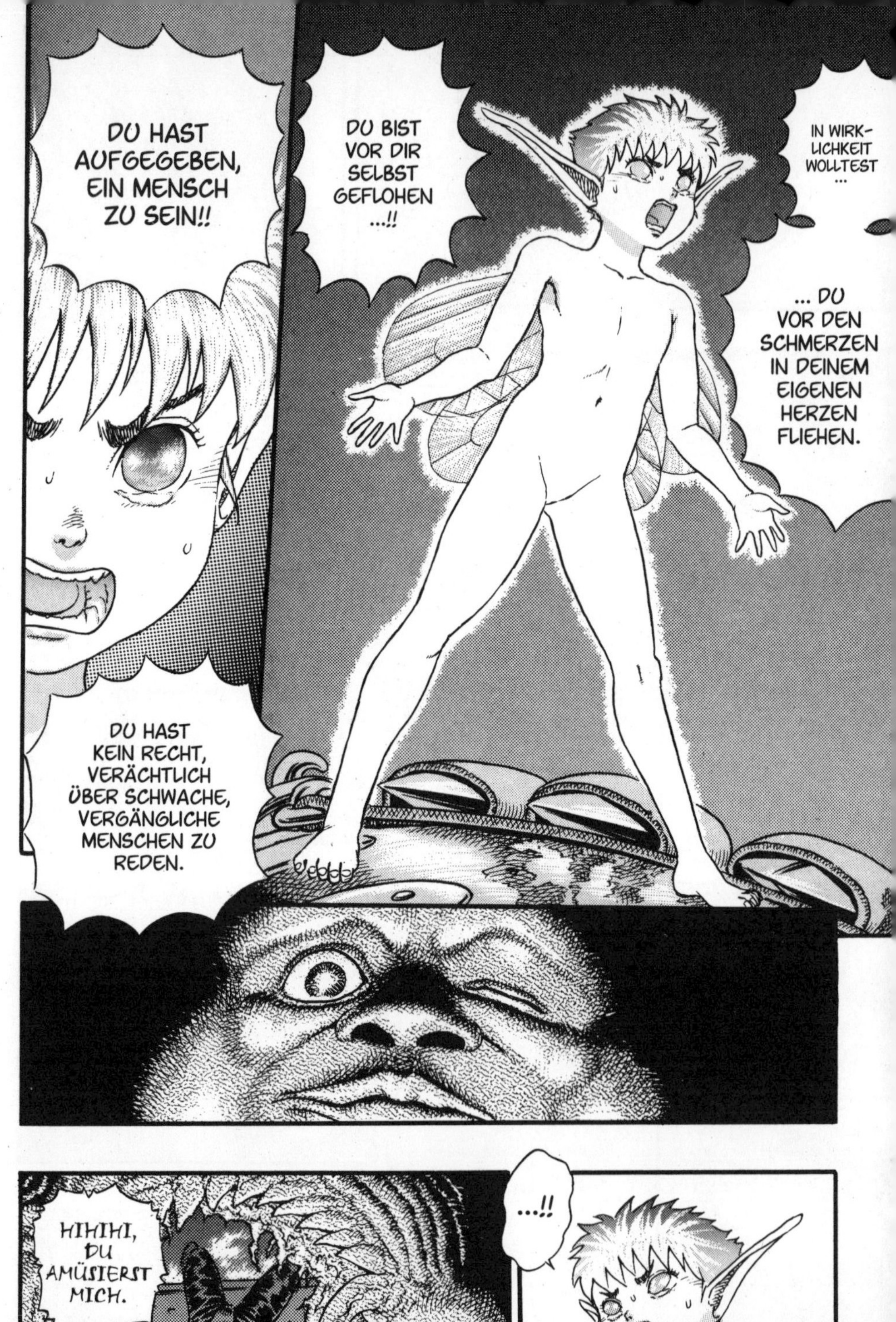
IN WIRKLICHKEIT WOLLTEST ...
... DU VOR DEN SCHMERZEN IN DEINEM EIGENEN HERZEN FLIEHEN.
DU BIST VOR DIR SELBST GEFLOHEN ...!!
DU HAST AUFGEGEBEN, EIN MENSCH ZU SEIN!!
DU HAST KEIN RECHT, VERÄCHTLICH ÜBER SCHWACHE, VERGÄNGLICHE MENSCHEN ZU REDEN.
...!!
HIHIHI, DU AMÜSIERST MICH.
!

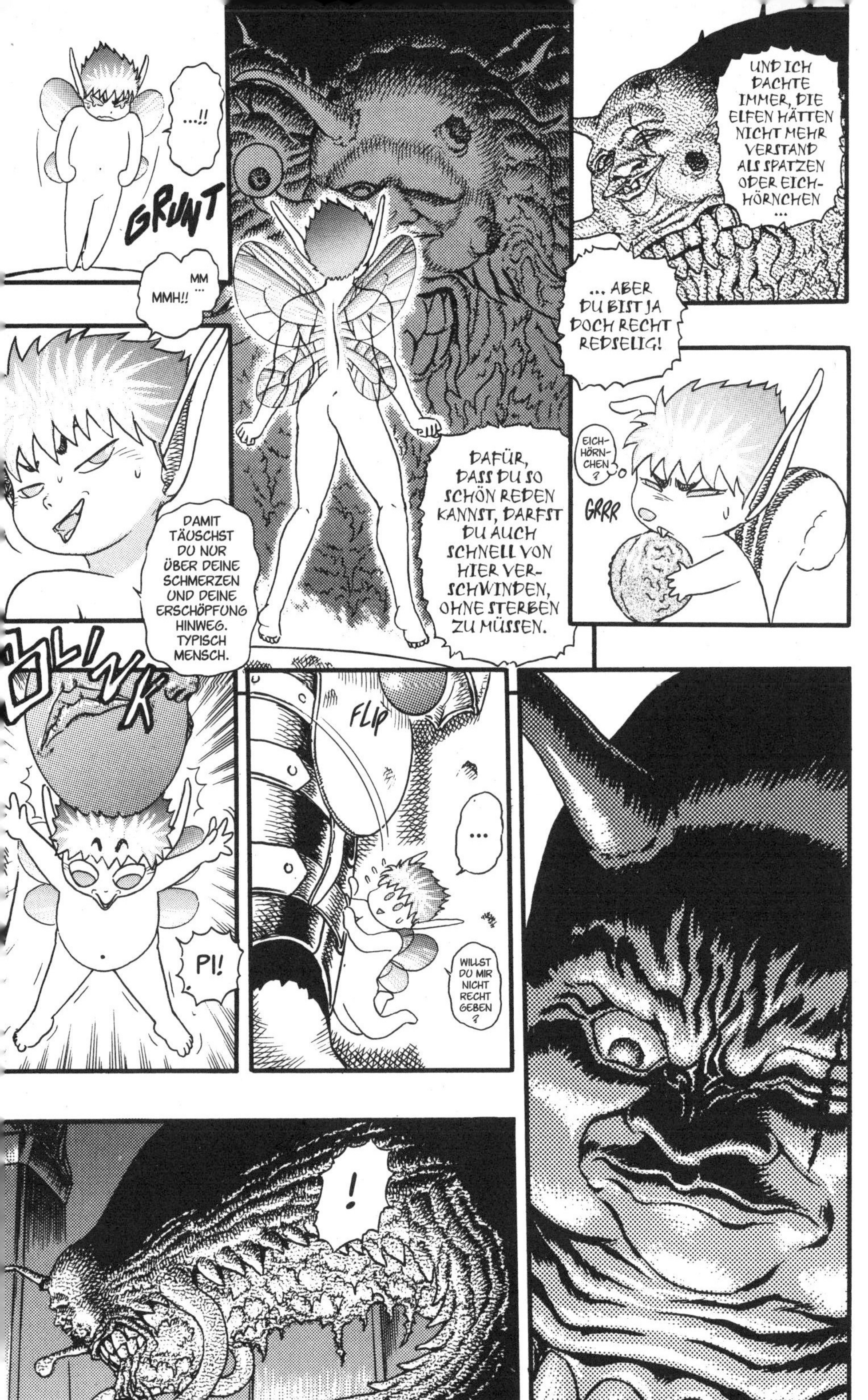

UND ICH DACHTE IMMER, DIE ELFEN HÄTTEN NICHT MEHR VERSTAND ALS SPATZEN ODER EICHHÖRNCHEN …
… ABER DU BIST JA DOCH RECHT REDSELIG!
EICHHÖRNCHEN?
GRRR
DAFÜR, DASS DU SO SCHÖN REDEN KANNST, DARFST DU AUCH SCHNELL VON HIER VERSCHWINDEN, OHNE STERBEN ZU MÜSSEN.
…!!
GRUNT
MM … MMH!!
DAMIT TÄUSCHST DU NUR ÜBER DEINE SCHMERZEN UND DEINE ERSCHÖPFUNG HINWEG. TYPISCH MENSCH.
FLIP
…
WILLST DU MIR NICHT RECHT GEBEN?
BLINK
PI!
!

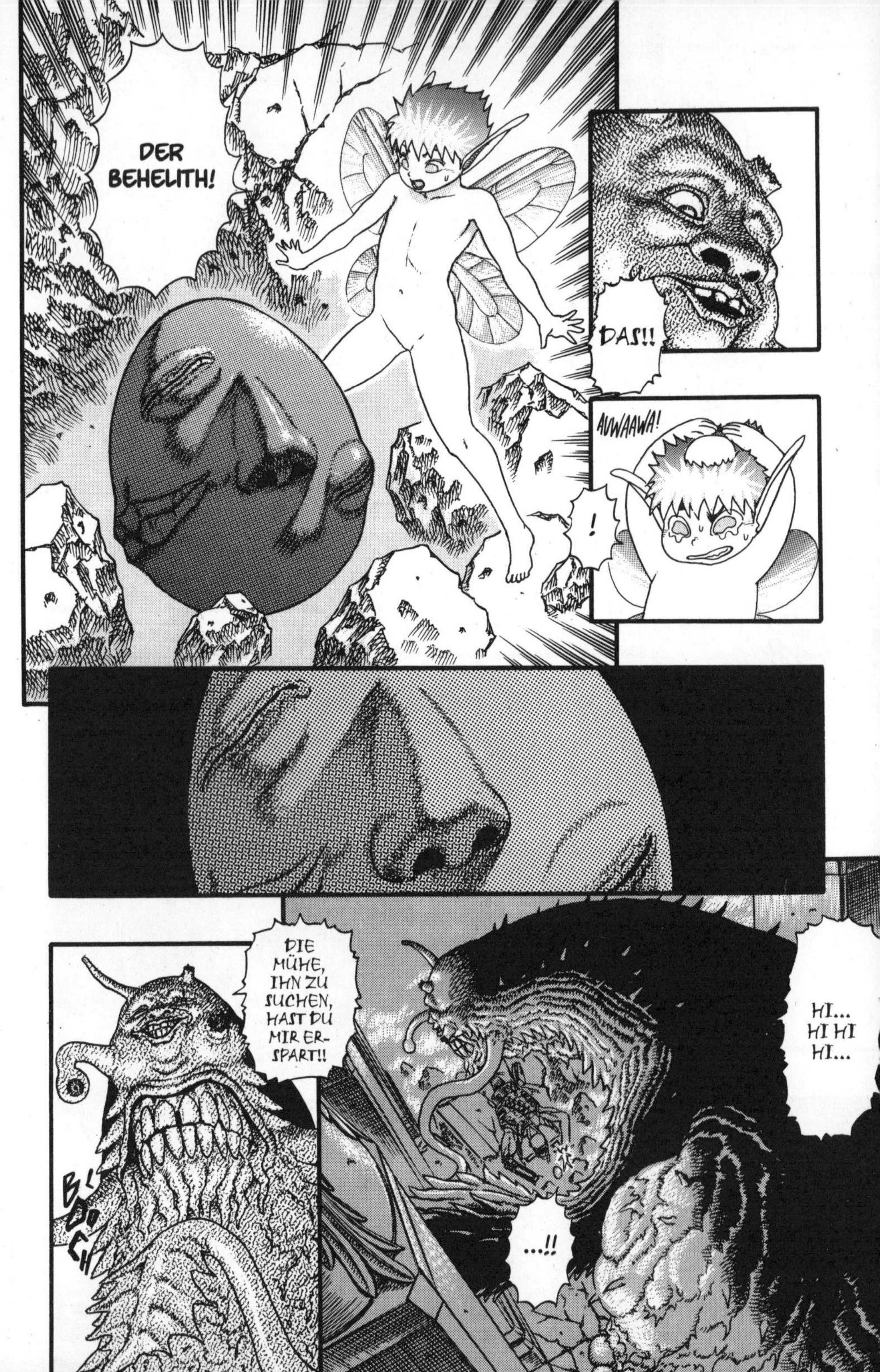
DER BEHELITH!
DAS!!
AUWAAWA!
!
DIE MÜHE, IHN ZU SUCHEN, HAST DU MIR ER-SPART!!
HI... HI HI HI...
...!!
BLDOCH

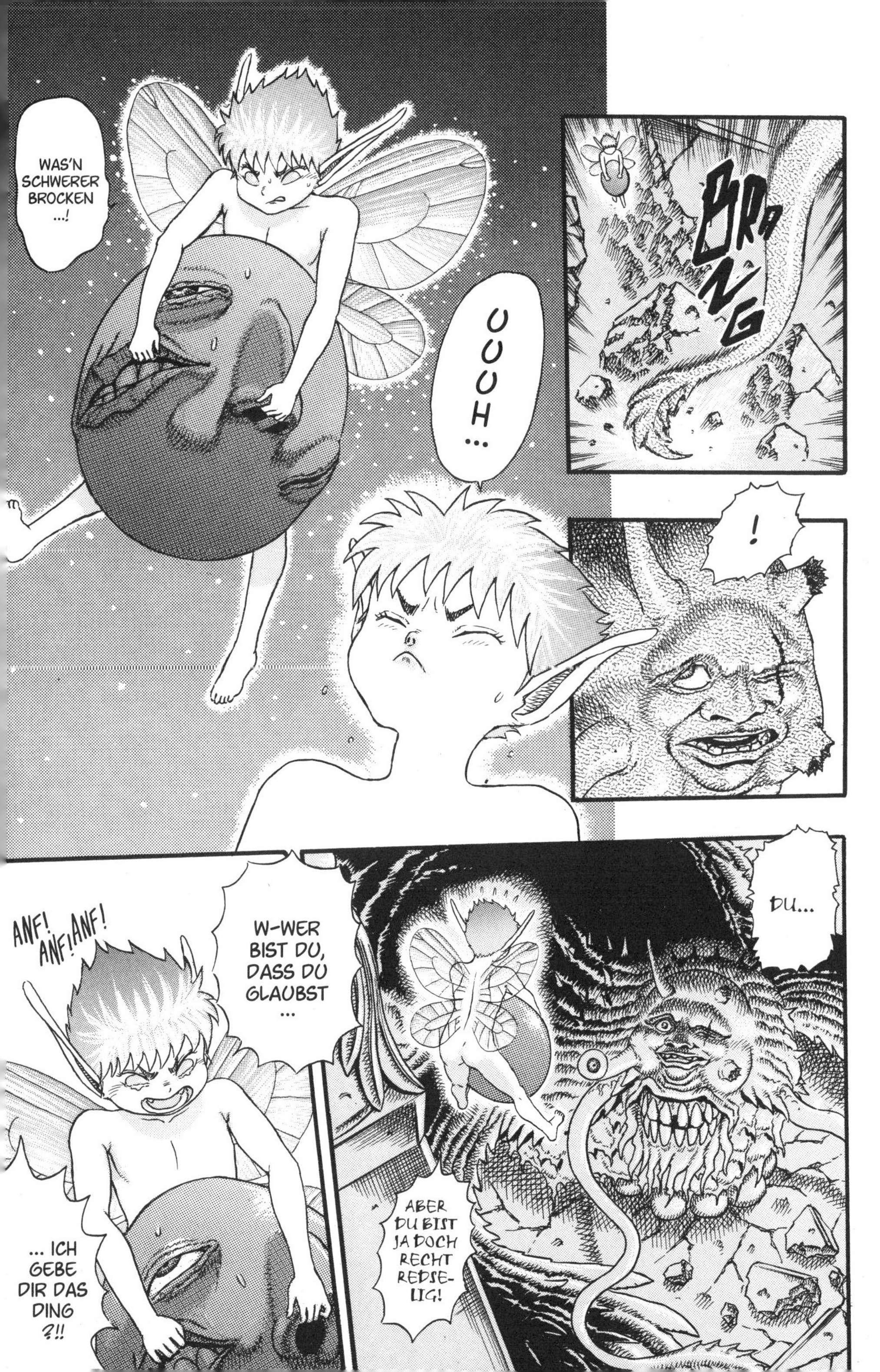
WAS'N SCHWERER BROCKEN ...!
BRANG
UUUH...
!
ANF! ANF! ANF!
W-WER BIST DU, DASS DU GLAUBST ...
... ICH GEBE DIR DAS DING ?!!
DU...
ABER DU BIST JA DOCH RECHT REDSE-LIG!

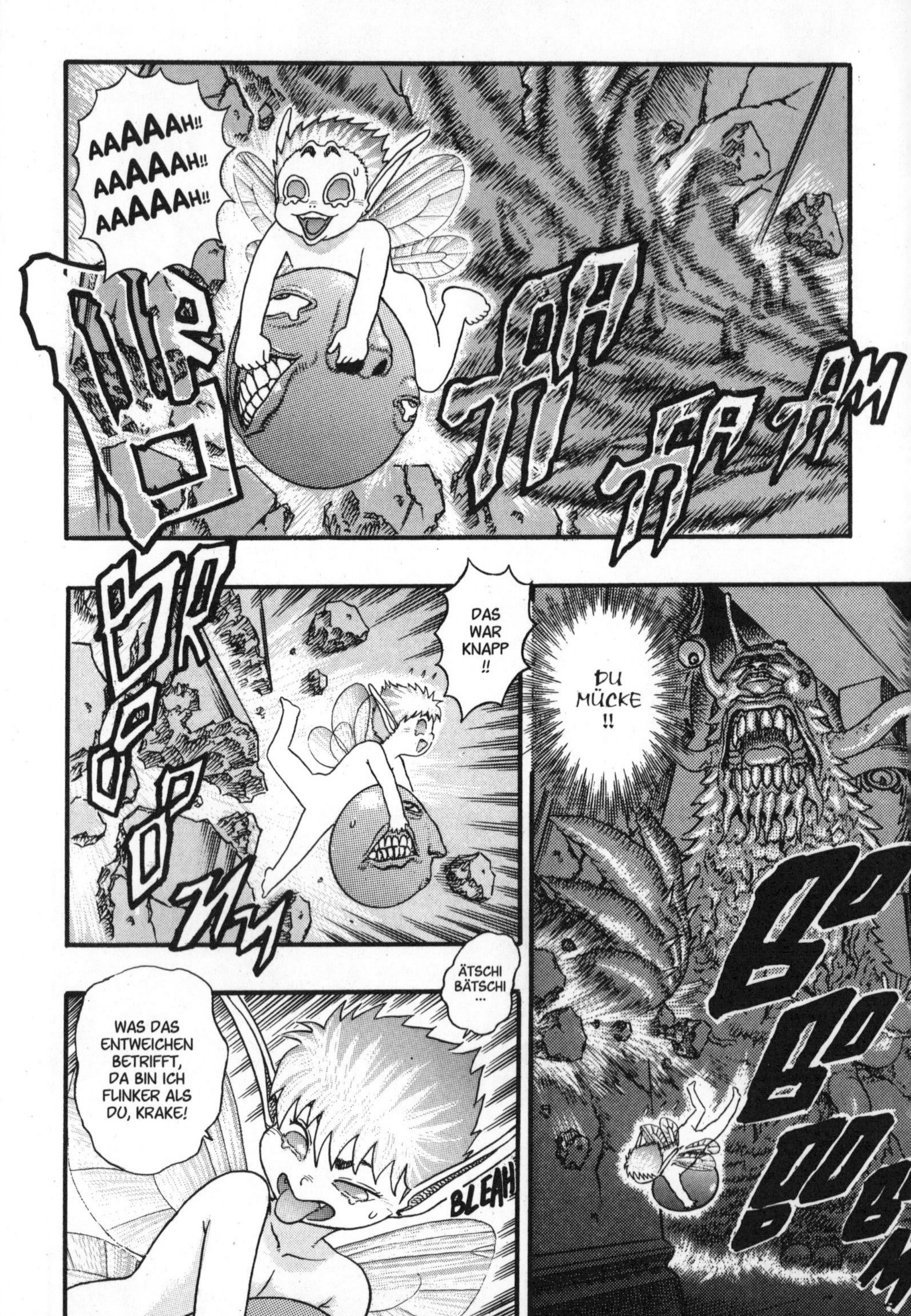

AAAAAH!!
AAAAAH!!
AAAAAH!!
DAS WAR KNAPP !!
DU MÜCKE !!
ÄTSCHI BÄTSCHI ...
WAS DAS ENTWEICHEN BETRIFFT, DA BIN ICH FLINKER ALS DU, KRAKE!
BLEAH

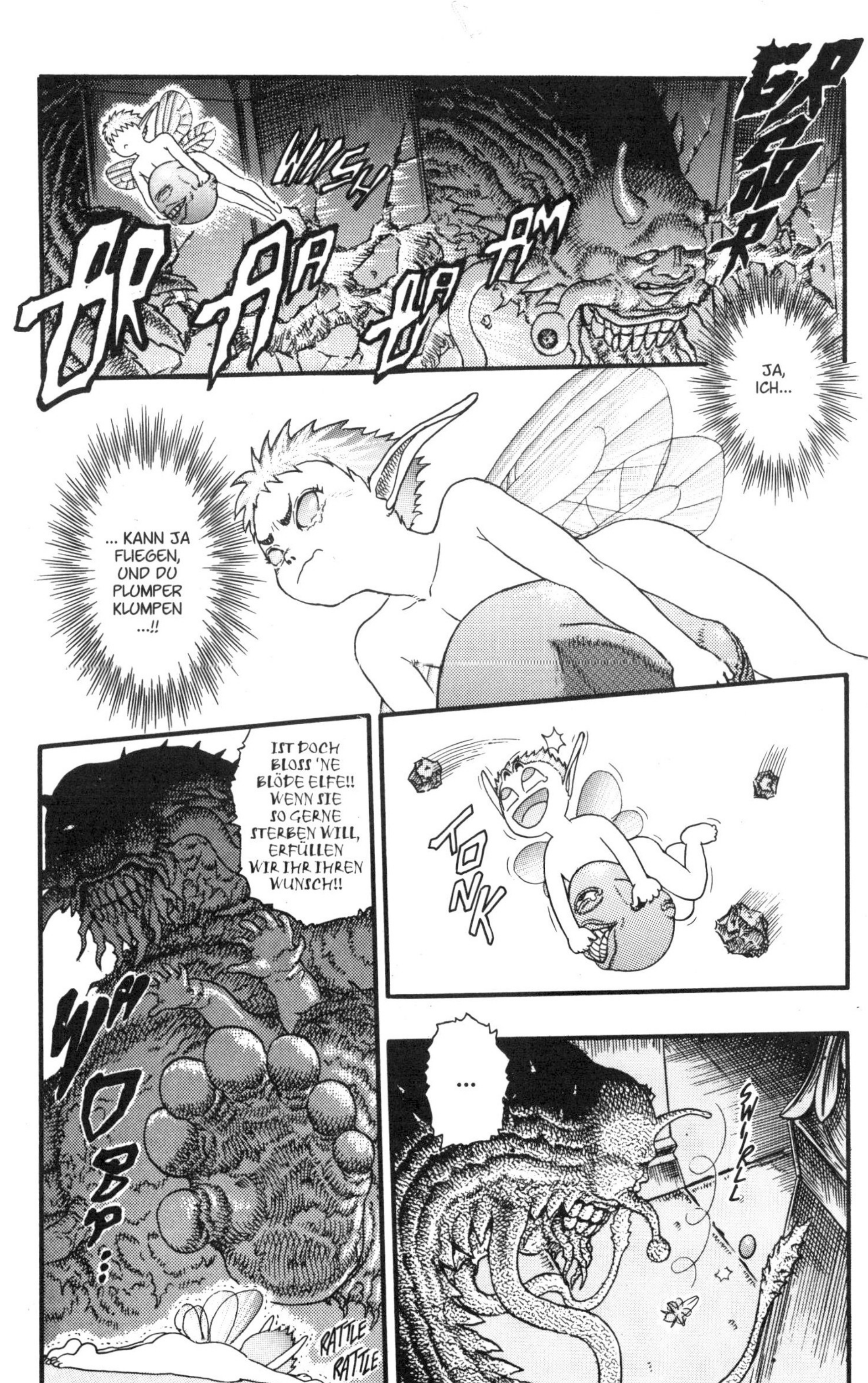
WUSH
JA, ICH...
... KANN JA FLIEGEN, UND DU PLUMPER KLUMPEN ...!!
IST DOCH BLOSS 'NE BLÖDE ELFE!! WENN SIE SO GERNE STERBEN WILL, ERFÜLLEN WIR IHR IHREN WUNSCH!!
RATTLE RATTLE
TONK
...
SWIRLL

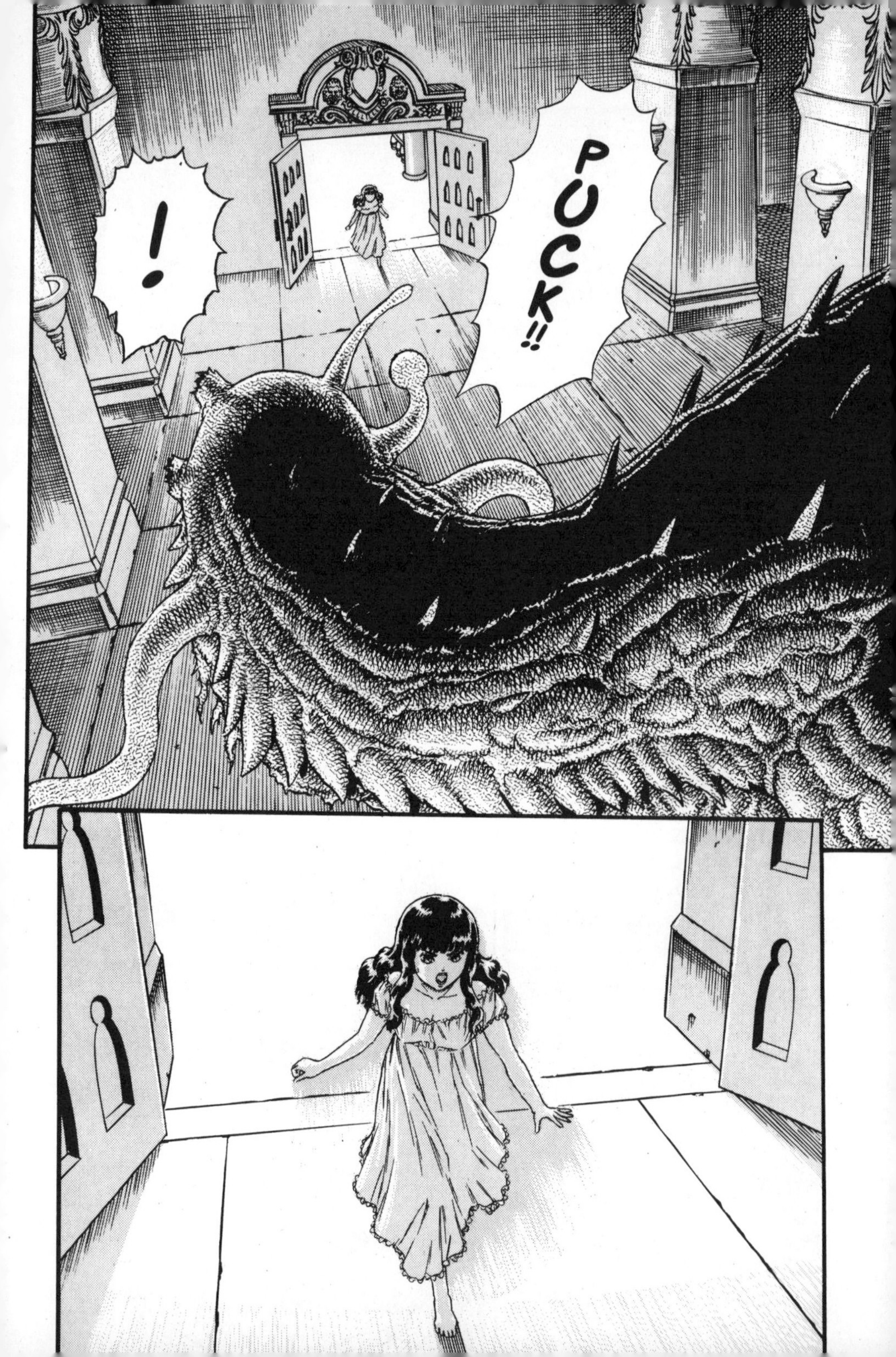
!
PUCK!!

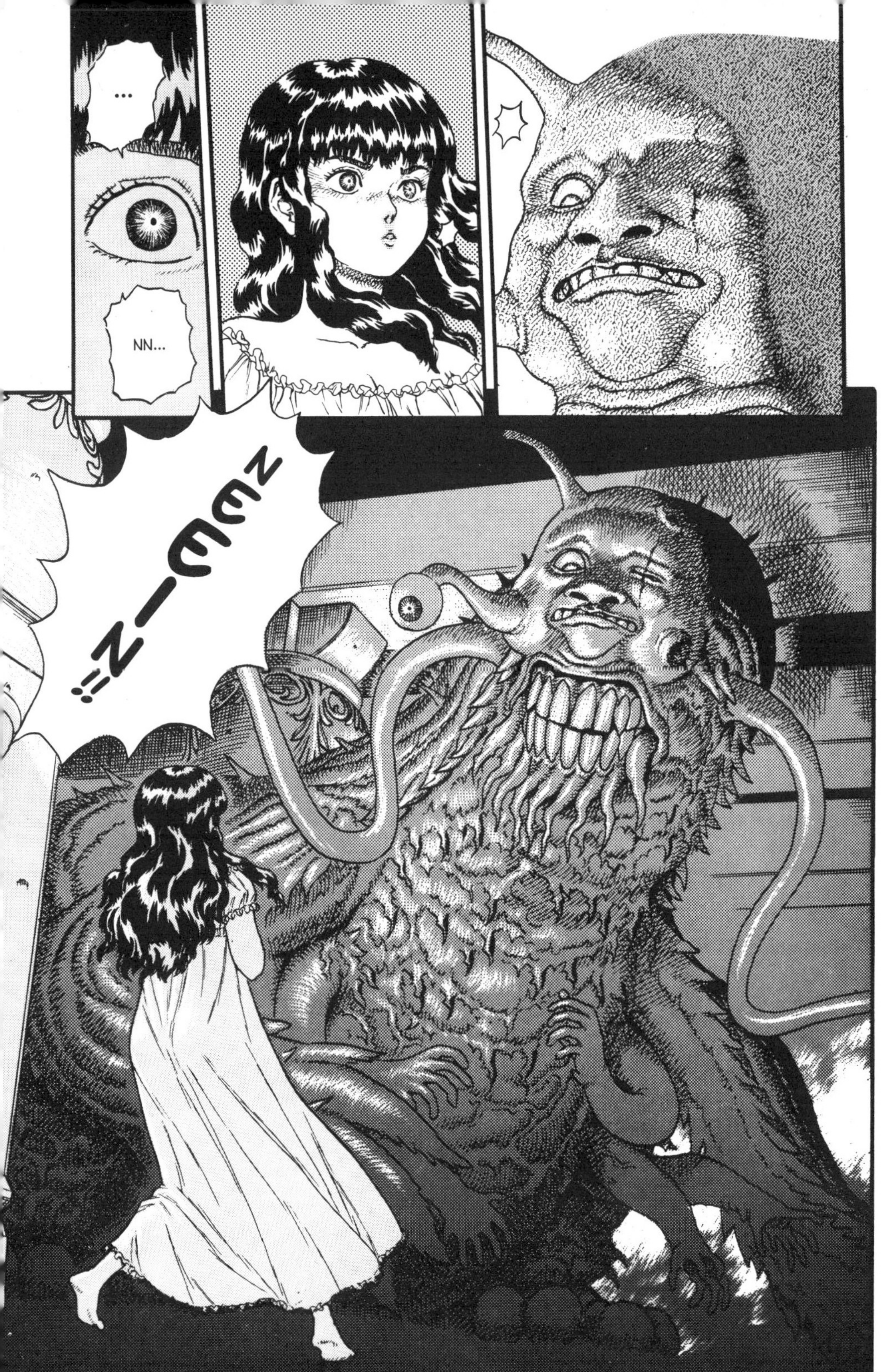

...
NN...

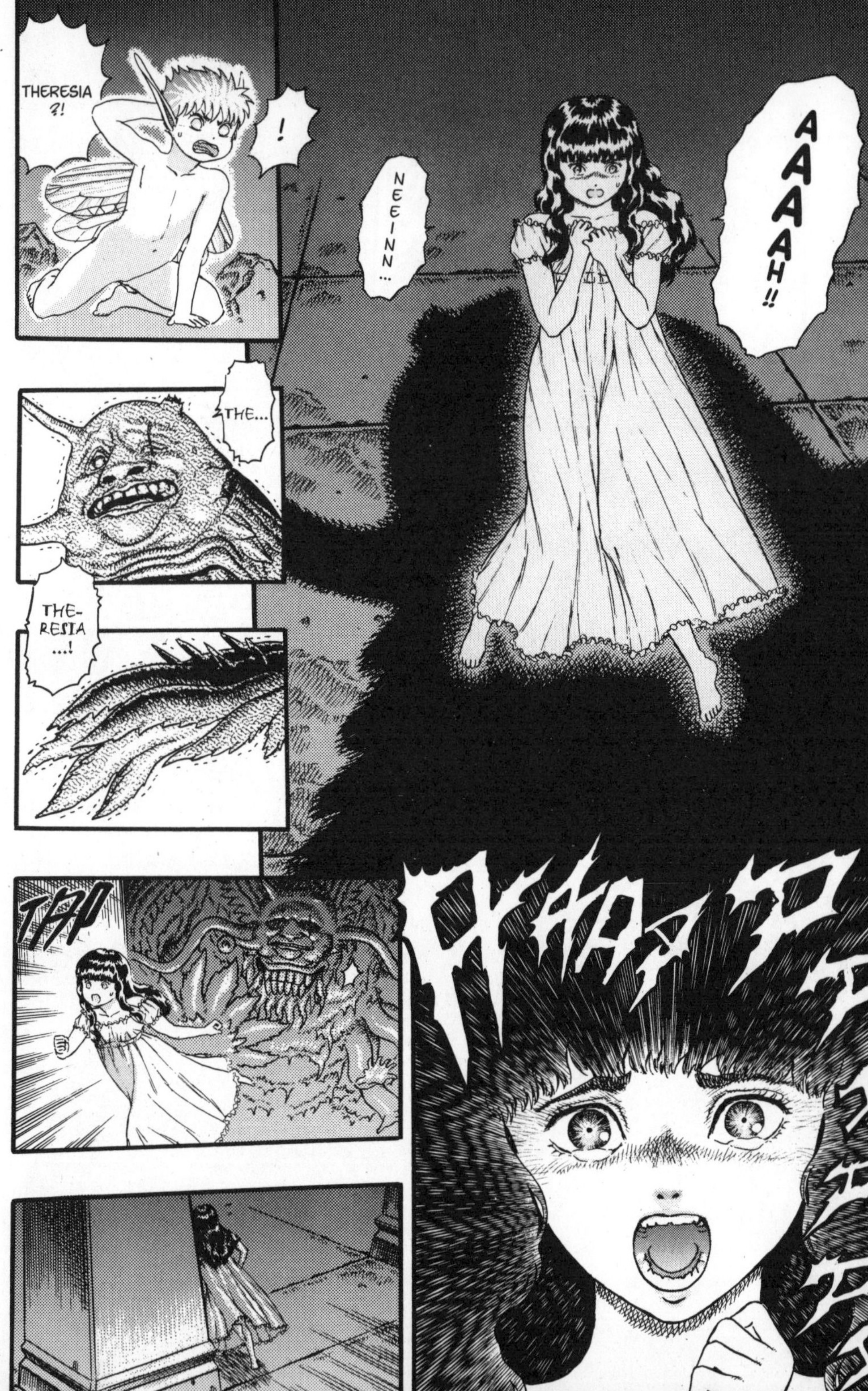
AAAAAH!!
NEEINN...
!
THERESIA ?!
THE...
THE-RESIA ...!
TAP

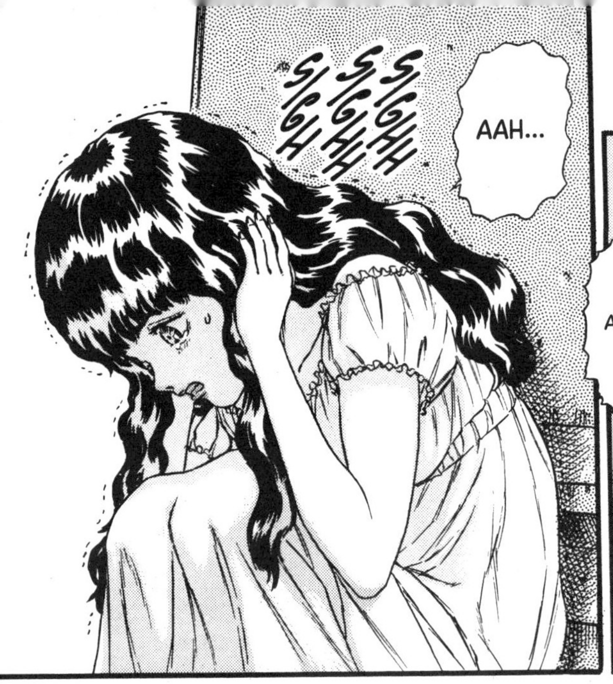
SIGH SIGH SIGHH
AAH...

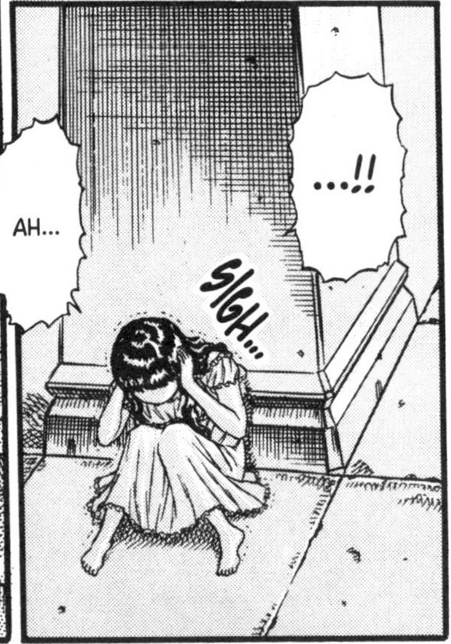
...!!
AH...
SIGH...

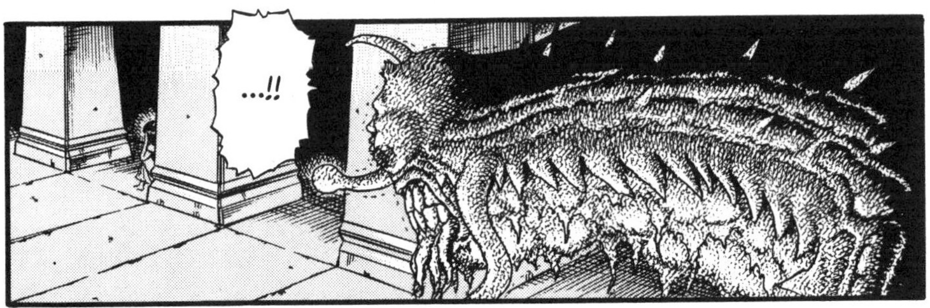
...!!

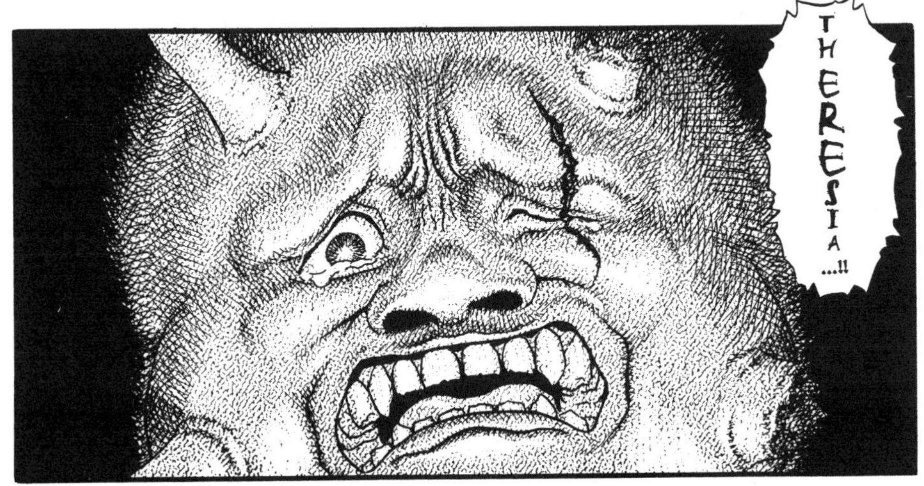
THERESIA...!!

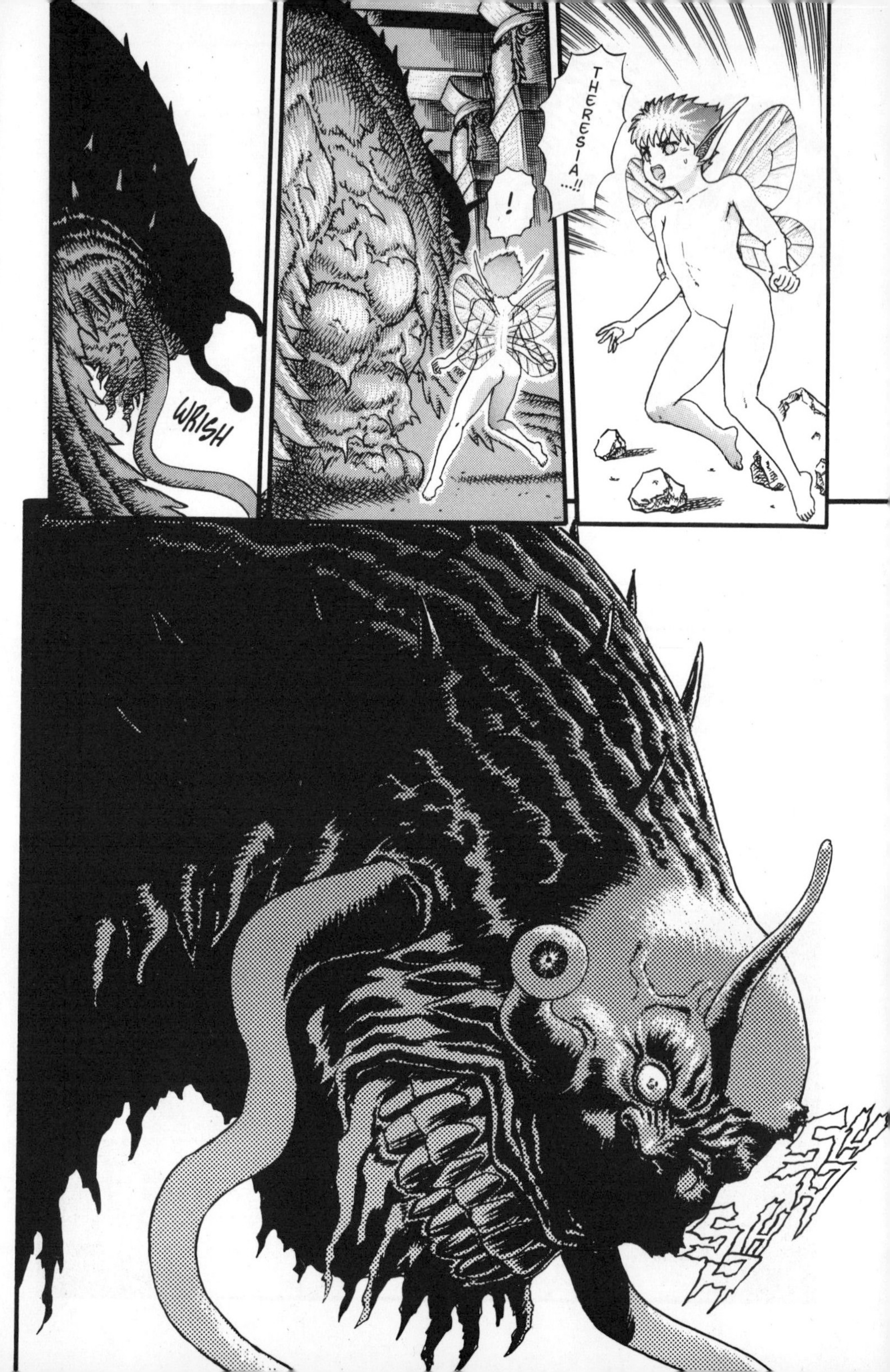
THERESIA...!!
!
WRISH

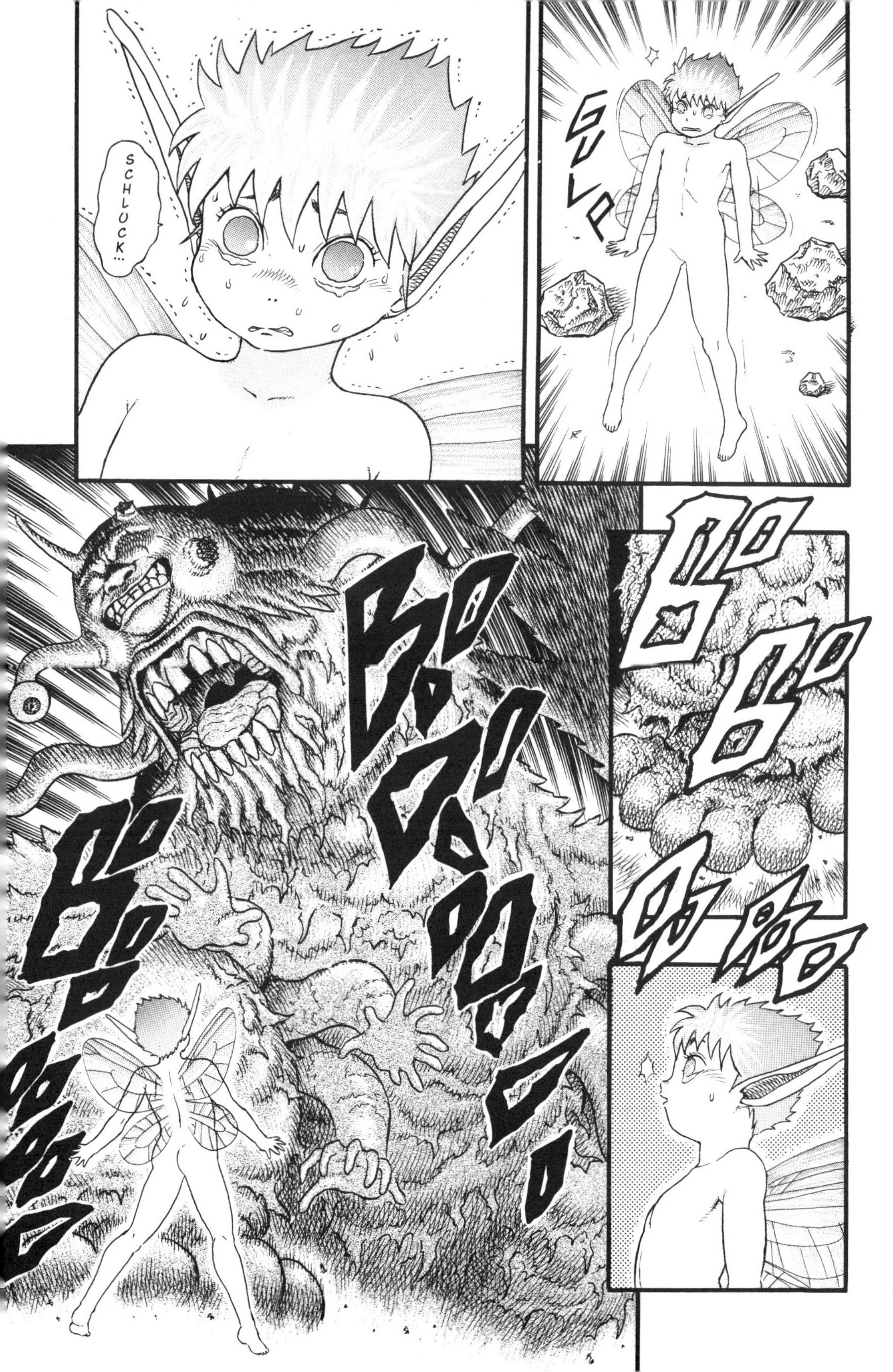

GULP
SCHLUCK...

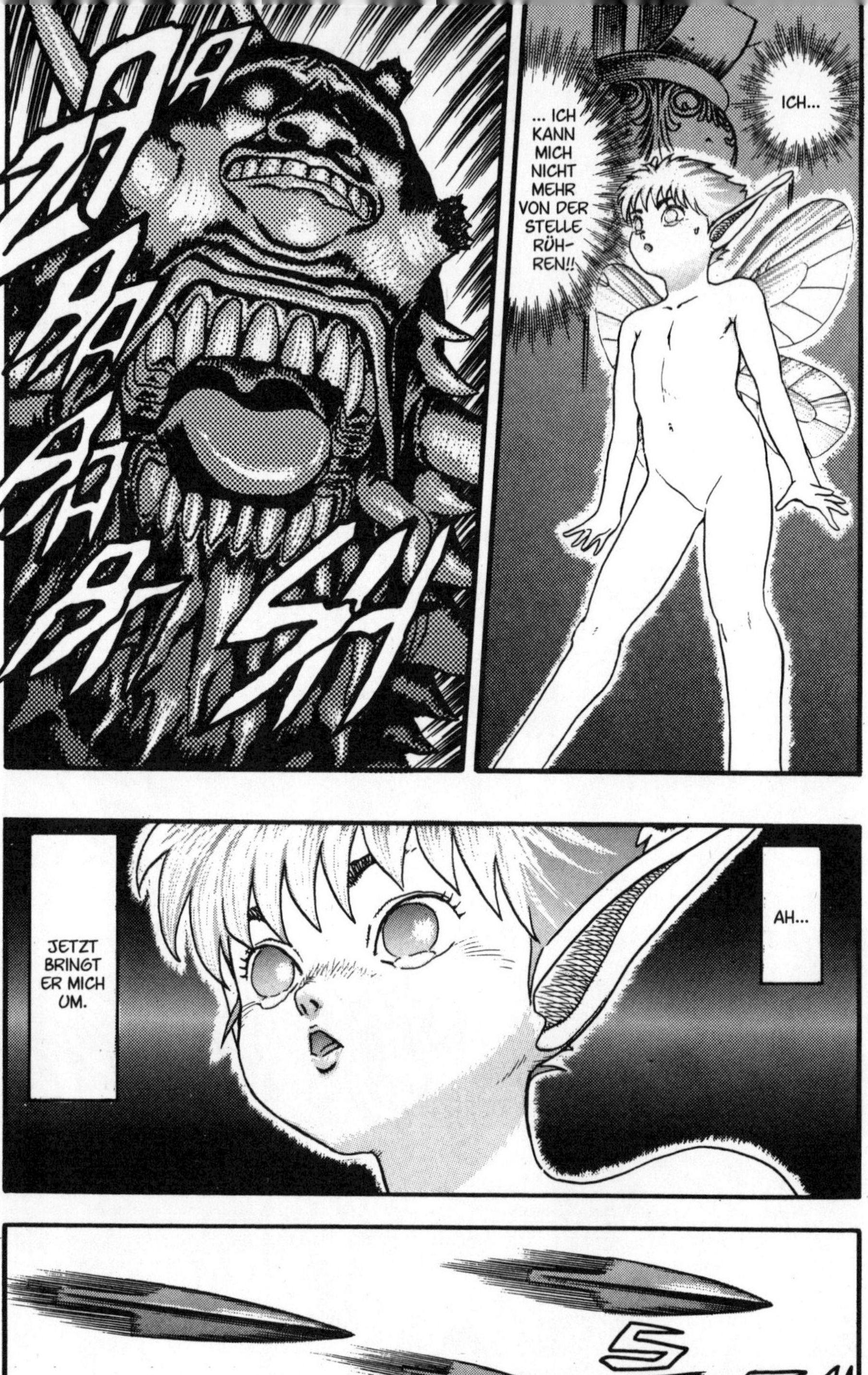

ICH...

... ICH KANN MICH NICHT MEHR VON DER STELLE RÜHREN!!

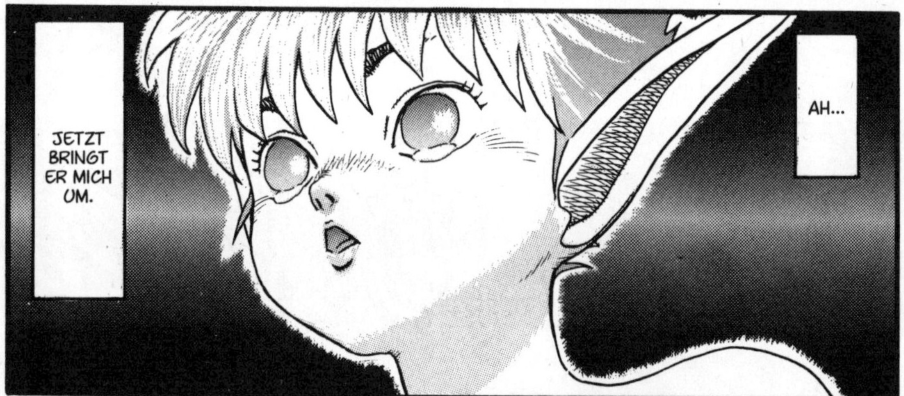

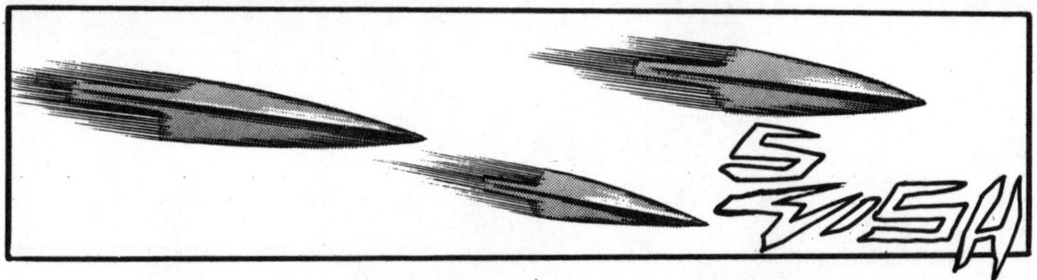

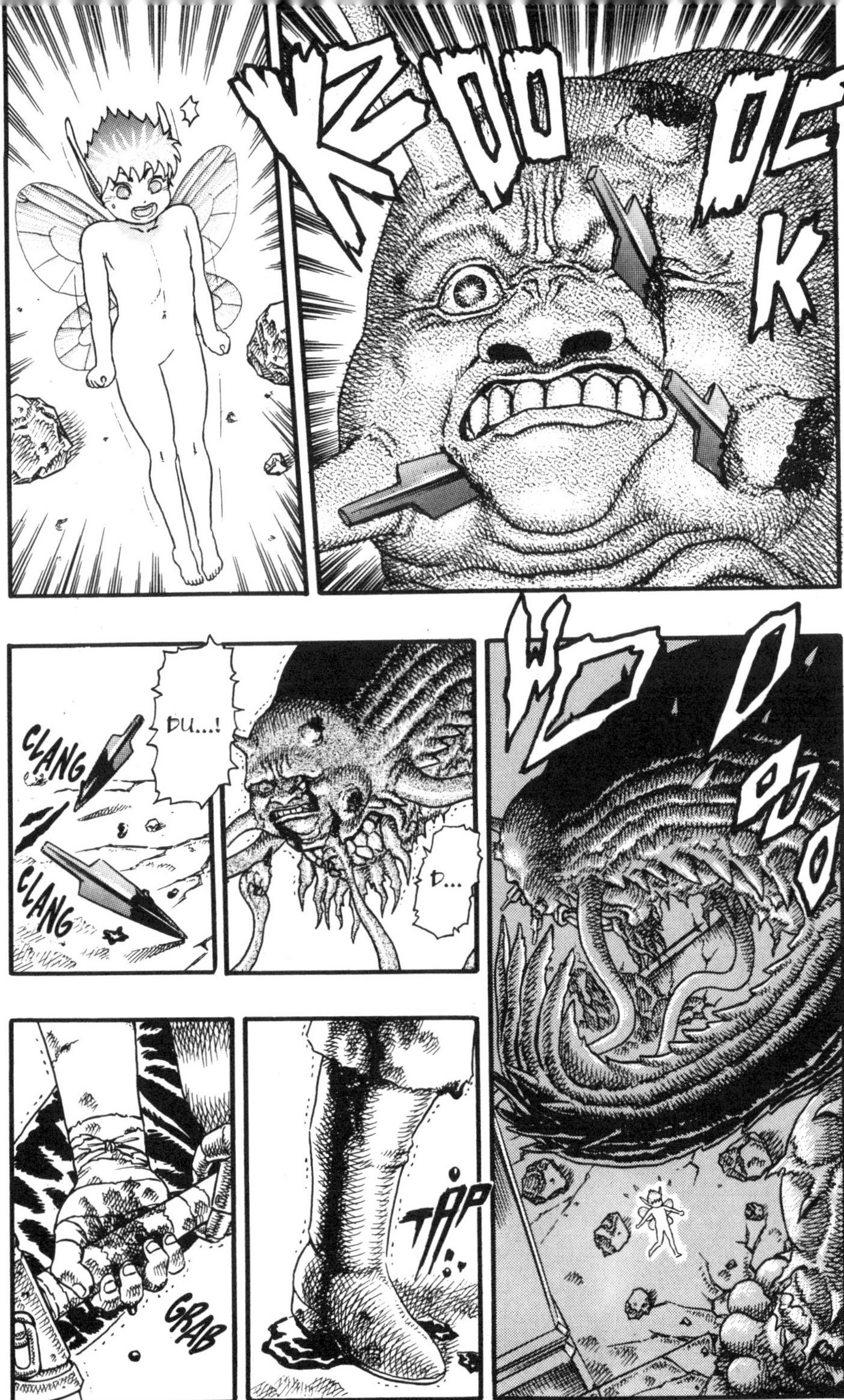
KZOOOCK
WOOOOO
D...
DU...!
CLANG
CLANG
TAP
GRAB

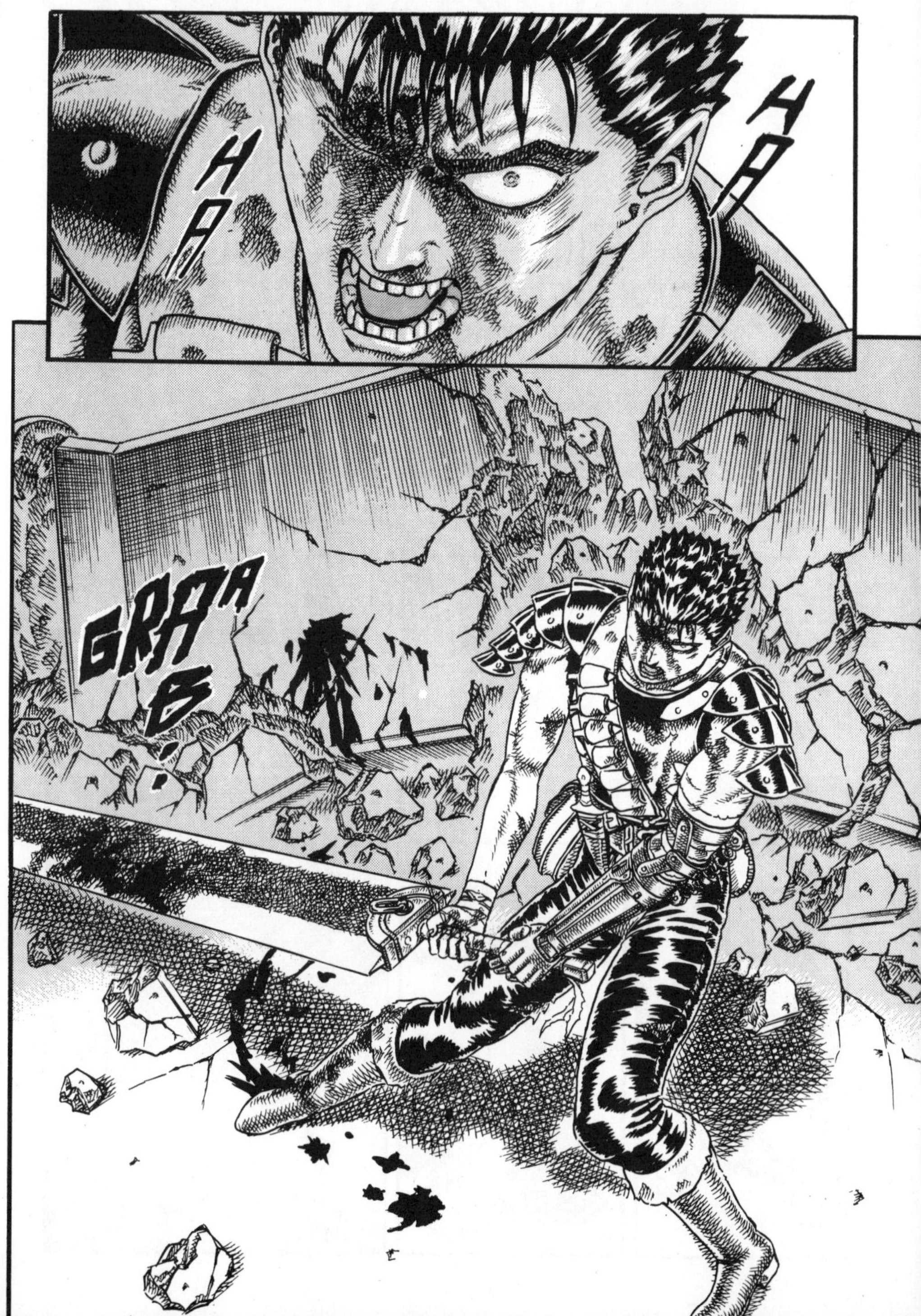
HAA
HAA
GRAAB!

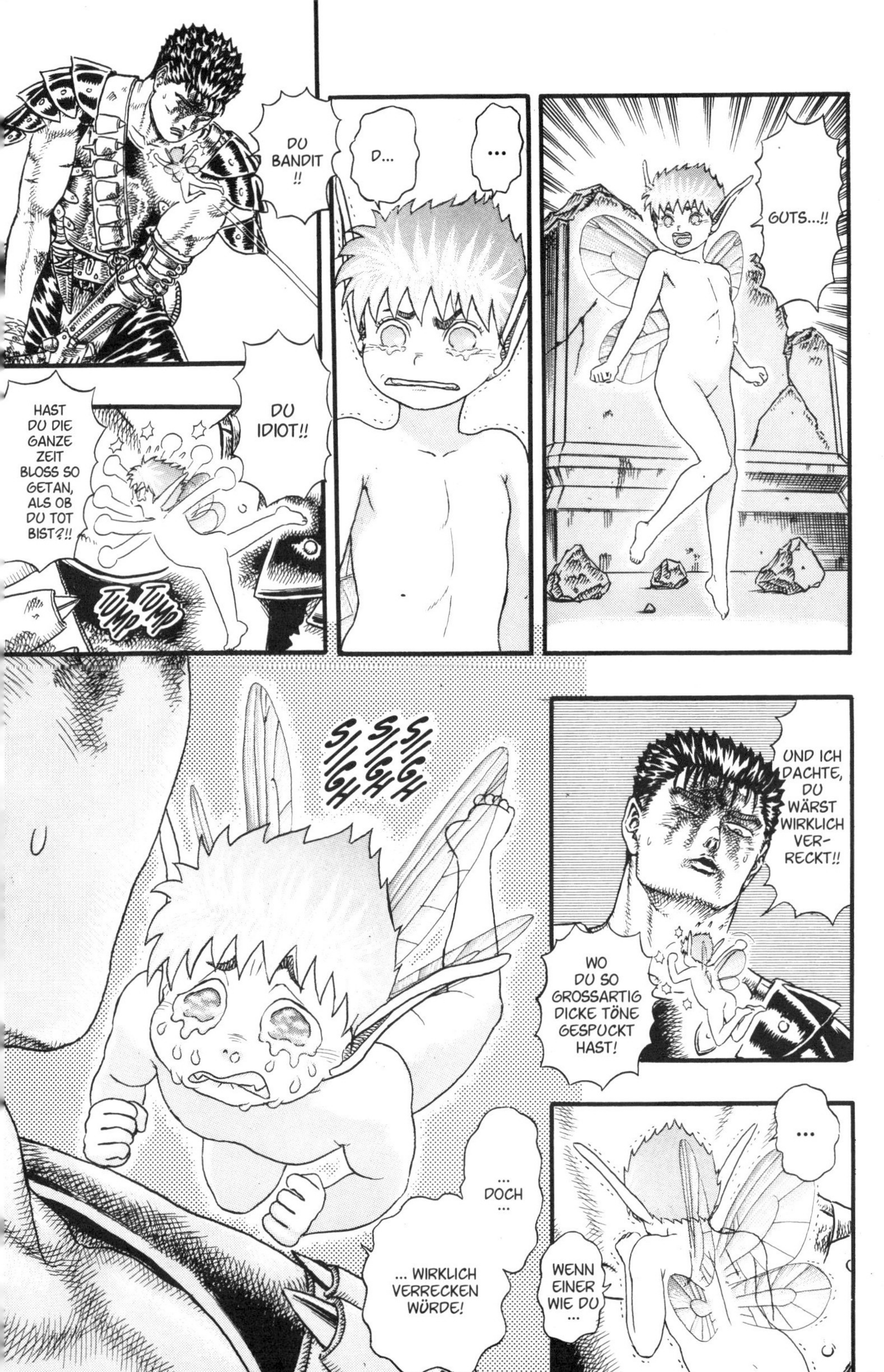
GUTS...!!
...
D...
DU BANDIT !!
DU IDIOT!!
HAST DU DIE GANZE ZEIT BLOSS SO GETAN, ALS OB DU TOT BIST?!!
TUMP TUMP
UND ICH DACHTE, DU WÄRST WIRKLICH VER-RECKT!!
WO DU SO GROSSARTIG DICKE TÖNE GESPUCKT HAST!
SIIGH SIIGH SIIGH
...
WENN EINER WIE DU ...
... DOCH ...
... WIRKLICH VERRECKEN WÜRDE!

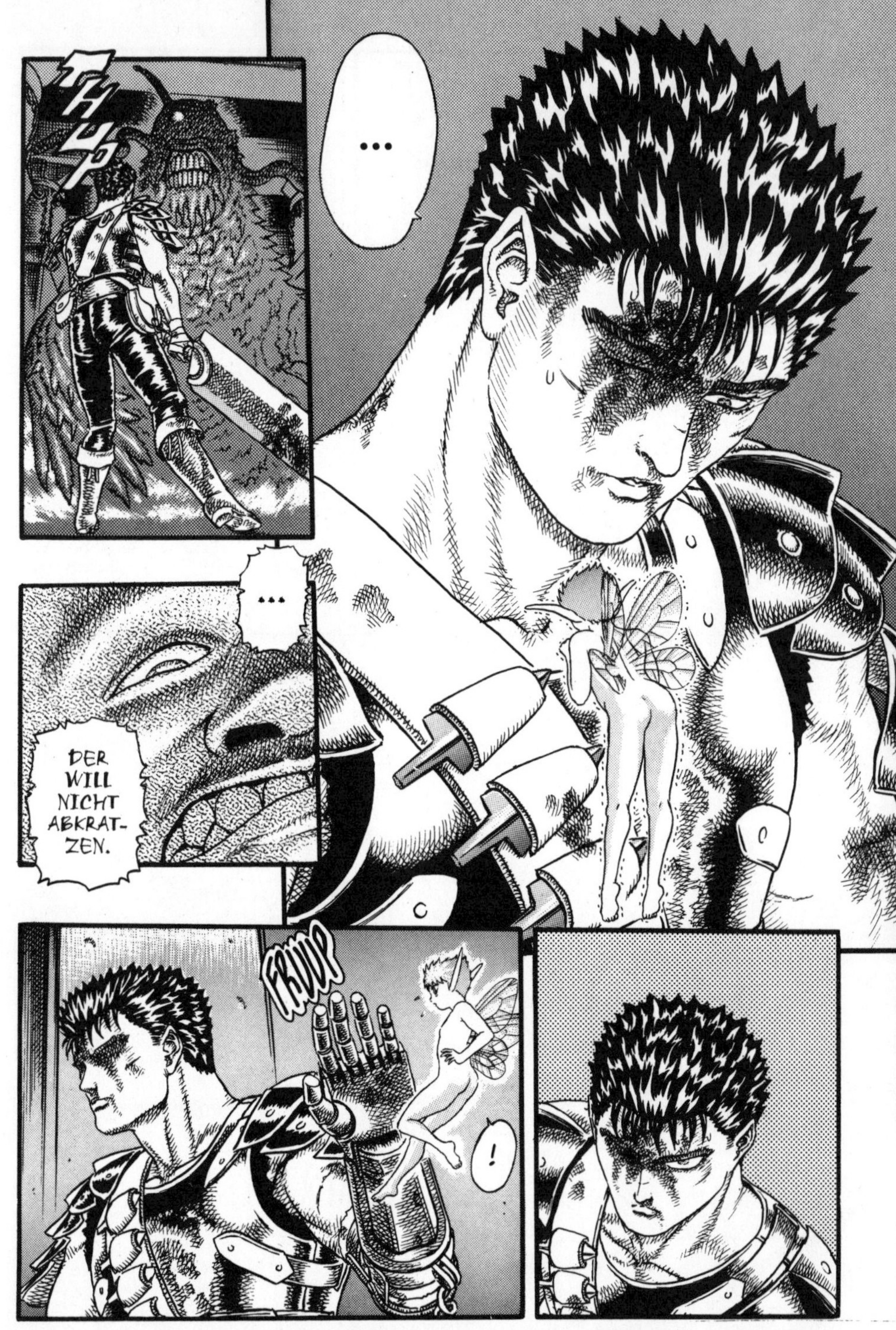
THUP
...
...
DER WILL NICHT ABKRATZEN.
FRUUP
!

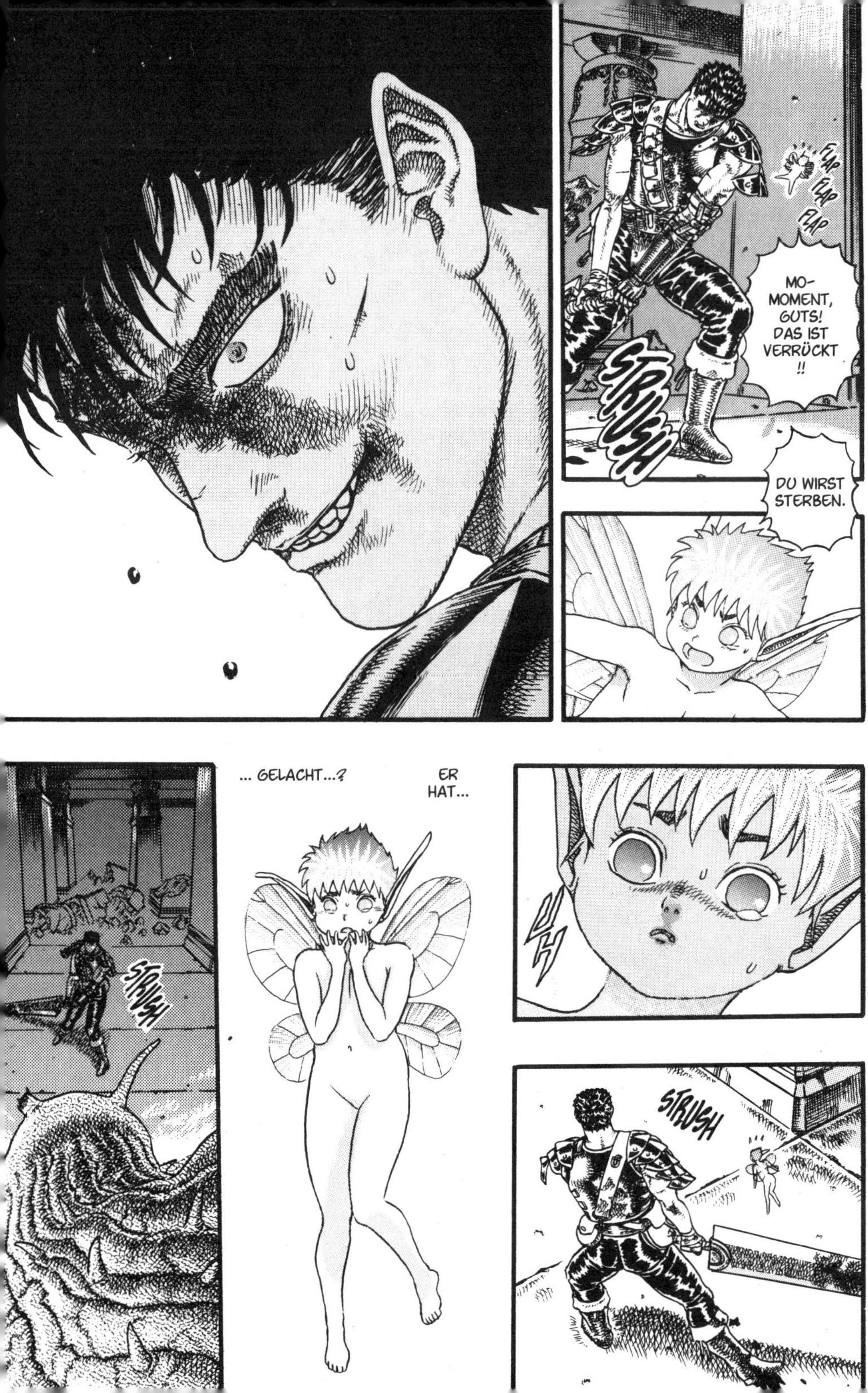

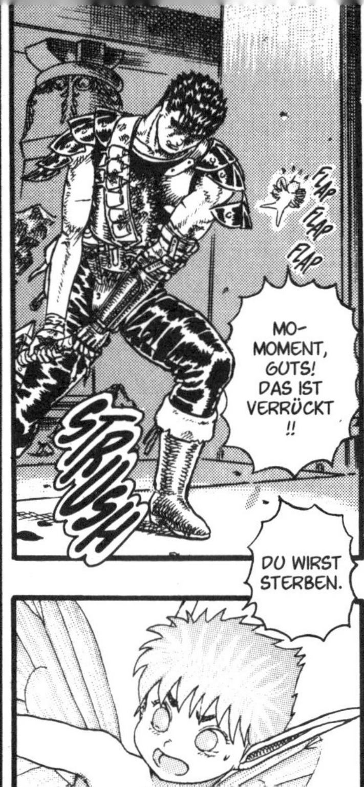
FLAP FLAP FLAP
MO-MOMENT, GUTS! DAS IST VERRÜCKT !!
STRUSH
DU WIRST STERBEN.

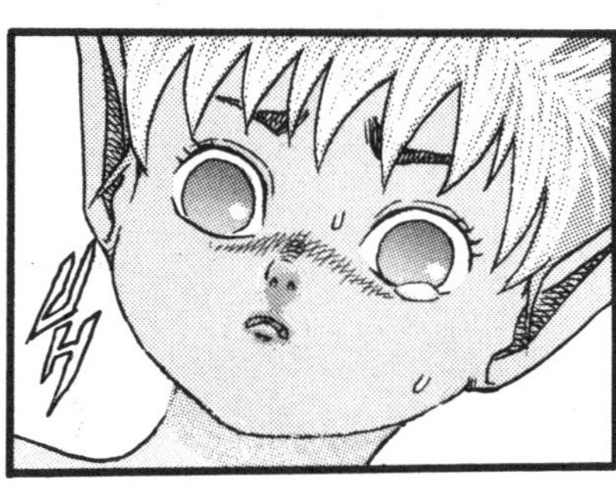

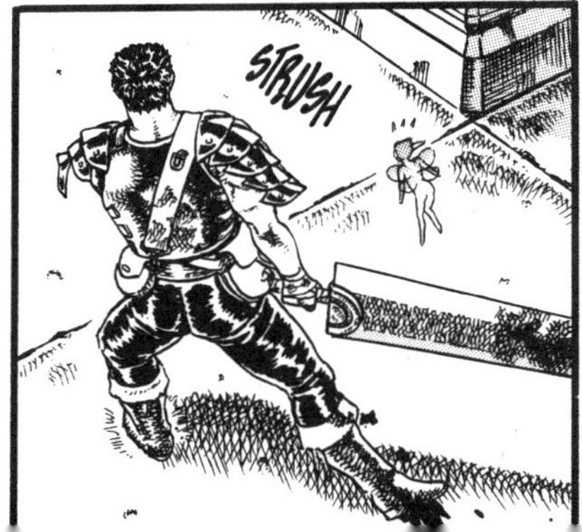
STRUSH

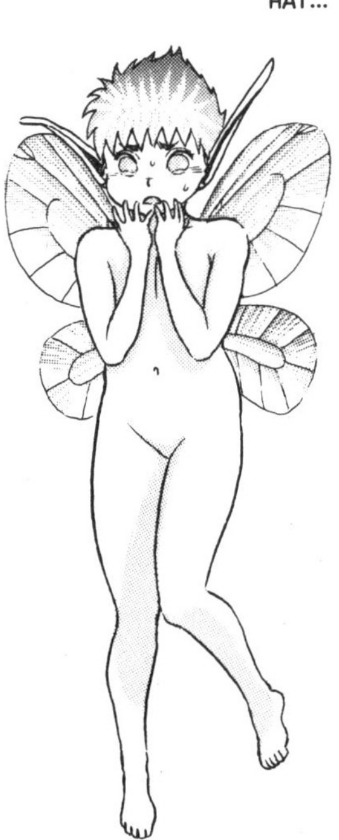
ER HAT...
... GELACHT...?

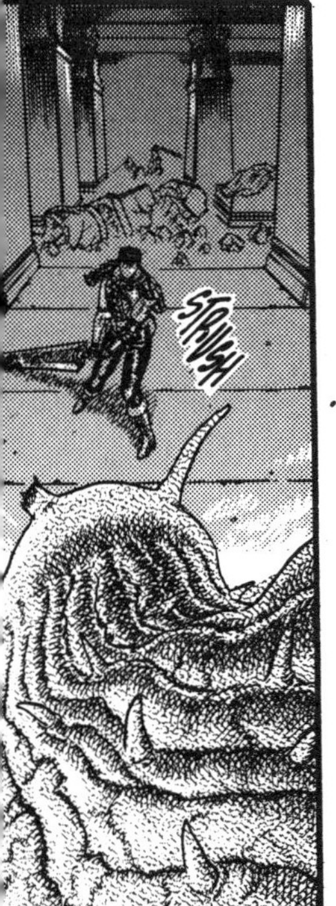
STRUSH

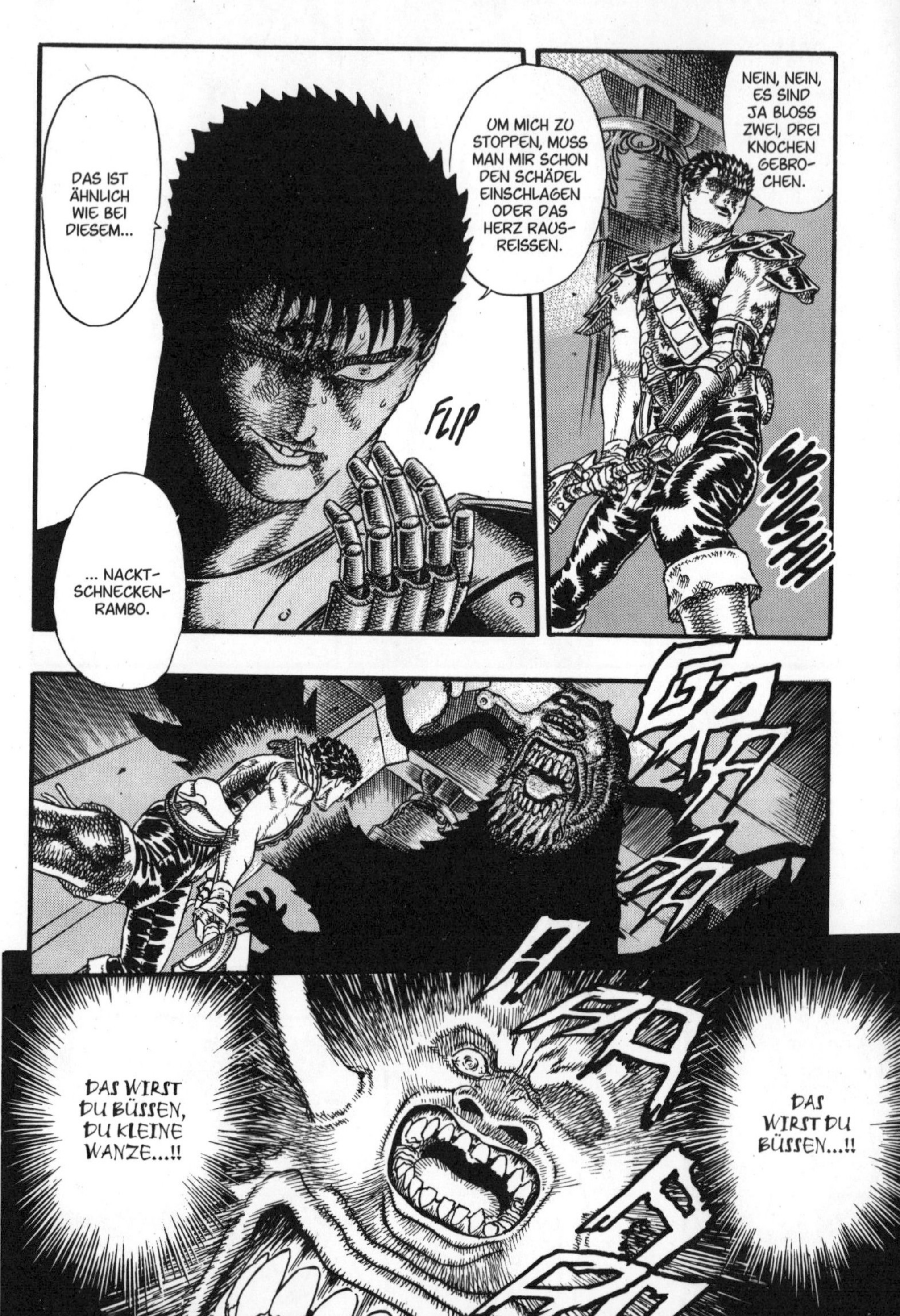
DAS IST ÄHNLICH WIE BEI DIESEM...
UM MICH ZU STOPPEN, MUSS MAN MIR SCHON DEN SCHÄDEL EINSCHLAGEN ODER DAS HERZ RAUS-REISSEN.
FLIP
... NACKT-SCHNECKEN-RAMBO.
NEIN, NEIN, ES SIND JA BLOSS ZWEI, DREI KNOCHEN GEBRO-CHEN.
WRUSHH
GOAAAAA
AAAA
DAS WIRST DU BÜSSEN, DU KLEINE WANZE...!!
DAS WIRST DU BÜSSEN...!!

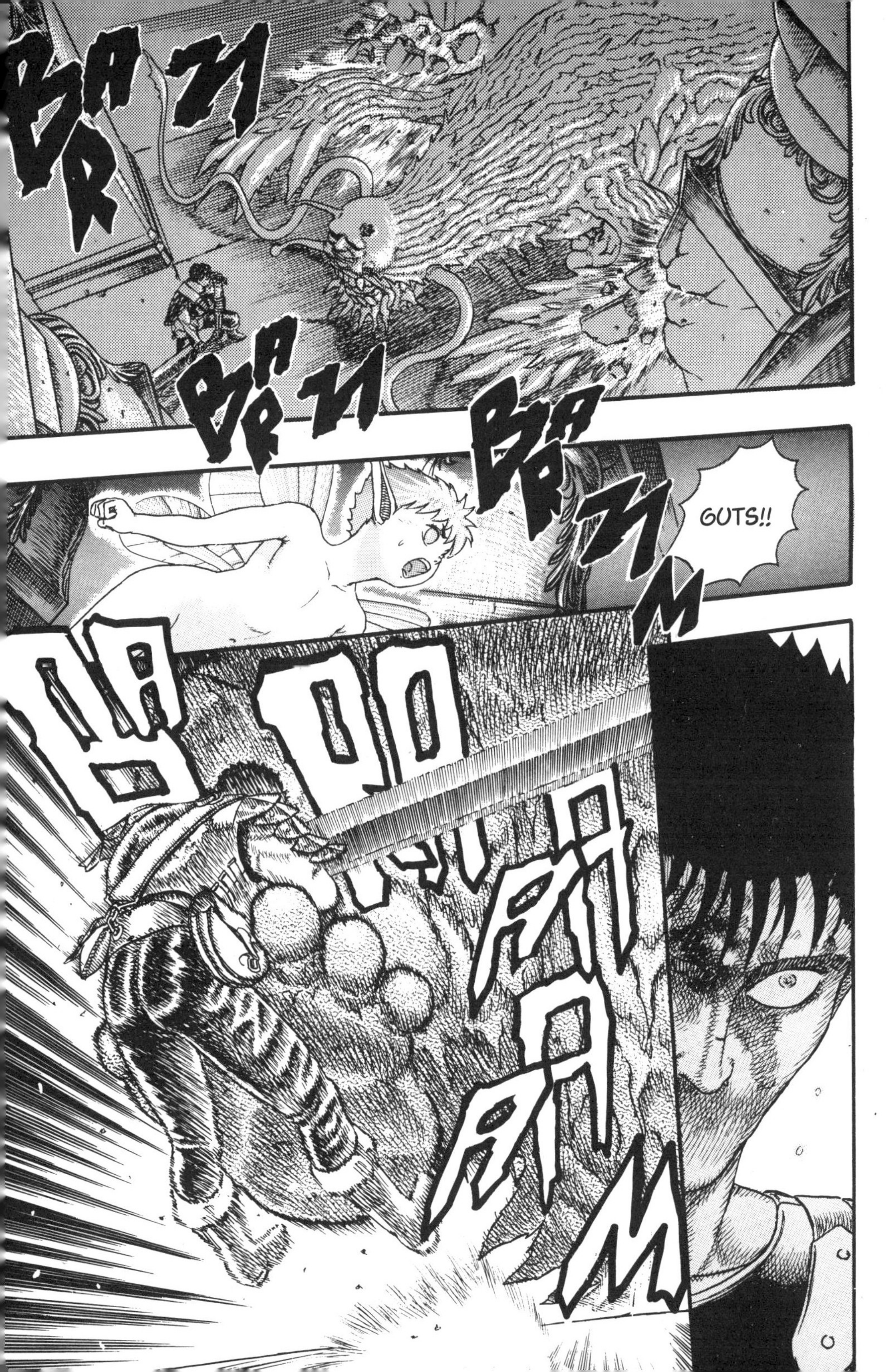
GUTS!!

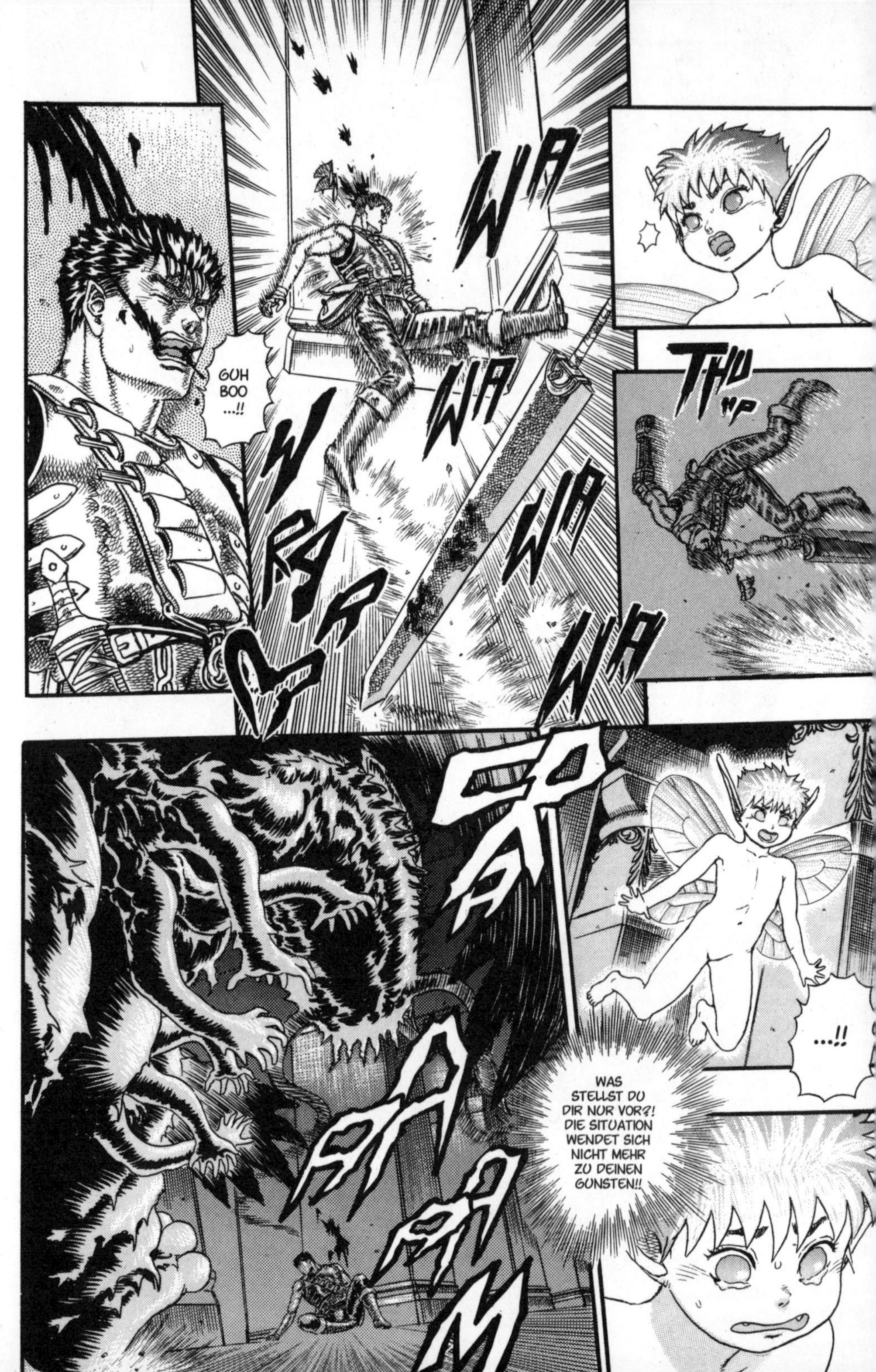

GUH BOO ...!!
THUMP
...!!
WAS STELLST DU DIR NUR VOR?! DIE SITUATION WENDET SICH NICHT MEHR ZU DEINEN GUNSTEN!!

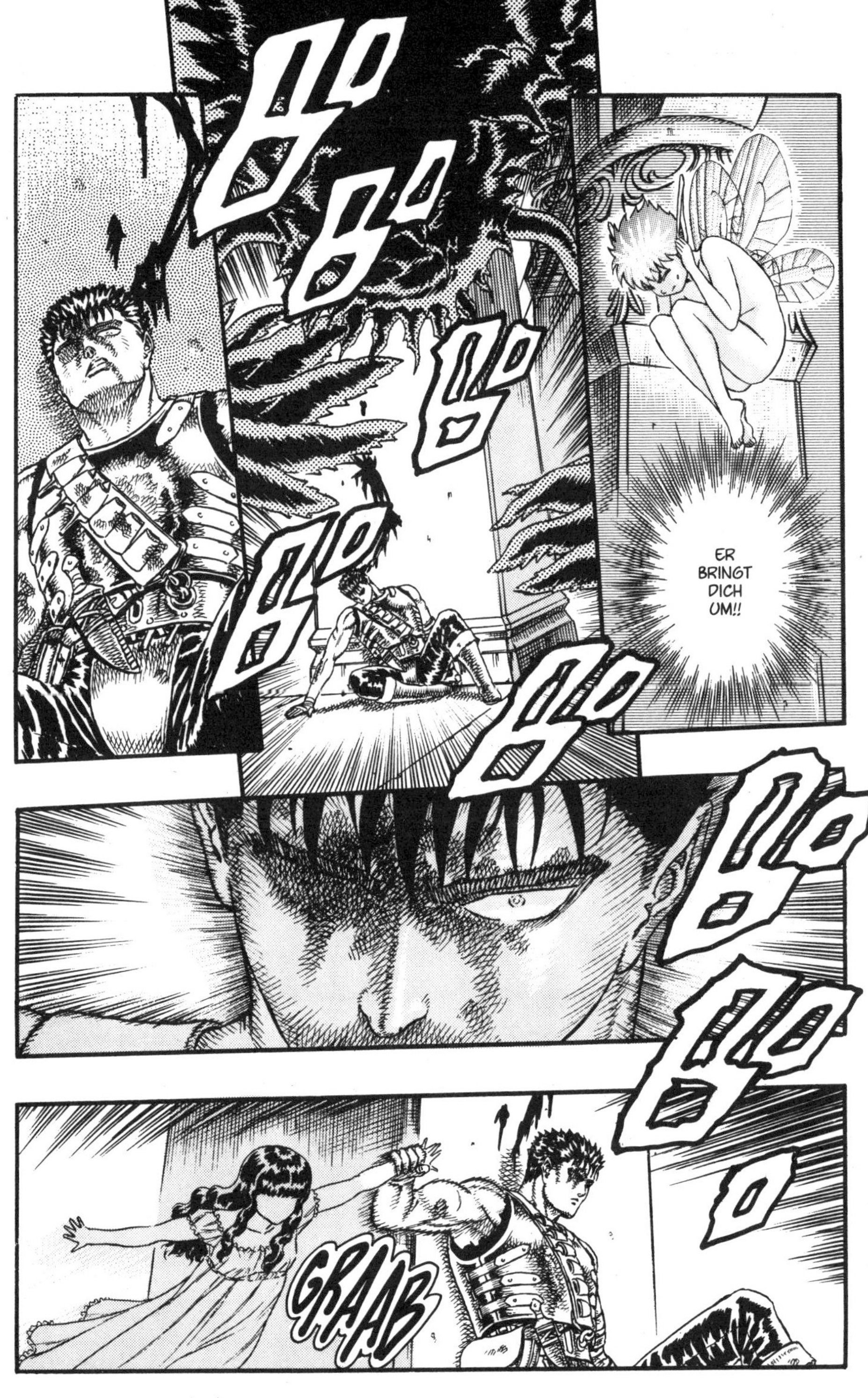

ER BRINGT DICH UM!!
GRAAB

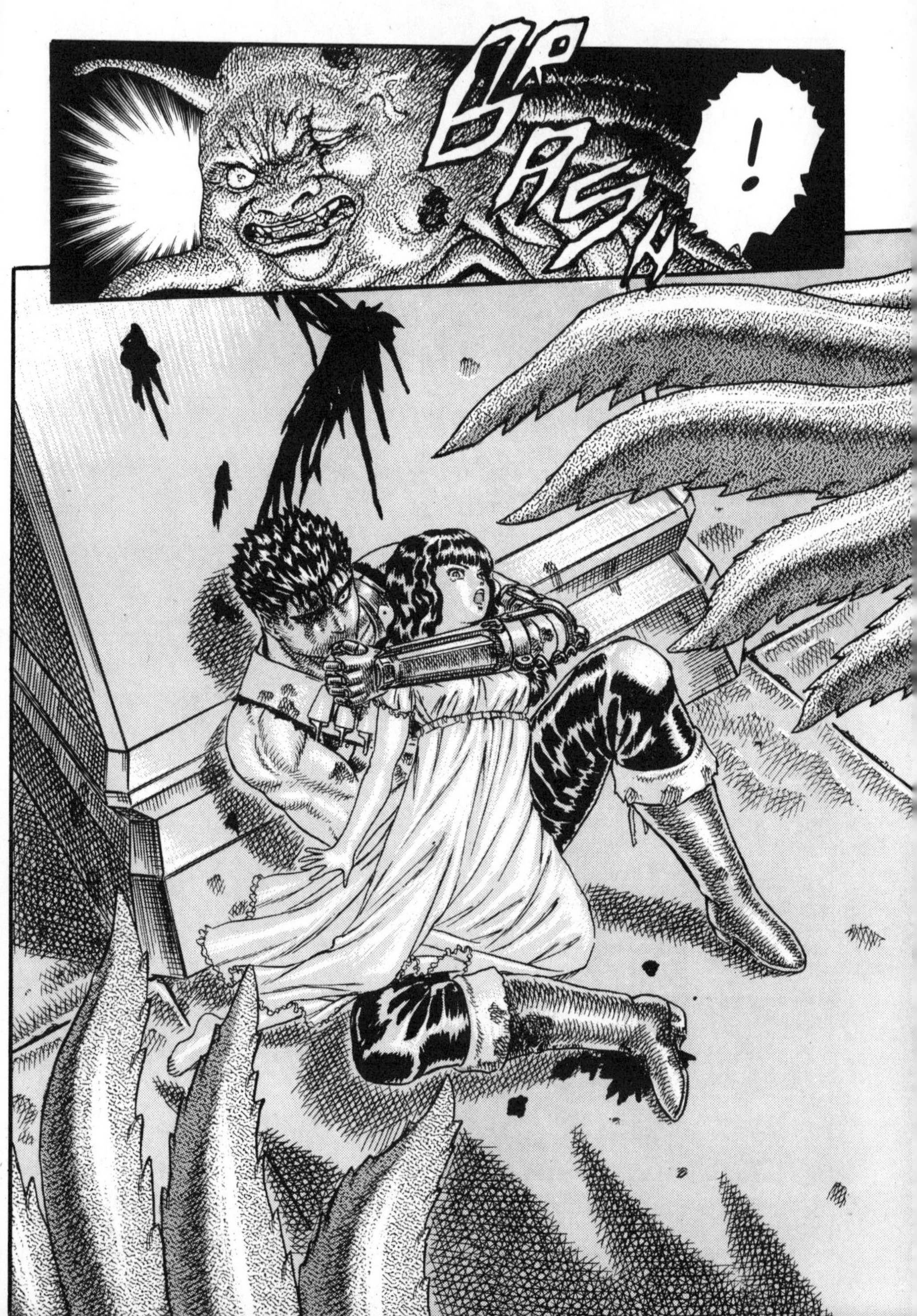
SPASH
!

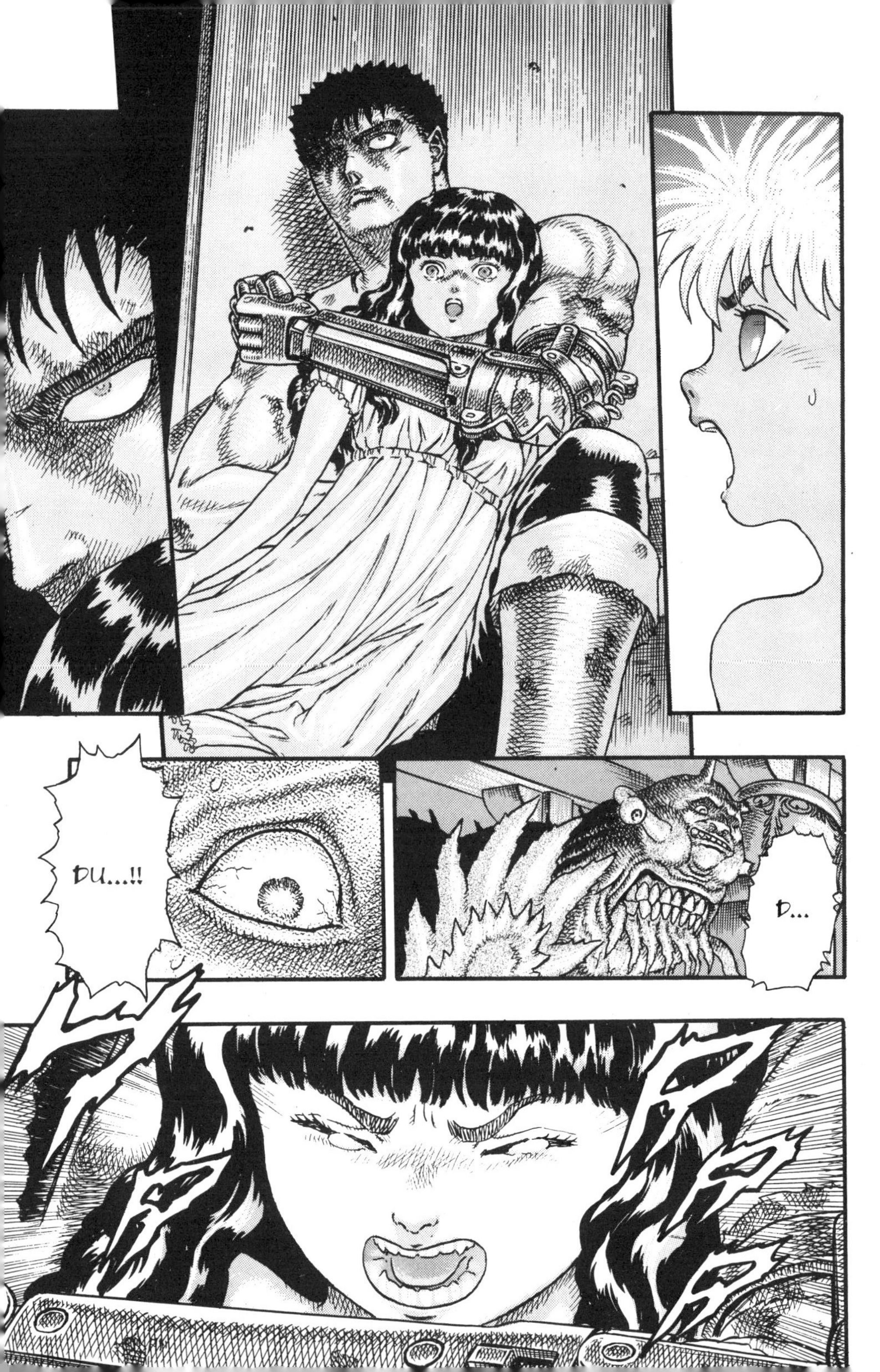

D...
DU...!!

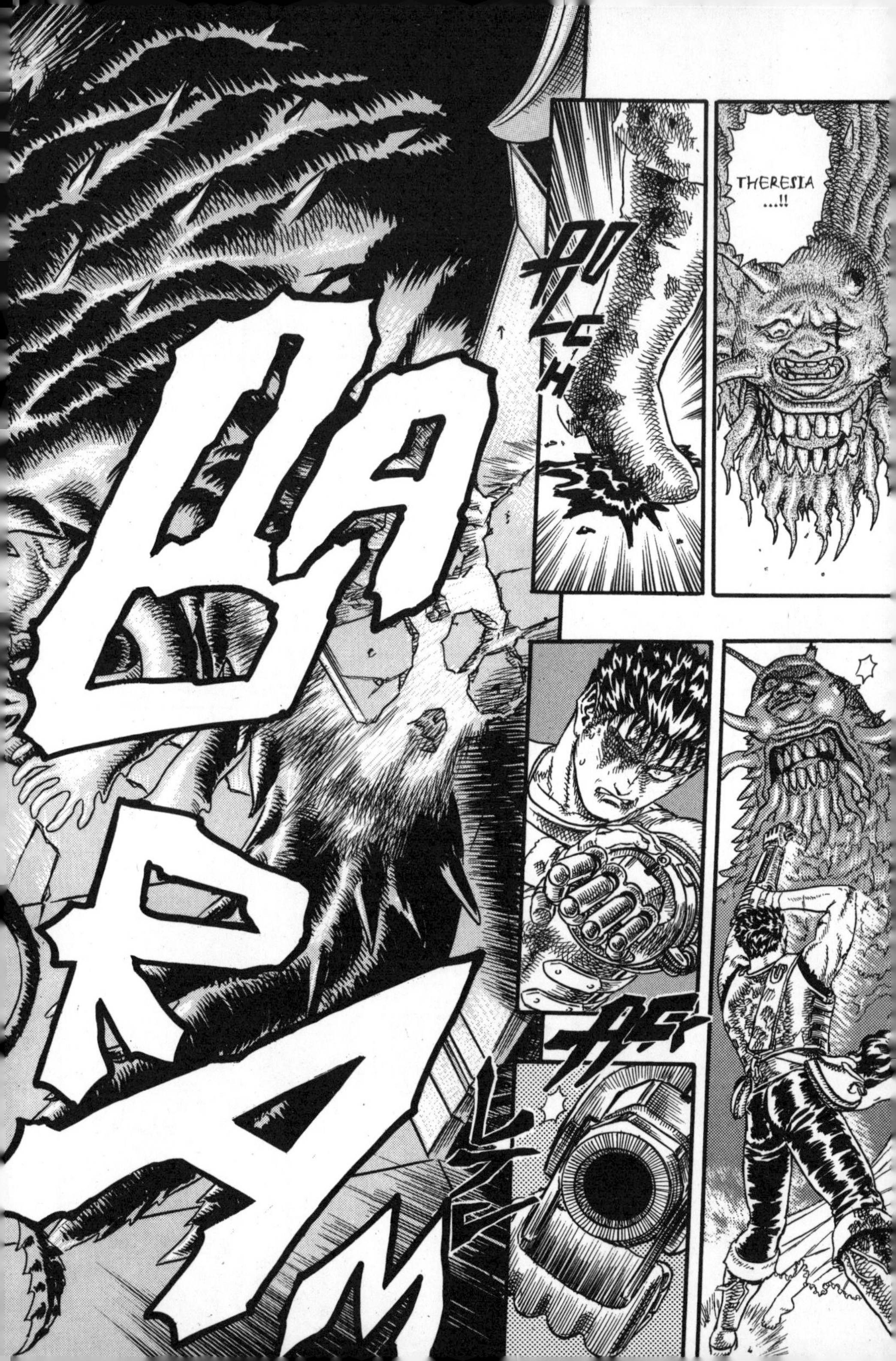
THERESIA ...!!

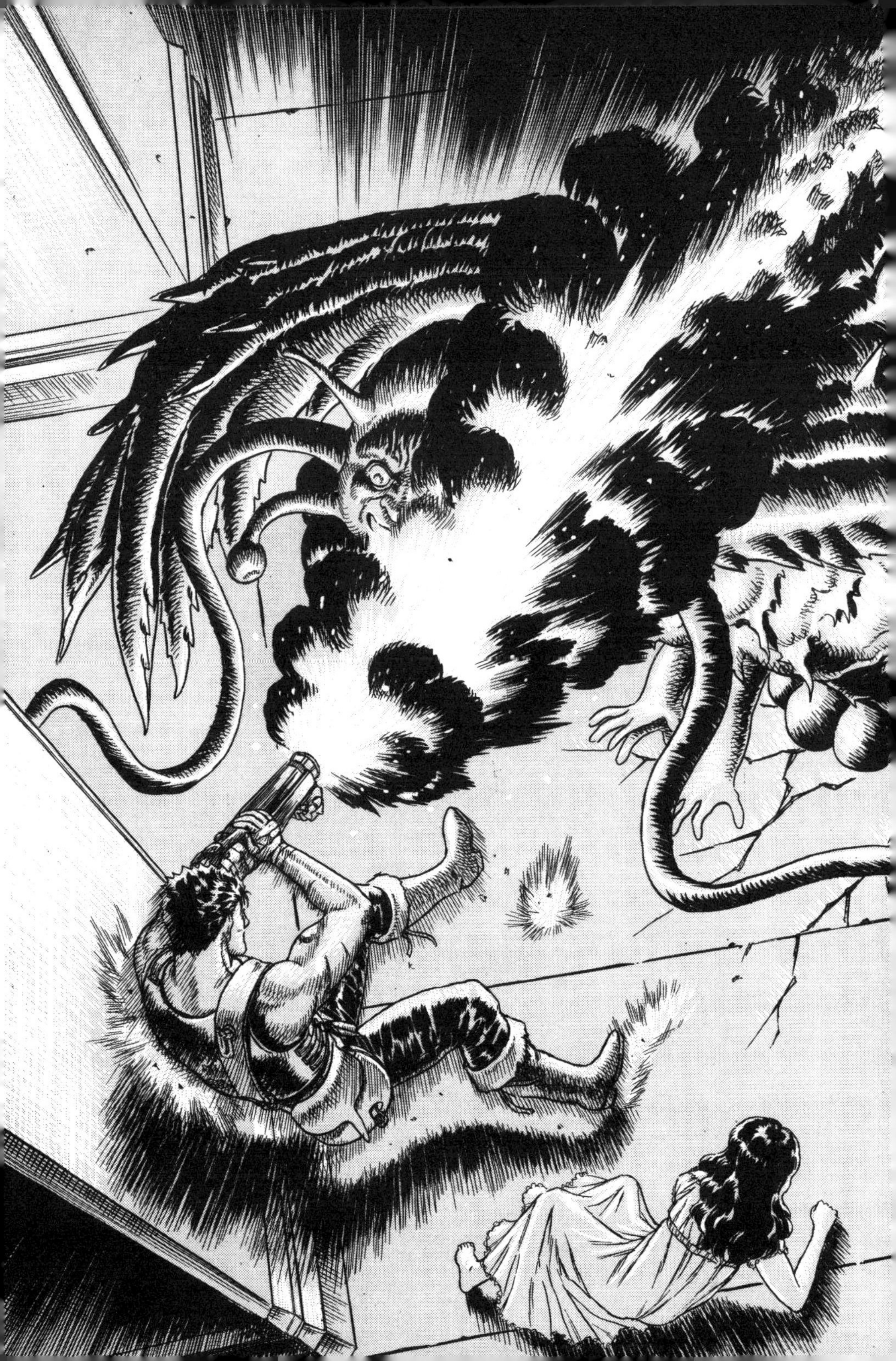

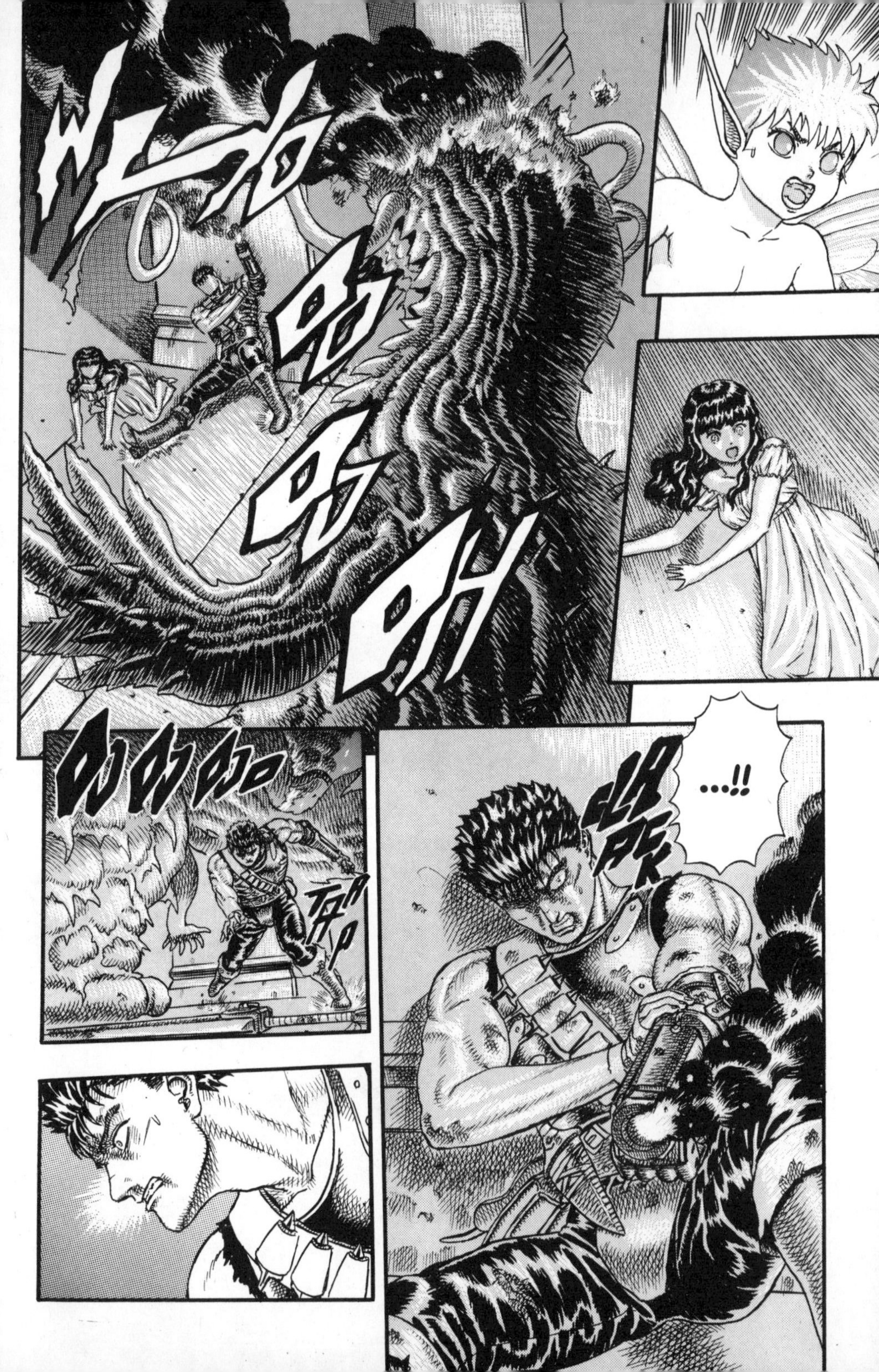

WHOOOOOH
...!!

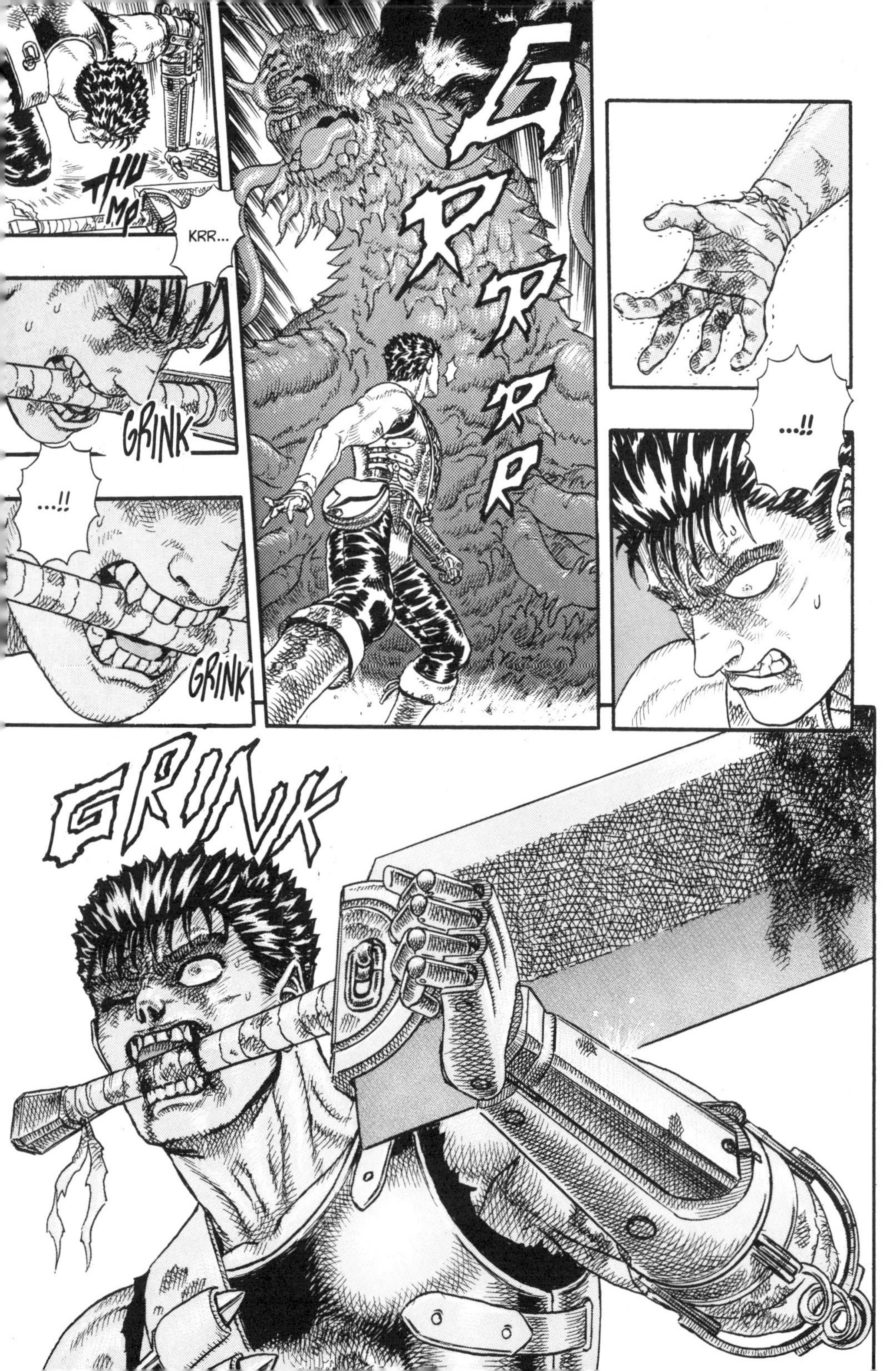

...!!
GRRRR
THUMP
KRR...
GRINK
...!!
GRINK
GRINK

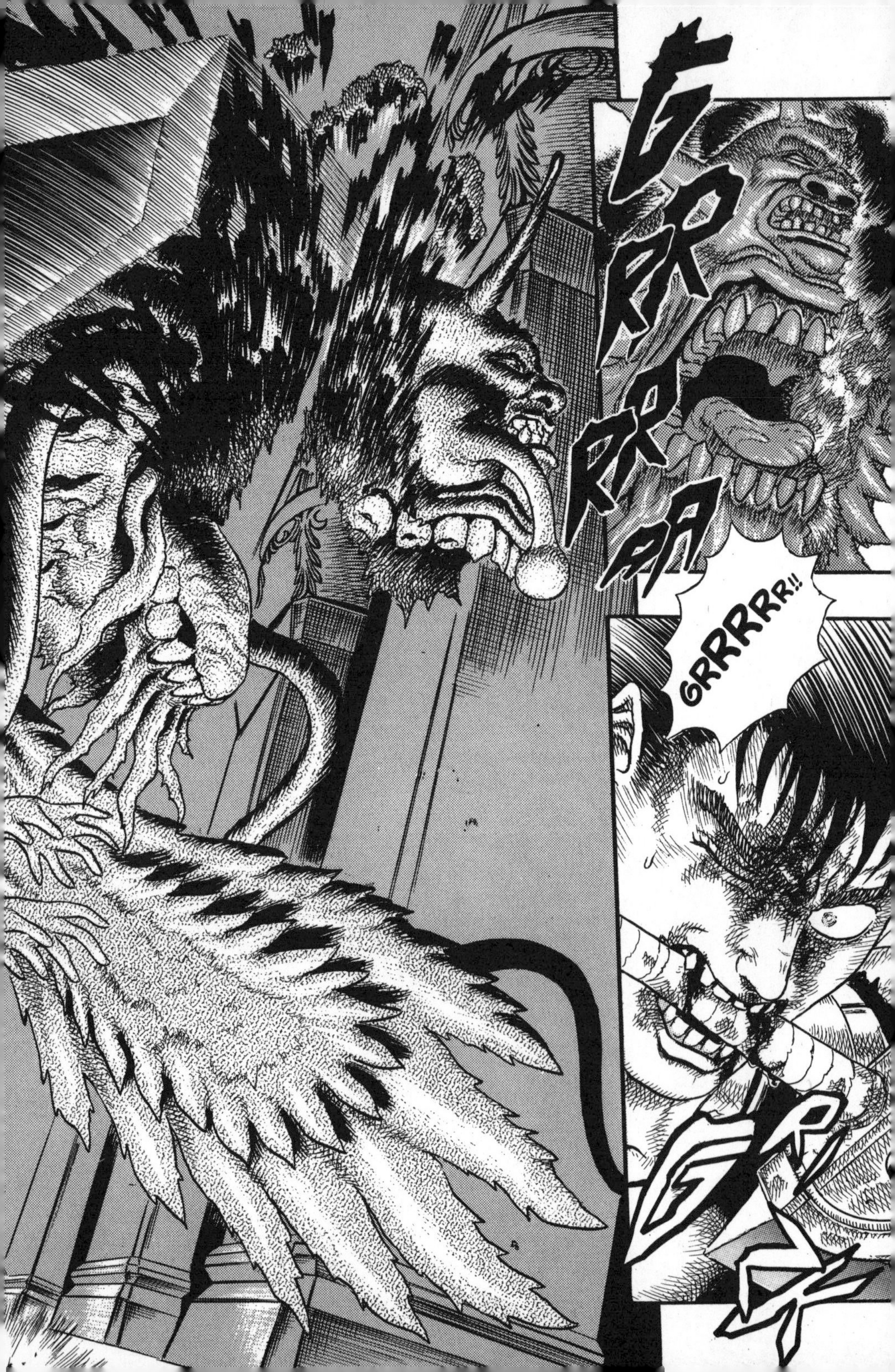

GROOOAAA
GRRRRR!!
GRIK

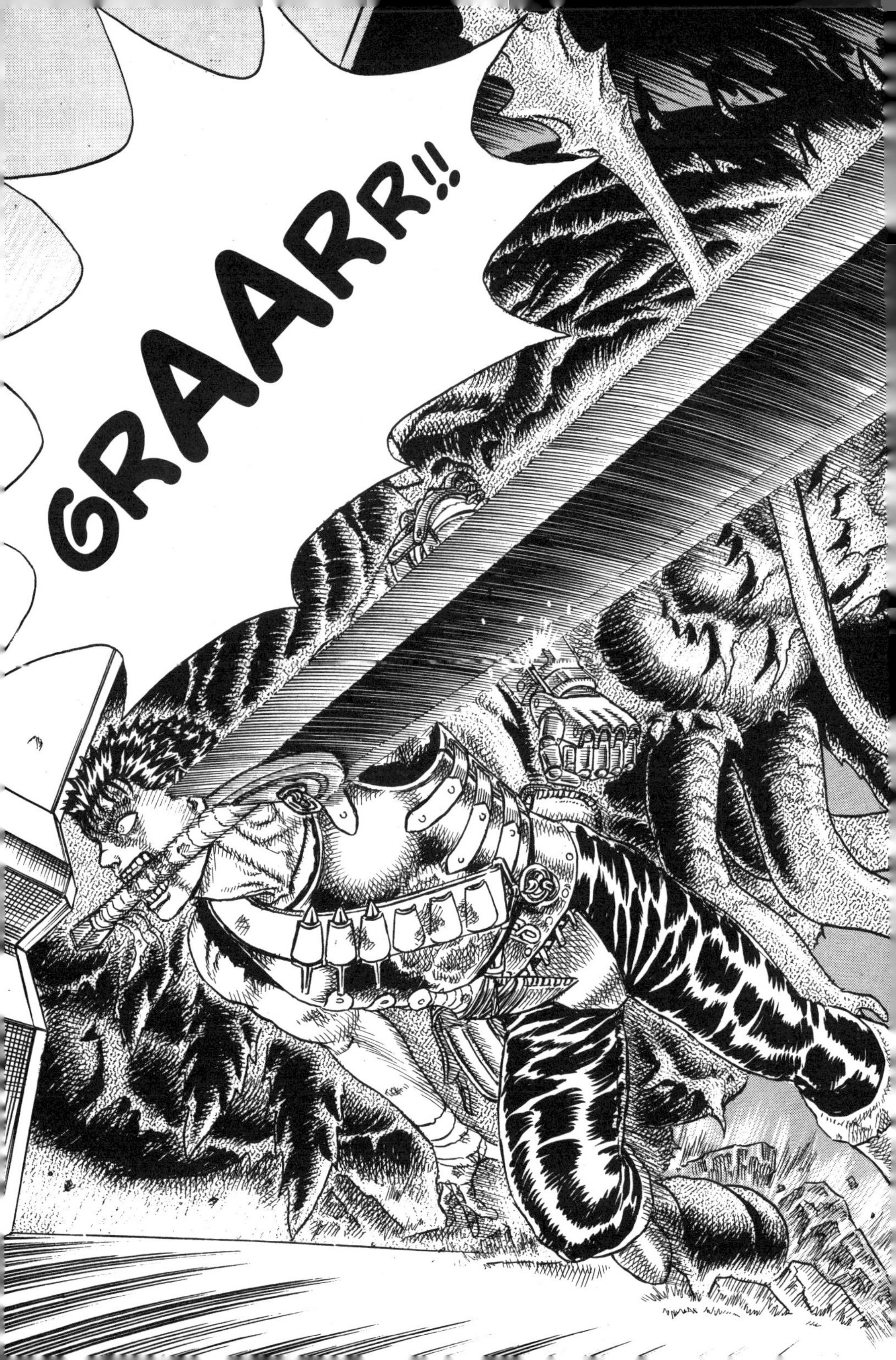
GRAARR!!

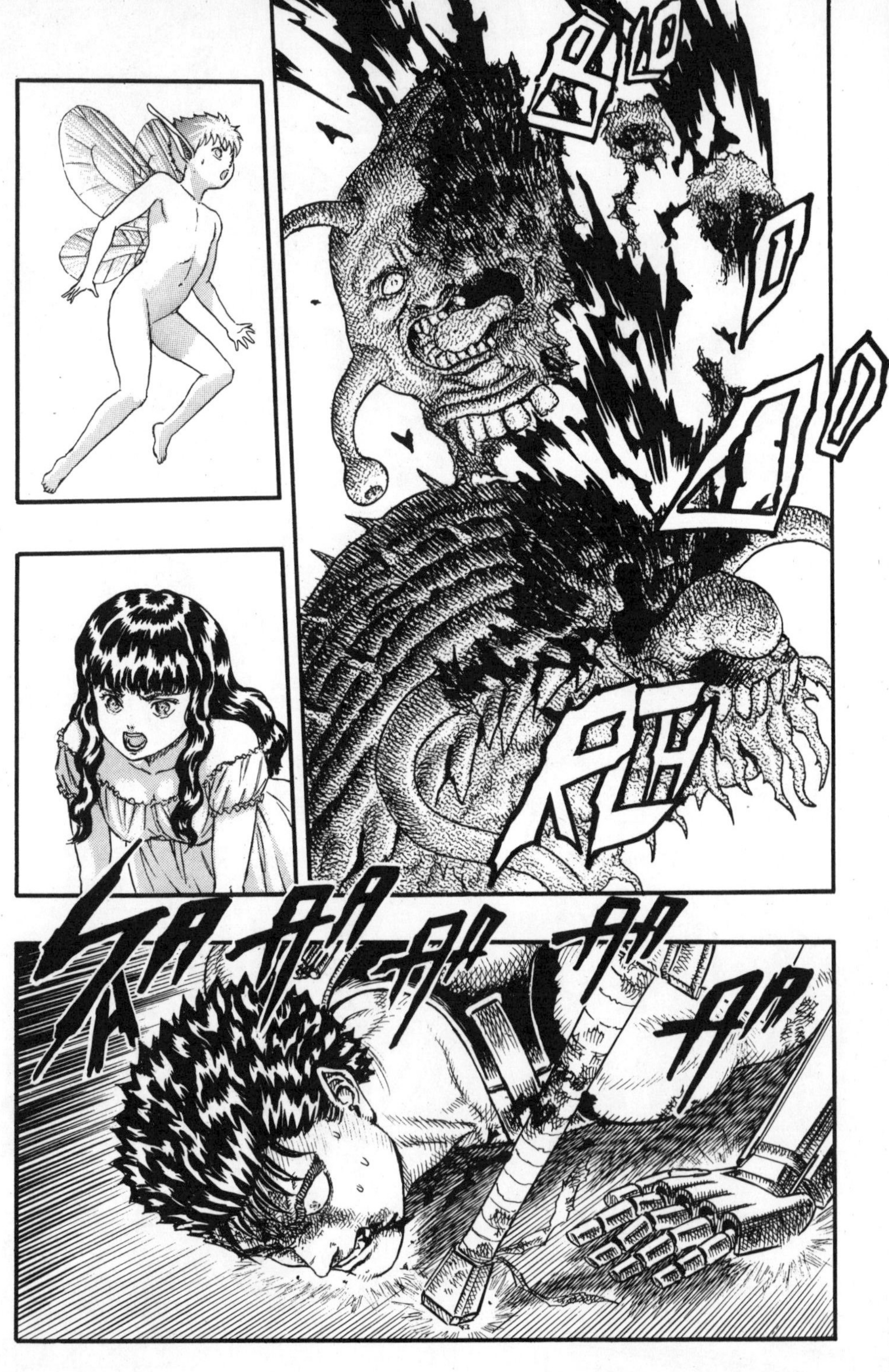

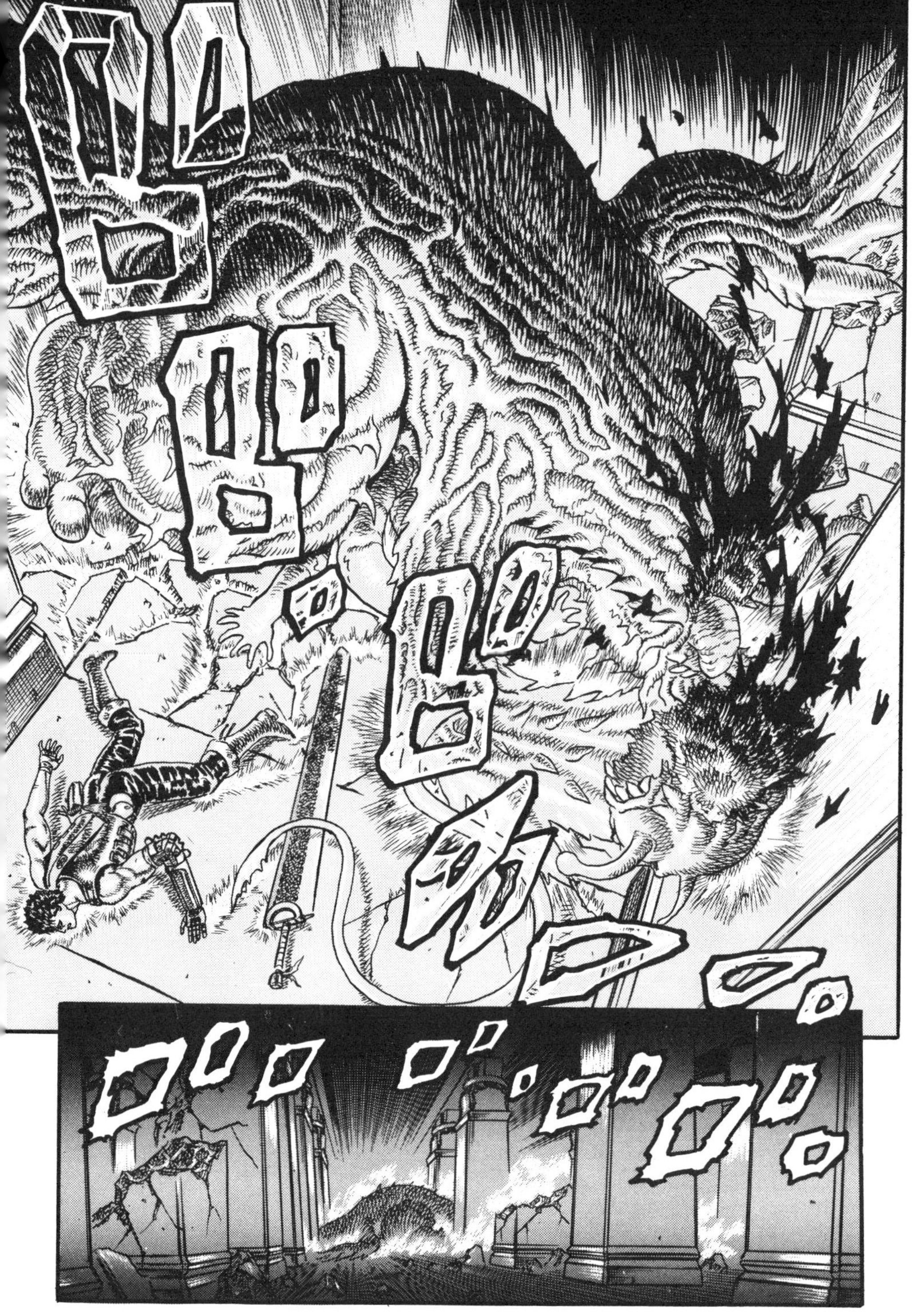

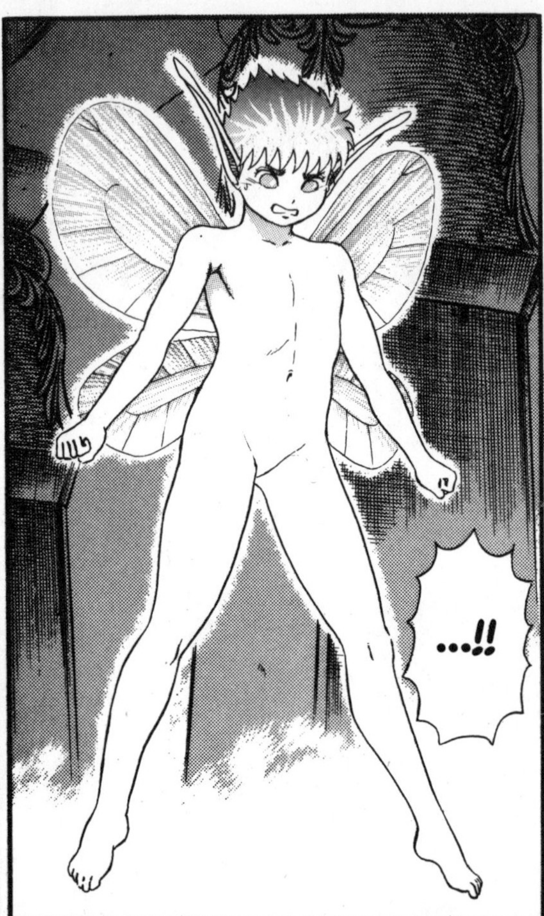
...!!

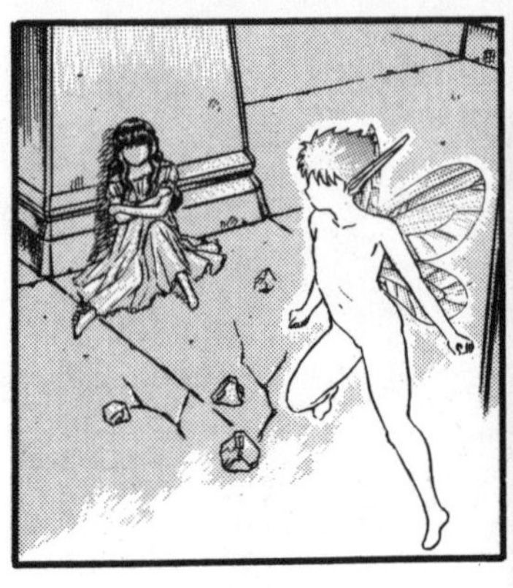

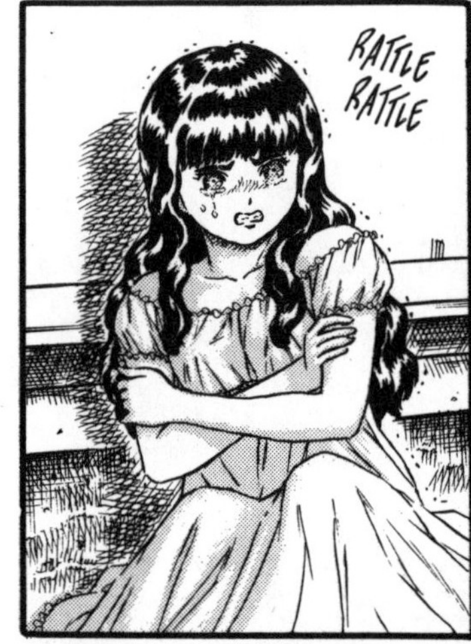
RATTLE
RATTLE

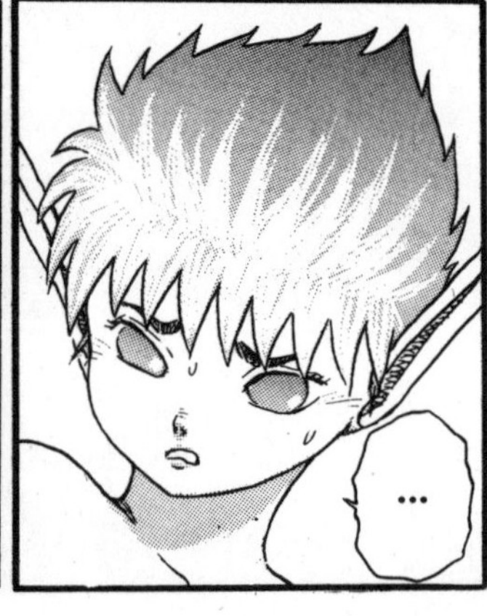
...

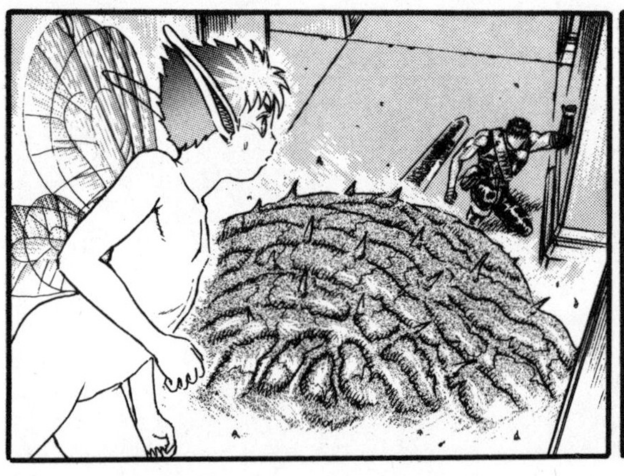

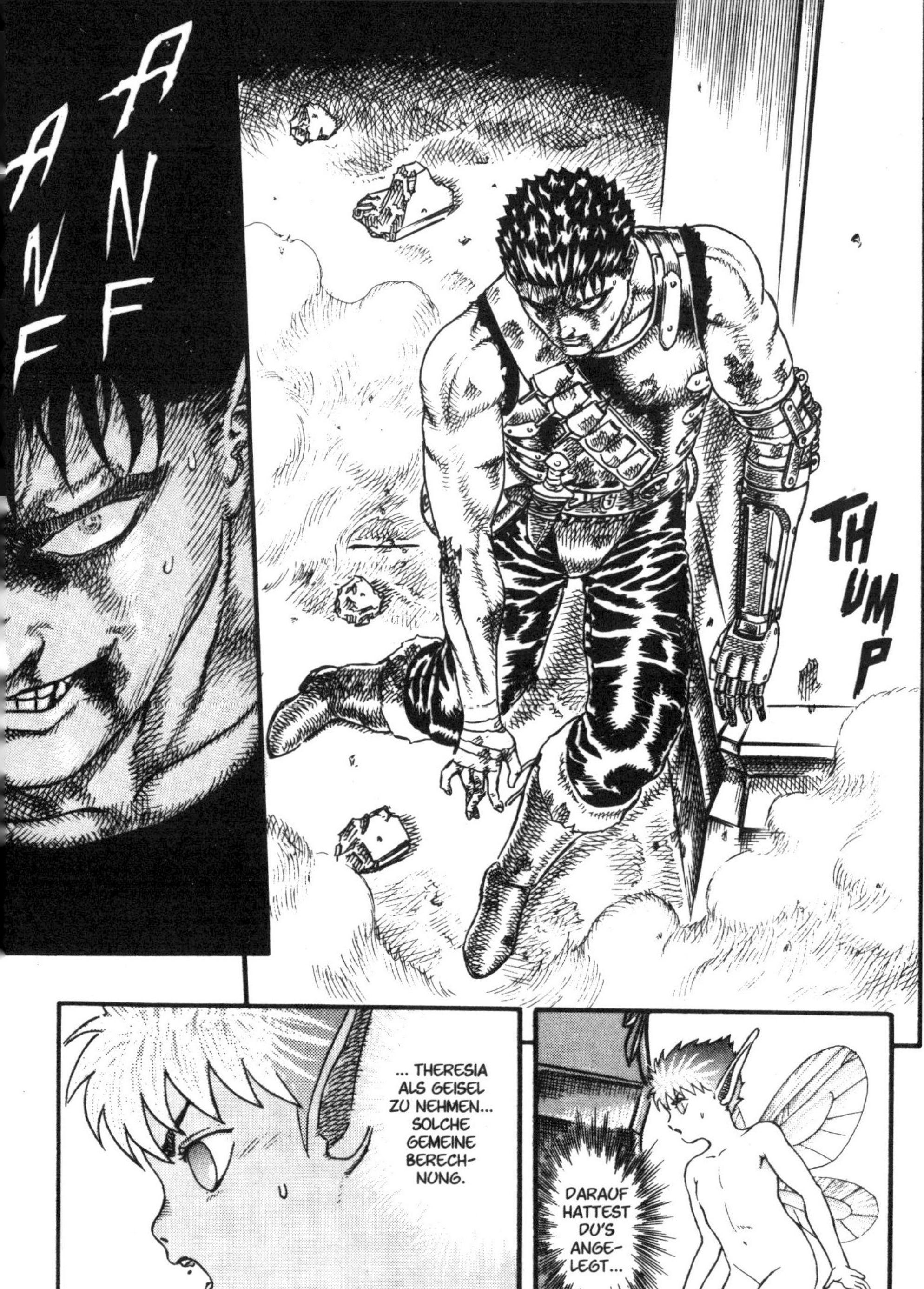
ANF
ANF
THUMP
... THERESIA ALS GEISEL ZU NEHMEN... SOLCHE GEMEINE BERECH-NUNG.
DARAUF HATTEST DU'S ANGE-LEGT...

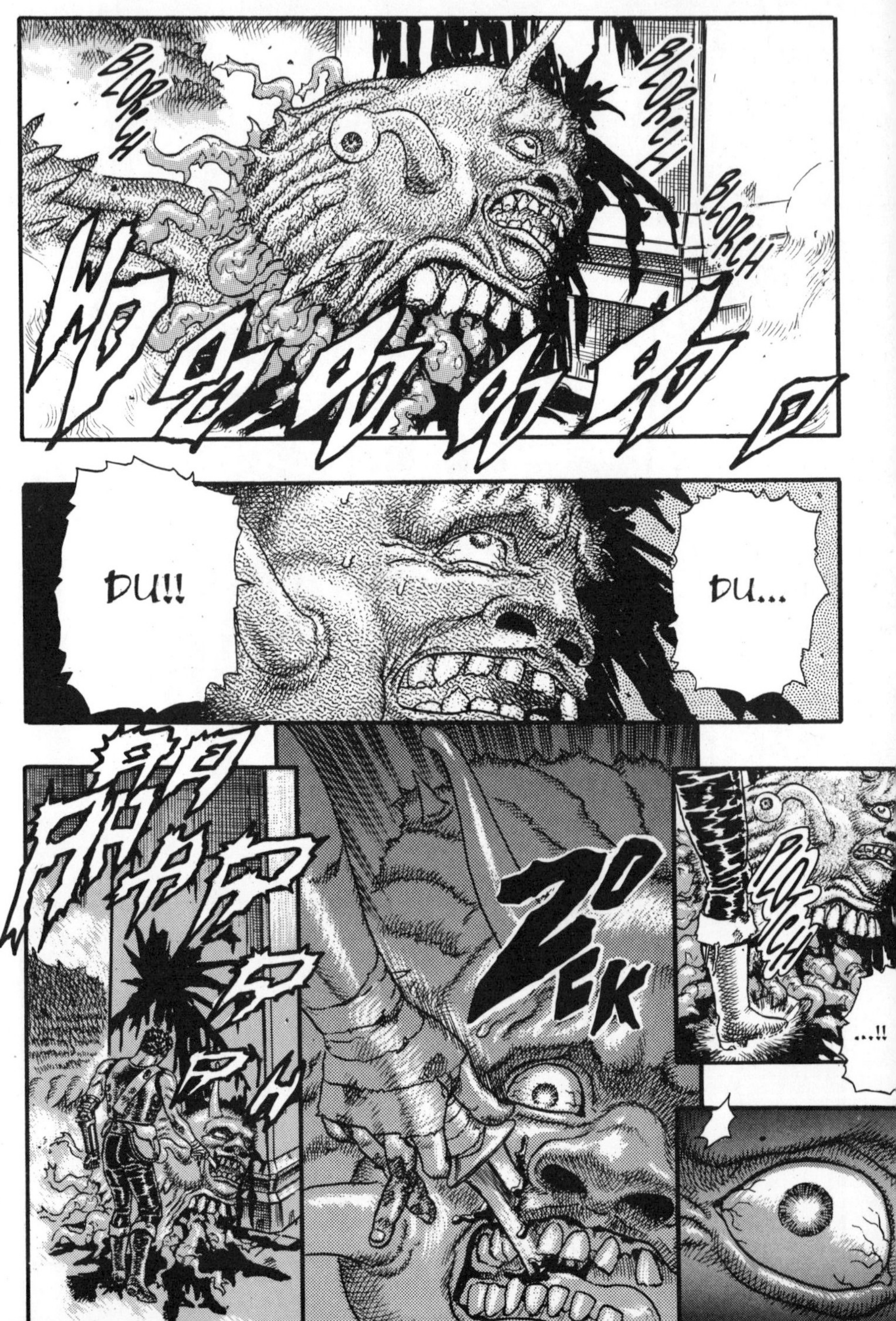

BLORCH
BLORCH
BLORCH
DU...
DU!!
ZOCK
...!!

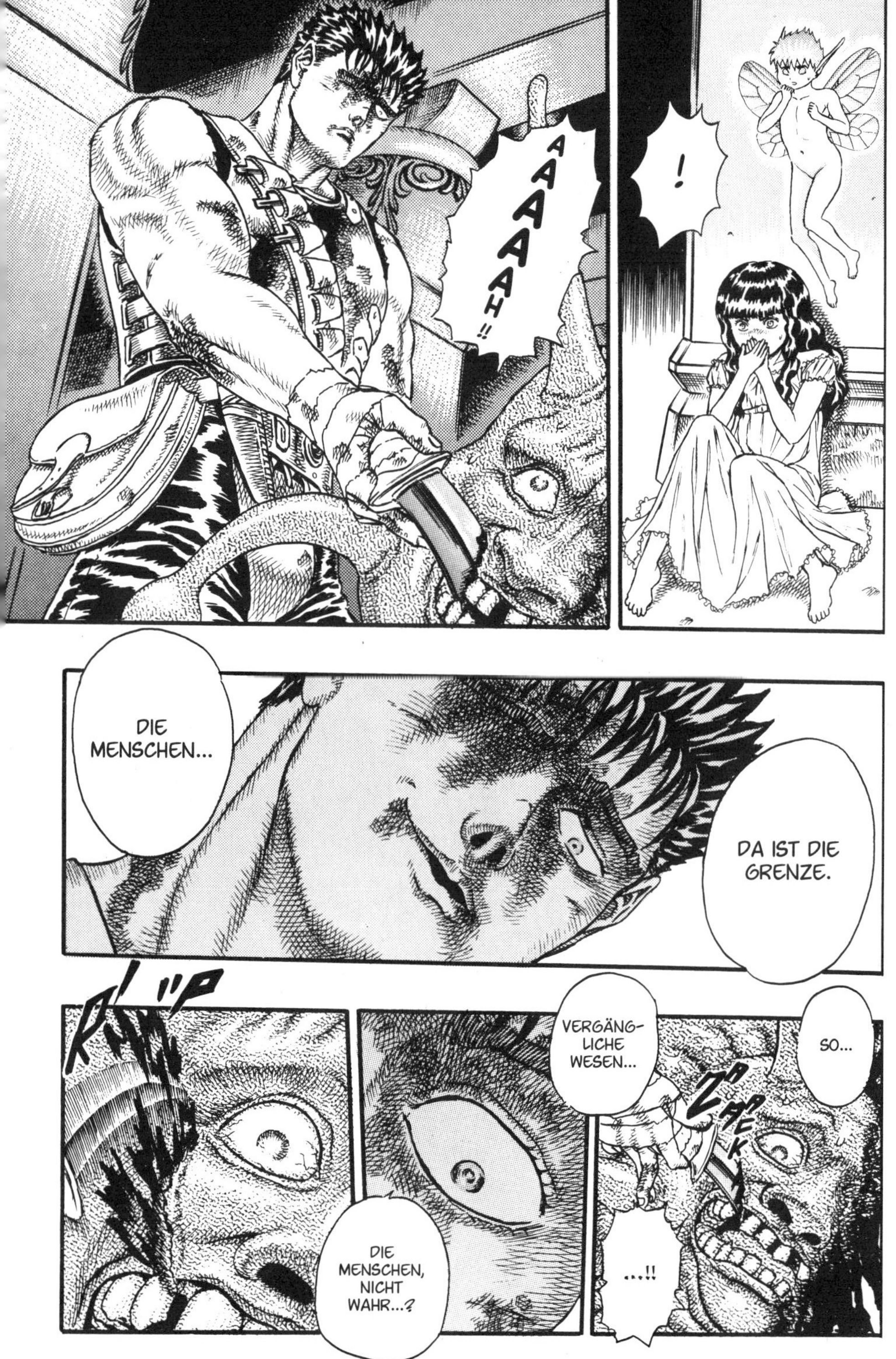
!
AAAAAAH!!
DIE MENSCHEN...
DA IST DIE GRENZE.
SO...
VERGÄNG-LICHE WESEN...
ZACK
...!!
DIE MENSCHEN, NICHT WAHR...?

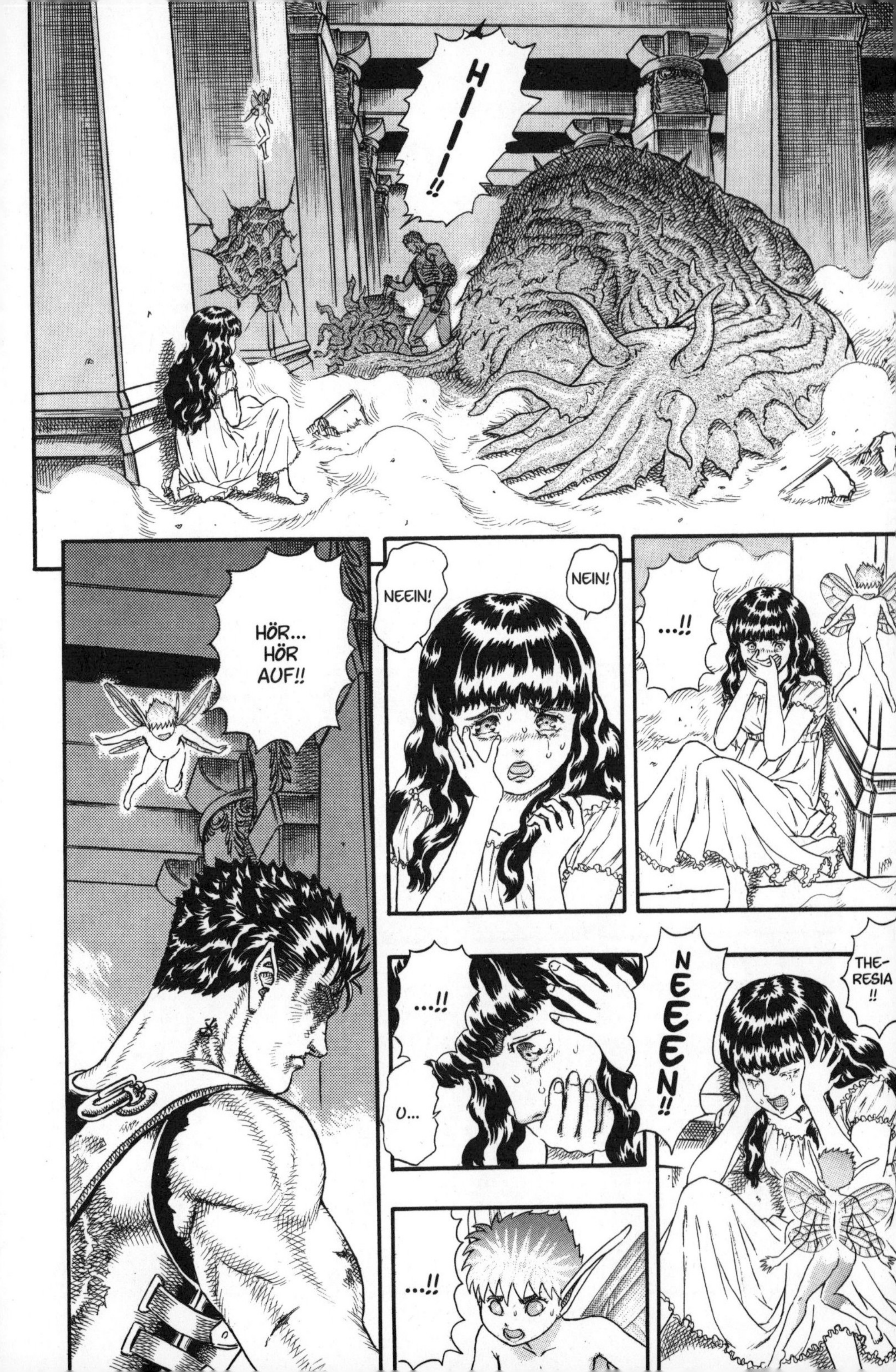

HIIII!!
...!!
NEIN!
NEEIN!
THE-RESIA!!
NEEEEN!!
...!!
U...
...!!
HÖR... HÖR AUF!!

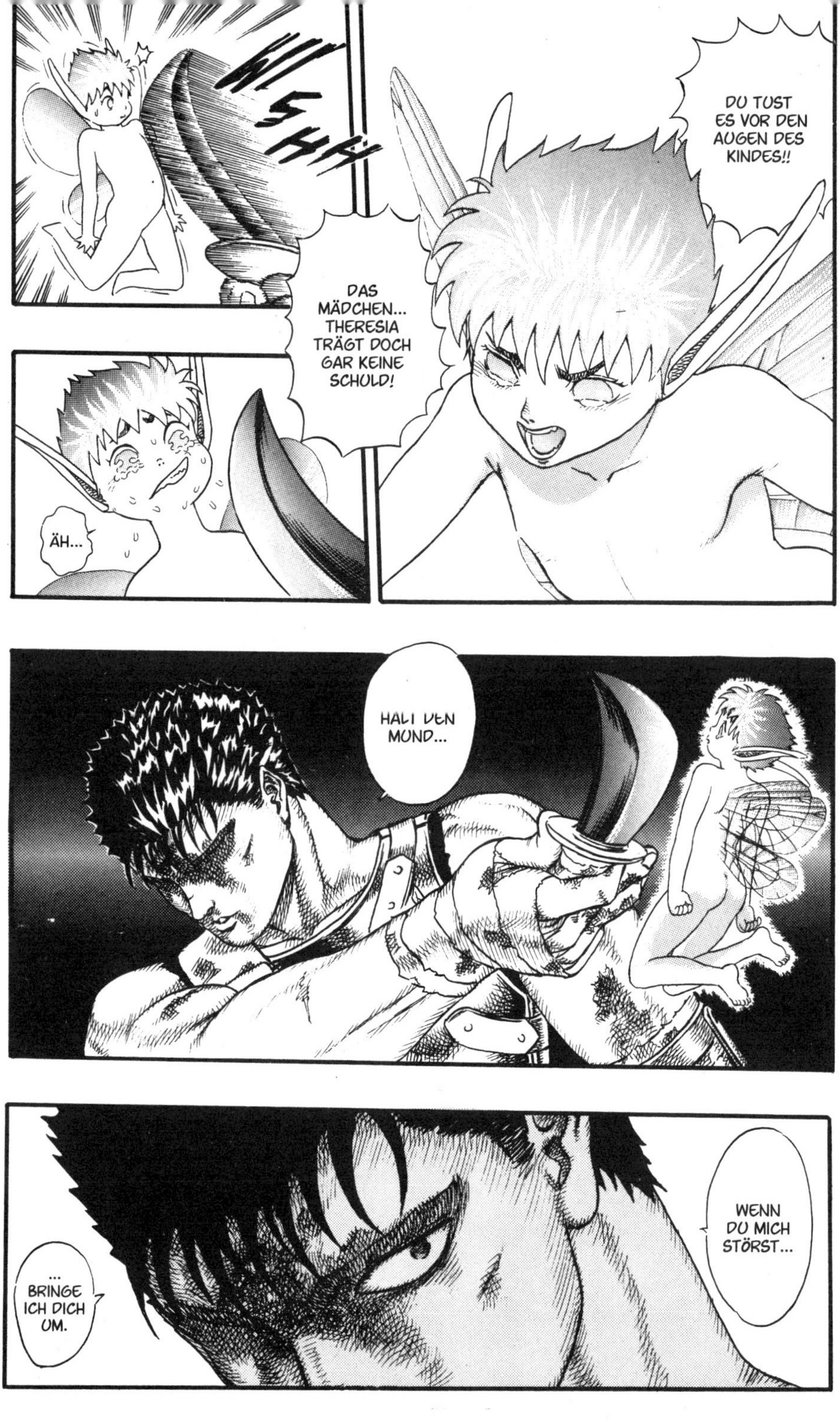

DU TUST ES VOR DEN AUGEN DES KINDES!!

DAS MÄDCHEN... THERESIA TRÄGT DOCH GAR KEINE SCHULD!

WISHH

ÄH...

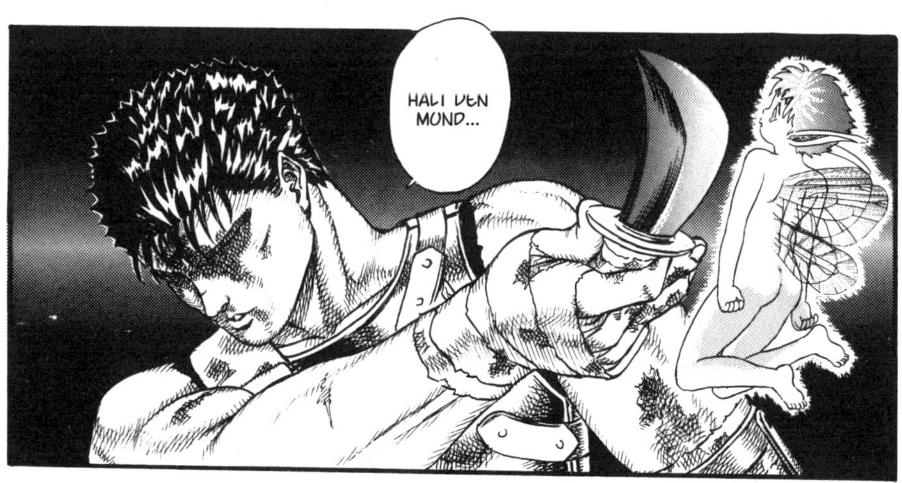

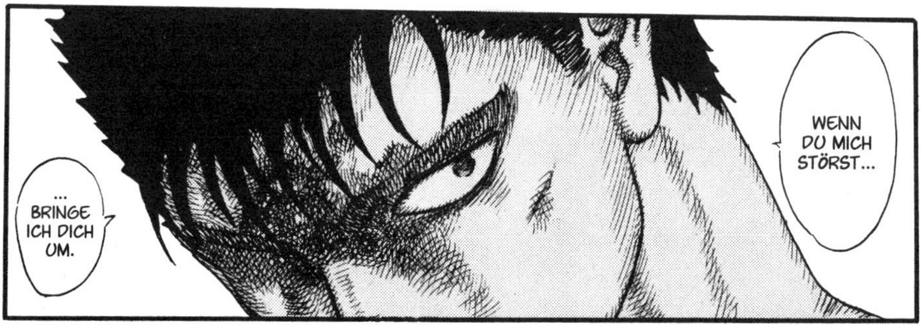

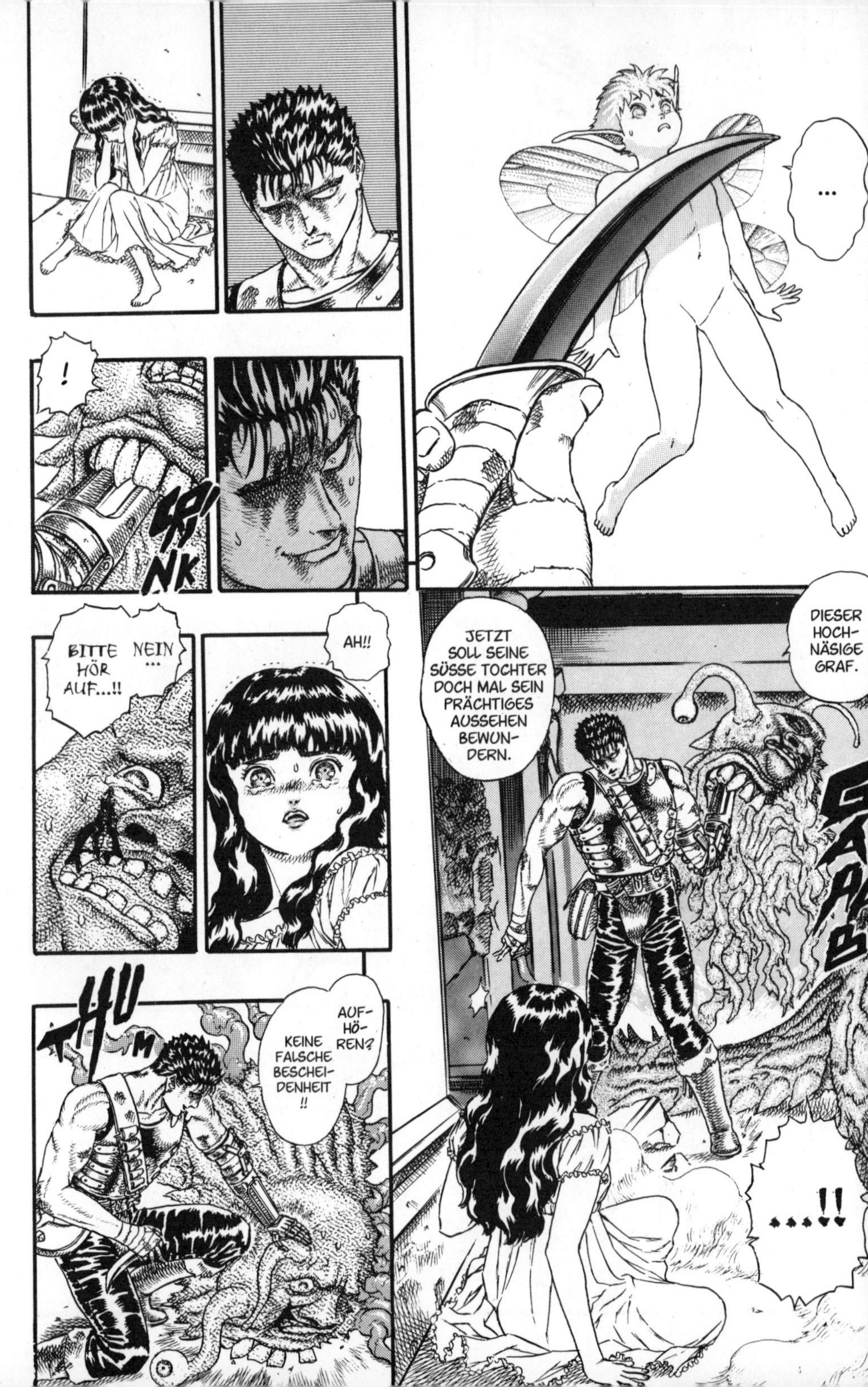
...
!
DIESER HOCHNÄSIGE GRAF.
JETZT SOLL SEINE SÜSSE TOCHTER DOCH MAL SEIN PRÄCHTIGES AUSSEHEN BEWUNDERN.
...!!
AH!!
NEIN ...
BITTE HÖR AUF...!!
AUFHÖREN?
KEINE FALSCHE BESCHEIDENHEIT!!
THUM

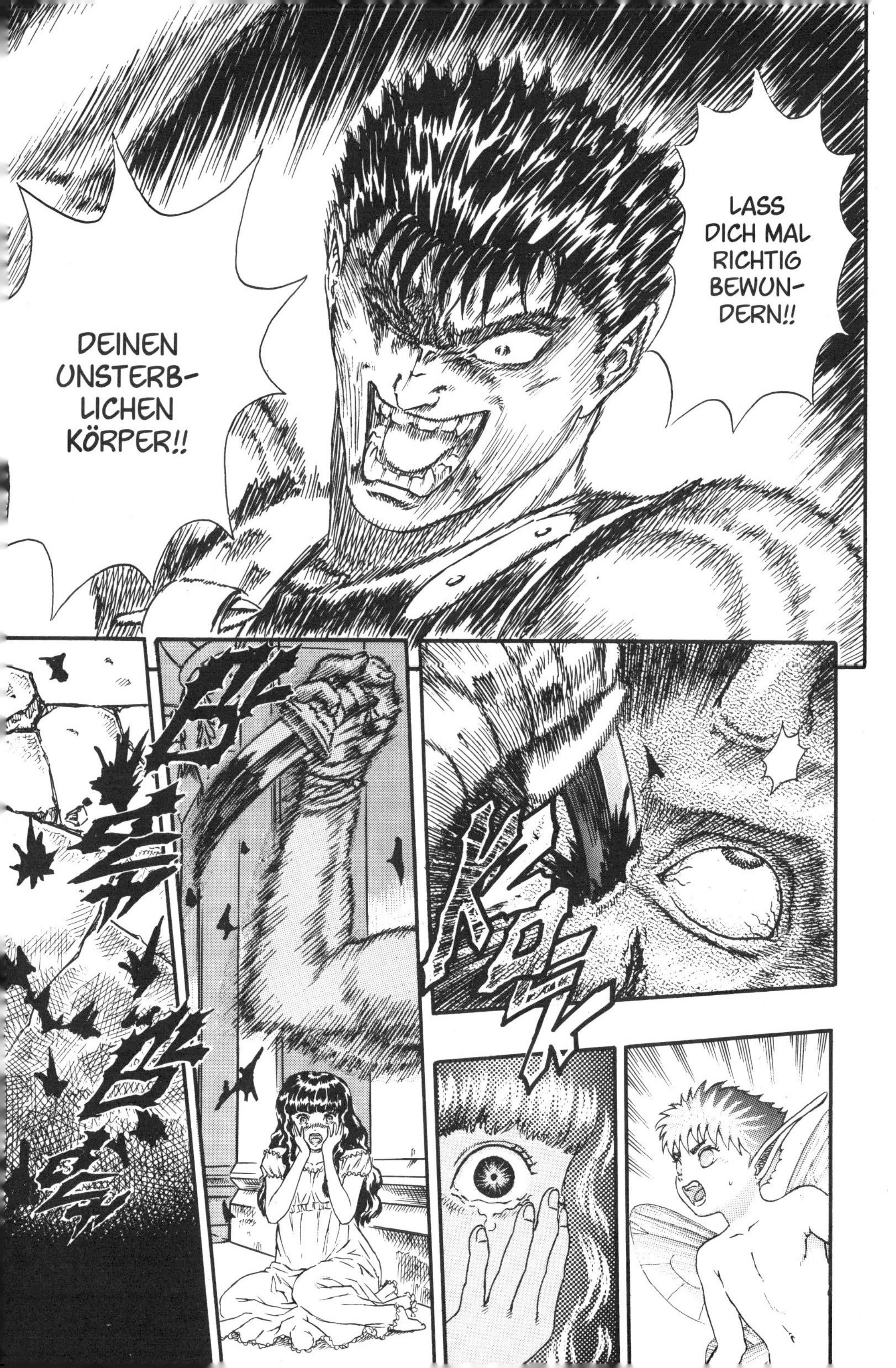
LASS DICH MAL RICHTIG BEWUN-DERN!!
DEINEN UNSTERB-LICHEN KÖRPER!!

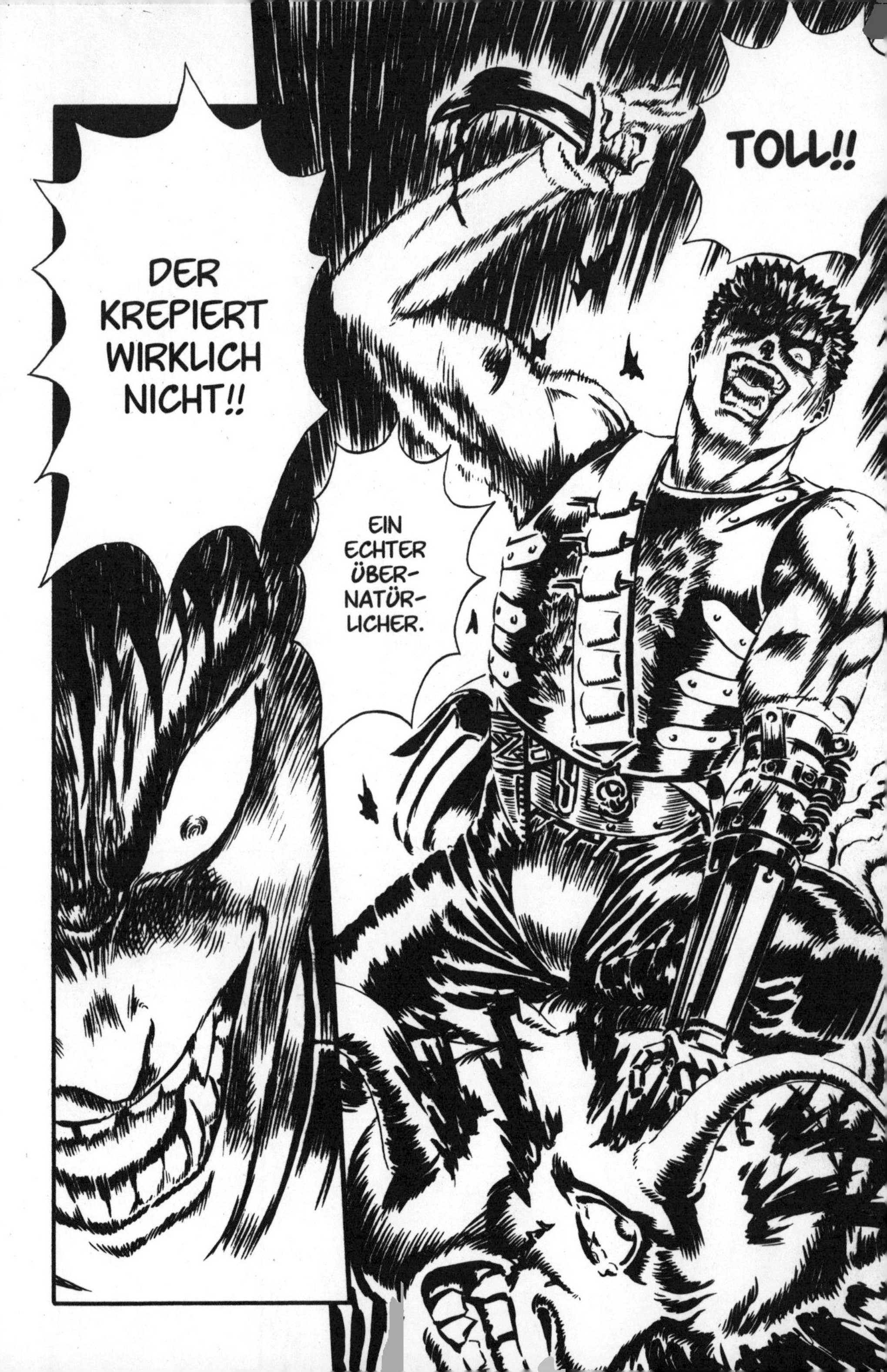
TOLL!!
EIN ECHTER ÜBER-NATÜR-LICHER.
DER KREPIERT WIRKLICH NICHT!!

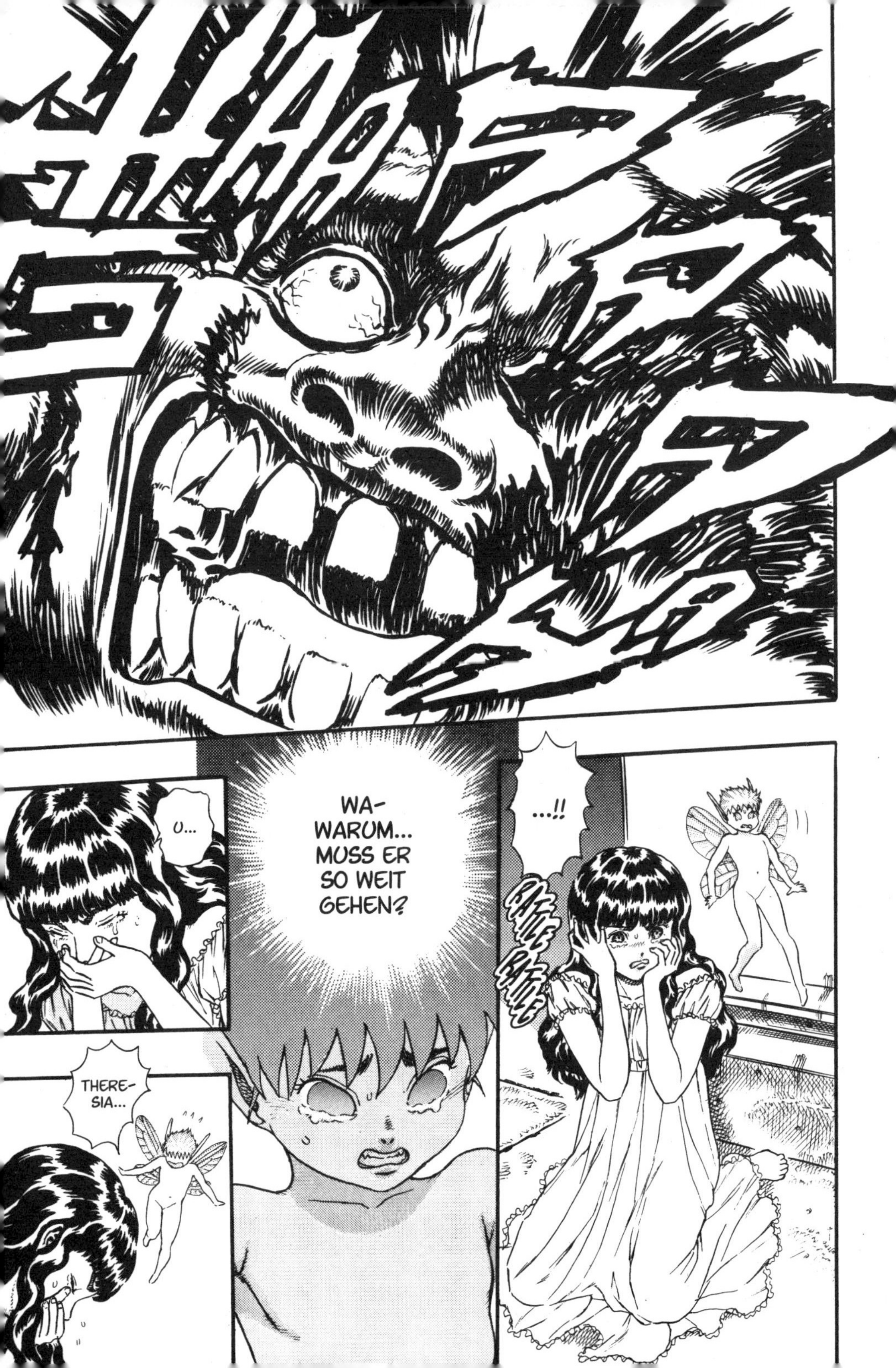
...!!
RATTLE RATTLE
WA-
WARUM...
MUSS ER
SO WEIT
GEHEN?
U...
THERE-
SIA...

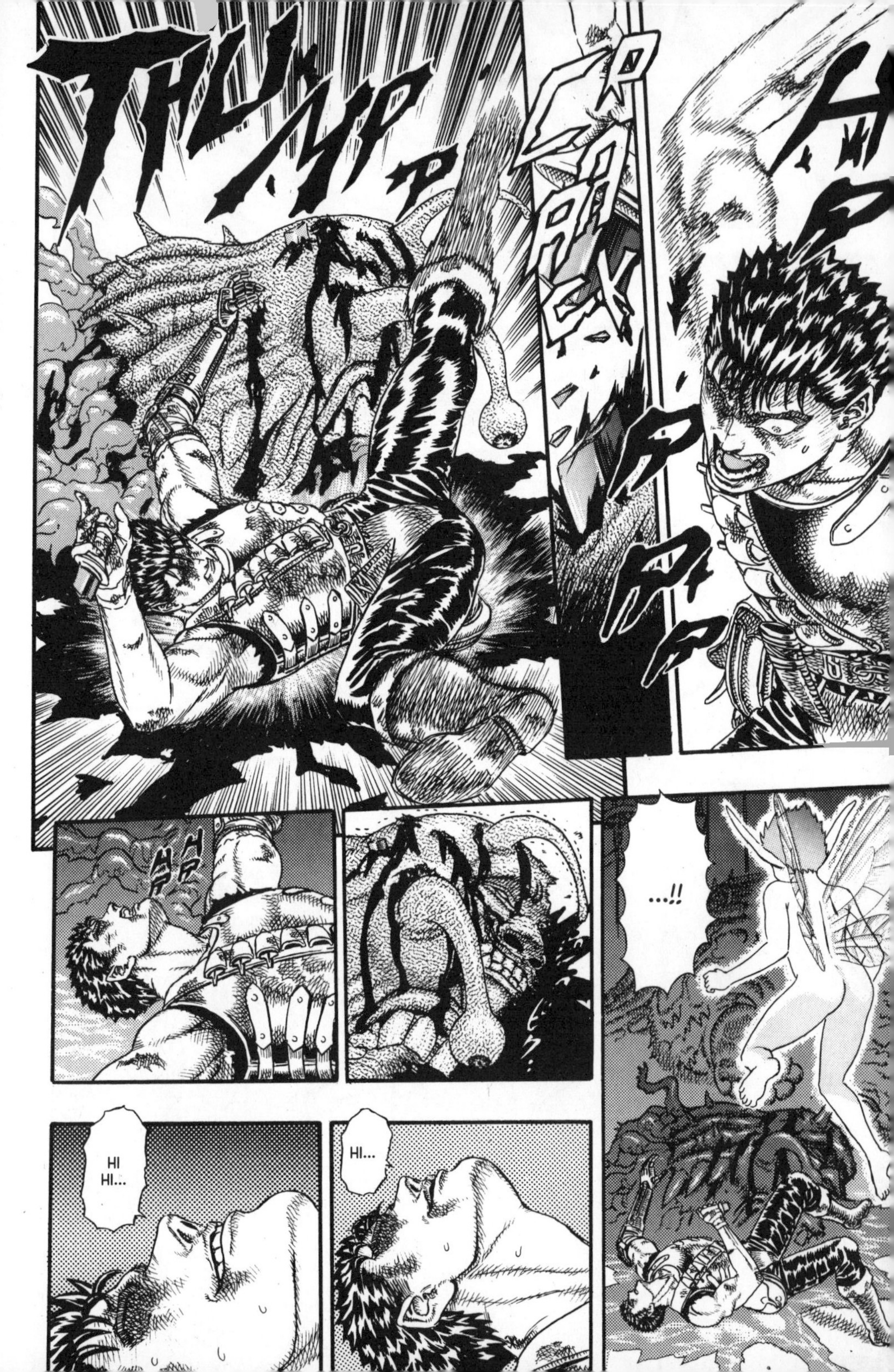
THUMP
CRAACK
HAAAA
...!!
HI...
HI
HI...

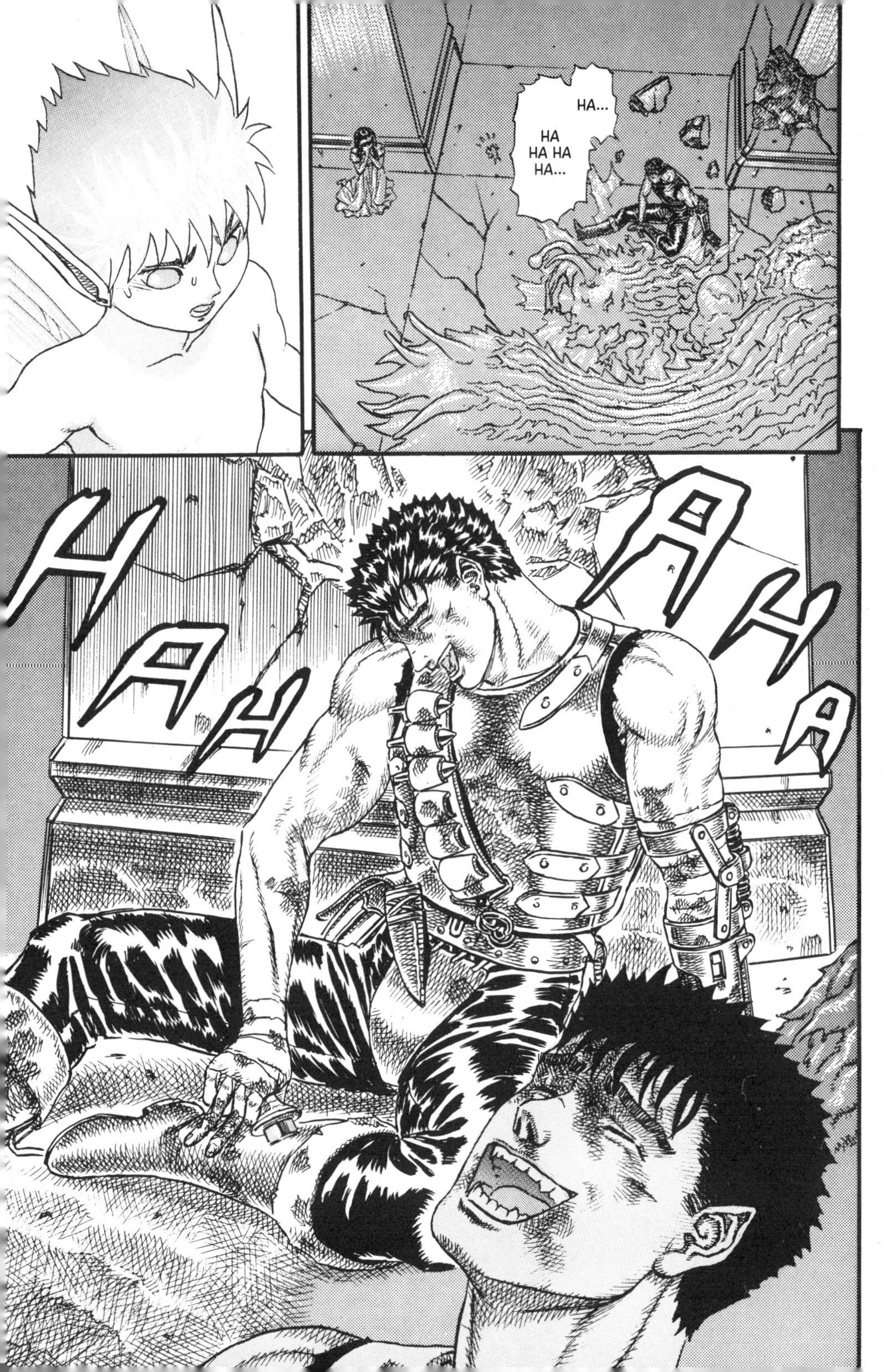
HA...
HA
HA HA HA
HA...
HAHAHAHA

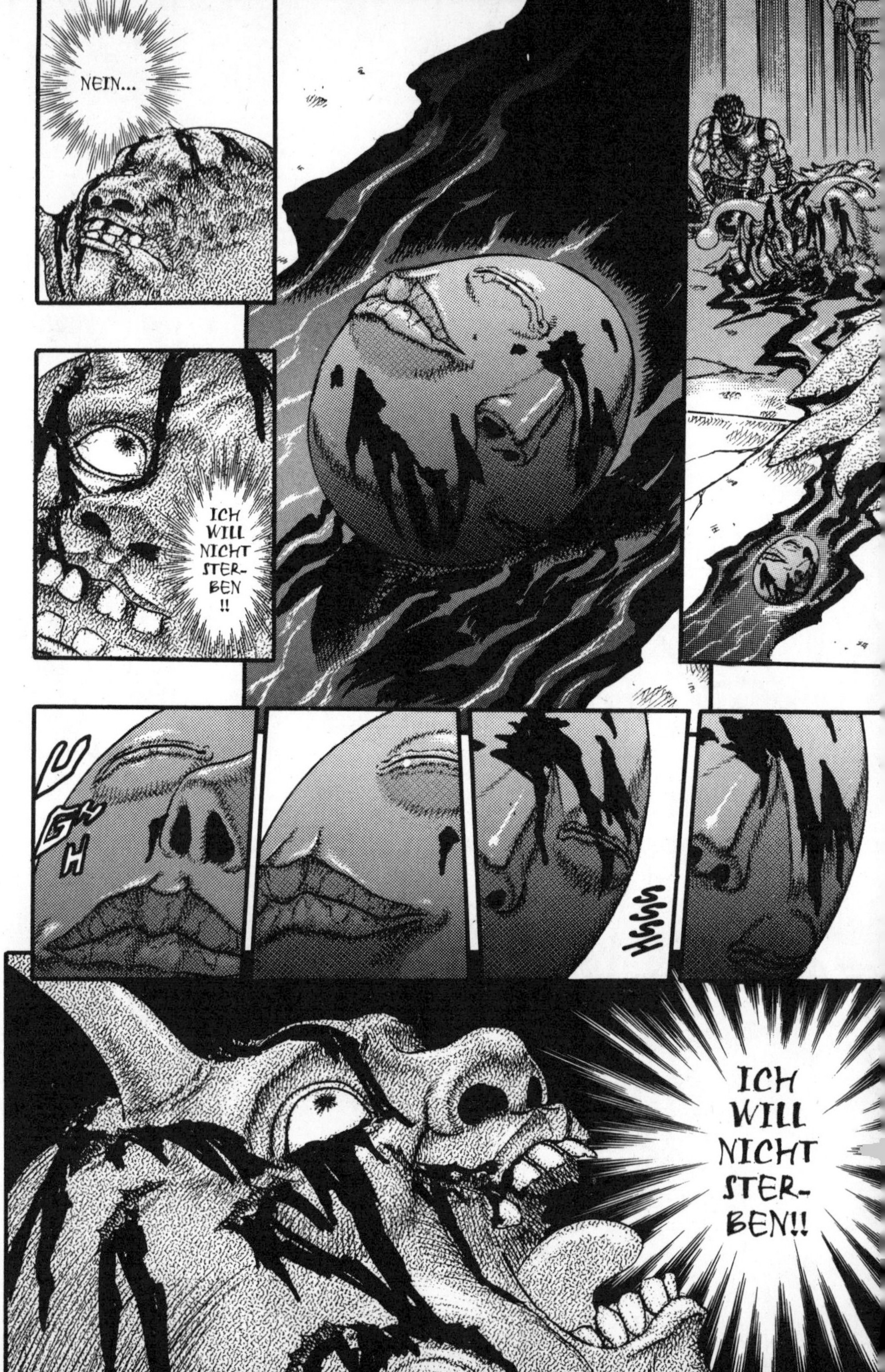
NEIN...
ICH WILL NICHT STER-BEN !!
UGHH
ICH WILL NICHT STER-BEN!!

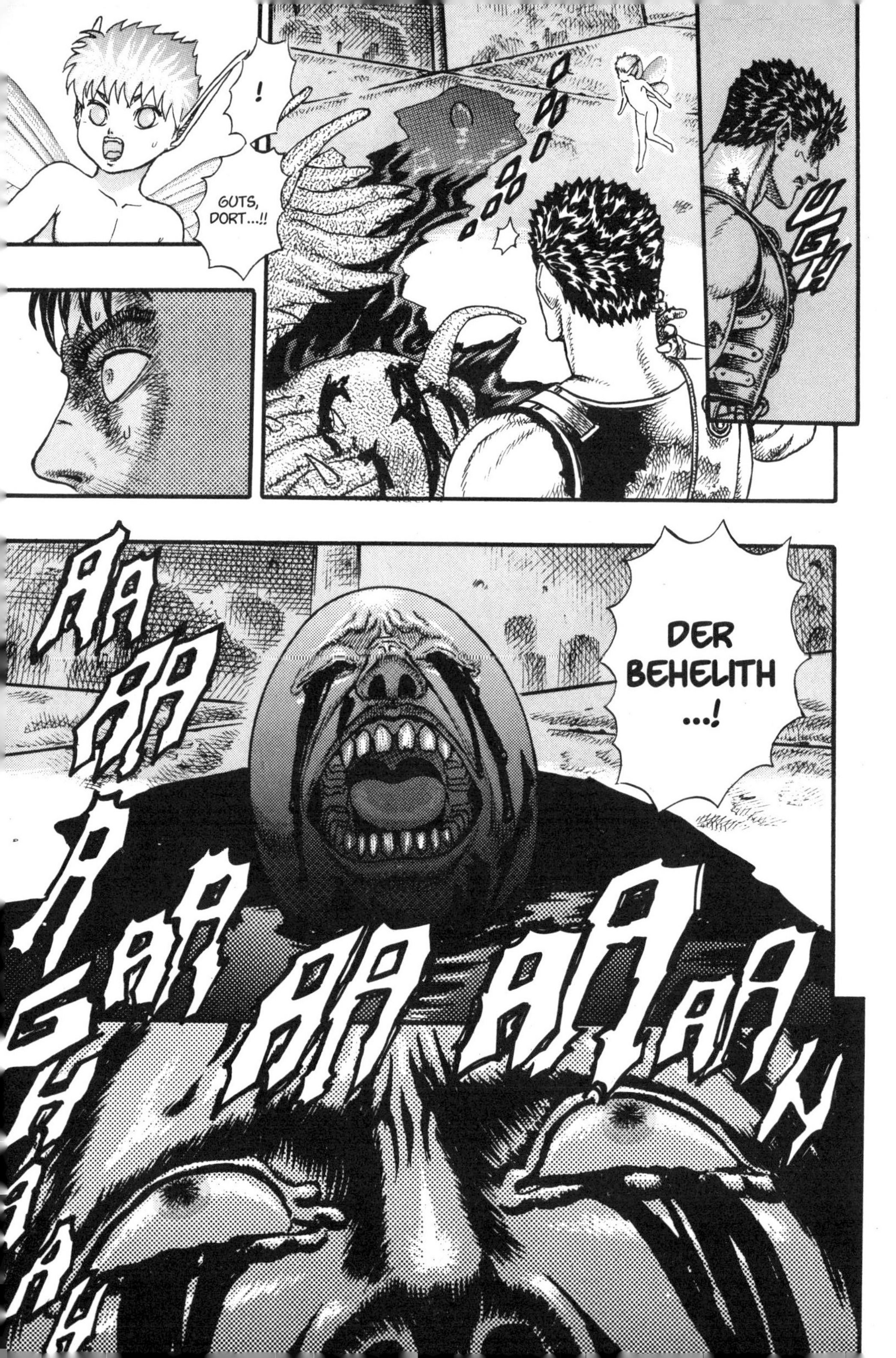

!

GUTS, DORT...!!

UGH!

DER BEHELITH ...!

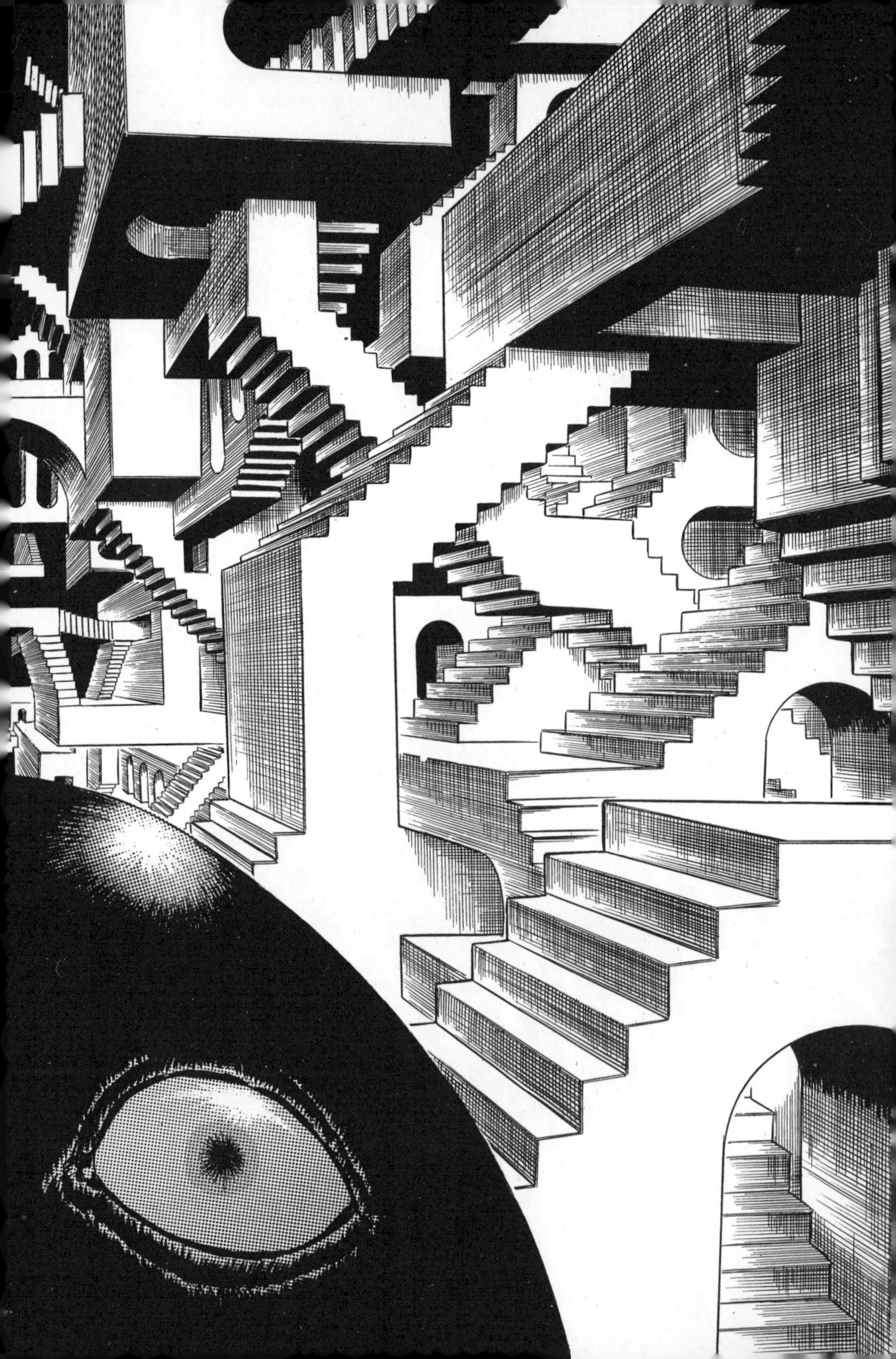

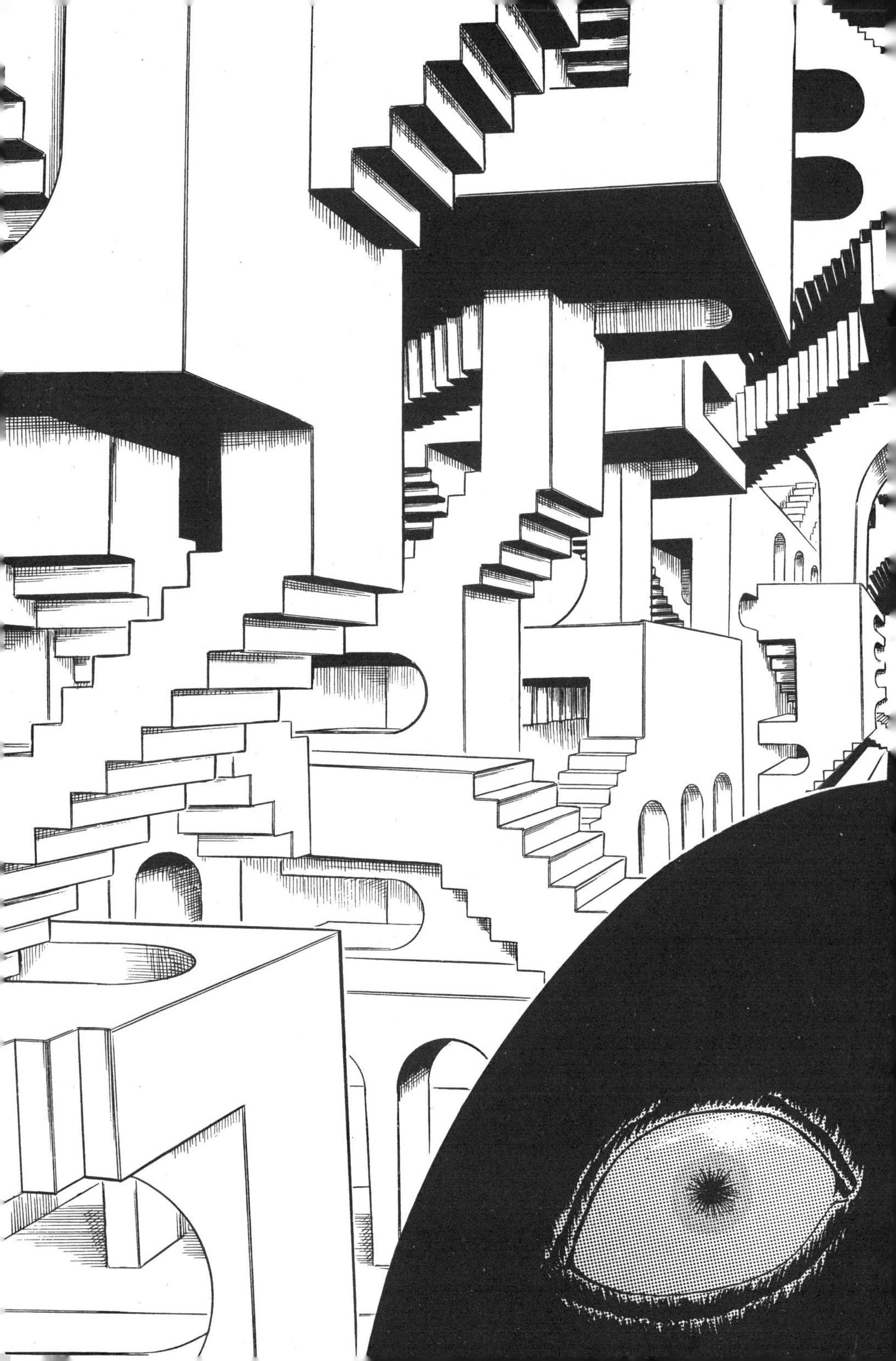

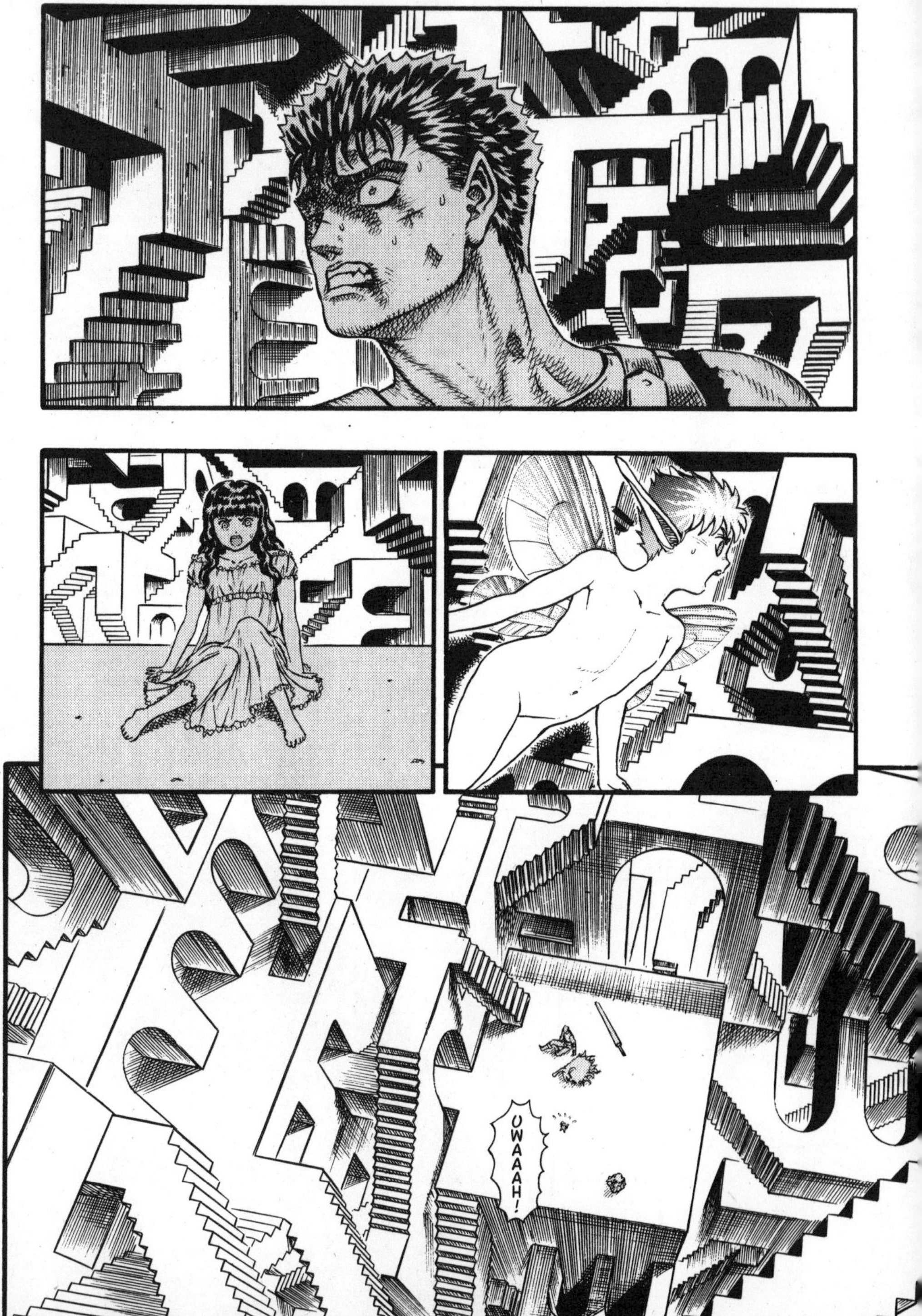

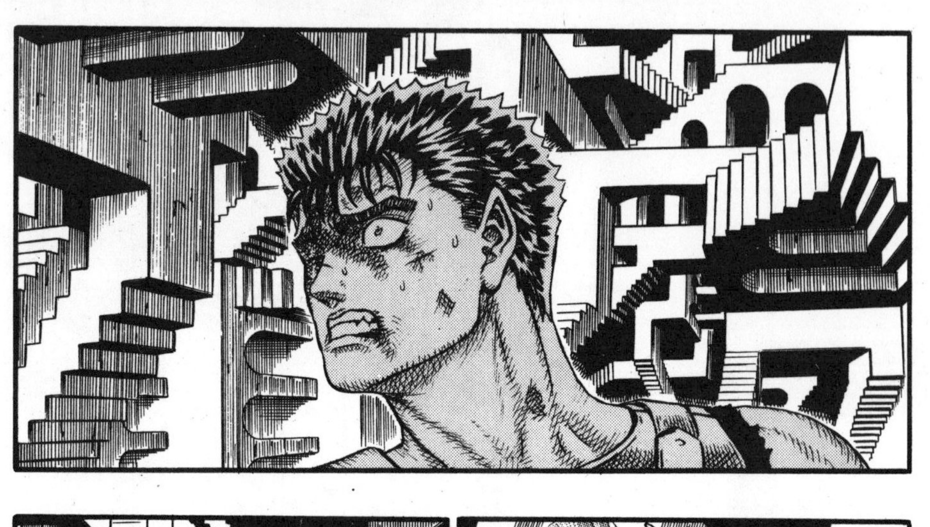

UWAAAH!

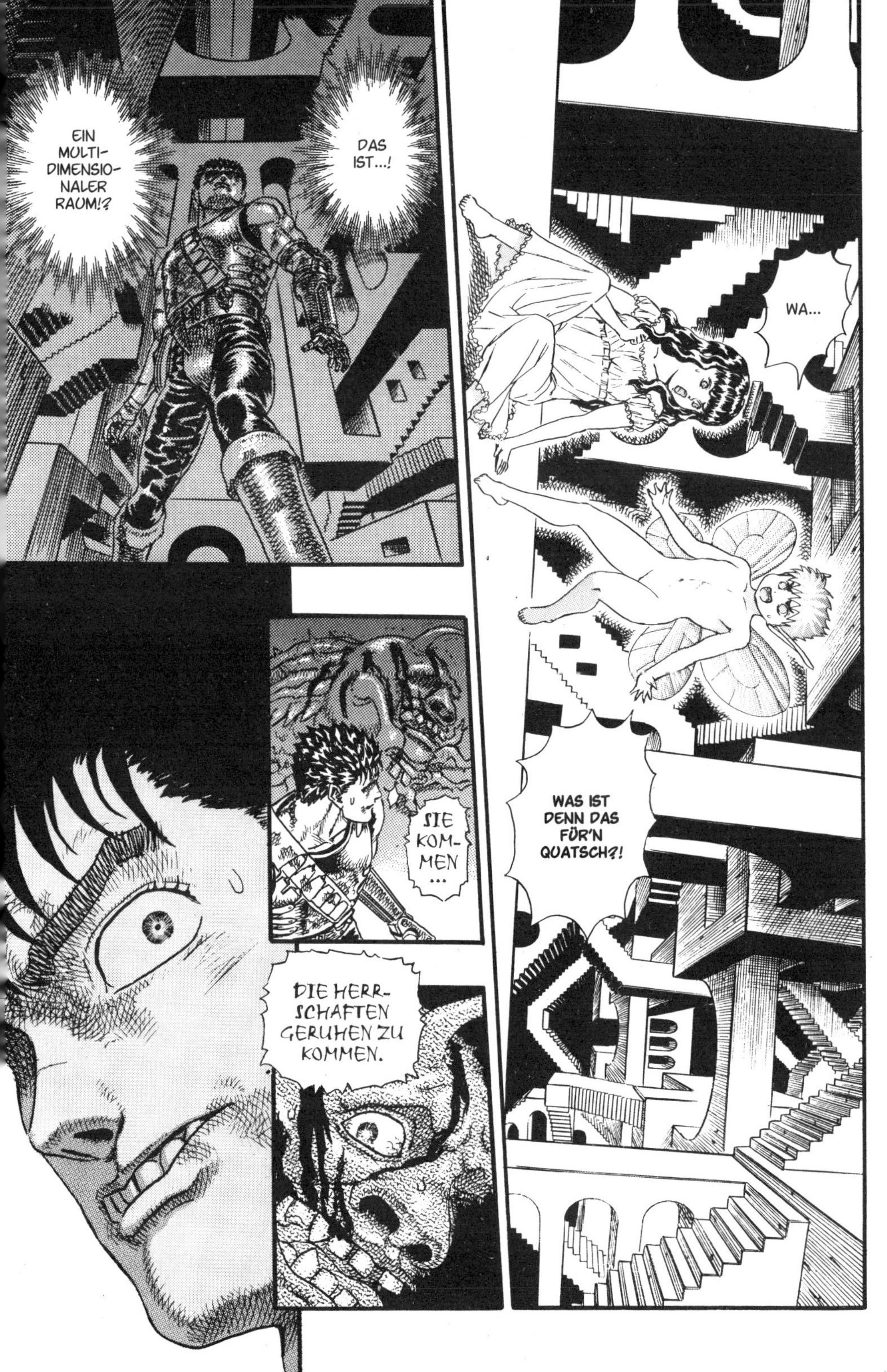

WA...
DAS IST...!
EIN MULTI-DIMENSIONALER RAUM!?
WAS IST DENN DAS FÜR'N QUATSCH?!
SIE KOMMEN ...
DIE HERRSCHAFTEN GERUHEN ZU KOMMEN.

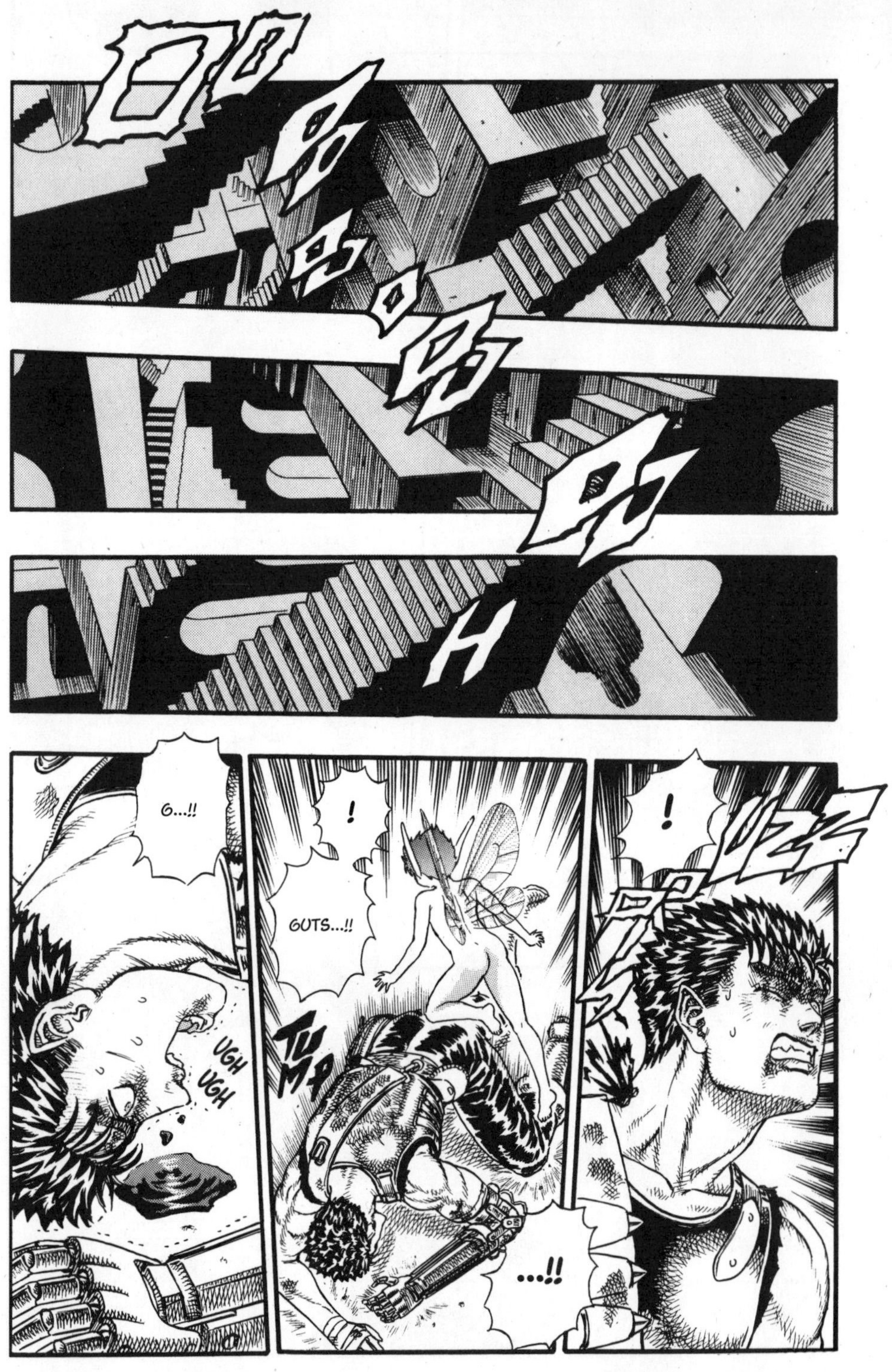

G...!!
UGH
UGH
!
GUTS...!!
TUMP
!
...!!

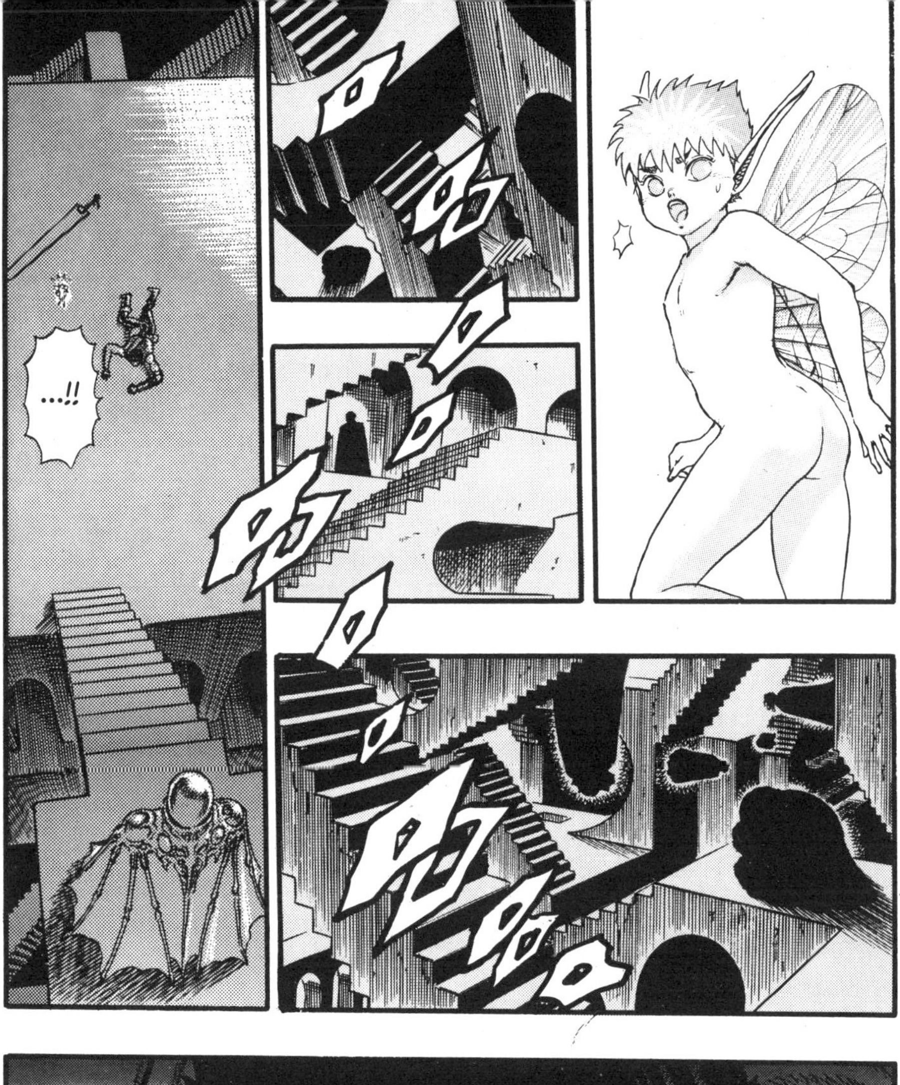

...!!

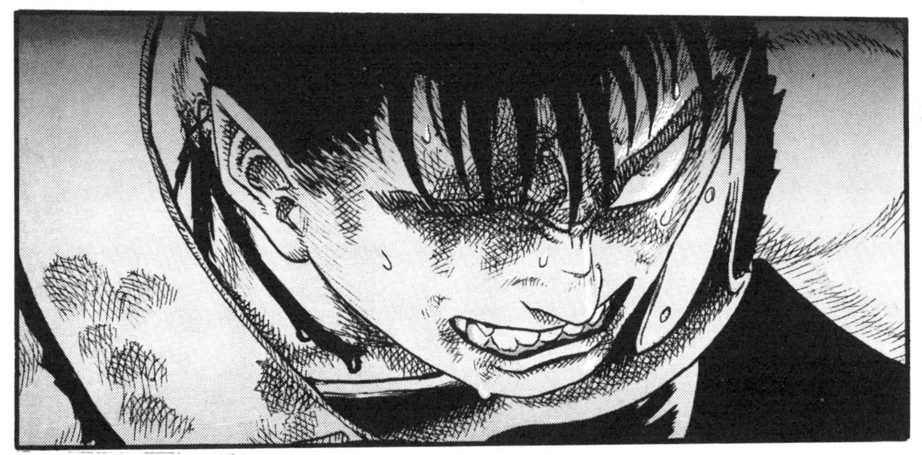

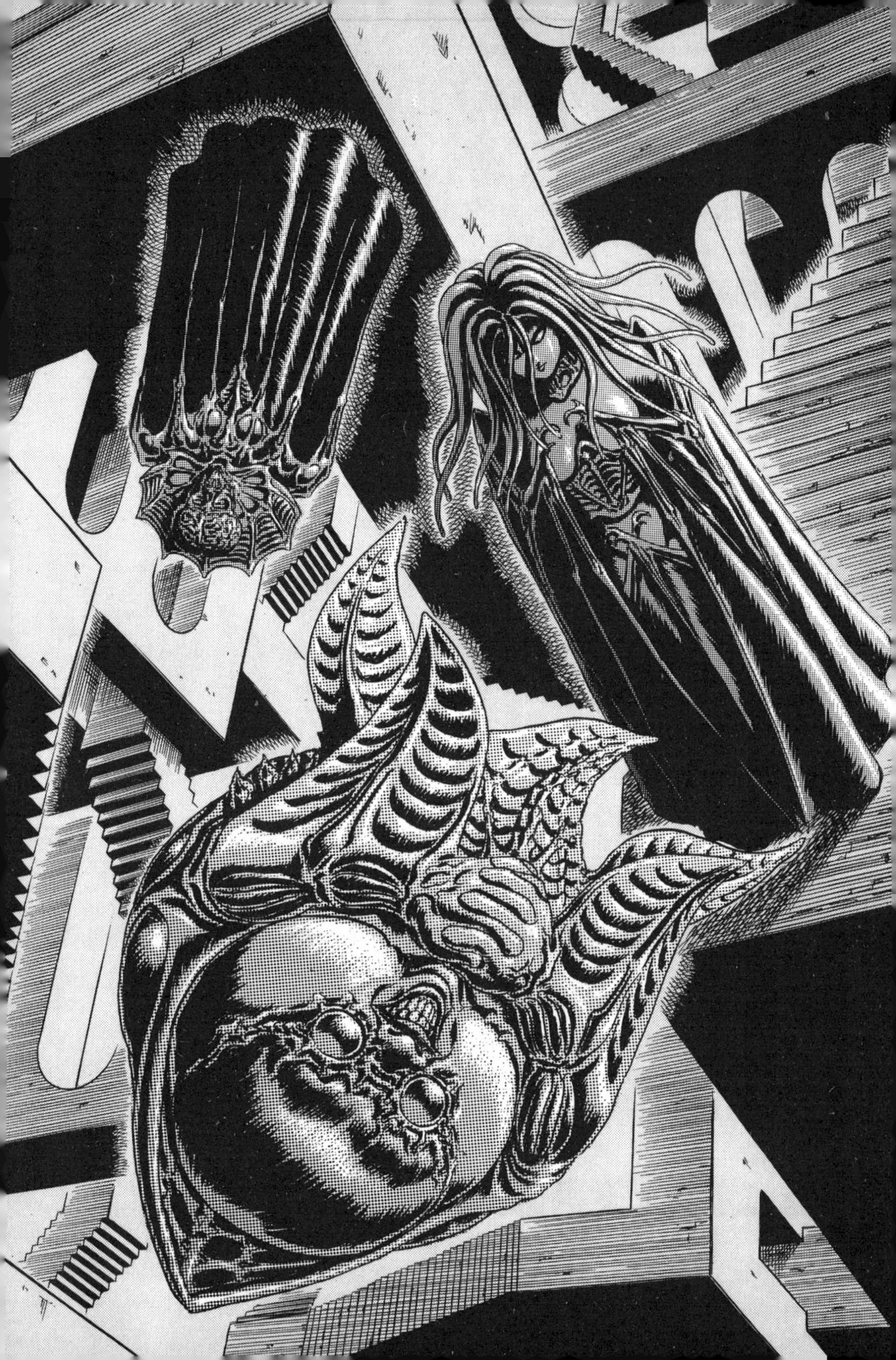

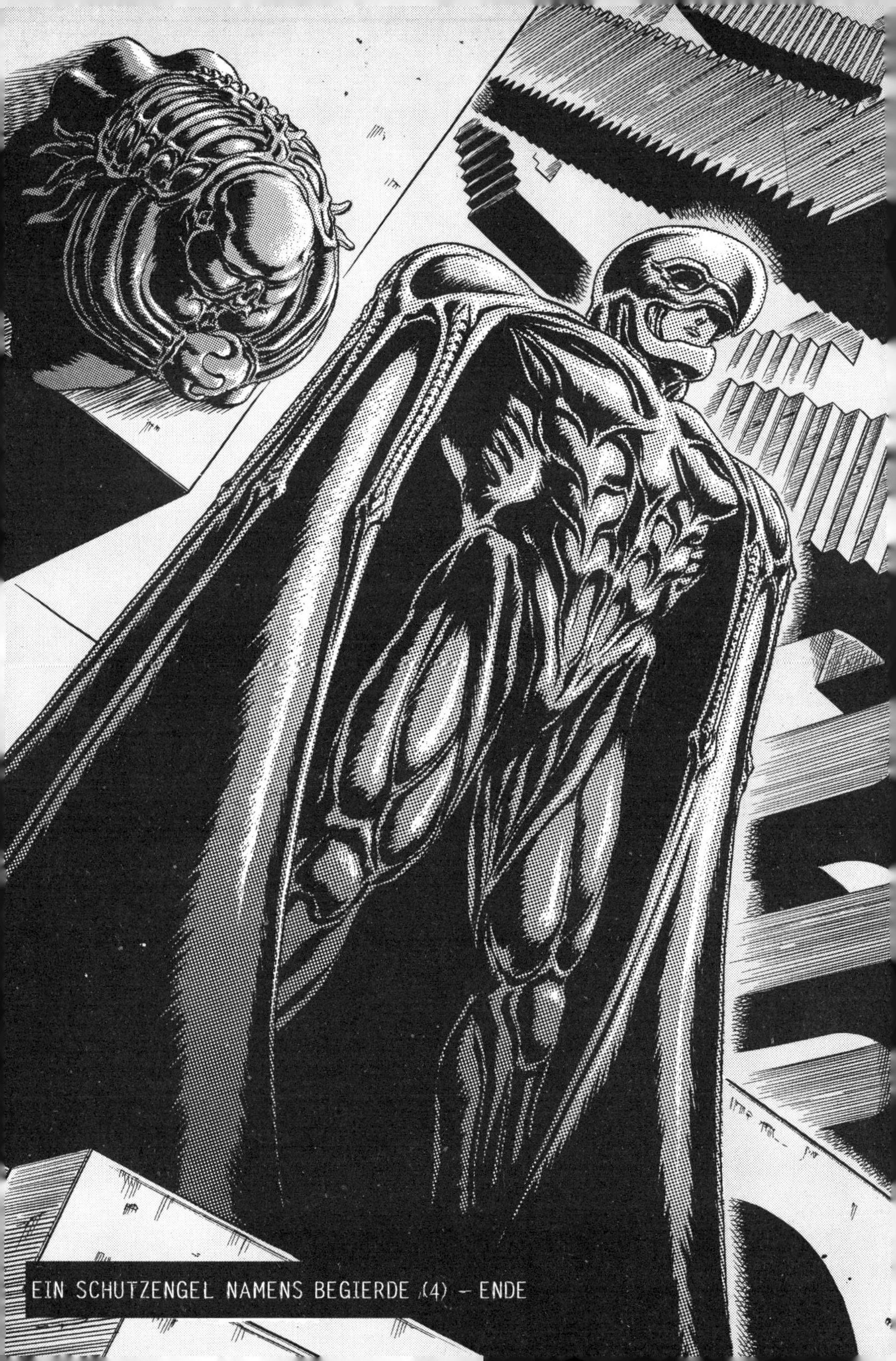
EIN SCHUTZENGEL NAMENS BEGIERDE (4) – ENDE

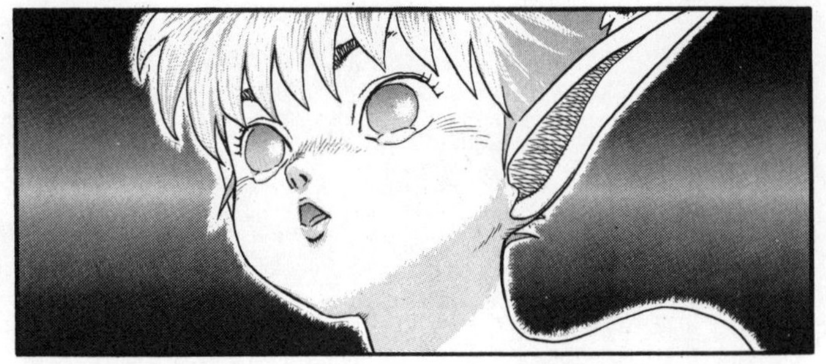

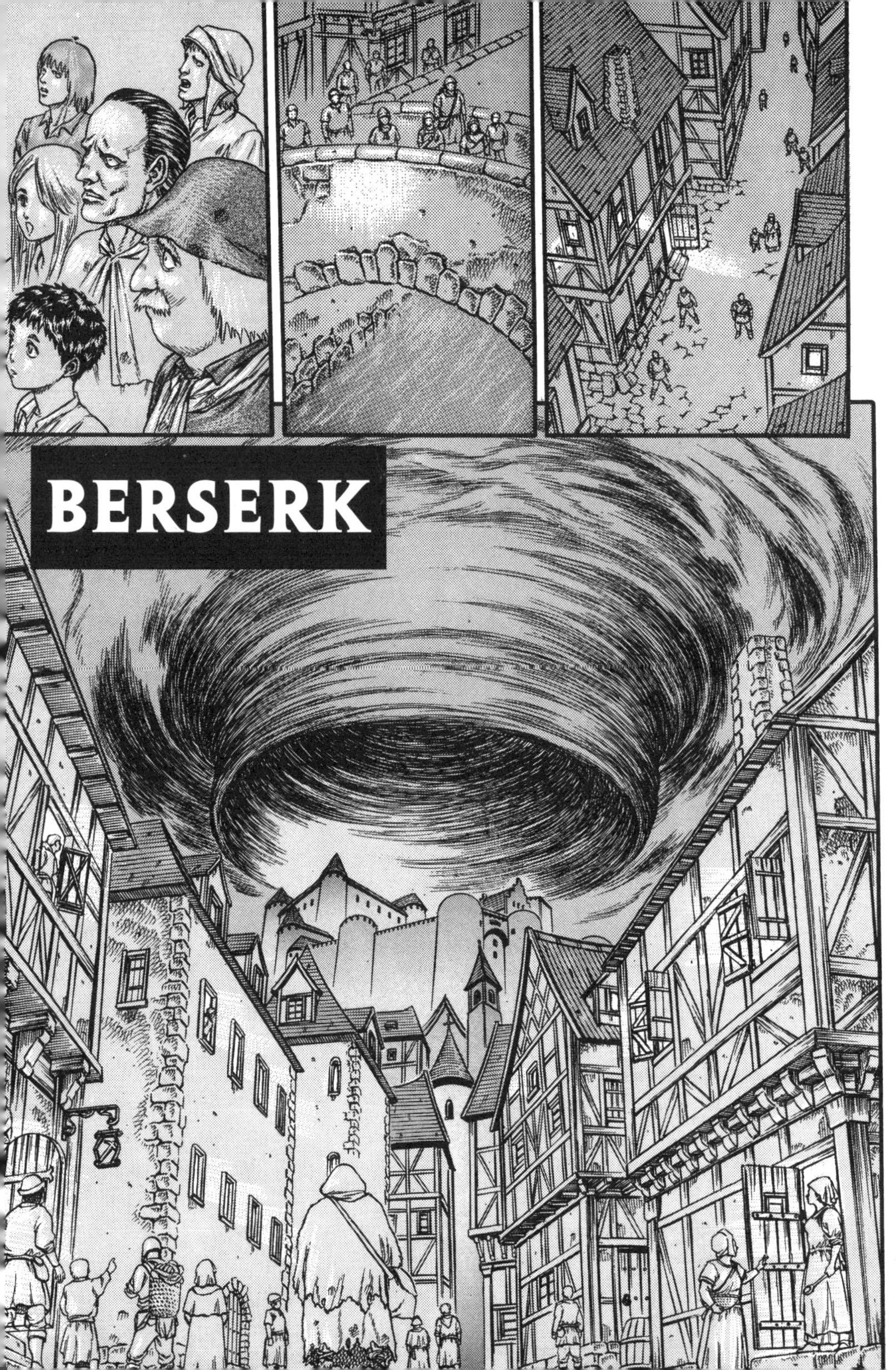
BERSERK

BERSERK

EIN SCHUTZENGEL NAMENS BEGIERDE (5)

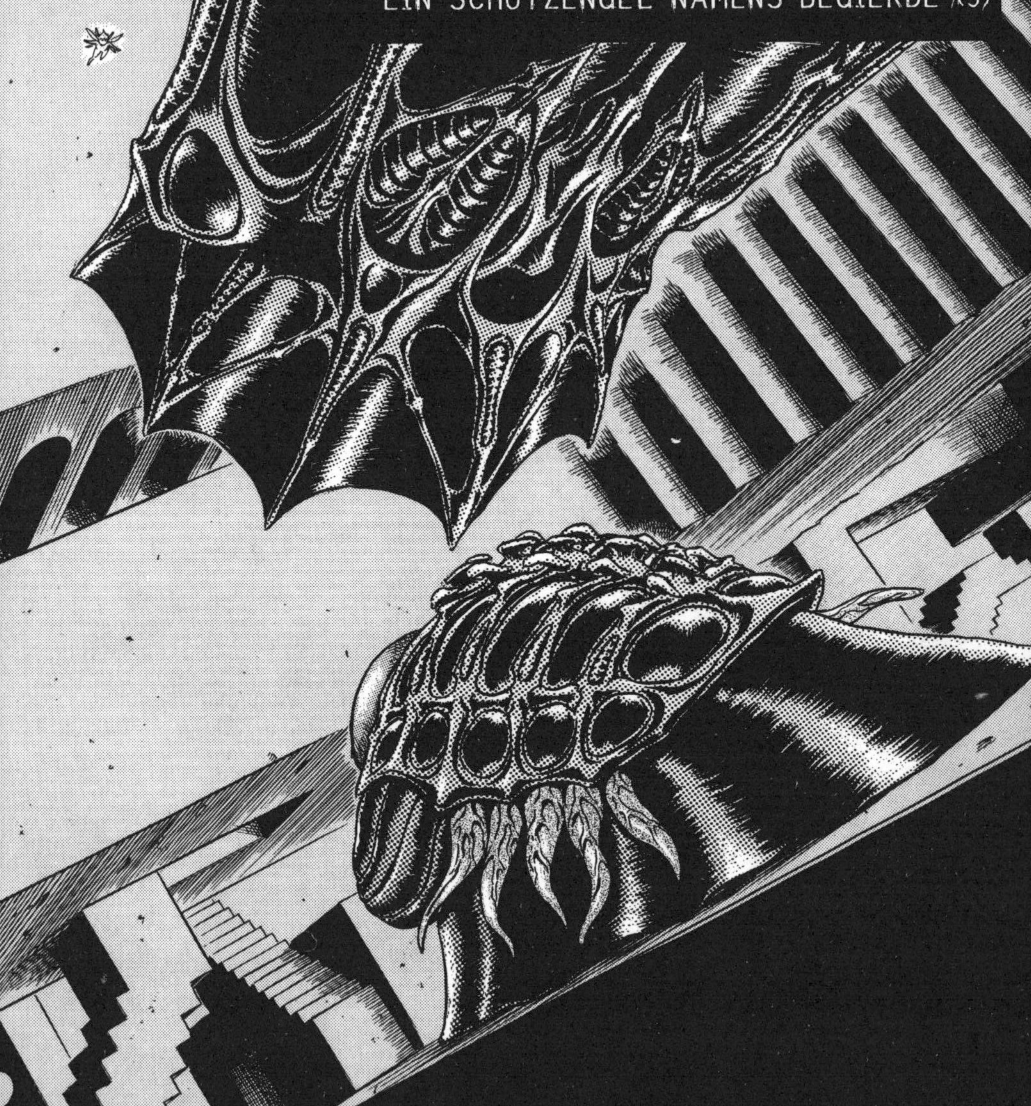

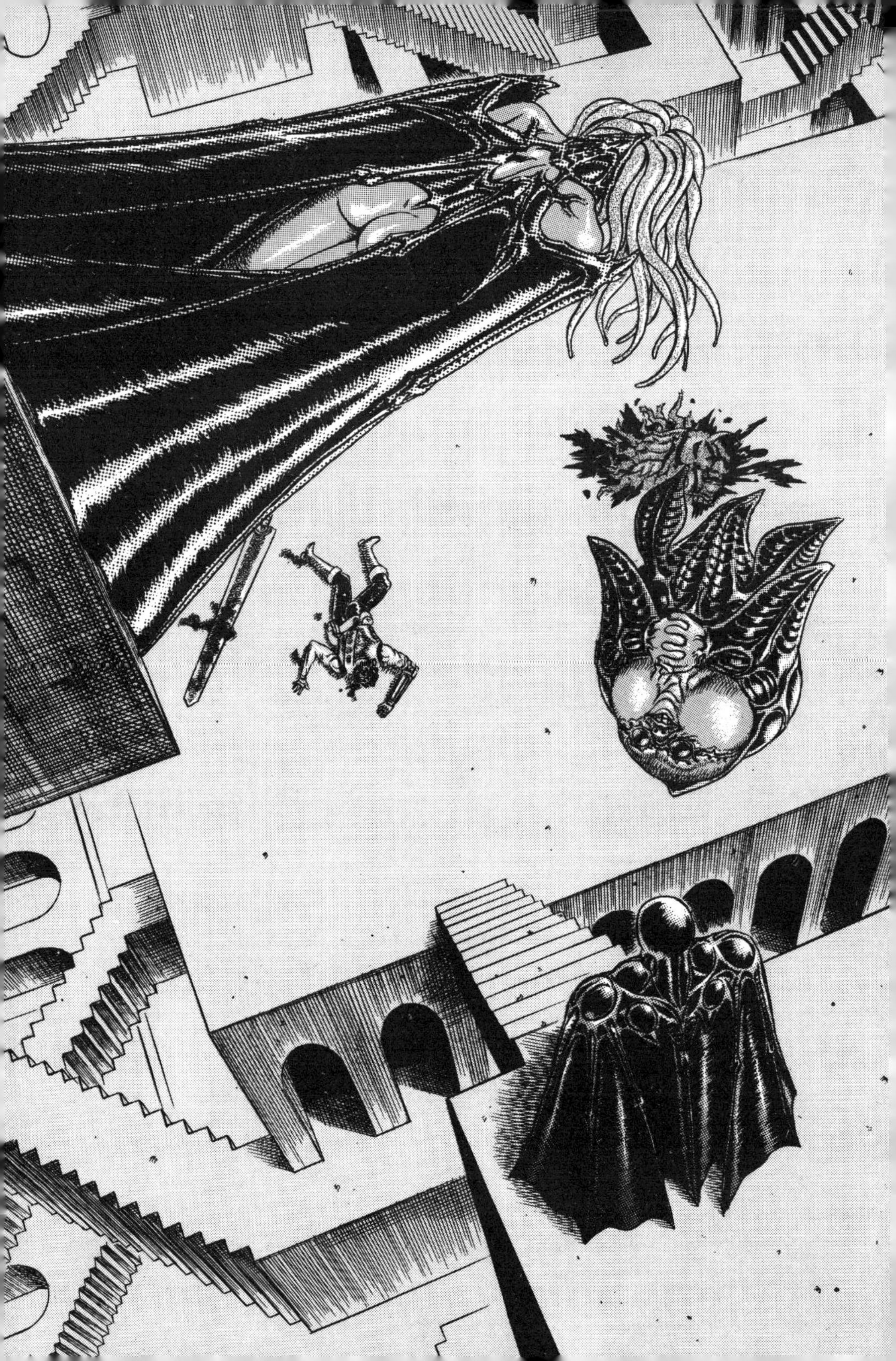

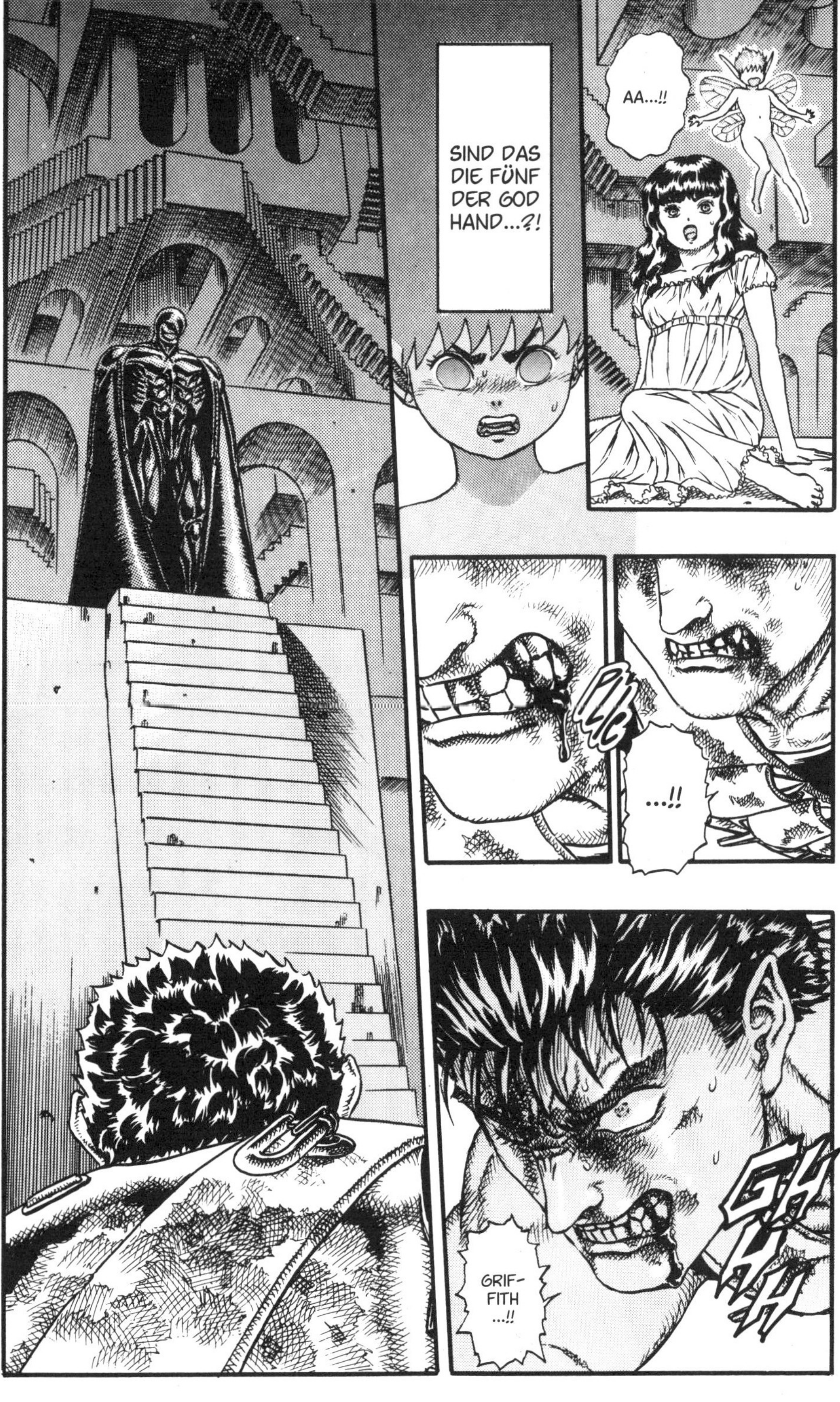
AA...!!
SIND DAS DIE FÜNF DER GOD HAND...?!
...!!
PLIC
GHHH
GRIF-FITH ...!!

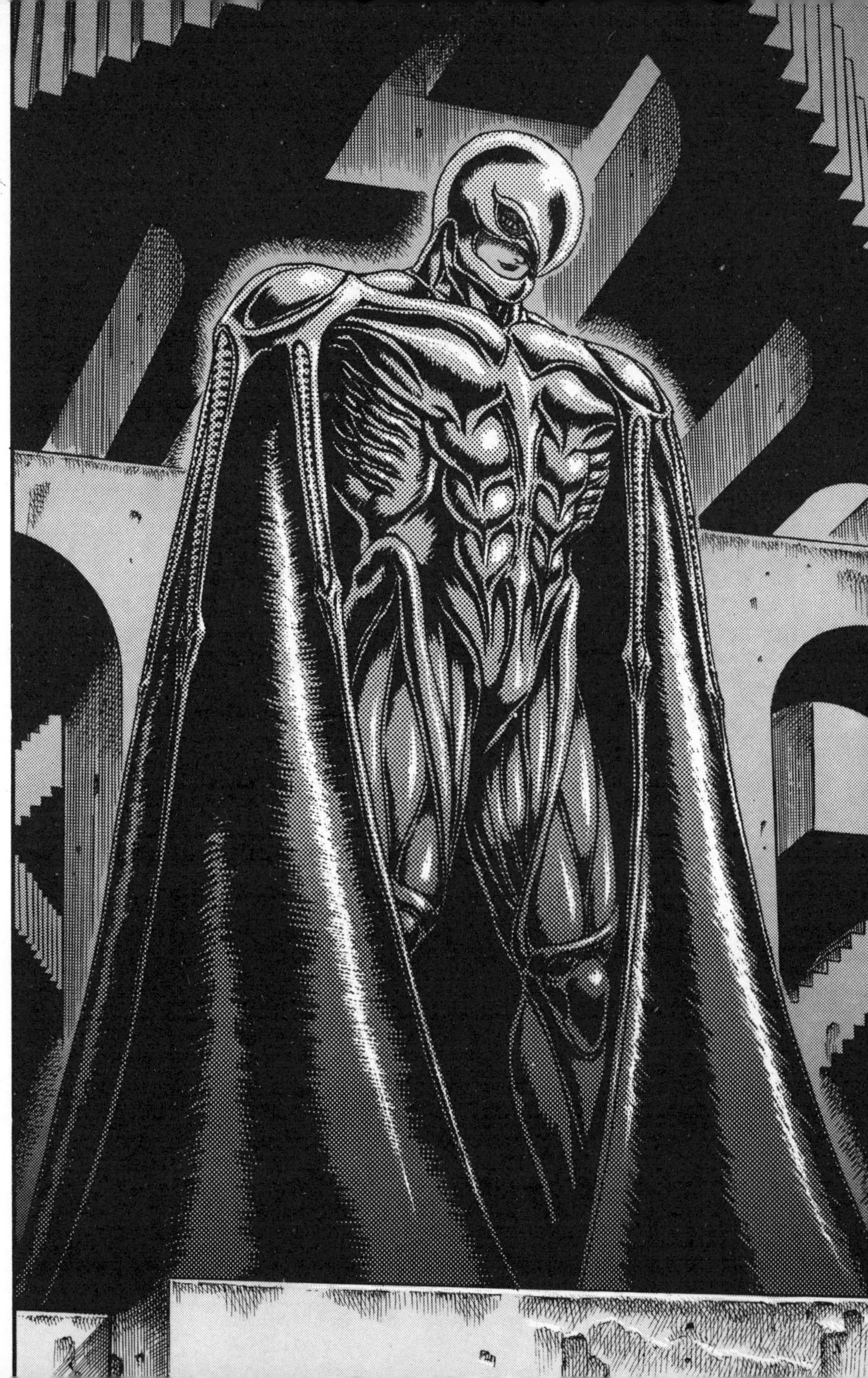

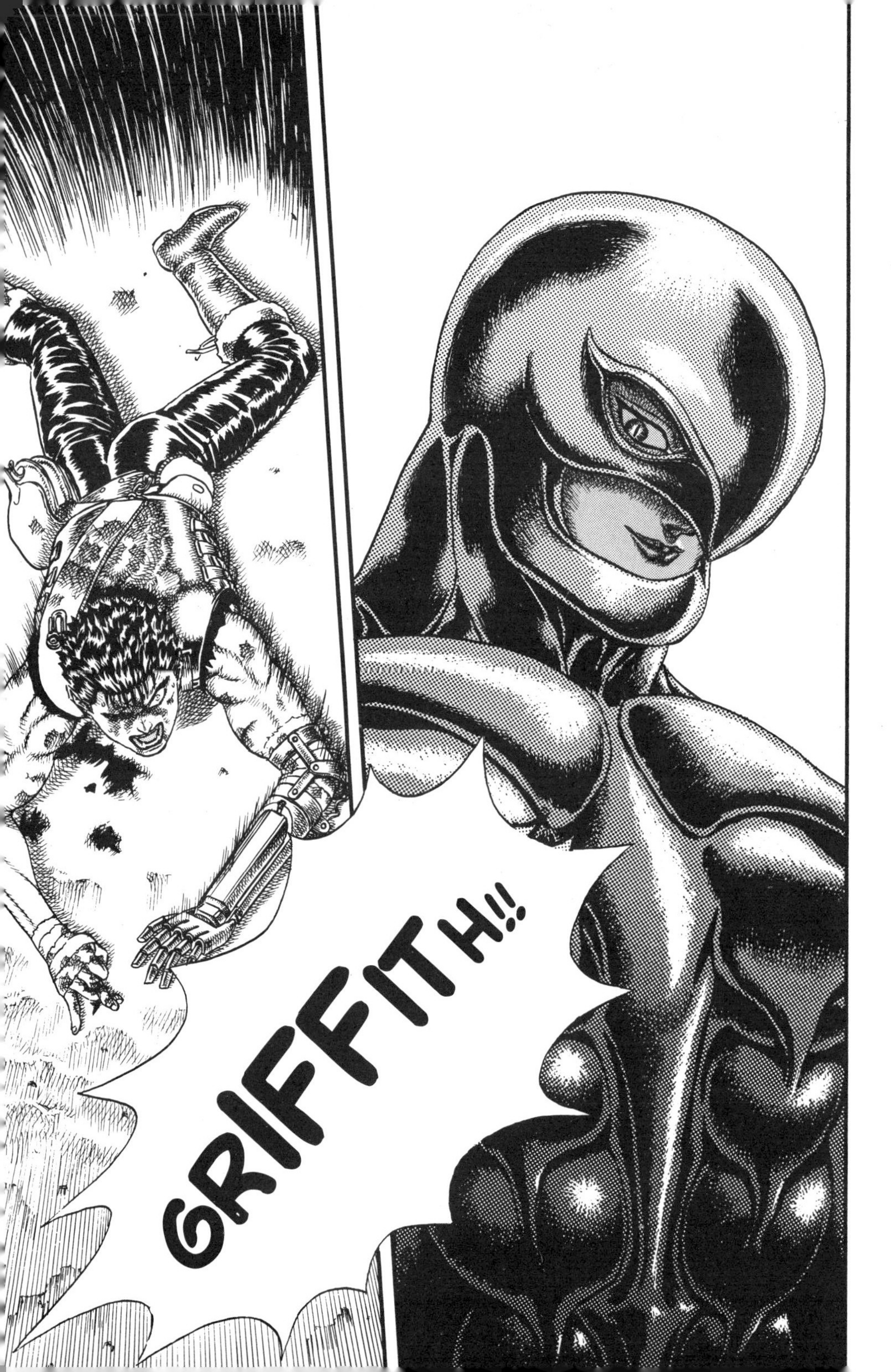
GRIFFITH!!

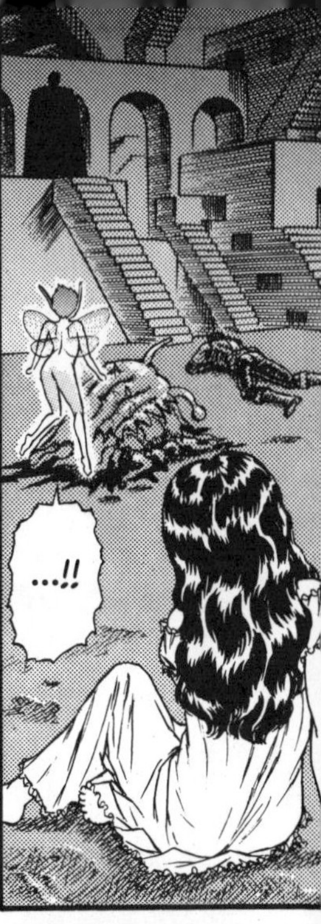
...!!

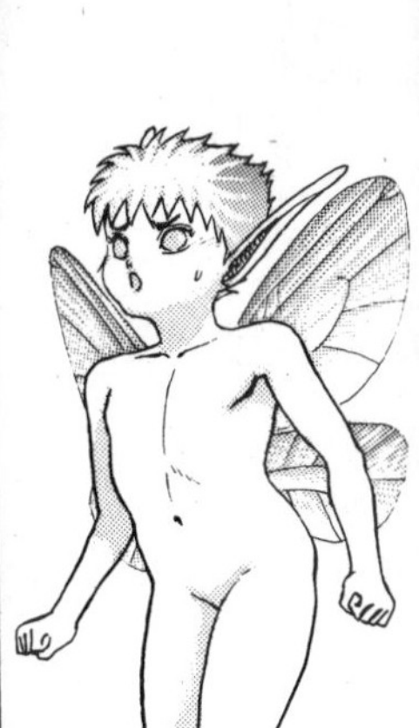
GRIFFITH...
WER IST GRIFFITH...?!

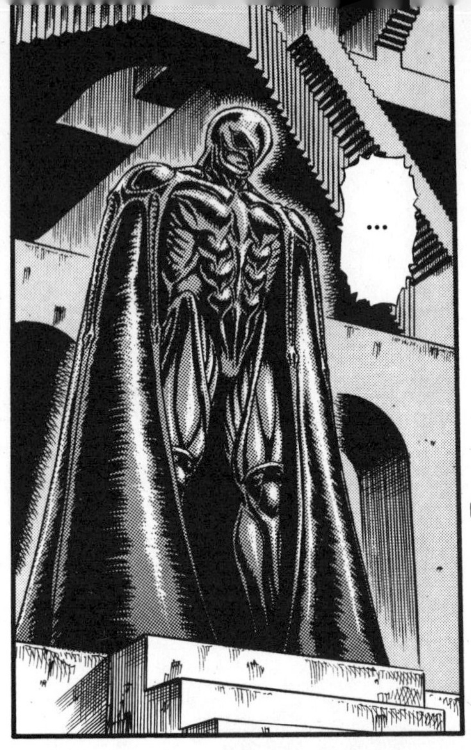
...

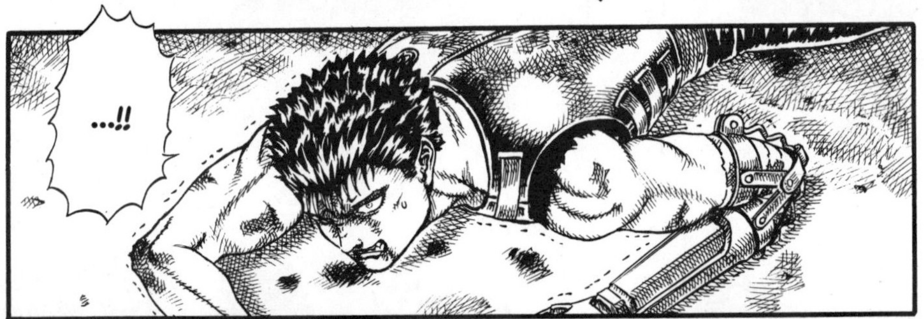
...!!

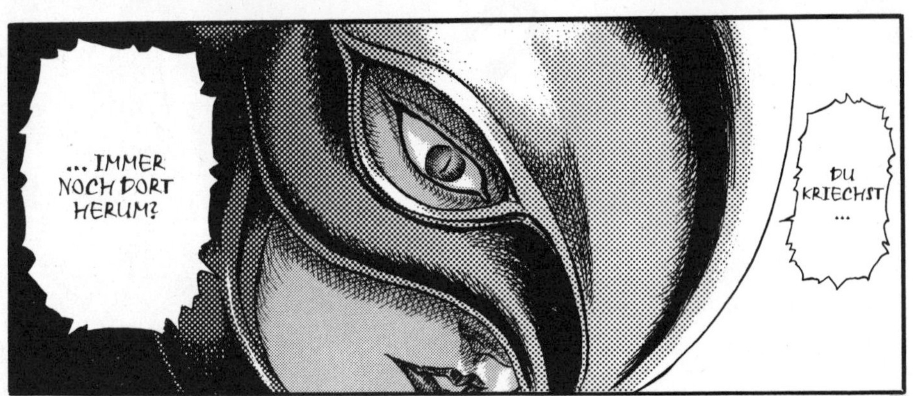
DU KRIECHST ...
... IMMER NOCH DORT HERUM?

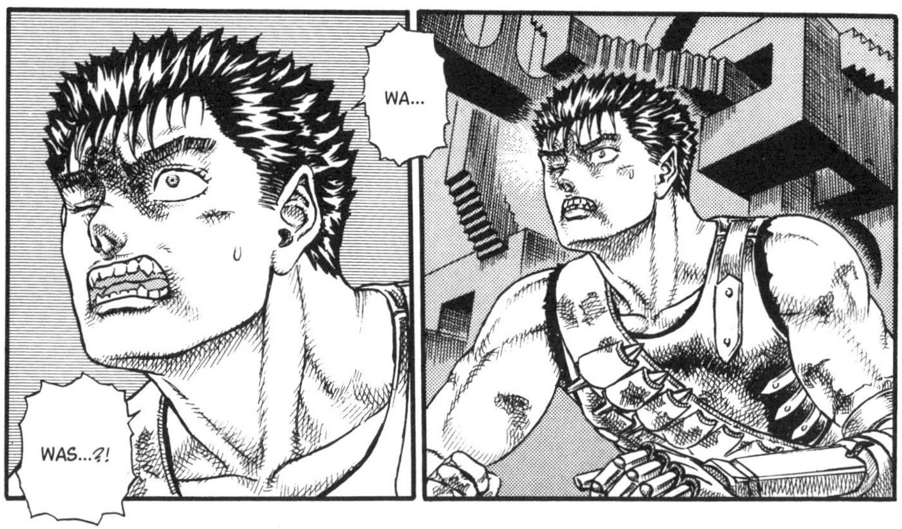
WA...
WAS...?!

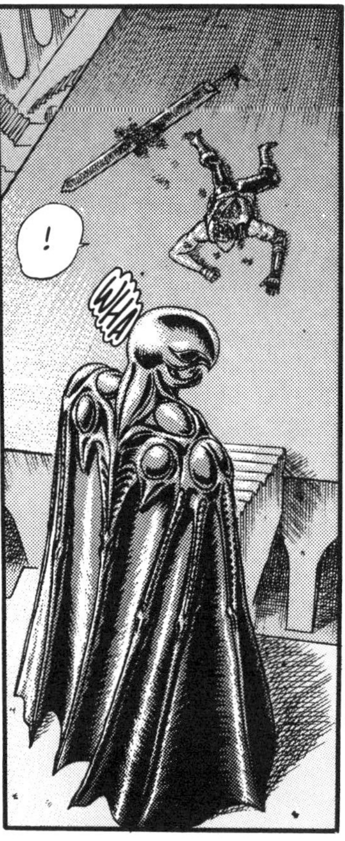
!
WHA

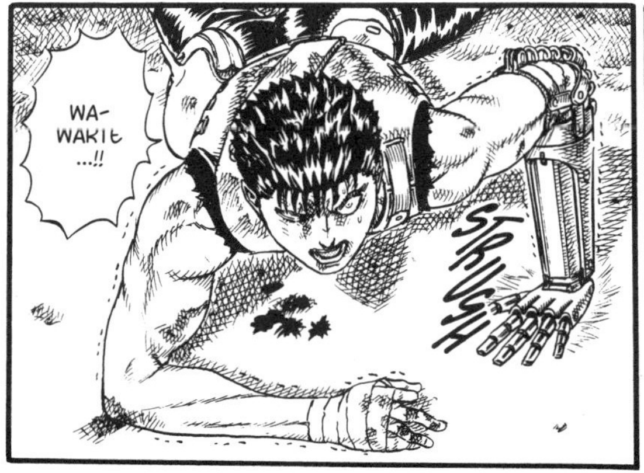
WA-
WARTE
...!!

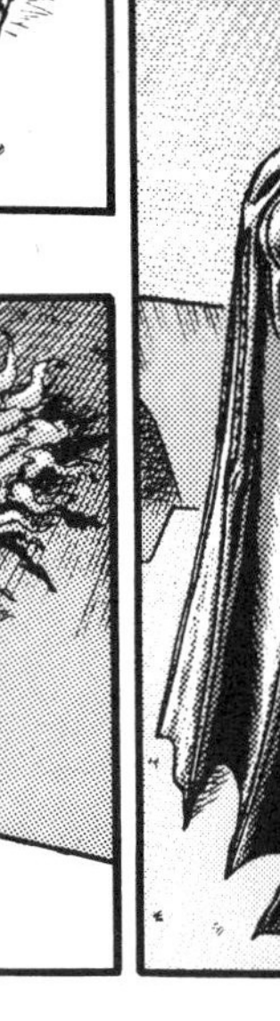
SHA

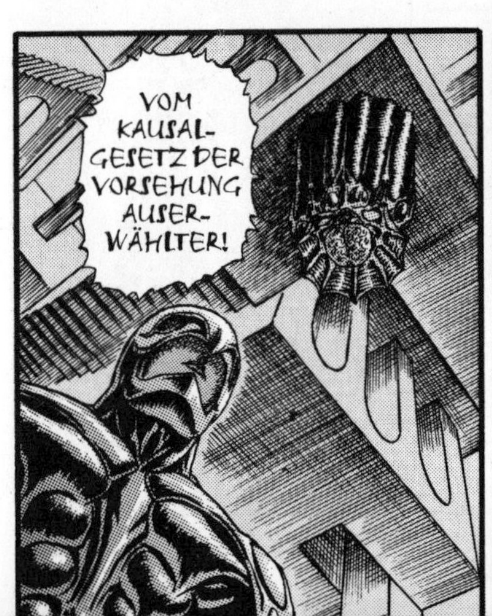
VOM KAUSAL-GESETZ DER VORSEHUNG AUSER-WÄHLTER!

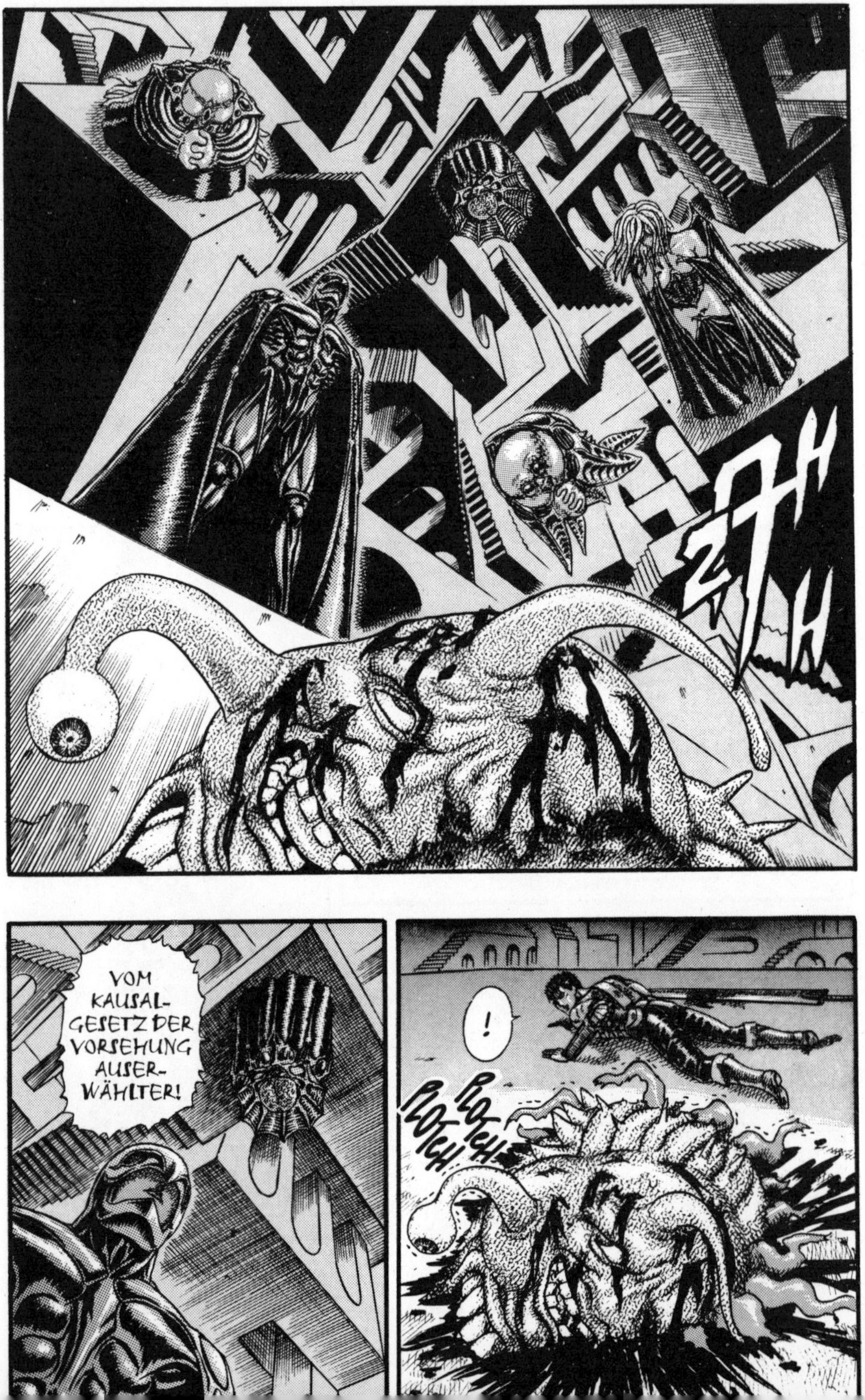

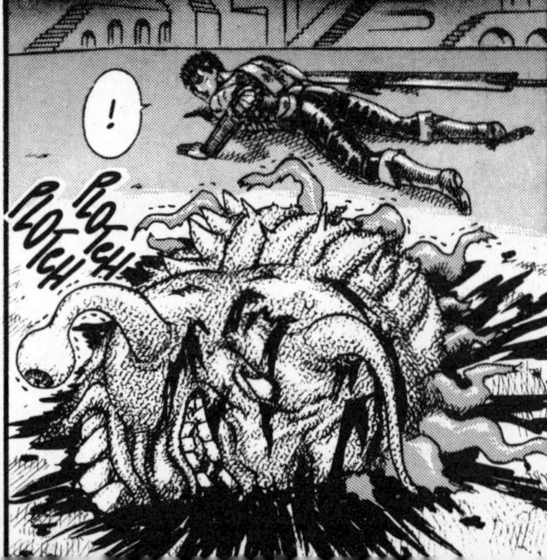
!
PLOTCH
PLOTCH

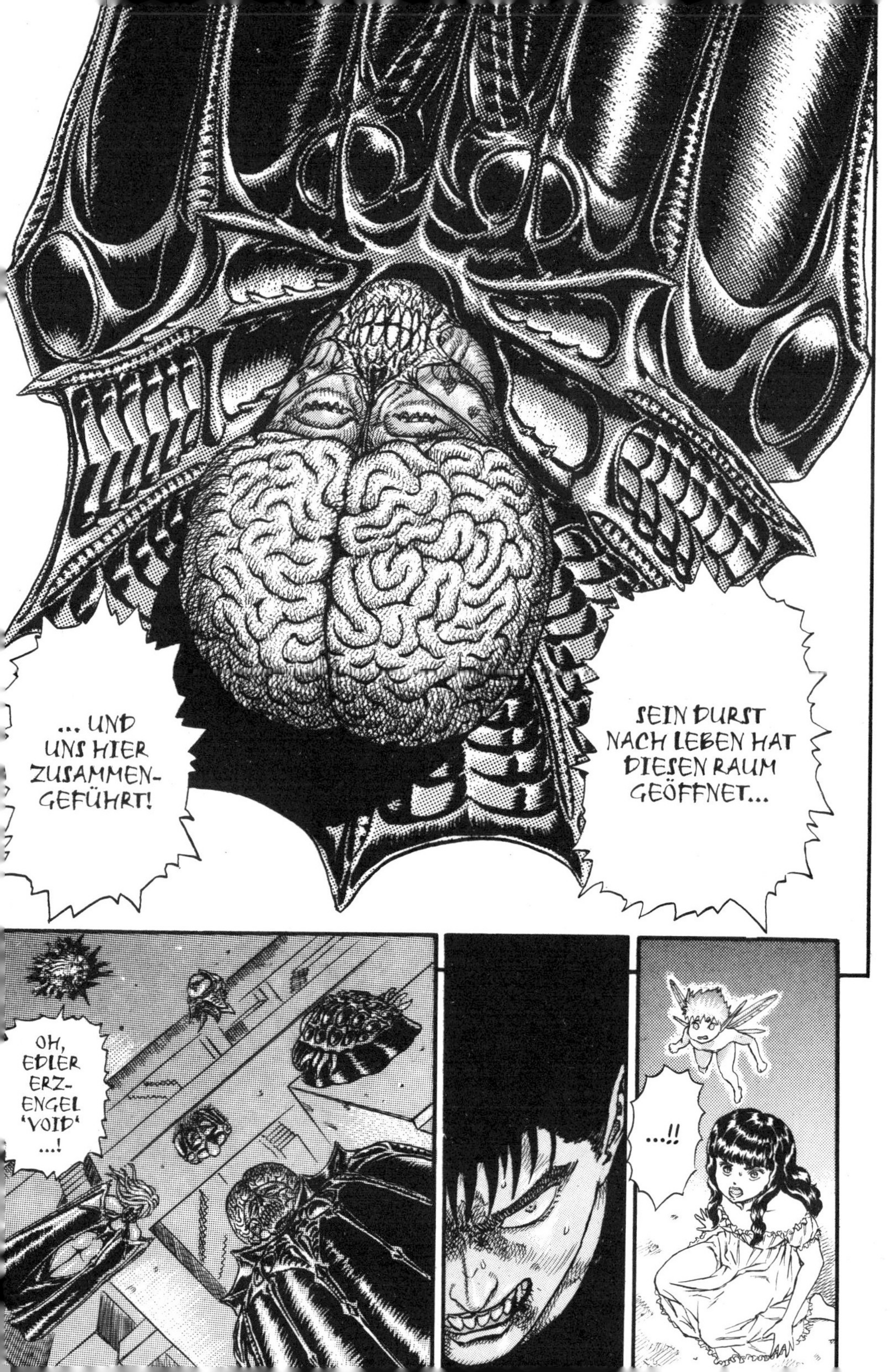
SEIN DURST NACH LEBEN HAT DIESEN RAUM GEÖFFNET...
... UND UNS HIER ZUSAMMEN-GEFÜHRT!
...!!
OH, EDLER ERZ-ENGEL 'VOID' ...!

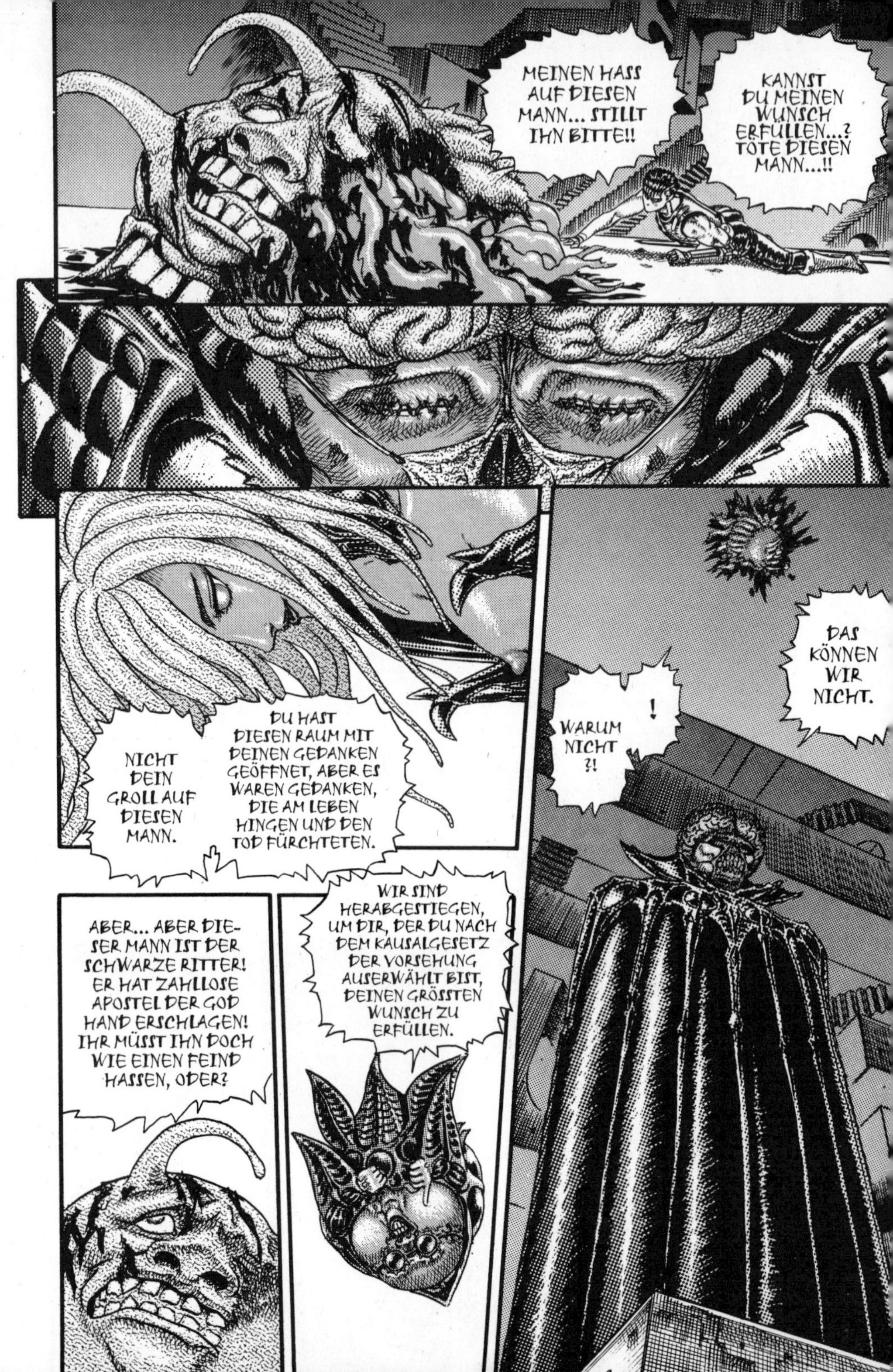
KANNST DU MEINEN WUNSCH ERFÜLLEN...? TÖTE DIESEN MANN...!!
MEINEN HASS AUF DIESEN MANN... STILLT IHN BITTE!!
DAS KÖNNEN WIR NICHT.
!
WARUM NICHT ?!
DU HAST DIESEN RAUM MIT DEINEN GEDANKEN GEÖFFNET, ABER ES WAREN GEDANKEN, DIE AM LEBEN HINGEN UND DEN TOD FÜRCHTETEN.
NICHT DEIN GROLL AUF DIESEN MANN.
WIR SIND HERABGESTIEGEN, UM DIR, DER DU NACH DEM KAUSALGESETZ DER VORSEHUNG AUSERWÄHLT BIST, DEINEN GRÖSSTEN WUNSCH ZU ERFÜLLEN.
ABER... ABER DIESER MANN IST DER SCHWARZE RITTER! ER HAT ZAHLLOSE APOSTEL DER GOD HAND ERSCHLAGEN! IHR MÜSST IHN DOCH WIE EINEN FEIND HASSEN, ODER?

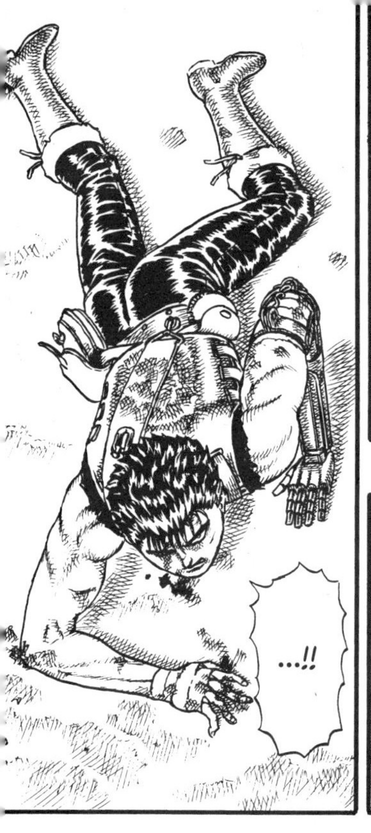
...!!

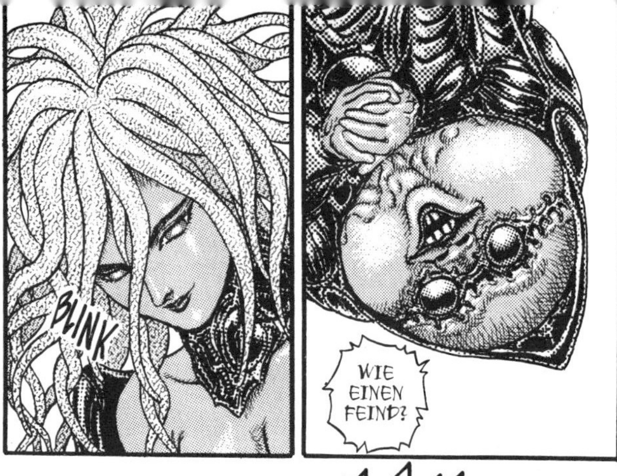
BLINK
WIE EINEN FEIND?

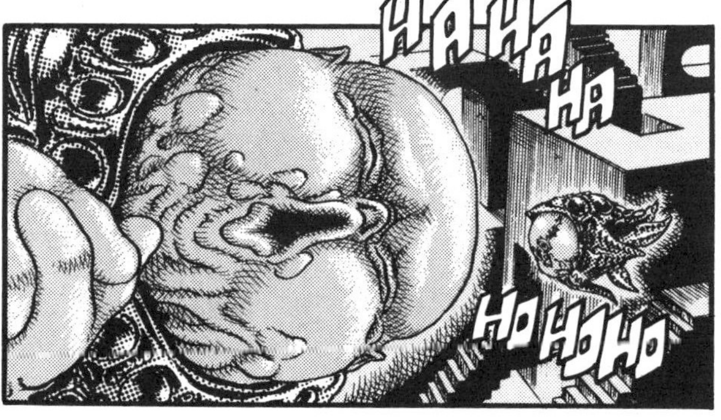
HAHAHA HA
HOHOHO

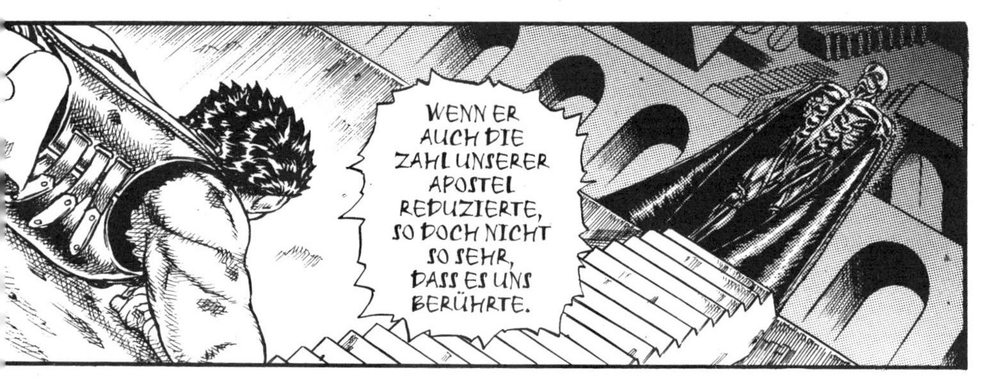
WENN ER AUCH DIE ZAHL UNSERER APOSTEL REDUZIERTE, SO DOCH NICHT SO SEHR, DASS ES UNS BERÜHRTE.

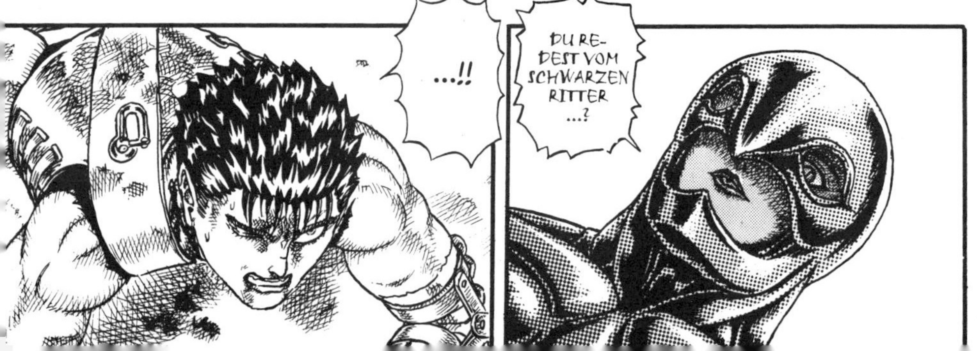
DU REDEST VOM SCHWARZEN RITTER ...?
...!!

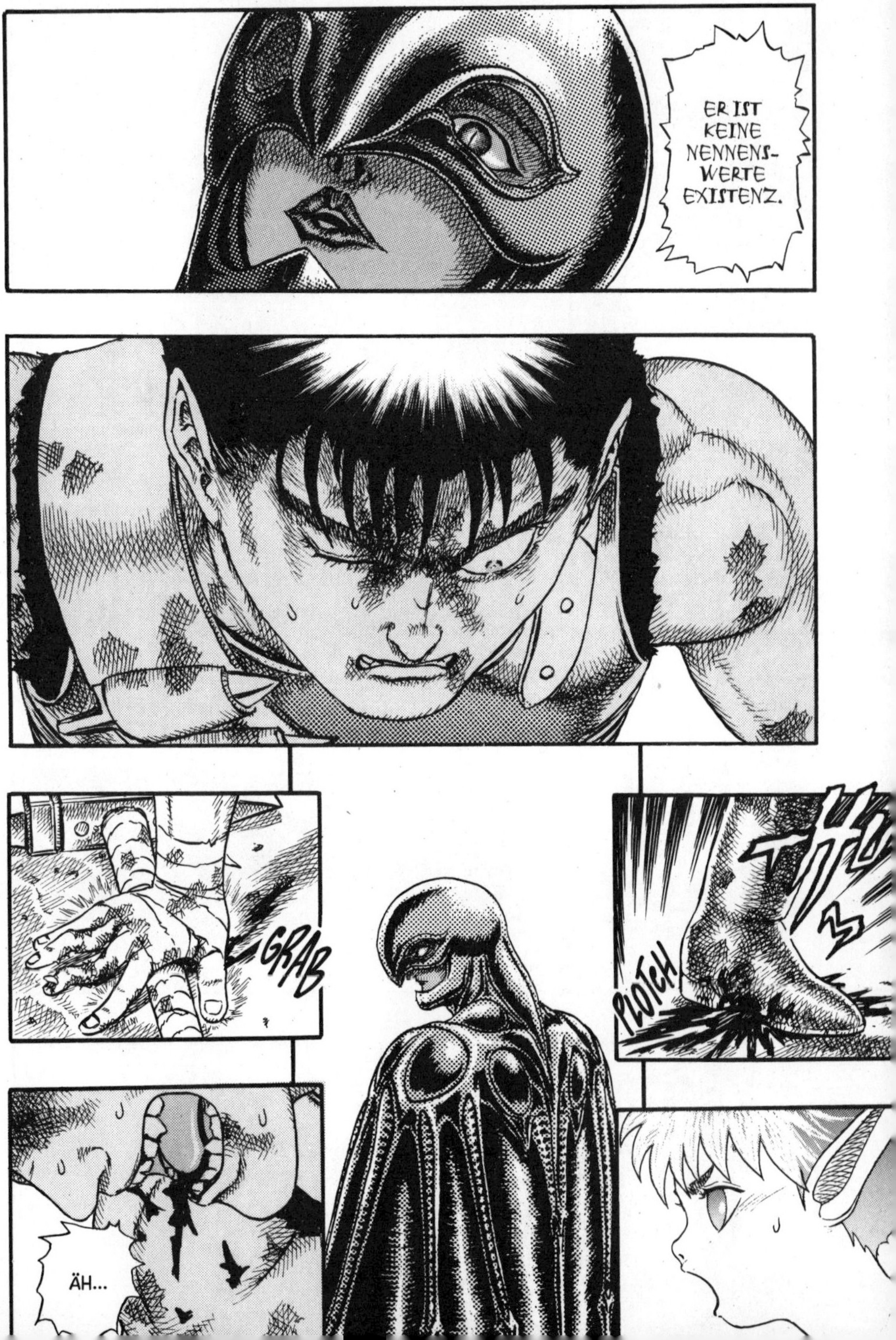

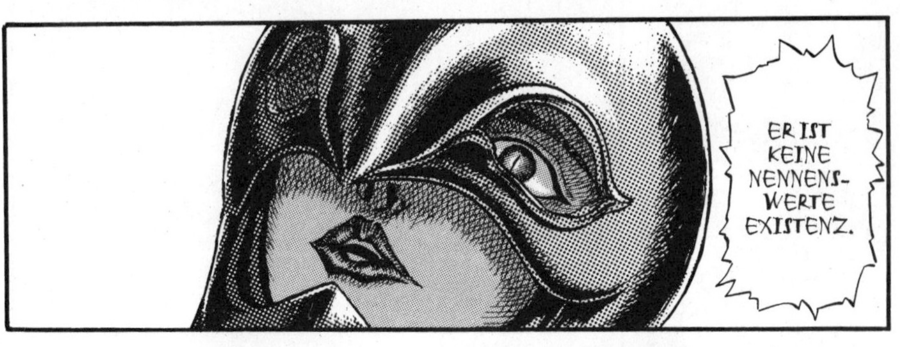
ER IST KEINE NENNENS-WERTE EXISTENZ.

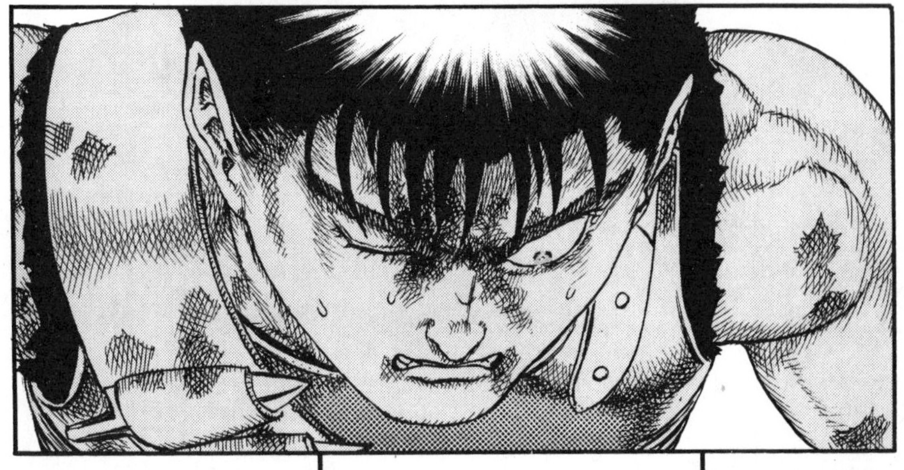
GRAB
THUM
PLOTCH
ÄH...

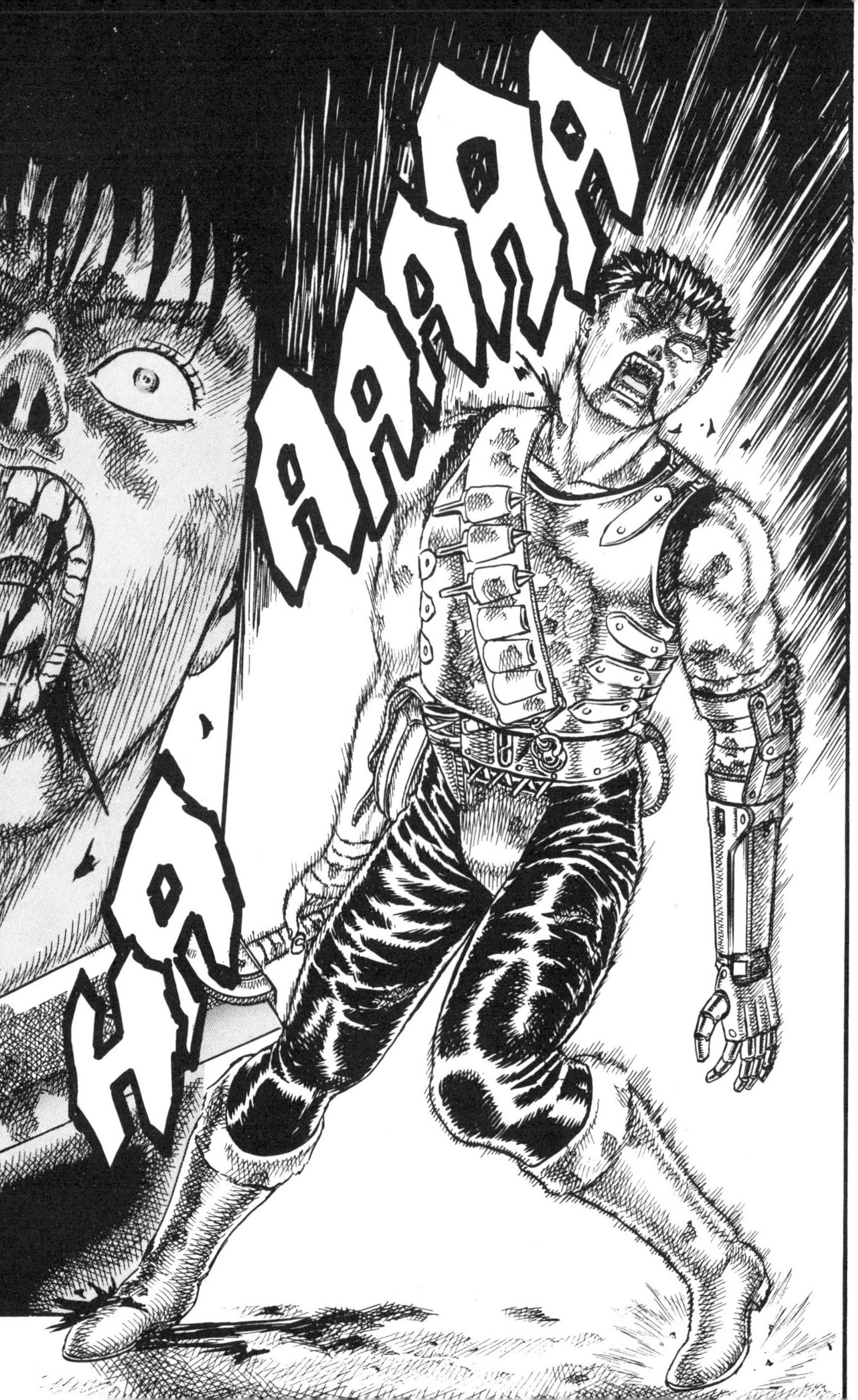
HAAAAAAA

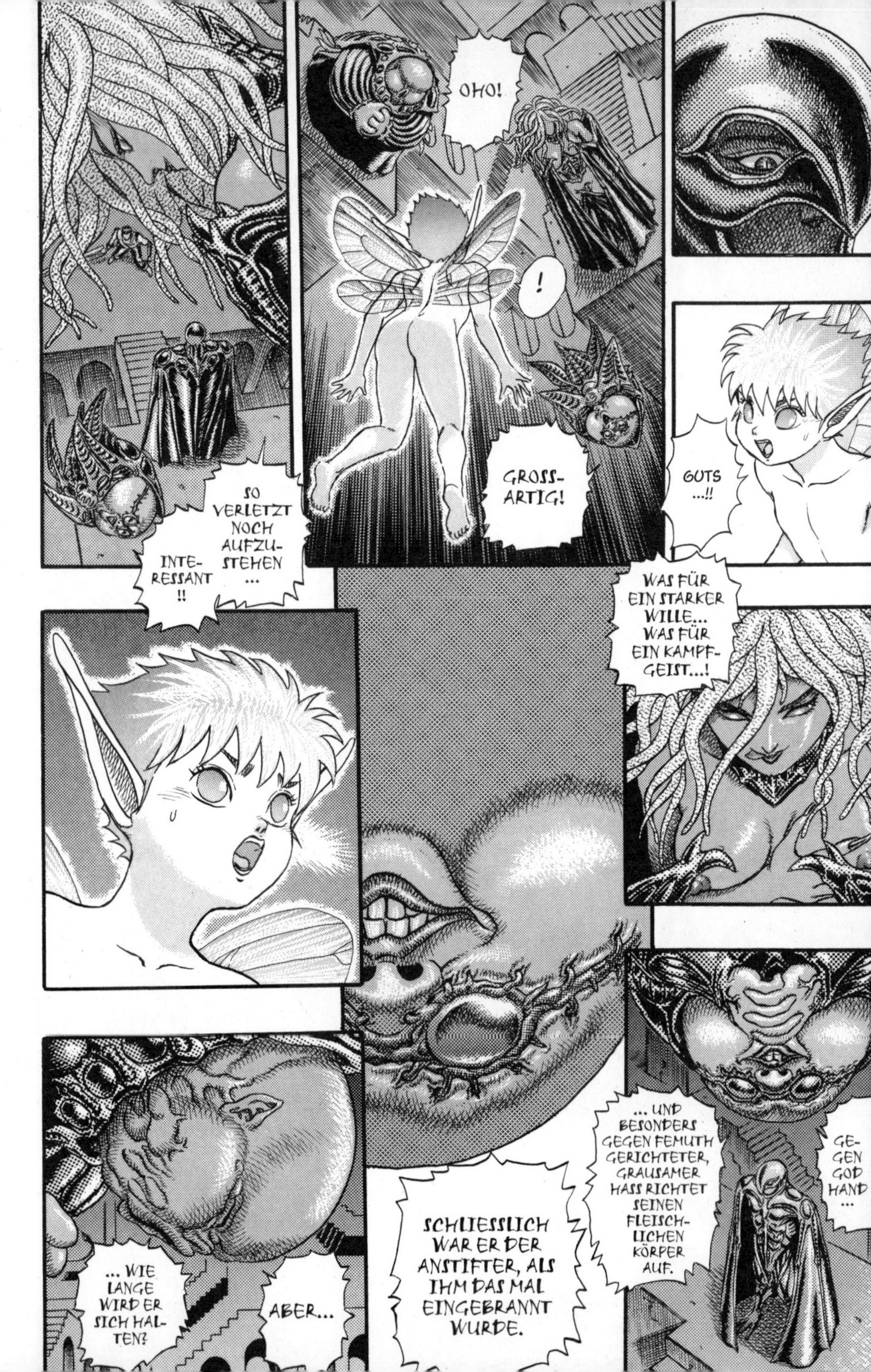
GUTS ...!!
OHO!
!
GROSS-ARTIG!
SO VERLETZT NOCH AUFZU-STEHEN ...
INTE-RESSANT !!
WAS FÜR EIN STARKER WILLE... WAS FÜR EIN KAMPF-GEIST...!
GE-GEN GOD HAND ...
... UND BESONDERS GEGEN FEMUTH GERICHTETER, GRAUSAMER HASS RICHTET SEINEN FLEISCH-LICHEN KÖRPER AUF.
SCHLIESSLICH WAR ER DER ANSTIFTER, ALS IHM DAS MAL EINGEBRANNT WURDE.
ABER...
... WIE LANGE WIRD ER SICH HAL-TEN?

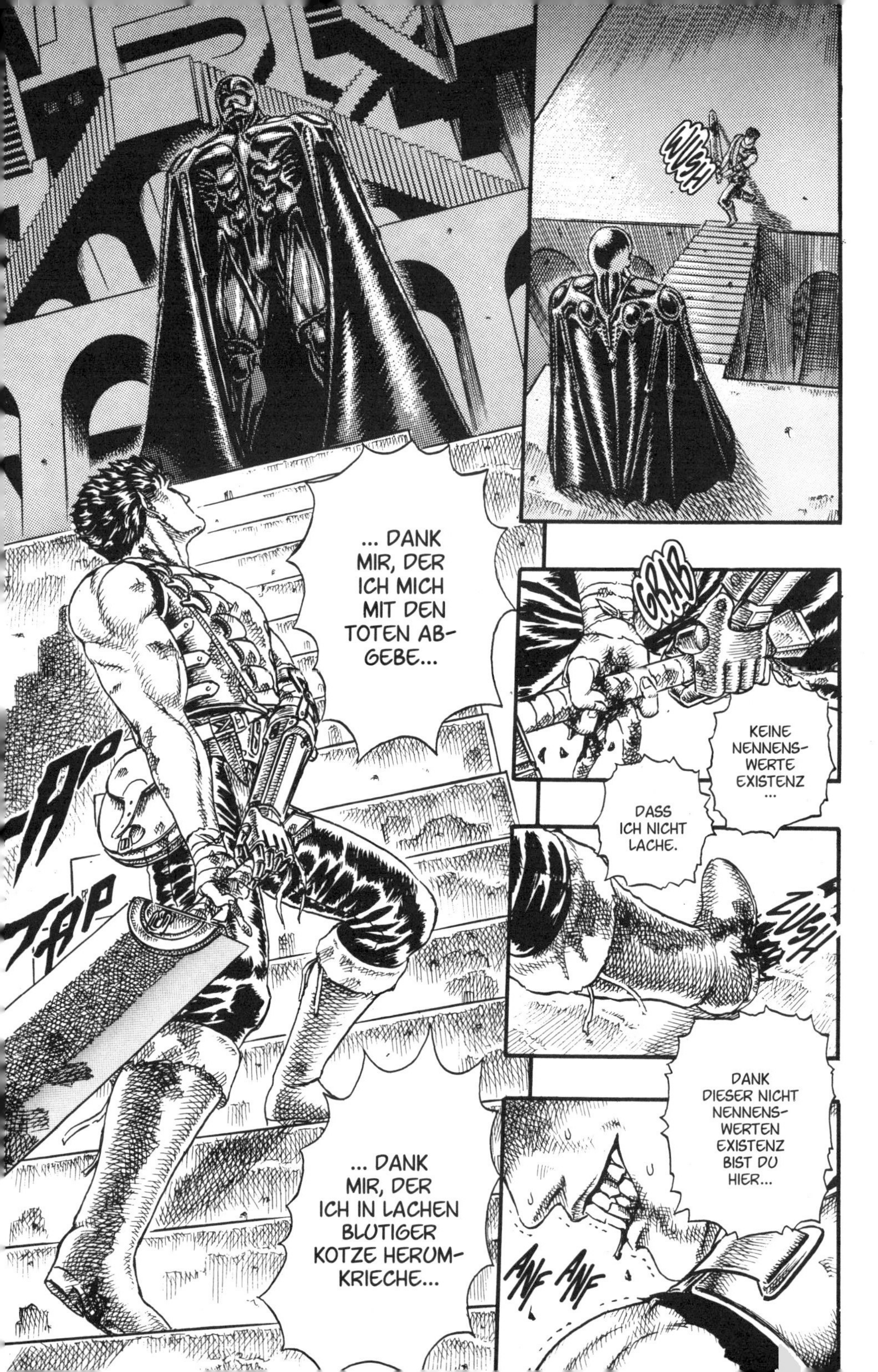
WUSH
GRAB
KEINE NENNENS-WERTE EXISTENZ ...
DASS ICH NICHT LACHE.
ZUSH
DANK DIESER NICHT NENNENS-WERTEN EXISTENZ BIST DU HIER...
ANF ANF
... DANK MIR, DER ICH MICH MIT DEN TOTEN AB-GEBE...
TAP
TAP TAP
... DANK MIR, DER ICH IN LACHEN BLUTIGER KOTZE HERUM-KRIECHE...

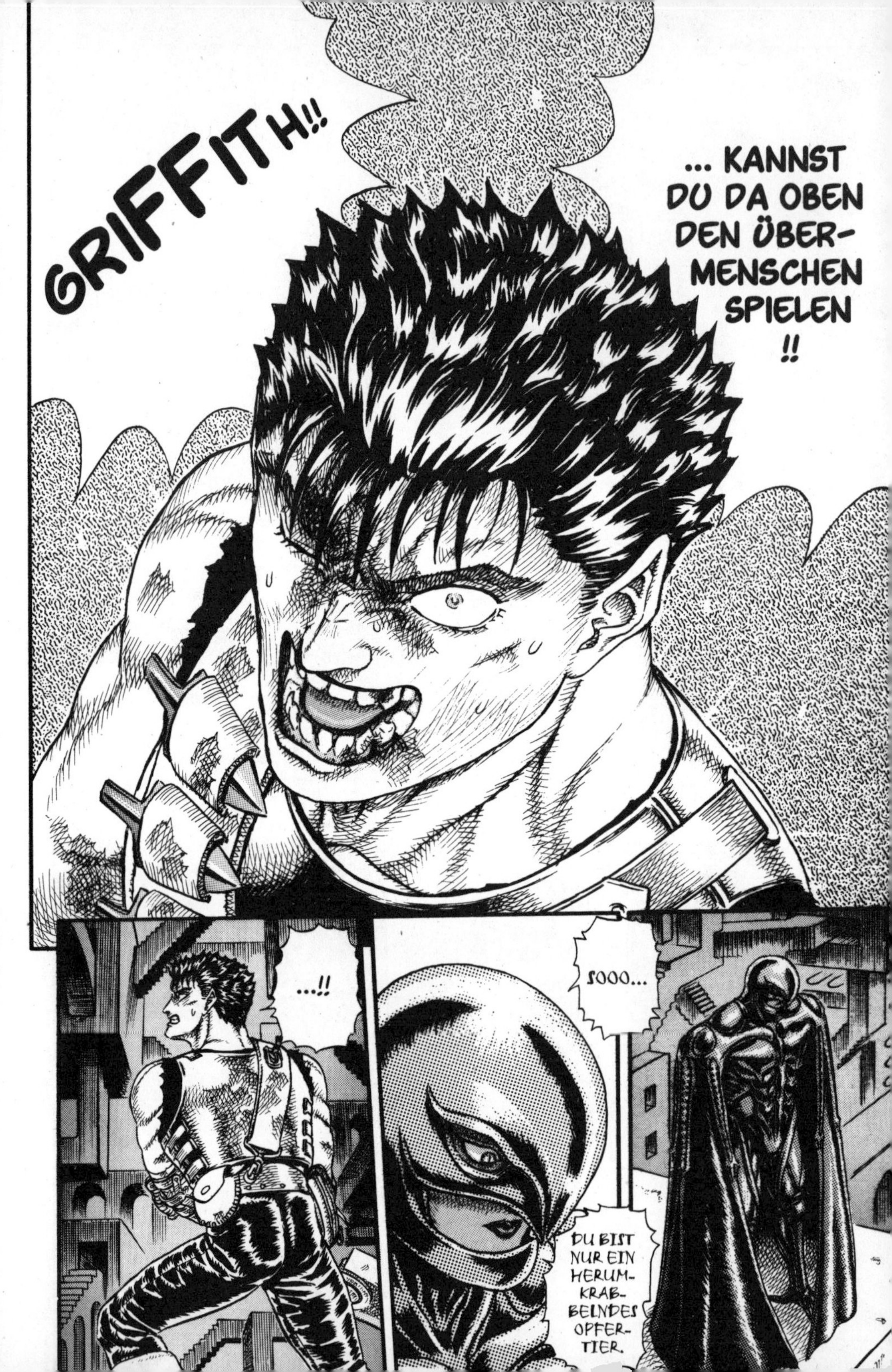

... KANNST DU DA OBEN DEN ÜBER-MENSCHEN SPIELEN !!
GRIFFITH!!
SOOO...
DU BIST NUR EIN HERUM-KRAB-BELNDES OPFER-TIER.
...!!

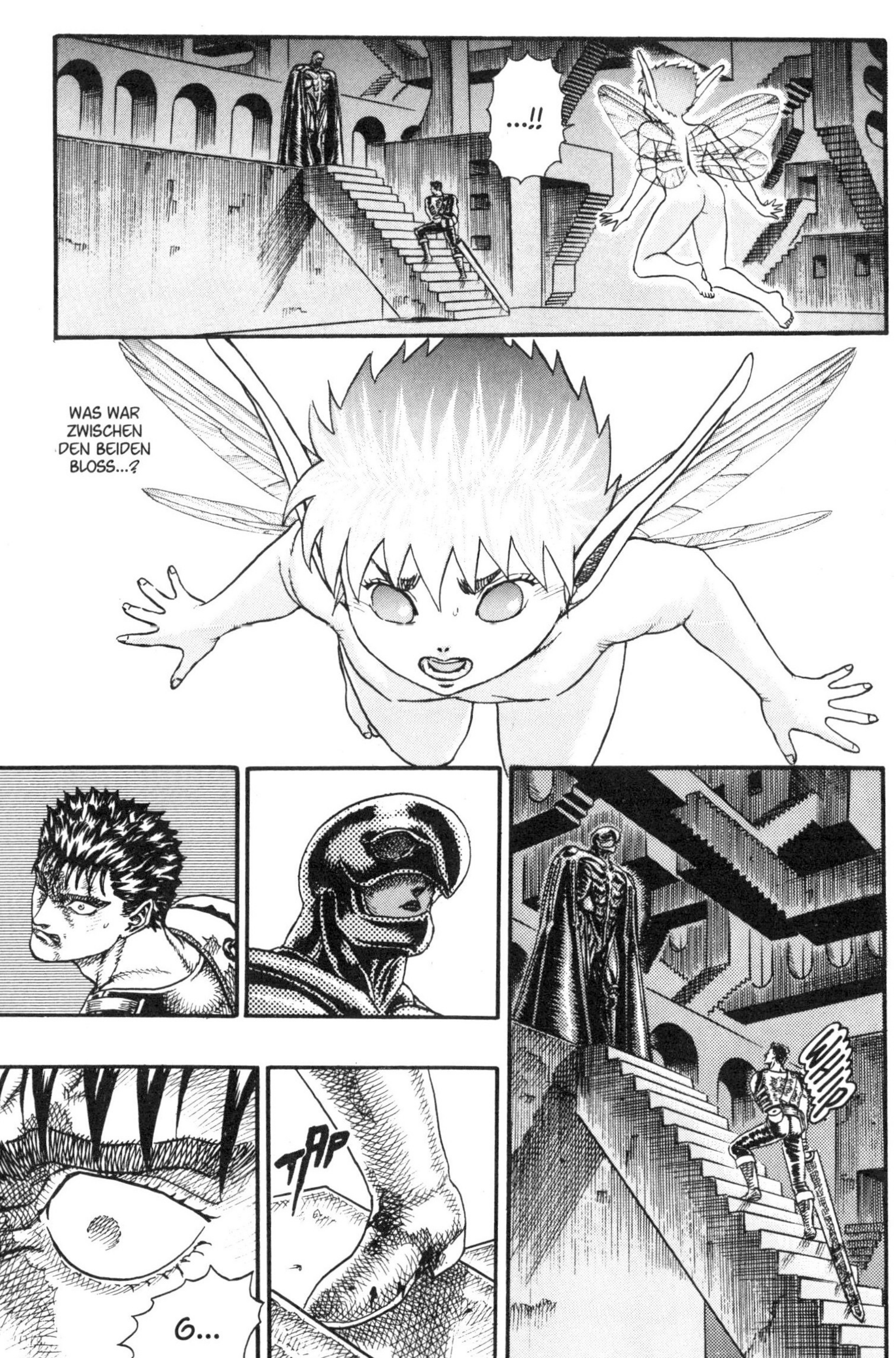
...!!
WAS WAR ZWISCHEN DEN BEIDEN BLOSS...?
WHIP
TAP
G...

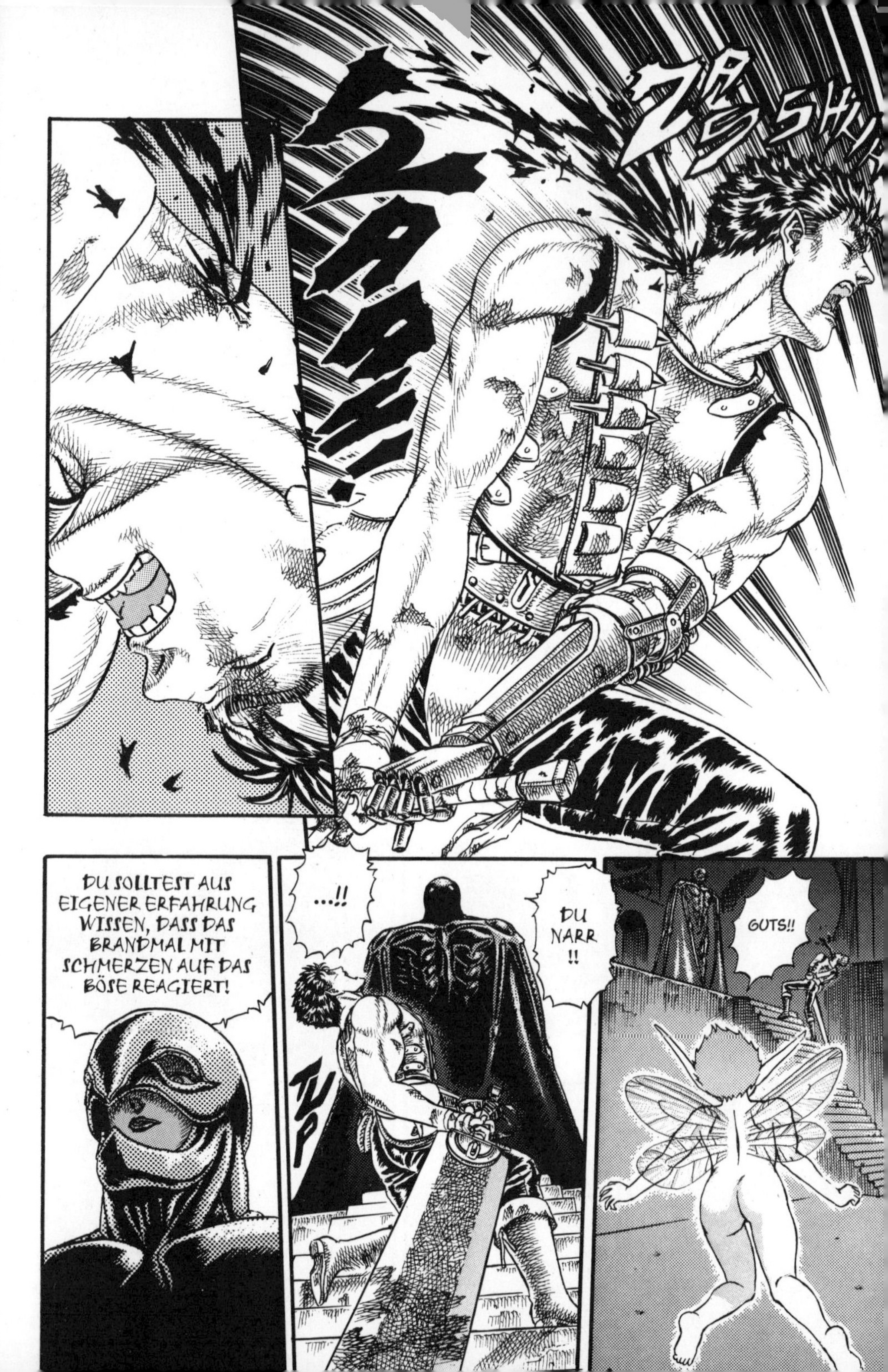

ZAPP!
ZASHK
DU SOLLTEST AUS EIGENER ERFAHRUNG WISSEN, DASS DAS BRANDMAL MIT SCHMERZEN AUF DAS BÖSE REAGIERT!
...!!
DU NARR !!
TUP
GUTS!!

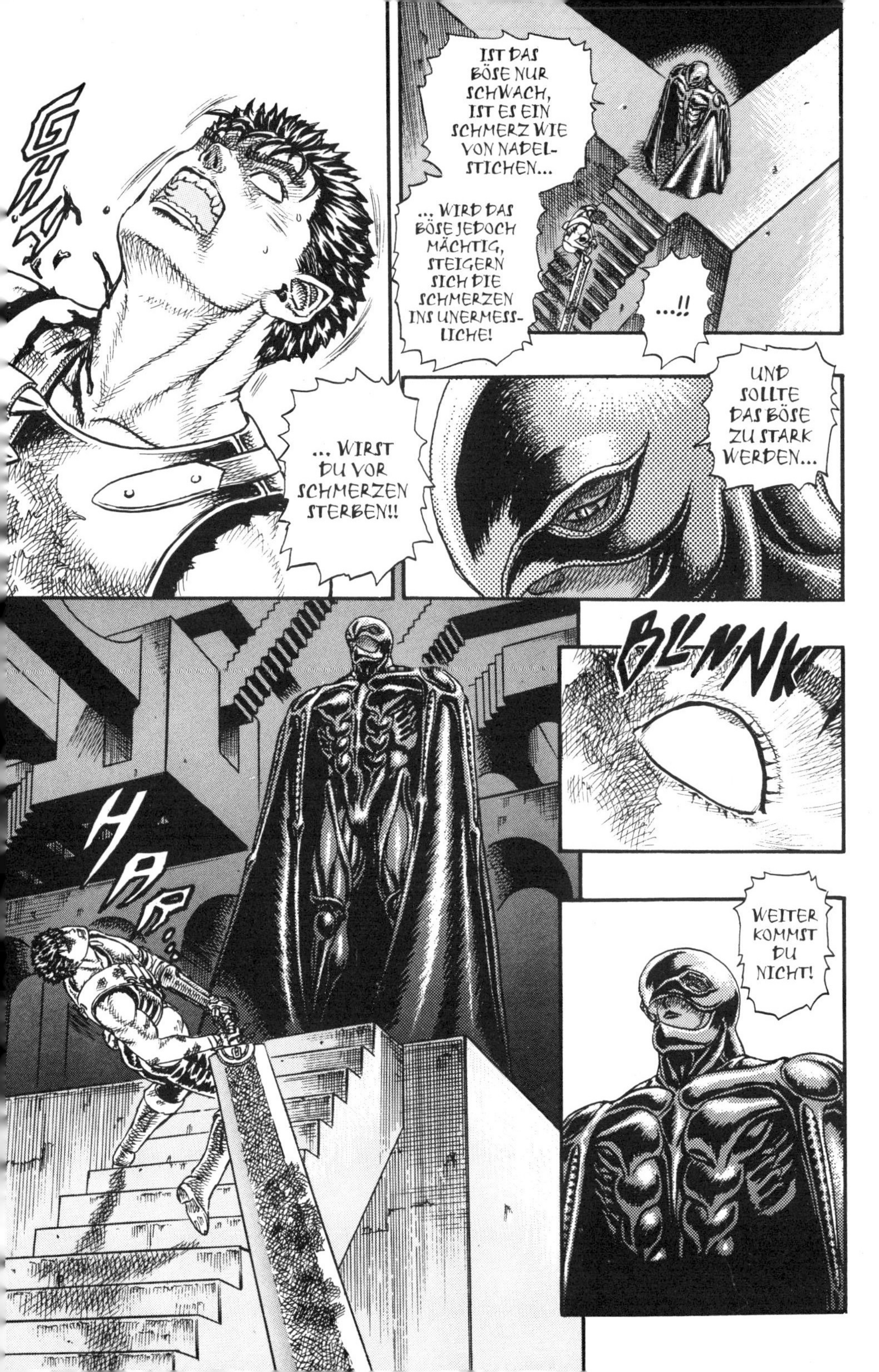
IST DAS BÖSE NUR SCHWACH, IST ES EIN SCHMERZ WIE VON NADEL-STICHEN...
... WIRD DAS BÖSE JEDOCH MÄCHTIG, STEIGERN SICH DIE SCHMERZEN INS UNERMESS-LICHE!
...!!
UND SOLLTE DAS BÖSE ZU STARK WERDEN...
... WIRST DU VOR SCHMERZEN STERBEN!!
BLNNK
WEITER KOMMST DU NICHT!
HARR...

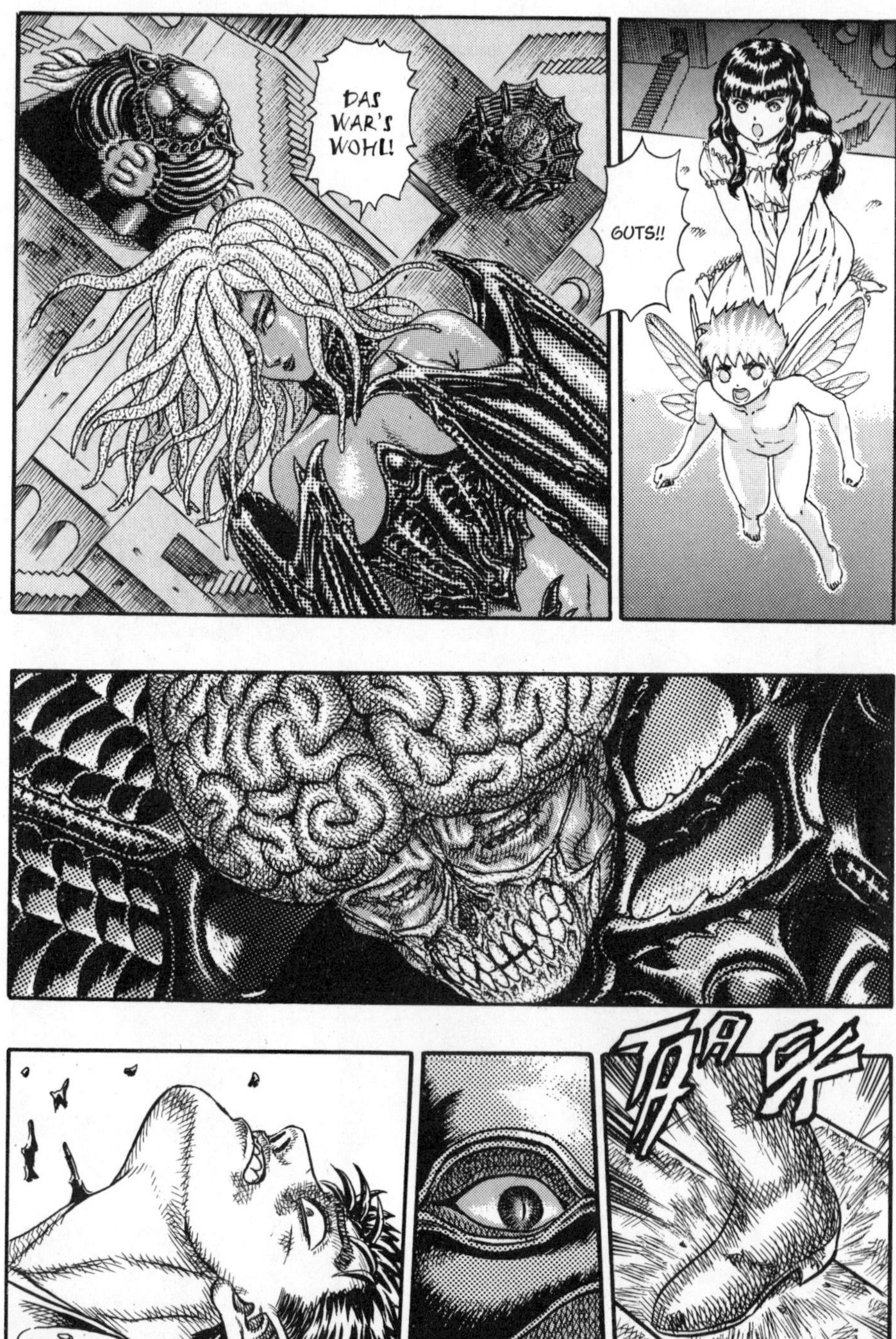
DAS WAR'S WOHL!
GUTS!!

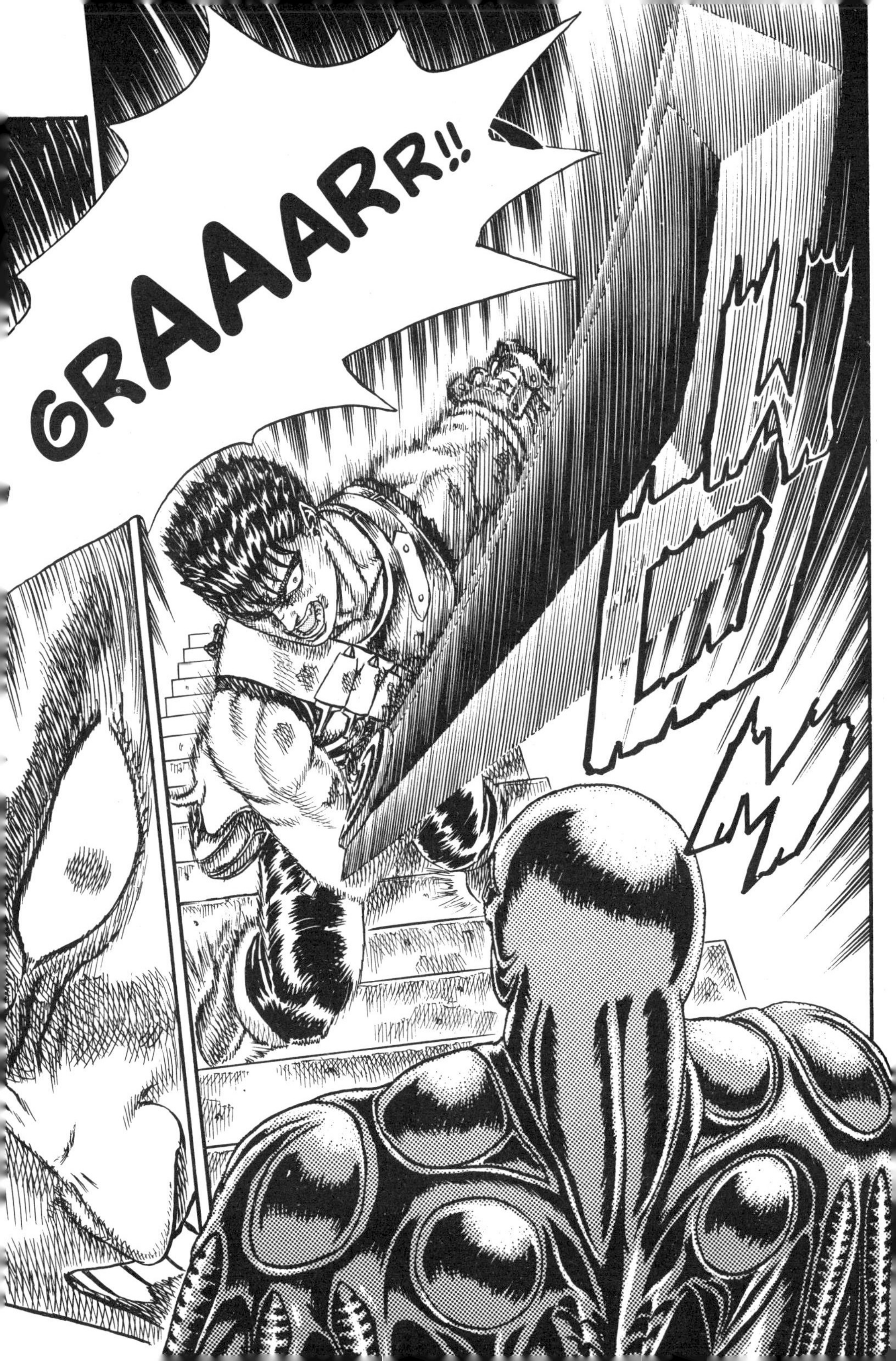
GRAAARR!!

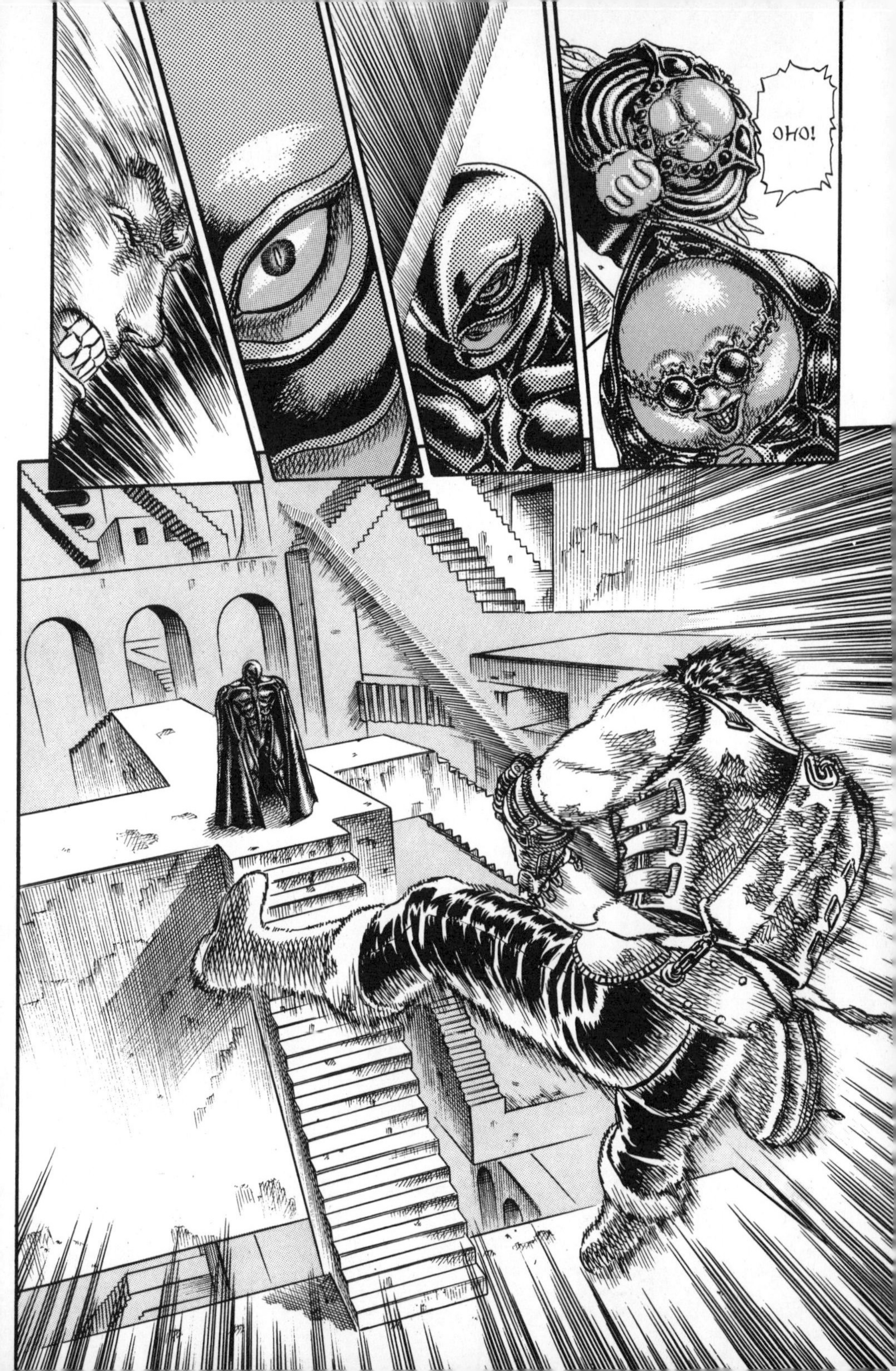
OHO!

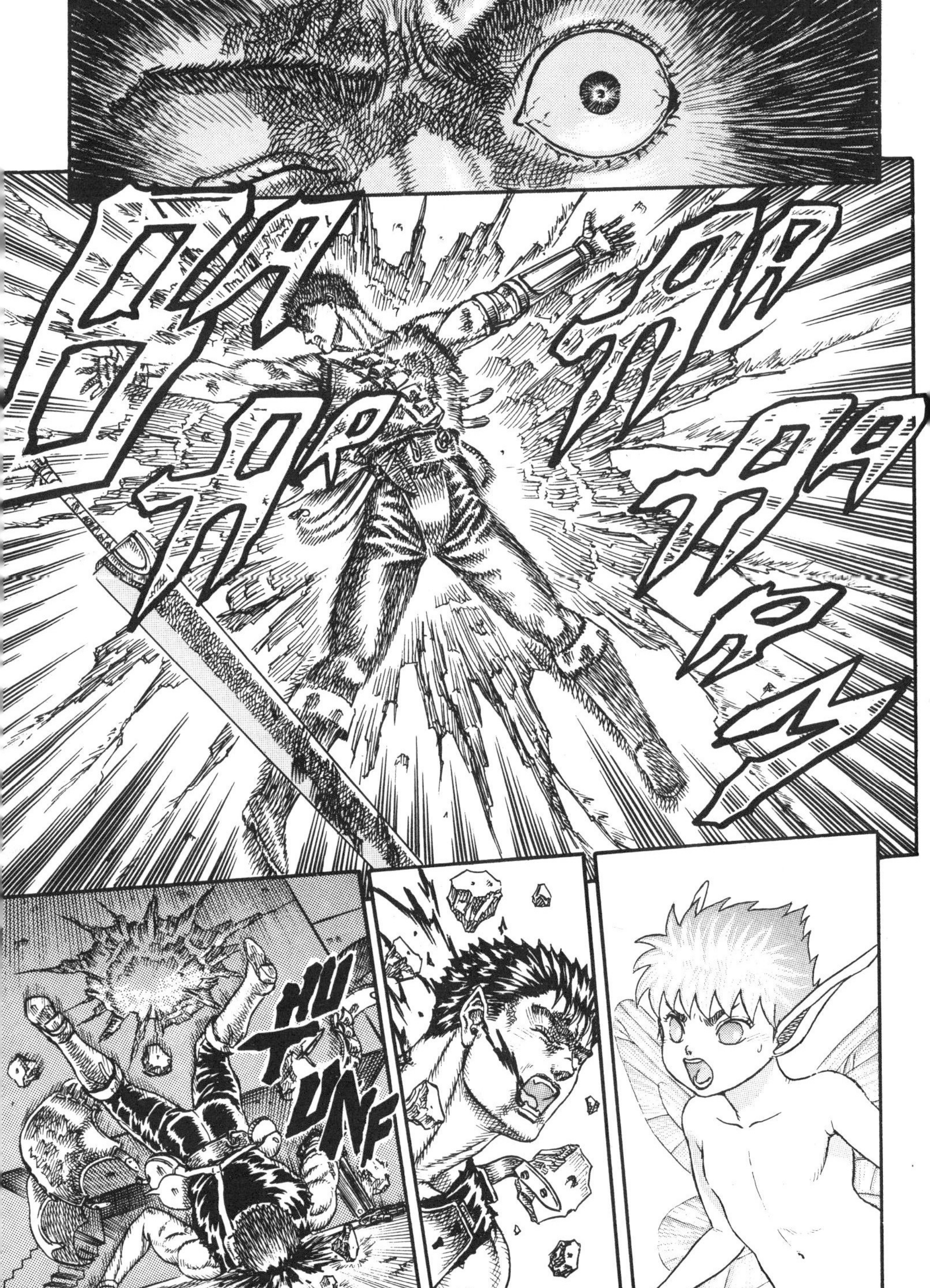

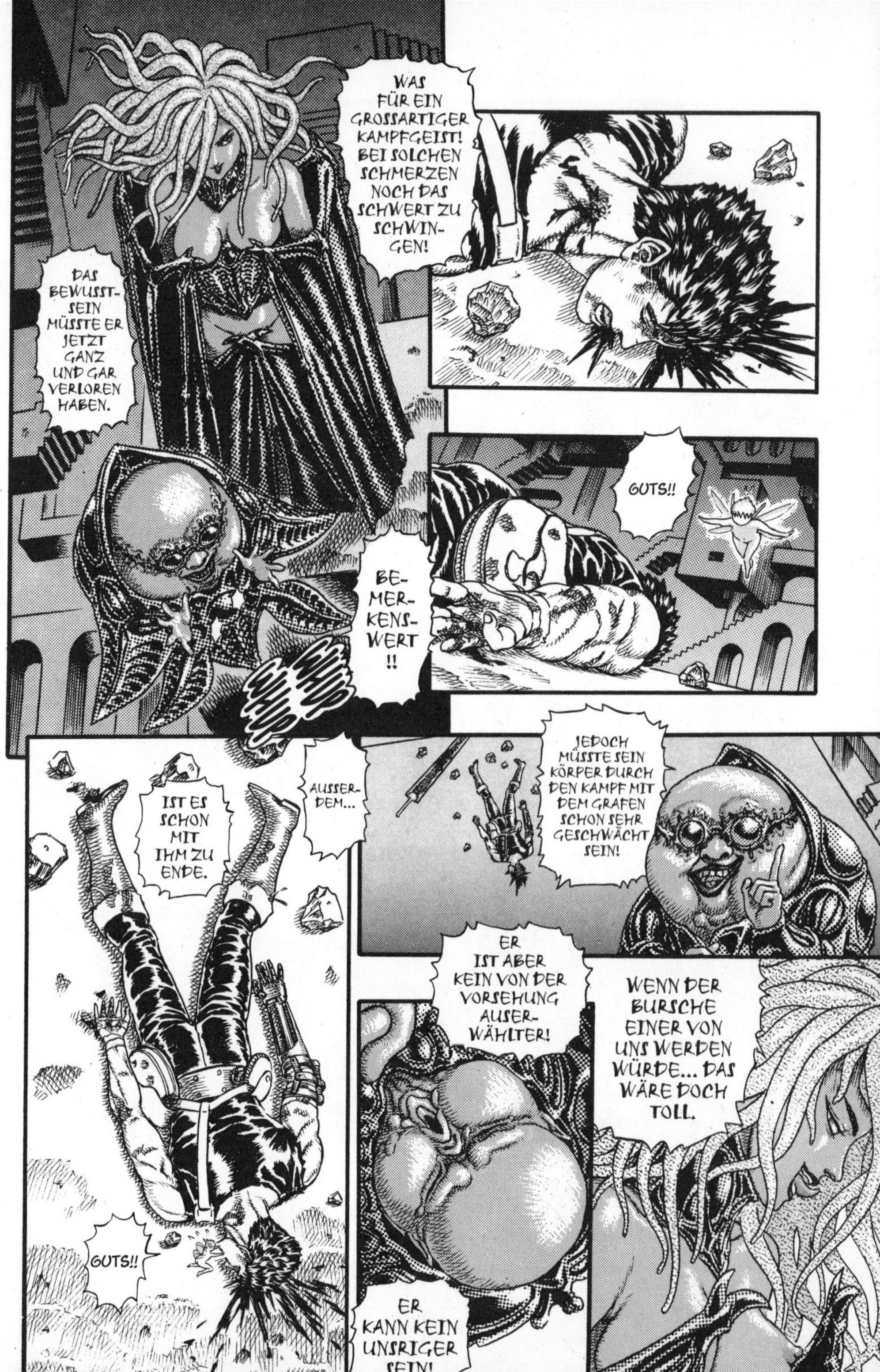
WAS FÜR EIN GROSSARTIGER KAMPFGEIST! BEI SOLCHEN SCHMERZEN NOCH DAS SCHWERT ZU SCHWIN-GEN!
DAS BEWUSST-SEIN MÜSSTE ER JETZT GANZ UND GAR VERLOREN HABEN.
GUTS!!
BE-MER-KENS-WERT !!
JEDOCH MÜSSTE SEIN KÖRPER DURCH DEN KAMPF MIT DEM GRAFEN SCHON SEHR GESCHWÄCHT SEIN!
AUSSER-DEM...
IST ES SCHON MIT IHM ZU ENDE.
WENN DER BURSCHE EINER VON UNS WERDEN WÜRDE... DAS WÄRE DOCH TOLL.
ER IST ABER KEIN VON DER VORSEHUNG AUSER-WÄHLTER!
ER KANN KEIN UNSRIGER SEIN!
GUTS!!

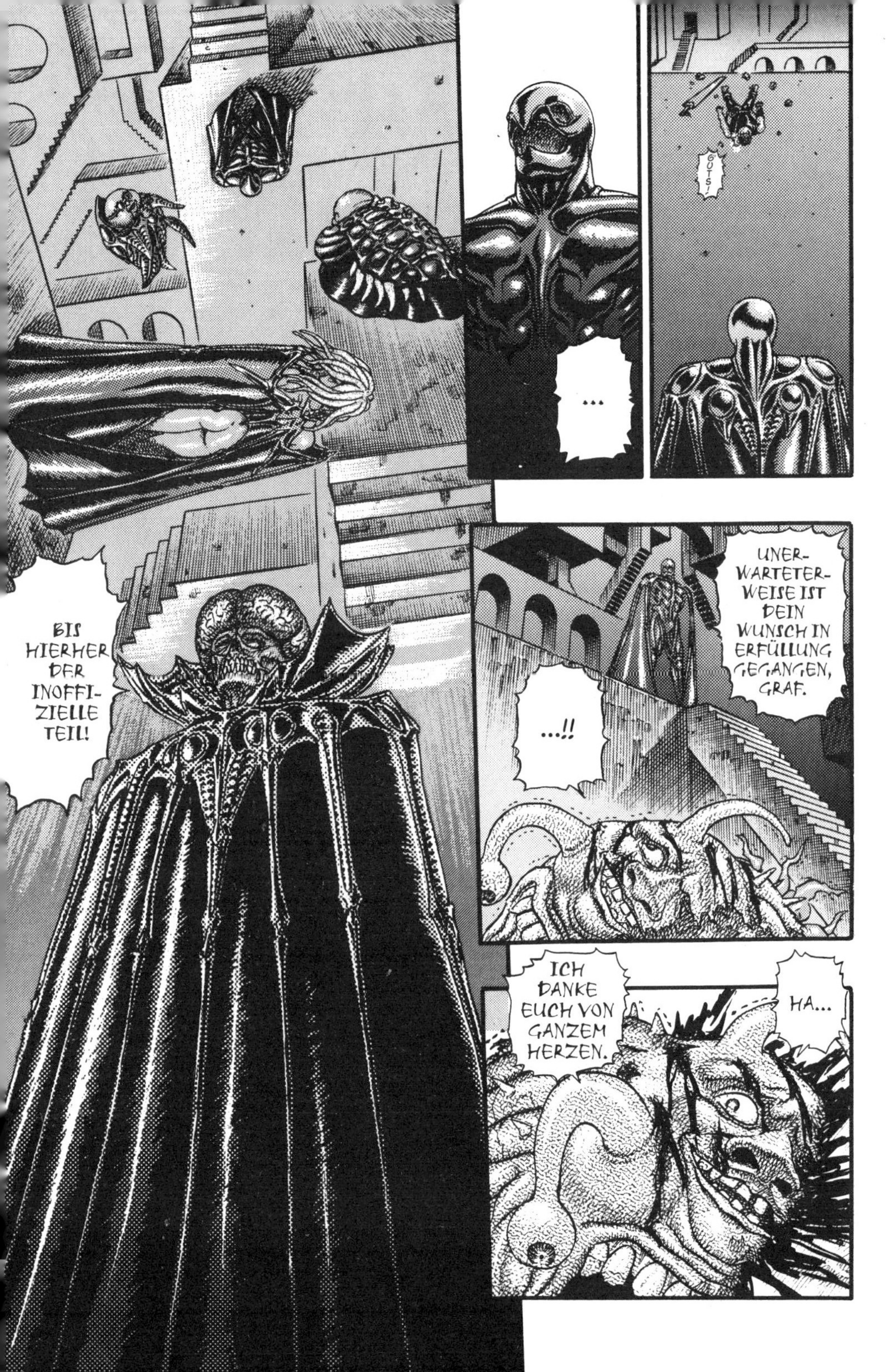
GUTS!
...
UNERWARTETERWEISE IST DEIN WUNSCH IN ERFÜLLUNG GEGANGEN, GRAF.
...!!
HA...
ICH DANKE EUCH VON GANZEM HERZEN.
BIS HIERHER DER INOFFIZIELLE TEIL!

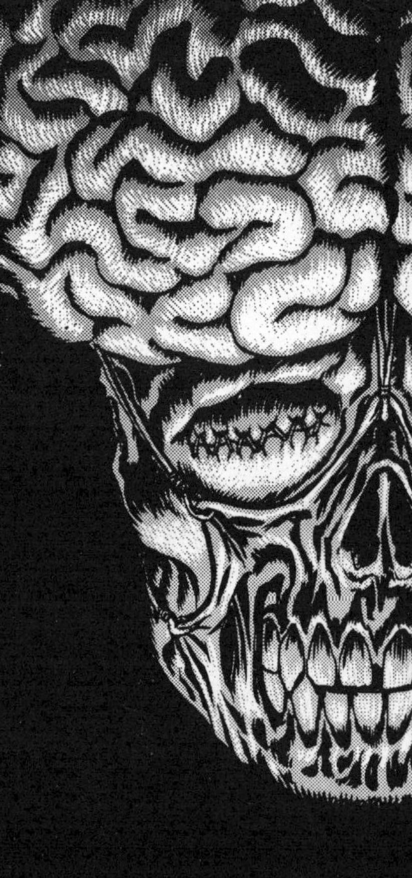

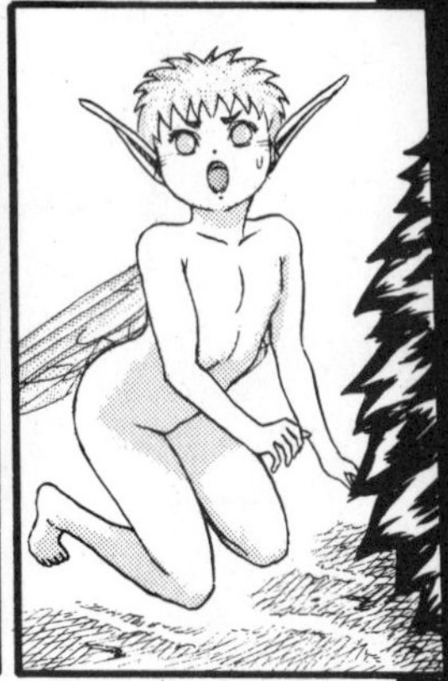

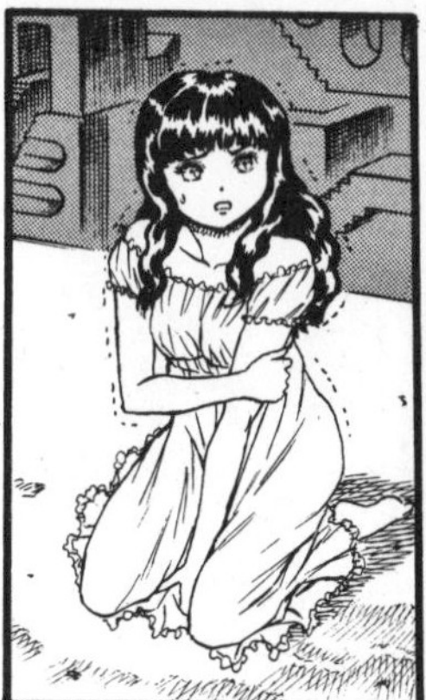

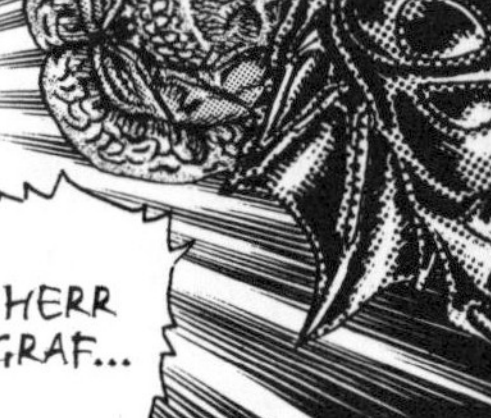

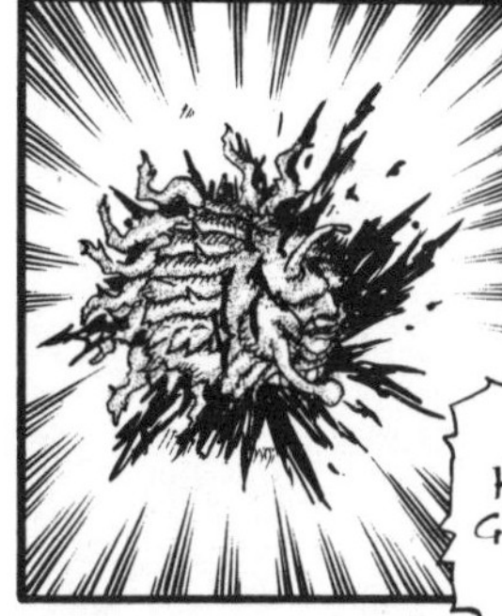

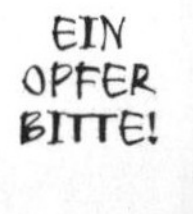

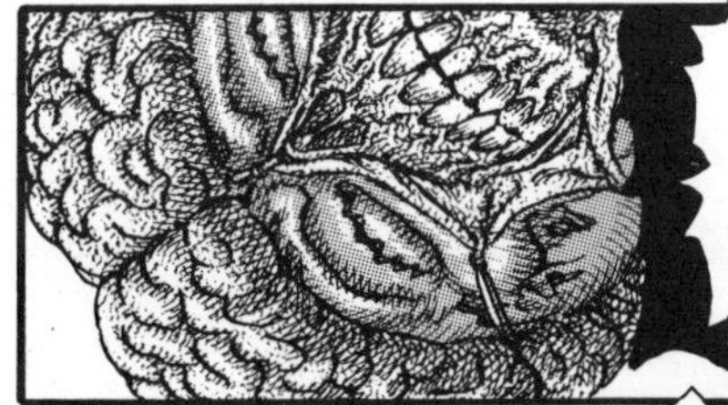

* ZEREMONIE DER HERABKUNFT DER DÄMONEN

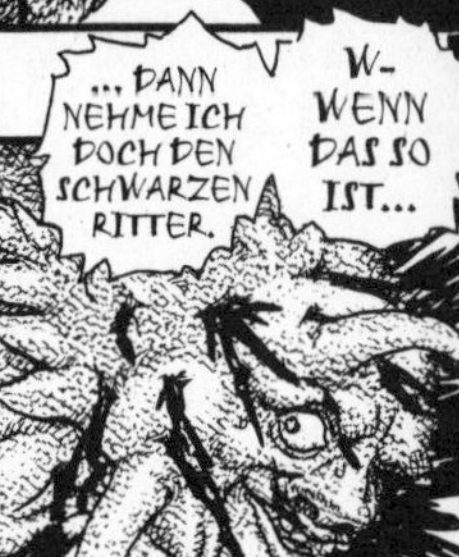

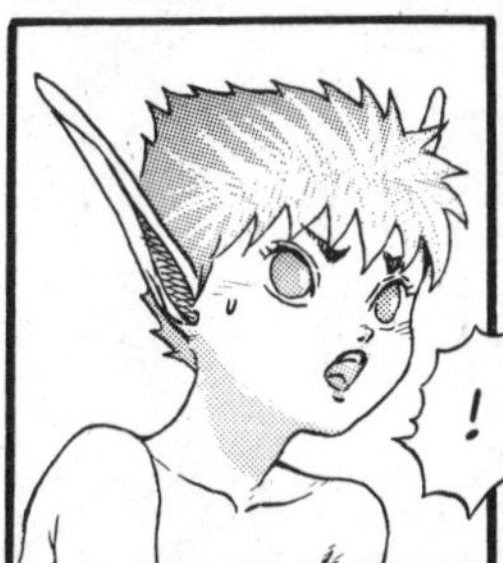

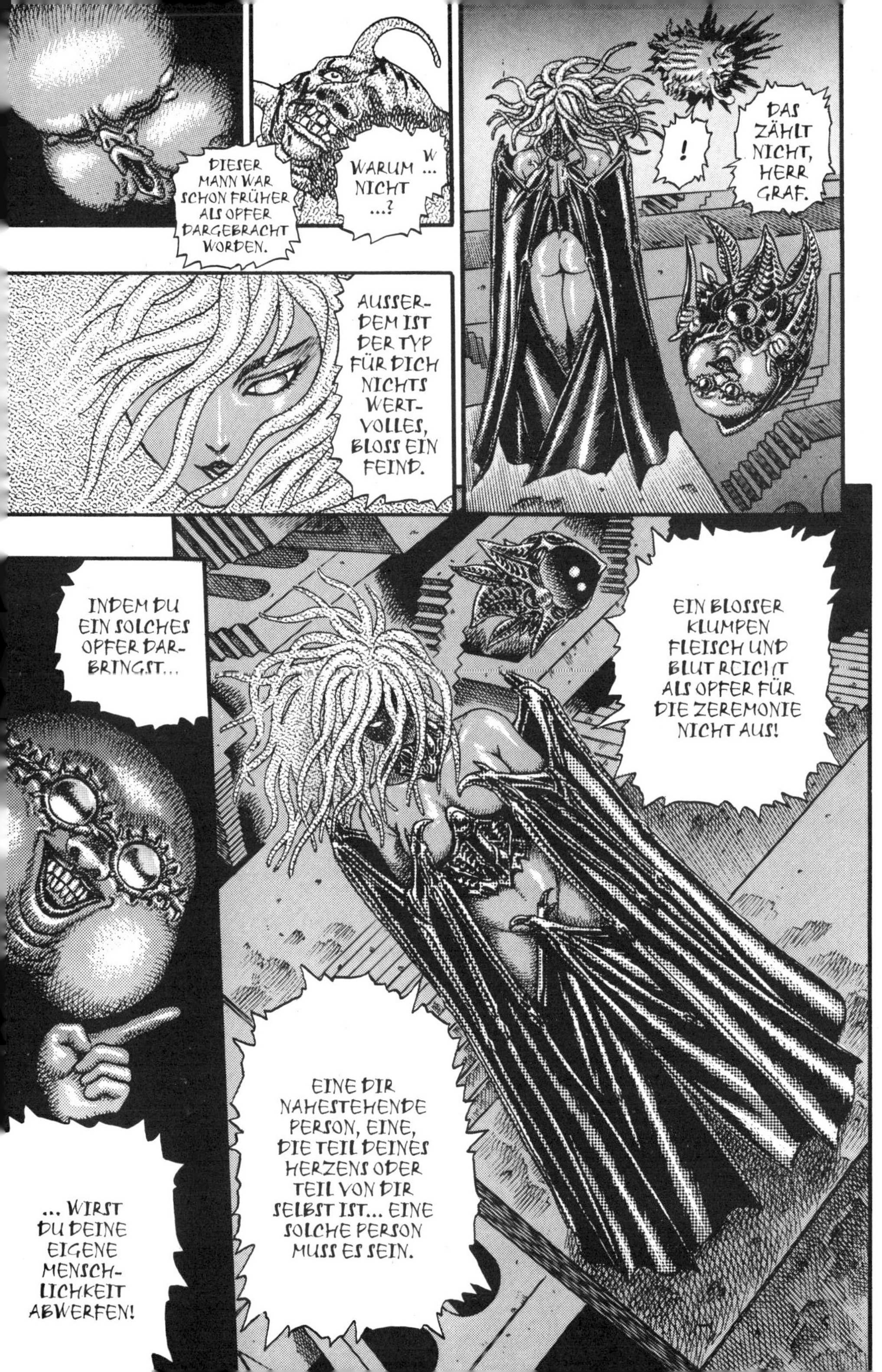
!
DAS ZÄHLT NICHT, HERR GRAF.
W...
WARUM NICHT ...?
DIESER MANN WAR SCHON FRÜHER ALS OPFER DARGEBRACHT WORDEN.
AUSSER-DEM IST DER TYP FÜR DICH NICHTS WERT-VOLLES, BLOSS EIN FEIND.
EIN BLOSSER KLUMPEN FLEISCH UND BLUT REICHT ALS OPFER FÜR DIE ZEREMONIE NICHT AUS!
EINE DIR NAHESTEHENDE PERSON, EINE, DIE TEIL DEINES HERZENS ODER TEIL VON DIR SELBST IST... EINE SOLCHE PERSON MUSS ES SEIN.
INDEM DU EIN SOLCHES OPFER DAR-BRINGST...
... WIRST DU DEINE EIGENE MENSCH-LICHKEIT ABWERFEN!

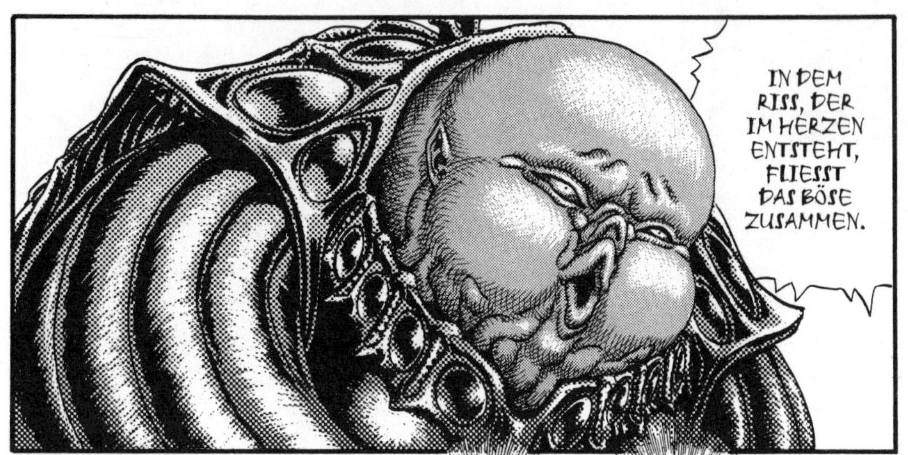
IN DEM RISS, DER IM HERZEN ENTSTEHT, FLIESST DAS BÖSE ZUSAMMEN.

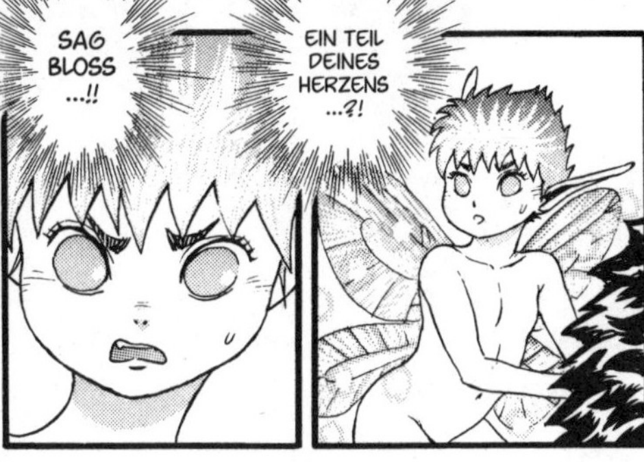
EIN TEIL DEINES HERZENS ...?!
SAG BLOSS ...!!

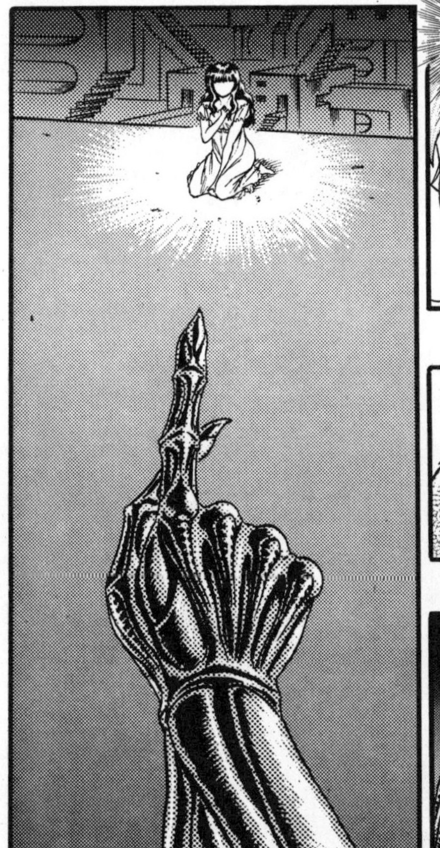

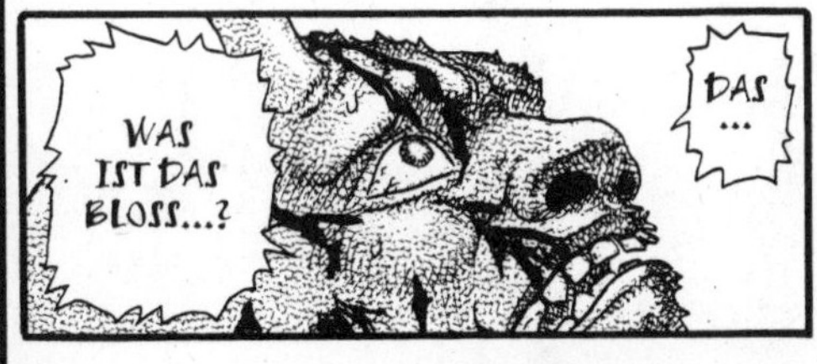
DAS ...
WAS IST DAS BLOSS ...?

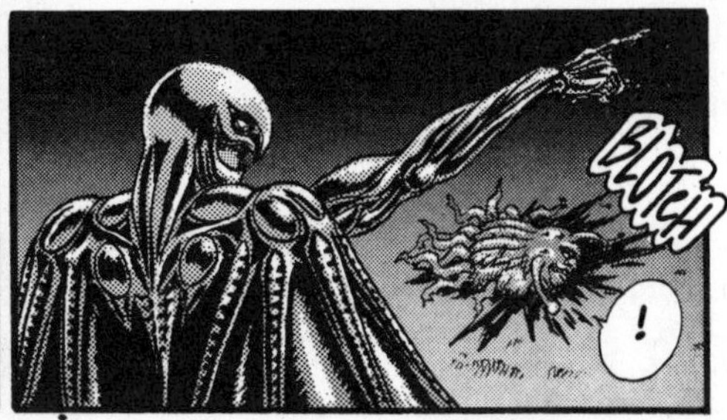
BLOTCH
!

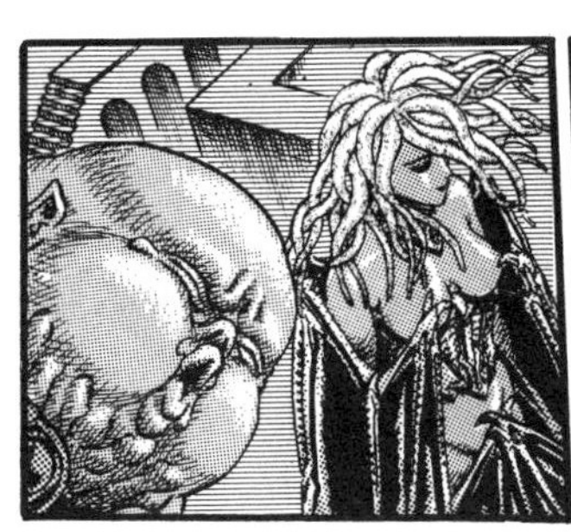
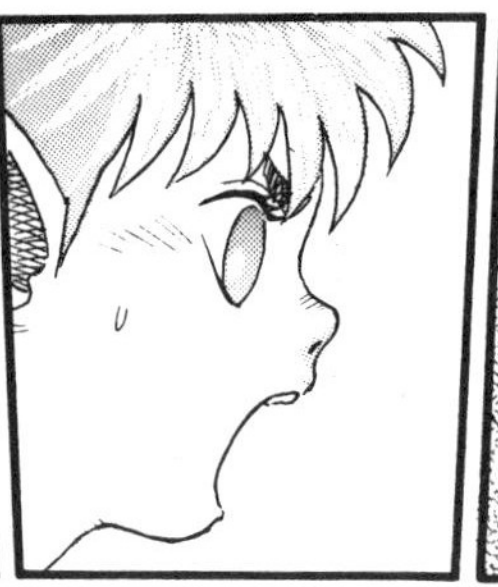
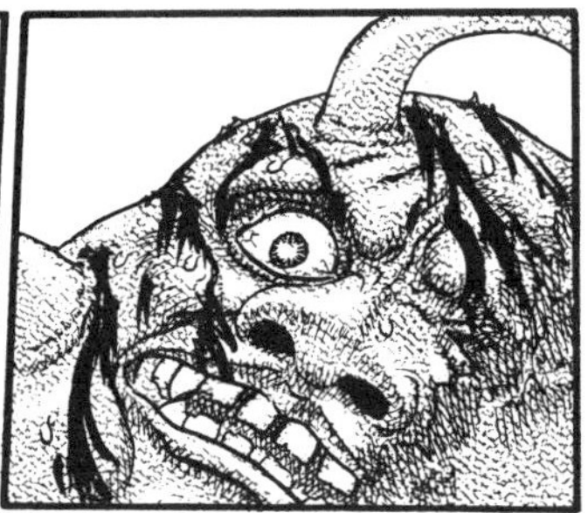
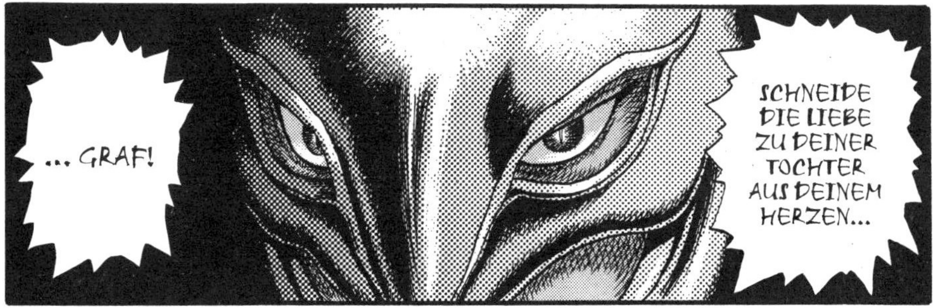
SCHNEIDE DIE LIEBE ZU DEINER TOCHTER AUS DEINEM HERZEN...
... GRAF!

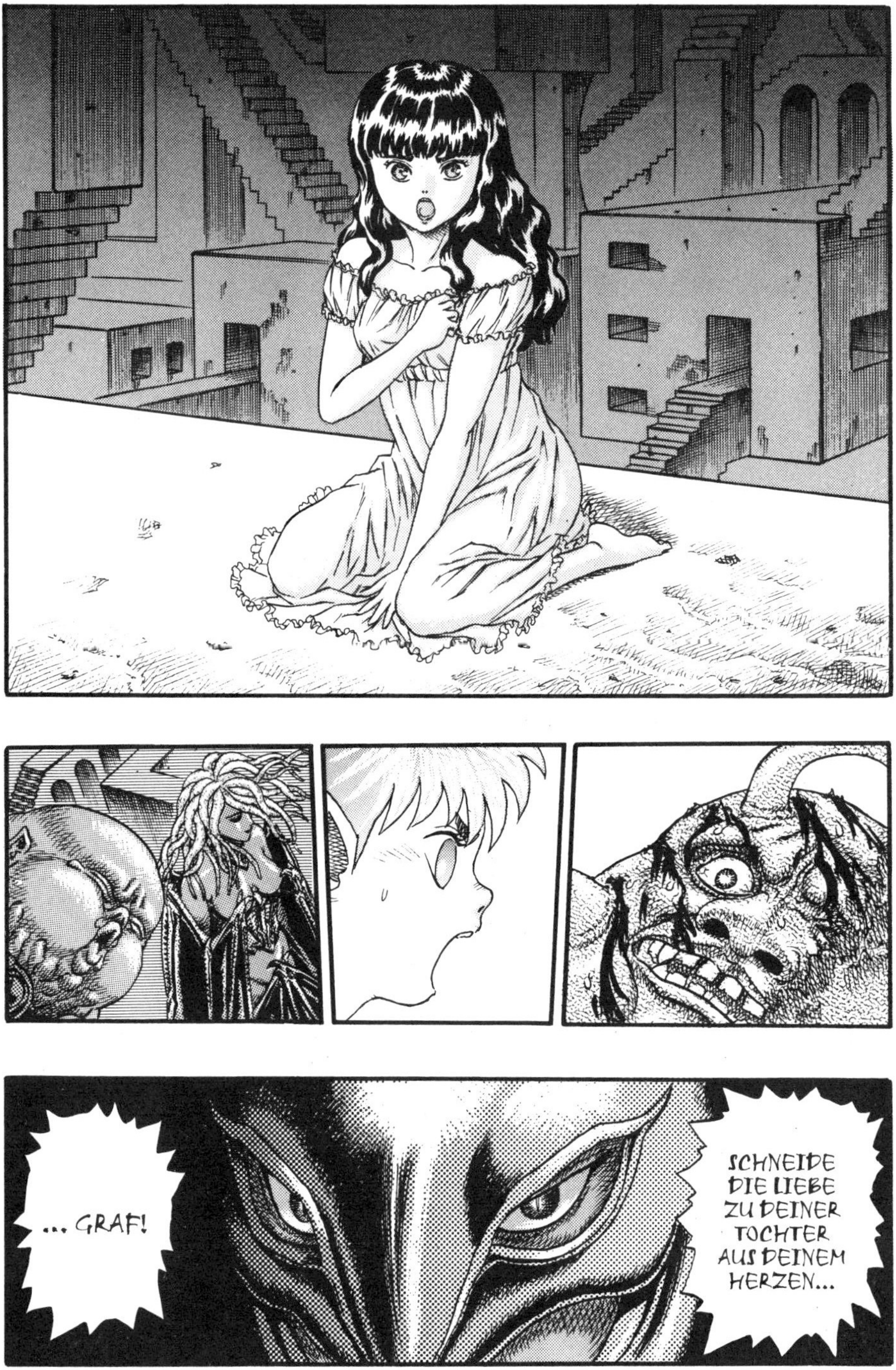

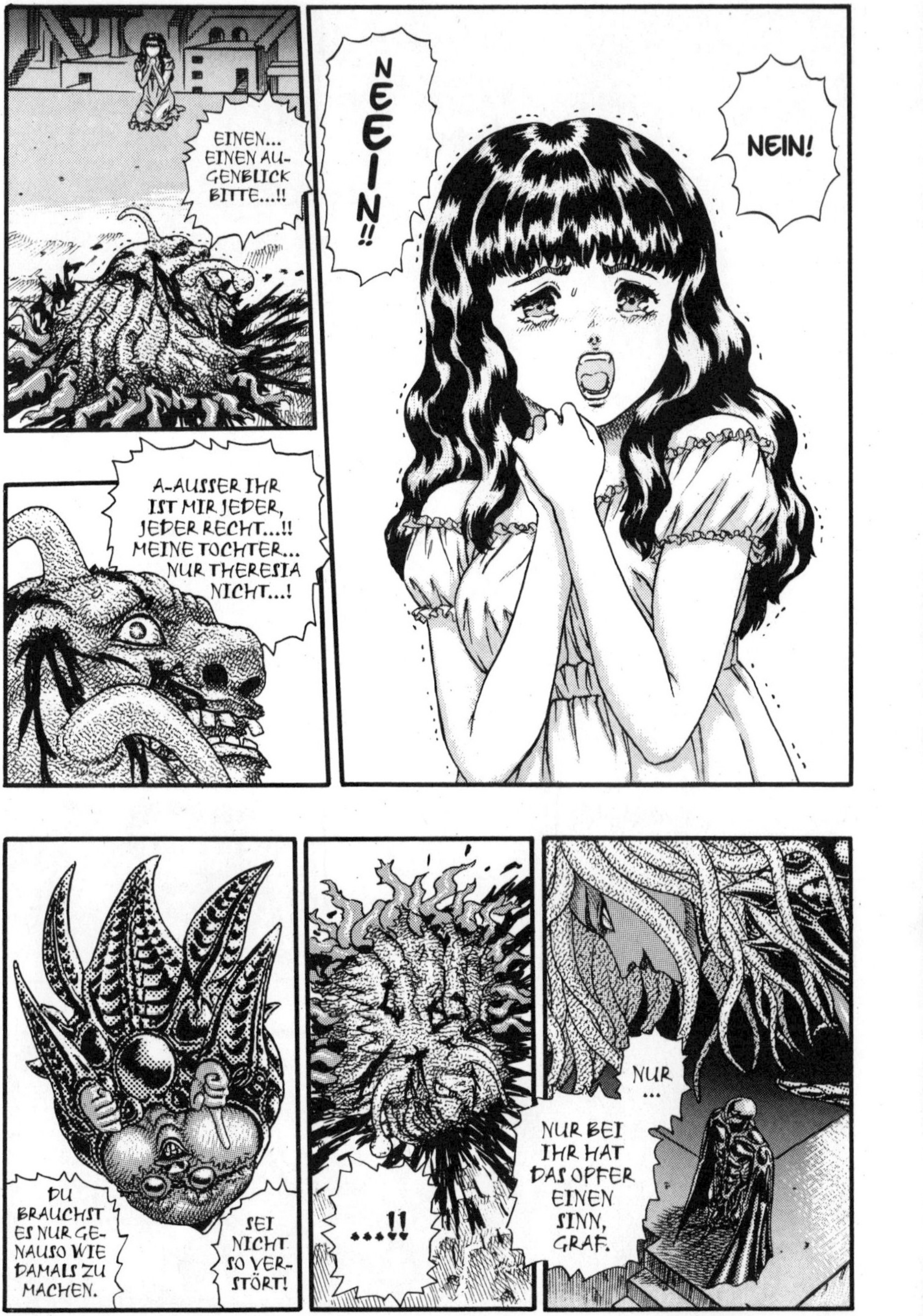

NEEEIN!!
NEIN!
EINEN... EINEN AUGENBLICK BITTE...!!
A-AUSSER IHR IST MIR JEDER, JEDER RECHT...!! MEINE TOCHTER... NUR THERESIA NICHT...!

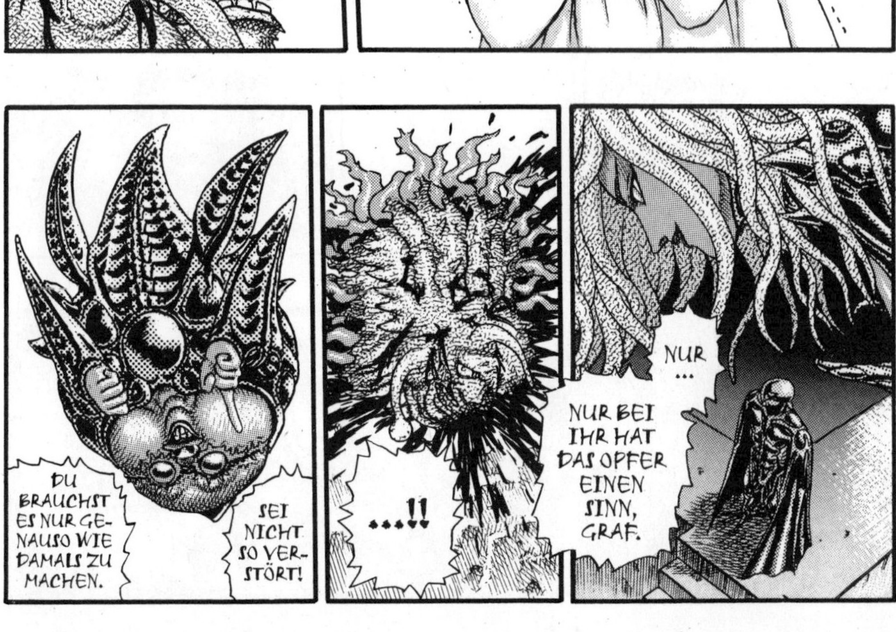

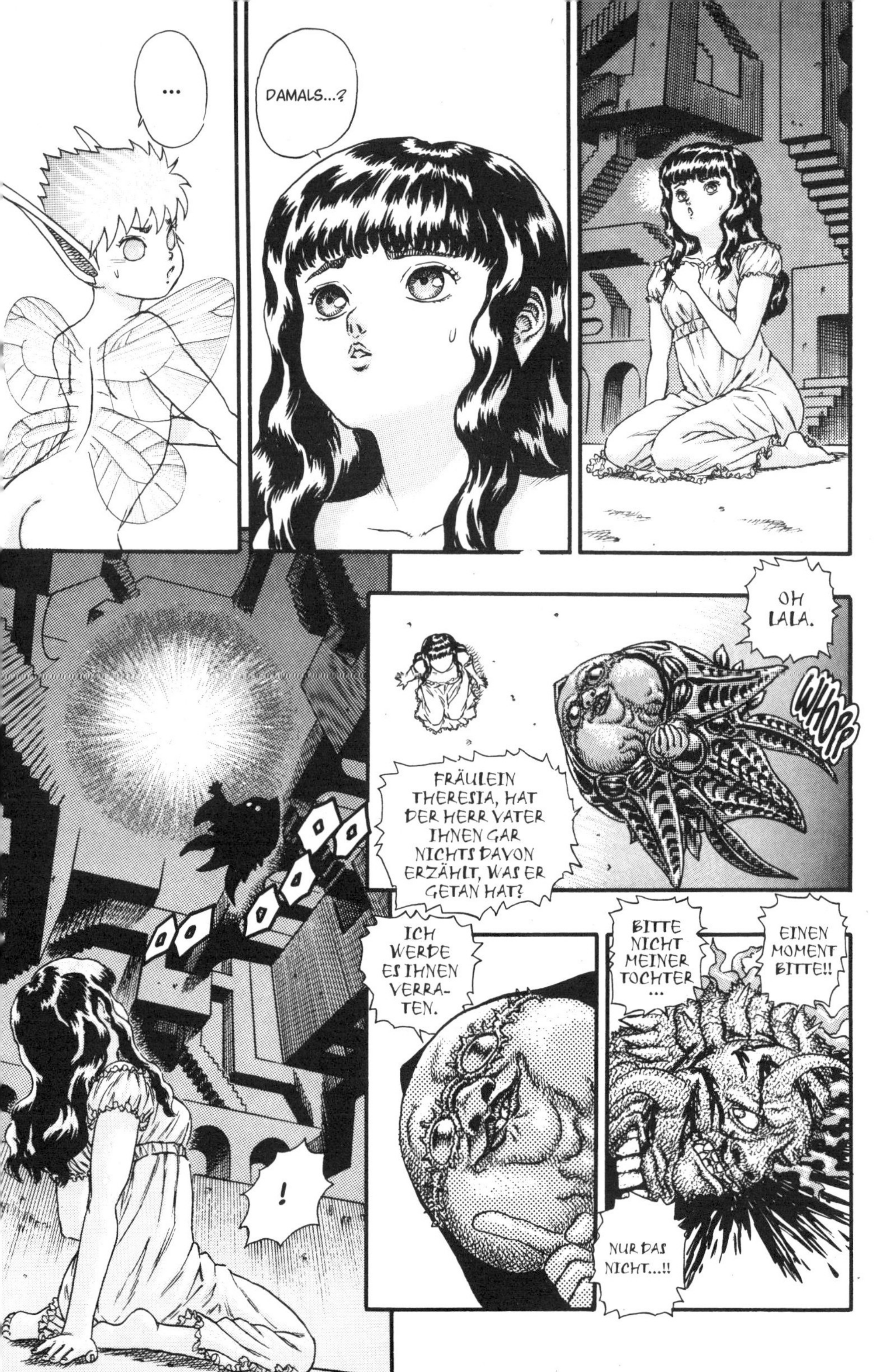
...
DAMALS...?
OH LALA.
WHOP!
FRÄULEIN THERESIA, HAT DER HERR VATER IHNEN GAR NICHTS DAVON ERZÄHLT, WAS ER GETAN HAT?
ICH WERDE ES IHNEN VERRATEN.
BITTE NICHT MEINER TOCHTER ...
EINEN MOMENT BITTE!!
NUR DAS NICHT...!!
!

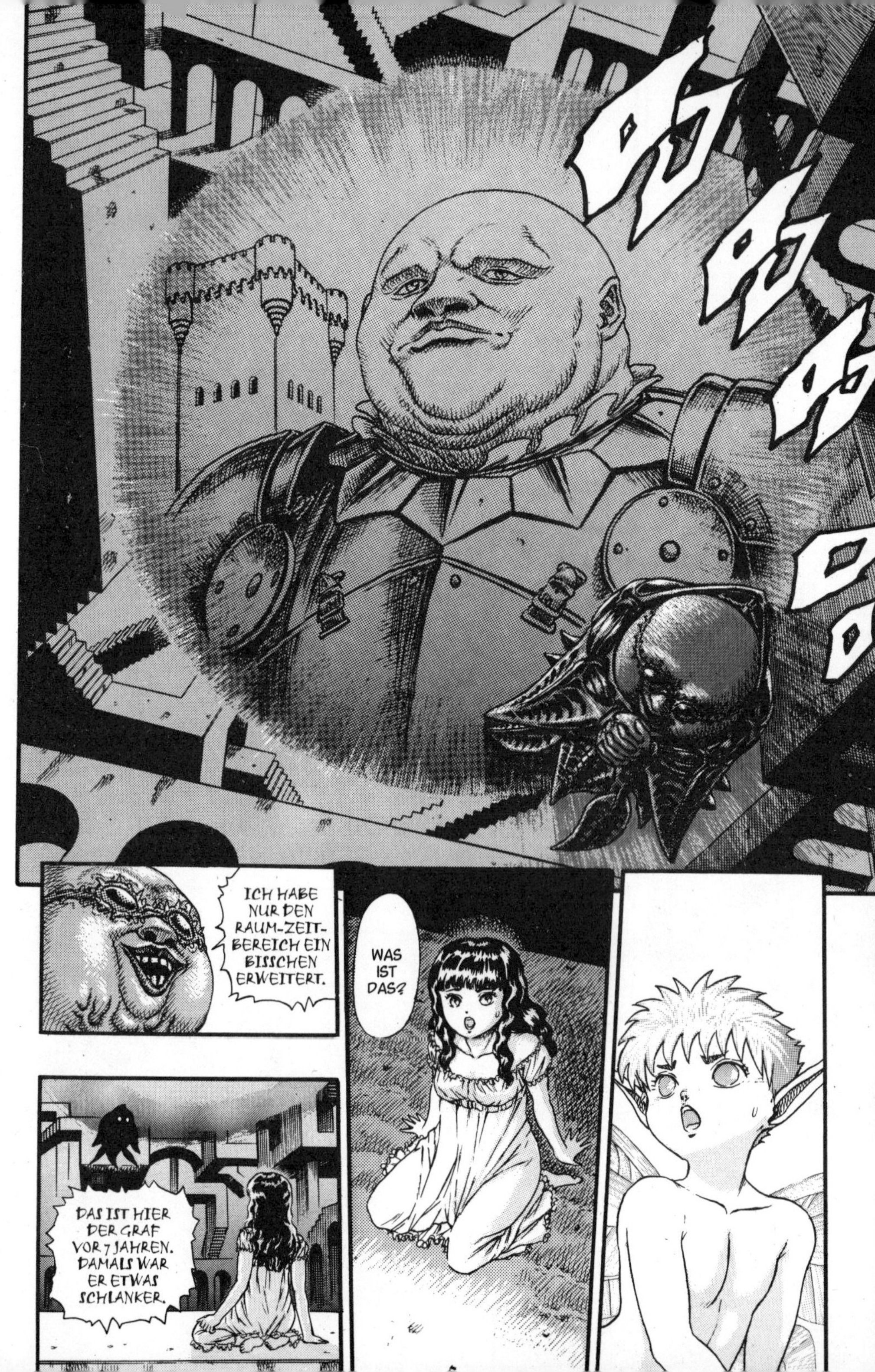
WAS IST DAS?
ICH HABE NUR DEN RAUM-ZEIT-BEREICH EIN BISSCHEN ERWEITERT.
DAS IST HIER DER GRAF VOR 7 JAHREN. DAMALS WAR ER ETWAS SCHLANKER.

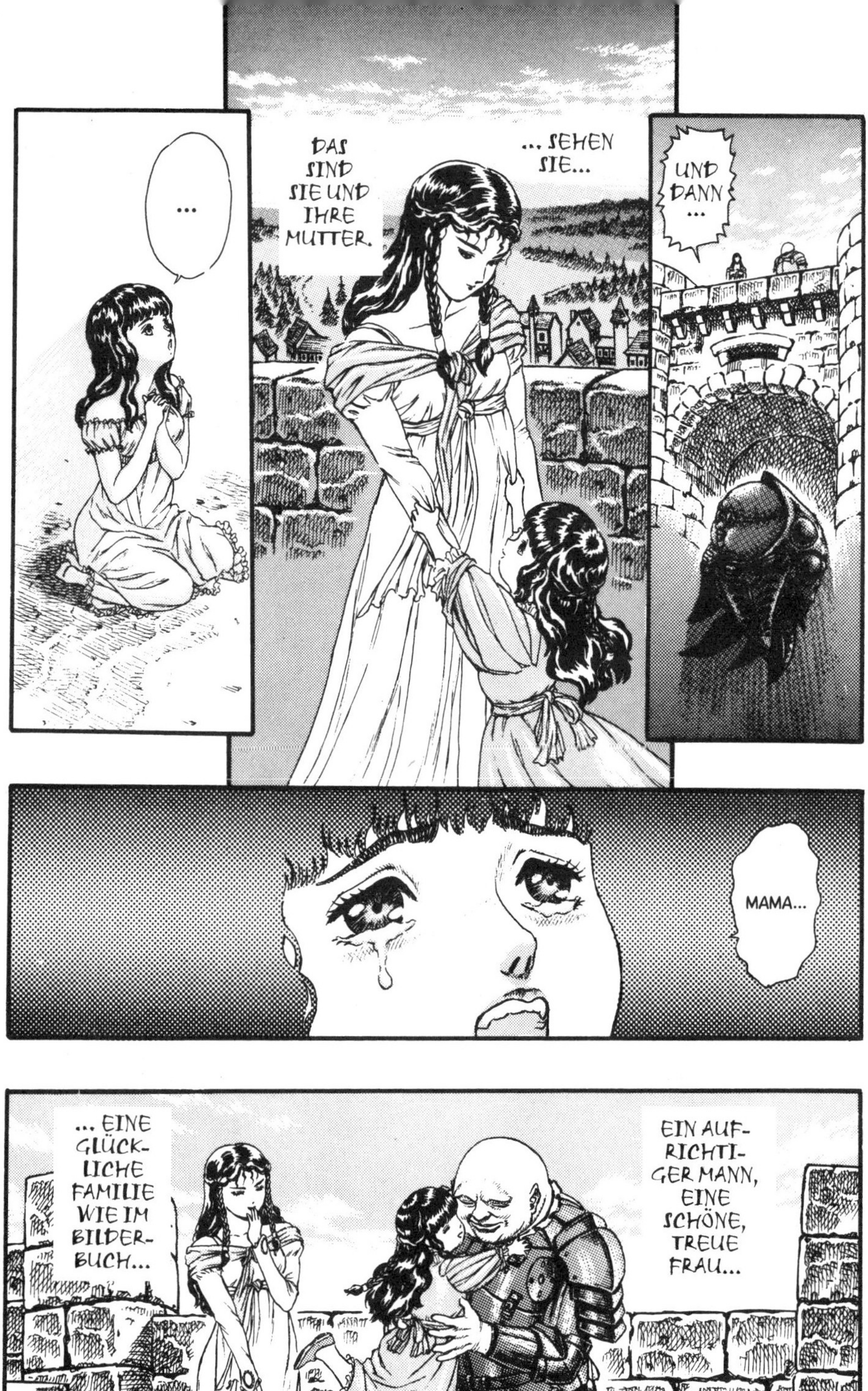

... SEHEN SIE...

DAS SIND SIE UND IHRE MUTTER.

...

UND DANN ...

MAMA...

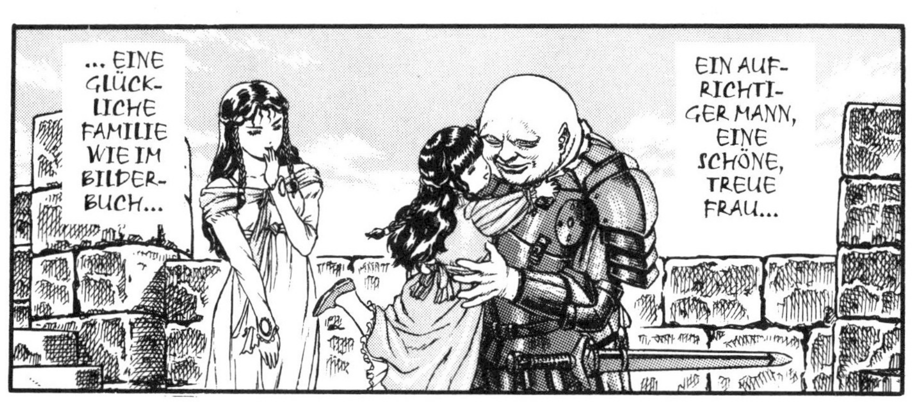

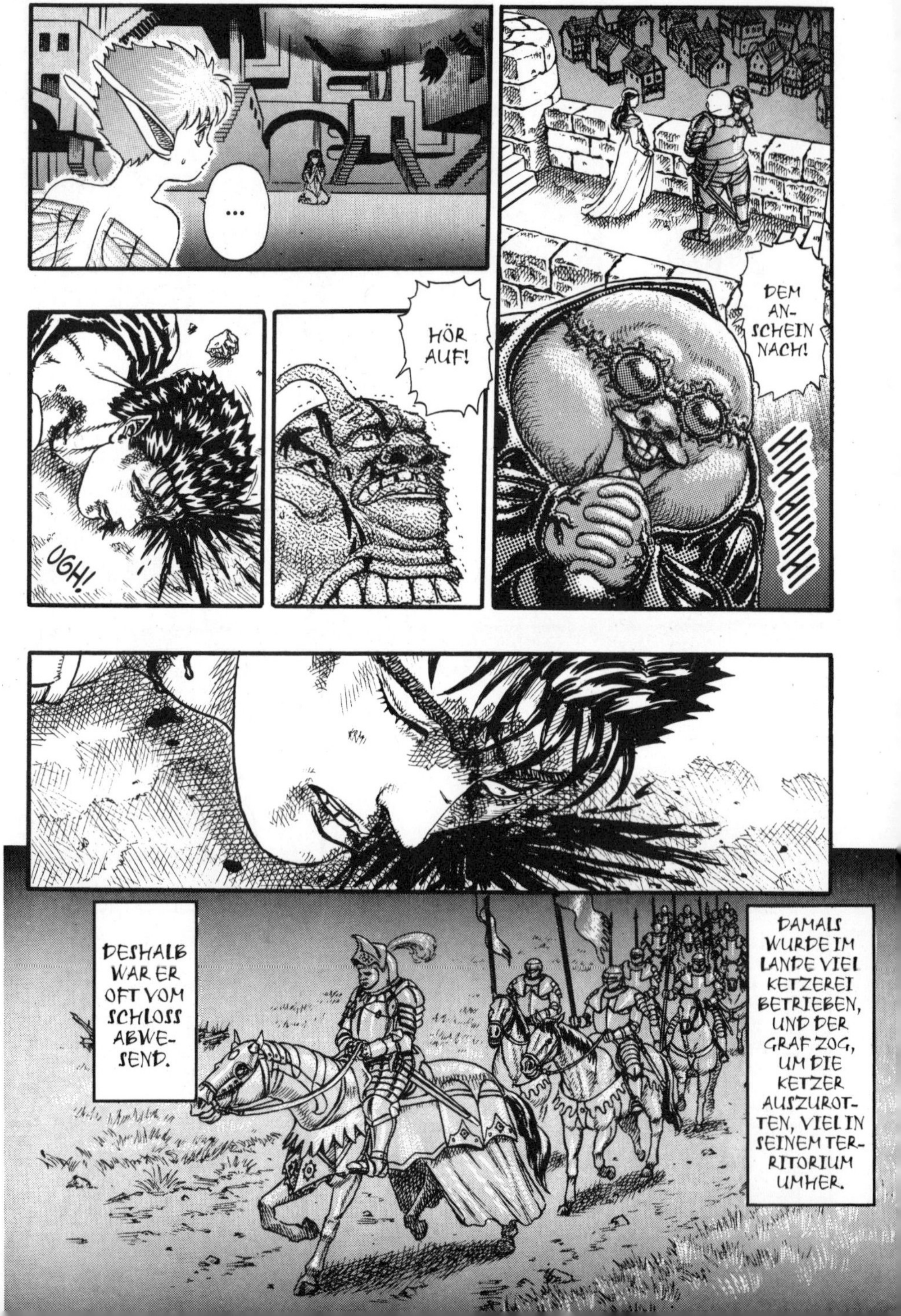

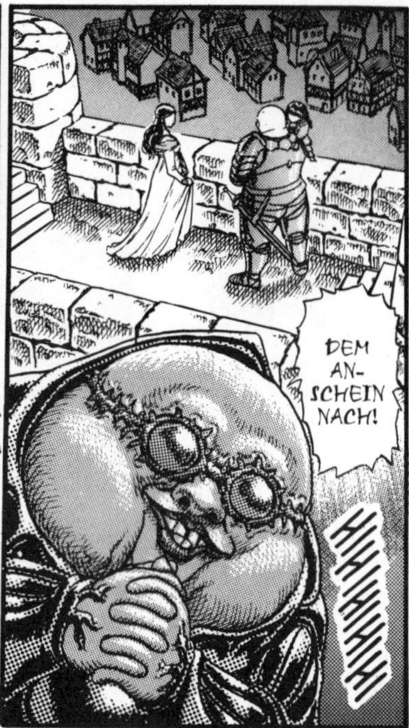

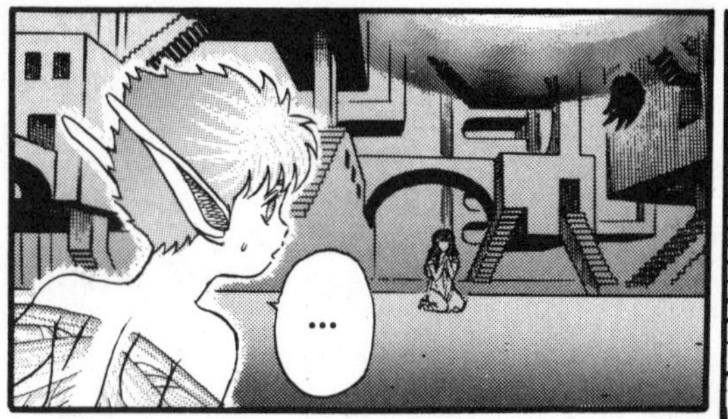

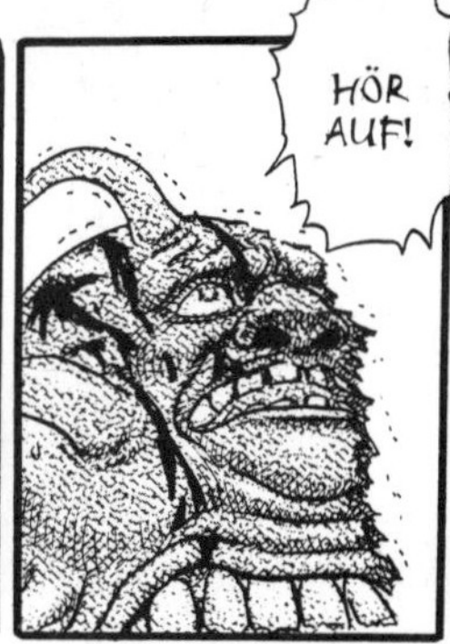

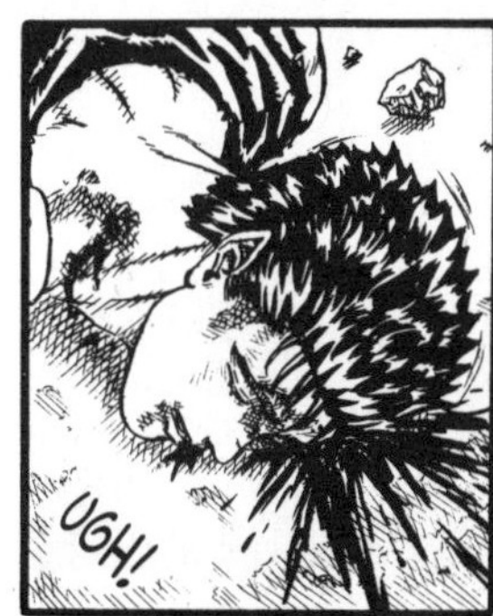

DAMALS WURDE IM LANDE VIEL KETZEREI BETRIEBEN, UND DER GRAF ZOG, UM DIE KETZER AUSZUROTTEN, VIEL IN SEINEM TERRITORIUM UMHER.

DESHALB WAR ER OFT VOM SCHLOSS ABWESEND.

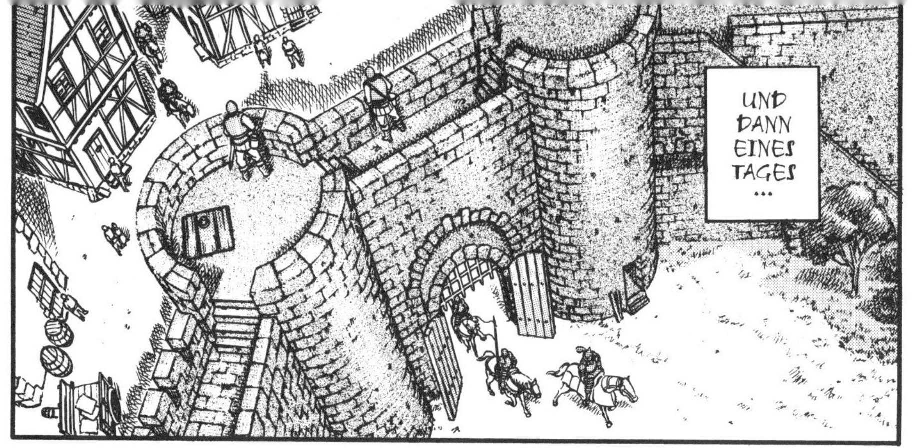
UND DANN EINES TAGES ...

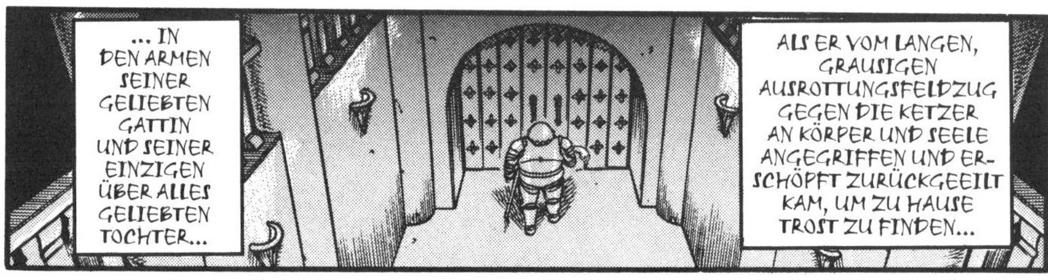
ALS ER VOM LANGEN, GRAUSIGEN AUSROTTUNGSFELDZUG GEGEN DIE KETZER AN KÖRPER UND SEELE ANGEGRIFFEN UND ERSCHÖPFT ZURÜCKGEEILT KAM, UM ZU HAUSE TROST ZU FINDEN...
... IN DEN ARMEN SEINER GELIEBTEN GATTIN UND SEINER EINZIGEN ÜBER ALLES GELIEBTEN TOCHTER...

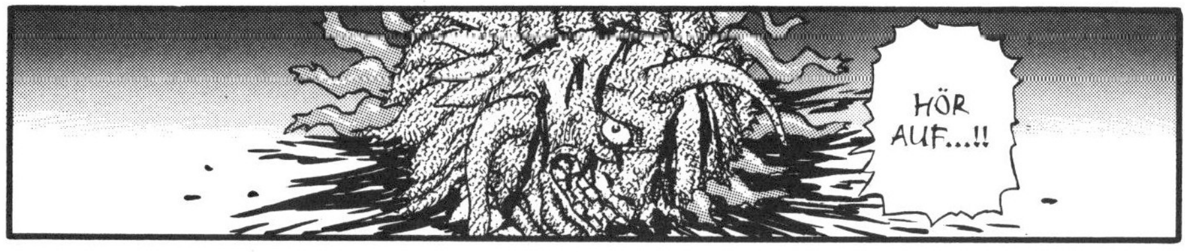
HÖR AUF...!!

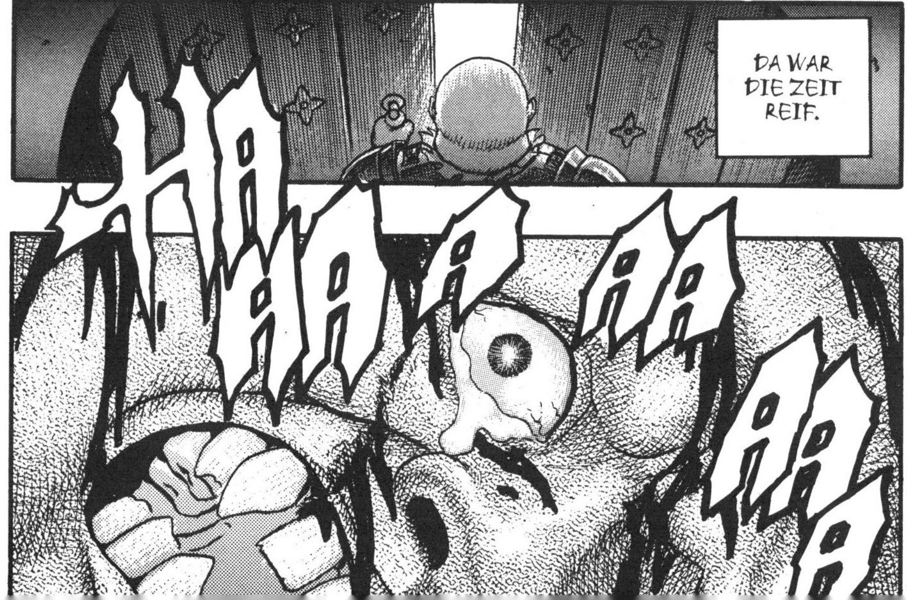
DA WAR DIE ZEIT REIF.
HAHAAAAAA

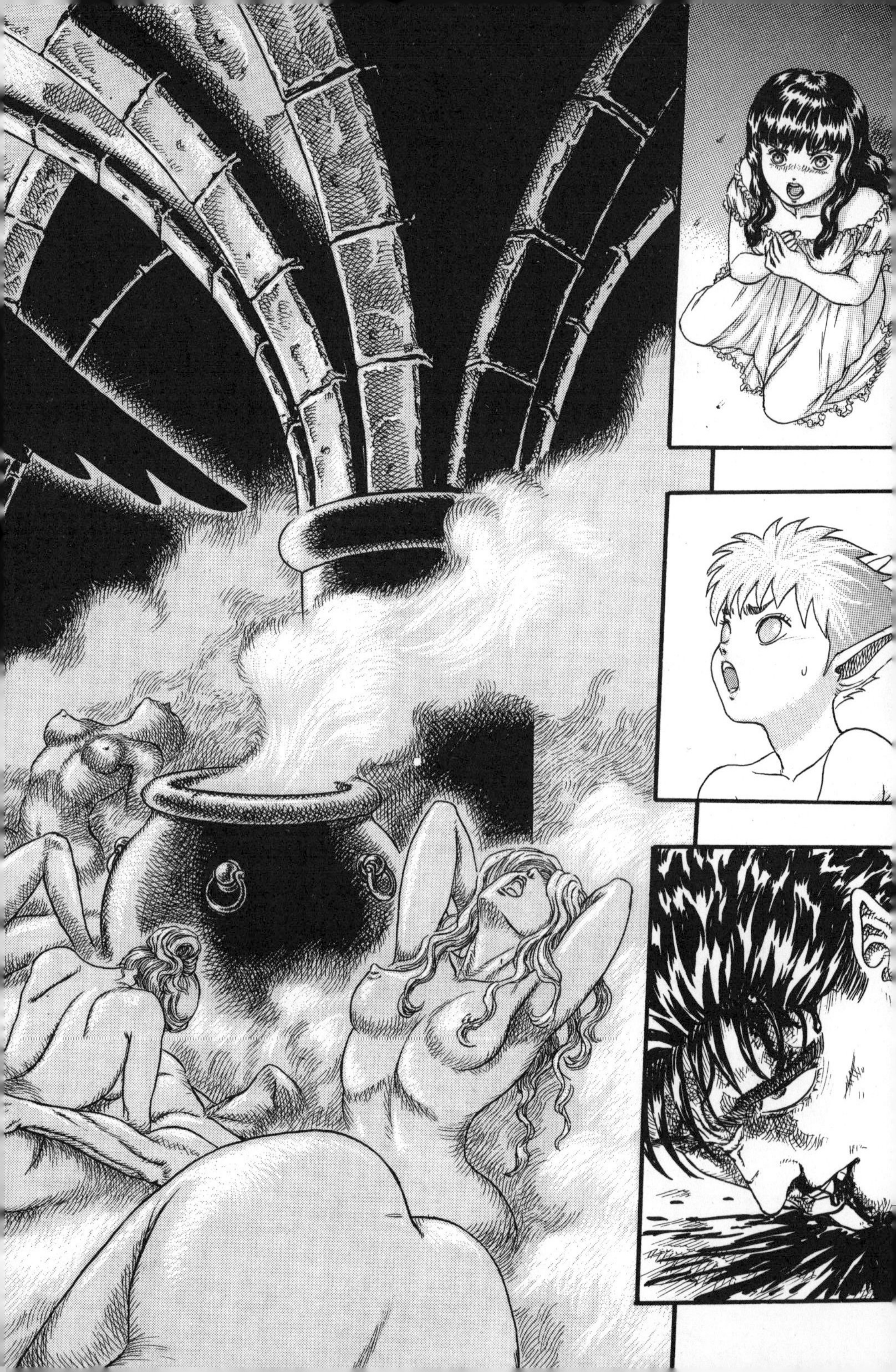

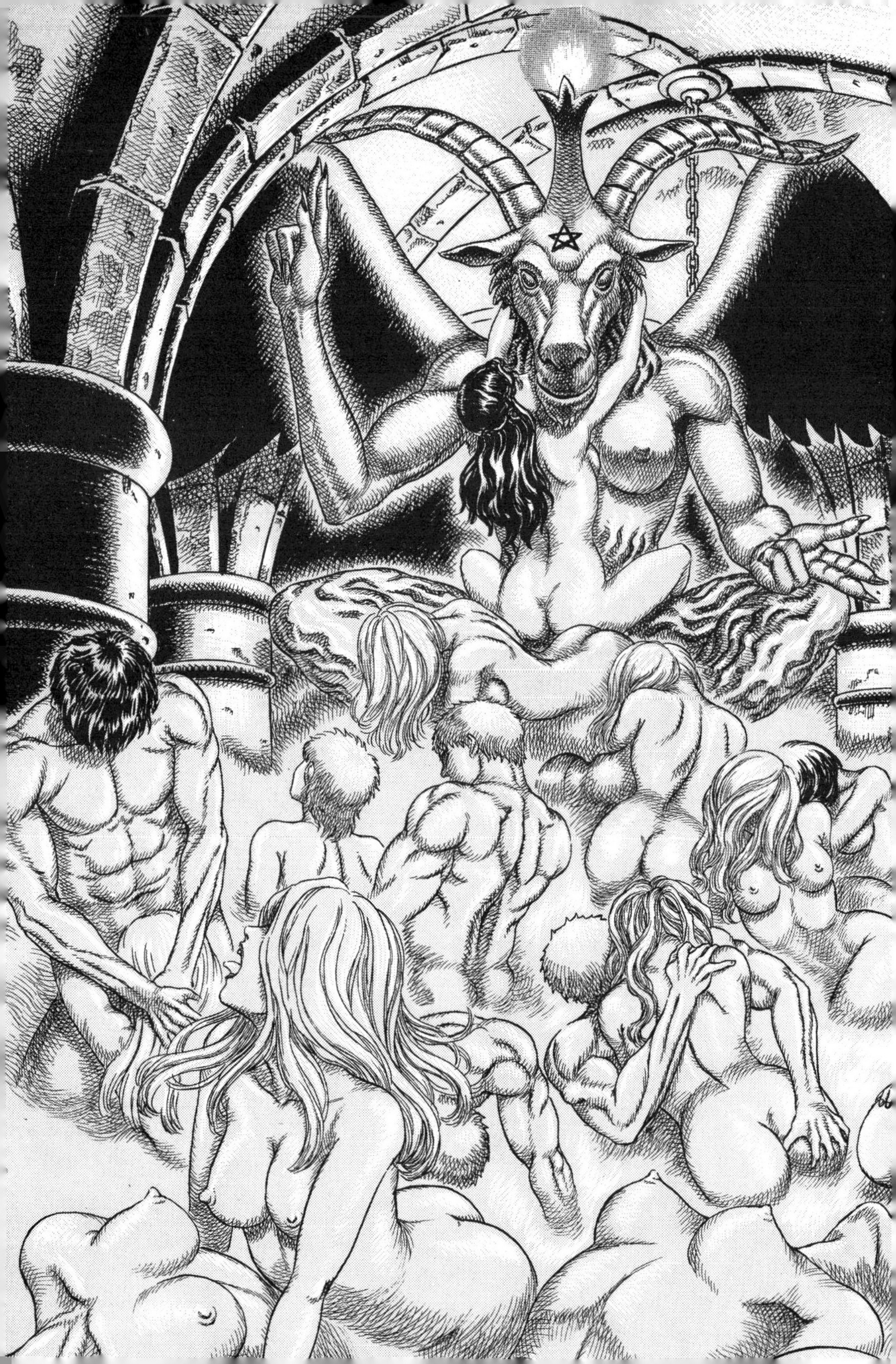

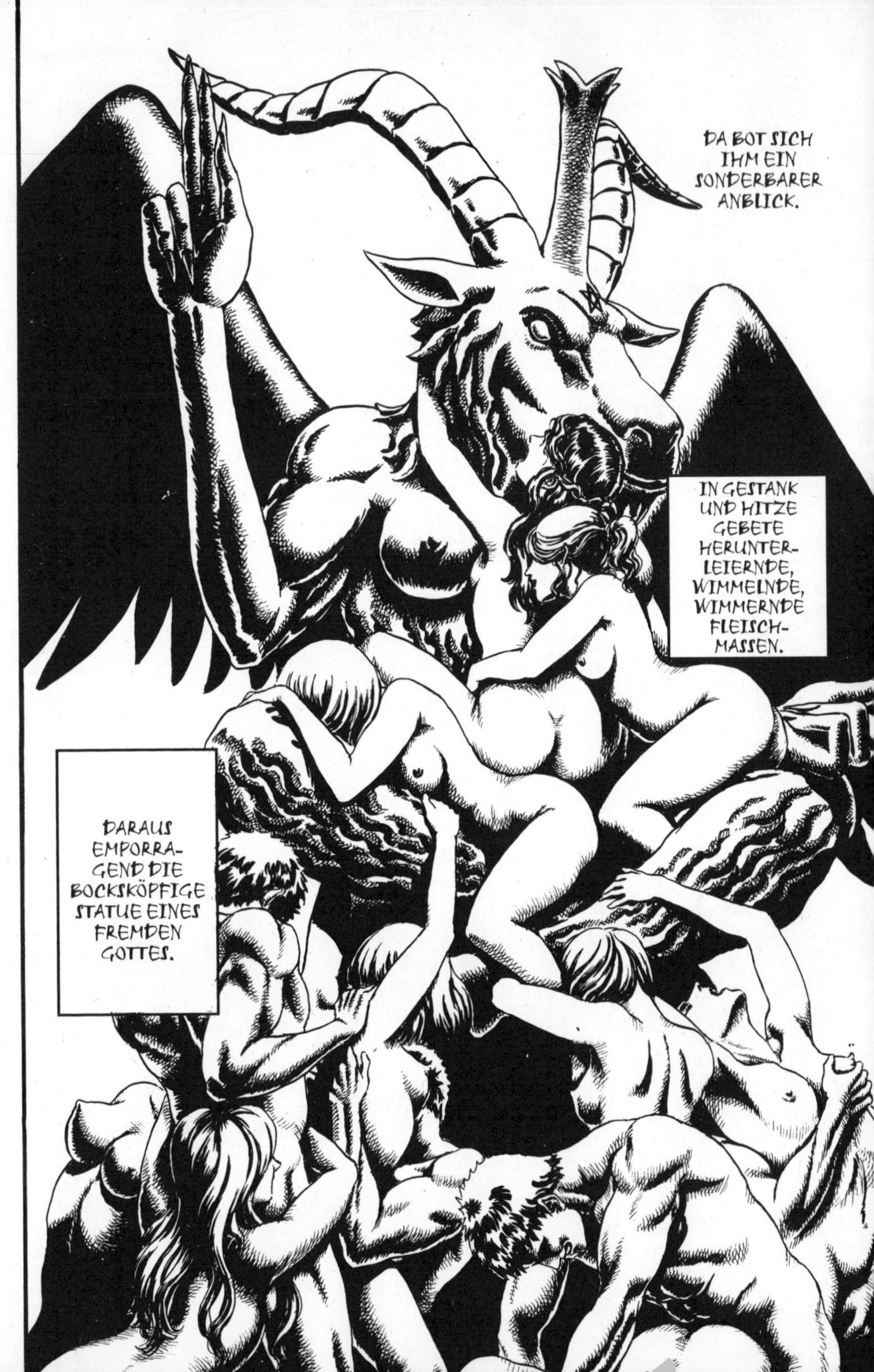
DA BOT SICH IHM EIN SONDERBARER ANBLICK.
IN GESTANK UND HITZE GEBETE HERUNTER-LEIERNDE, WIMMELNDE, WIMMERNDE FLEISCH-MASSEN.
DARAUS EMPORRA-GEND DIE BOCKSKÖPFIGE STATUE EINES FREMDEN GOTTES.

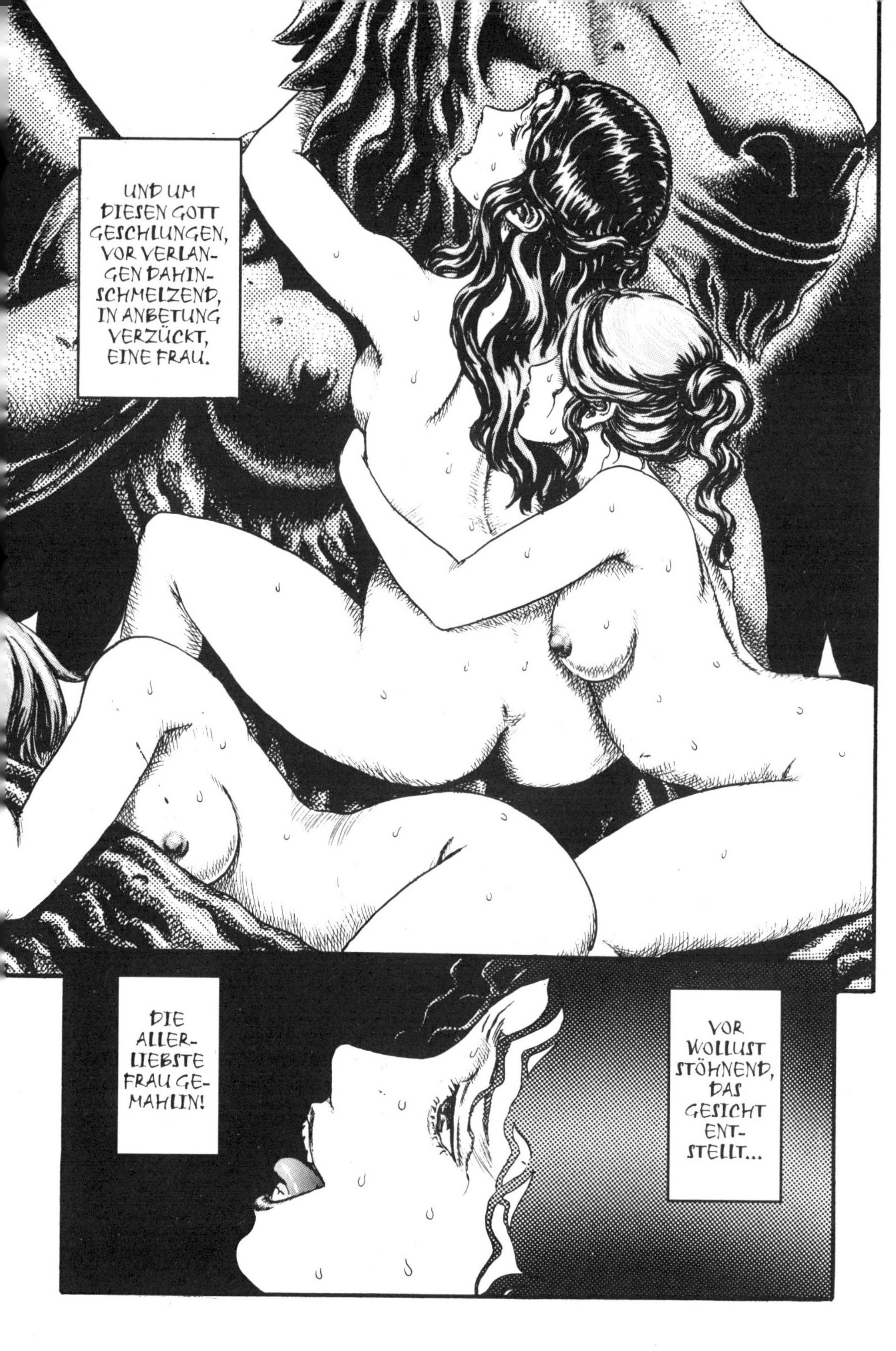
UND UM DIESEN GOTT GESCHLUNGEN, VOR VERLANGEN DAHINSCHMELZEND, IN ANBETUNG VERZÜCKT, EINE FRAU.
DIE ALLERLIEBSTE FRAU GEMAHLIN!
VOR WOLLUST STÖHNEND, DAS GESICHT ENTSTELLT...

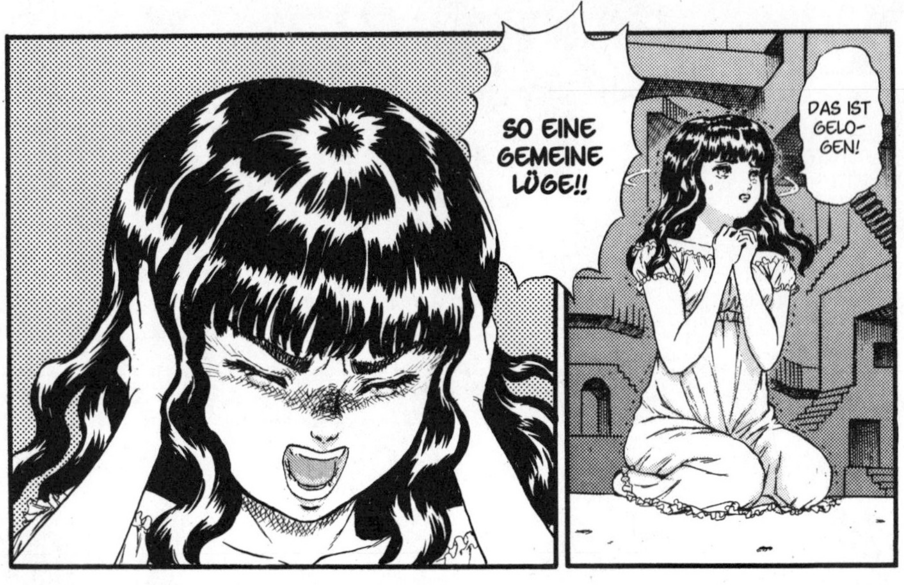
DAS IST GELO-GEN!
SO EINE GEMEINE LÜGE!!

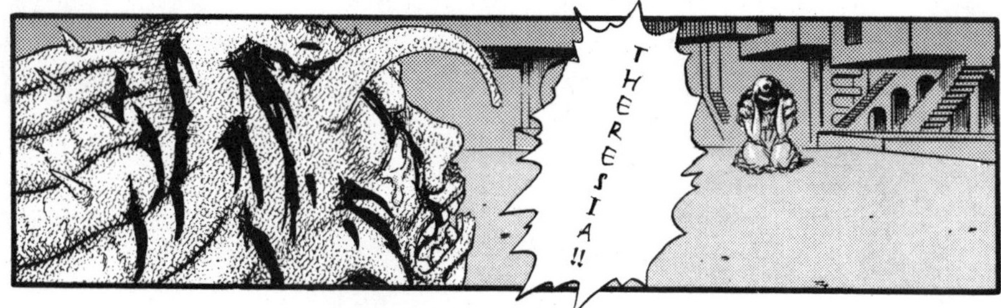
THERESIA!!

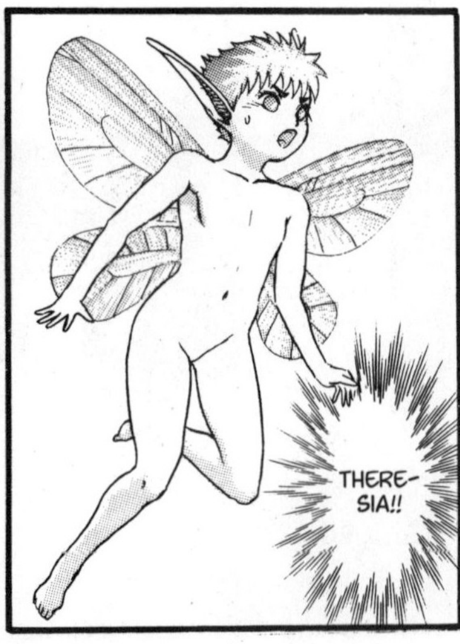
THERE-SIA!!

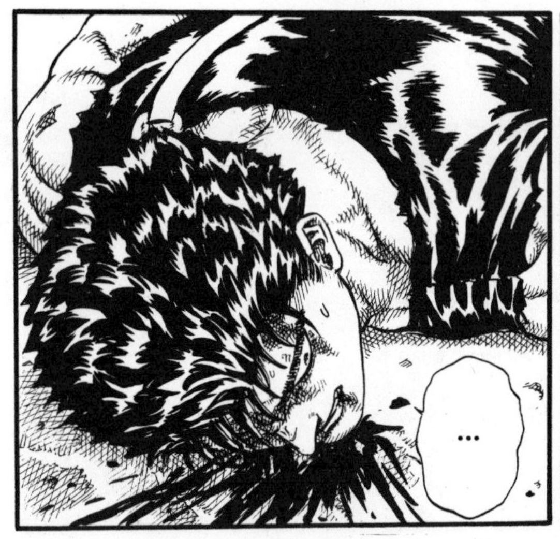
...

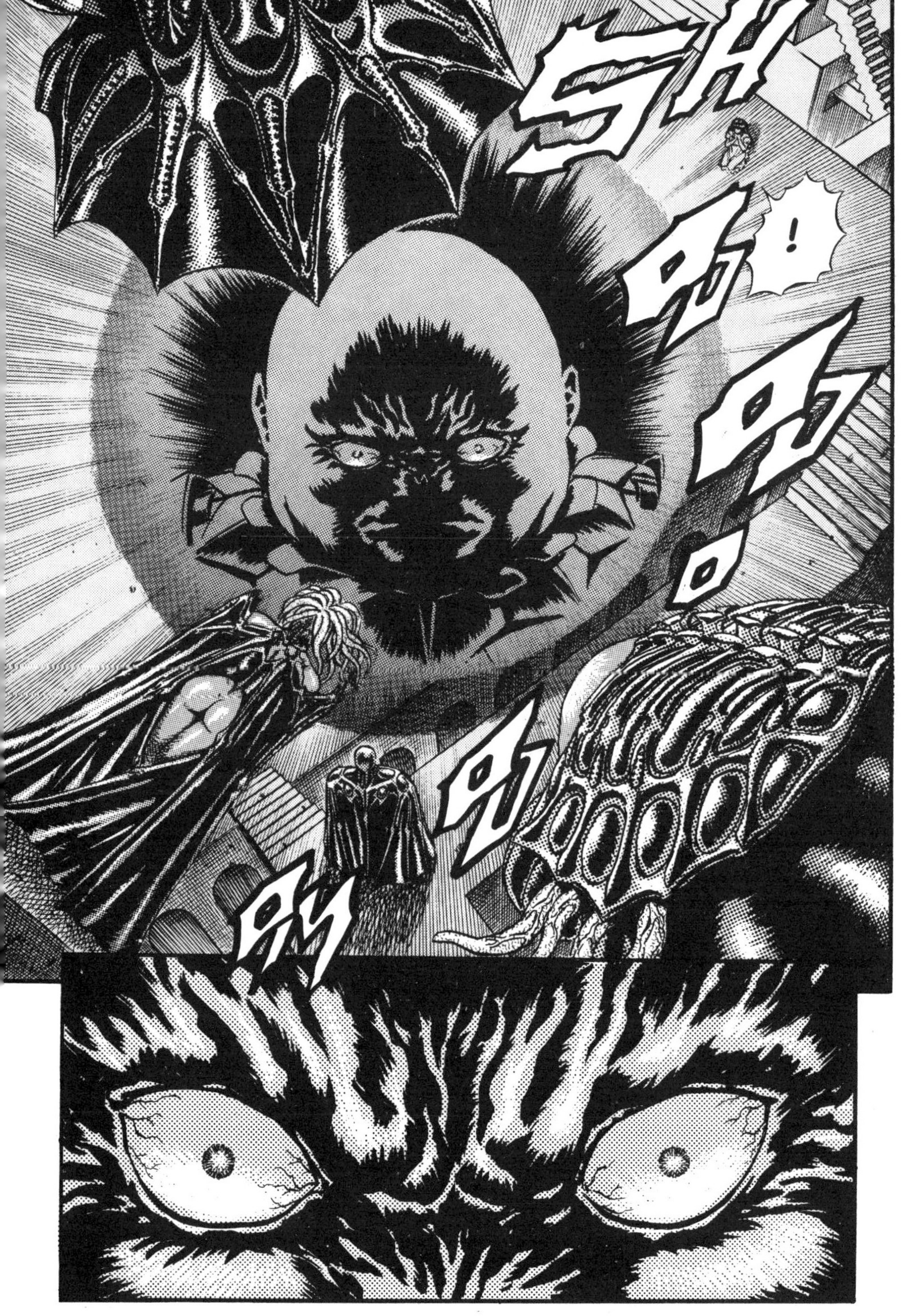
SH
!

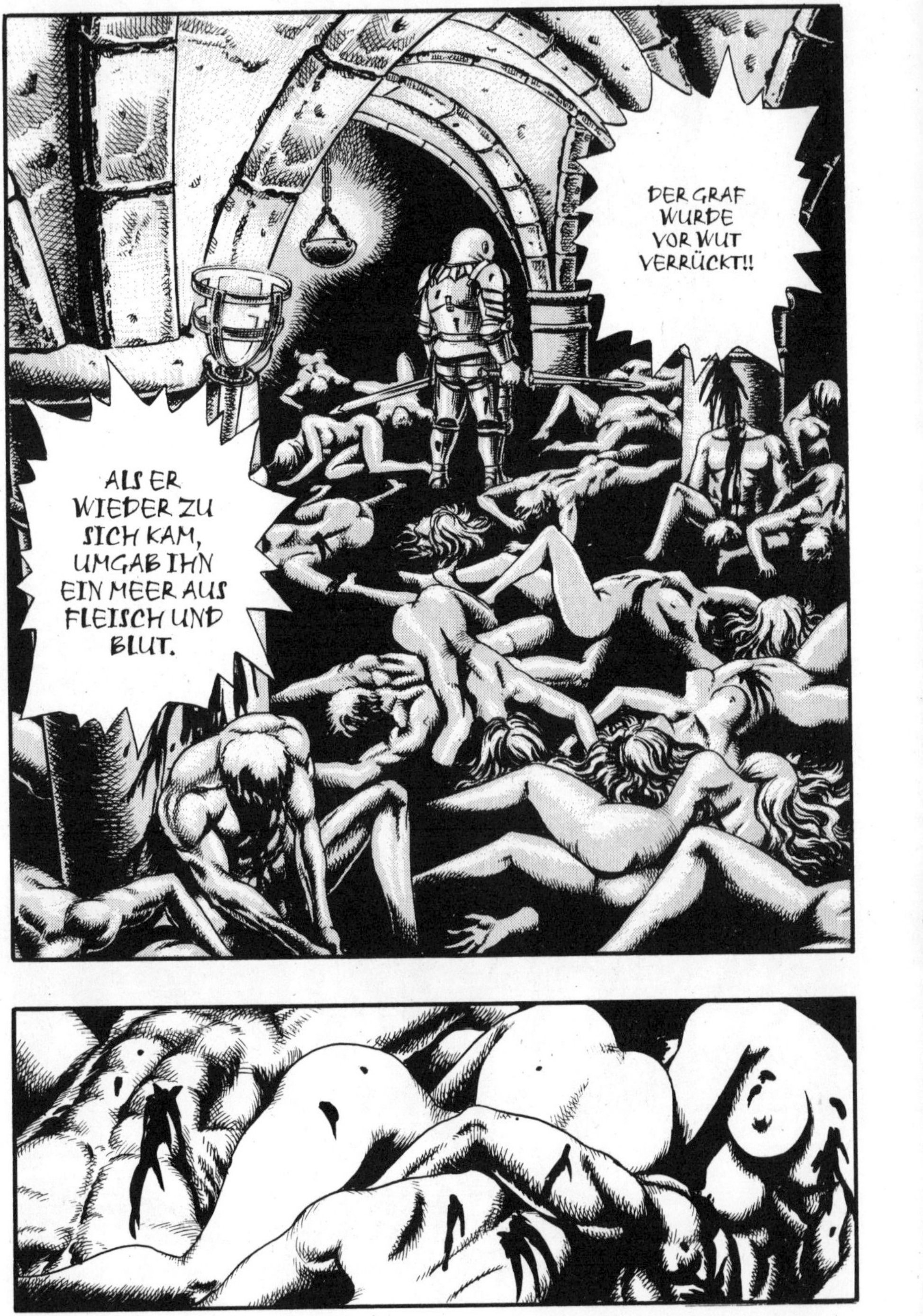

DER GRAF WURDE VOR WUT VERRÜCKT!!

ALS ER WIEDER ZU SICH KAM, UMGAB IHN EIN MEER AUS FLEISCH UND BLUT.

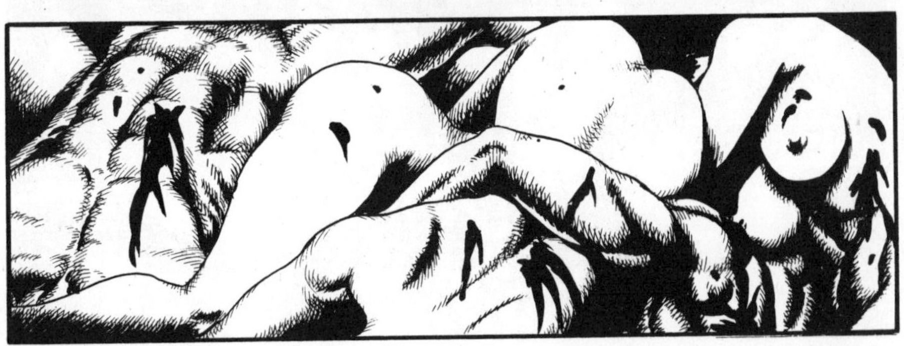

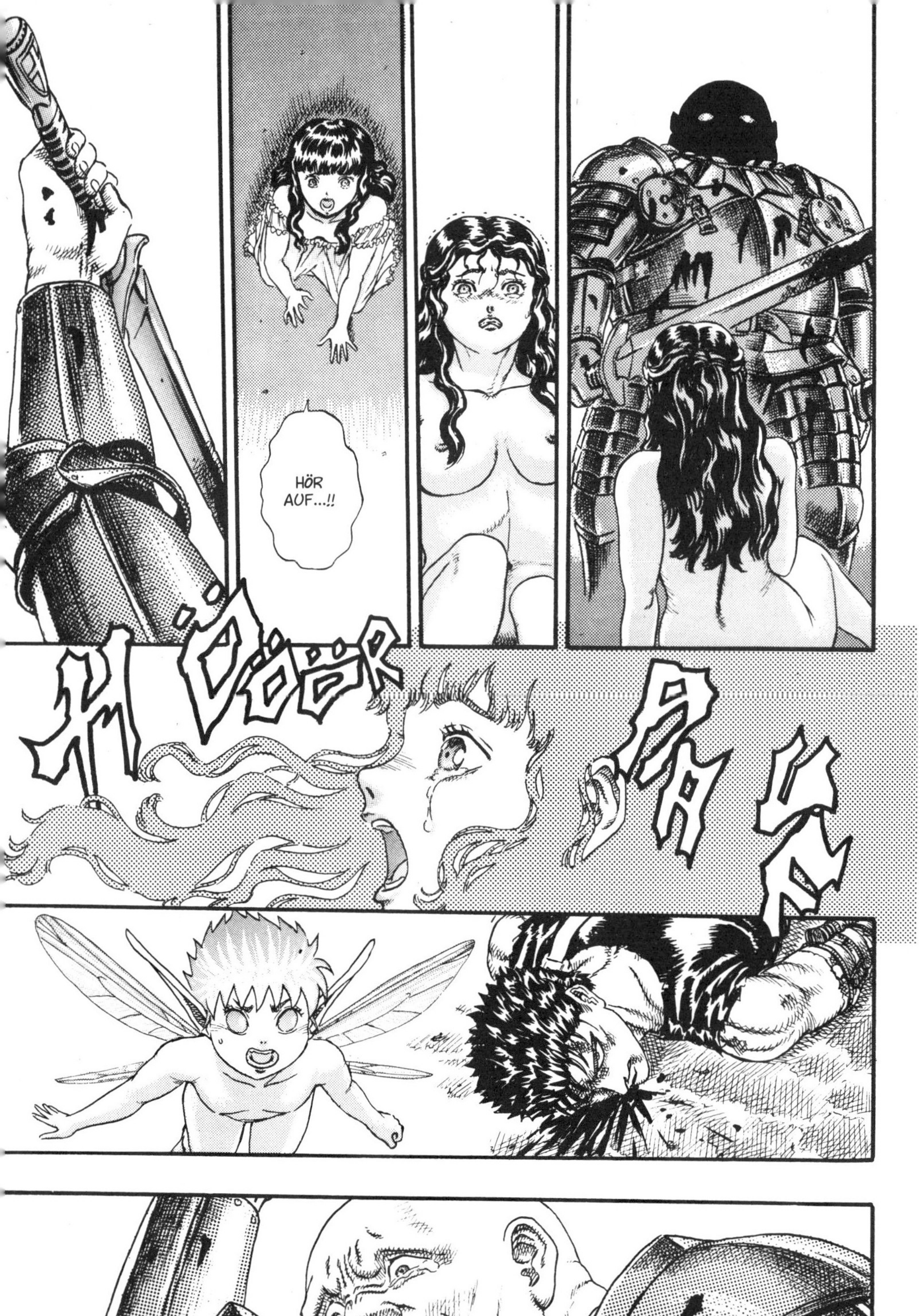
HÖR AUF...!!

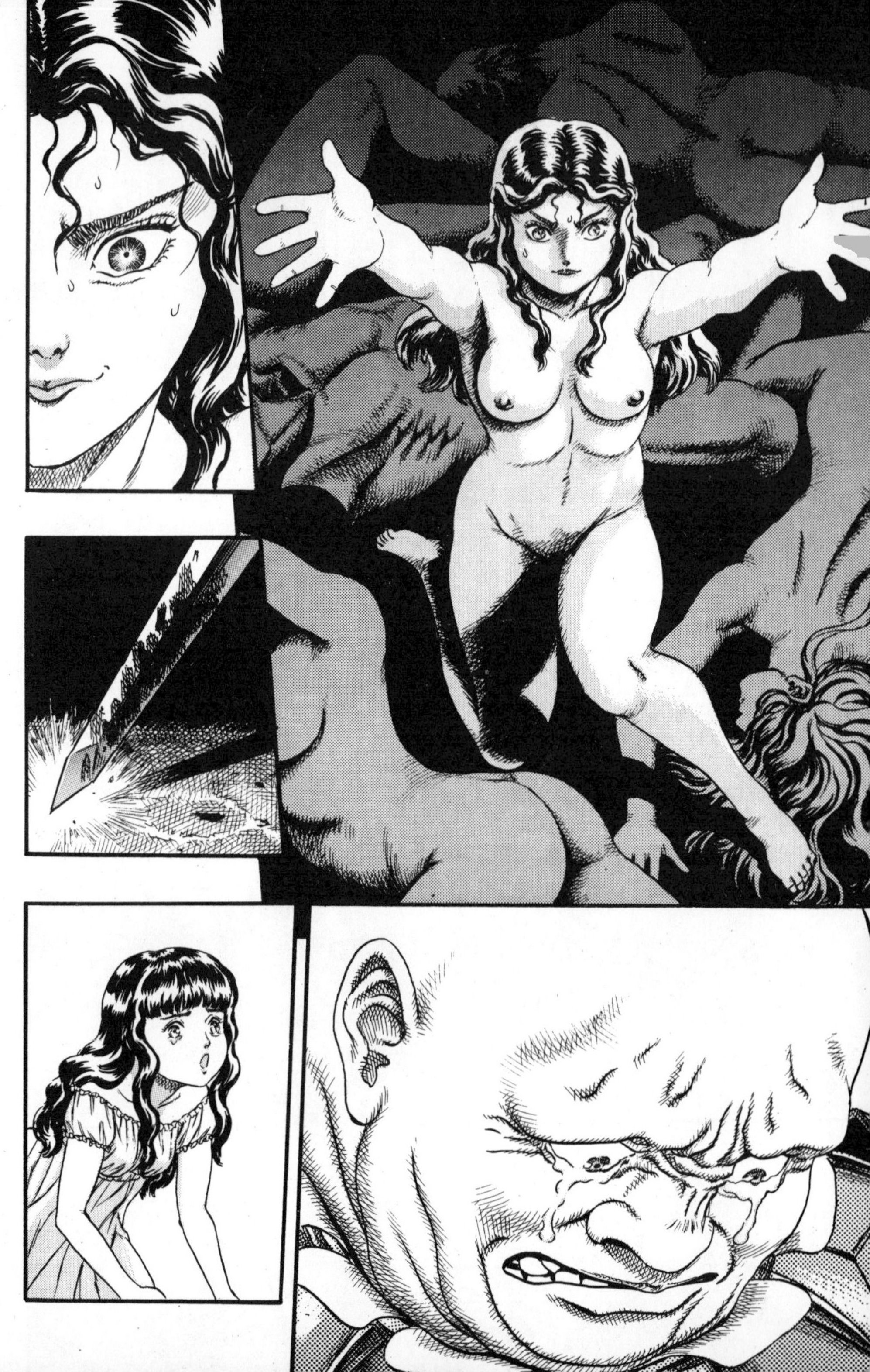

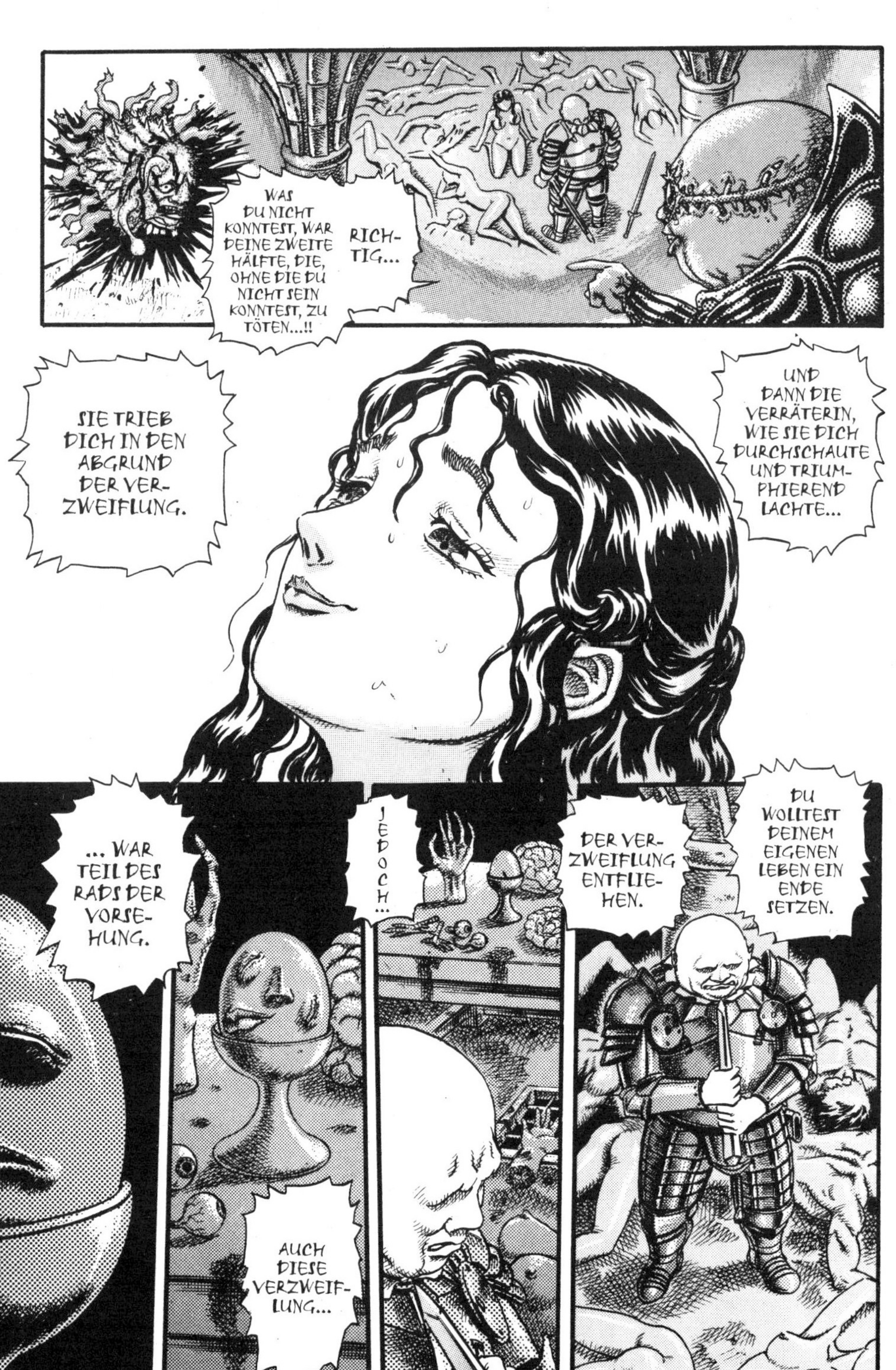
RICHTIG...
WAS DU NICHT KONNTEST, WAR DEINE ZWEITE HÄLFTE, DIE, OHNE DIE DU NICHT SEIN KONNTEST, ZU TÖTEN...!!
UND DANN DIE VERRÄTERIN, WIE SIE DICH DURCHSCHAUTE UND TRIUMPHIEREND LACHTE...
SIE TRIEB DICH IN DEN ABGRUND DER VERZWEIFLUNG.
DU WOLLTEST DEINEM EIGENEN LEBEN EIN ENDE SETZEN.
DER VERZWEIFLUNG ENTFLIEHEN.
JEDOCH...
AUCH DIESE VERZWEIFLUNG...
... WAR TEIL DES RADS DER VORSEHUNG.

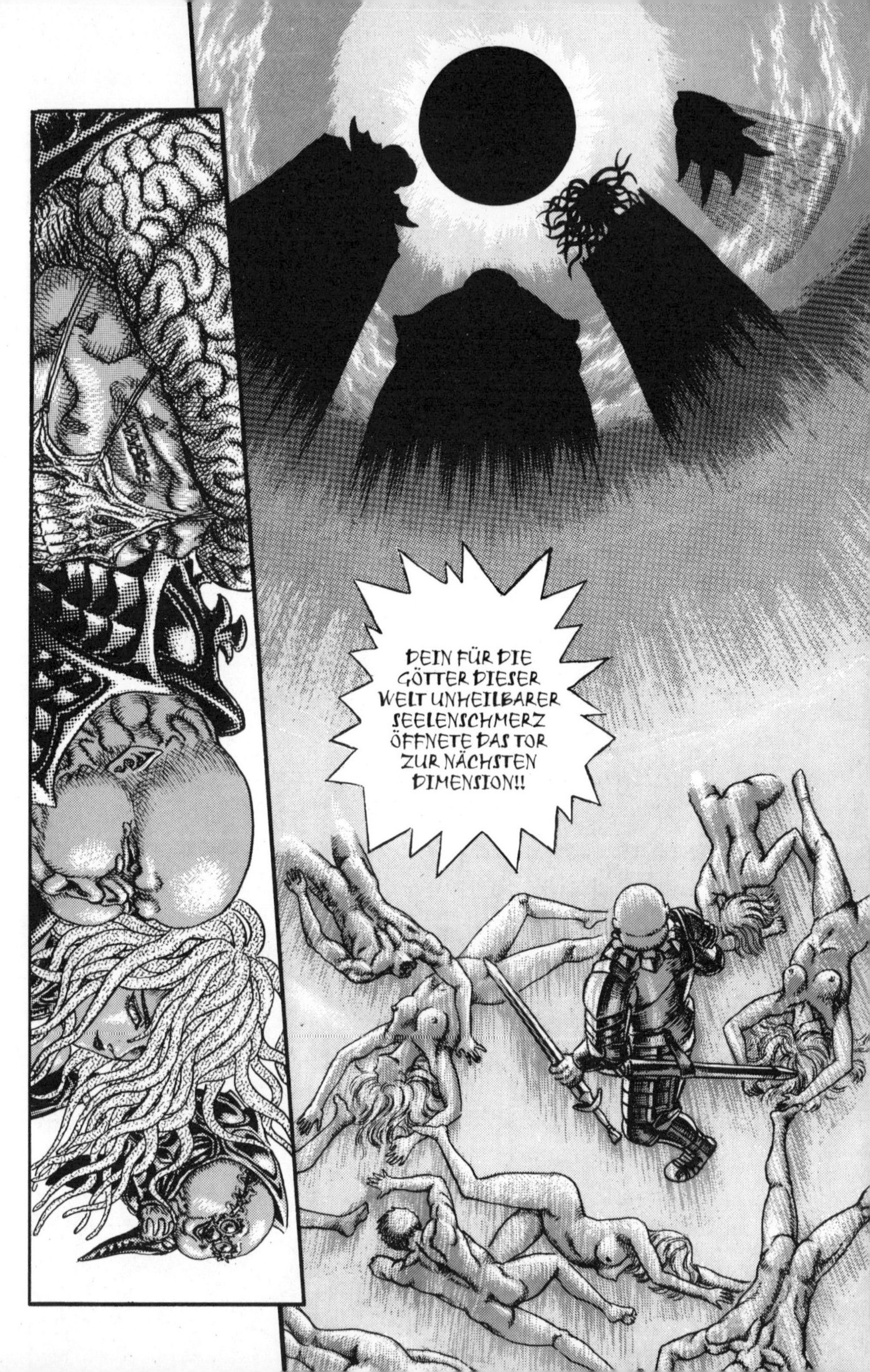
DEIN FÜR DIE GÖTTER DIESER WELT UNHEILBARER SEELENSCHMERZ ÖFFNETE DAS TOR ZUR NÄCHSTEN DIMENSION!!

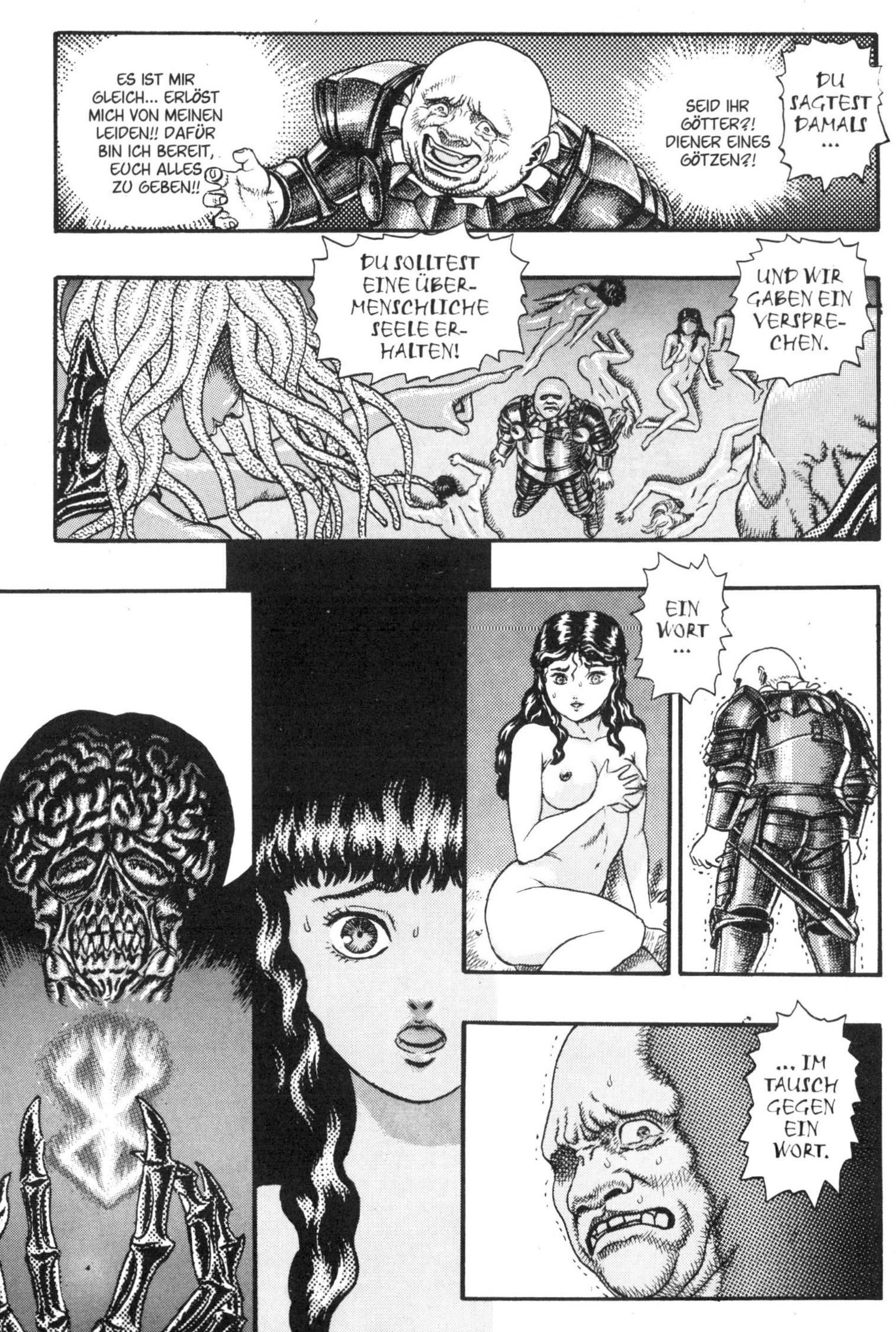
DU SAGTEST DAMALS ...
SEID IHR GÖTTER?! DIENER EINES GÖTZEN?!
ES IST MIR GLEICH... ERLÖST MICH VON MEINEN LEIDEN!! DAFÜR BIN ICH BEREIT, EUCH ALLES ZU GEBEN!!
UND WIR GABEN EIN VERSPRECHEN.
DU SOLLTEST EINE ÜBERMENSCHLICHE SEELE ERHALTEN!
EIN WORT ...
... IM TAUSCH GEGEN EIN WORT.

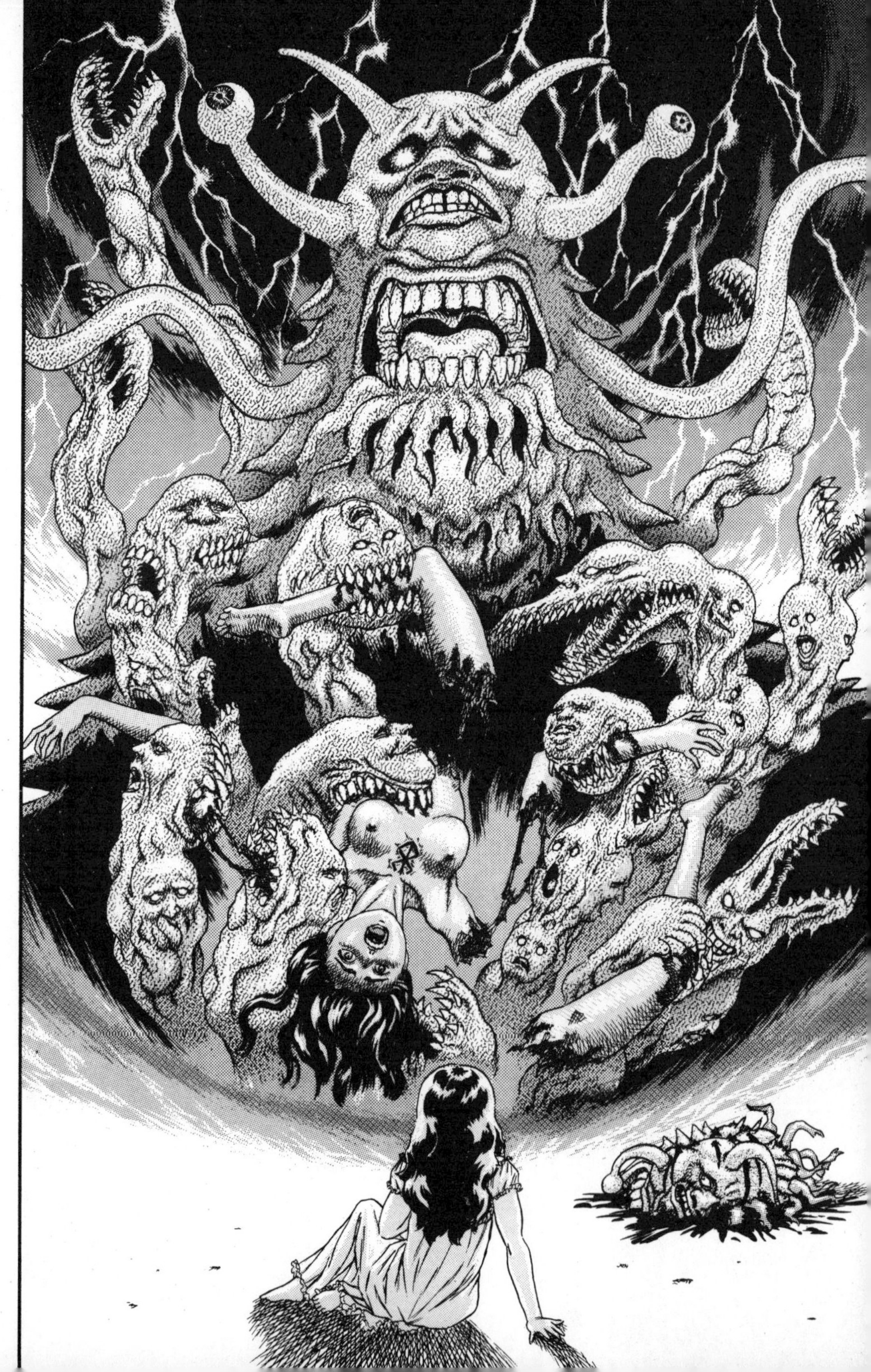

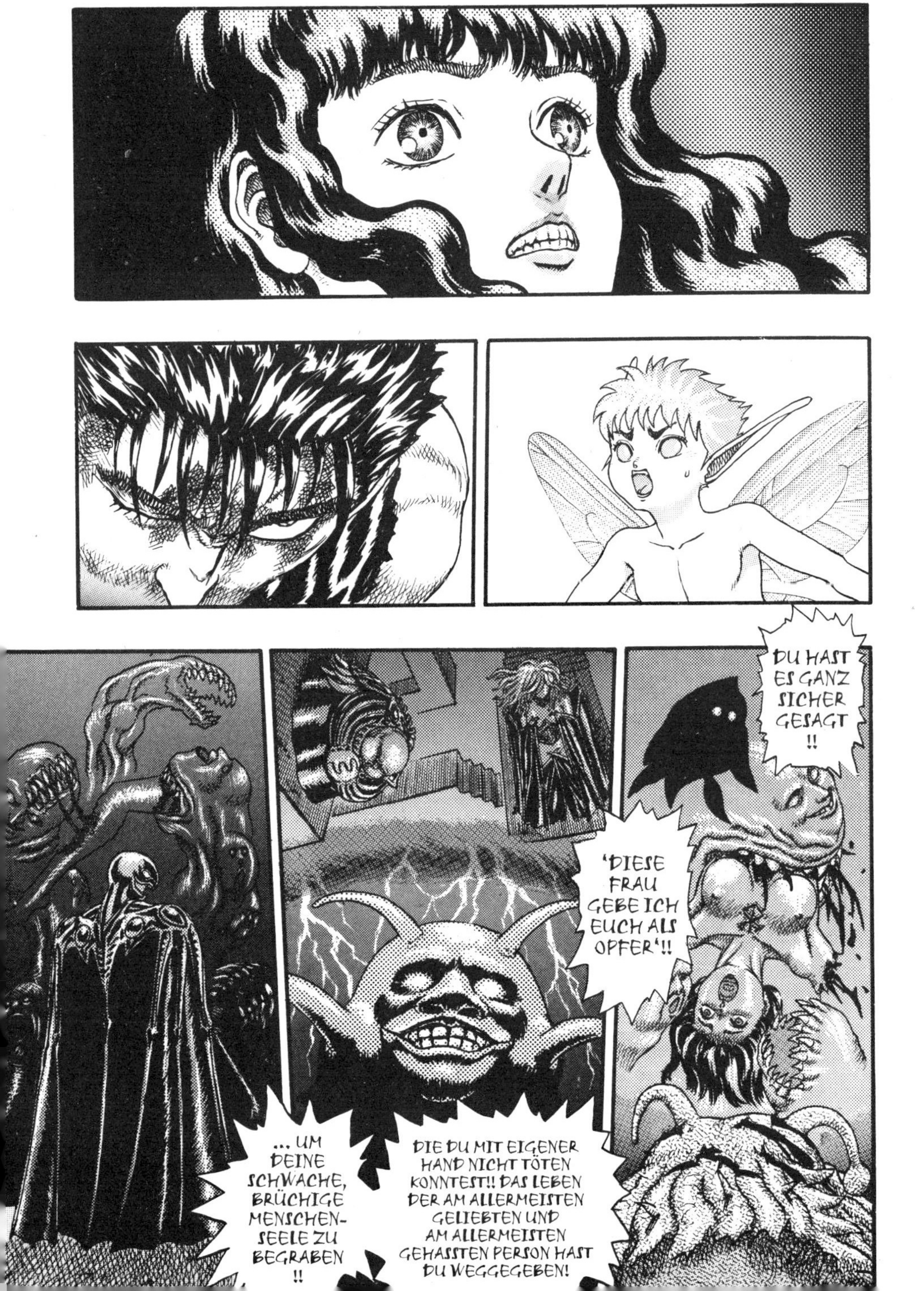

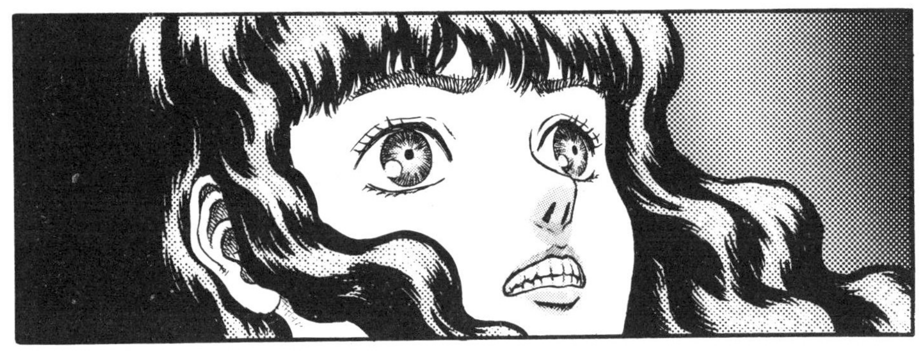

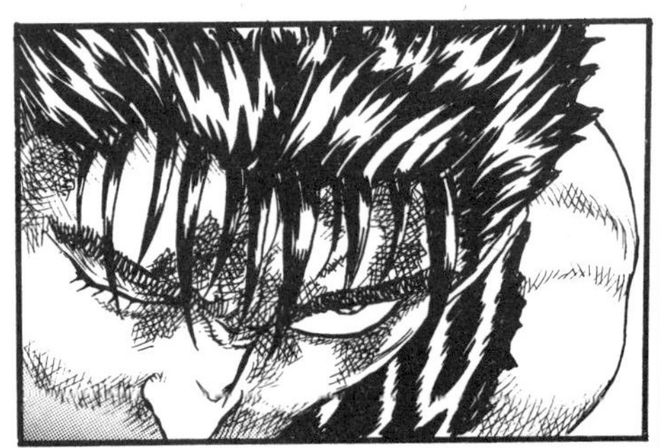

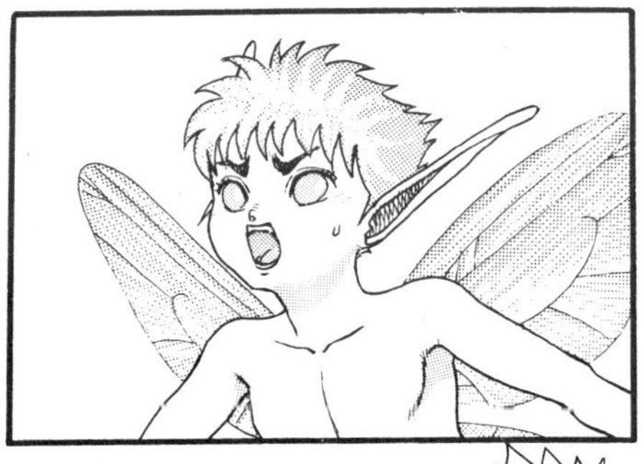

DU HAST ES GANZ SICHER GESAGT !!
'DIESE FRAU GEBE ICH EUCH ALS OPFER'!!
DIE DU MIT EIGENER HAND NICHT TÖTEN KONNTEST!! DAS LEBEN DER AM ALLERMEISTEN GELIEBTEN UND AM ALLERMEISTEN GEHASSTEN PERSON HAST DU WEGGEGEBEN!
... UM DEINE SCHWACHE, BRÜCHIGE MENSCHEN-SEELE ZU BEGRABEN !!

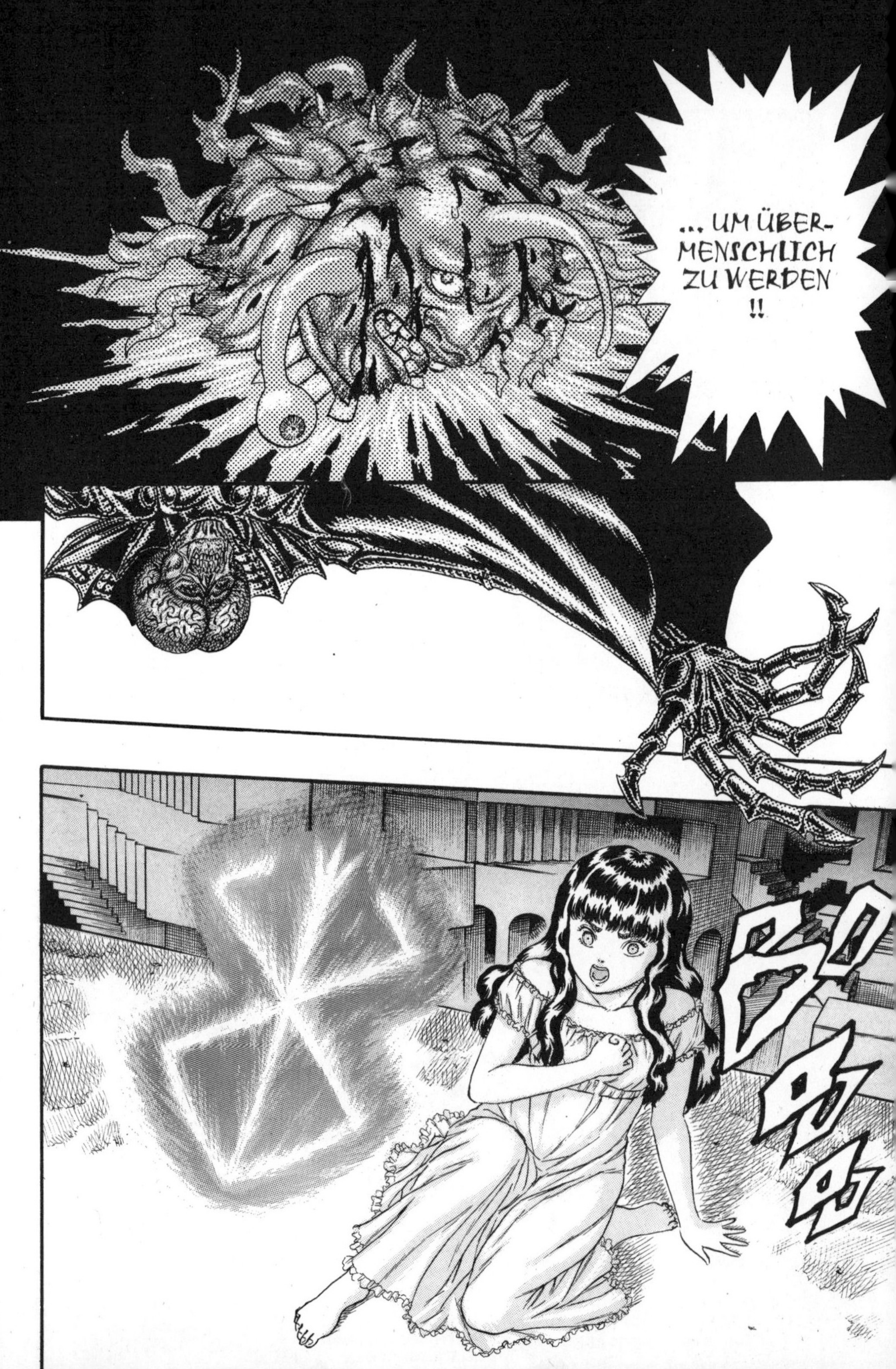
... UM ÜBER-
MENSCHLICH
ZU WERDEN
!!

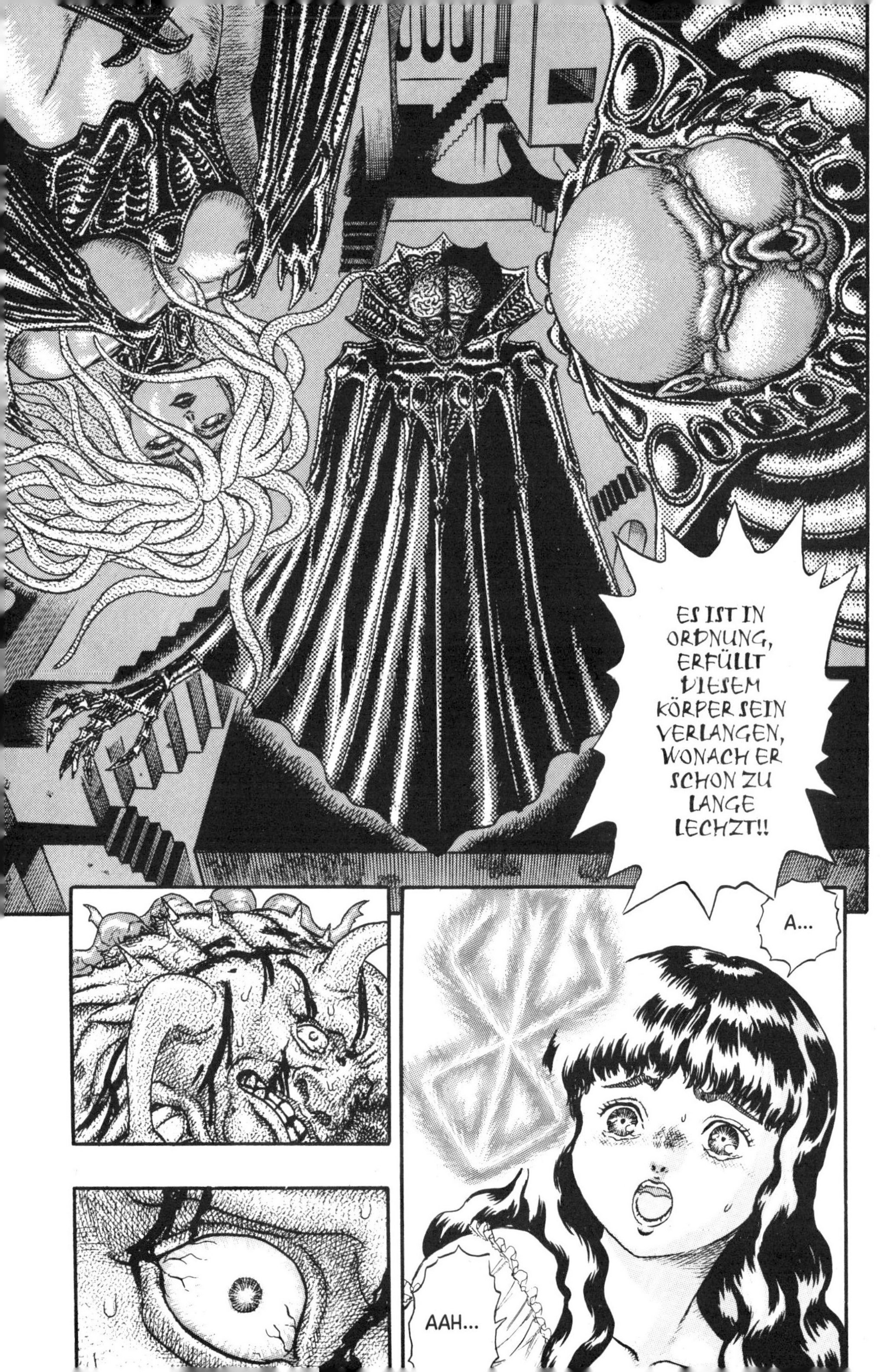
ES IST IN ORDNUNG, ERFÜLLT DIESEM KÖRPER SEIN VERLANGEN, WONACH ER SCHON ZU LANGE LECHZT!!
A...
AAH...

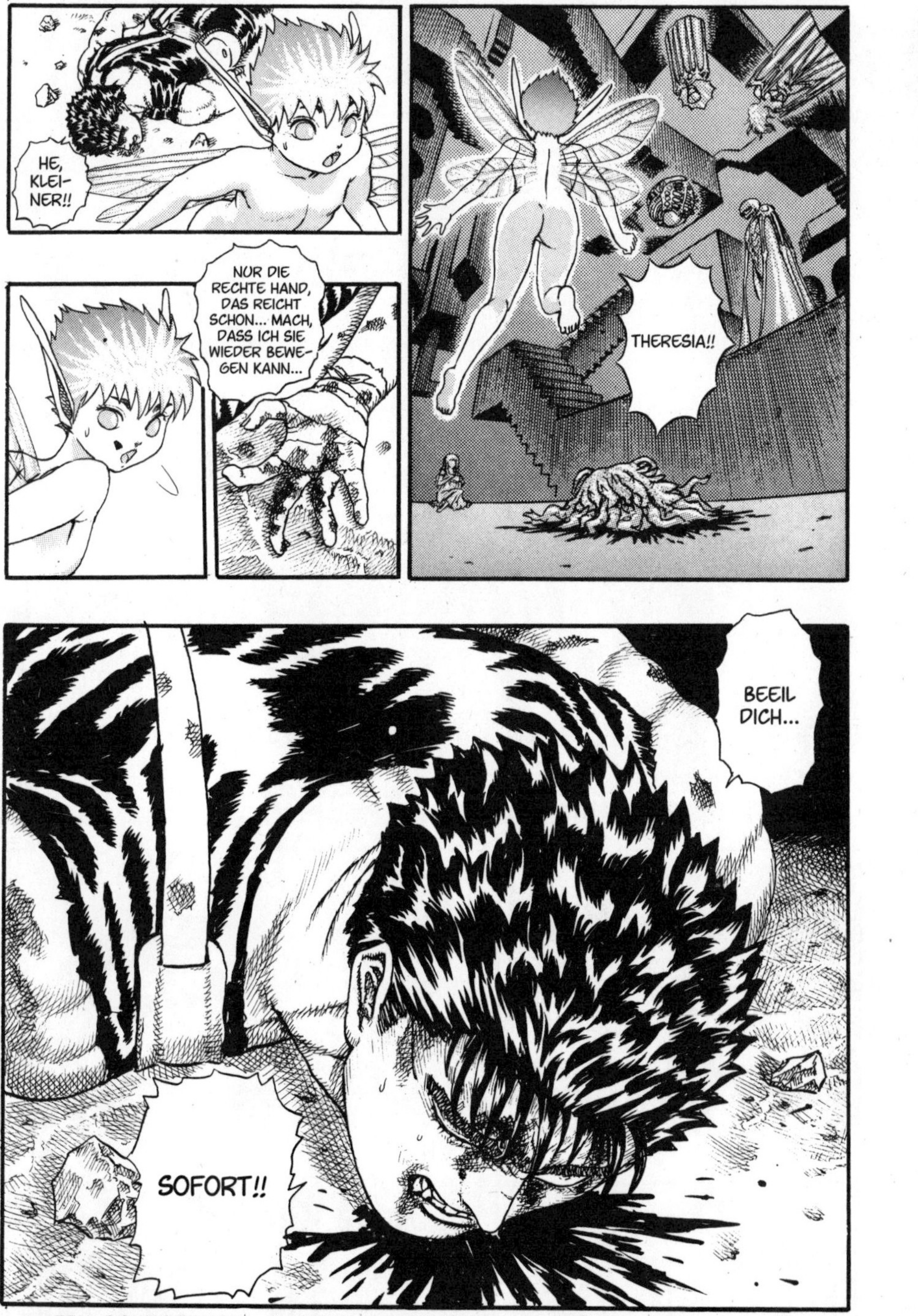

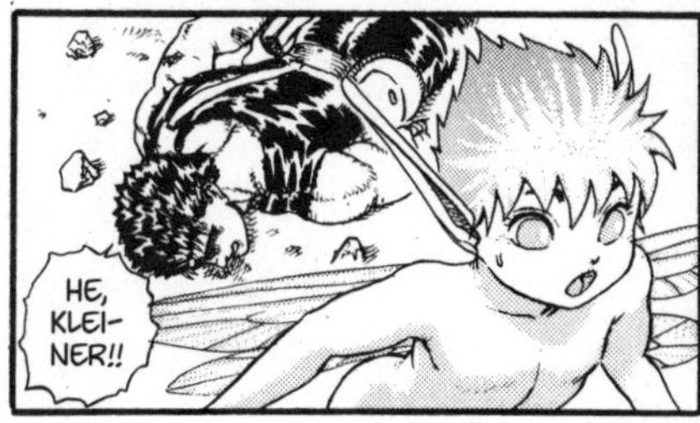

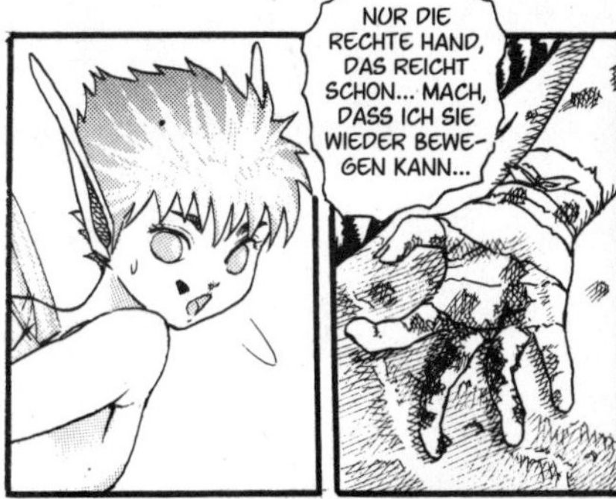

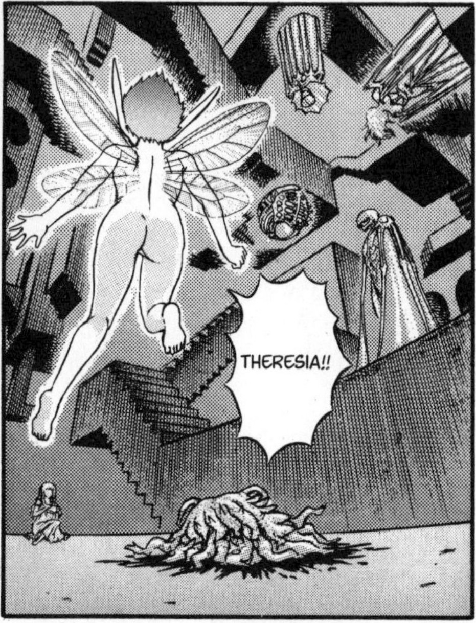

BEEIL DICH...

SOFORT!!

EIN SCHUTZENGEL NAMENS BEGIERDE (5) - ENDE

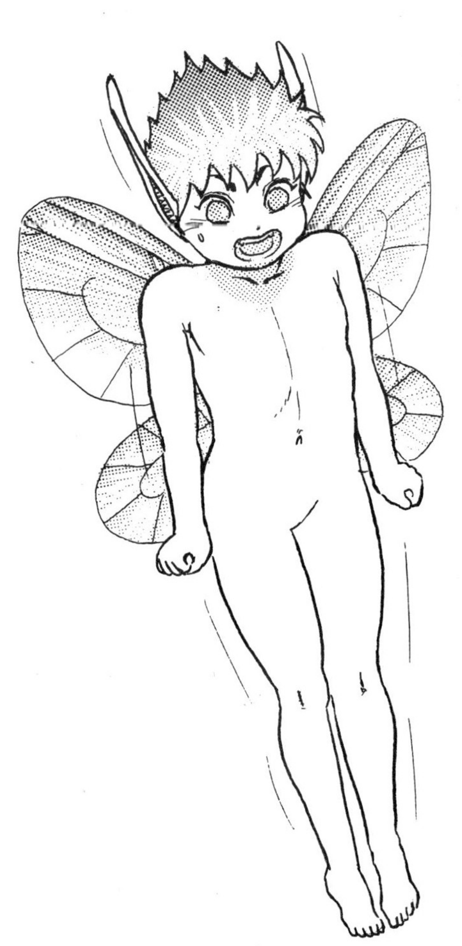

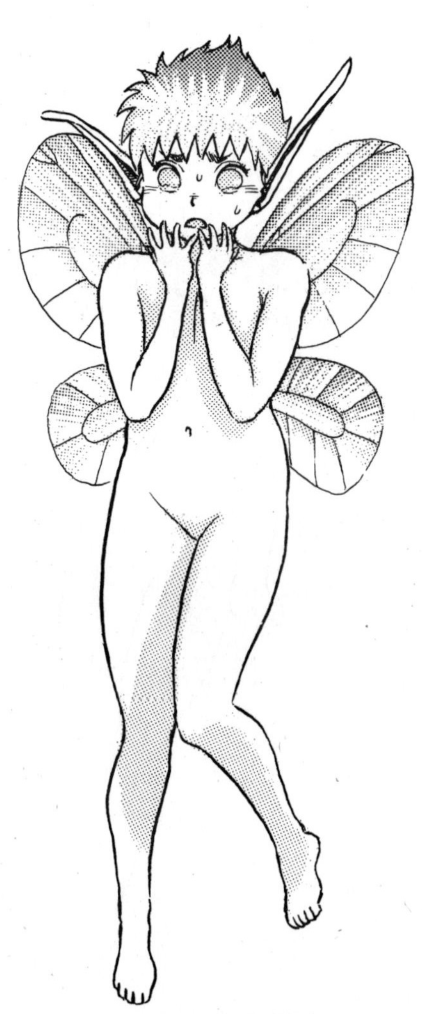

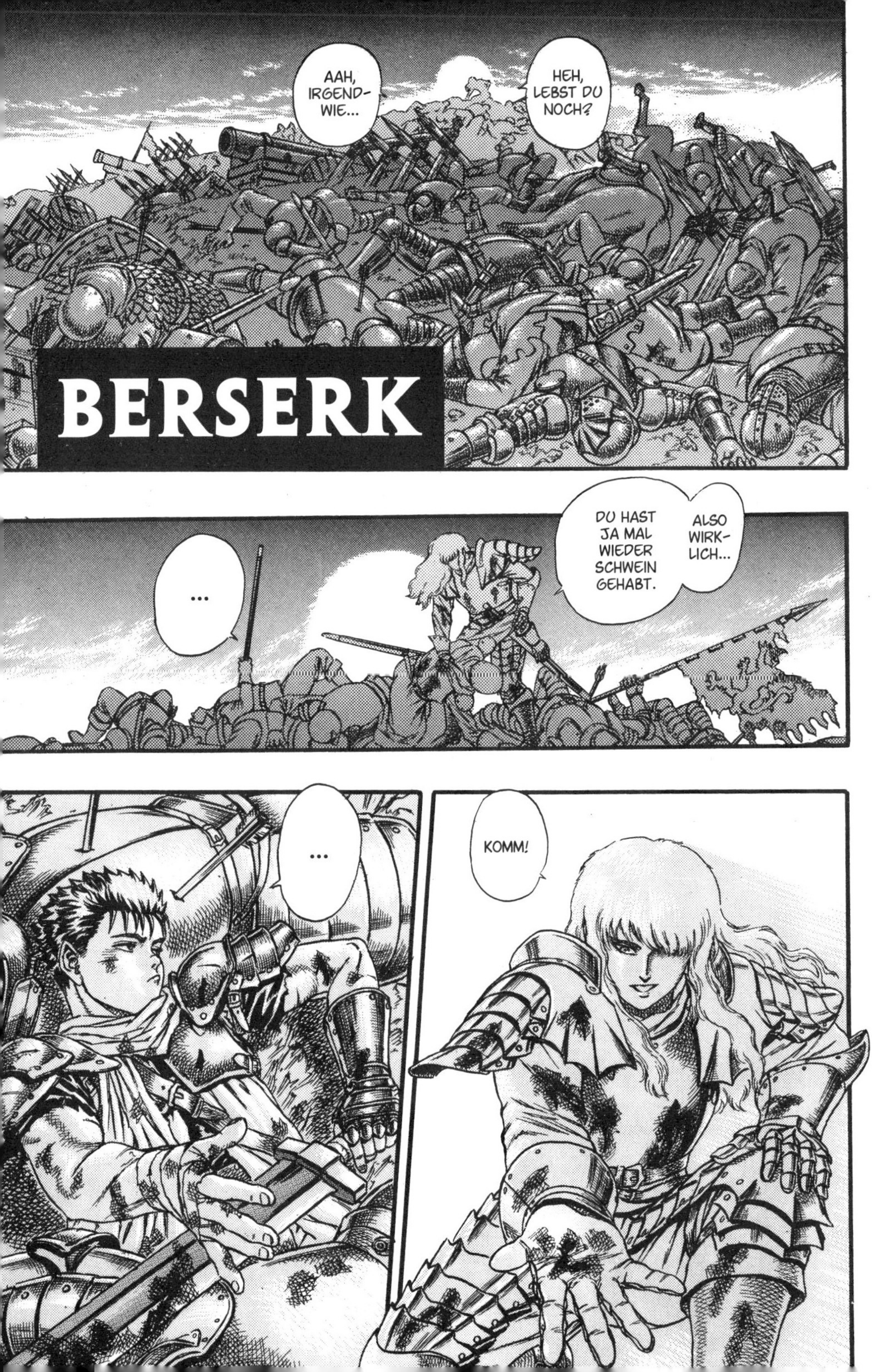

HEH, LEBST DU NOCH?

AAH, IRGEND-WIE...

BERSERK

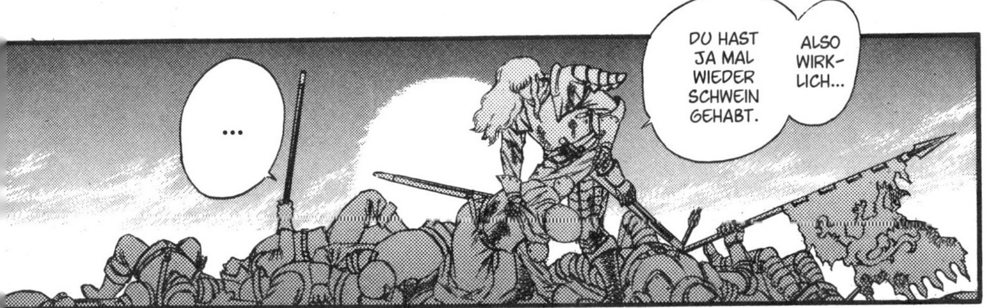

KOMM!

...

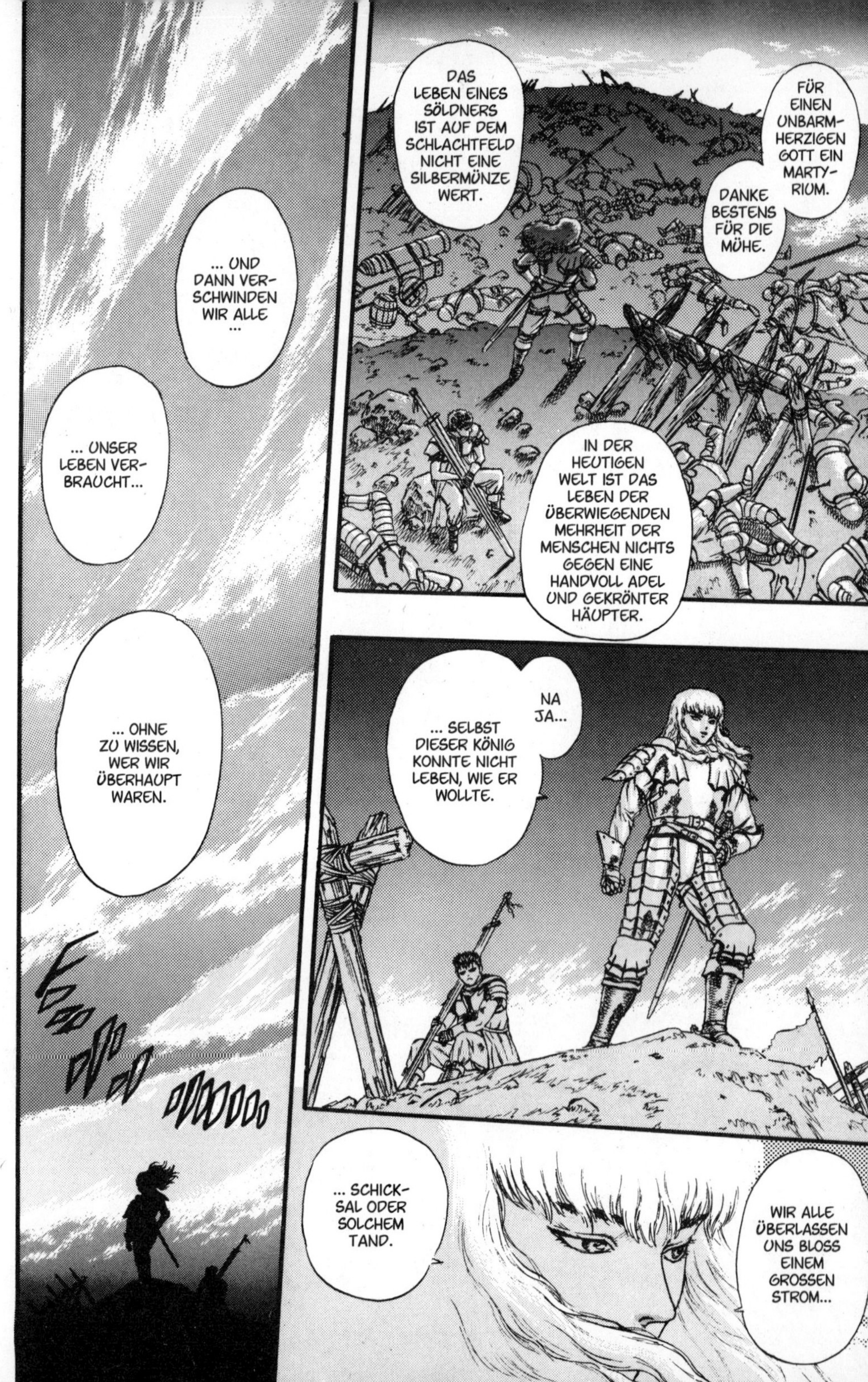
FÜR EINEN UNBARMHERZIGEN GOTT EIN MARTYRIUM.
DANKE BESTENS FÜR DIE MÜHE.
DAS LEBEN EINES SÖLDNERS IST AUF DEM SCHLACHTFELD NICHT EINE SILBERMÜNZE WERT.
IN DER HEUTIGEN WELT IST DAS LEBEN DER ÜBERWIEGENDEN MEHRHEIT DER MENSCHEN NICHTS GEGEN EINE HANDVOLL ADEL UND GEKRÖNTER HÄUPTER.
NA JA...
... SELBST DIESER KÖNIG KONNTE NICHT LEBEN, WIE ER WOLLTE.
WIR ALLE ÜBERLASSEN UNS BLOSS EINEM GROSSEN STROM...
... SCHICKSAL ODER SOLCHEM TAND.
... UND DANN VERSCHWINDEN WIR ALLE ...
... UNSER LEBEN VERBRAUCHT...
... OHNE ZU WISSEN, WER WIR ÜBERHAUPT WAREN.

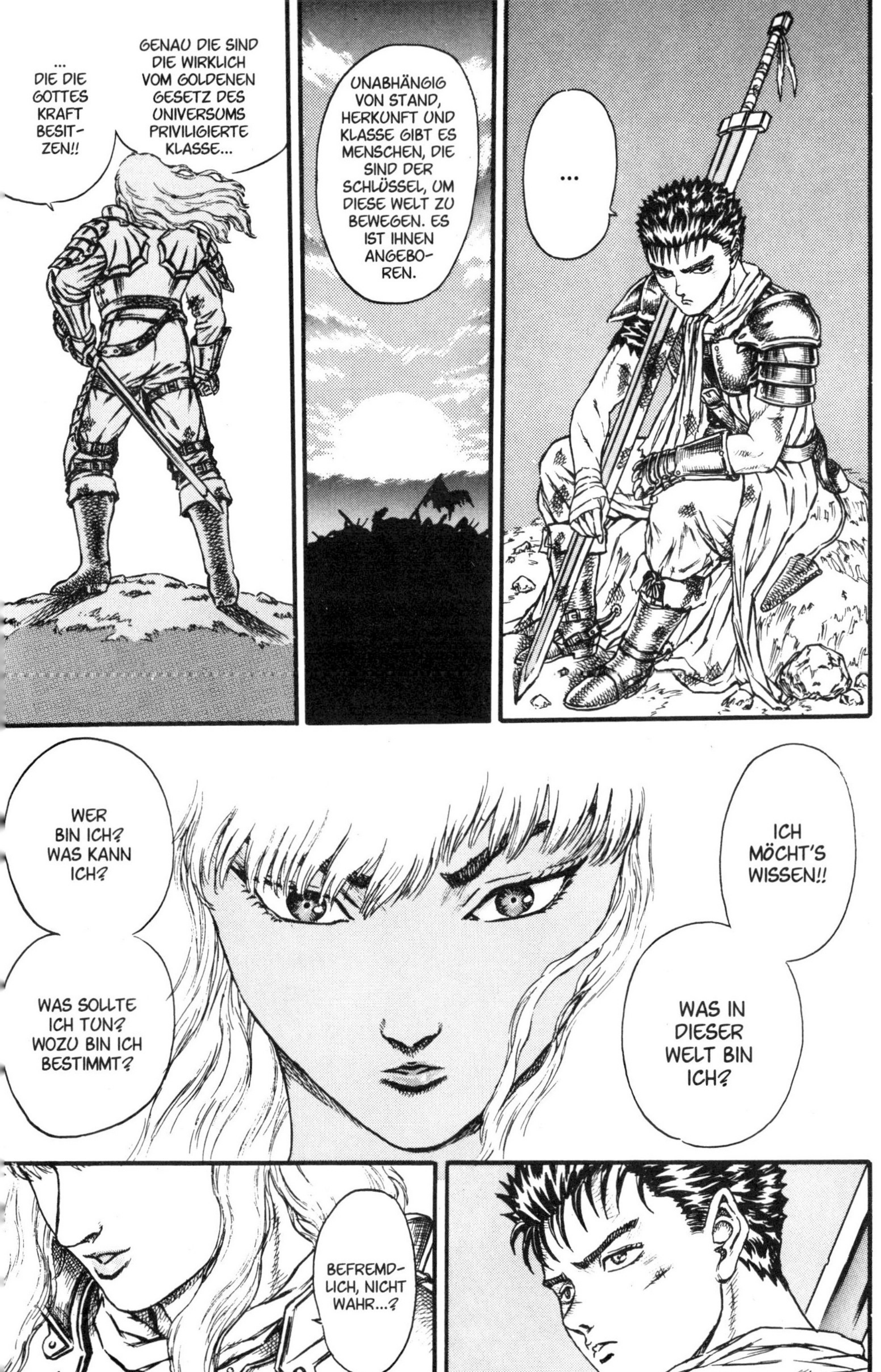
...
UNABHÄNGIG VON STAND, HERKUNFT UND KLASSE GIBT ES MENSCHEN, DIE SIND DER SCHLÜSSEL, UM DIESE WELT ZU BEWEGEN. ES IST IHNEN ANGEBOREN.
GENAU DIE SIND DIE WIRKLICH VOM GOLDENEN GESETZ DES UNIVERSUMS PRIVILIGIERTE KLASSE...
... DIE DIE GOTTES KRAFT BESIT-ZEN!!
ICH MÖCHT'S WISSEN!!
WAS IN DIESER WELT BIN ICH?
WER BIN ICH? WAS KANN ICH?
WAS SOLLTE ICH TUN? WOZU BIN ICH BESTIMMT?
BEFREMD-LICH, NICHT WAHR...?

DU BIST
DER ERSTE,
DEM ICH DAS
ERZÄHLE.

DAMALS
PRÄGTE
SICH MIR DIE
ERSCHEINUNG
DIESES MANNES
ALS ETWAS
SCHÖNES, EDLES
UND ABSOLU-
TES EIN.

BERSERK

EIN SCHUTZENGEL NAMENS BEGIERDE (6)

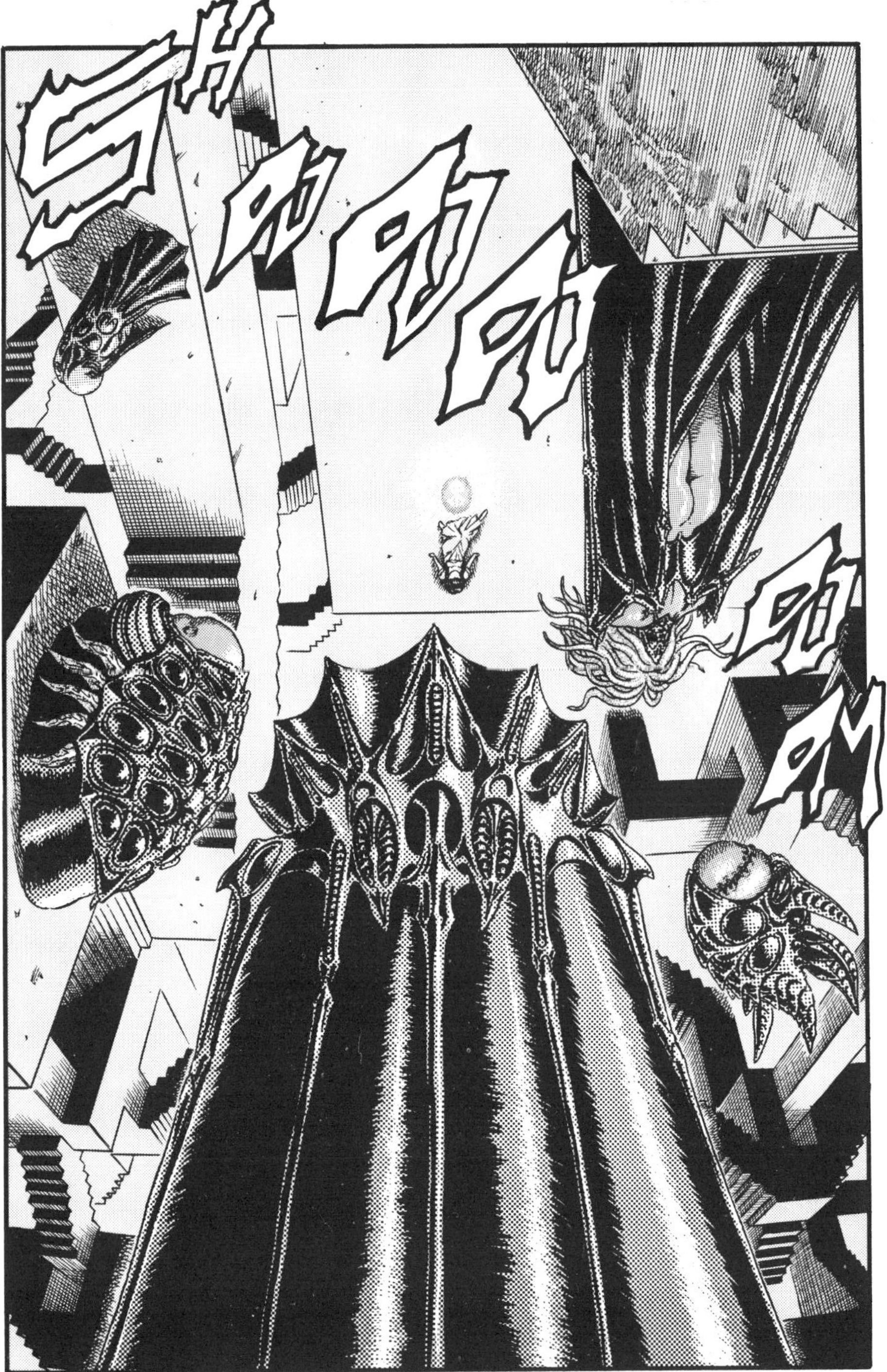
SHOOOO
OOM

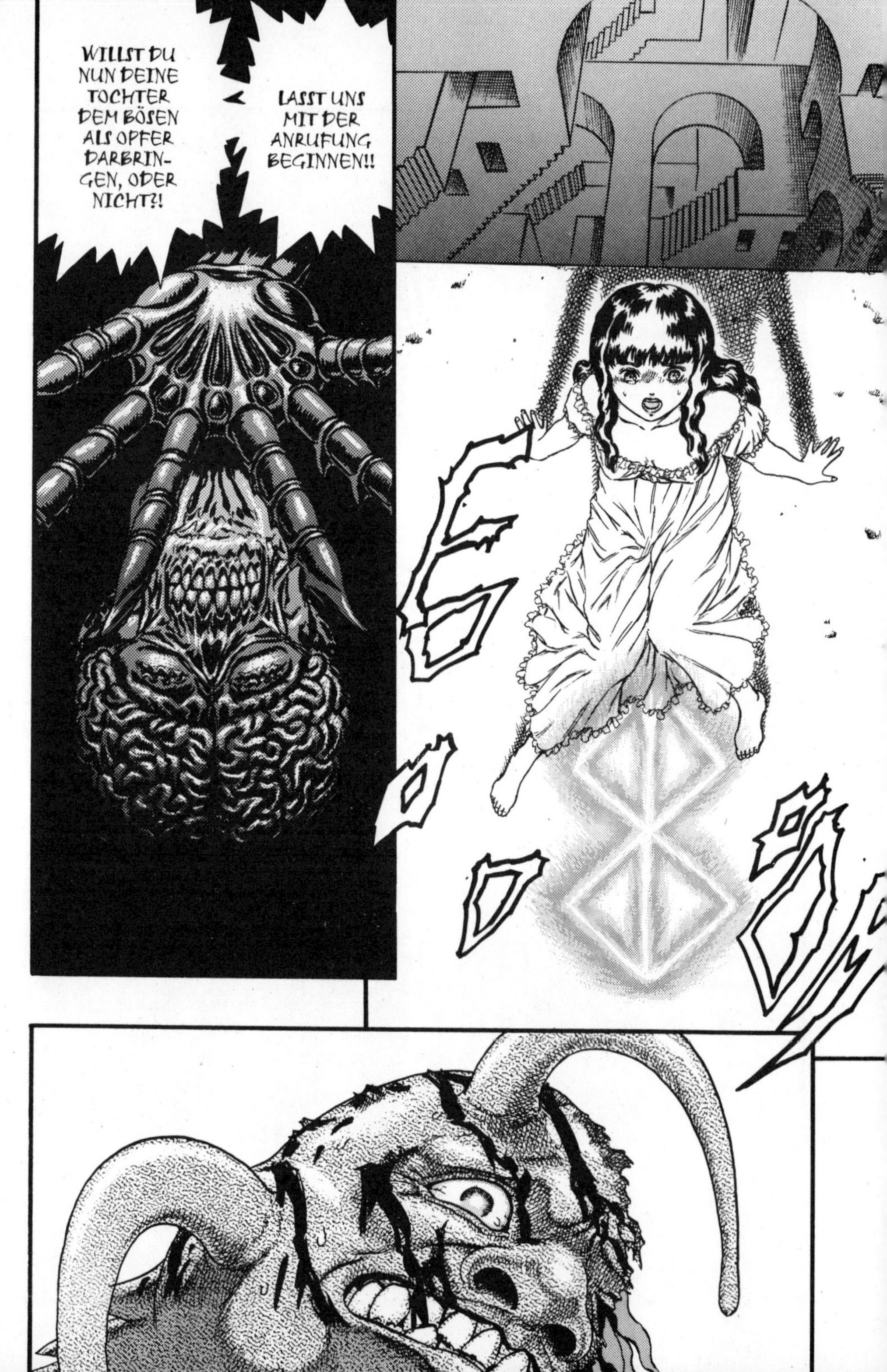
LASST UNS MIT DER ANRUFUNG BEGINNEN!!
WILLST DU NUN DEINE TOCHTER DEM BÖSEN ALS OPFER DARBRINGEN, ODER NICHT?!

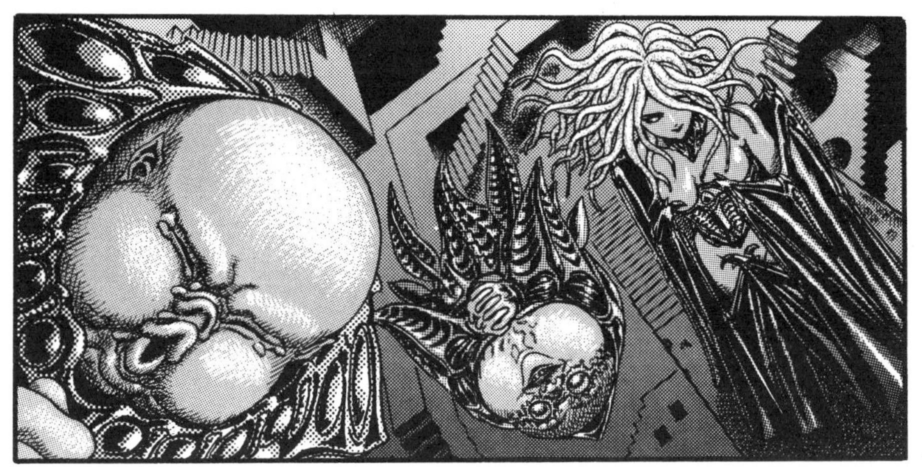

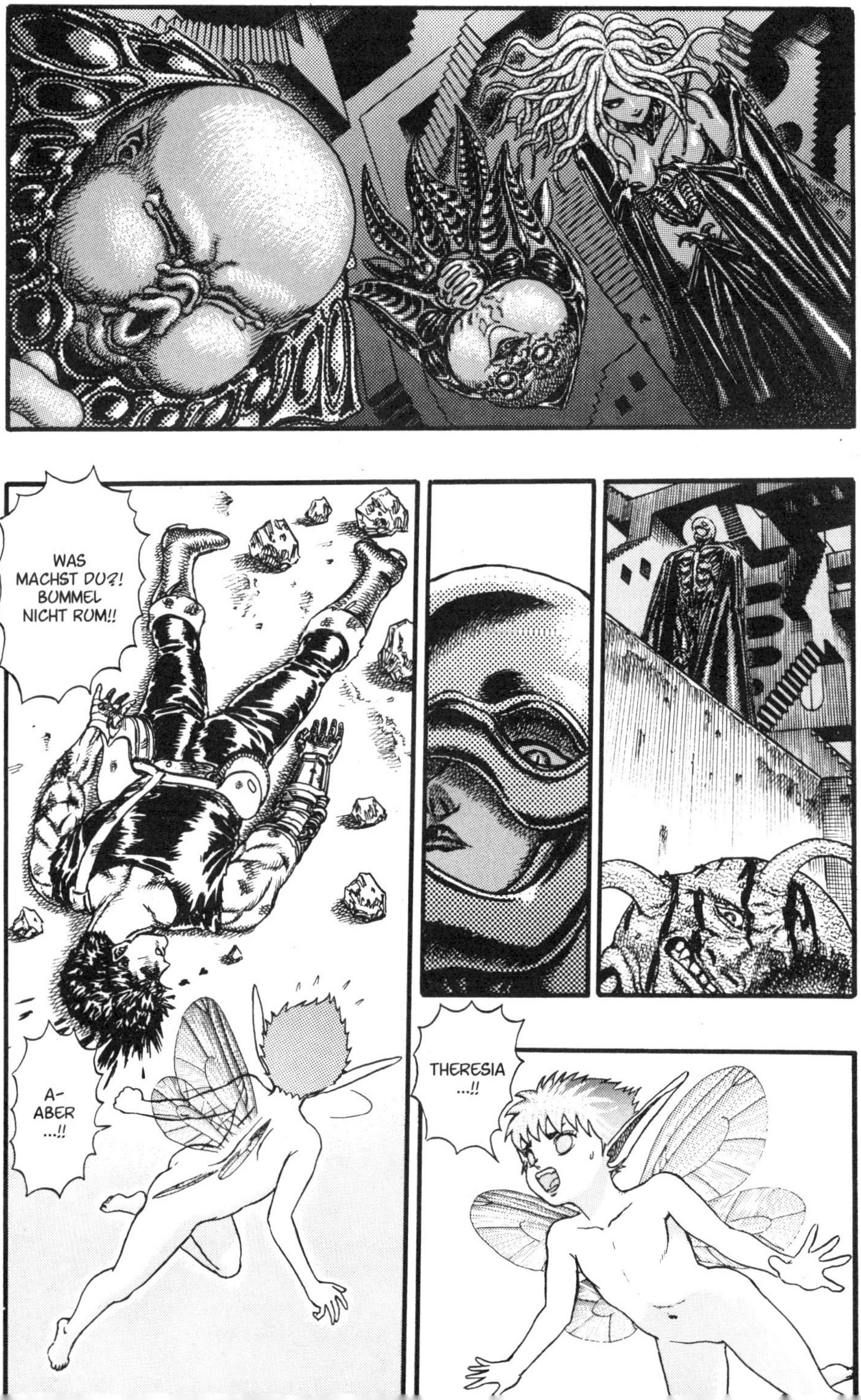

WAS MACHST DU?! BUMMEL NICHT RUM!!
A-ABER ...!!
THERESIA ...!!

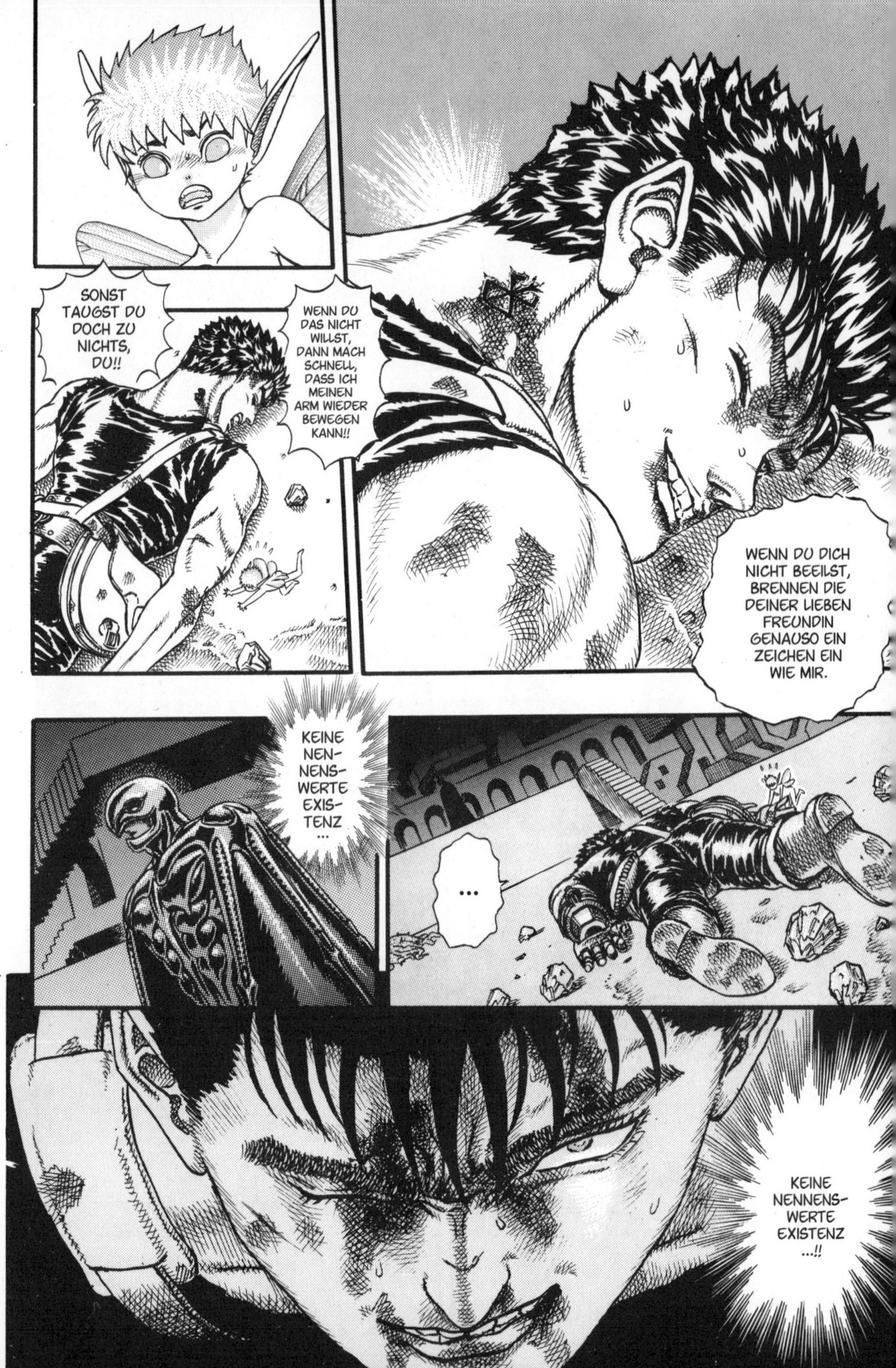
WENN DU DAS NICHT WILLST, DANN MACH SCHNELL, DASS ICH MEINEN ARM WIEDER BEWEGEN KANN!!
SONST TAUGST DU DOCH ZU NICHTS, DU!!
WENN DU DICH NICHT BEEILST, BRENNEN DIE DEINER LIEBEN FREUNDIN GENAUSO EIN ZEICHEN EIN WIE MIR.
...
KEINE NENNENSWERTE EXISTENZ ...
KEINE NENNENSWERTE EXISTENZ ...!!

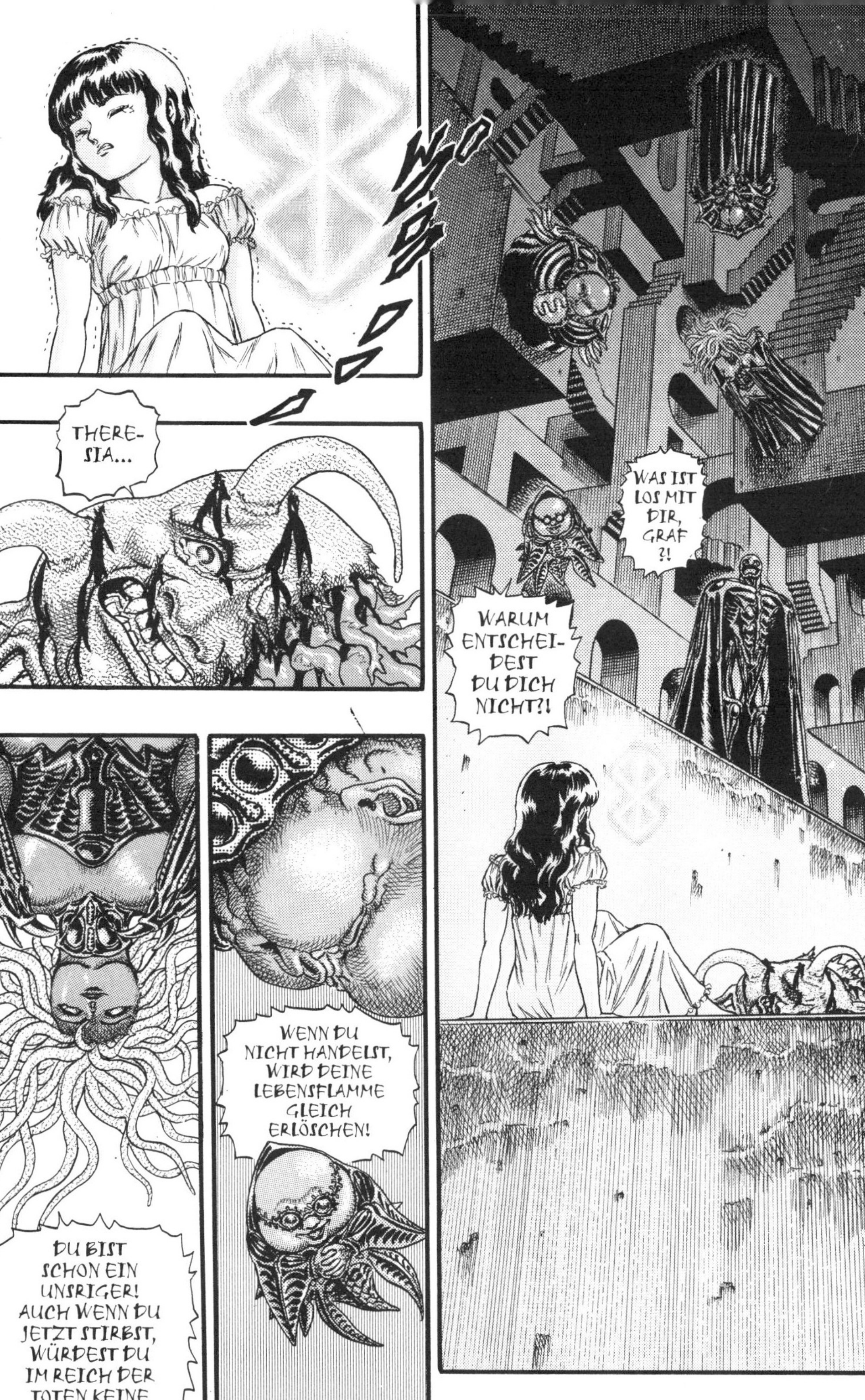

WAS IST LOS MIT DIR, GRAF?!
WARUM ENTSCHEIDEST DU DICH NICHT?!
WOOO
THERESIA...
WENN DU NICHT HANDELST, WIRD DEINE LEBENSFLAMME GLEICH ERLÖSCHEN!
DU BIST SCHON EIN UNSRIGER! AUCH WENN DU JETZT STIRBST, WÜRDEST DU IM REICH DER TOTEN KEINE RUHE FINDEN!

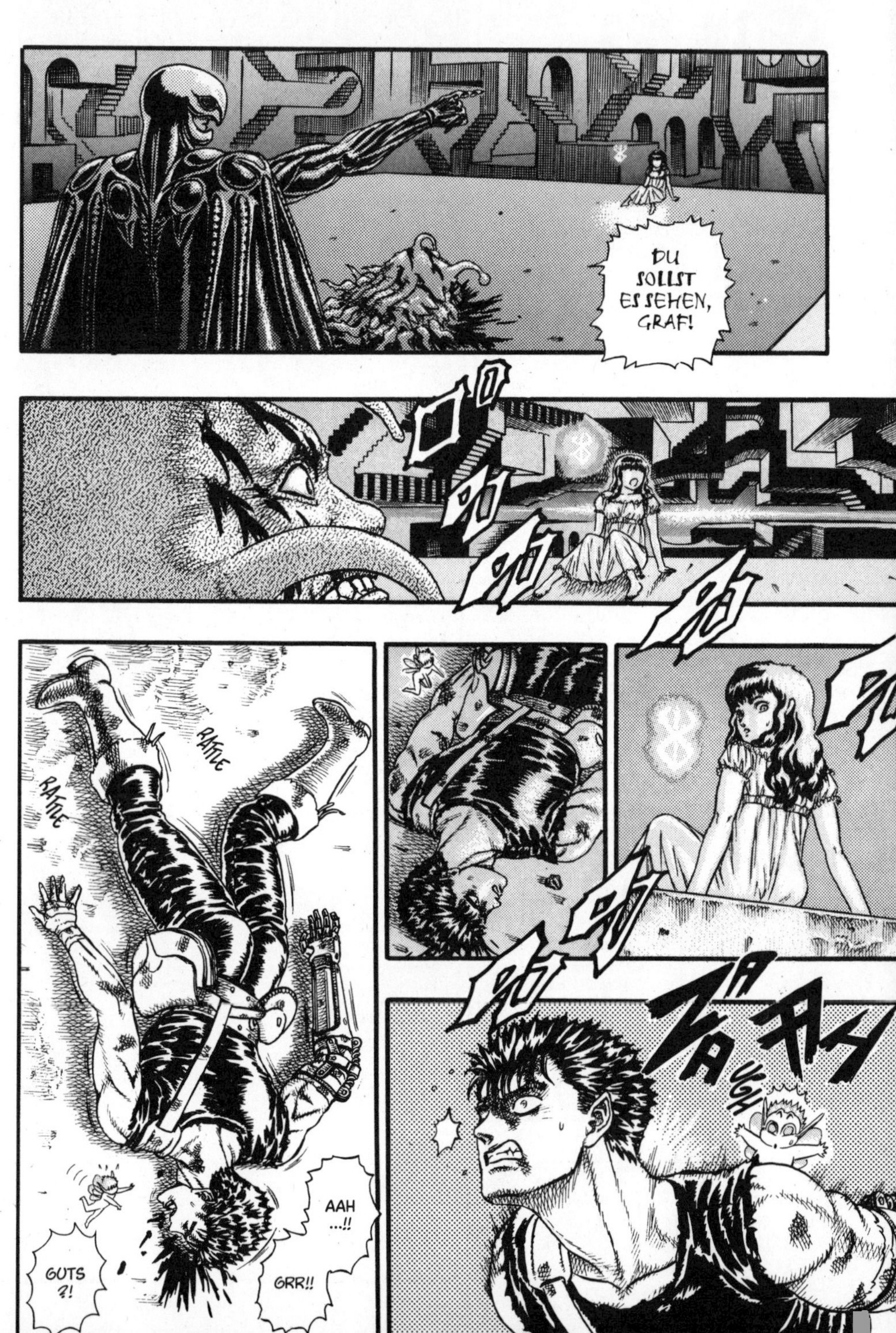
DU SOLLST ES SEHEN, GRAF!
RATTLE
RATTLE
AAH ...!!
GRR!!
GUTS ?!
ZAPP
ZAPP
UGH

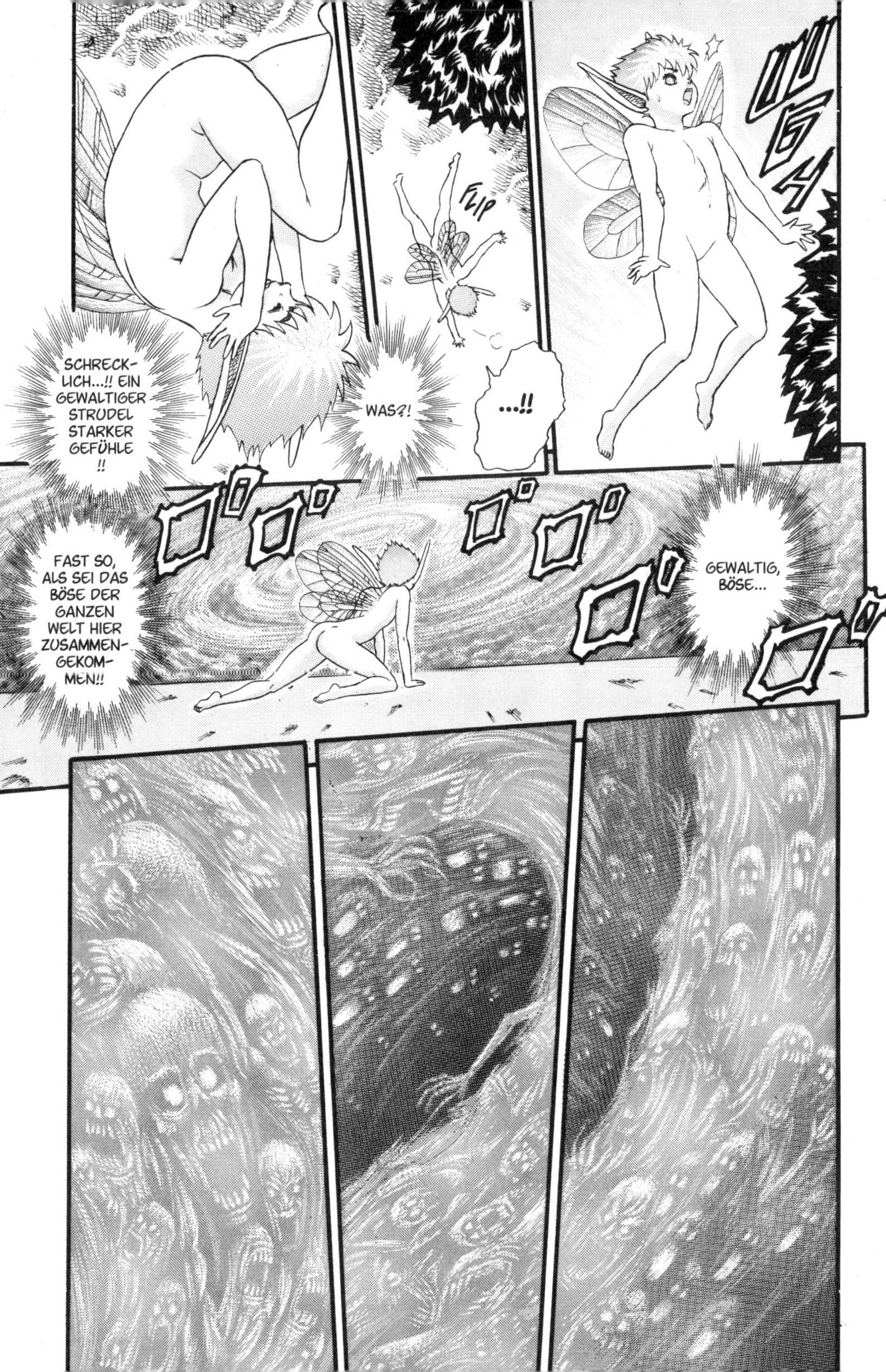

UUGH
...!!
FLIP
WAS?!
SCHRECK-LICH...!! EIN GEWALTIGER STRUDEL STARKER GEFÜHLE !!
GEWALTIG, BÖSE...
FAST SO, ALS SEI DAS BÖSE DER GANZEN WELT HIER ZUSAMMEN-GEKOM-MEN!!

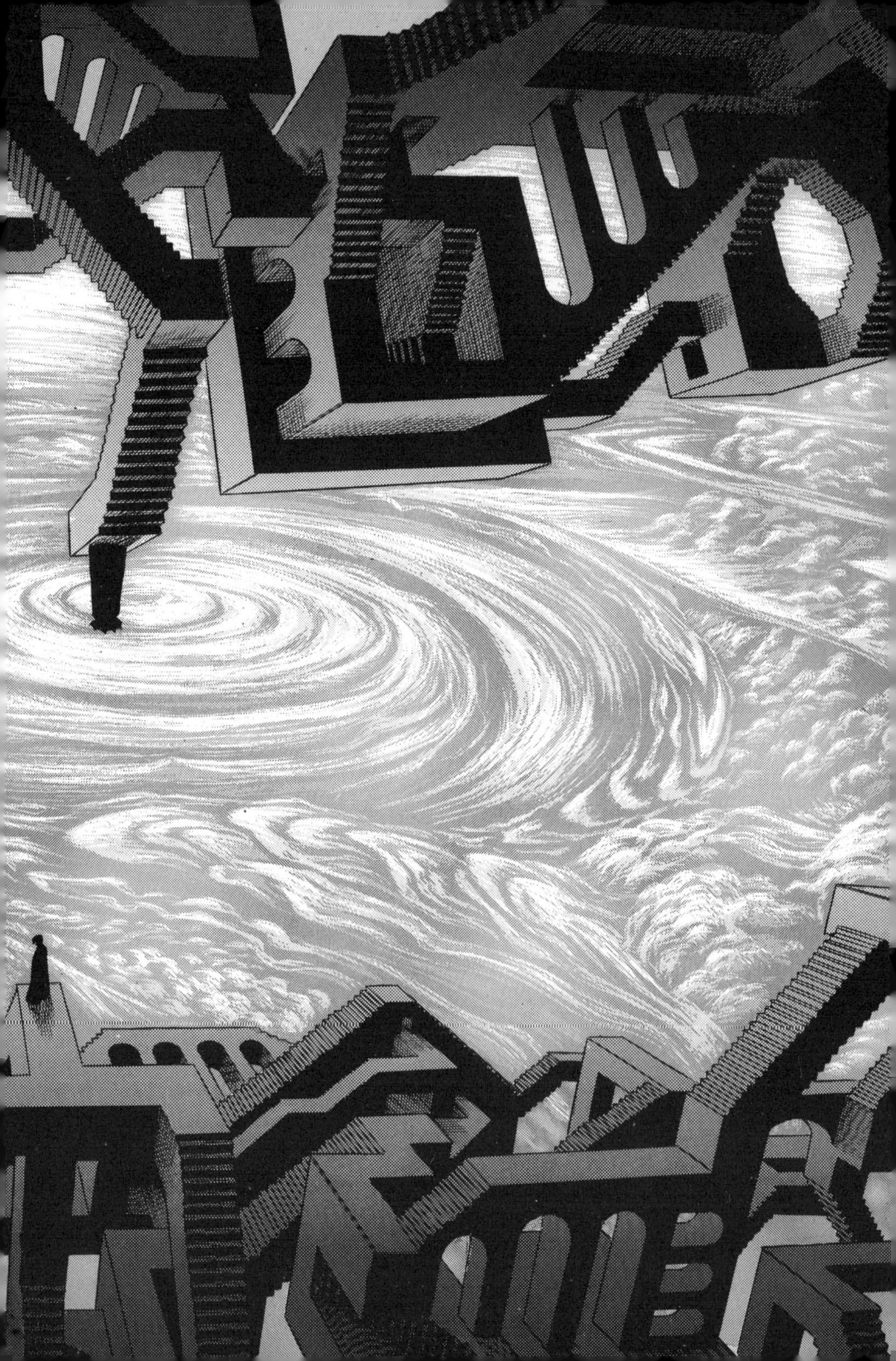

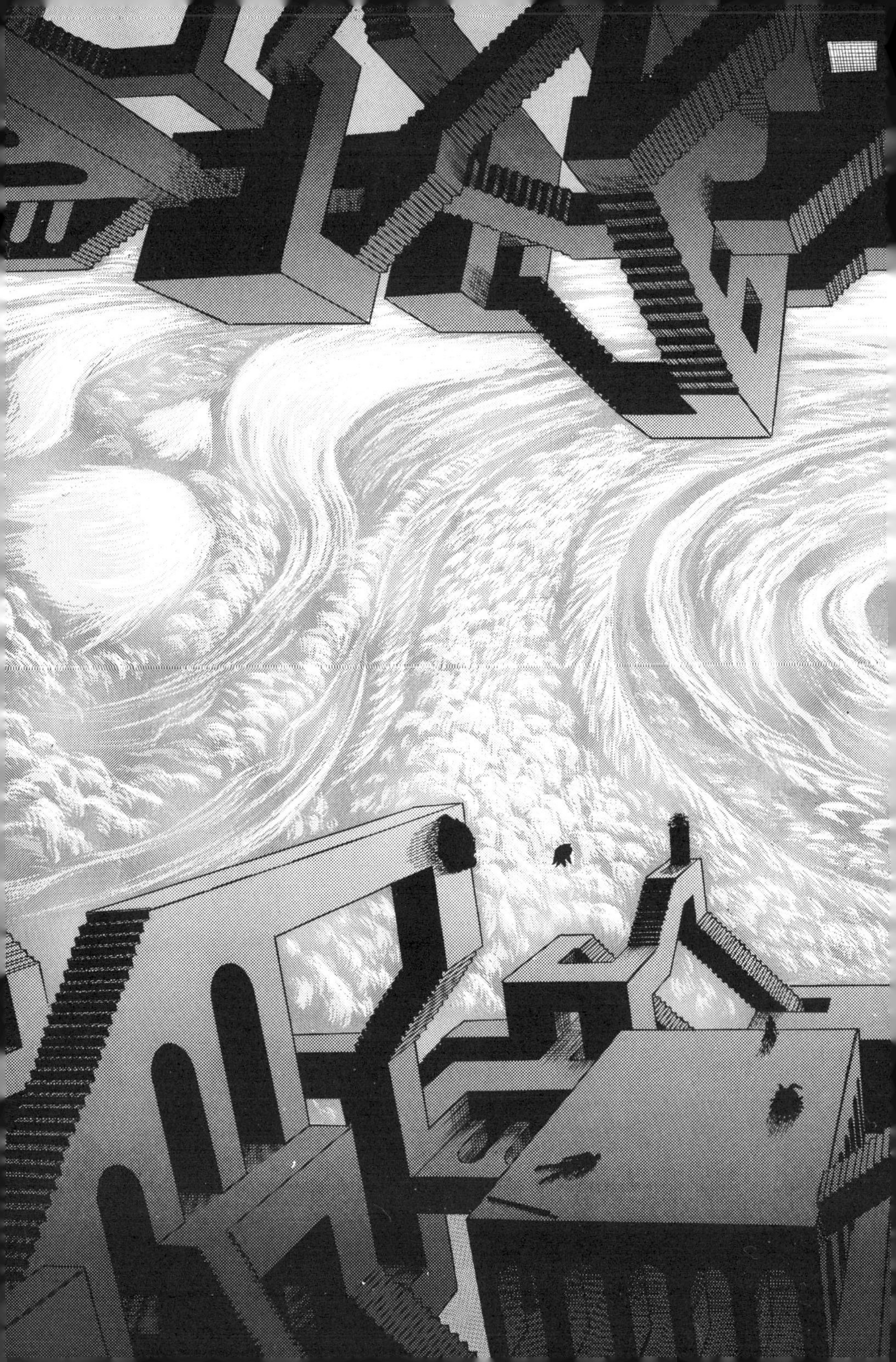

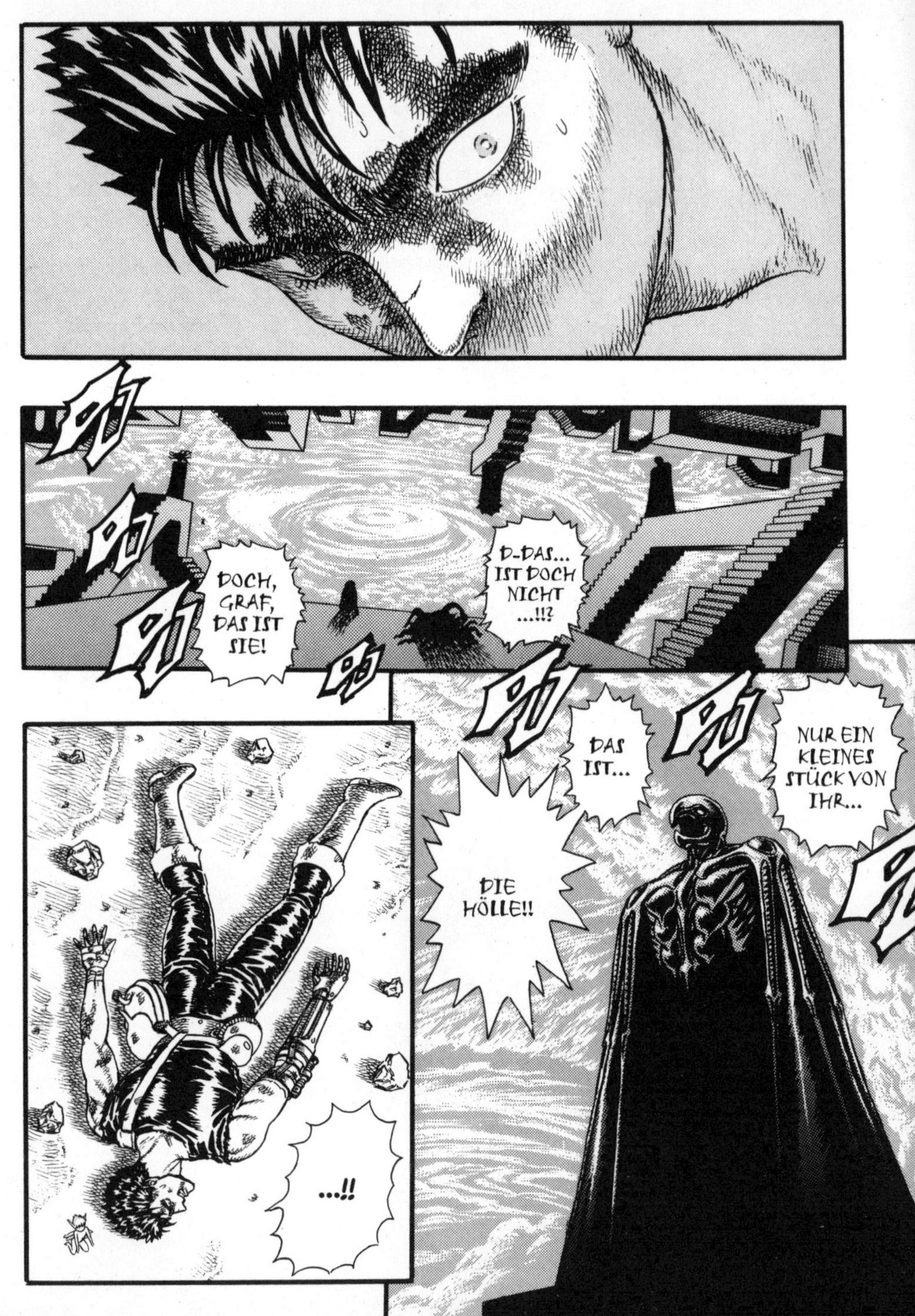
D-DAS... IST DOCH NICHT ...!!?
DOCH, GRAF, DAS IST SIE!
NUR EIN KLEINES STÜCK VON IHR...
DAS IST...
DIE HÖLLE!!
...!!

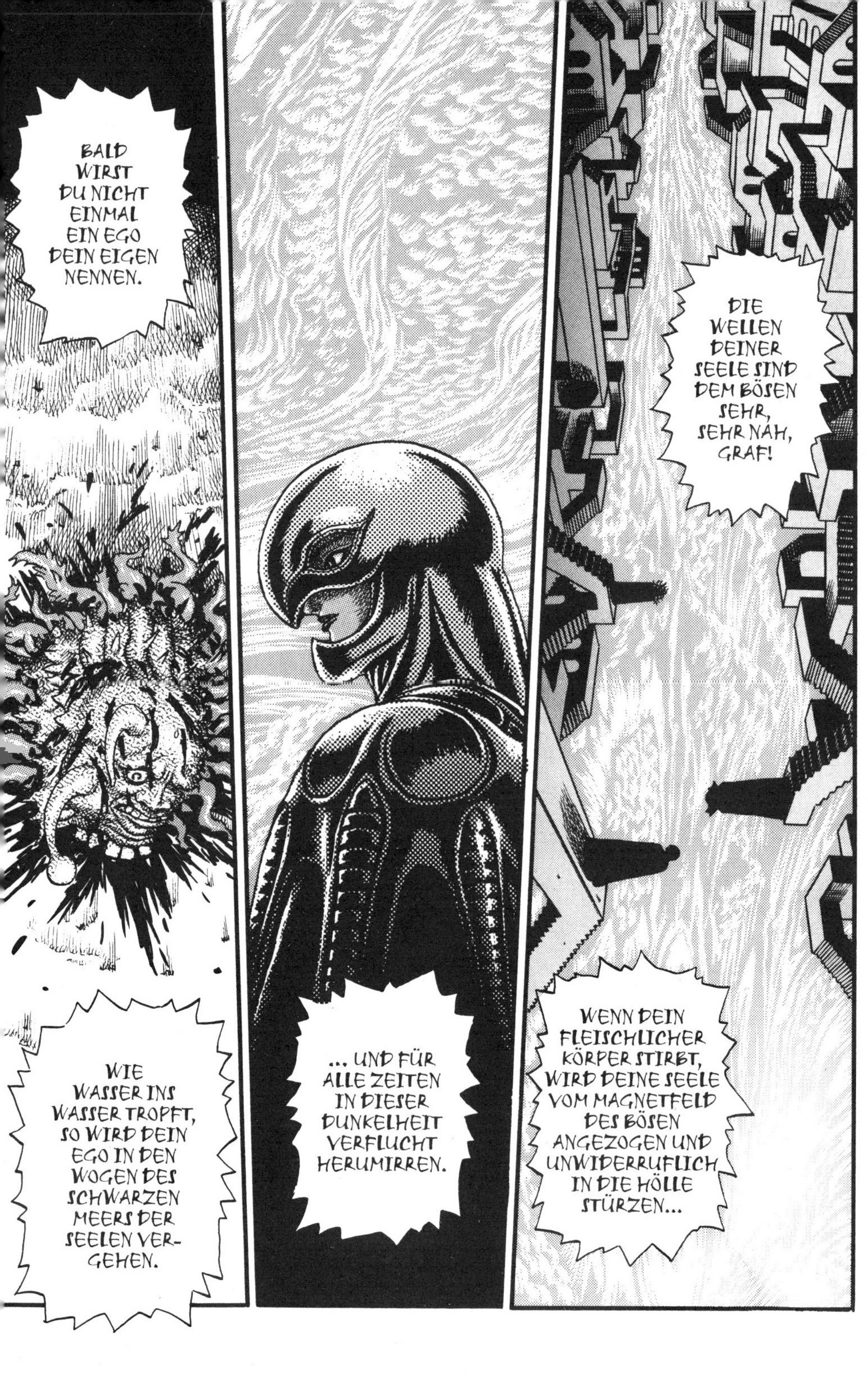
BALD WIRST DU NICHT EINMAL EIN EGO DEIN EIGEN NENNEN.
WIE WASSER INS WASSER TROPFT, SO WIRD DEIN EGO IN DEN WOGEN DES SCHWARZEN MEERS DER SEELEN VER-GEHEN.
... UND FÜR ALLE ZEITEN IN DIESER DUNKELHEIT VERFLUCHT HERUMIRREN.
DIE WELLEN DEINER SEELE SIND DEM BÖSEN SEHR, SEHR NAH, GRAF!
WENN DEIN FLEISCHLICHER KÖRPER STIRBT, WIRD DEINE SEELE VOM MAGNETFELD DES BÖSEN ANGEZOGEN UND UNWIDERRUFLICH IN DIE HÖLLE STÜRZEN...

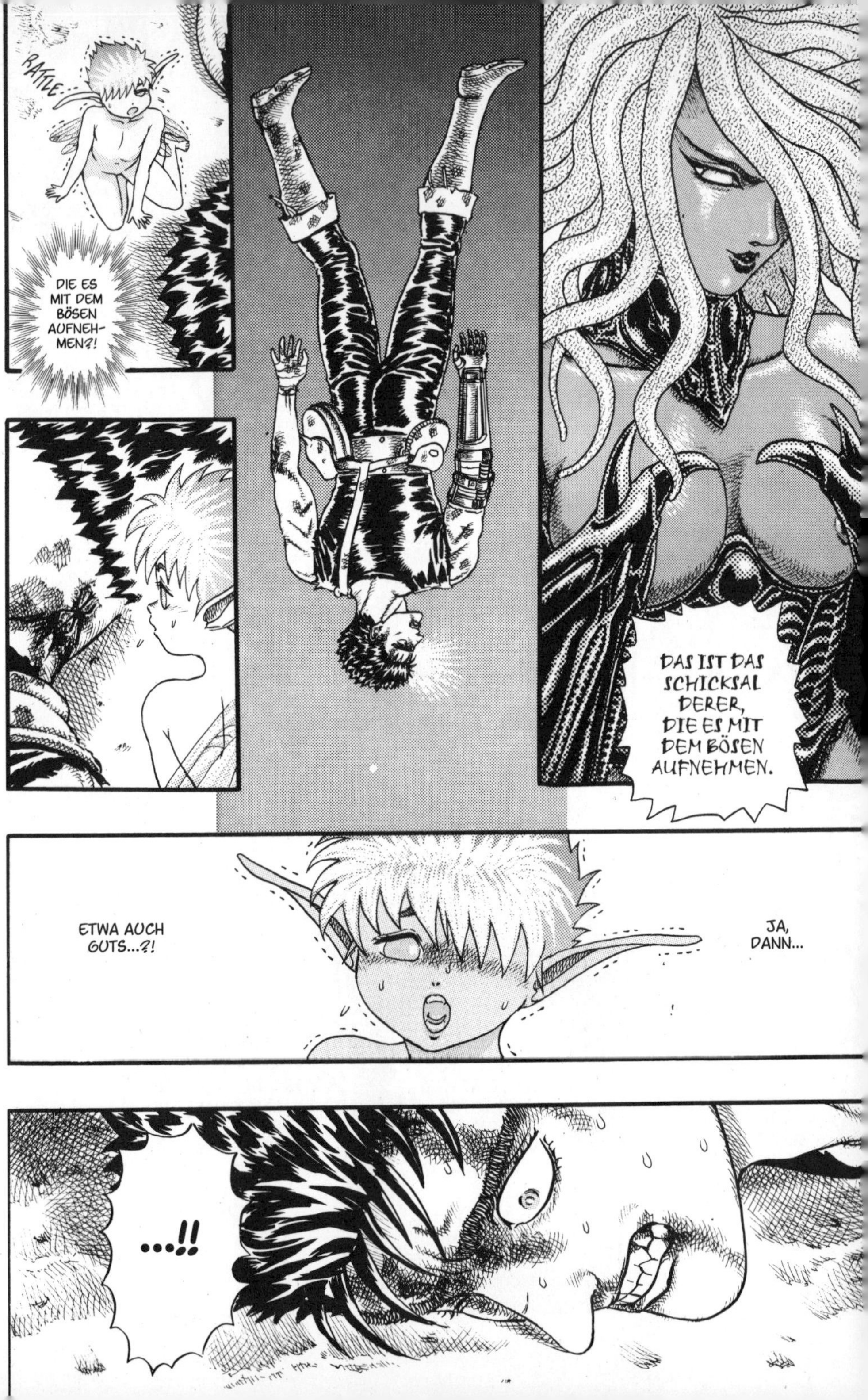

DAS IST DAS SCHICKSAL DERER, DIE ES MIT DEM BÖSEN AUFNEHMEN.
RATTLE
DIE ES MIT DEM BÖSEN AUFNEHMEN?!
JA, DANN...
ETWA AUCH GUTS...?!

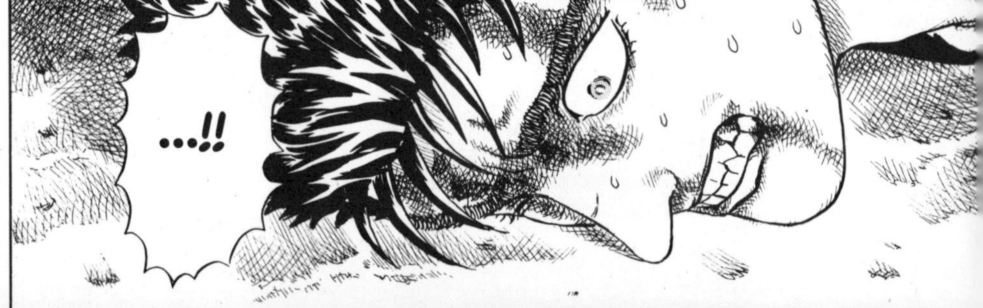
...!!

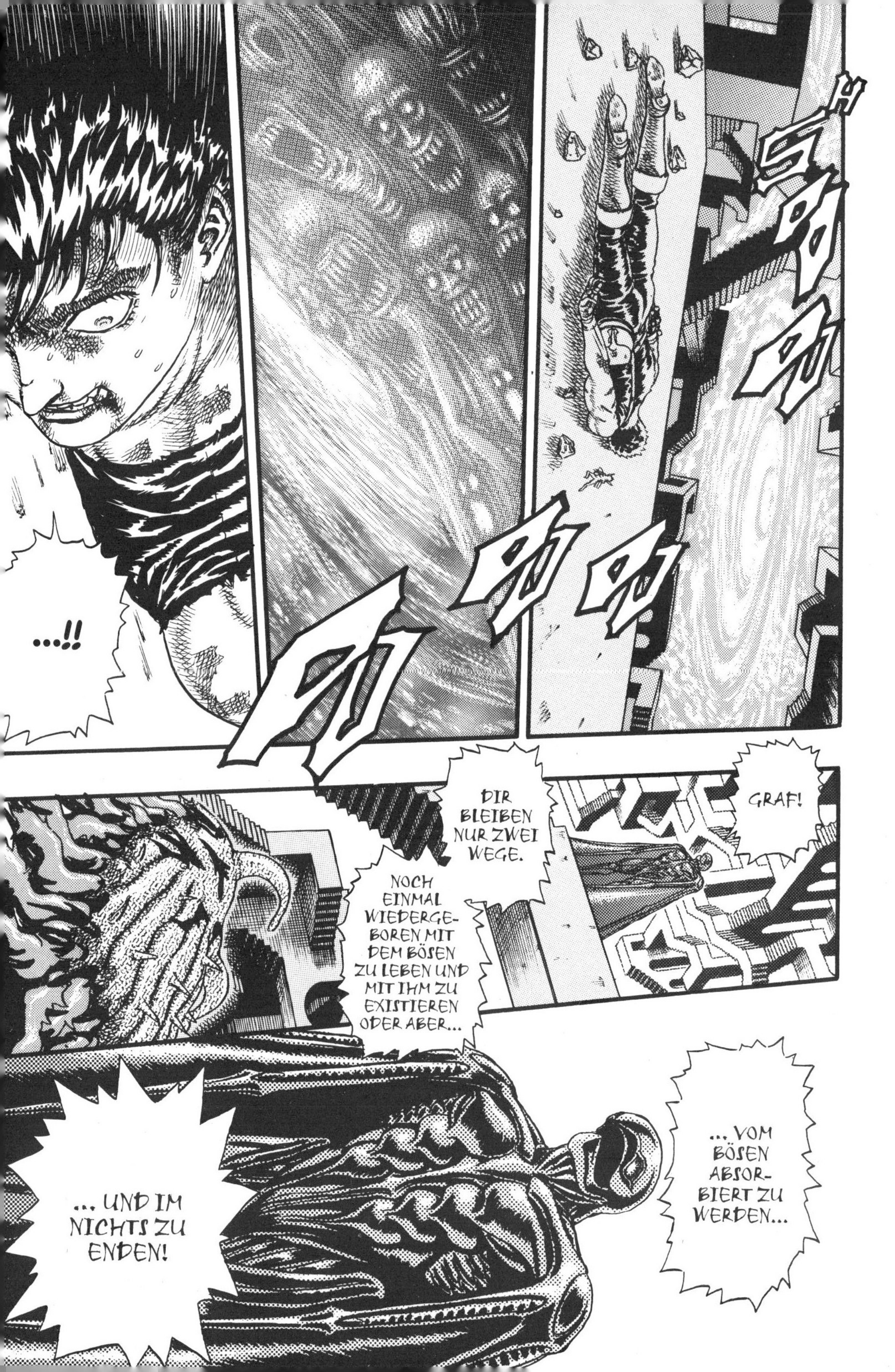
...!!
GRAF!
DIR BLEIBEN NUR ZWEI WEGE.
NOCH EINMAL WIEDERGE-BOREN MIT DEM BÖSEN ZU LEBEN UND MIT IHM ZU EXISTIEREN ODER ABER...
...VOM BÖSEN ABSOR-BIERT ZU WERDEN...
... UND IM NICHTS ZU ENDEN!

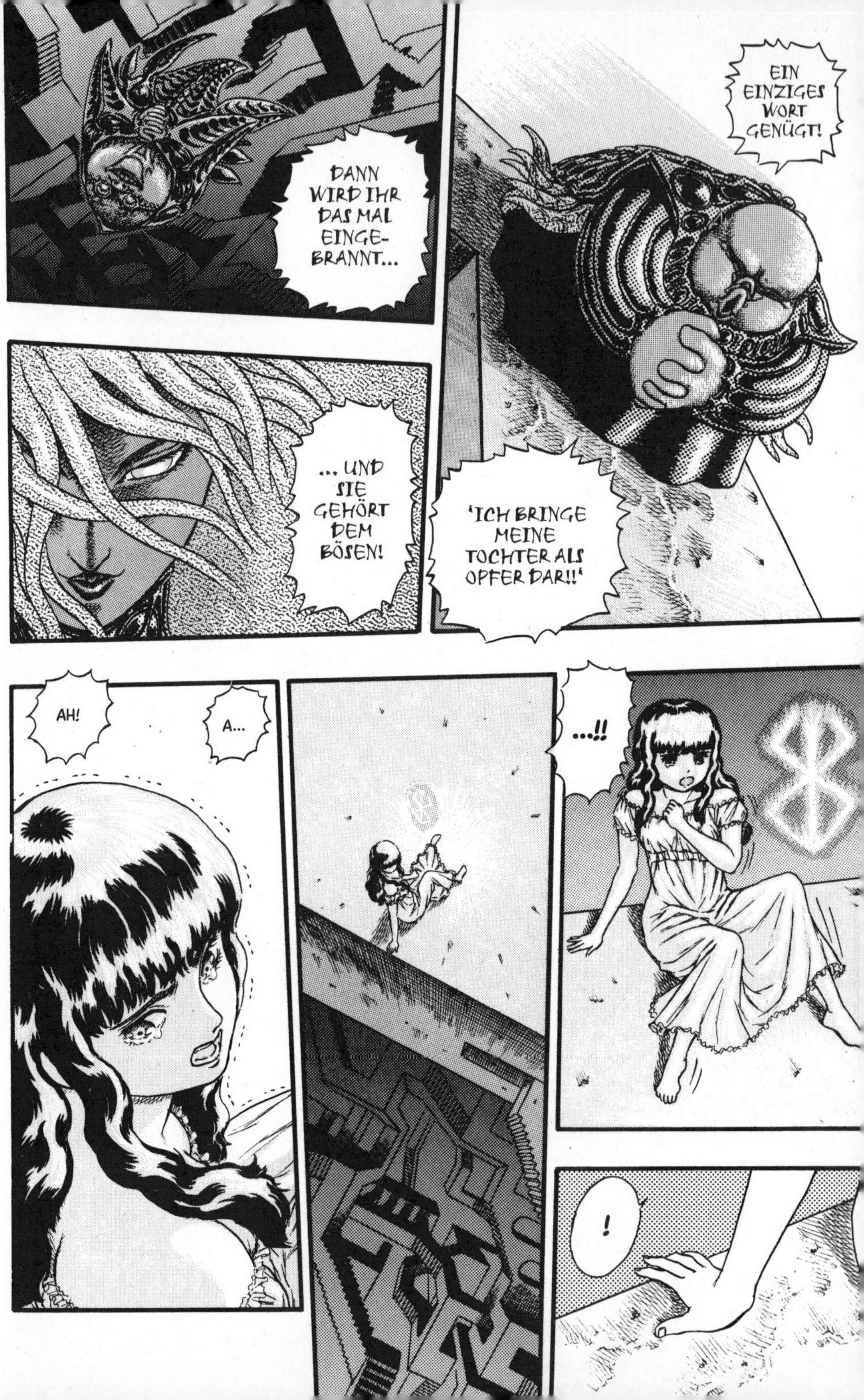

EIN EINZIGES WORT GENÜGT!
'ICH BRINGE MEINE TOCHTER ALS OPFER DAR!!'
DANN WIRD IHR DAS MAL EINGE-BRANNT...
... UND SIE GEHÖRT DEM BÖSEN!
...!!
!
A...
AH!

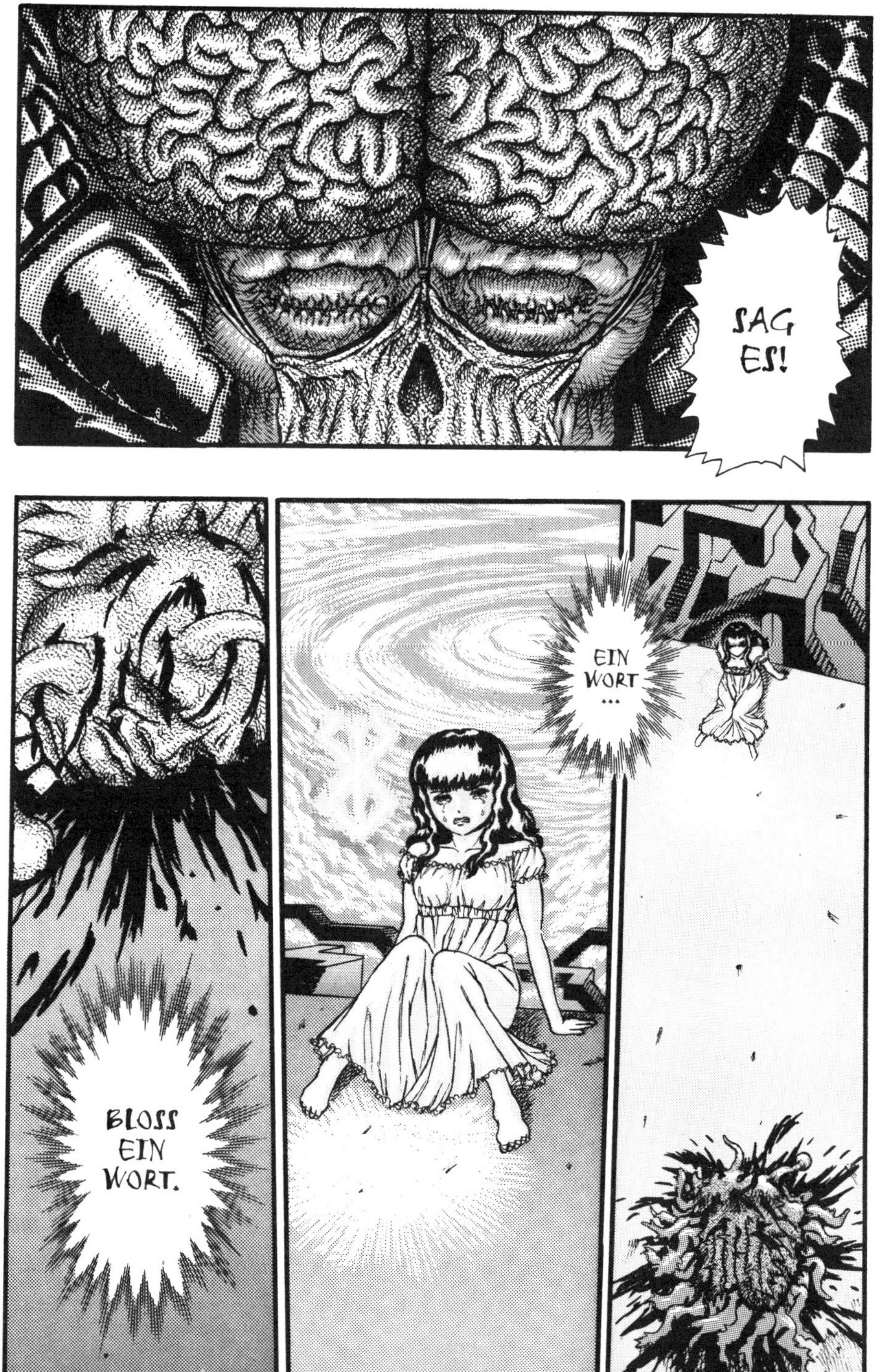

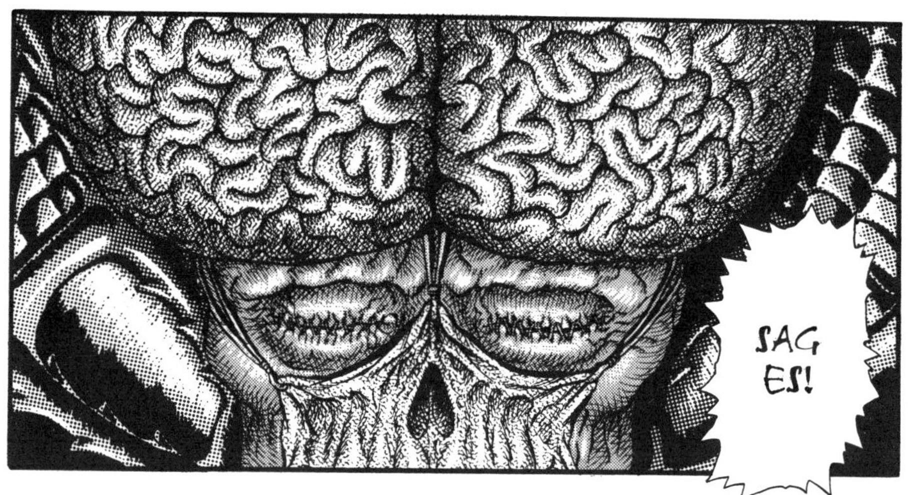
SAG ES!
EIN WORT ...
BLOSS EIN WORT.

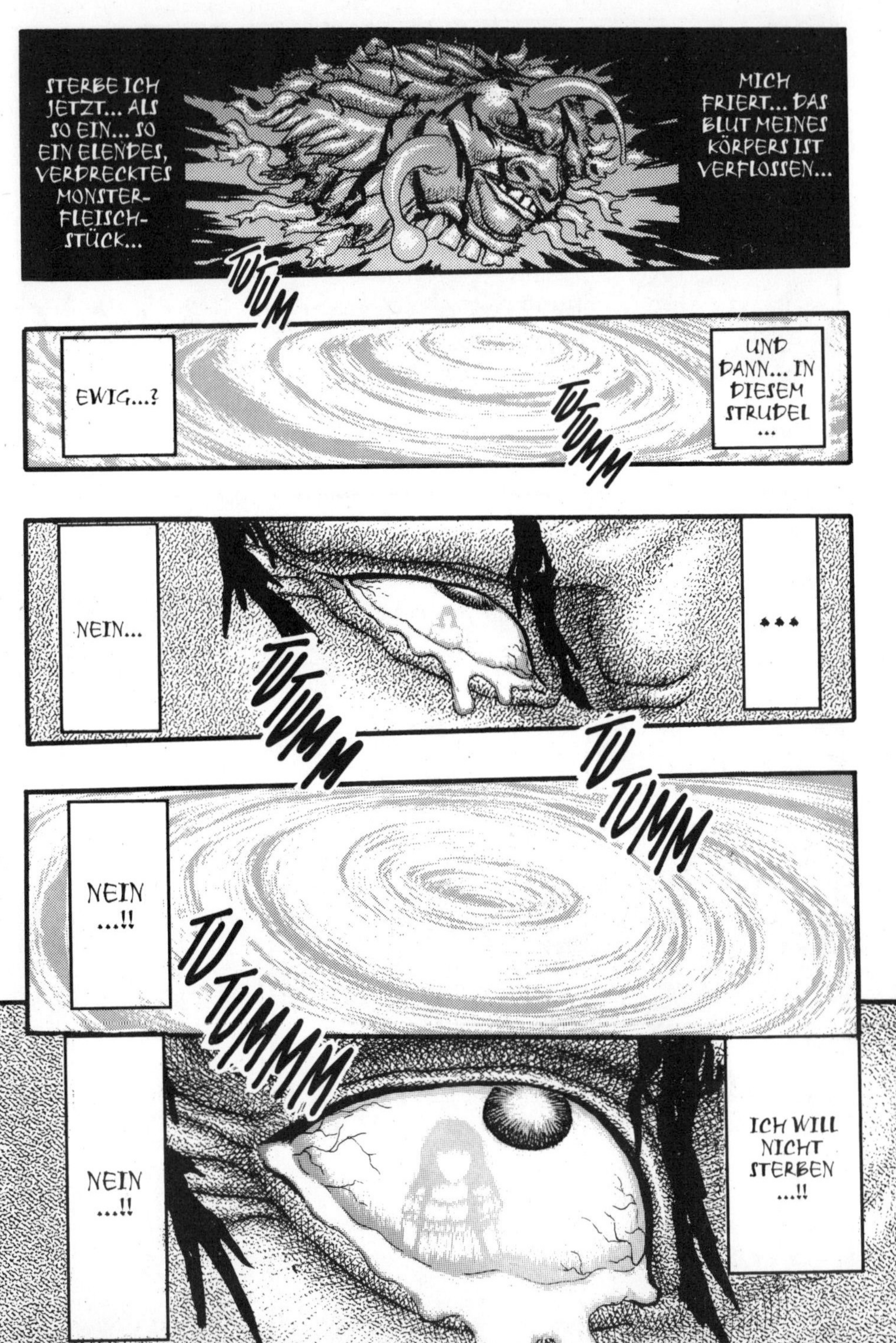
MICH FRIERT... DAS BLUT MEINES KÖRPERS IST VERFLOSSEN...
STERBE ICH JETZT... ALS SO EIN... SO EIN ELENDES, VERDRECKTES MONSTER-FLEISCH-STÜCK...
TUTUM
UND DANN... IN DIESEM STRUDEL ...
TUTUMM
EWIG...?
...
TUTUMM
NEIN...
TU TUMM
NEIN ...!!
TU TUMMMM
ICH WILL NICHT STERBEN ...!!
NEIN ...!!

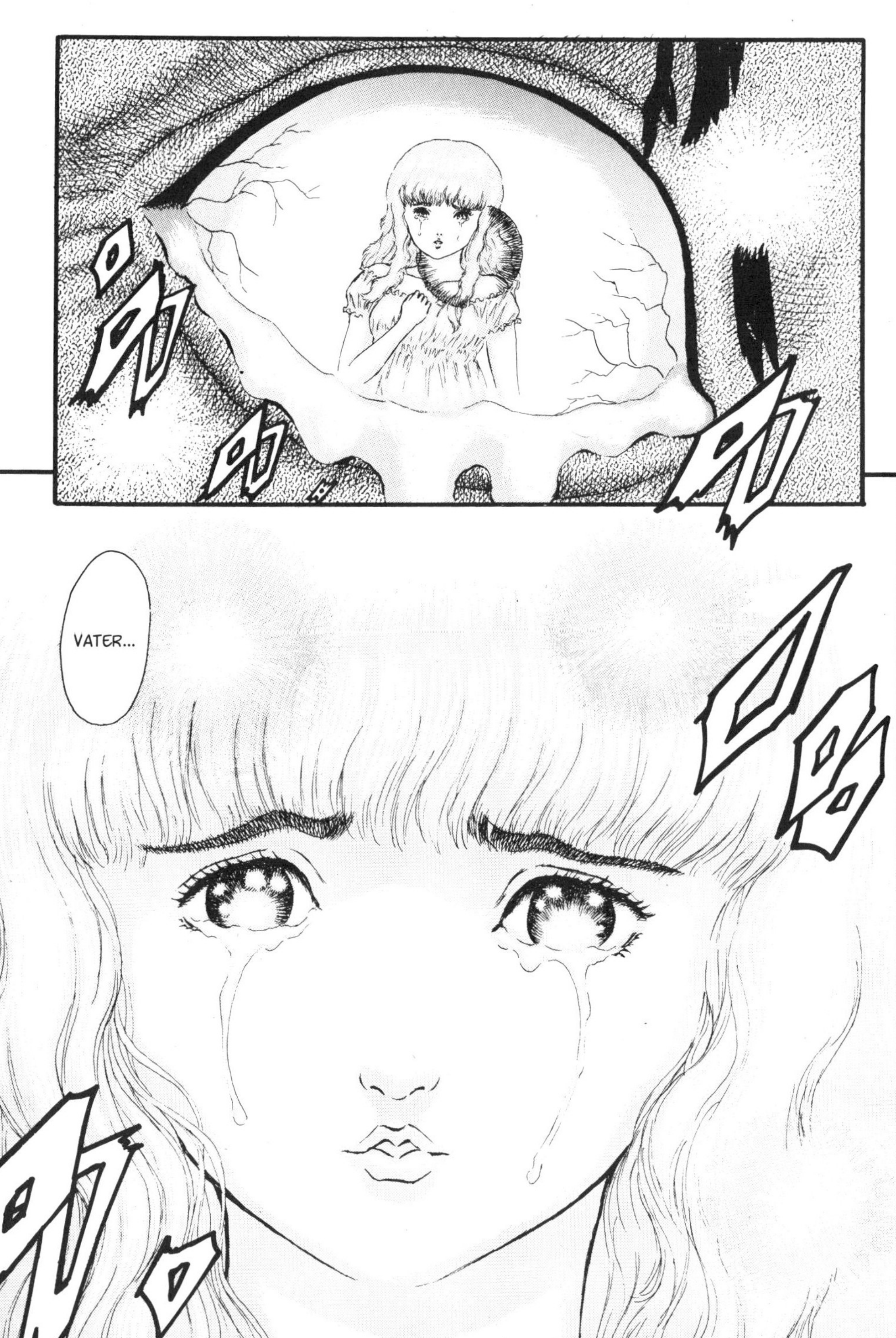
VATER...

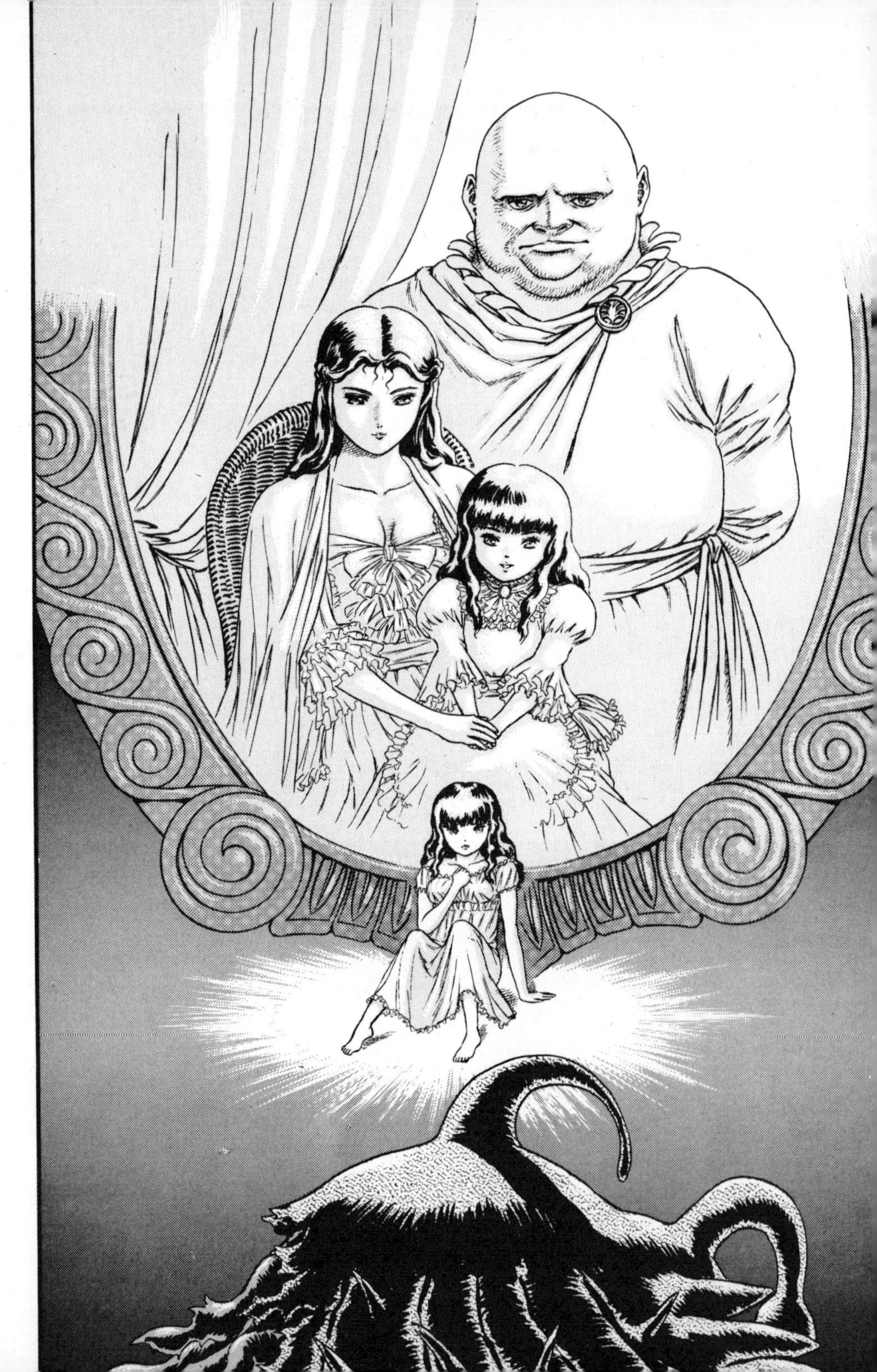

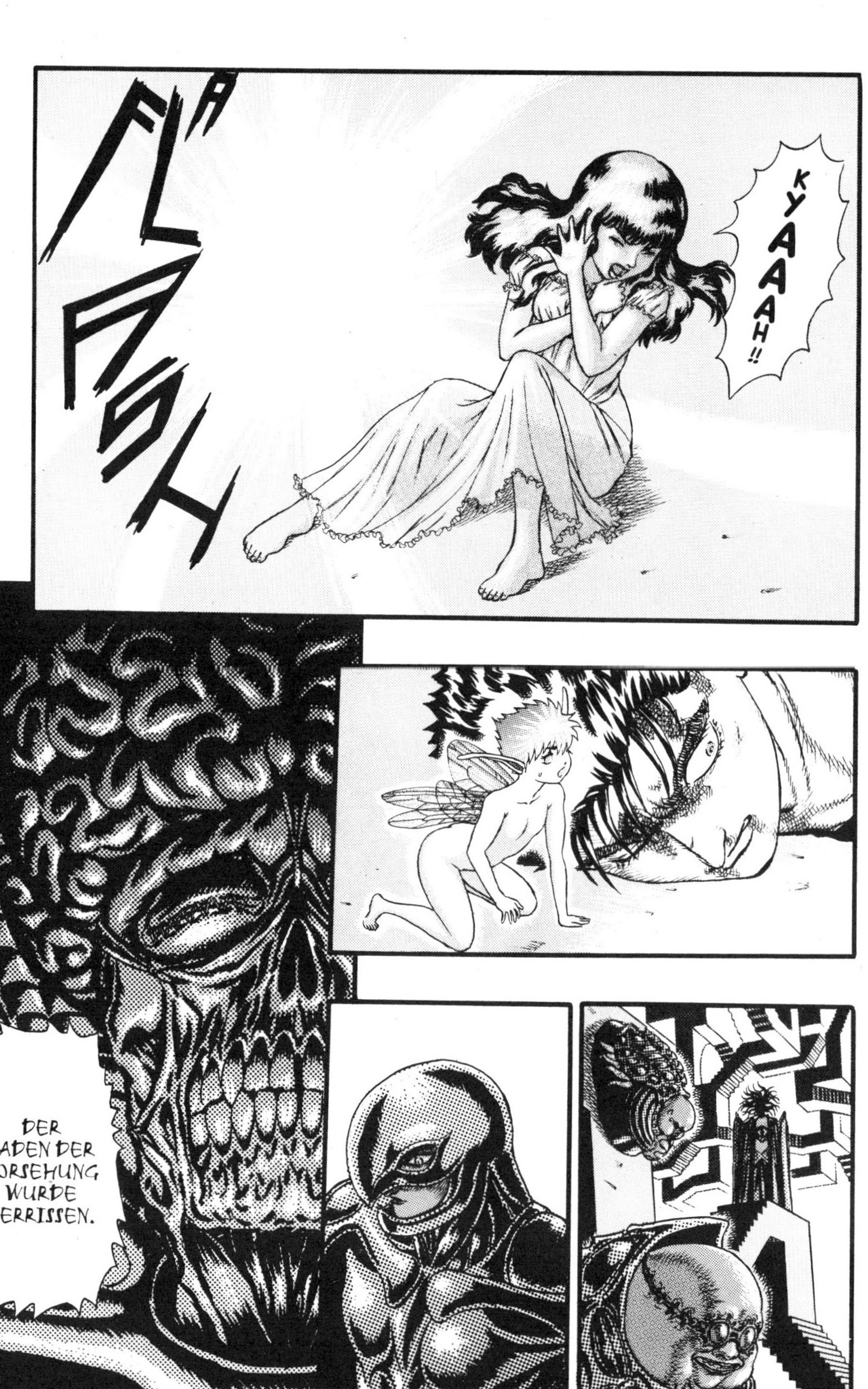
FLASH
KYAAAAH!!
DER FADEN DER VORSEHUNG WURDE ZERRISSEN.

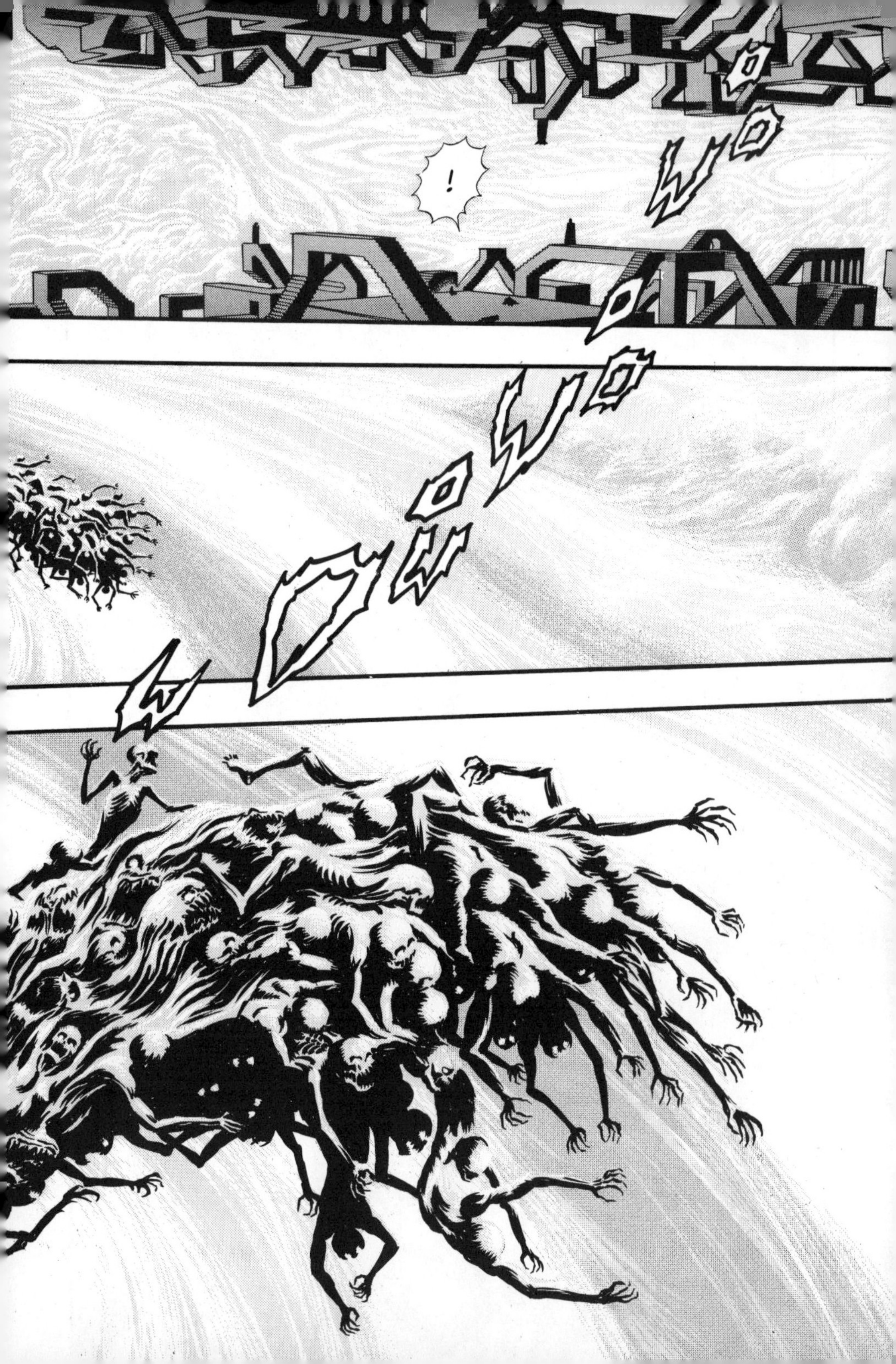

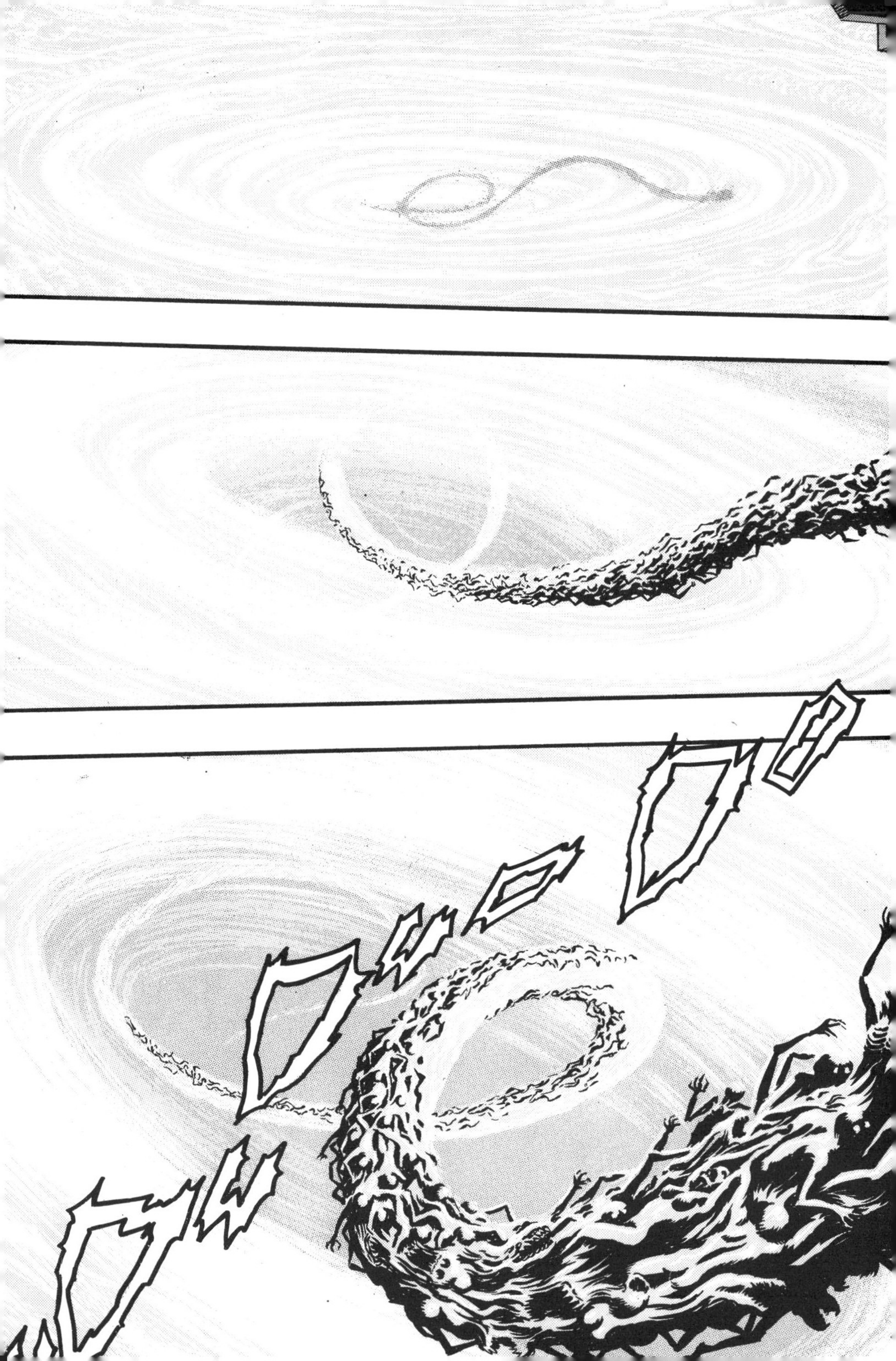

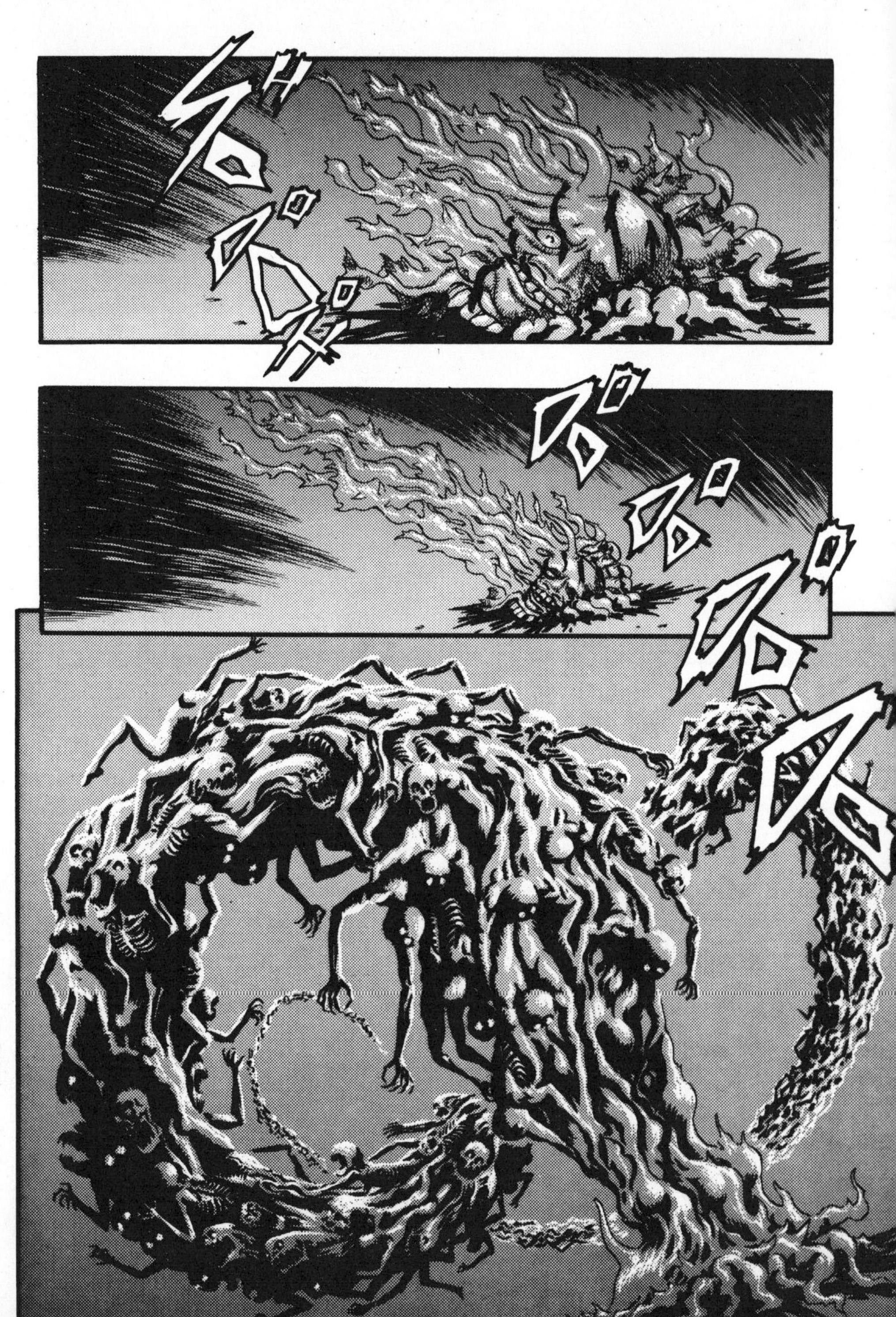

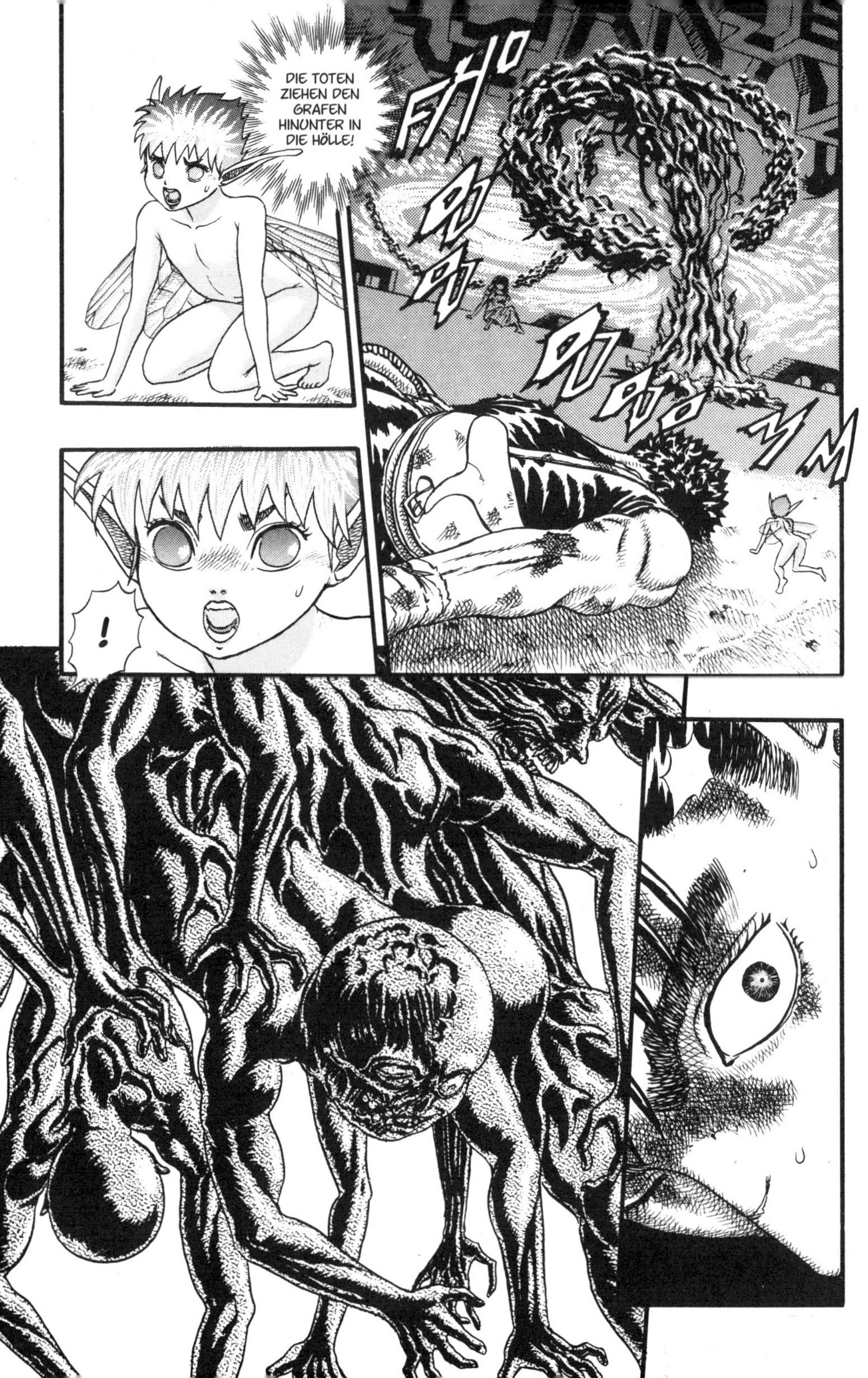

DIE TOTEN ZIEHEN DEN GRAFEN HINUNTER IN DIE HÖLLE!
!

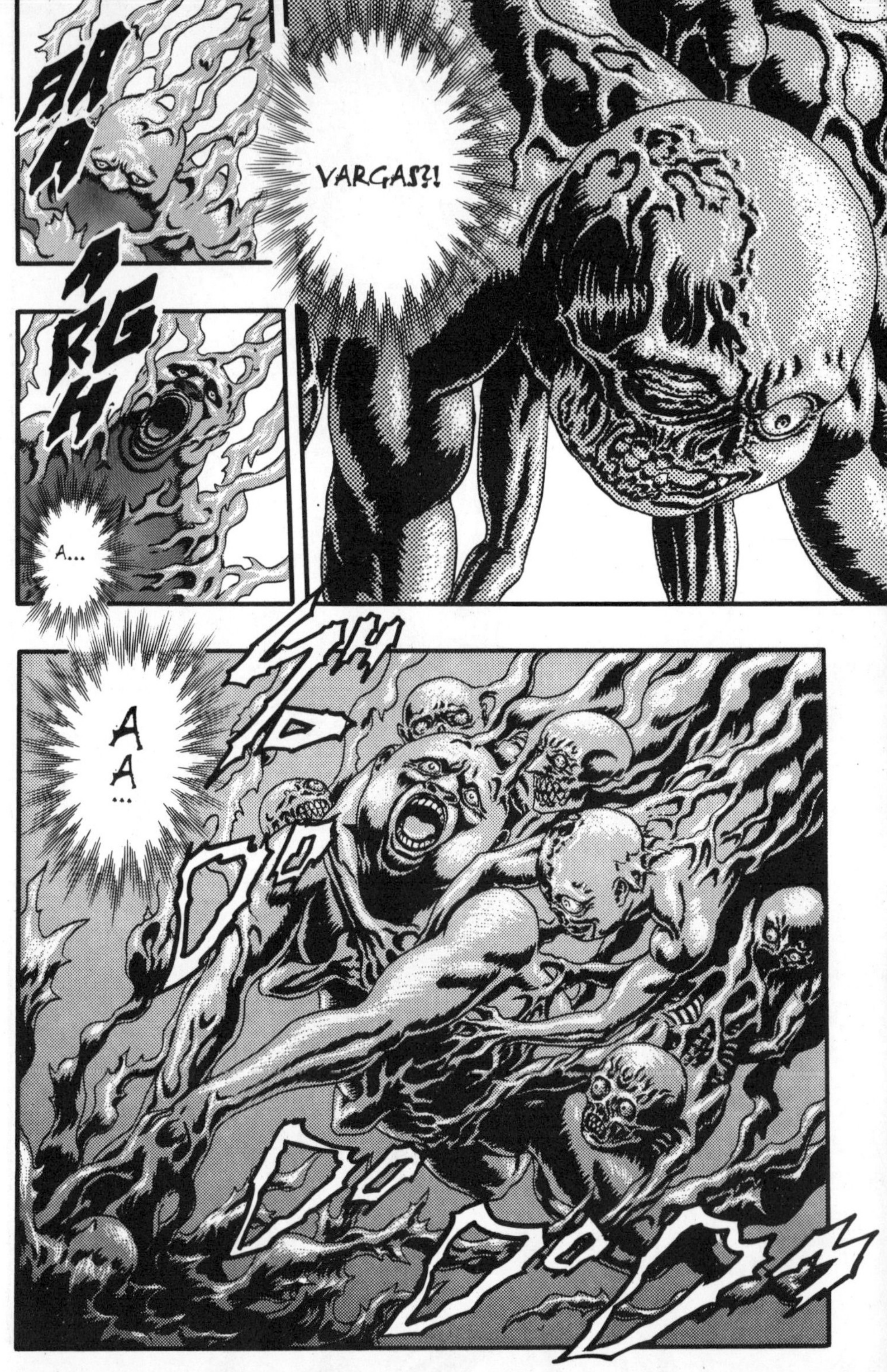
VARGAS?!
AA
AARGH
A...
A
A
...

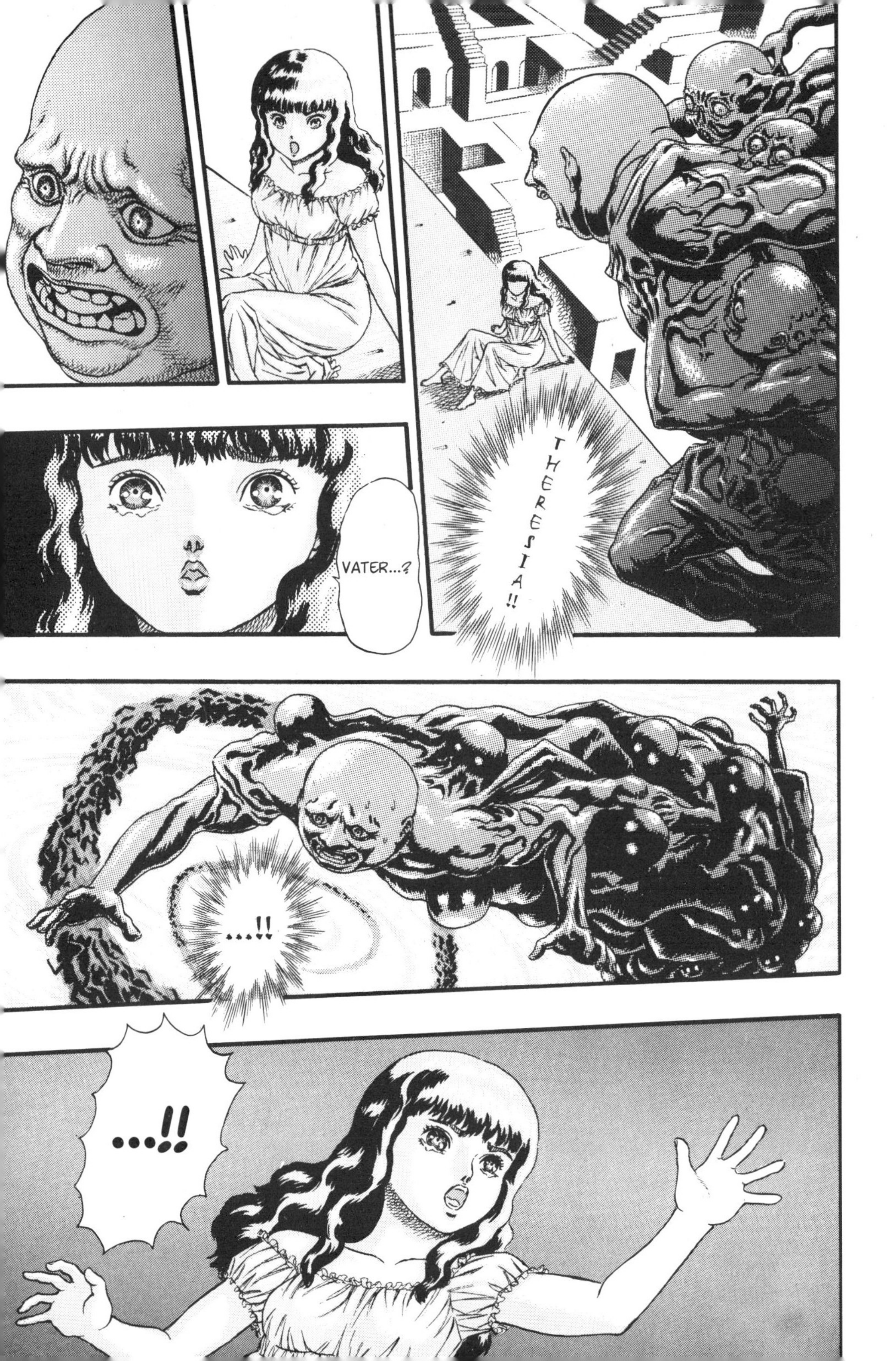

THERESIA!!

VATER...?

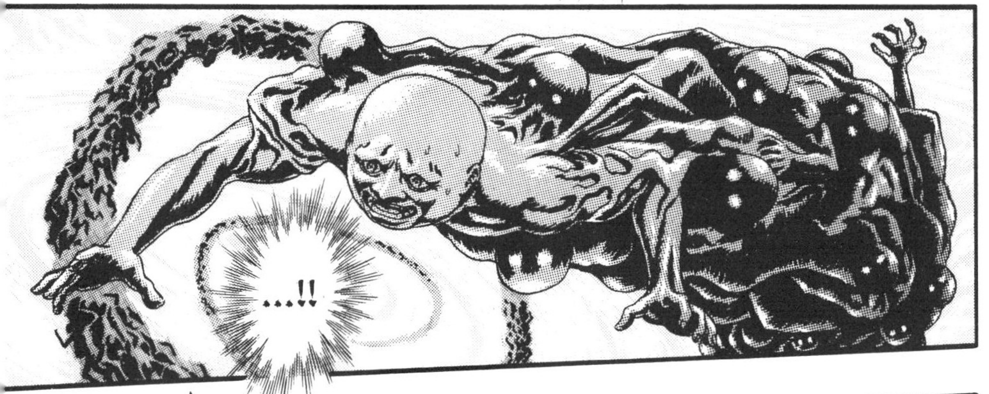

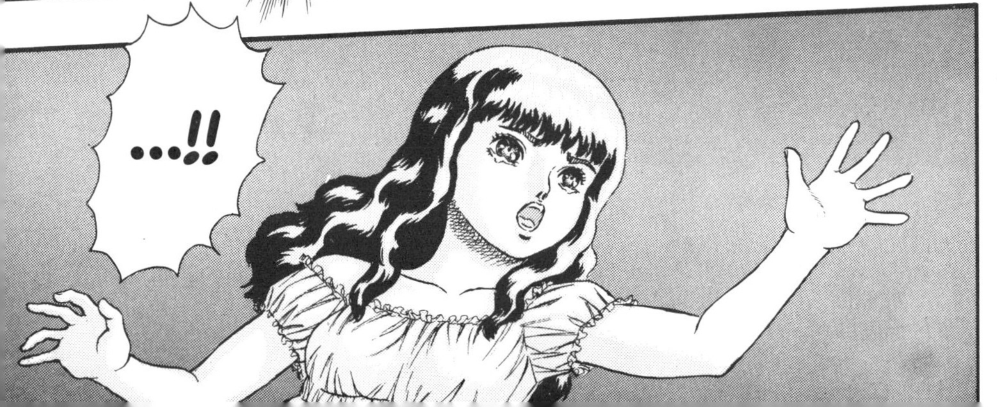

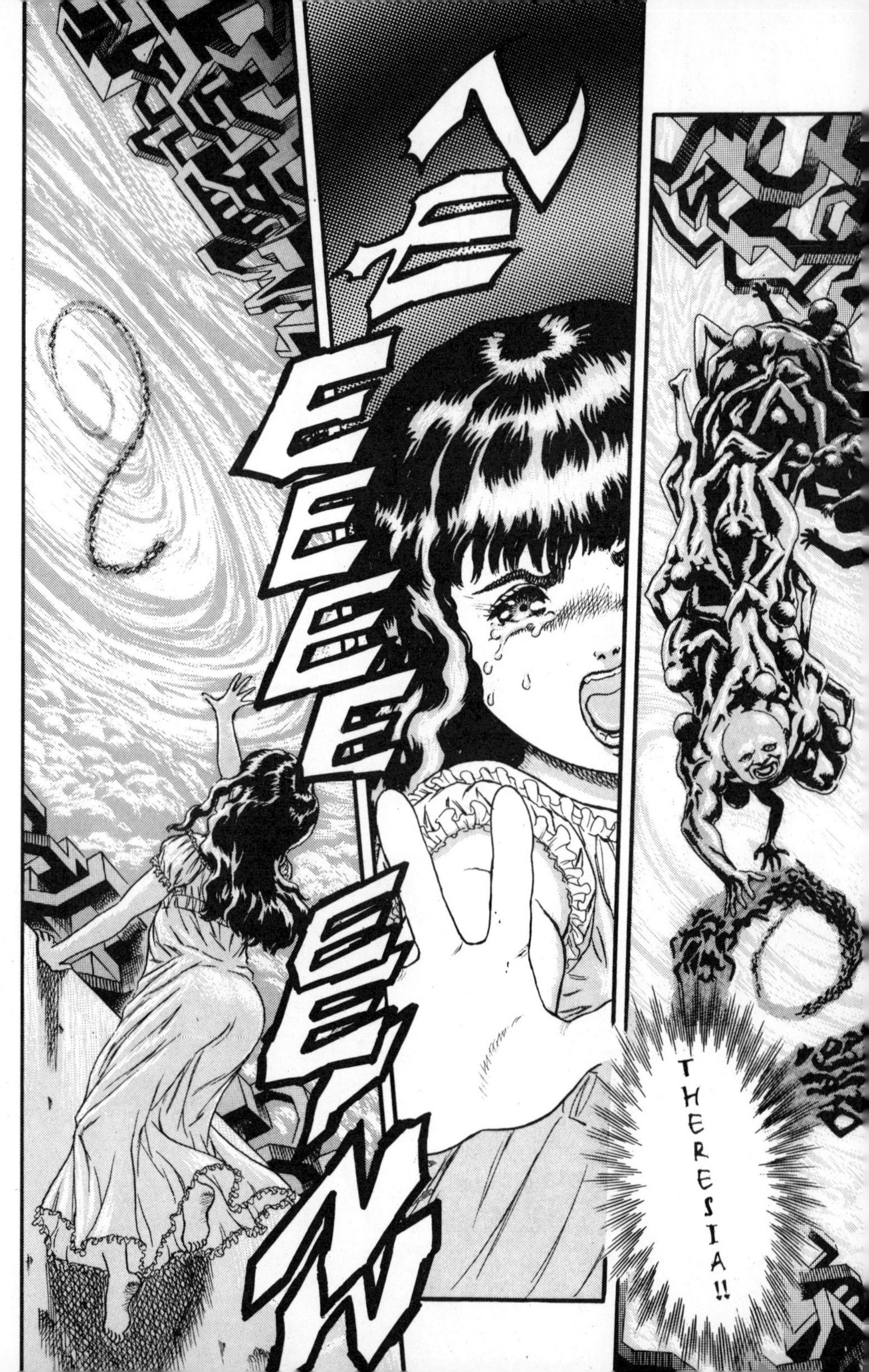
THERESIA!!

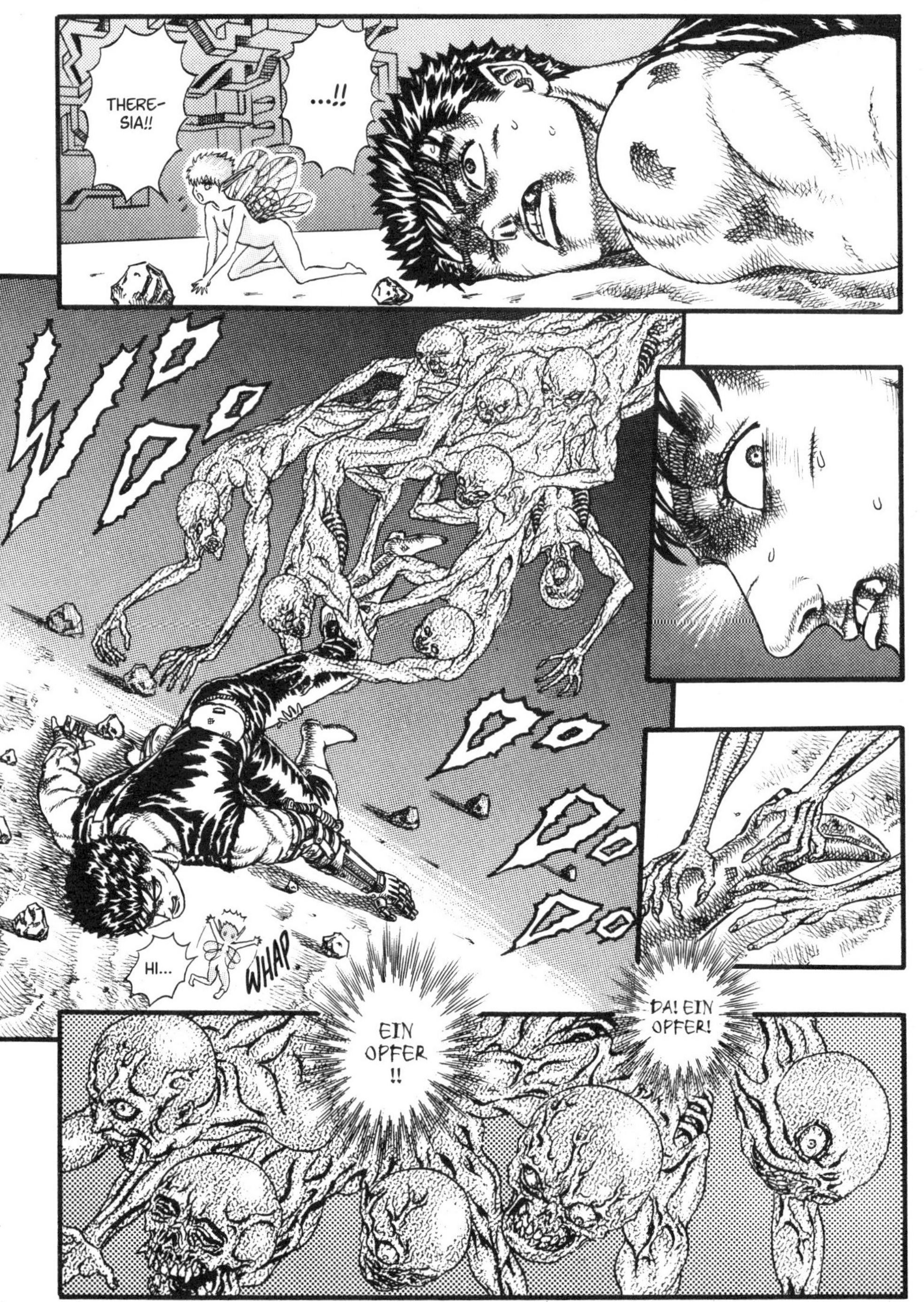

THERE-SIA!!
...!!
WOOO
DOOO
HI...
WHAP
DA! EIN OPFER!
EIN OPFER !!

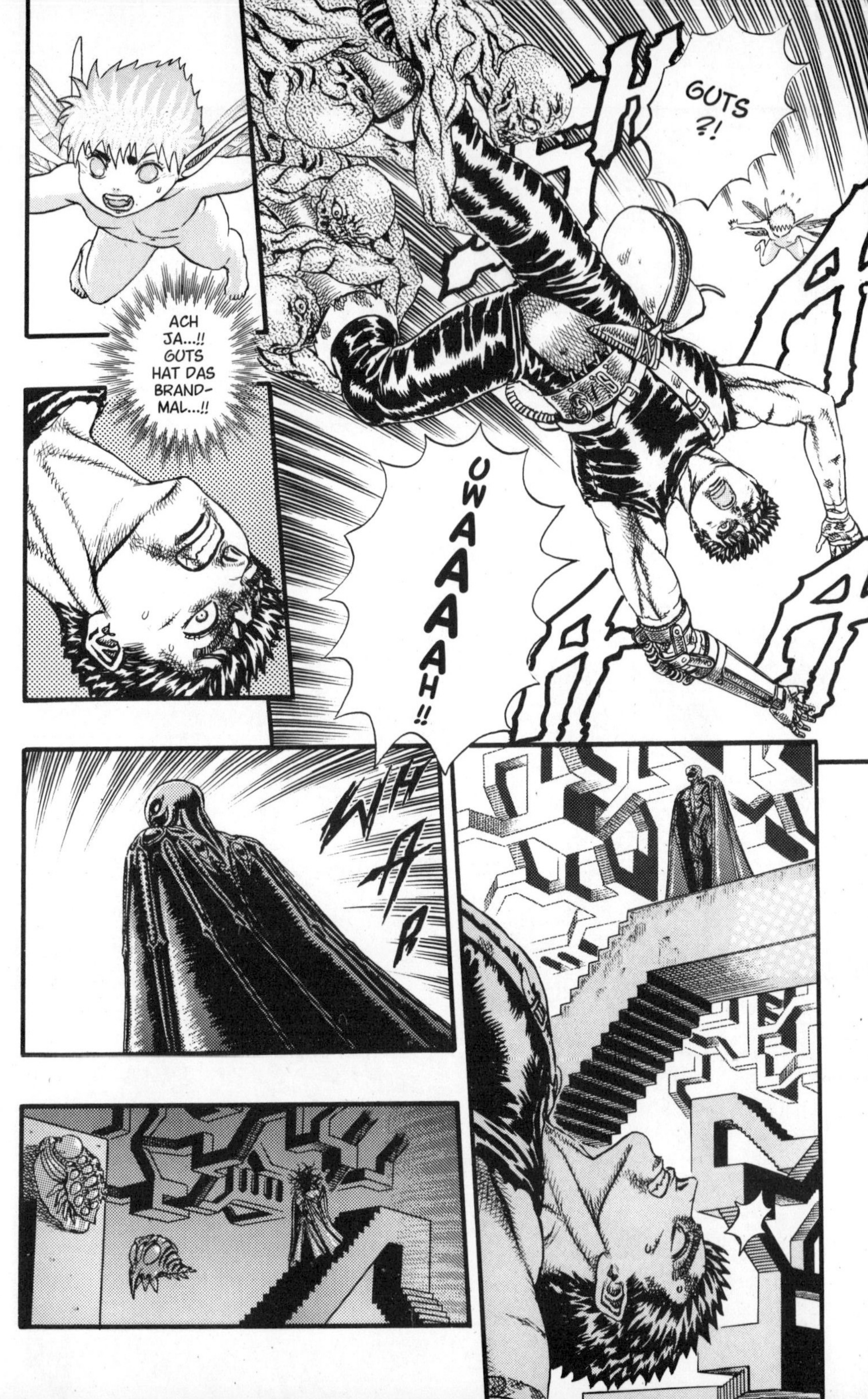

GUTS ?!
ACH JA...!! GUTS HAT DAS BRAND-MAL...!!
UWAAAAAAH!!
WHAAR

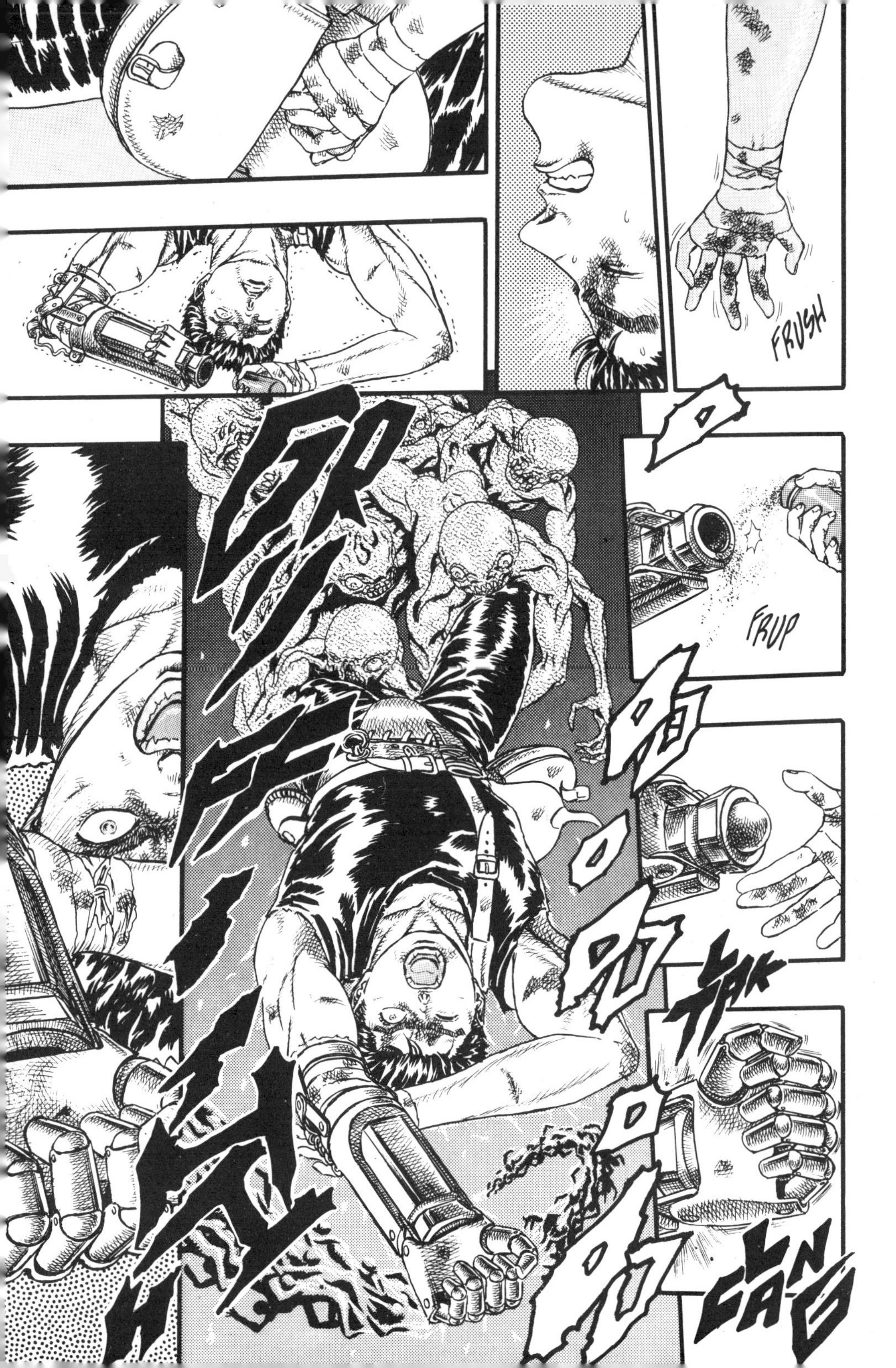
FRUSH
FRUP
CLANG

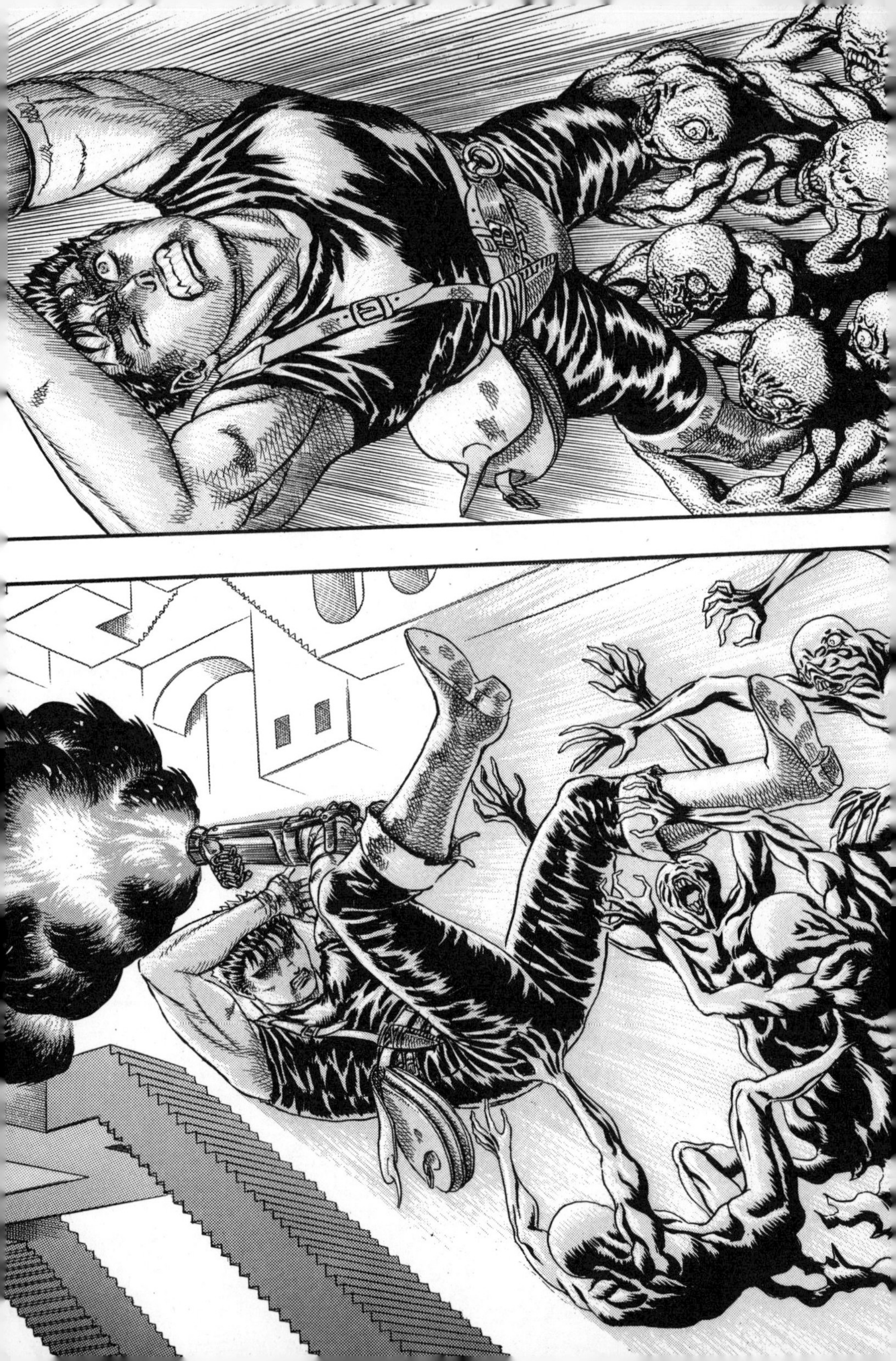

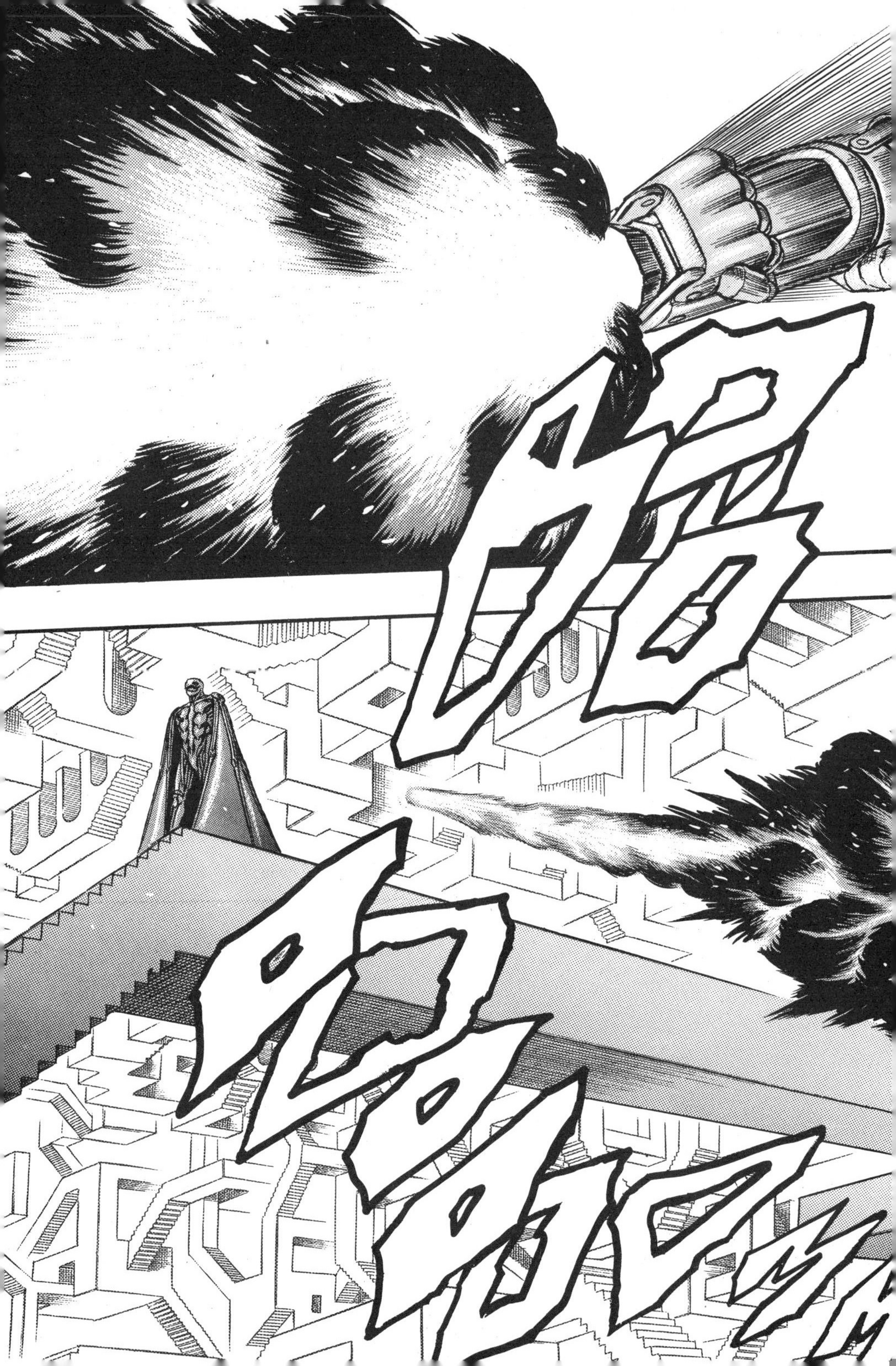

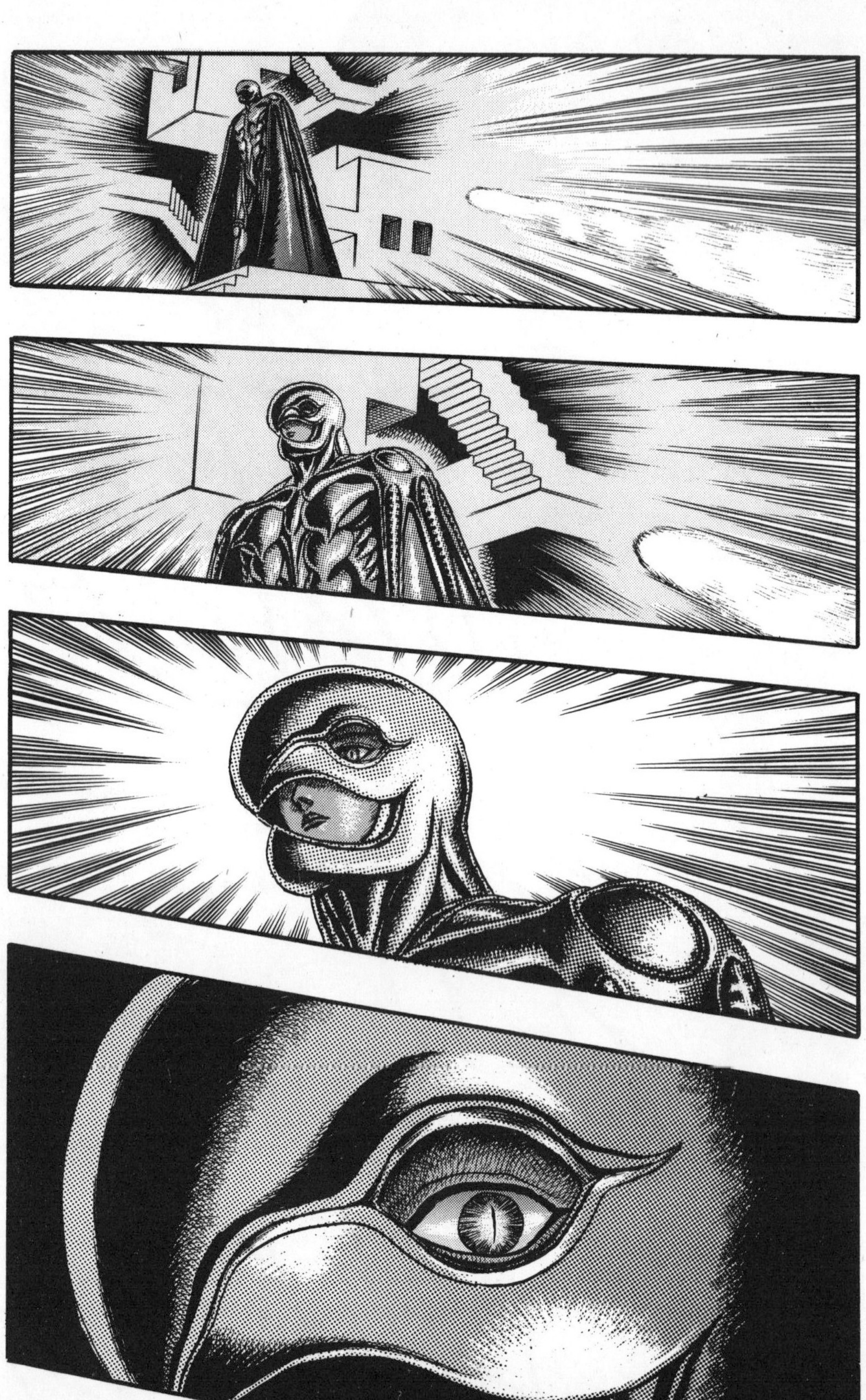

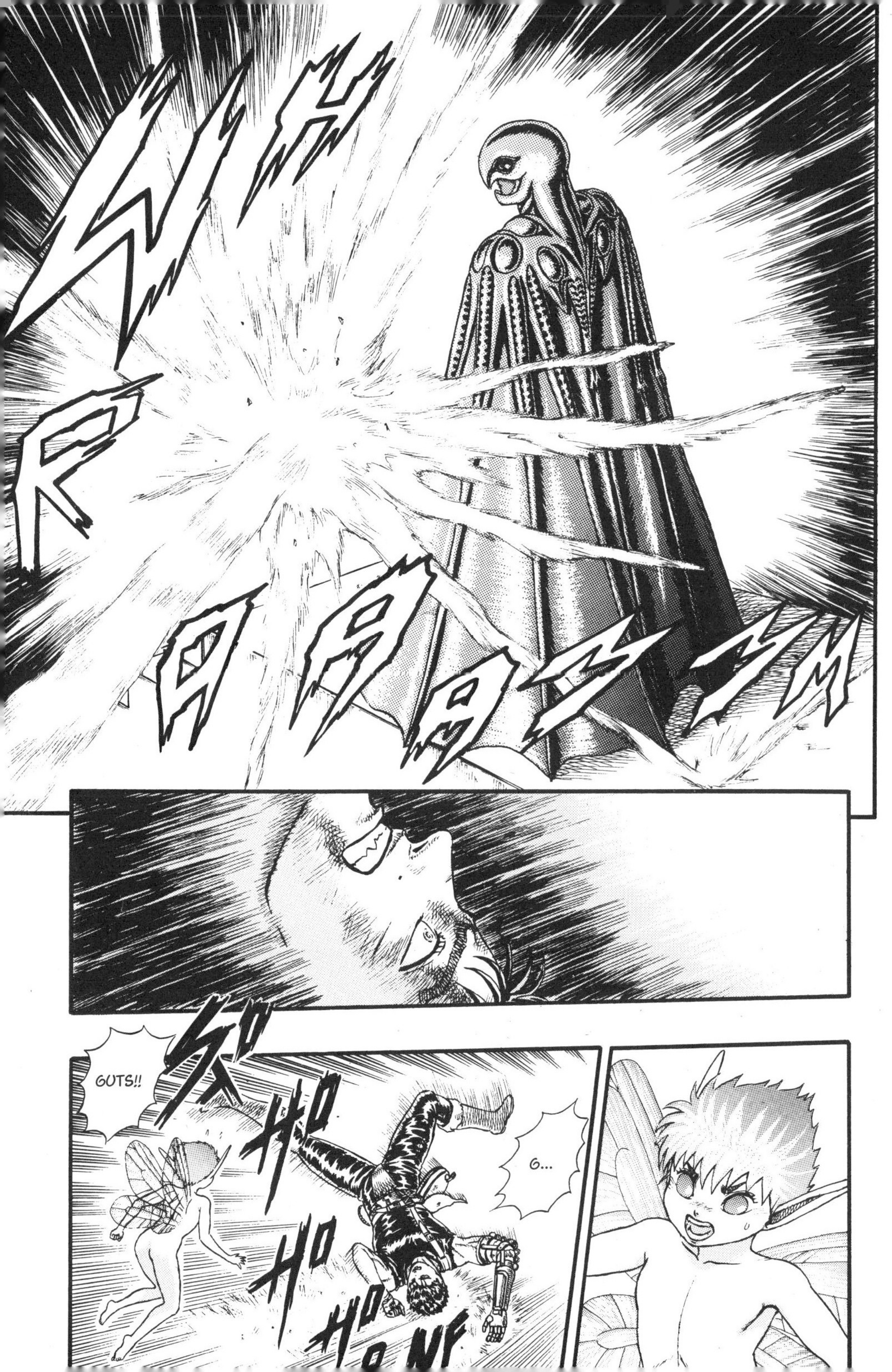

WHR
ROOOOMM
G...
GUTS!!
THUD

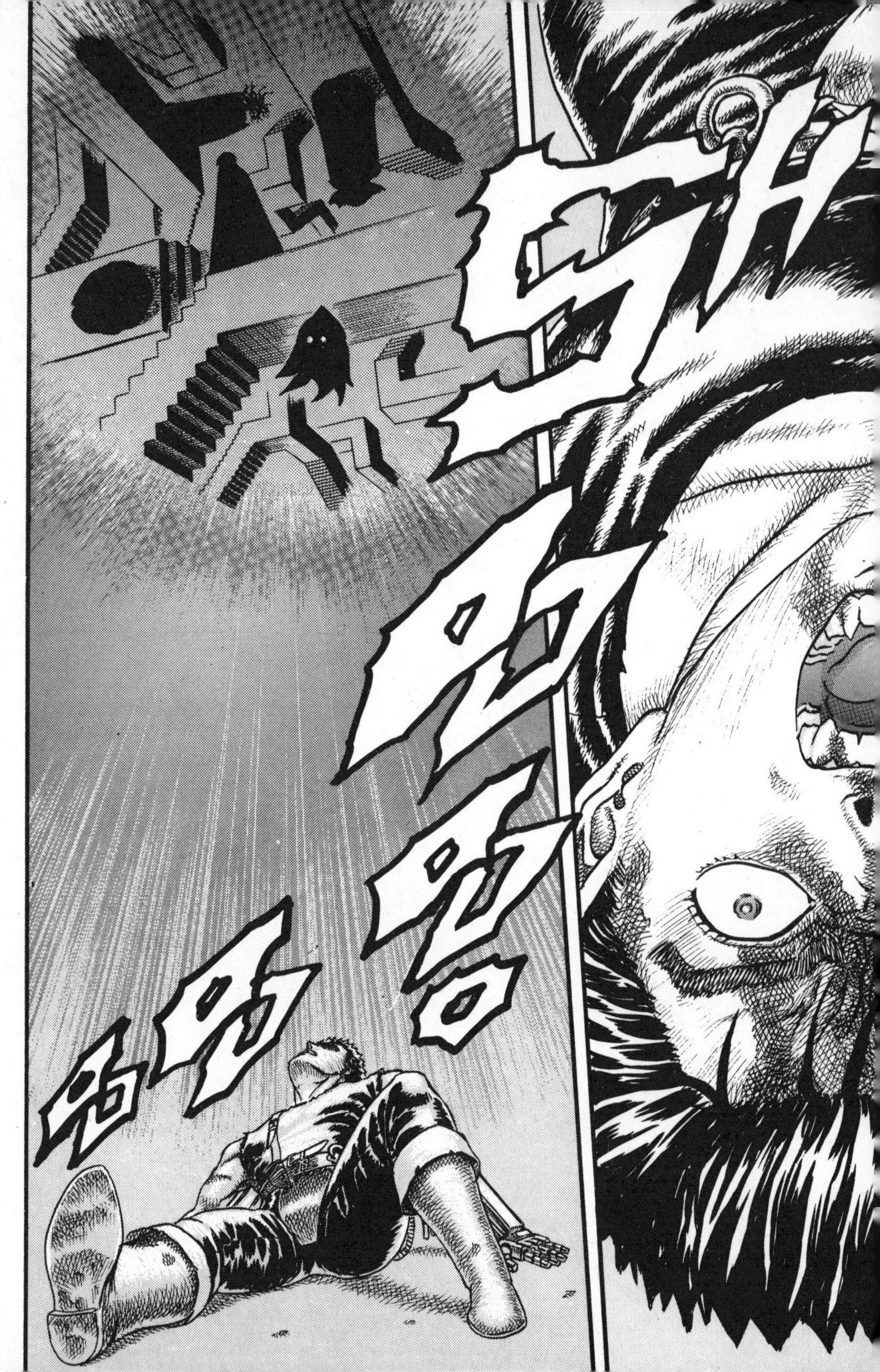

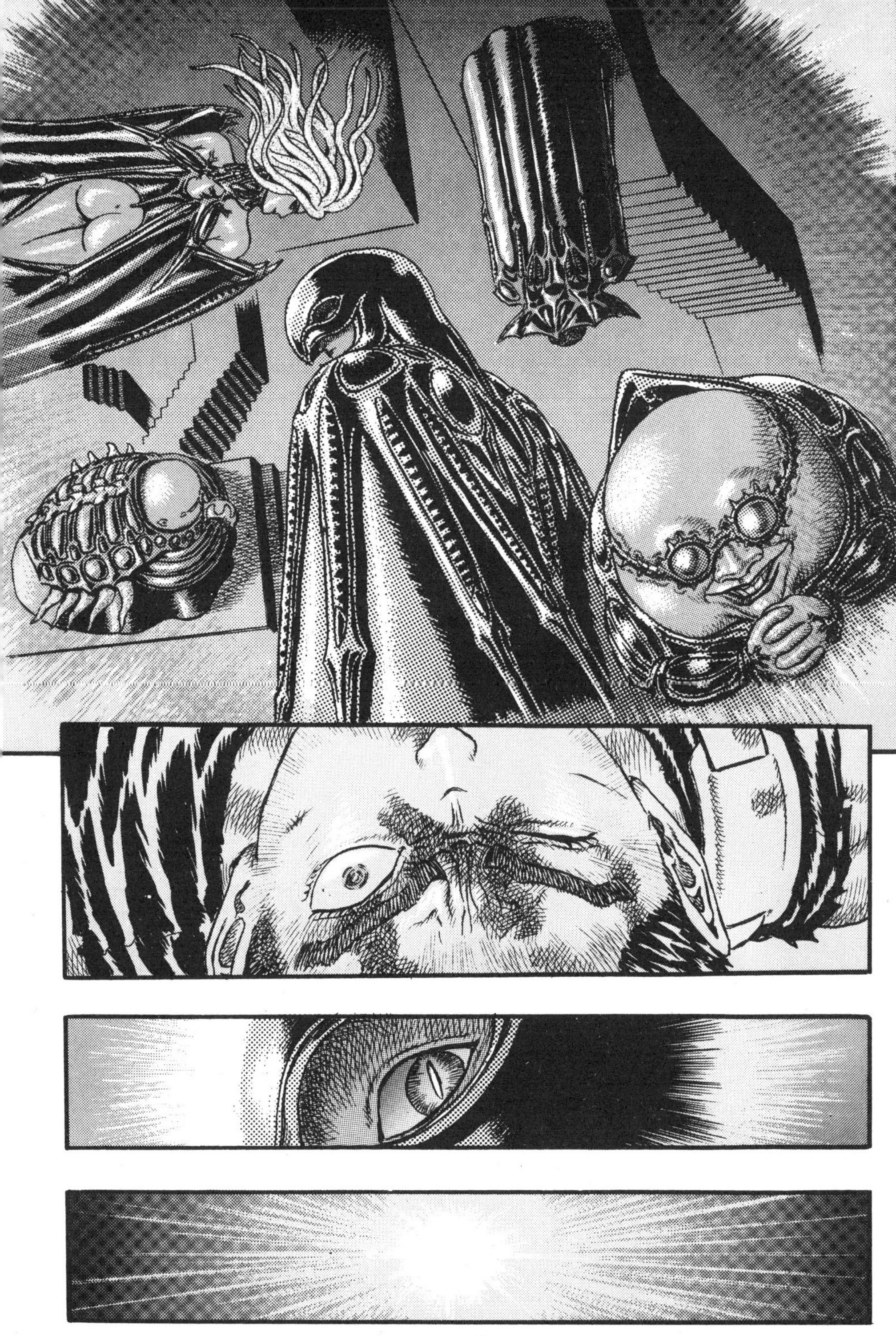

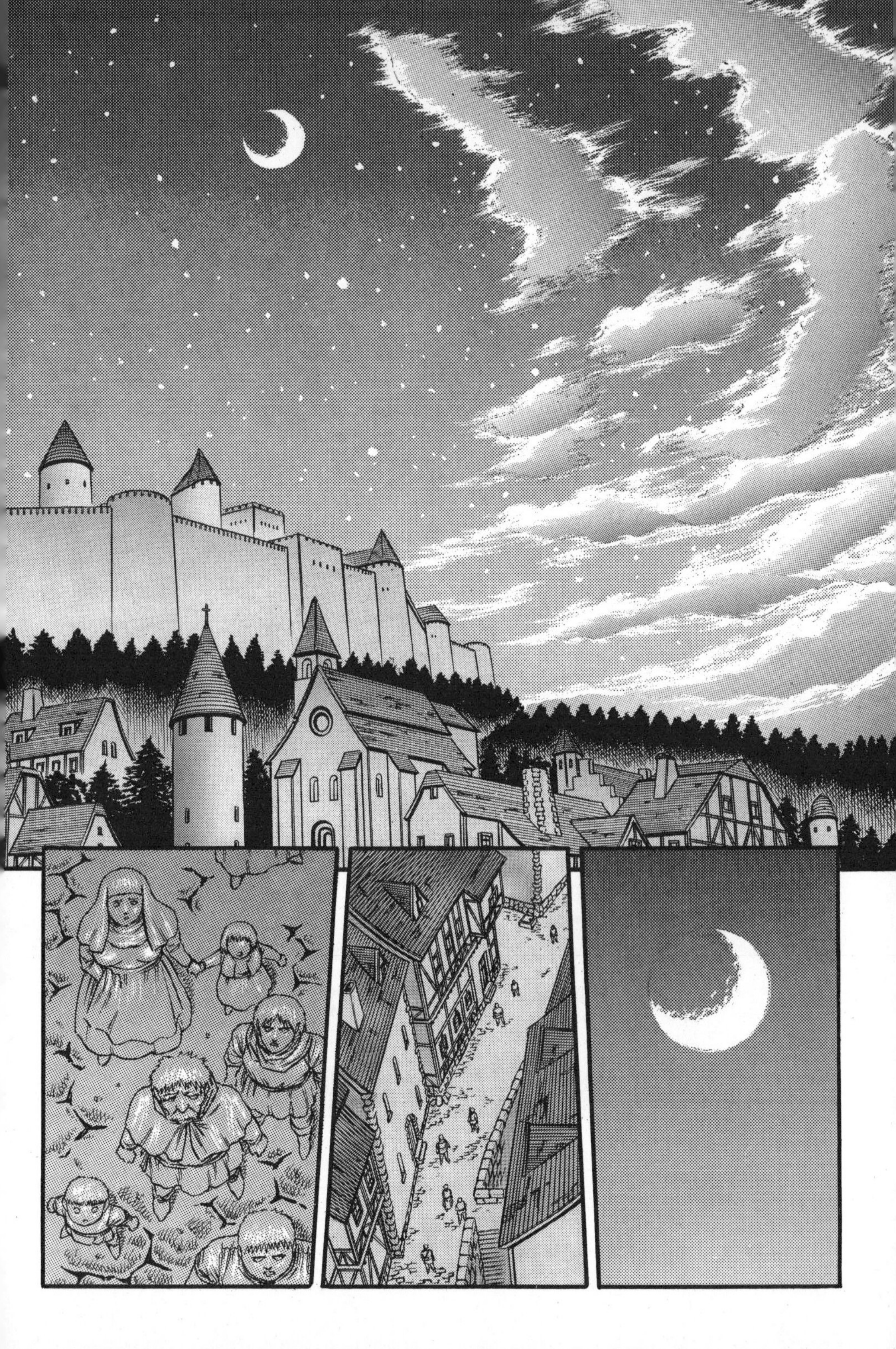

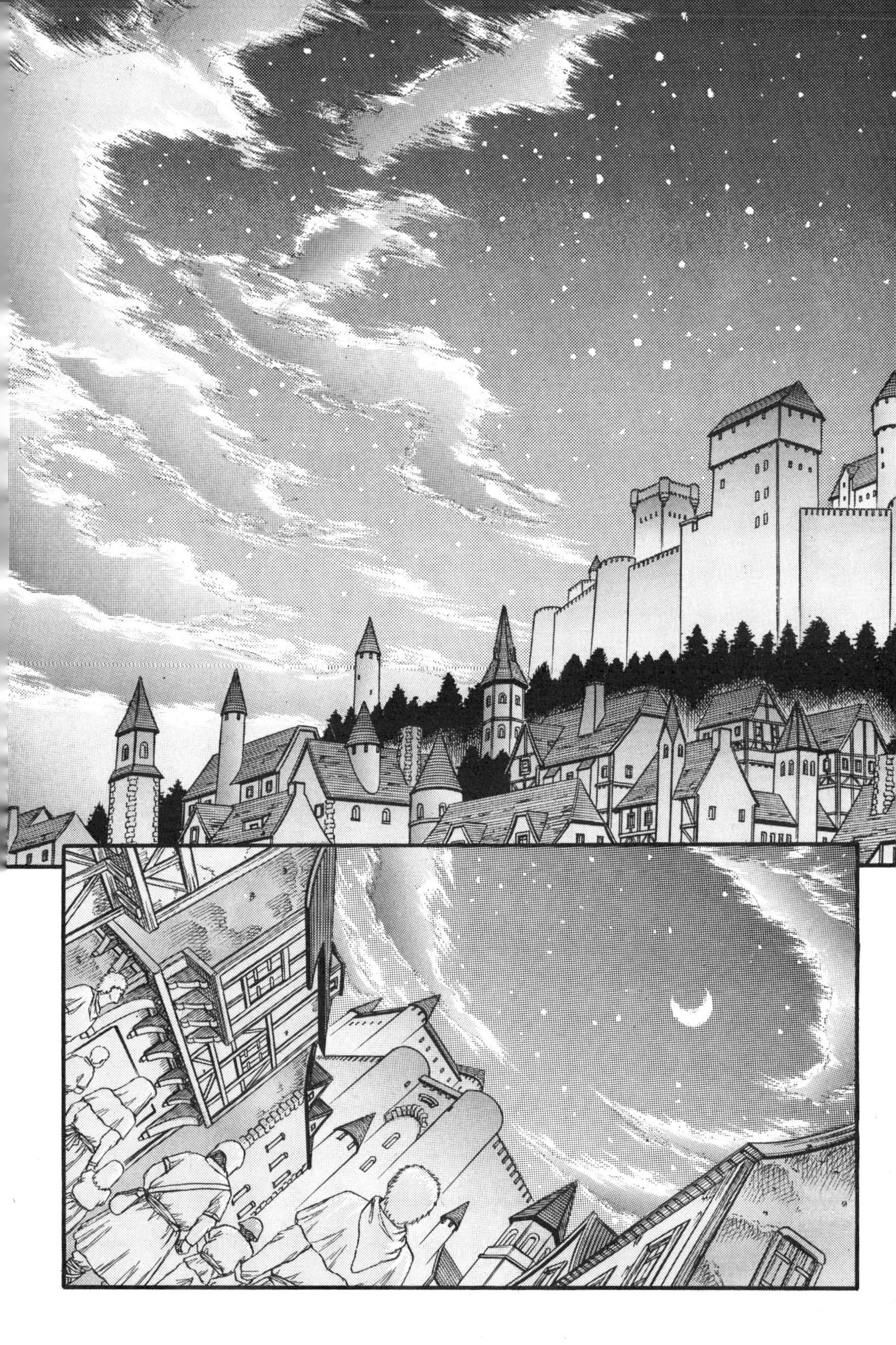

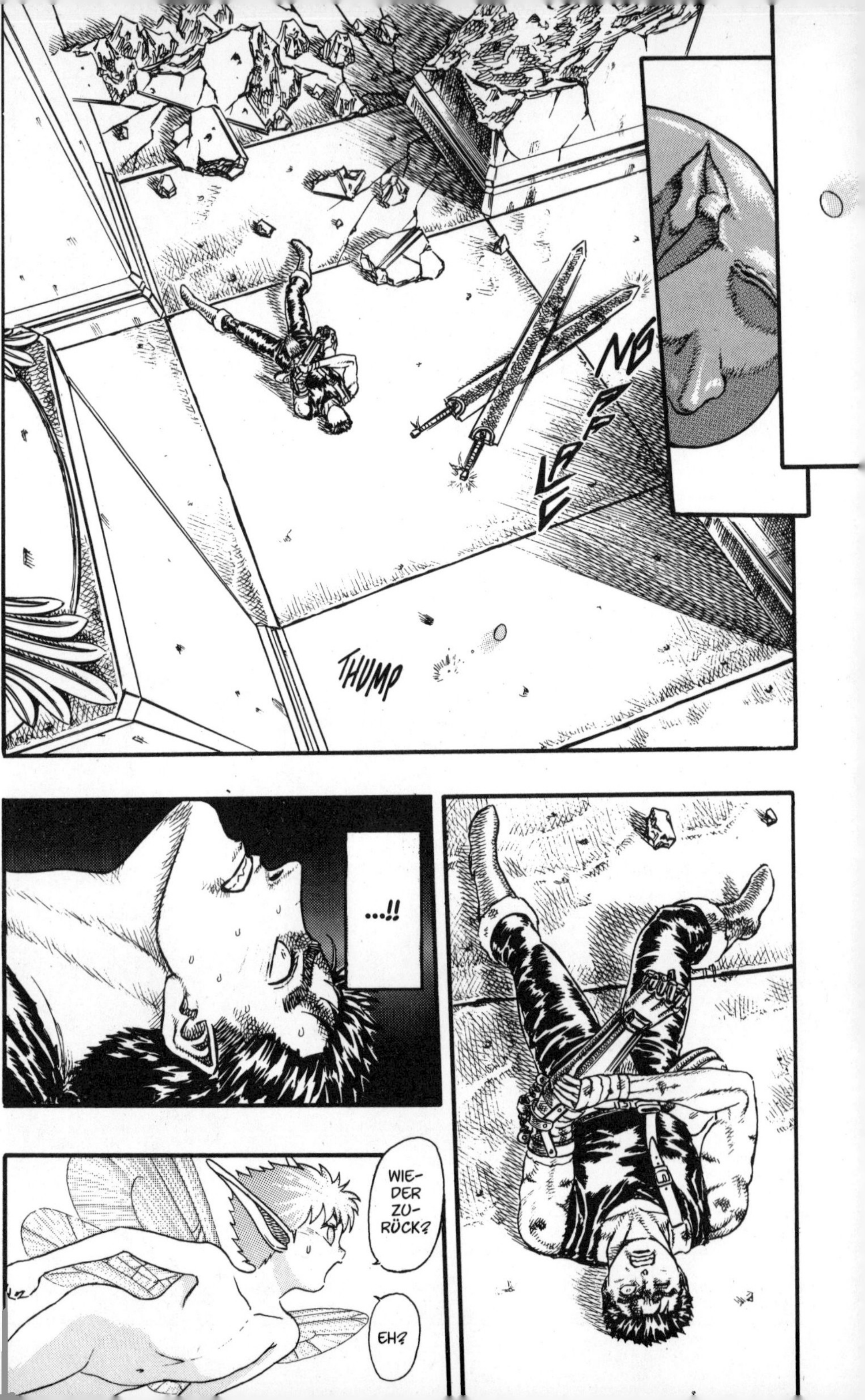

CLAAANG
THUMP

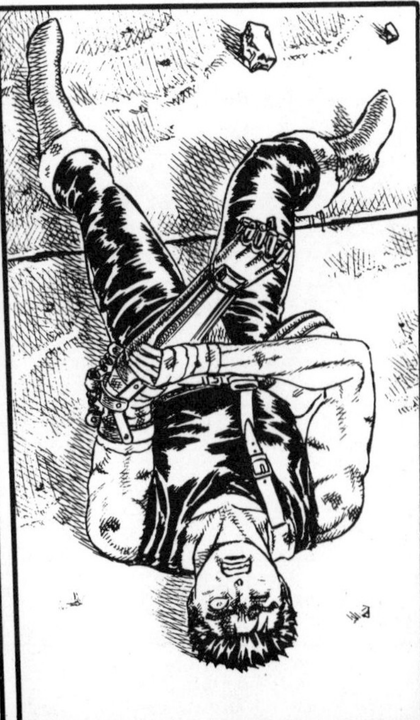

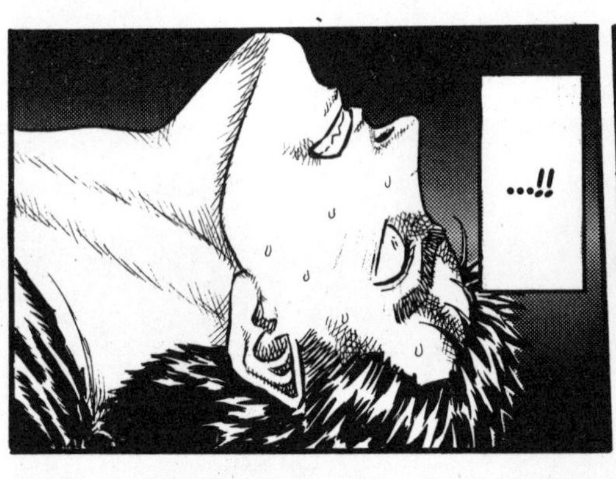

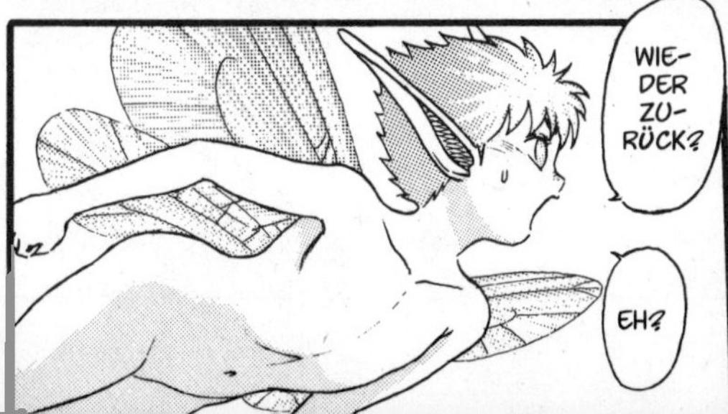

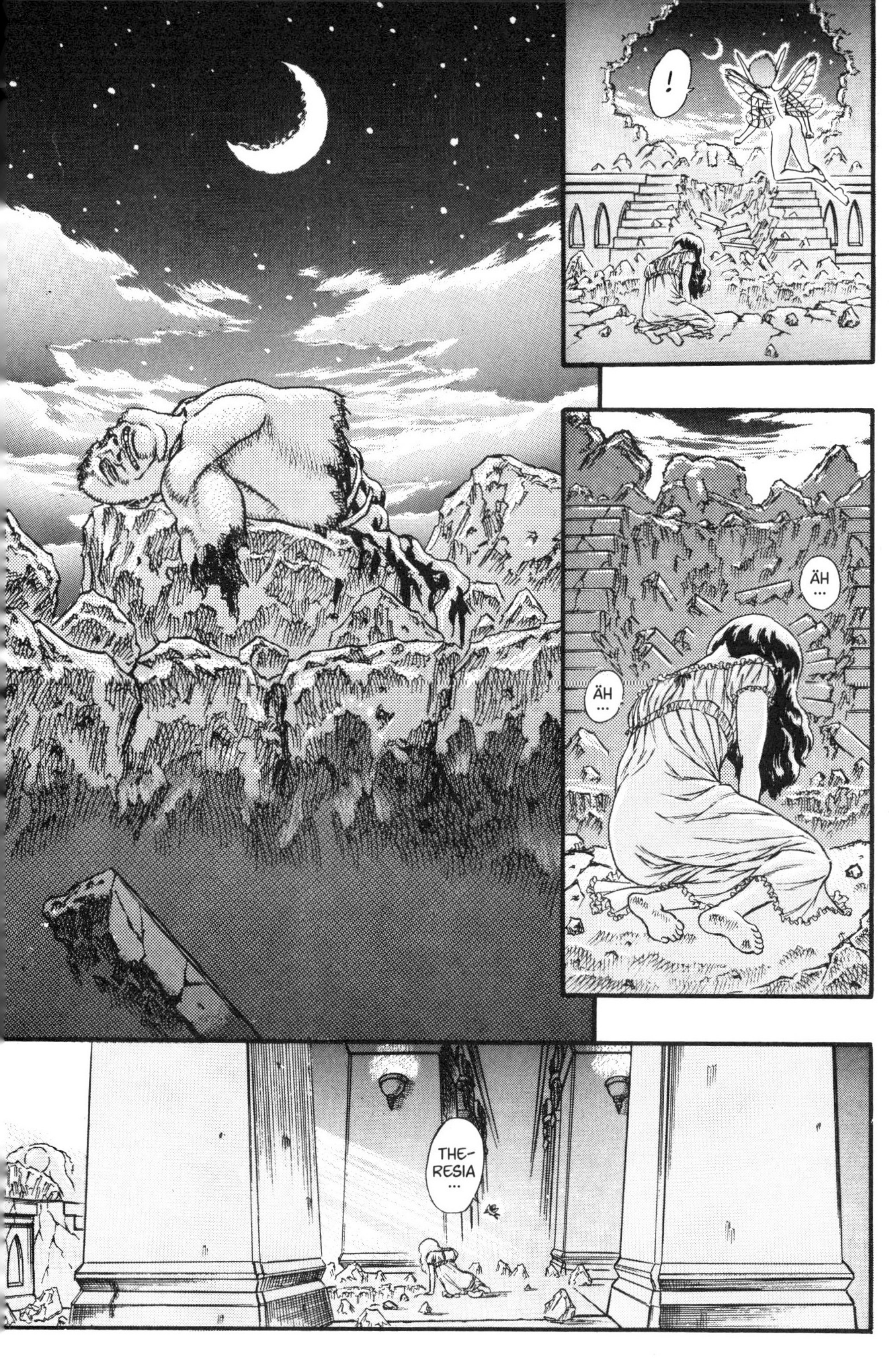
!
ÄH …
ÄH …
THE-RESIA …

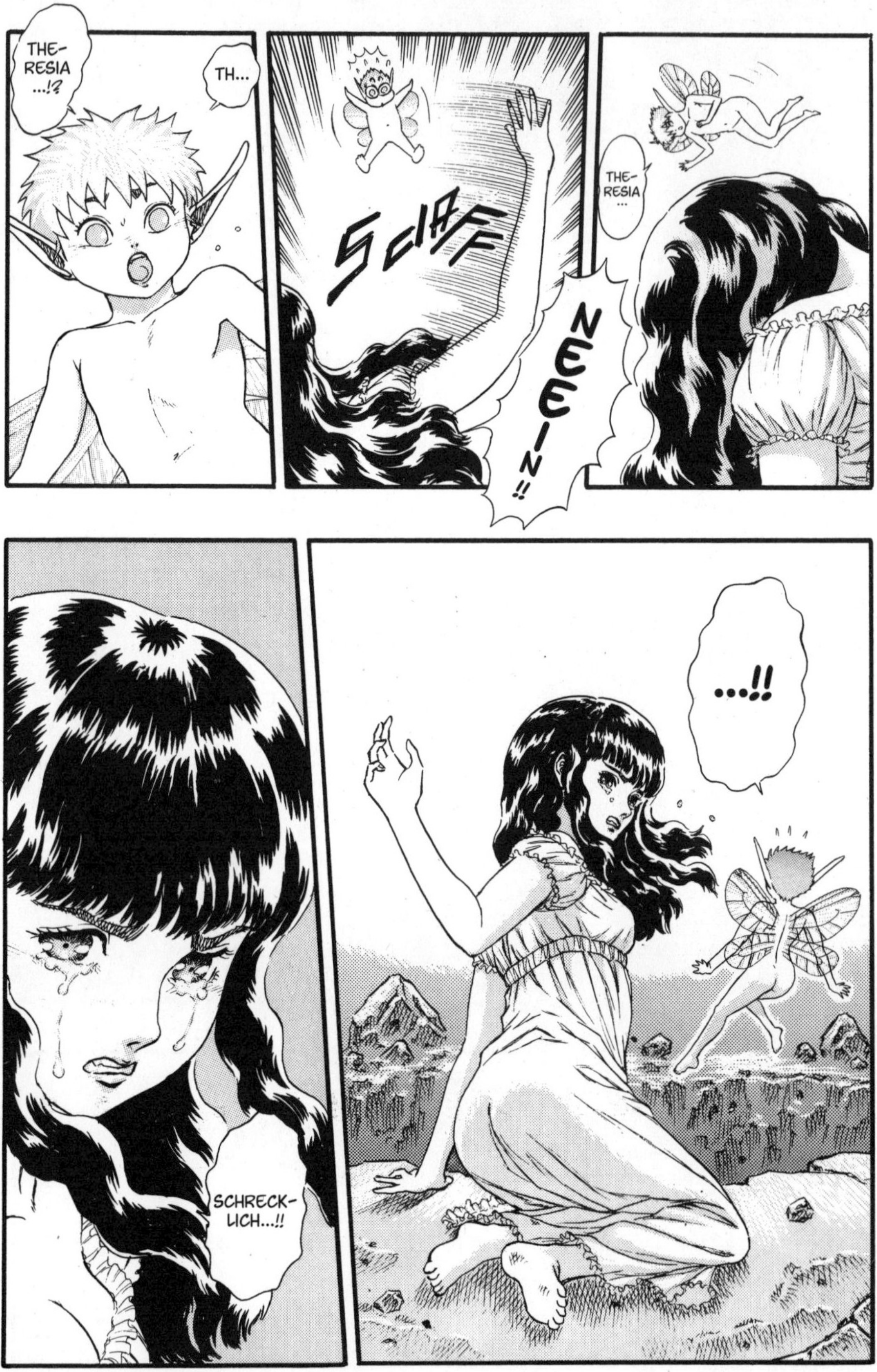

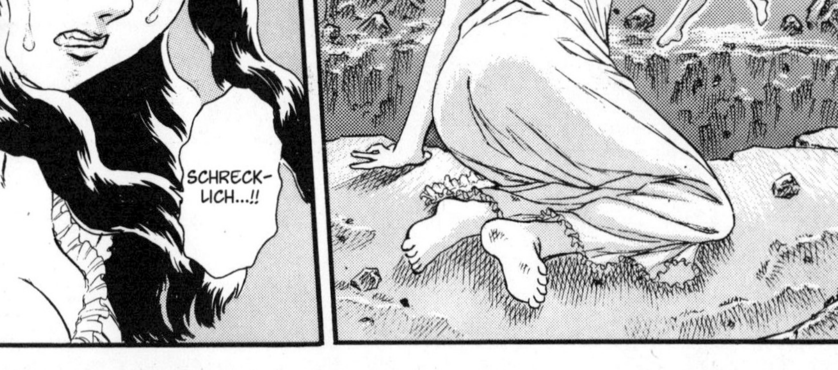
THE-
RESIA
...!?
TH...
NEEEIN!!
THE-
RESIA
...
SCHRECK-
LICH...!!
...!!

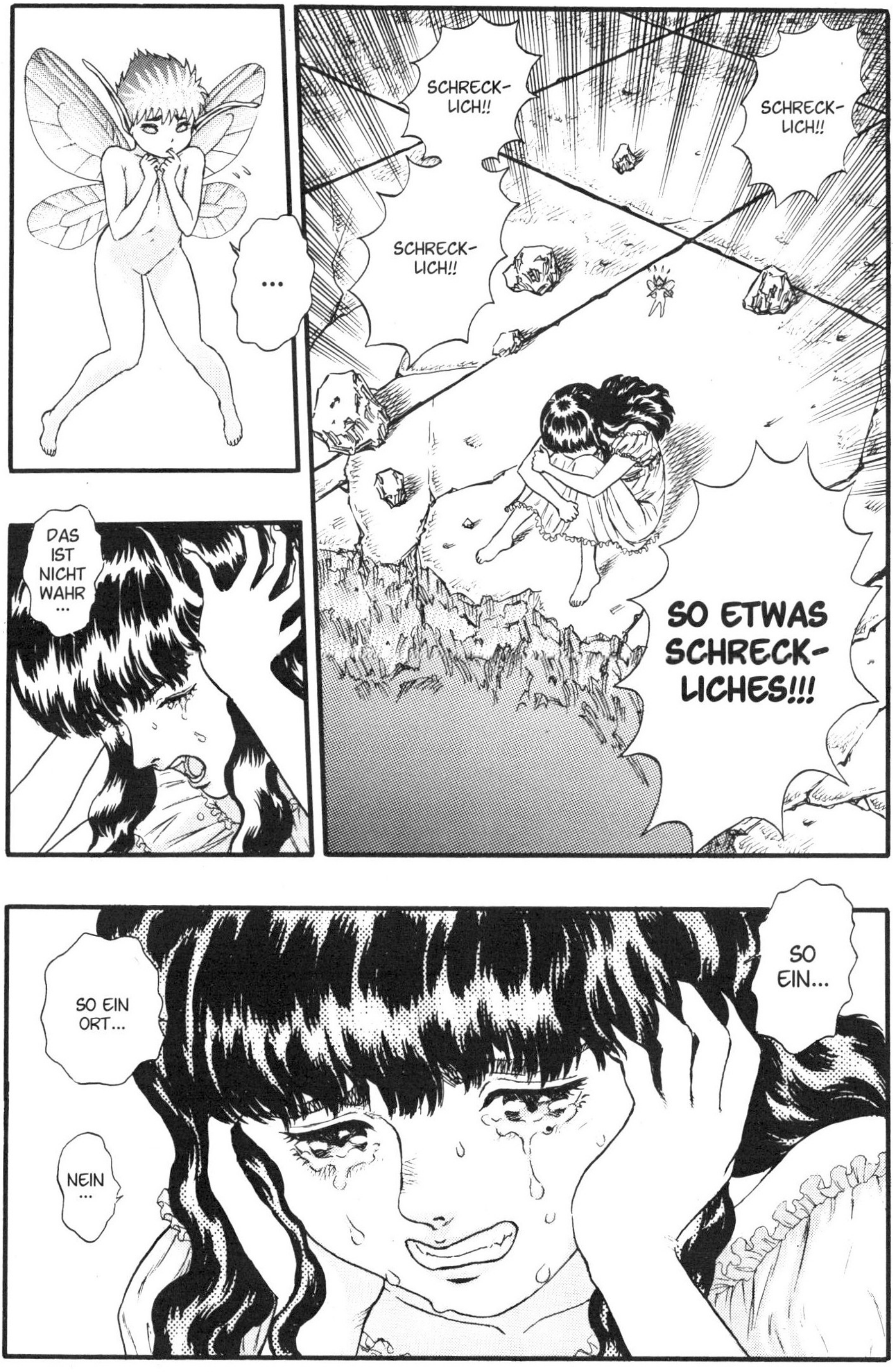

SCHRECK-
LICH!!
SCHRECK-
LICH!!
SCHRECK-
LICH!!
SO ETWAS SCHRECK-LICHES!!!
...
DAS IST NICHT WAHR ...

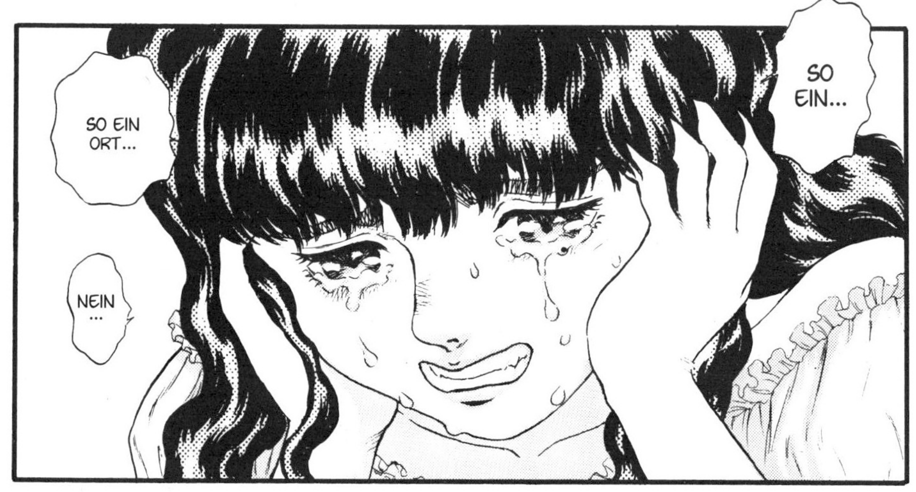
SO EIN...
SO EIN ORT...
NEIN ...

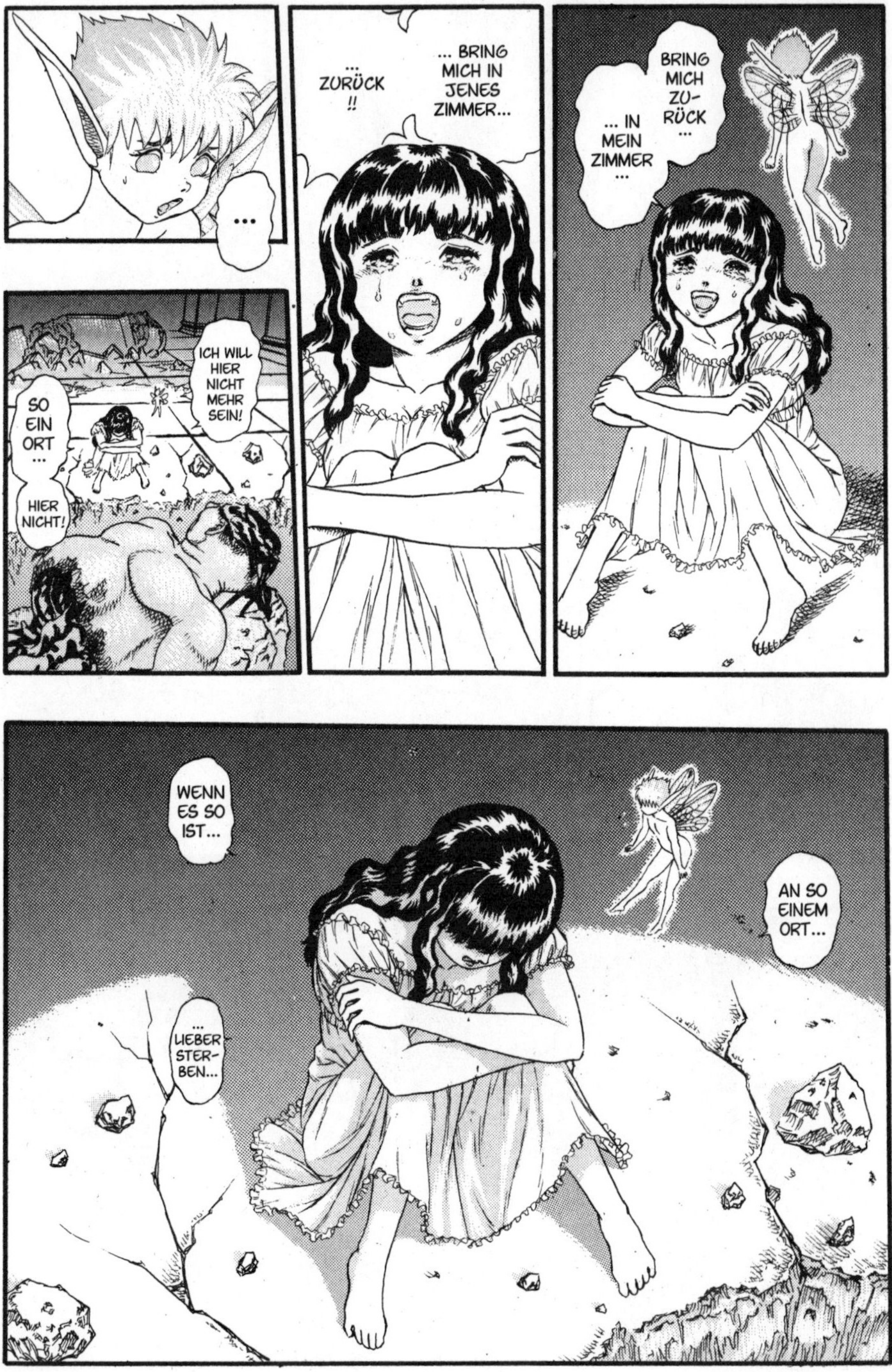

BRING MICH ZURÜCK ...
... IN MEIN ZIMMER ...
... BRING MICH IN JENES ZIMMER...
... ZURÜCK !!
...
ICH WILL HIER NICHT MEHR SEIN!
SO EIN ORT ...
HIER NICHT!
AN SO EINEM ORT...
WENN ES SO IST...
... LIEBER STERBEN...

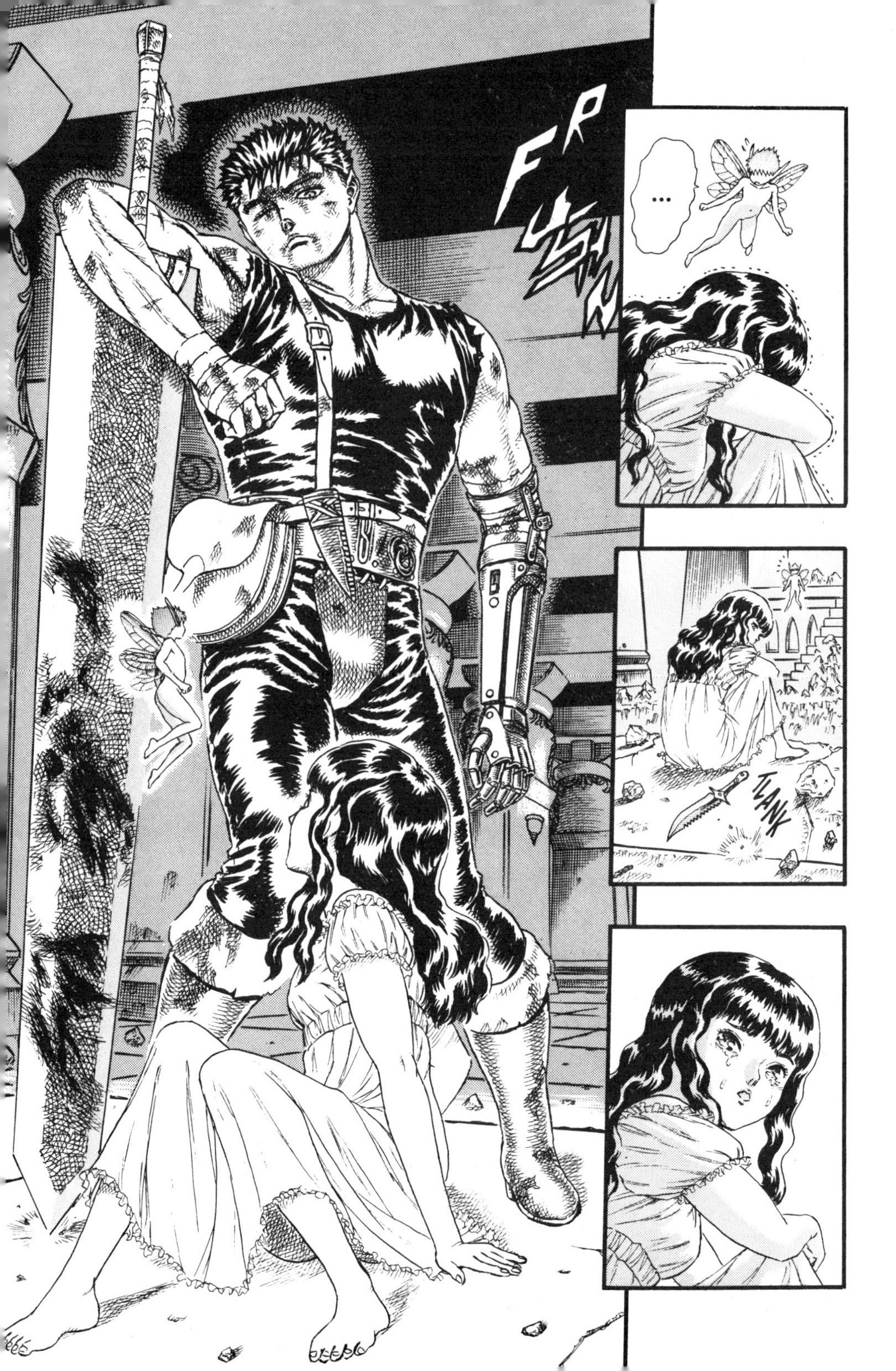
FRUSHUN
...
TLANK

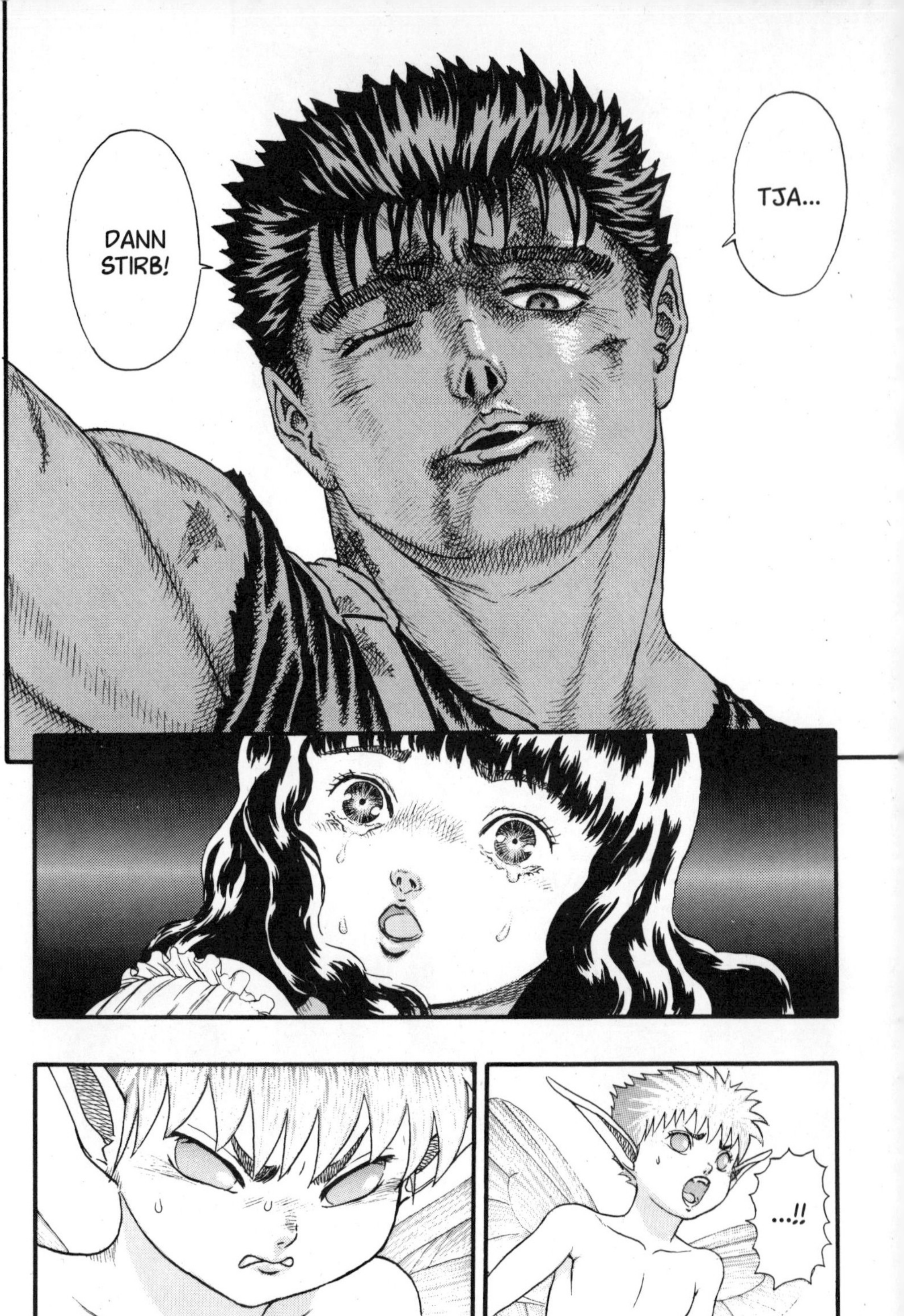

TJA...

DANN STIRB!

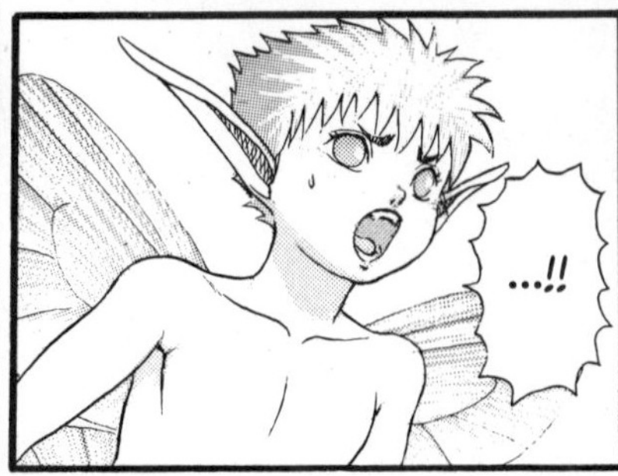

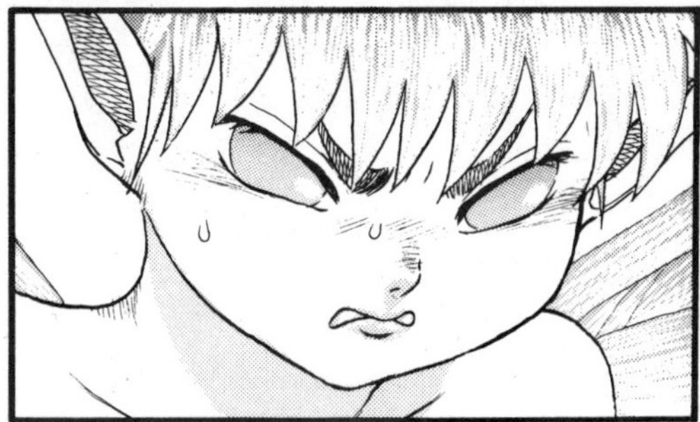

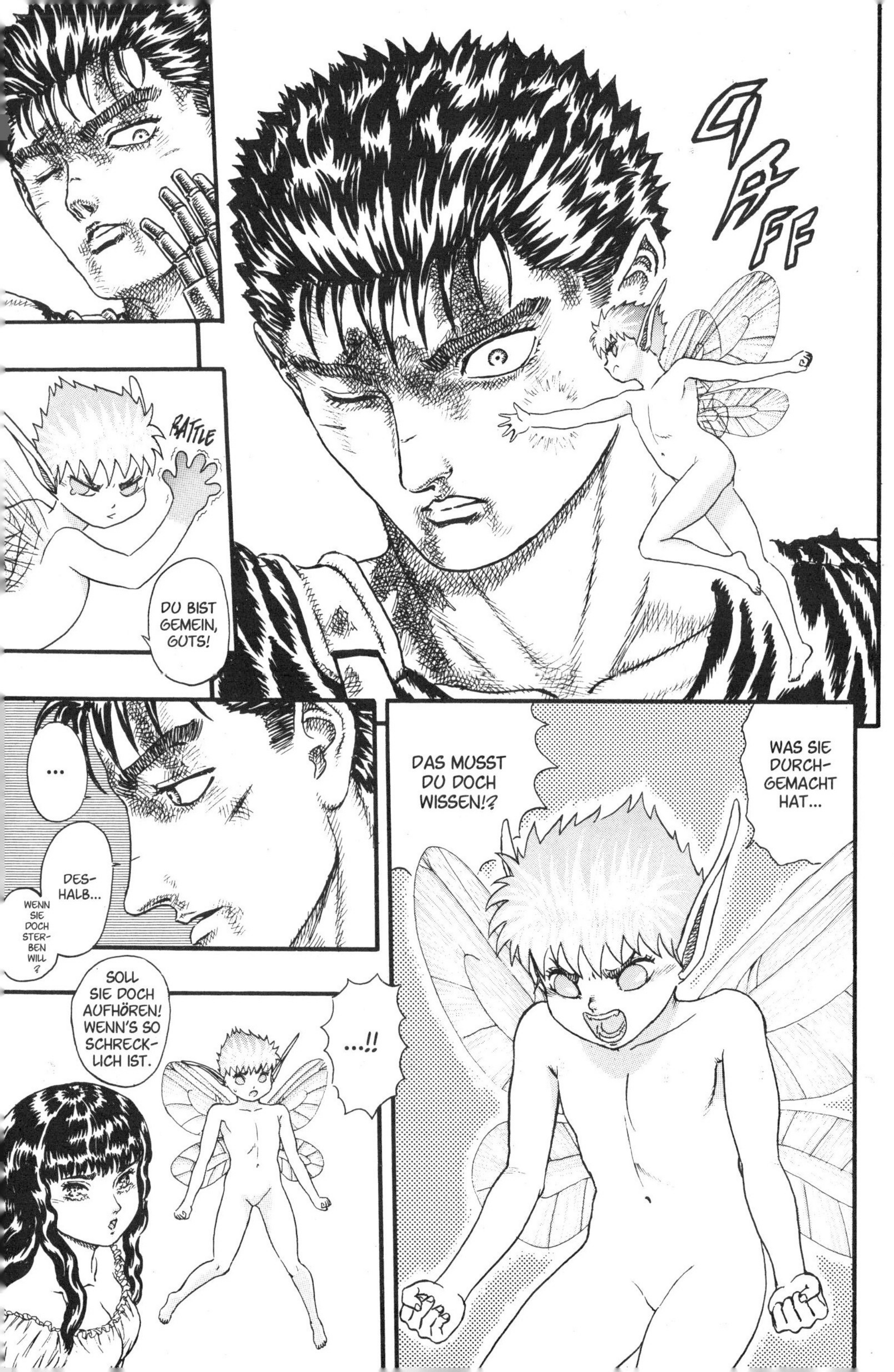
GAFF
RATTLE
DU BIST GEMEIN, GUTS!
...
DES-HALB...
WENN SIE DOCH STER-BEN WILL?
SOLL SIE DOCH AUFHÖREN! WENN'S SO SCHRECK-LICH IST.
...!!
WAS SIE DURCH-GEMACHT HAT...
DAS MUSST DU DOCH WISSEN!?

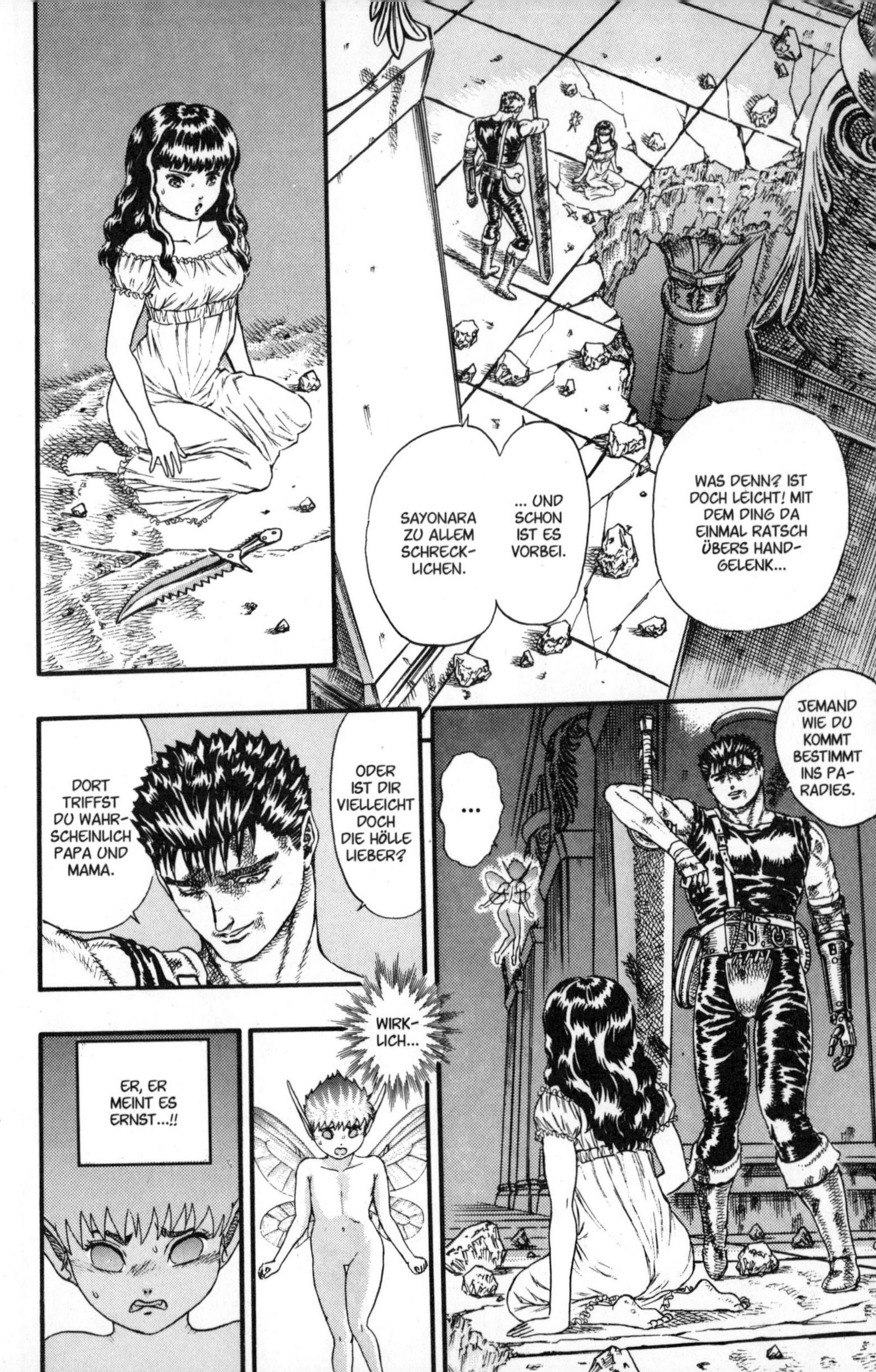
WAS DENN? IST DOCH LEICHT! MIT DEM DING DA EINMAL RATSCH ÜBERS HANDGELENK...
... UND SCHON IST ES VORBEI.
SAYONARA ZU ALLEM SCHRECKLICHEN.
JEMAND WIE DU KOMMT BESTIMMT INS PARADIES.
...
ODER IST DIR VIELLEICHT DOCH DIE HÖLLE LIEBER?
DORT TRIFFST DU WAHRSCHEINLICH PAPA UND MAMA.
WIRKLICH...
ER, ER MEINT ES ERNST...!!

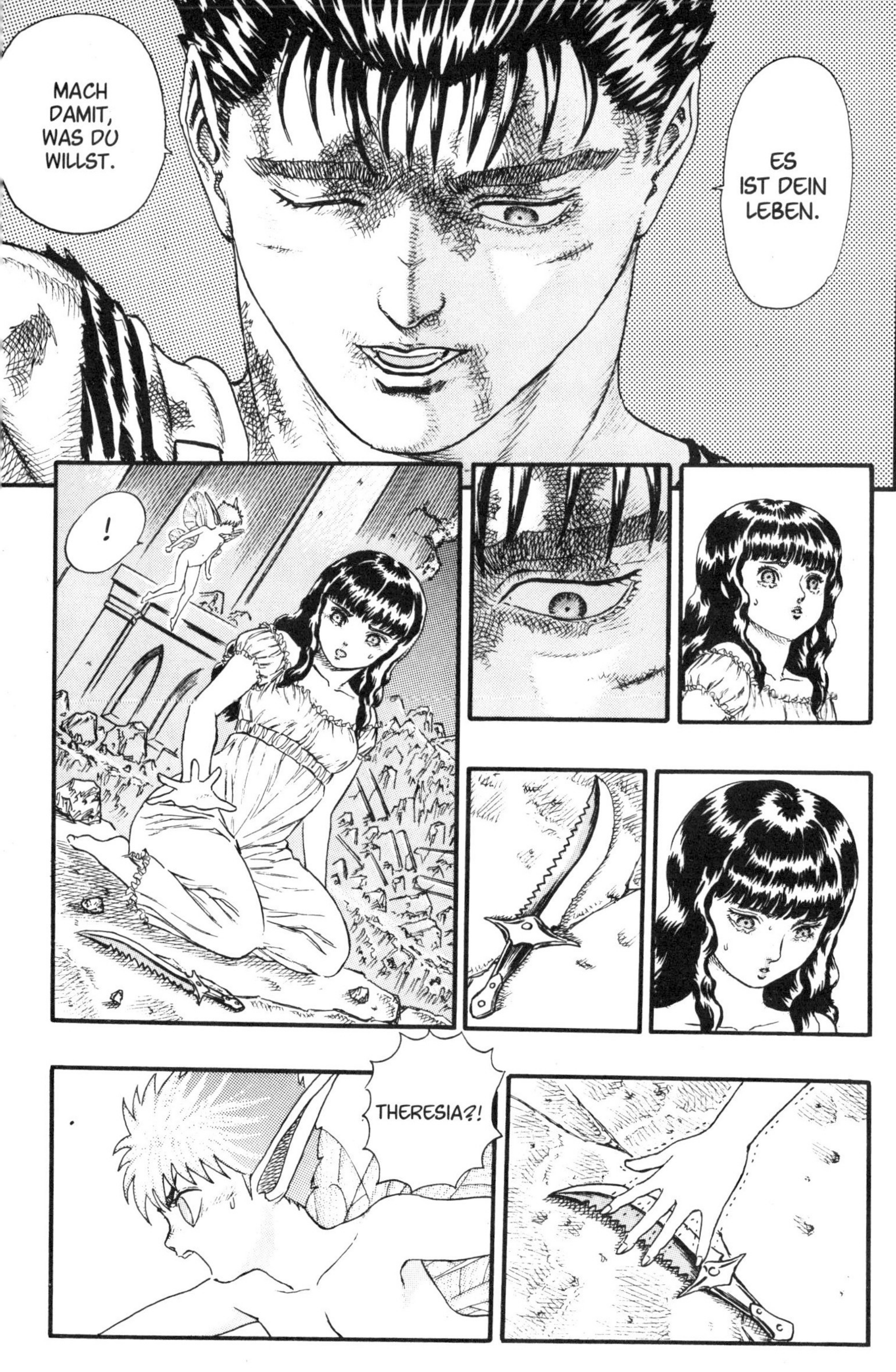
MACH DAMIT, WAS DU WILLST.
ES IST DEIN LEBEN.
!
THERESIA?!

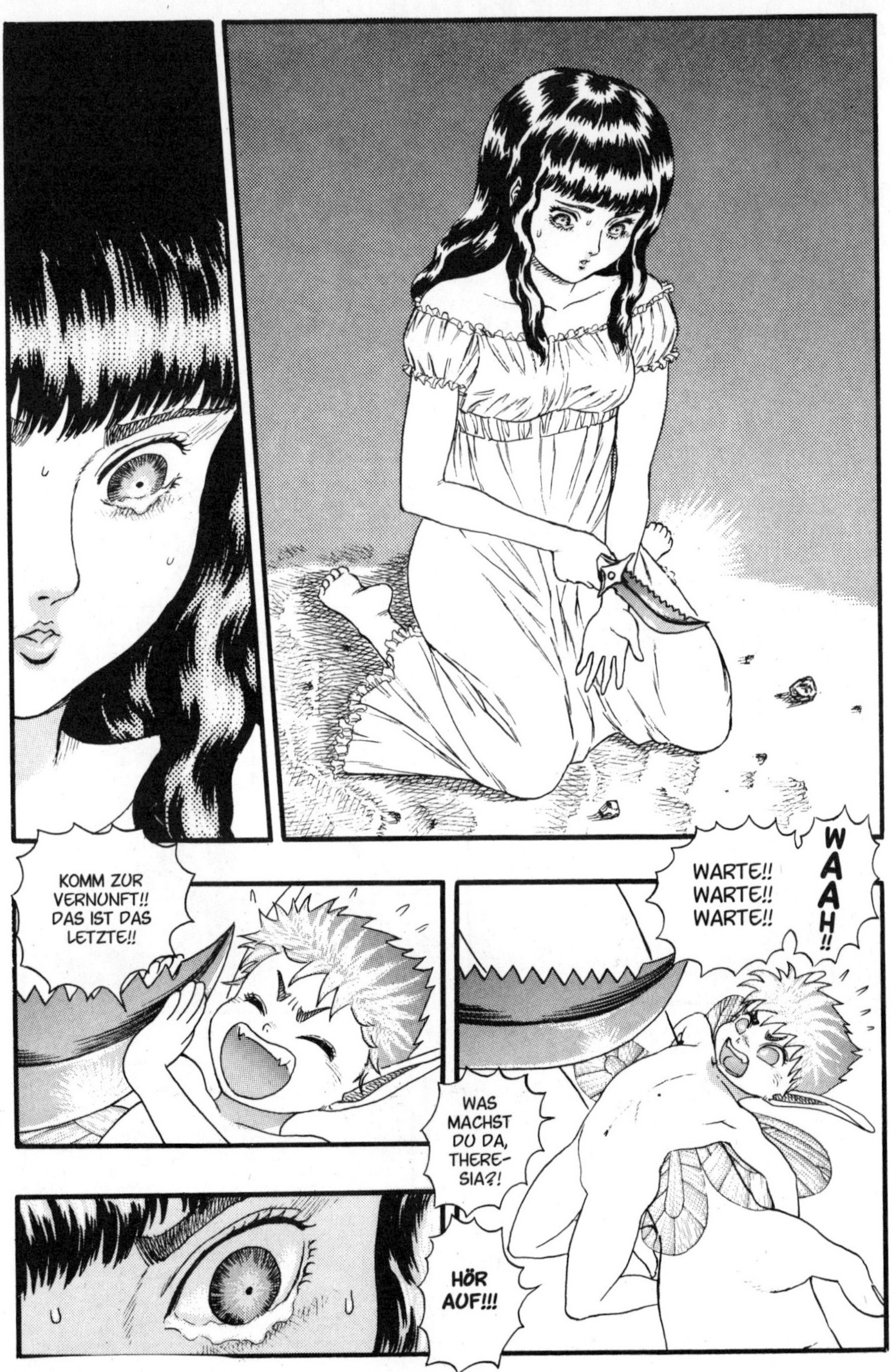
WAAH!!
WARTE!! WARTE!! WARTE!!
KOMM ZUR VERNUNFT!! DAS IST DAS LETZTE!!
WAS MACHST DU DA, THERESIA?!
HÖR AUF!!!

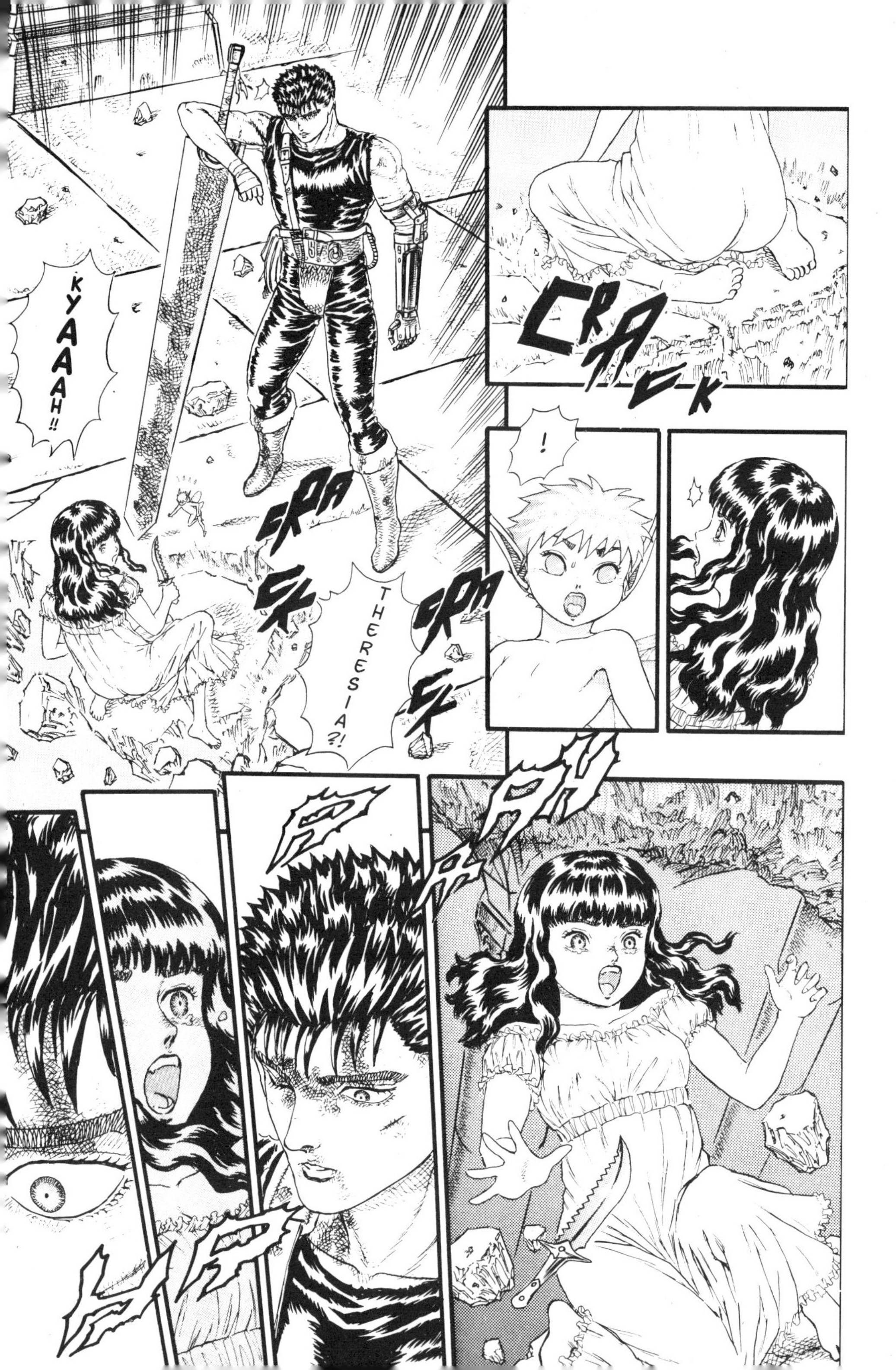

CRACK
!
KYAAAAH!!
THERESIA?!

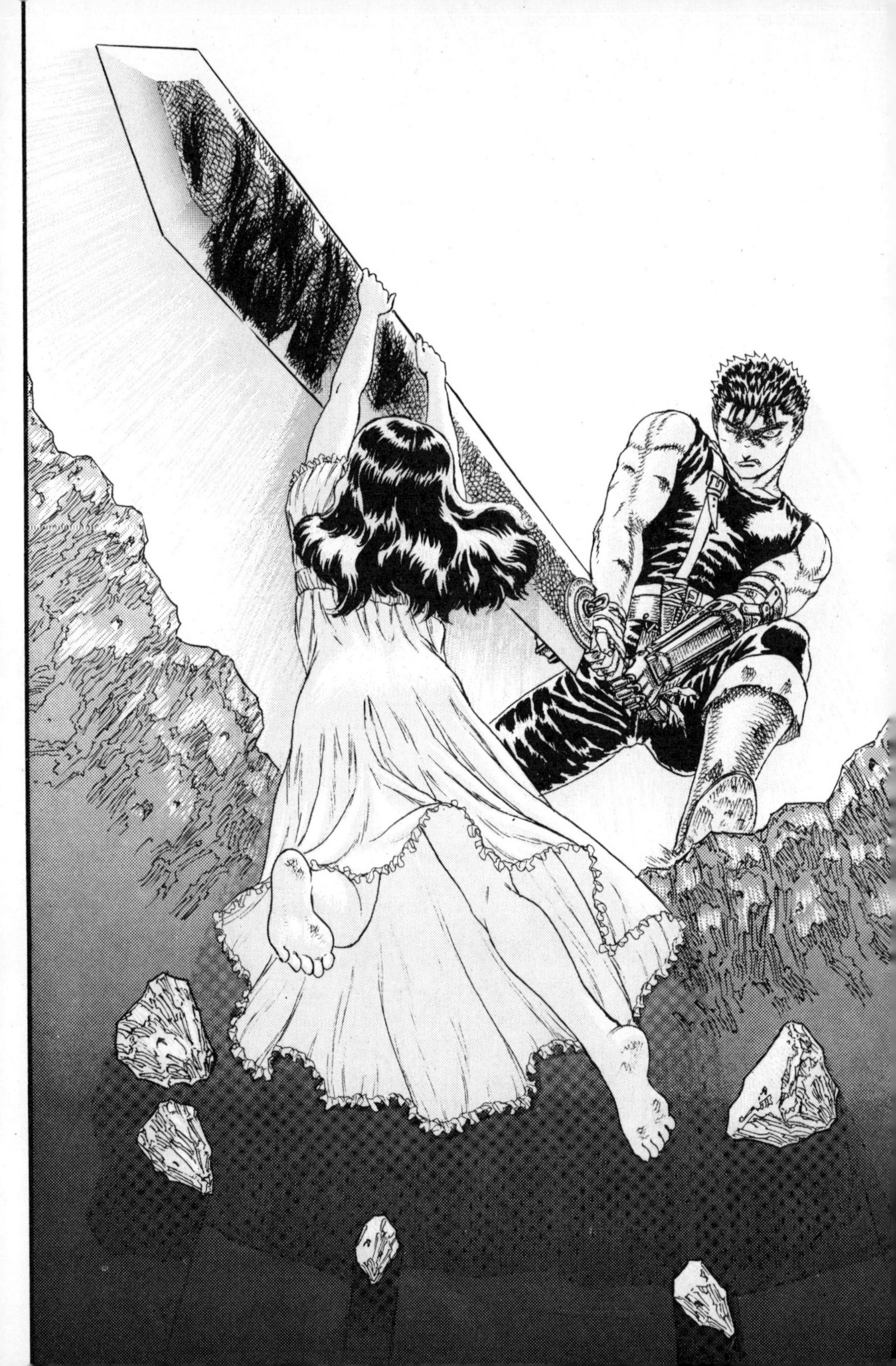

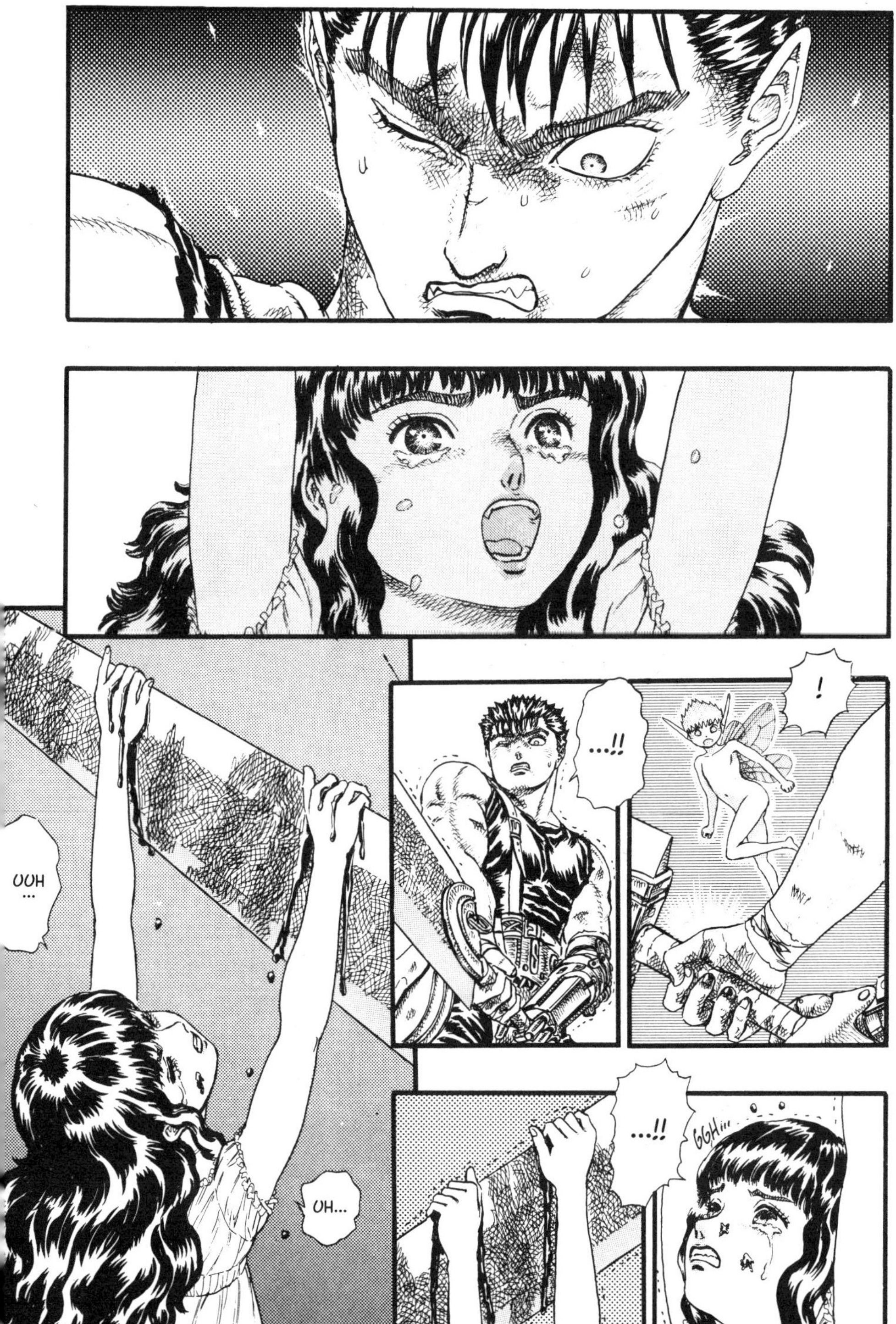

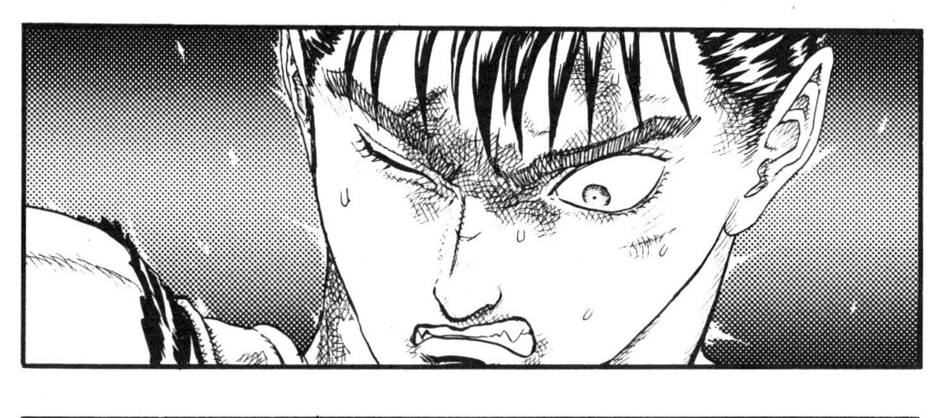

UUH
...
UH...
...!!
!
...!!
GGH...

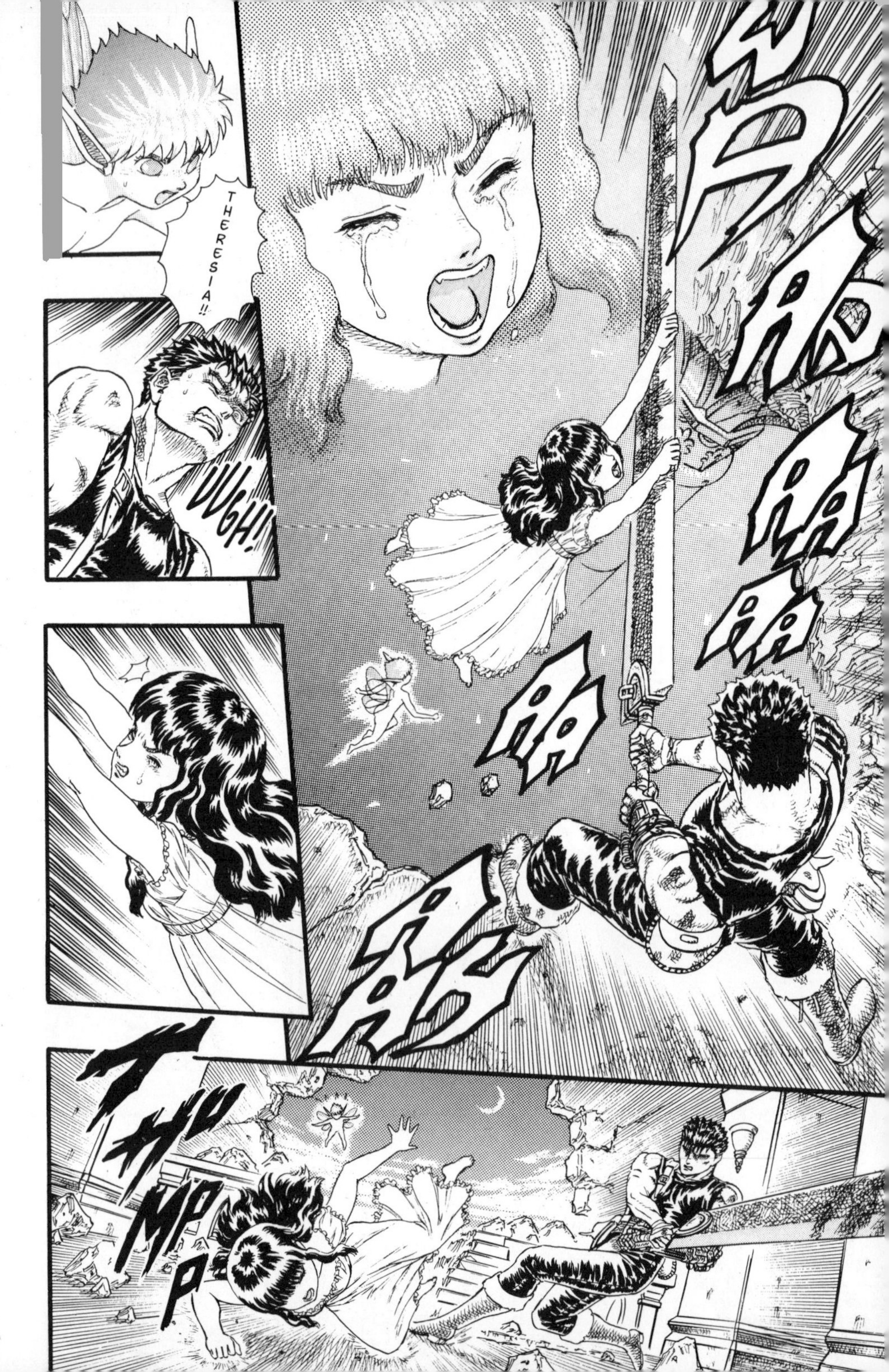
THERESIA!!
UUGH!

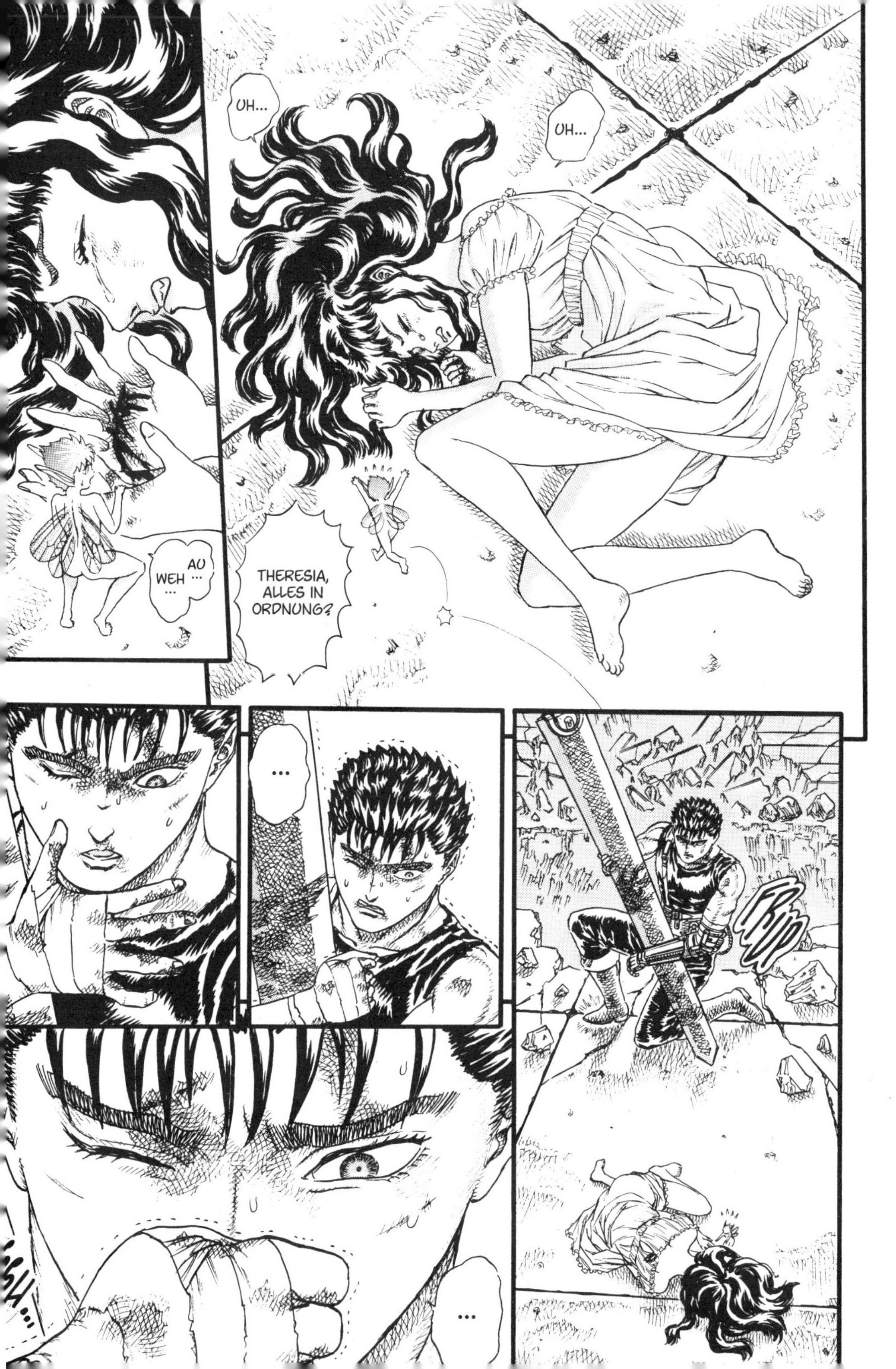
UH...
UH...
THERESIA, ALLES IN ORDNUNG?
AU... WEH...
...
...

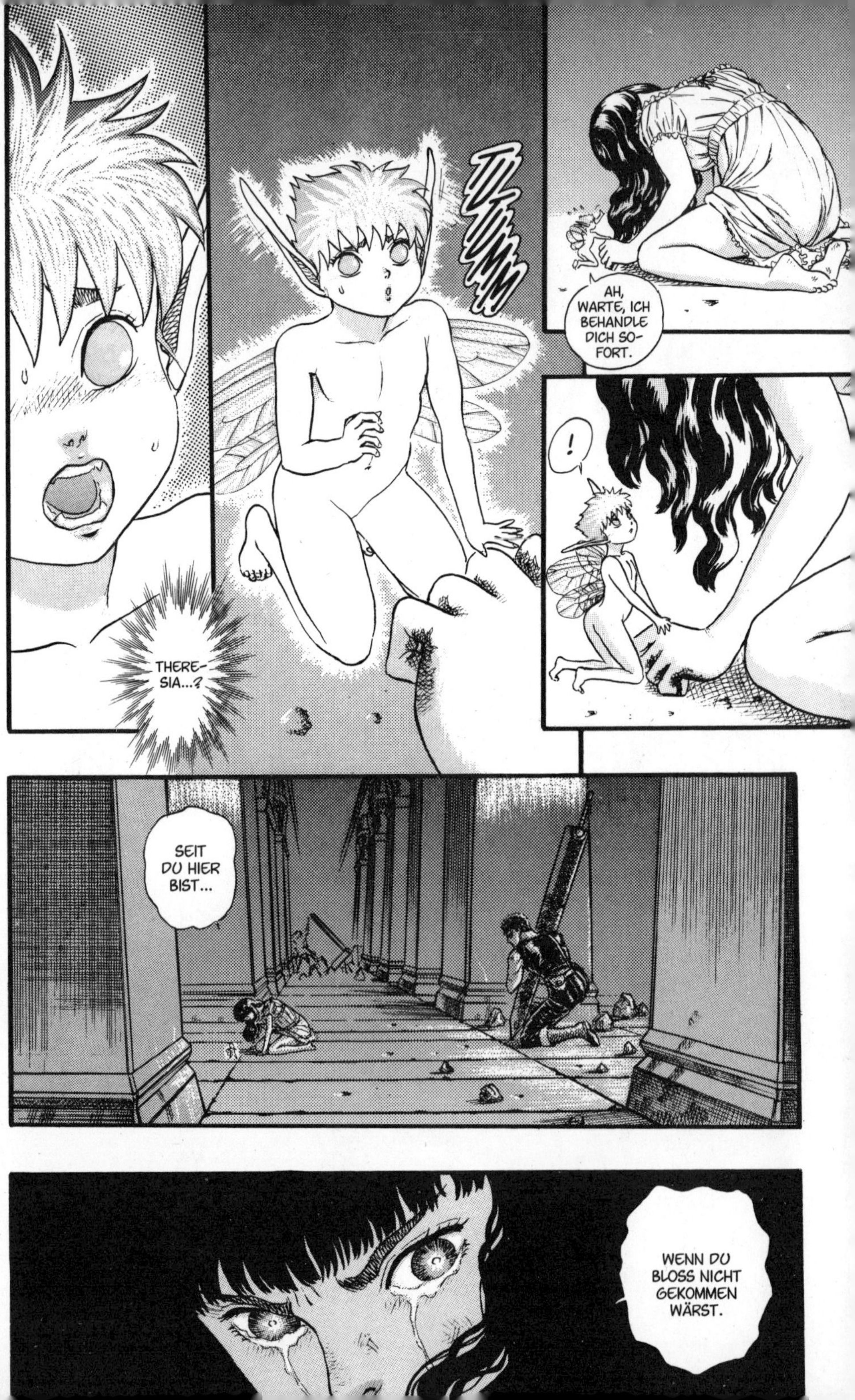

AH, WARTE, ICH BEHANDLE DICH SO-FORT.

!

THERE-SIA...?

SEIT DU HIER BIST...

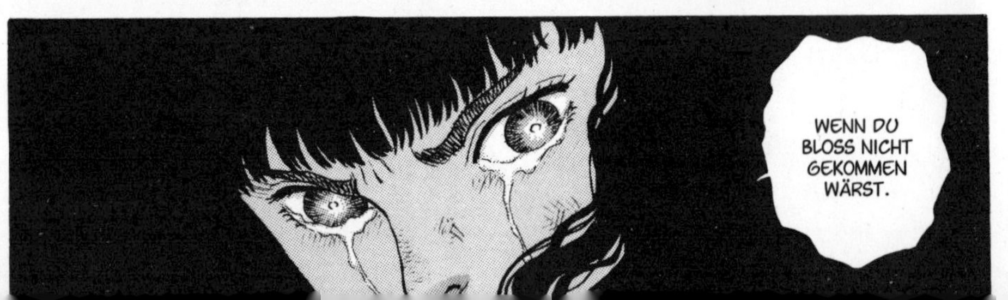

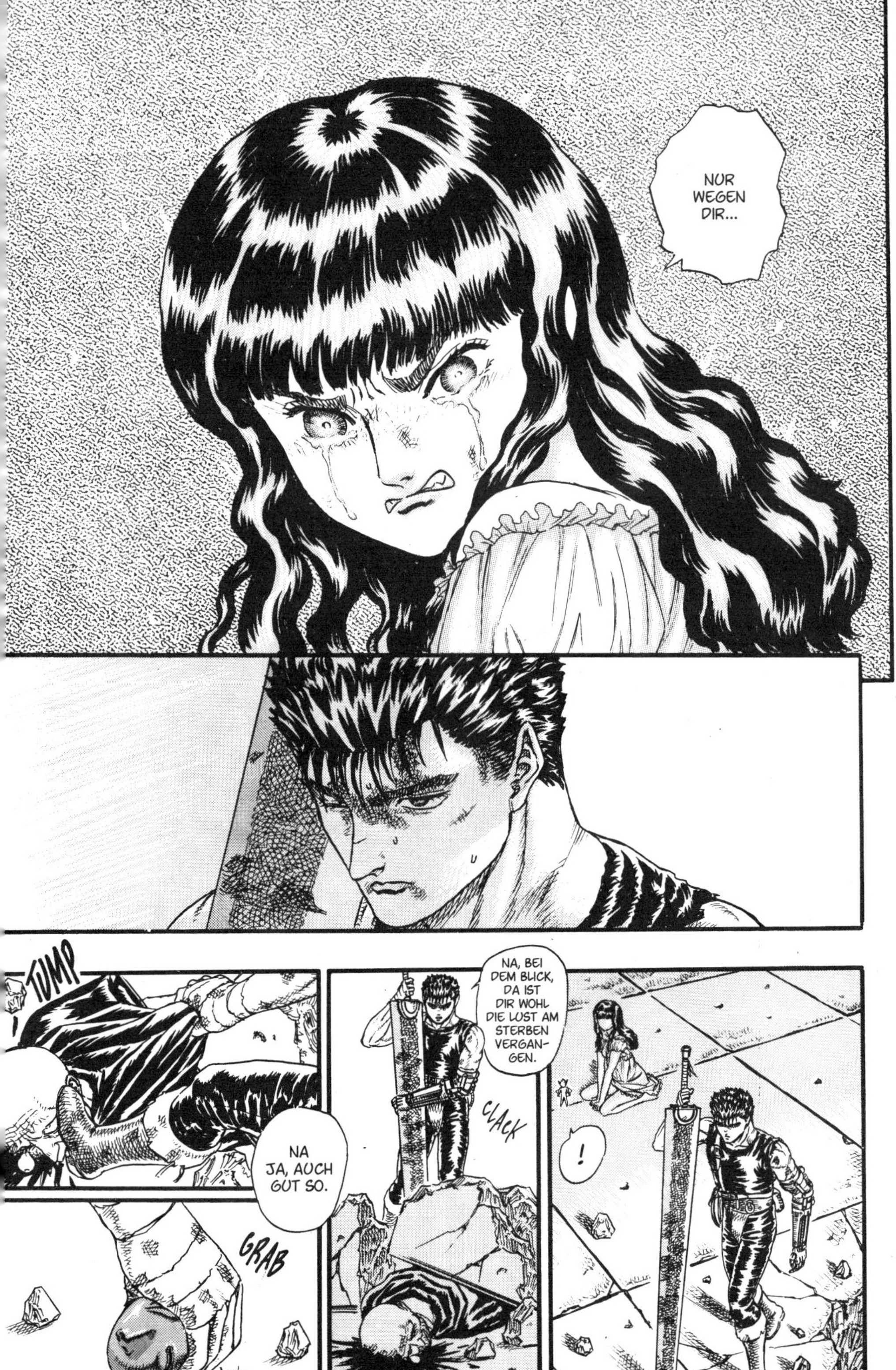
NUR WEGEN DIR...
!
NA, BEI DEM BLICK, DA IST DIR WOHL DIE LUST AM STERBEN VERGANGEN.
CLACK
NA JA, AUCH GUT SO.
TUMP
GRAB

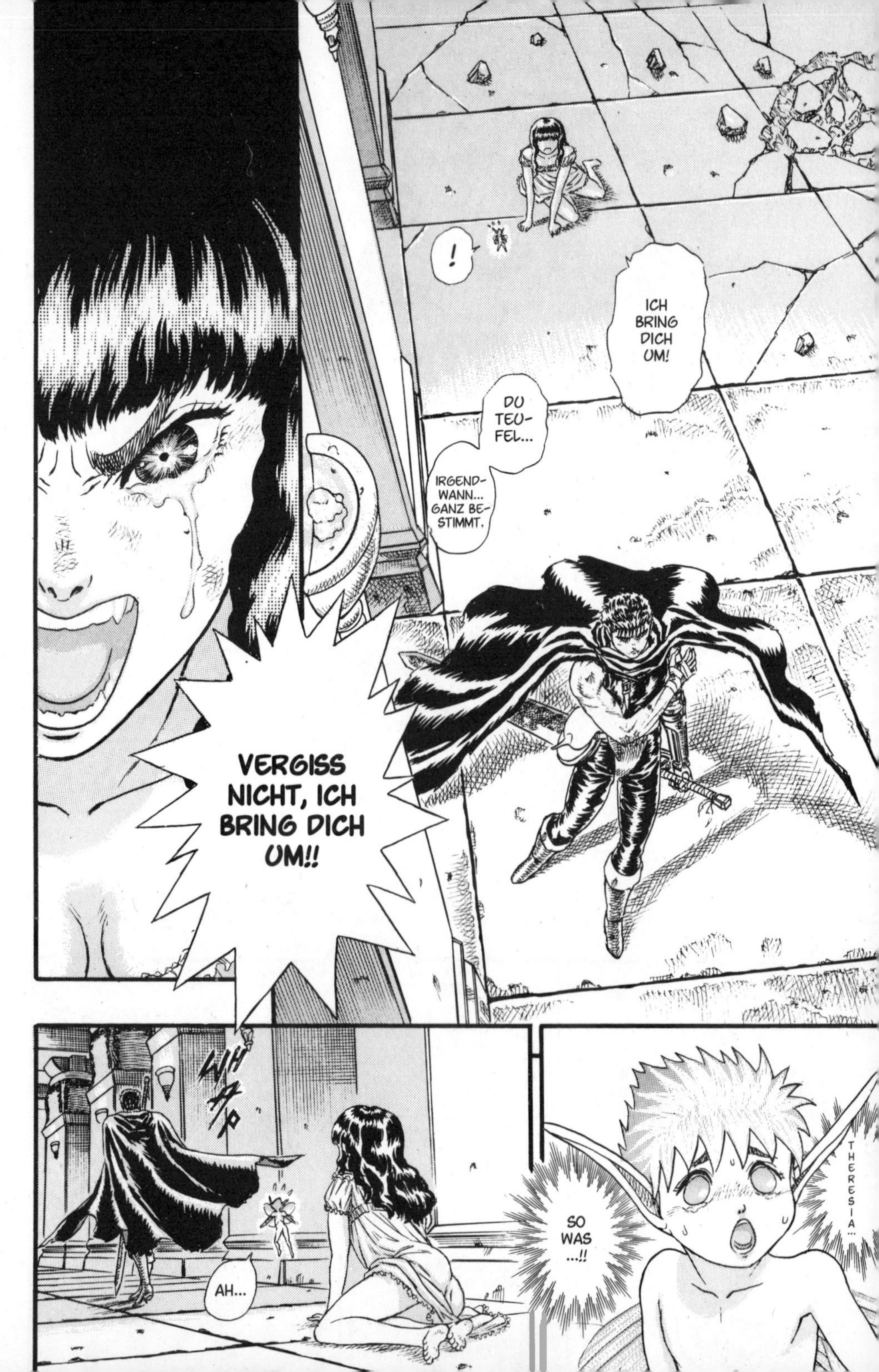
!
ICH BRING DICH UM!
DU TEU-FEL...
IRGEND-WANN... GANZ BE-STIMMT.
VERGISS NICHT, ICH BRING DICH UM!!
WHAP
THERESIA...
SO WAS ...!!
AH...

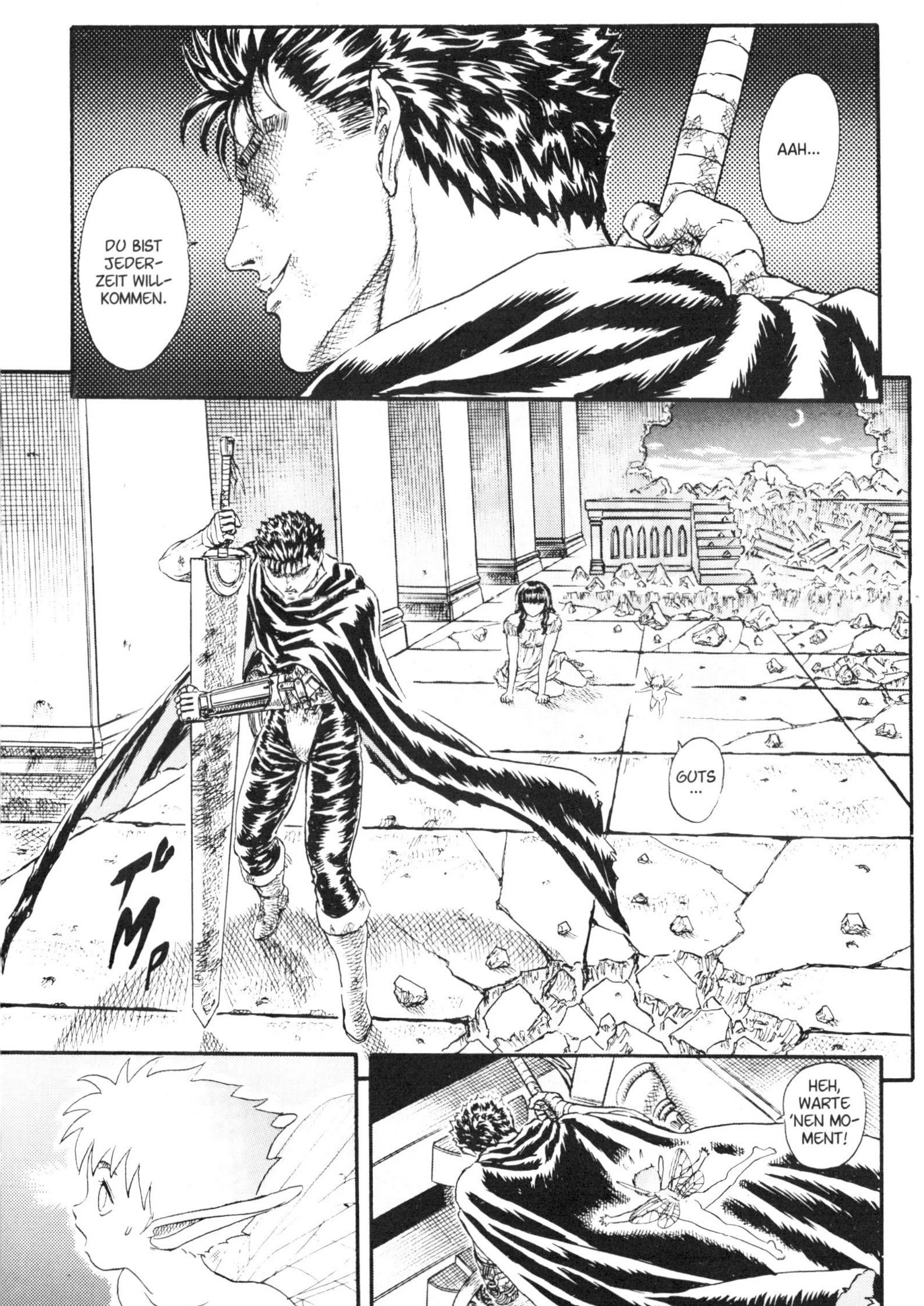
AAH...
DU BIST JEDER-ZEIT WILL-KOMMEN.
GUTS ...
TÖMP
HEH, WARTE 'NEN MO-MENT!

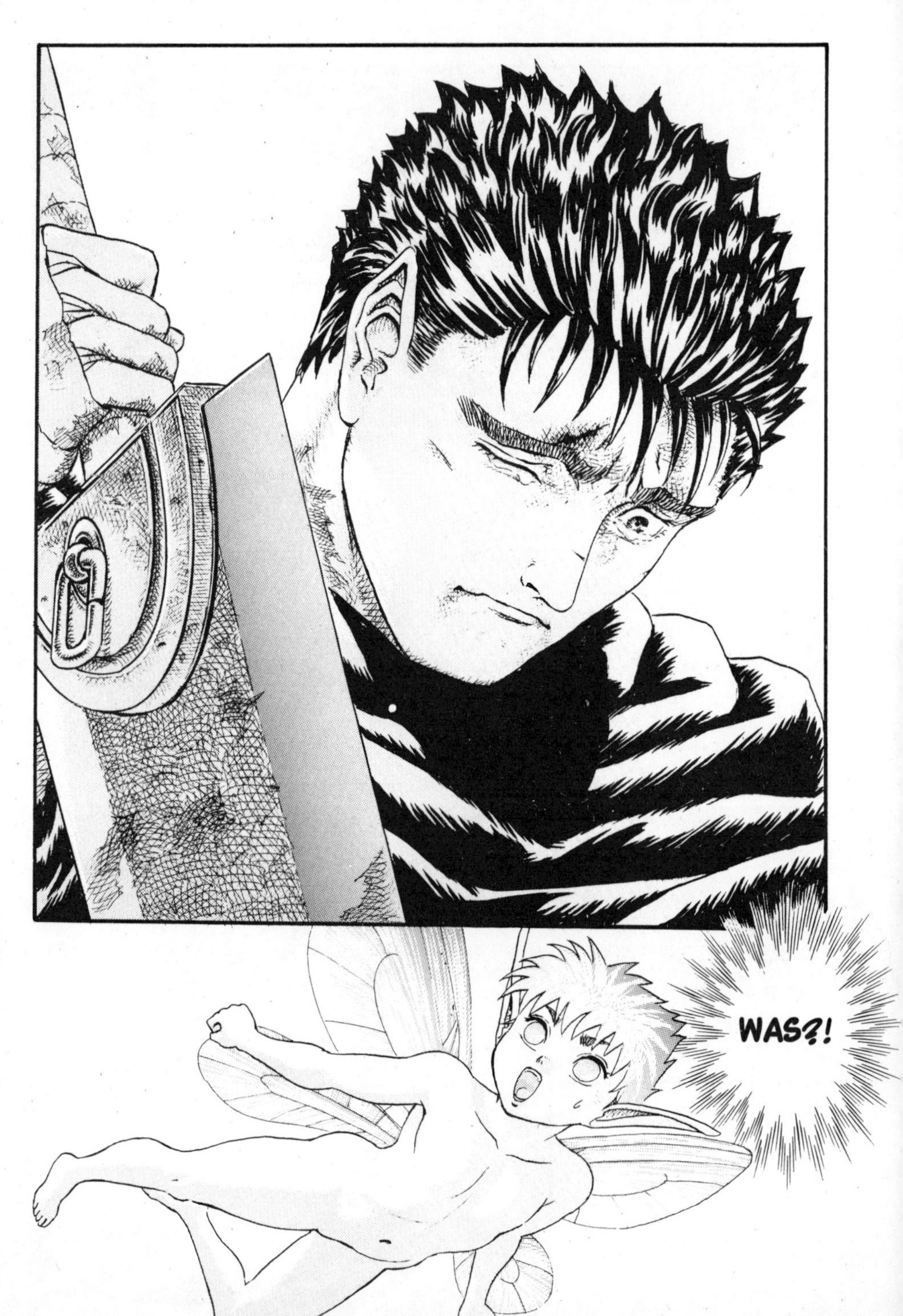
WAS?!

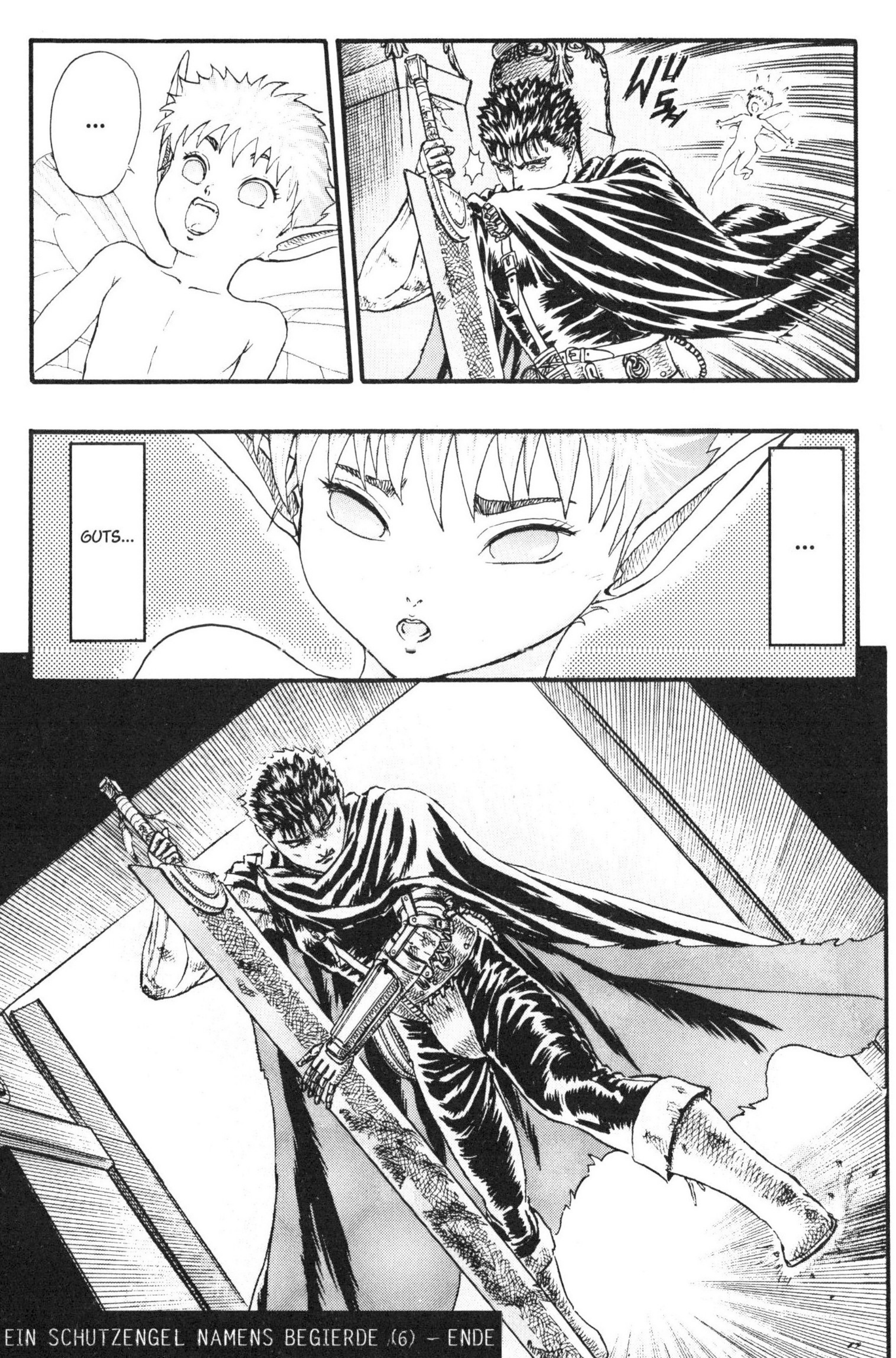
WUSCH
...
...
GUTS...
EIN SCHUTZENGEL NAMENS BEGIERDE (6) – ENDE

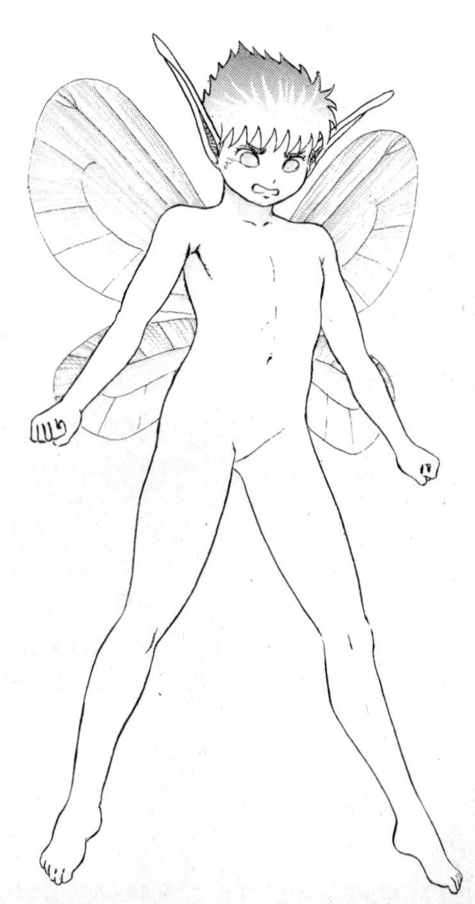

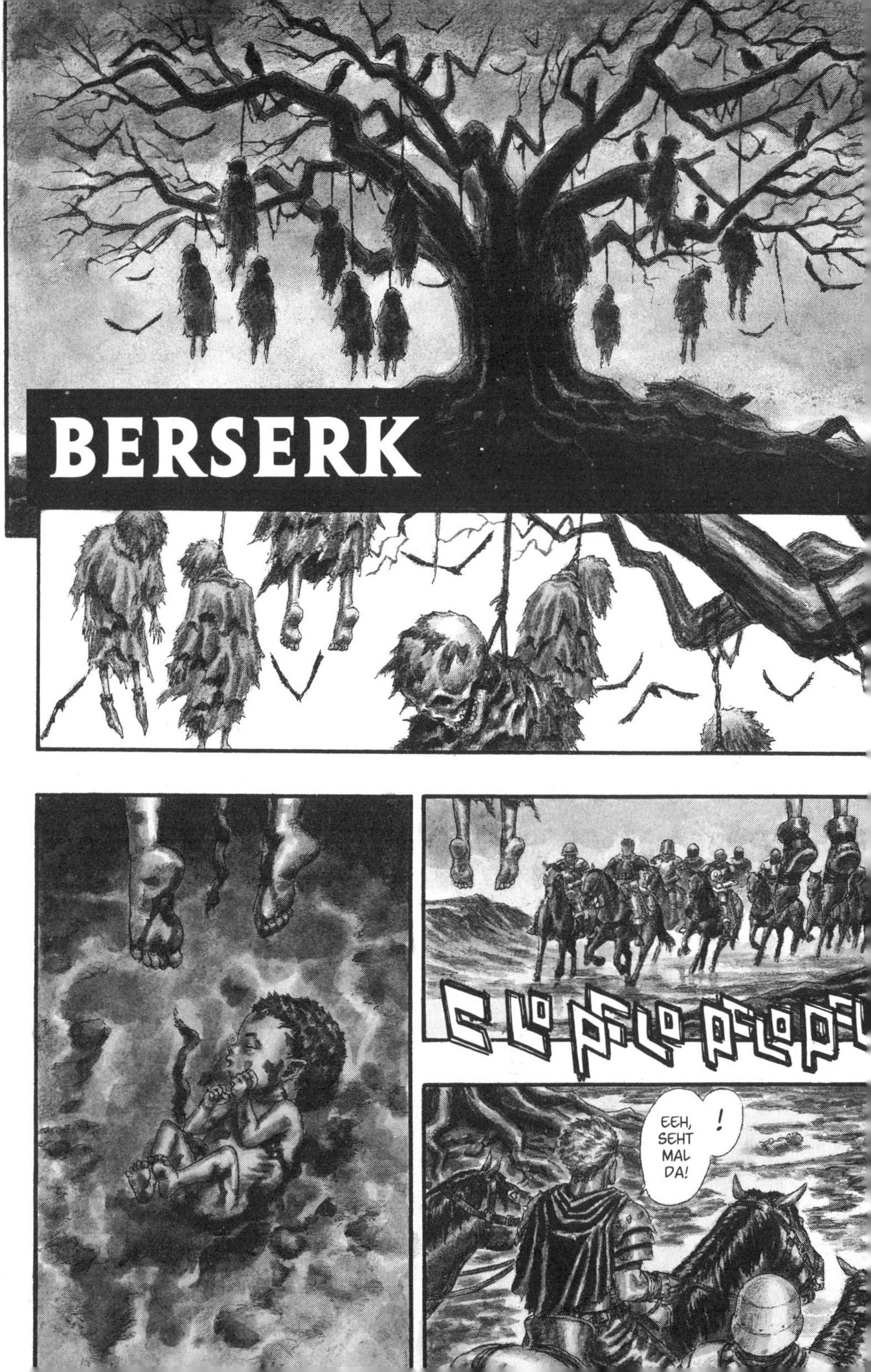

BERSERK

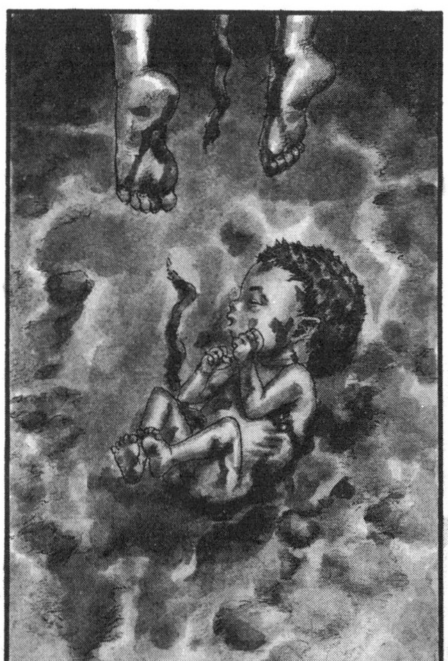

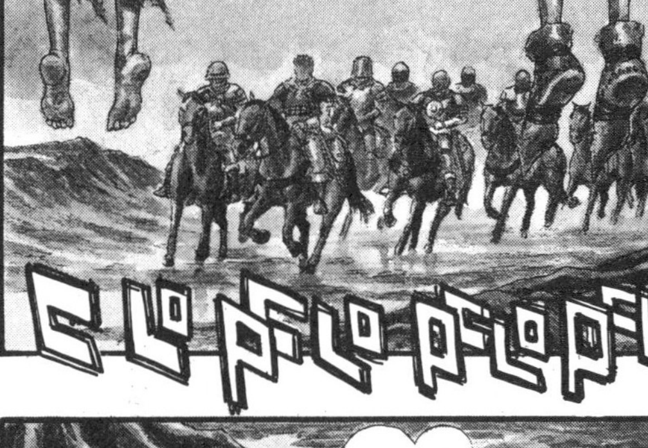

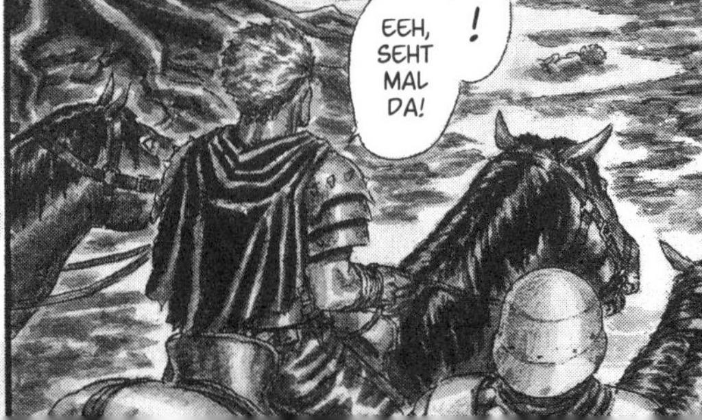

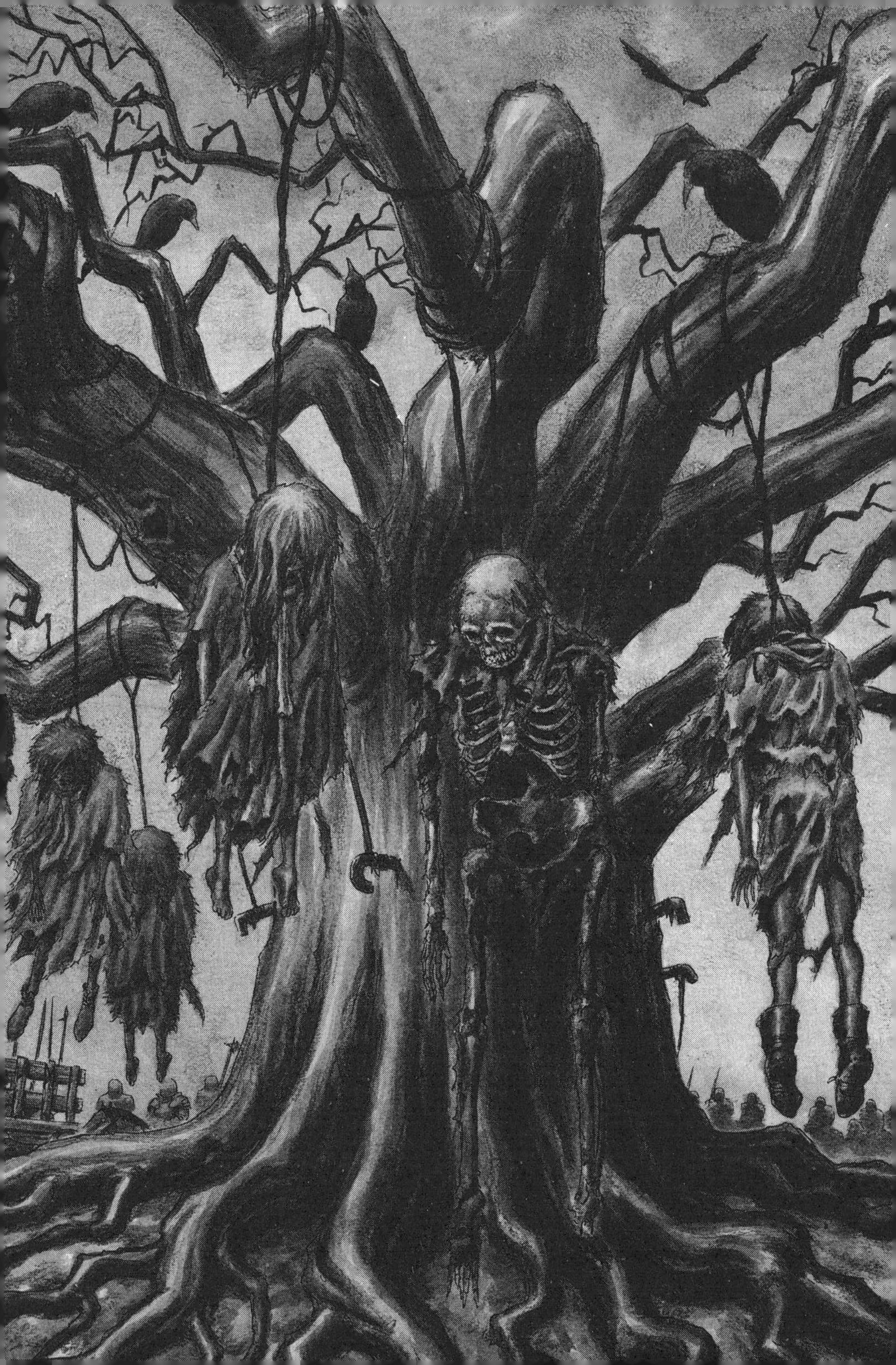

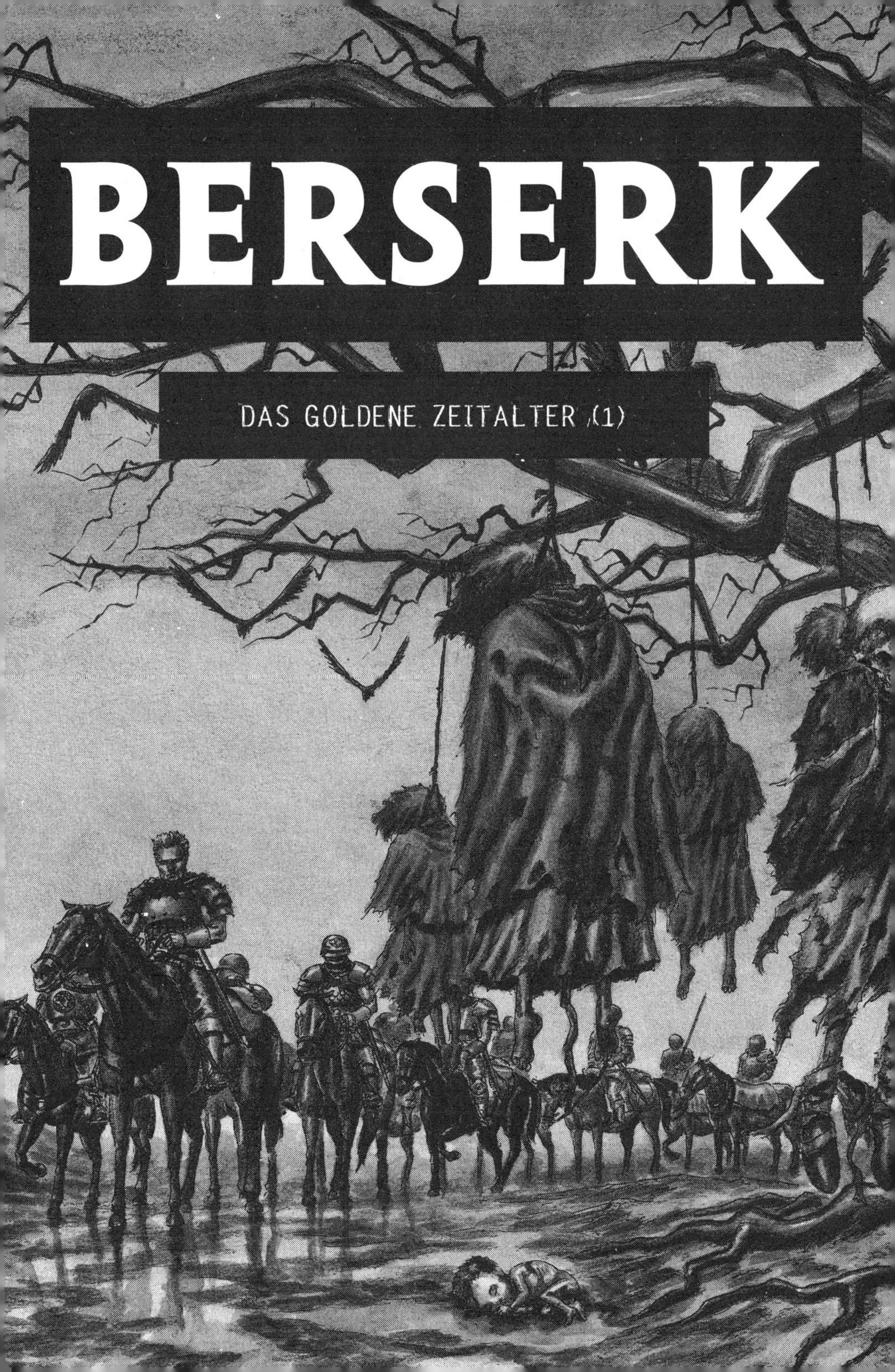
BERSERK
DAS GOLDENE ZEITALTER (1)

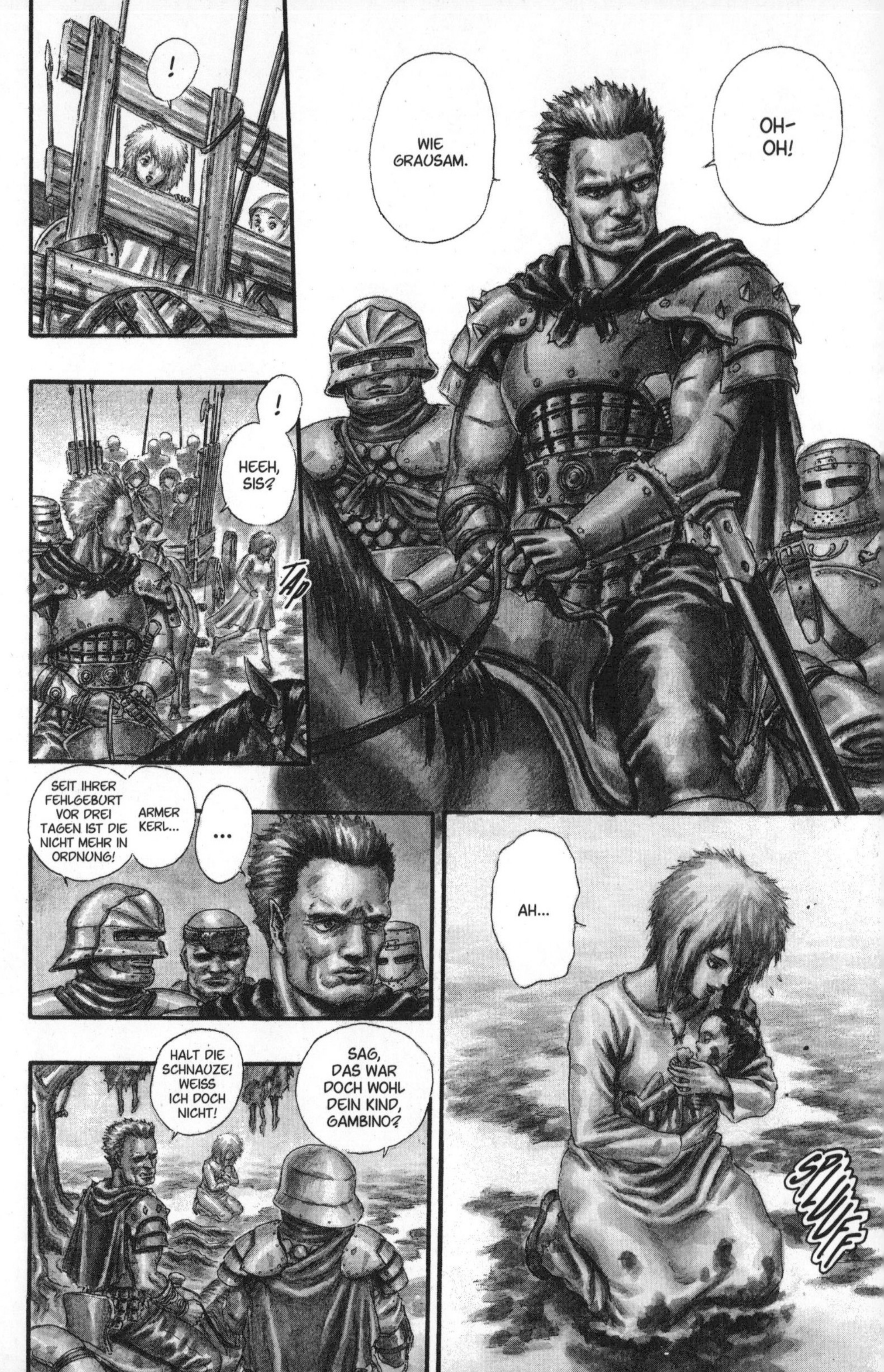

OH-OH!
WIE GRAUSAM.
!
!
HEEH, SIS?
TAP
SEIT IHRER FEHLGEBURT VOR DREI TAGEN IST DIE NICHT MEHR IN ORDNUNG!
ARMER KERL...
...
AH...
SAG, DAS WAR DOCH WOHL DEIN KIND, GAMBINO?
HALT DIE SCHNAUZE! WEISS ICH DOCH NICHT!
SPLUFF

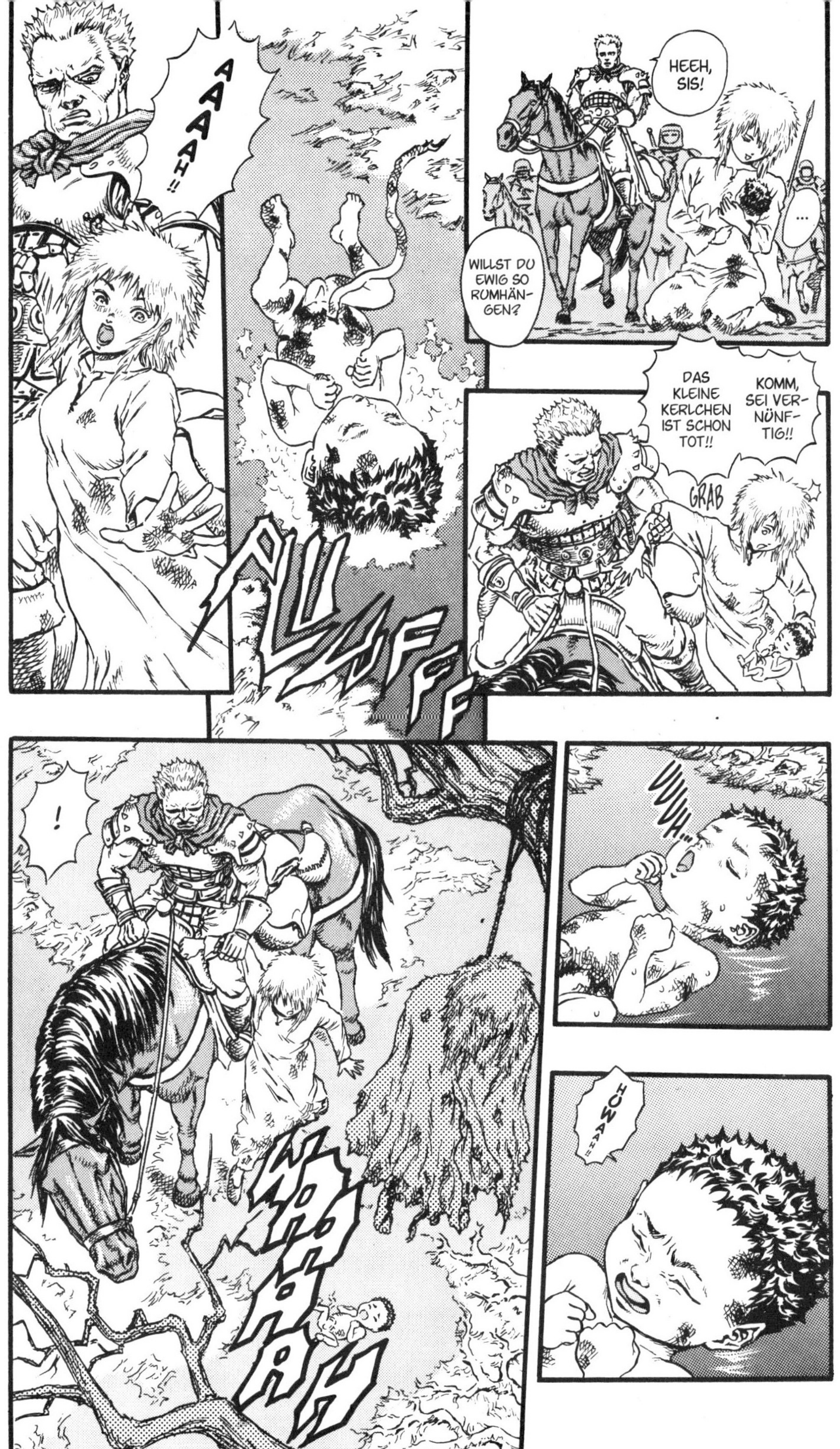

AAAAAH!!
PLUFFF
HEEH, SIS!
...
WILLST DU EWIG SO RUMHÄNGEN?
KOMM, SEI VERNÜNFTIG!!
DAS KLEINE KERLCHEN IST SCHON TOT!!
GRAB
!
UUUH...
HWAAH!!

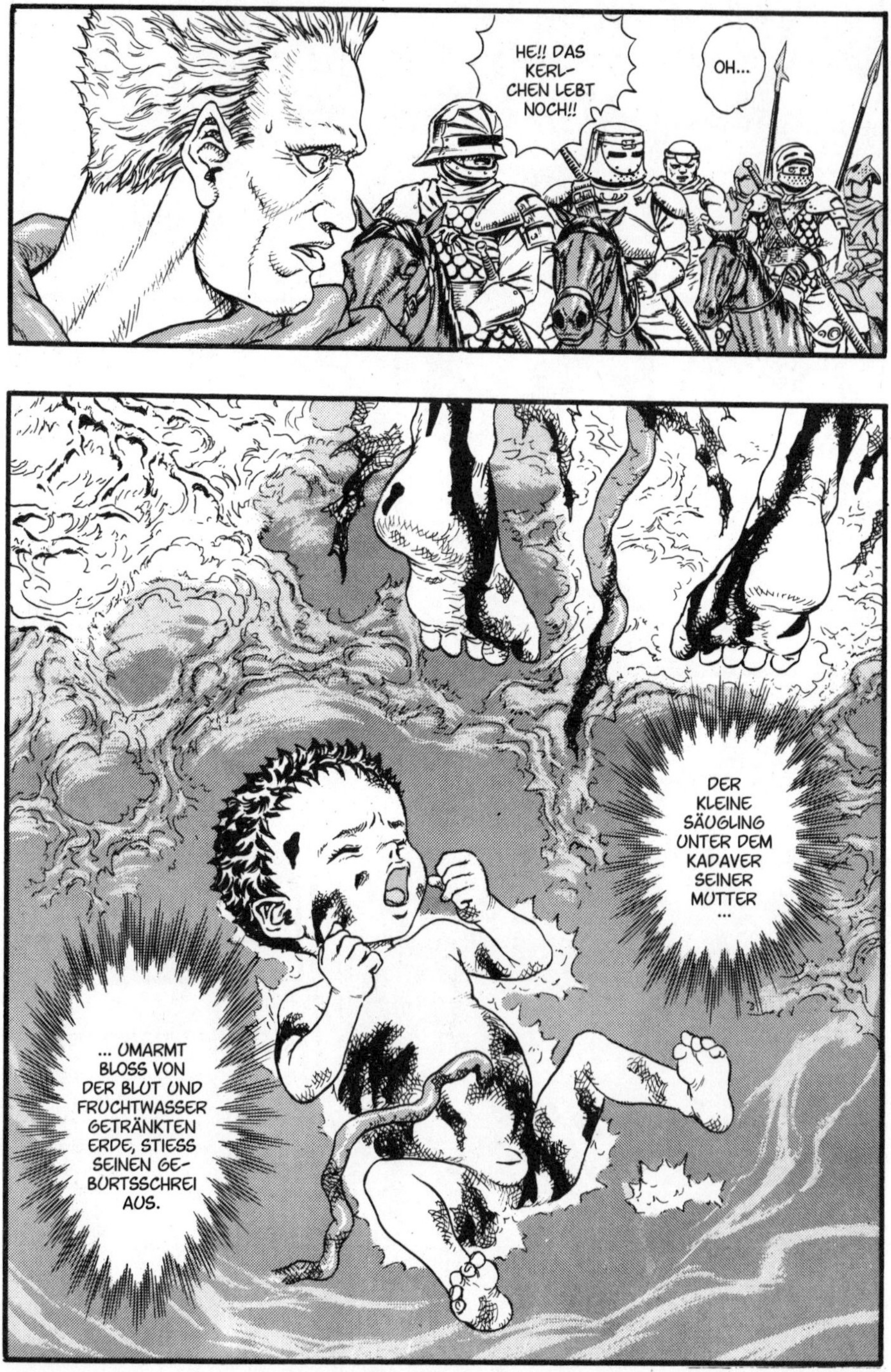

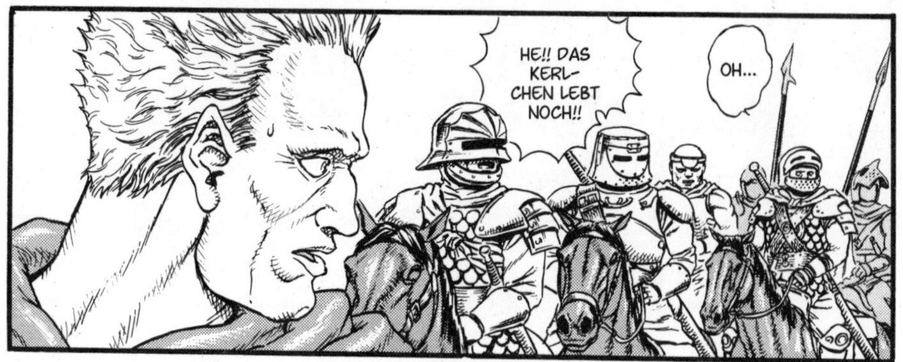
HE!! DAS KERL-CHEN LEBT NOCH!!
OH...

DER KLEINE SÄUGLING UNTER DEM KADAVER SEINER MUTTER ...
... UMARMT BLOSS VON DER BLUT UND FRUCHTWASSER GETRÄNKTEN ERDE, STIESS SEINEN GE-BURTSSCHREI AUS.

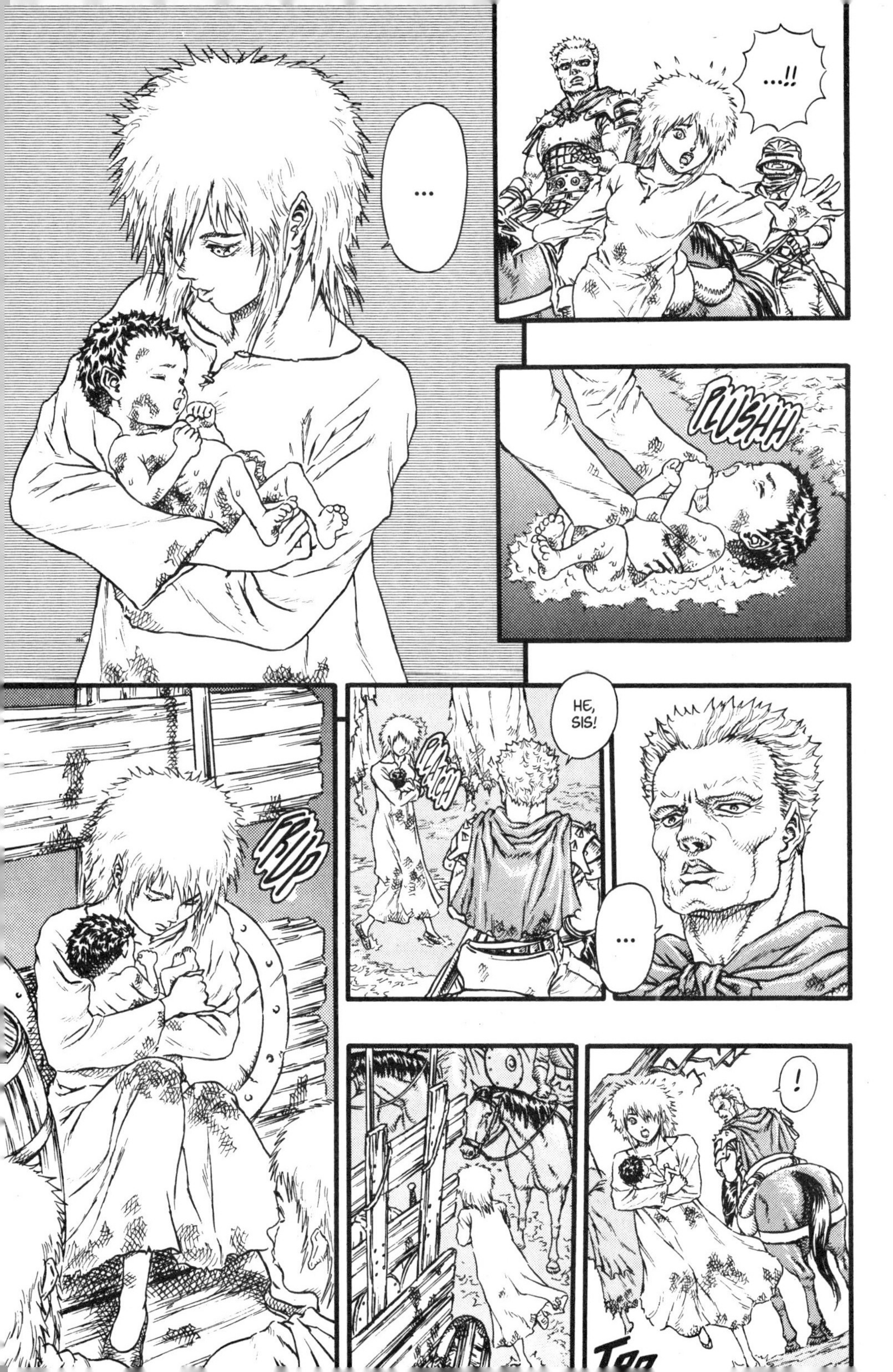
...
...!!
PLUSHH
HE, SIS!
...
!

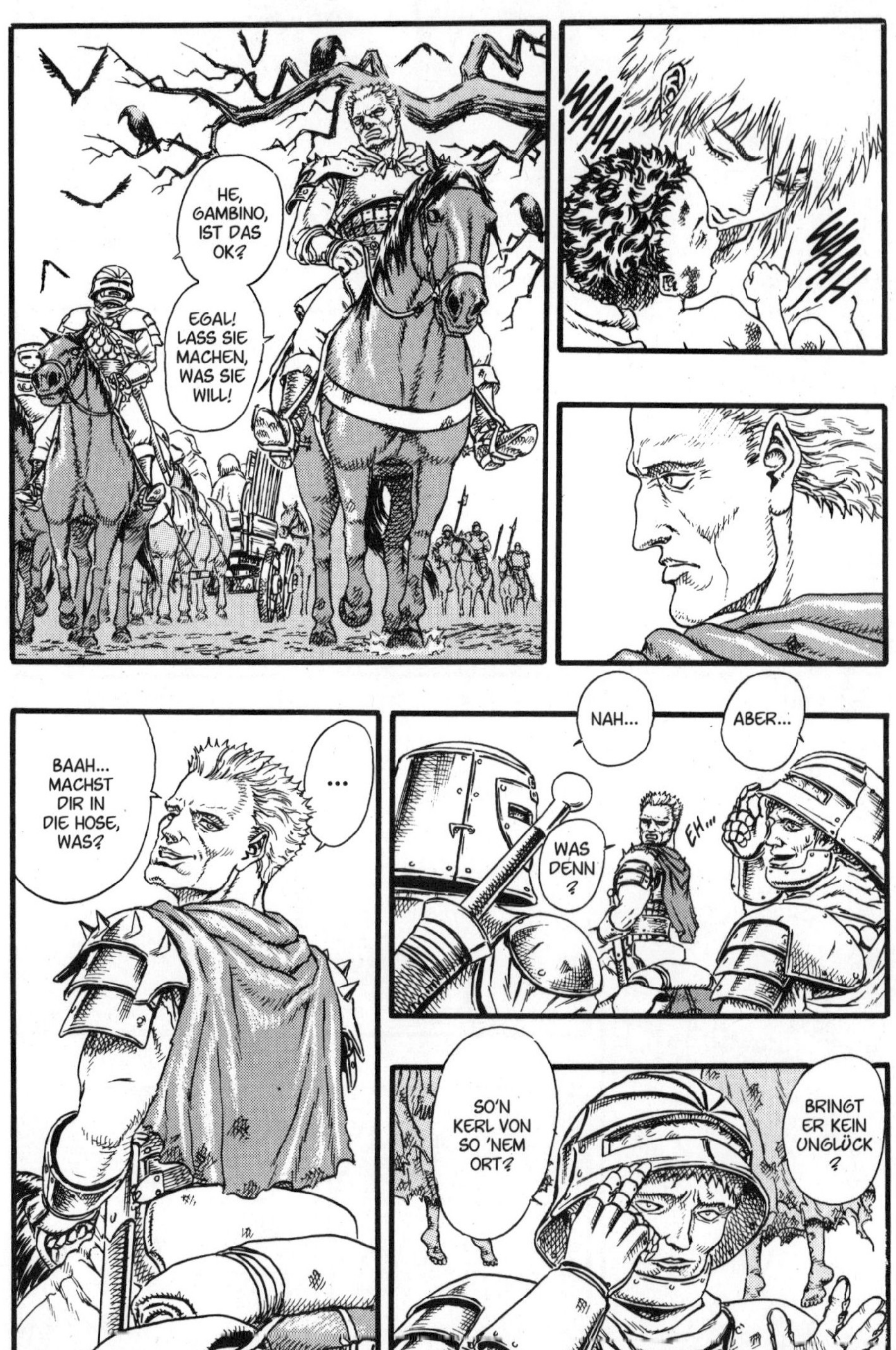
WAAH
WAAH
HE, GAMBINO, IST DAS OK?
EGAL! LASS SIE MACHEN, WAS SIE WILL!
ABER...
NAH...
EH...
WAS DENN?
BRINGT ER KEIN UNGLÜCK?
SO'N KERL VON SO 'NEM ORT?
...
BAAH... MACHST DIR IN DIE HOSE, WAS?

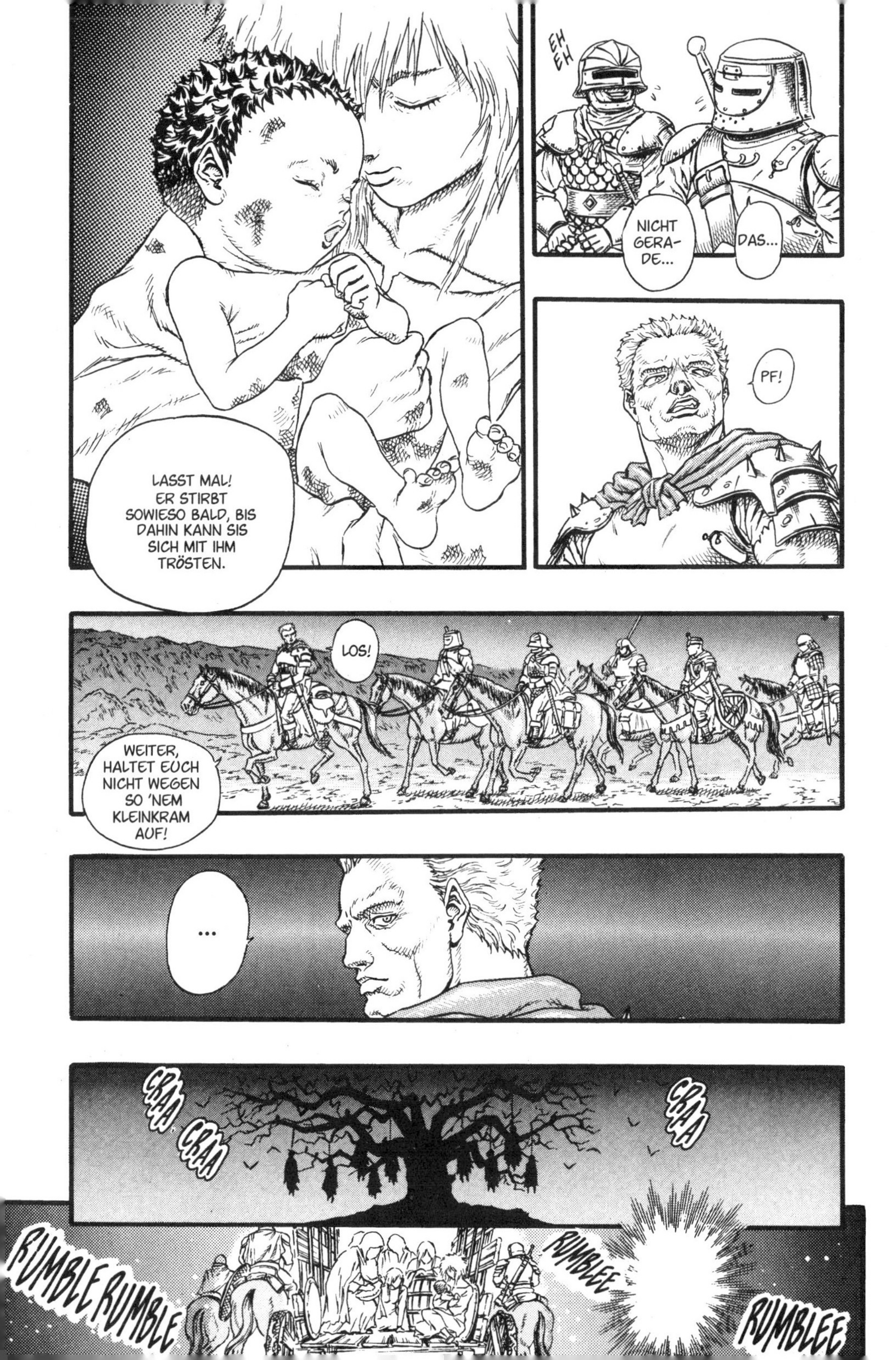

LASST MAL! ER STIRBT SOWIESO BALD, BIS DAHIN KANN SIS SICH MIT IHM TRÖSTEN.
EH EH
NICHT GERADE...
DAS...
PF!

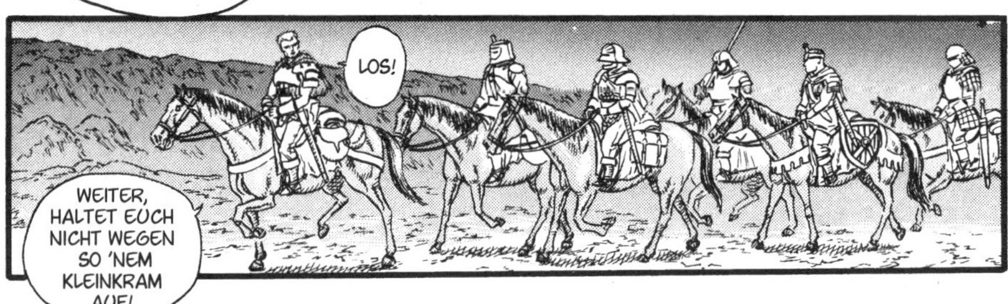

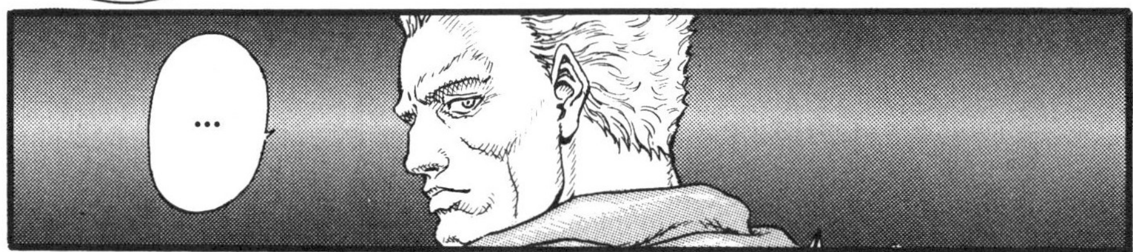

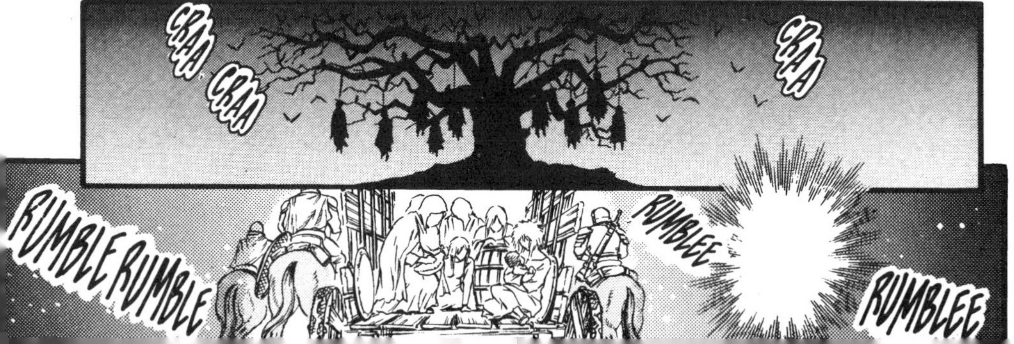

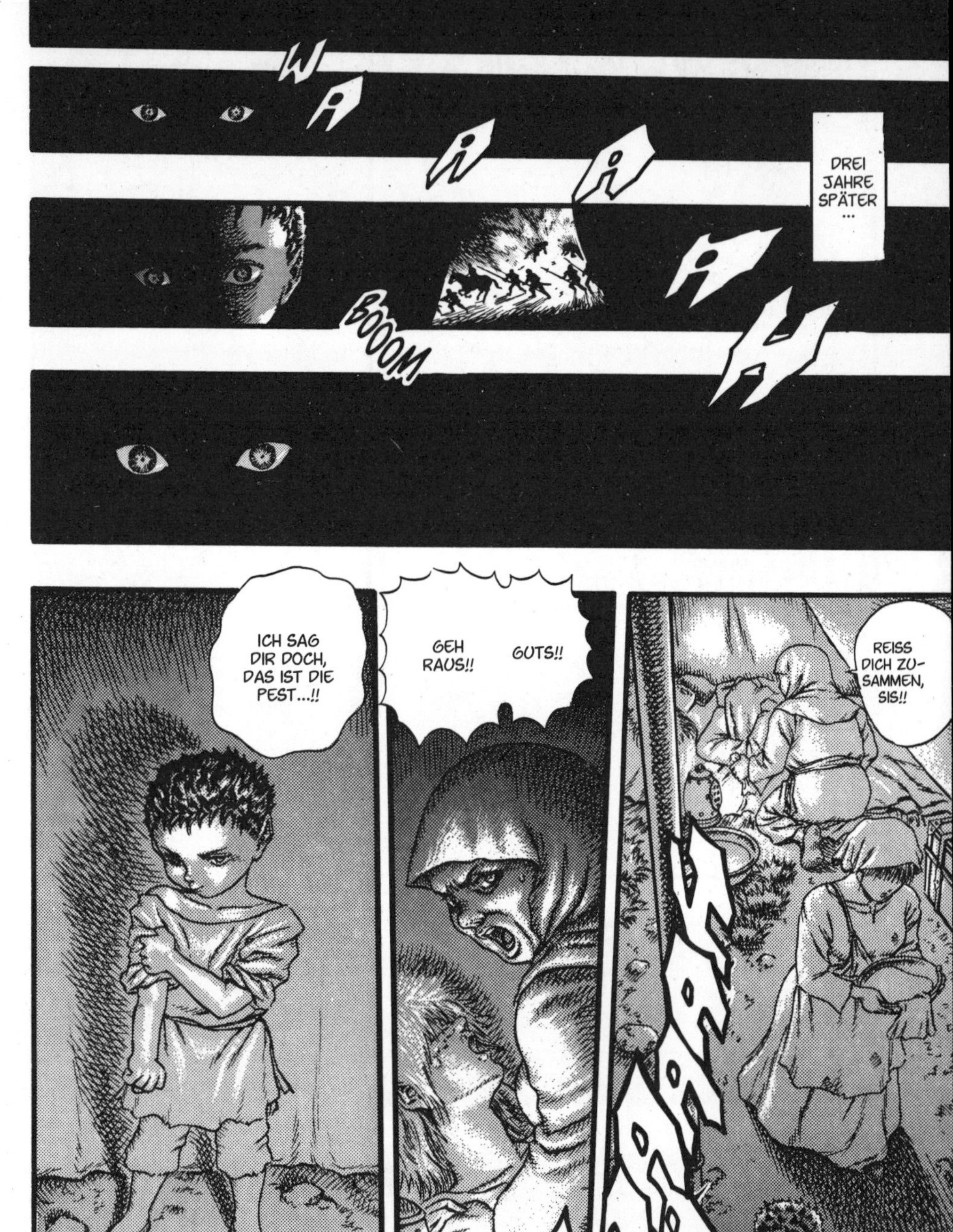

DREI JAHRE SPÄTER ...
WAIIAH
BOOOM
ICH SAG DIR DOCH, DAS IST DIE PEST...!!
GEH RAUS!!
GUTS!!
REISS DICH ZUSAMMEN, SIS!!
WENN DU DICH ANSTECKST, DANN IST ES MIT DIR AUCH AUS!!

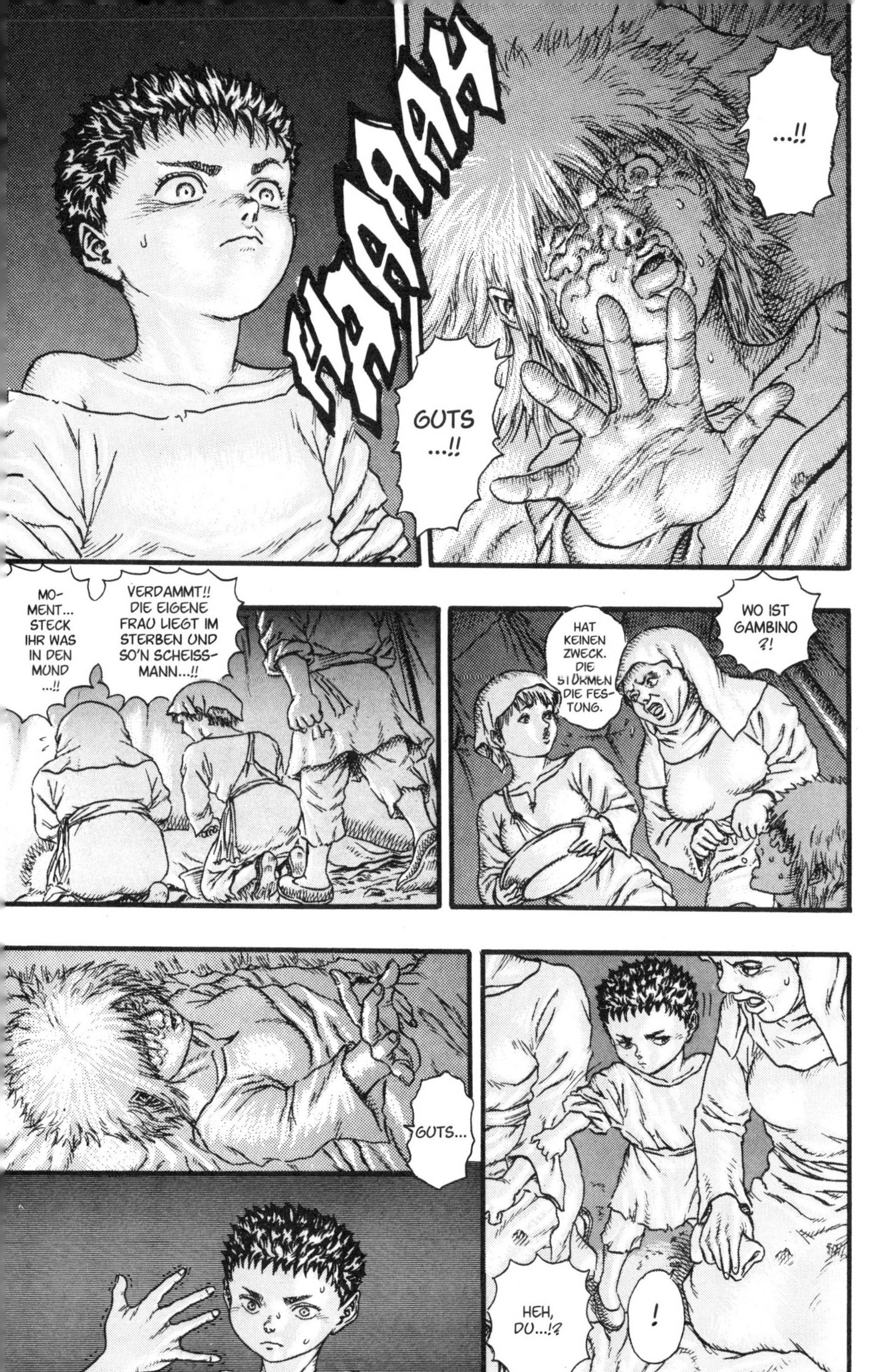
GUTS ...!!
...!!
MO-MENT... STECK IHR WAS IN DEN MUND ...!!
VERDAMMT!! DIE EIGENE FRAU LIEGT IM STERBEN UND SO'N SCHEISS-MANN...!!
HAT KEINEN ZWECK. DIE STÜRMEN DIE FES-TUNG.
WO IST GAMBINO ?!
GUTS...
HEH, DU...!?
!

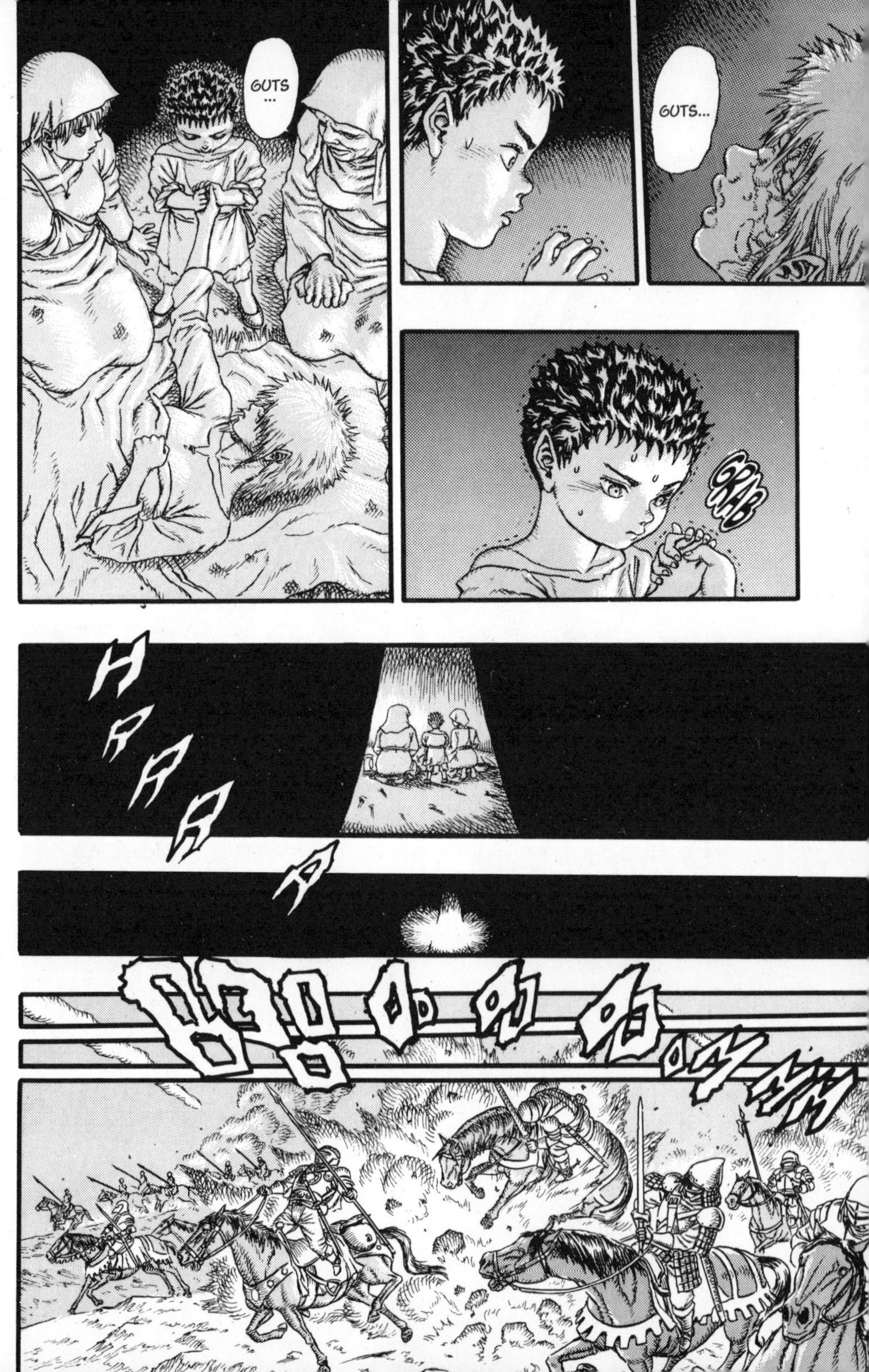
GUTS
...
GUTS...
GRAB
HRRRA

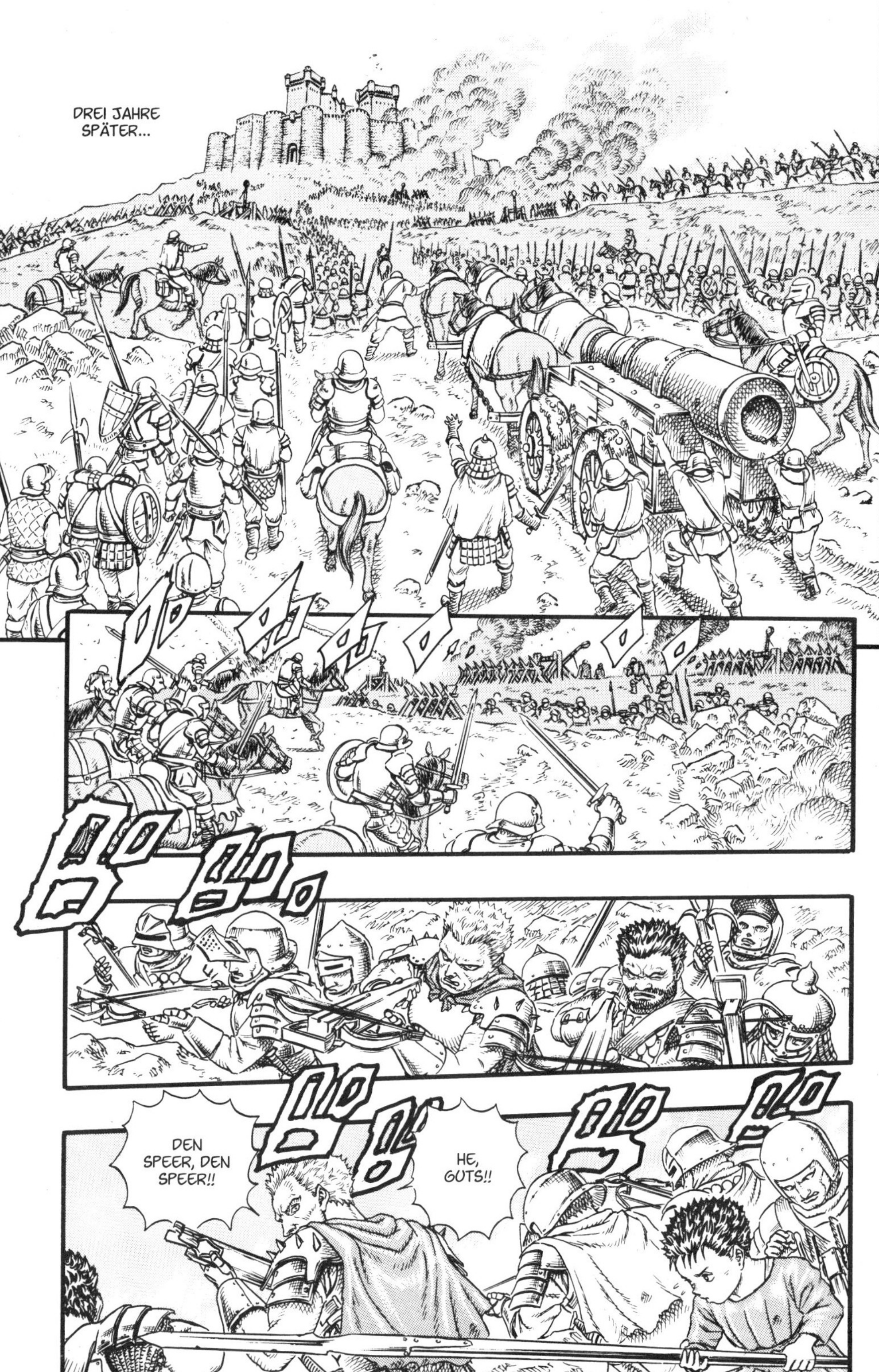
DREI JAHRE SPÄTER...
DEN SPEER, DEN SPEER!!
HE, GUTS!!

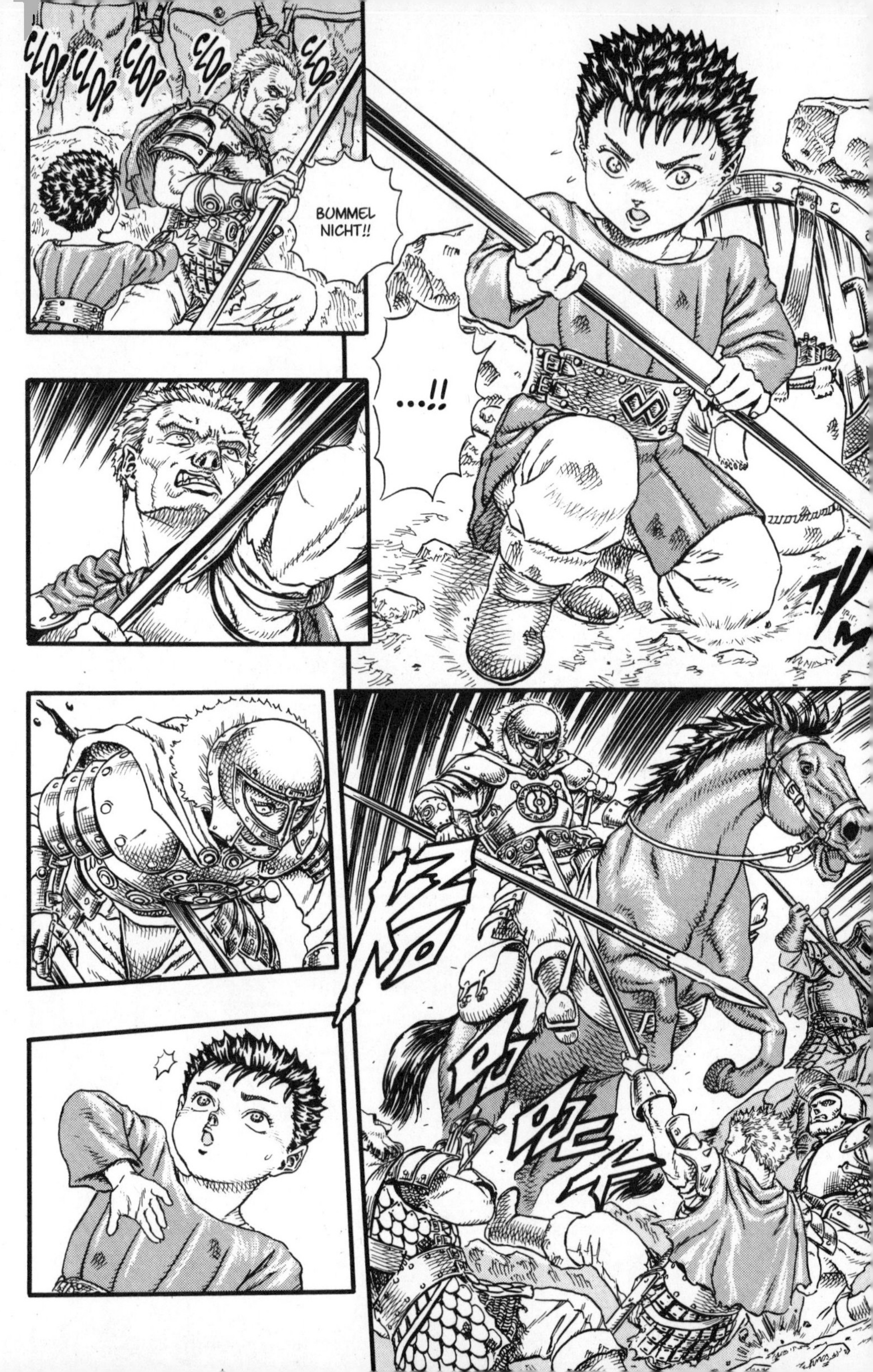
CLOP
CLOP
CLOP
CLOP
BUMMEL NICHT!!
...!!

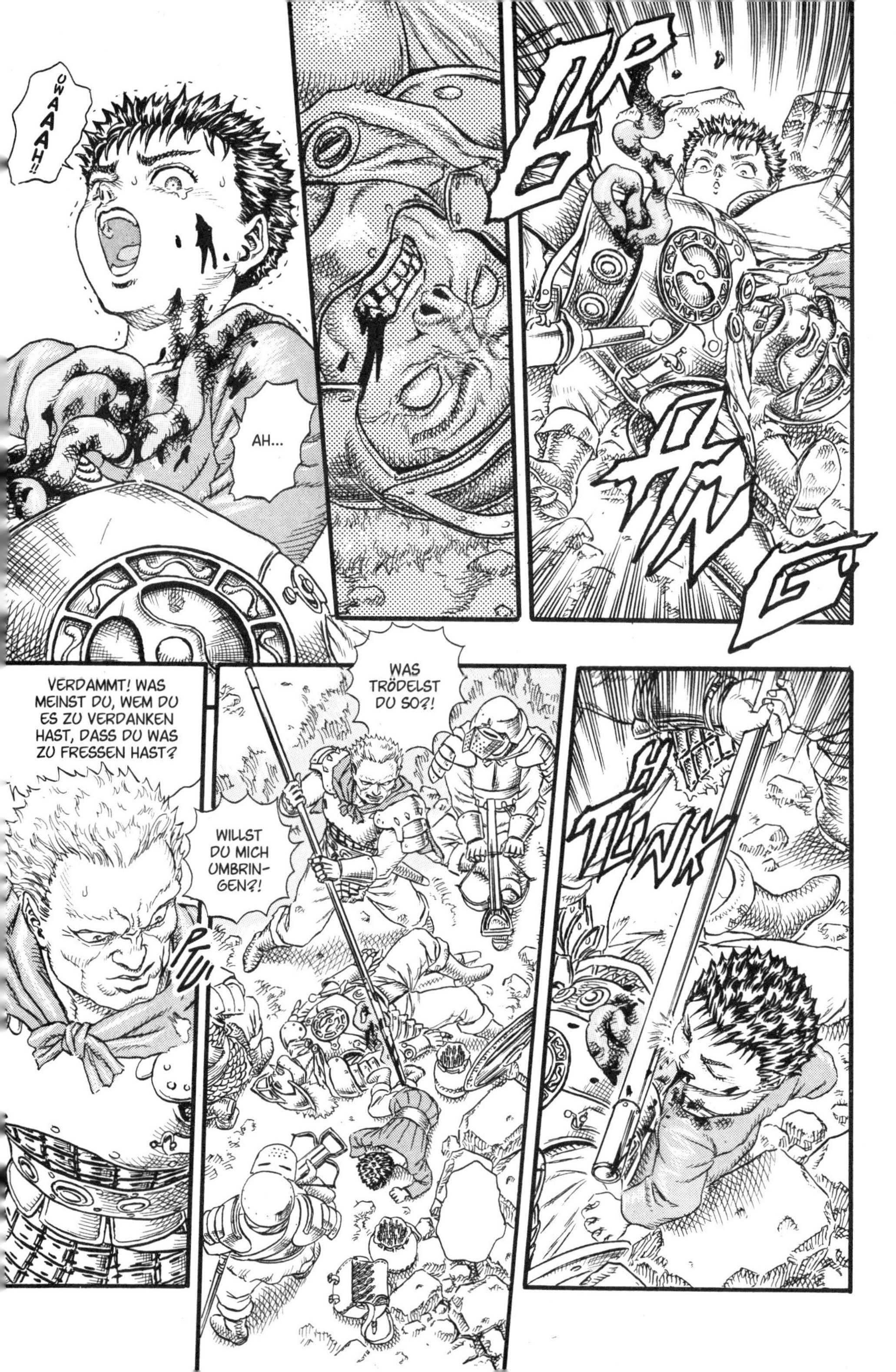UWAAAH!!
AH...
VERDAMMT! WAS MEINST DU, WEM DU ES ZU VERDANKEN HAST, DASS DU WAS ZU FRESSEN HAST?
WAS TRÖDELST DU SO?!
WILLST DU MICH UMBRIN-GEN?!

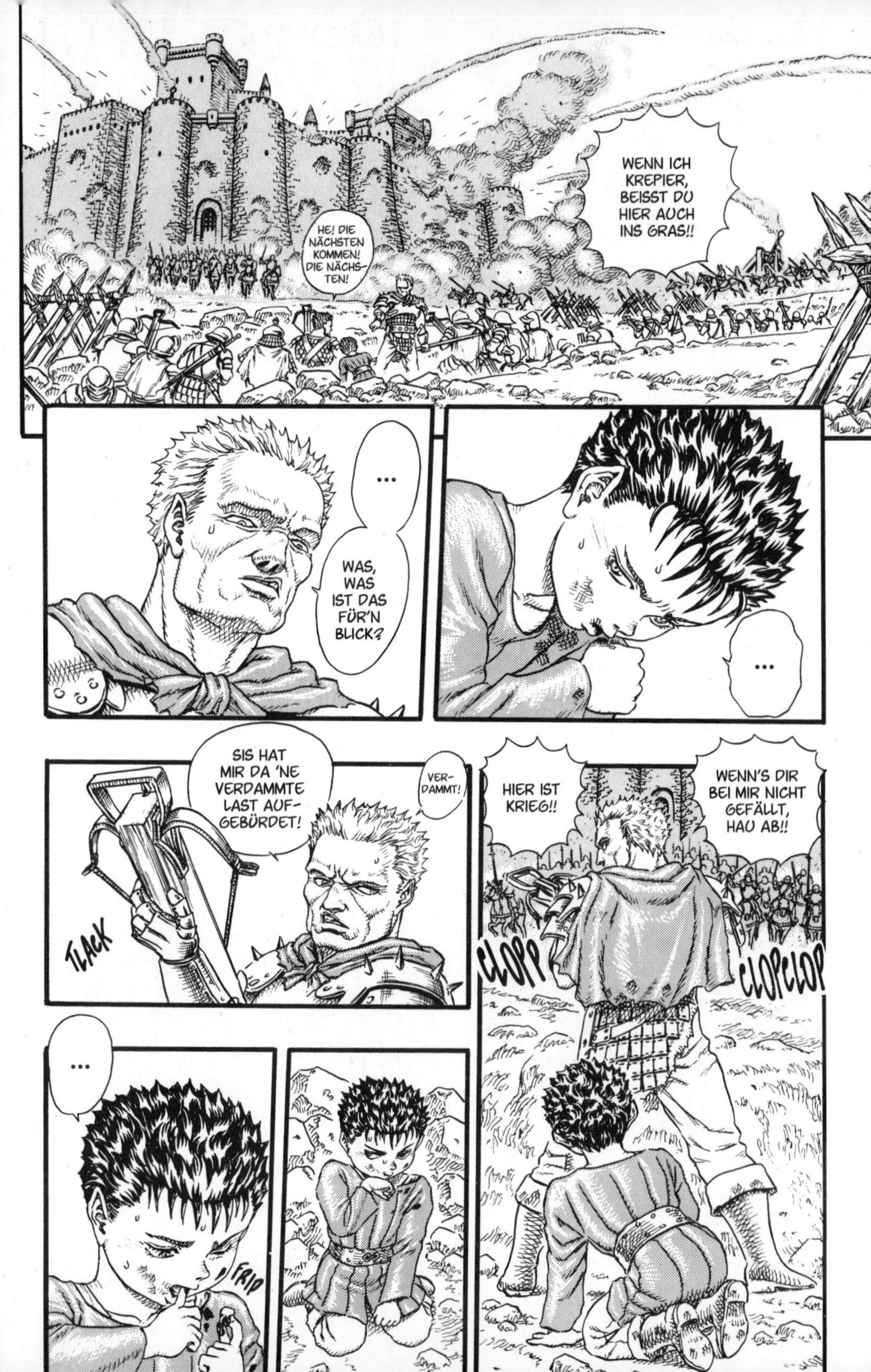

WENN ICH KREPIER, BEISST DU HIER AUCH INS GRAS!!
HE! DIE NÄCHSTEN KOMMEN! DIE NÄCHSTEN!
...
WAS, WAS IST DAS FÜR'N BLICK?
...
SIS HAT MIR DA 'NE VERDAMMTE LAST AUFGEBÜRDET!
VERDAMMT!
TLACK
WENN'S DIR BEI MIR NICHT GEFÄLLT, HAU AB!!
HIER IST KRIEG!!
CLOPP
CLOPCLOP
...
FRIP

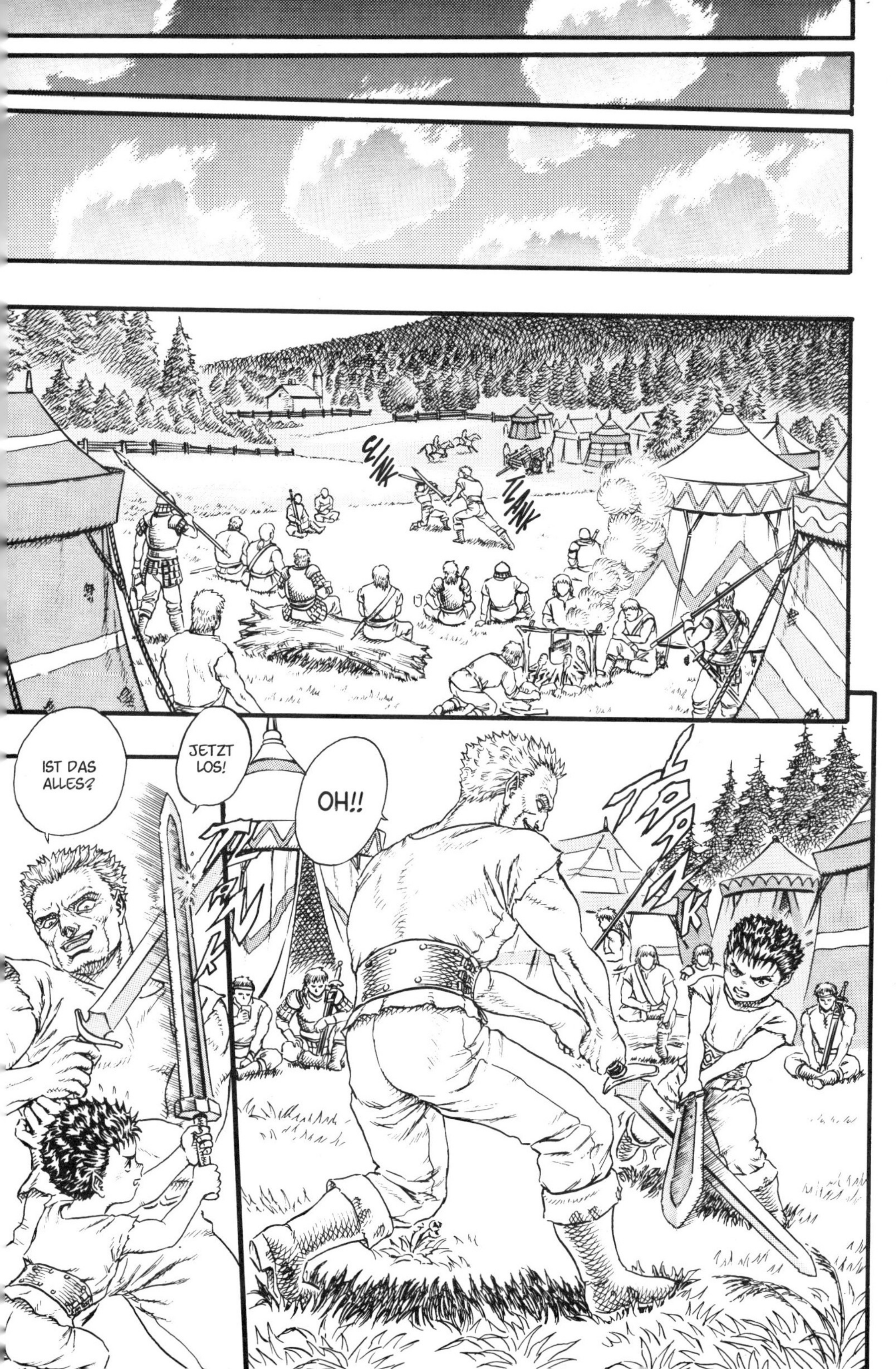
CLINK
CLANK
JETZT LOS!
OH!!
IST DAS ALLES?

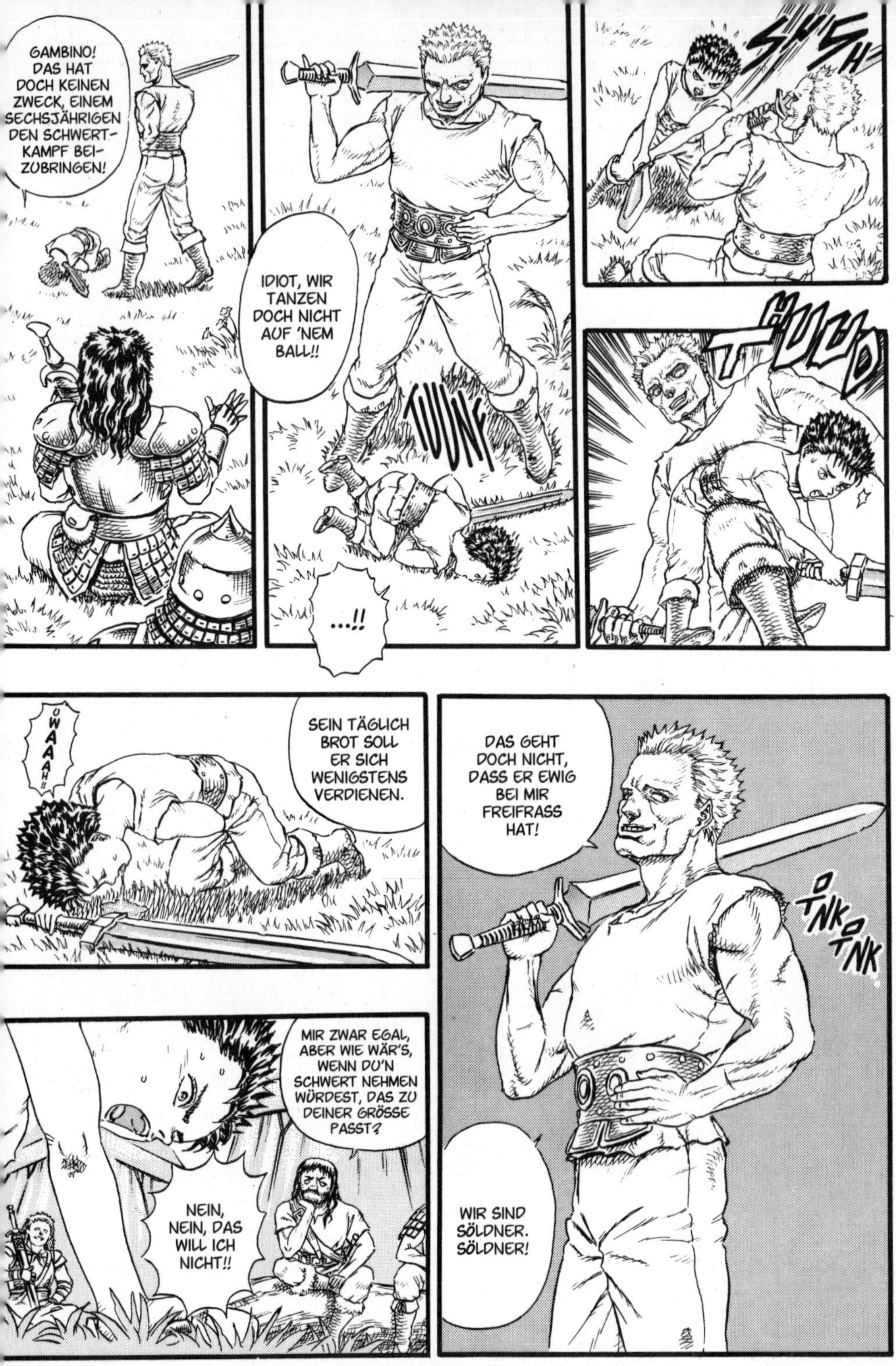

GAMBINO! DAS HAT DOCH KEINEN ZWECK, EINEM SECHSJÄHRIGEN DEN SCHWERTKAMPF BEIZUBRINGEN!

IDIOT, WIR TANZEN DOCH NICHT AUF 'NEM BALL!!

TUUNK

...!!

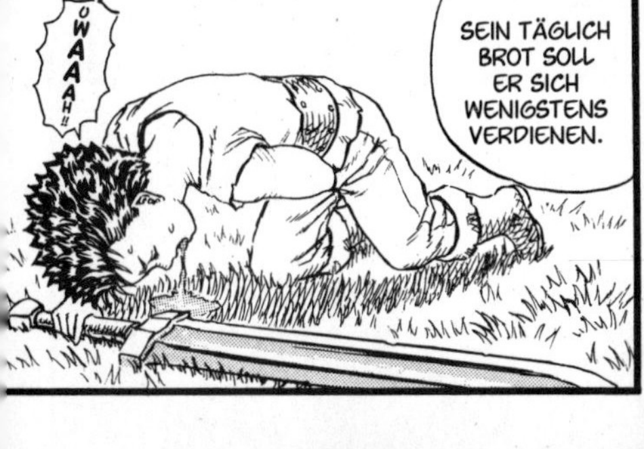

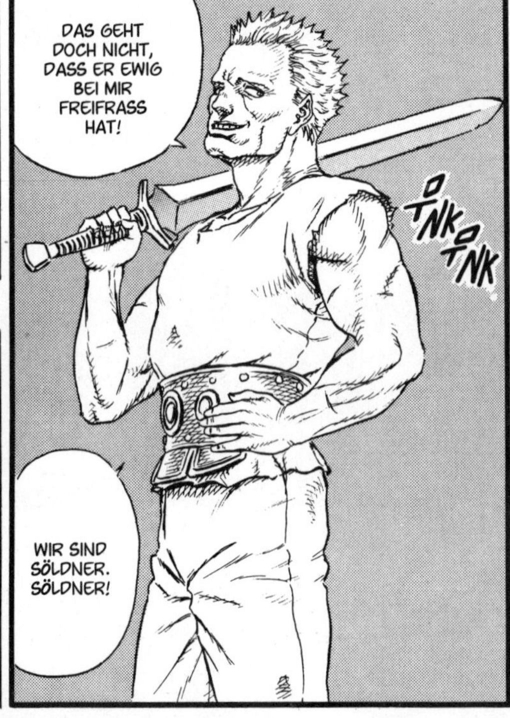

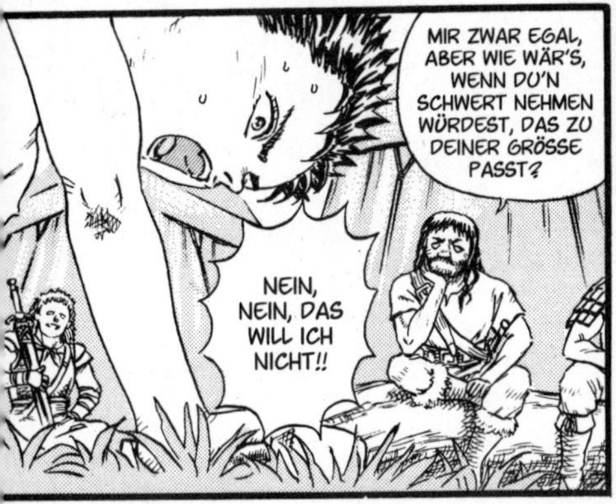

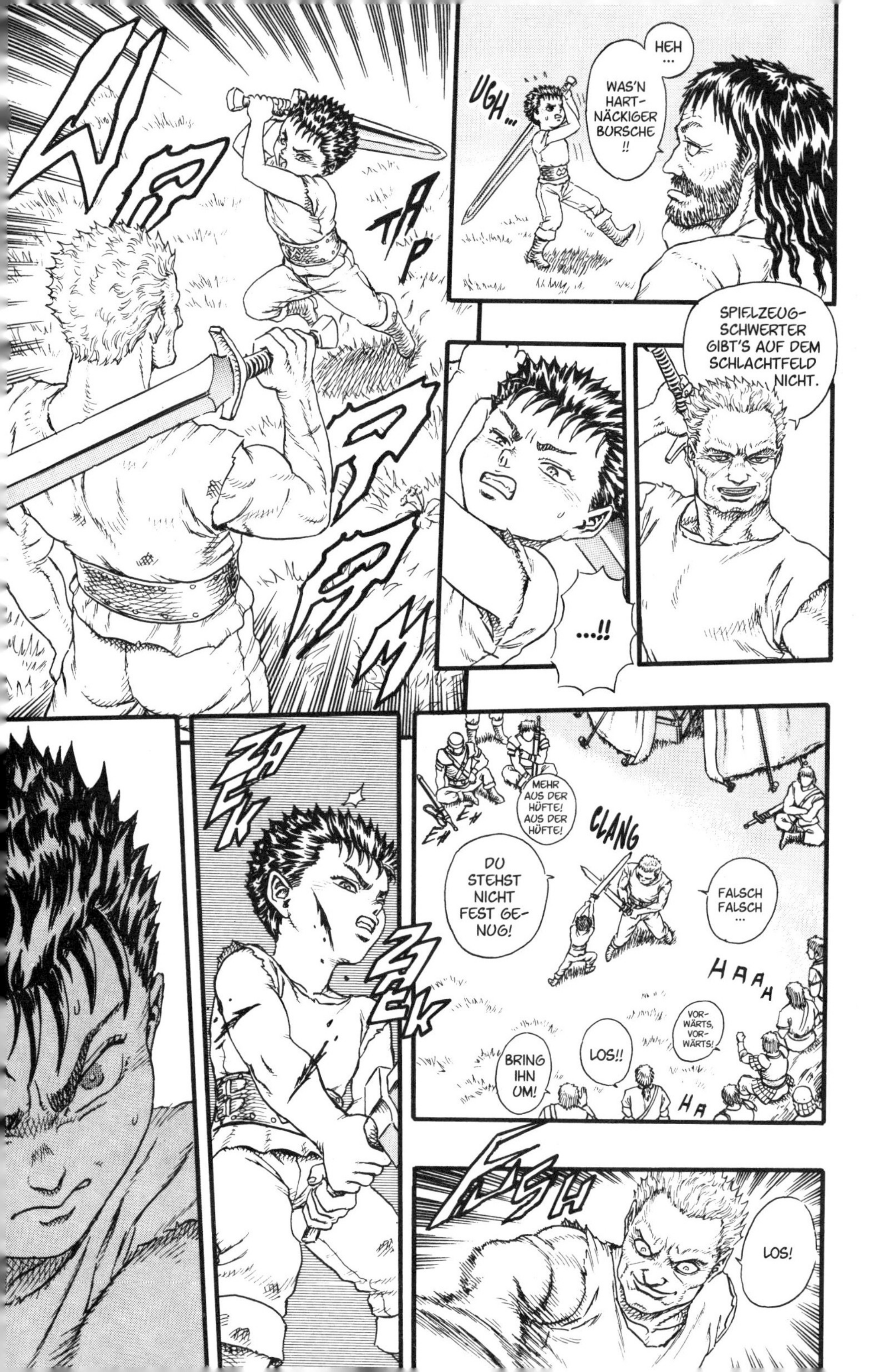

WA
TAP
UGH...
HEH ...
WAS'N HART-NÄCKIGER BURSCHE !!
FASH
SPIELZEUG-SCHWERTER GIBT'S AUF DEM SCHLACHTFELD NICHT.
...!!
ZACK
ZACK
MEHR AUS DER HÜFTE! AUS DER HÜFTE!
EH EH
CLANG
DU STEHST NICHT FEST GE-NUG!
FALSCH FALSCH ...
HAAAH
VOR-WÄRTS, VOR-WÄRTS!
LOS!!
BRING IHN UM!
HA
FASH
LOS!

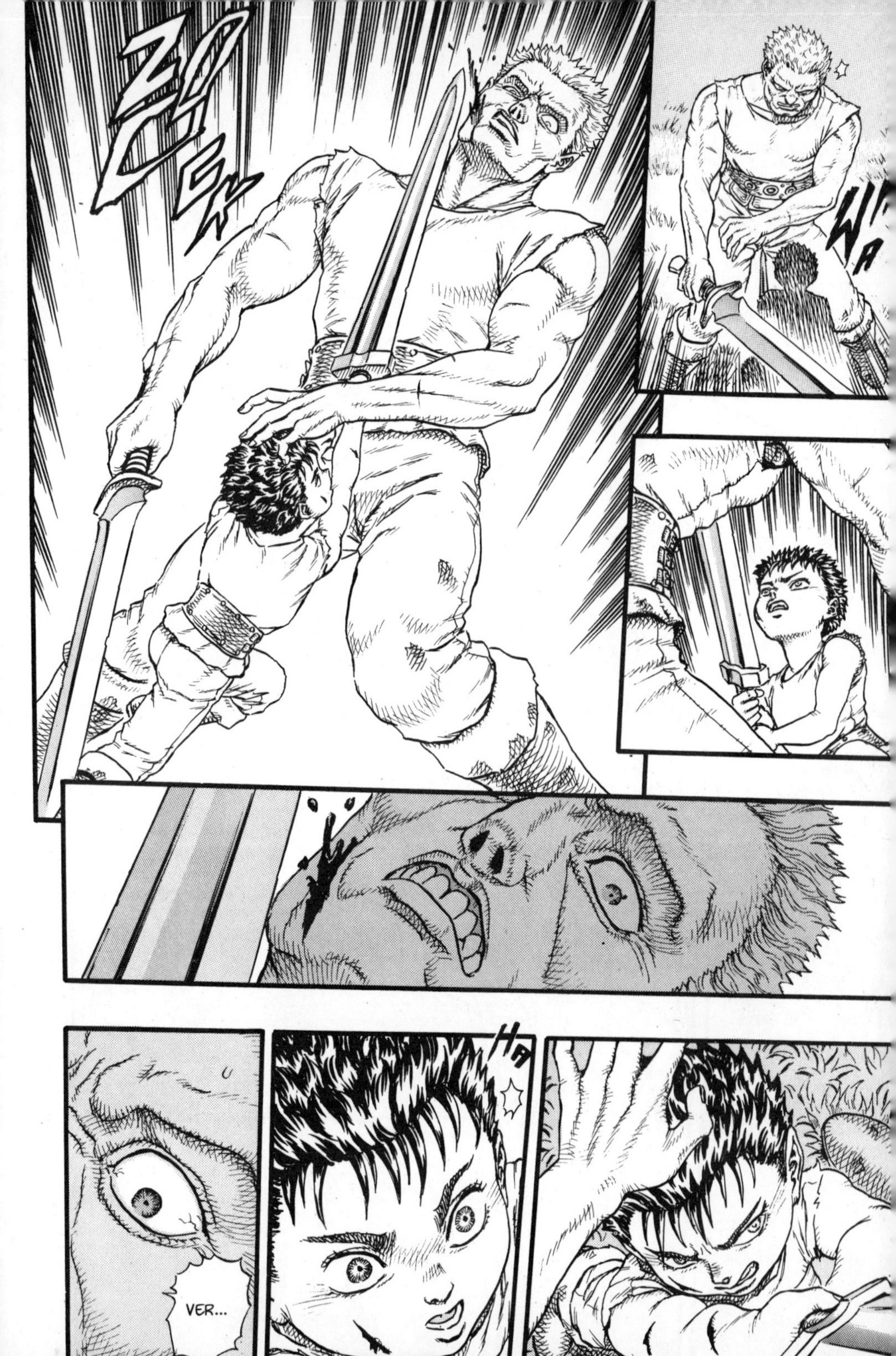
WA
HA
VER...

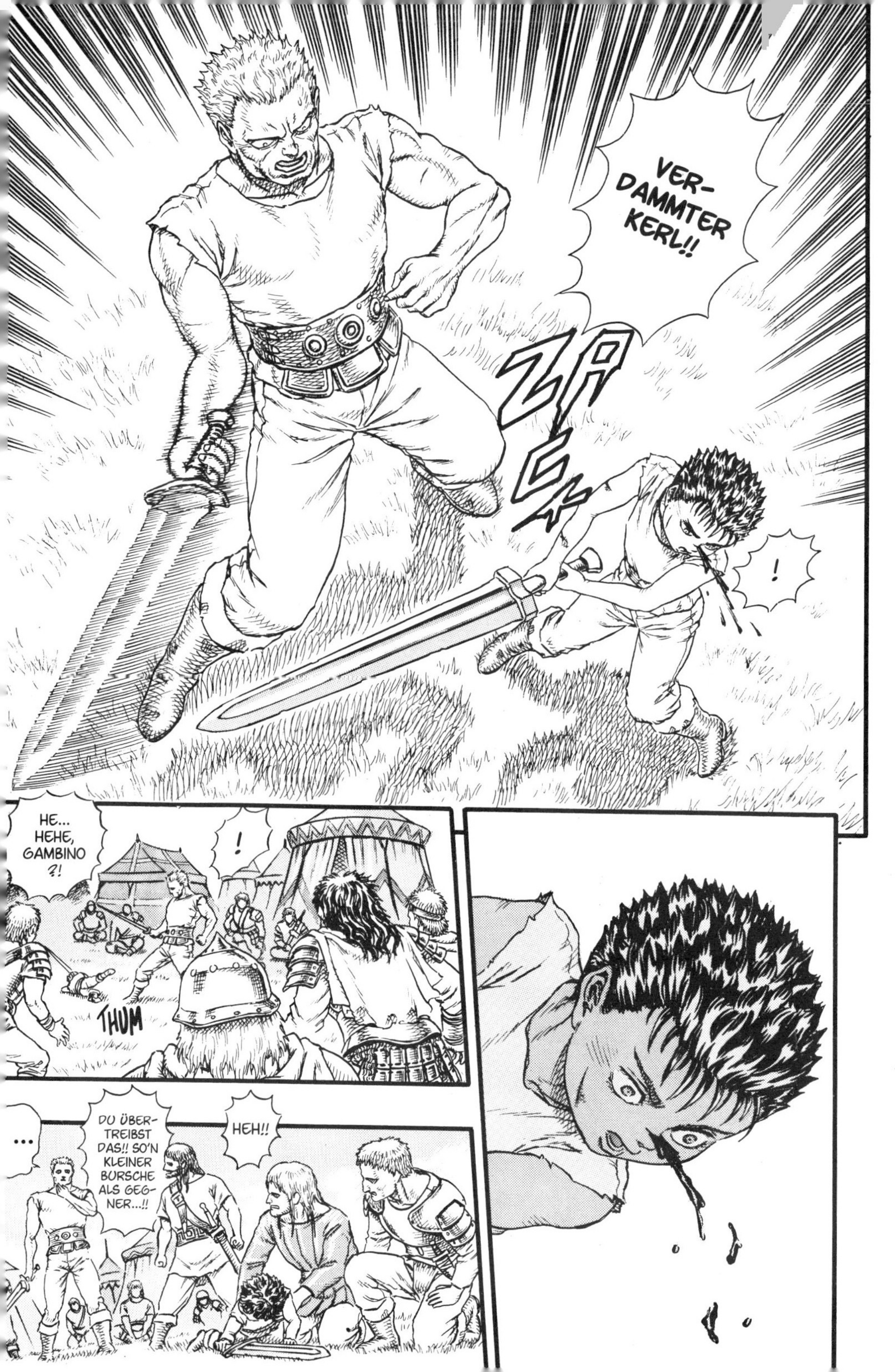
VER-
DAMMTER
KERL!!
ZAGK
!
HE...
HEHE,
GAMBINO
?!
!
THUM
...
DU ÜBER-
TREIBST
DAS!! SO'N
KLEINER
BURSCHE
ALS GEG-
NER...!!
HEH!!

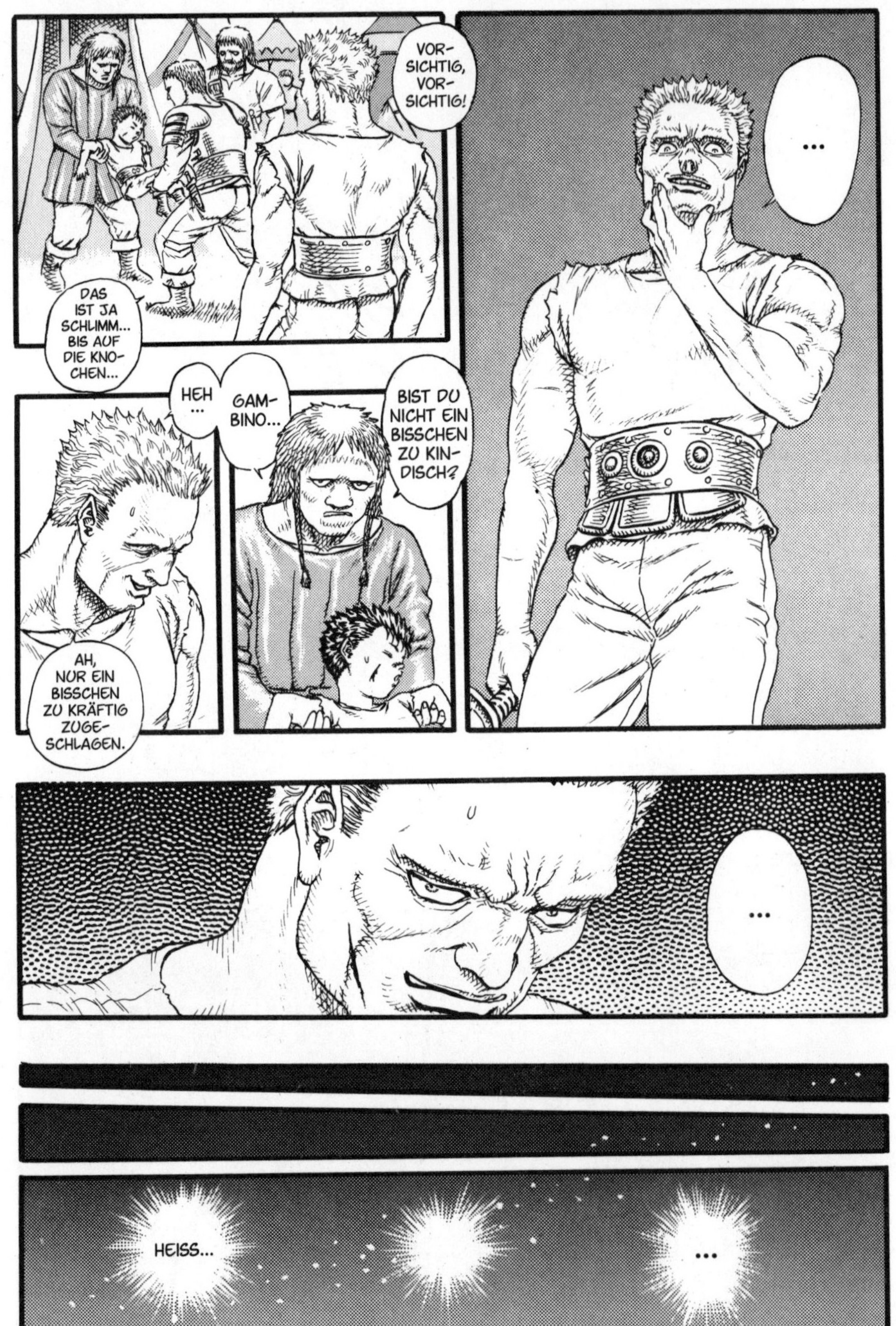
...
VORSICHTIG, VORSICHTIG!
DAS IST JA SCHLIMM... BIS AUF DIE KNOCHEN...
BIST DU NICHT EIN BISSCHEN ZU KINDISCH?
GAMBINO...
HEH ...
AH, NUR EIN BISSCHEN ZU KRÄFTIG ZUGESCHLAGEN.
...
HEISS...
...

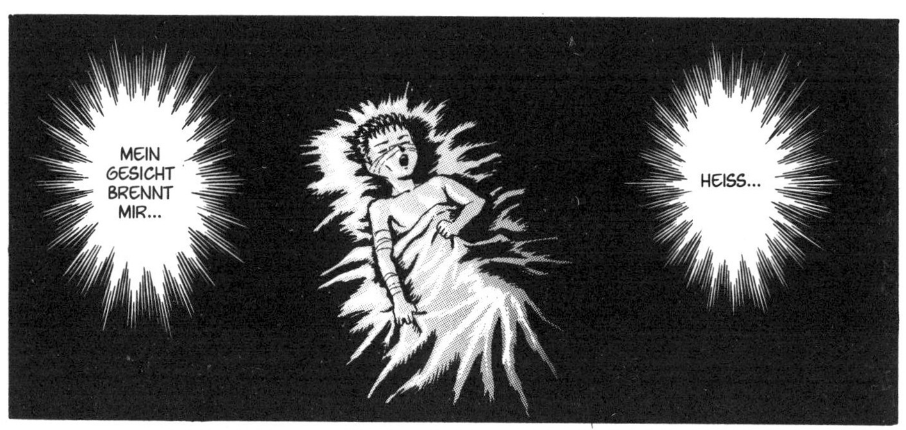
MEIN GESICHT BRENNT MIR...
HEISS...

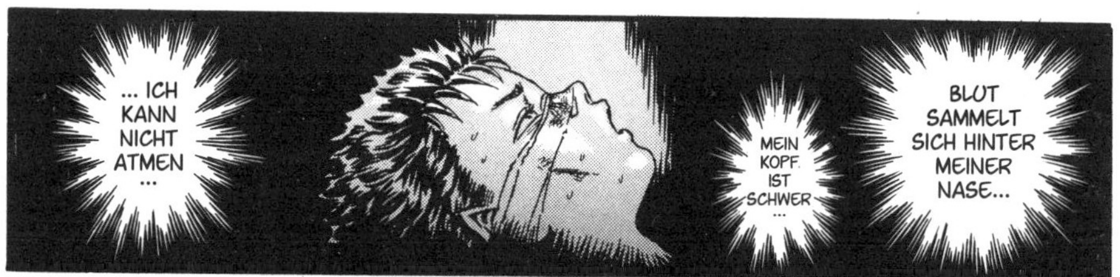
... ICH KANN NICHT ATMEN ...
MEIN KOPF IST SCHWER ...
BLUT SAMMELT SICH HINTER MEINER NASE...

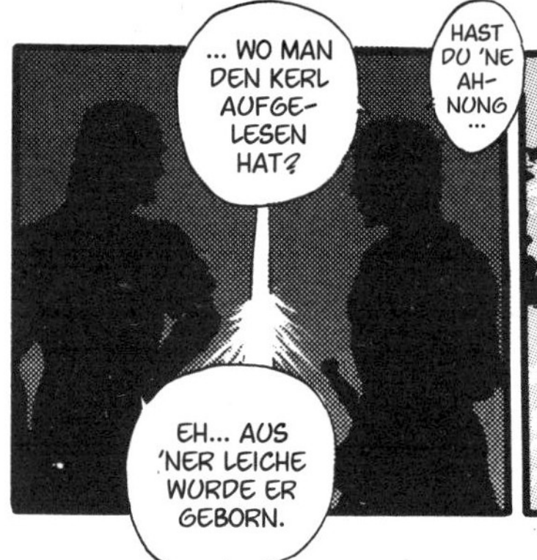
... WO MAN DEN KERL AUFGE-LESEN HAT?
EH... AUS 'NER LEICHE WURDE ER GEBORN.

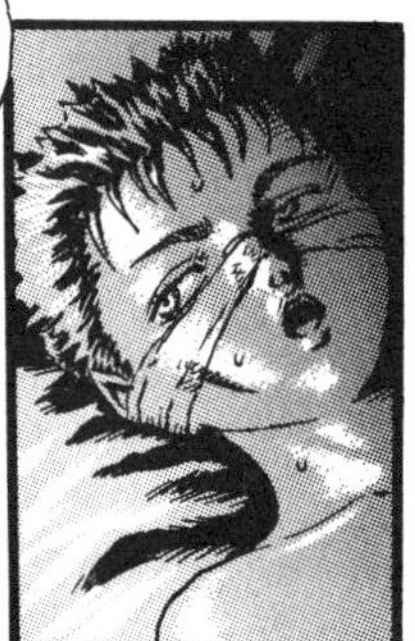
HAST DU 'NE AH-NUNG ...

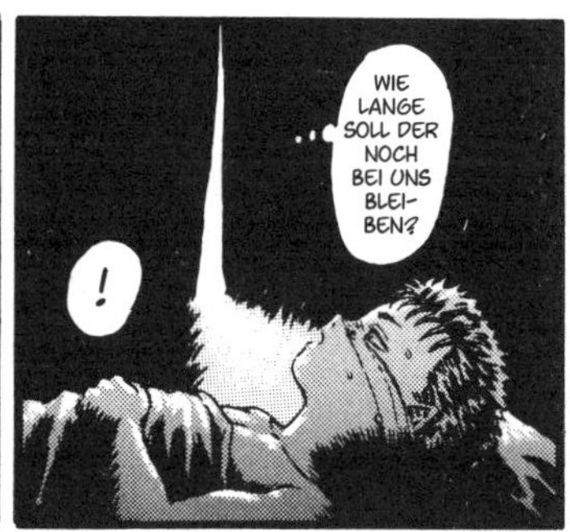
WIE LANGE SOLL DER NOCH BEI UNS BLEI-BEN?
!

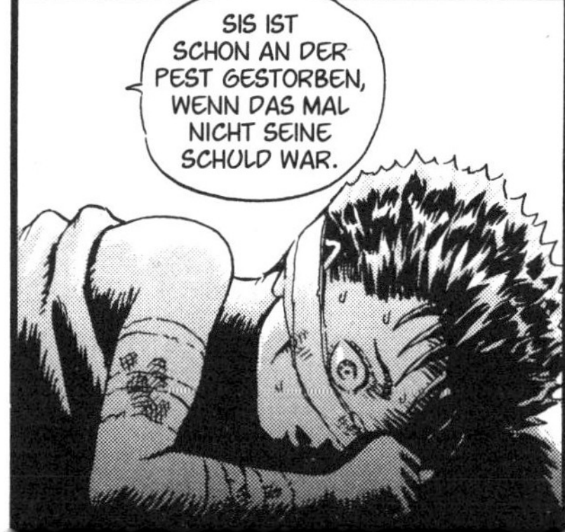
SIS IST SCHON AN DER PEST GESTORBEN, WENN DAS MAL NICHT SEINE SCHULD WAR.

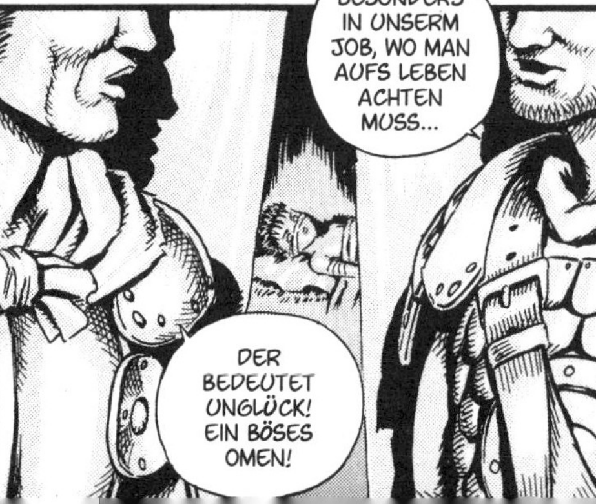
BESONDERS IN UNSERM JOB, WO MAN AUFS LEBEN ACHTEN MUSS...
DER BEDEUTET UNGLÜCK! EIN BÖSES OMEN!

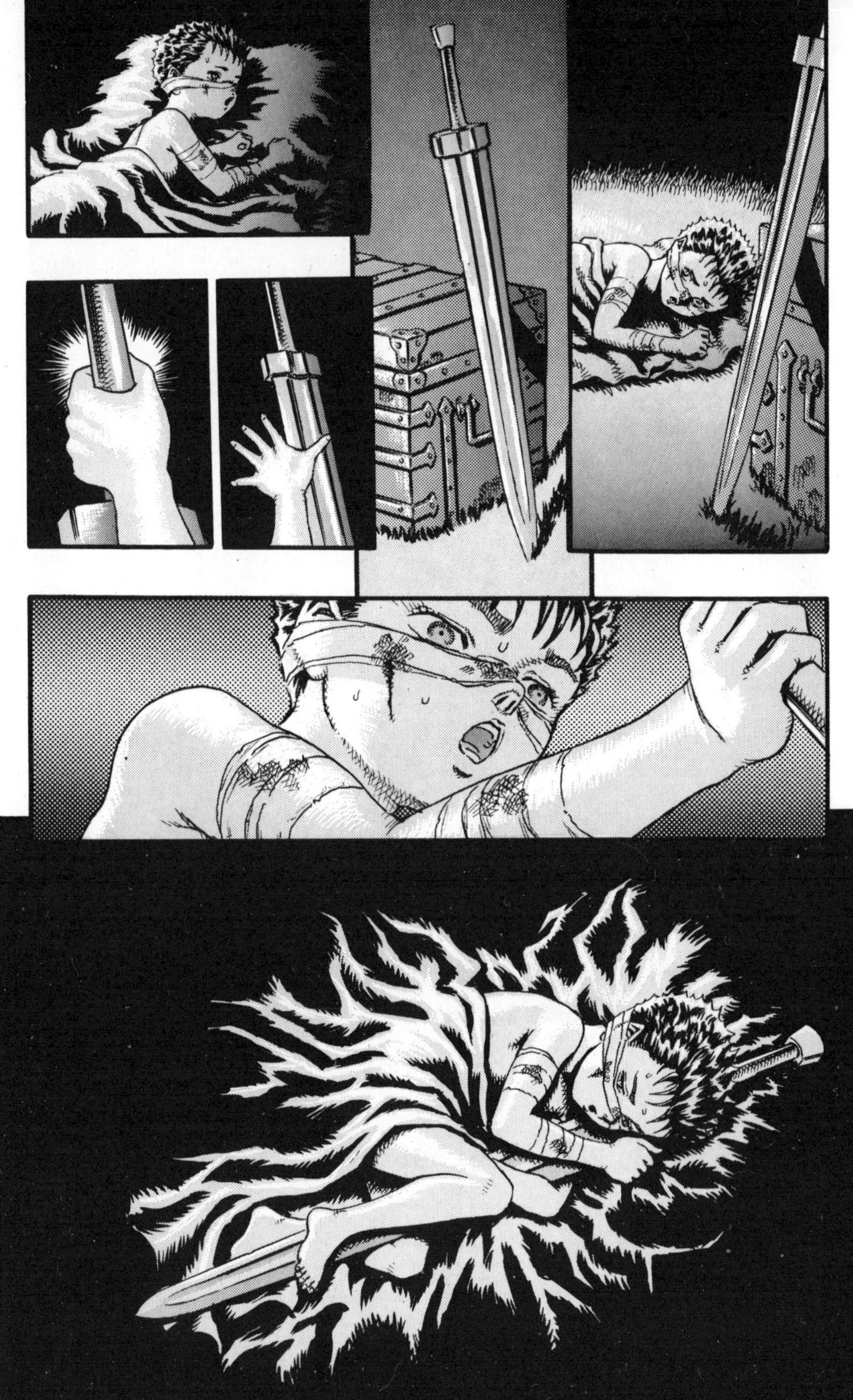

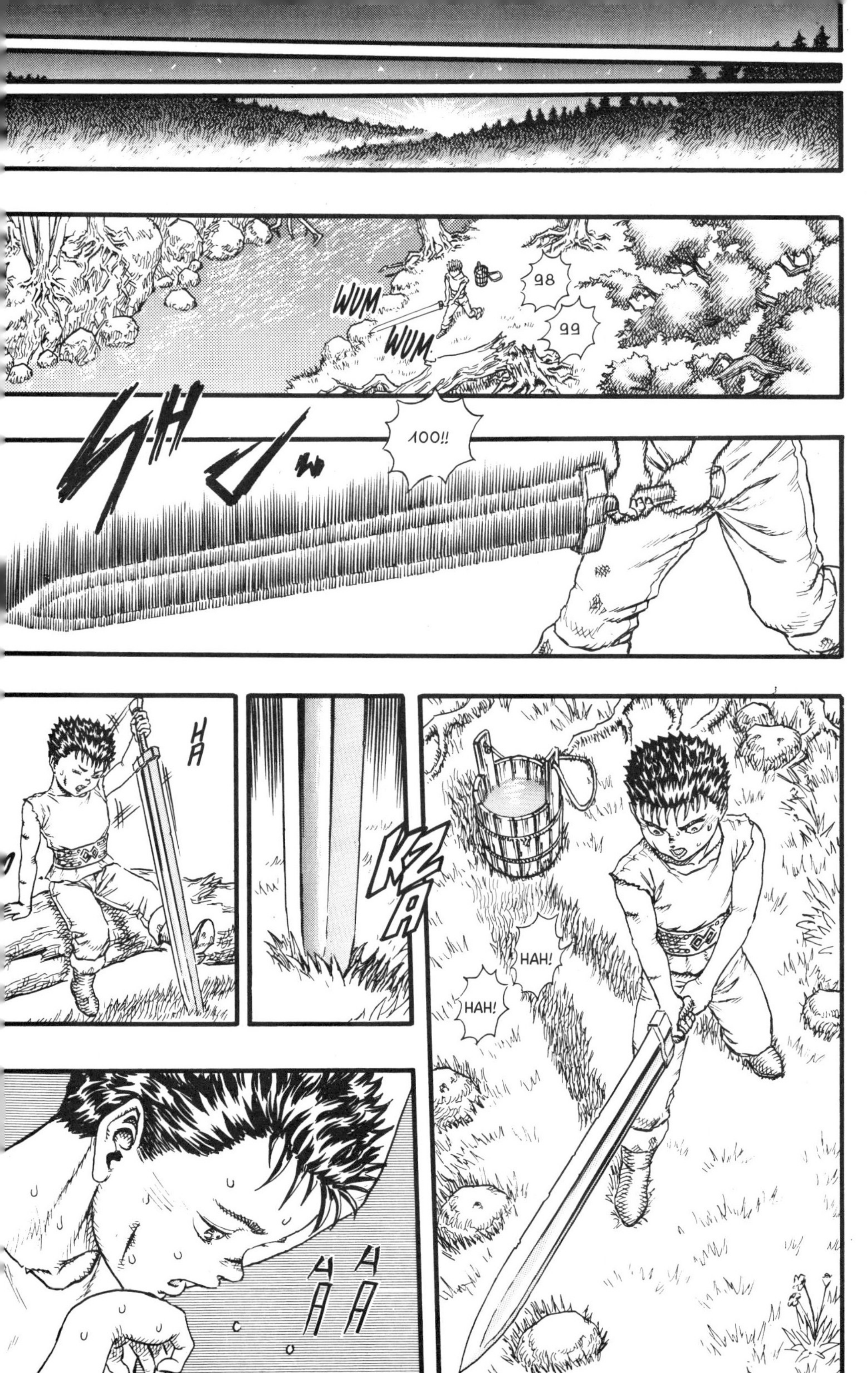
WUM
WUM
98
99
SHU
100!!
HA
KZA
HAH!
HAH!
HA HA
HA HA

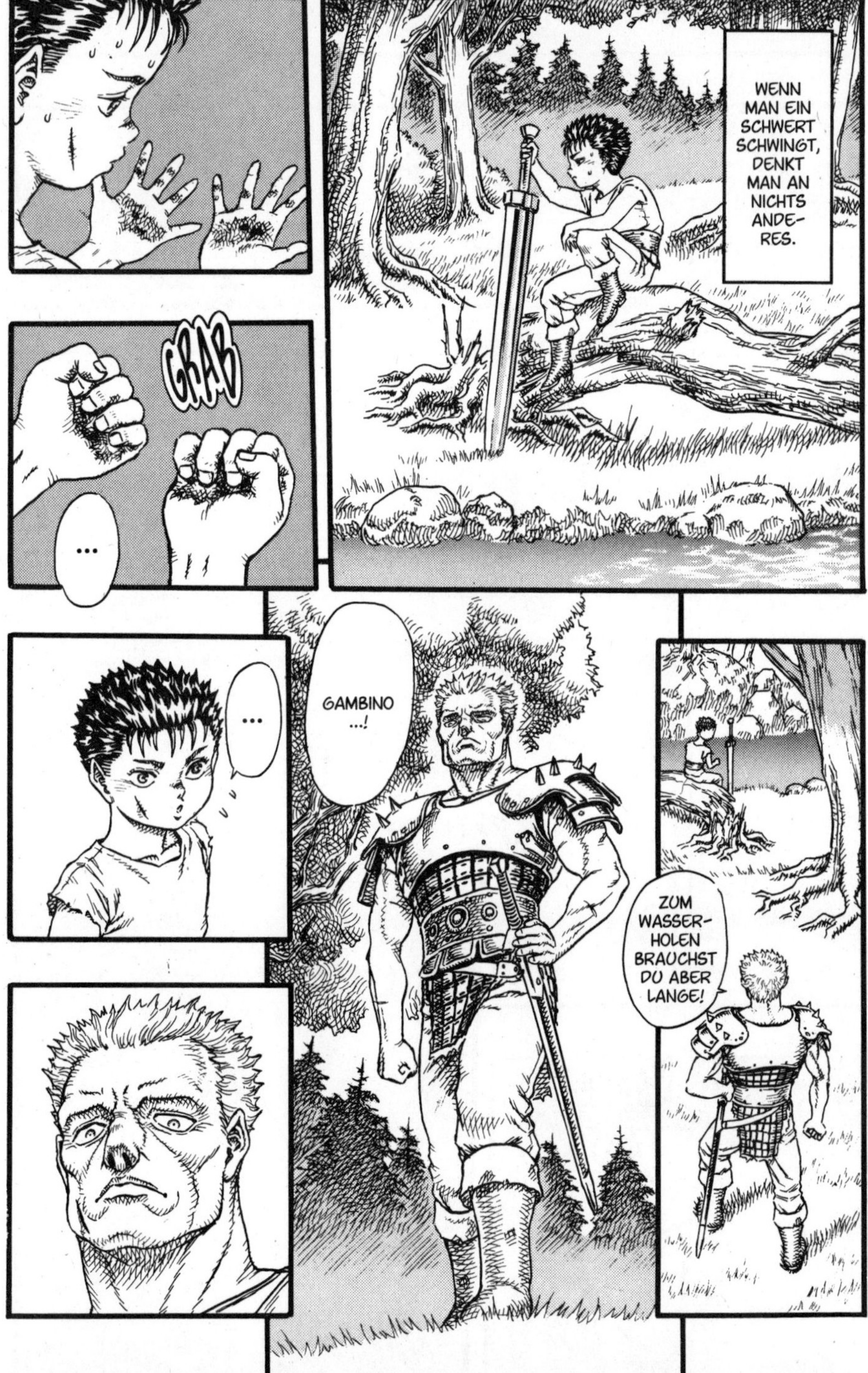
WENN MAN EIN SCHWERT SCHWINGT, DENKT MAN AN NICHTS ANDE-RES.
GRAB
...
ZUM WASSER-HOLEN BRAUCHST DU ABER LANGE!
GAMBINO ...!
...

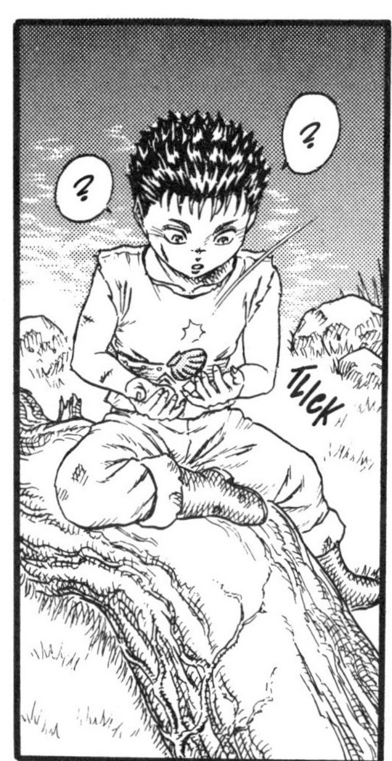
?
?
TLICK
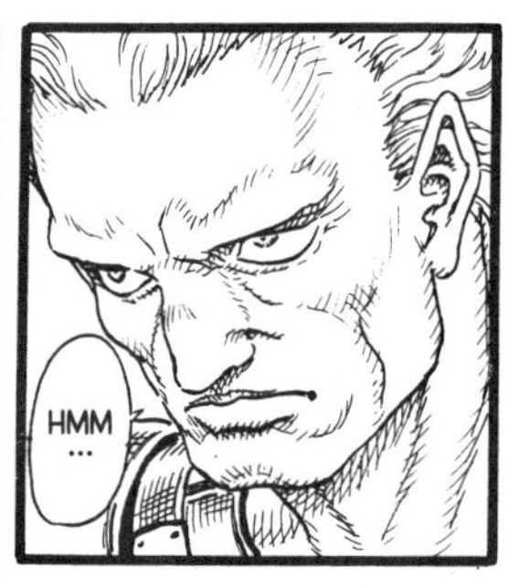
HMM ...
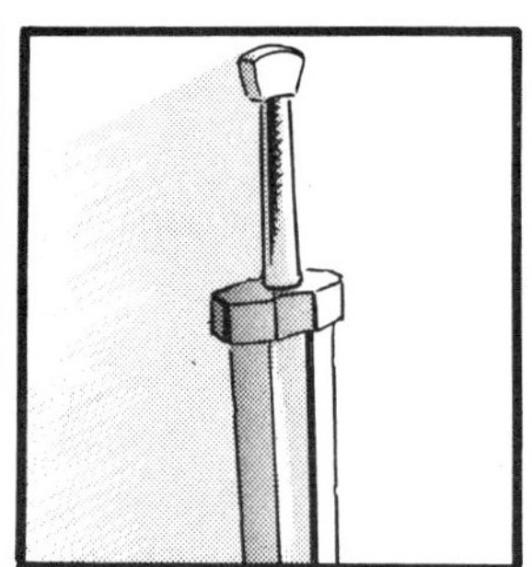
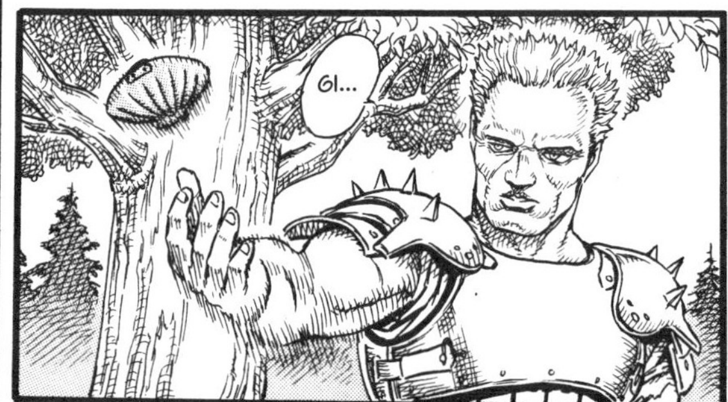
GI...
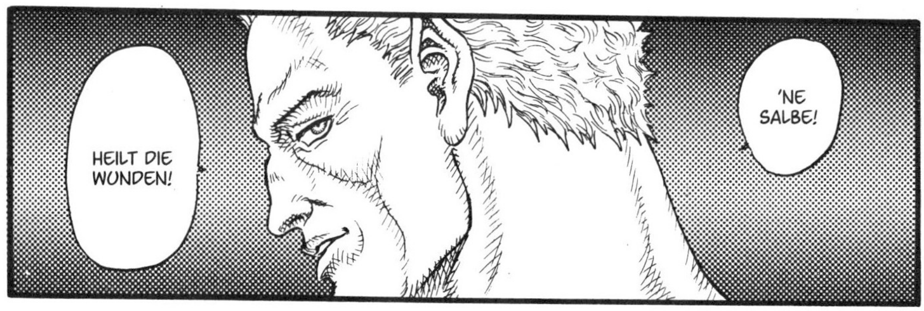
'NE SALBE!
HEILT DIE WUNDEN!
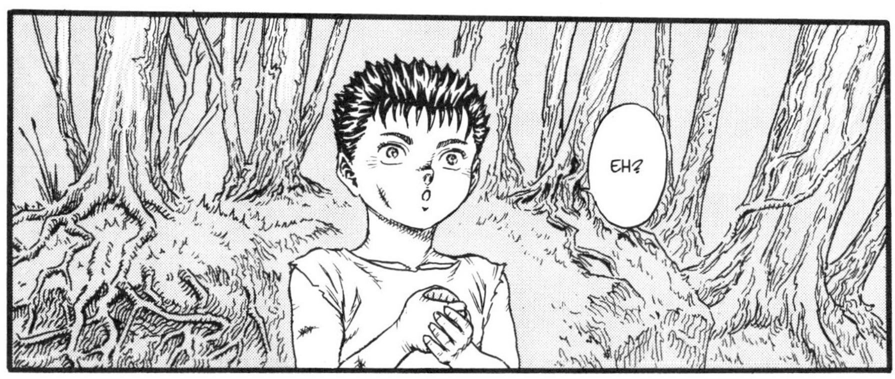
EH?

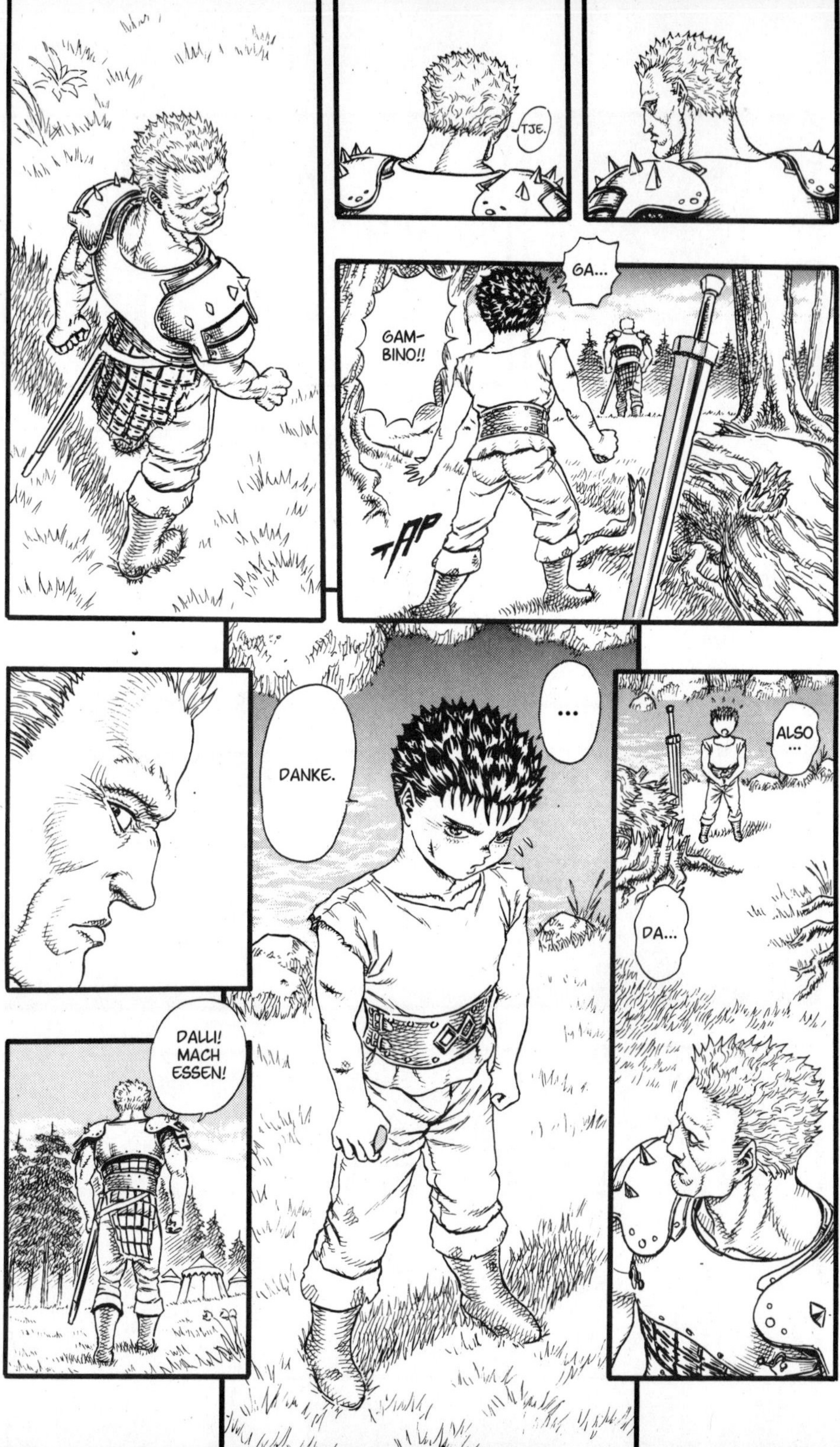
TJE.
GA...
GAM-
BINO!!
TAP
DANKE.
...
ALSO
...
DA...
DALLI!
MACH
ESSEN!

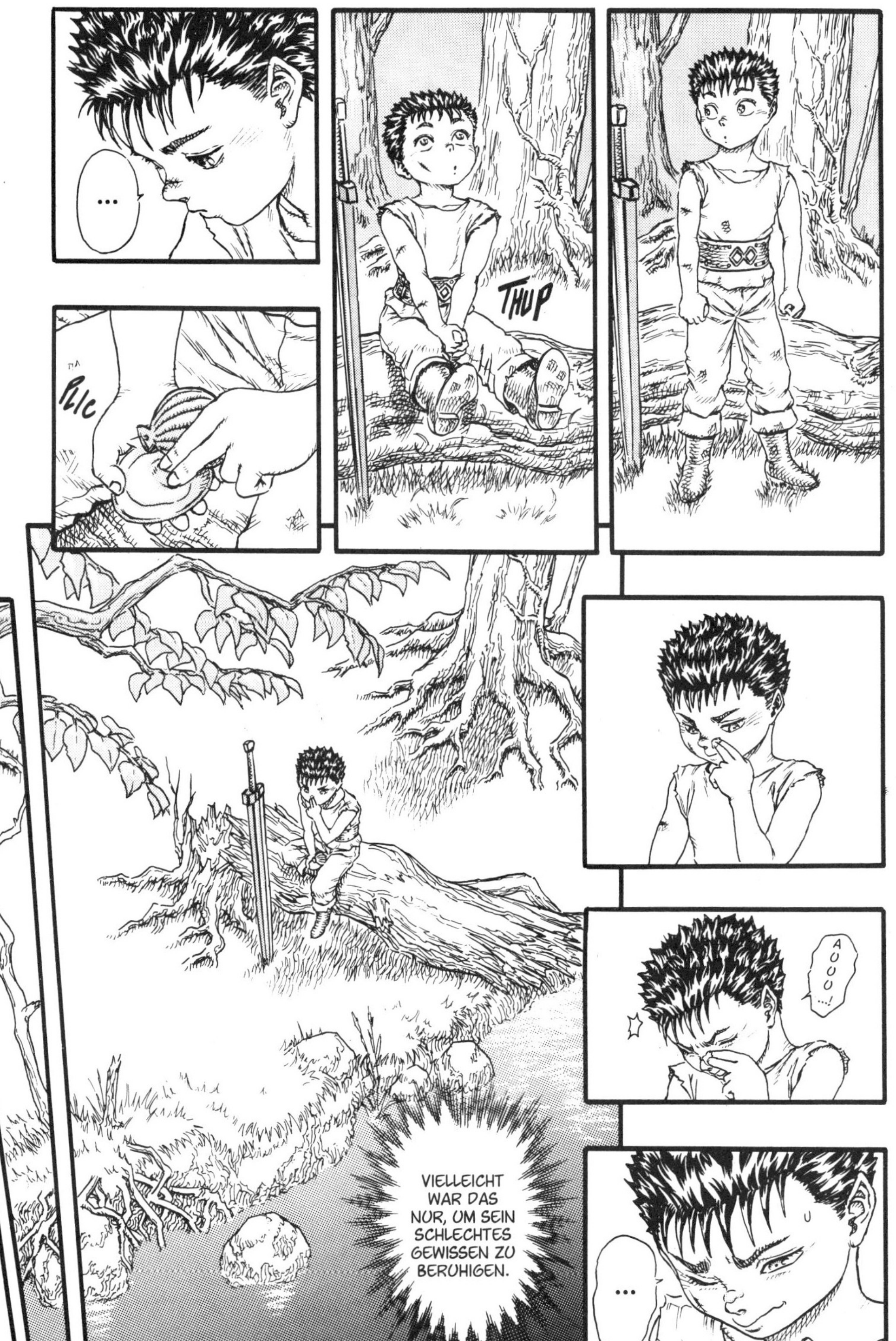
THUP
...
PLIC
AUUU...!
...
VIELLEICHT WAR DAS NUR, UM SEIN SCHLECHTES GEWISSEN ZU BERUHIGEN.

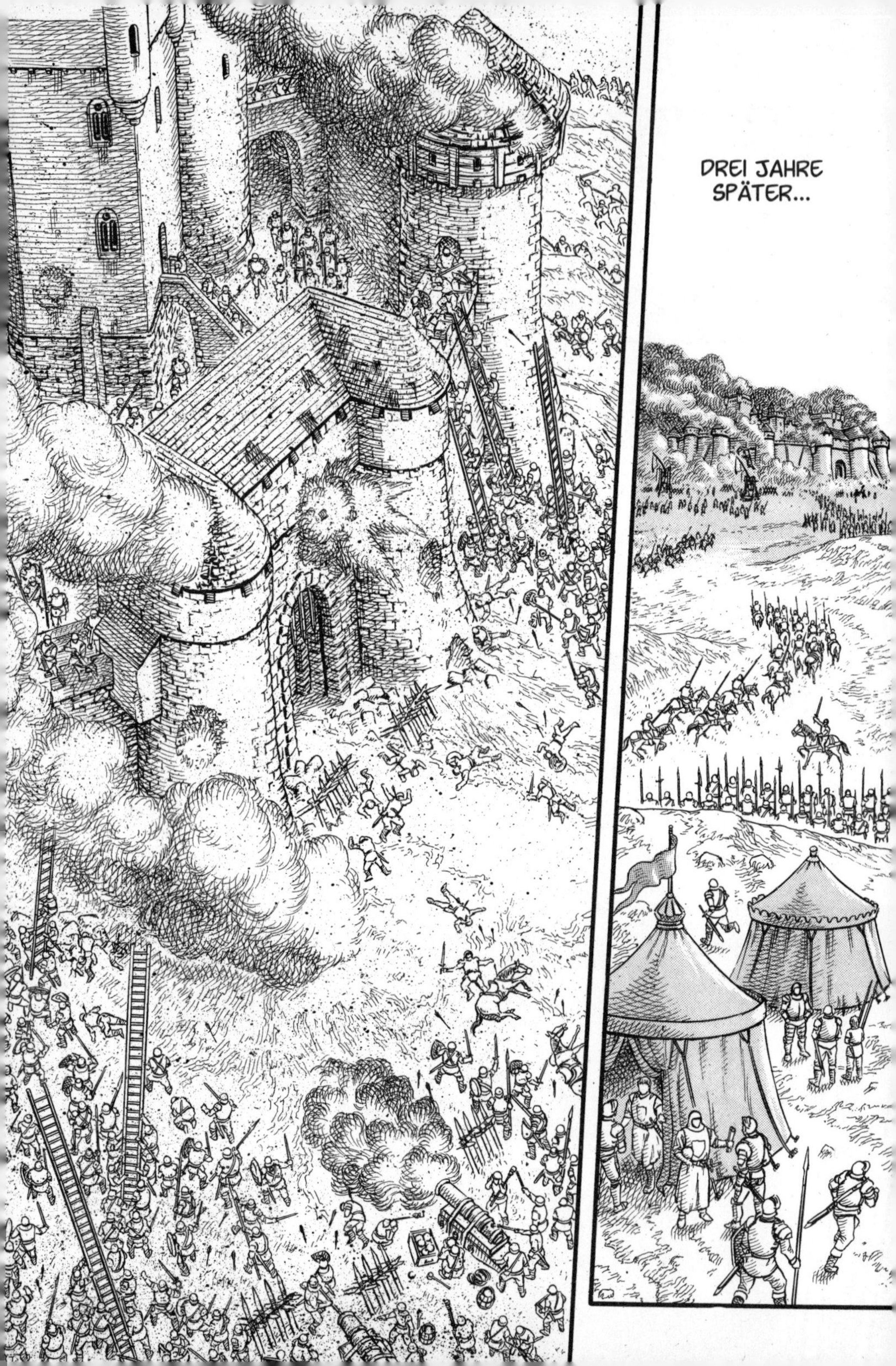
DREI JAHRE SPÄTER...

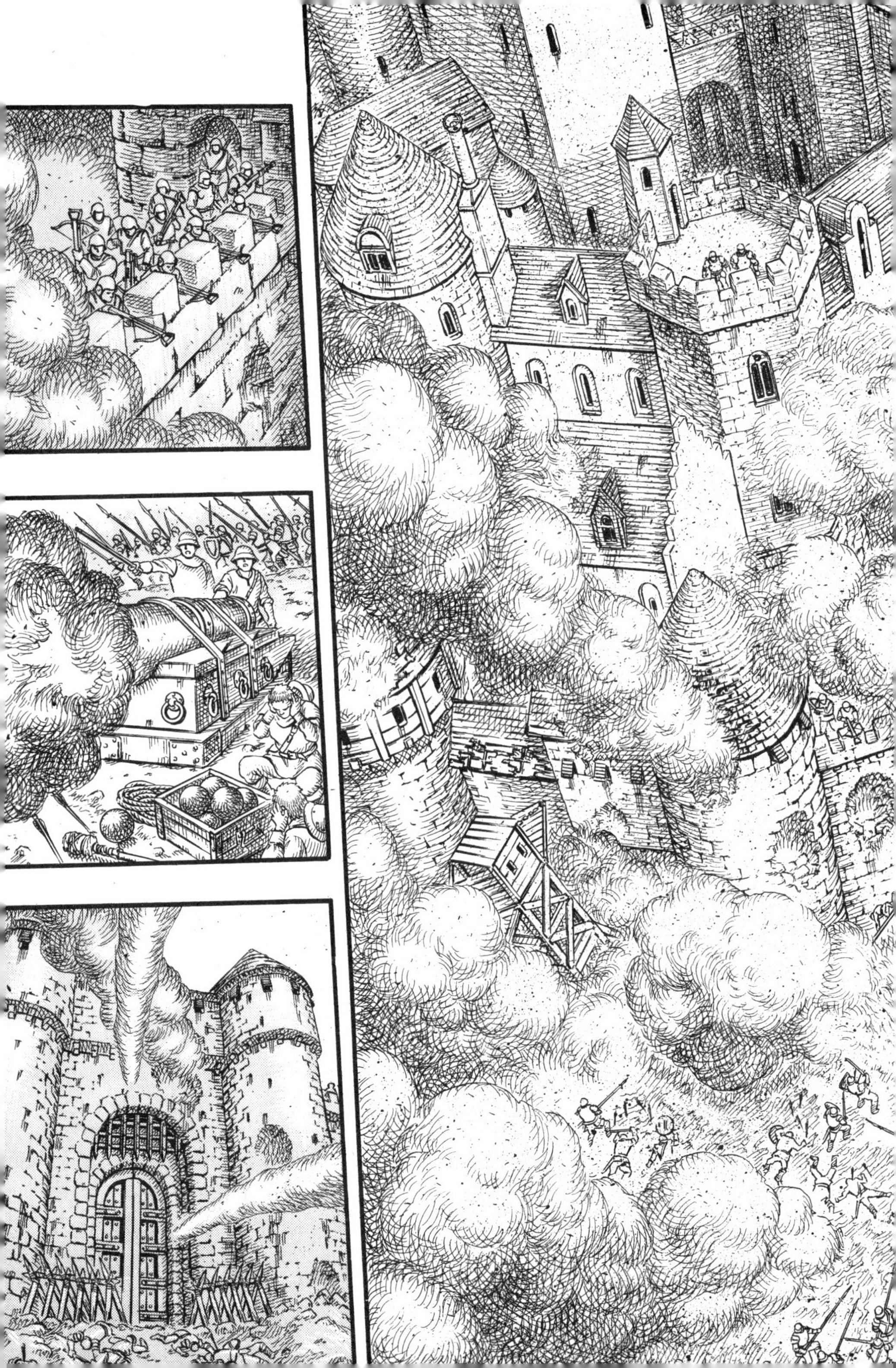

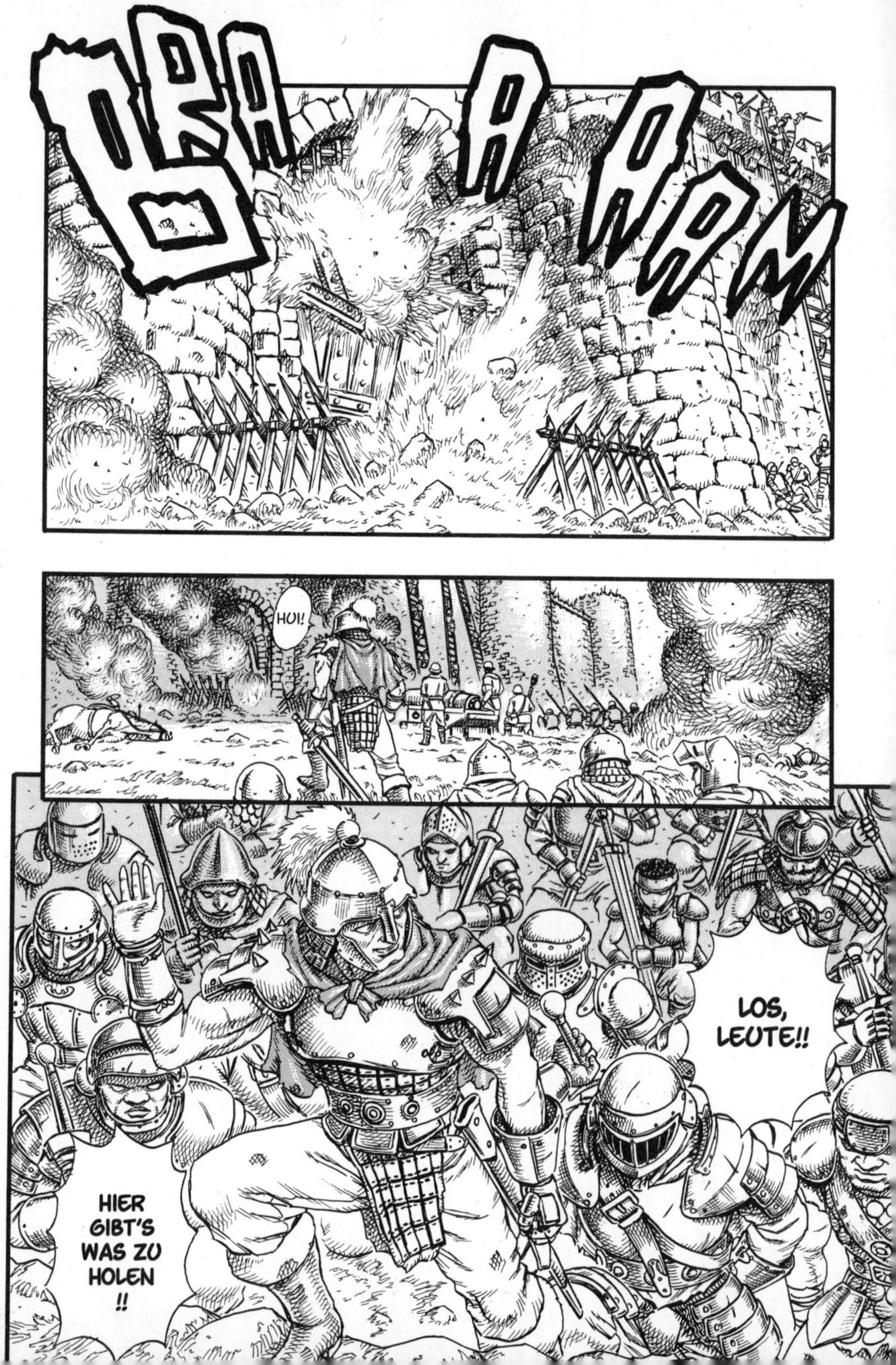

HUI!

LOS, LEUTE!!

HIER GIBT'S WAS ZU HOLEN !!

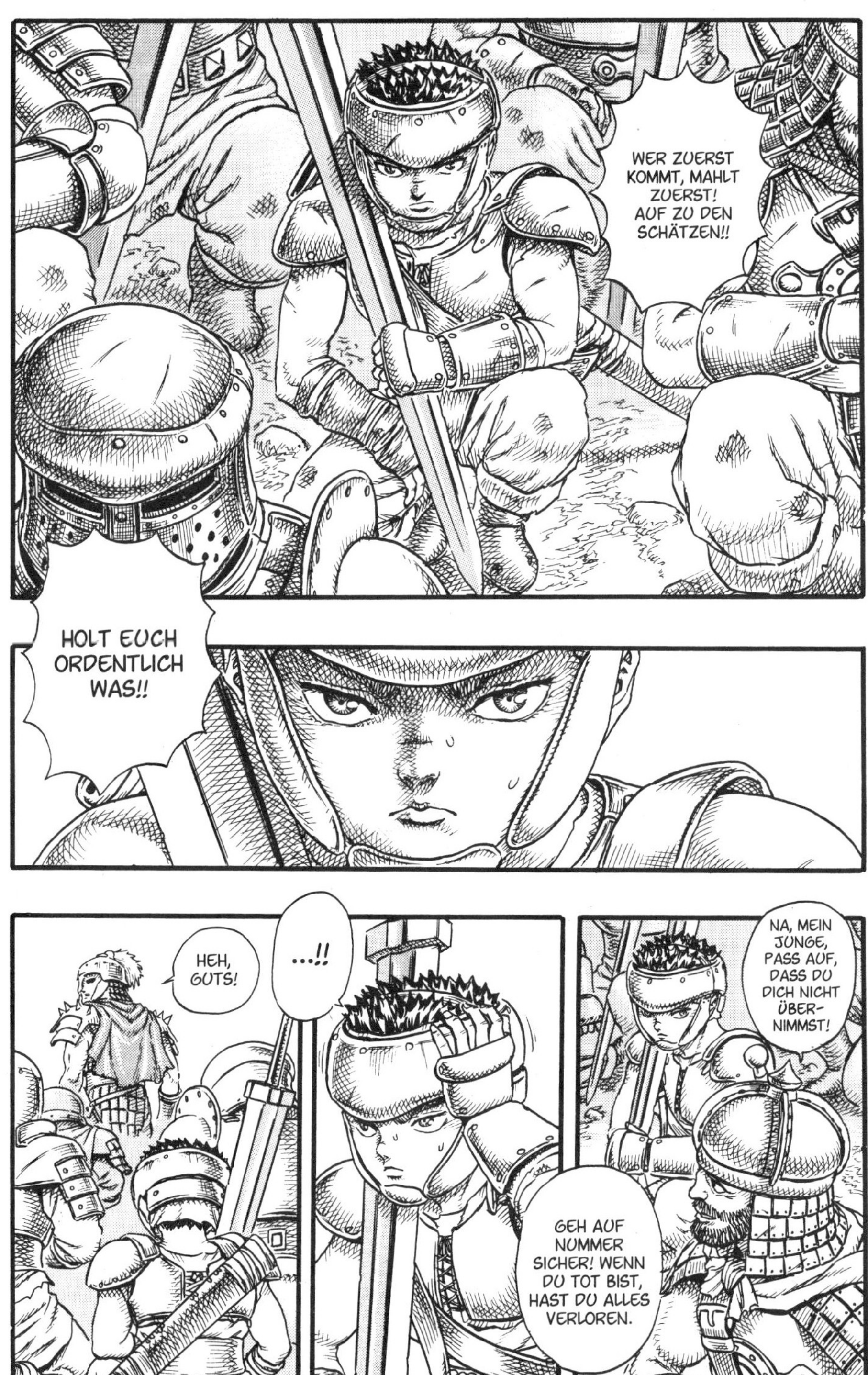

WER ZUERST KOMMT, MAHLT ZUERST! AUF ZU DEN SCHÄTZEN!!
HOLT EUCH ORDENTLICH WAS!!
NA, MEIN JUNGE, PASS AUF, DASS DU DICH NICHT ÜBER-NIMMST!
GEH AUF NUMMER SICHER! WENN DU TOT BIST, HAST DU ALLES VERLOREN.
...!!
HEH, GUTS!

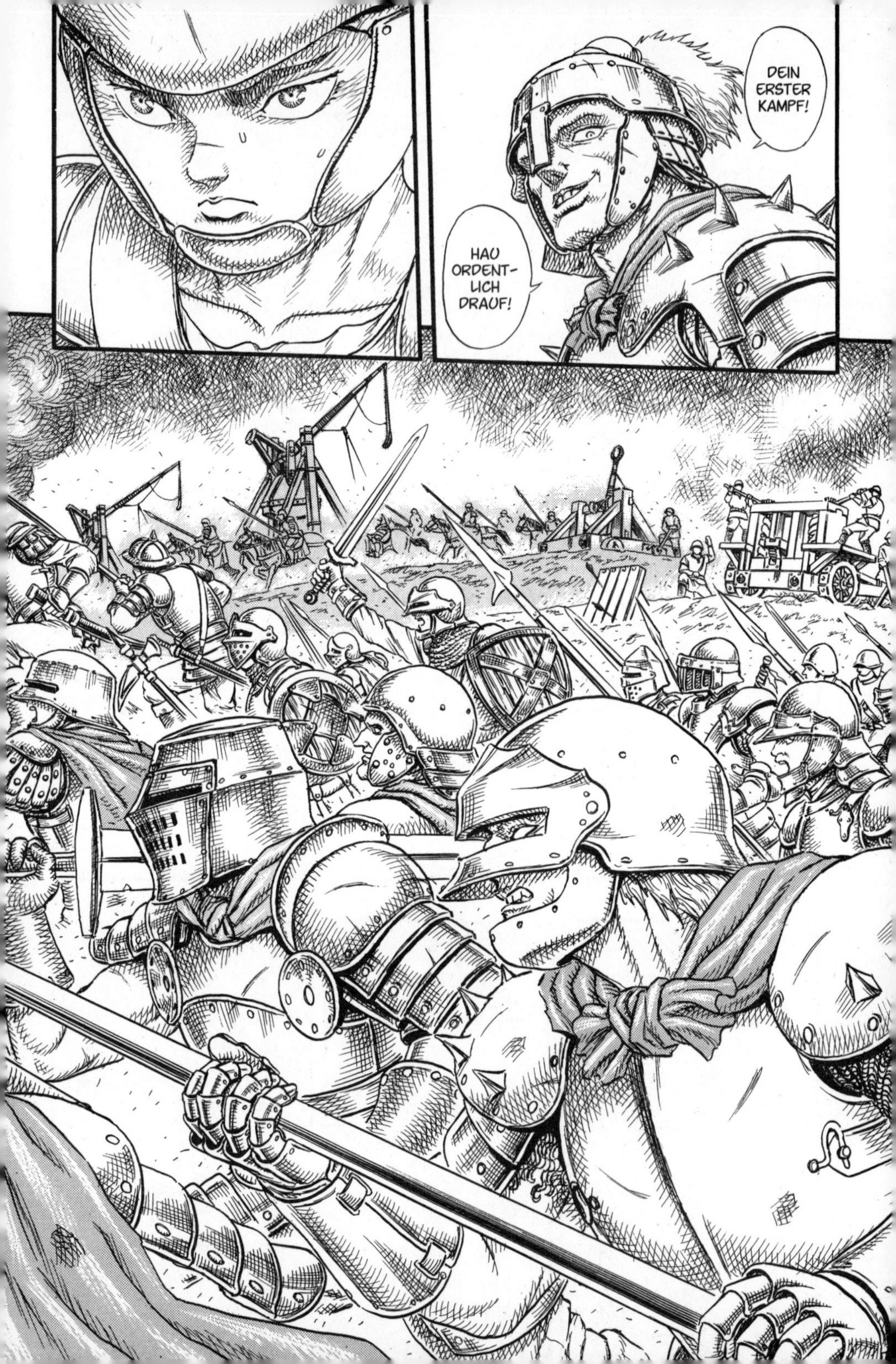
DEIN ERSTER KAMPF!
HAU ORDENT-LICH DRAUF!

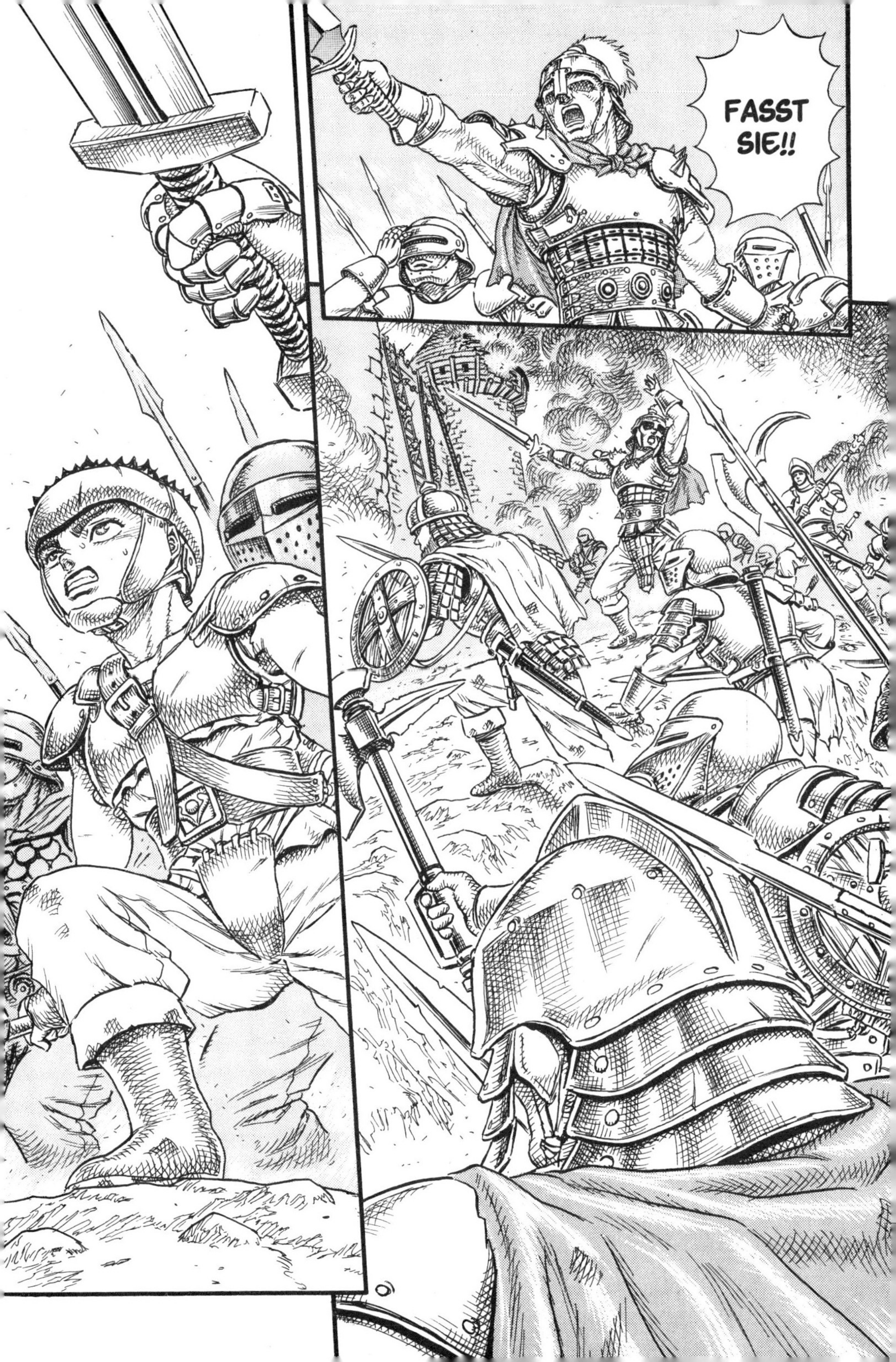
FASST
SIE!!

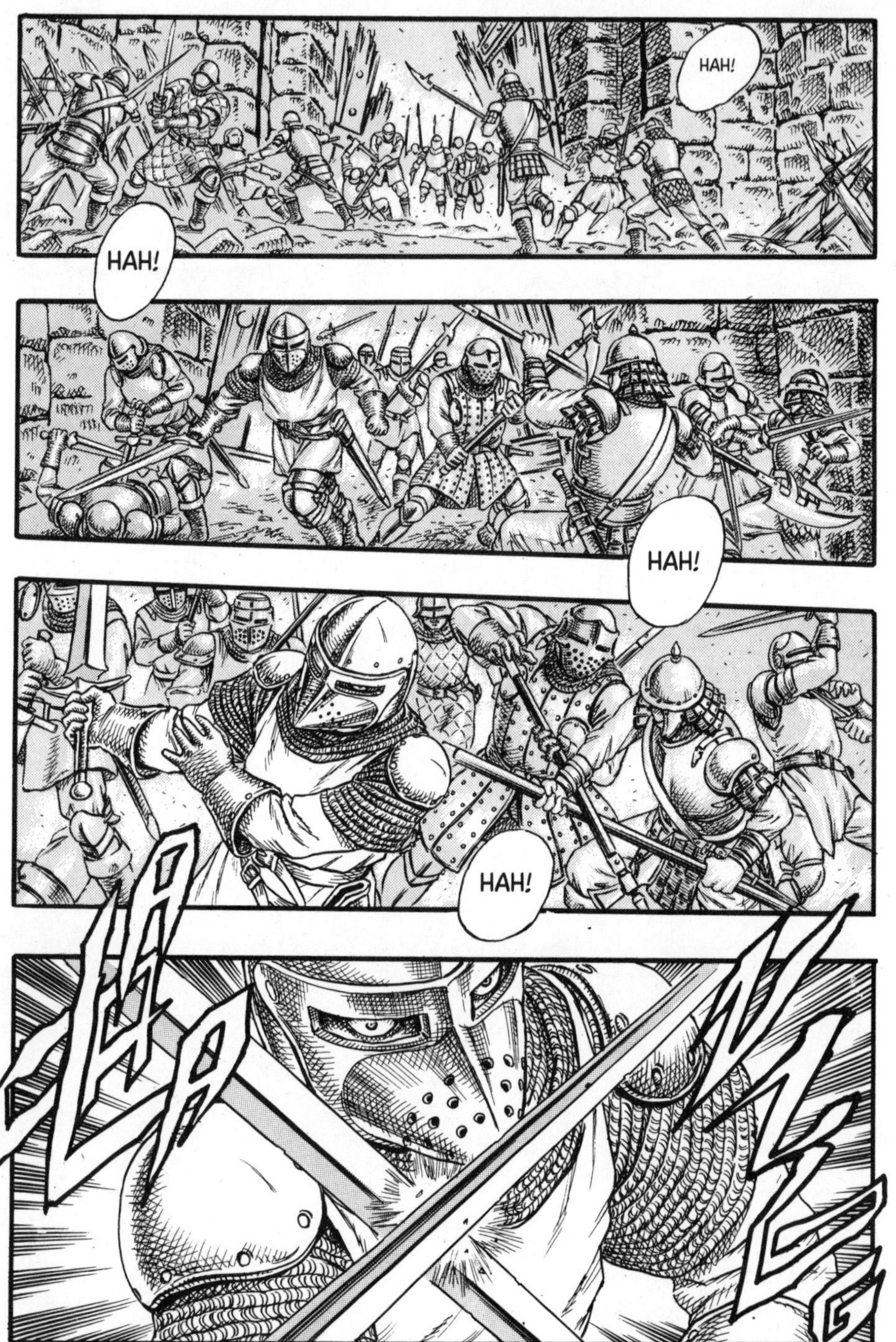
HAH!
HAH!
HAH!
HAH!
CLAANNGG

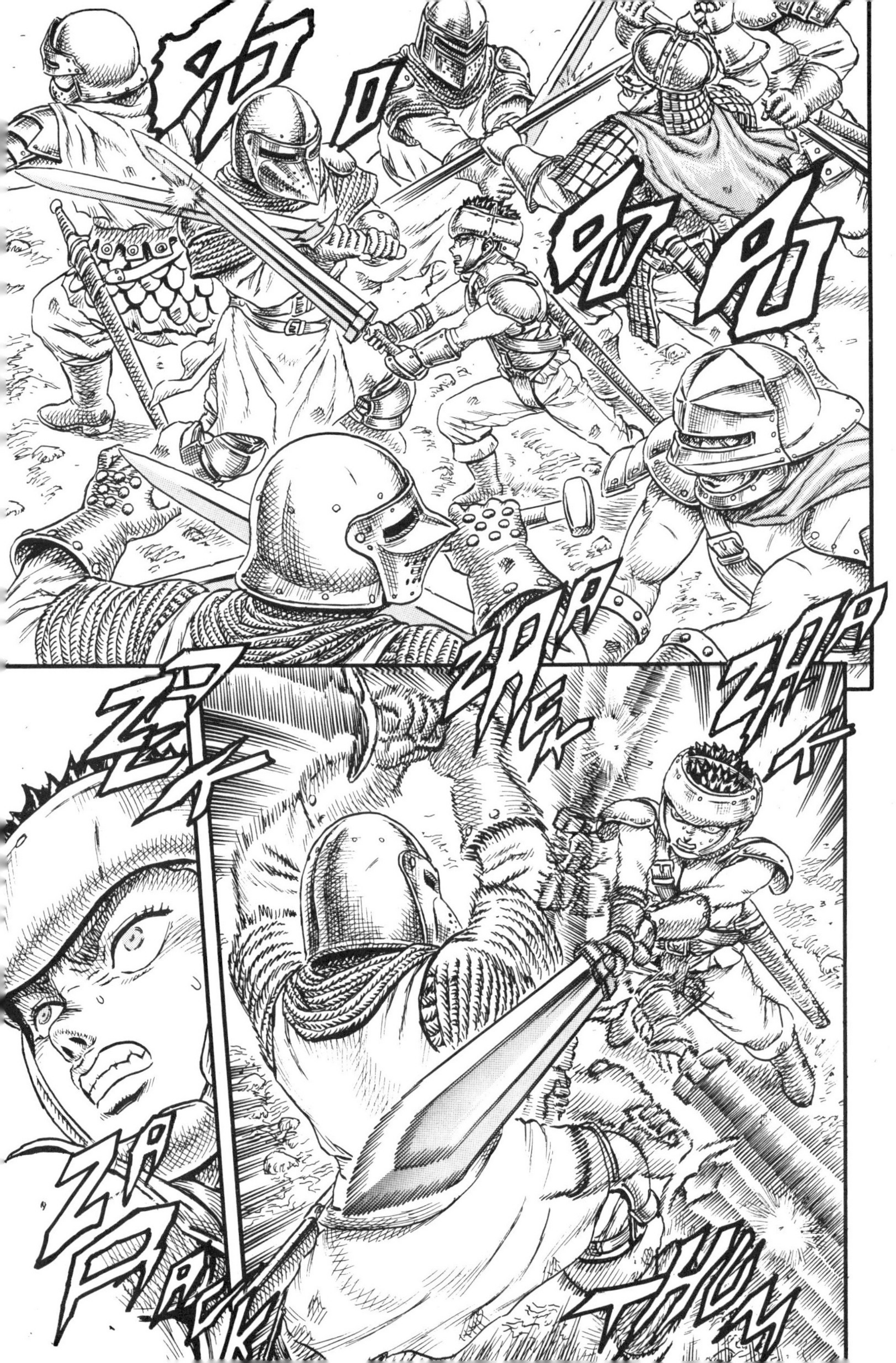

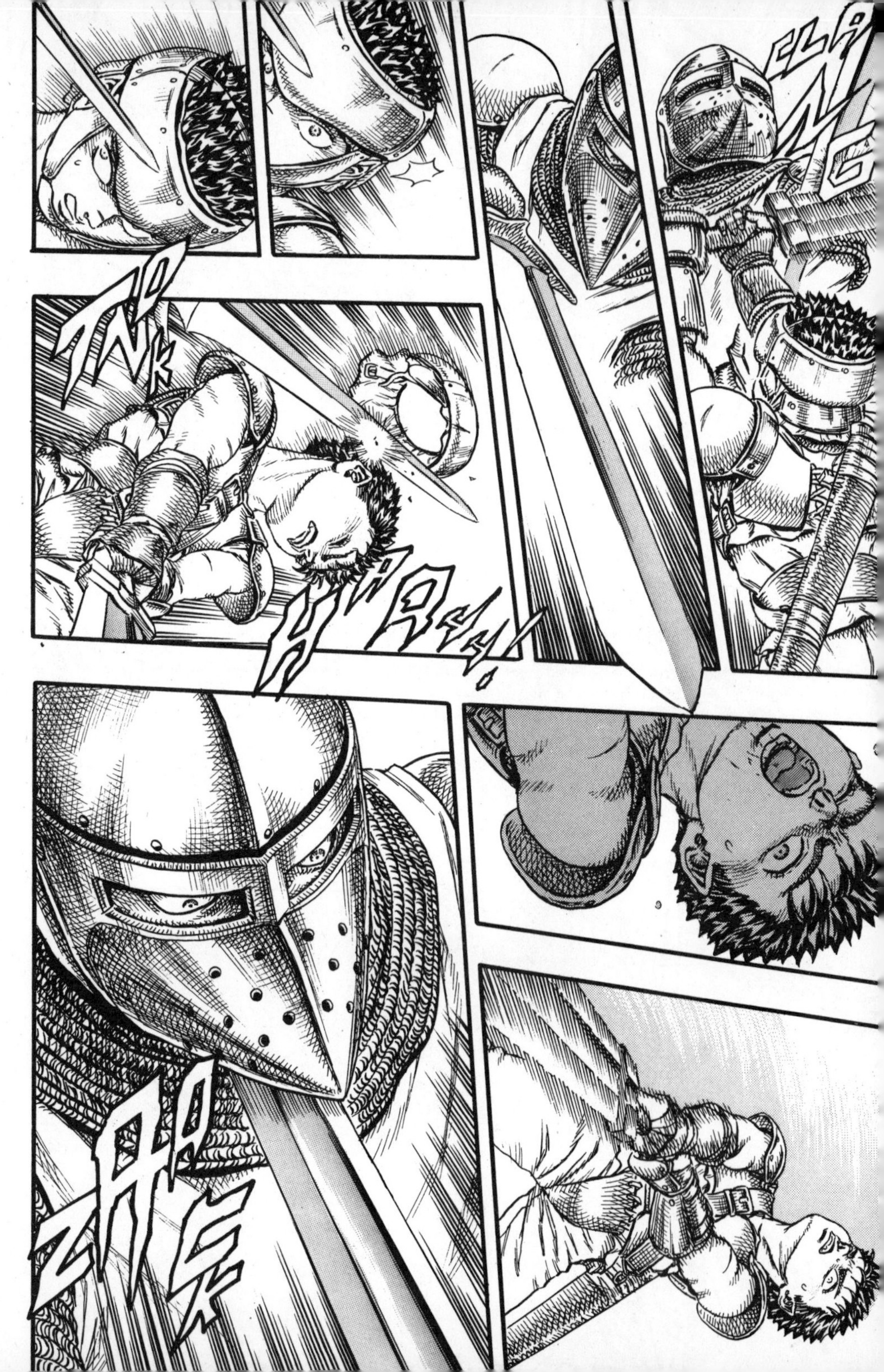
CLANG
TANK

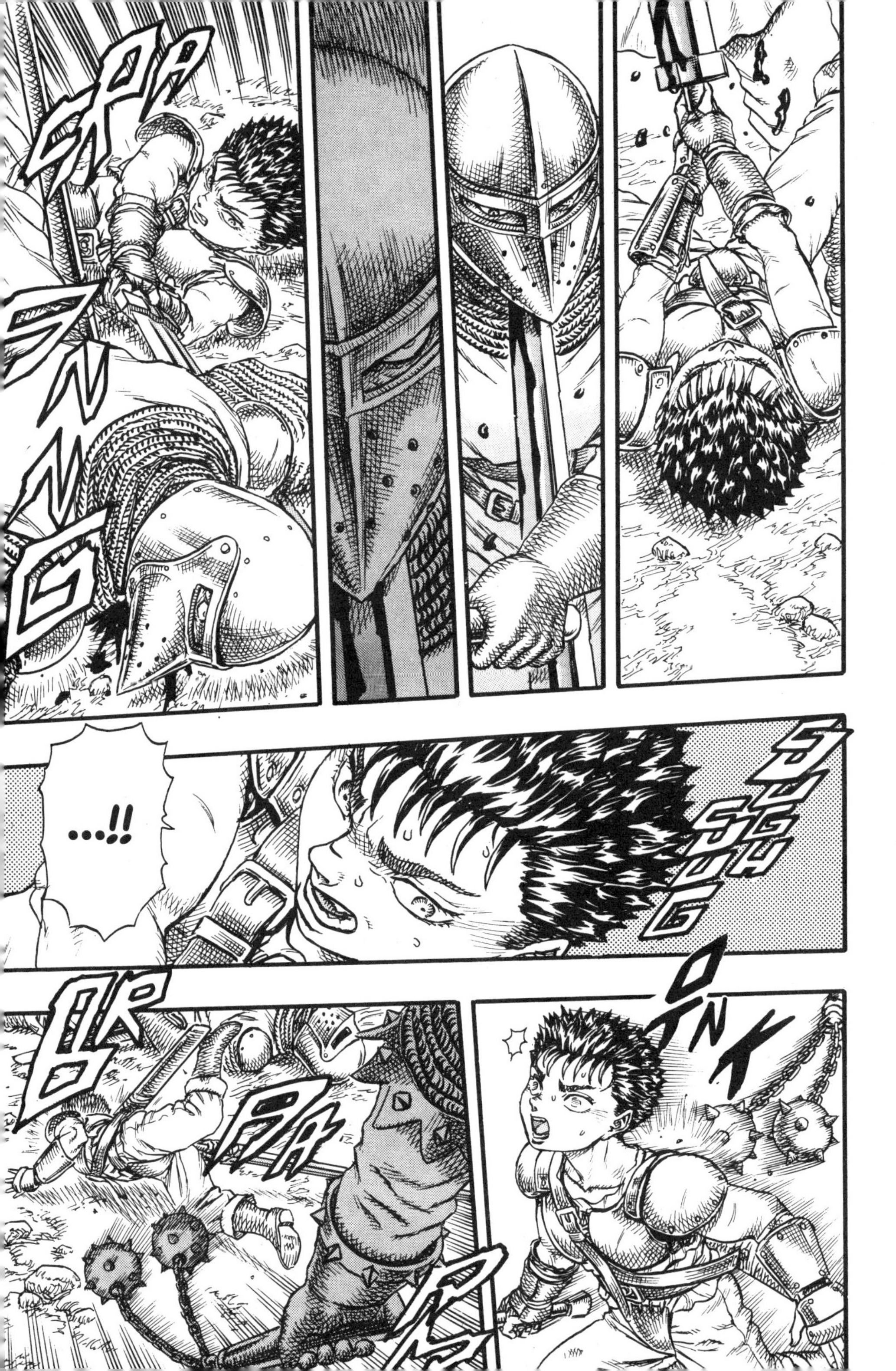
SPA
...!!
DINK

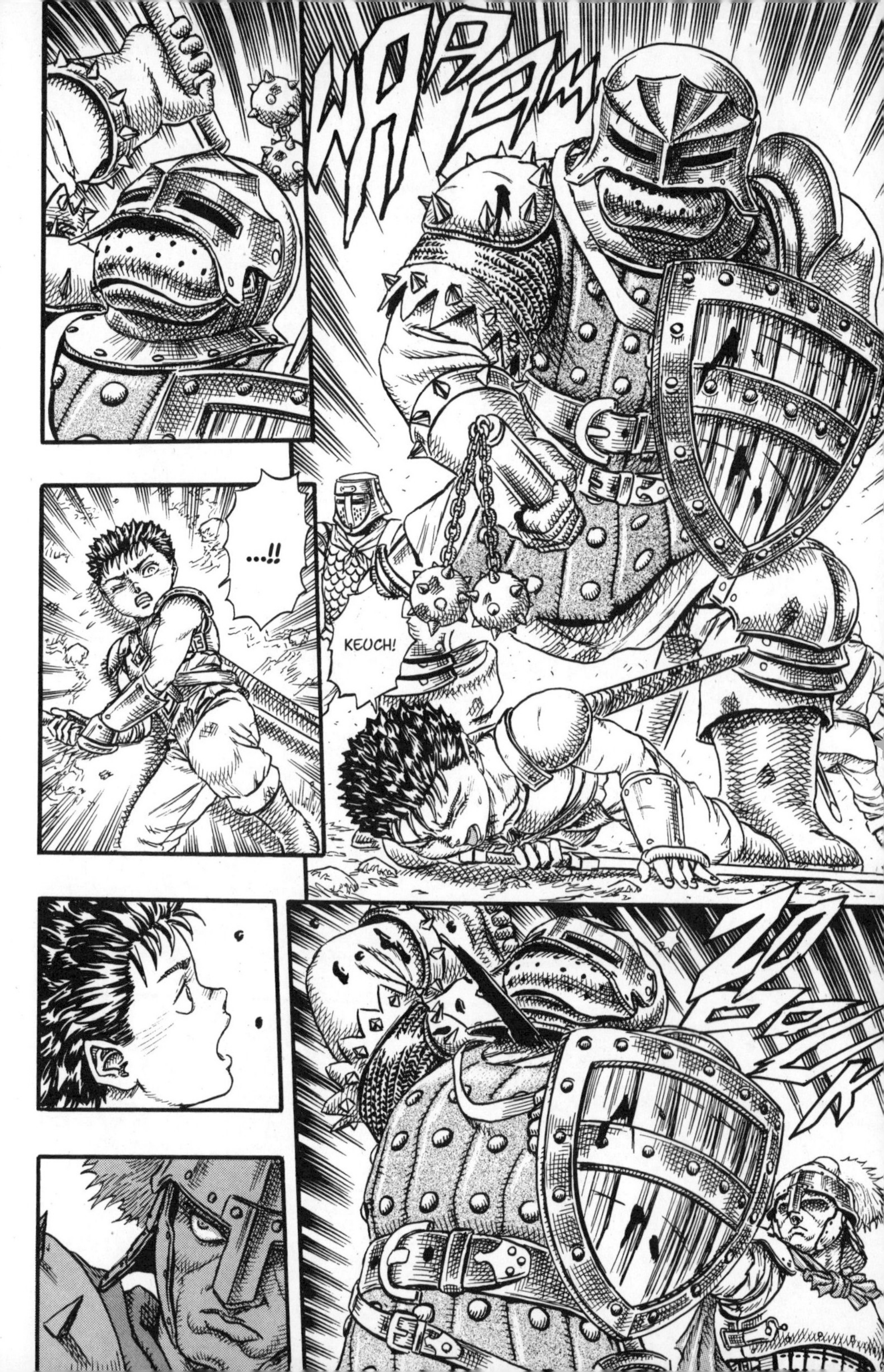
KEUCH!
...!!

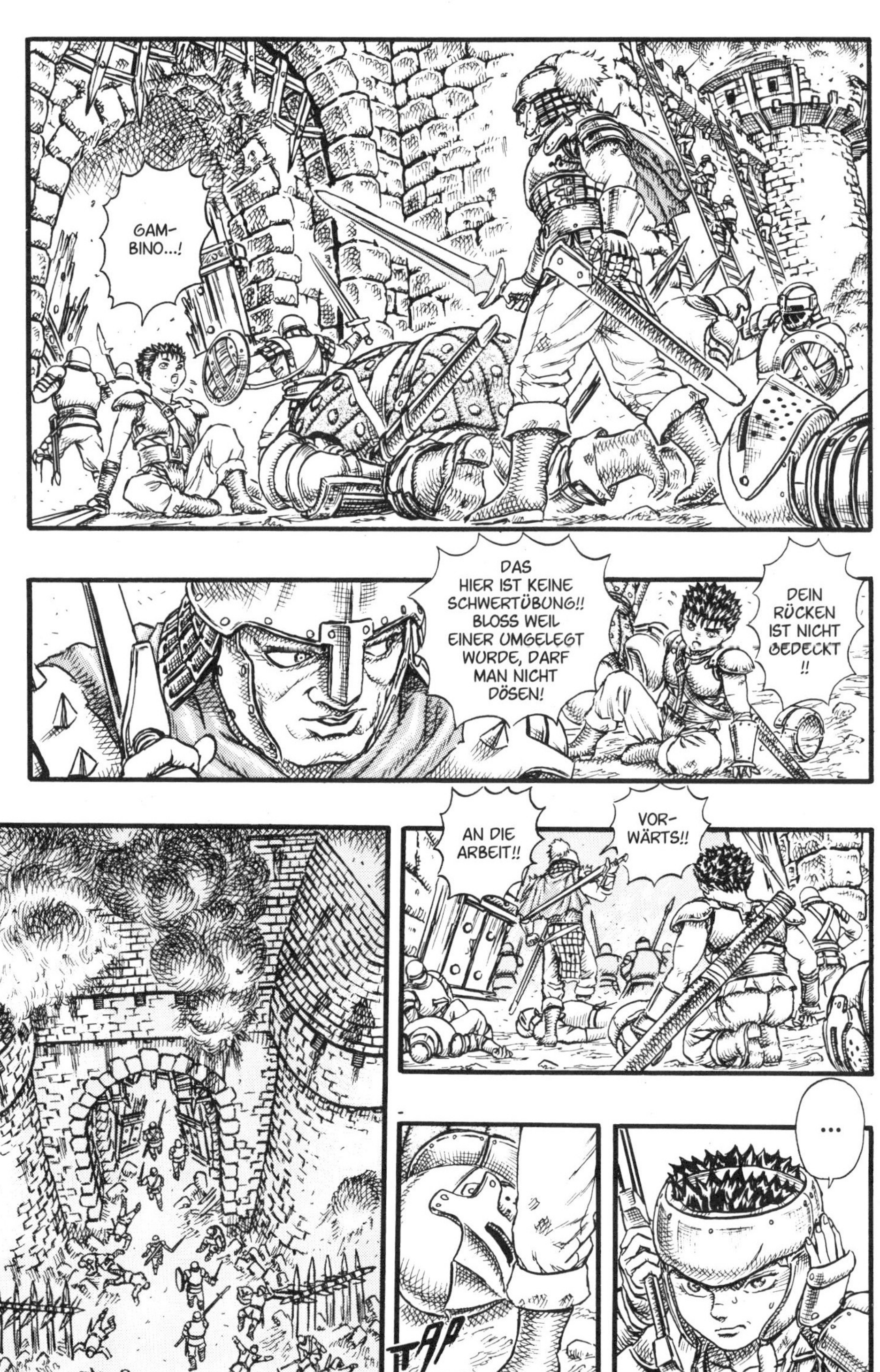
GAM-
BINO...!
DAS HIER IST KEINE SCHWERTÜBUNG!! BLOSS WEIL EINER UMGELEGT WURDE, DARF MAN NICHT DÖSEN!
DEIN RÜCKEN IST NICHT GEDECKT !!
VOR-
WÄRTS!!
AN DIE ARBEIT!!
TAP
...

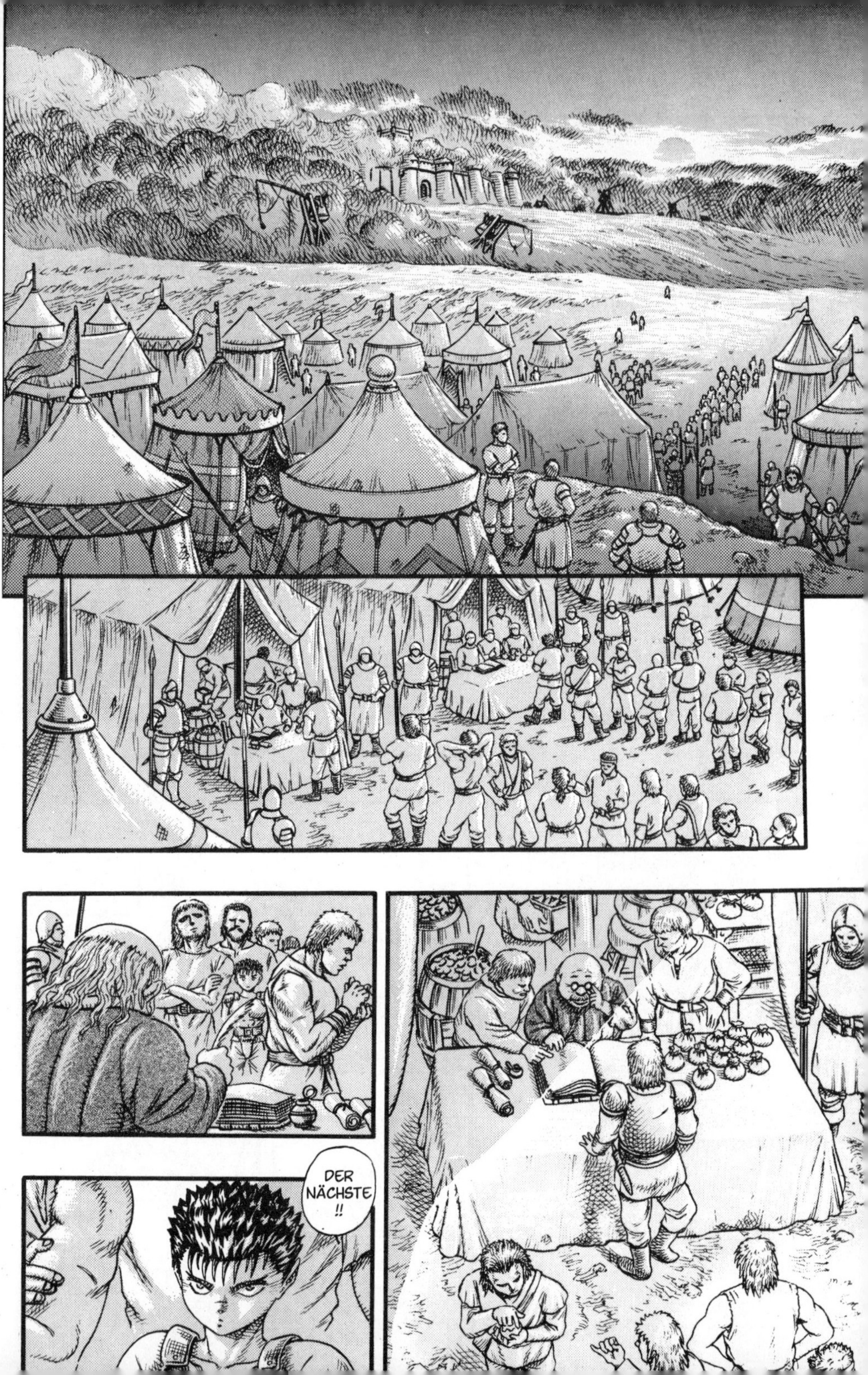

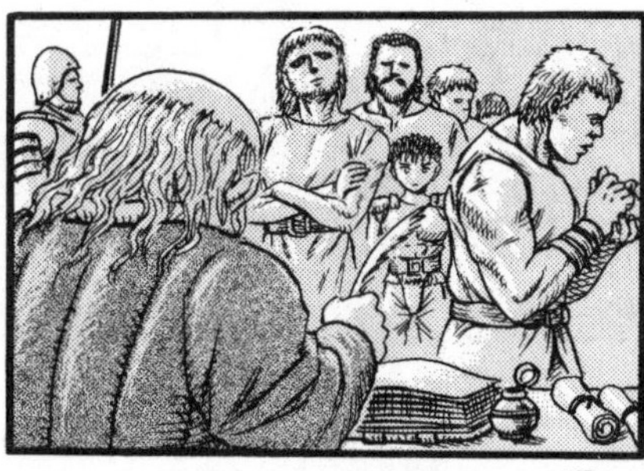

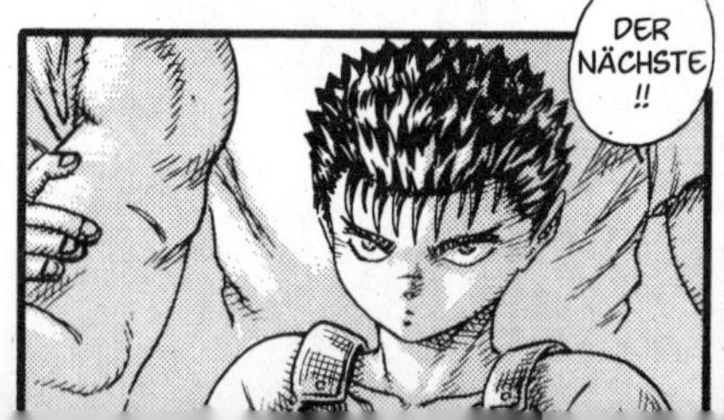
DER NÄCHSTE !!

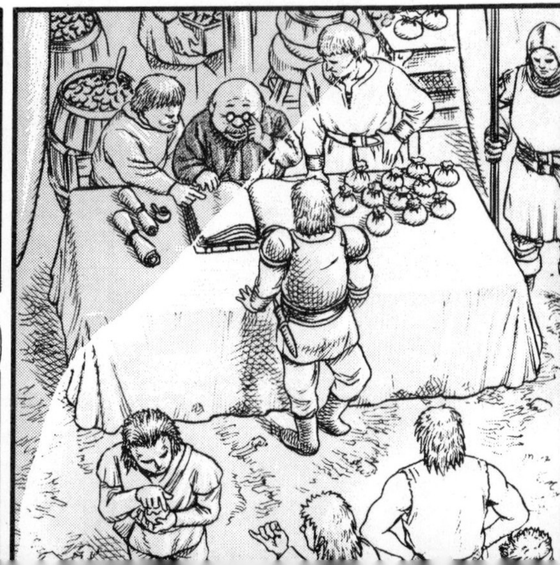

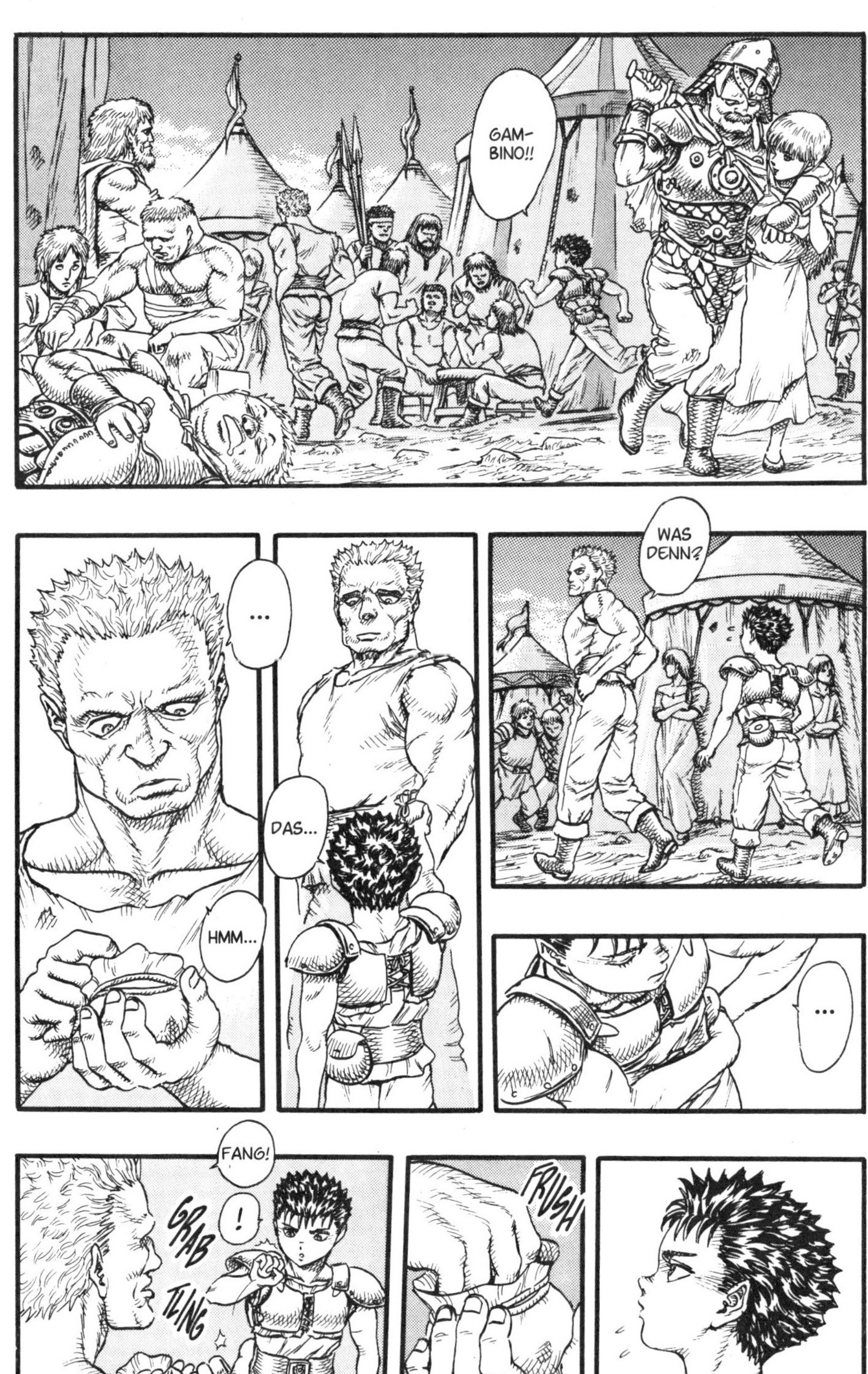
GAM-
BINO!!
...
DAS...
HMM...
WAS
DENN?
...
FANG!
!
GRAB
TLING
FRUSH

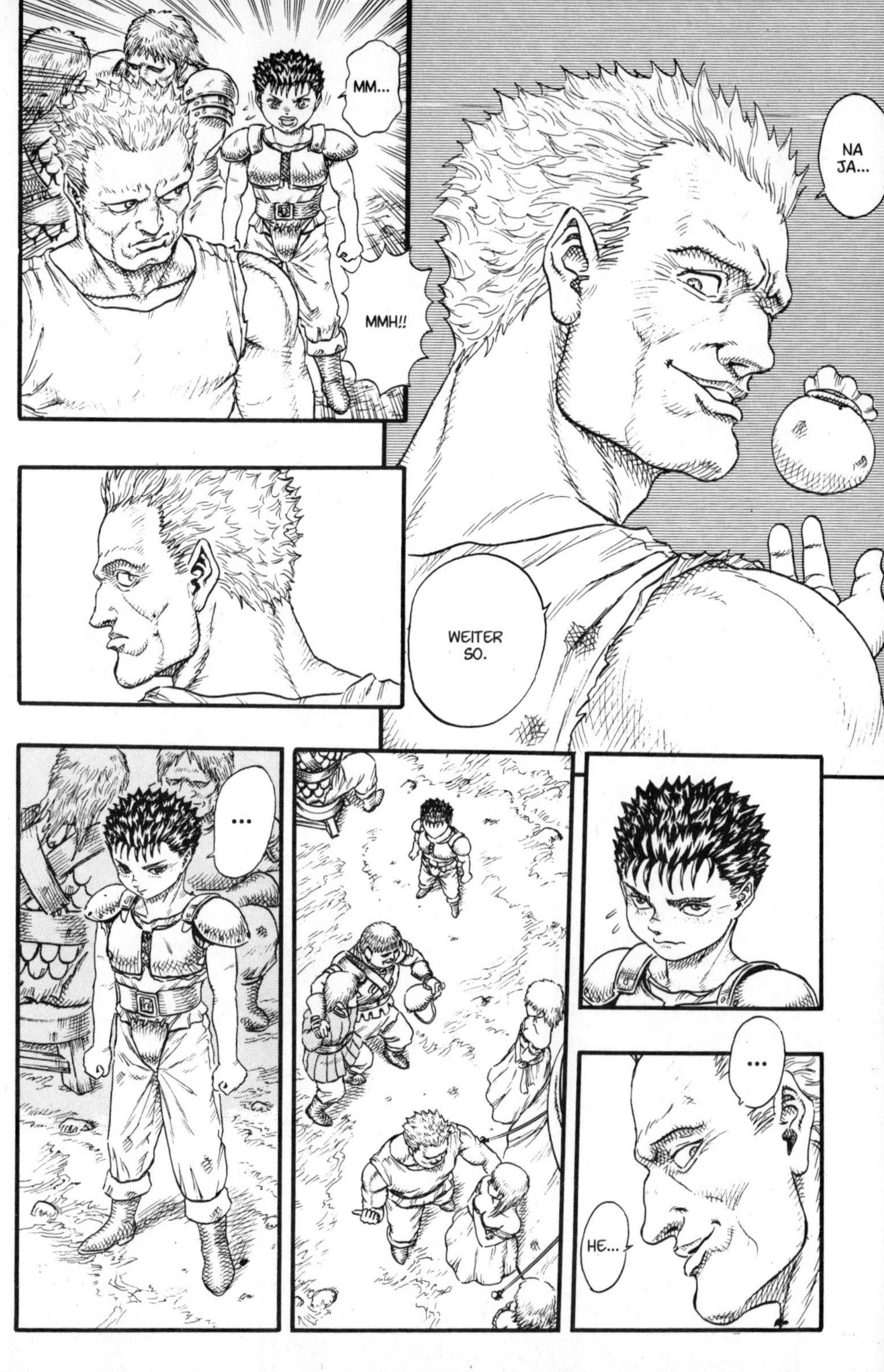

NA JA...
WEITER SO.
MM...
MMH!!
...
...
HE...

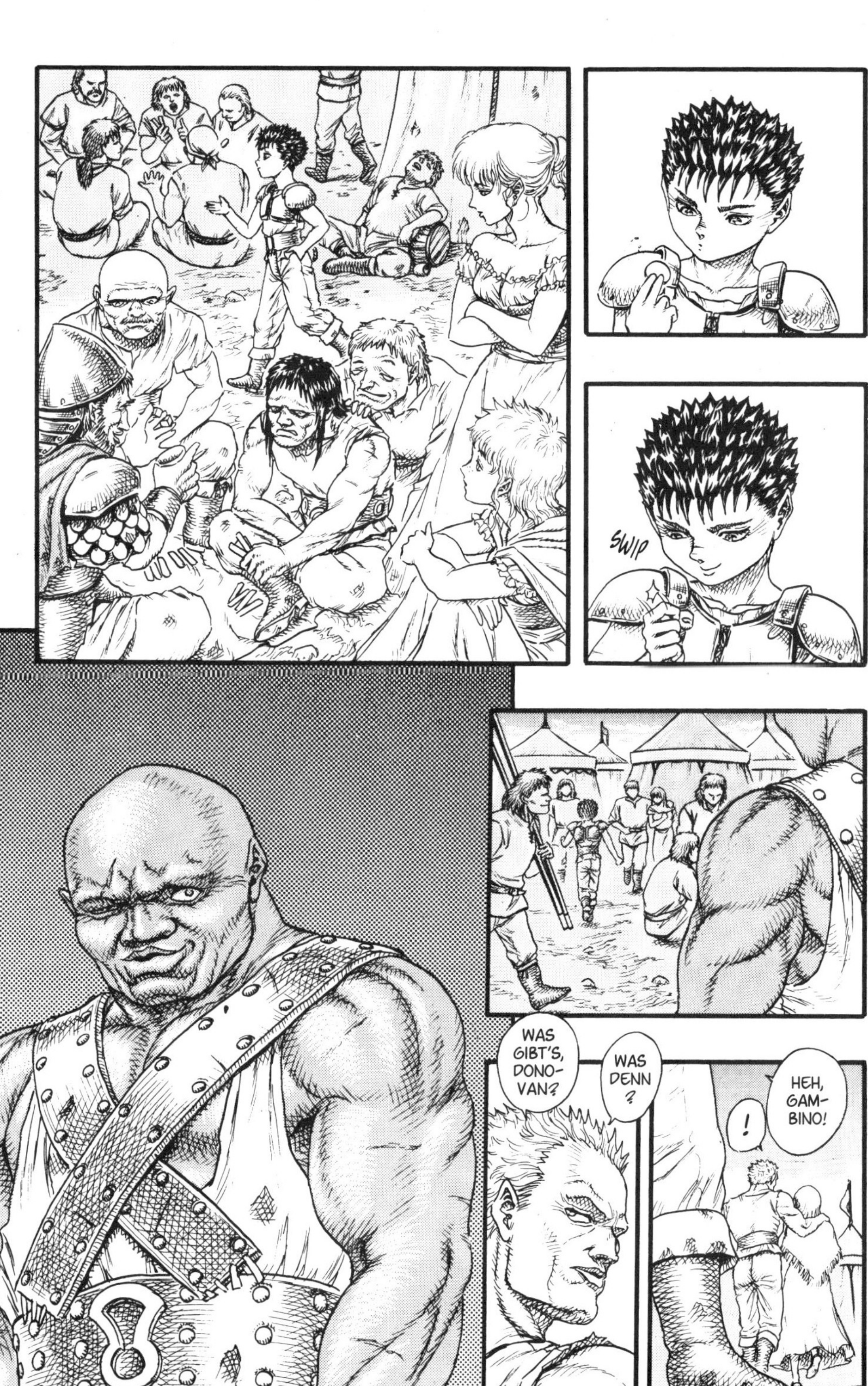
SWIP
HEH, GAM-BINO!
!
WAS GIBT'S, DONO-VAN?
WAS DENN?

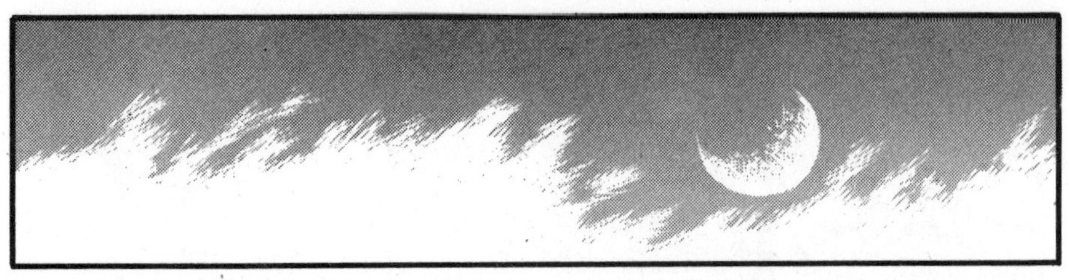

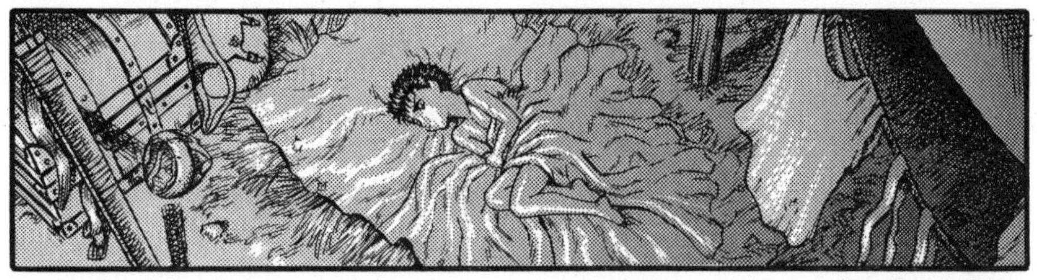

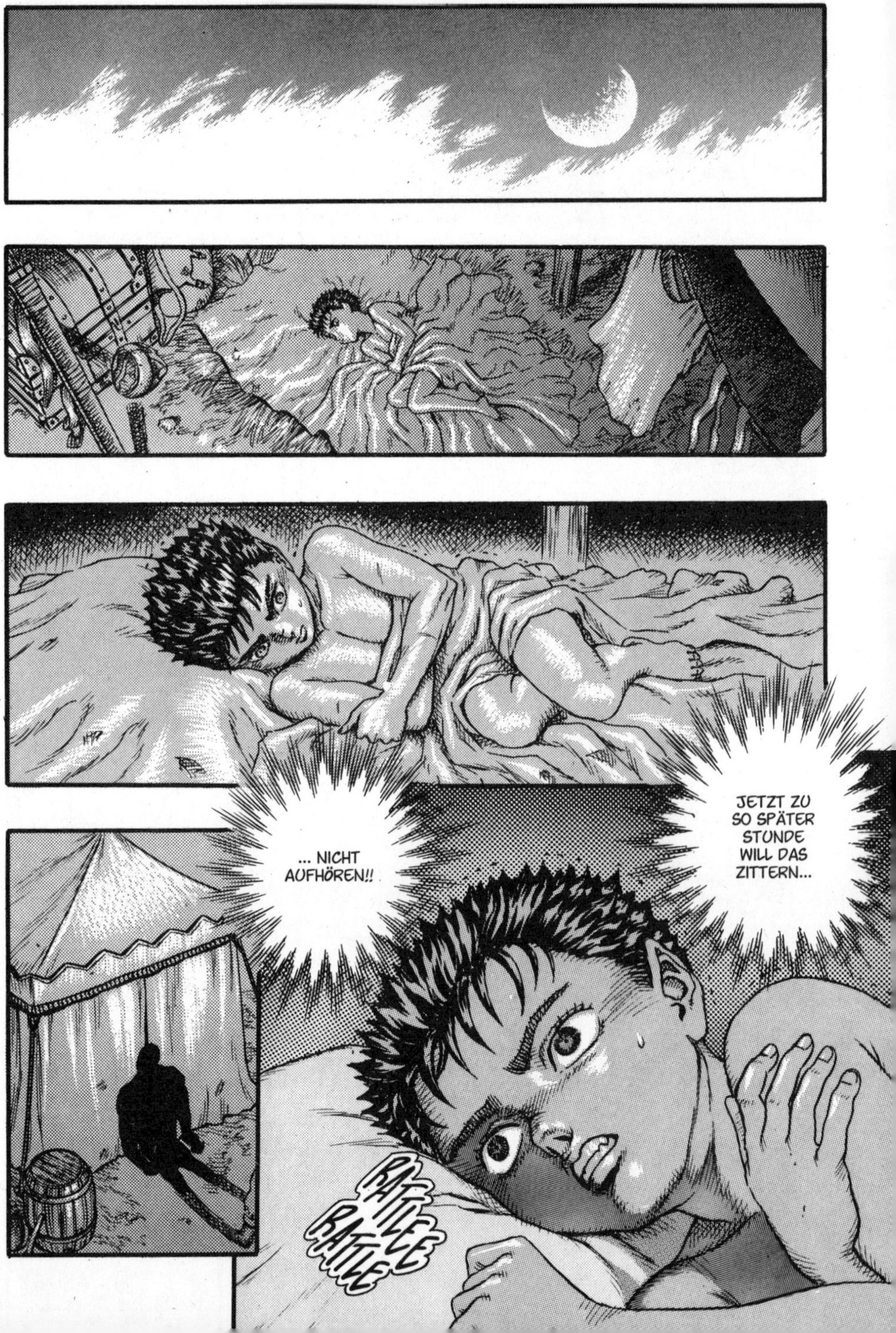

JETZT ZU SO SPÄTER STUNDE WILL DAS ZITTERN...

... NICHT AUFHÖREN!!

RATTLE RATTLE

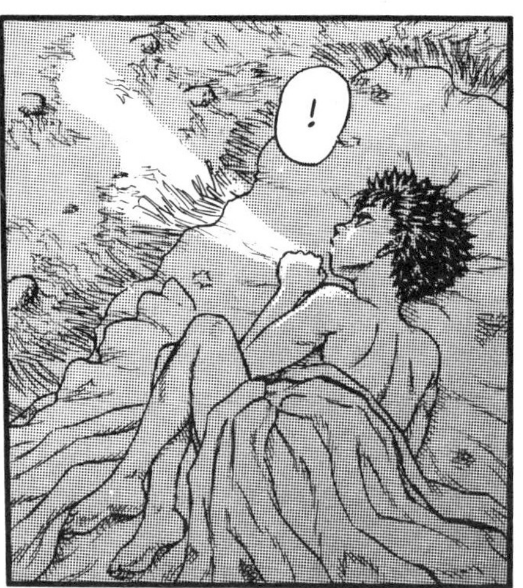
!

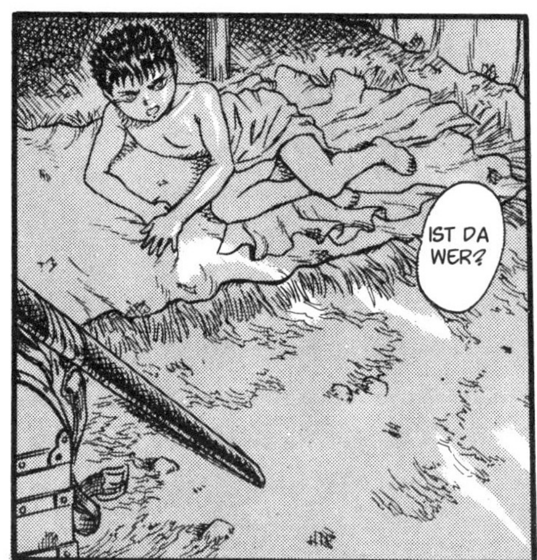
IST DA WER?

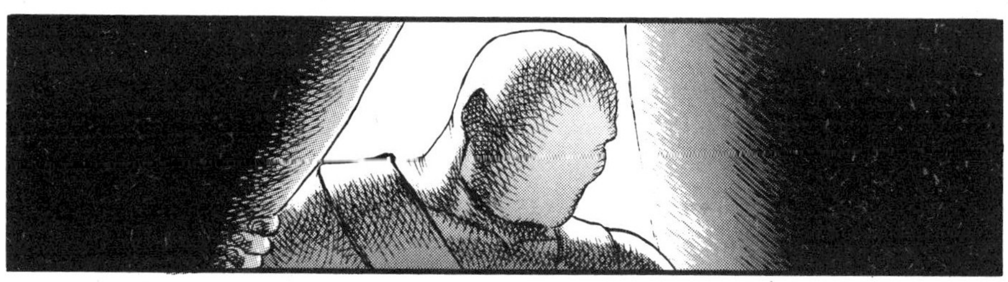

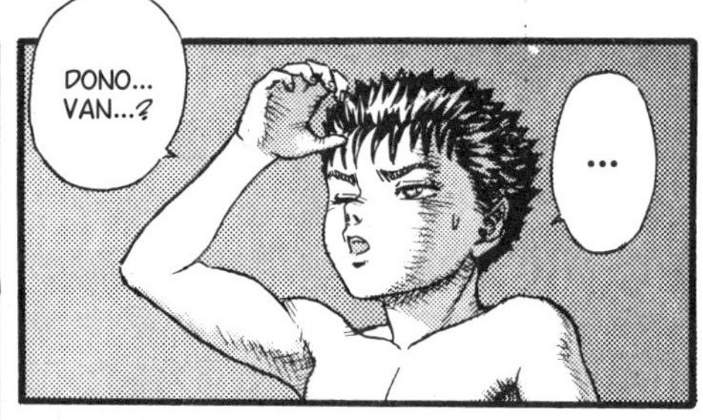
...
DONO... VAN...?

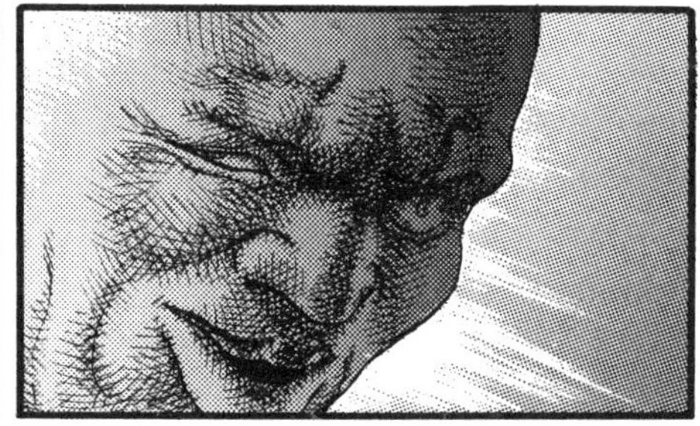

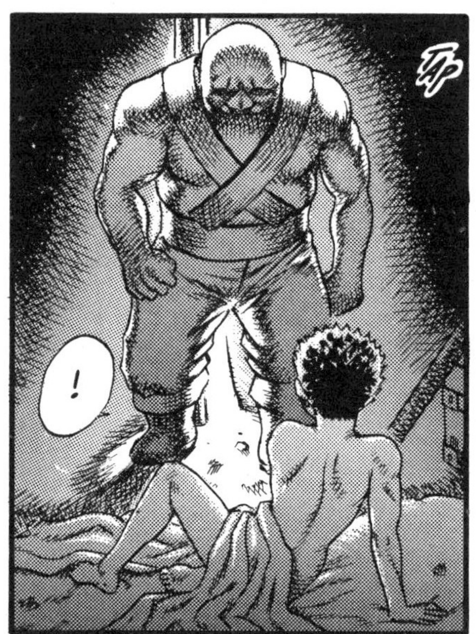
!

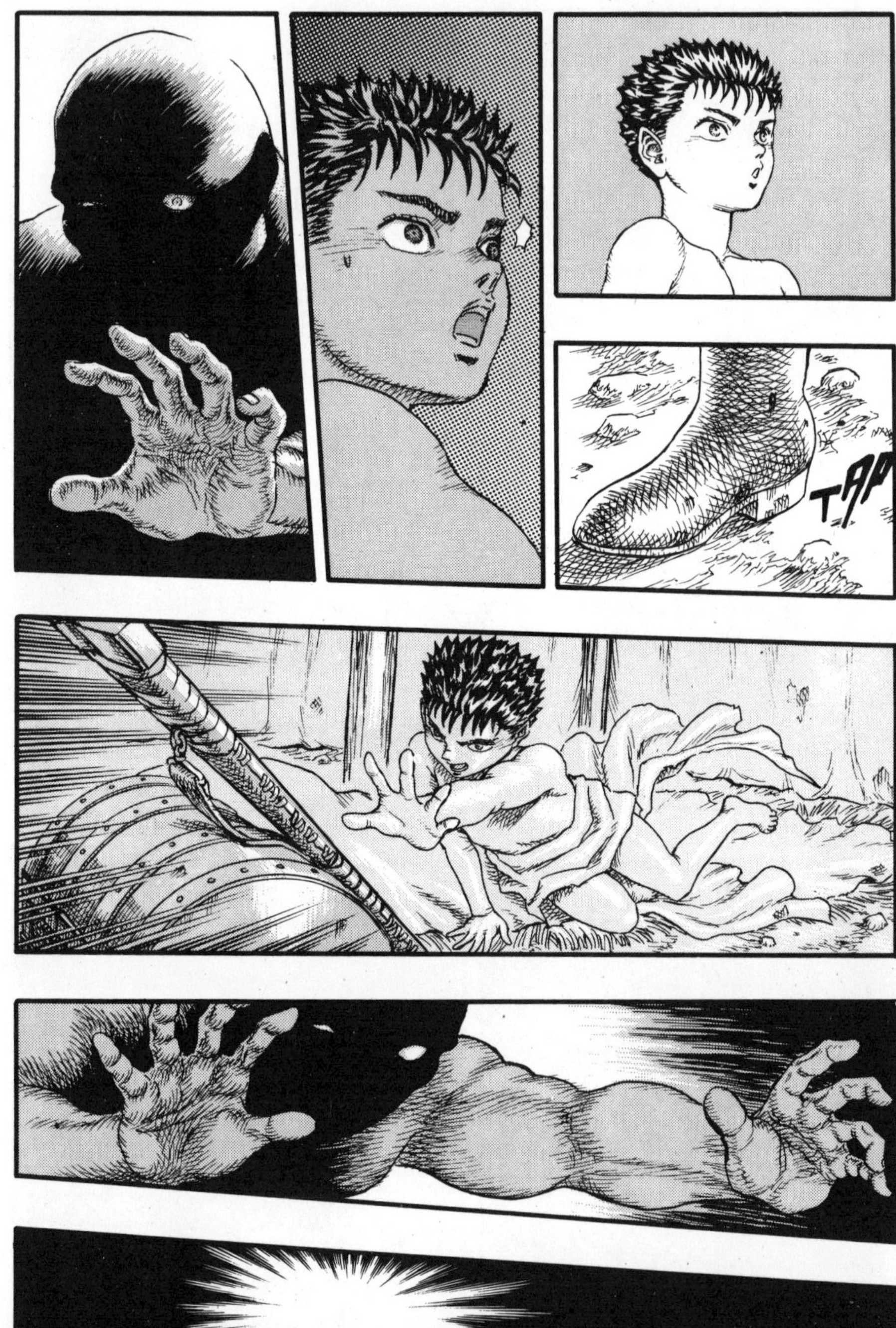
TAP

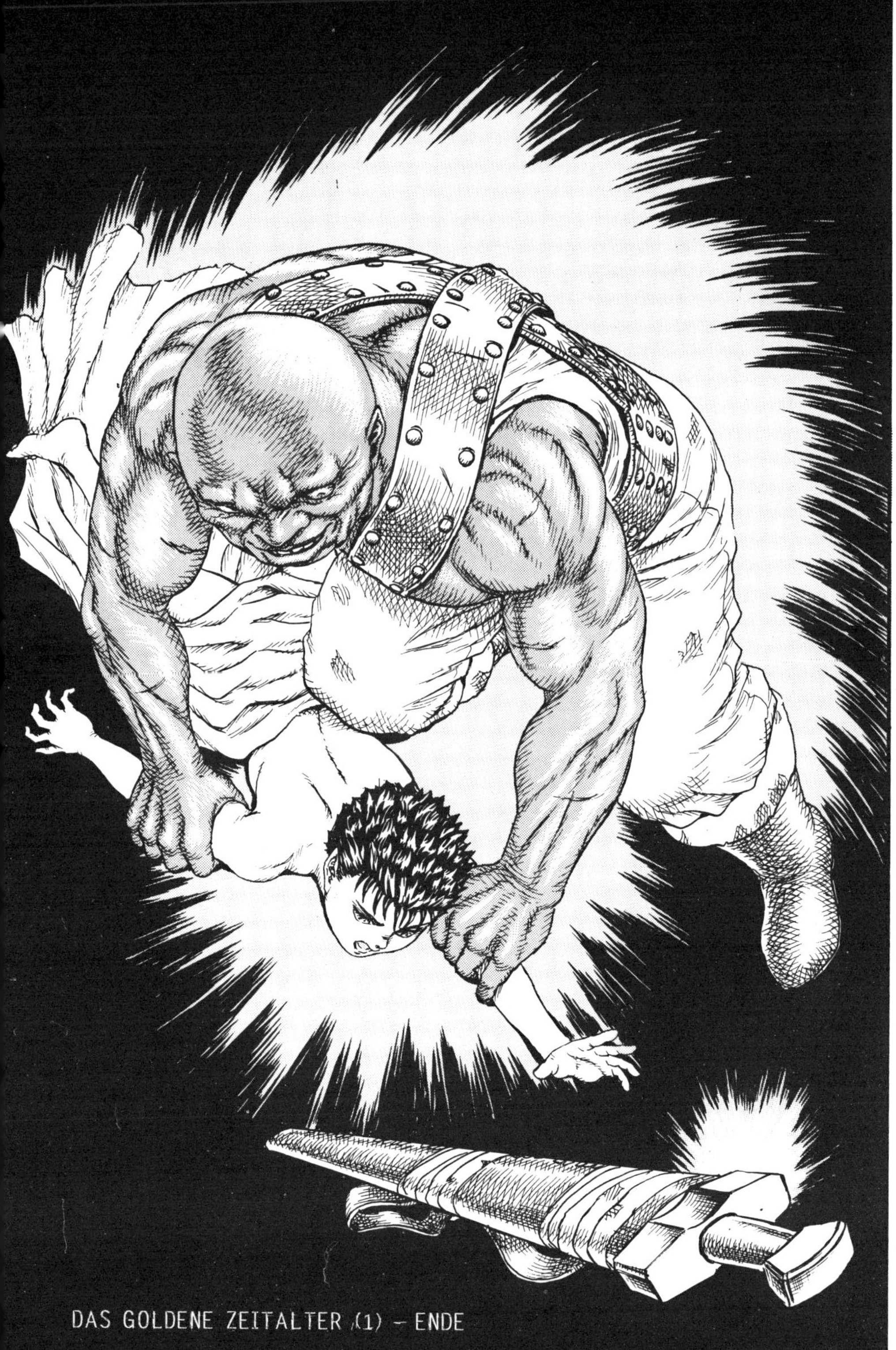
DAS GOLDENE ZEITALTER (1) - ENDE

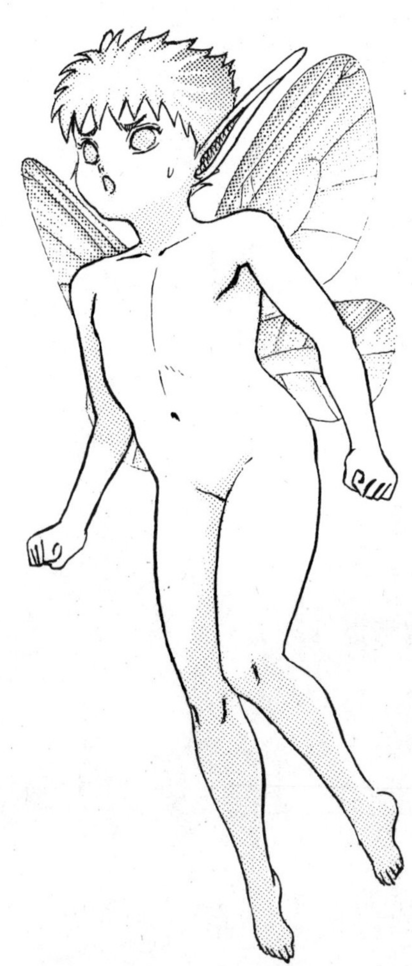

BERSERK

DAS GOLDENE ZEITALTER (2)

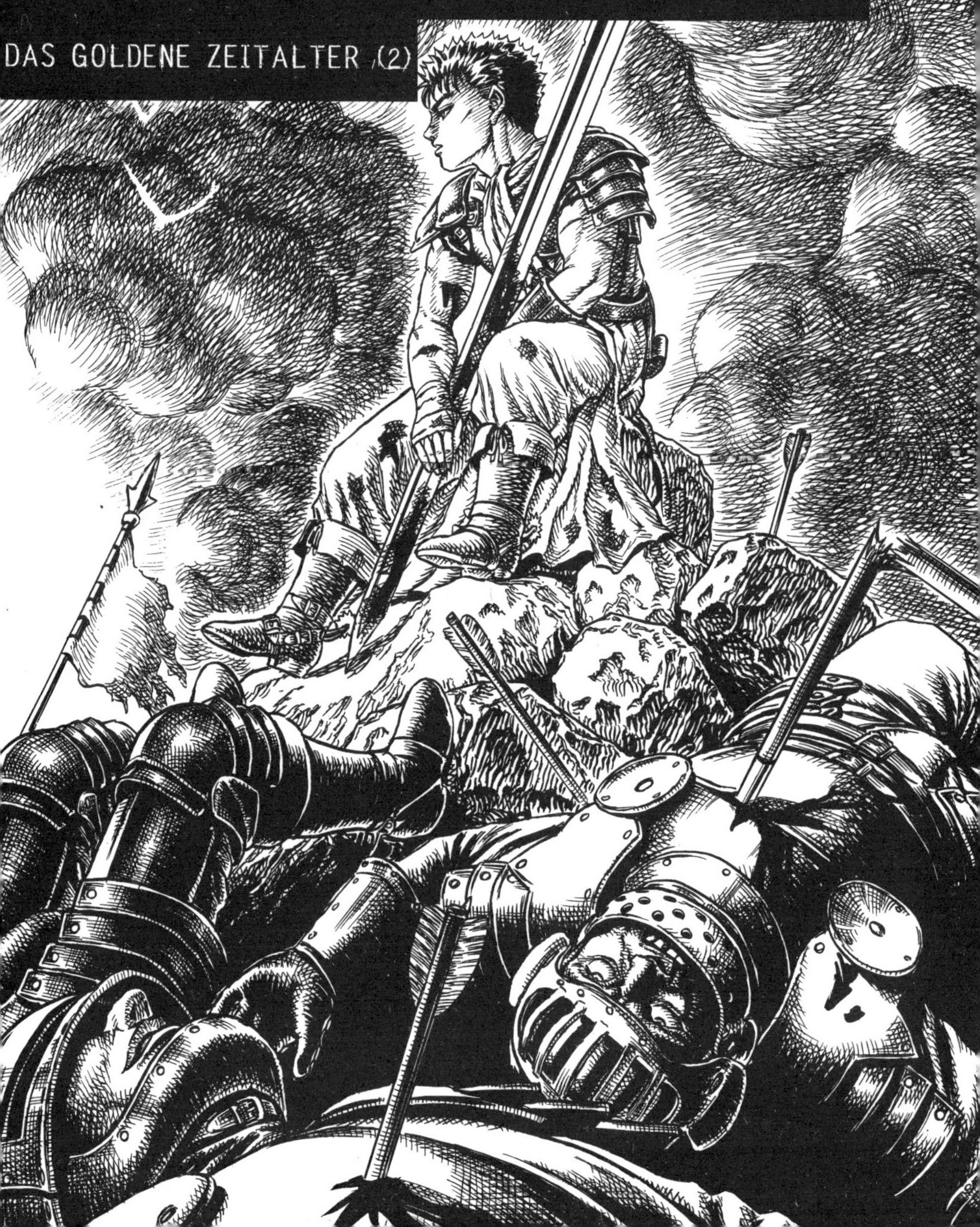

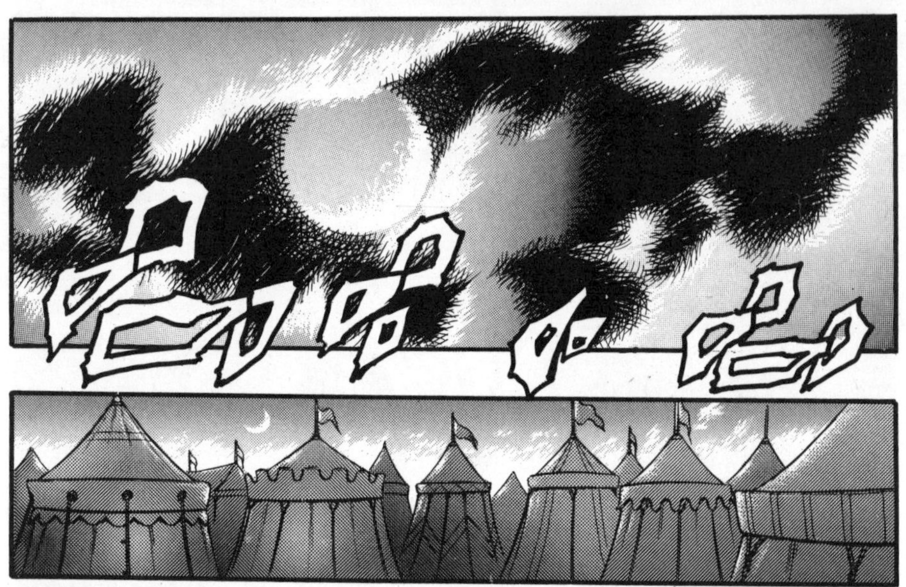

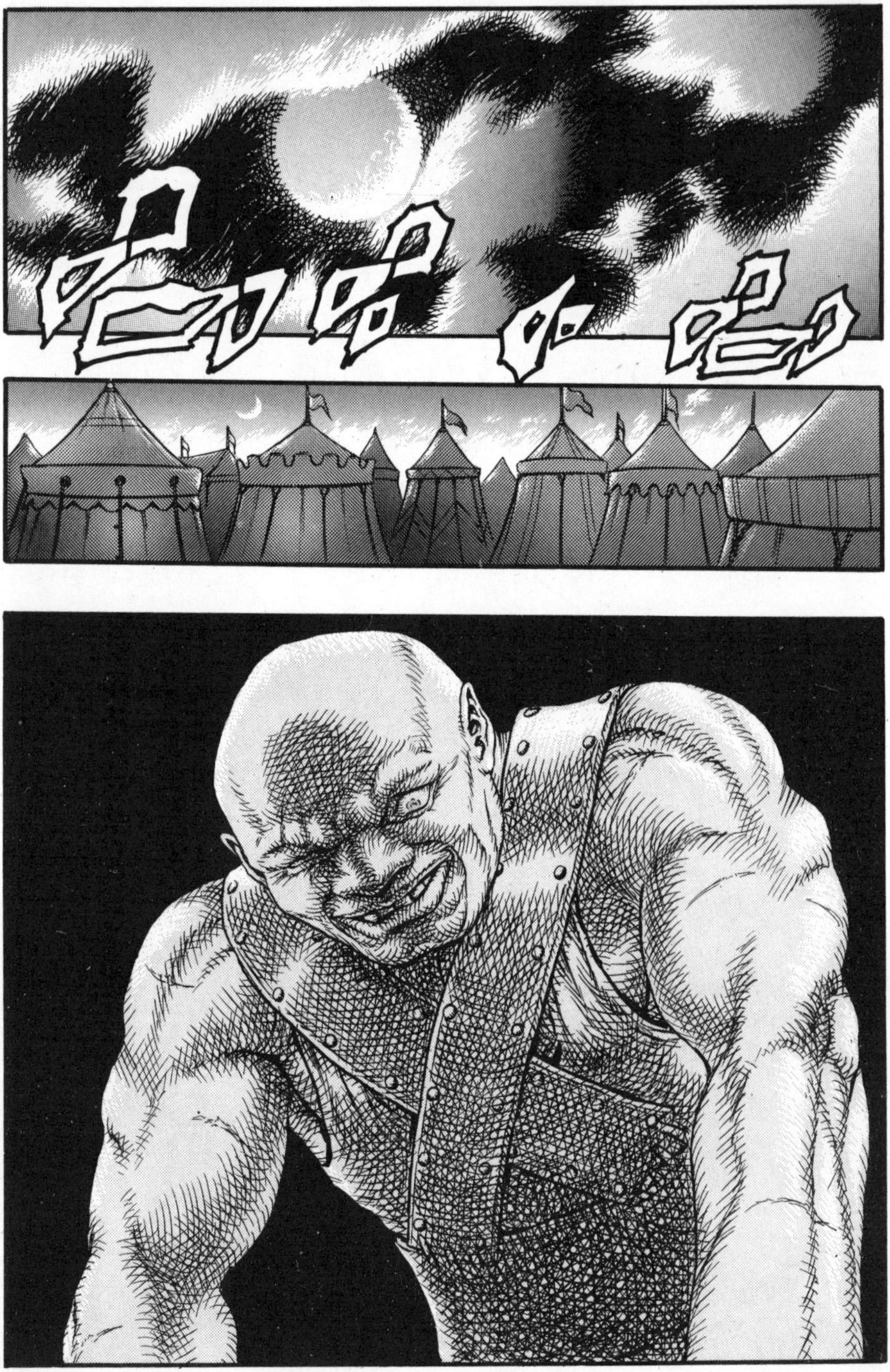

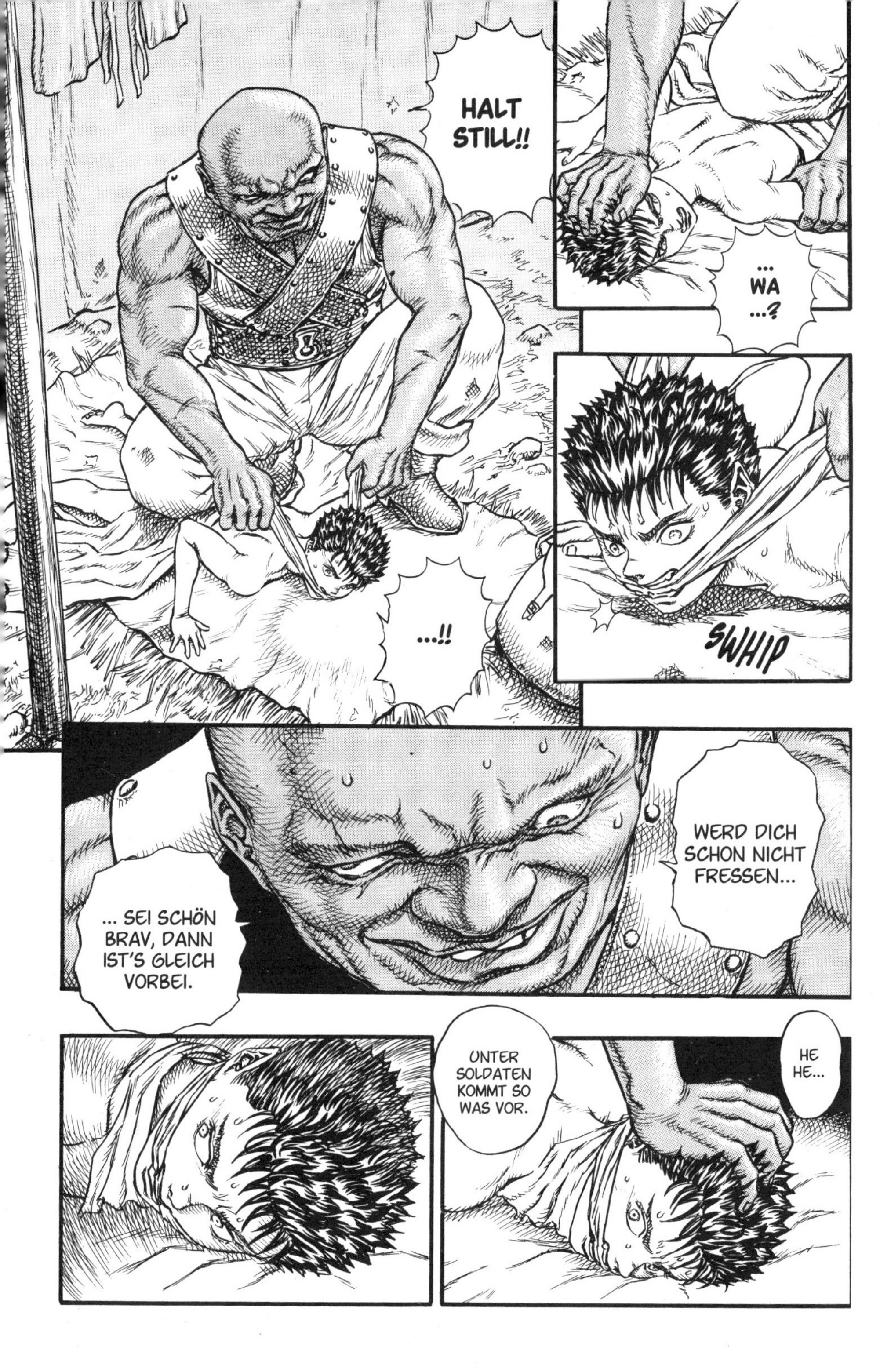
... WA ...?
HALT STILL!!
...!!
SWHIP
WERD DICH SCHON NICHT FRESSEN...
... SEI SCHÖN BRAV, DANN IST'S GLEICH VORBEI.
HE HE...
UNTER SOLDATEN KOMMT SO WAS VOR.

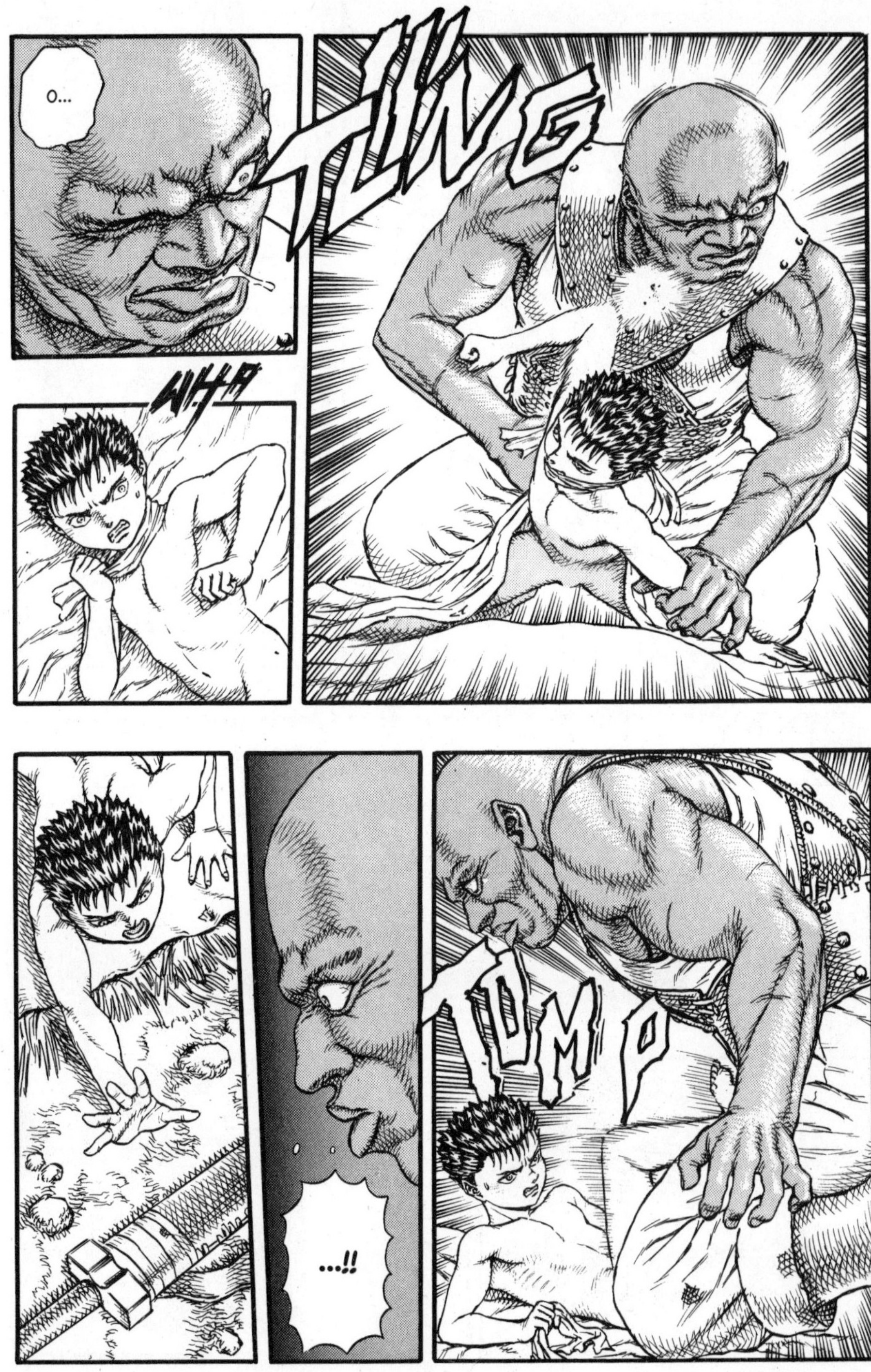

TWNG
O...
WHA
TOMP
...!!

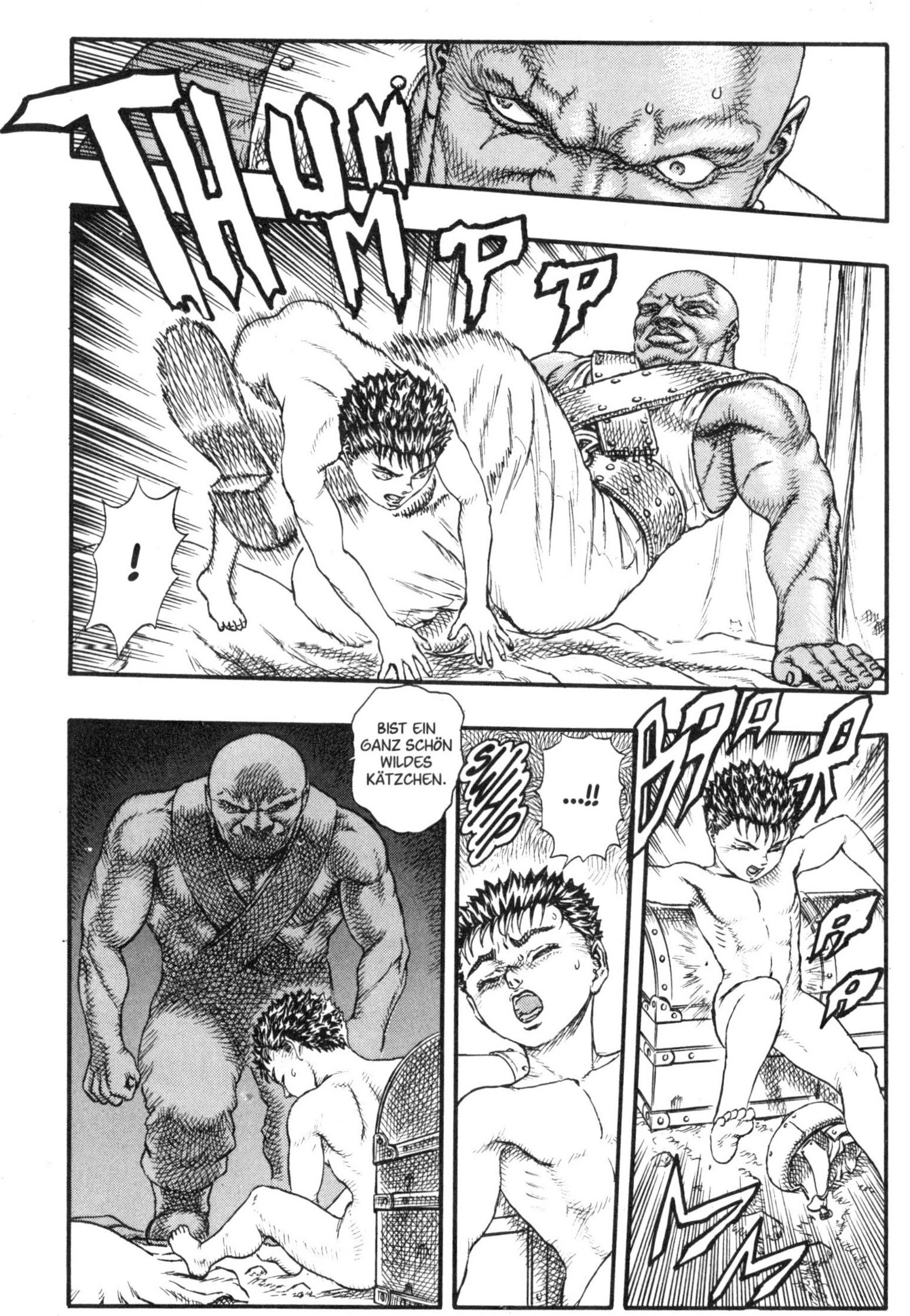
THUMP
!
BIST EIN GANZ SCHÖN WILDES KÄTZCHEN.
SWIP
...!!

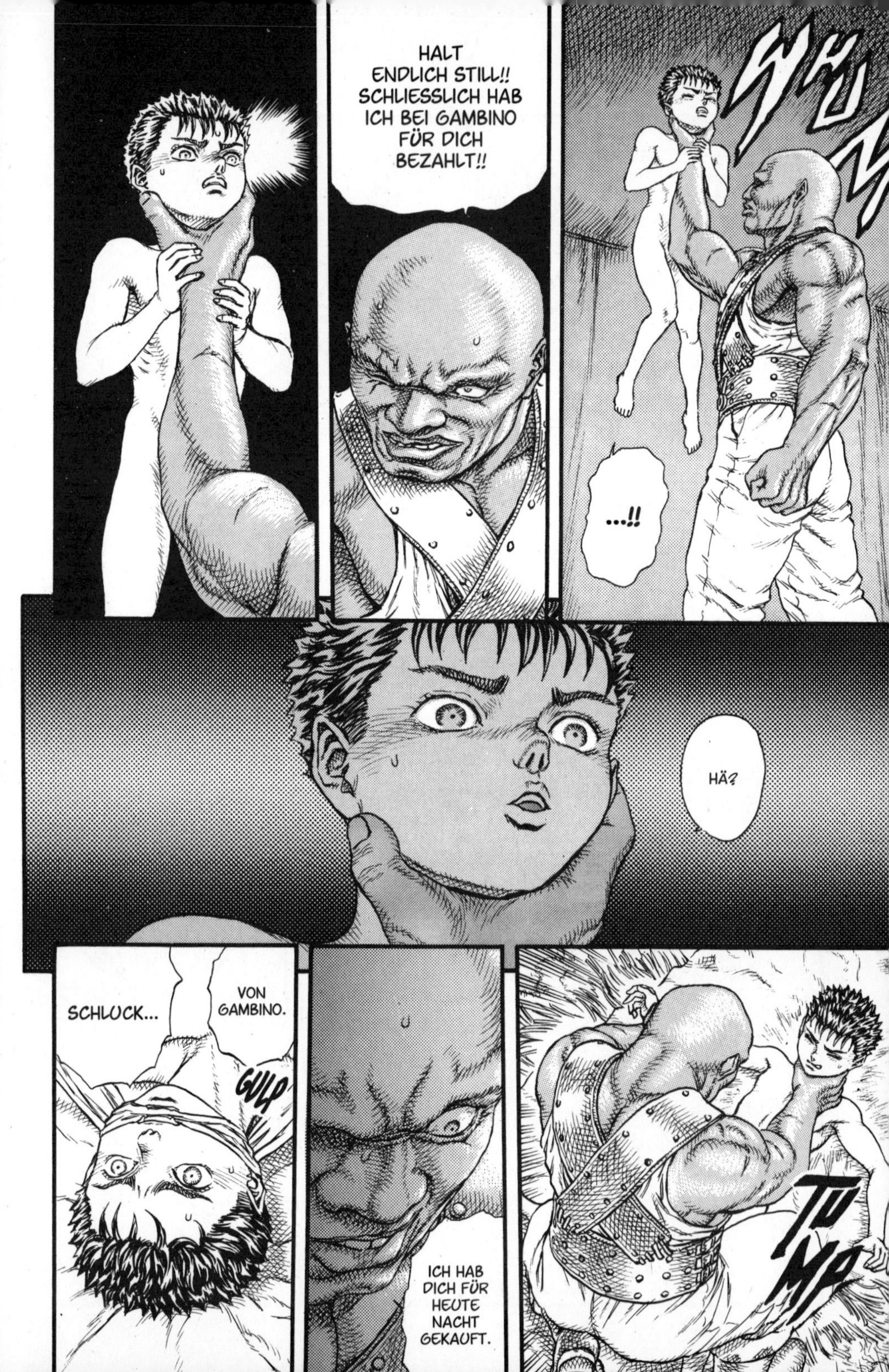
WHUM
...!!
HALT ENDLICH STILL!! SCHLIESSLICH HAB ICH BEI GAMBINO FÜR DICH BEZAHLT!!
HÄ?
TUMP
ICH HAB DICH FÜR HEUTE NACHT GEKAUFT.
VON GAMBINO.
SCHLUCK...
GULP

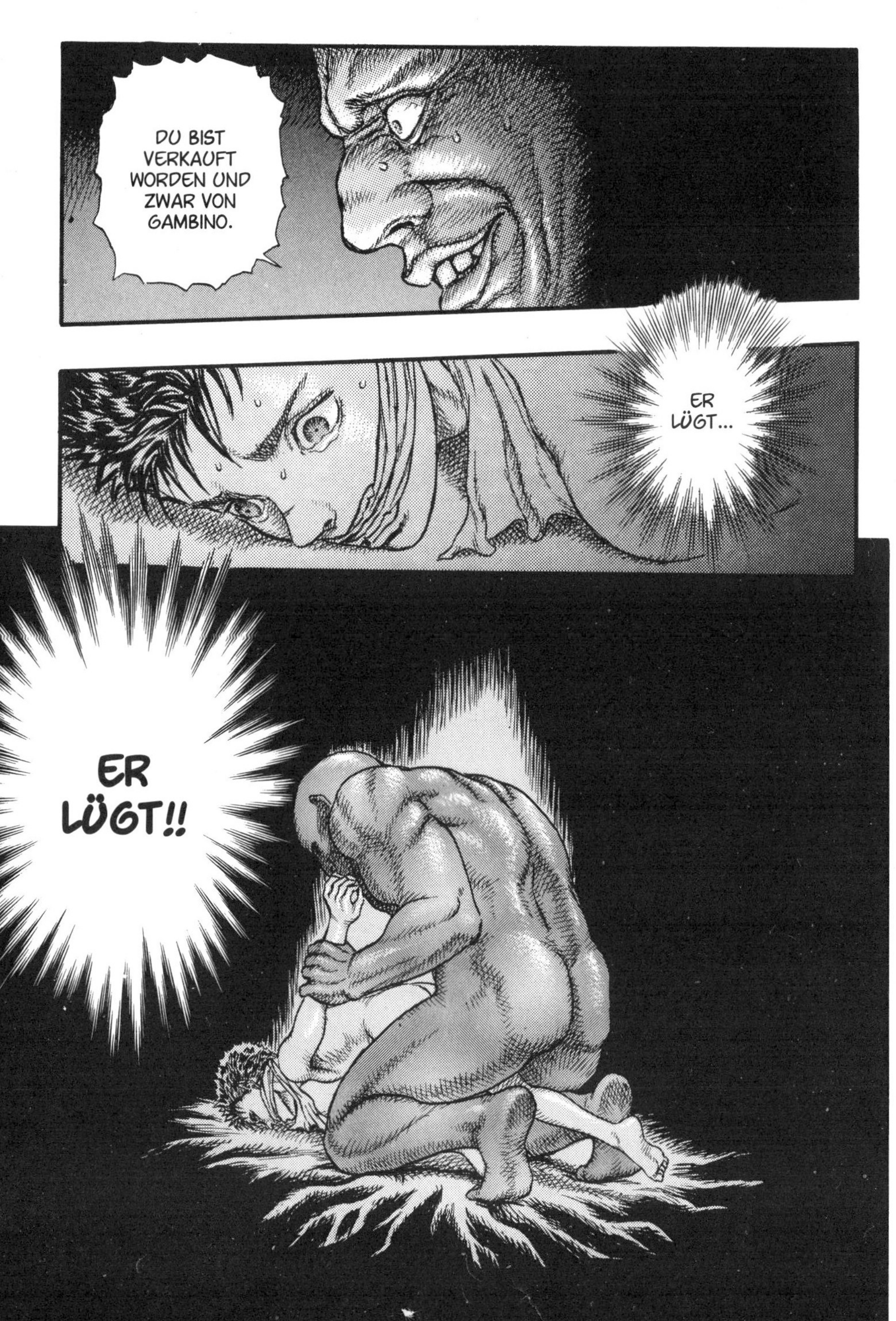
DU BIST VERKAUFT WORDEN UND ZWAR VON GAMBINO.
ER LÜGT...
ER LÜGT!!

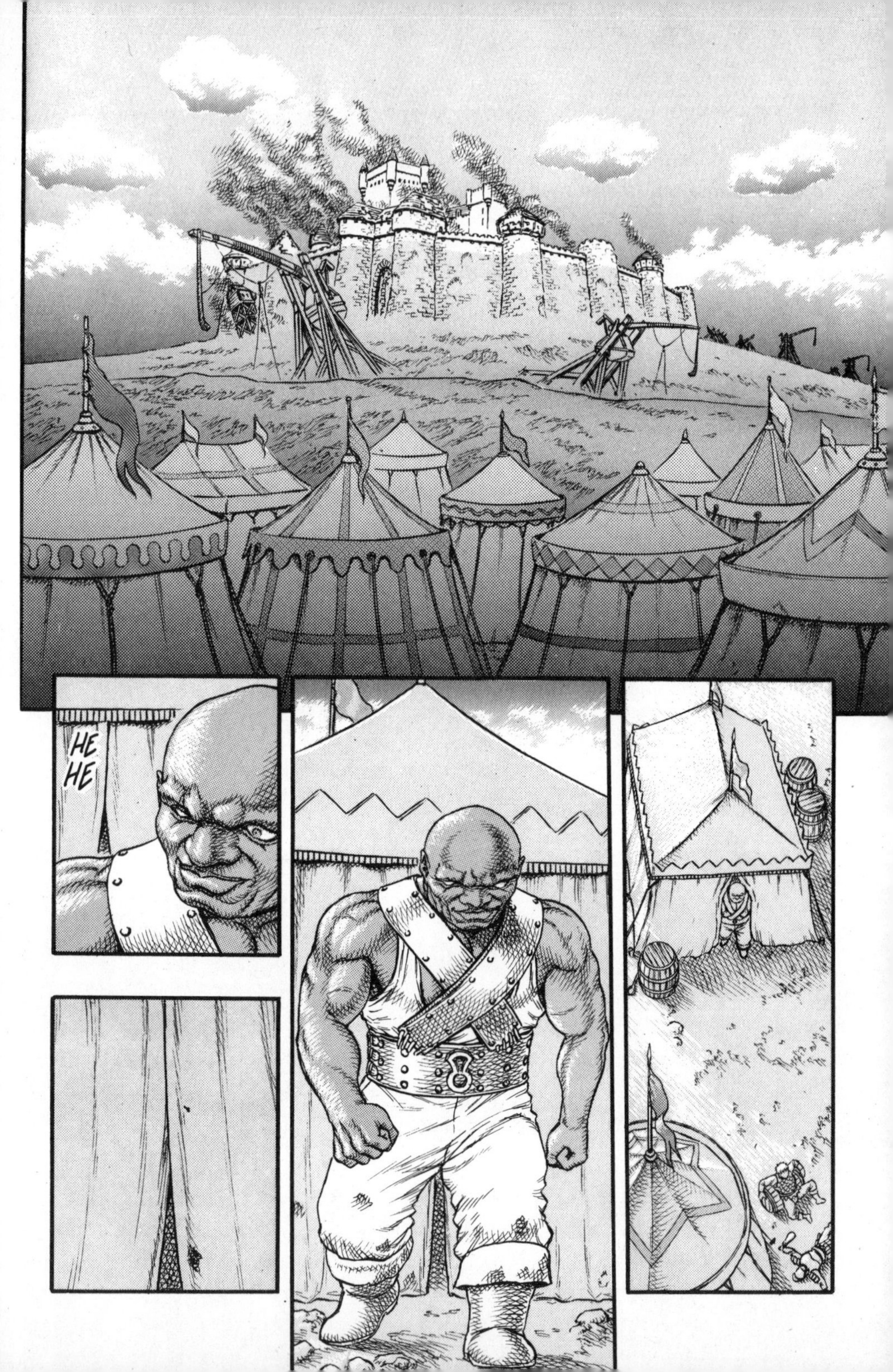
HE HE

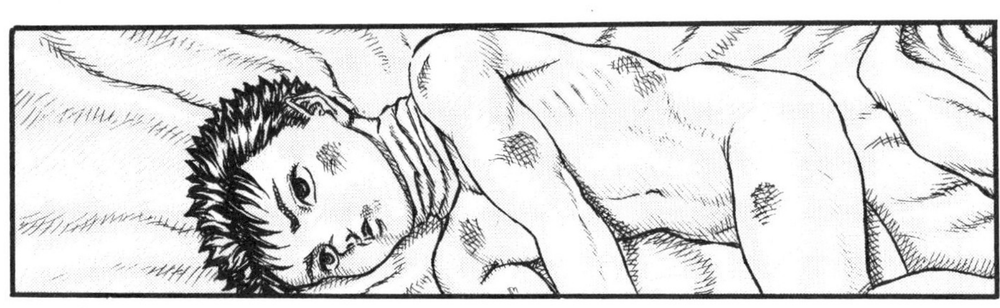

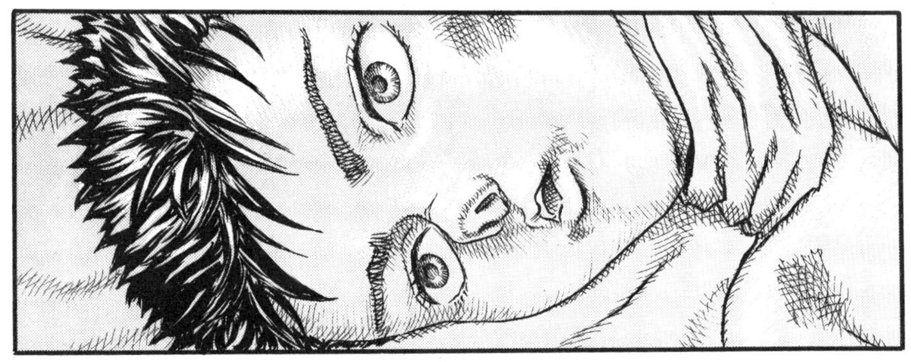

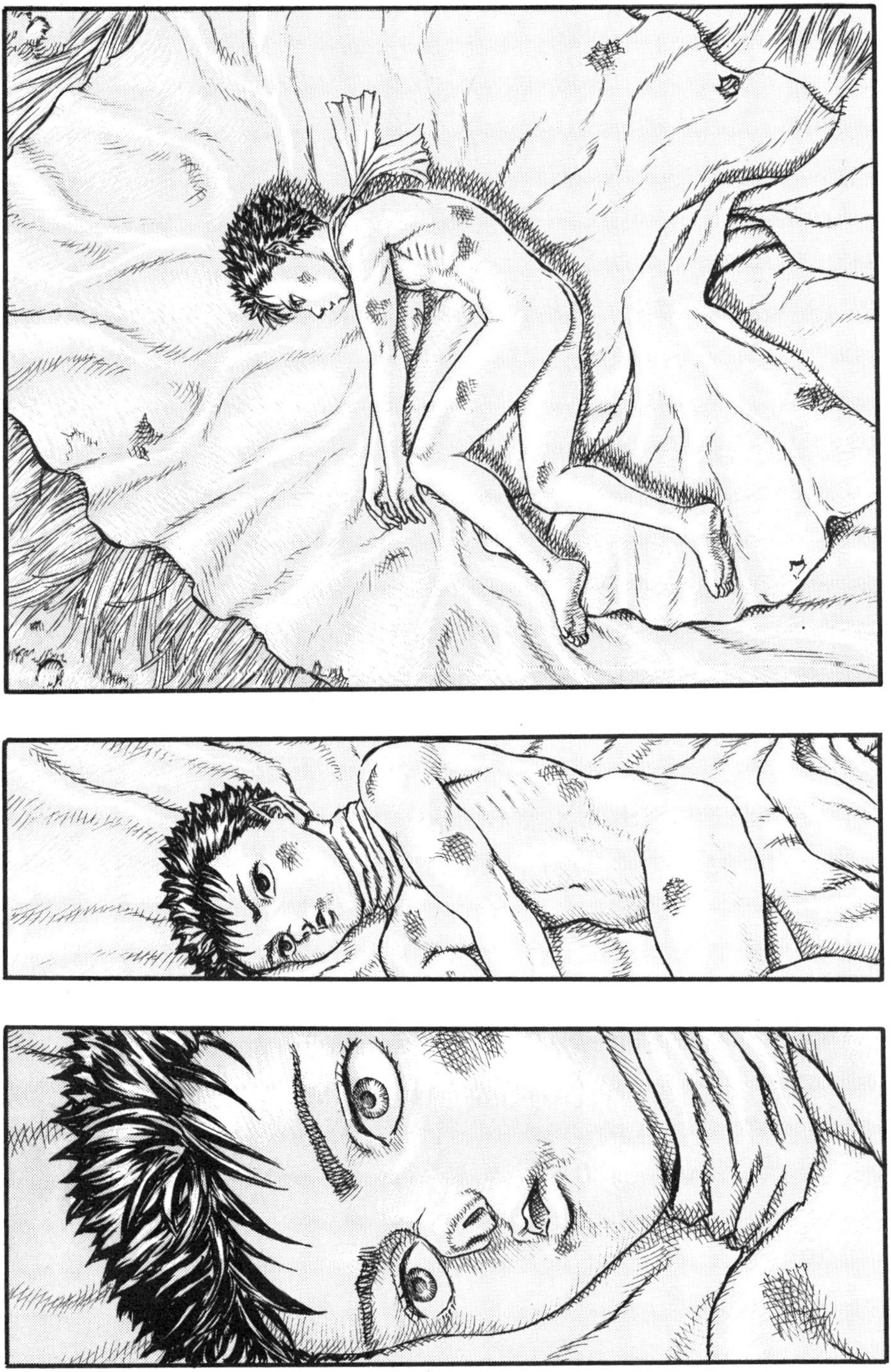

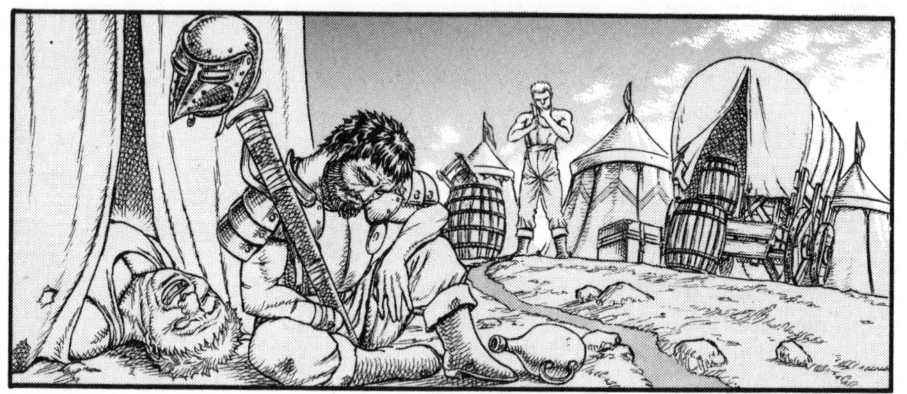

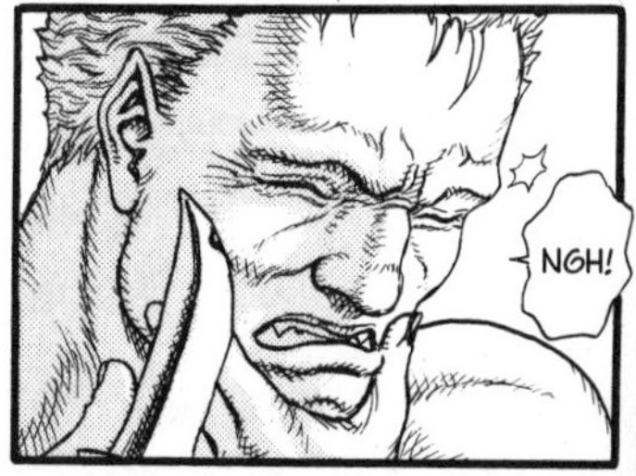
NGH!

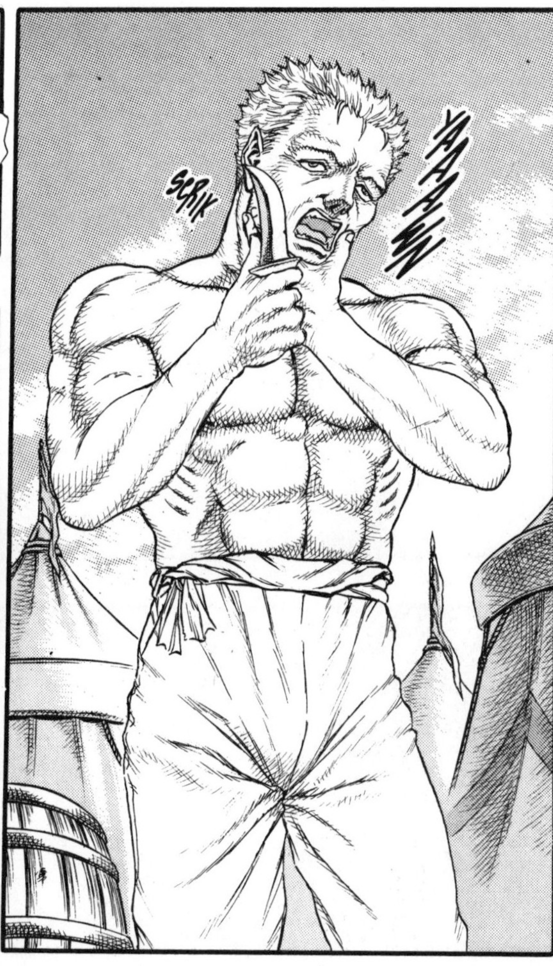
YAAAAWN
SCRIK

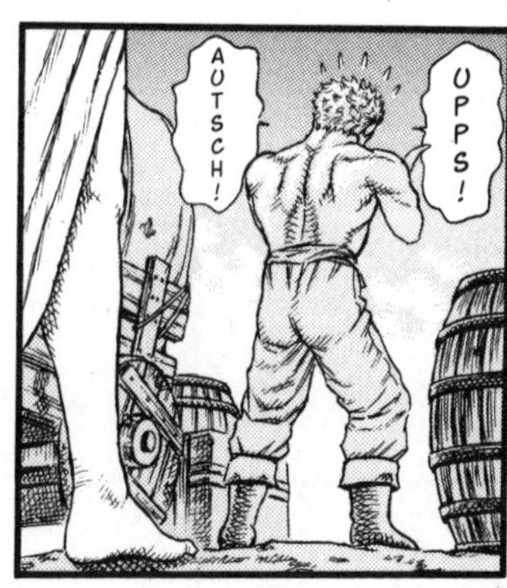
UPPS!
AUTSCH!

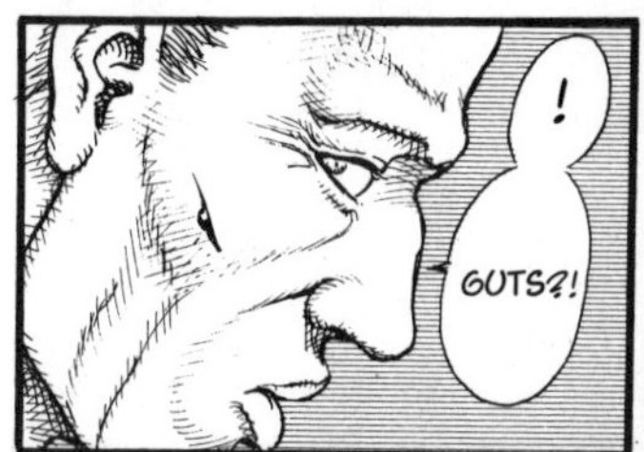
!
GUTS?!

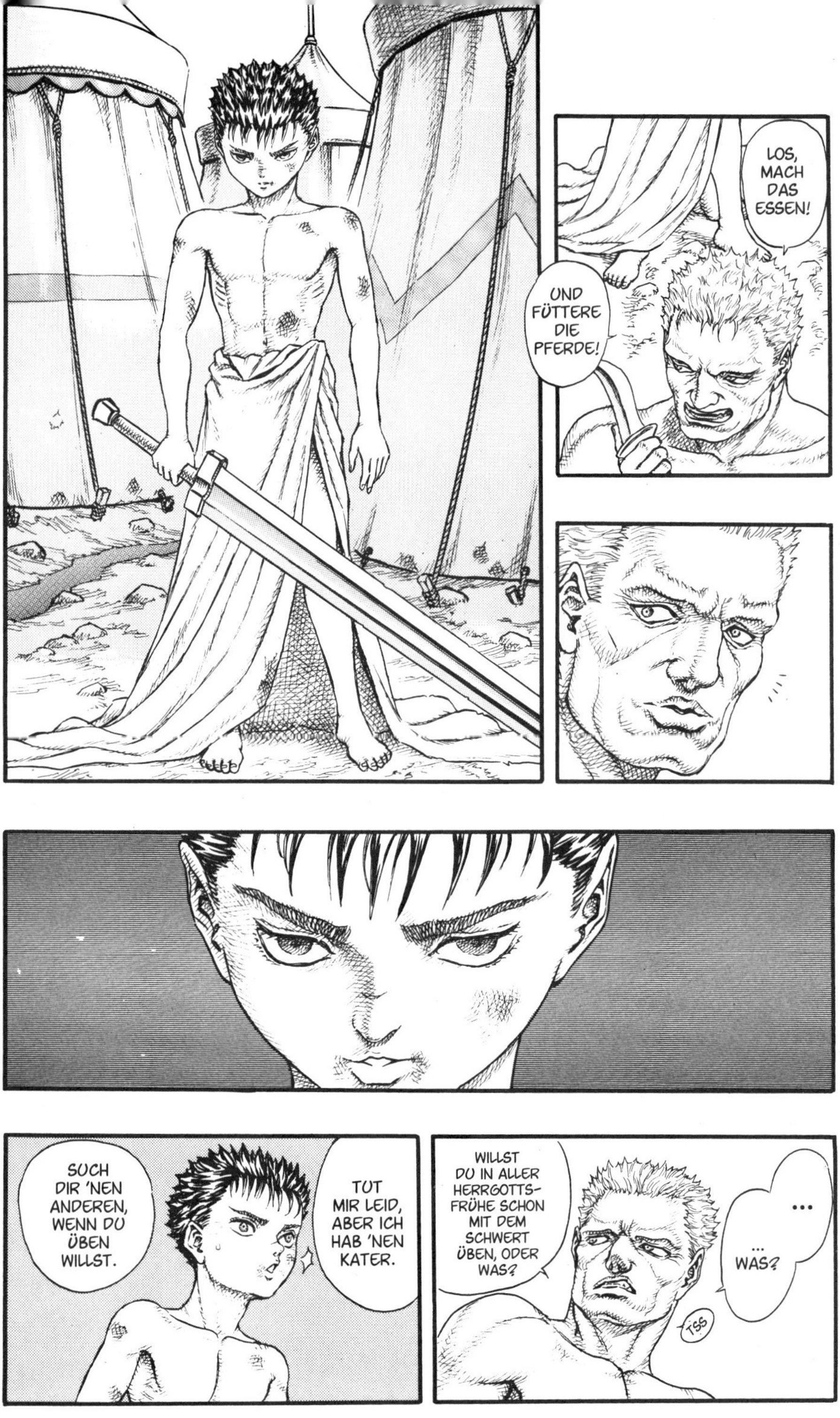

LOS, MACH DAS ESSEN!
UND FÜTTERE DIE PFERDE!

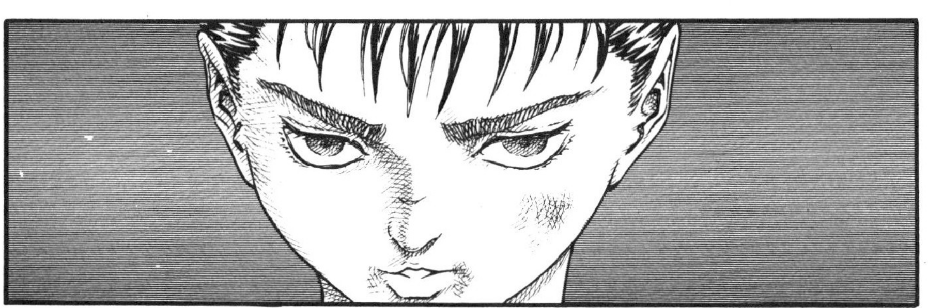

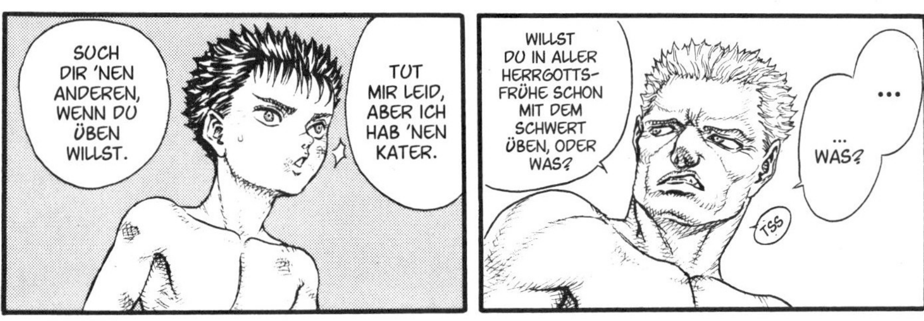

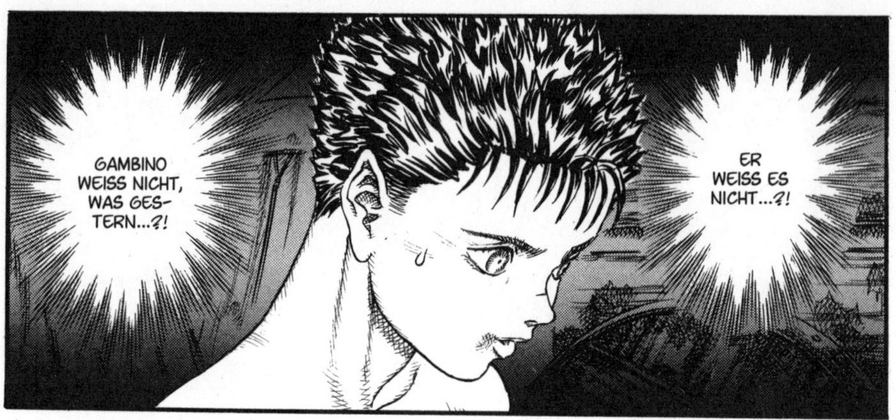
ER WEISS ES NICHT...?!
GAMBINO WEISS NICHT, WAS GES-TERN...?!

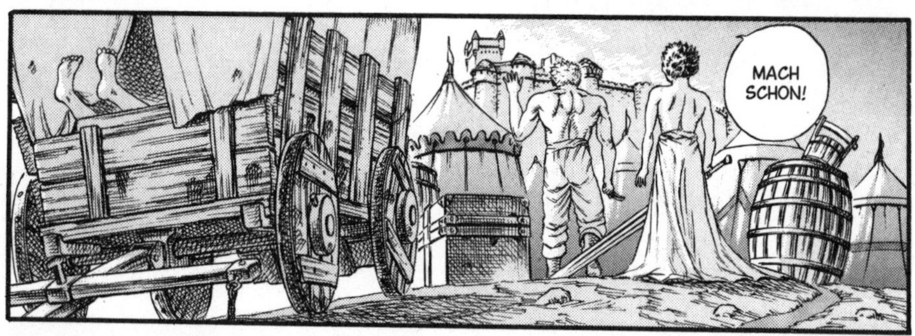
MACH SCHON!

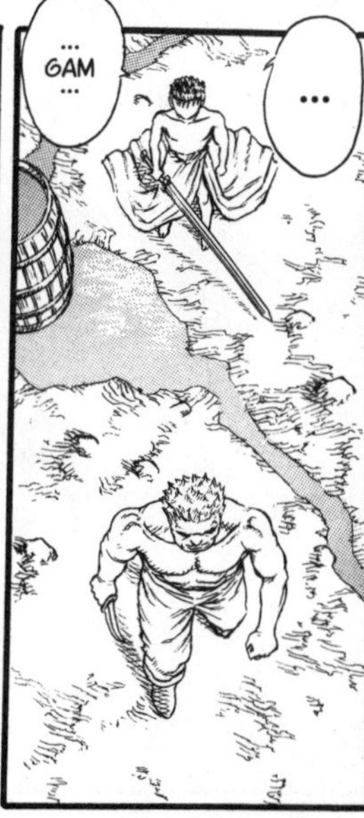
...
... GAM ...

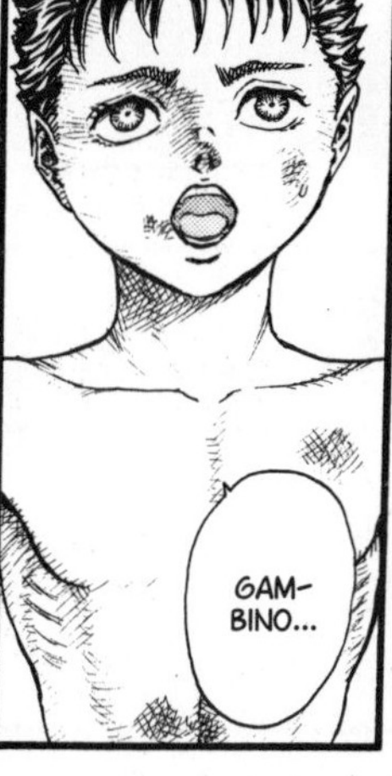
GAM-BINO...

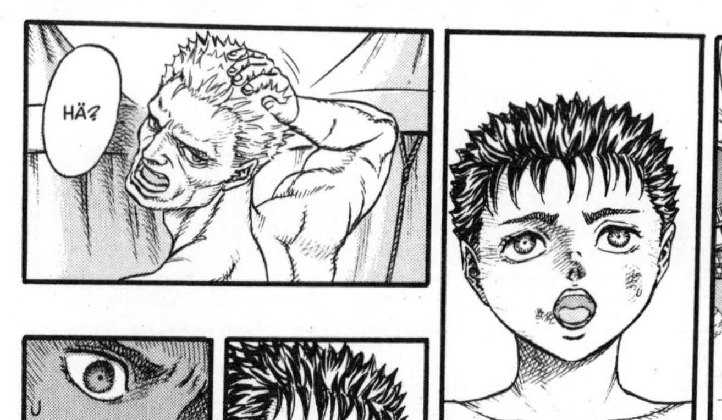
HÄ?

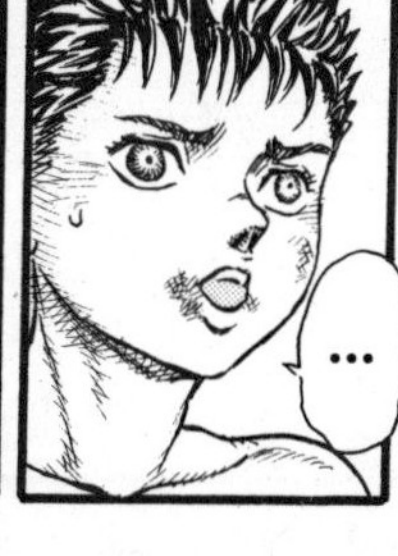
...

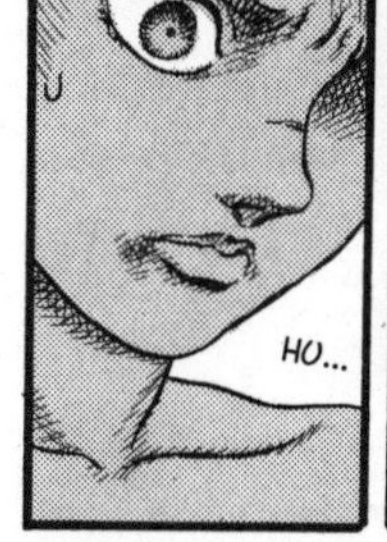
HO...

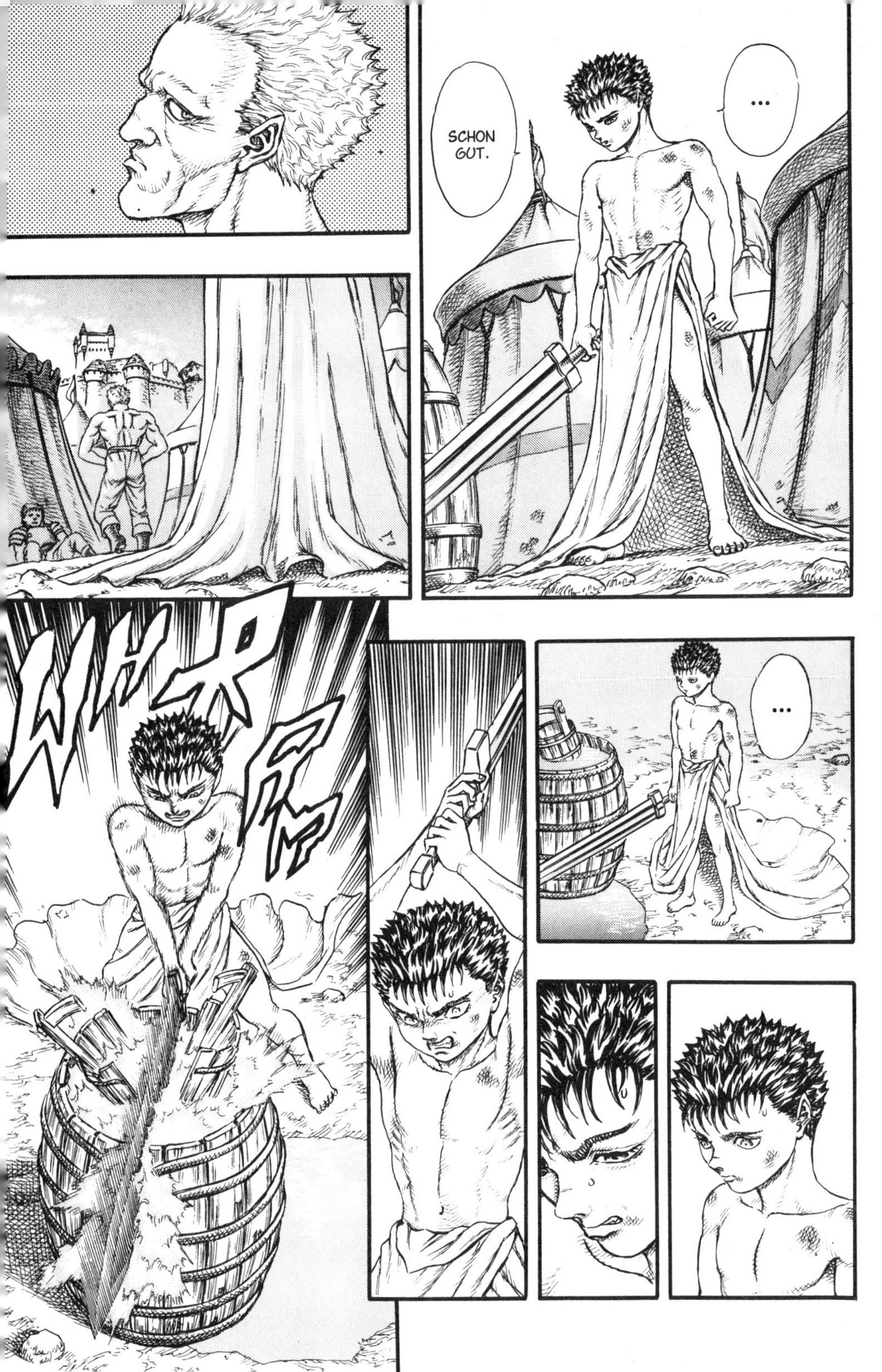
...
SCHON GUT.
...
WHAM

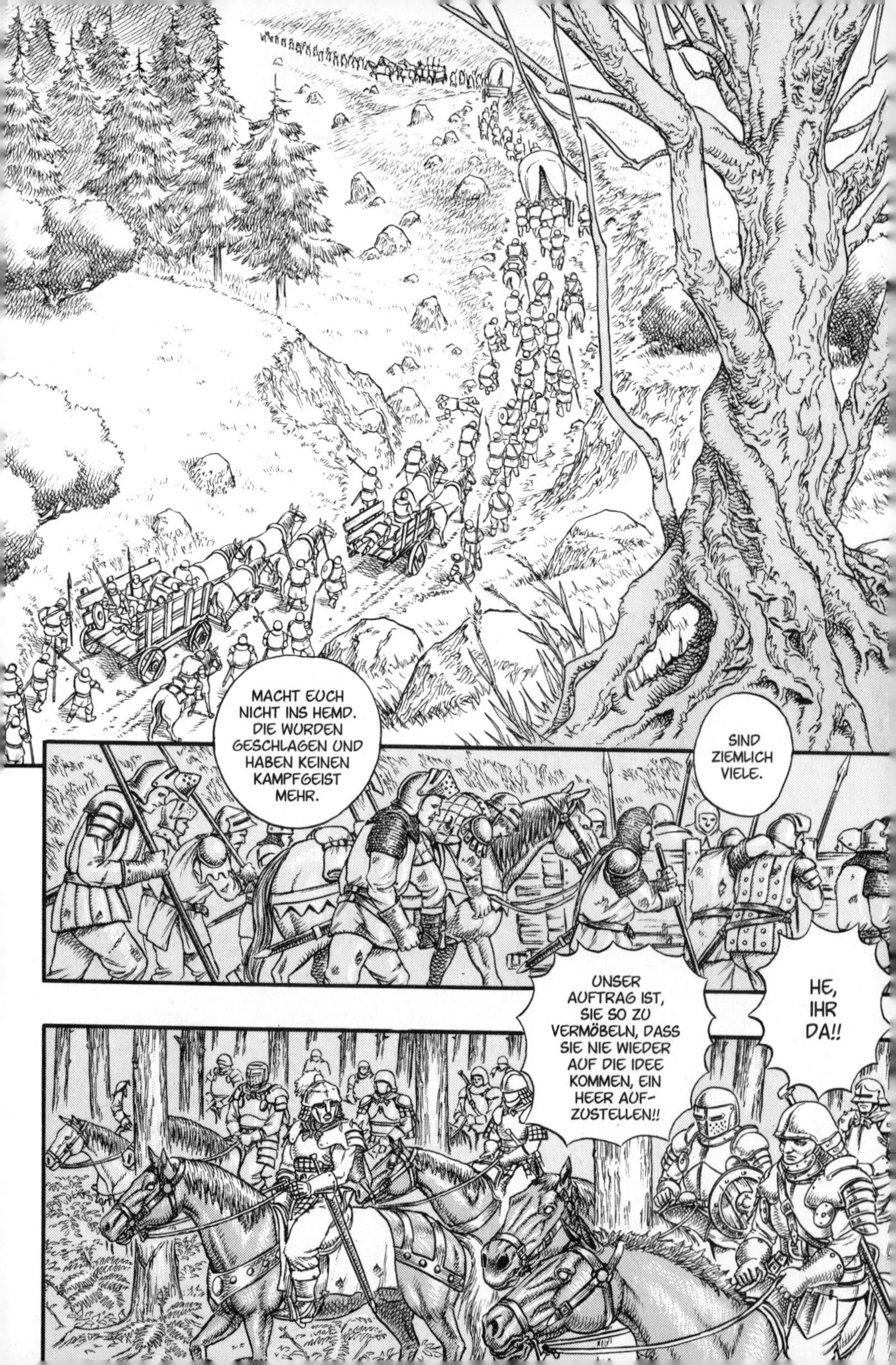
MACHT EUCH NICHT INS HEMD. DIE WURDEN GESCHLAGEN UND HABEN KEINEN KAMPFGEIST MEHR.
SIND ZIEMLICH VIELE.
UNSER AUFTRAG IST, SIE SO ZU VERMÖBELN, DASS SIE NIE WIEDER AUF DIE IDEE KOMMEN, EIN HEER AUF-ZUSTELLEN!!
HE, IHR DA!!

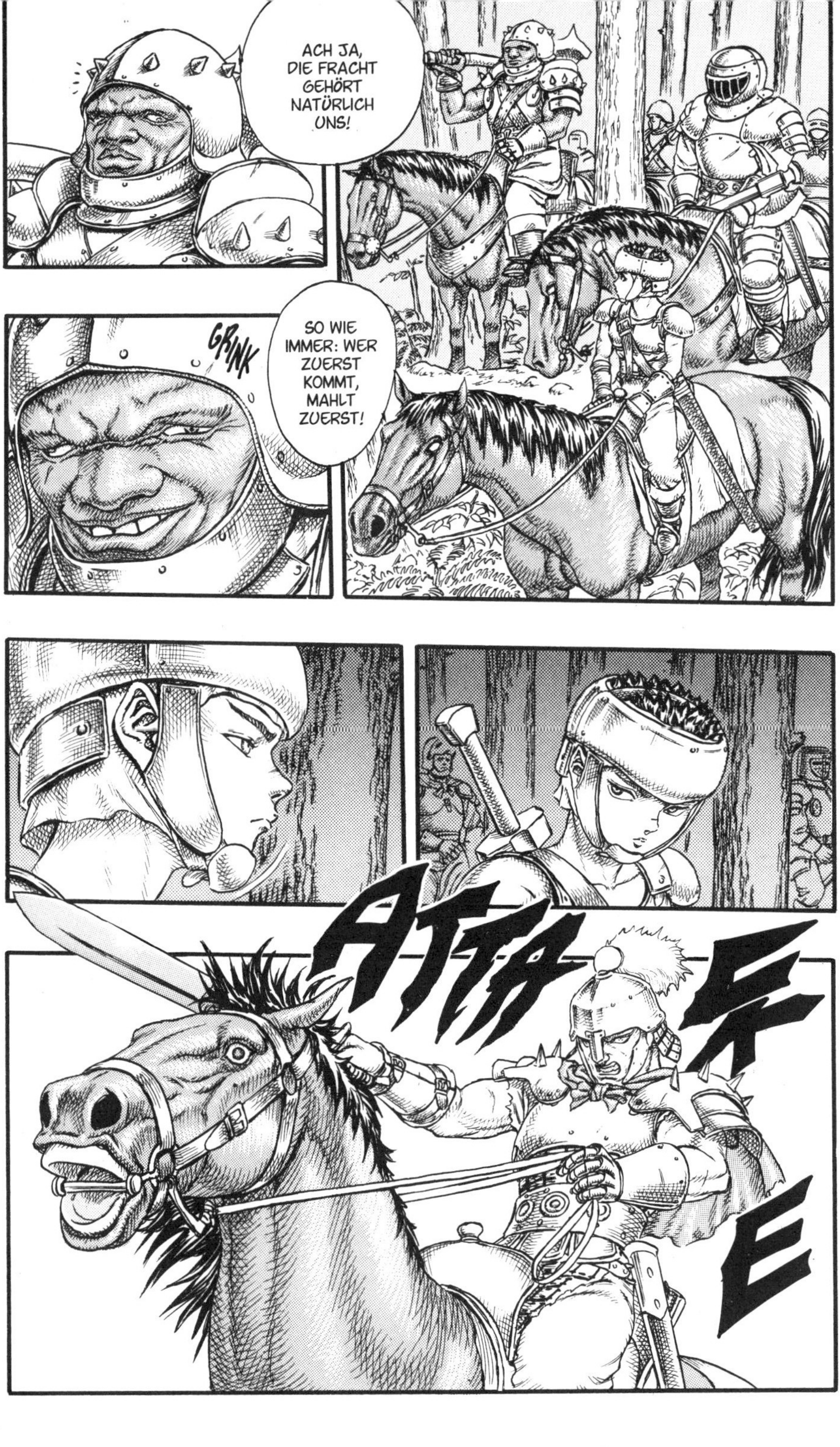

ACH JA, DIE FRACHT GEHÖRT NATÜRLICH UNS!
GRINK
SO WIE IMMER: WER ZUERST KOMMT, MAHLT ZUERST!
ATTACKE

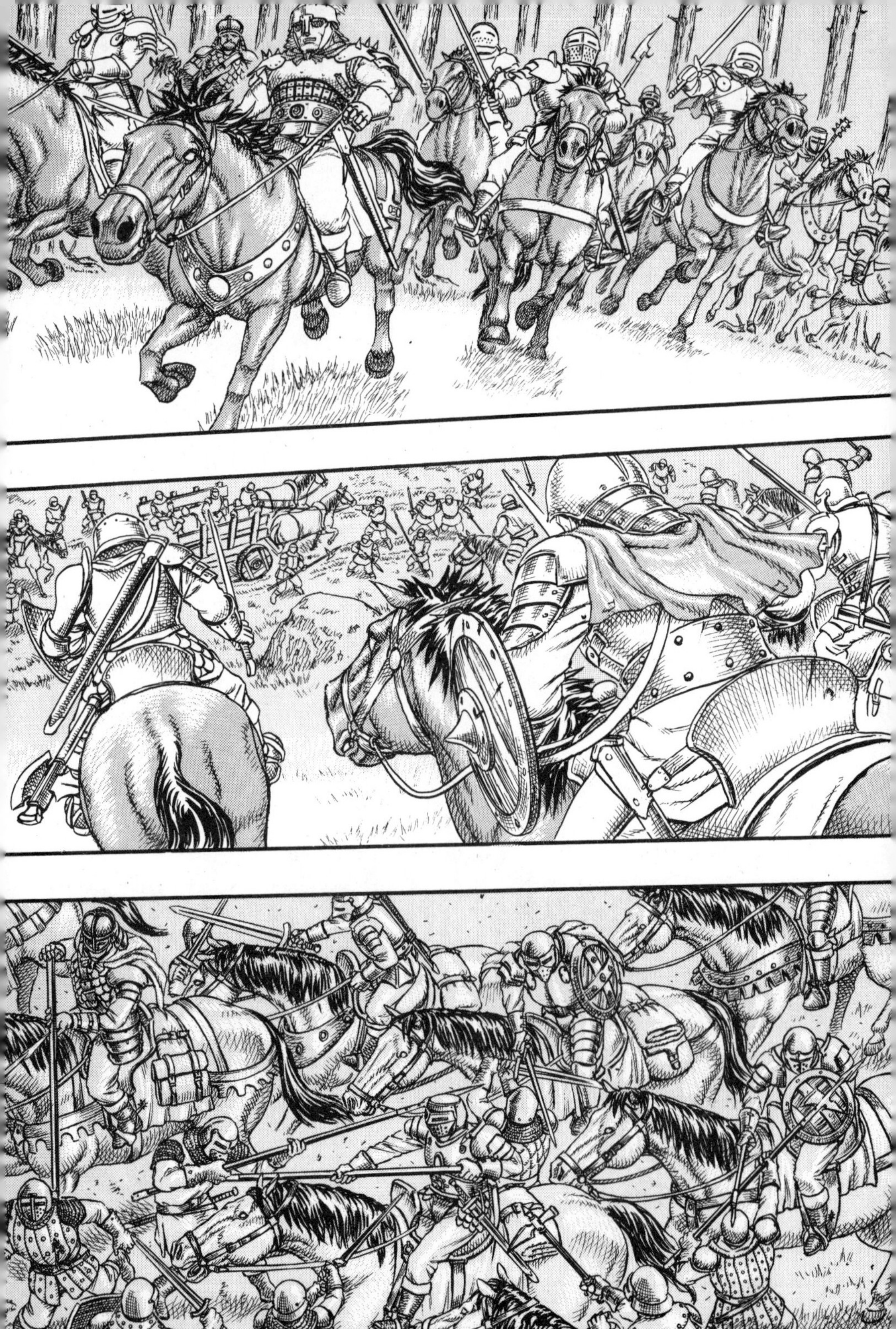

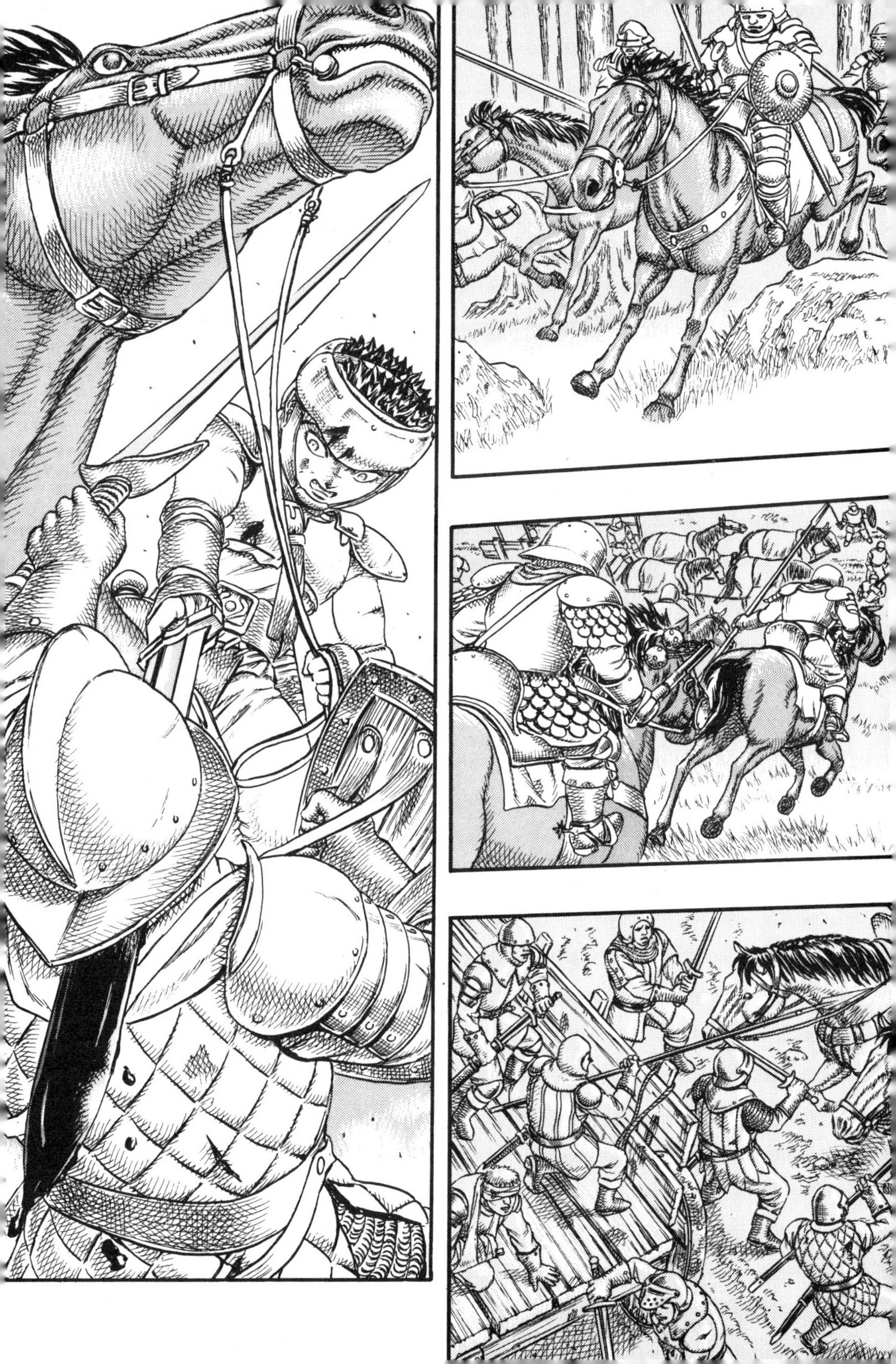

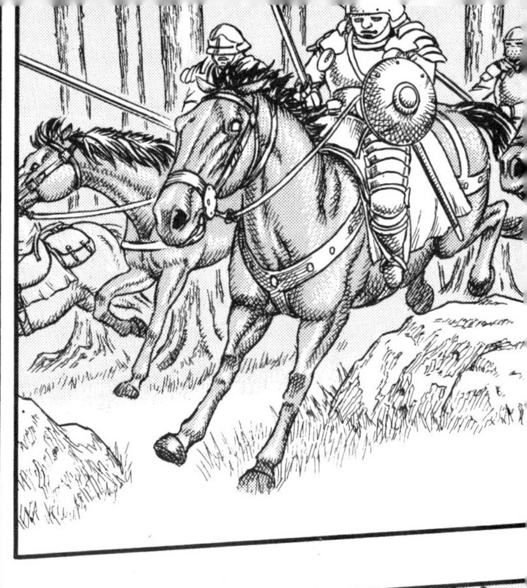
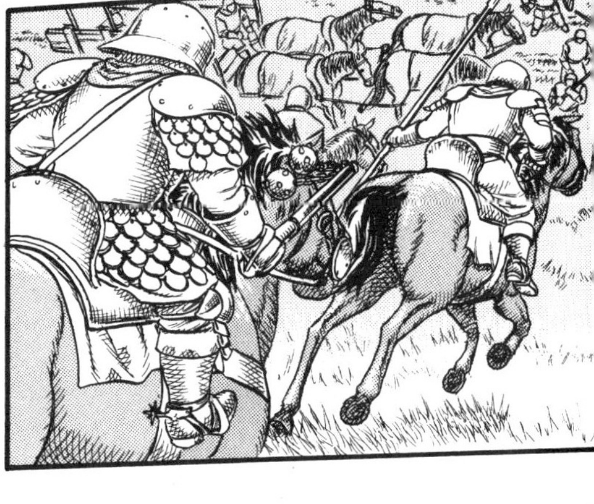
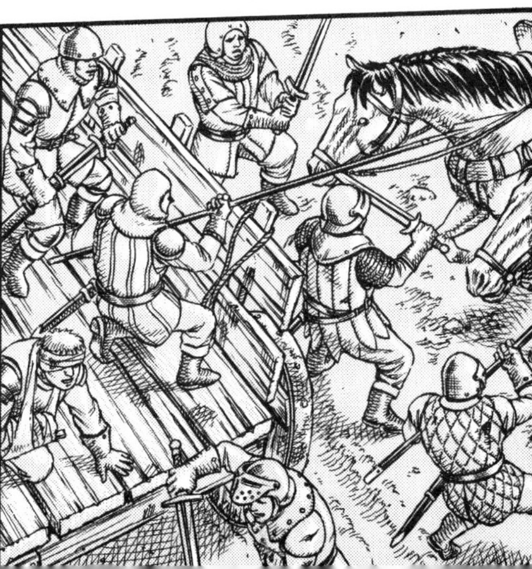

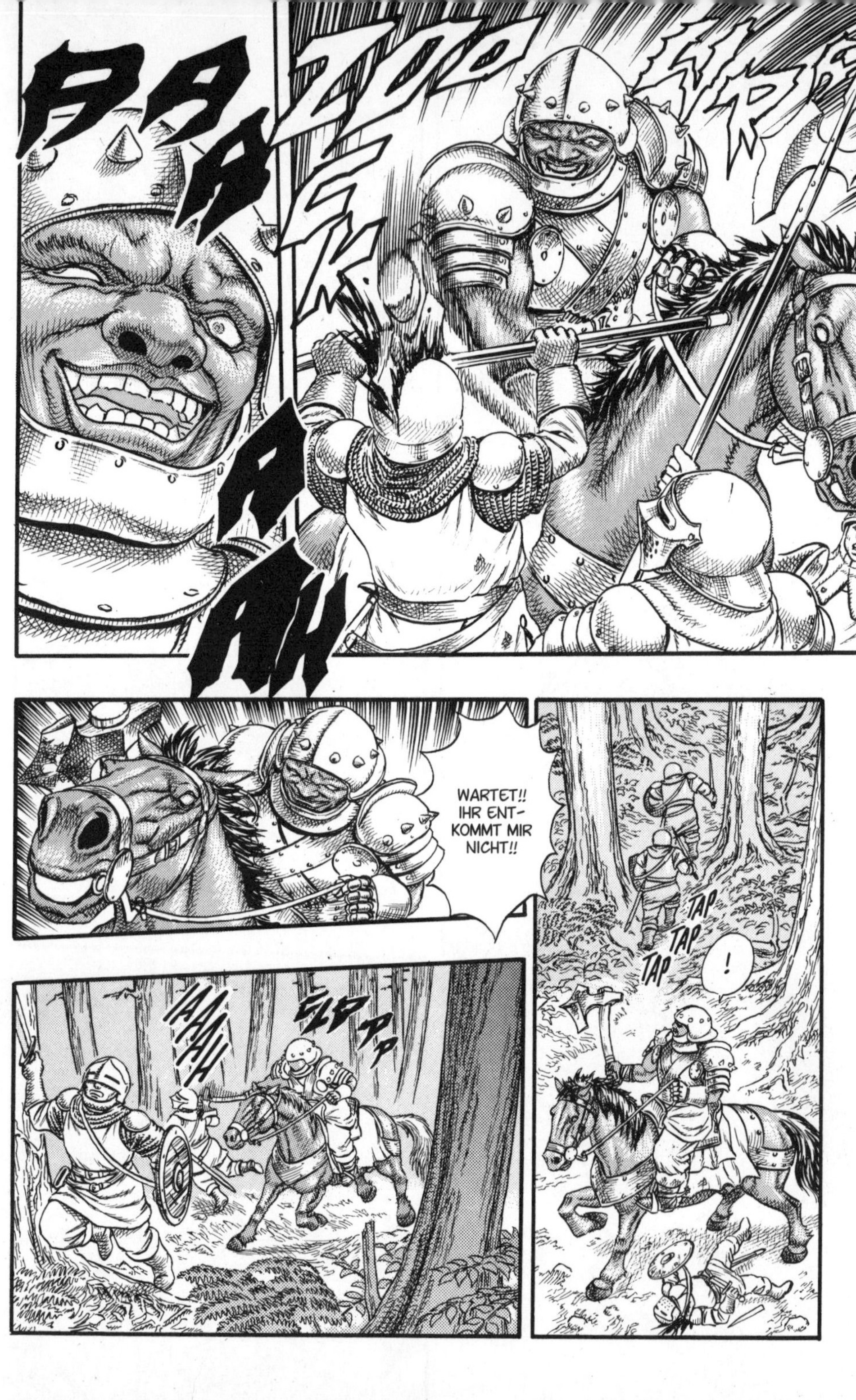
WARTET!! IHR ENTKOMMT MIR NICHT!!
TAP
TAP
TAP
!

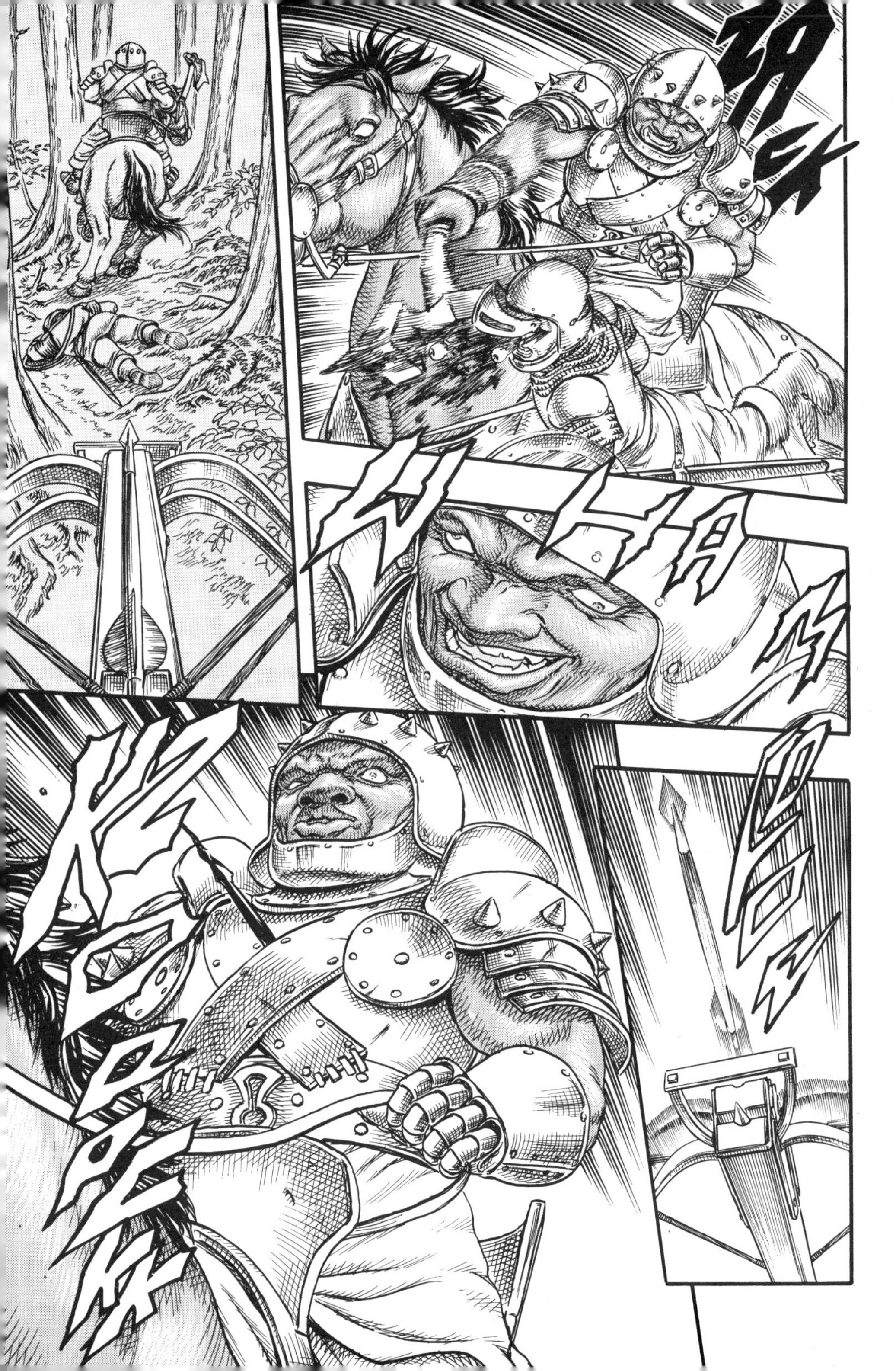
WHAM

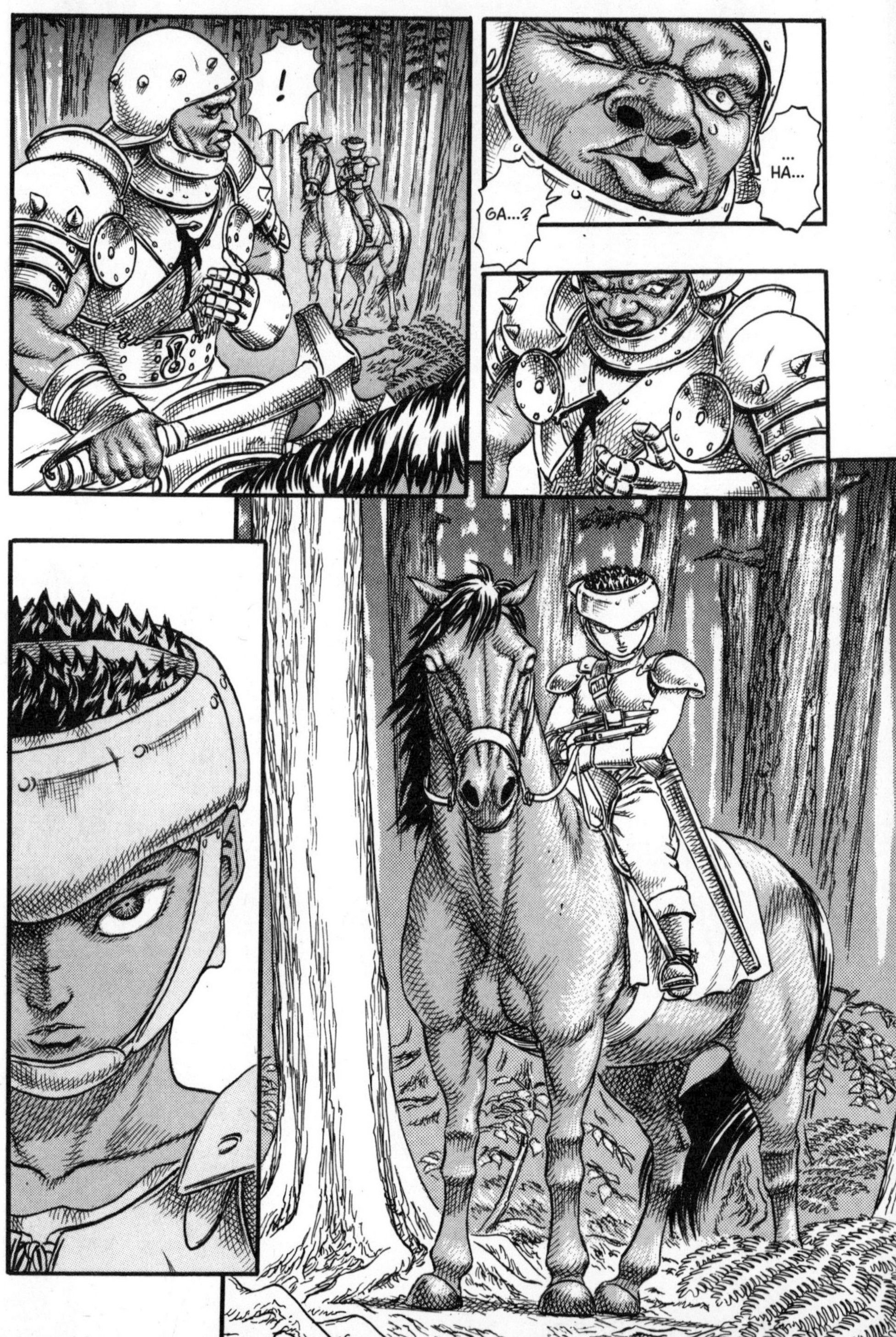
!
GA...?
... HA...

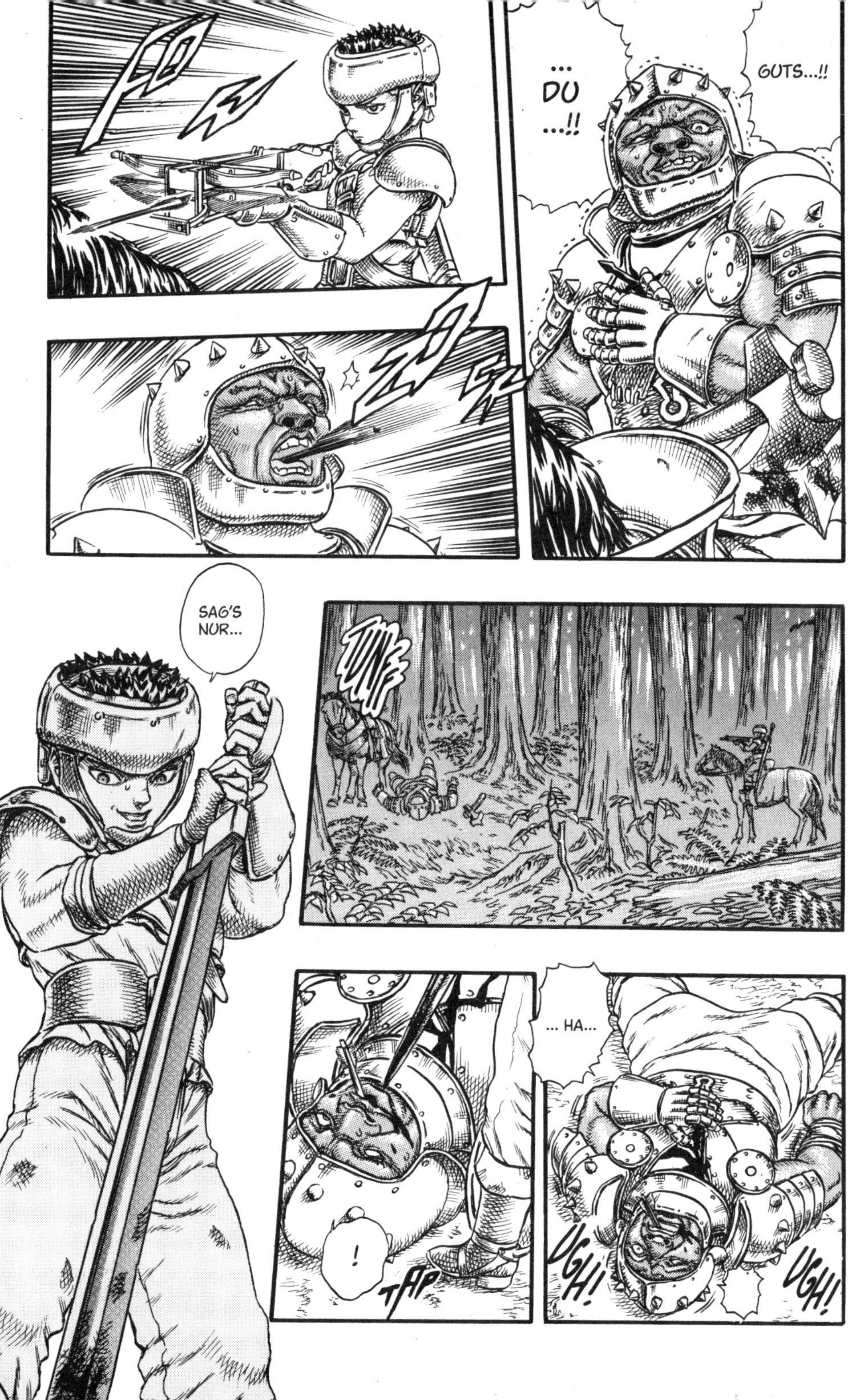

... DU ...!!
GUTS...!!
SAG'S NUR...
... HA...
!
THP
UGH!
UGH!

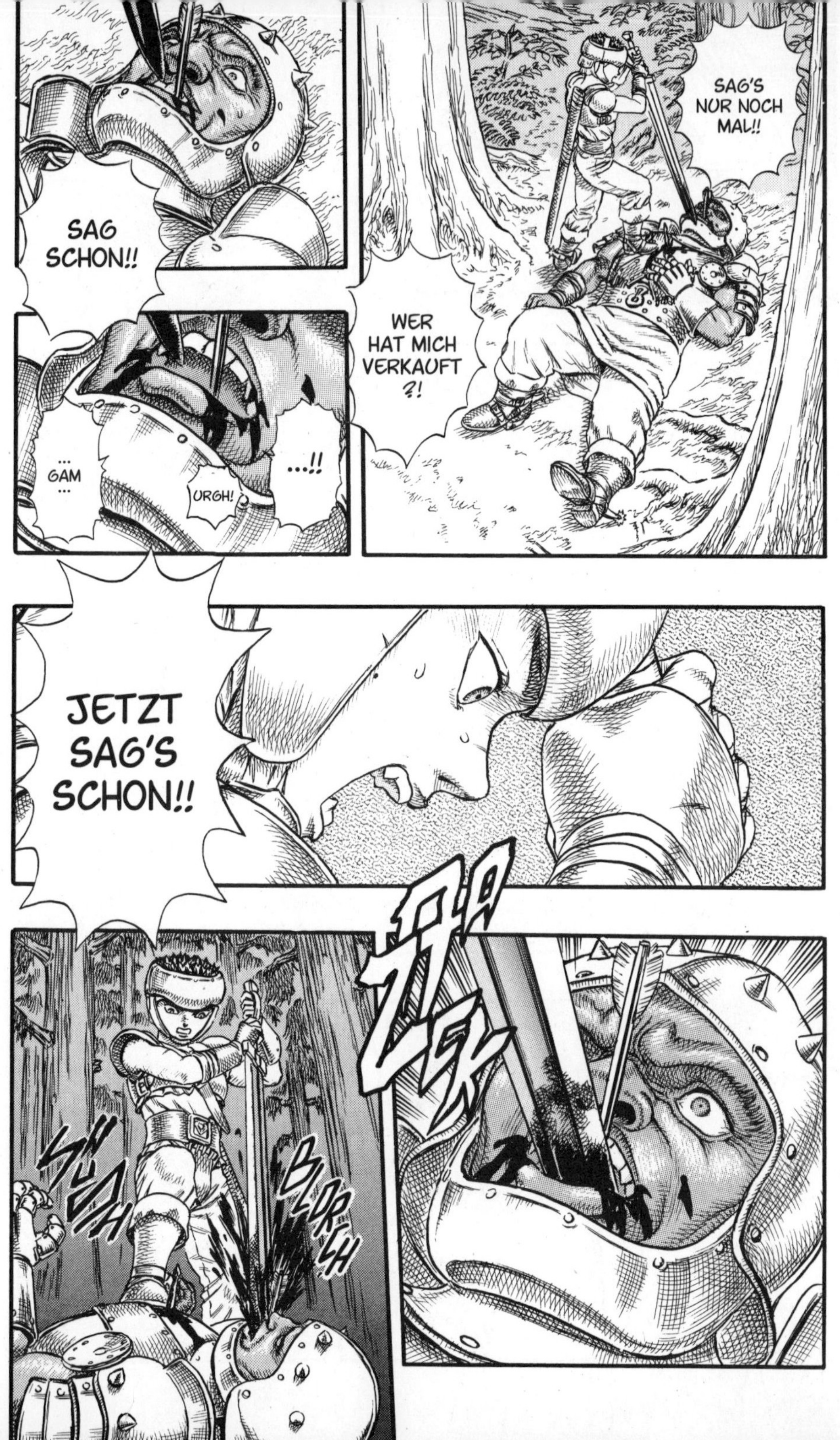
SAG'S NUR NOCH MAL!!
WER HAT MICH VERKAUFT ?!
SAG SCHON!!
...!!
URGH!
... GAM ...
JETZT SAG'S SCHON!!

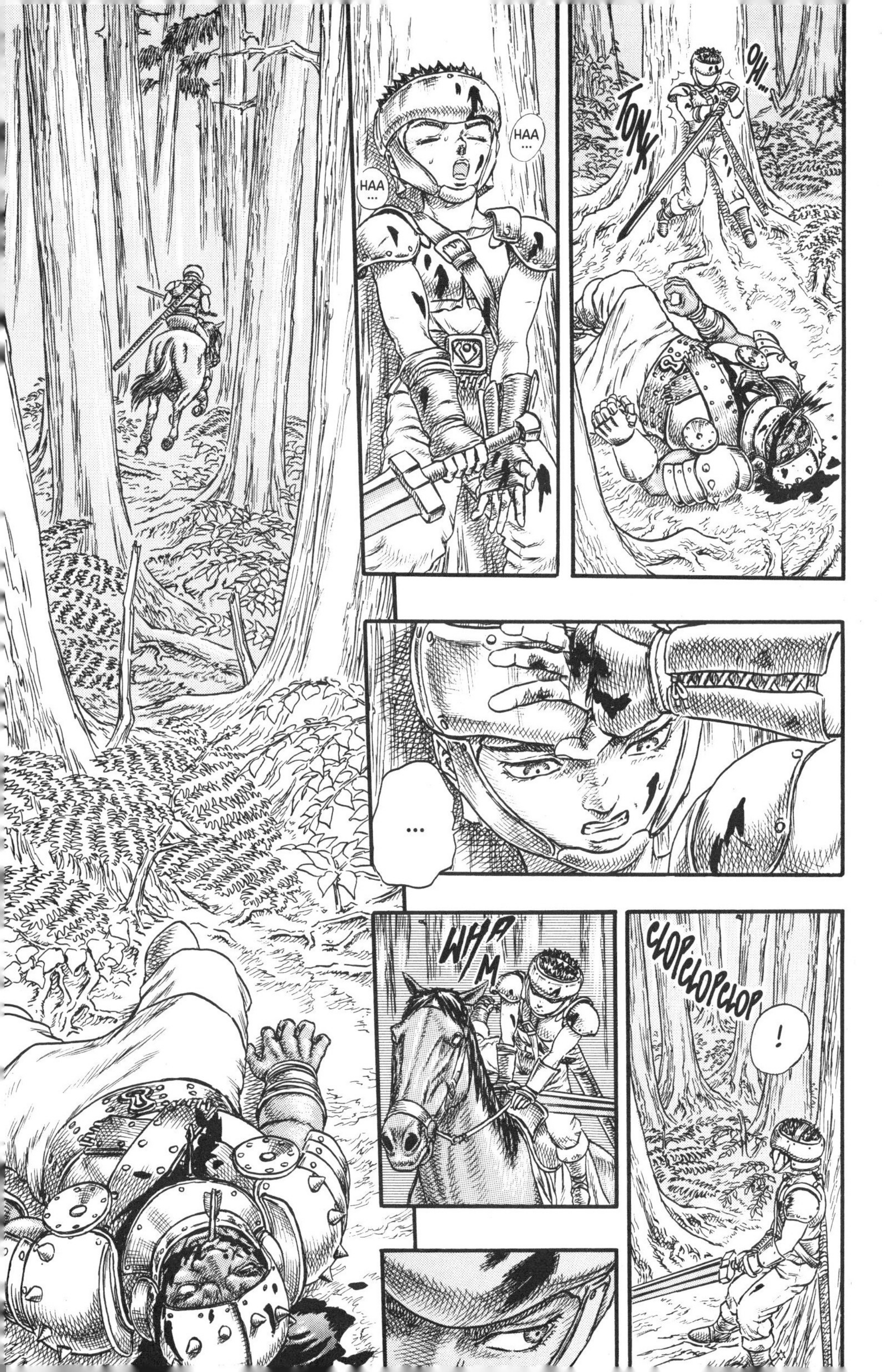
TONK
OH...
HAA ...
HAA ...
...
CLOPCLOPCLOP
!
WHAM

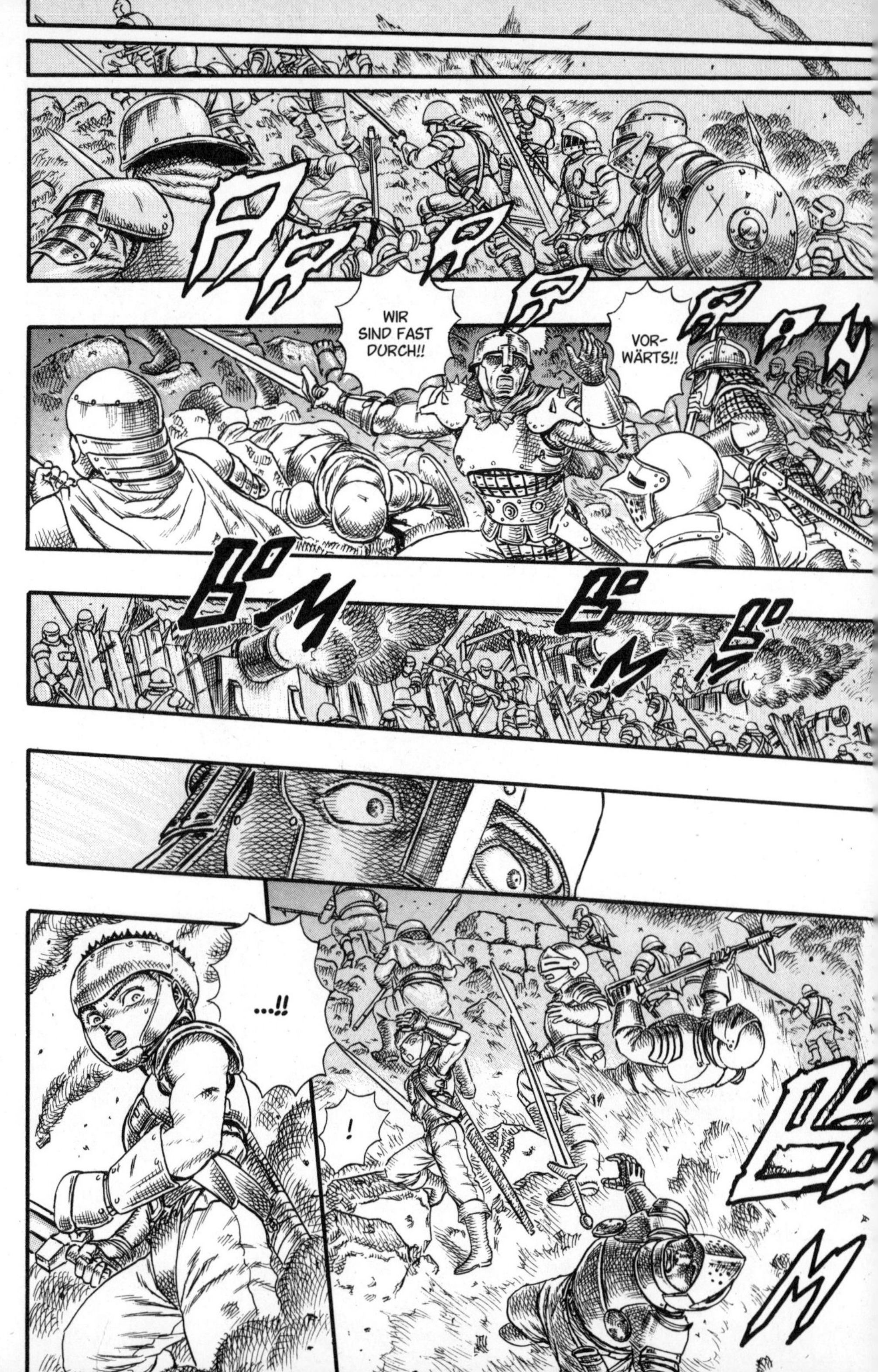

VORWÄRTS!!
WIR SIND FAST DURCH!!
!
...!!

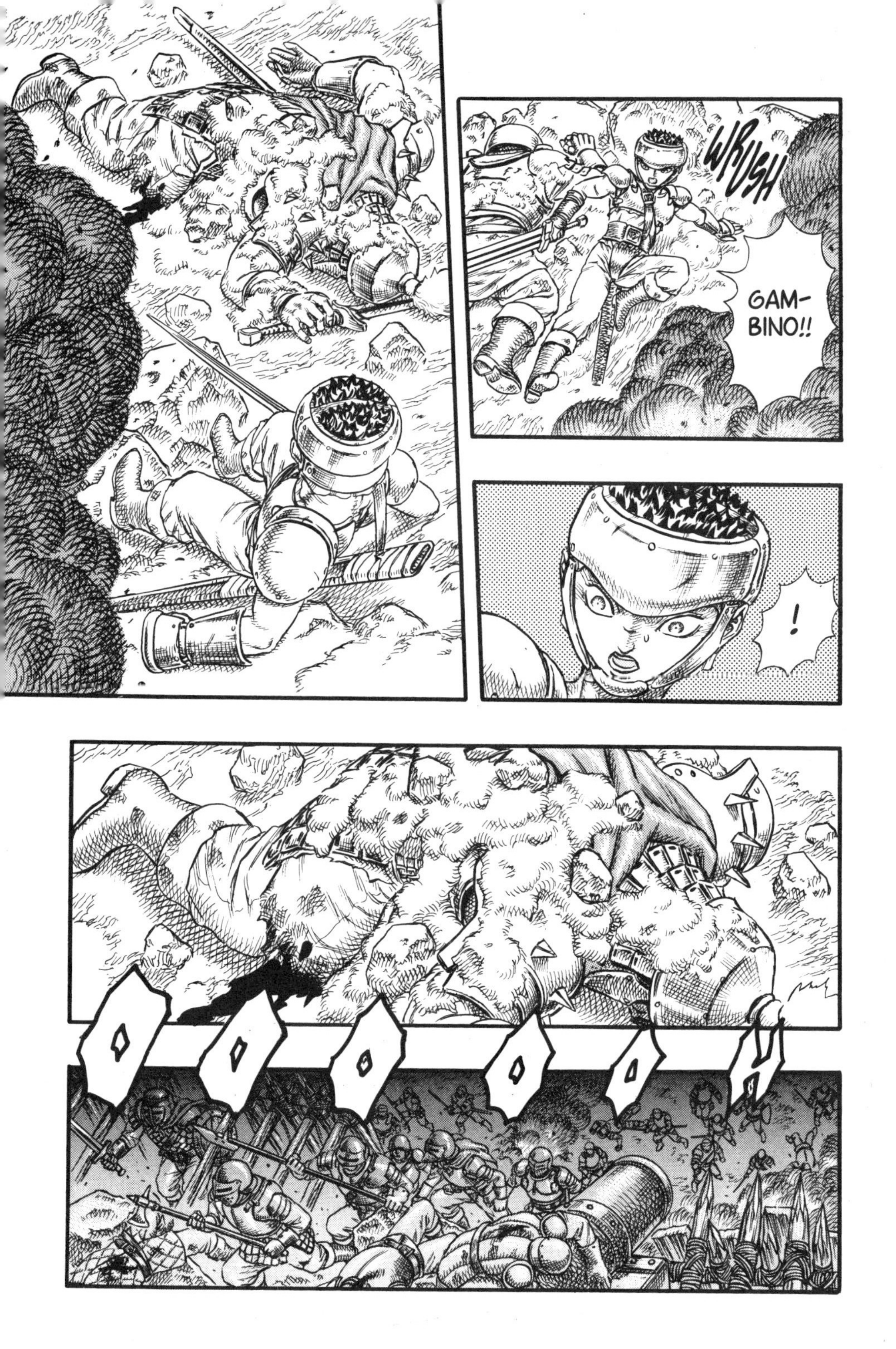

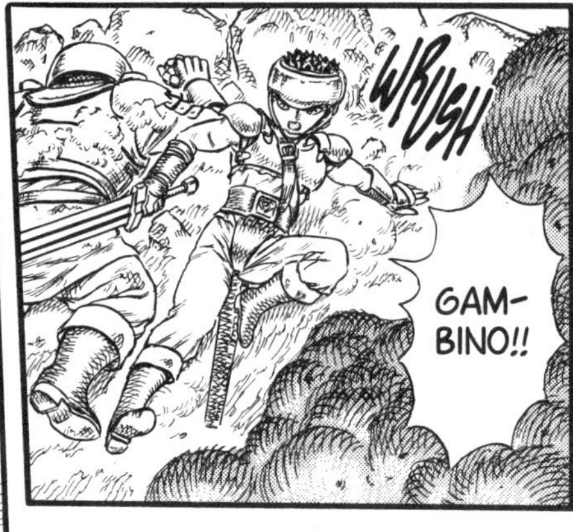
WRUSH
GAM-
BINO!!

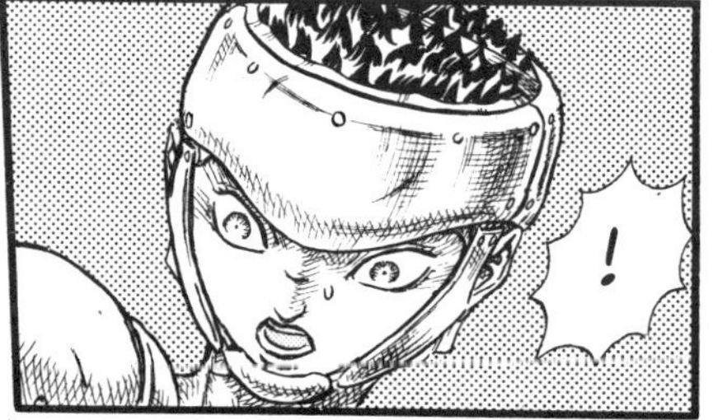
!

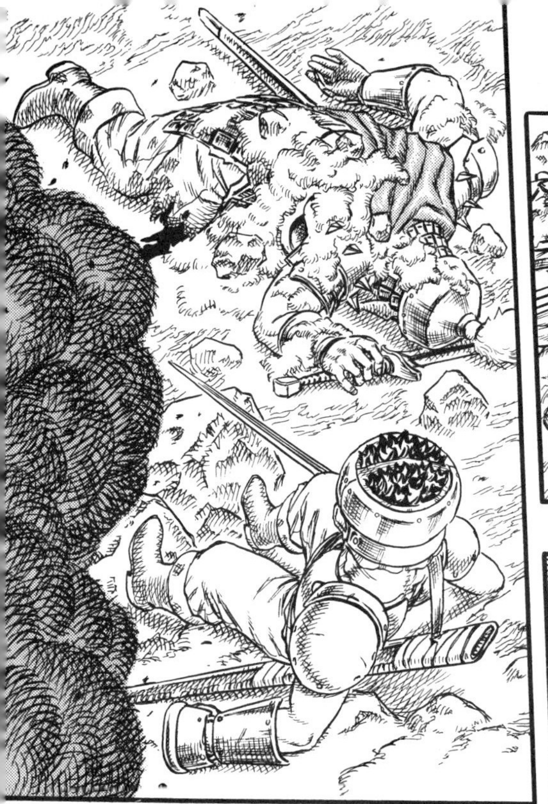

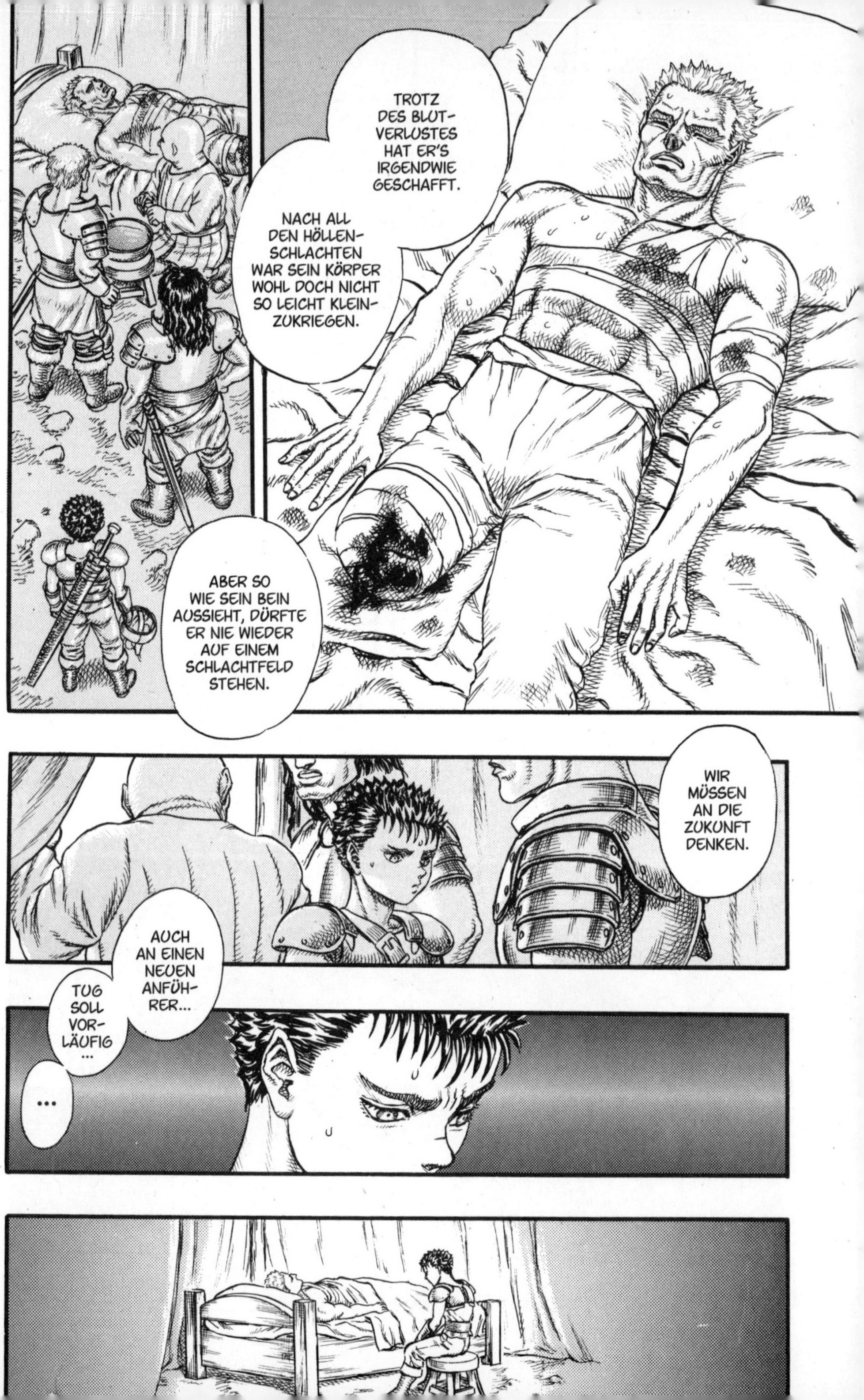

TROTZ DES BLUT-VERLUSTES HAT ER'S IRGENDWIE GESCHAFFT.

NACH ALL DEN HÖLLEN-SCHLACHTEN WAR SEIN KÖRPER WOHL DOCH NICHT SO LEICHT KLEIN-ZUKRIEGEN.

ABER SO WIE SEIN BEIN AUSSIEHT, DÜRFTE ER NIE WIEDER AUF EINEM SCHLACHTFELD STEHEN.

WIR MÜSSEN AN DIE ZUKUNFT DENKEN.

AUCH AN EINEN NEUEN ANFÜH-RER...

TUG SOLL VOR-LÄUFIG ...

...

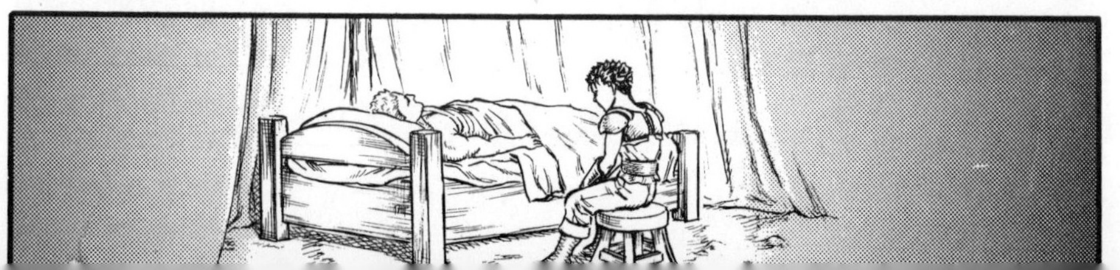

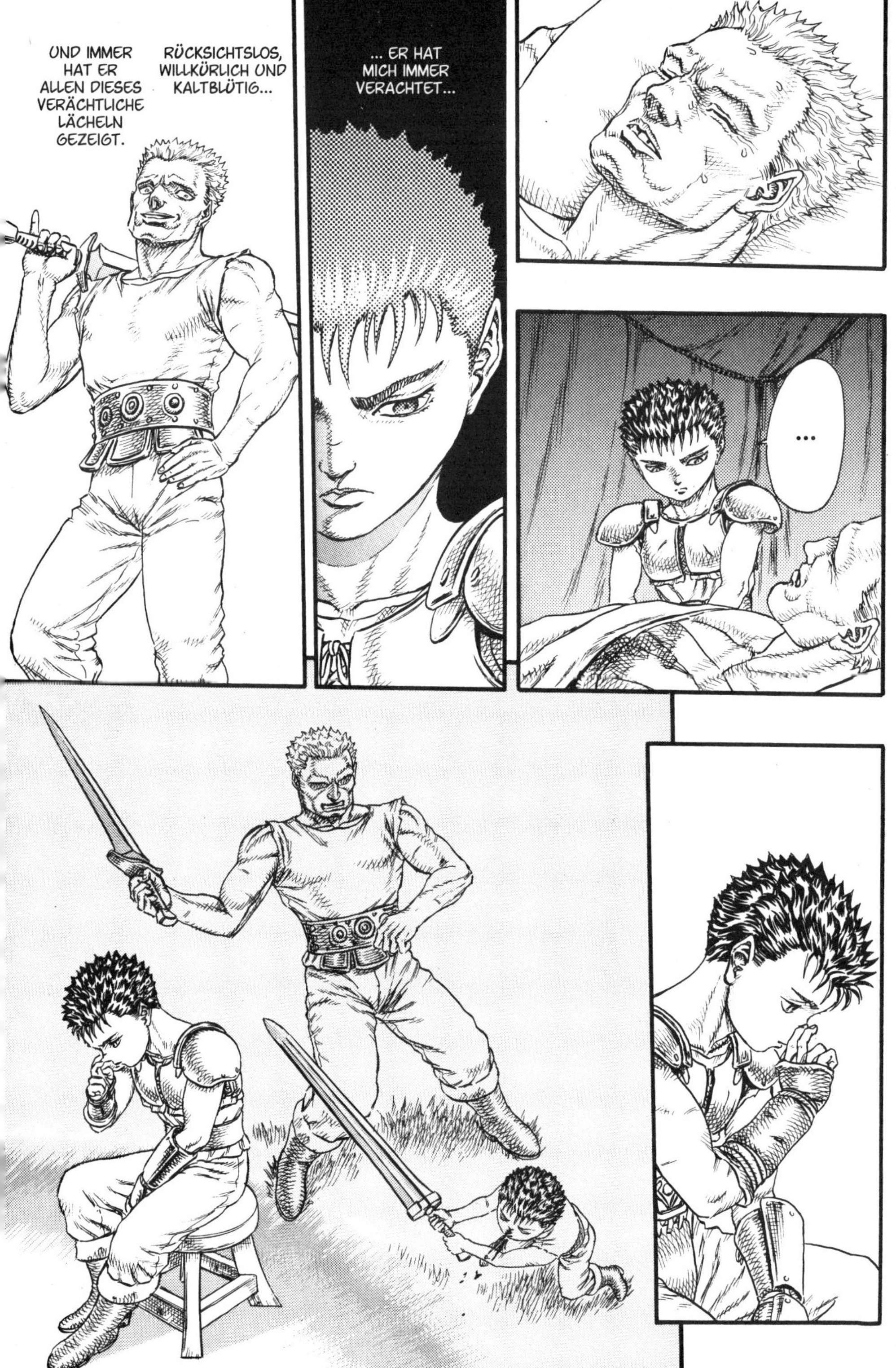
UND IMMER HAT ER ALLEN DIESES VERÄCHTLICHE LÄCHELN GEZEIGT.
RÜCKSICHTSLOS, WILLKÜRLICH UND KALTBLÜTIG...
... ER HAT MICH IMMER VERACHTET...
...

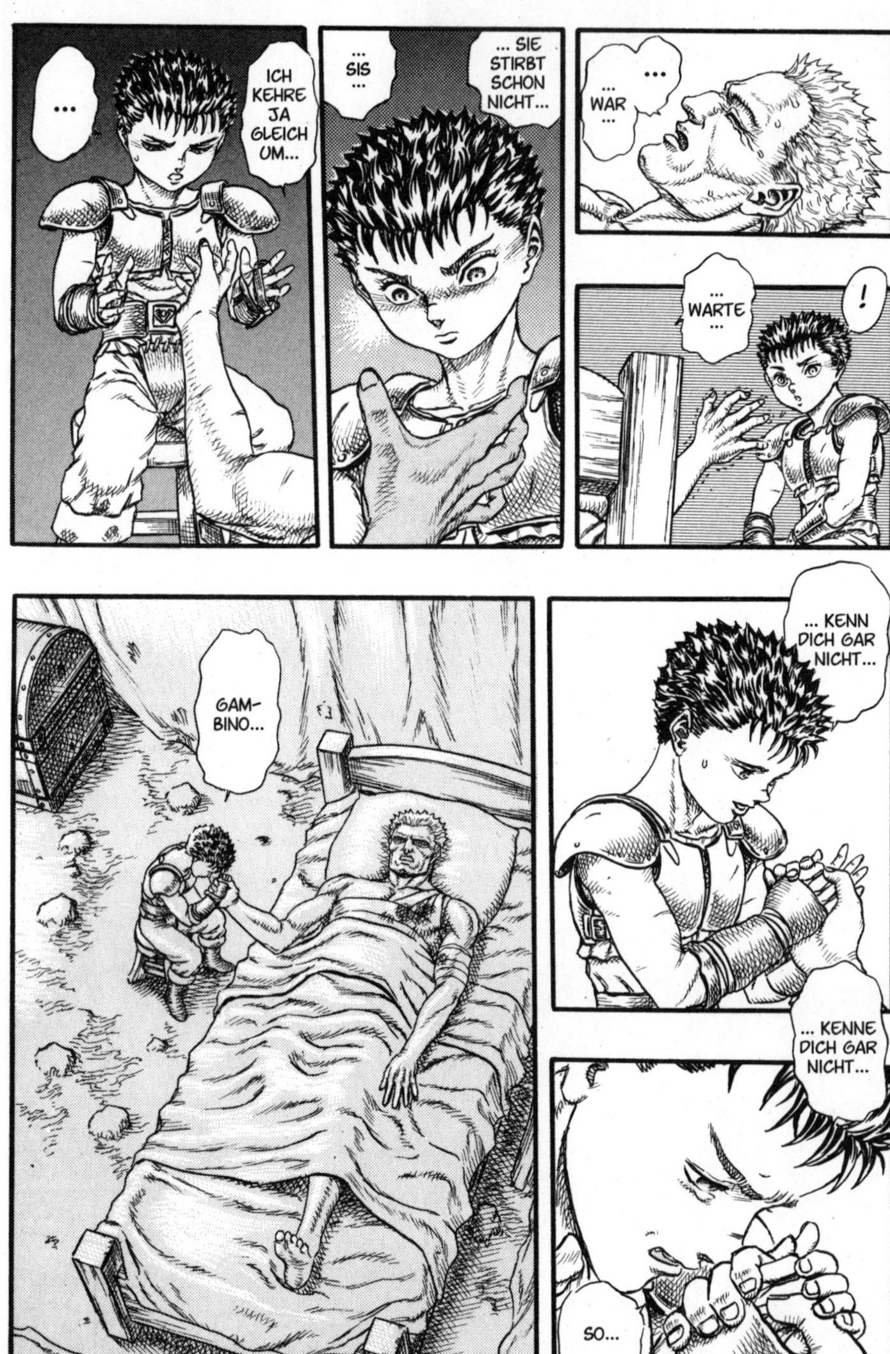
...
... WAR ...
!
... WARTE ...
... SIE STIRBT SCHON NICHT...
... SIS ...
ICH KEHRE JA GLEICH UM...
...
... KENN DICH GAR NICHT...
... KENNE DICH GAR NICHT...
SO...
GAM-BINO...

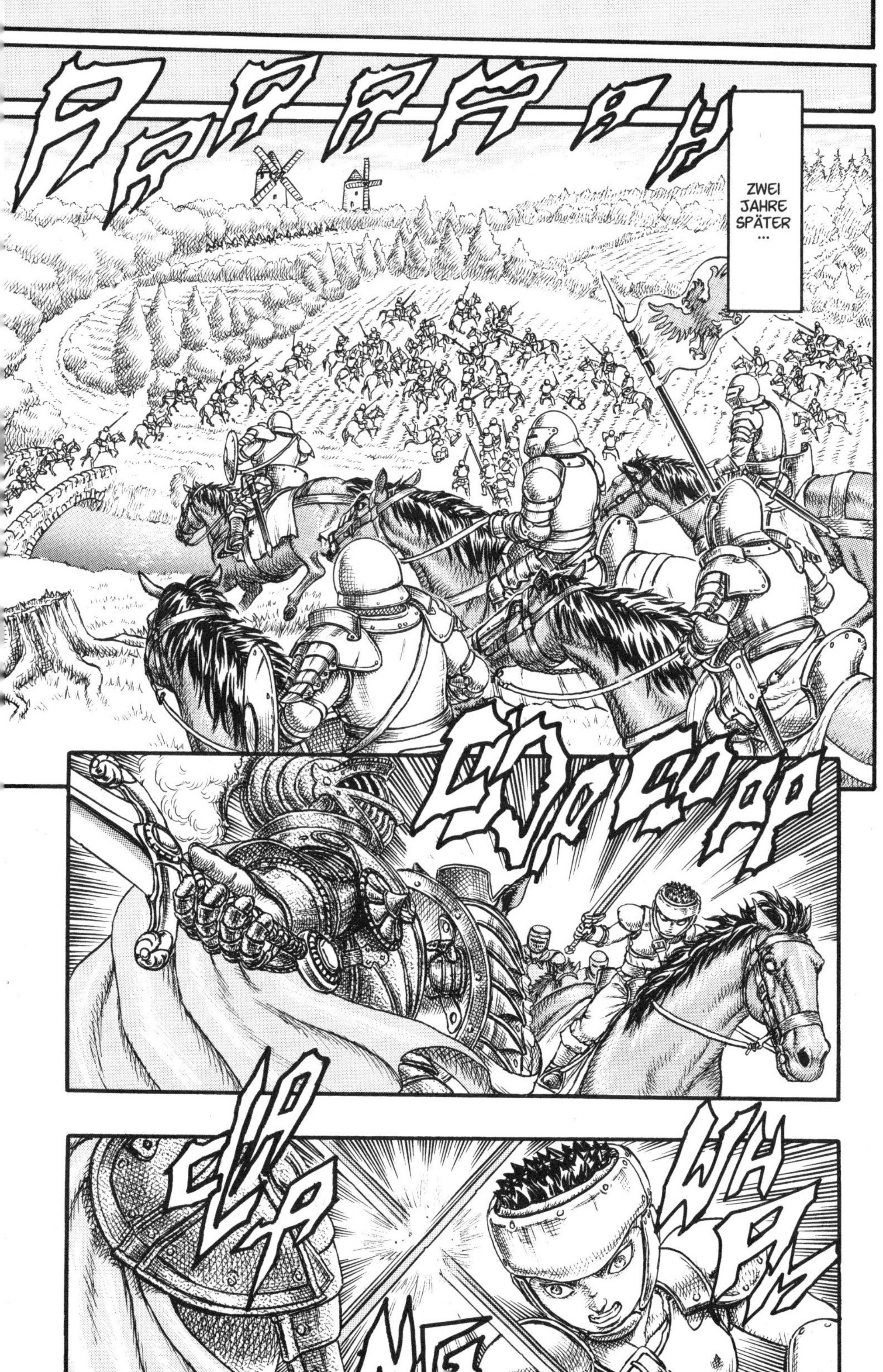
ZWEI JAHRE SPÄTER ...

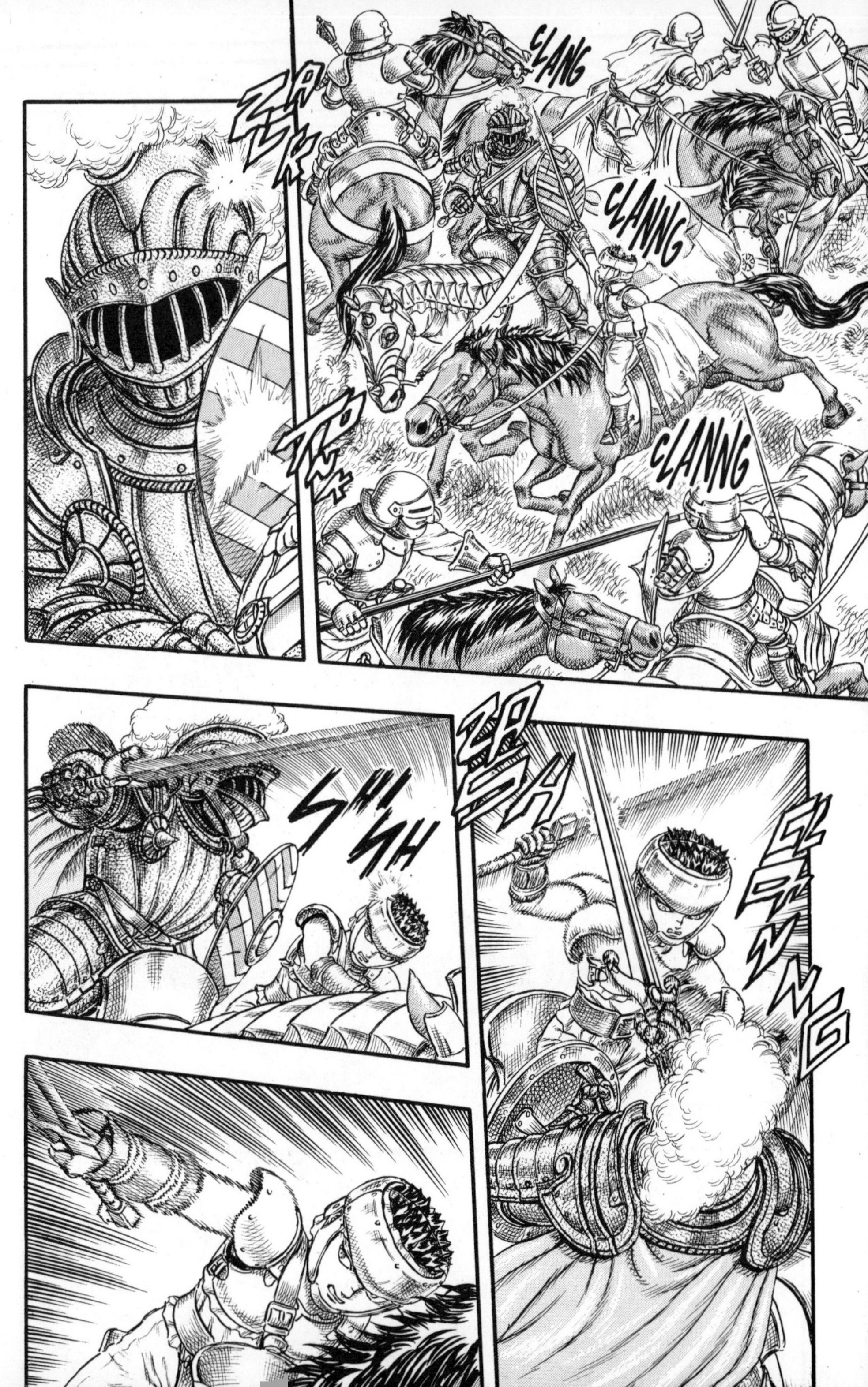
CLANG
CLANNG
CLANNG
ZAKK
ZASHH
SHHSH
CLANNNG

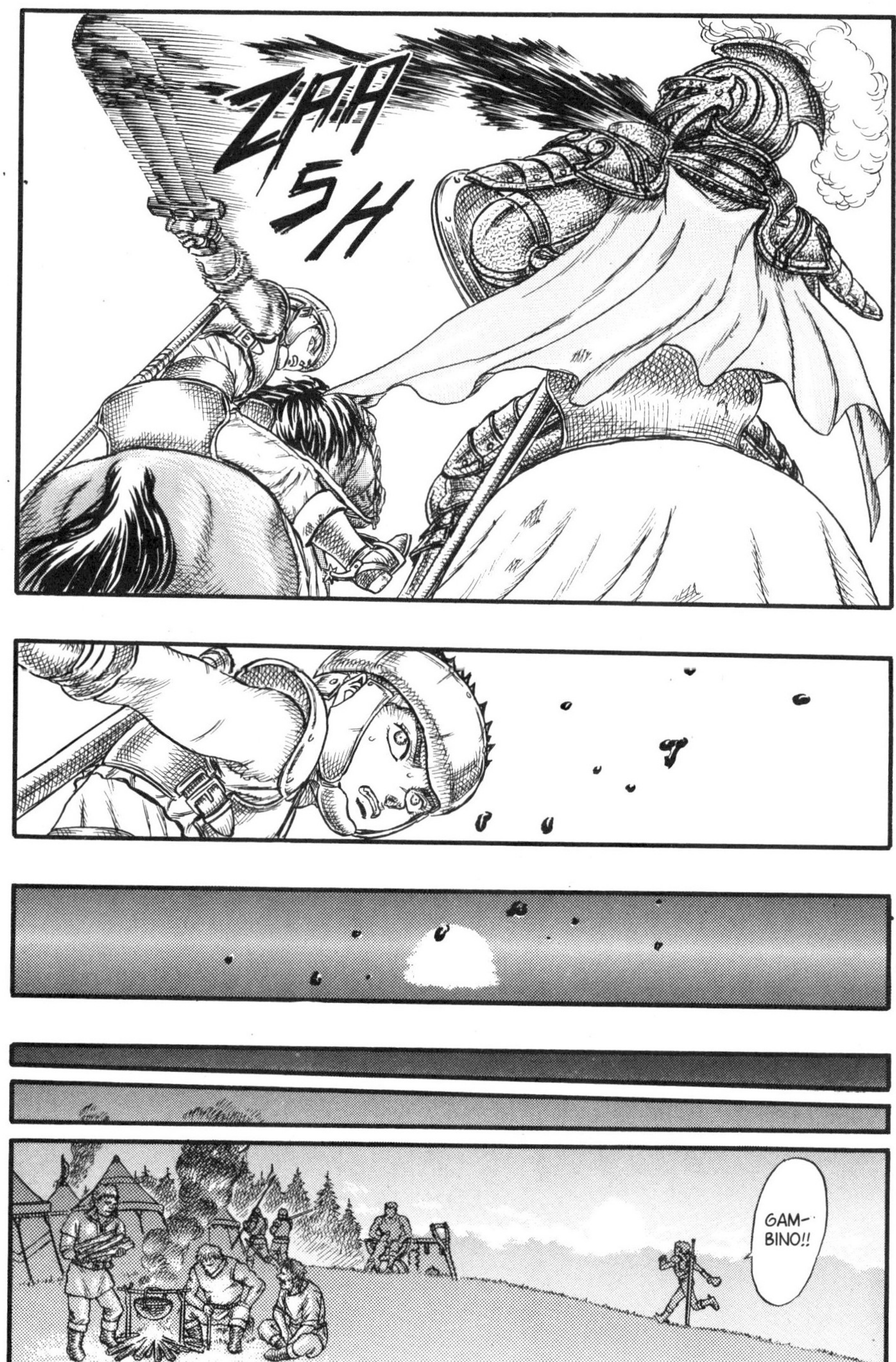
ZAAASH
GAM-
BINO!!

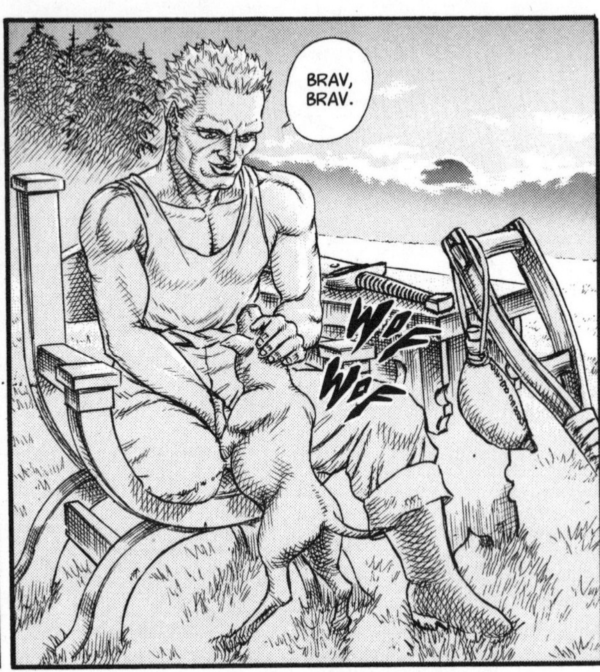
BRAV, BRAV.
WOF WOF

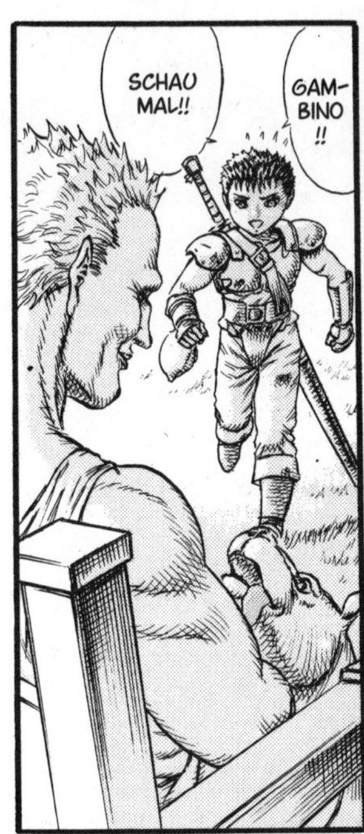
GAMBINO!!
SCHAU MAL!!

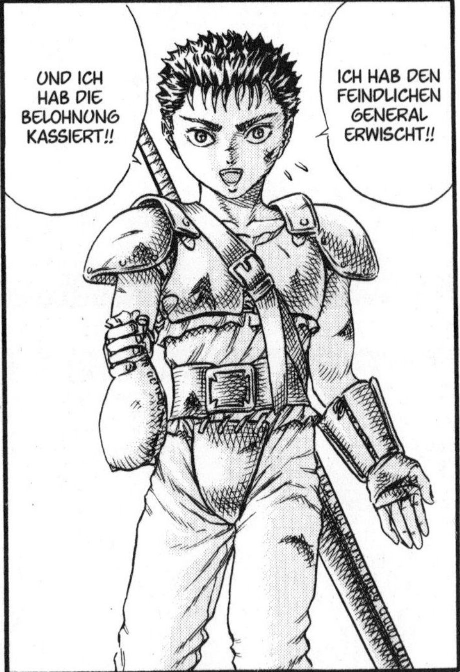
ICH HAB DEN FEINDLICHEN GENERAL ERWISCHT!!
UND ICH HAB DIE BELOHNUNG KASSIERT!!

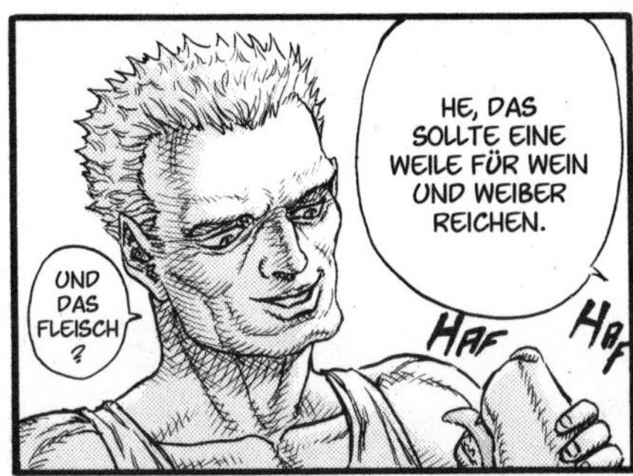
HE, DAS SOLLTE EINE WEILE FÜR WEIN UND WEIBER REICHEN.
HAF HAF
UND DAS FLEISCH?

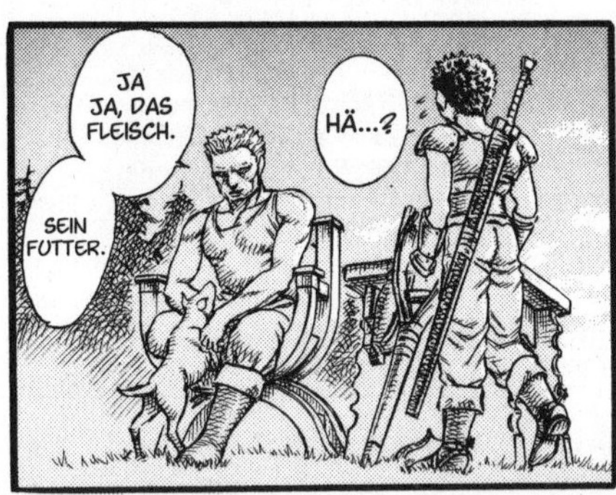
HÄ...?
JA JA, DAS FLEISCH.
SEIN FUTTER.

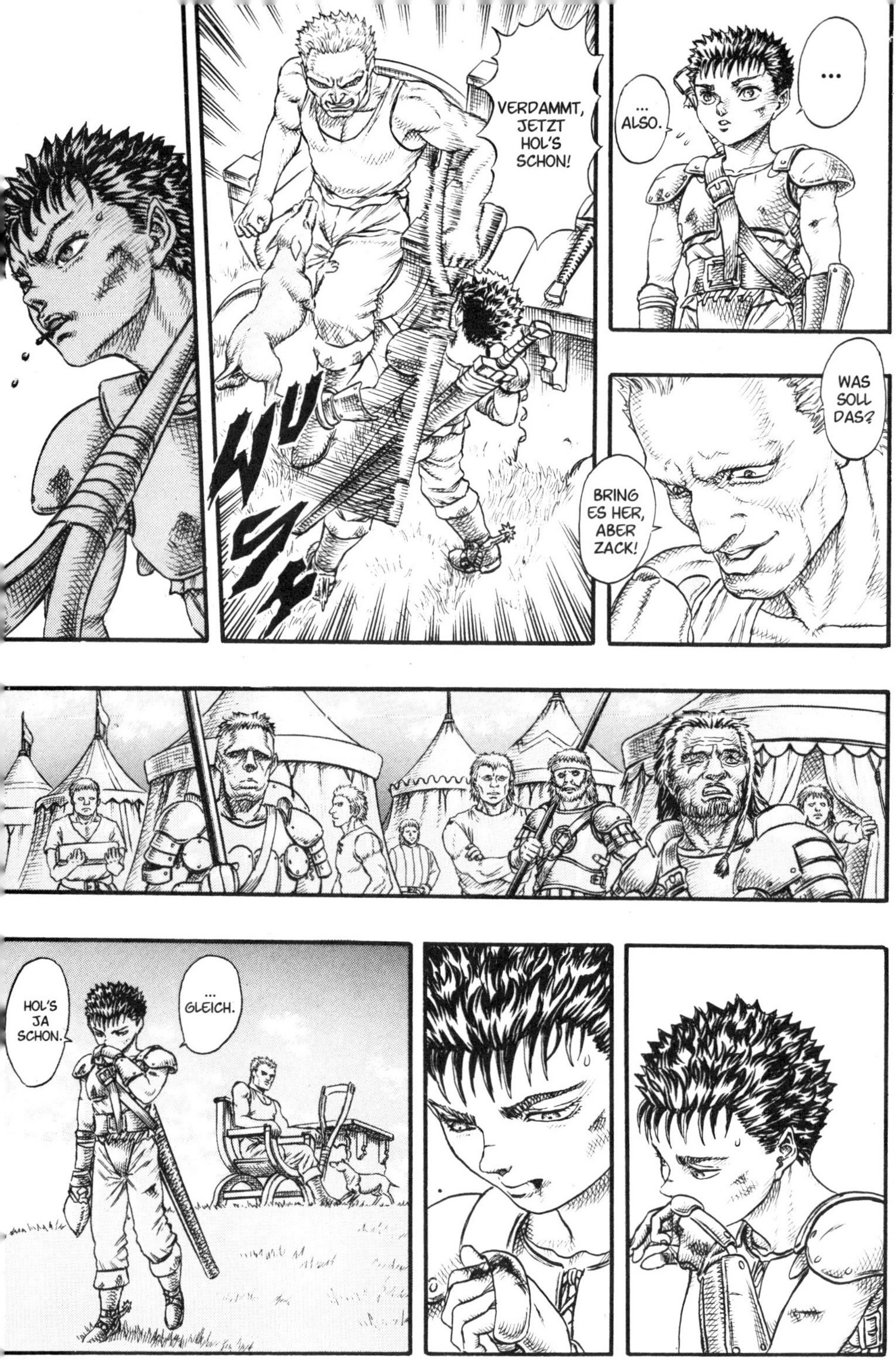

...
... ALSO.
WAS SOLL DAS?
BRING ES HER, ABER ZACK!
VERDAMMT, JETZT HOL'S SCHON!
WUSCH

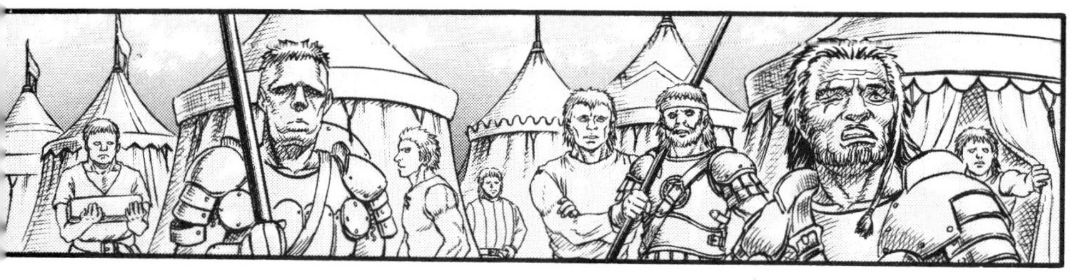

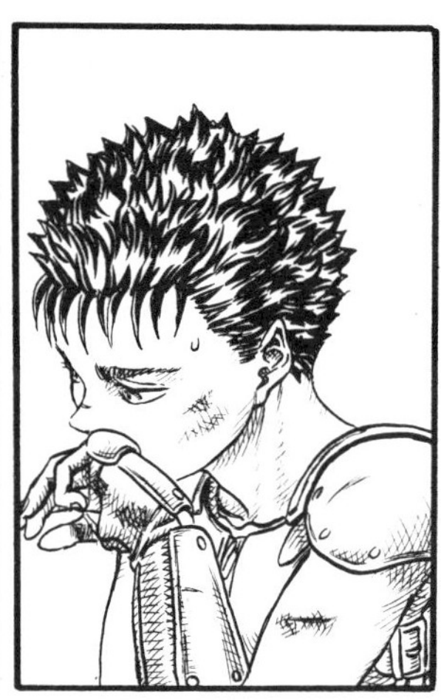

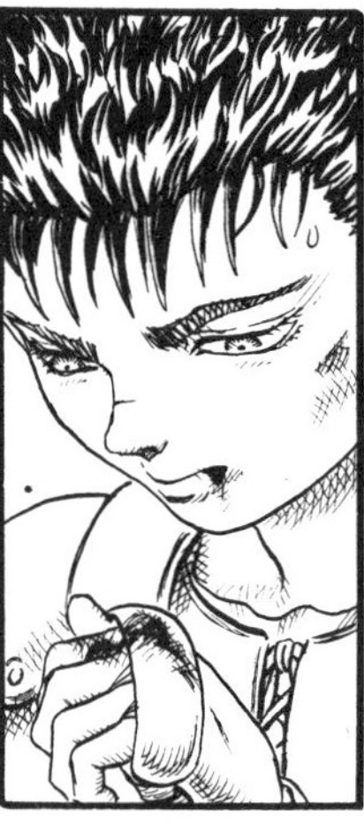

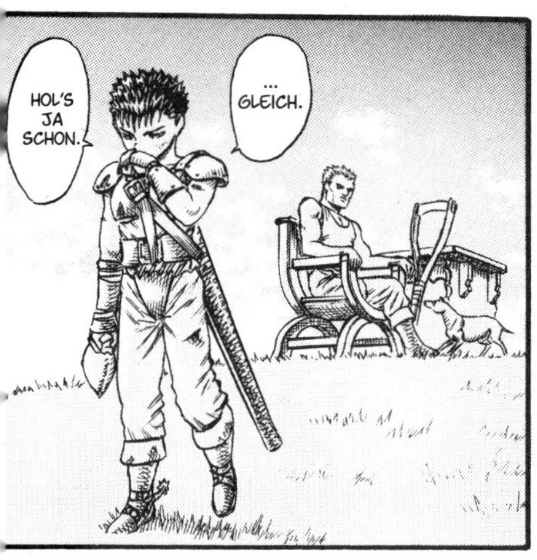
... GLEICH.
HOL'S JA SCHON.

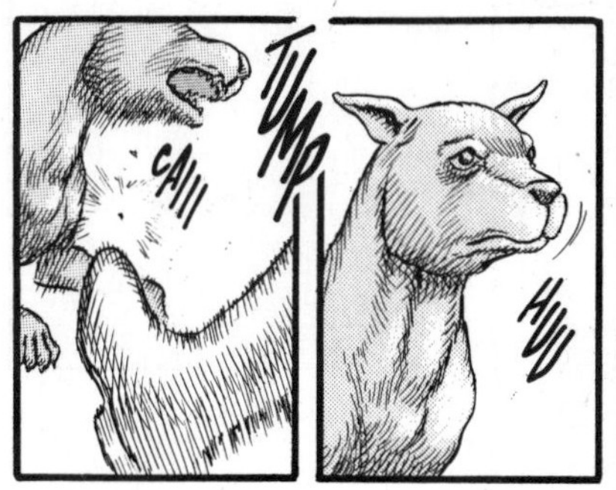

CAIII
TUMP
HUU

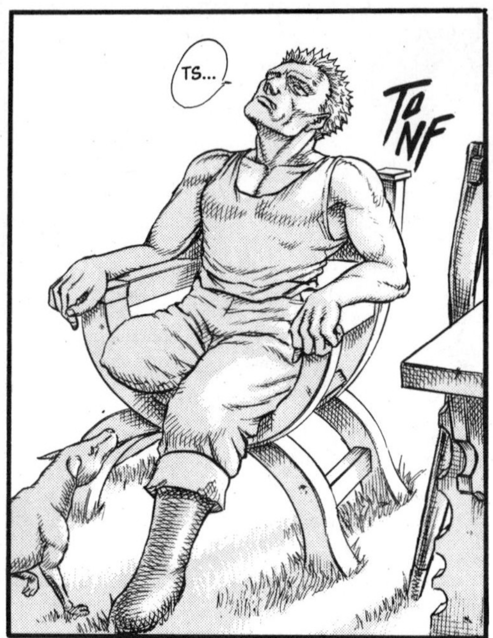

TS...
TONF

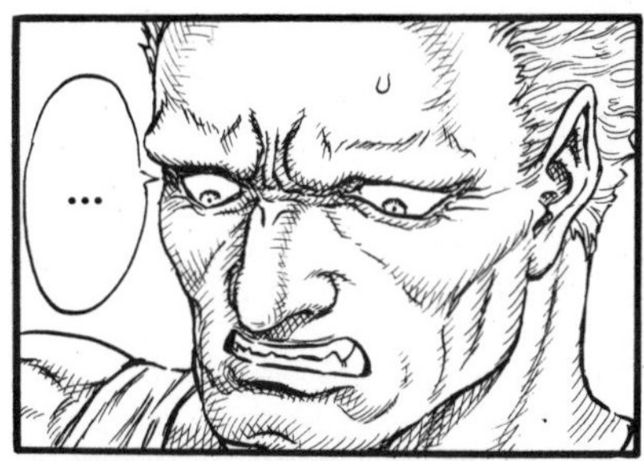

...

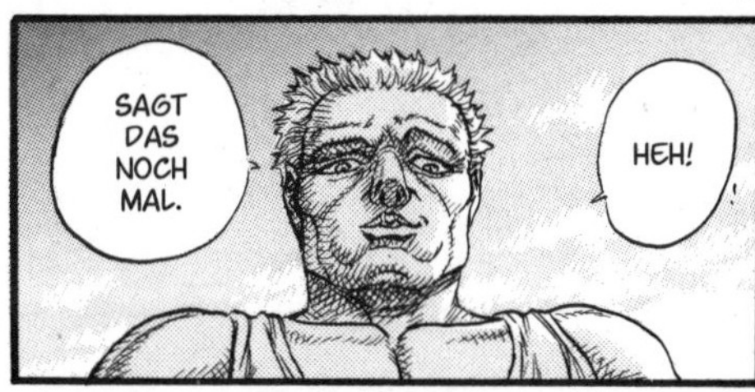

SAGT DAS NOCH MAL.
HEH!

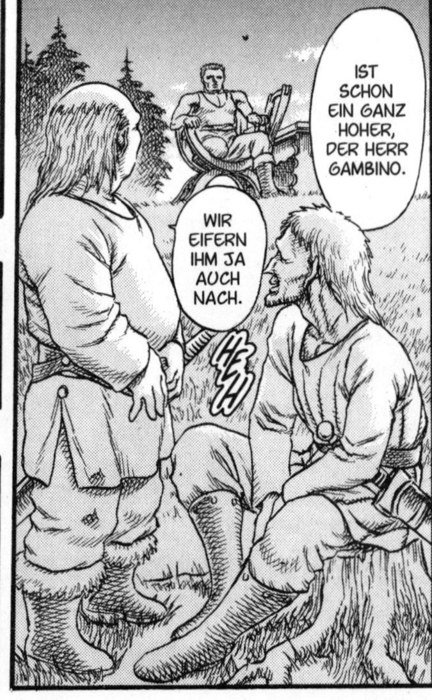

IST SCHON EIN GANZ HOHER, DER HERR GAMBINO.
WIR EIFERN IHM JA AUCH NACH.
HEH

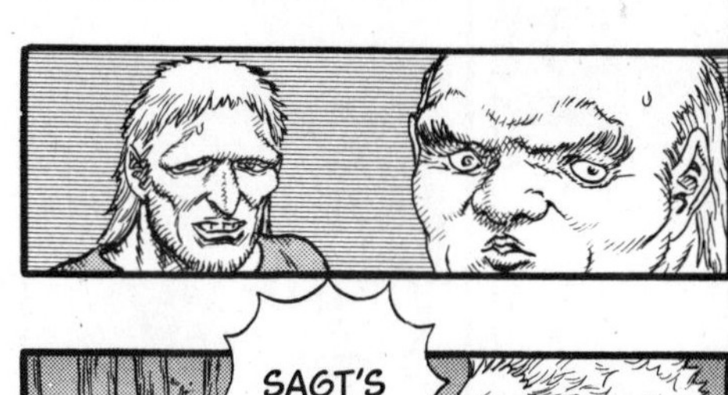

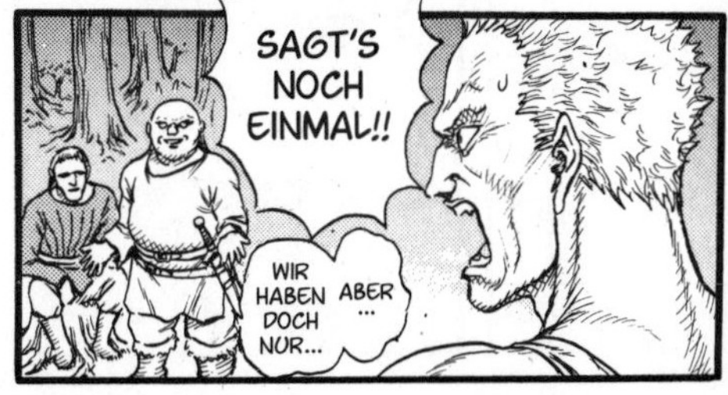

SAGT'S NOCH EINMAL!!
WIR HABEN DOCH NUR...
ABER ...

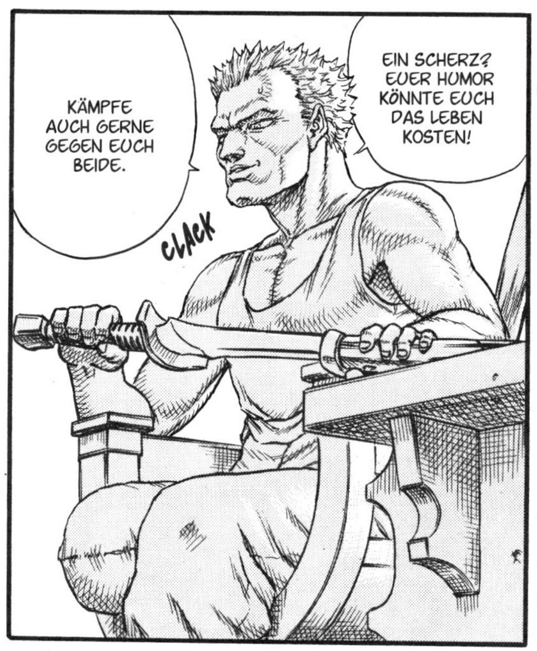
KÄMPFE AUCH GERNE GEGEN EUCH BEIDE.
CLACK
EIN SCHERZ? EUER HUMOR KÖNNTE EUCH DAS LEBEN KOSTEN!

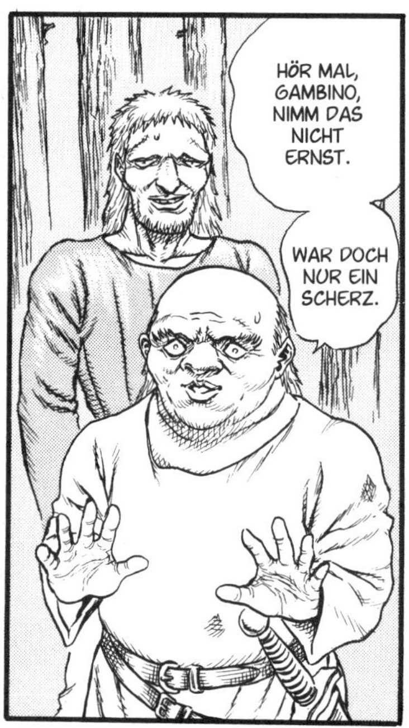
HÖR MAL, GAMBINO, NIMM DAS NICHT ERNST.
WAR DOCH NUR EIN SCHERZ.

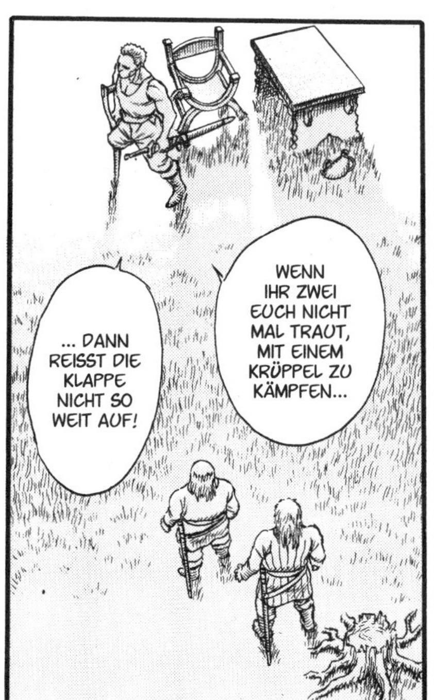
WENN IHR ZWEI EUCH NICHT MAL TRAUT, MIT EINEM KRÜPPEL ZU KÄMPFEN...
... DANN REISST DIE KLAPPE NICHT SO WEIT AUF!

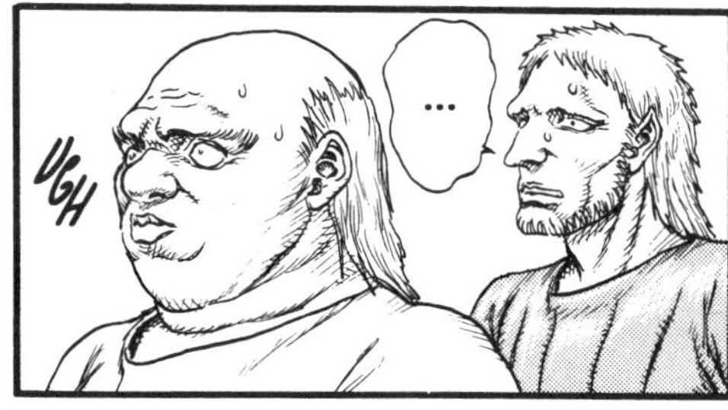
UGH
...

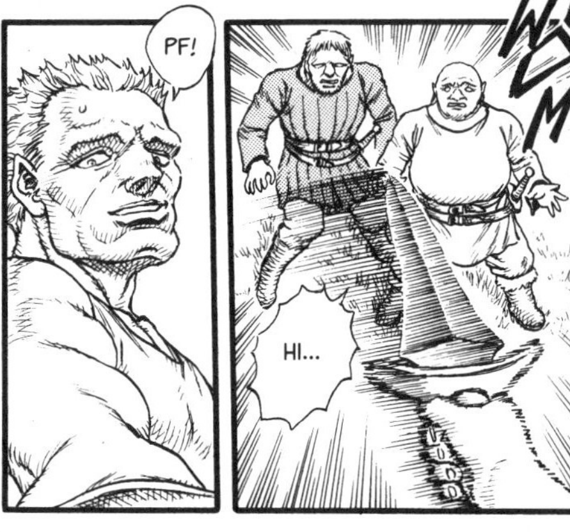
PF!
WHOM
HI...

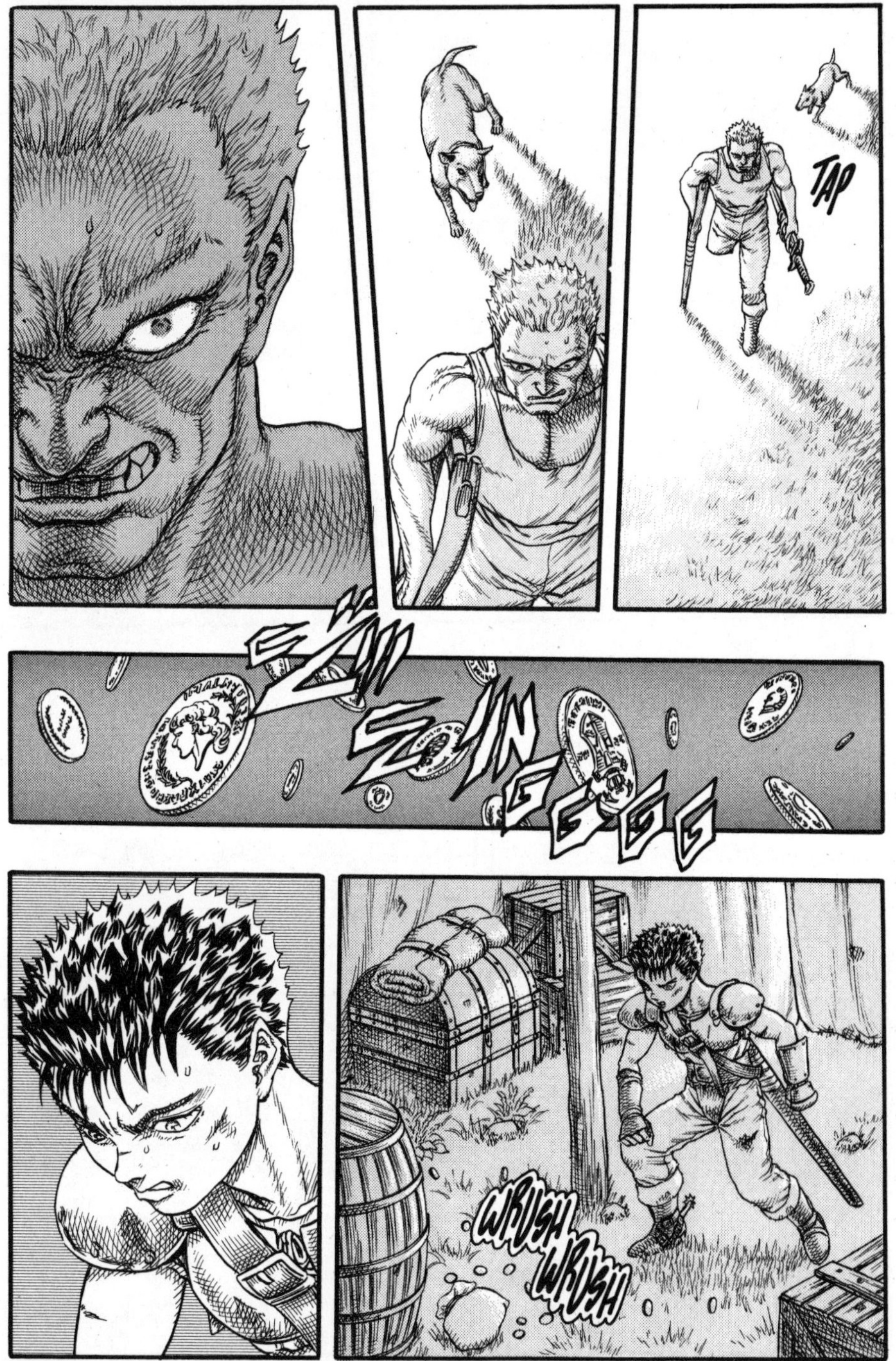
TAP
ZWINGGGG
WRUSH
WRUSH

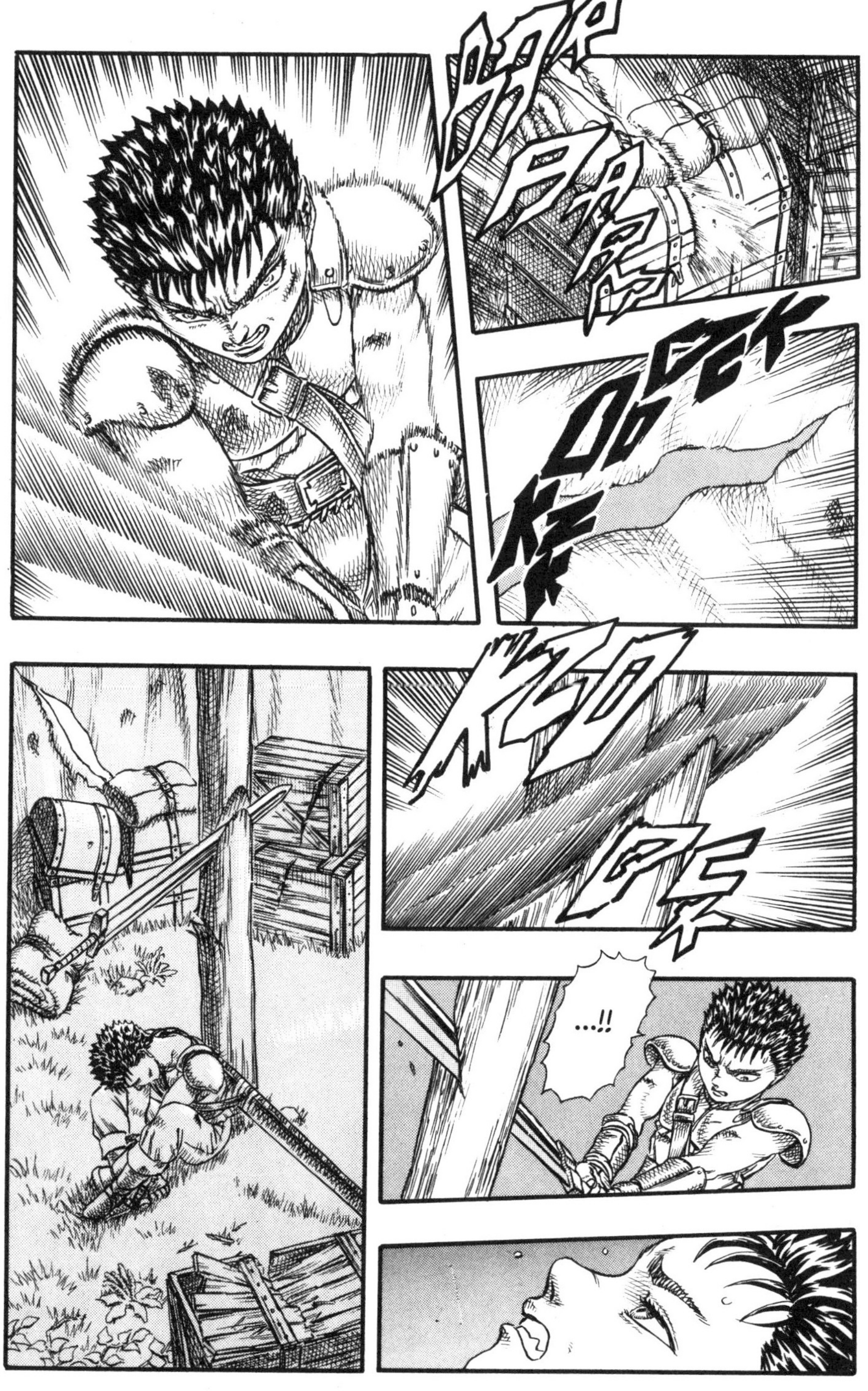

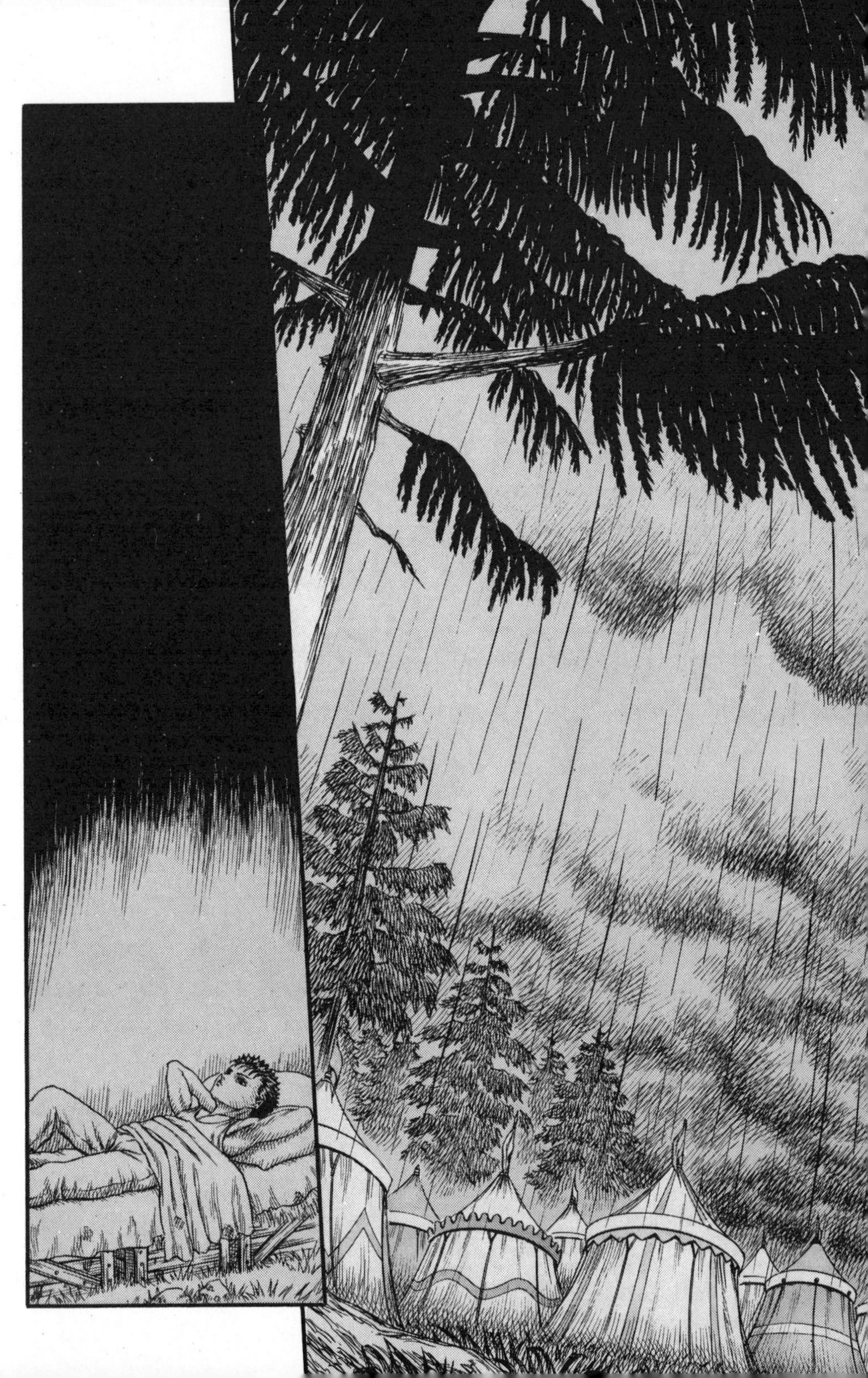

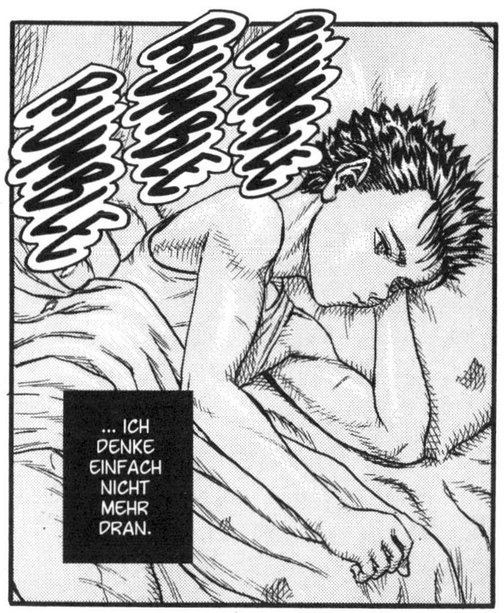
RUMBLE
RUMBLE
RUMBLE
... ICH DENKE EINFACH NICHT MEHR DRAN.

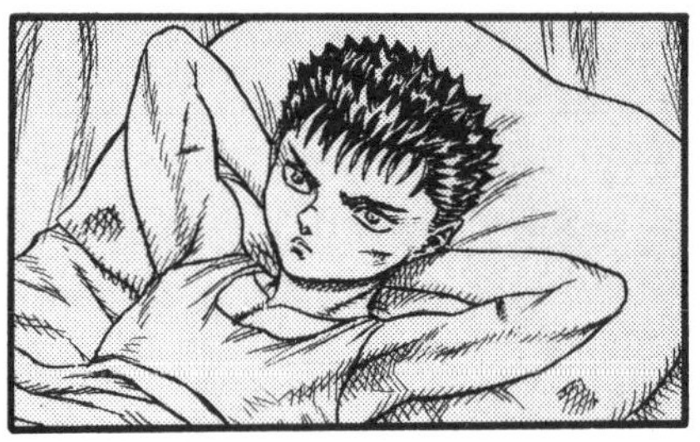

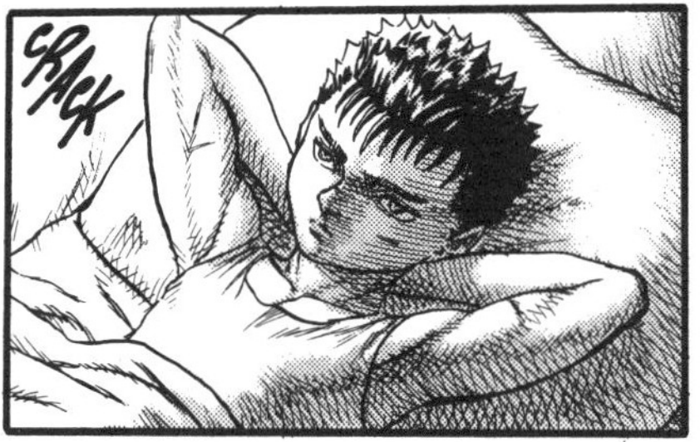
CRACK

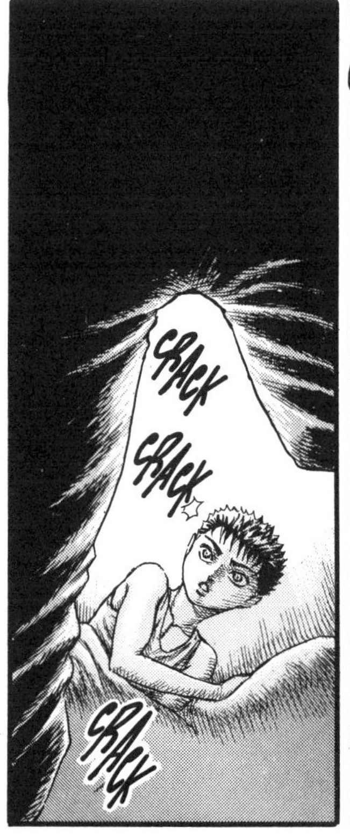
CRACK
CRACK
CRACK

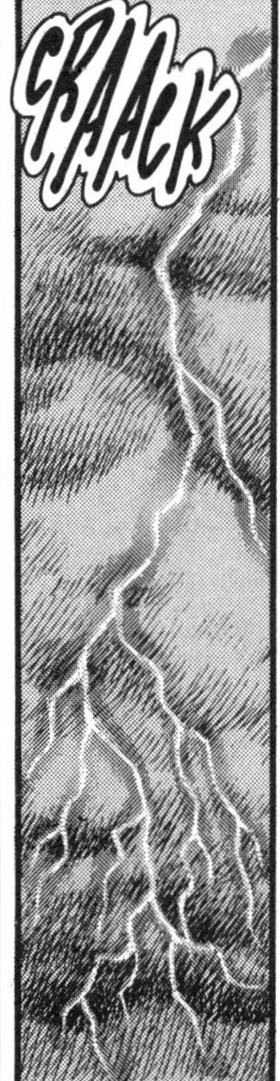
CRAACK

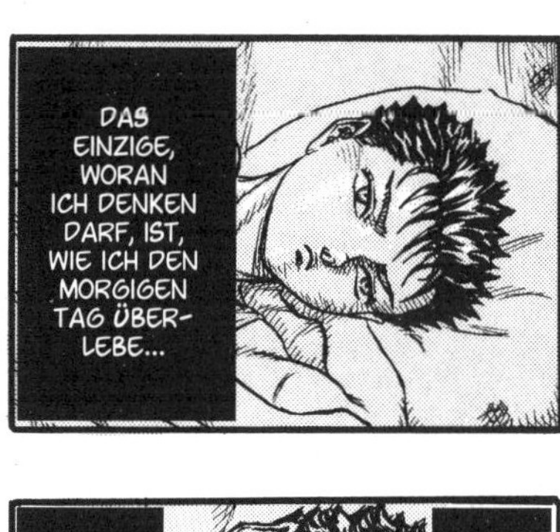
DAS EINZIGE, WORAN ICH DENKEN DARF, IST, WIE ICH DEN MORGIGEN TAG ÜBER-LEBE...

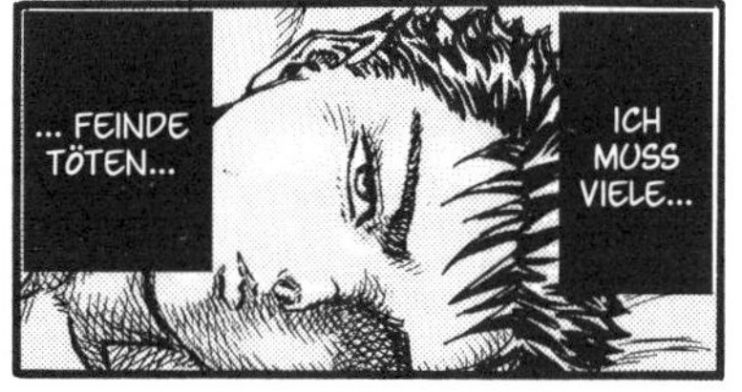
ICH MUSS VIELE...
... FEINDE TÖTEN...

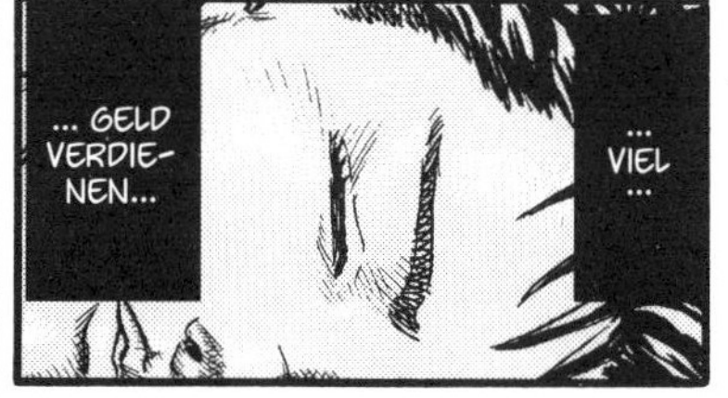
... VIEL ...
... GELD VERDIE-NEN...

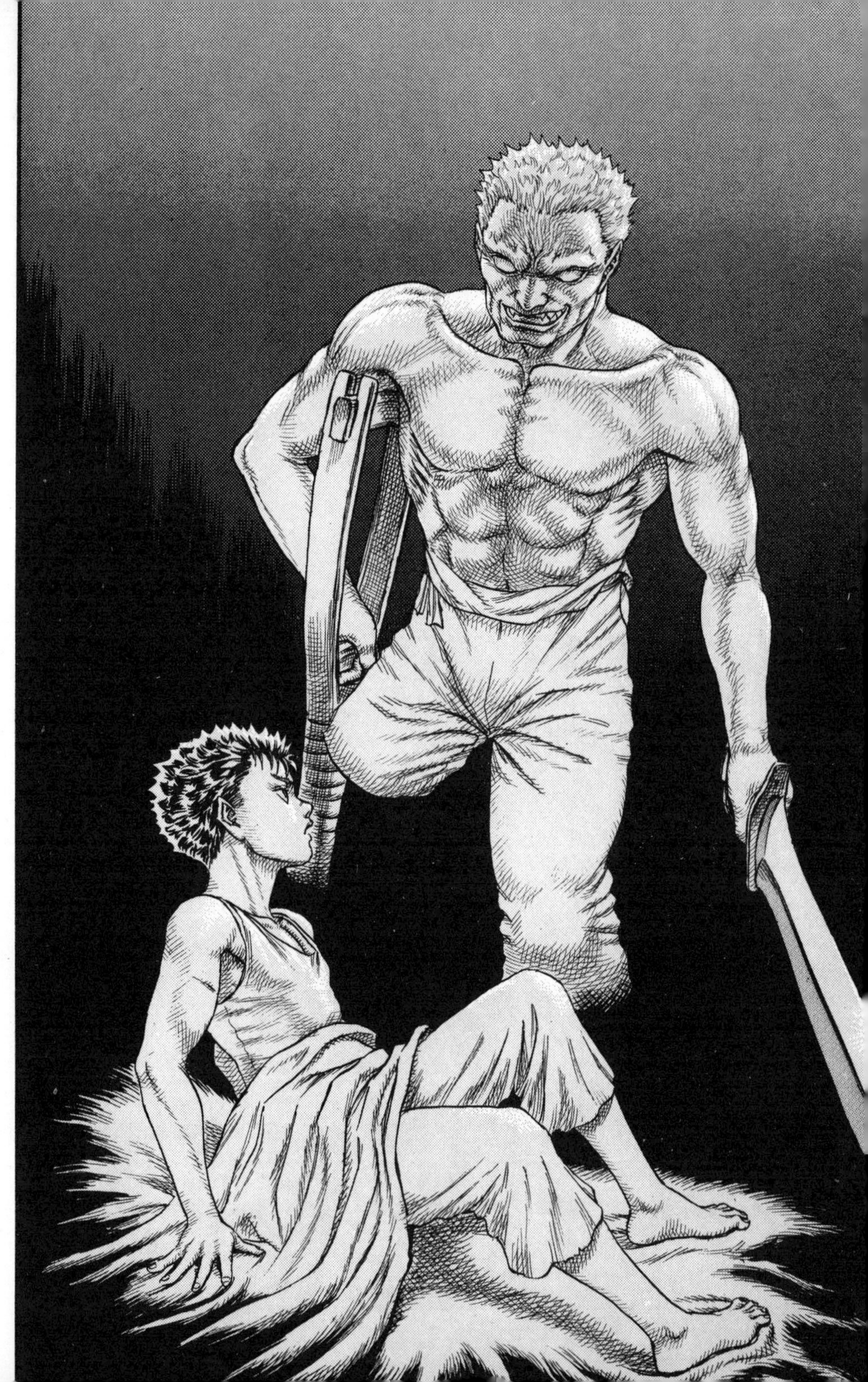

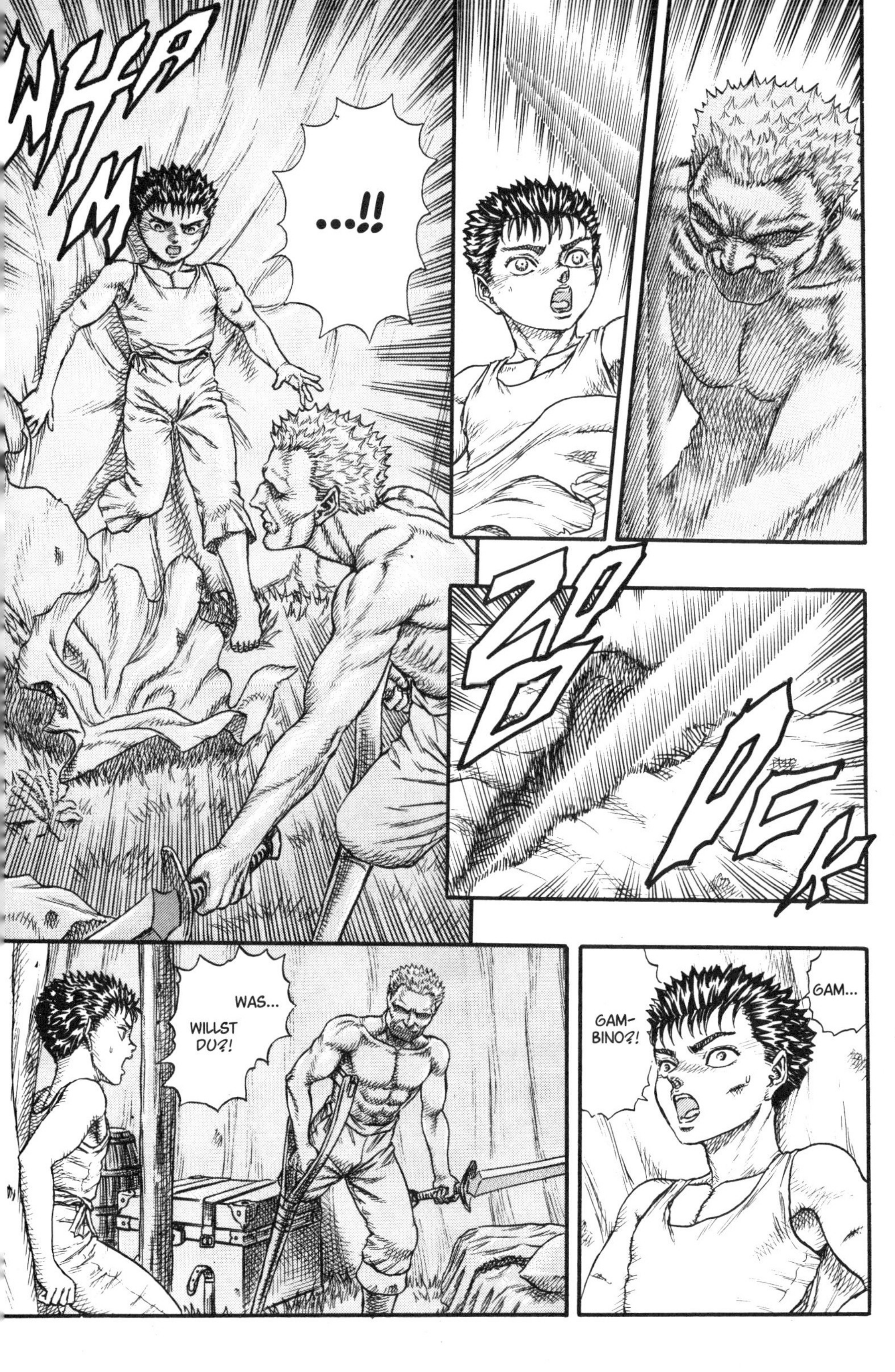

...!!
GAM...
GAM-
BINO?!
WAS...
WILLST
DU?!

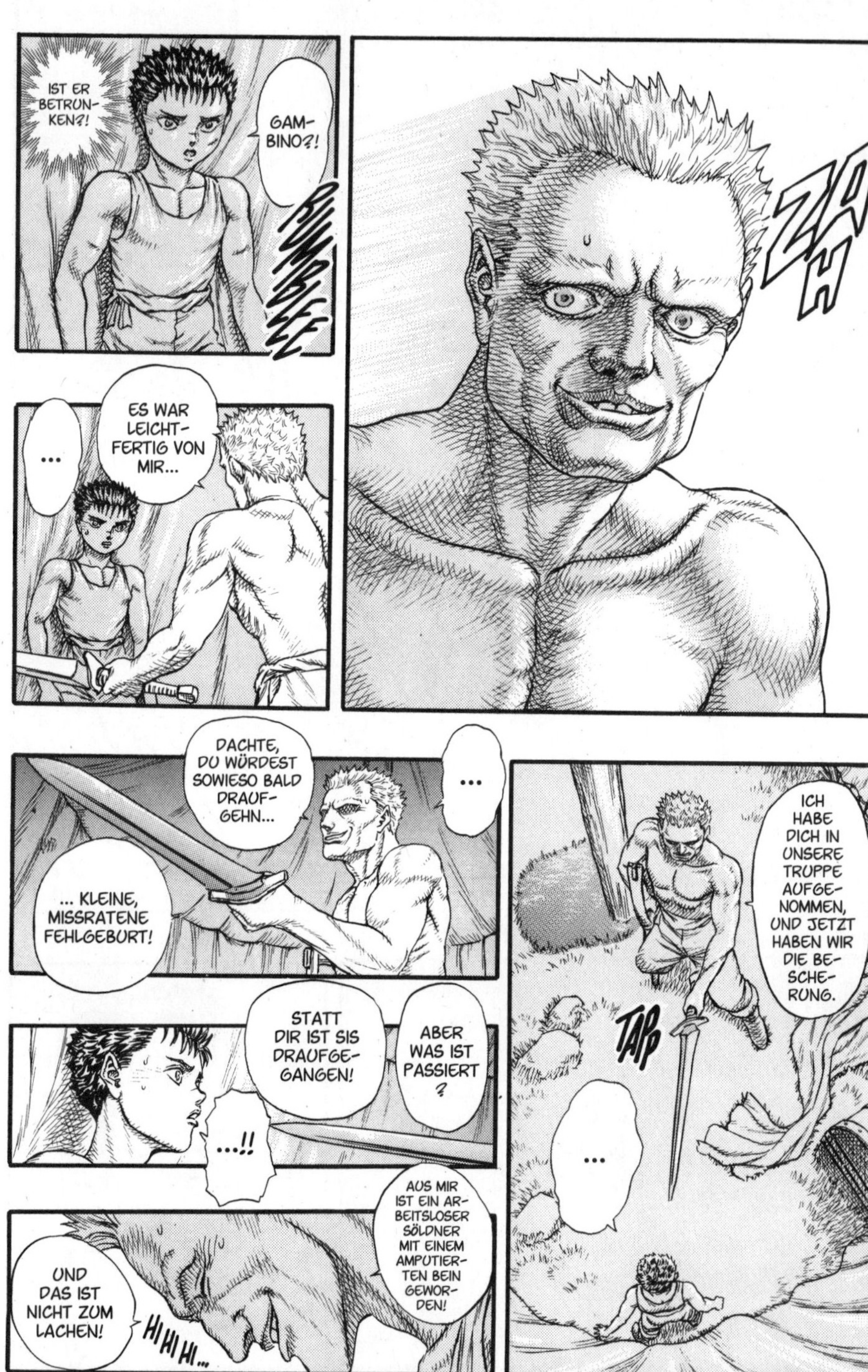
ZAAH
GAMBINO?!
IST ER BETRUNKEN?!
RUMBLE
ES WAR LEICHTFERTIG VON MIR...
...
ICH HABE DICH IN UNSERE TRUPPE AUFGENOMMEN, UND JETZT HABEN WIR DIE BESCHERUNG.
TAPP
...
...
DACHTE, DU WÜRDEST SOWIESO BALD DRAUFGEHN...
... KLEINE, MISSRATENE FEHLGEBURT!
ABER WAS IST PASSIERT?
STATT DIR IST SIS DRAUFGEGANGEN!
...!!
AUS MIR IST EIN ARBEITSLOSER SÖLDNER MIT EINEM AMPUTIERTEN BEIN GEWORDEN!
HI HI HI...
UND DAS IST NICHT ZUM LACHEN!

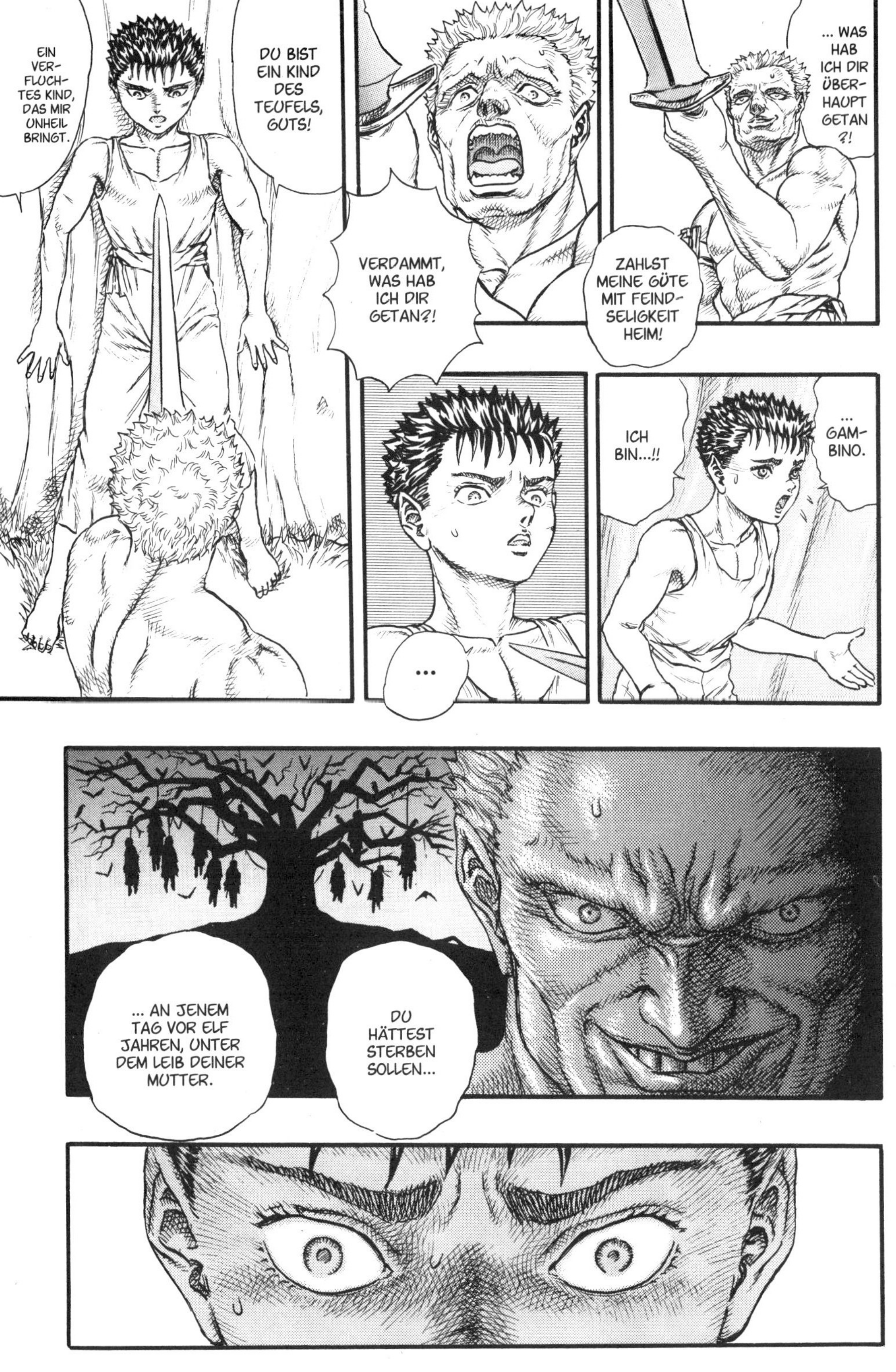
... WAS HAB ICH DIR ÜBERHAUPT GETAN?!
ZAHLST MEINE GÜTE MIT FEINDSELIGKEIT HEIM!
VERDAMMT, WAS HAB ICH DIR GETAN?!
DU BIST EIN KIND DES TEUFELS, GUTS!
EIN VERFLUCHTES KIND, DAS MIR UNHEIL BRINGT.
... GAMBINO.
ICH BIN...!!
...
DU HÄTTEST STERBEN SOLLEN...
... AN JENEM TAG VOR ELF JAHREN, UNTER DEM LEIB DEINER MUTTER.

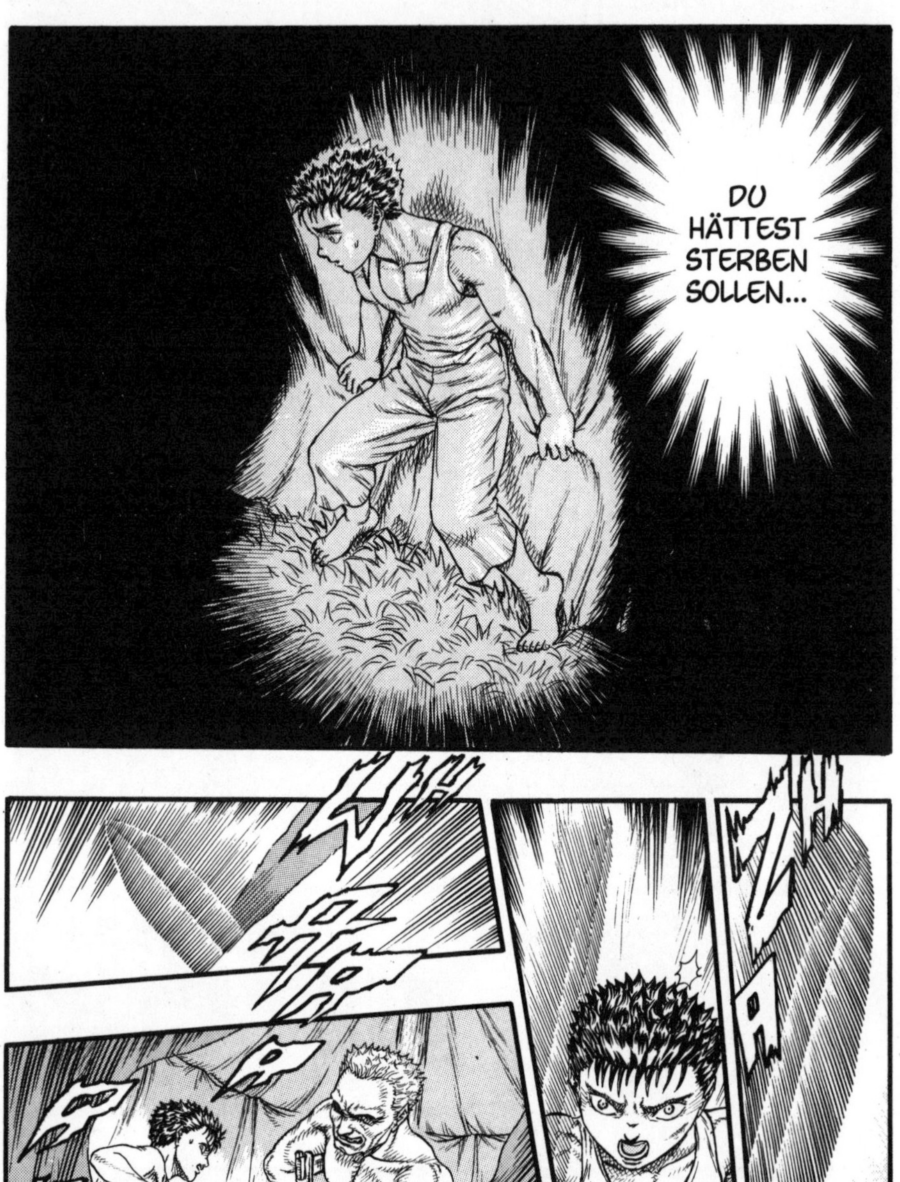
DU HÄTTEST STERBEN SOLLEN...

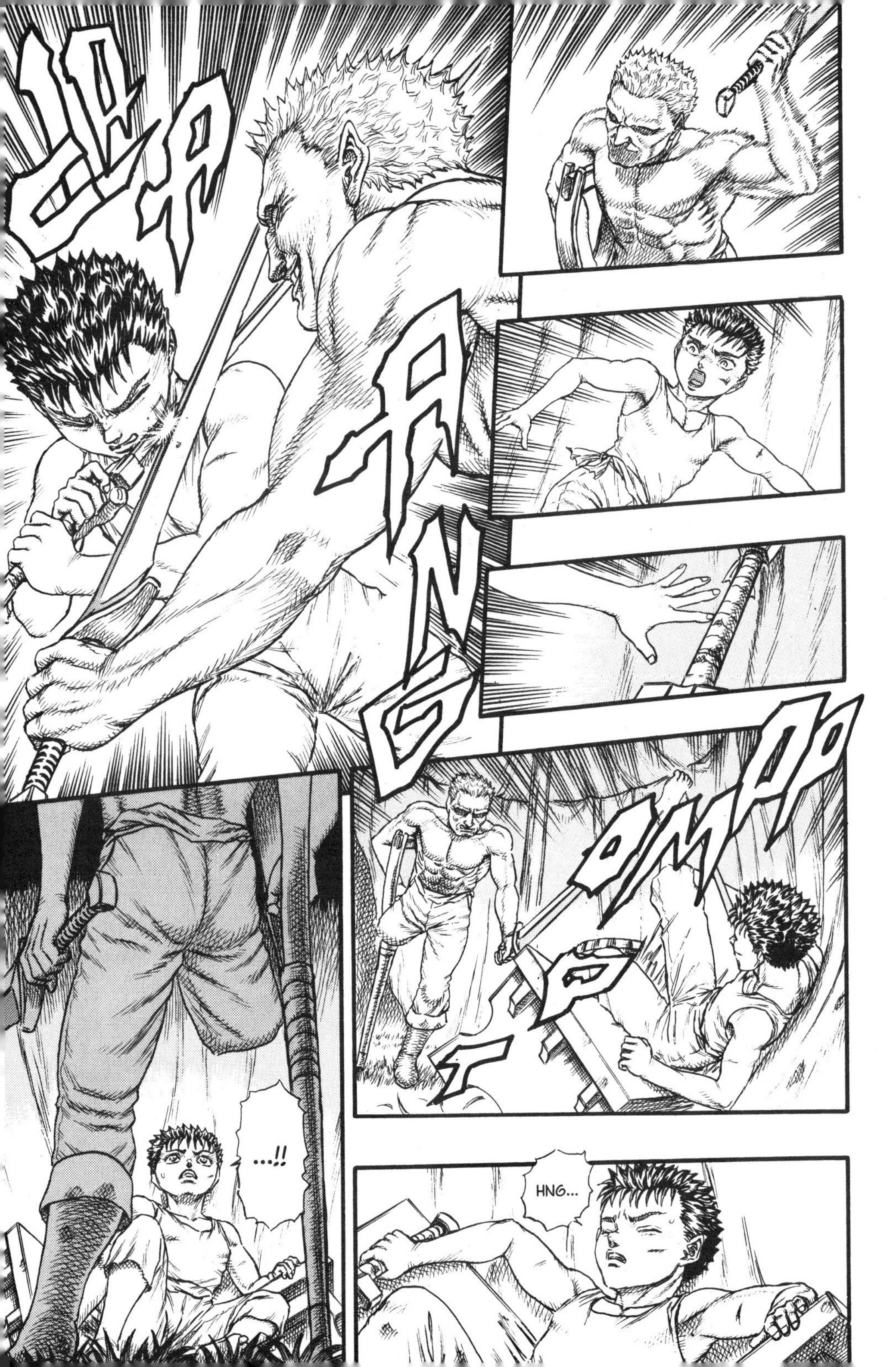
...!!
HNG...

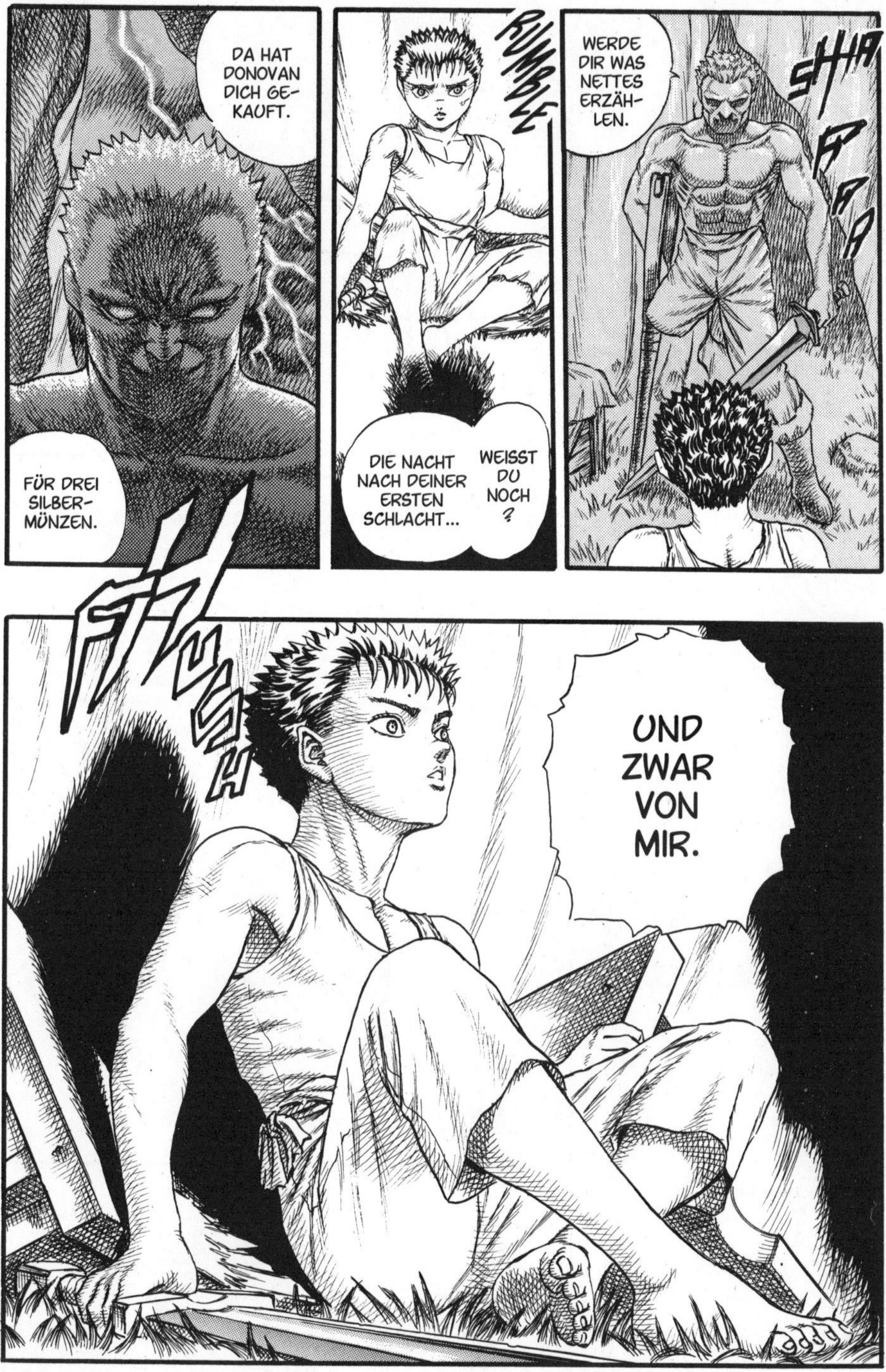

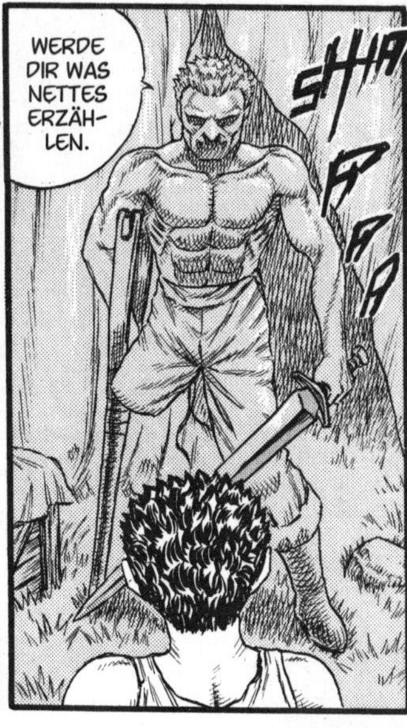

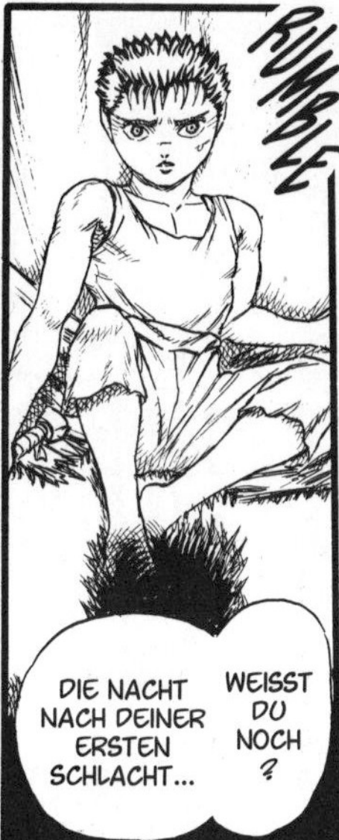

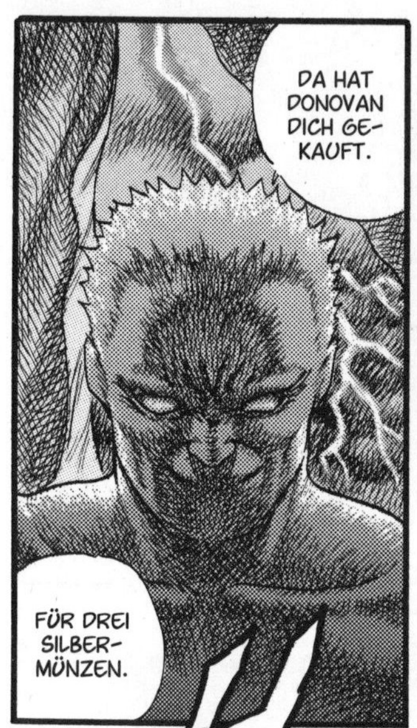

FWUSH

UND ZWAR VON MIR.

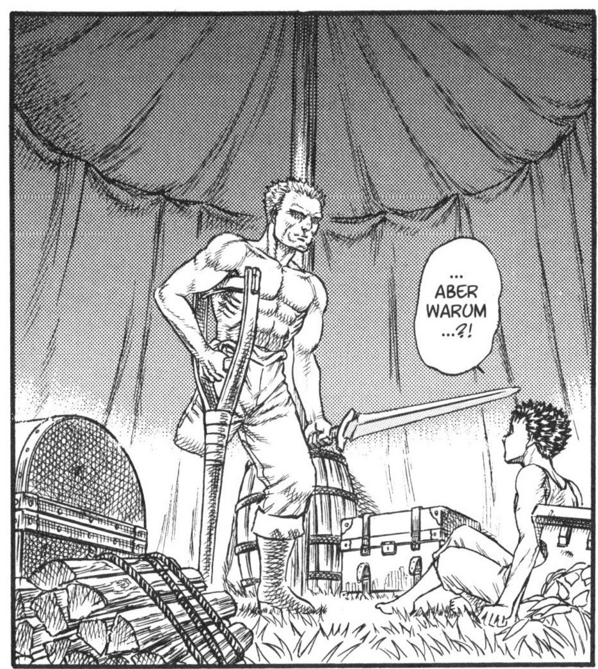
... ABER WARUM ...?!

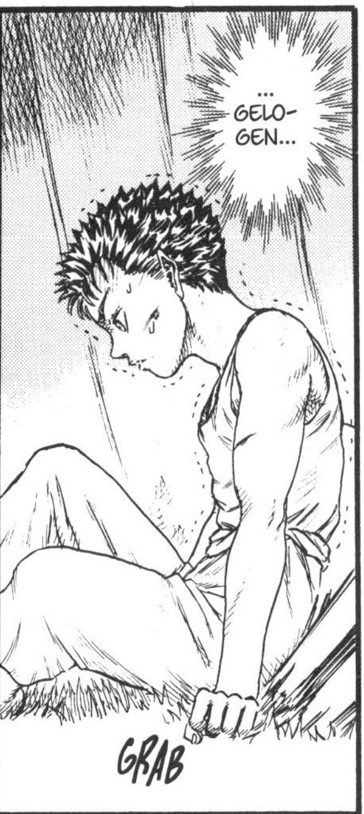
... GELO-
GEN...
GRAB

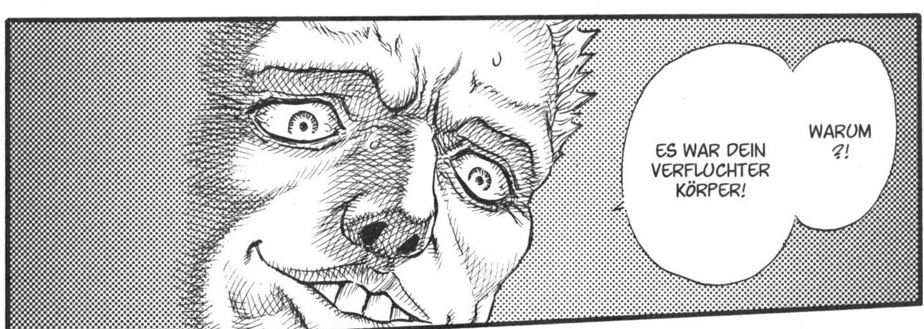
WARUM ?!
ES WAR DEIN VERFLUCHTER KÖRPER!

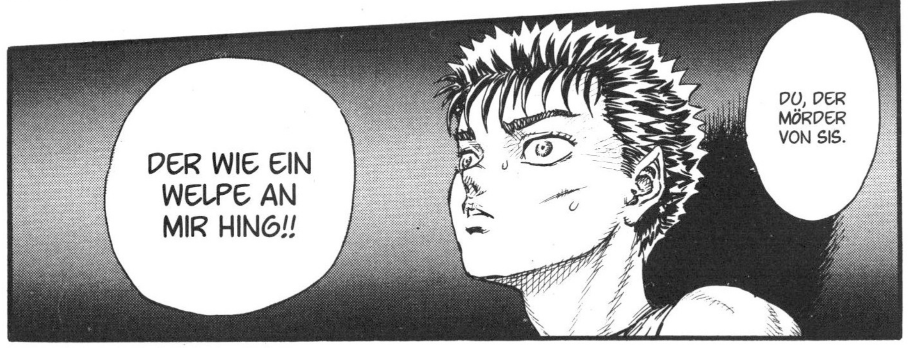
DU, DER MÖRDER VON SIS.
DER WIE EIN WELPE AN MIR HING!!

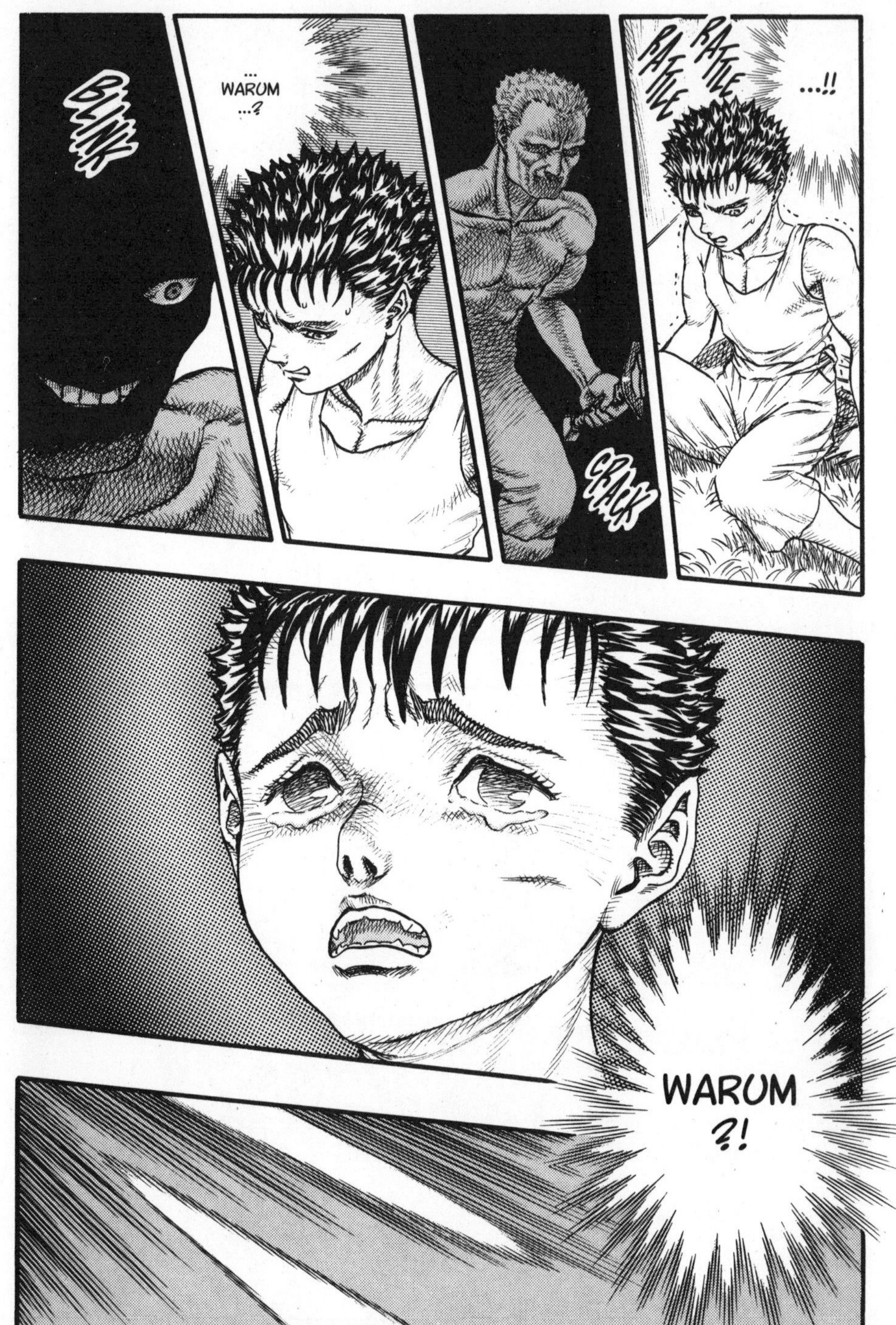

RATTLE RATTLE
...!!
CRACK
...
WARUM
...?
BLINK
WARUM
?!

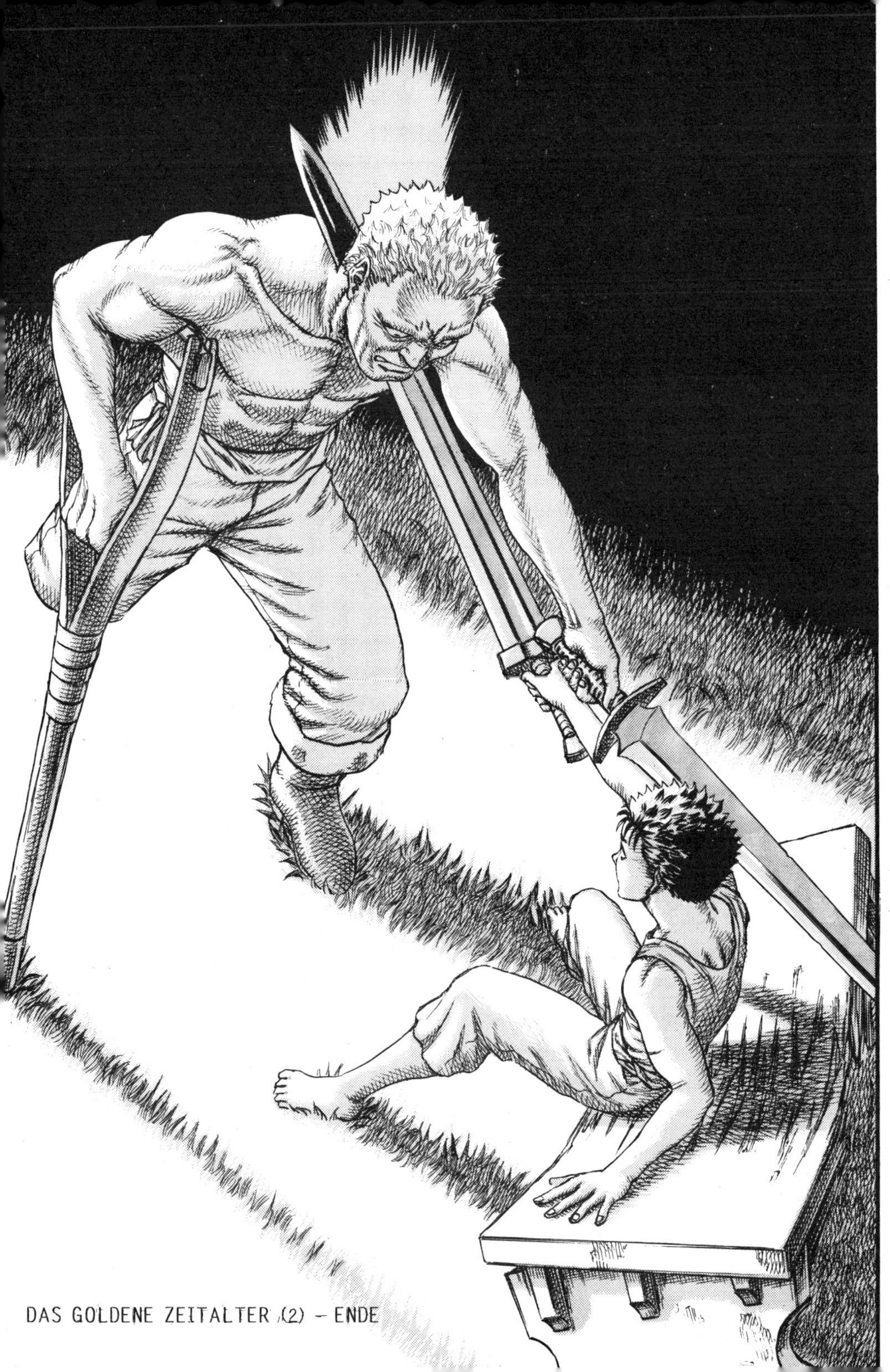
DAS GOLDENE ZEITALTER (2) – ENDE

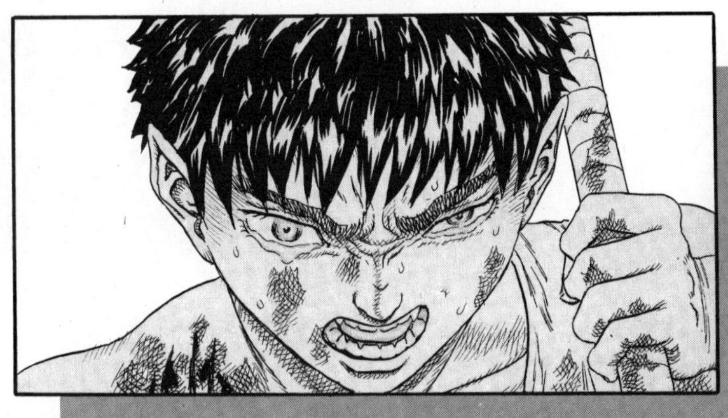

BERSERK

DAS GOLDENE ZEITALTER (3)

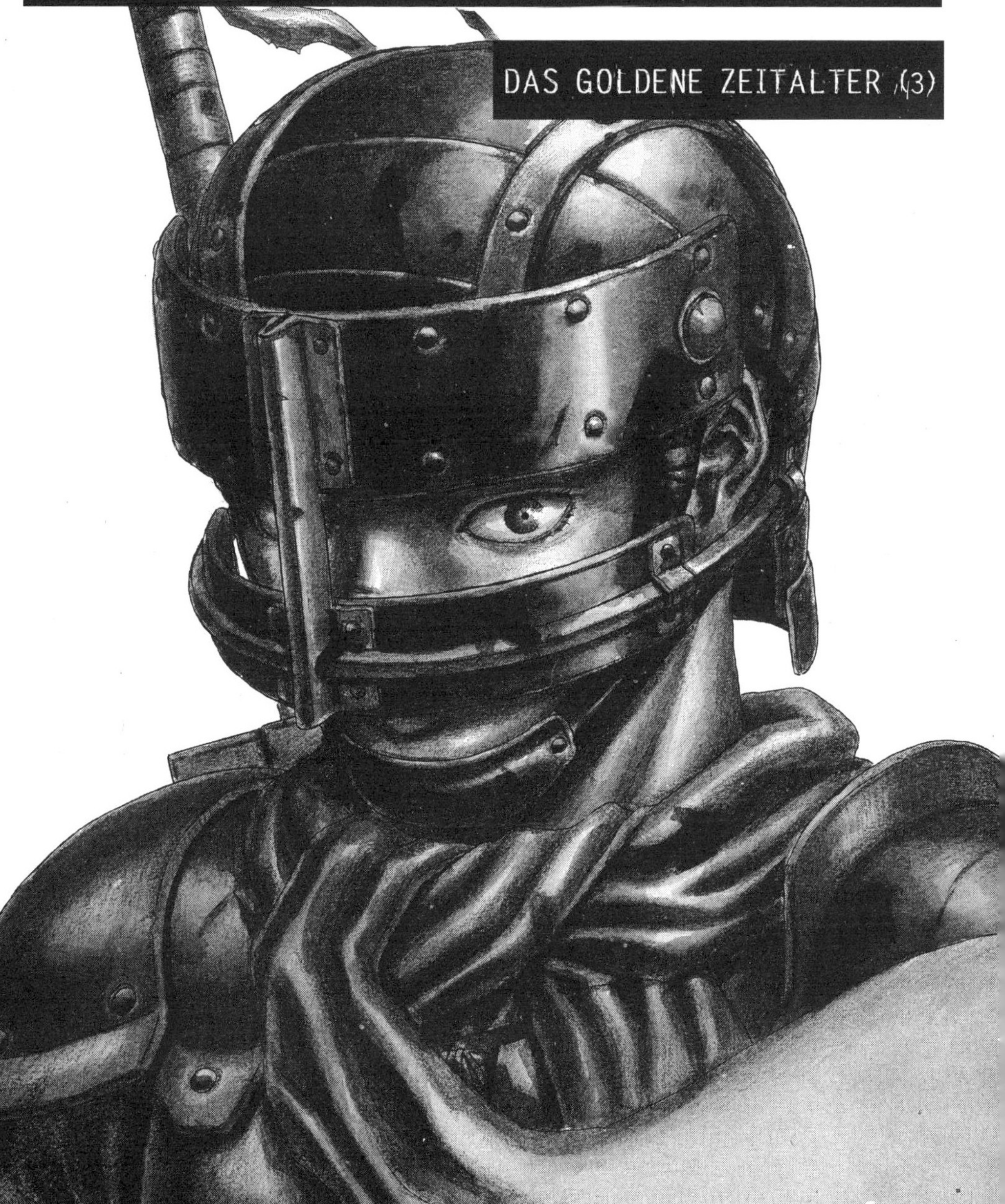

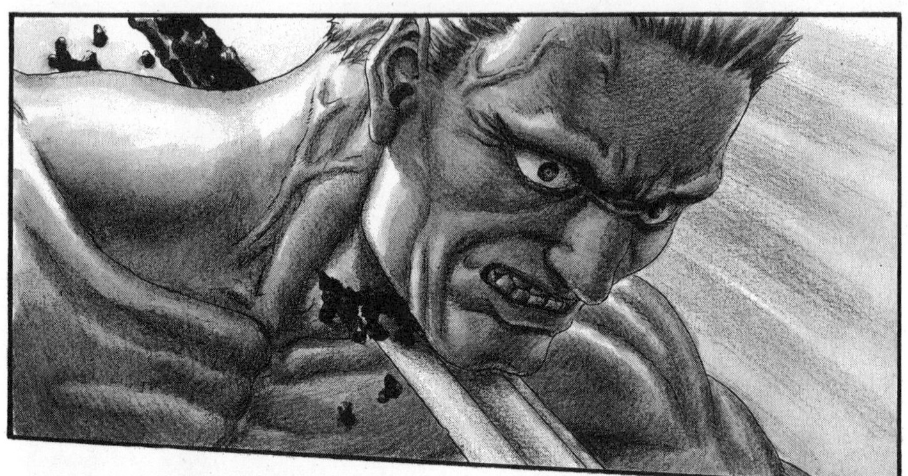

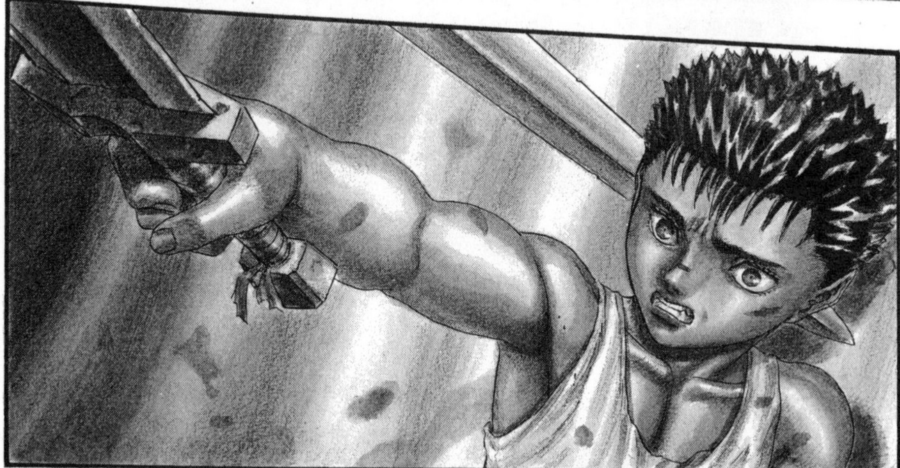

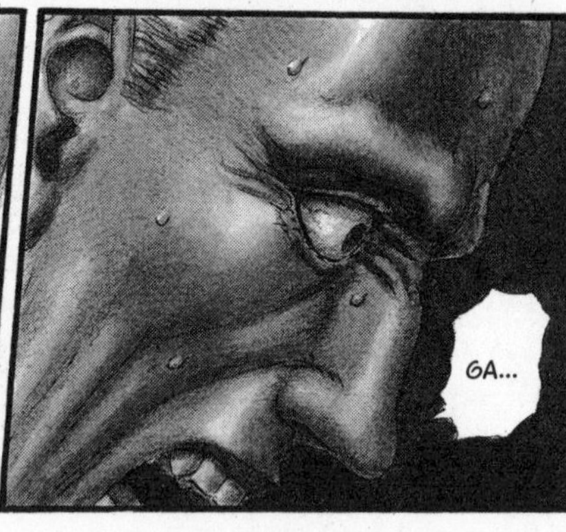

GA...

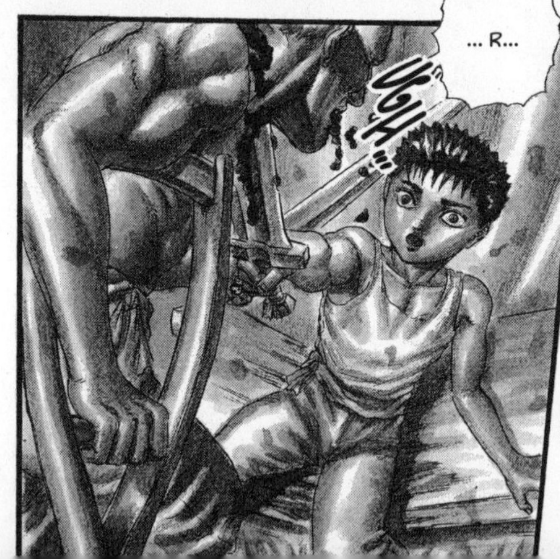

... R...
UGH...!!

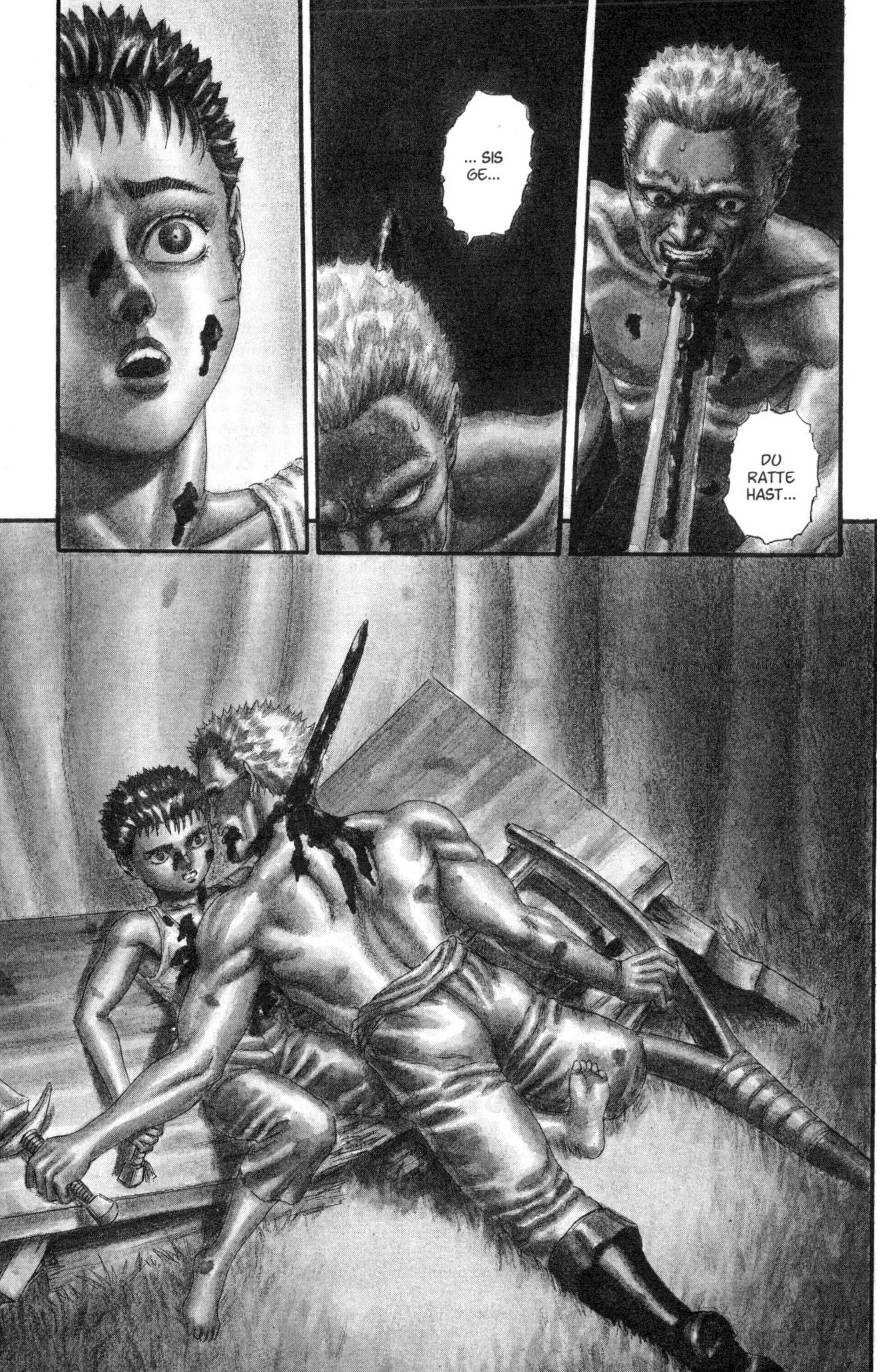
... SIS
GE...
DU
RATTE
HAST...

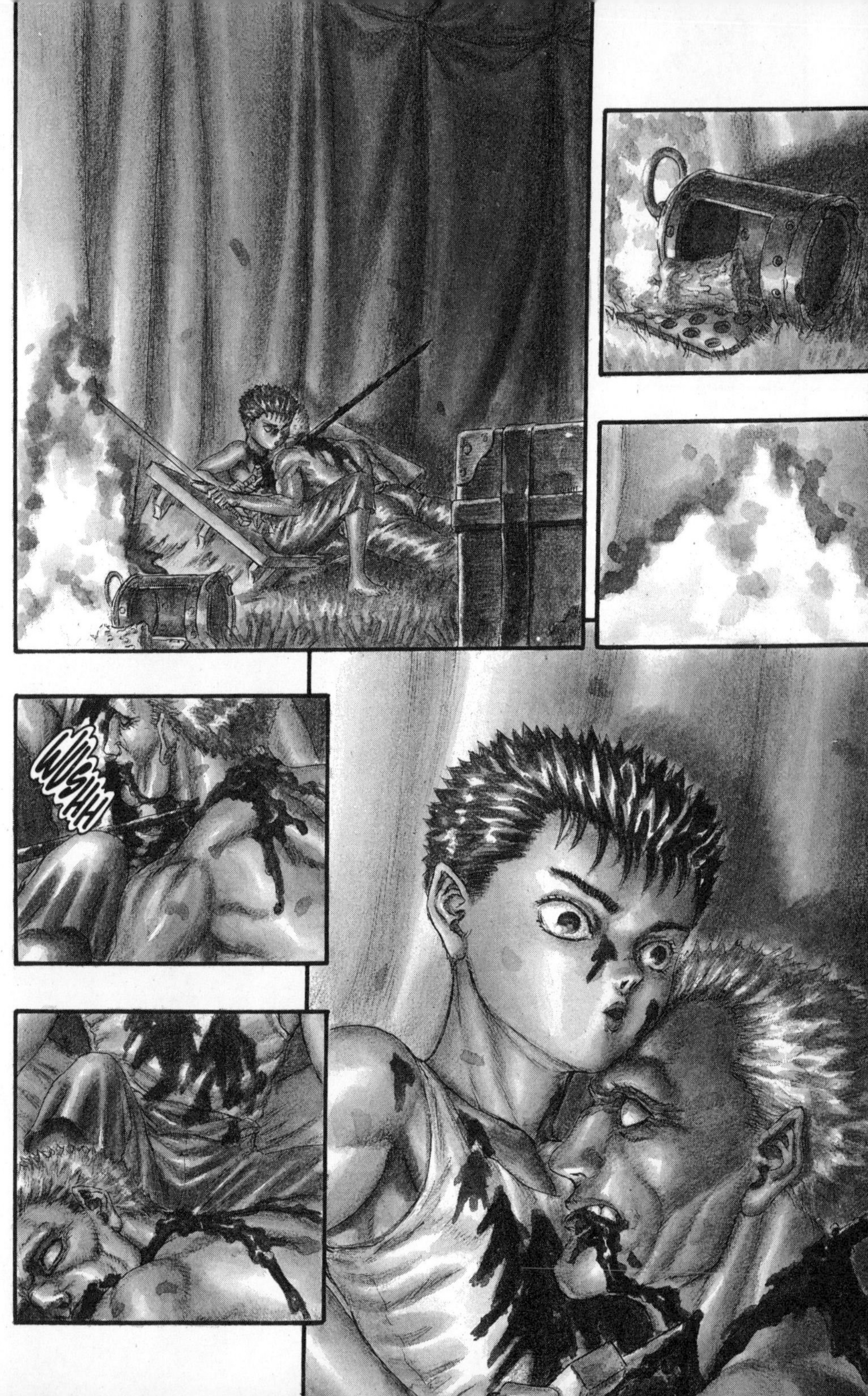
WUSHH

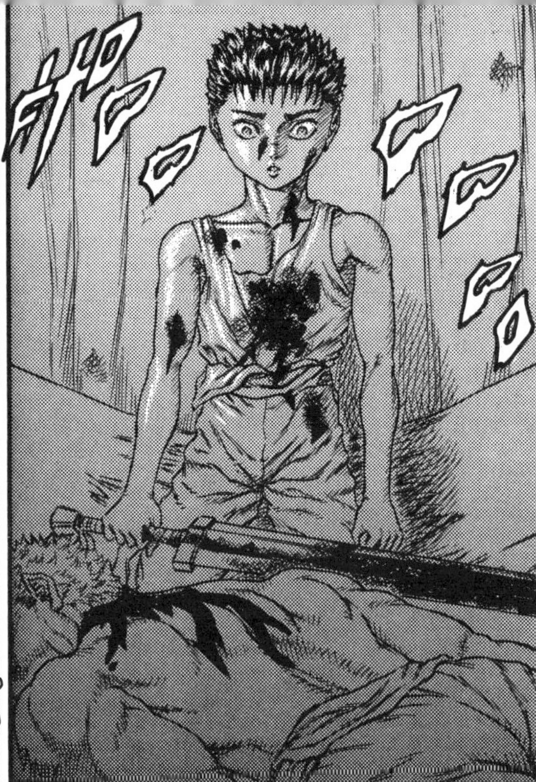

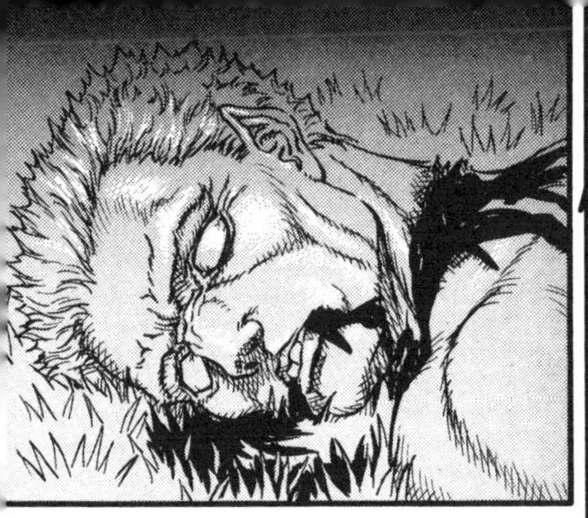

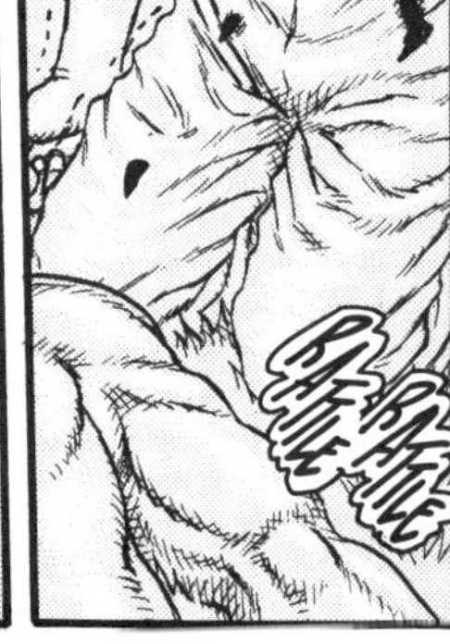
RATTLE RATTLE

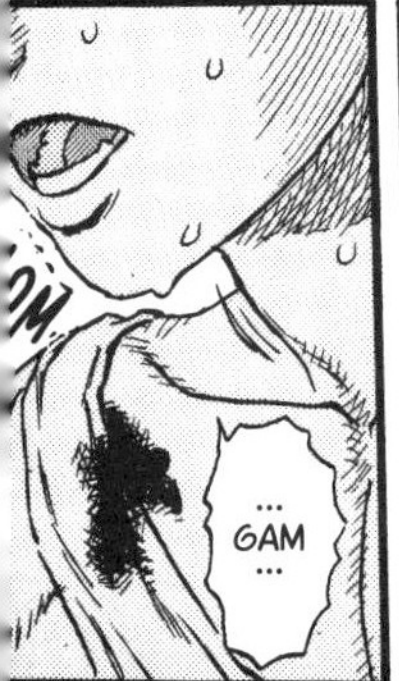
... GAM ...

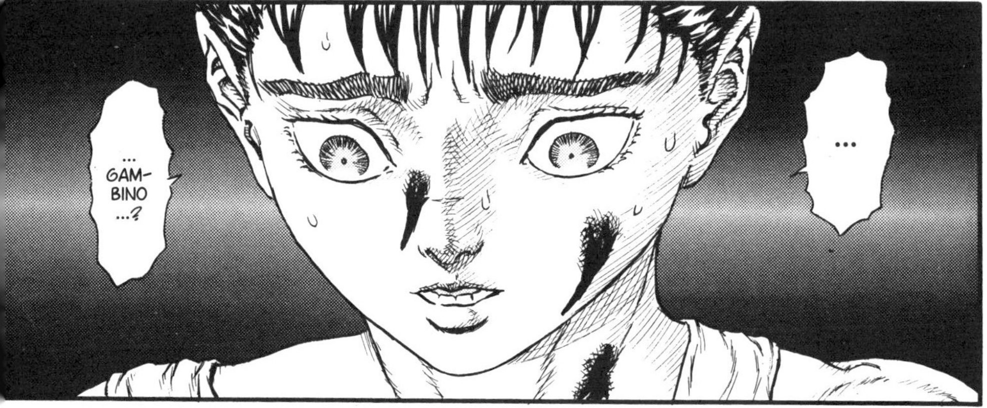
...
... GAM- BINO ...?

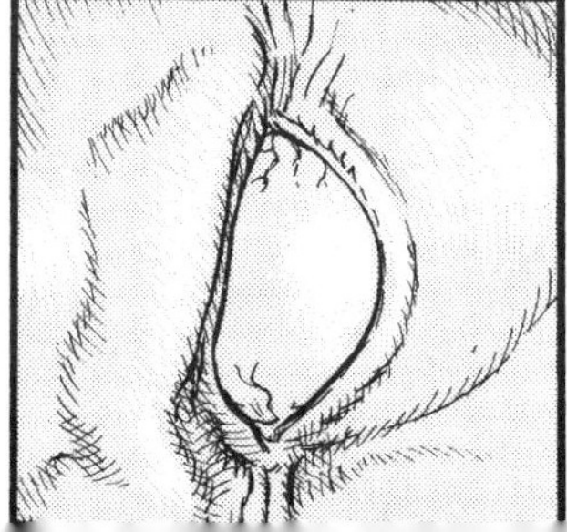

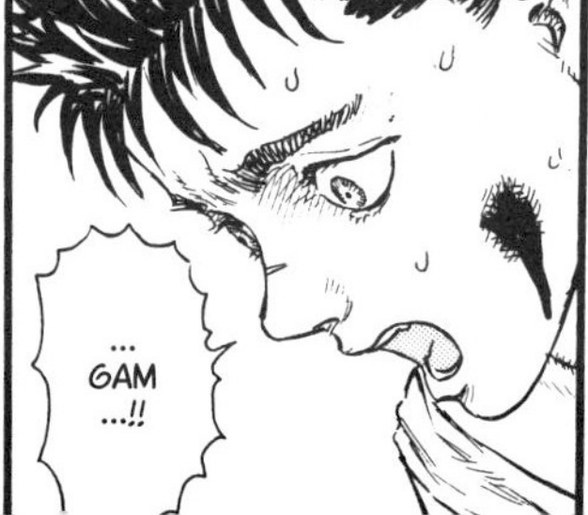
... GAM ...!!

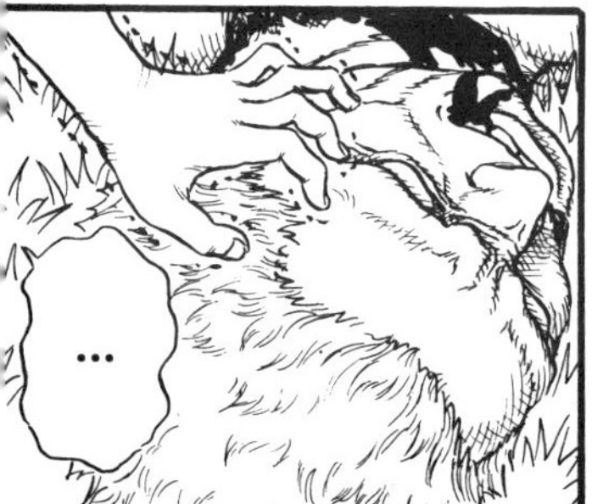
...

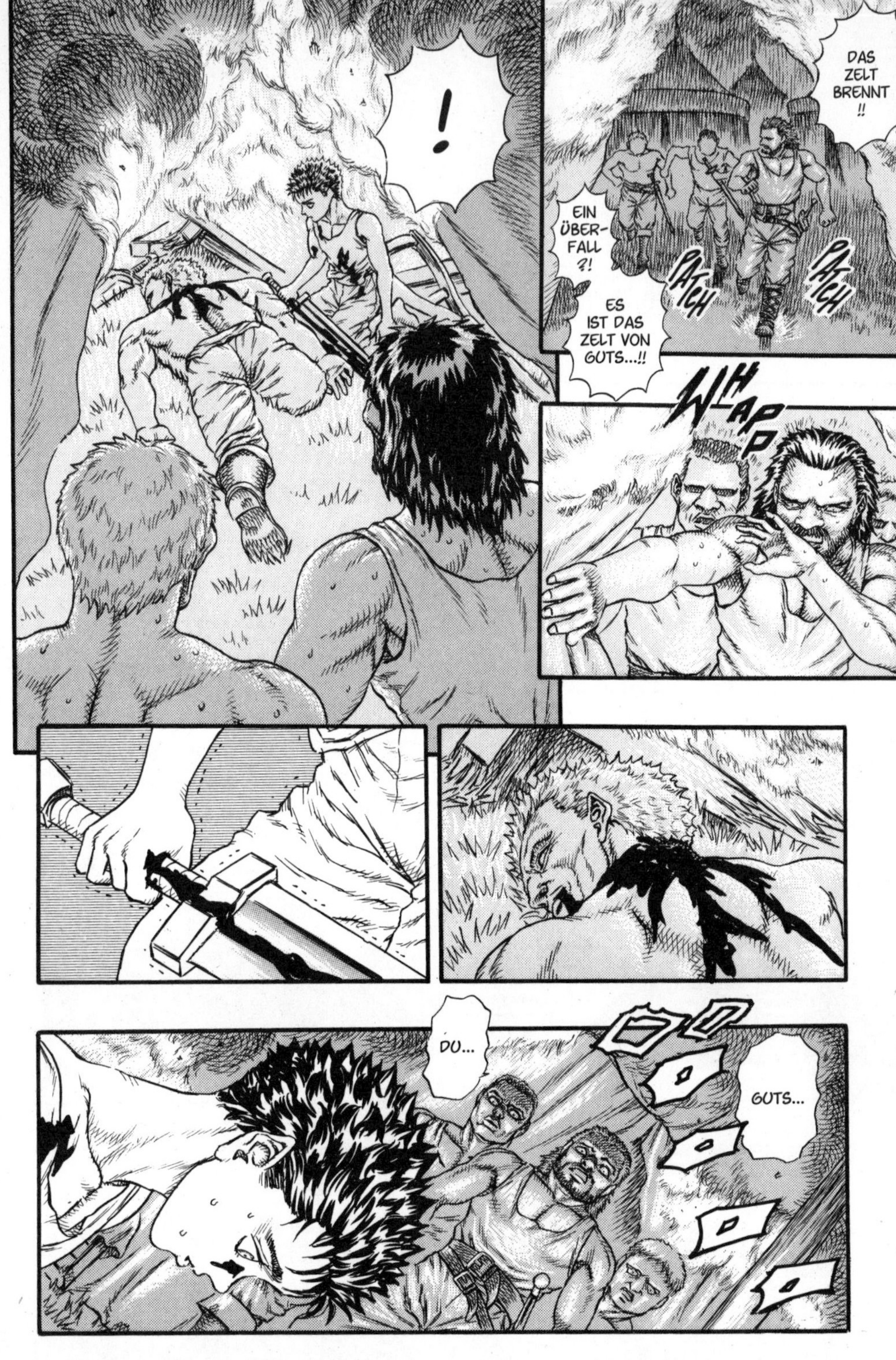
!
DAS ZELT BRENNT !!
EIN ÜBER-FALL ?!
ES IST DAS ZELT VON GUTS...!!
PATCH
PATCH
WHAPP
DU...
GUTS...

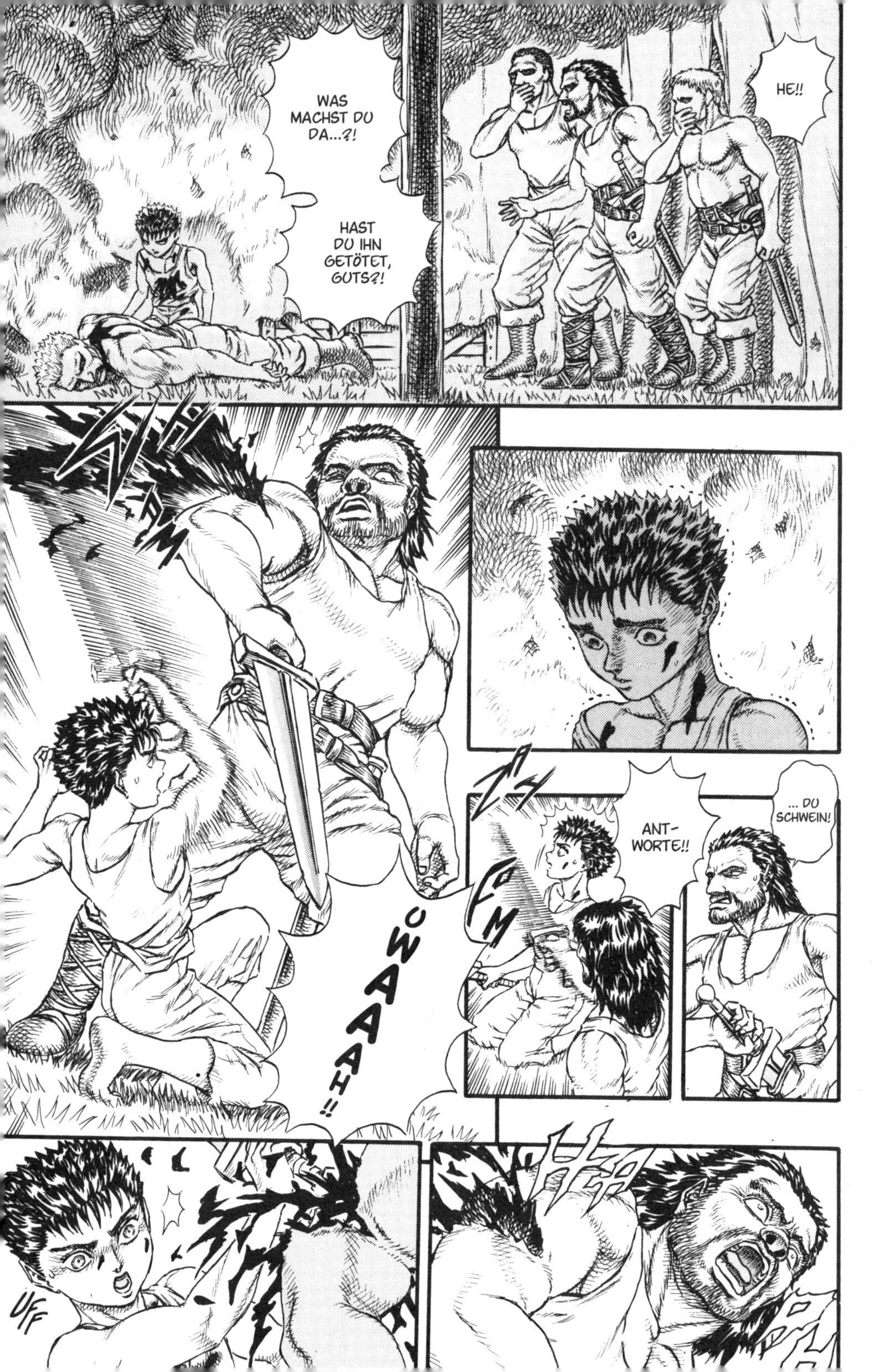
HE!!
WAS MACHST DU DA...?!
HAST DU IHN GETÖTET, GUTS?!
ANT-WORTE!!
... DU SCHWEIN!
WAAAAAH!!
UFF

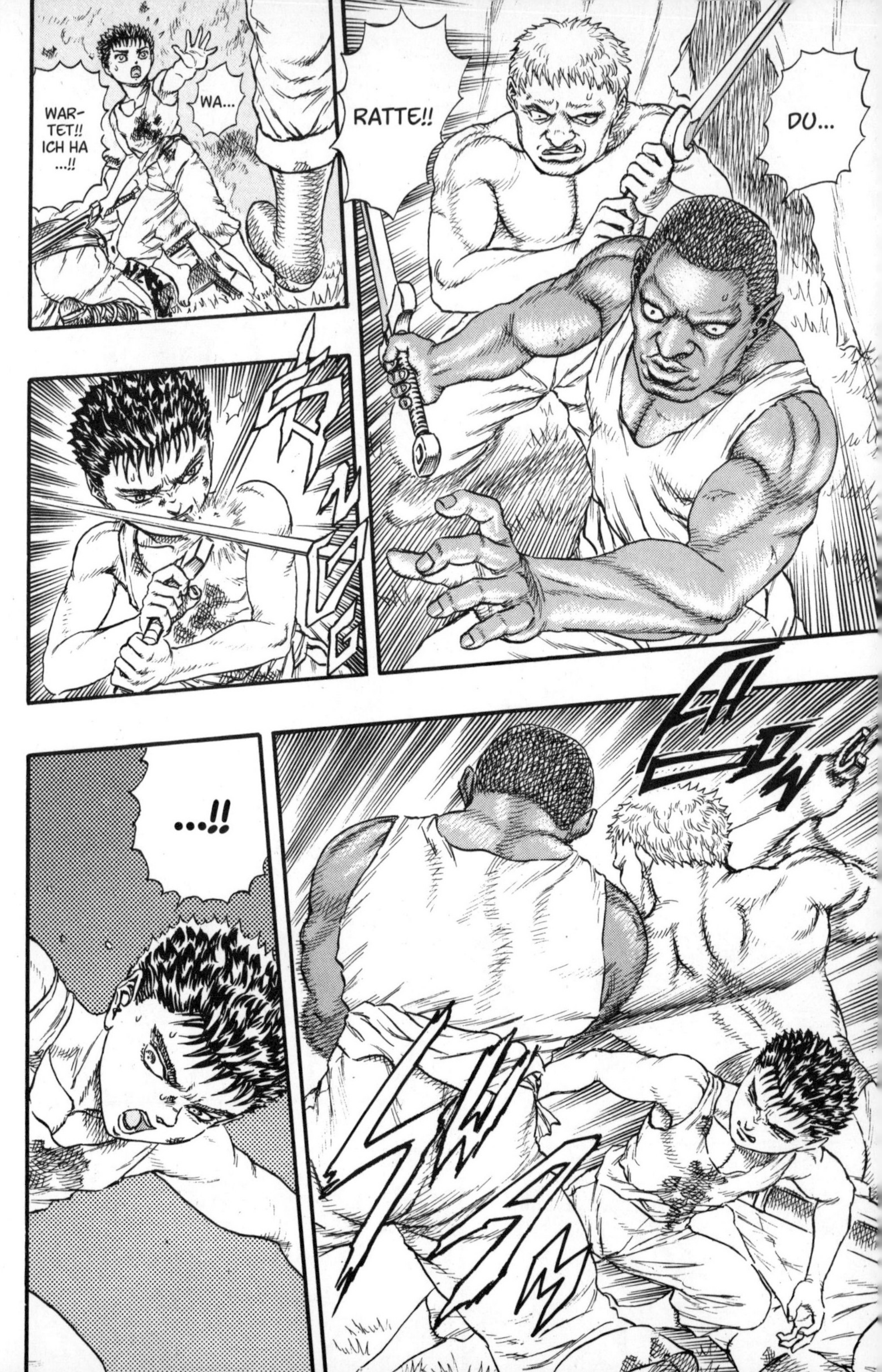
DU...
RATTE!!
WA...
WAR-TET!! ICH HA ...!!
...!!

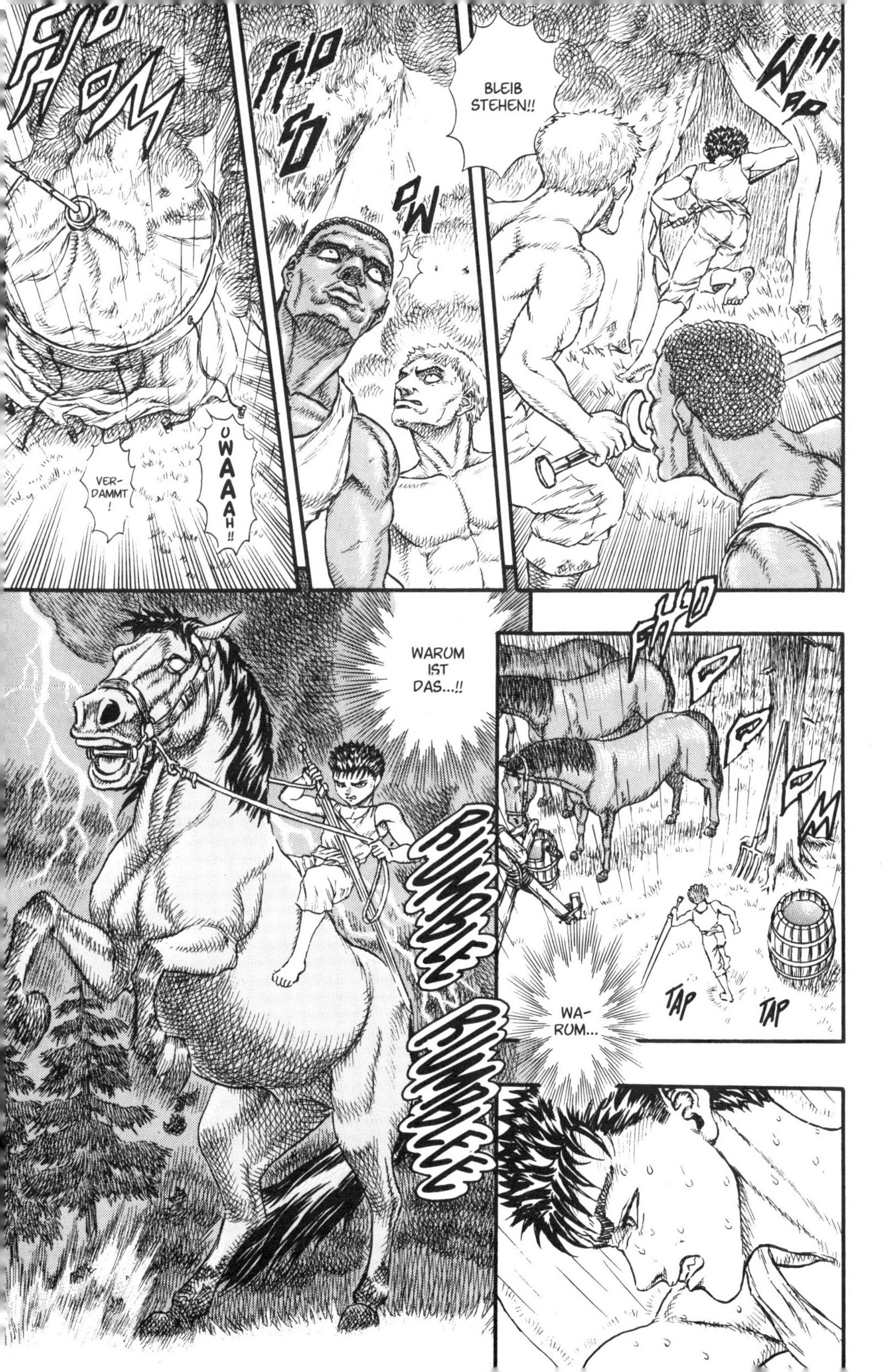
BLEIB STEHEN!!
FHOOD
FHOOM
VER-DAMMT!
UWAAAAH!!
TAP
TAP
WA-RUM...
WARUM IST DAS...!!
RUMBLE
RUMBLE

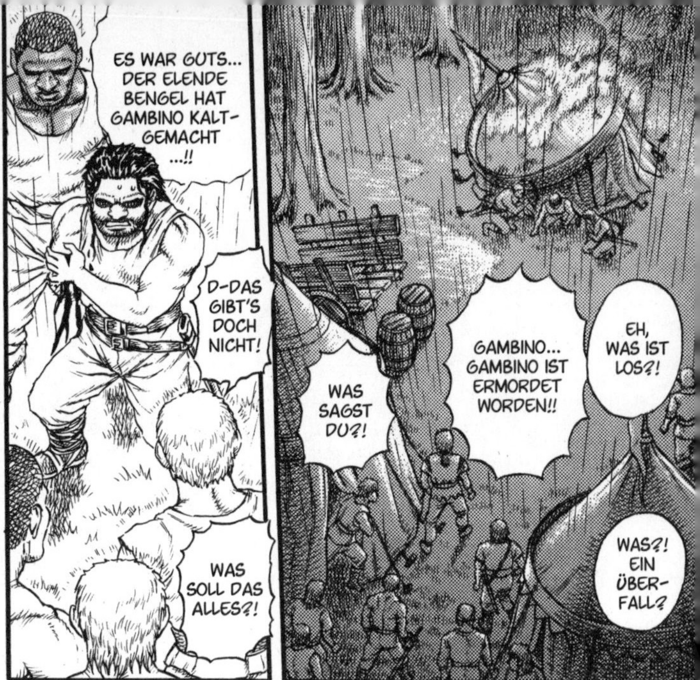
EH, WAS IST LOS?!
GAMBINO... GAMBINO IST ERMORDET WORDEN!!
WAS SAGST DU?!
WAS?! EIN ÜBERFALL?
ES WAR GUTS... DER ELENDE BENGEL HAT GAMBINO KALTGEMACHT ...!!
D-DAS GIBT'S DOCH NICHT!
WAS SOLL DAS ALLES?!

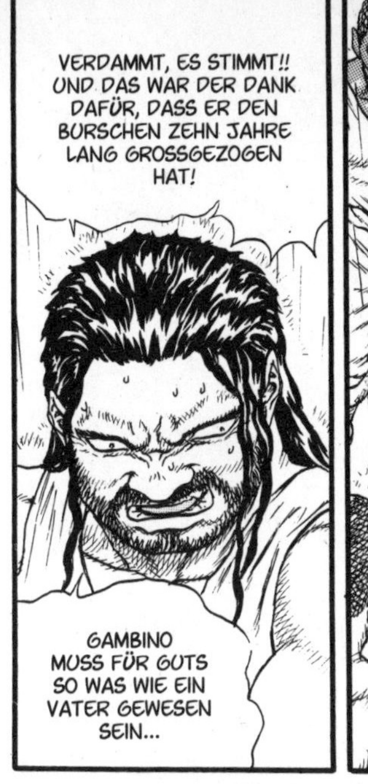
VERDAMMT, ES STIMMT!! UND DAS WAR DER DANK DAFÜR, DASS ER DEN BURSCHEN ZEHN JAHRE LANG GROSSGEZOGEN HAT!
GAMBINO MUSS FÜR GUTS SO WAS WIE EIN VATER GEWESEN SEIN...

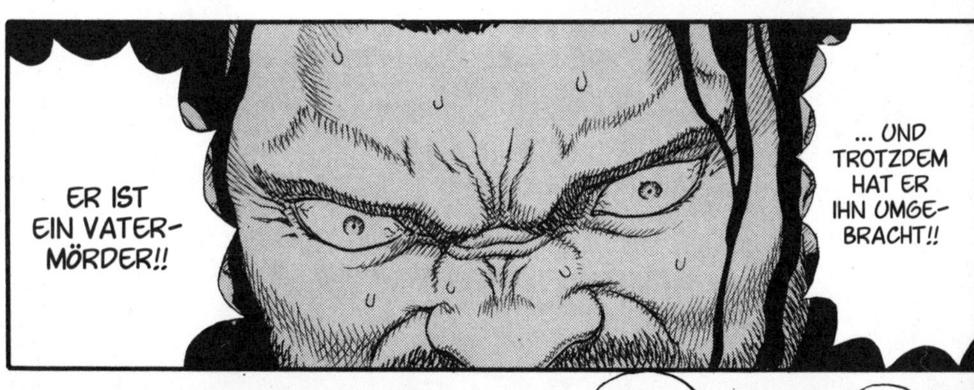
... UND TROTZDEM HAT ER IHN UMGEBRACHT!!
ER IST EIN VATERMÖRDER!!

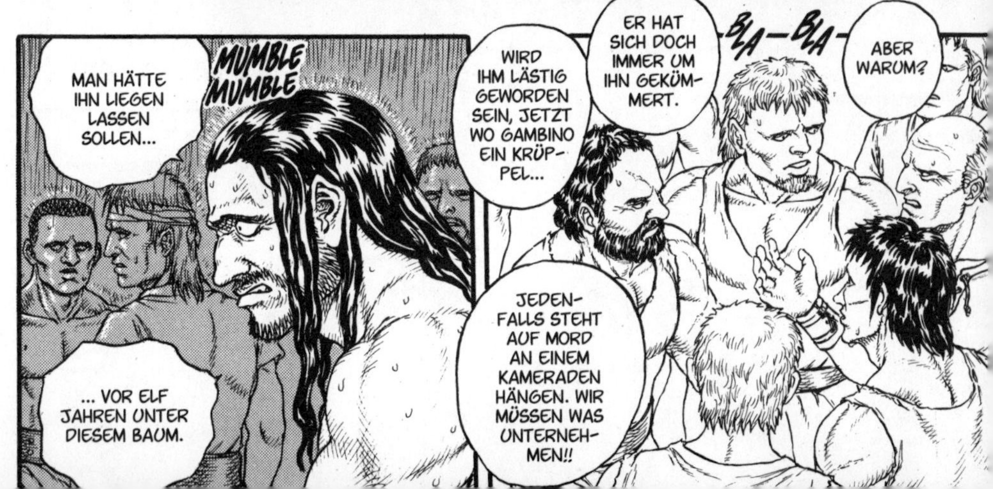
ABER WARUM?
BLA-BLA
ER HAT SICH DOCH IMMER UM IHN GEKÜMMERT.
WIRD IHM LÄSTIG GEWORDEN SEIN, JETZT WO GAMBINO EIN KRÜPPEL...
JEDENFALLS STEHT AUF MORD AN EINEM KAMERADEN HÄNGEN. WIR MÜSSEN WAS UNTERNEHMEN!!
MUMBLE MUMBLE
MAN HÄTTE IHN LIEGEN LASSEN SOLLEN...
... VOR ELF JAHREN UNTER DIESEM BAUM.

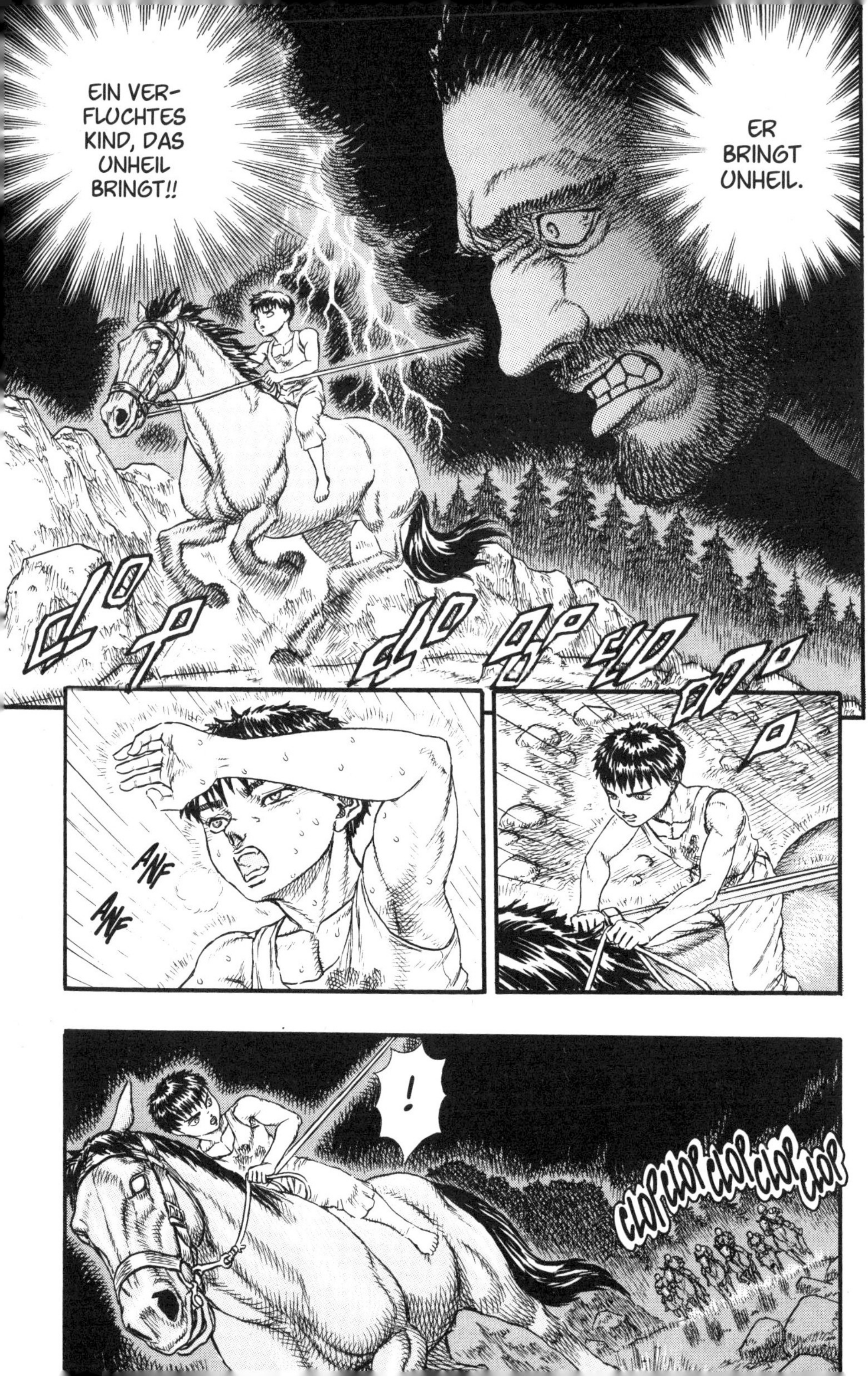

ER BRINGT UNHEIL.

EIN VERFLUCHTES KIND, DAS UNHEIL BRINGT!!

ANF ANF

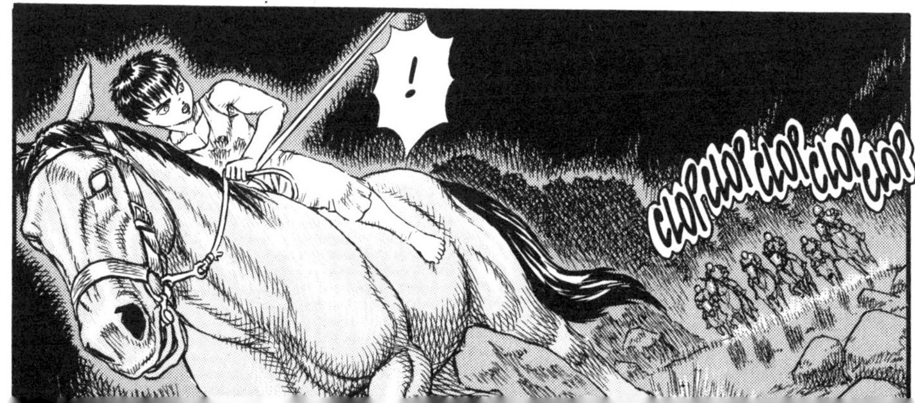

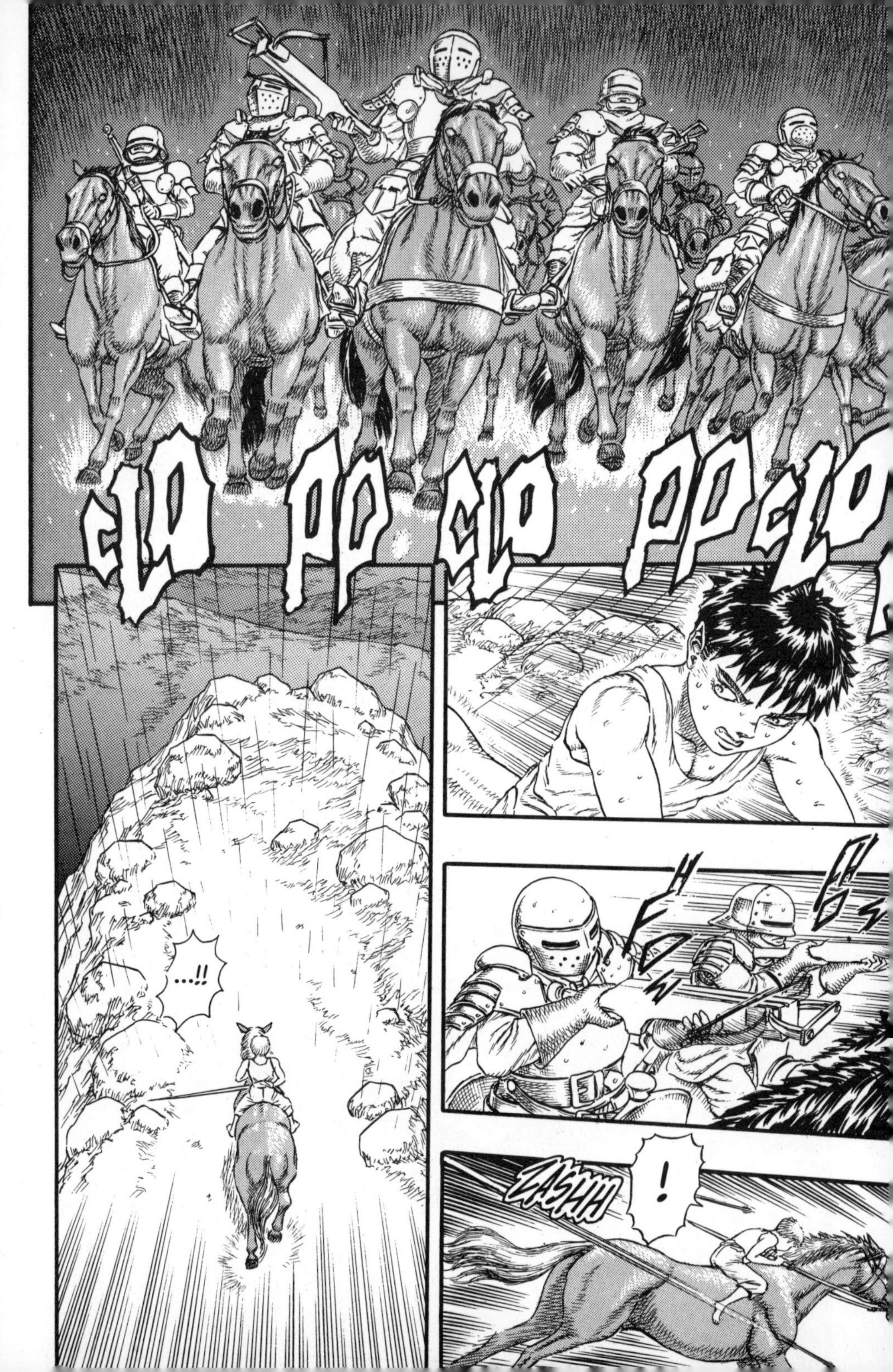
CLOPP CLOPP CLO
...!!
ZASHH
!

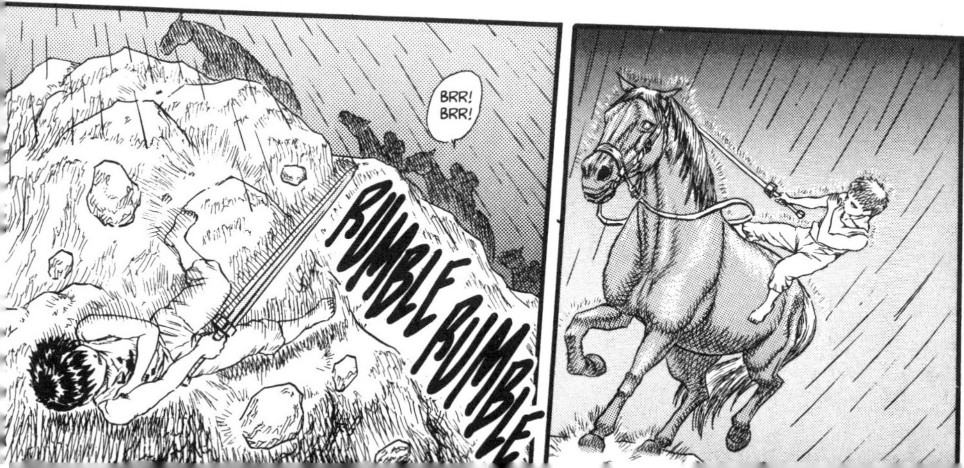
BRR! BRR!
RUMBLE RUMBLE

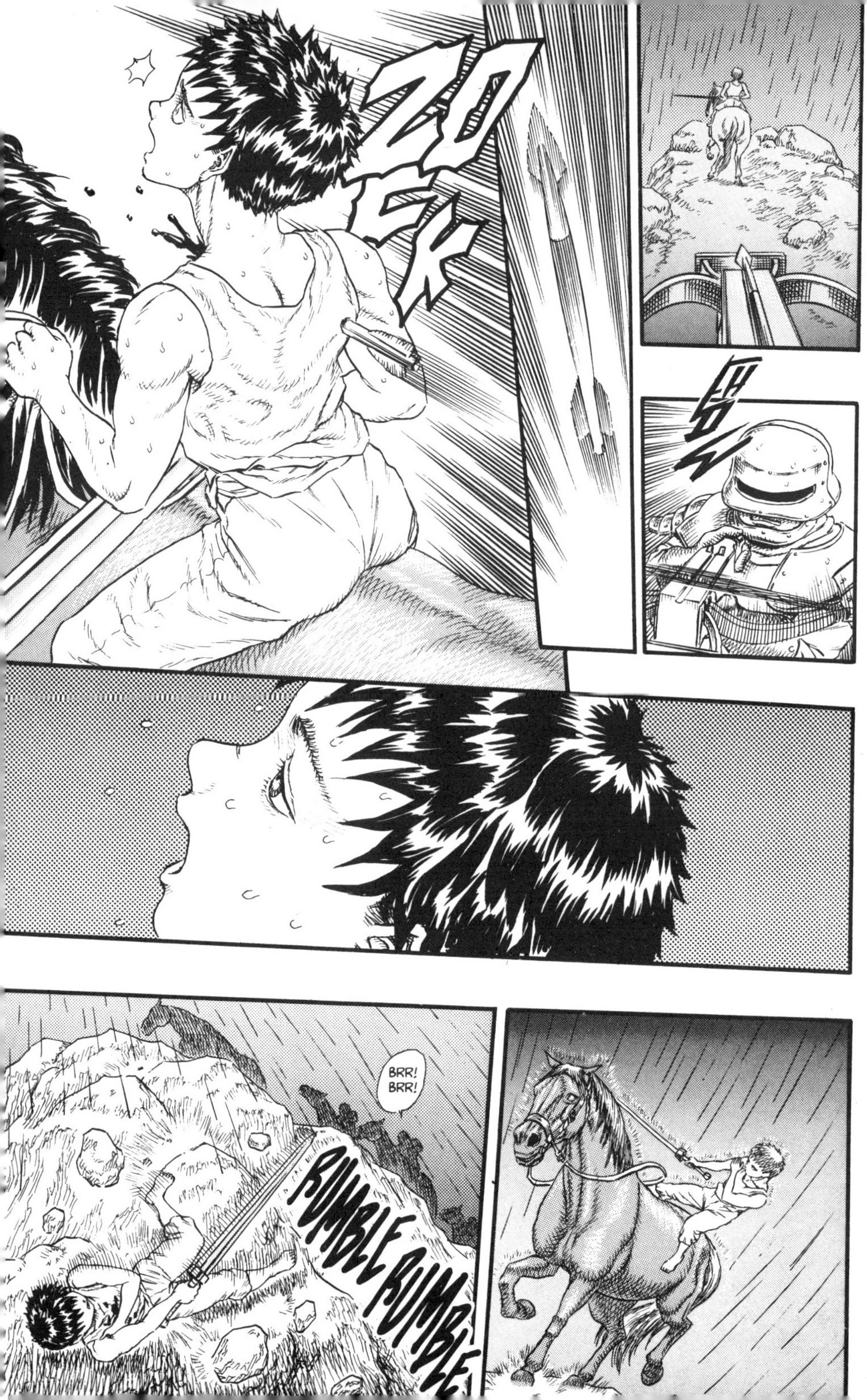

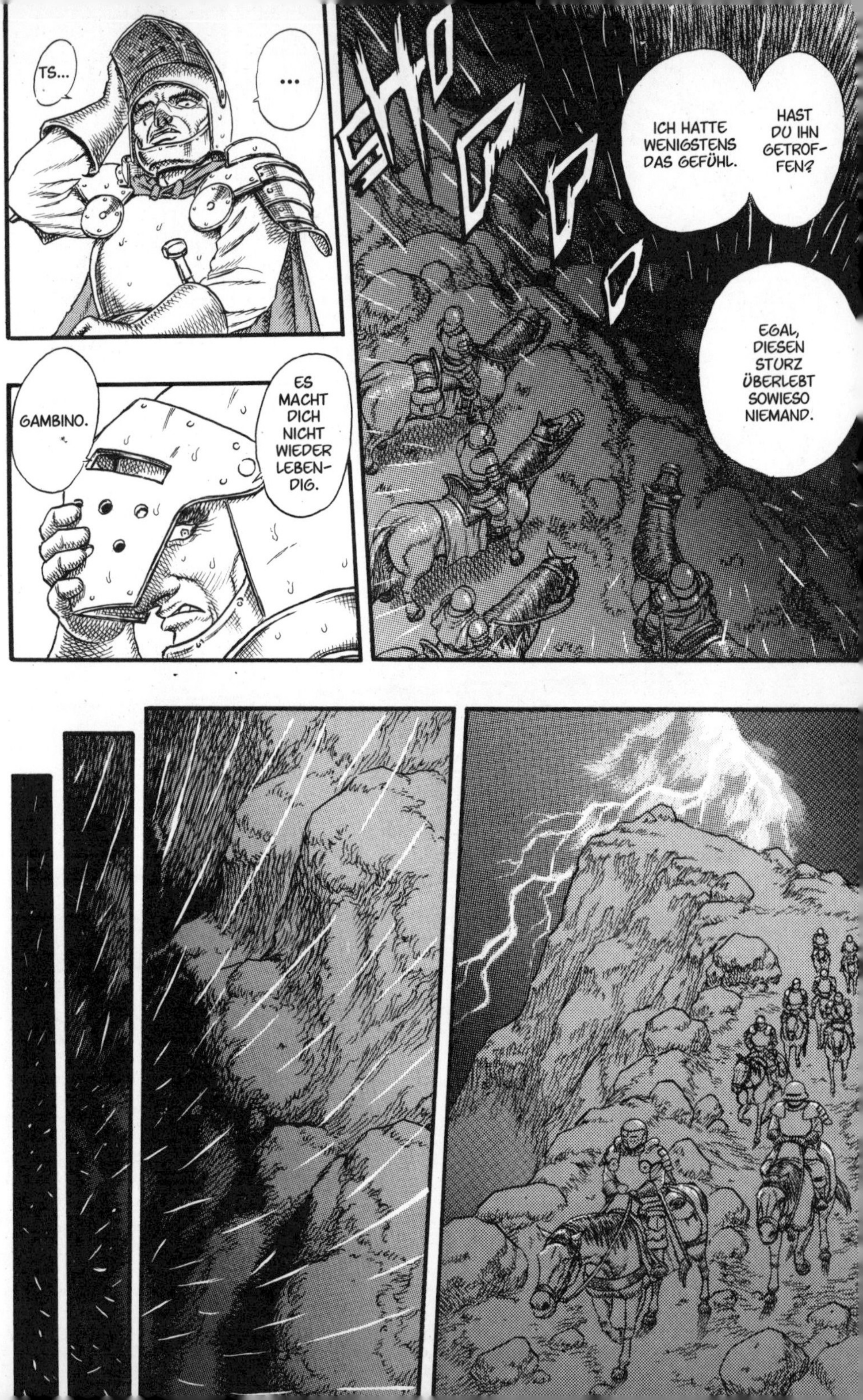

SHOOOOO

HAST DU IHN GETROFFEN?

ICH HATTE WENIGSTENS DAS GEFÜHL.

EGAL, DIESEN STURZ ÜBERLEBT SOWIESO NIEMAND.

...

TS...

ES MACHT DICH NICHT WIEDER LEBENDIG.

GAMBINO.

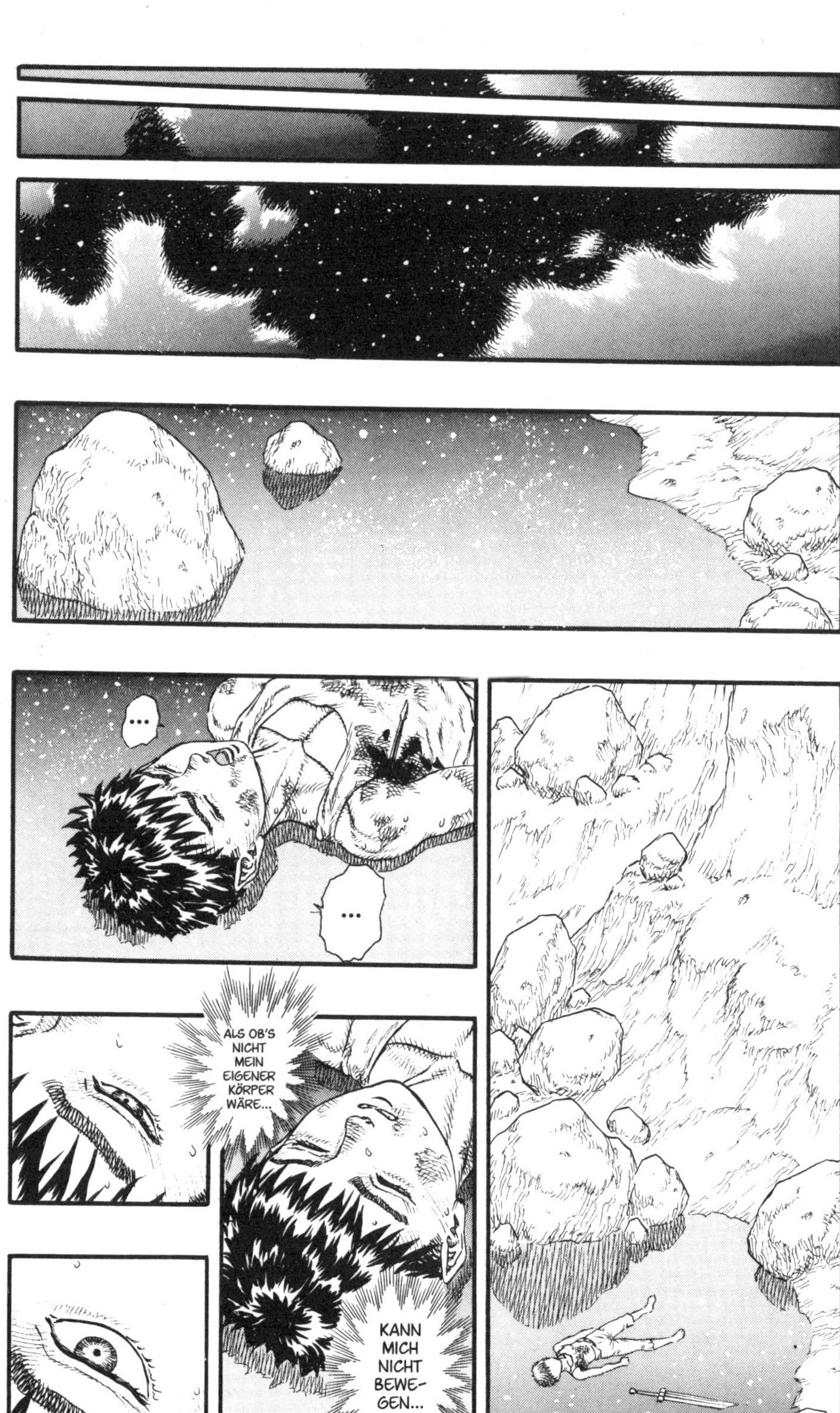
...
...
ALS OB'S NICHT MEIN EIGENER KÖRPER WÄRE...
KANN MICH NICHT BEWEGEN...

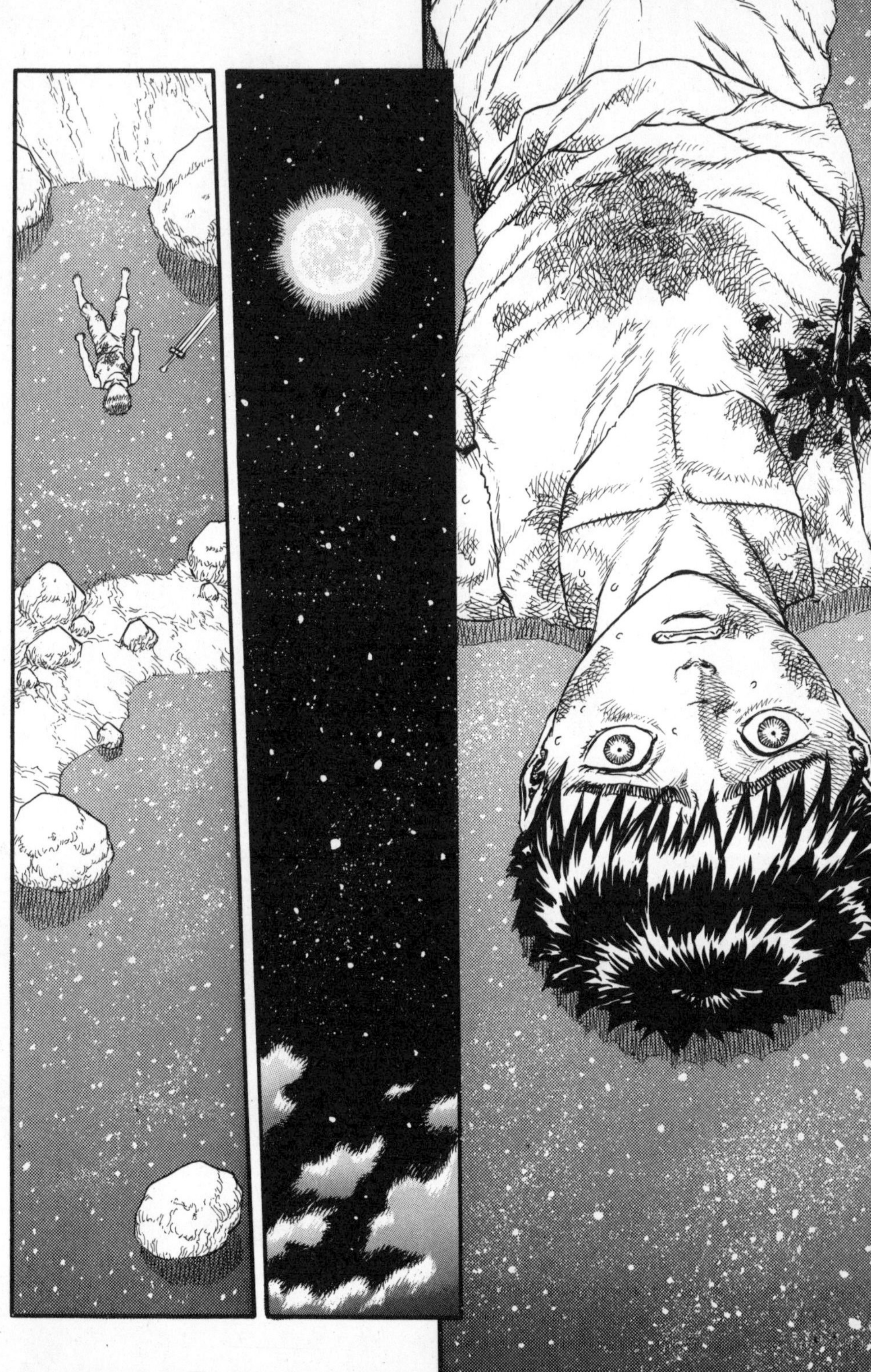

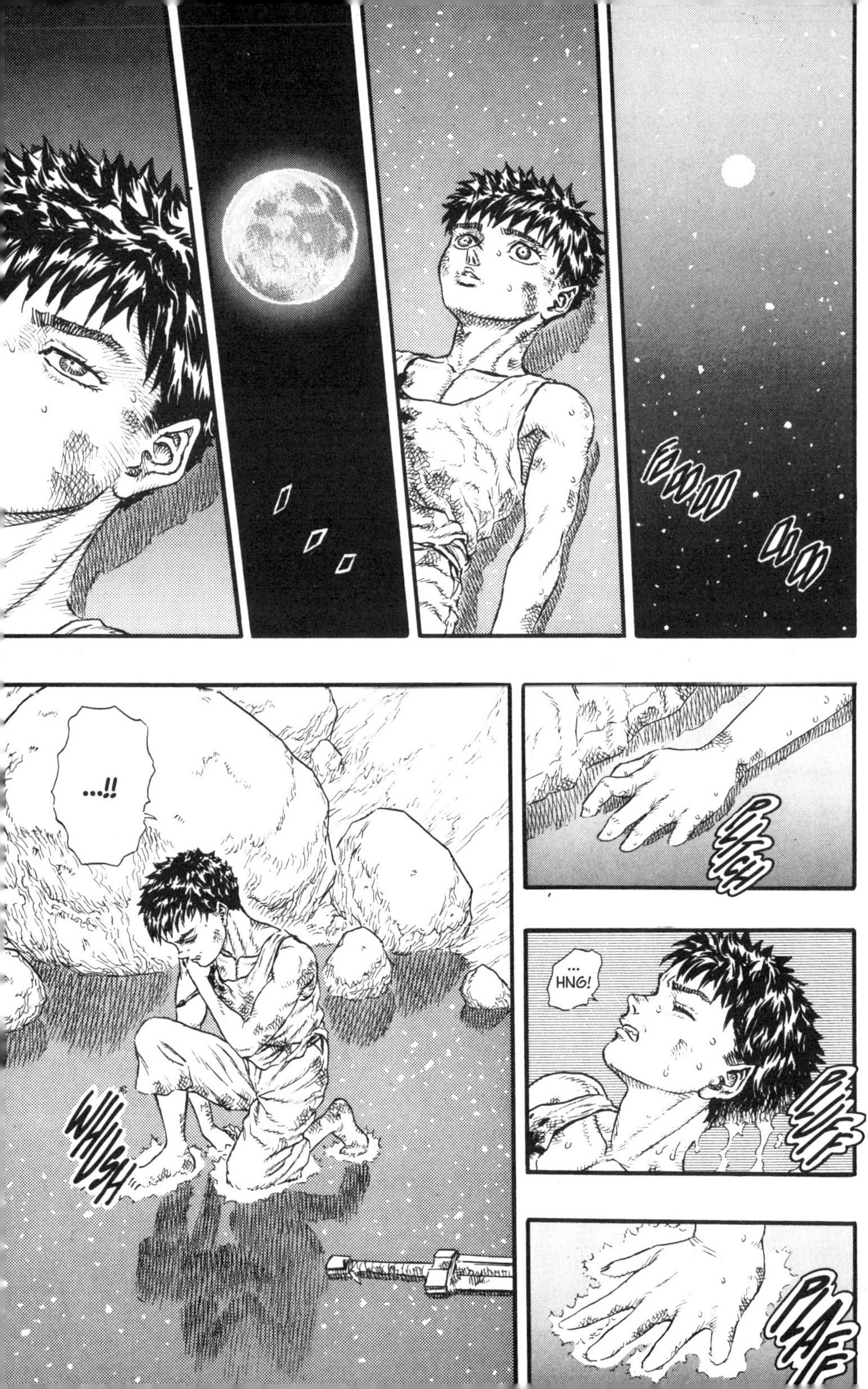

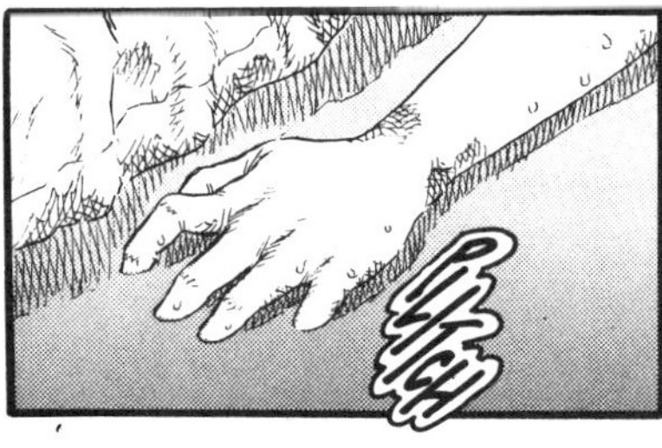

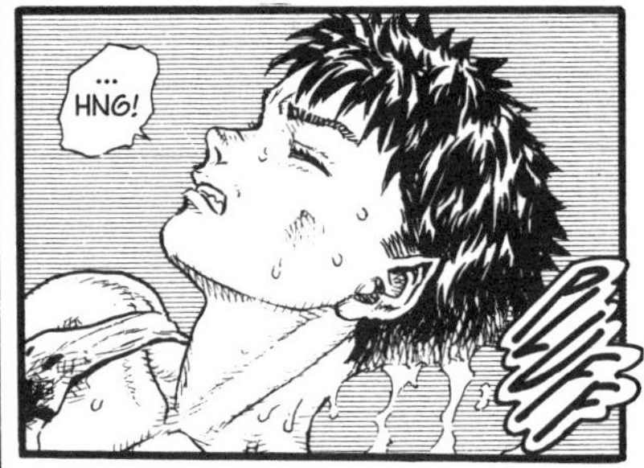
...
HNG!

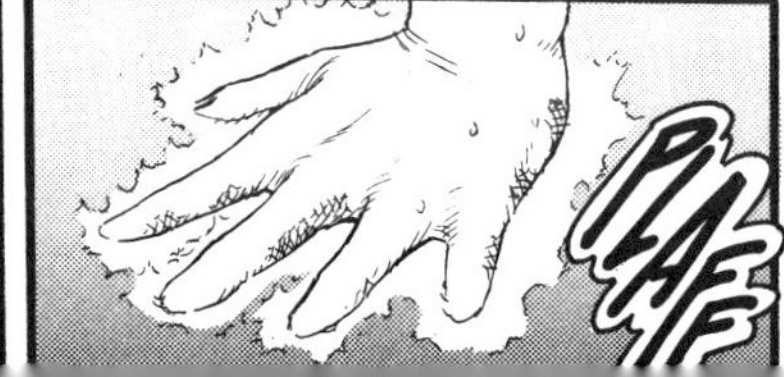

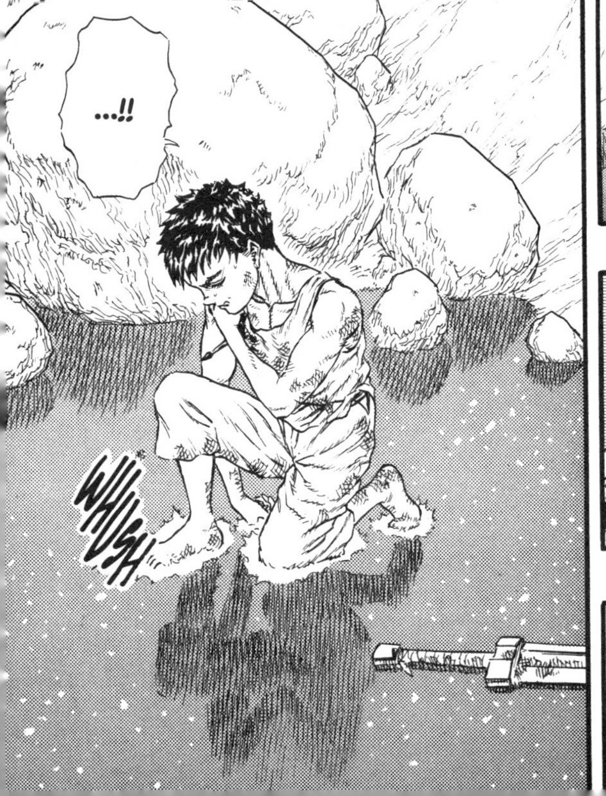
...!!

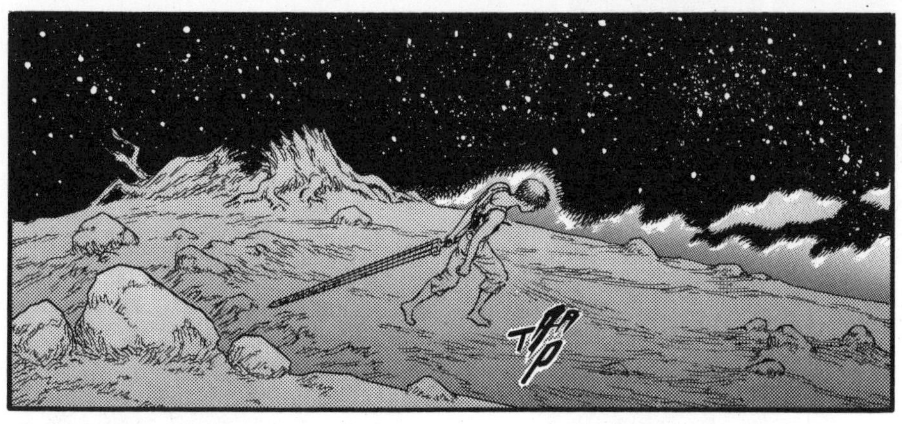
TAPP
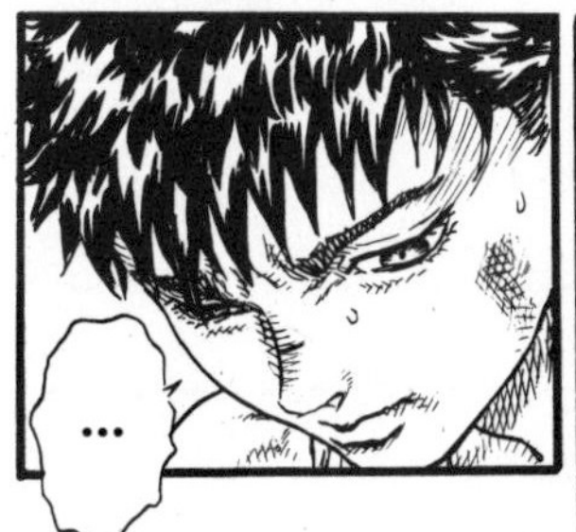
...
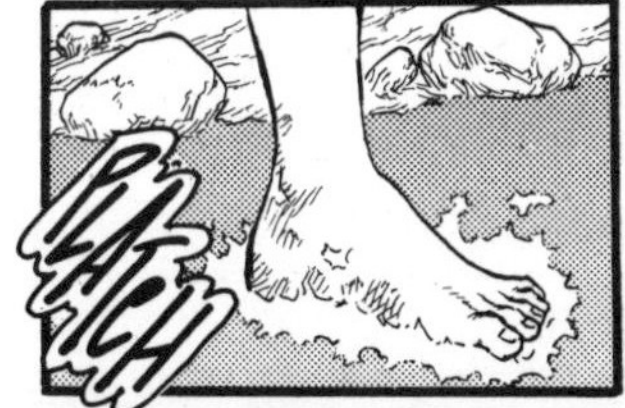
PLATCH
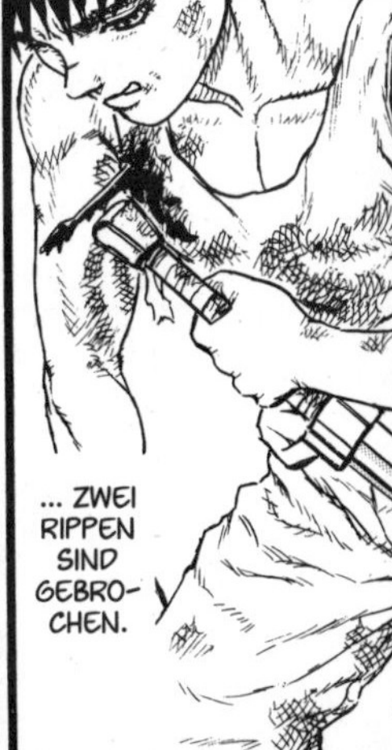
... ZWEI RIPPEN SIND GEBRO-CHEN.
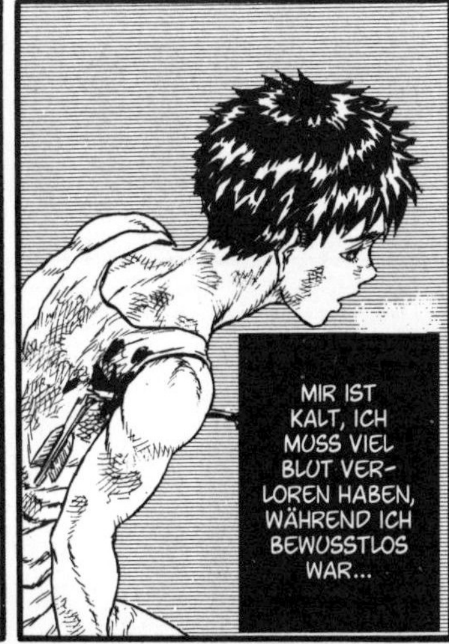
MIR IST KALT, ICH MUSS VIEL BLUT VER-LOREN HABEN, WÄHREND ICH BEWUSSTLOS WAR...
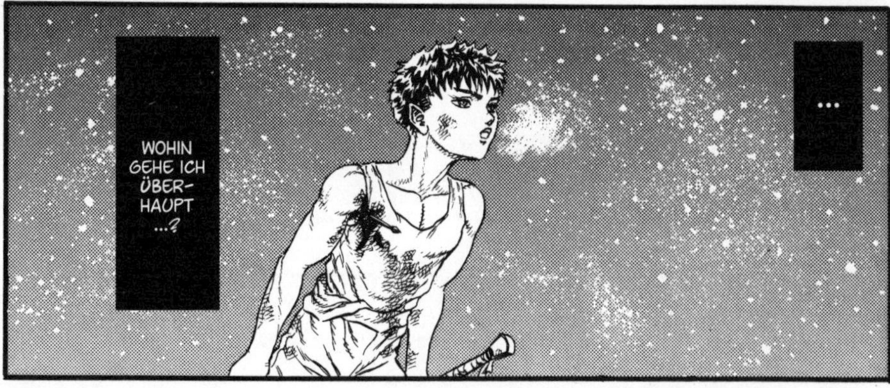
...
WOHIN GEHE ICH ÜBER-HAUPT ...?

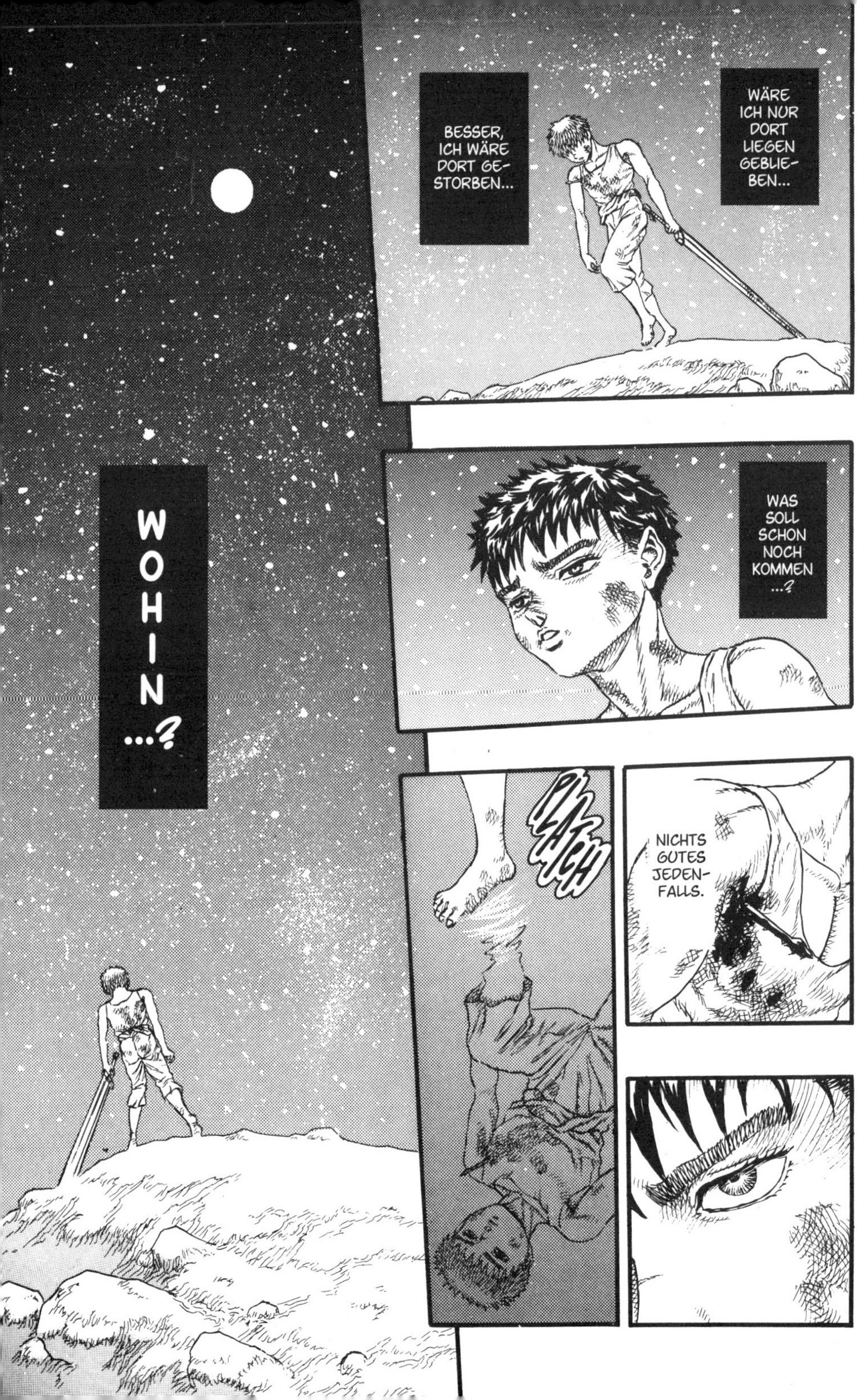

WÄRE ICH NUR DORT LIEGEN GEBLIEBEN...

BESSER, ICH WÄRE DORT GESTORBEN...

WAS SOLL SCHON NOCH KOMMEN...?

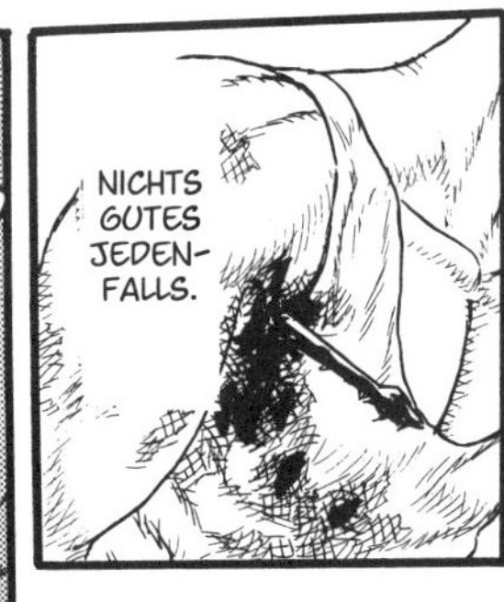

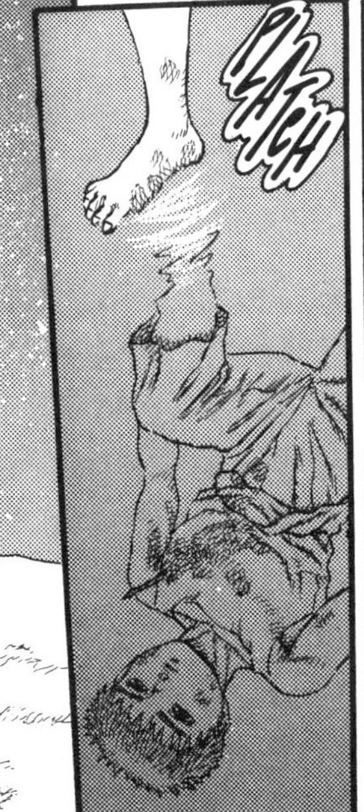

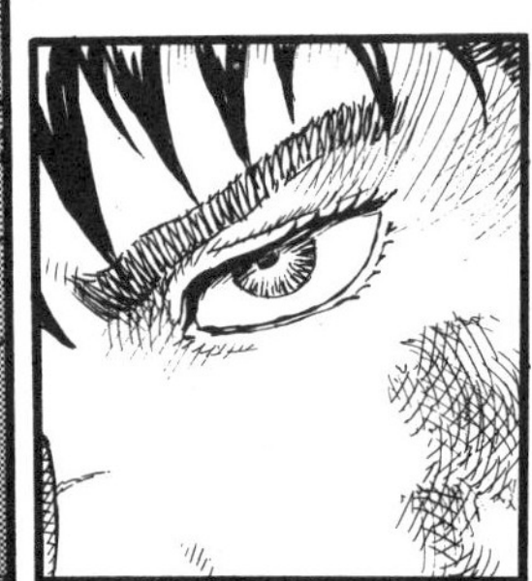

WOHIN...?

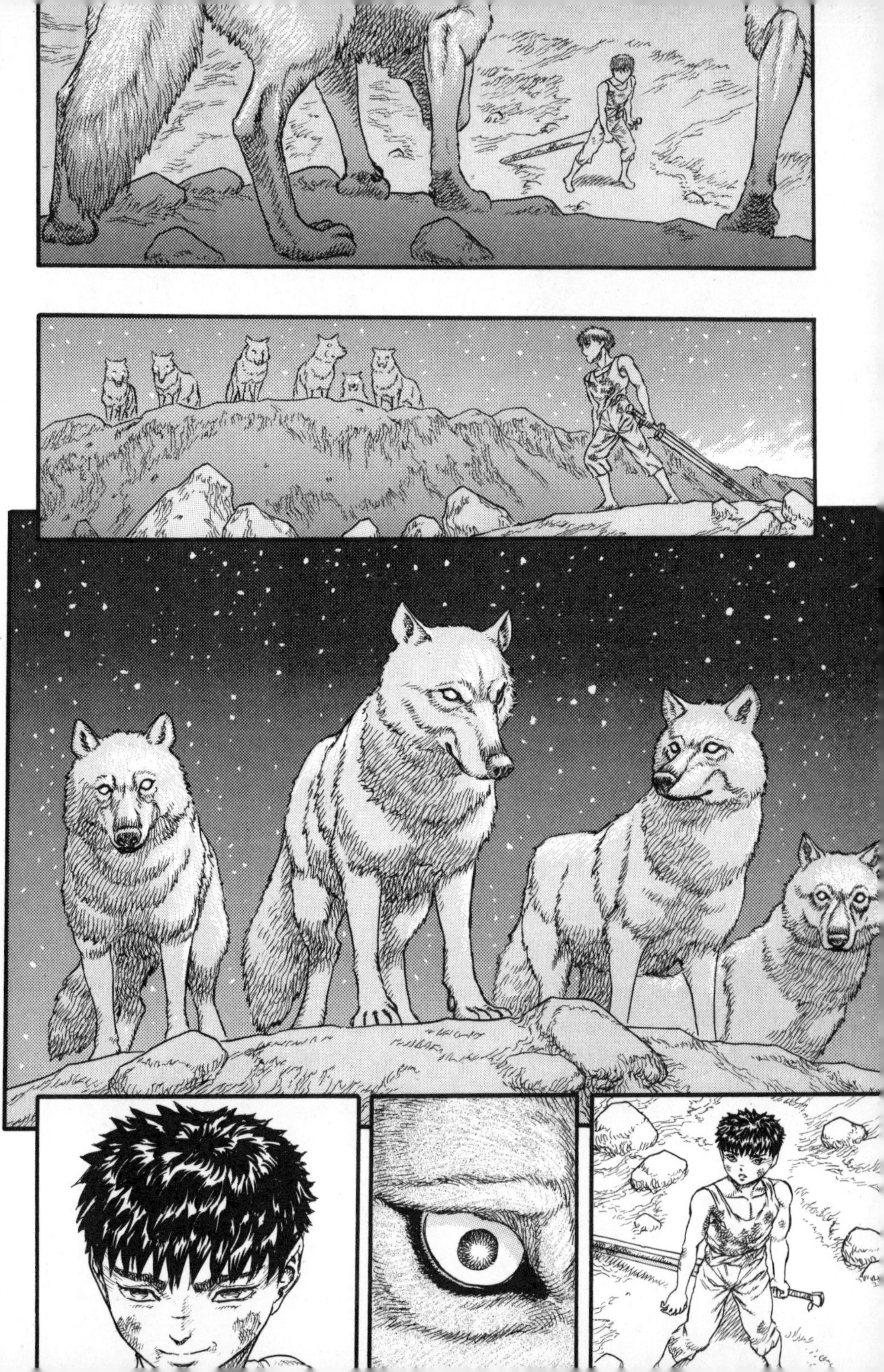

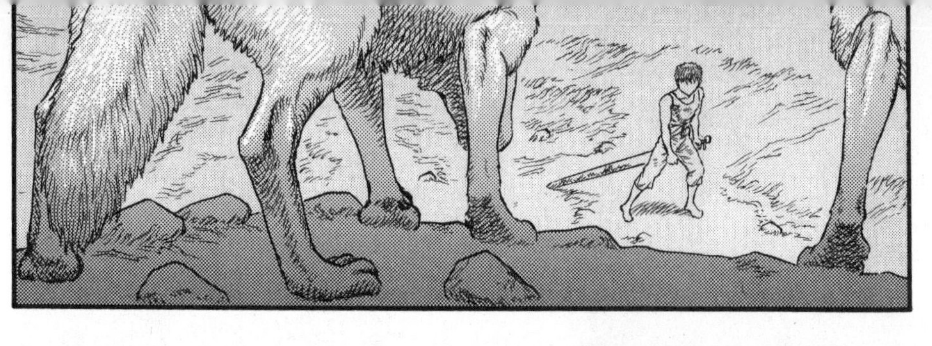

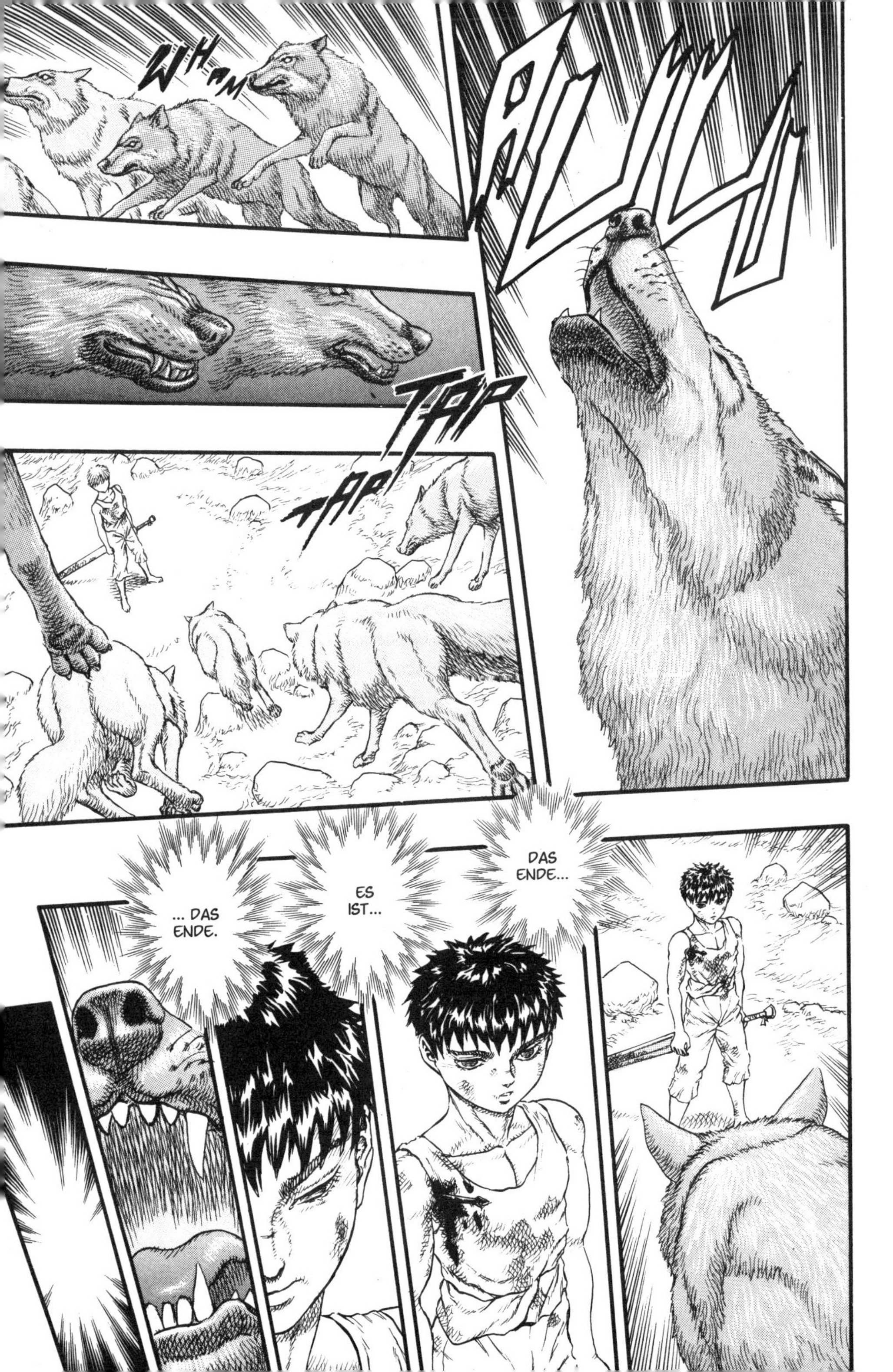
WHAM
TAP
TAP
DAS ENDE...
ES IST...
... DAS ENDE.

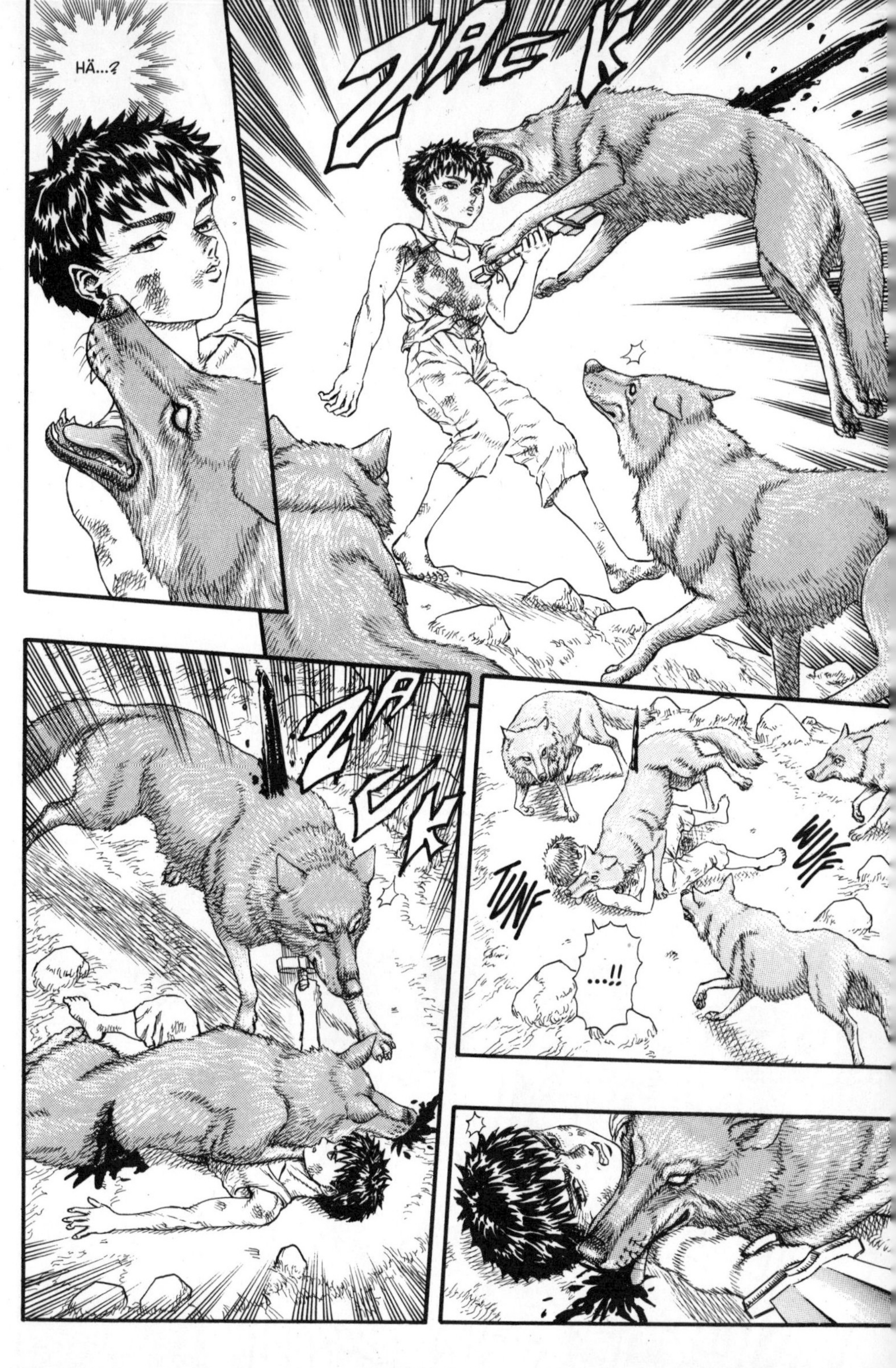
ZACK
HÄ...?
WUFF
TUNF
...!!
ZACK

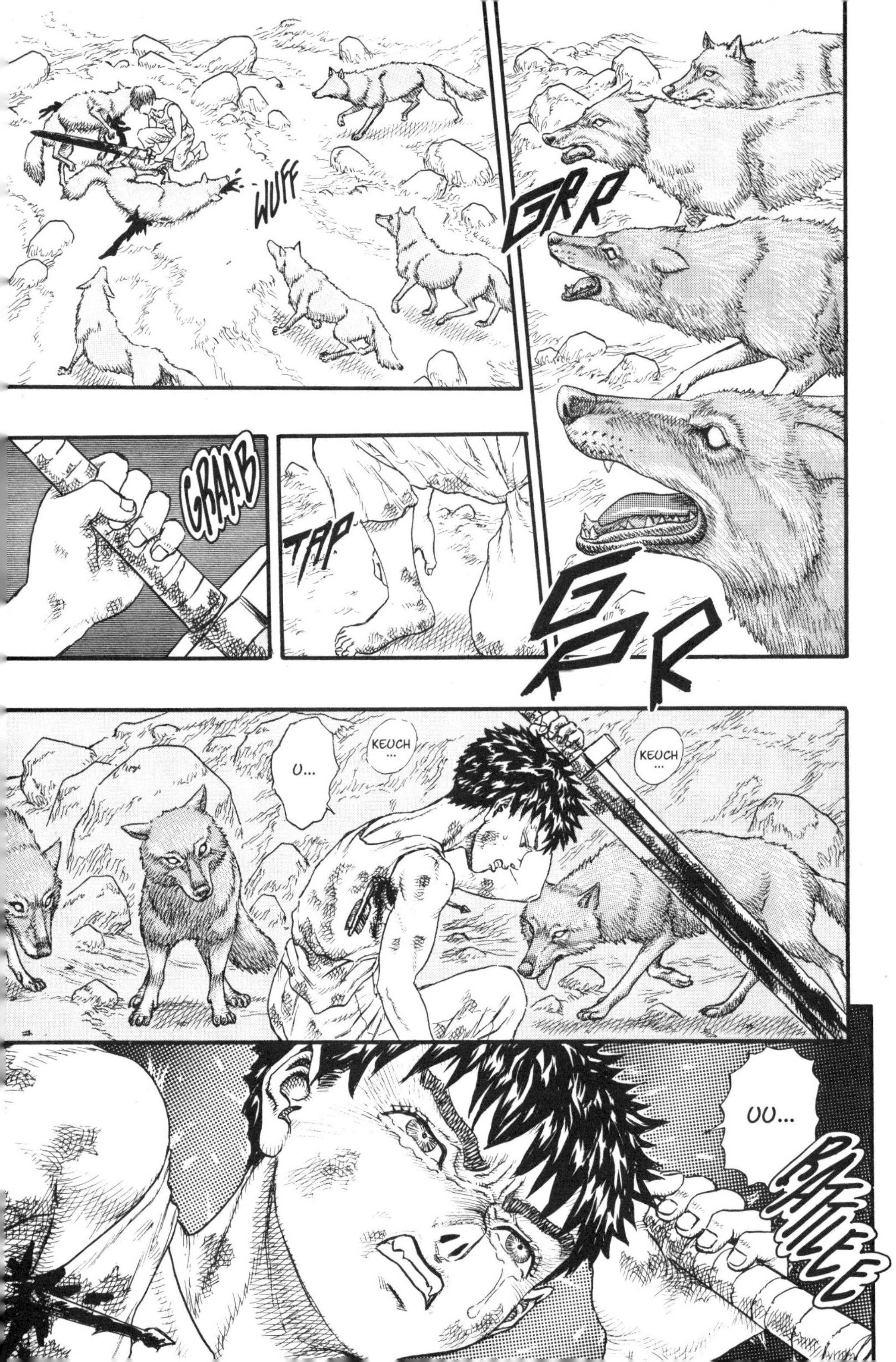
GRR
WUFF
GRR
TAP
GRAAB
KEUCH ...
KEUCH ...
U...
UU...

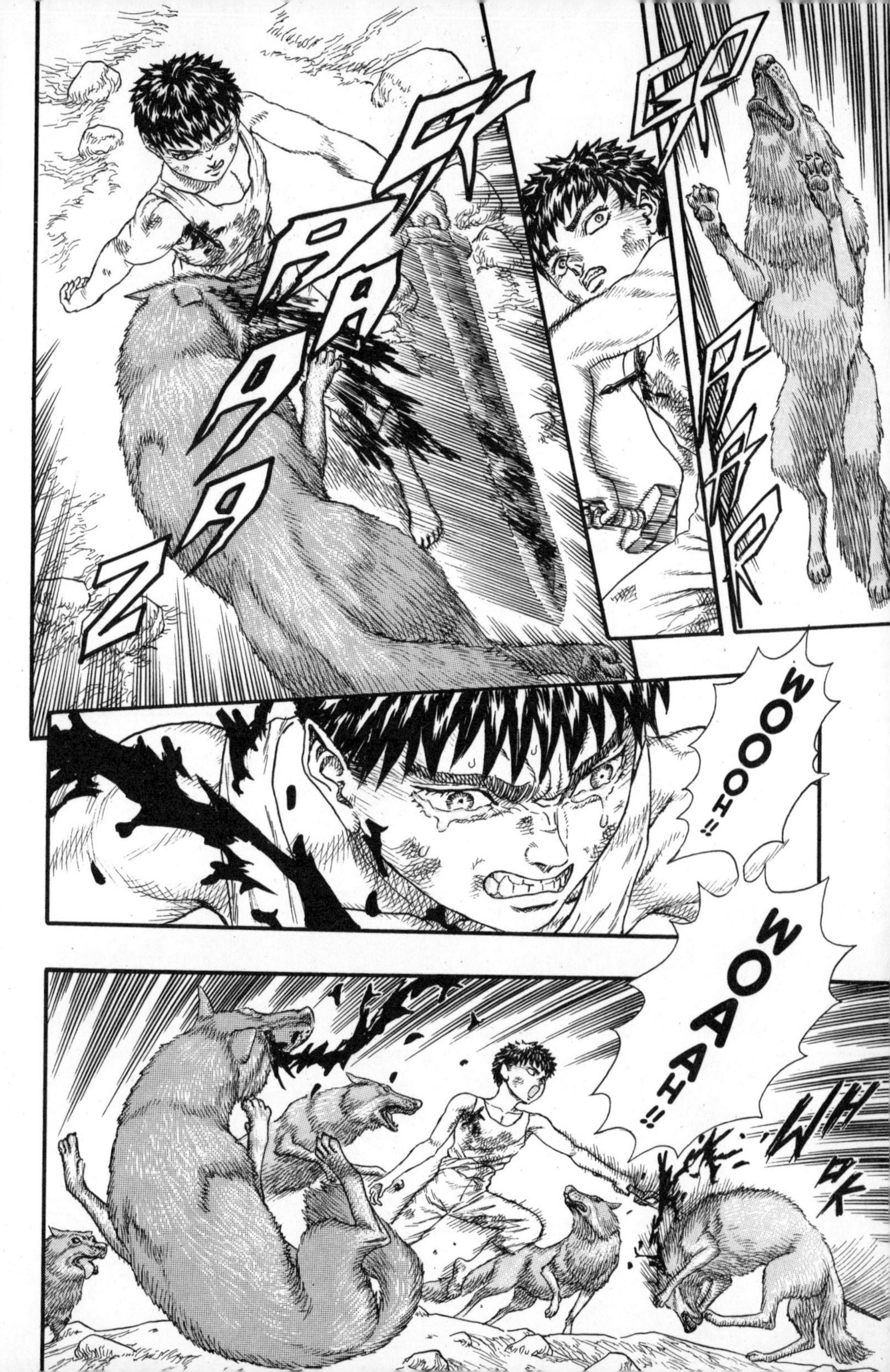
WOOOOH!!
WOAAAH!!
WHOK

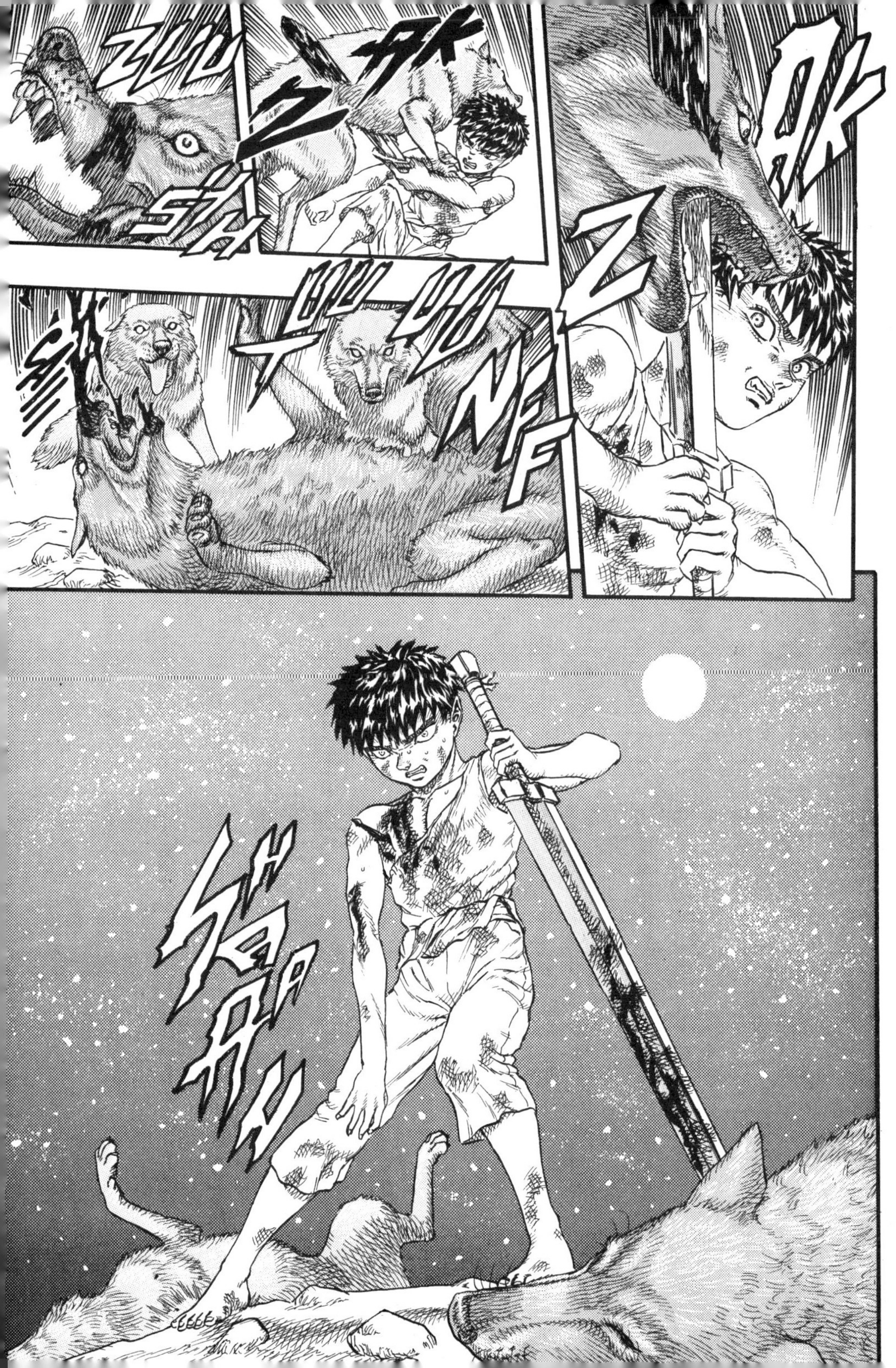

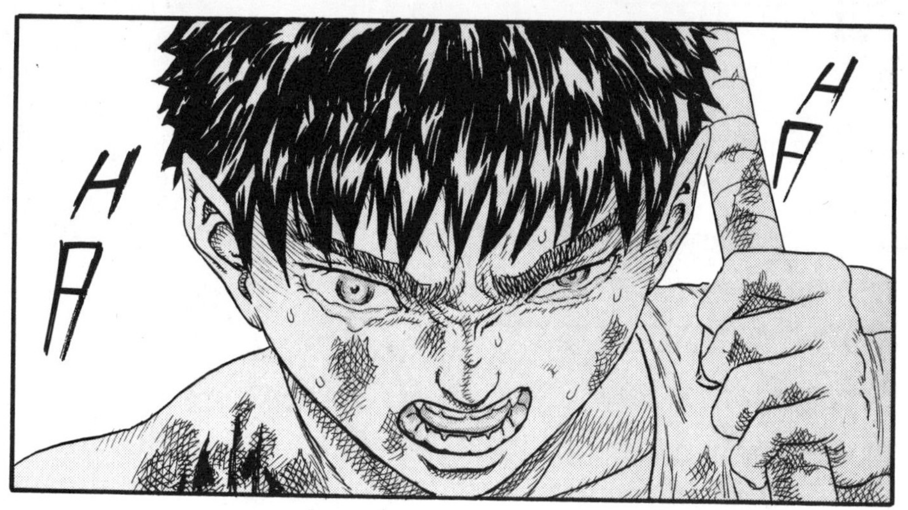
HA
HA

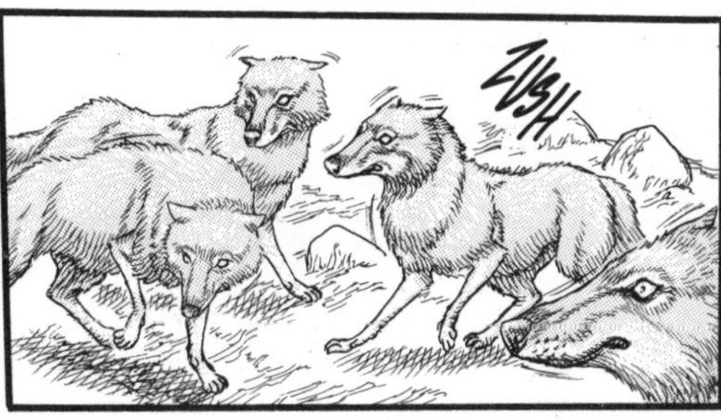
ZUSH

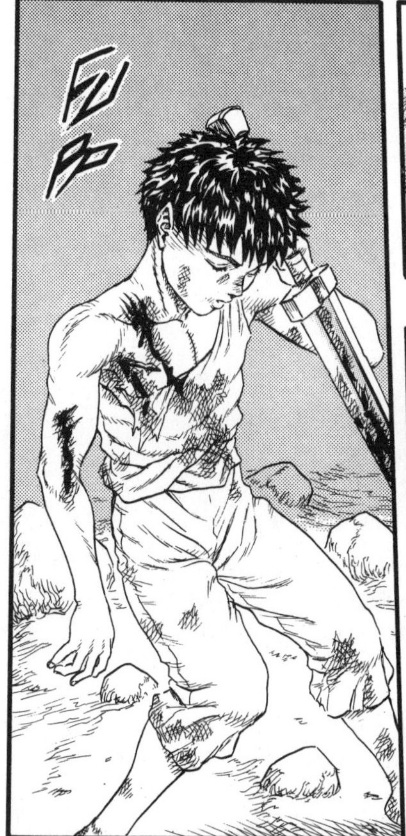
FUP

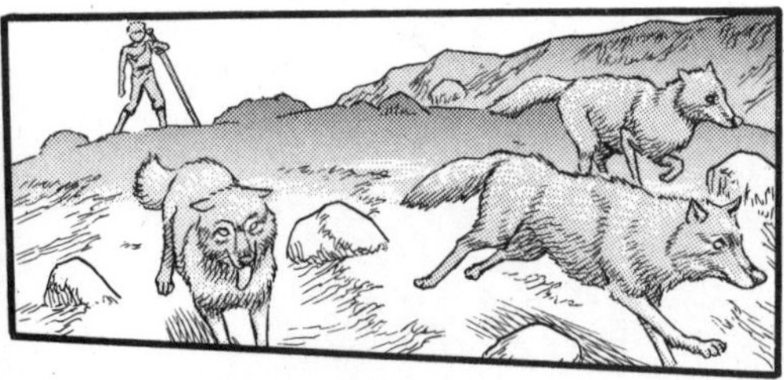

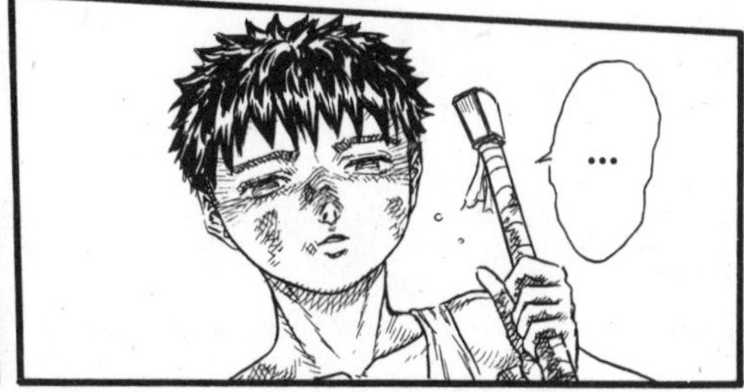
...

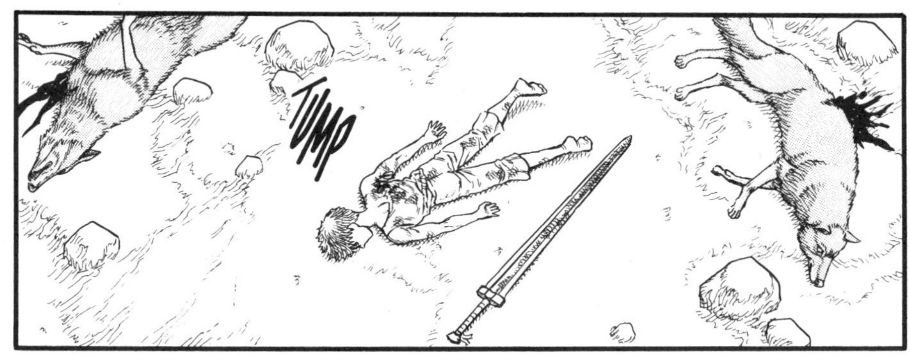
TUMP

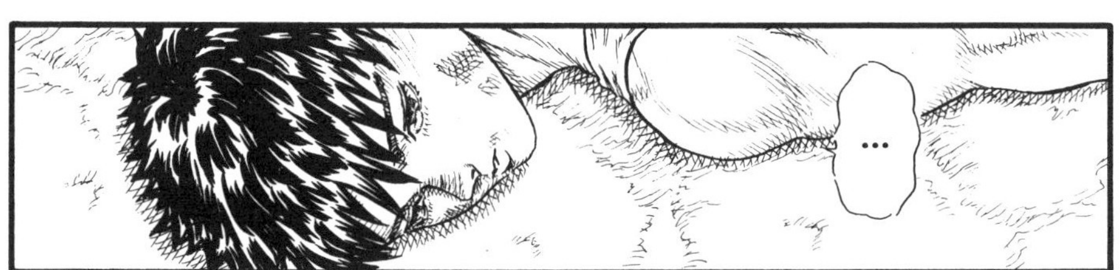
...

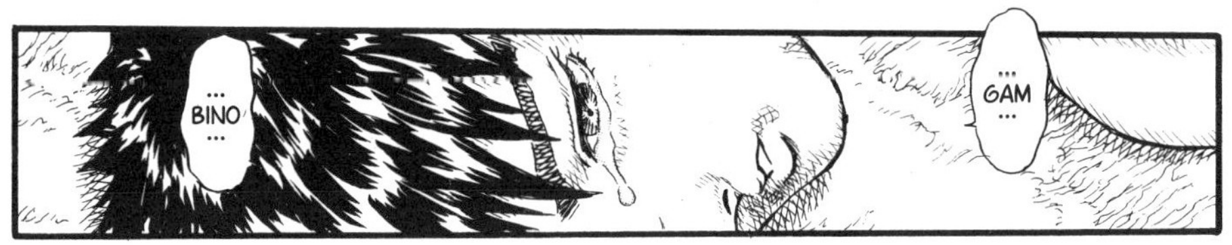
... GAM ...
... BINO ...

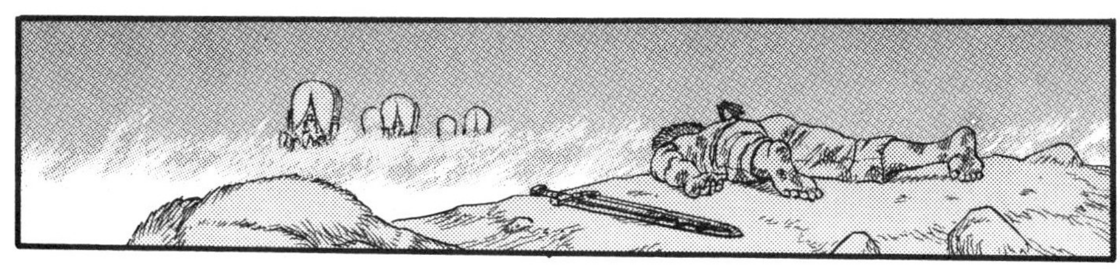

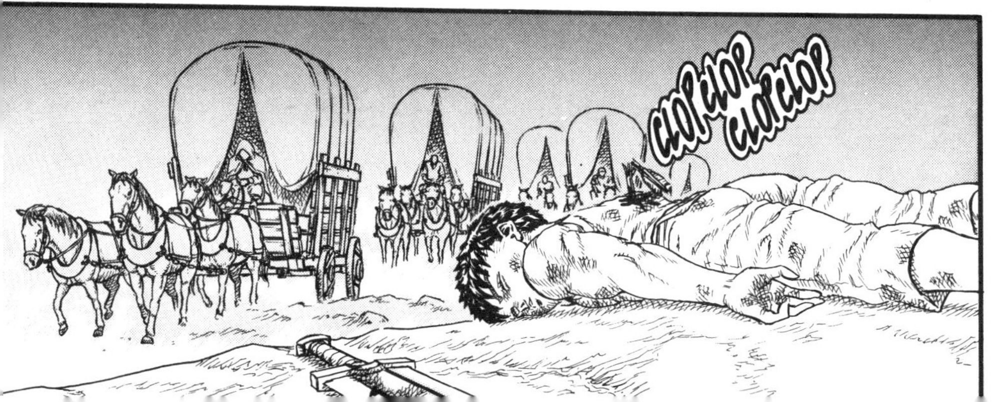
CLOPCLOP CLOPCLOP

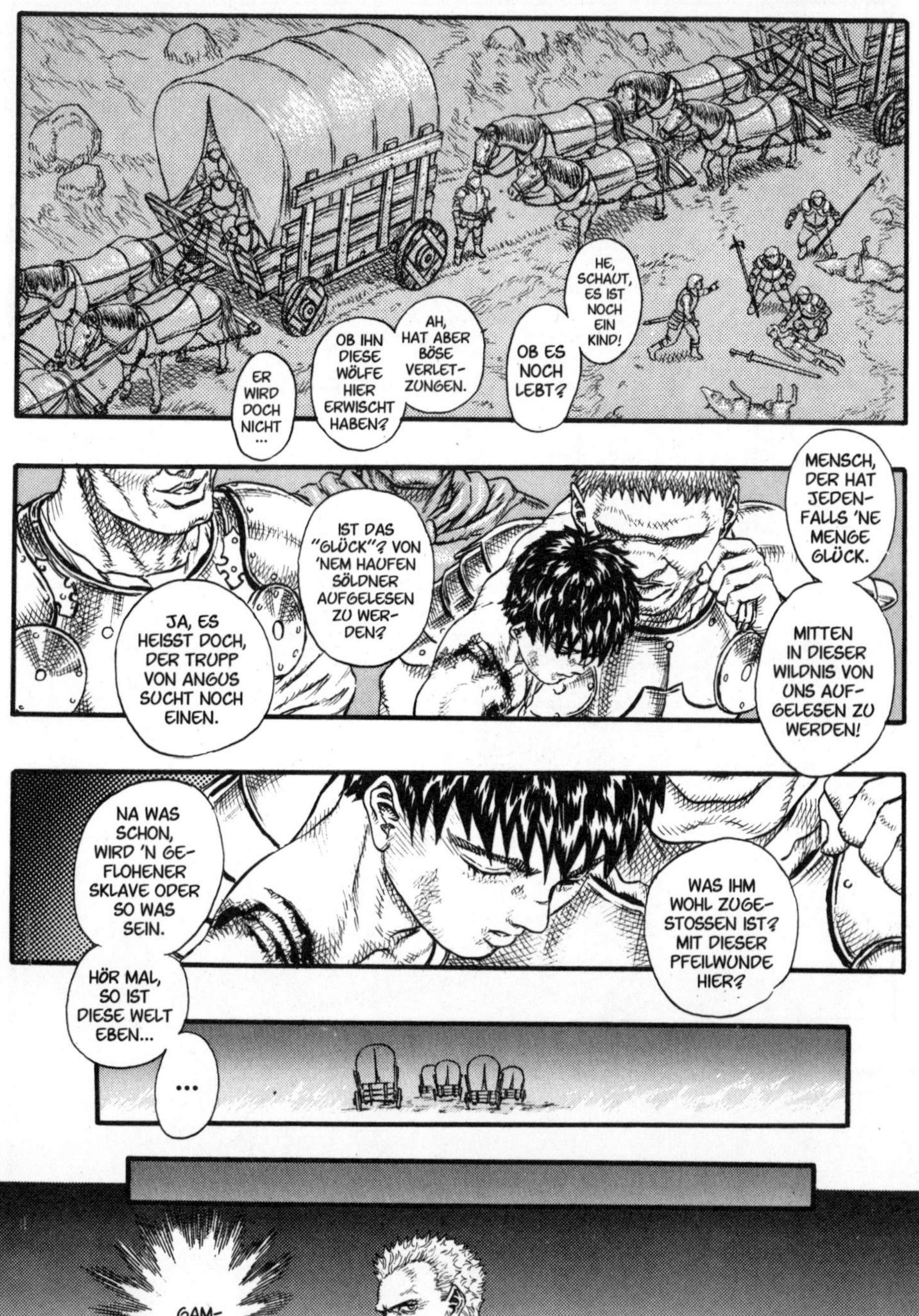

HE, SCHAUT, ES IST NOCH EIN KIND!
OB ES NOCH LEBT?
AH, HAT ABER BÖSE VERLET-ZUNGEN.
OB IHN DIESE WÖLFE HIER ERWISCHT HABEN?
ER WIRD DOCH NICHT ...
MENSCH, DER HAT JEDEN-FALLS 'NE MENGE GLÜCK.
MITTEN IN DIESER WILDNIS VON UNS AUF-GELESEN ZU WERDEN!
IST DAS "GLÜCK"? VON 'NEM HAUFEN SÖLDNER AUFGELESEN ZU WER-DEN?
JA, ES HEISST DOCH, DER TRUPP VON ANGUS SUCHT NOCH EINEN.
WAS IHM WOHL ZUGE-STOSSEN IST? MIT DIESER PFEILWUNDE HIER?
NA WAS SCHON, WIRD 'N GE-FLOHENER SKLAVE ODER SO WAS SEIN.
HÖR MAL, SO IST DIESE WELT EBEN...
...
GAM-BINO...

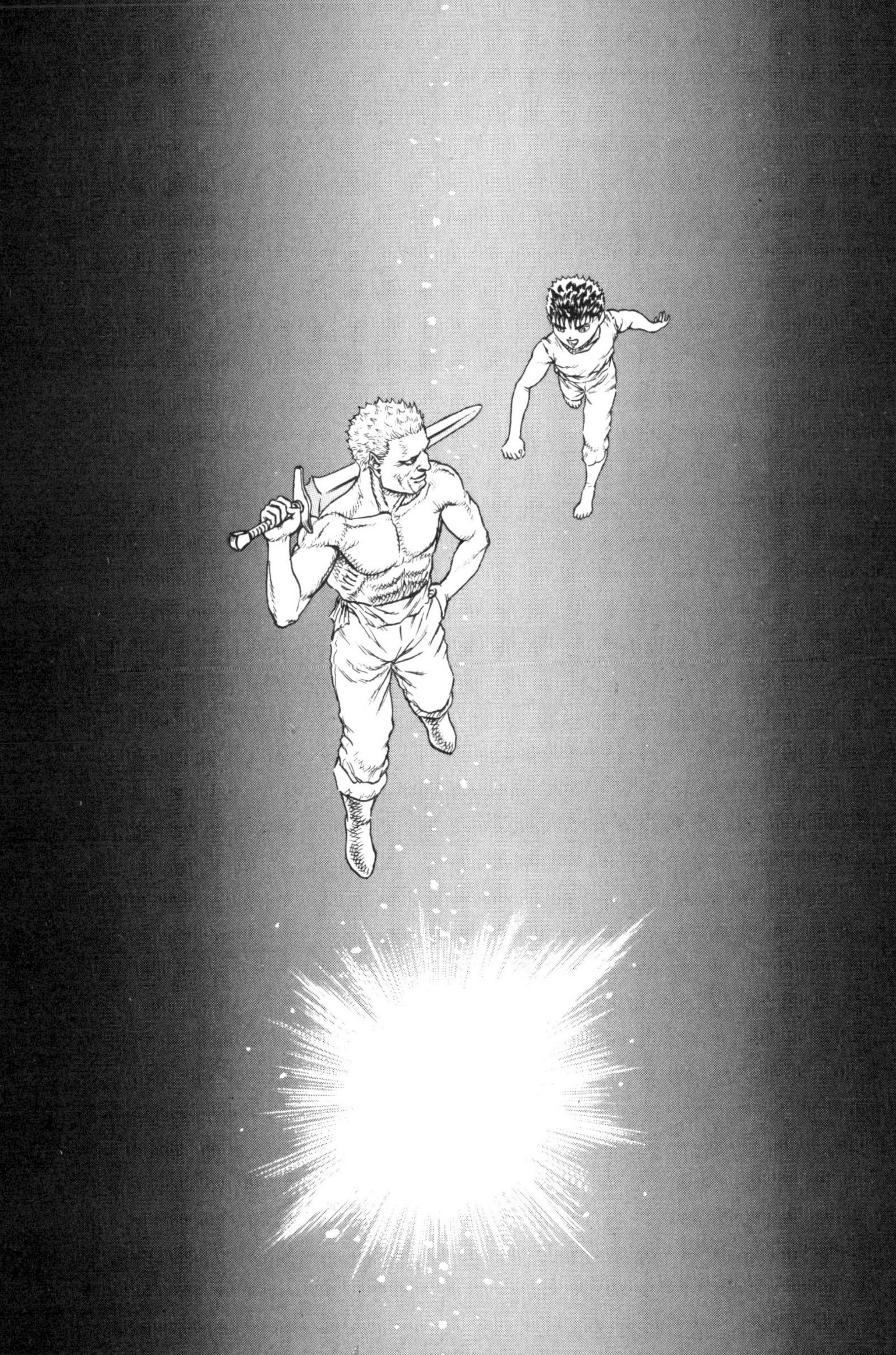

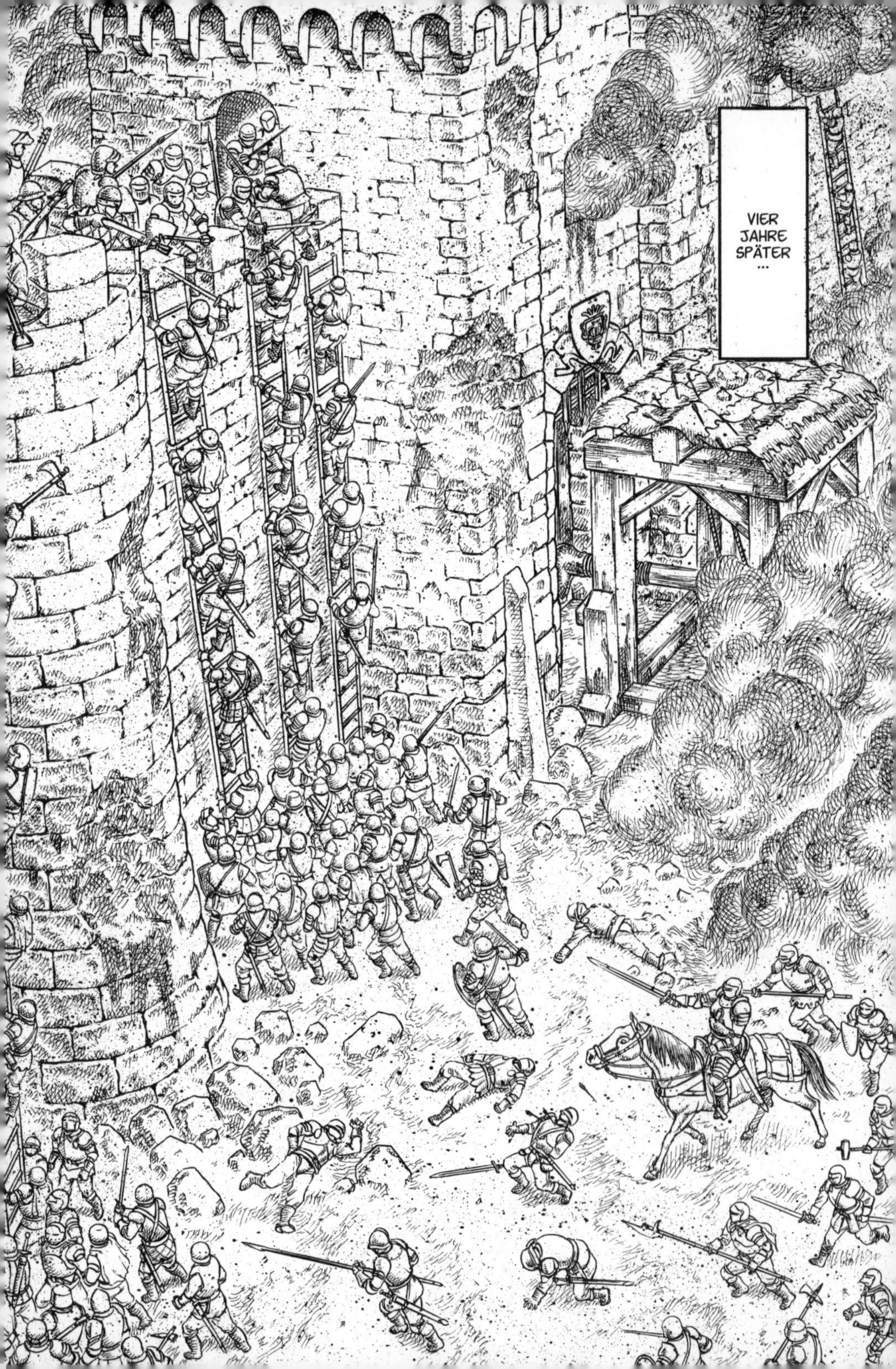
VIER JAHRE SPÄTER ...

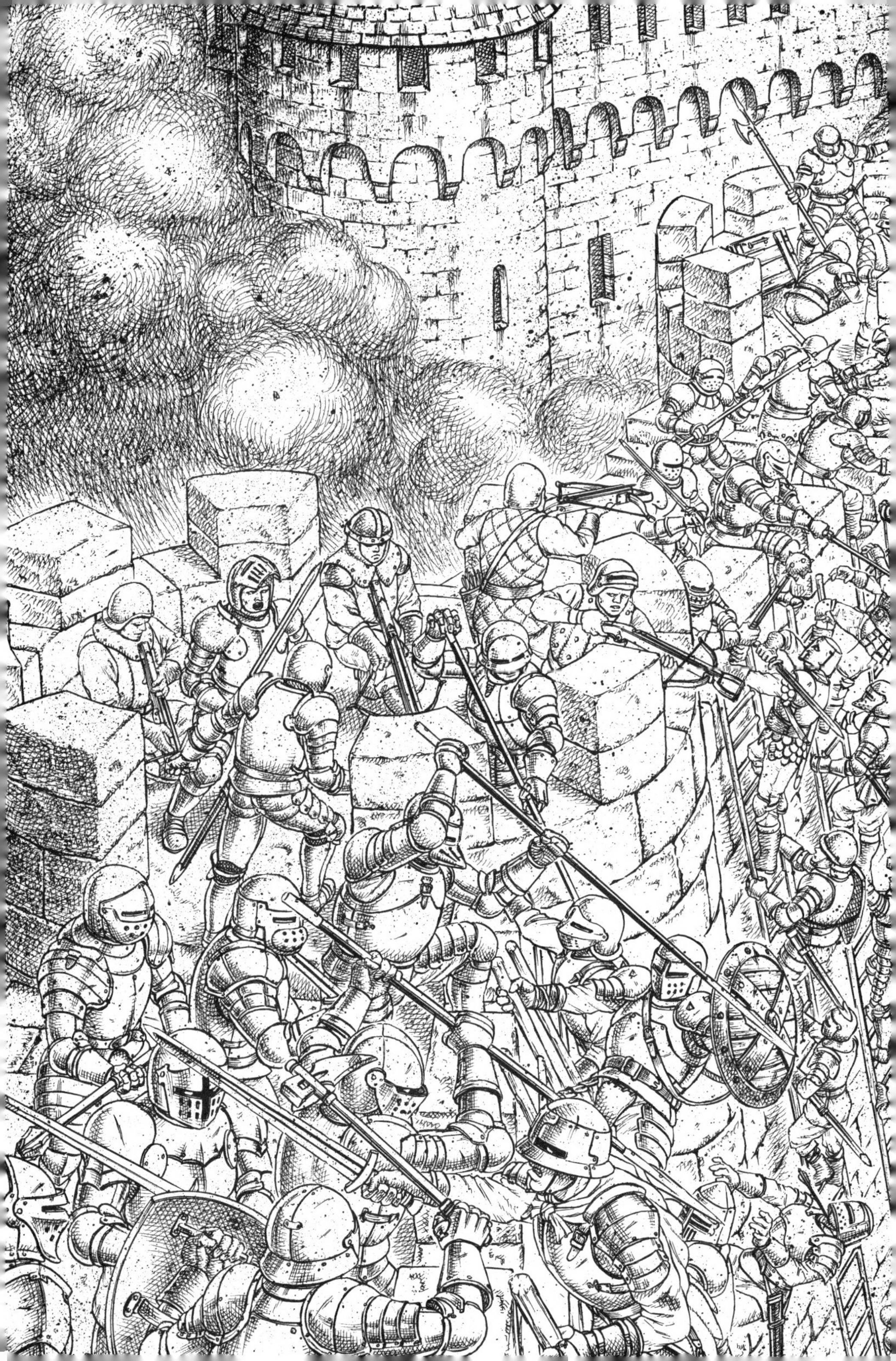

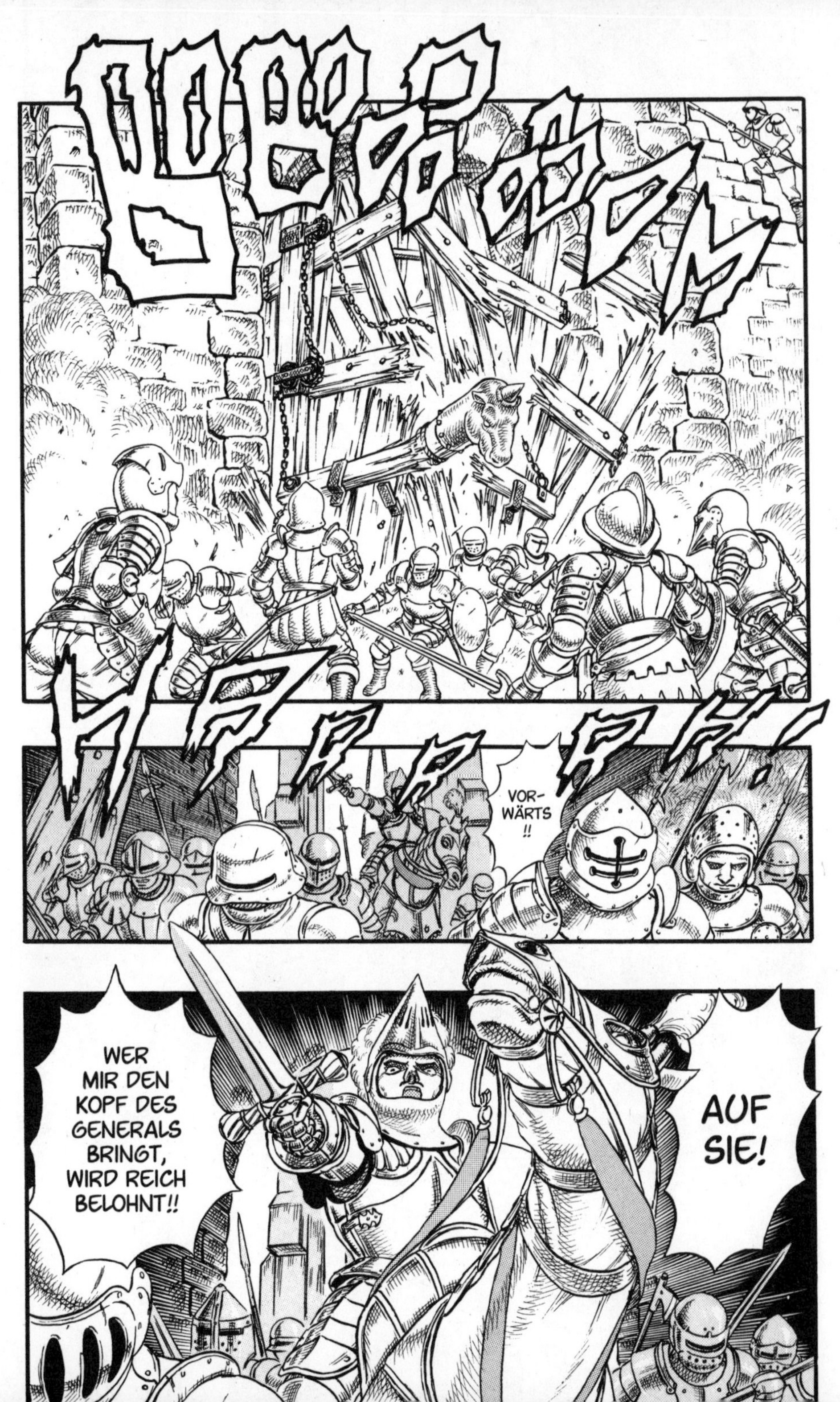

BOOOOOOOOM
HAAAAH!
VORWÄRTS!!
AUF SIE!
WER MIR DEN KOPF DES GENERALS BRINGT, WIRD REICH BELOHNT!!

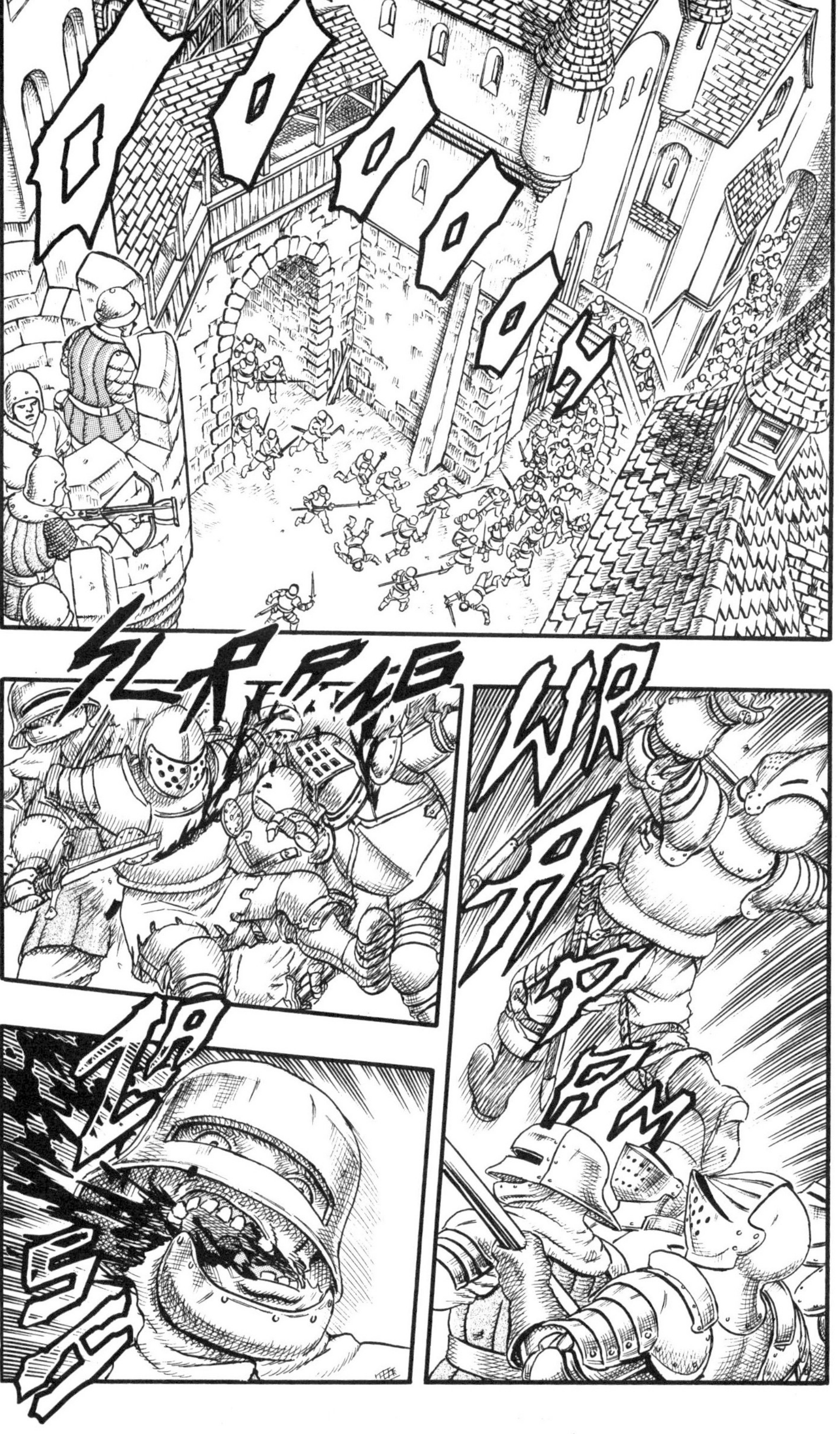

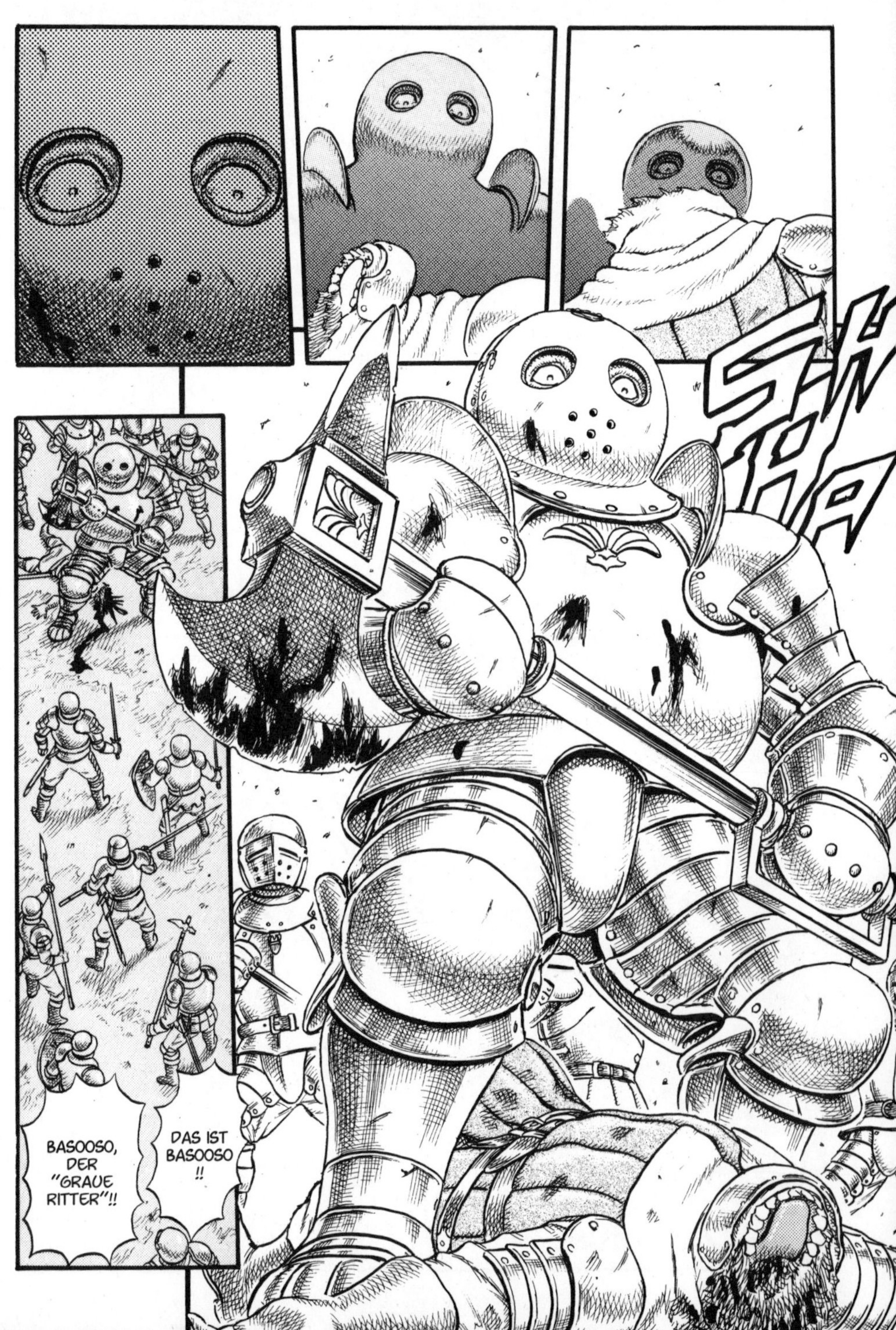
DAS IST BASOOSO !!
BASOOSO, DER "GRAUE RITTER"!!

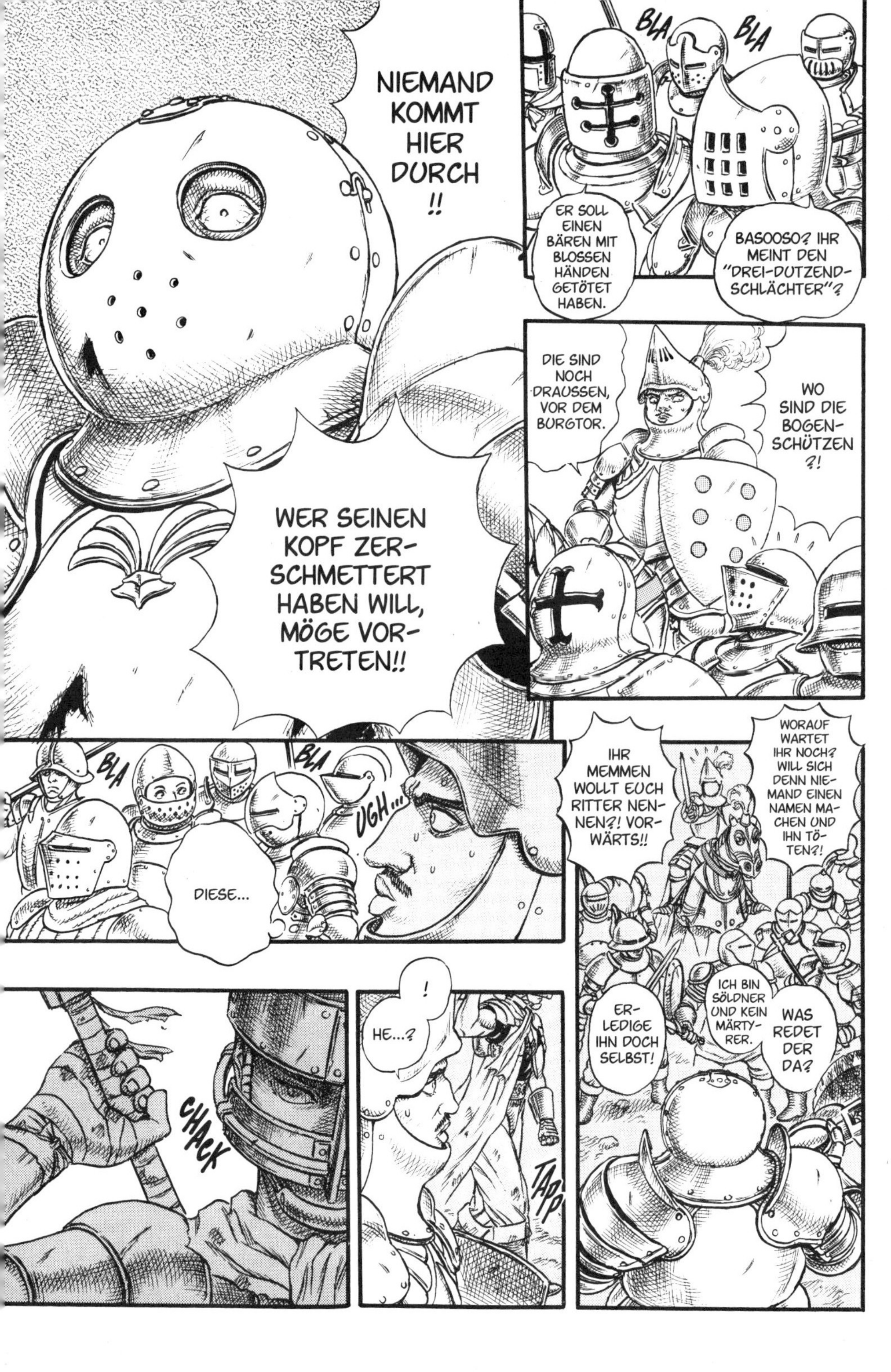
BLA
BLA
BASOOSO? IHR MEINT DEN "DREI-DUTZEND-SCHLÄCHTER"?
ER SOLL EINEN BÄREN MIT BLOSSEN HÄNDEN GETÖTET HABEN.
NIEMAND KOMMT HIER DURCH !!
WER SEINEN KOPF ZER-SCHMETTERT HABEN WILL, MÖGE VOR-TRETEN!!
WO SIND DIE BOGEN-SCHÜTZEN ?!
DIE SIND NOCH DRAUSSEN, VOR DEM BURGTOR.
WORAUF WARTET IHR NOCH? WILL SICH DENN NIE-MAND EINEN NAMEN MA-CHEN UND IHN TÖ-TEN?!
IHR MEMMEN WOLLT EUCH RITTER NEN-NEN?! VOR-WÄRTS!!
WAS REDET DER DA?
ICH BIN SÖLDNER UND KEIN MÄRTY-RER.
ER-LEDIGE IHN DOCH SELBST!
UGH...
BLA
BLA
DIESE...
!
HE...?
TAPP
CHACK

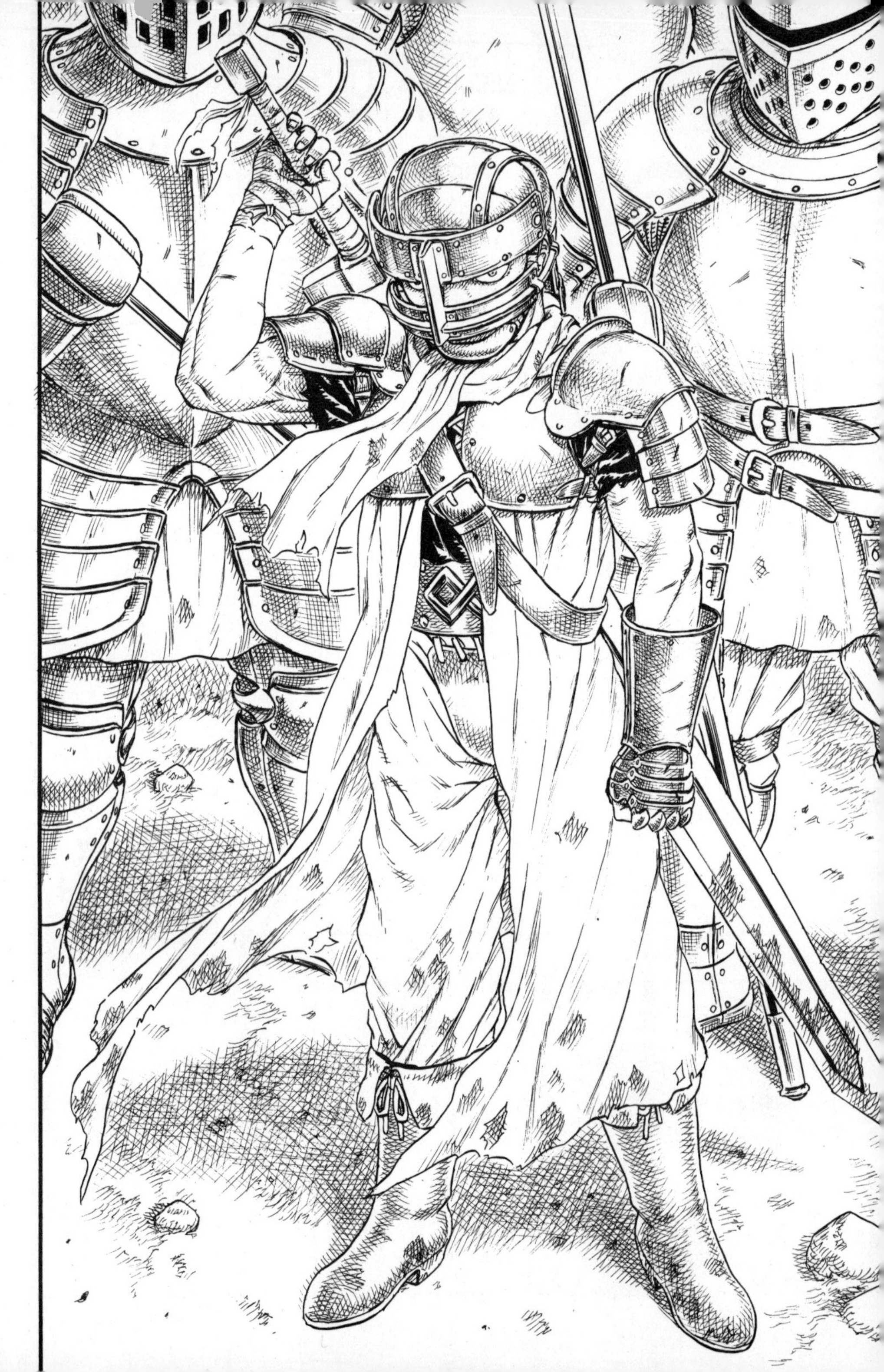

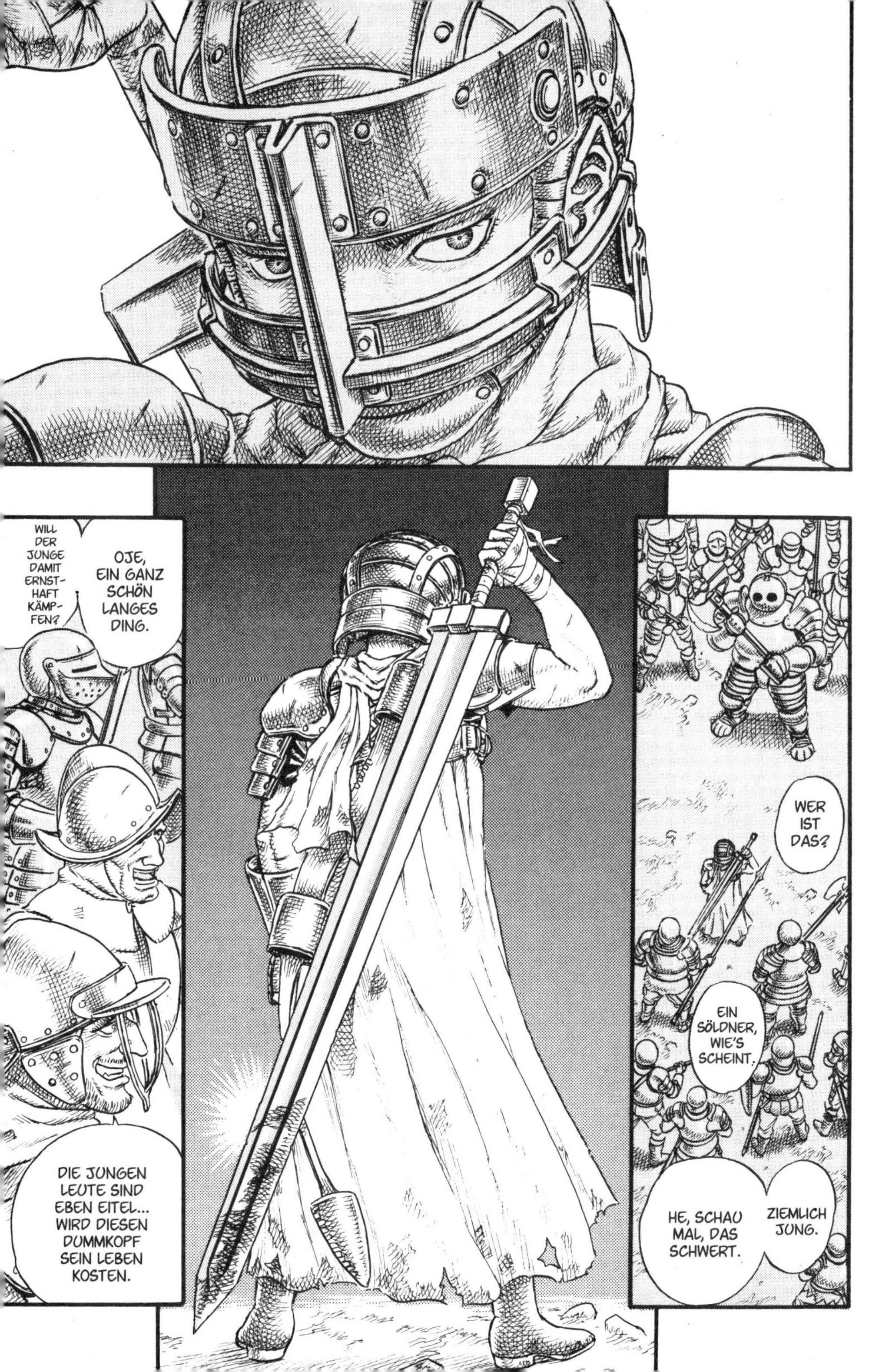
WER IST DAS?
EIN SÖLDNER, WIE'S SCHEINT.
ZIEMLICH JUNG.
HE, SCHAU MAL, DAS SCHWERT.
OJE, EIN GANZ SCHÖN LANGES DING.
WILL DER JUNGE DAMIT ERNST-HAFT KÄMPF-FEN?
DIE JUNGEN LEUTE SIND EBEN EITEL... WIRD DIESEN DUMMKOPF SEIN LEBEN KOSTEN.

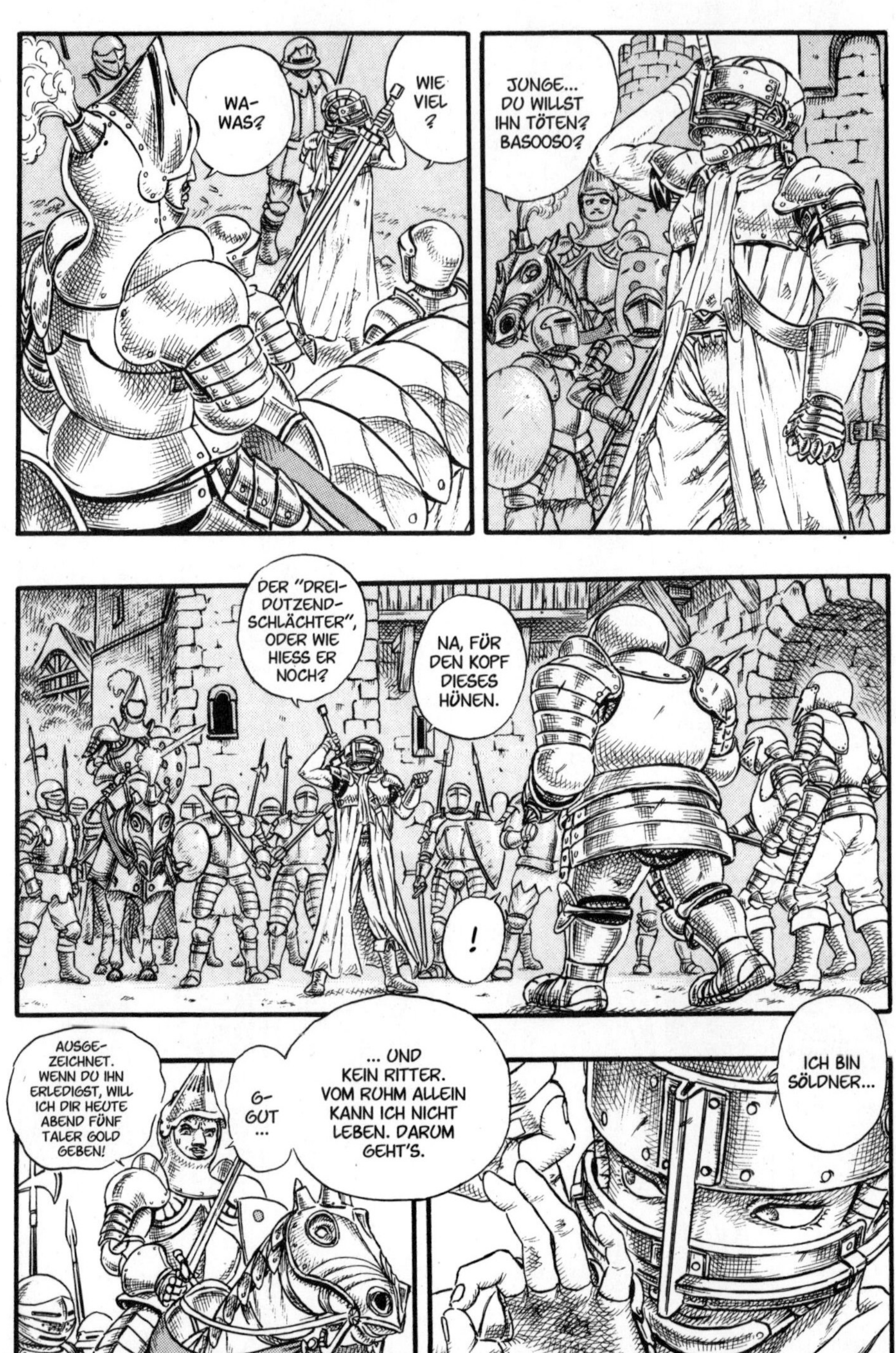
WA-WAS?
WIE VIEL?
JUNGE... DU WILLST IHN TÖTEN? BASOOSO?
DER "DREI-DUTZEND-SCHLÄCHTER", ODER WIE HIESS ER NOCH?
NA, FÜR DEN KOPF DIESES HÜNEN.
!
ICH BIN SÖLDNER...
... UND KEIN RITTER. VOM RUHM ALLEIN KANN ICH NICHT LEBEN. DARUM GEHT'S.
G-GUT ...
AUSGE-ZEICHNET. WENN DU IHN ERLEDIGST, WILL ICH DIR HEUTE ABEND FÜNF TALER GOLD GEBEN!

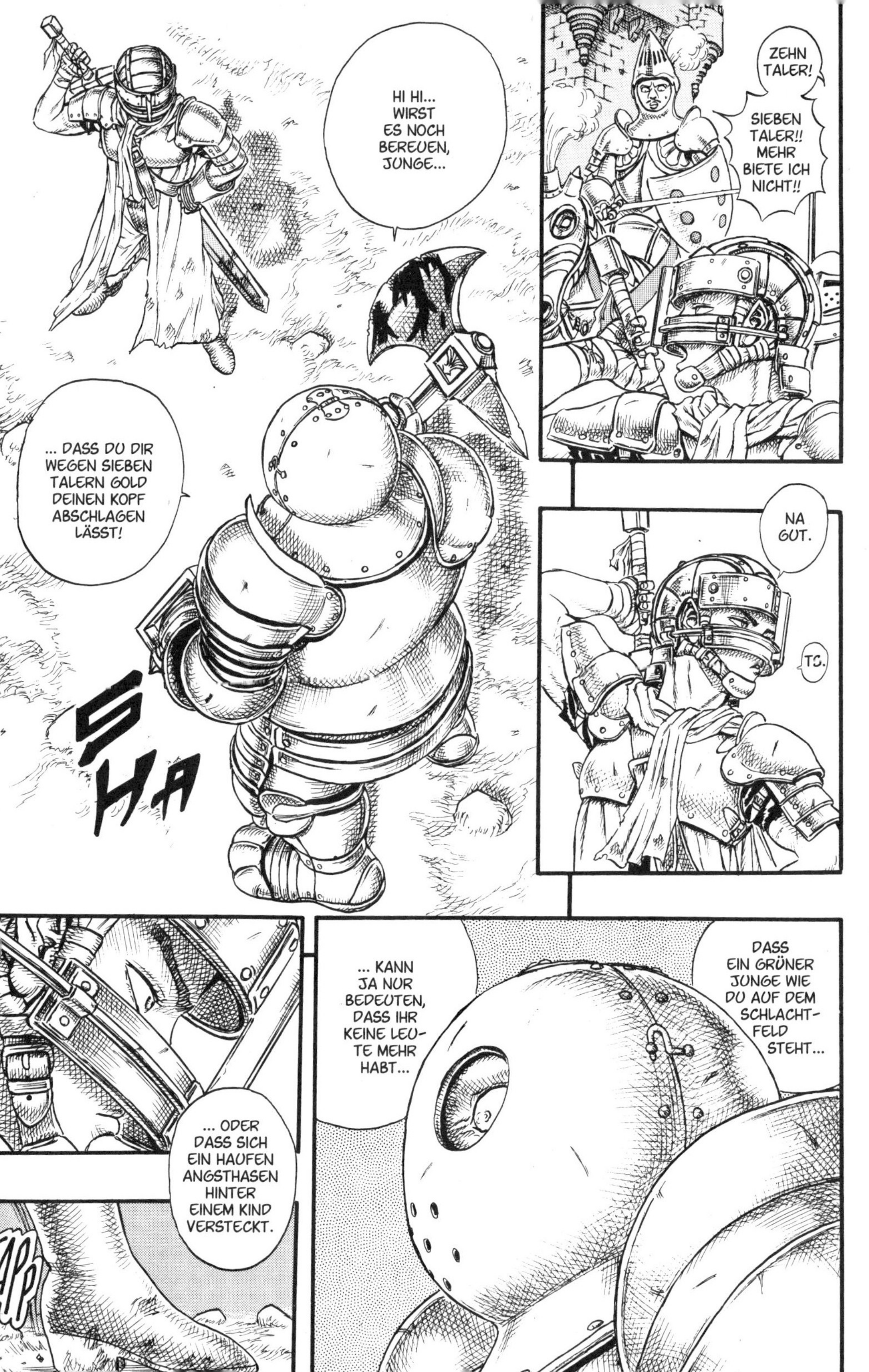
ZEHN TALER!
SIEBEN TALER!! MEHR BIETE ICH NICHT!!
NA GUT.
TS.
HI HI... WIRST ES NOCH BEREUEN, JUNGE...
... DASS DU DIR WEGEN SIEBEN TALERN GOLD DEINEN KOPF ABSCHLAGEN LÄSST!
SHA
DASS EIN GRÜNER JUNGE WIE DU AUF DEM SCHLACHT-FELD STEHT...
... KANN JA NUR BEDEUTEN, DASS IHR KEINE LEU-TE MEHR HABT...
... ODER DASS SICH EIN HAUFEN ANGSTHASEN HINTER EINEM KIND VERSTECKT.

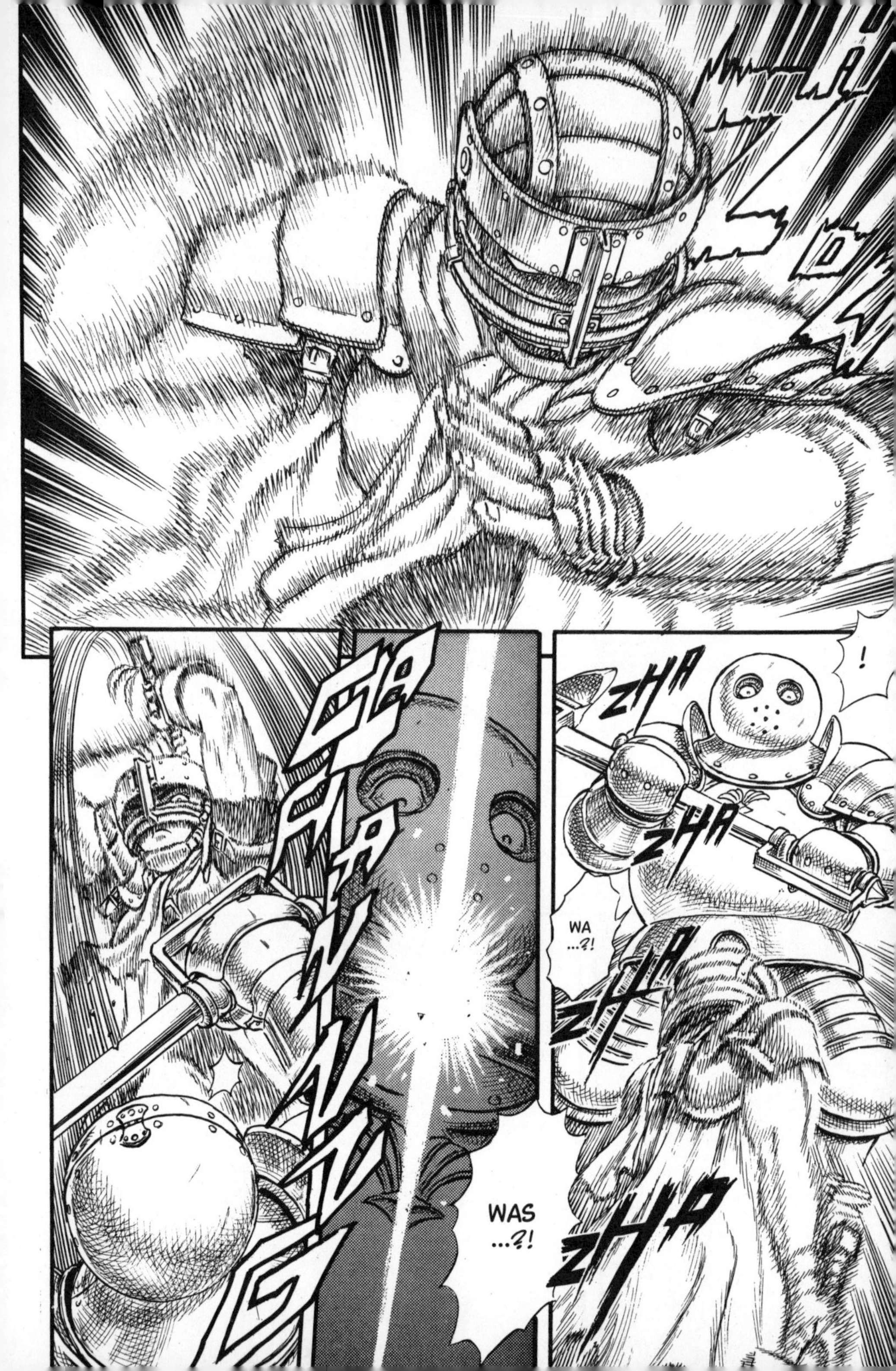
!
ZHA
ZHA
WA ...?!
ZHA
WAS ...?!
ZHA

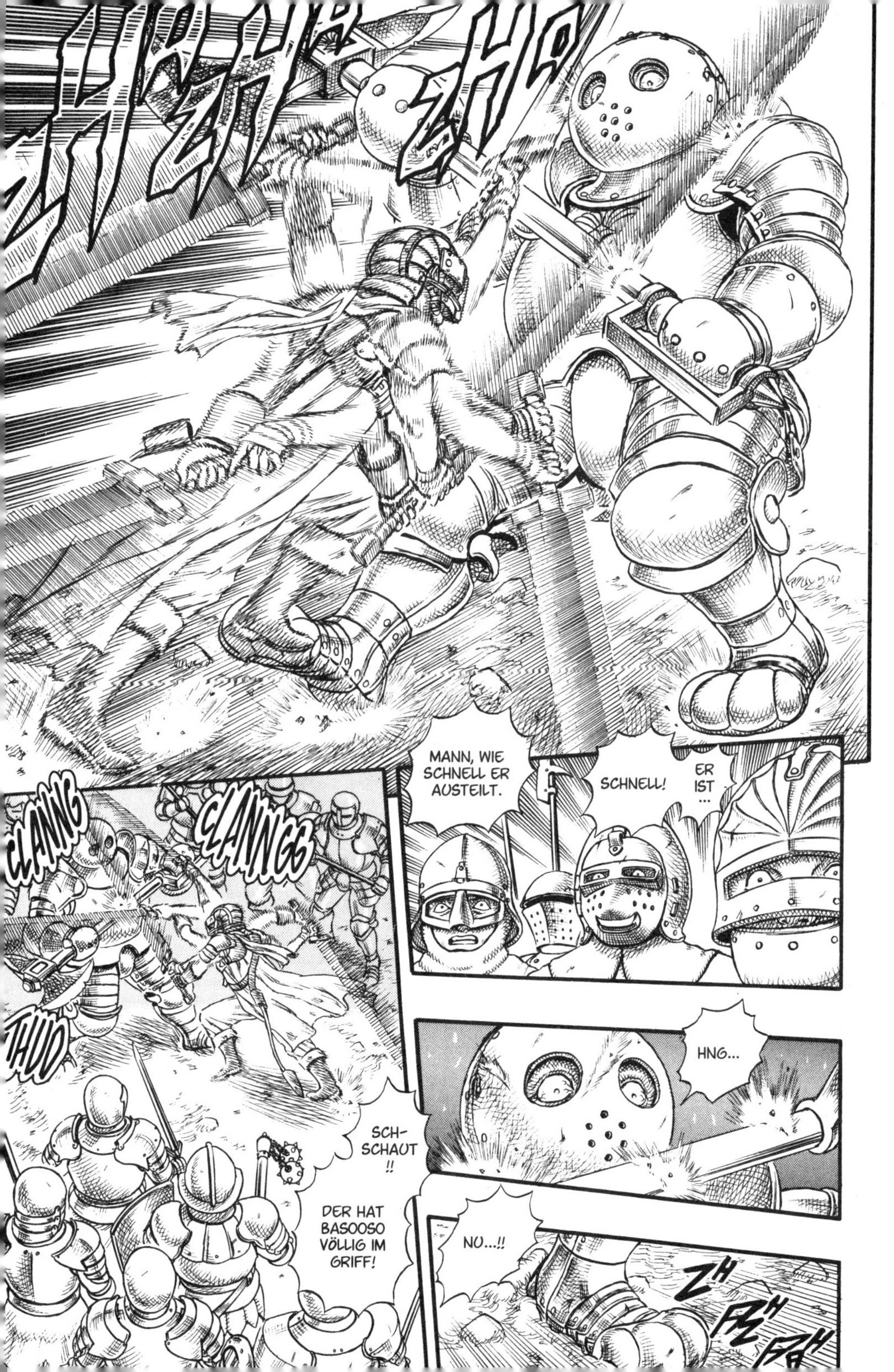
MANN, WIE SCHNELL ER AUSTEILT.
SCHNELL!
ER IST ...
CLANNG
CLANNGG
THUD
SCH-SCHAUT !!
DER HAT BASOOSO VÖLLIG IM GRIFF!
HNG...
NU...!!

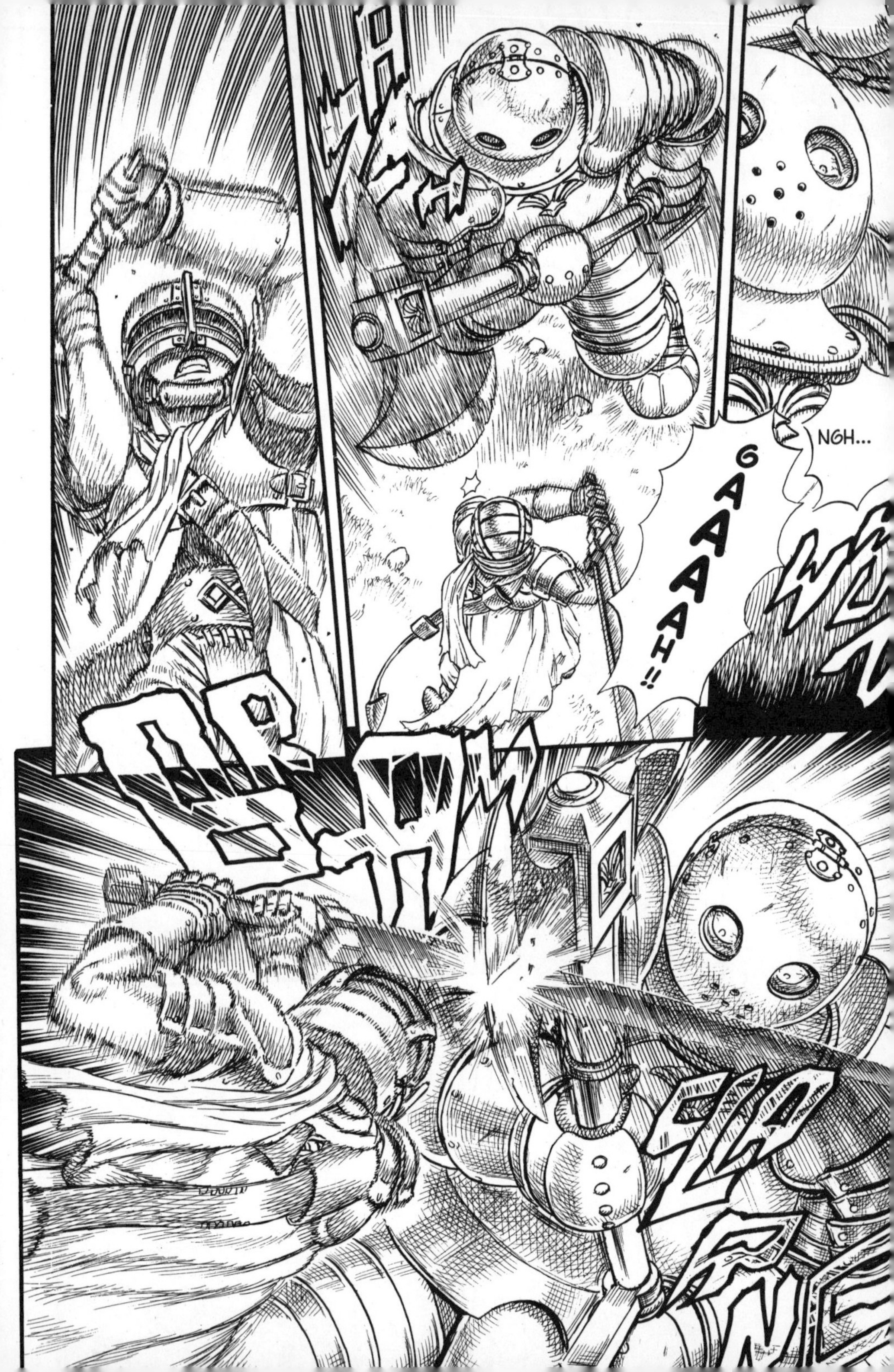

NGH...
GAAAAAH!!

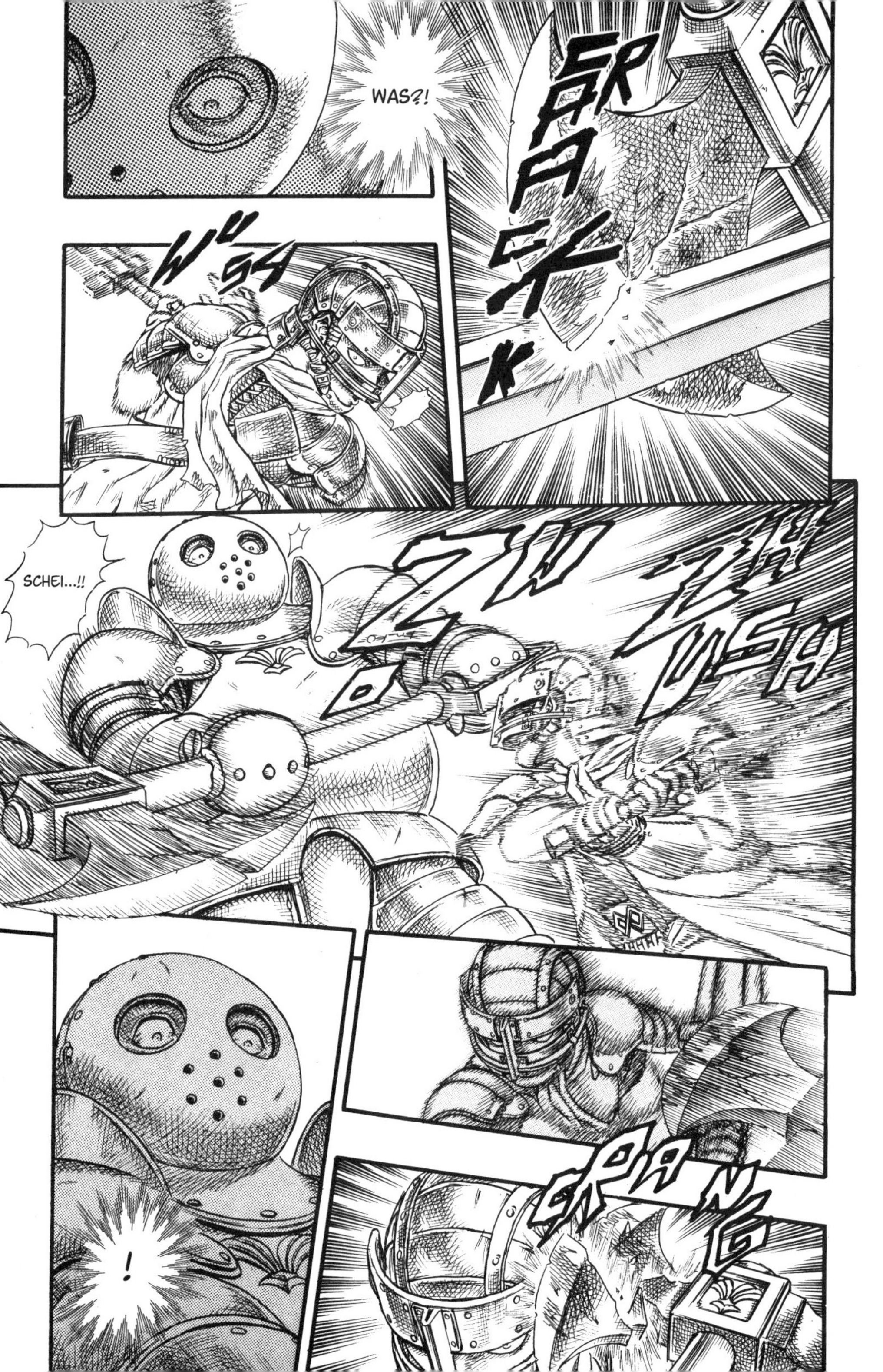

WAS?!
SCHEI...!!
!

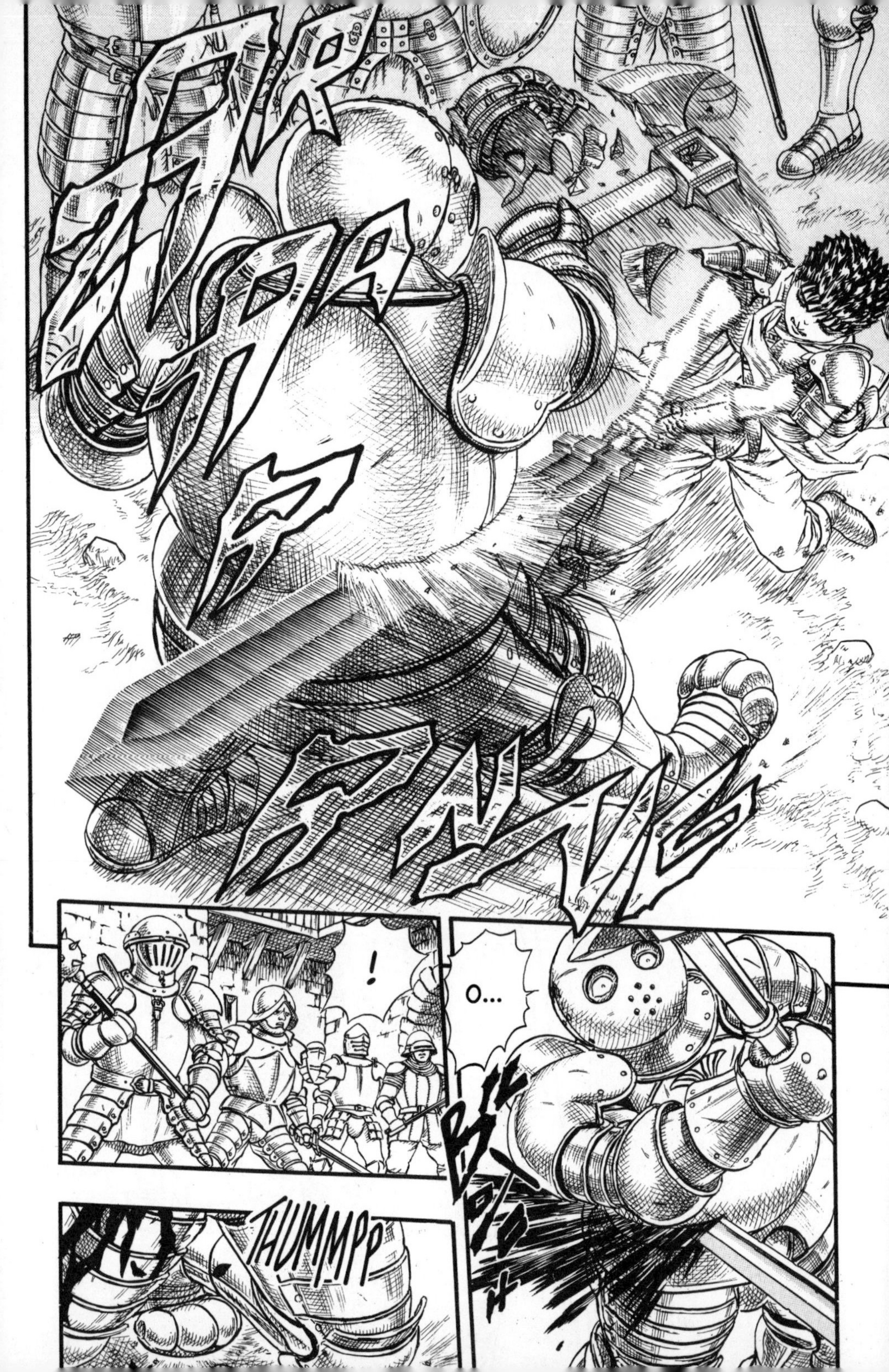

!
O...
THUMMPP

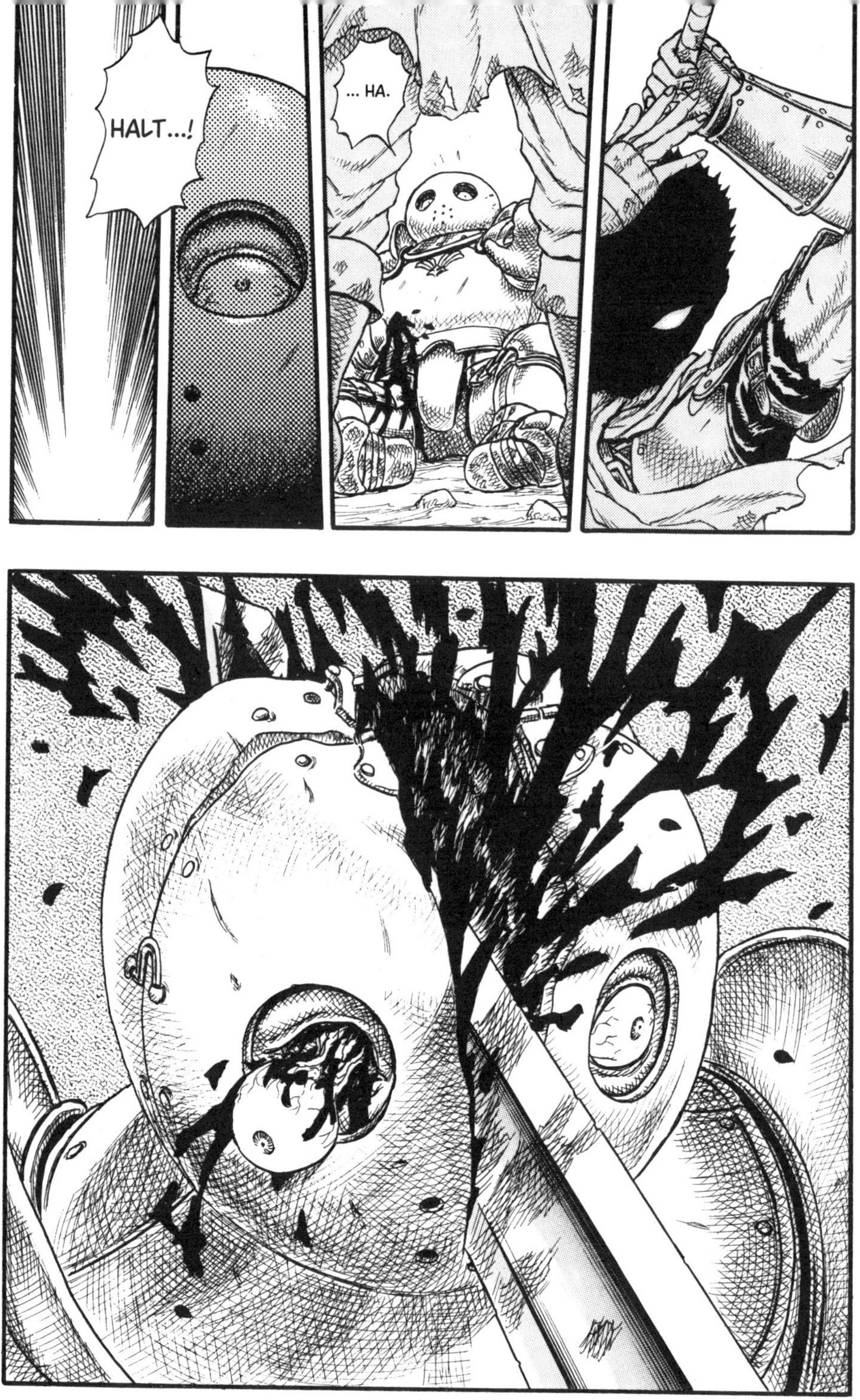

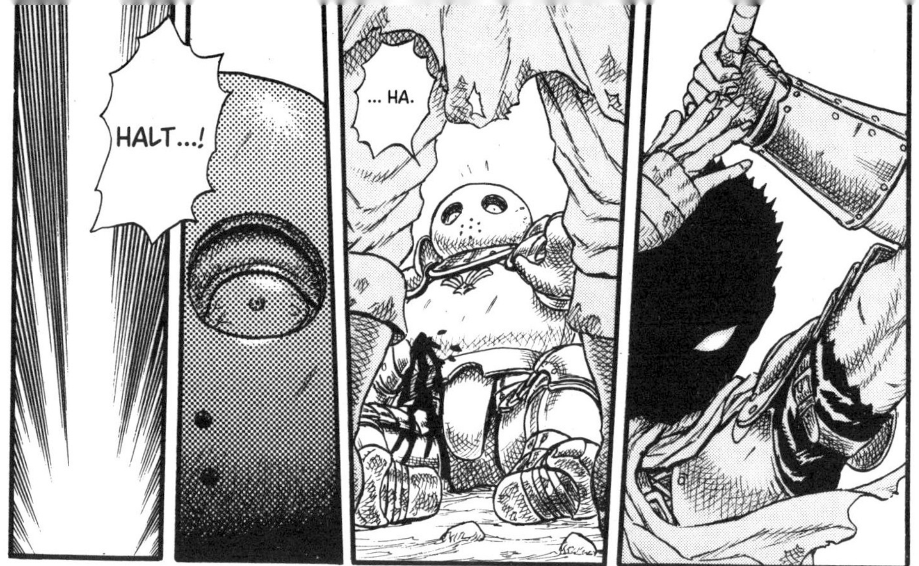
... HA.
HALT...!

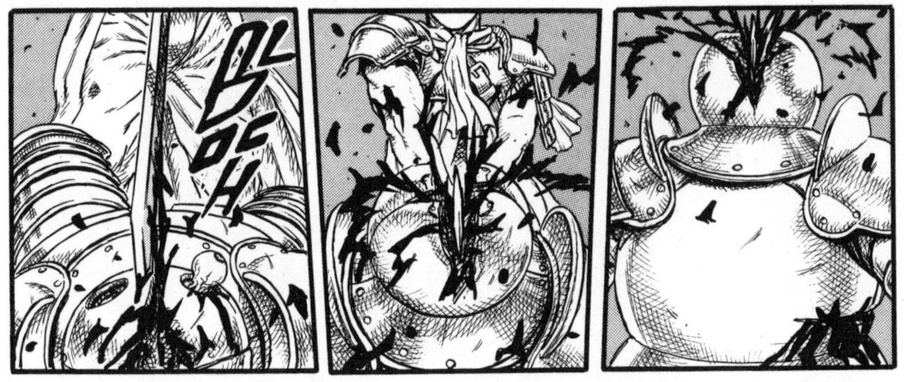

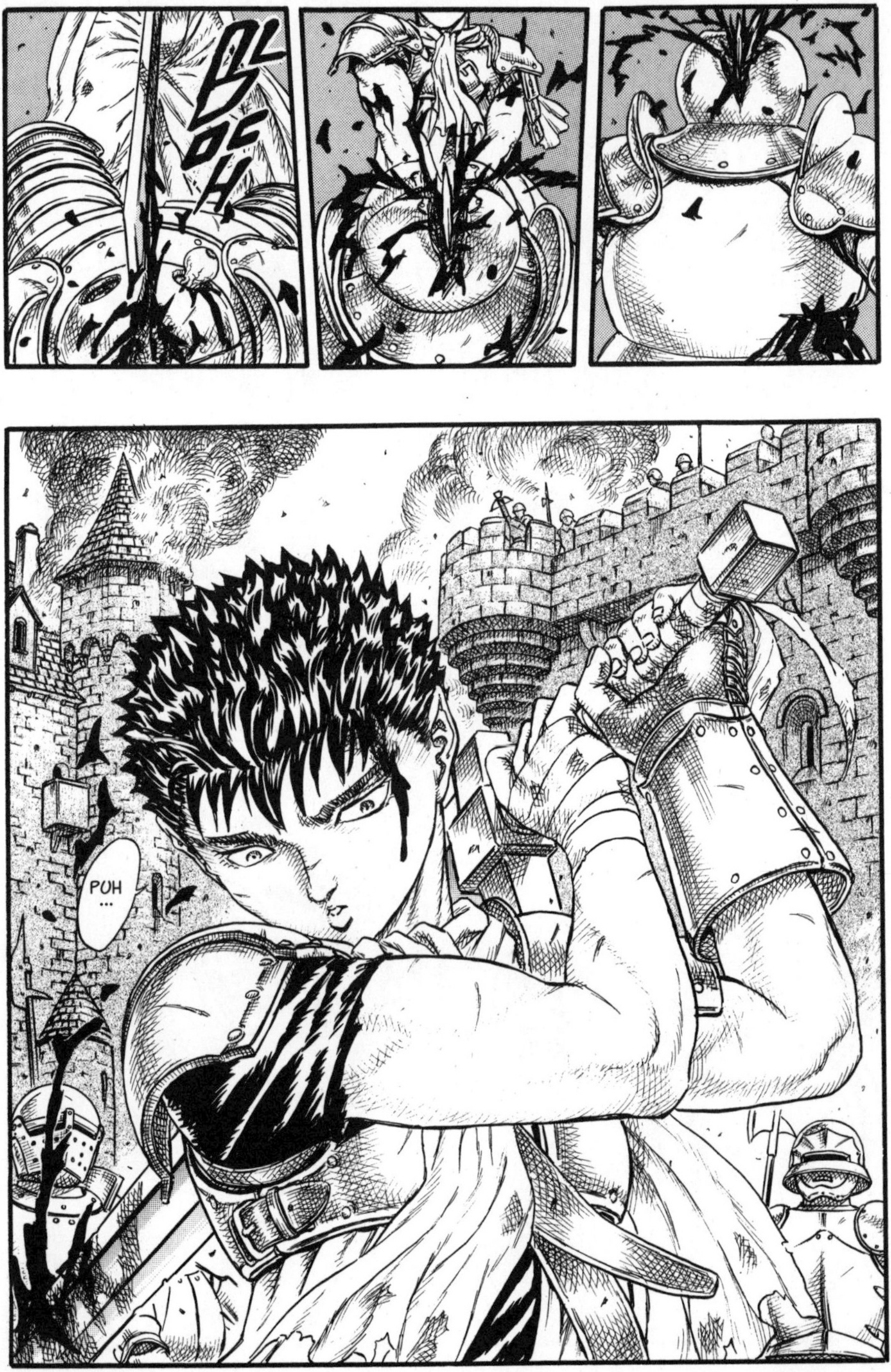

PUH ...

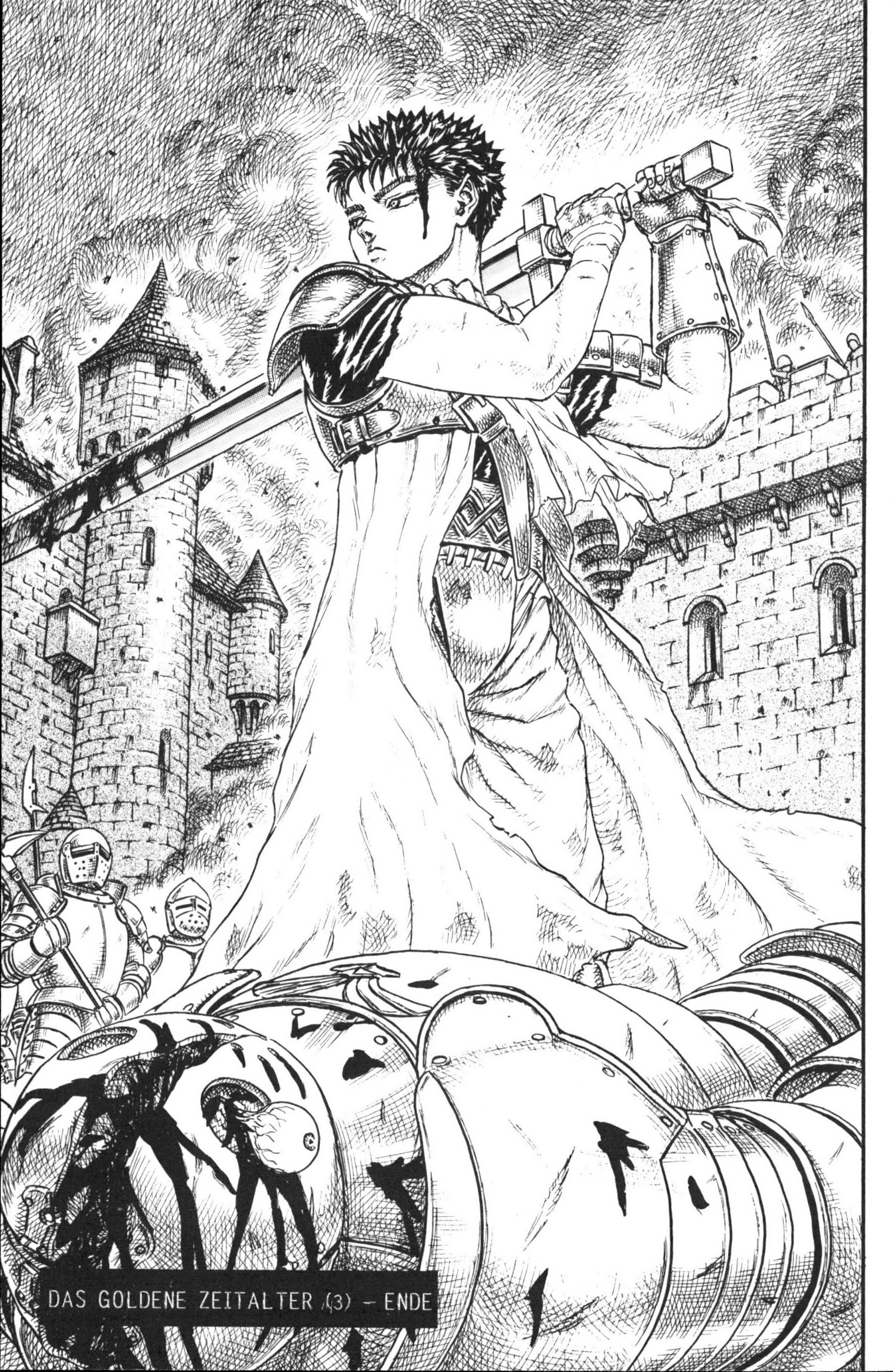
DAS GOLDENE ZEITALTER (3) – ENDE

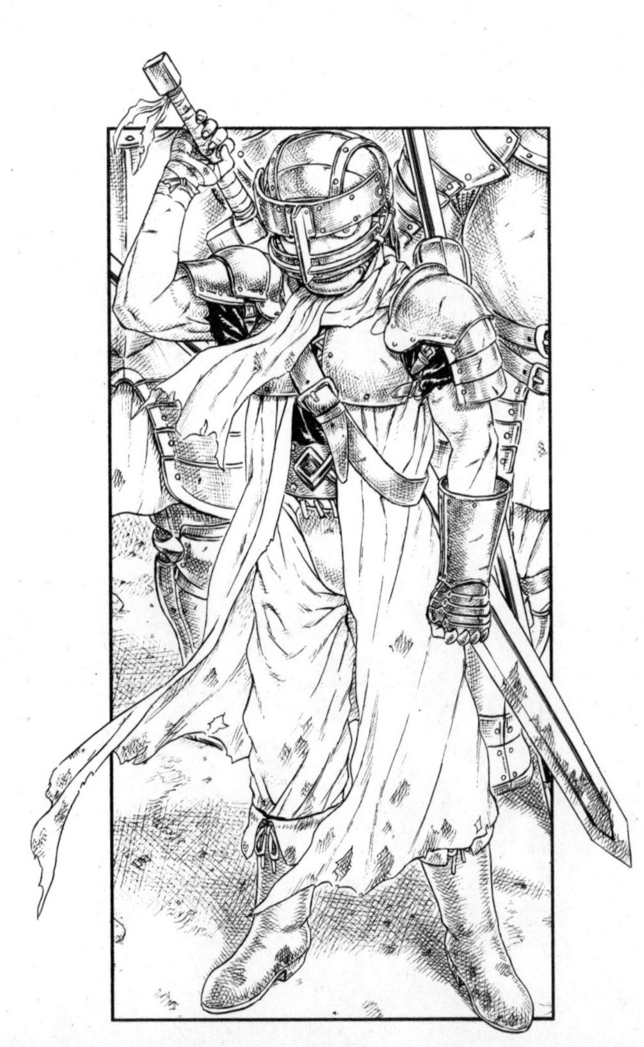

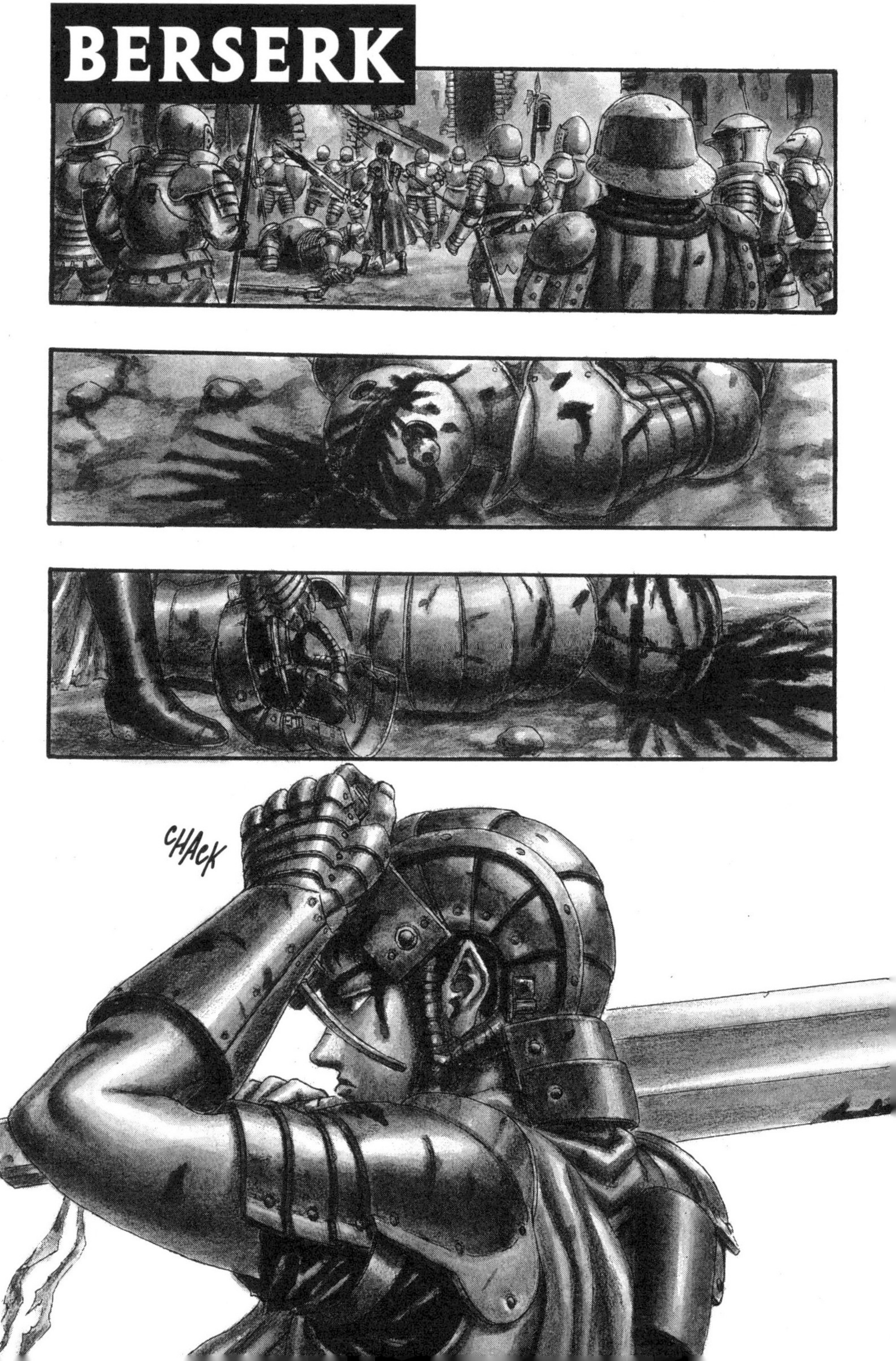

BERSERK

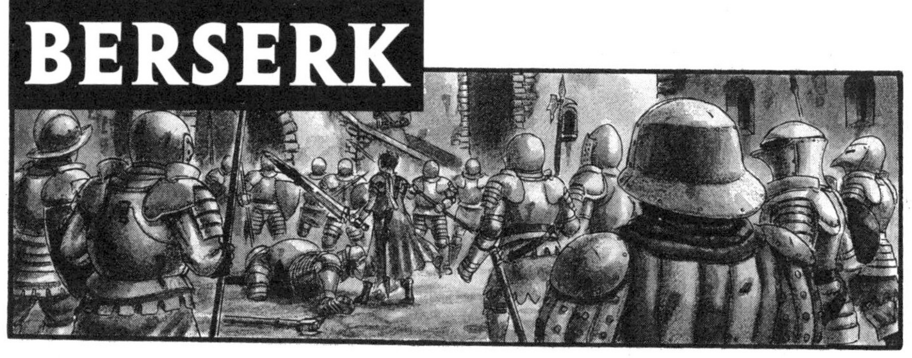

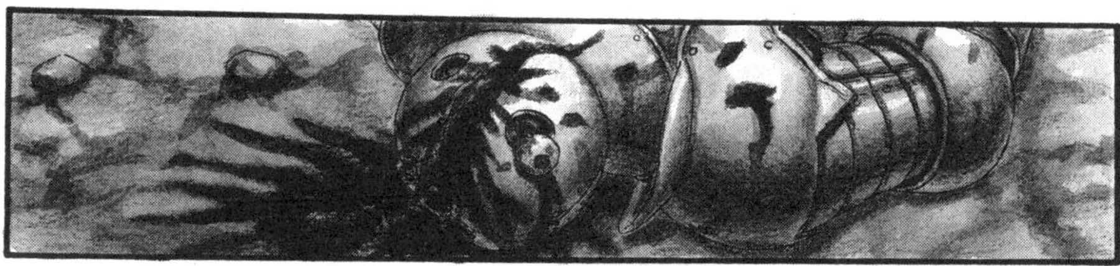

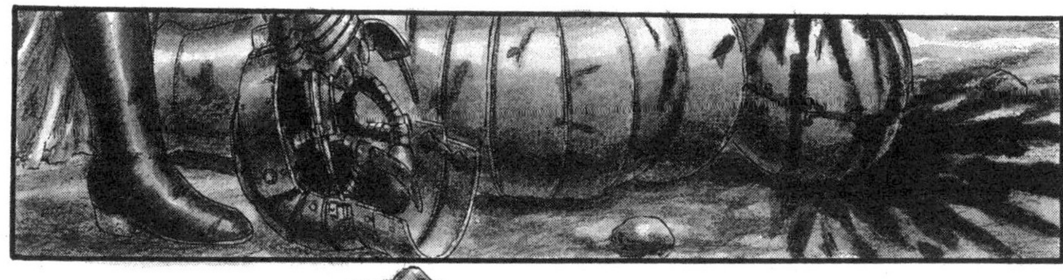

CHACK

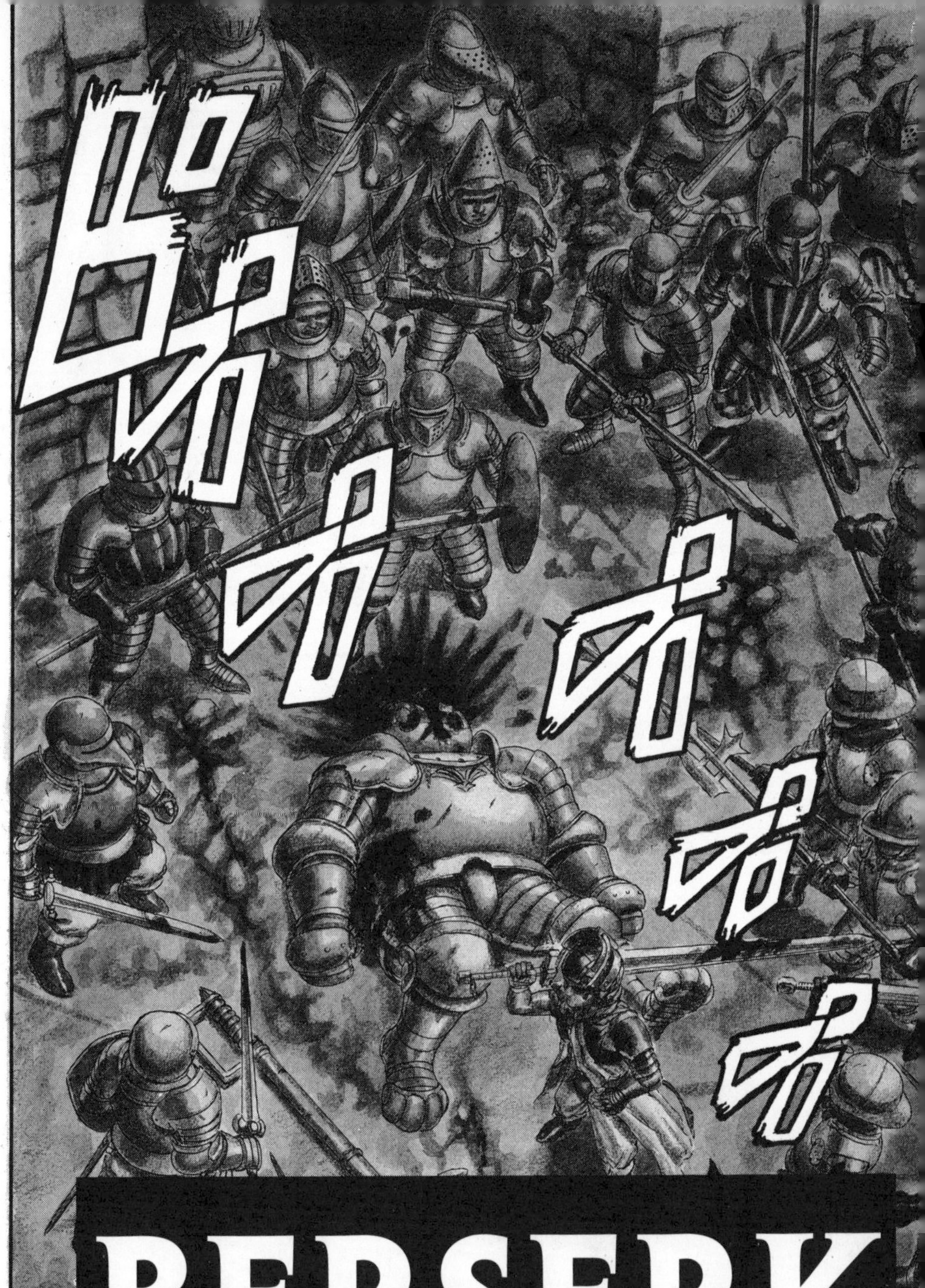

BERSERK

DAS GOLDENE ZEITALTER (4)

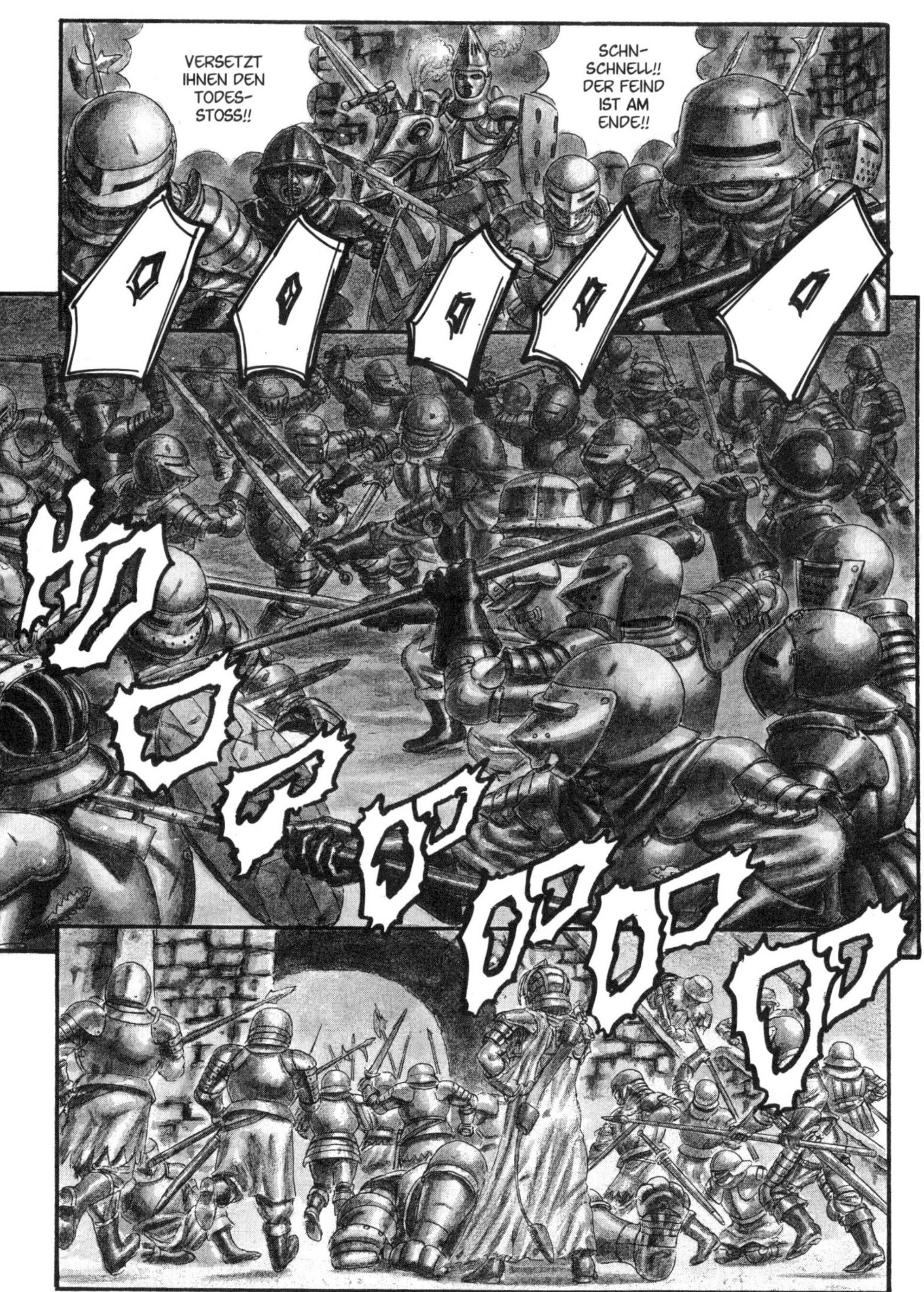

SCHN-
SCHNELL!! DER FEIND IST AM ENDE!!
VERSETZT IHNEN DEN TODES-
STOSS!!

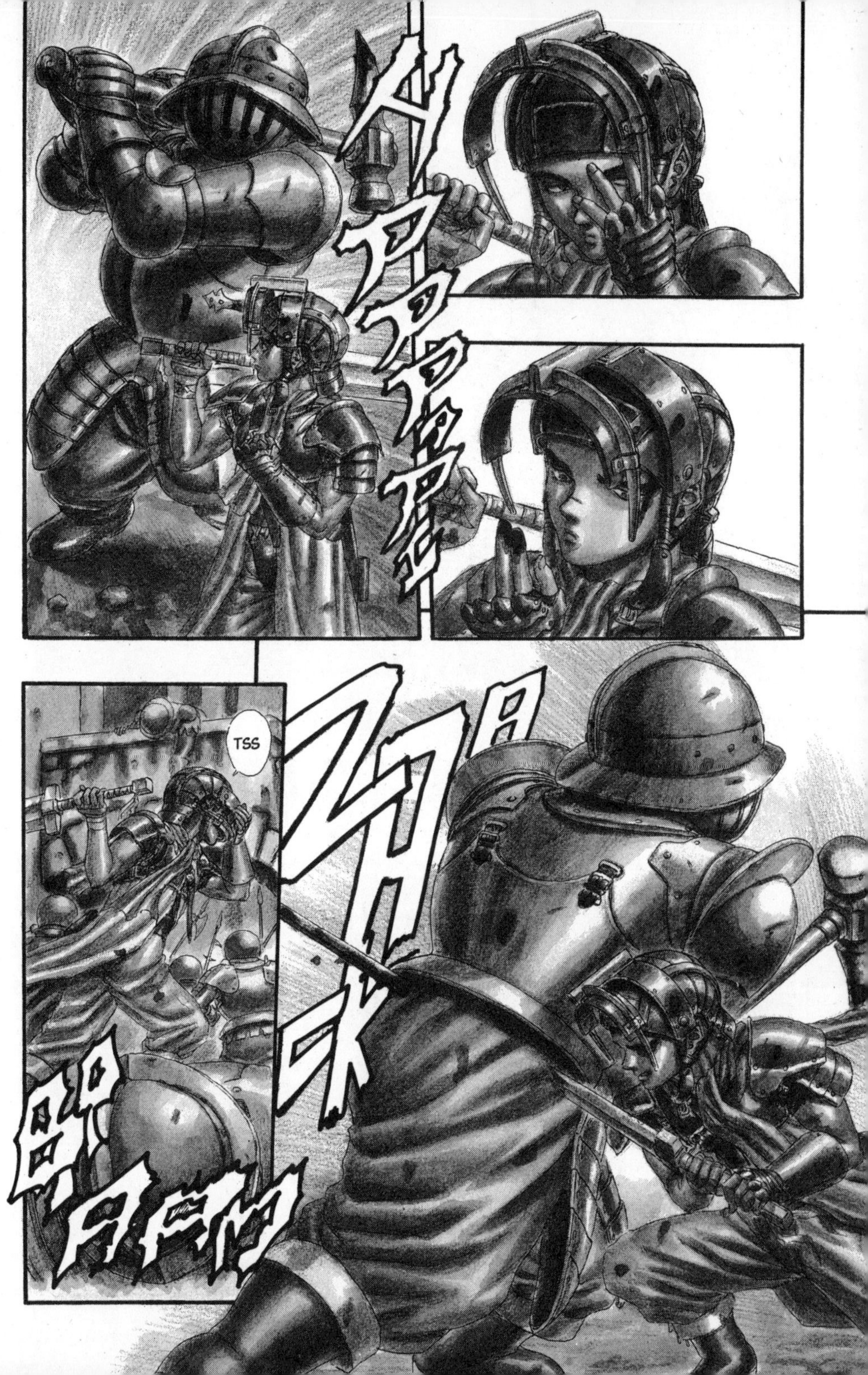
TSS

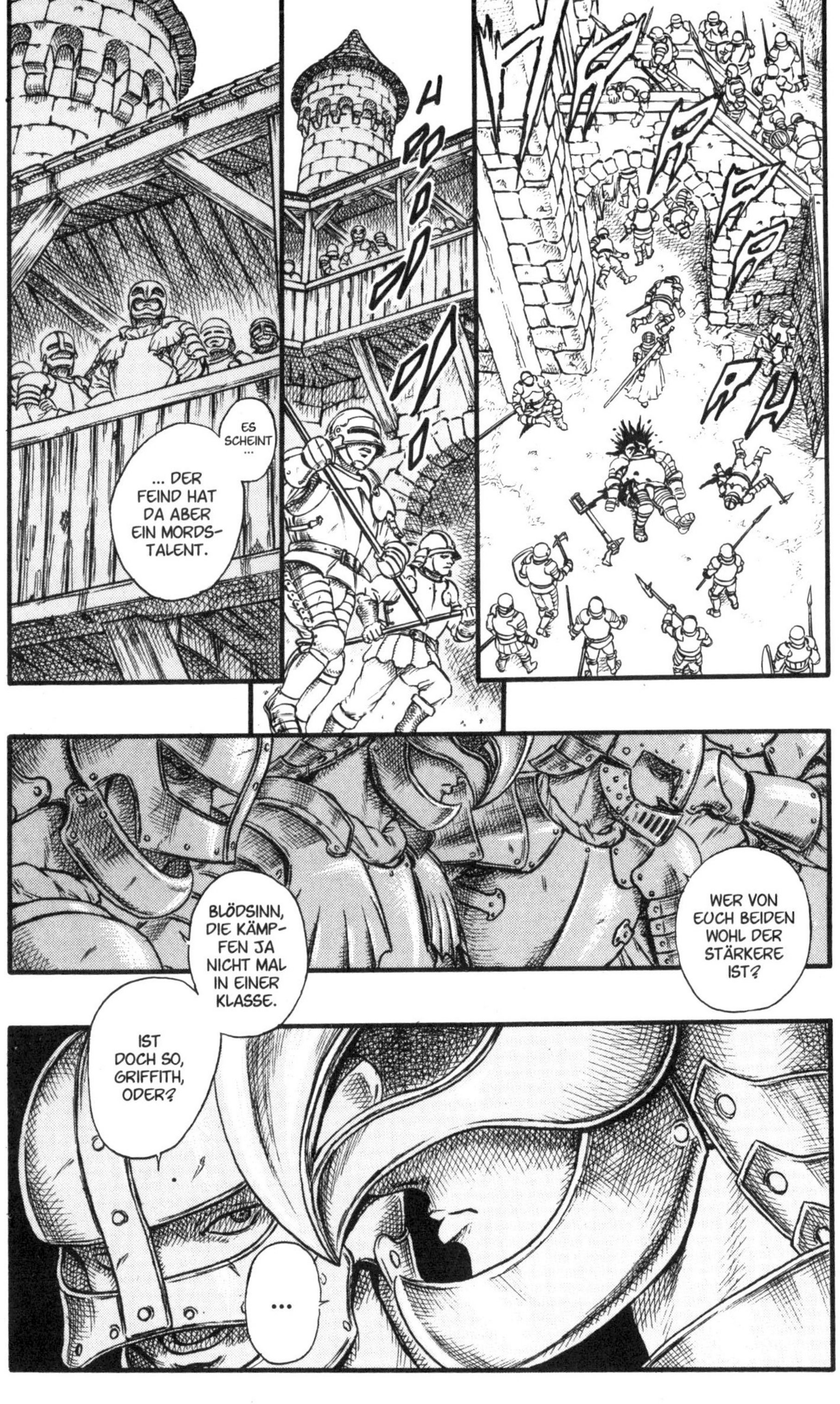
ES SCHEINT ...
... DER FEIND HAT DA ABER EIN MORDS-TALENT.
WER VON EUCH BEIDEN WOHL DER STÄRKERE IST?
BLÖDSINN, DIE KÄMPFEN JA NICHT MAL IN EINER KLASSE.
IST DOCH SO, GRIFFITH, ODER?
...

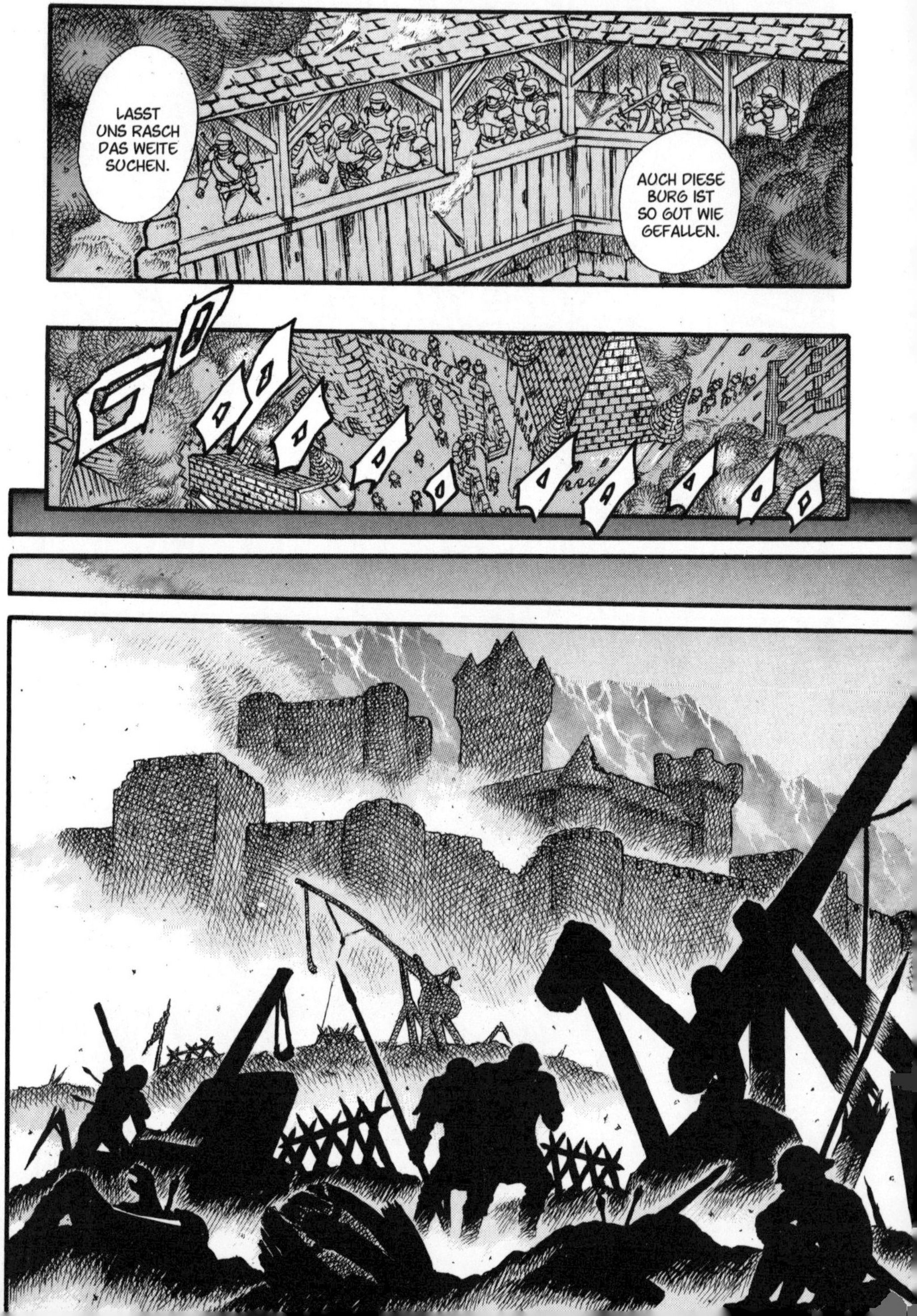

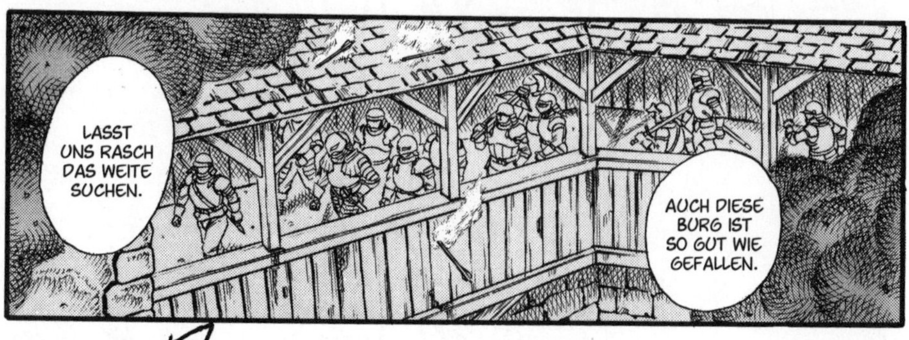
AUCH DIESE BURG IST SO GUT WIE GEFALLEN.
LASST UNS RASCH DAS WEITE SUCHEN.

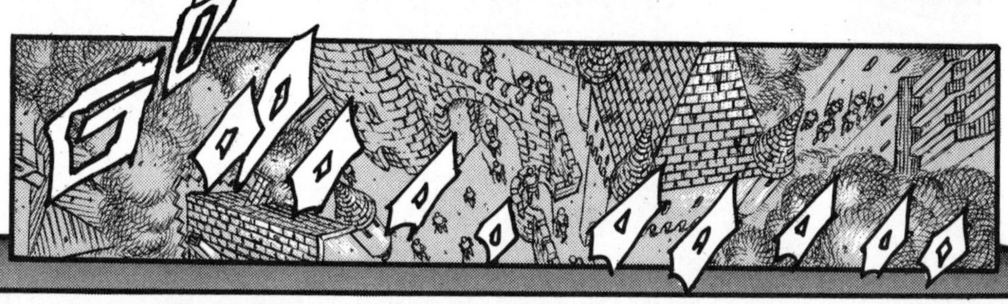

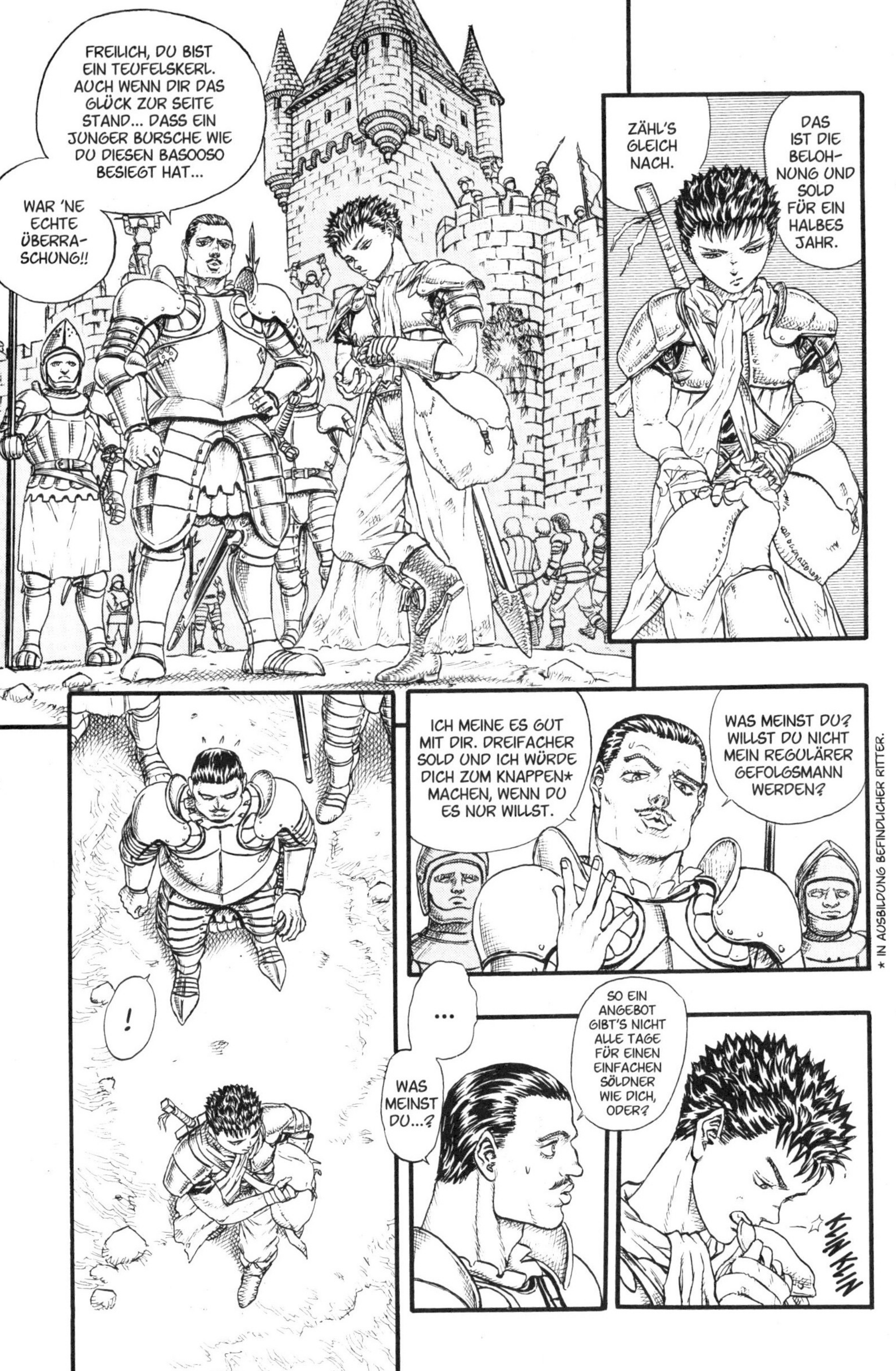

* IN AUSBILDUNG BEFINDLICHER RITTER.

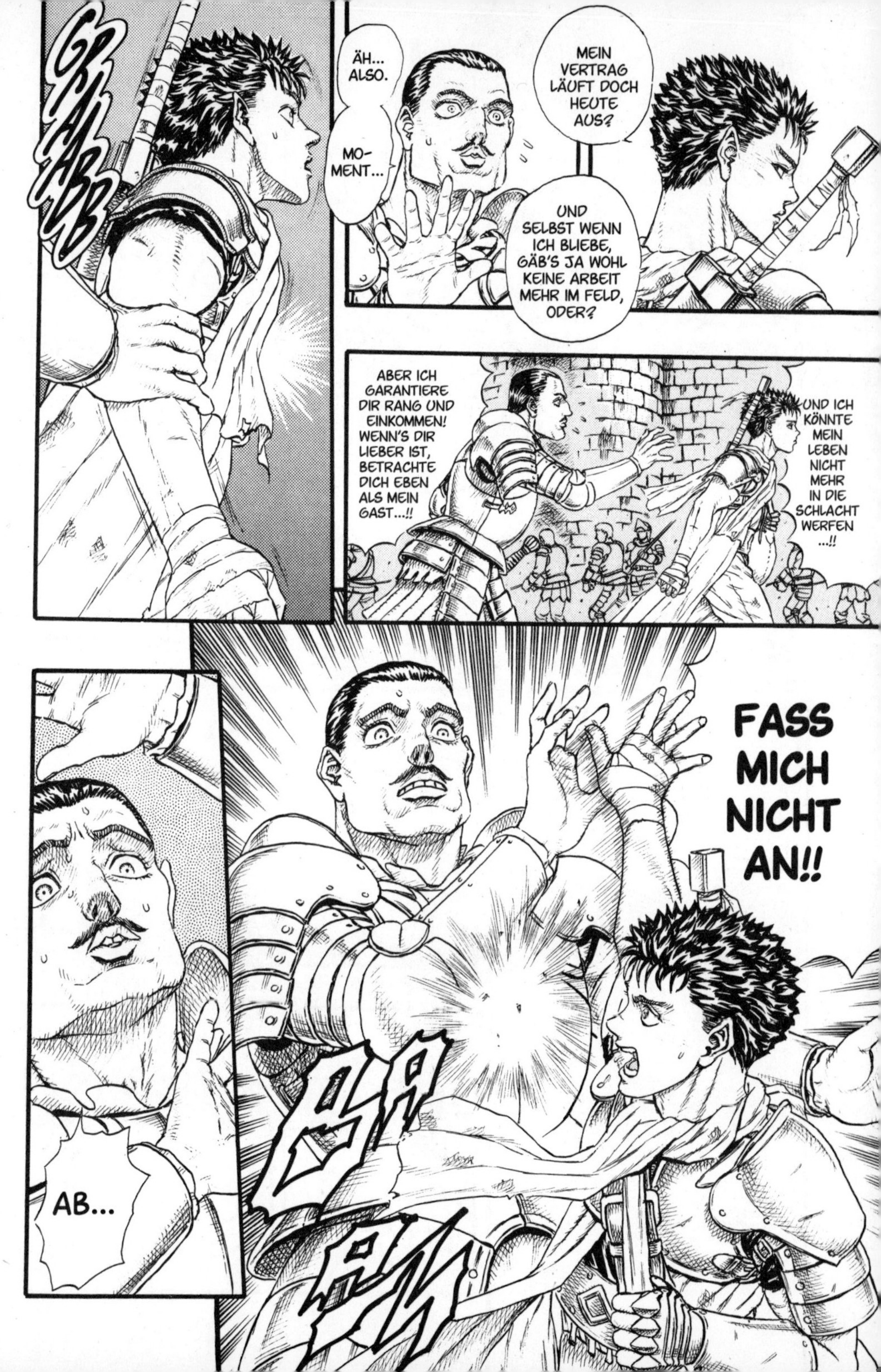
MEIN VERTRAG LÄUFT DOCH HEUTE AUS?
UND SELBST WENN ICH BLIEBE, GÄB'S JA WOHL KEINE ARBEIT MEHR IM FELD, ODER?
ÄH... ALSO.
MO-MENT...
UND ICH KÖNNTE MEIN LEBEN NICHT MEHR IN DIE SCHLACHT WERFEN ...!!
ABER ICH GARANTIERE DIR RANG UND EINKOMMEN! WENN'S DIR LIEBER IST, BETRACHTE DICH EBEN ALS MEIN GAST...!!
GRABB
FASS MICH NICHT AN!!
BA BAM
AB...

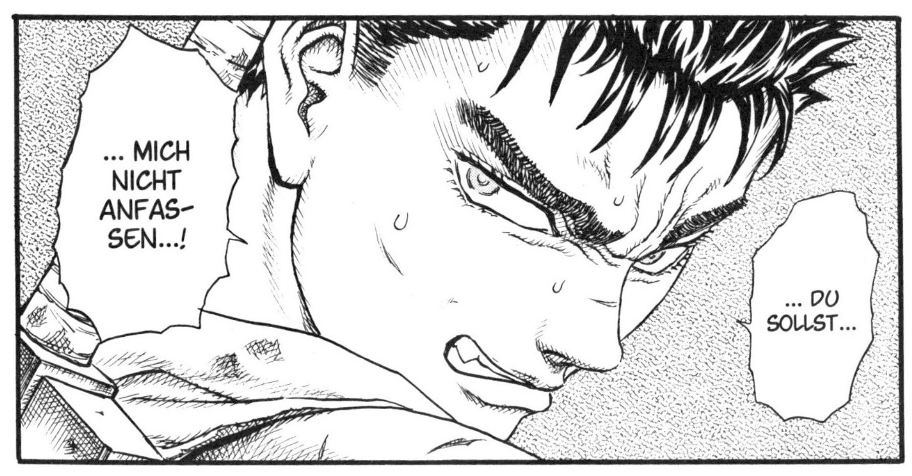
... DU SOLLST...
... MICH NICHT ANFASSEN...!

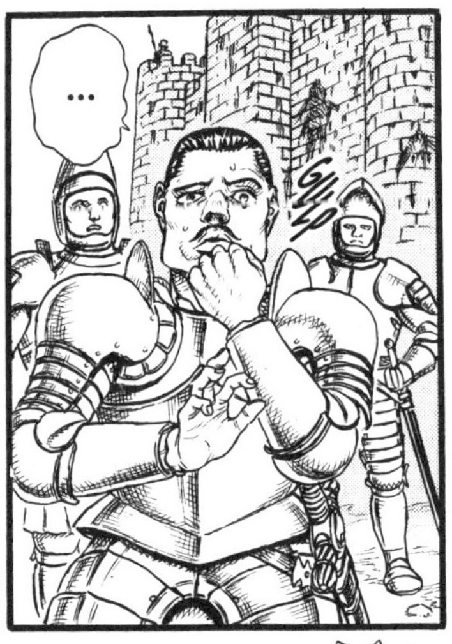
...

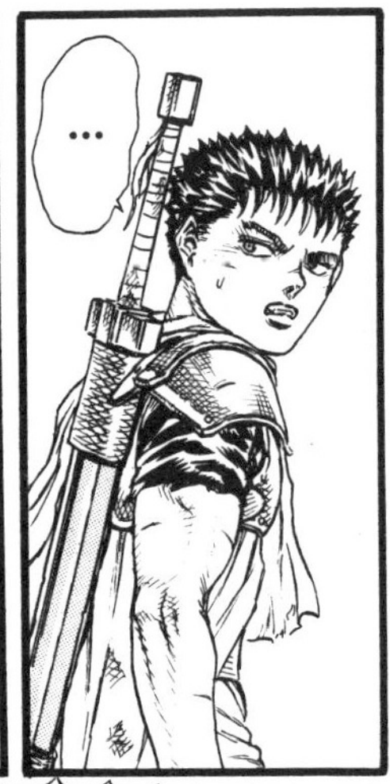
...

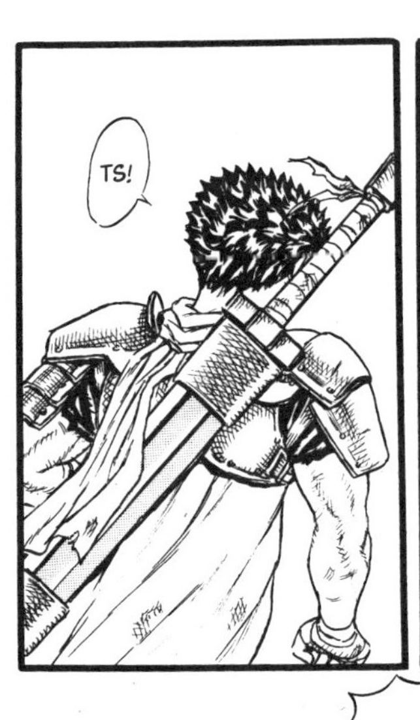
TS!

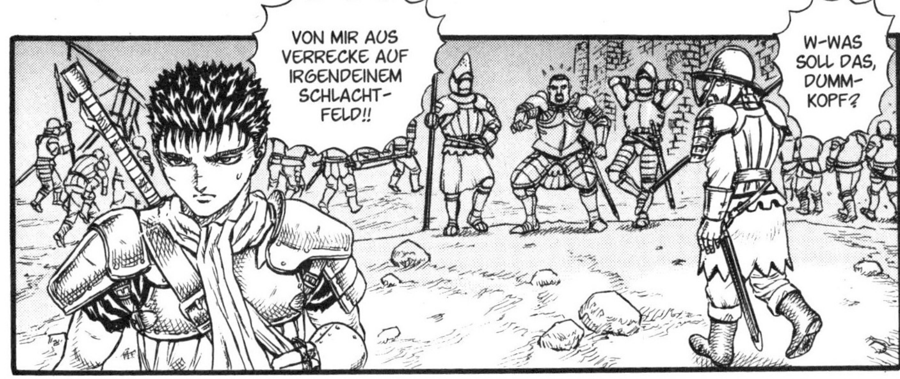
W-WAS SOLL DAS, DUMMKOPF?
VON MIR AUS VERRECKE AUF IRGENDEINEM SCHLACHTFELD!!

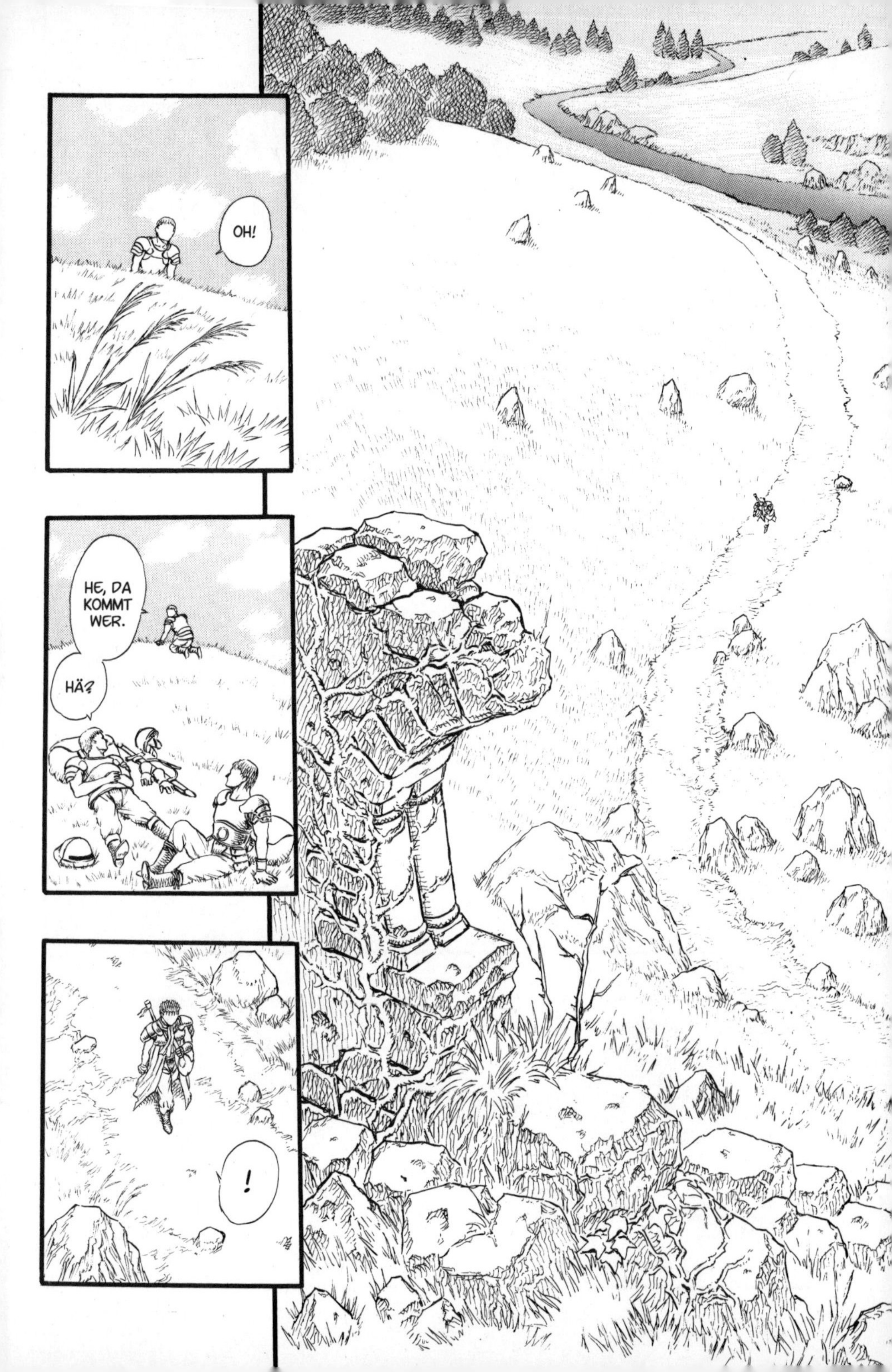
OH!
HE, DA KOMMT WER.
HÄ?
!

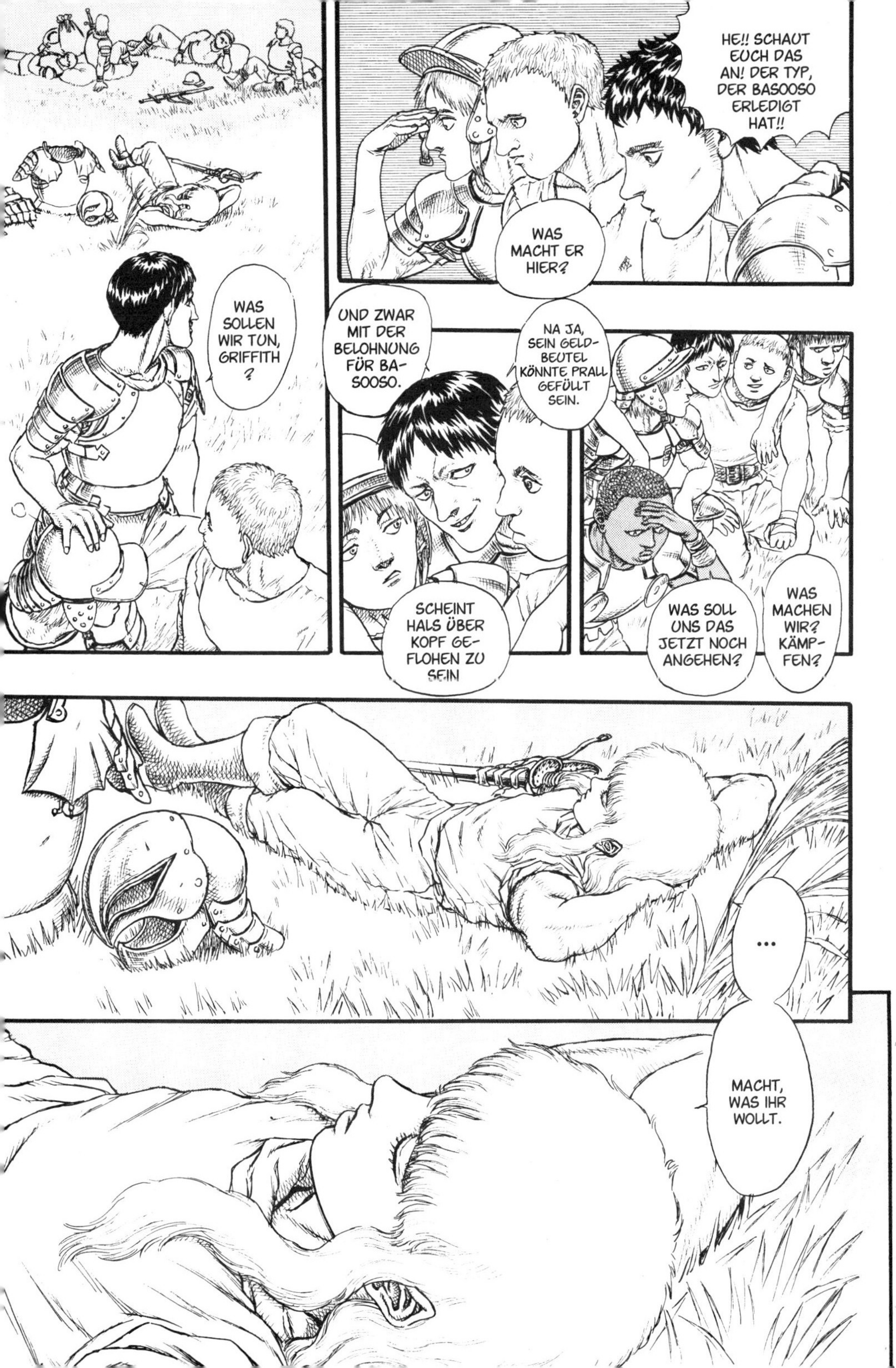
HE!! SCHAUT EUCH DAS AN! DER TYP, DER BASOOSO ERLEDIGT HAT!!
WAS MACHT ER HIER?
WAS SOLLEN WIR TUN, GRIFFITH?
NA JA, SEIN GELDBEUTEL KÖNNTE PRALL GEFÜLLT SEIN.
UND ZWAR MIT DER BELOHNUNG FÜR BASOOSO.
SCHEINT HALS ÜBER KOPF GEFLOHEN ZU SEIN
WAS MACHEN WIR? KÄMPFEN?
WAS SOLL UNS DAS JETZT NOCH ANGEHEN?
...
MACHT, WAS IHR WOLLT.

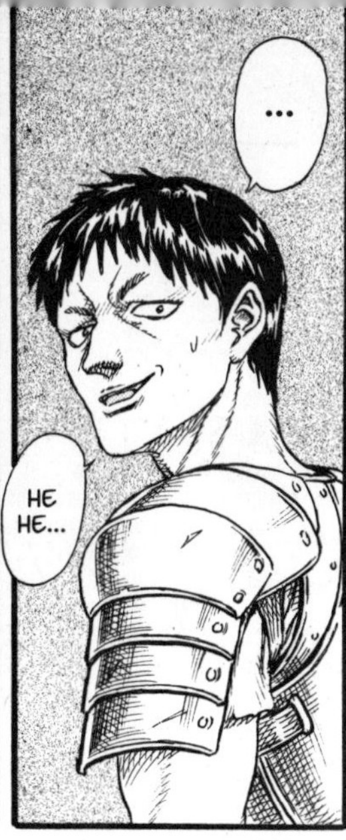
...
HE HE...

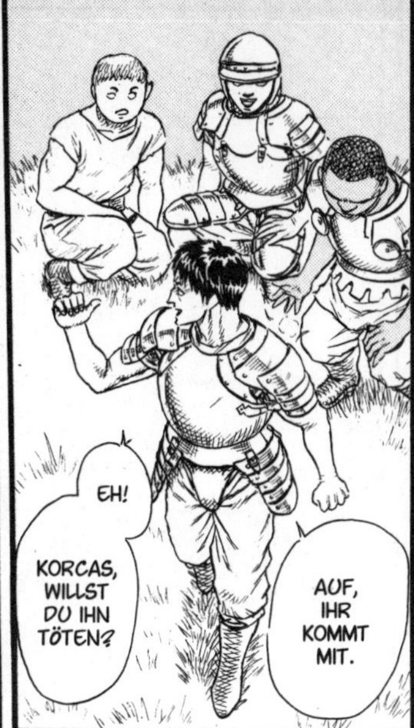
AUF, IHR KOMMT MIT.
EH!
KORCAS, WILLST DU IHN TÖTEN?

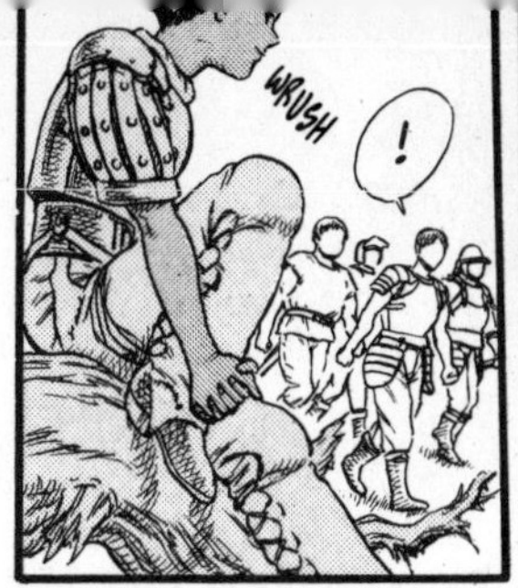
!
WRUSH

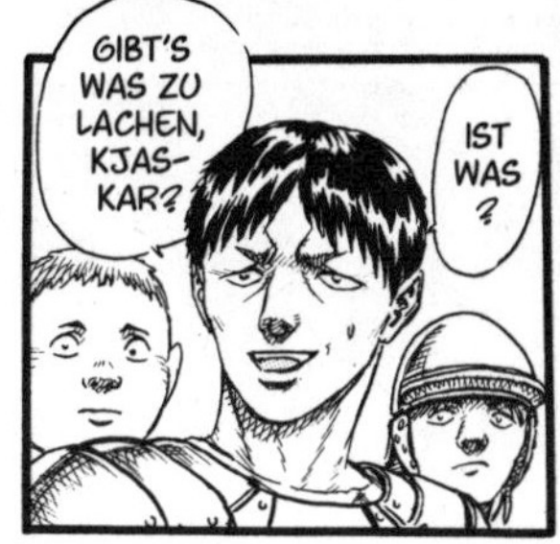
IST WAS?
GIBT'S WAS ZU LACHEN, KJASKAR?

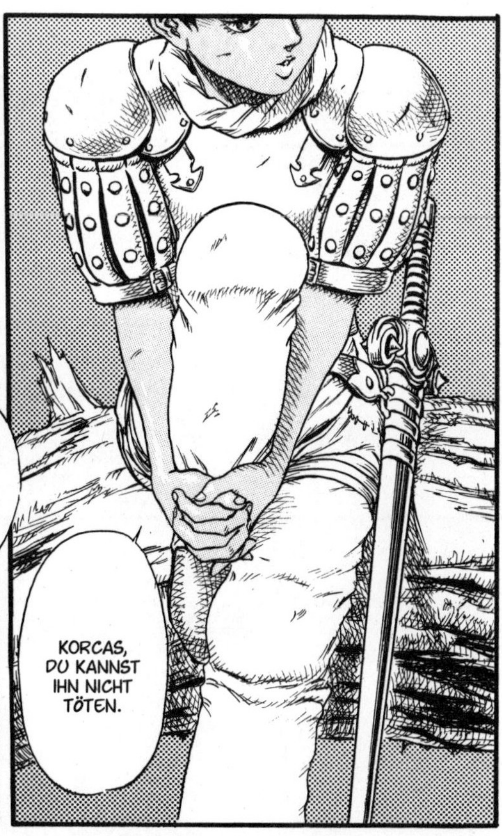
KORCAS, DU KANNST IHN NICHT TÖTEN.

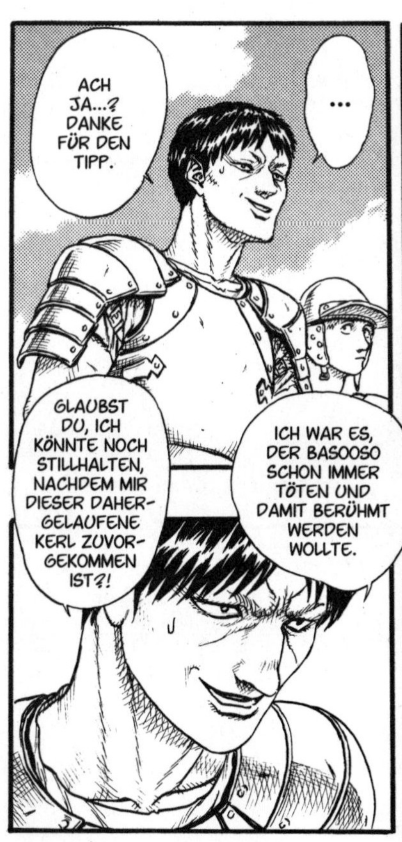
...
ACH JA...? DANKE FÜR DEN TIPP.
ICH WAR ES, DER BASOOSO SCHON IMMER TÖTEN UND DAMIT BERÜHMT WERDEN WOLLTE.
GLAUBST DU, ICH KÖNNTE NOCH STILLHALTEN, NACHDEM MIR DIESER DAHERGELAUFENE KERL ZUVORGEKOMMEN IST?!

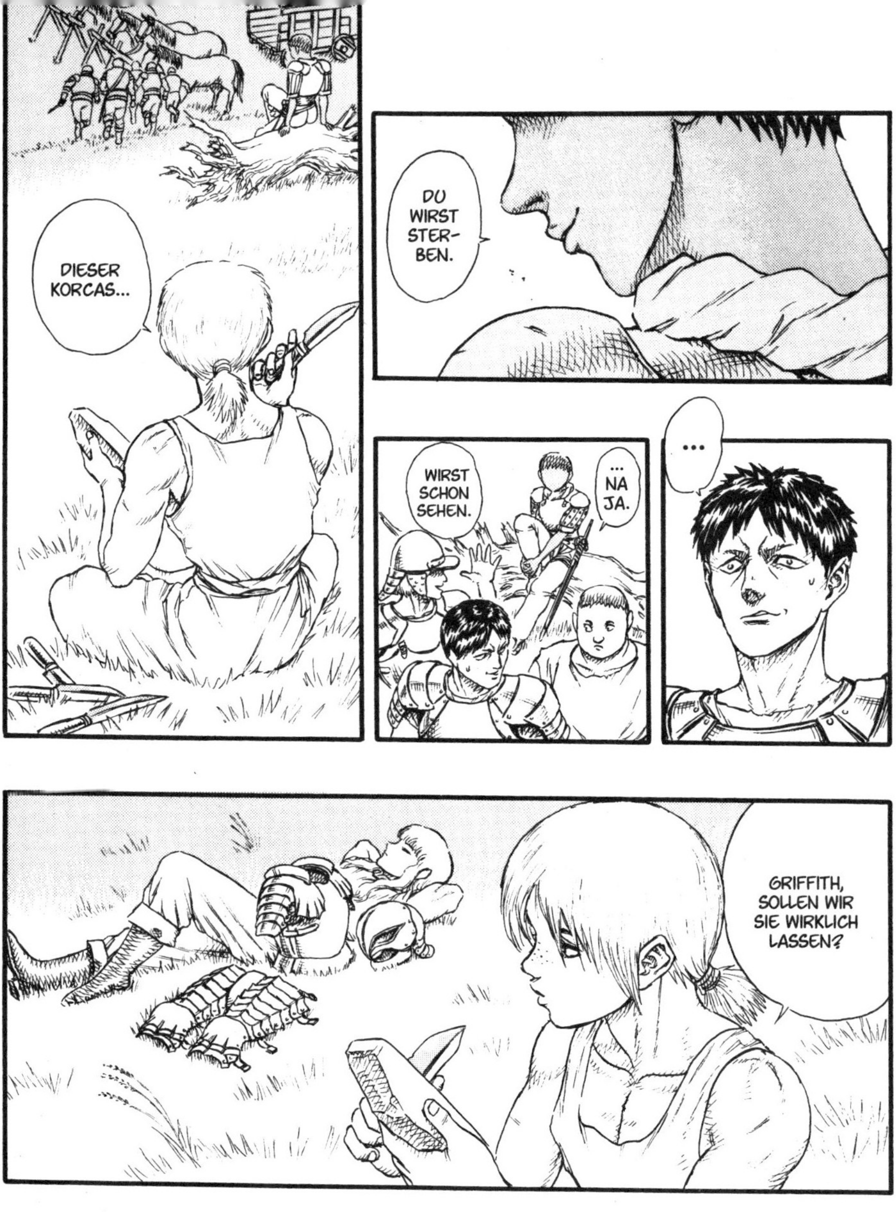

DU WIRST STERBEN.

...

WIRST SCHON SEHEN.

... NA JA.

DIESER KORCAS...

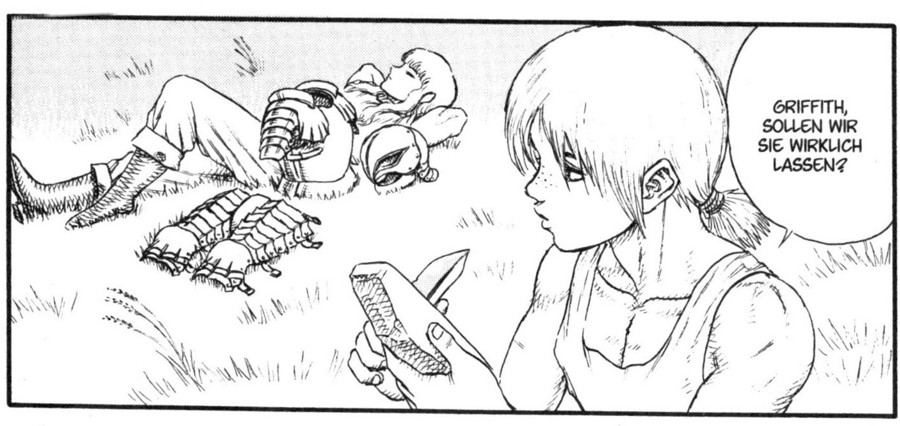

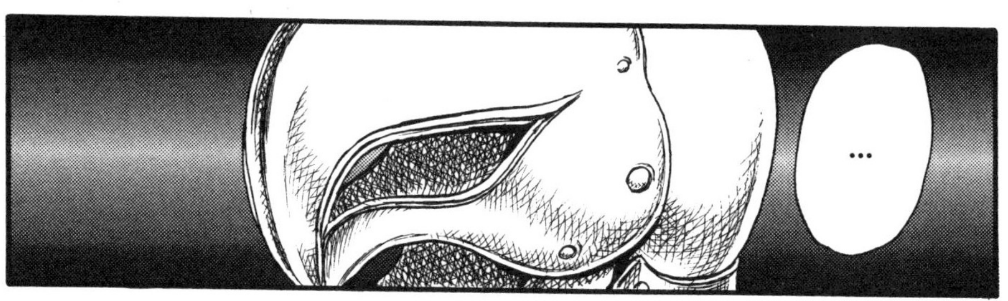

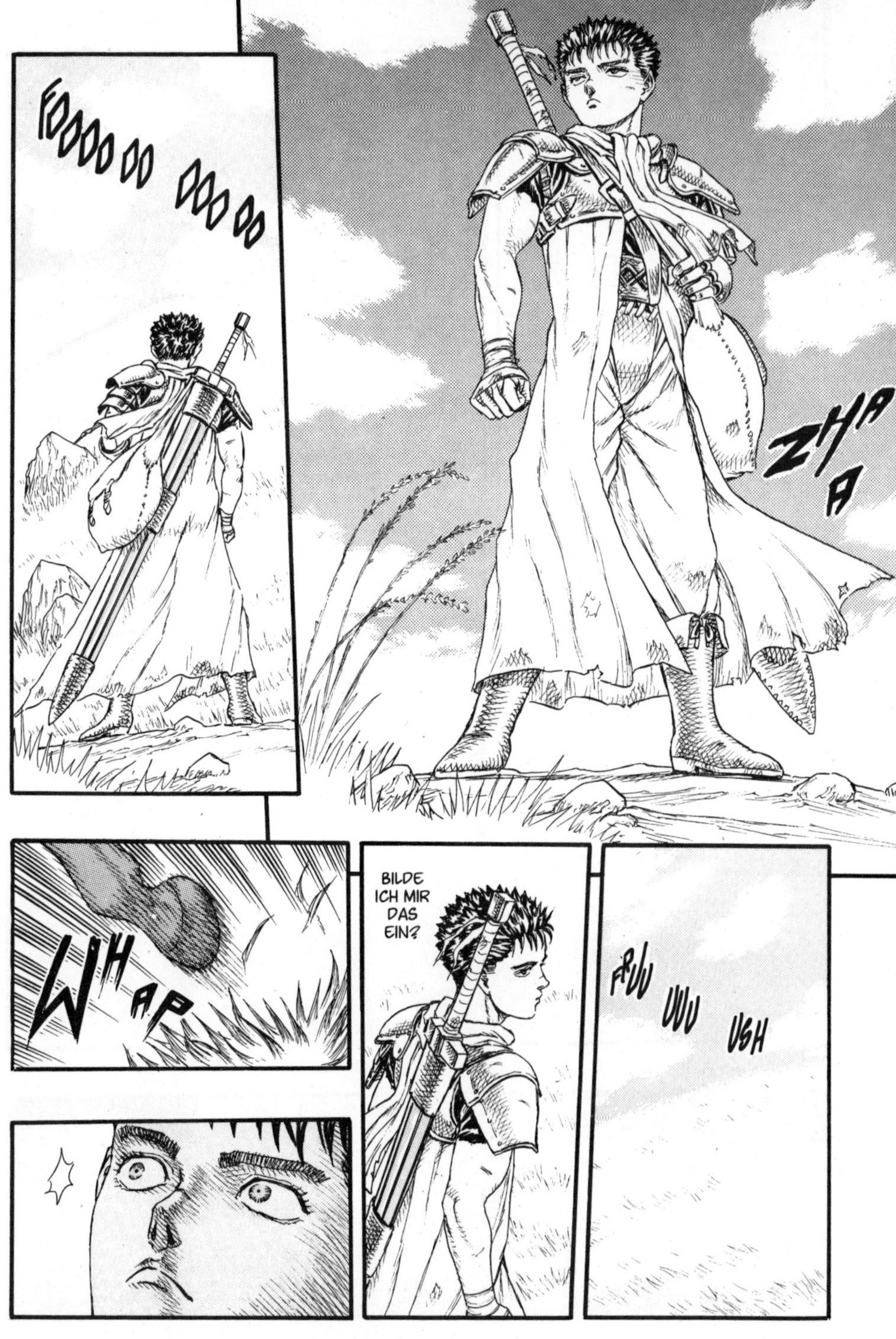
ZHAA
FOOOOO OO OOO OO
FRUU UUU UGH
BILDE ICH MIR DAS EIN?
WHAP

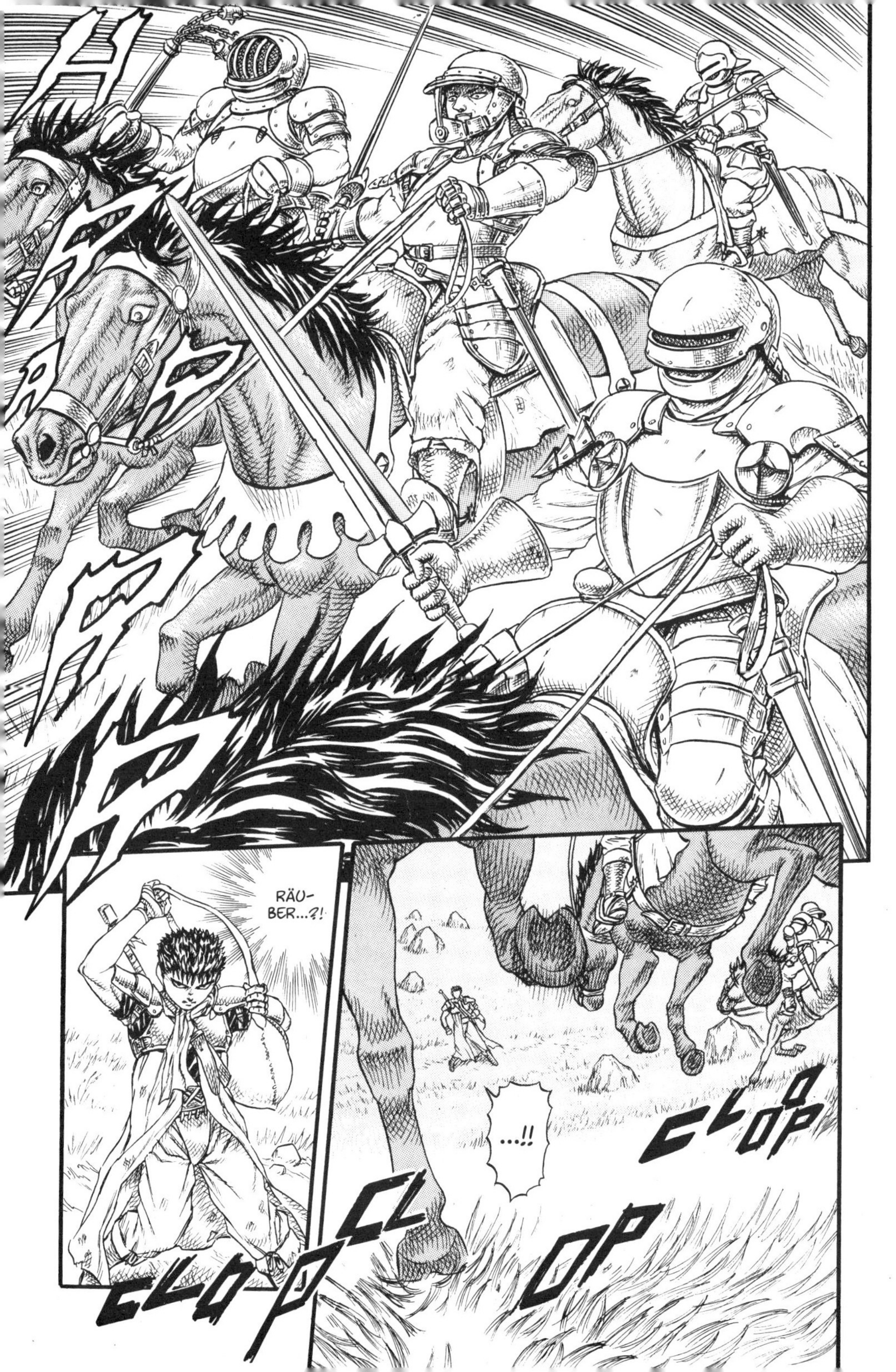
...!!
CLOP
CLOP
RÄU-
BER...?!
CLOP

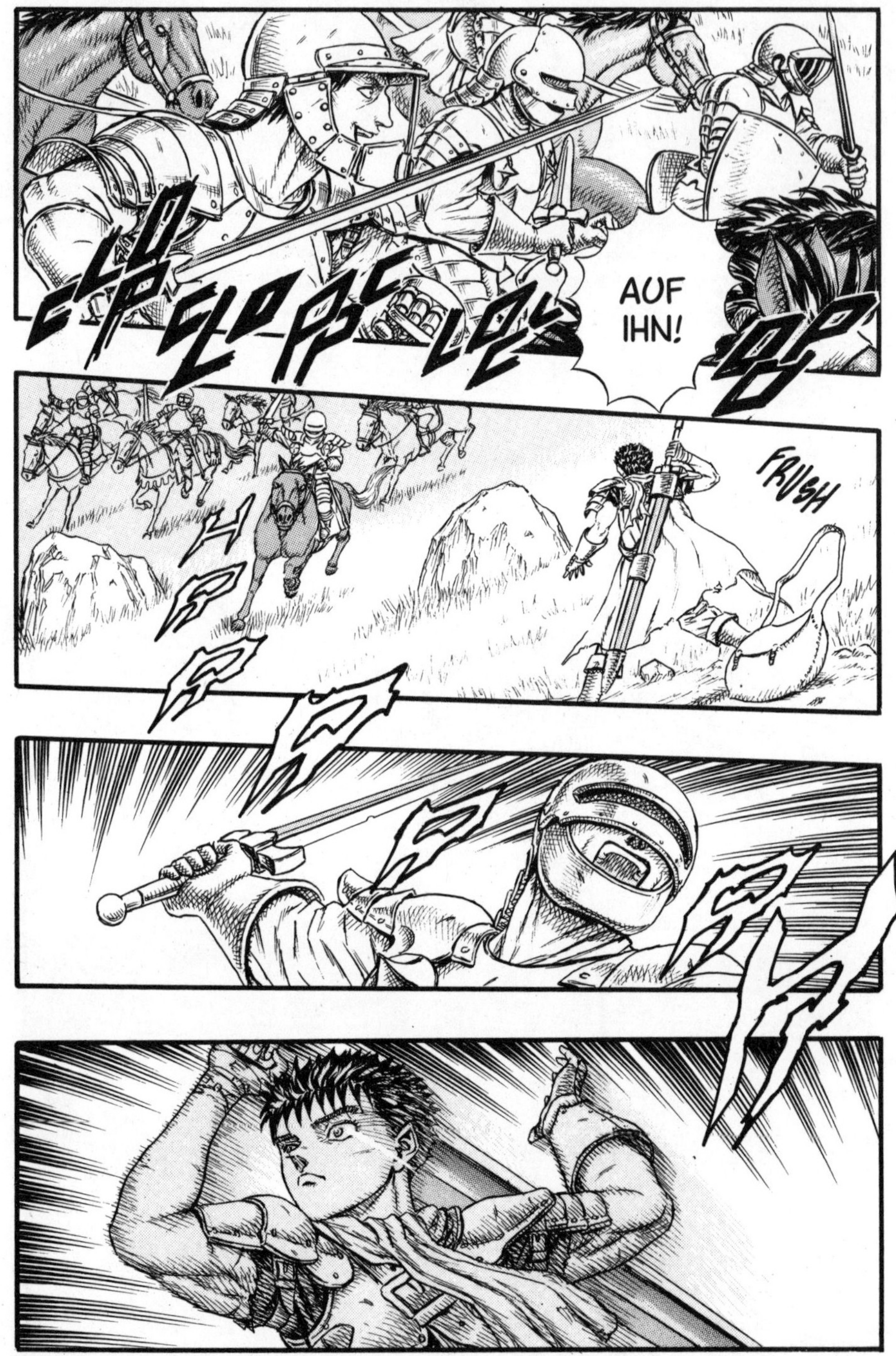
AUF IHN!
FRUSH

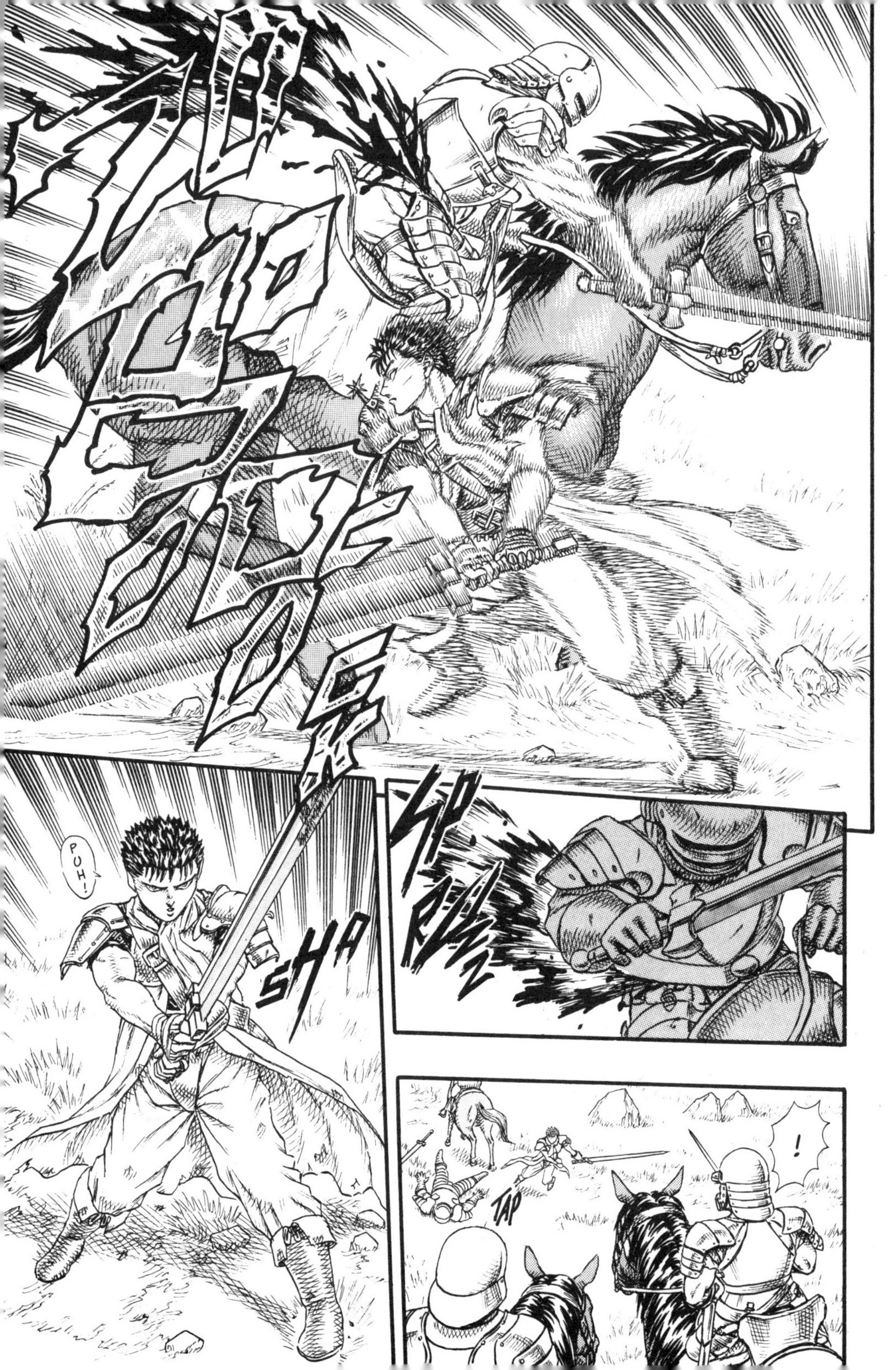
PUH!
SHA
TAP
!

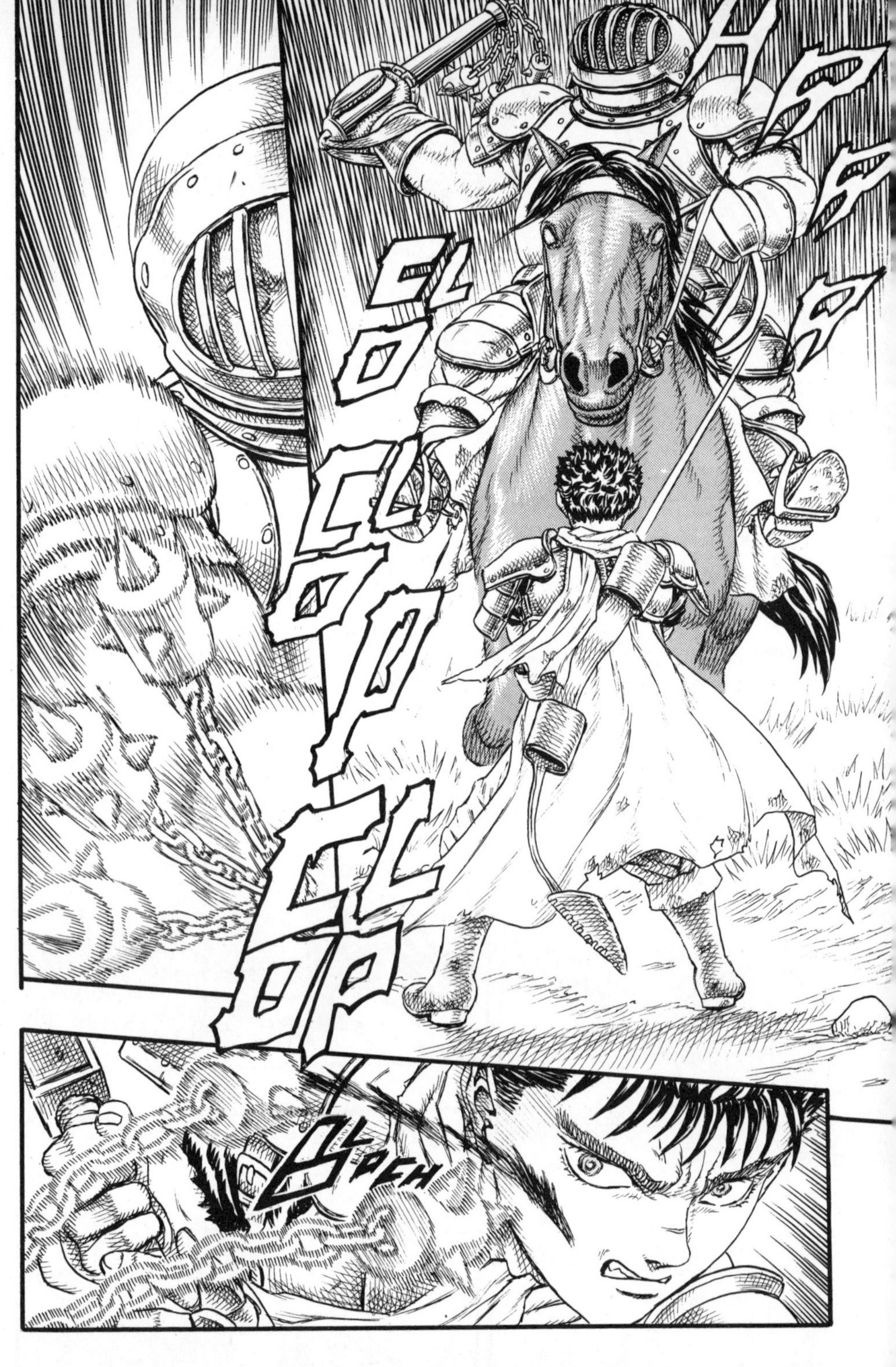
HAAAA
CLOP CLOP CLOP

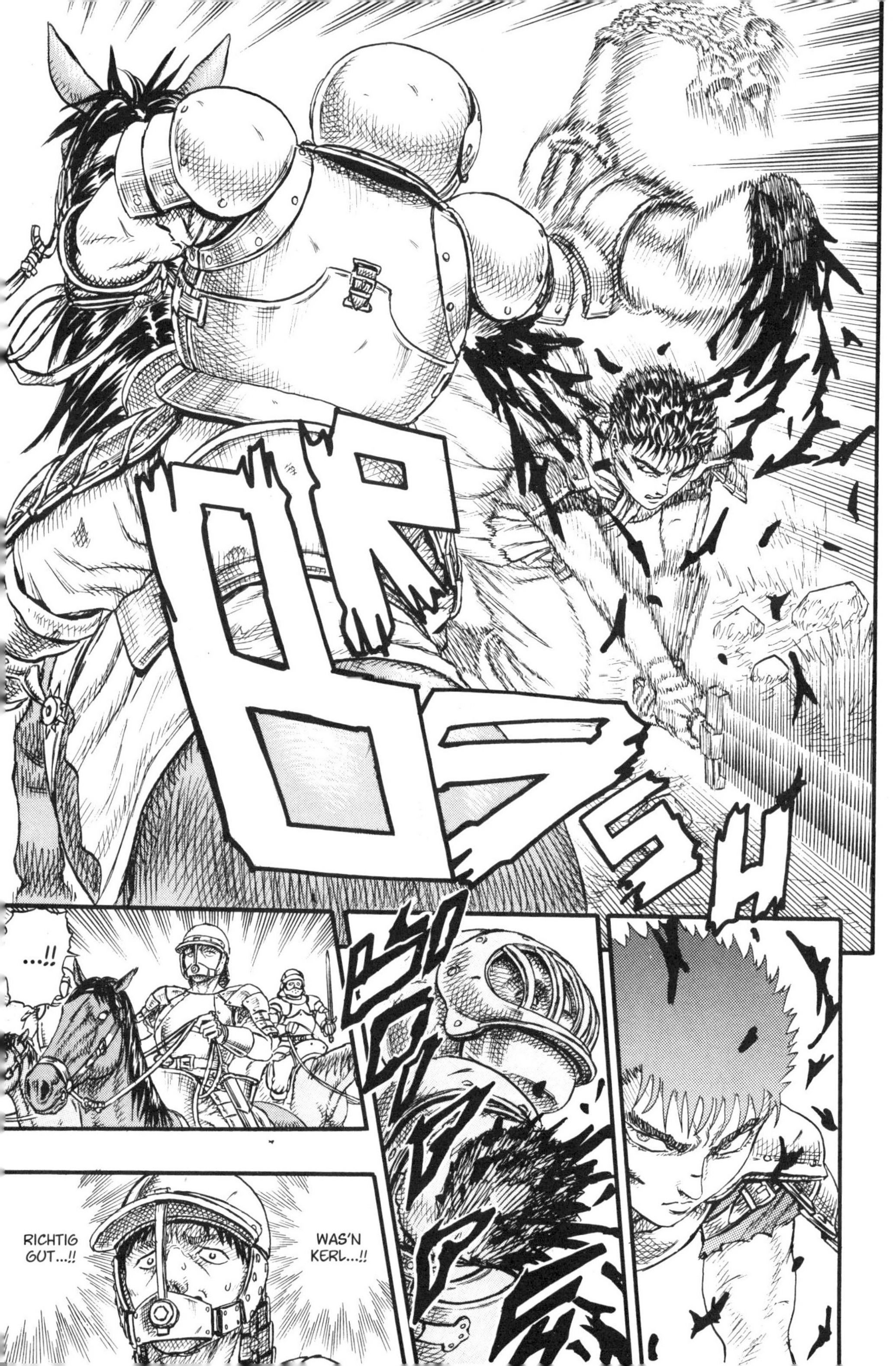

...!!
WAS'N KERL...!!
RICHTIG GUT...!!

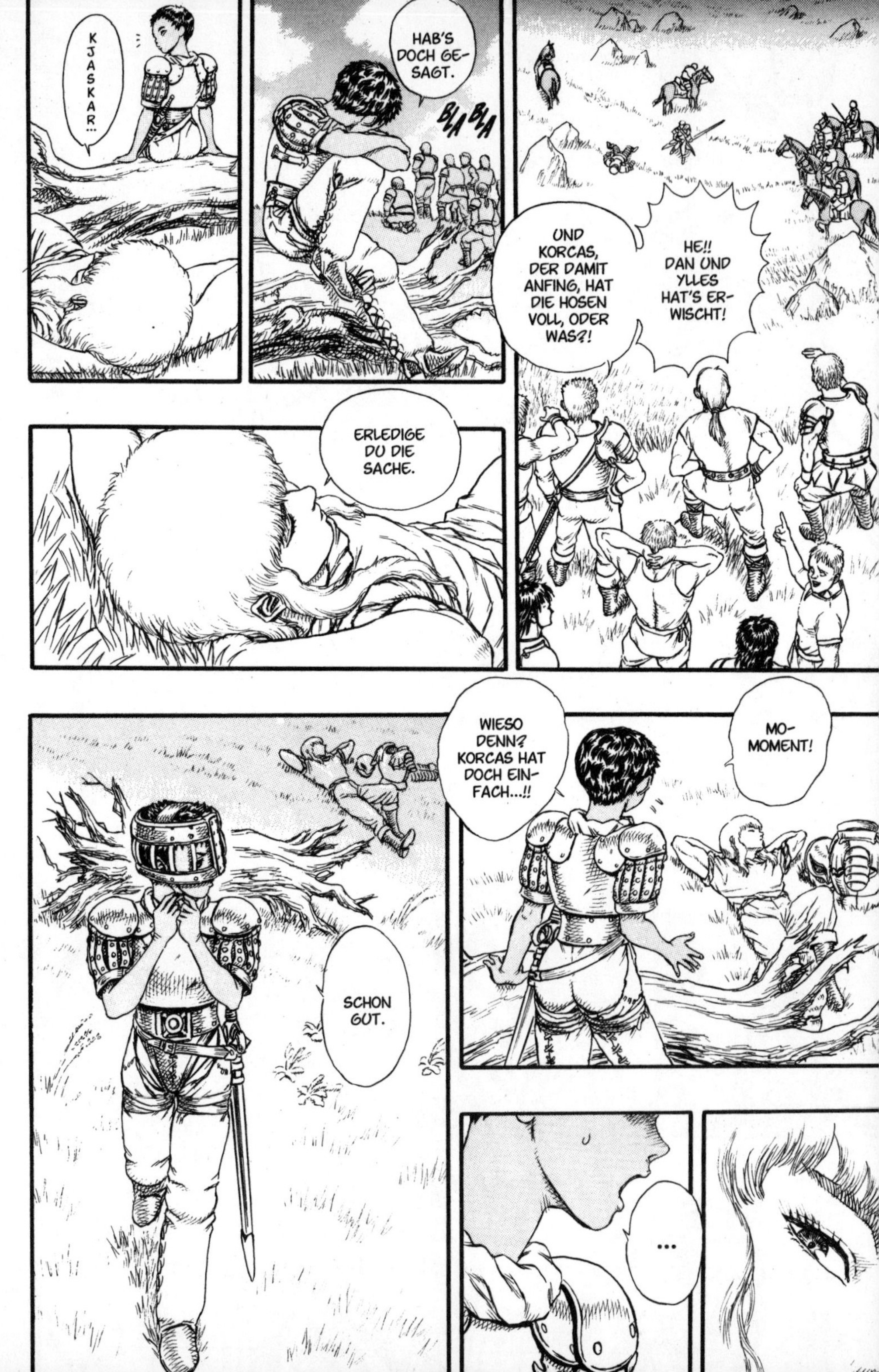
HE!! DAN UND YLLES HAT'S ERWISCHT!
UND KORCAS, DER DAMIT ANFING, HAT DIE HOSEN VOLL, ODER WAS?!
HAB'S DOCH GESAGT.
BLA BLA
KJASKAR...
ERLEDIGE DU DIE SACHE.
MO-MOMENT!
WIESO DENN? KORCAS HAT DOCH EINFACH...!!
...
SCHON GUT.

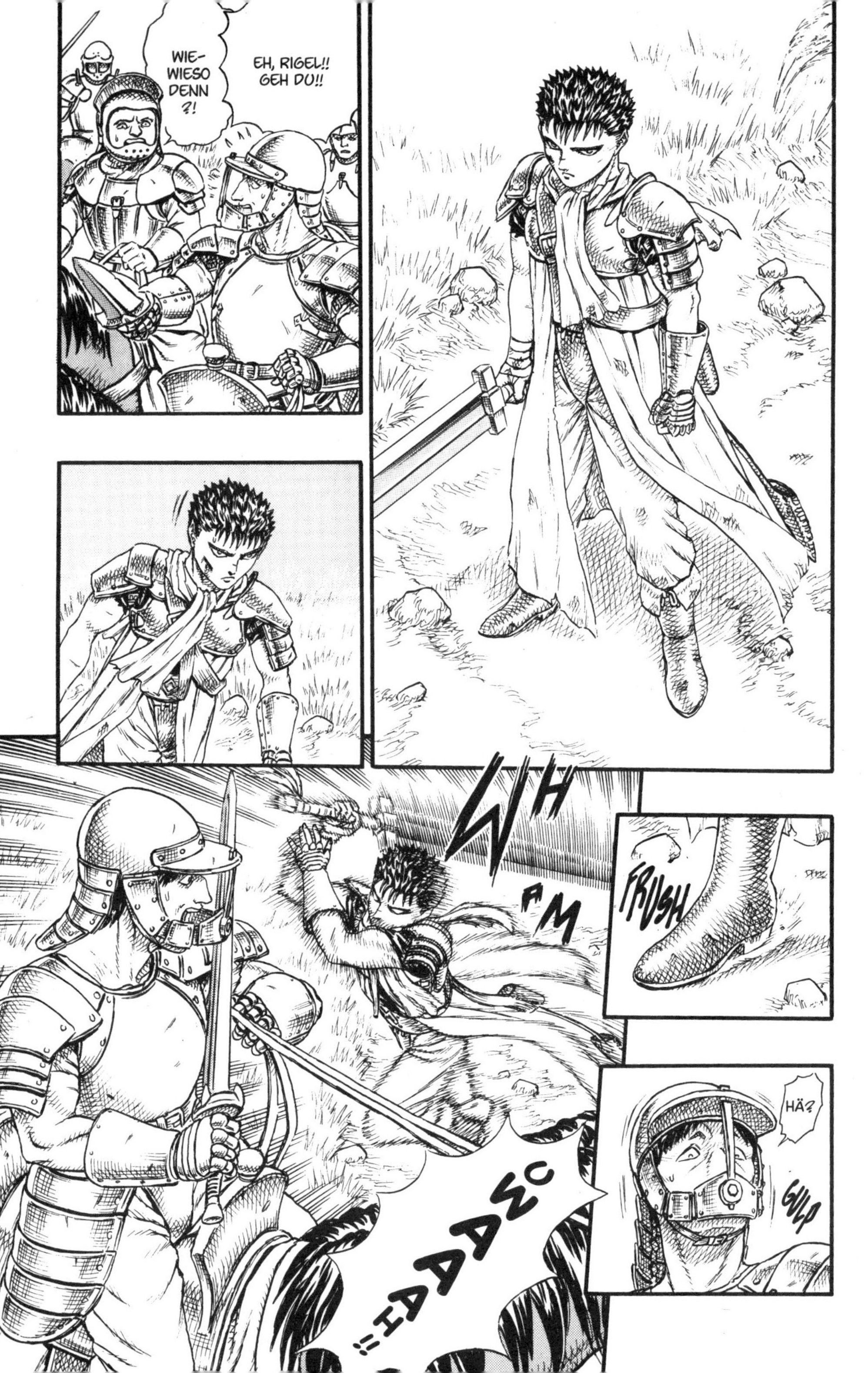
EH, RIGEL!! GEH DU!!
WIE-WIESO DENN ?!
WHAM
FRUSH
HÄ?
GULP
UWAAAH!!

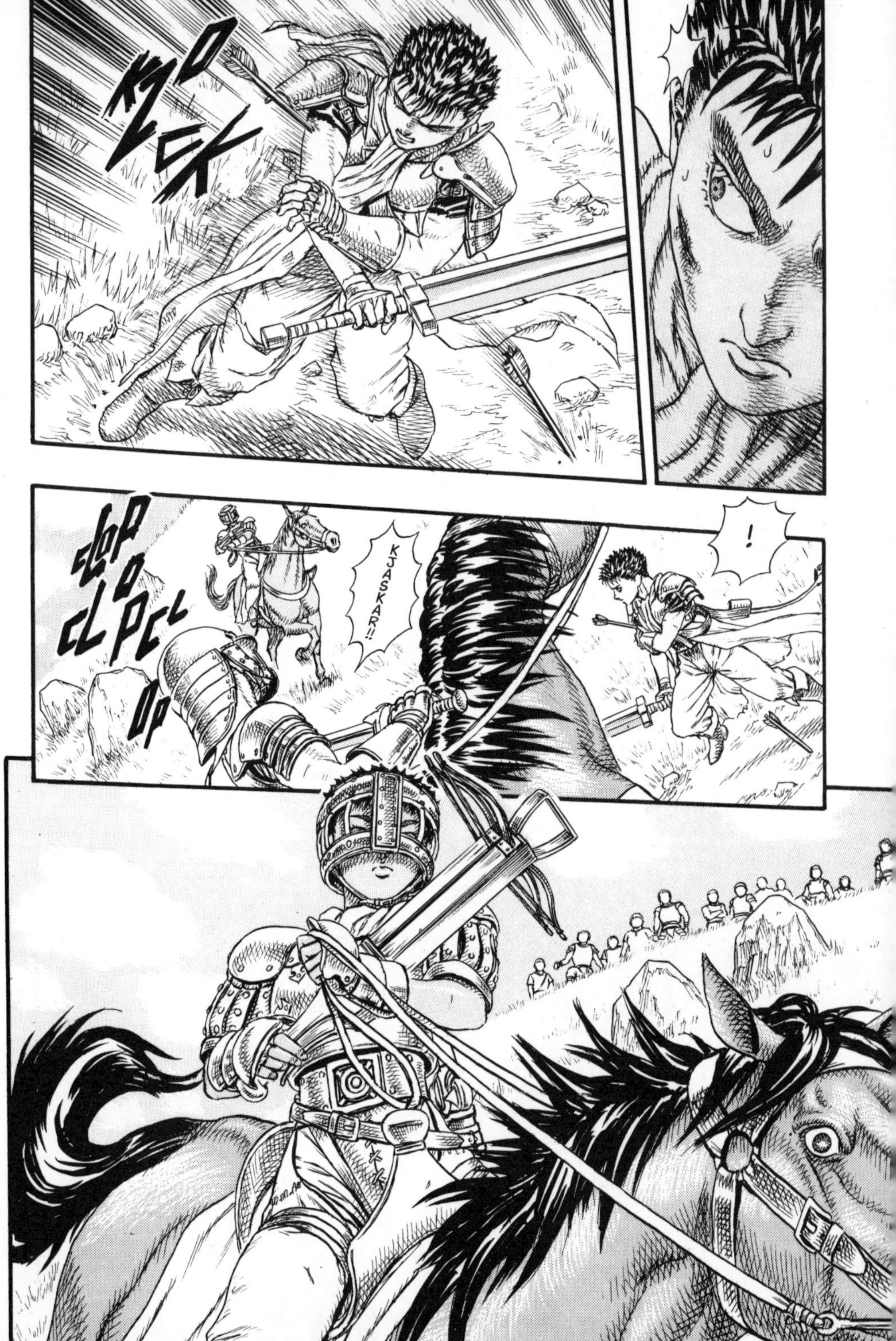
!
KJASKAR!!
clop clop clop

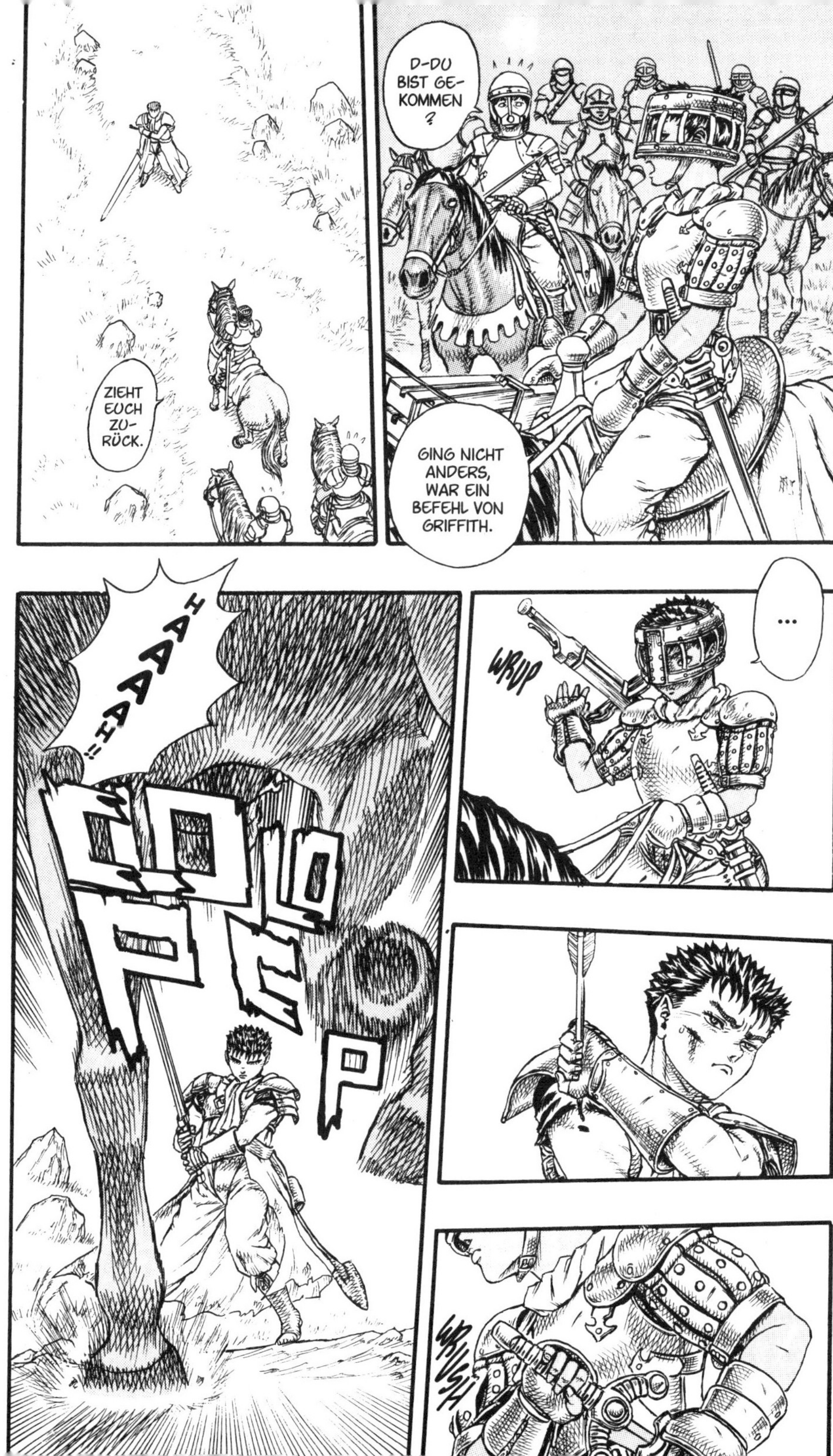
D-DU BIST GE-KOMMEN?
GING NICHT ANDERS, WAR EIN BEFEHL VON GRIFFITH.
ZIEHT EUCH ZU-RÜCK.
...
WRUP
HAAAAH!!

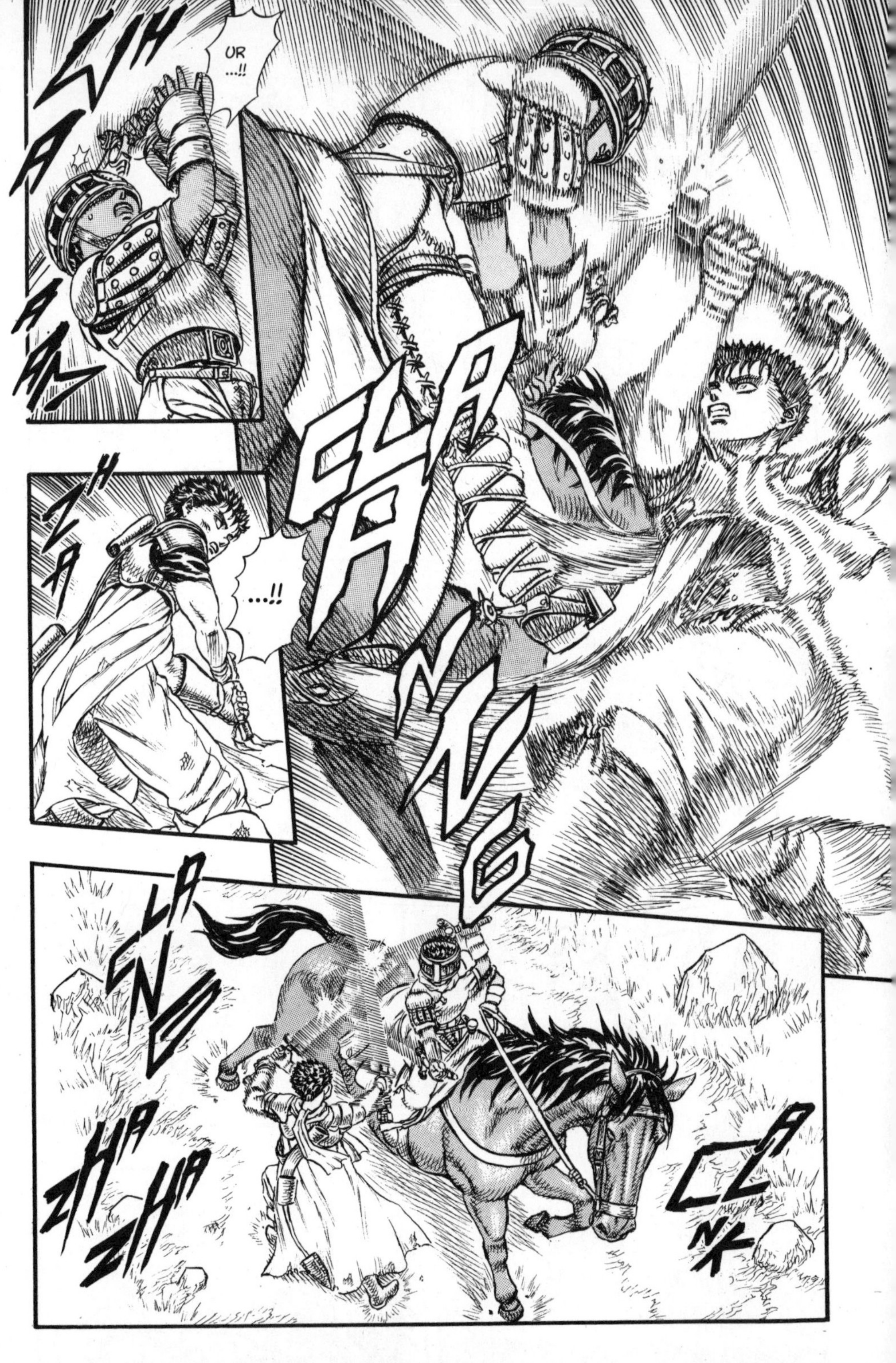

UR ...!!
...!!
ZHA ZHA
CLANK

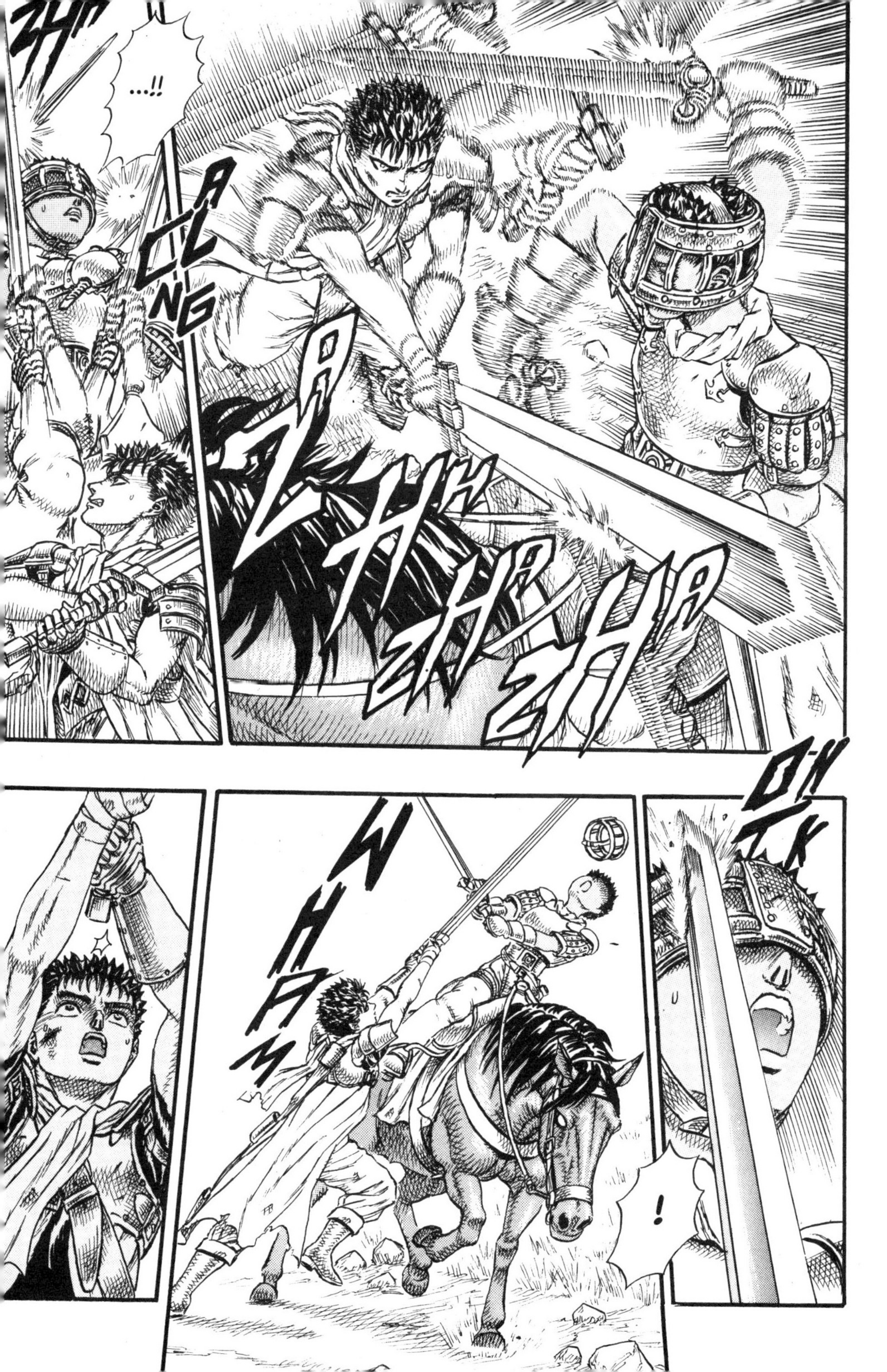

ZHP
...!!
CLANG
ZHHHA
ZHA
WHHAM
DONK
!

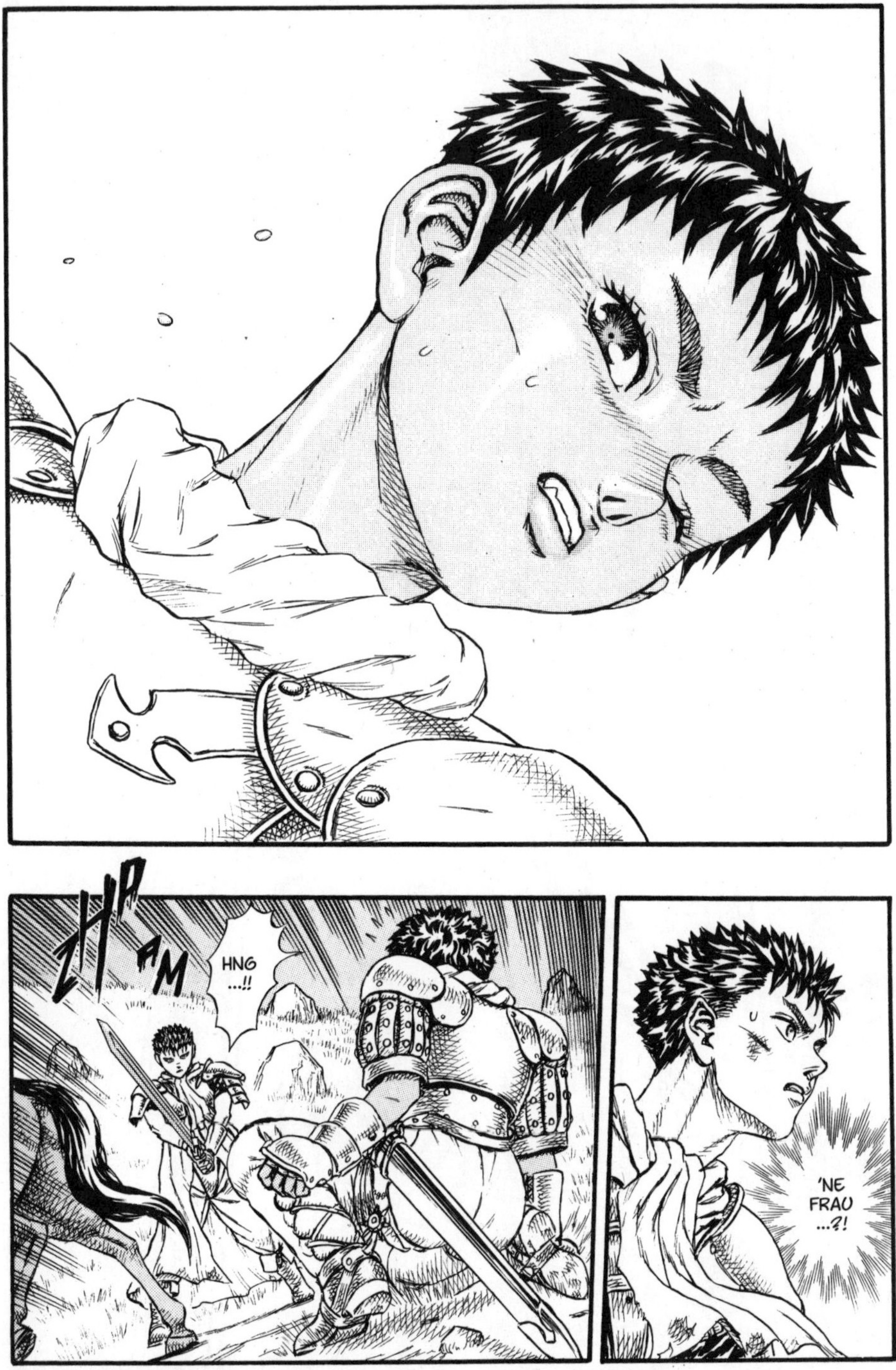

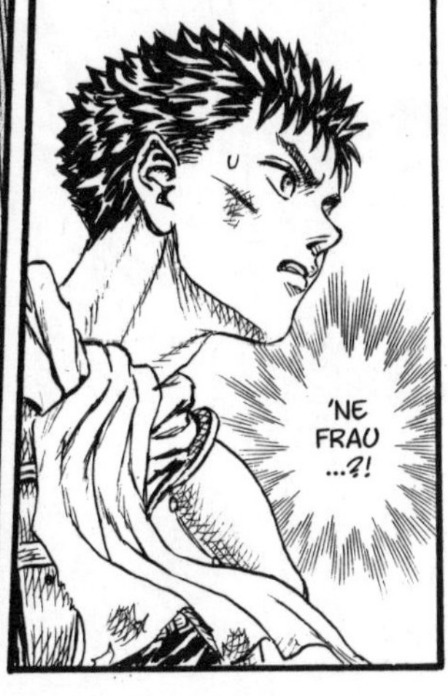
'NE FRAU ...?!

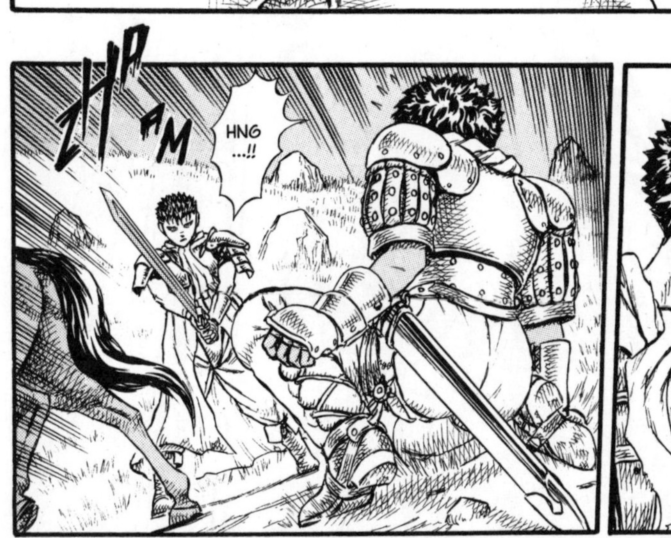
ZHPAM
HNG ...!!

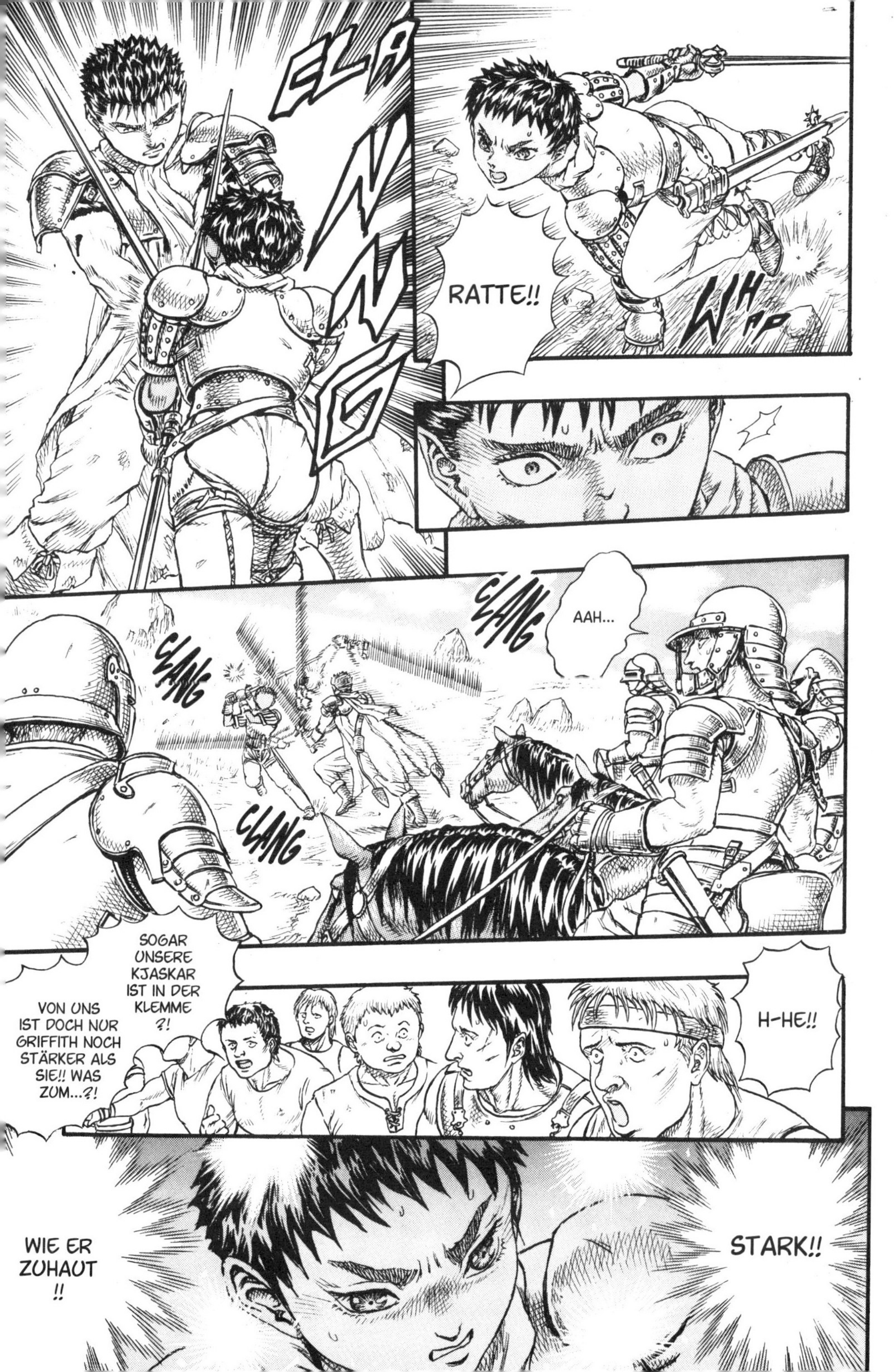
ELA
NNNG
RATTE!!
WHAP
CLANG
AAH...
CLANG
CLANG
H-HE!!
SOGAR UNSERE KJASKAR IST IN DER KLEMME ?!
VON UNS IST DOCH NUR GRIFFITH NOCH STÄRKER ALS SIE!! WAS ZUM...?!
STARK!!
WIE ER ZUHAUT !!

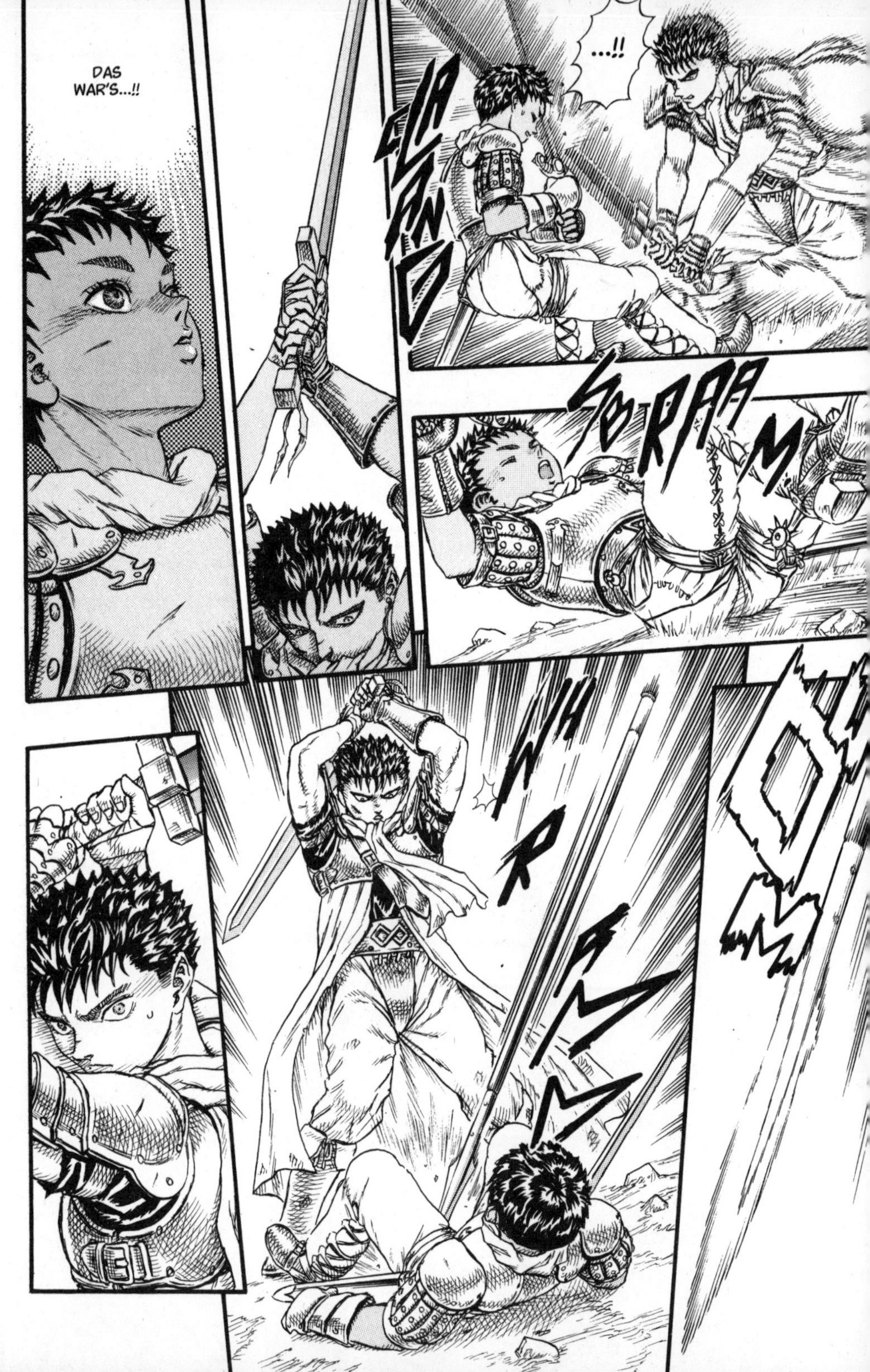
...!!
CLANG
DAS WAR'S...!!
SCRAAM
WHRAMM

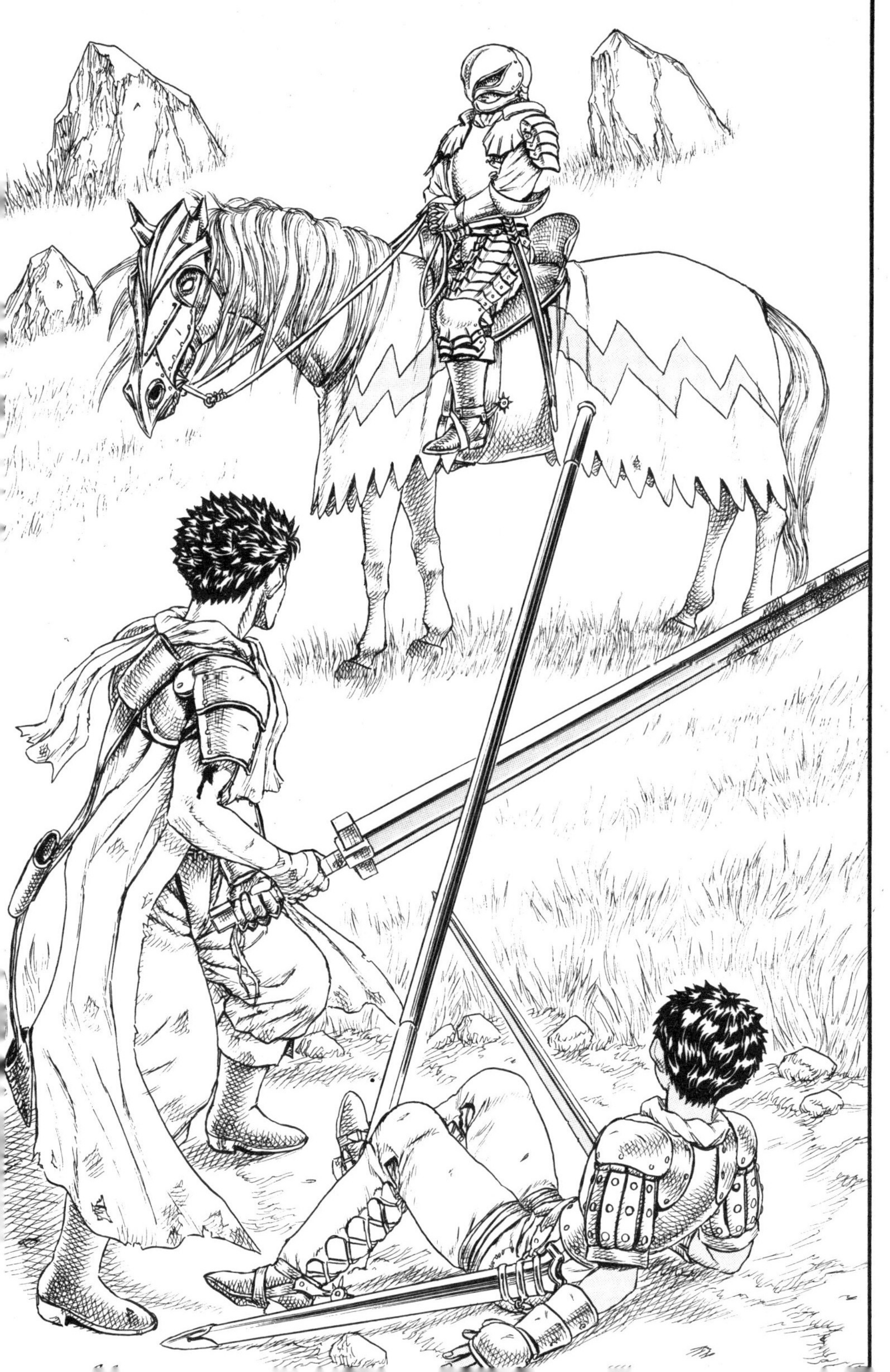

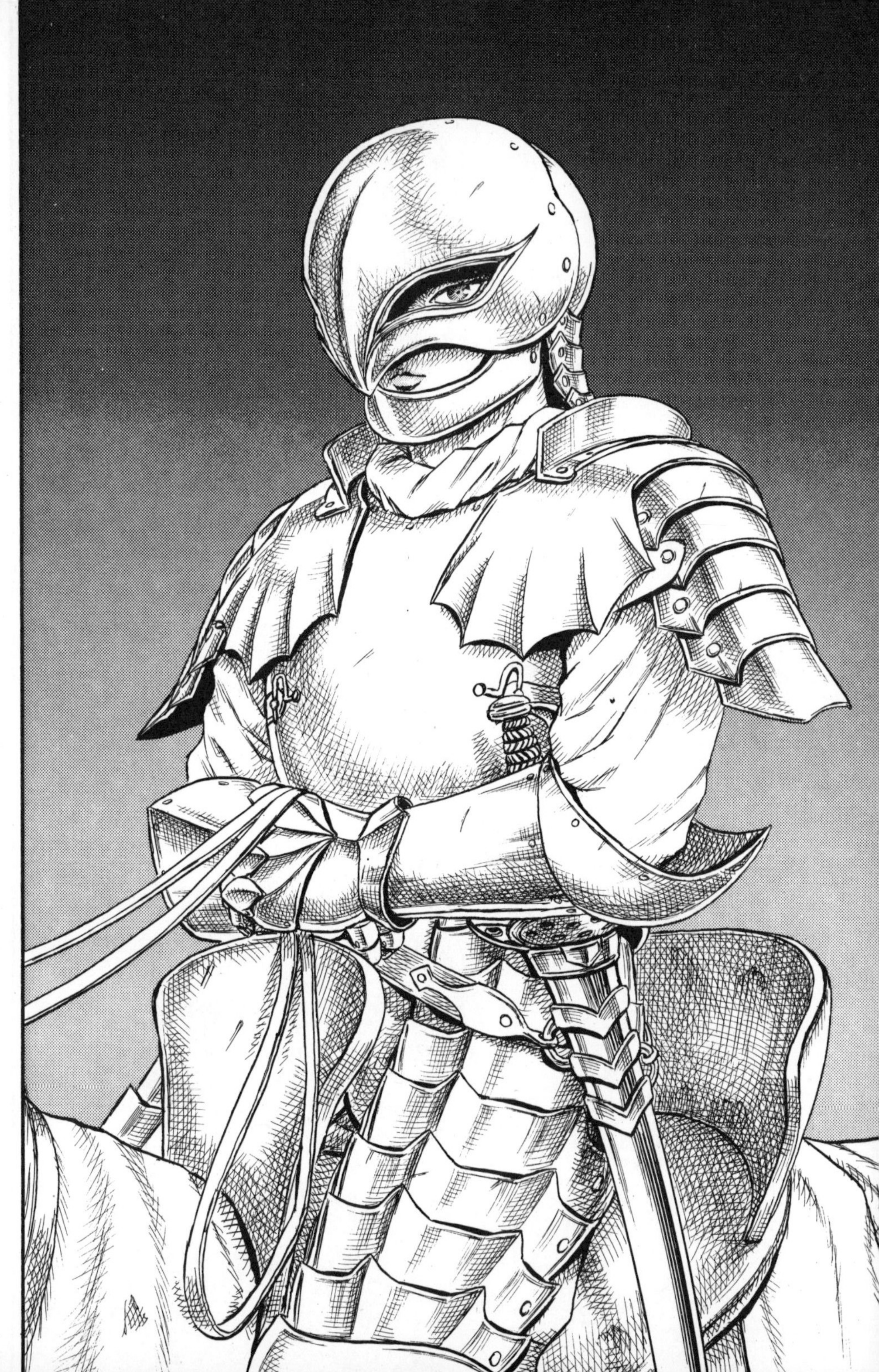

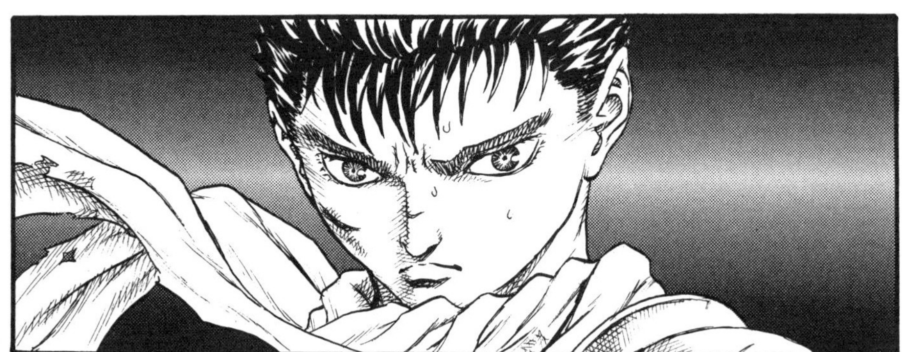
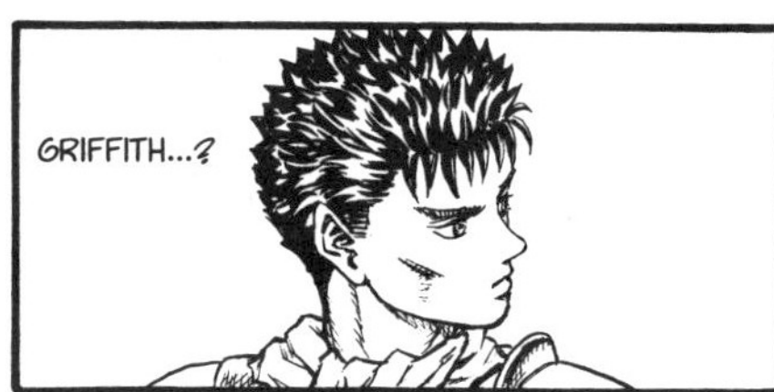
GRIFFITH...?
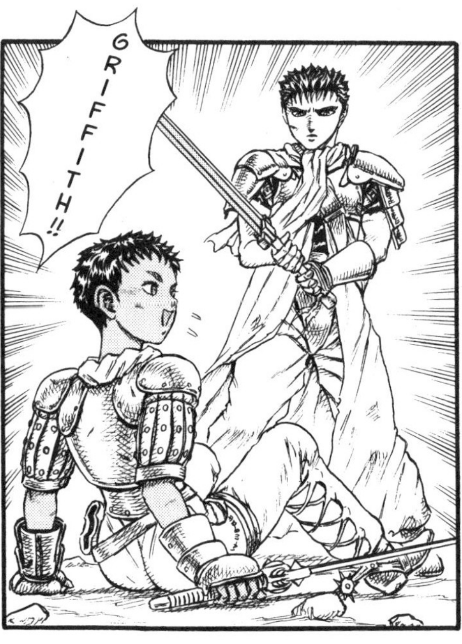
GRIFFITH!!
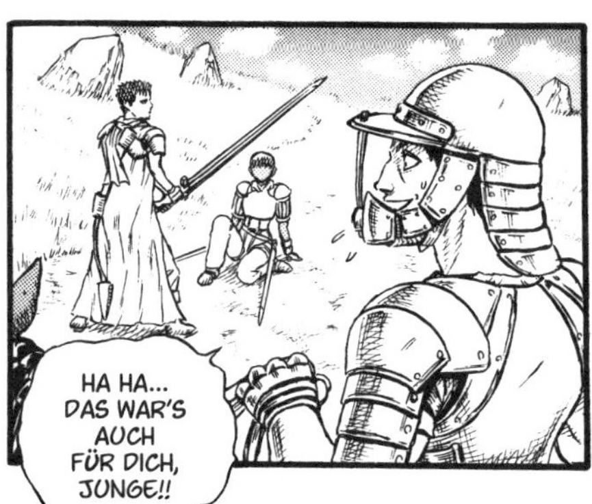
HA HA... DAS WAR'S AUCH FÜR DICH, JUNGE!!
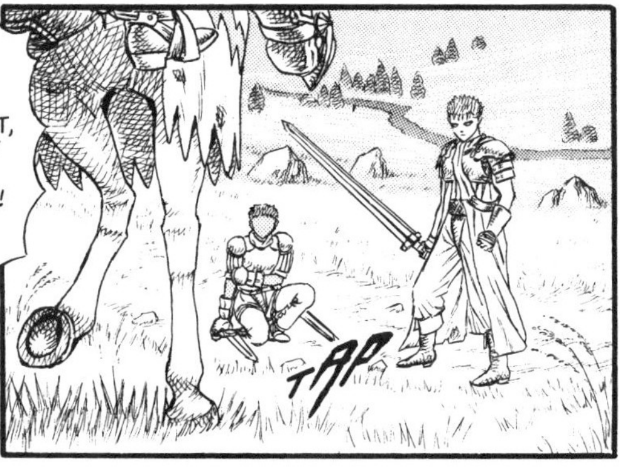
TAP
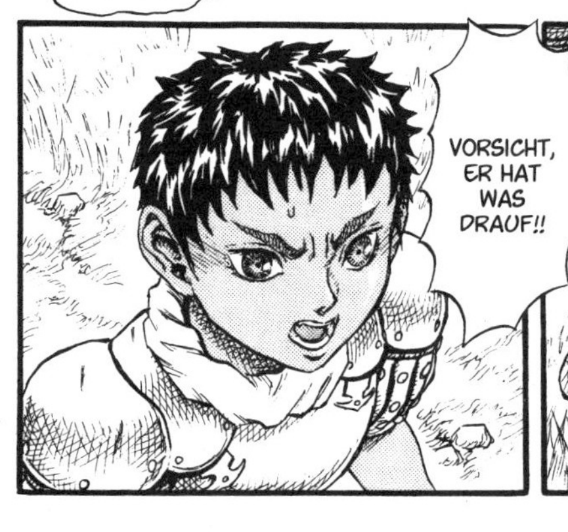
VORSICHT, ER HAT WAS DRAUF!!

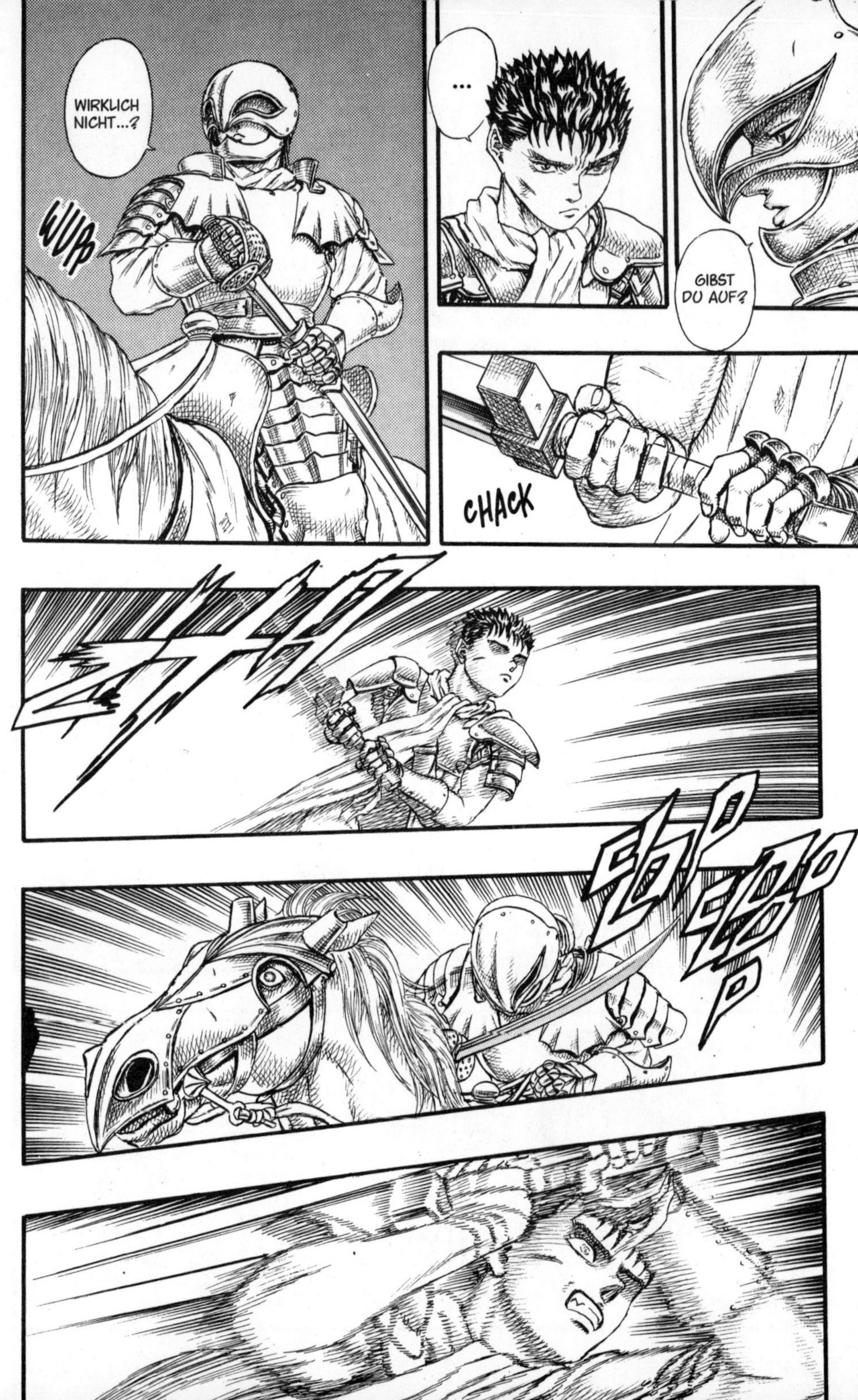
WIRKLICH NICHT...?
WUP
...
GIBST DU AUF?
CHACK

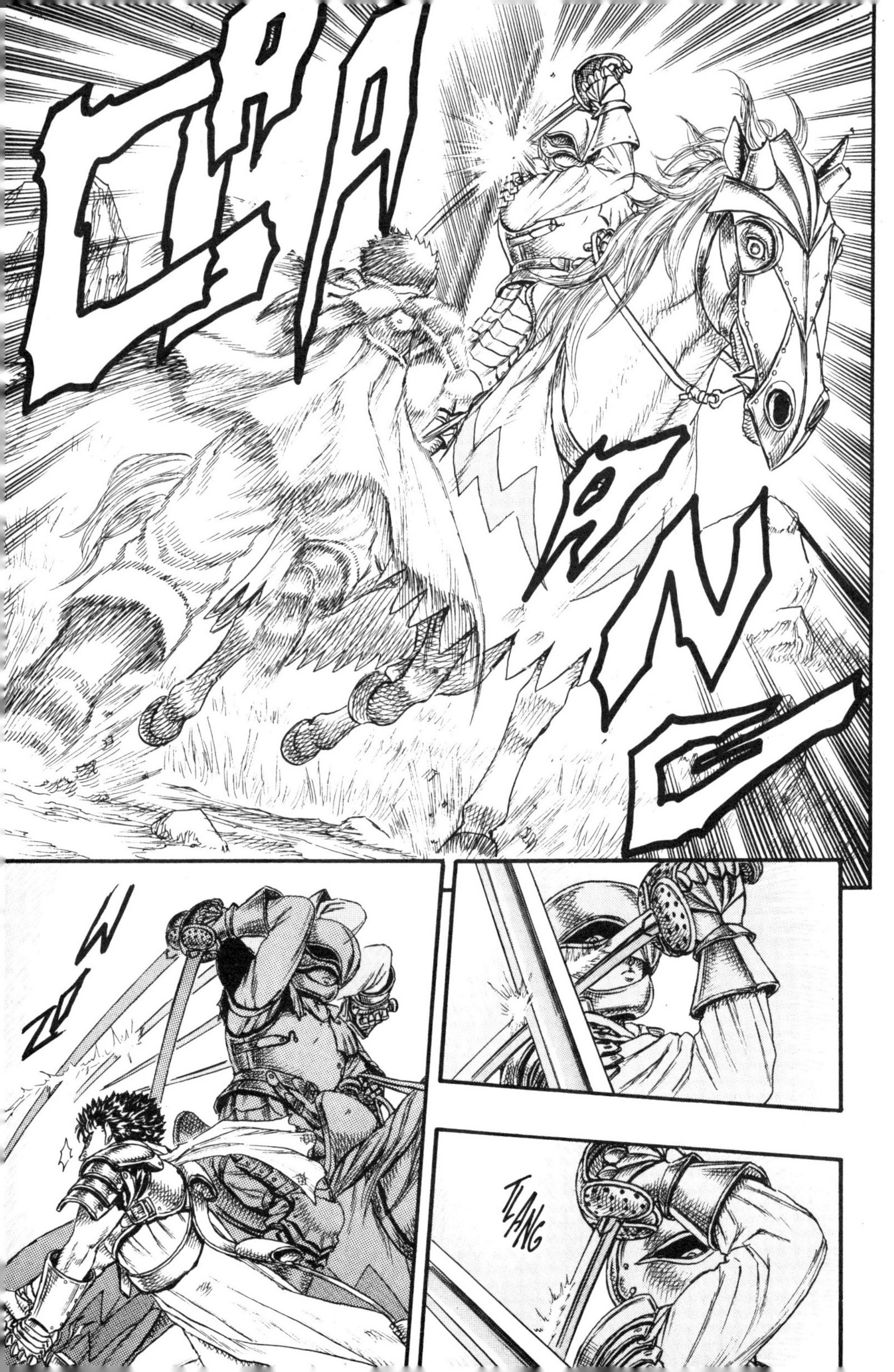
TLANG

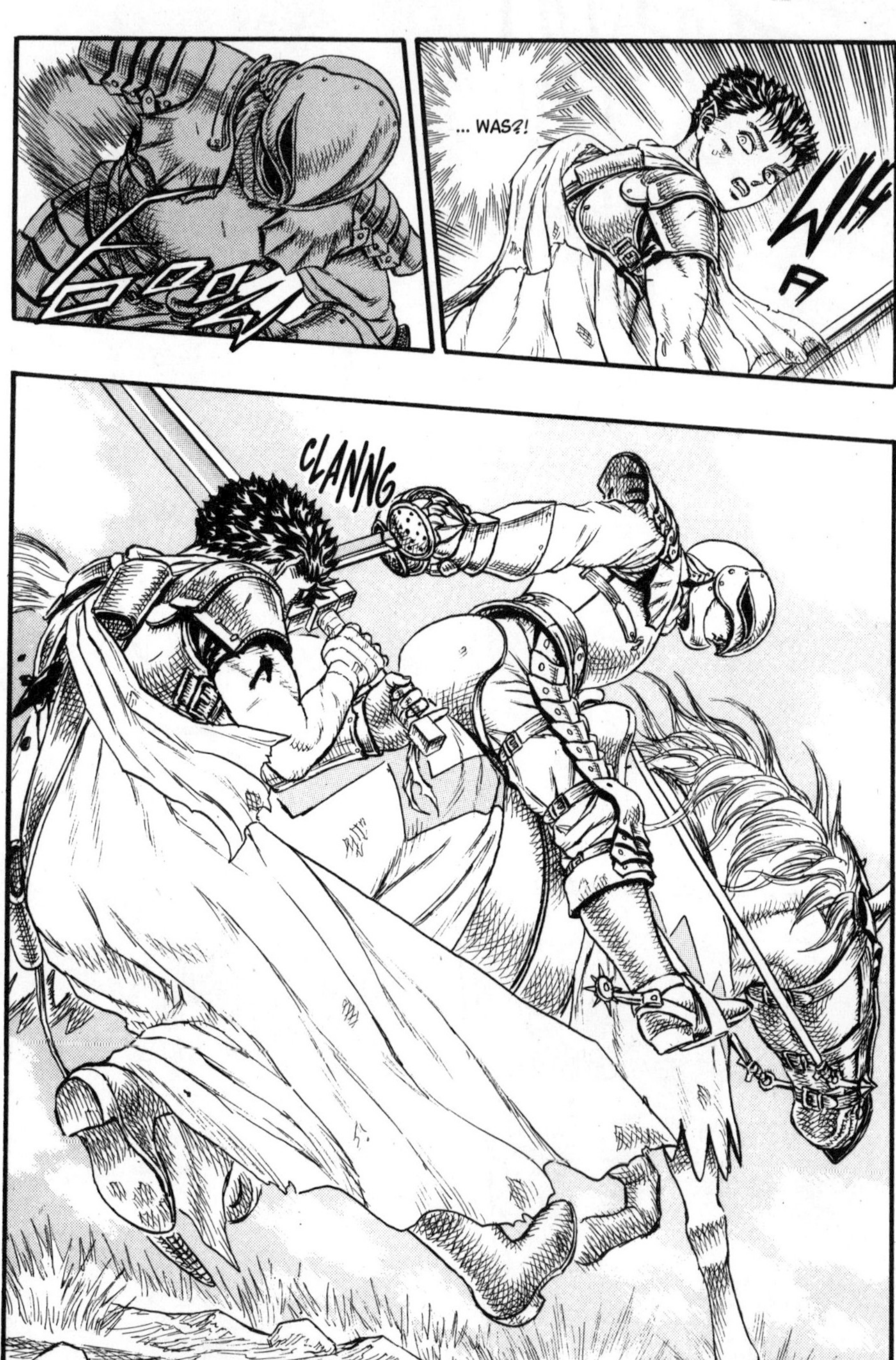

BOOM
... WAS?!
WHA
CLANNG

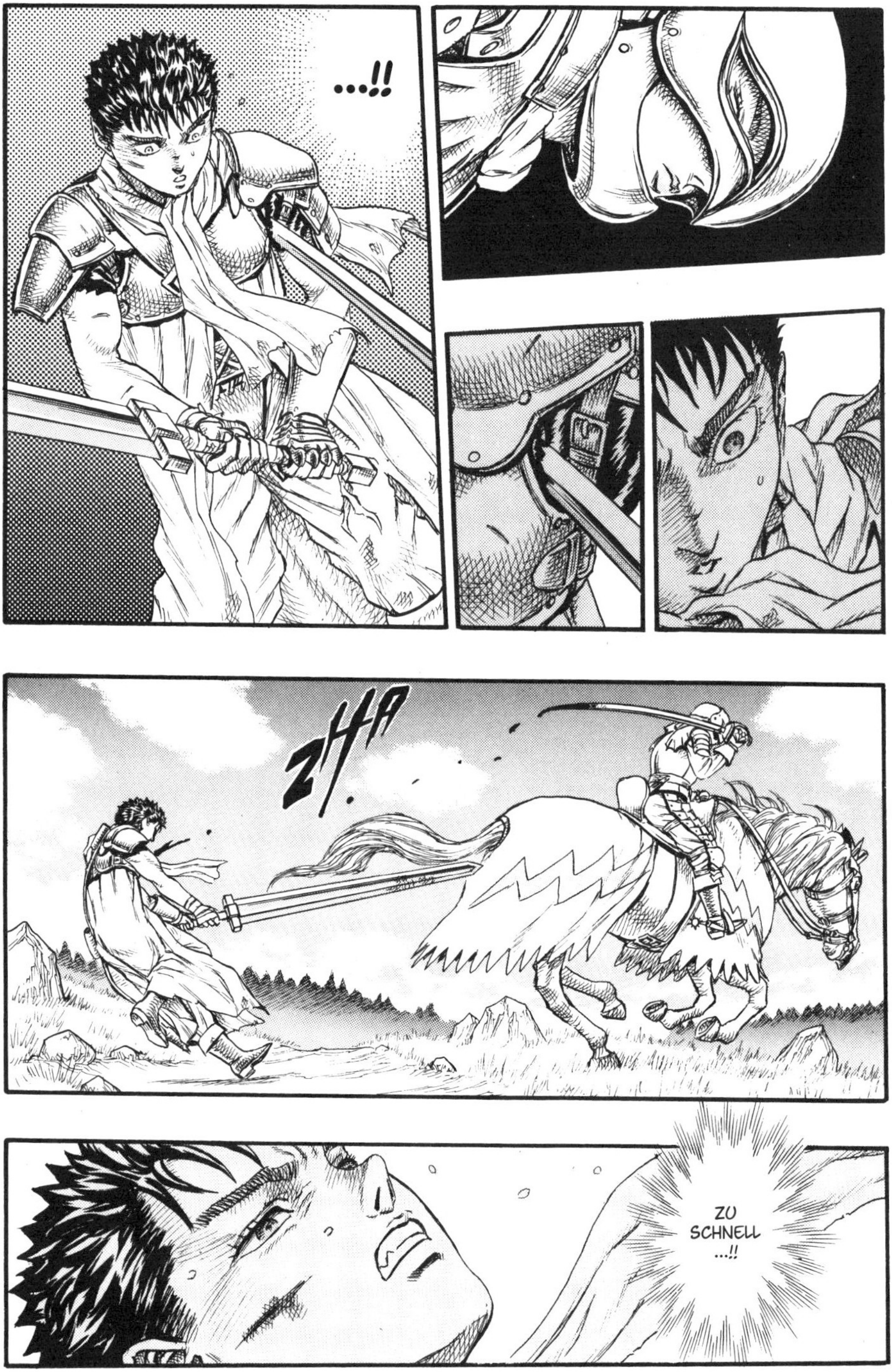

...!!

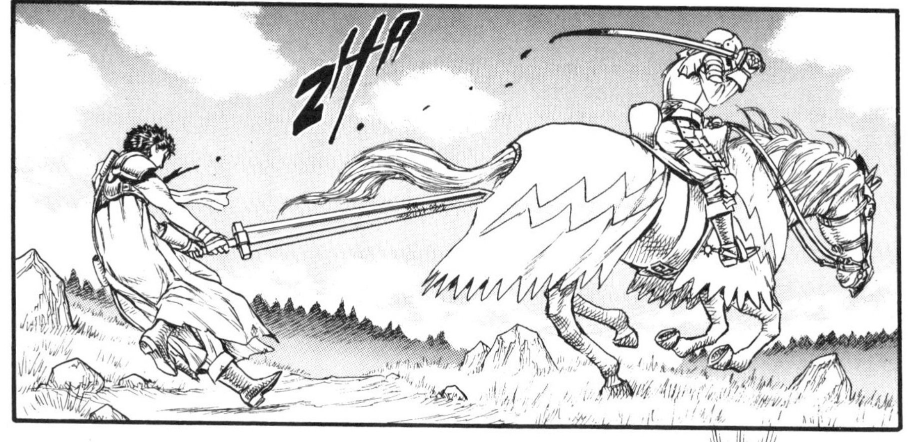
ZHA

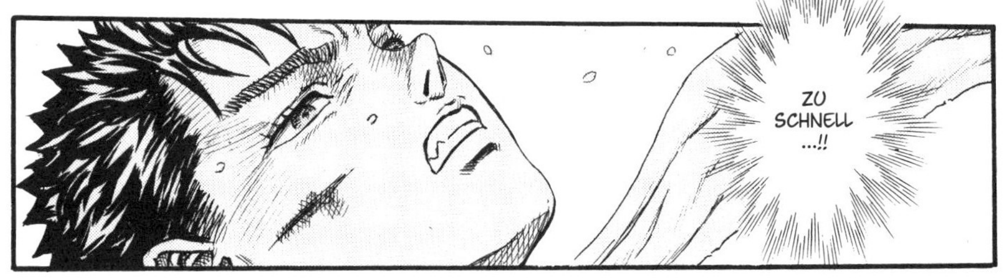
ZU SCHNELL ...!!

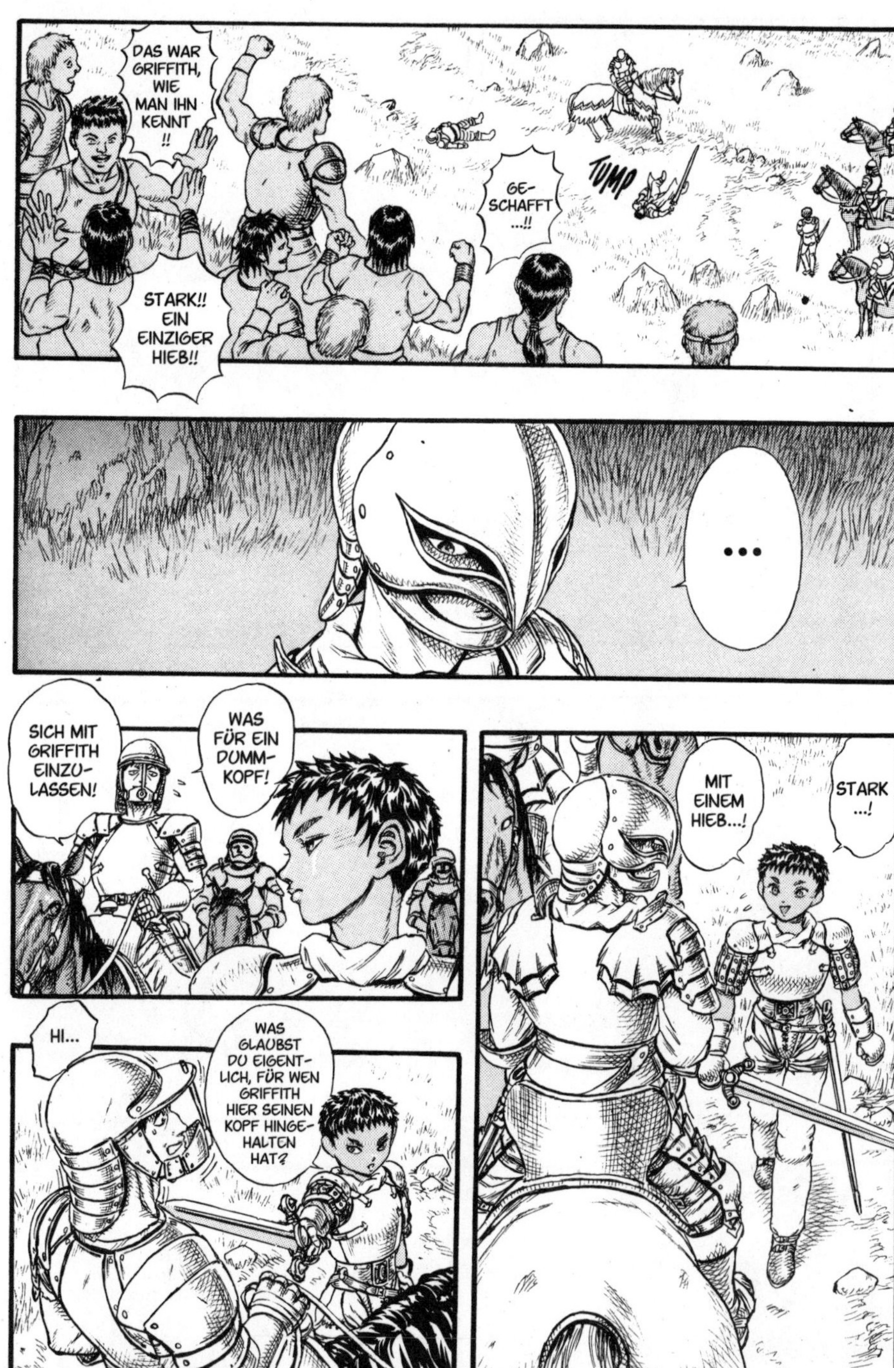
DAS WAR GRIFFITH, WIE MAN IHN KENNT !!
STARK!! EIN EINZIGER HIEB!!
GE-SCHAFFT ...!!
TUMP
...
SICH MIT GRIFFITH EINZU-LASSEN!
WAS FÜR EIN DUMM-KOPF!
STARK ...!
MIT EINEM HIEB...!
HI...
WAS GLAUBST DU EIGENT-LICH, FÜR WEN GRIFFITH HIER SEINEN KOPF HINGE-HALTEN HAT?

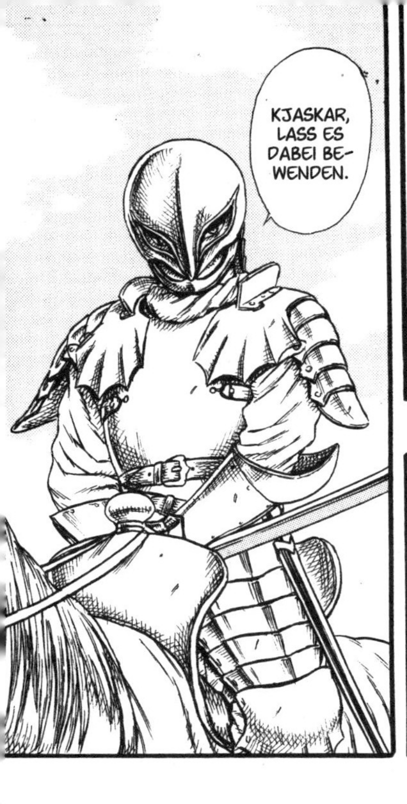
KJASKAR, LASS ES DABEI BE-WENDEN.

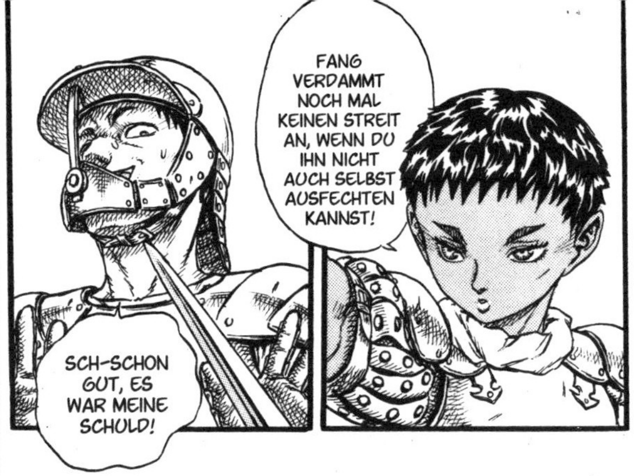
FANG VERDAMMT NOCH MAL KEINEN STREIT AN, WENN DU IHN NICHT AUCH SELBST AUSFECHTEN KANNST!
SCH-SCHON GUT, ES WAR MEINE SCHULD!

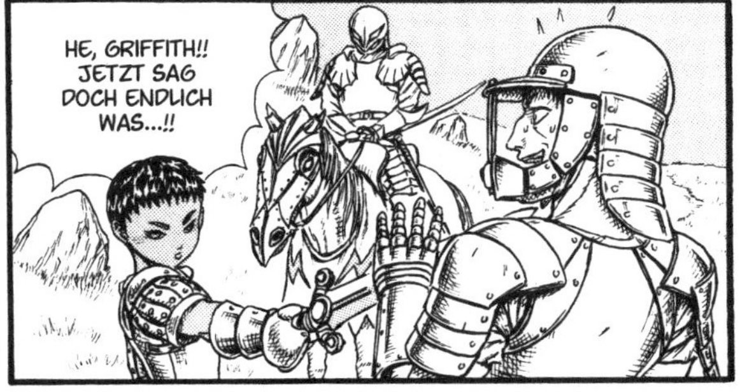
HE, GRIFFITH!! JETZT SAG DOCH ENDLICH WAS...!!

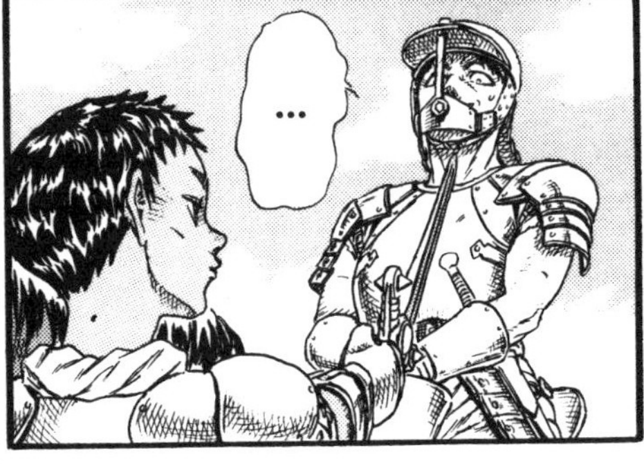
...

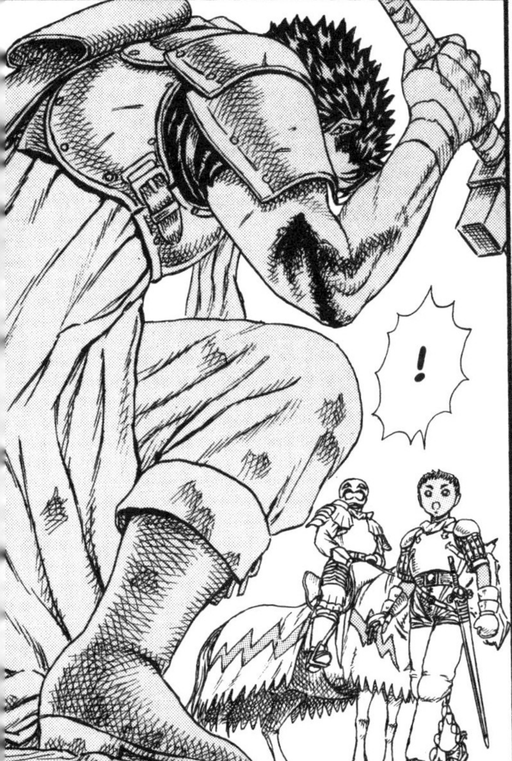
!

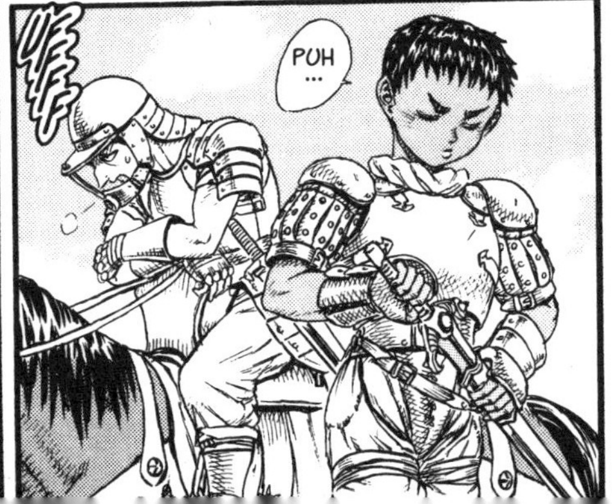
PUH ...

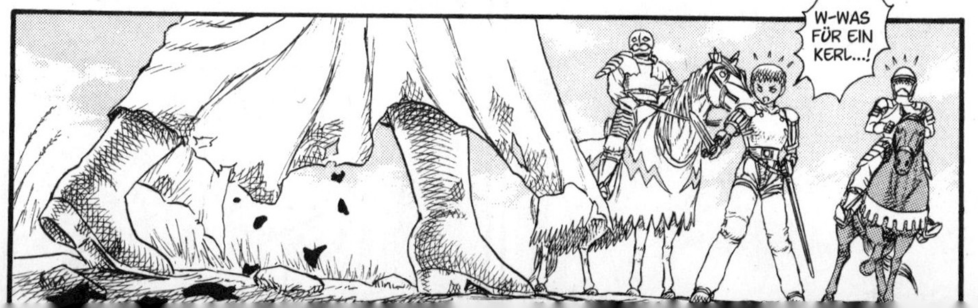
W-WAS FÜR EIN KERL...!

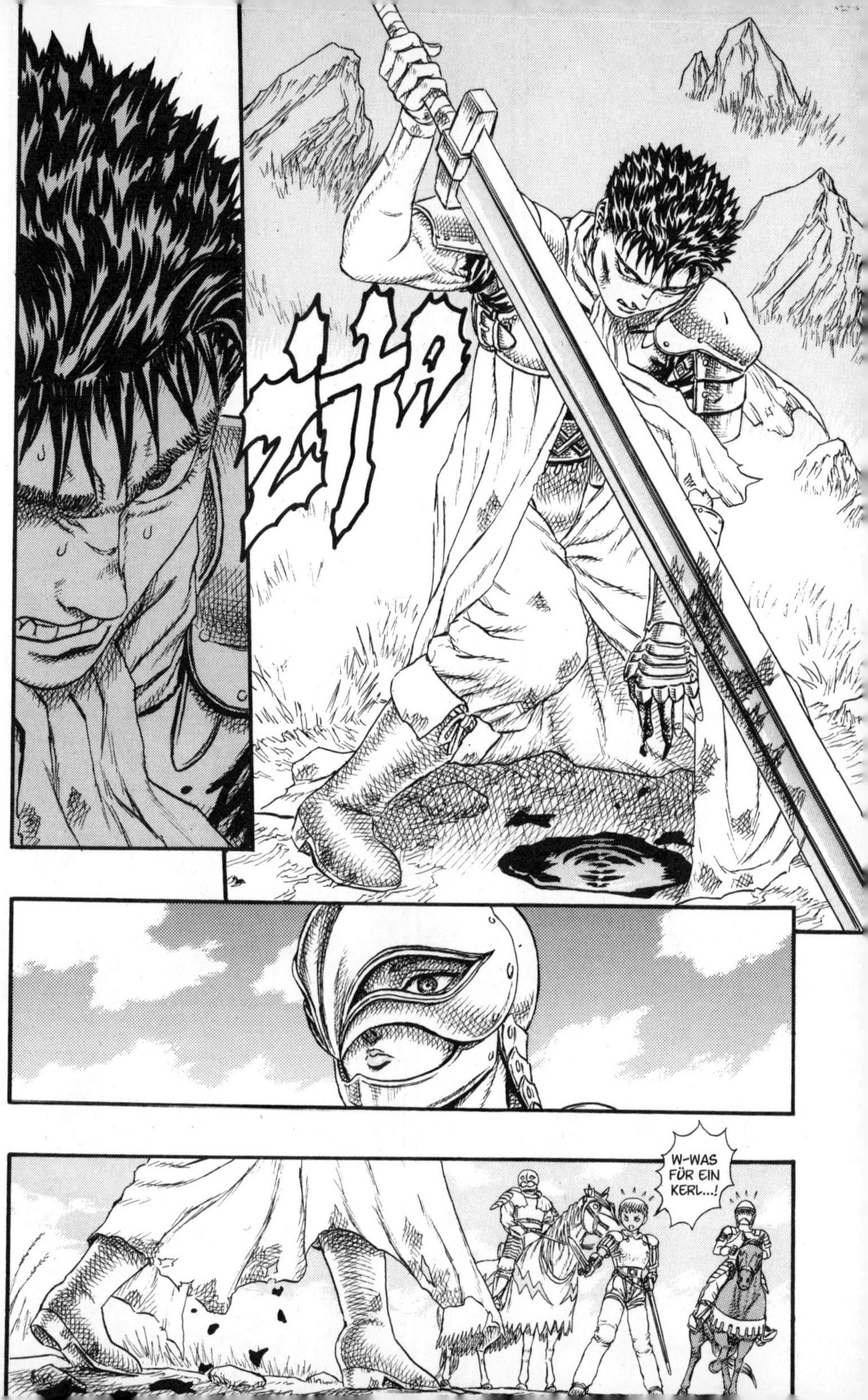

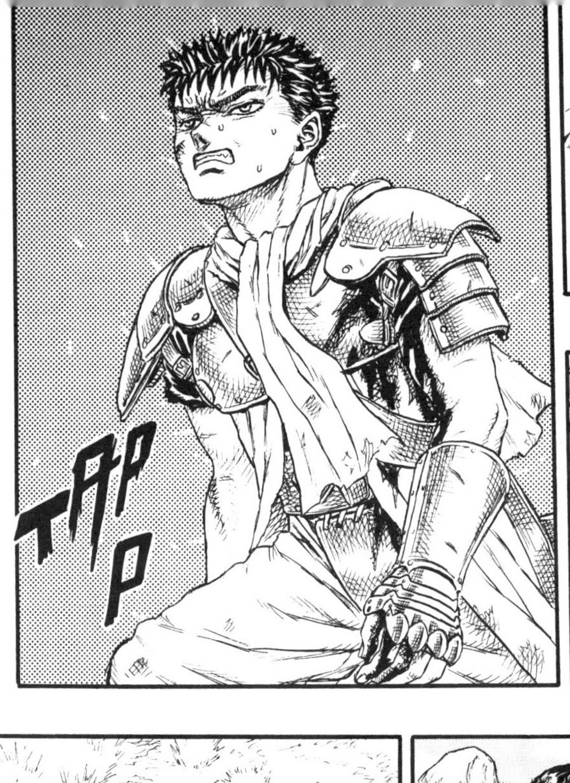
TAPP
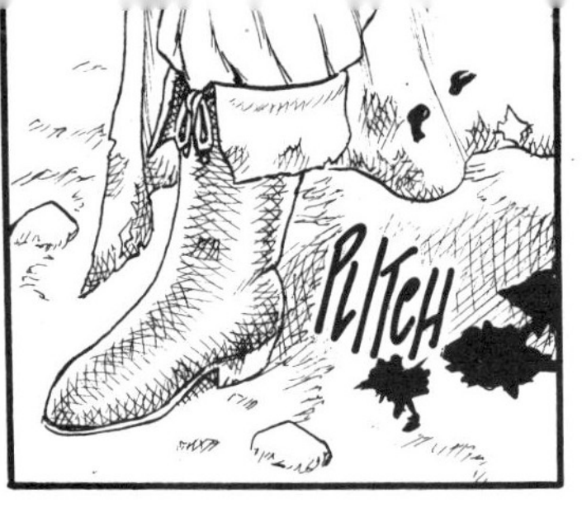
PLITCH
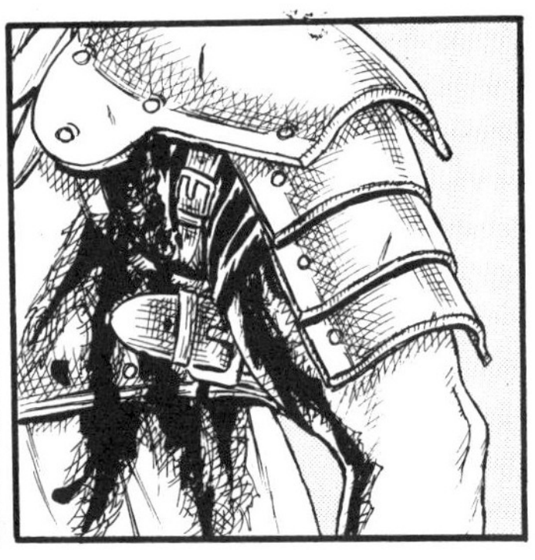
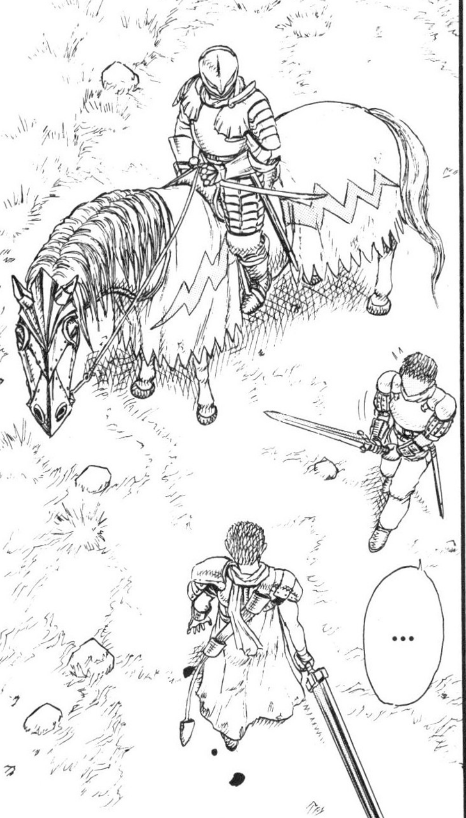
...
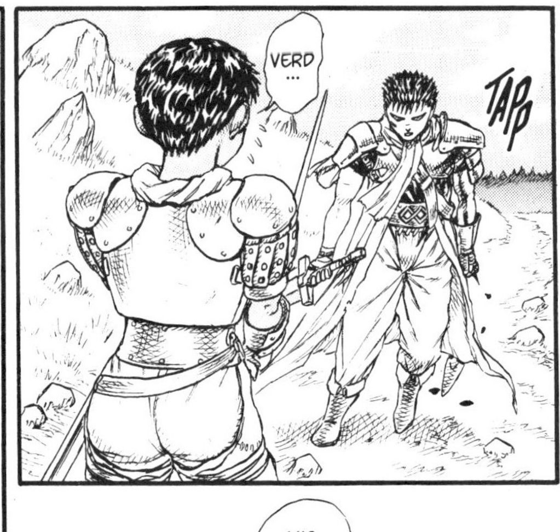
TAPP
VERD ...
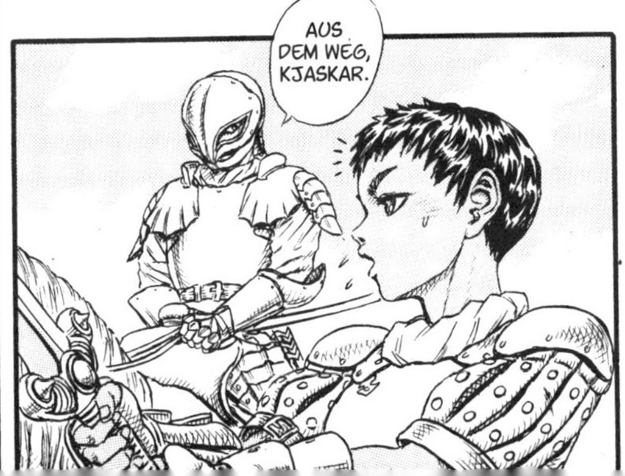
AUS DEM WEG, KJASKAR.

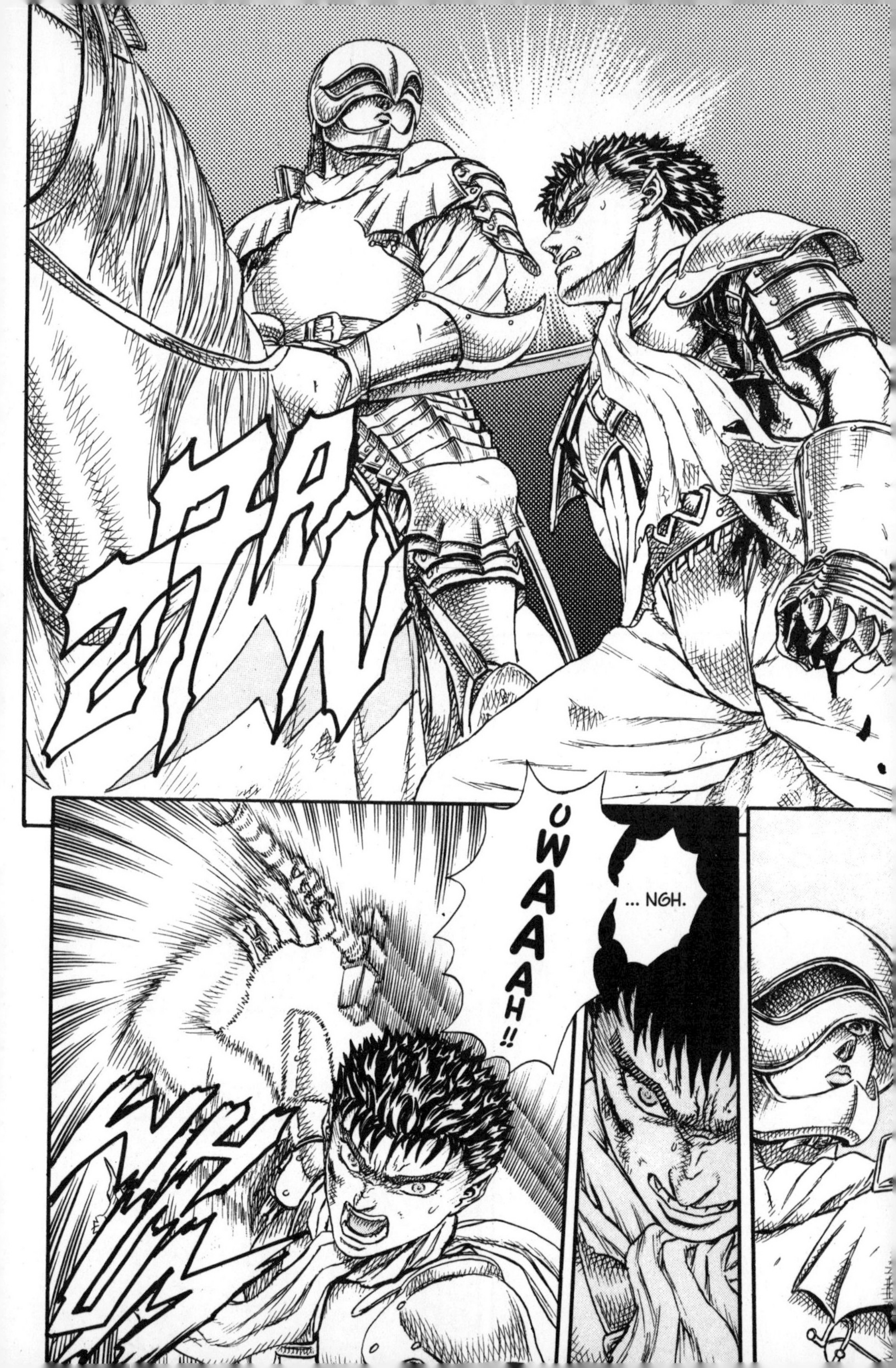
UWAAAH!!
... NGH.

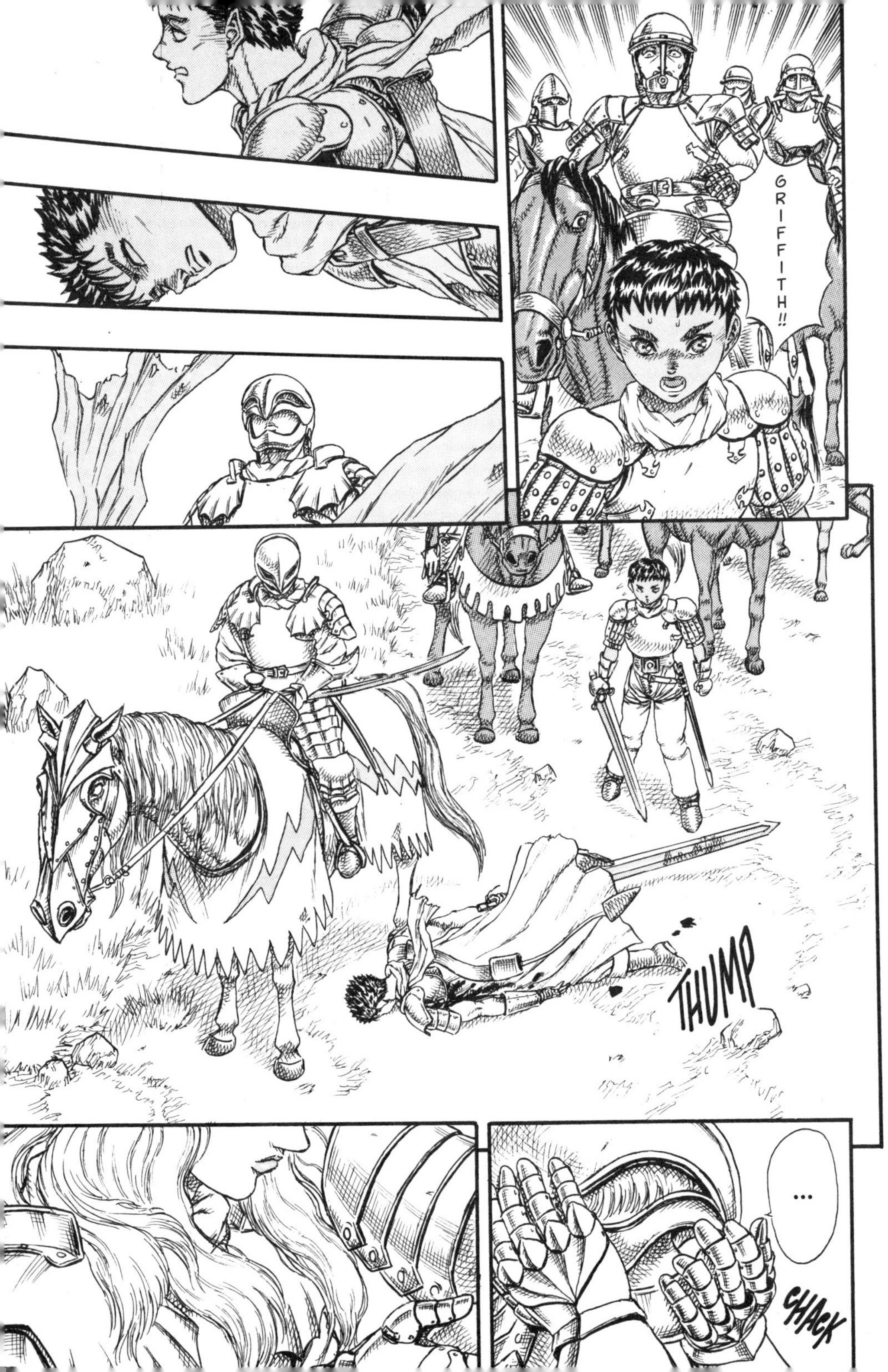
GRIFFITH!!
THUMP
...
CHACK

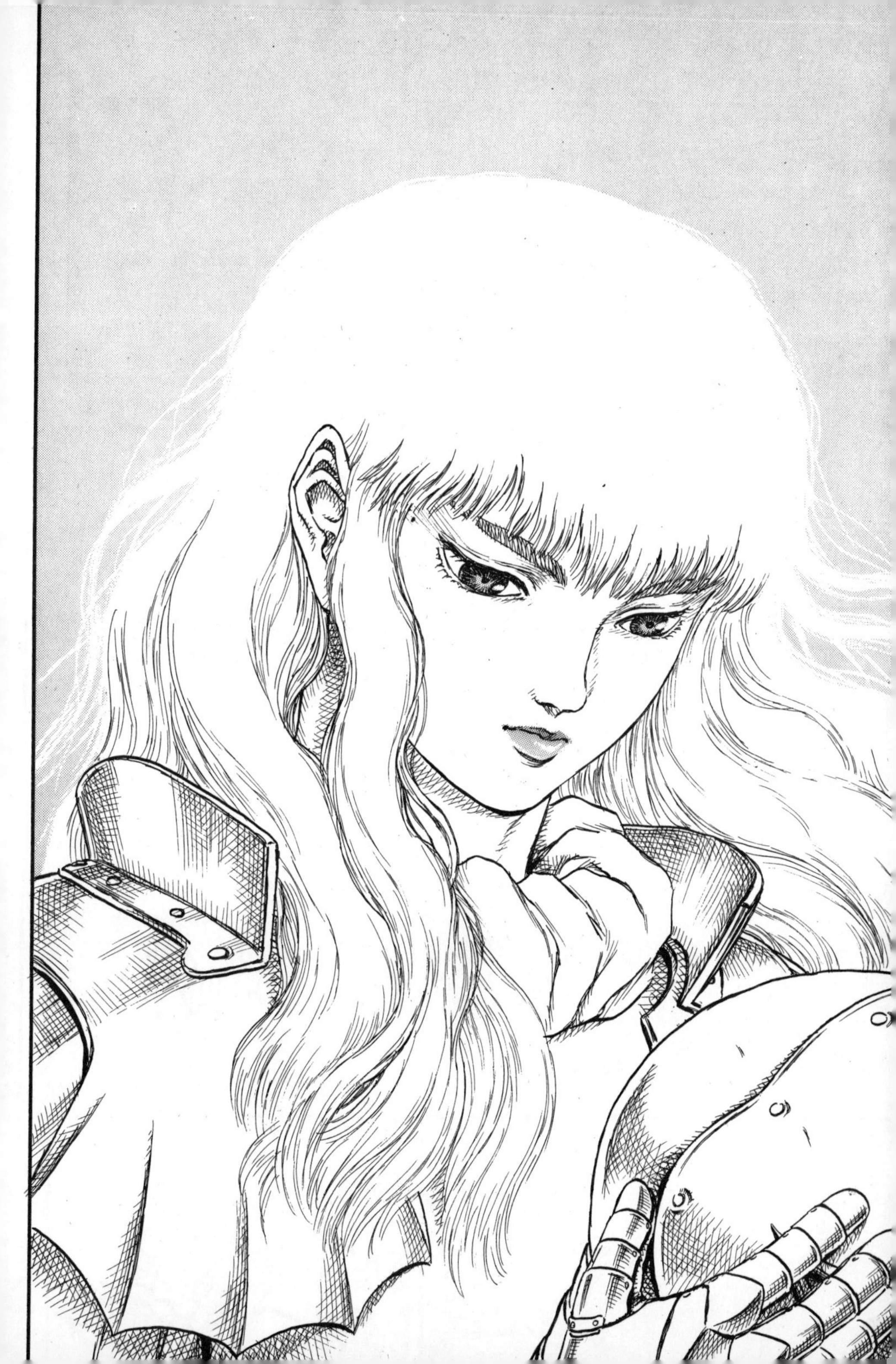

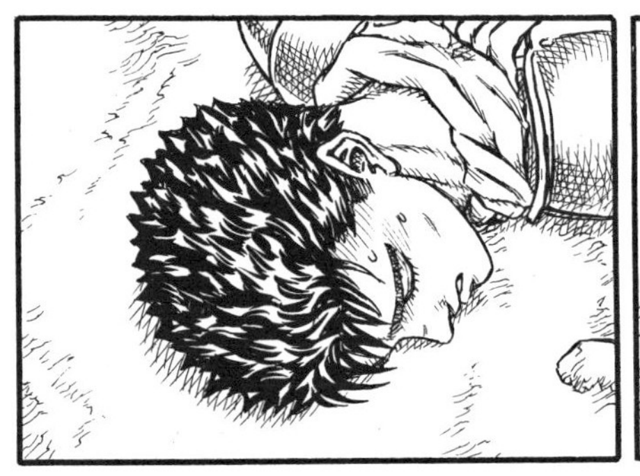

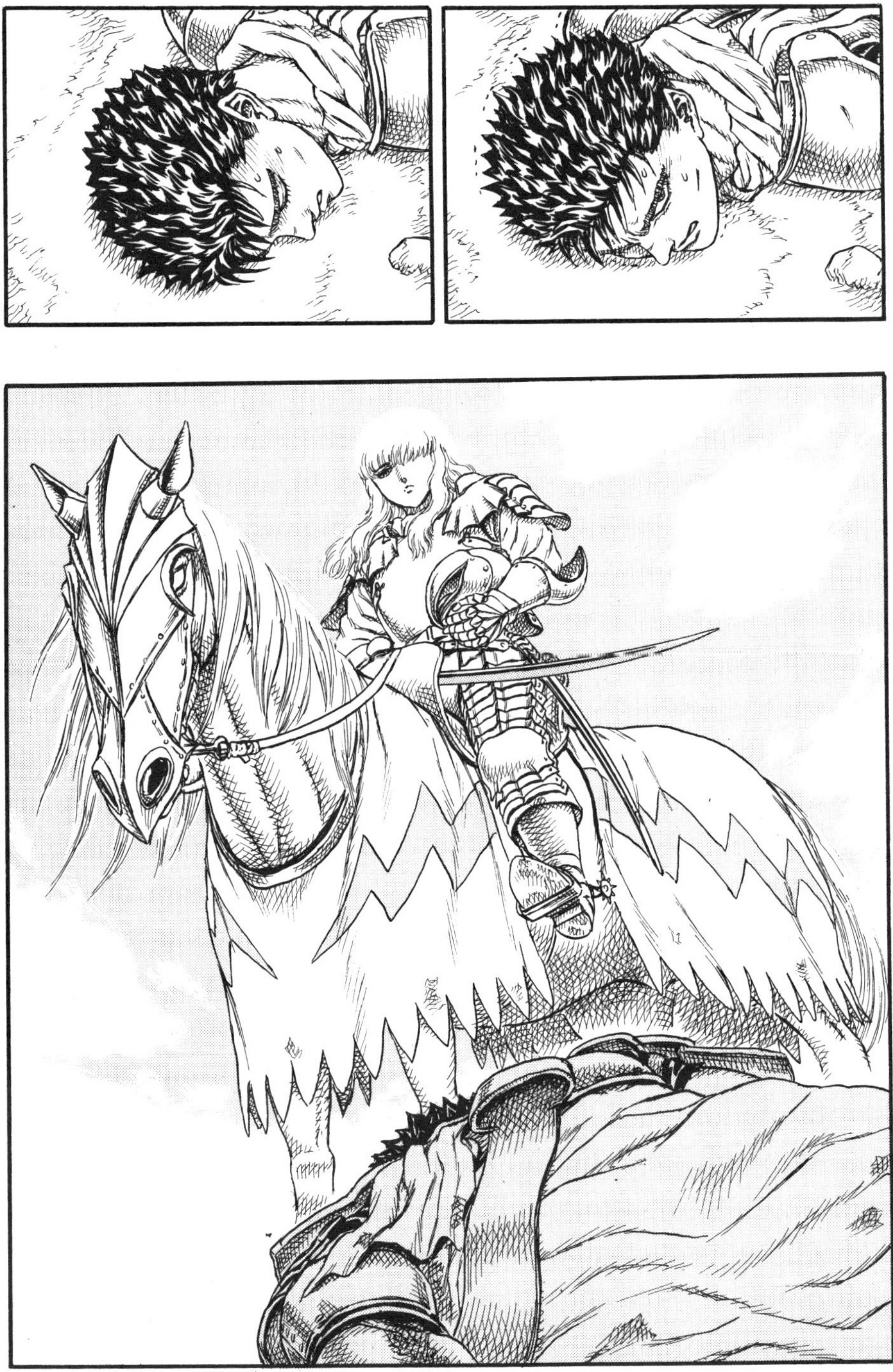

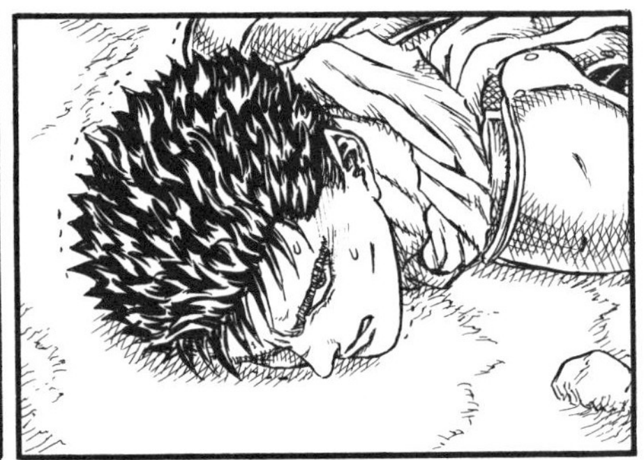

DAS GOLDENE ZEITALTER (4) – ENDE

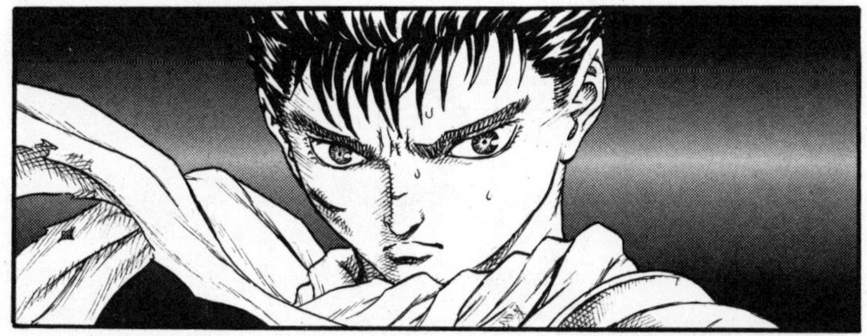

BERSERK

DAS GOLDENE ZEITALTER (5)

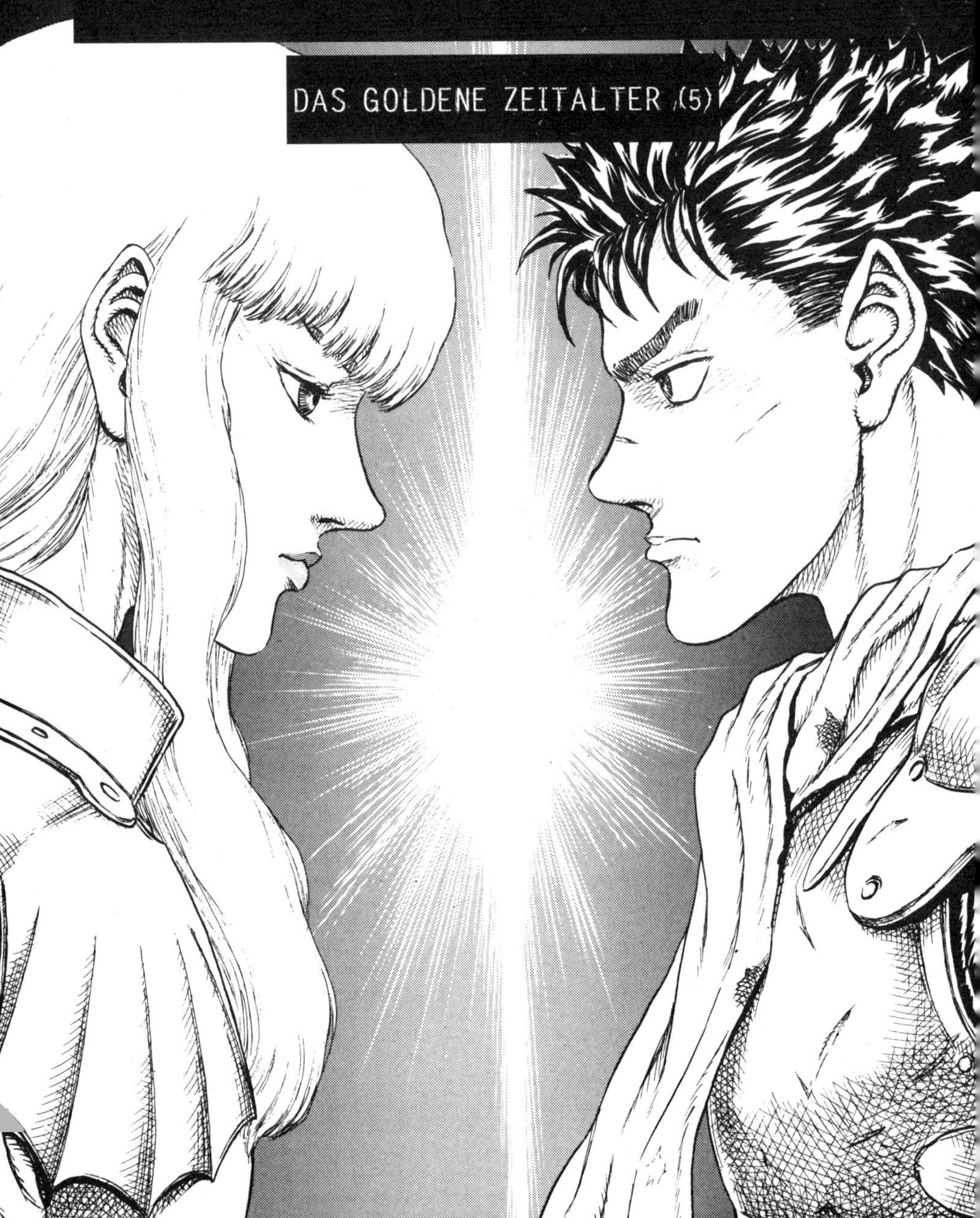

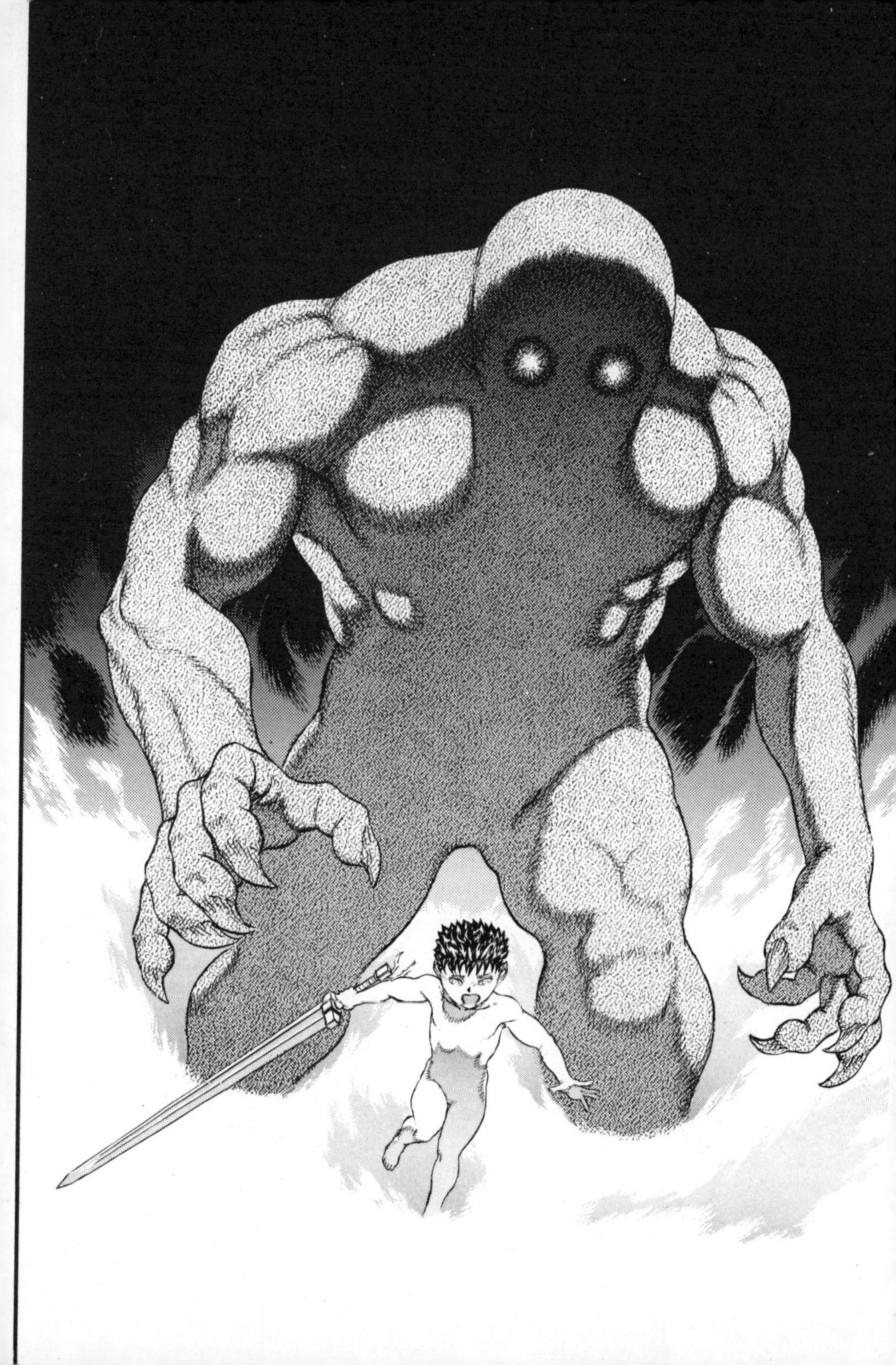

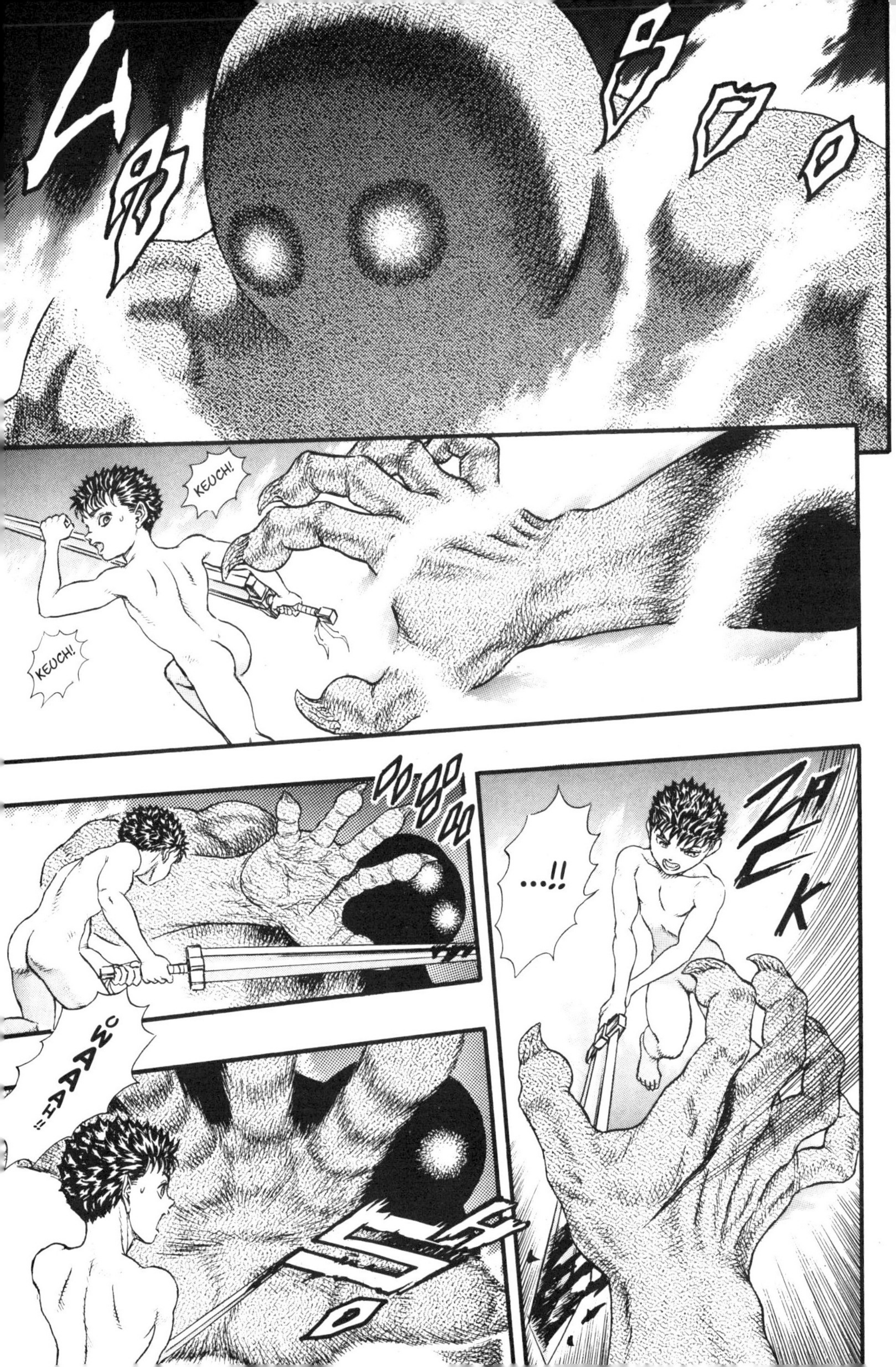
KEUCH!
KEUCH!
...!!
ZACK
WAAAH!!

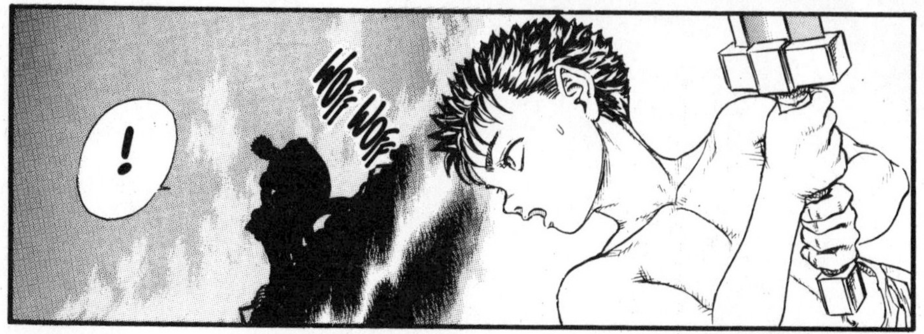

WOFF WOFF
!

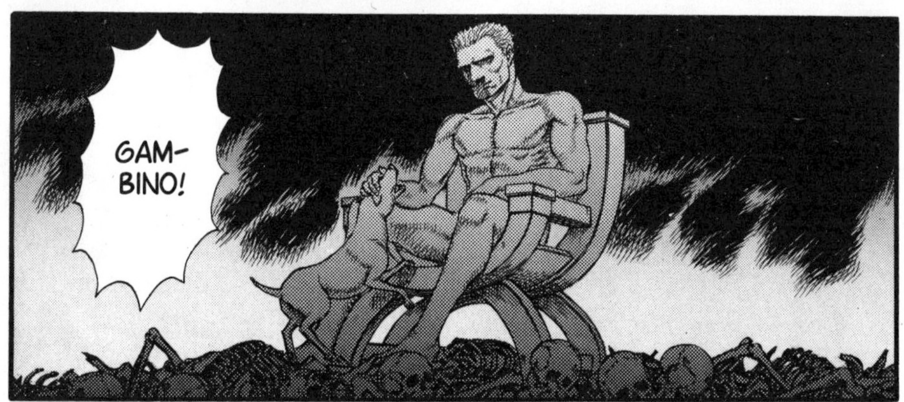

GAM-BINO!

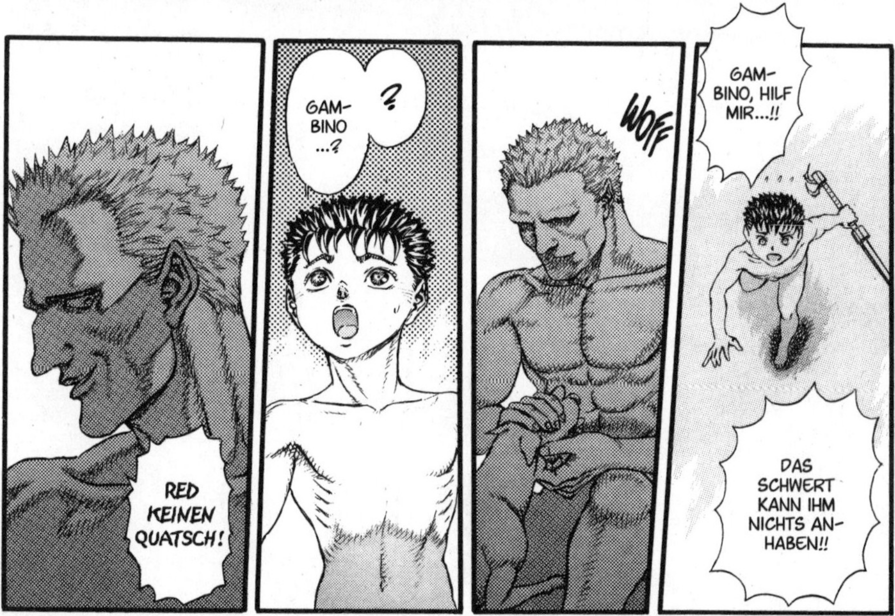

GAM-BINO, HILF MIR...!!
DAS SCHWERT KANN IHM NICHTS AN-HABEN!!
WOFF
GAM-BINO ...?
?
RED KEINEN QUATSCH!

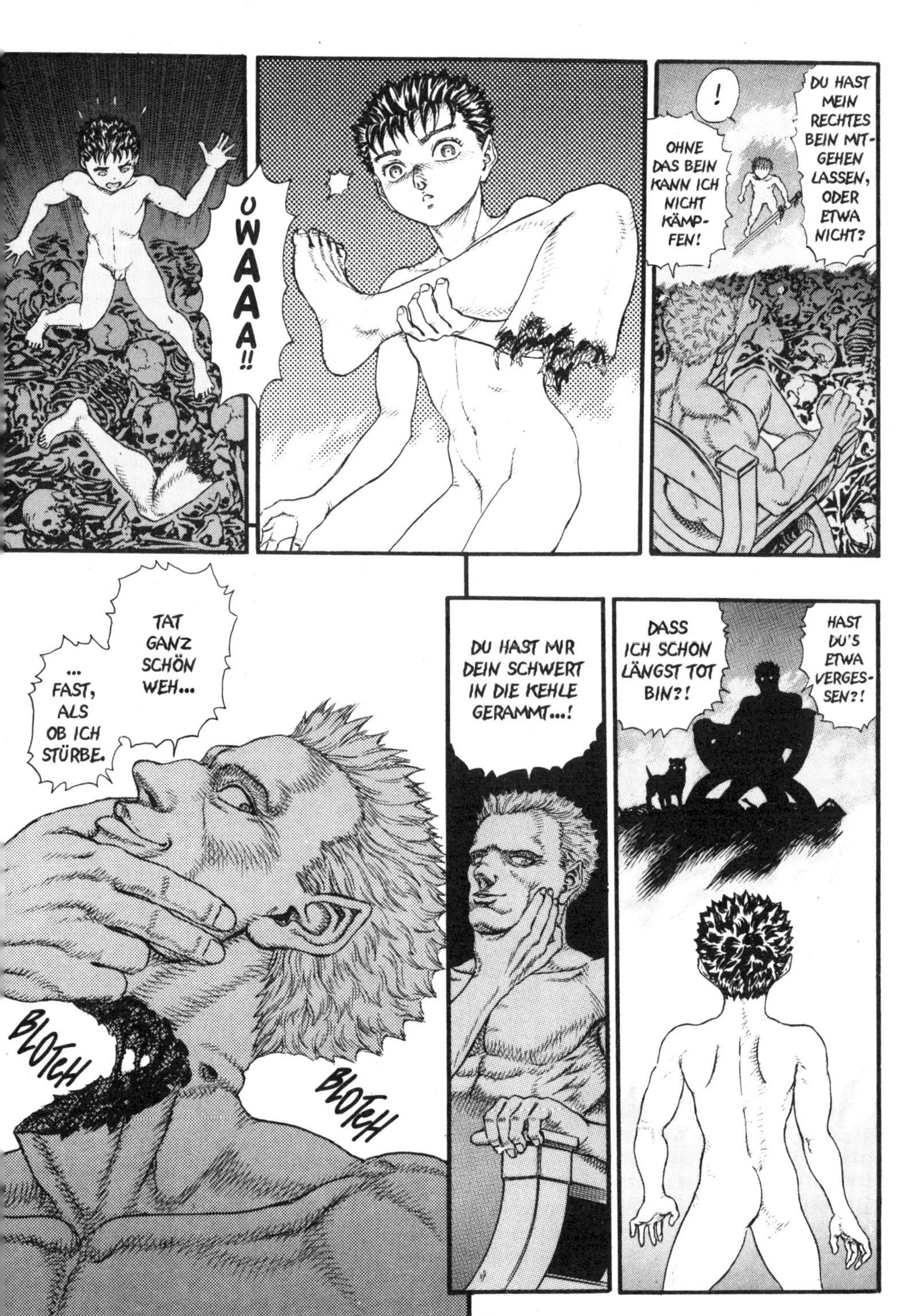
!
DU HAST MEIN RECHTES BEIN MITGEHEN LASSEN, ODER ETWA NICHT?
OHNE DAS BEIN KANN ICH NICHT KÄMPFEN!
UWAAAA!!
HAST DU'S ETWA VERGESSEN?!
DASS ICH SCHON LÄNGST TOT BIN?!
DU HAST MIR DEIN SCHWERT IN DIE KEHLE GERAMMT...!
TAT GANZ SCHÖN WEH...
... FAST, ALS OB ICH STÜRBE.
BLOTCH
BLOTCH

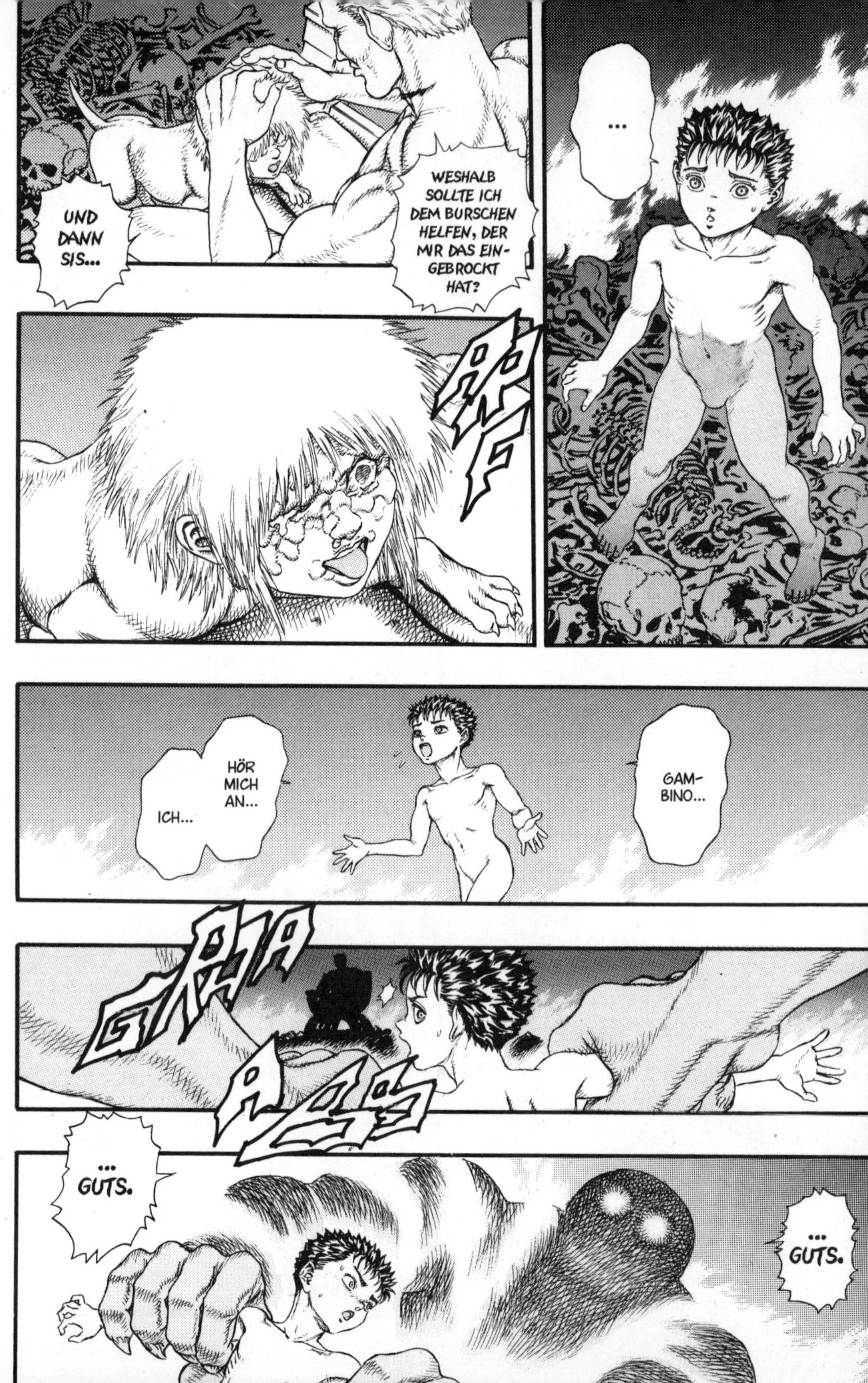
WESHALB SOLLTE ICH DEM BURSCHEN HELFEN, DER MIR DAS EINGEBROCKT HAT?
UND DANN SIS...
...
GAMBINO...
HÖR MICH AN...
ICH...
... GUTS.
... GUTS.

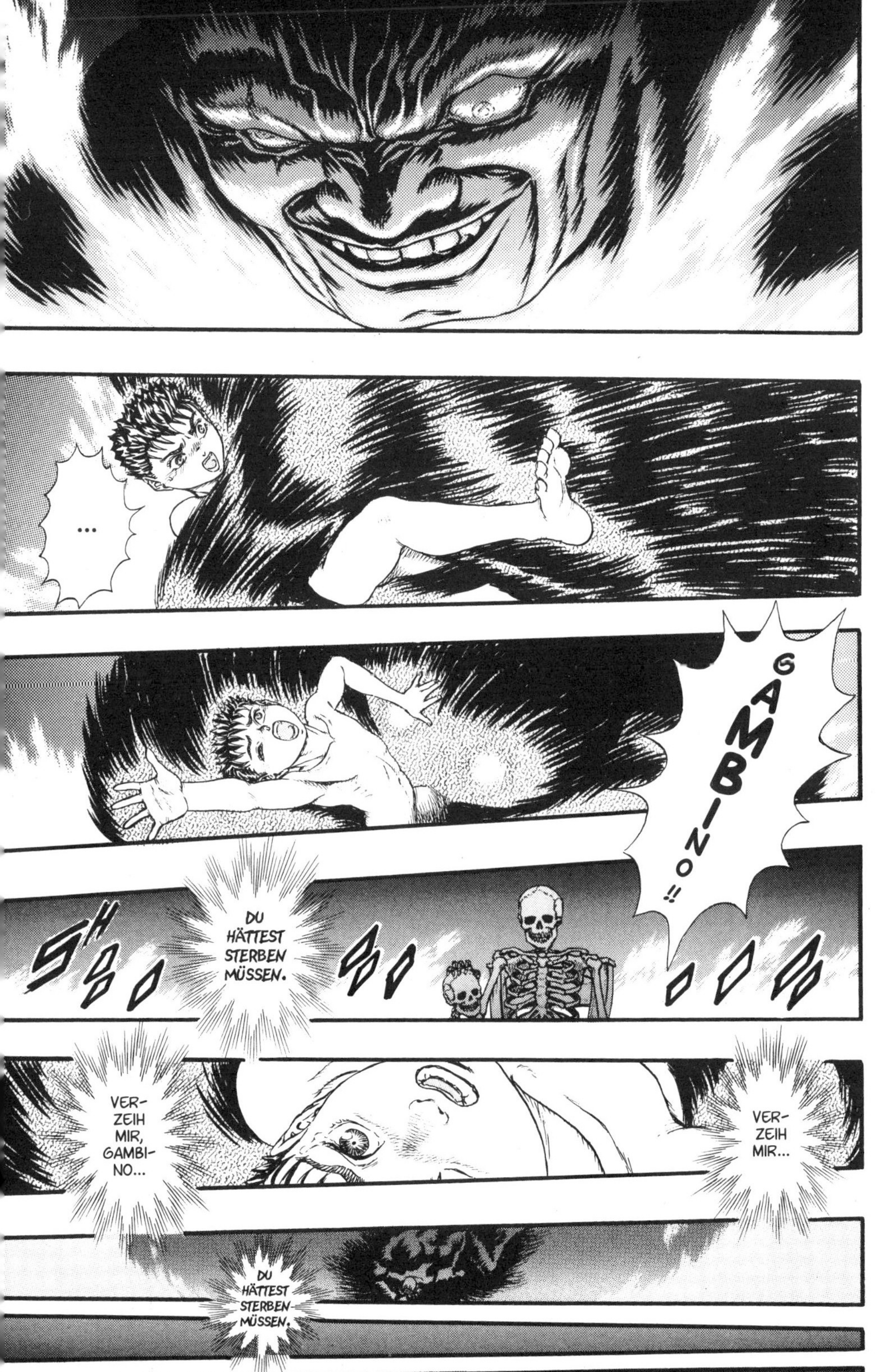
...
GAMBINO!!
SHOOOOOOOOO
DU HÄTTEST STERBEN MÜSSEN.
VERZEIH MIR...
VERZEIH MIR, GAMBINO...
DU HÄTTEST STERBEN MÜSSEN.

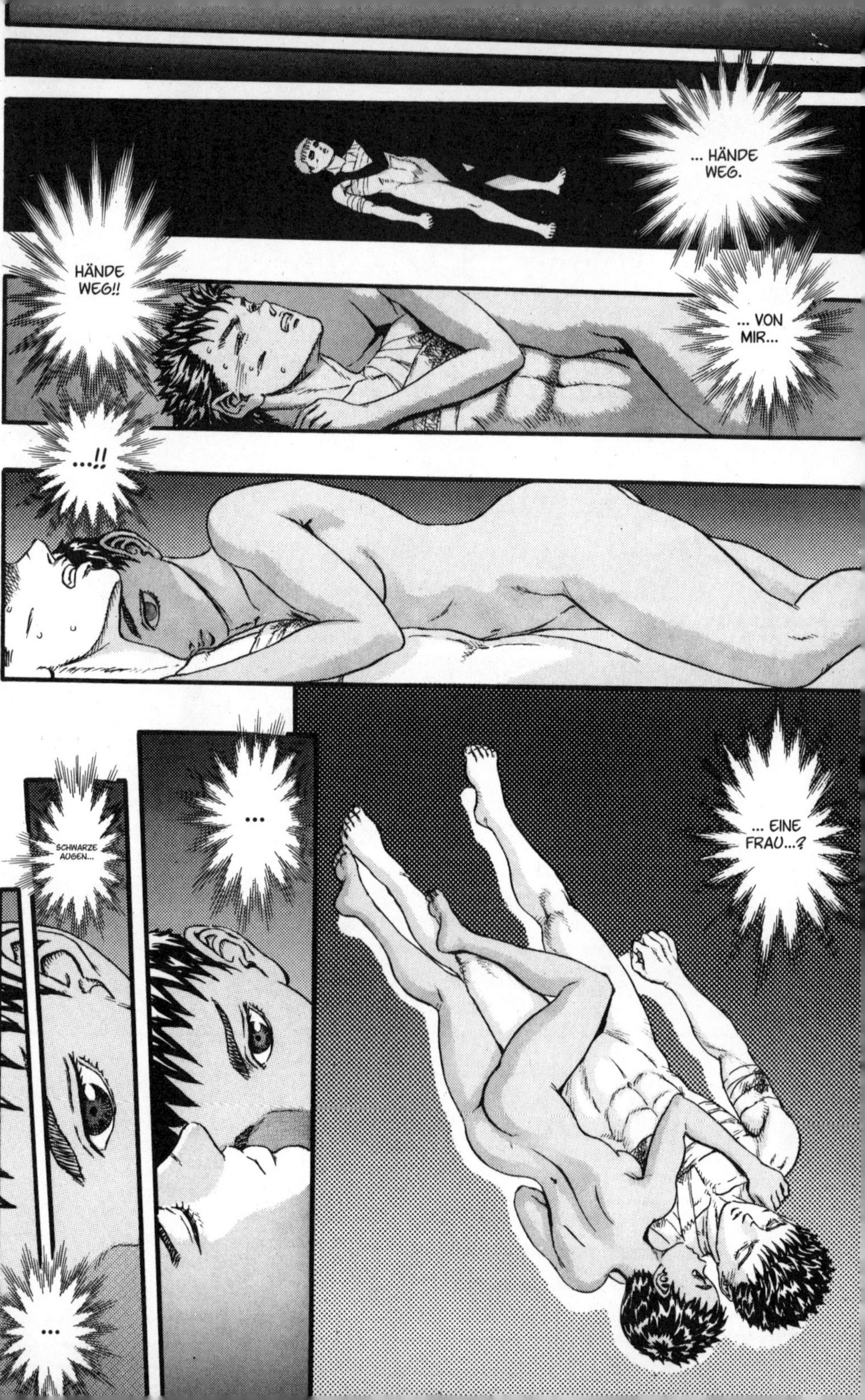

... HÄNDE WEG.

HÄNDE WEG!!

... VON MIR...

...!!

... EINE FRAU...?

...

SCHWARZE AUGEN...

...

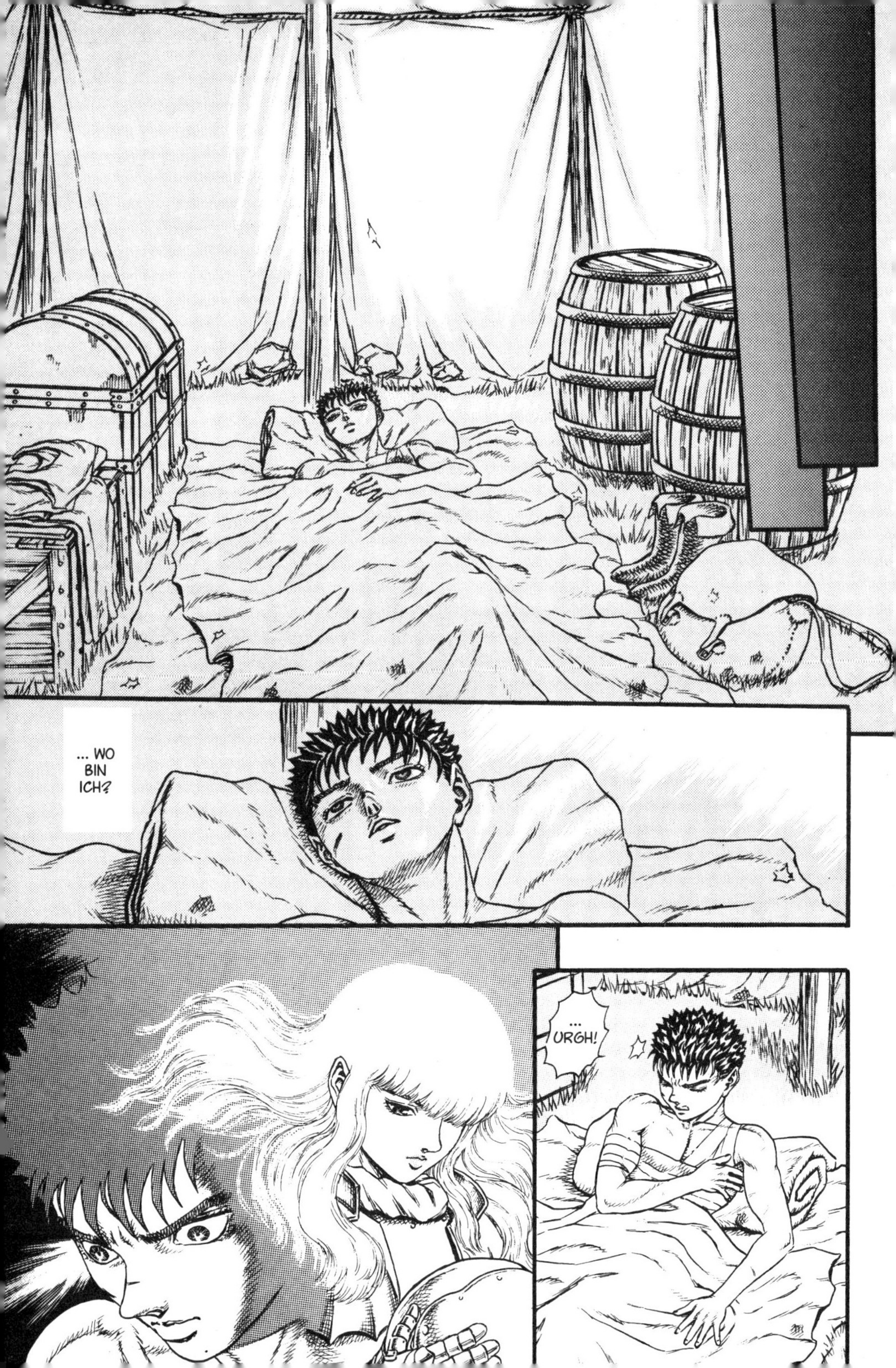
... WO BIN ICH?
... URGH!

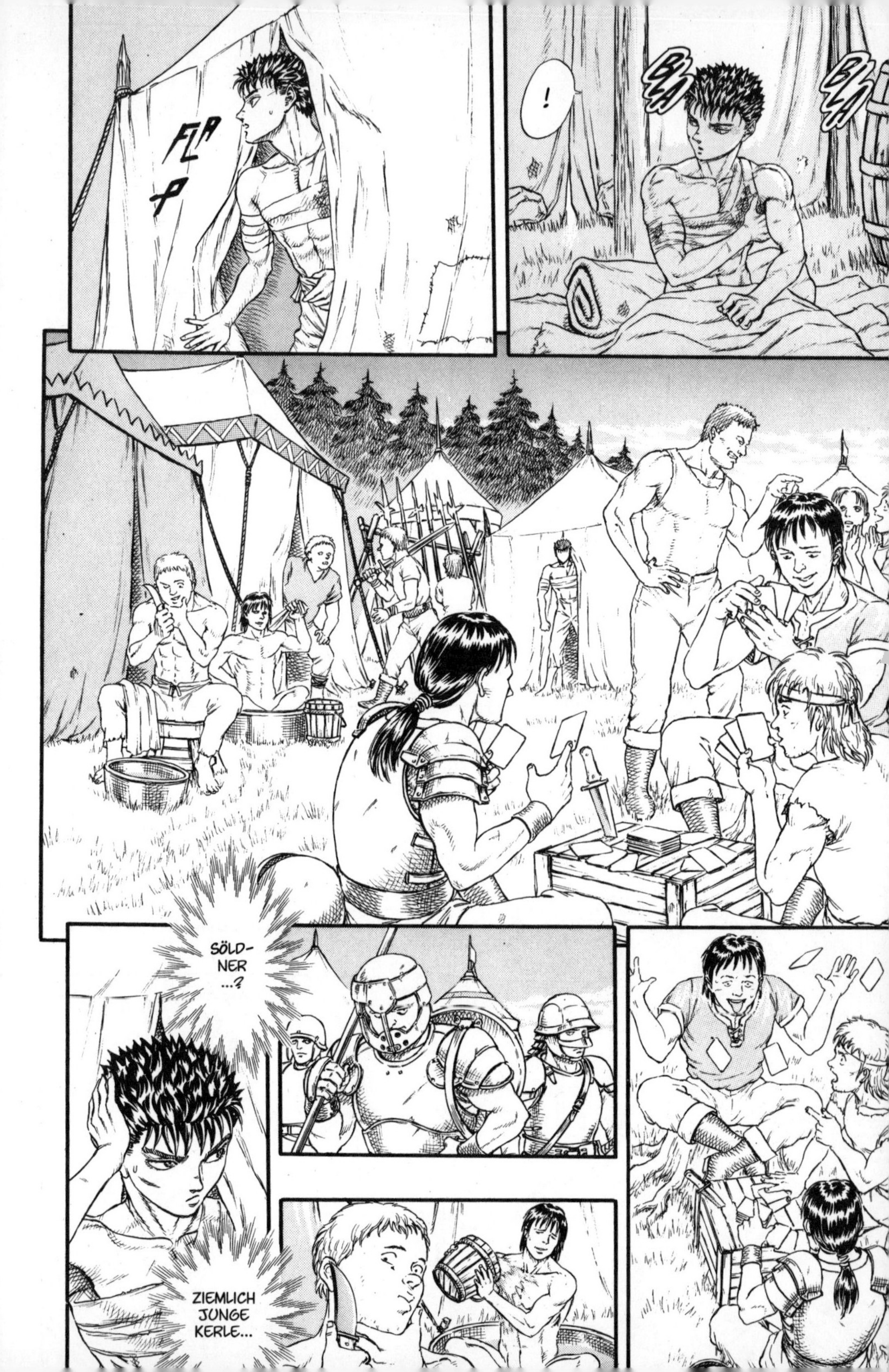
FLAP
!
BLA
BLA
SÖLD-
NER
...?
ZIEMLICH
JUNGE
KERLE...

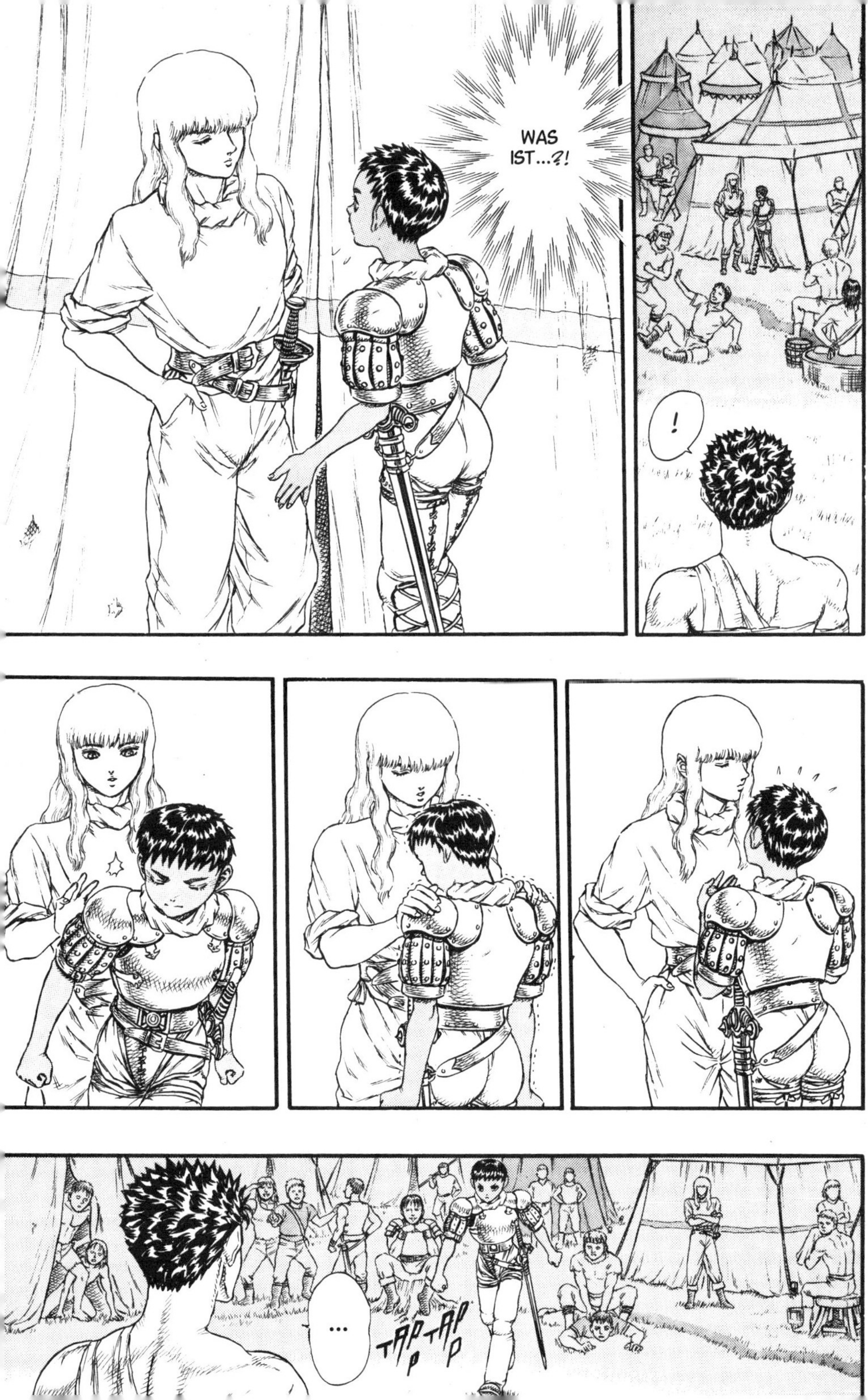

WAS IST...?!
!

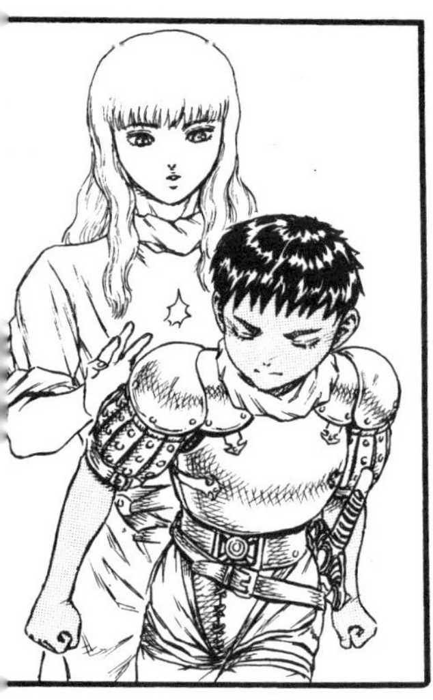

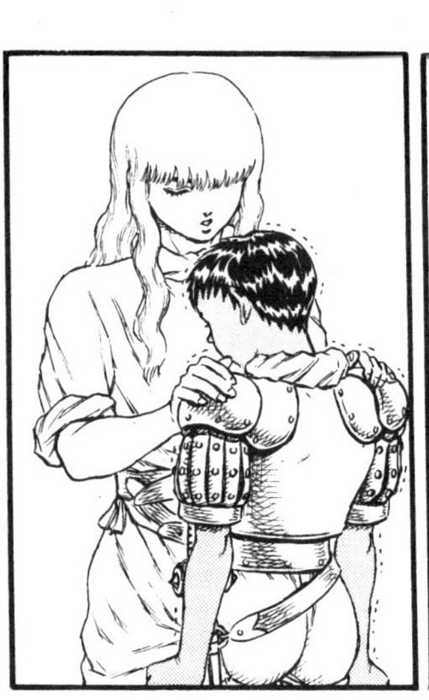

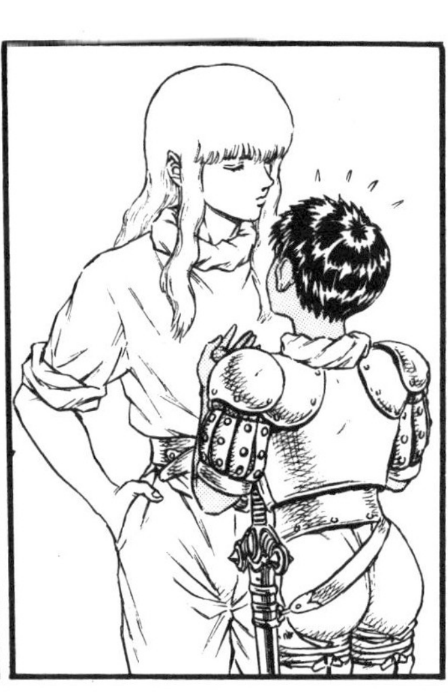

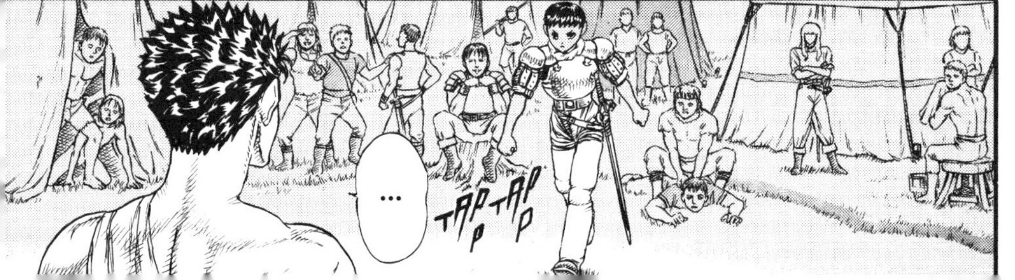
...
TAPP TAPP

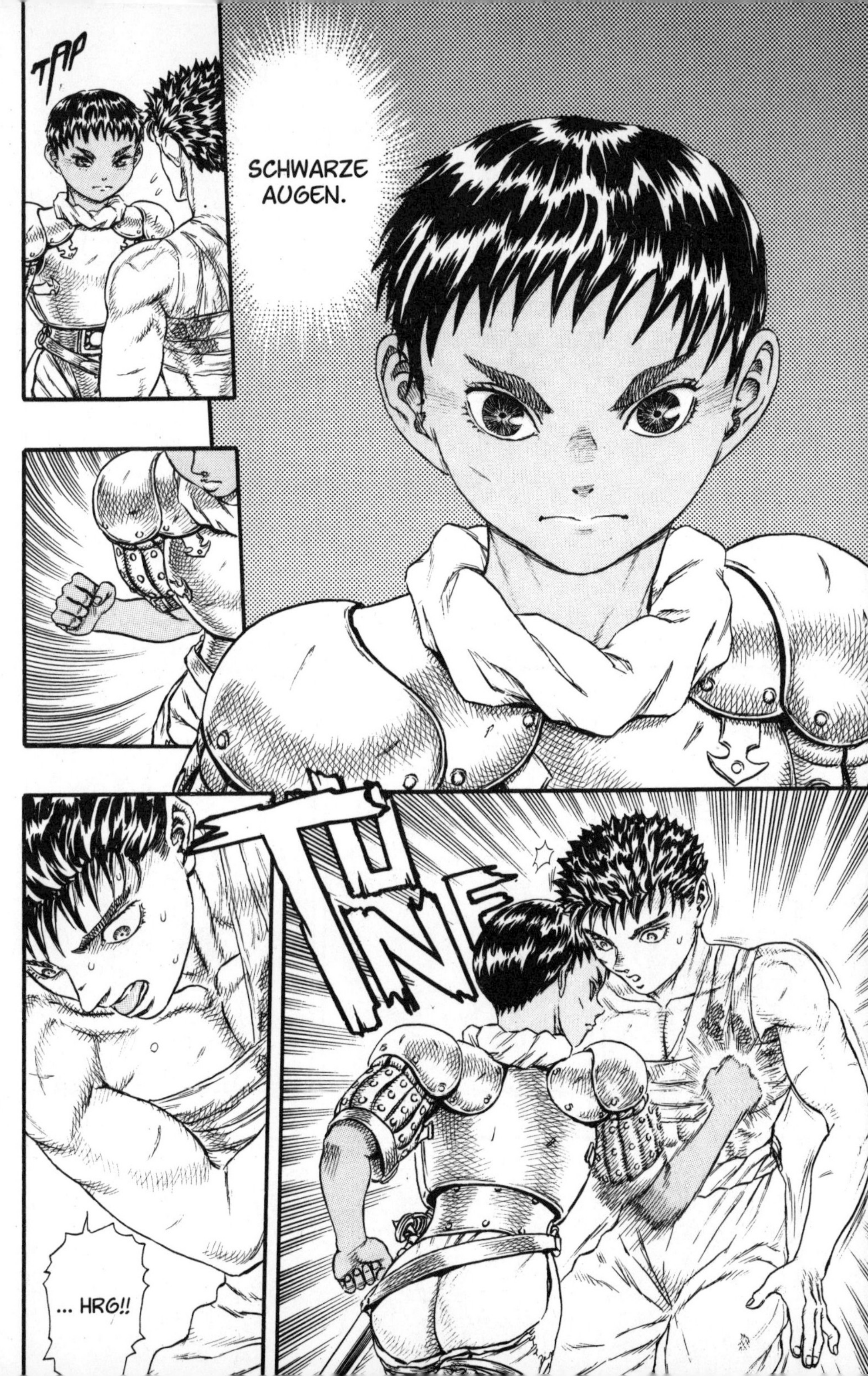
SCHWARZE AUGEN.
TAP
THUNE
... HRG!!

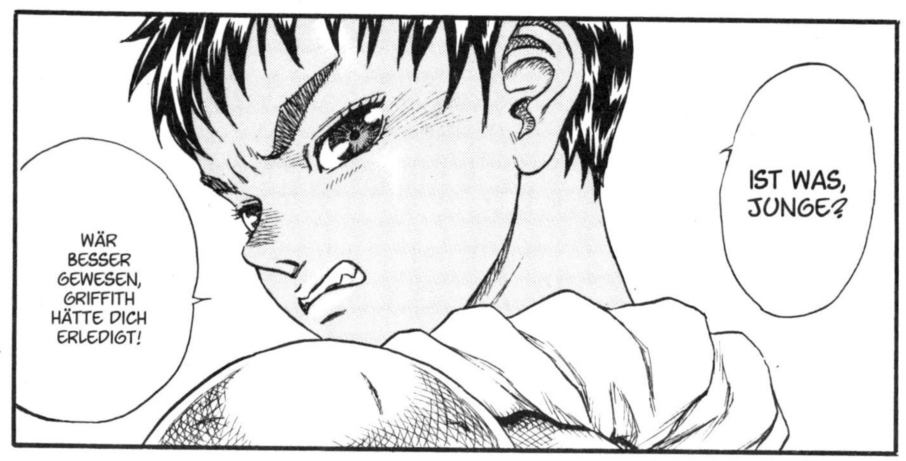
IST WAS, JUNGE?
WÄR BESSER GEWESEN, GRIFFITH HÄTTE DICH ERLEDIGT!

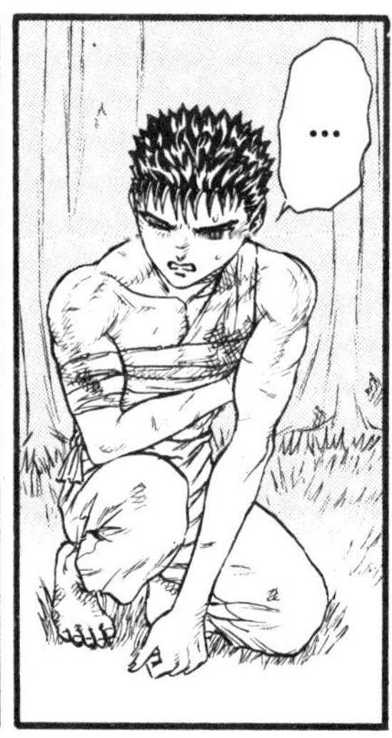
...

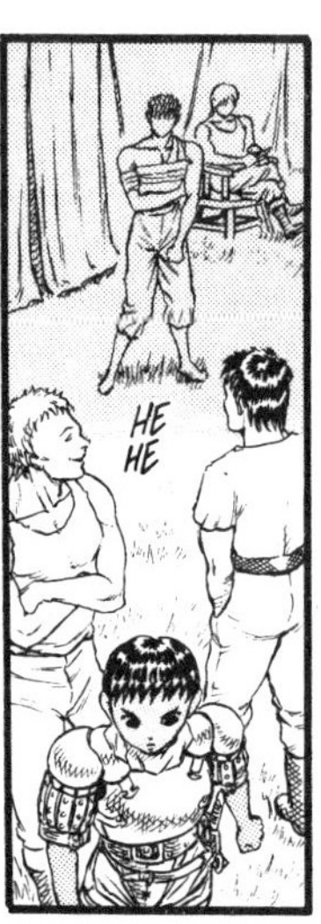
HE HE

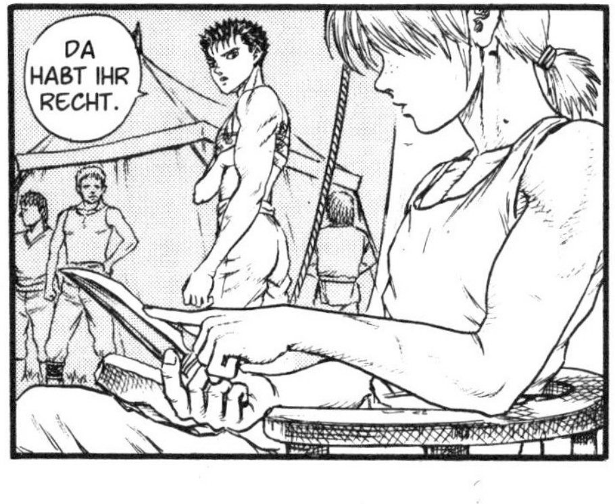
DA HABT IHR RECHT.

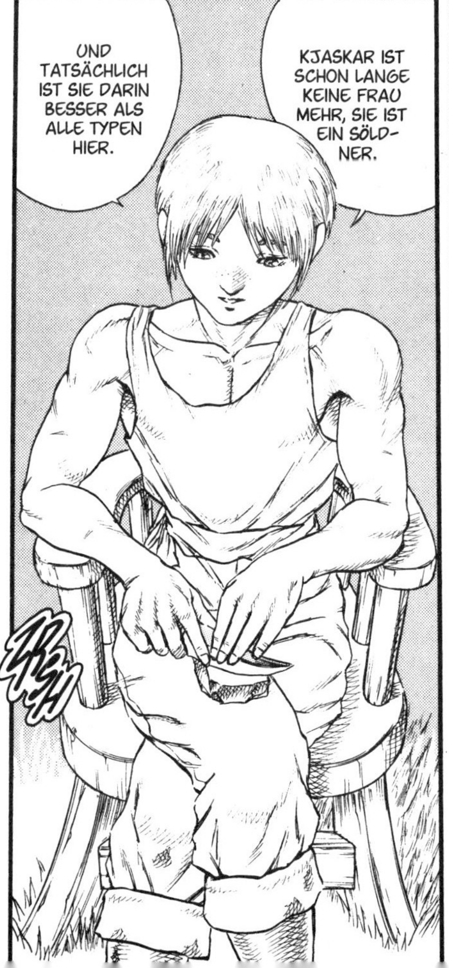
KJASKAR IST SCHON LANGE KEINE FRAU MEHR, SIE IST EIN SÖLD-NER.
UND TATSÄCHLICH IST SIE DARIN BESSER ALS ALLE TYPEN HIER.

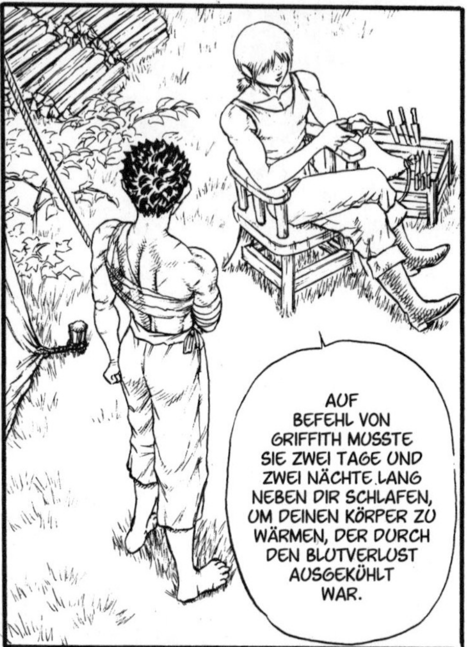
AUF BEFEHL VON GRIFFITH MUSSTE SIE ZWEI TAGE UND ZWEI NÄCHTE LANG NEBEN DIR SCHLAFEN, UM DEINEN KÖRPER ZU WÄRMEN, DER DURCH DEN BLUTVERLUST AUSGEKÜHLT WAR.

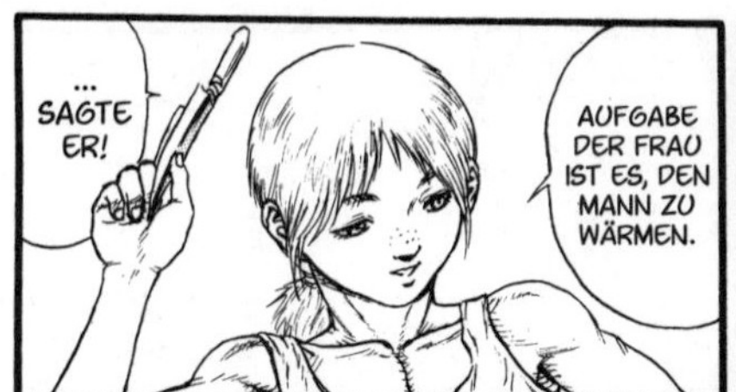
AUFGABE DER FRAU IST ES, DEN MANN ZU WÄRMEN.
... SAGTE ER!

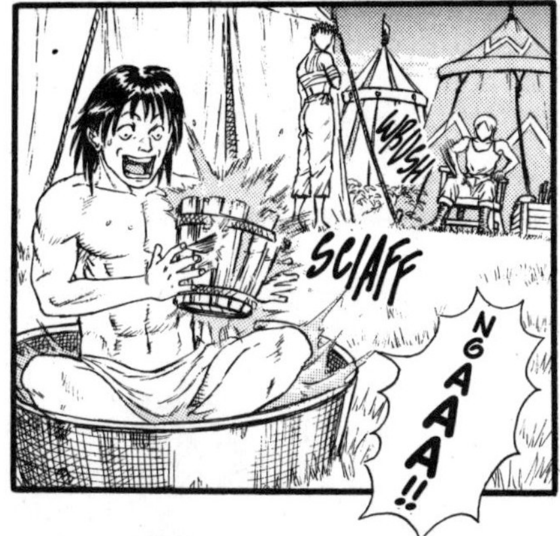
WRUSH
SCIAFF
NGAAAA!!

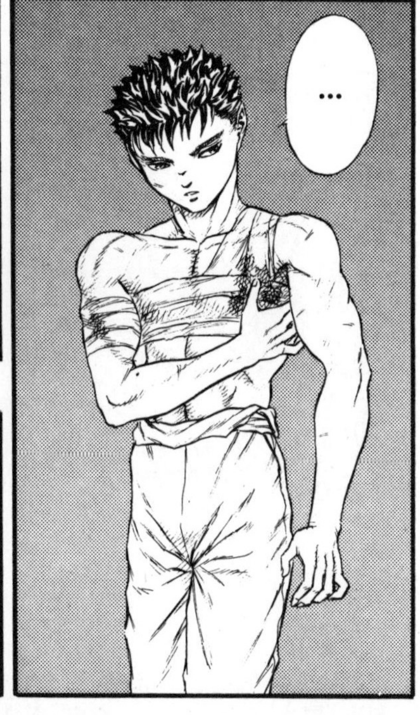
...

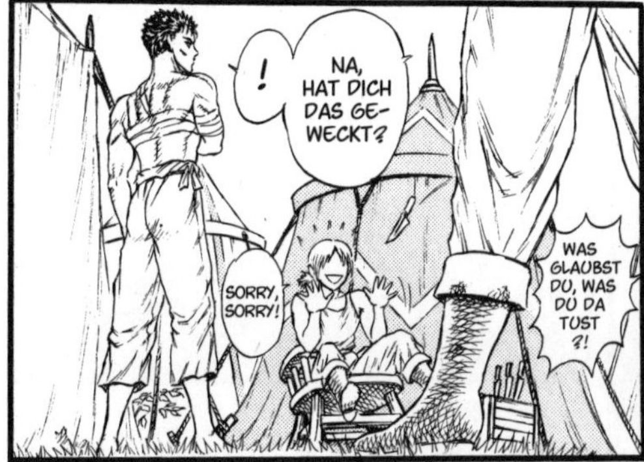
NA, HAT DICH DAS GE-WECKT?
!
WAS GLAUBST DU, WAS DU DA TUST ?!
SORRY, SORRY!

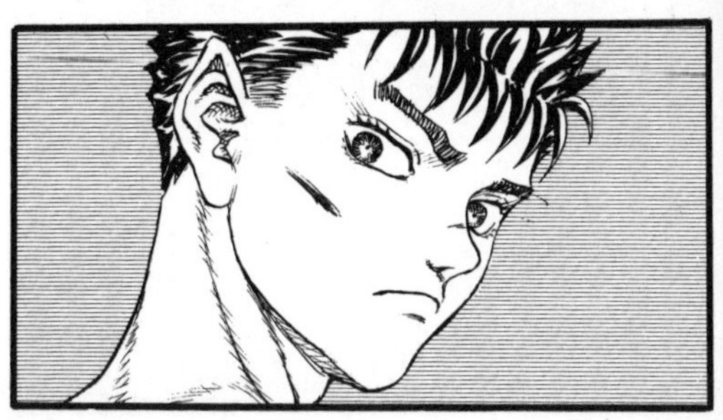

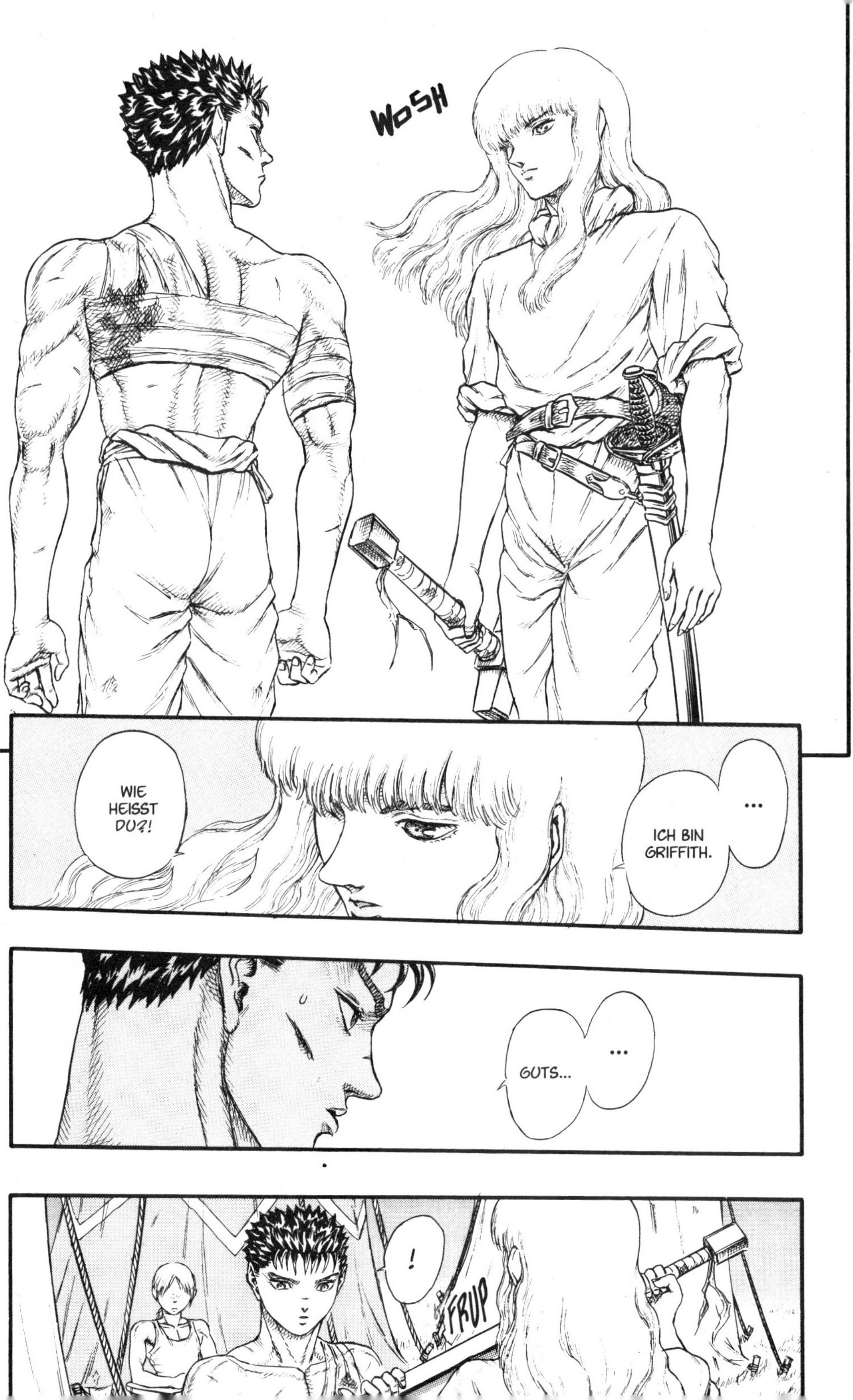

WOSH

...

ICH BIN GRIFFITH.

WIE HEISST DU?!

...

GUTS...

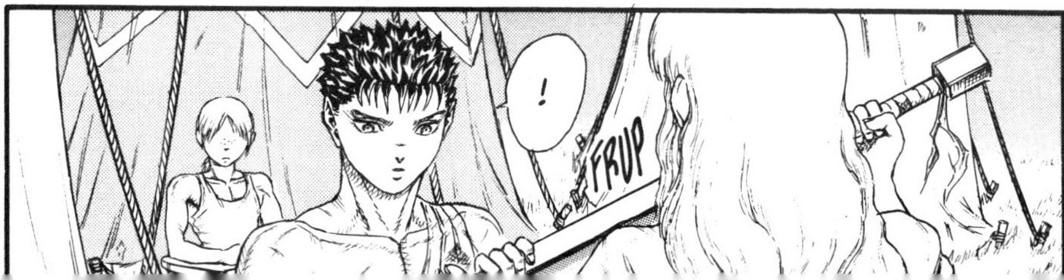

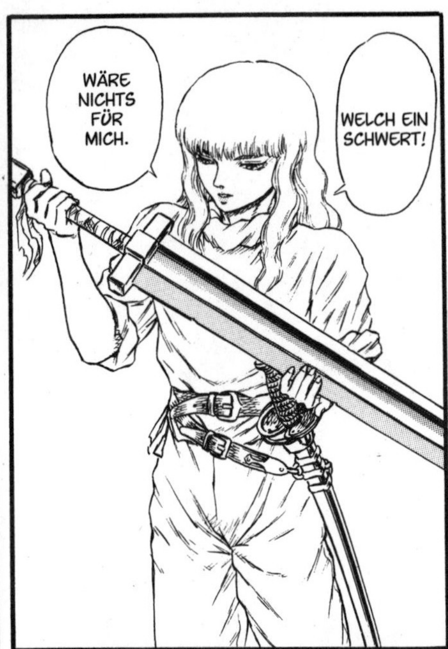
WELCH EIN SCHWERT!
WÄRE NICHTS FÜR MICH.

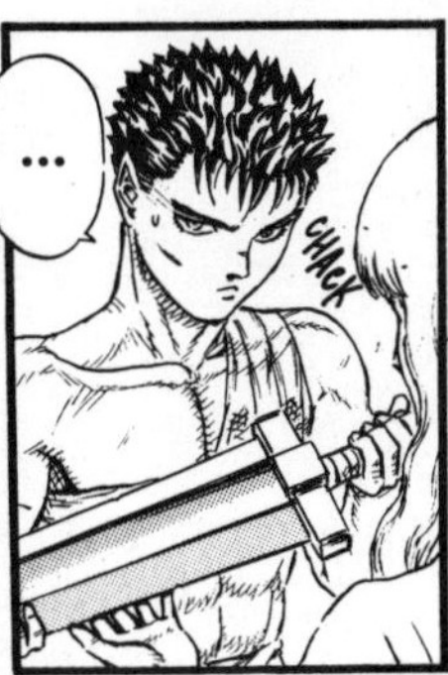
...
SHACK

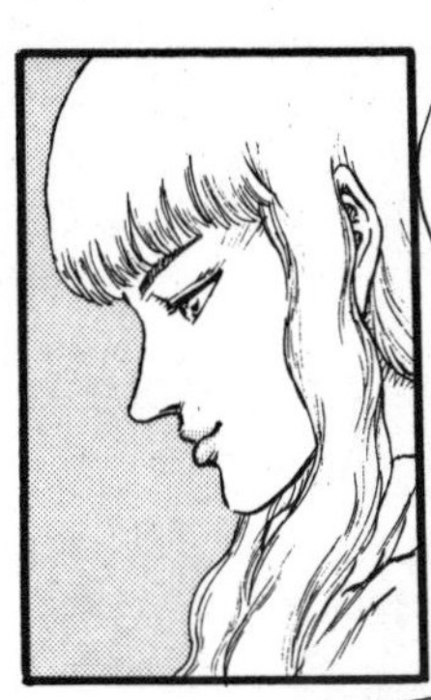

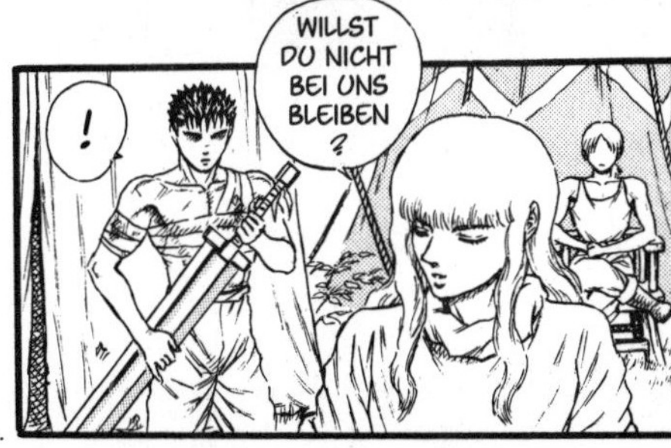
WILLST DU NICHT BEI UNS BLEIBEN?
!

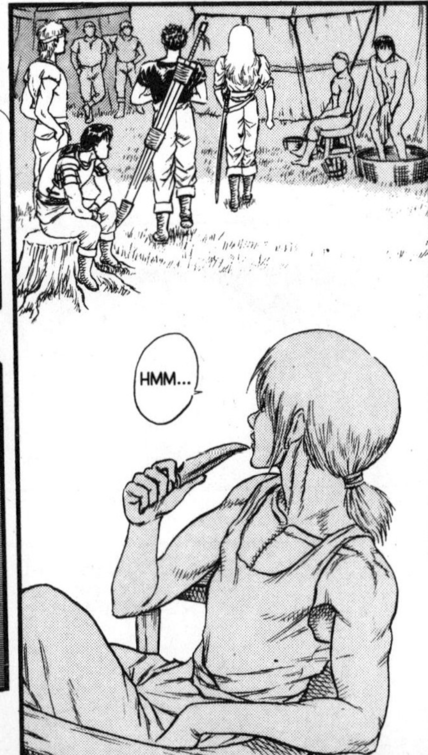
HMM...

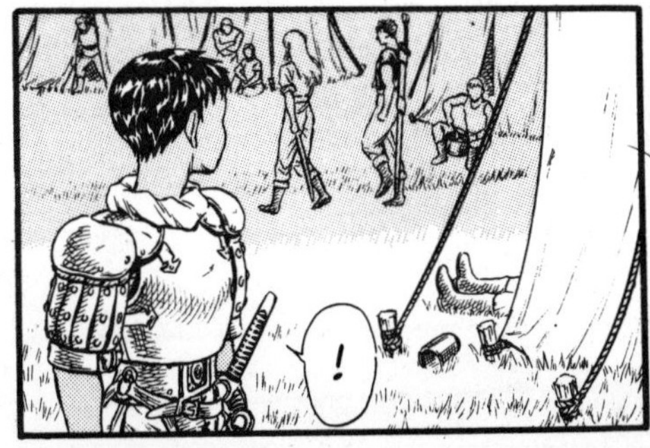
!

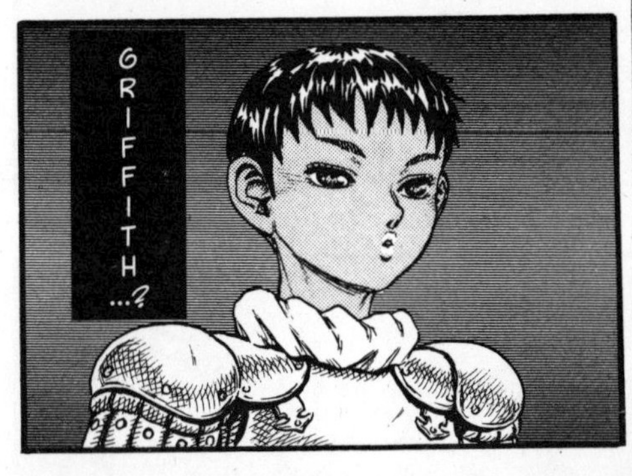
GRIFFITH...?

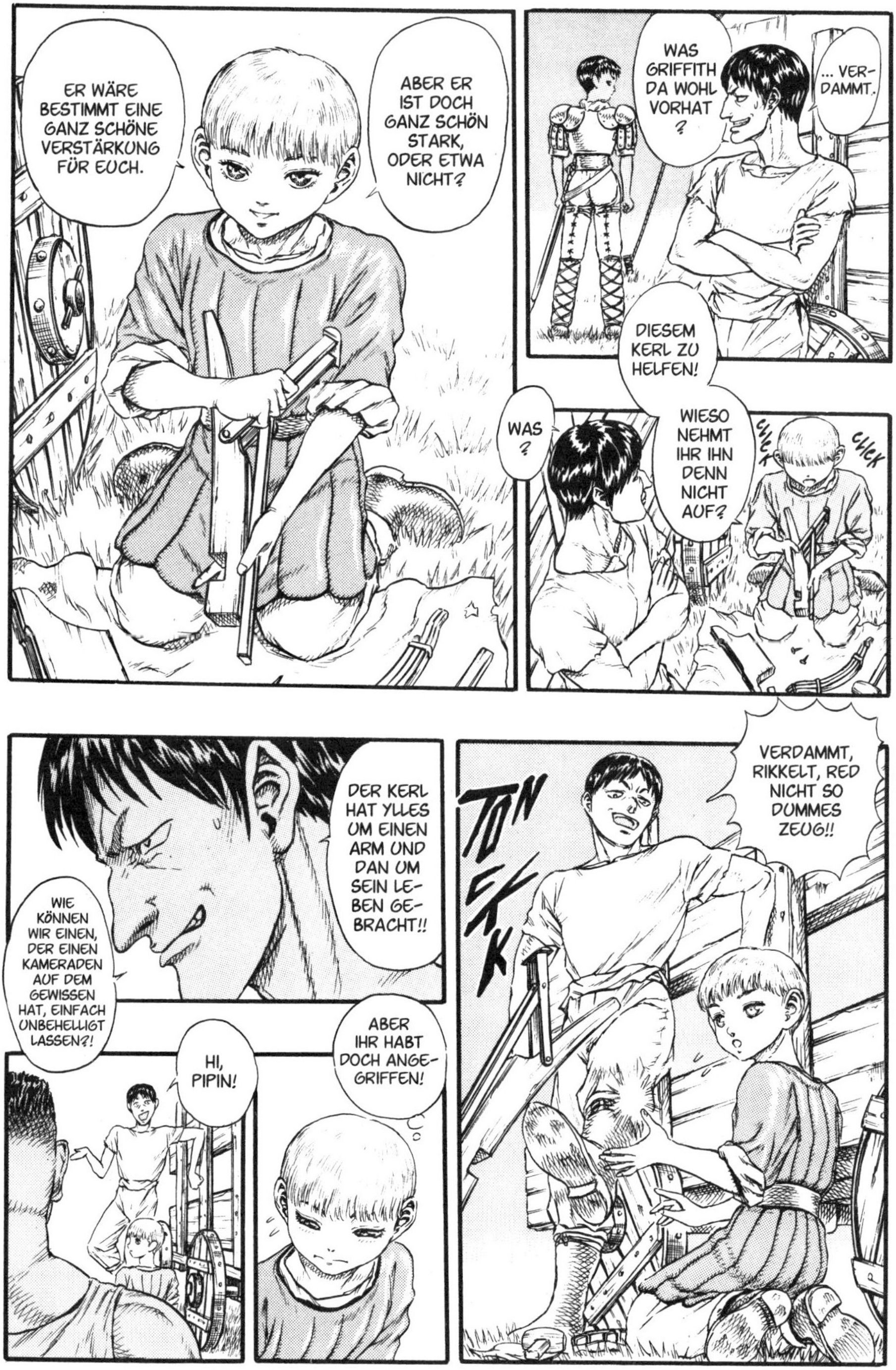

WAS GRIFFITH DA WOHL VORHAT?
... VERDAMMT.
DIESEM KERL ZU HELFEN!

CLICK
CLICK
WIESO NEHMT IHR IHN DENN NICHT AUF?
WAS?

ER WÄRE BESTIMMT EINE GANZ SCHÖNE VERSTÄRKUNG FÜR EUCH.
ABER ER IST DOCH GANZ SCHÖN STARK, ODER ETWA NICHT?

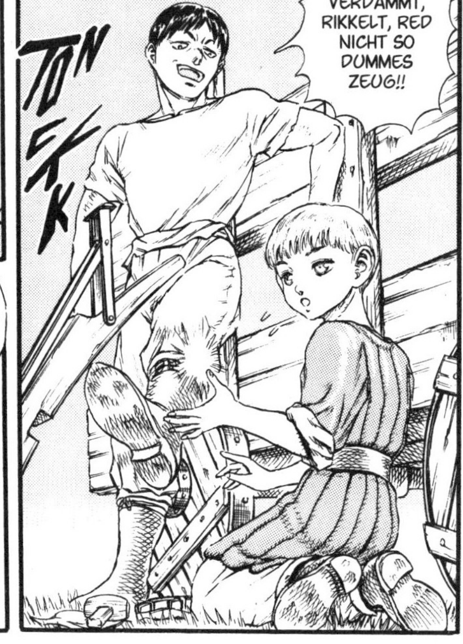

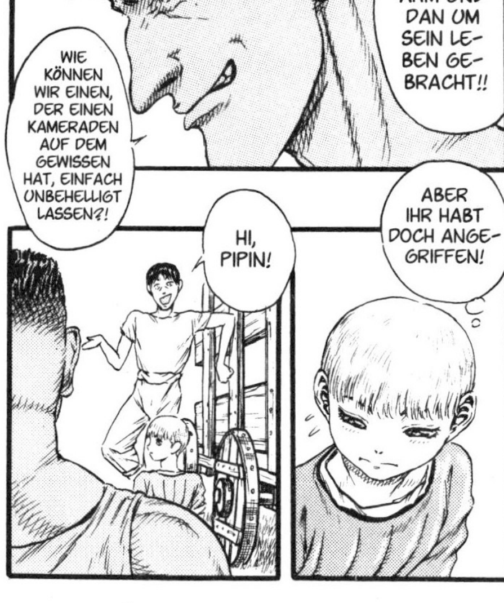

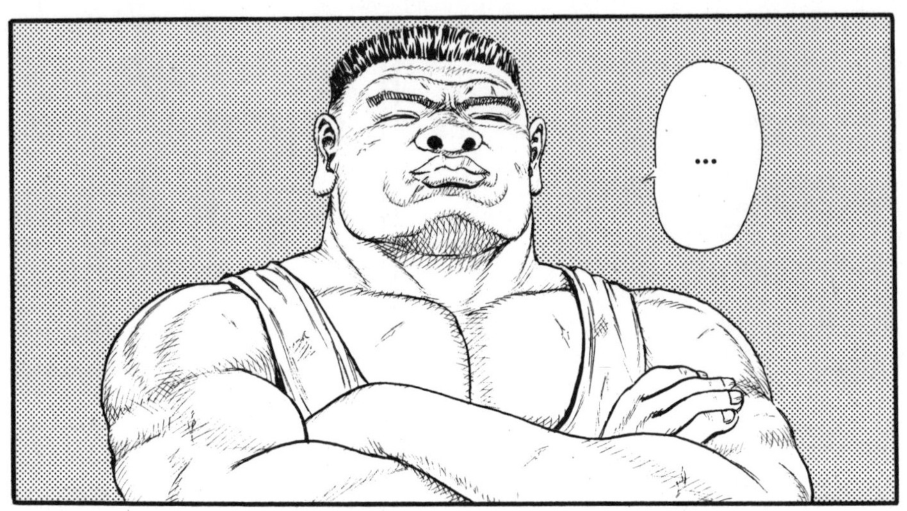

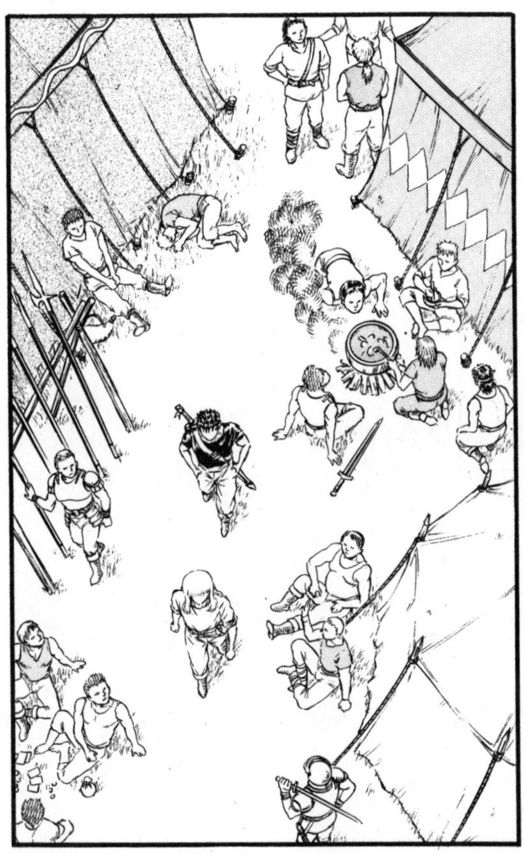

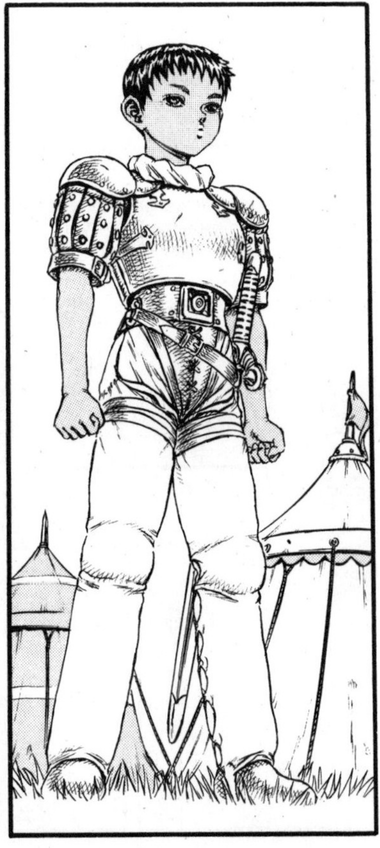

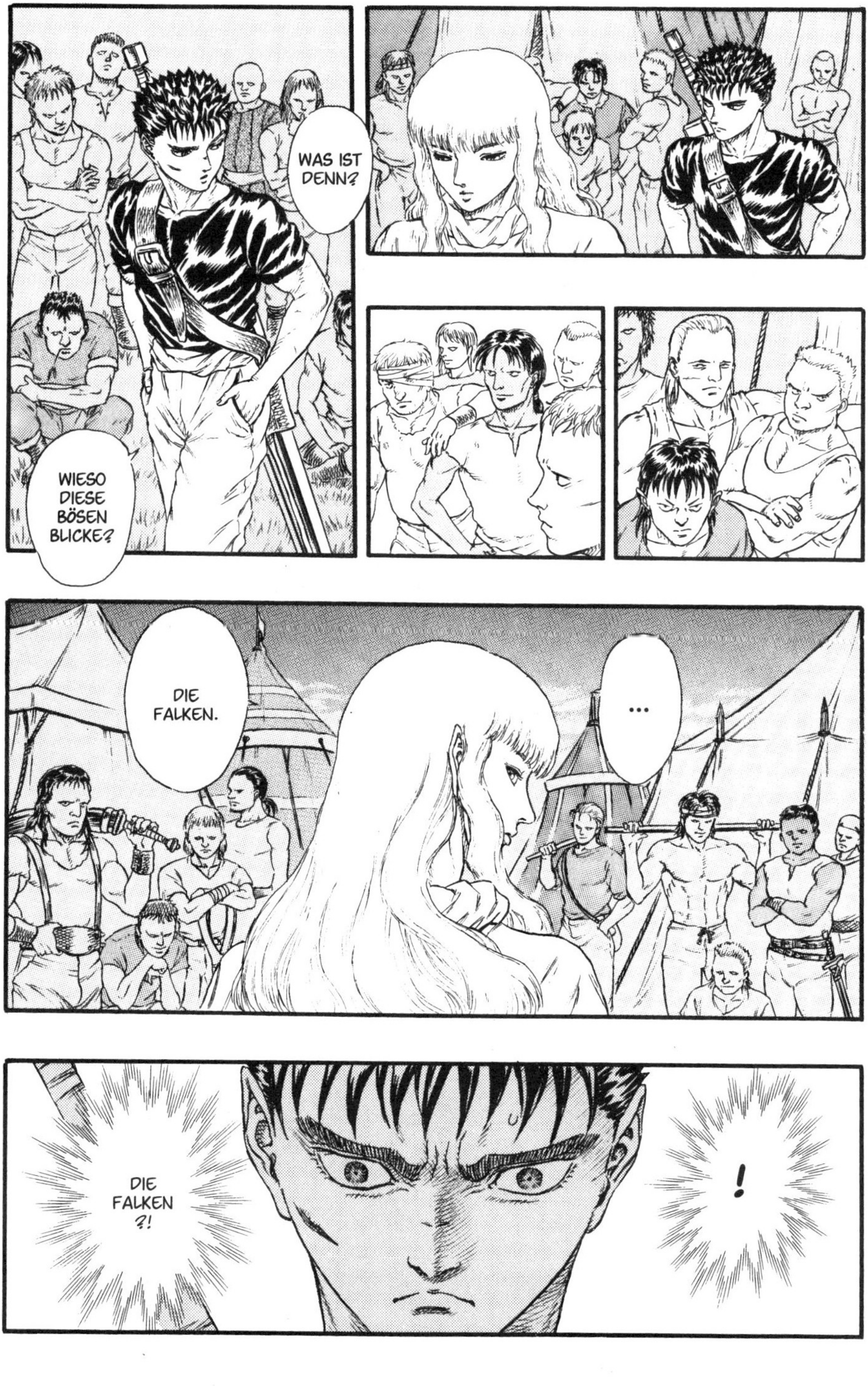

WAS IST DENN?

WIESO DIESE BÖSEN BLICKE?

DIE FALKEN.

...

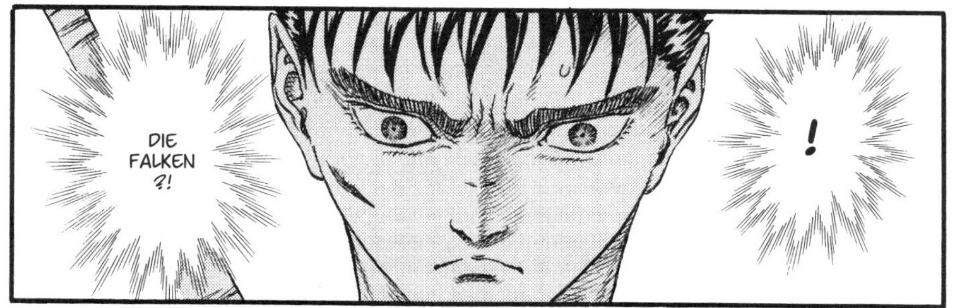

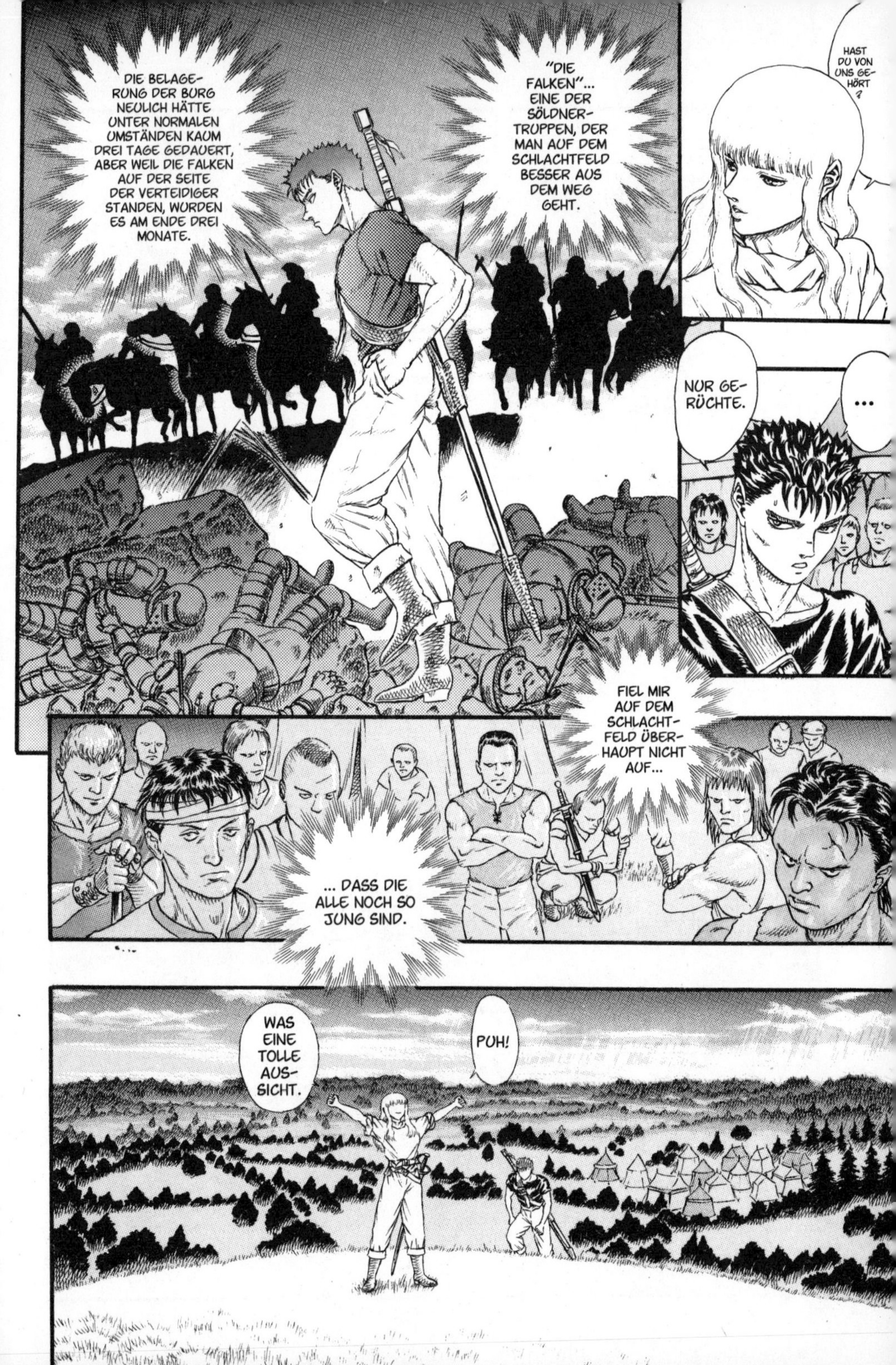
HAST DU VON UNS GEHÖRT?
...
NUR GERÜCHTE.
"DIE FALKEN"... EINE DER SÖLDNERTRUPPEN, DER MAN AUF DEM SCHLACHTFELD BESSER AUS DEM WEG GEHT.
DIE BELAGERUNG DER BURG NEULICH HÄTTE UNTER NORMALEN UMSTÄNDEN KAUM DREI TAGE GEDAUERT, ABER WEIL DIE FALKEN AUF DER SEITE DER VERTEIDIGER STANDEN, WURDEN ES AM ENDE DREI MONATE.
FIEL MIR AUF DEM SCHLACHTFELD ÜBERHAUPT NICHT AUF...
... DASS DIE ALLE NOCH SO JUNG SIND.
PUH!
WAS EINE TOLLE AUSSICHT.

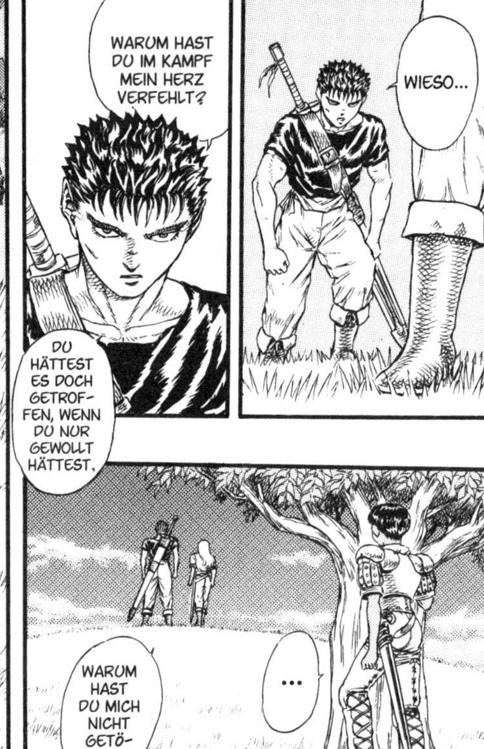
WIESO...
WARUM HAST DU IM KAMPF MEIN HERZ VERFEHLT?
DU HÄTTEST ES DOCH GETROF-FEN, WENN DU NUR GEWOLLT HÄTTEST.
...
WARUM HAST DU MICH NICHT GETÖ-TET?

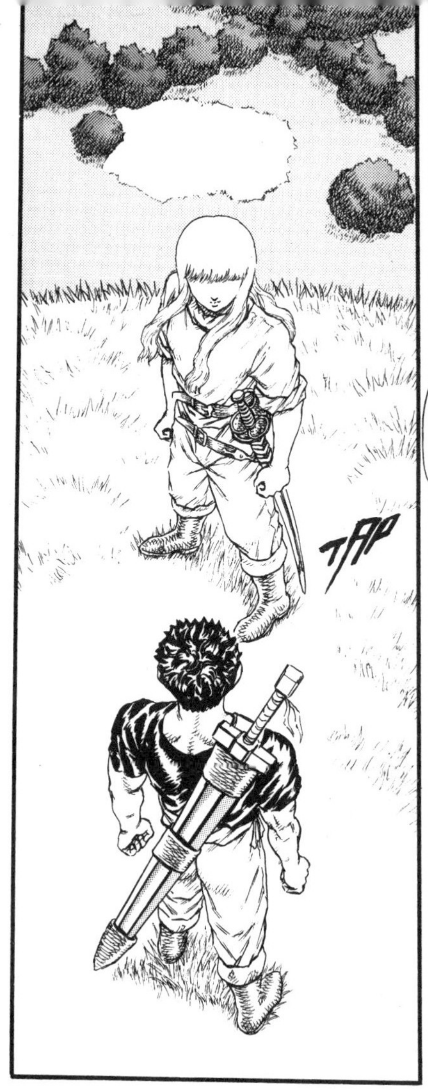
TAP

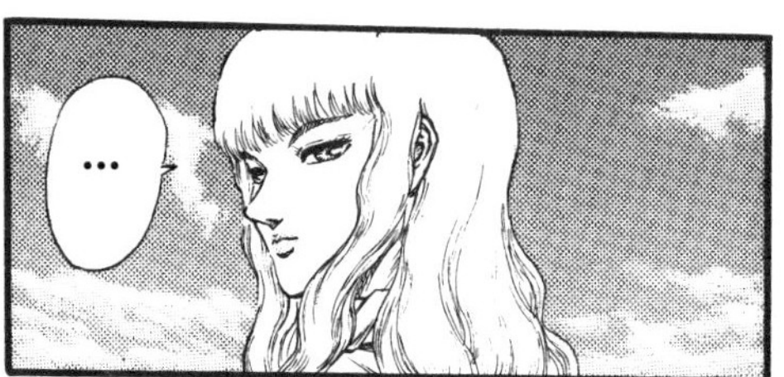
...

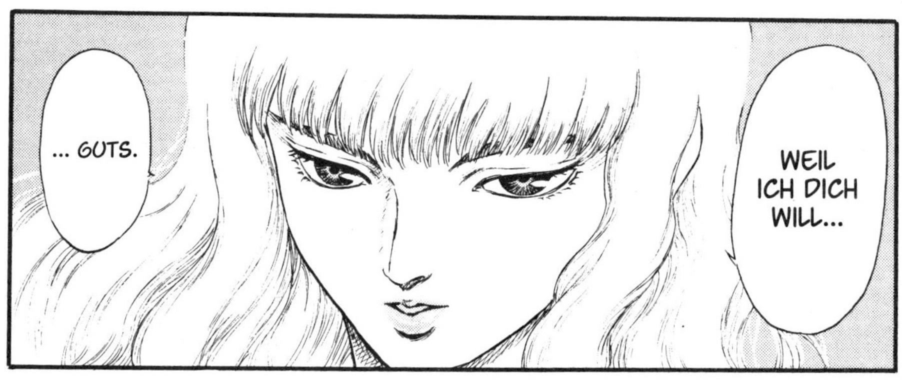
WEIL ICH DICH WILL...
... GUTS.

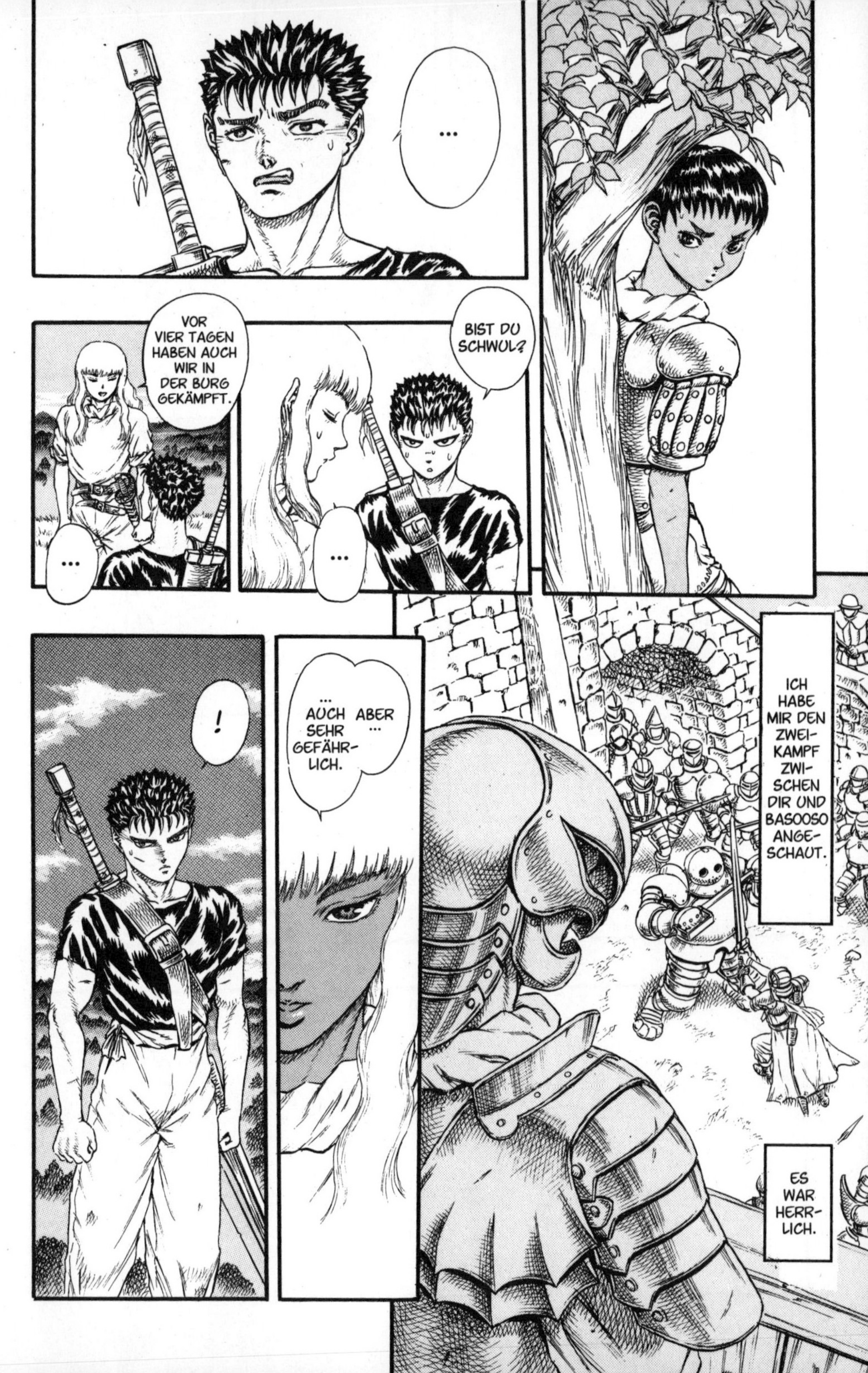

...
BIST DU SCHWUL?
...
VOR VIER TAGEN HABEN AUCH WIR IN DER BURG GEKÄMPFT.
...
ICH HABE MIR DEN ZWEIKAMPF ZWISCHEN DIR UND BASOOSO ANGESCHAUT.
ES WAR HERRLICH.
ABER ...
... AUCH SEHR GEFÄHRLICH.
!

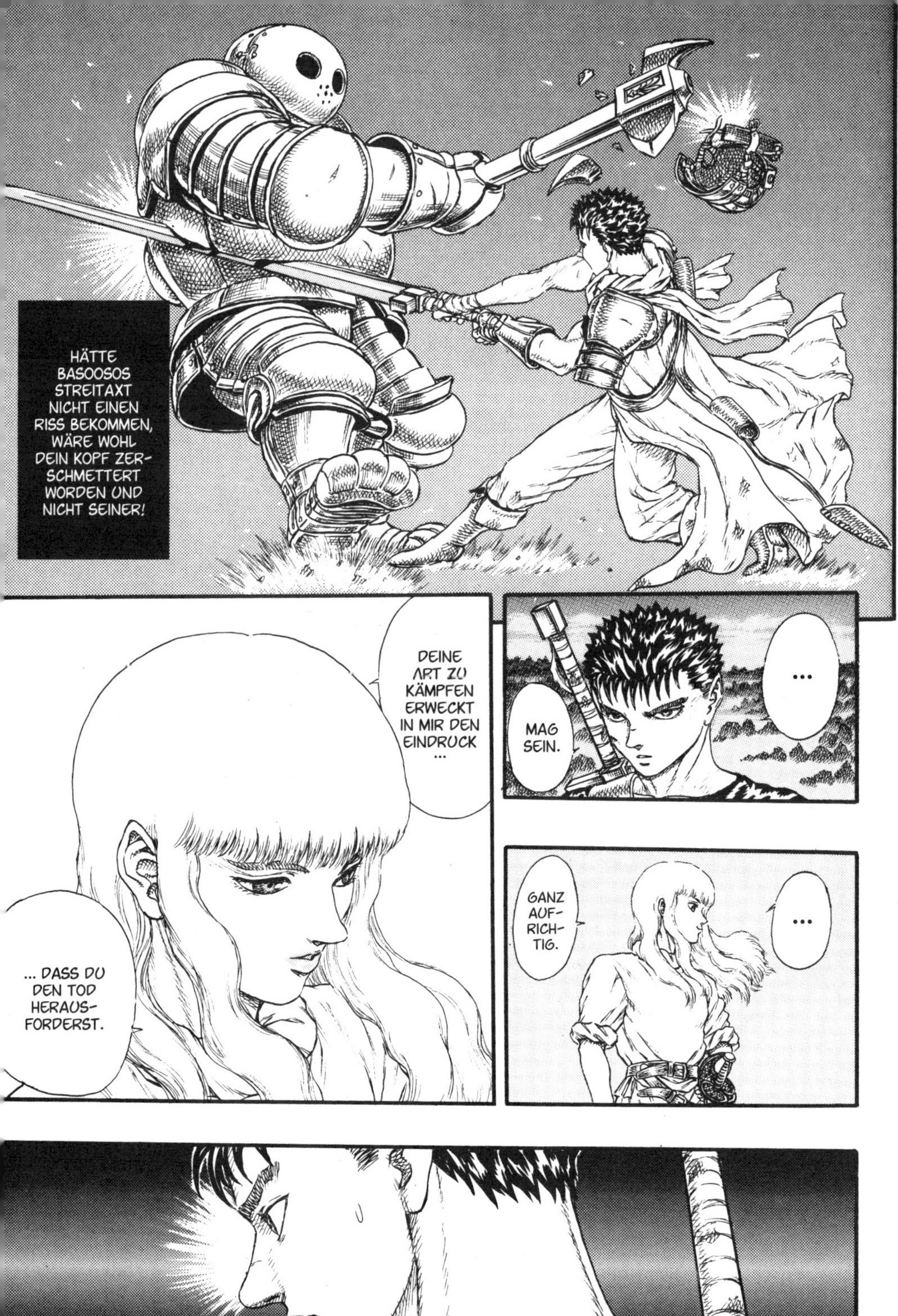
HÄTTE BASOOSOS STREITAXT NICHT EINEN RISS BEKOMMEN, WÄRE WOHL DEIN KOPF ZER-SCHMETTERT WORDEN UND NICHT SEINER!
...
MAG SEIN.
DEINE ART ZU KÄMPFEN ERWECKT IN MIR DEN EINDRUCK ...
... DASS DU DEN TOD HERAUS-FORDERST.
...
GANZ AUF-RICH-TIG.

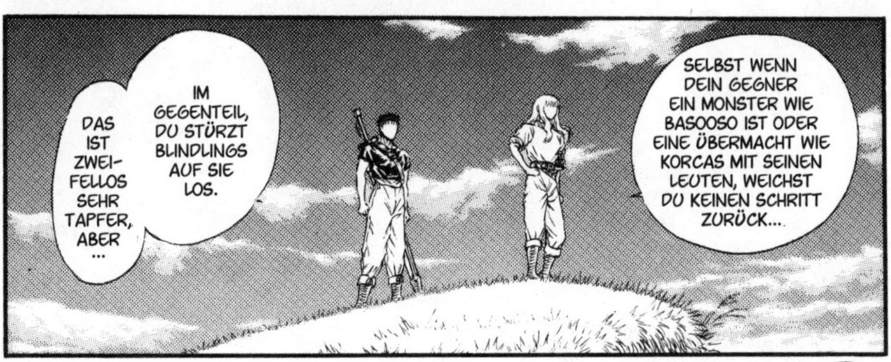
SELBST WENN DEIN GEGNER EIN MONSTER WIE BASOOSO IST ODER EINE ÜBERMACHT WIE KORCAS MIT SEINEN LEUTEN, WEICHST DU KEINEN SCHRITT ZURÜCK...
IM GEGENTEIL, DU STÜRZT BLINDLINGS AUF SIE LOS.
DAS IST ZWEIFELLOS SEHR TAPFER, ABER ...

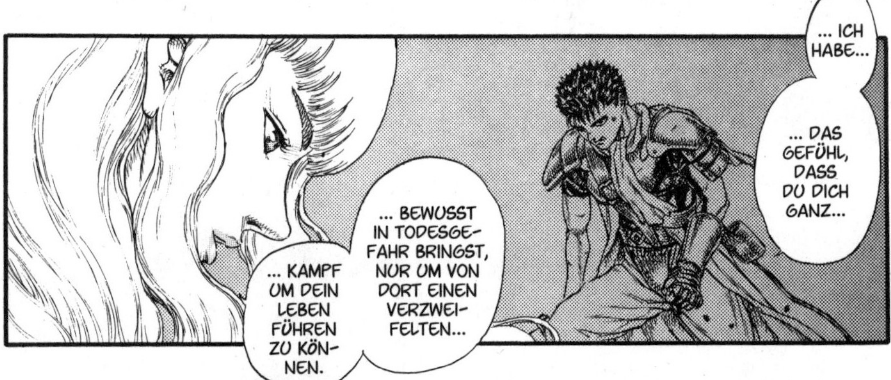
... ICH HABE...
... DAS GEFÜHL, DASS DU DICH GANZ...
... BEWUSST IN TODESGEFAHR BRINGST, NUR UM VON DORT EINEN VERZWEIFELTEN...
... KAMPF UM DEIN LEBEN FÜHREN ZU KÖNNEN.

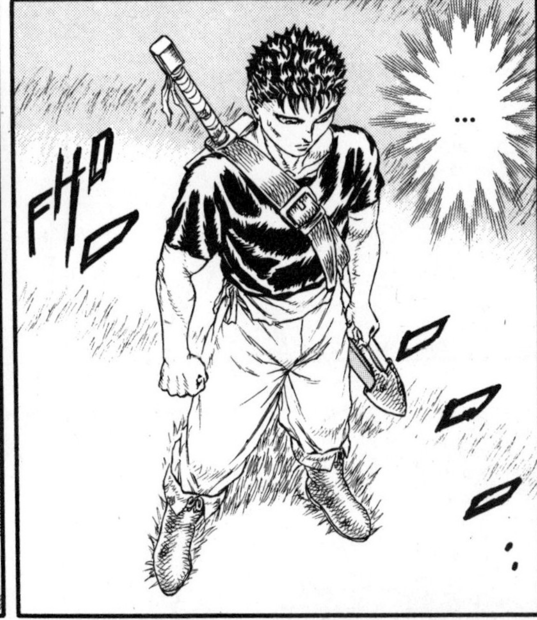
...

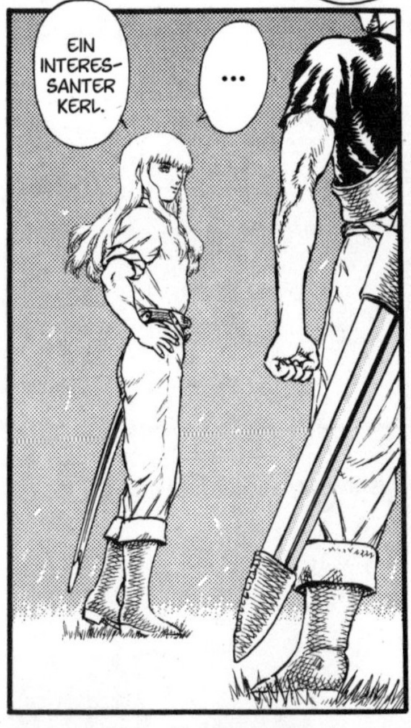
...
EIN INTERESSANTER KERL.

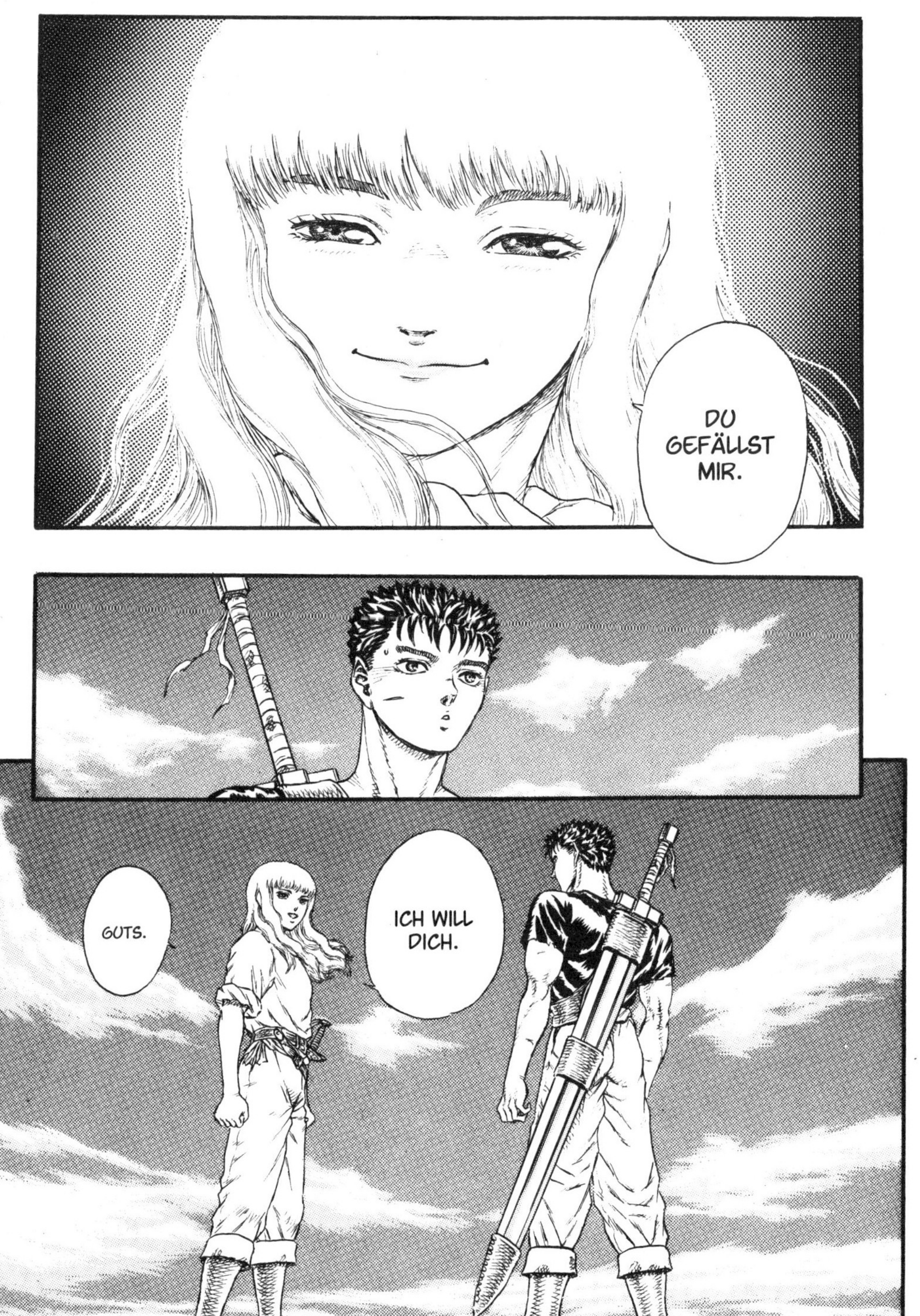
DU GEFÄLLST MIR.
ICH WILL DICH.
GUTS.

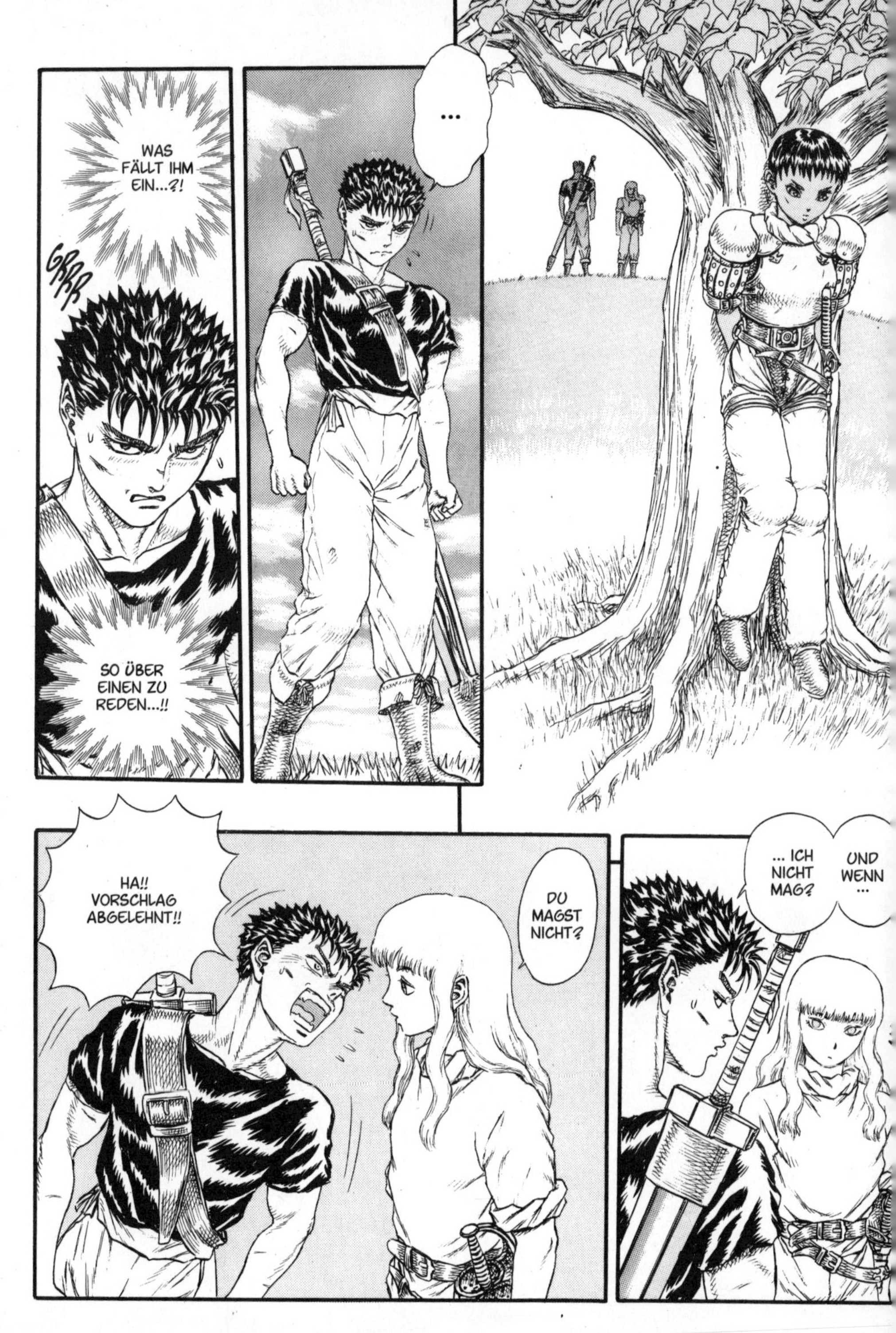

...
WAS FÄLLT IHM EIN...?!
GRRR
SO ÜBER EINEN ZU REDEN...!!
UND WENN ...
... ICH NICHT MAG?
DU MAGST NICHT?
HA!! VORSCHLAG ABGELEHNT!!

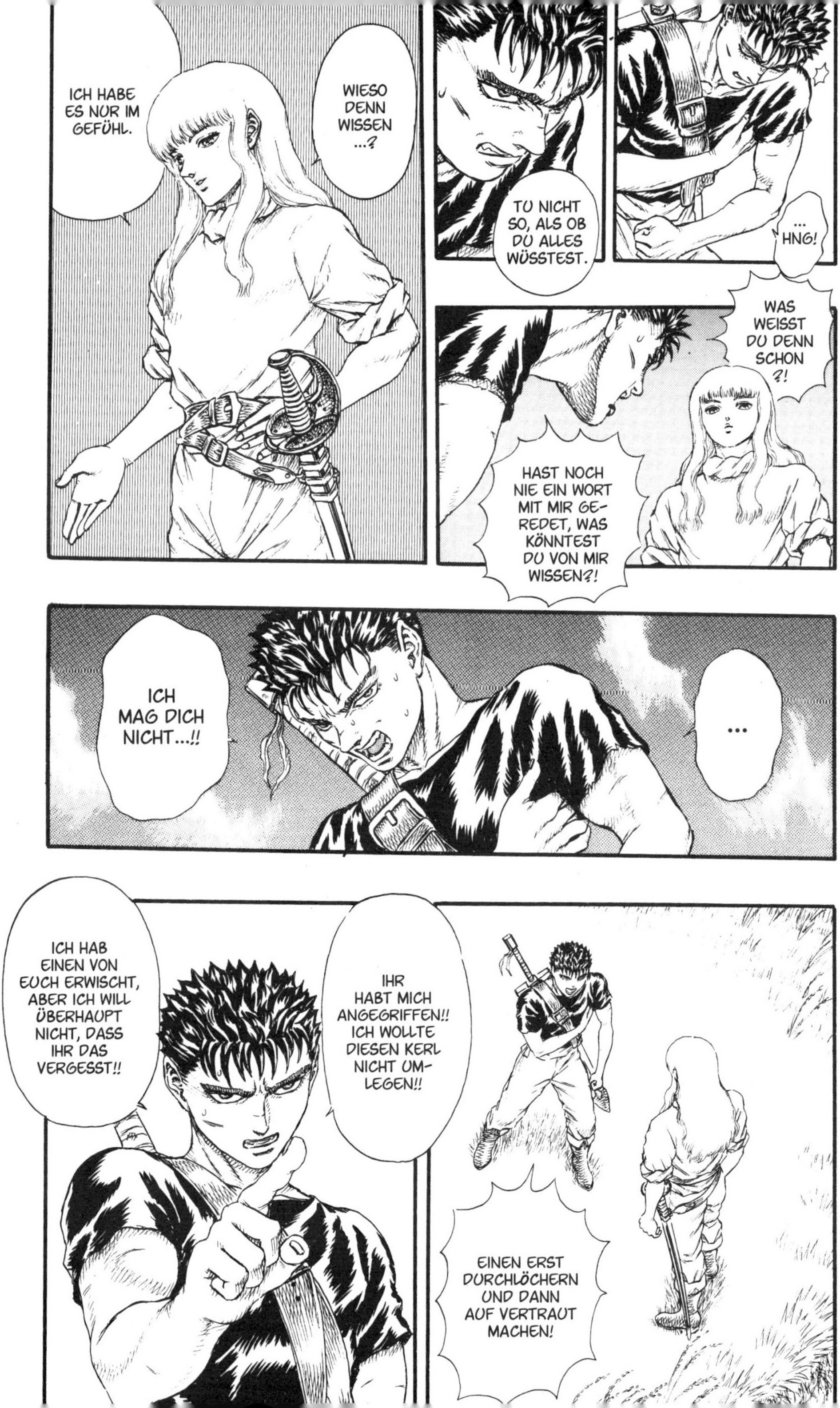

... HNG!
TU NICHT SO, ALS OB DU ALLES WÜSSTEST.
WIESO DENN WISSEN ...?
ICH HABE ES NUR IM GEFÜHL.
WAS WEISST DU DENN SCHON ?!
HAST NOCH NIE EIN WORT MIT MIR GE-REDET, WAS KÖNNTEST DU VON MIR WISSEN?!

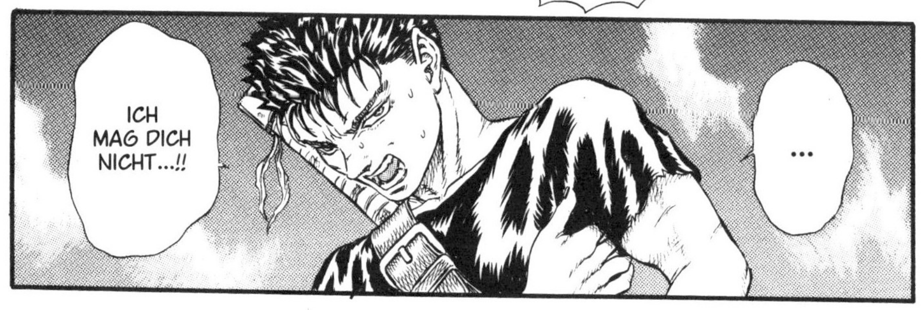
...
ICH MAG DICH NICHT...!!

EINEN ERST DURCHLÖCHERN UND DANN AUF VERTRAUT MACHEN!
IHR HABT MICH ANGEGRIFFEN!! ICH WOLLTE DIESEN KERL NICHT UM-LEGEN!!
ICH HAB EINEN VON EUCH ERWISCHT, ABER ICH WILL ÜBERHAUPT NICHT, DASS IHR DAS VERGESST!!

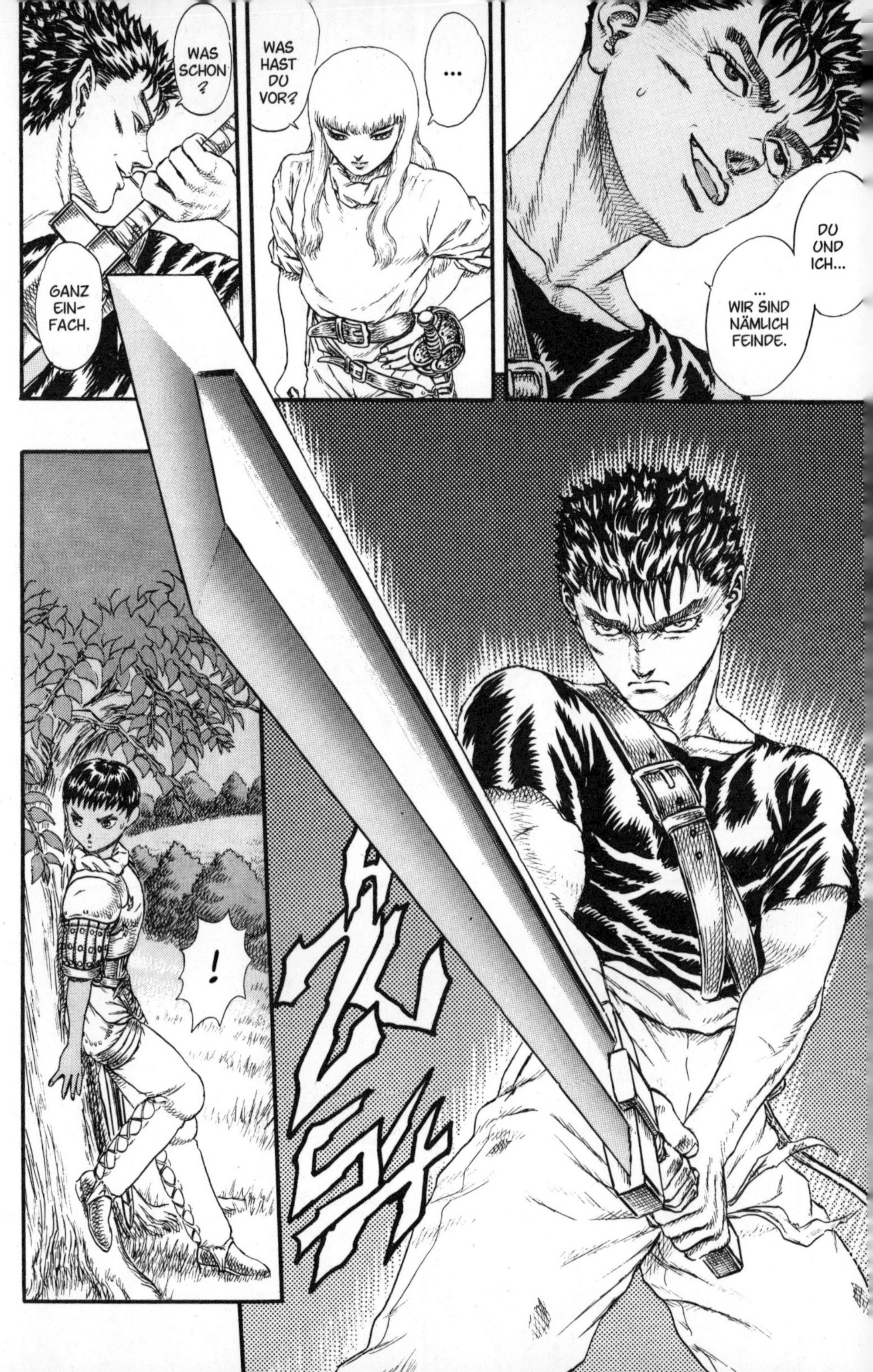
...
WAS HAST DU VOR?
WAS SCHON?
GANZ EIN-FACH.
DU UND ICH...
... WIR SIND NÄMLICH FEINDE.
!

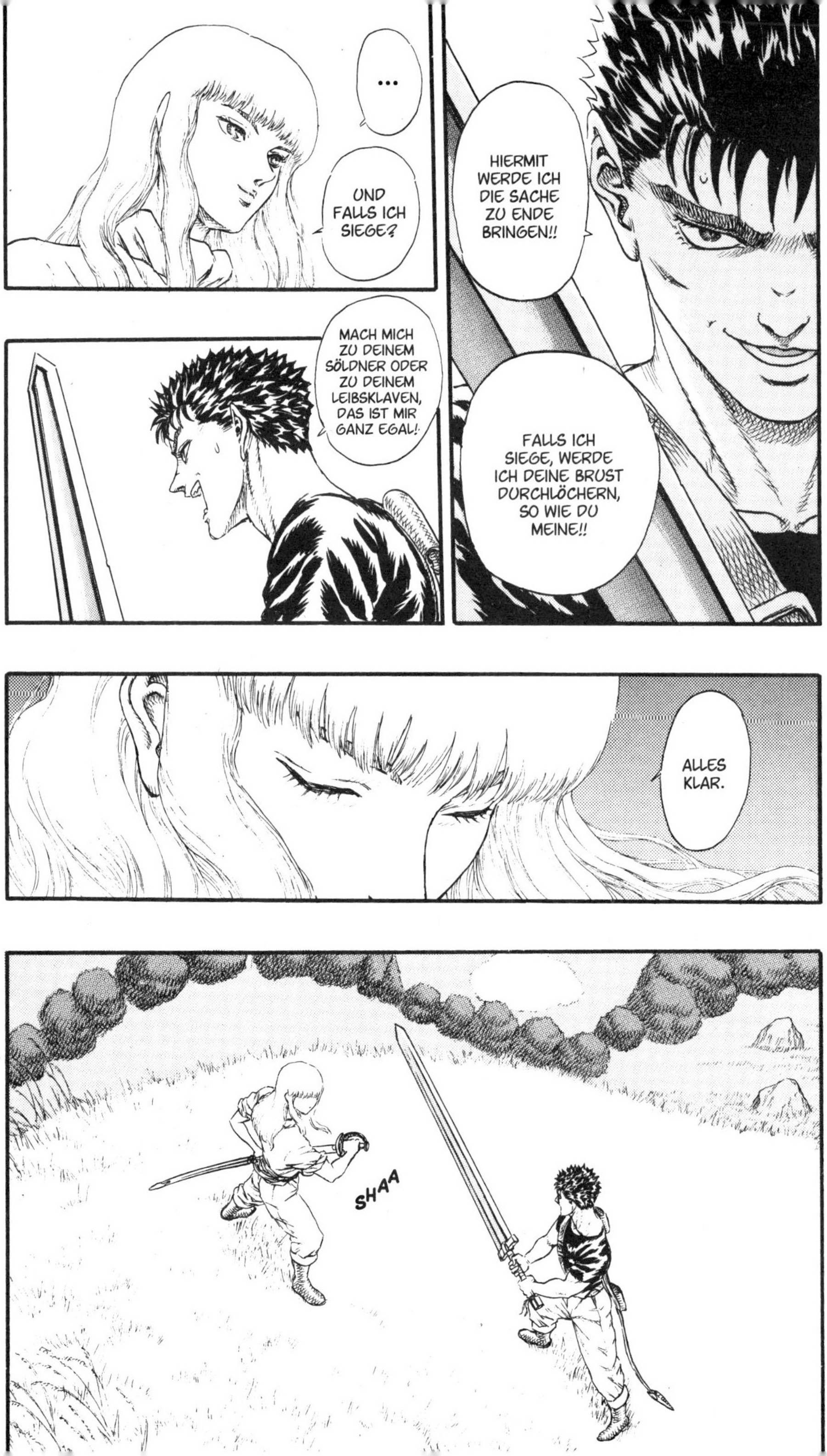

HIERMIT WERDE ICH DIE SACHE ZU ENDE BRINGEN!!

...

UND FALLS ICH SIEGE?

MACH MICH ZU DEINEM SÖLDNER ODER ZU DEINEM LEIBSKLAVEN, DAS IST MIR GANZ EGAL!

FALLS ICH SIEGE, WERDE ICH DEINE BRUST DURCHLÖCHERN, SO WIE DU MEINE!!

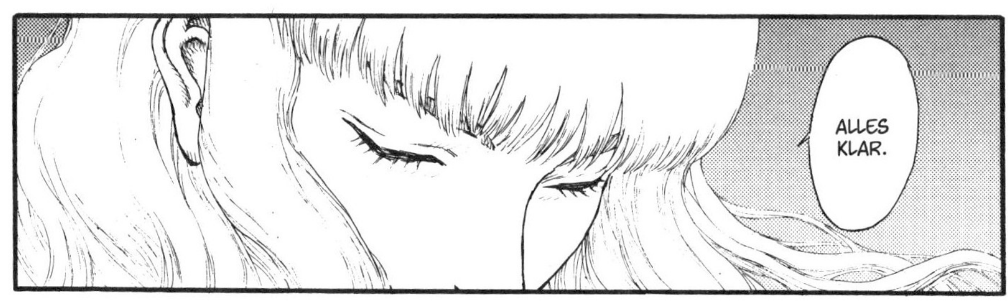

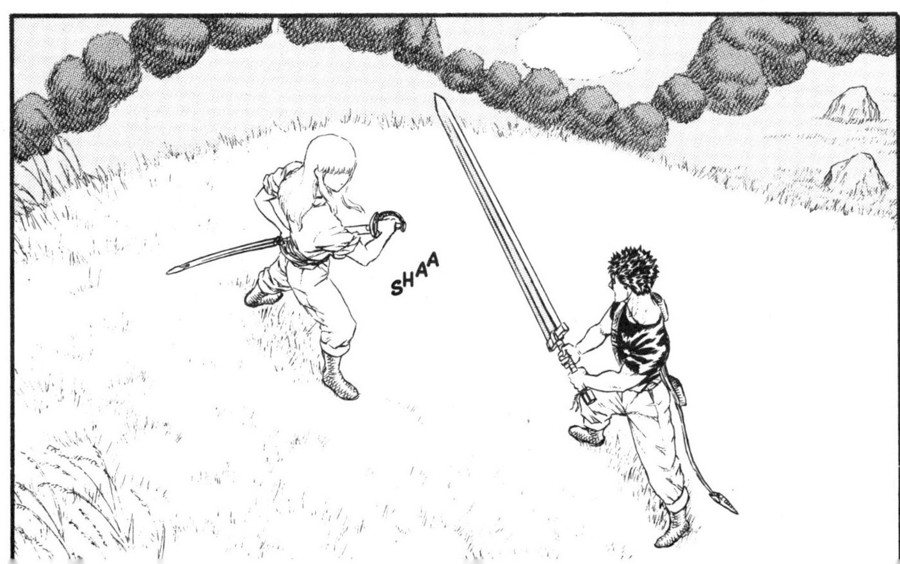

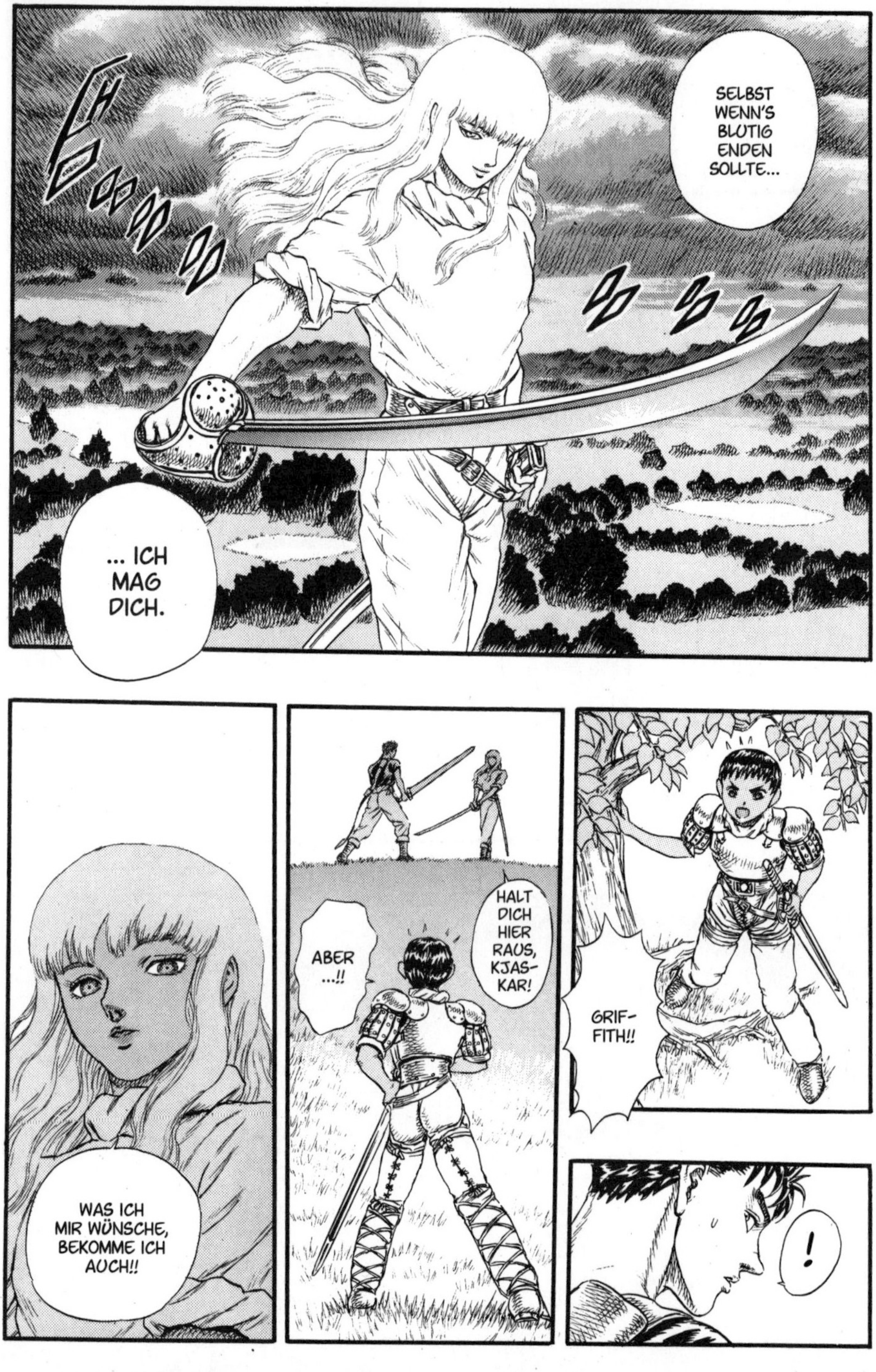

SELBST WENN'S BLUTIG ENDEN SOLLTE...

... ICH MAG DICH.

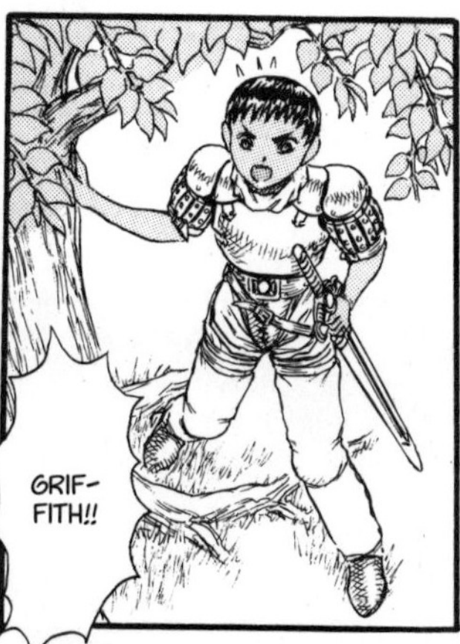

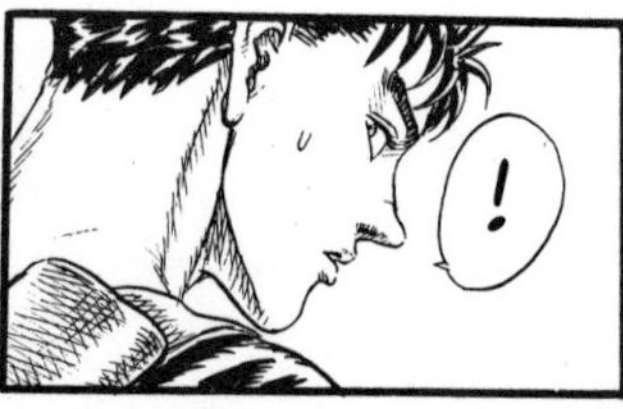

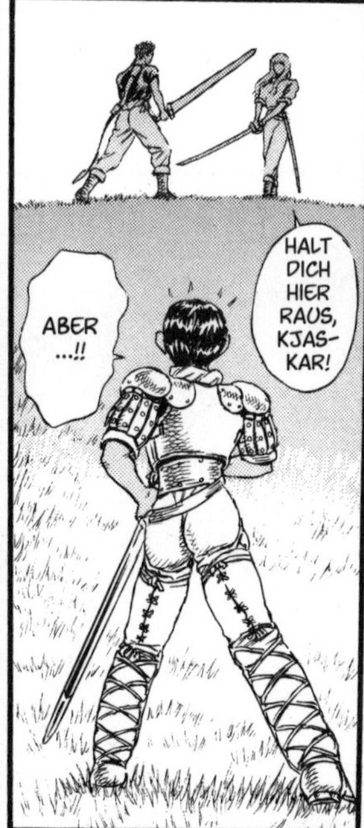

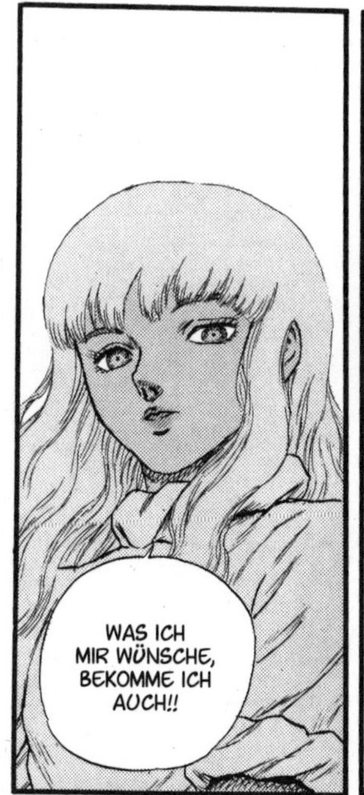

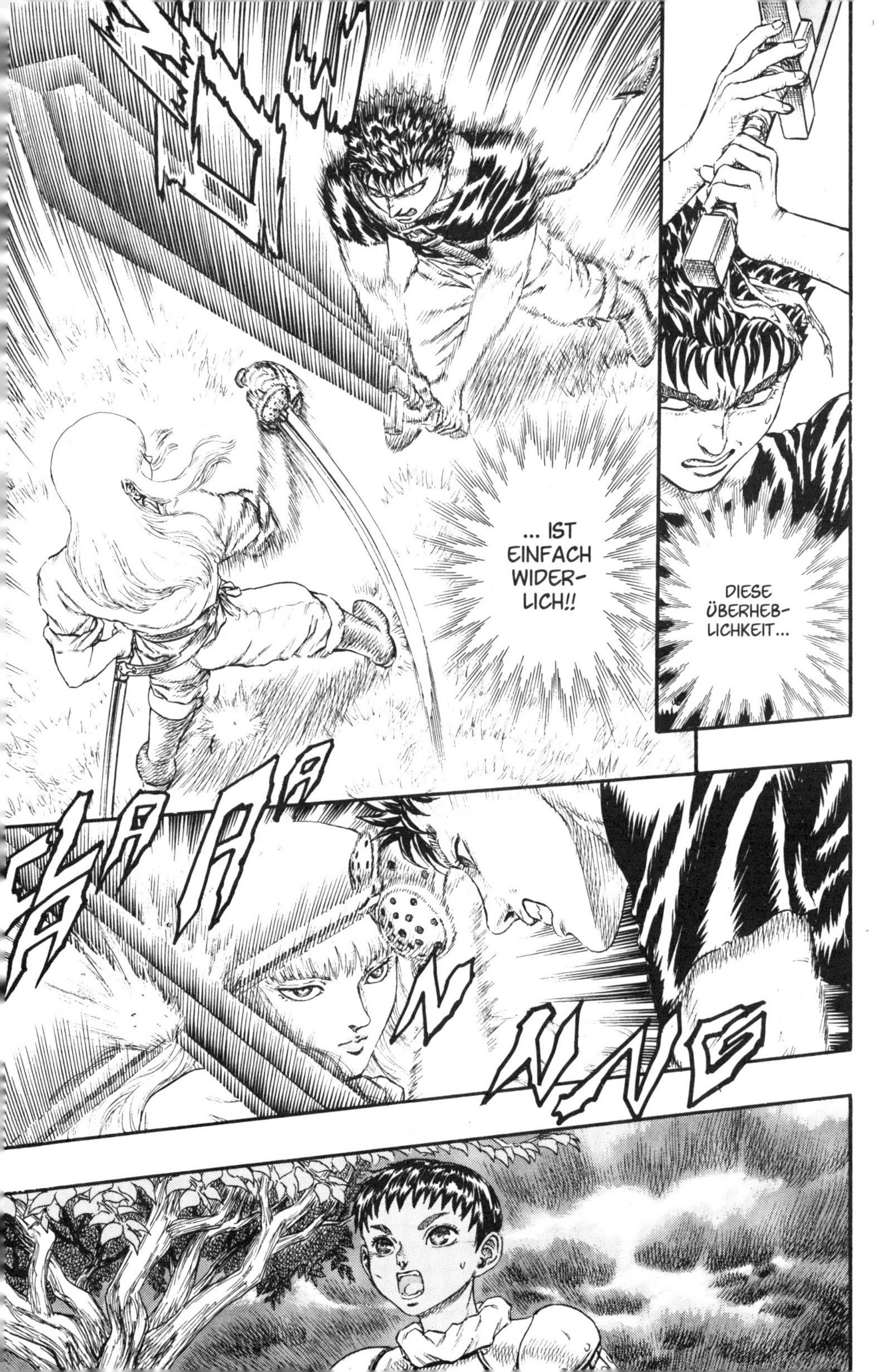
DIESE ÜBERHEB-LICHKEIT...
... IST EINFACH WIDER-LICH!!

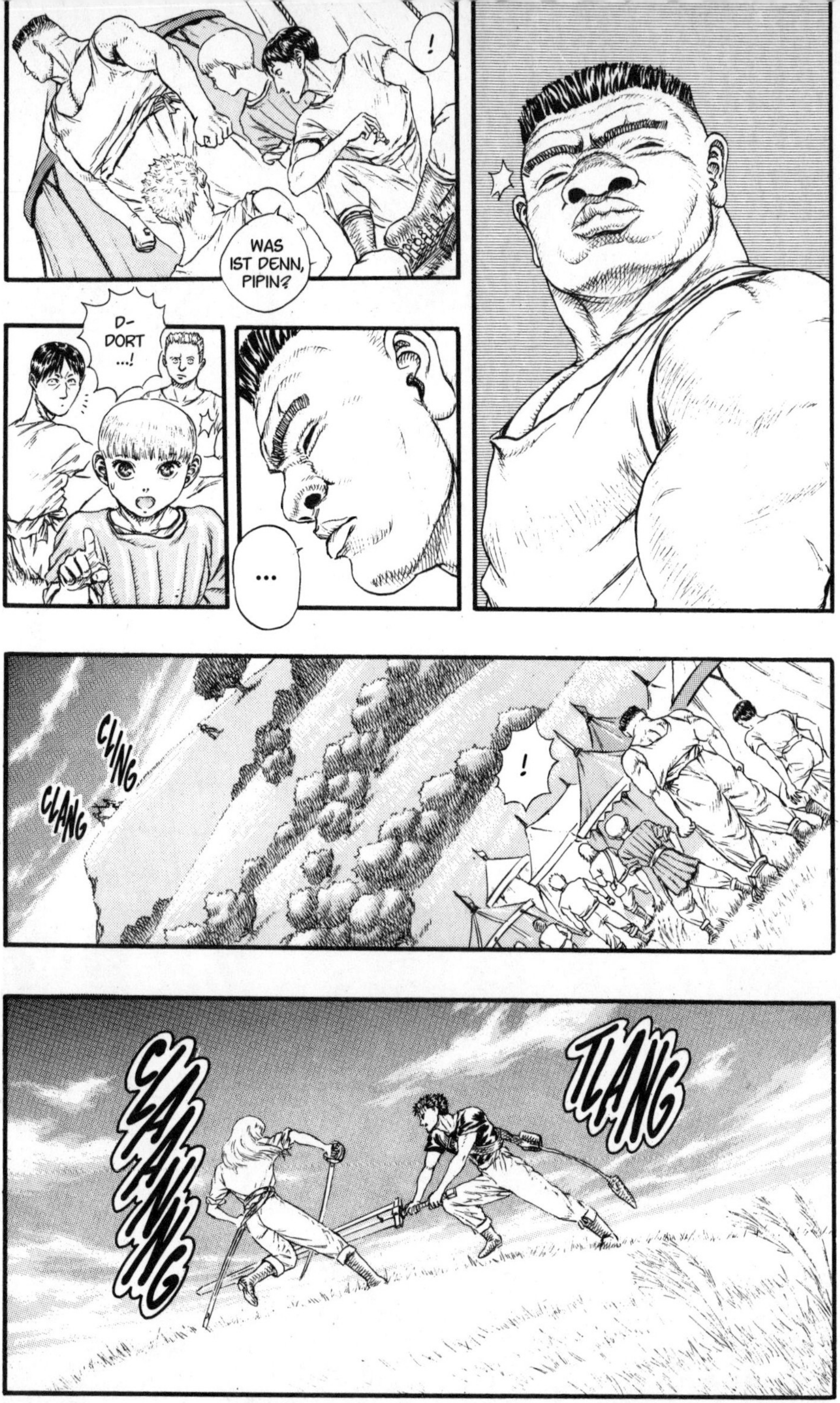

!
WAS IST DENN, PIPIN?
D-DORT ...!
...
...

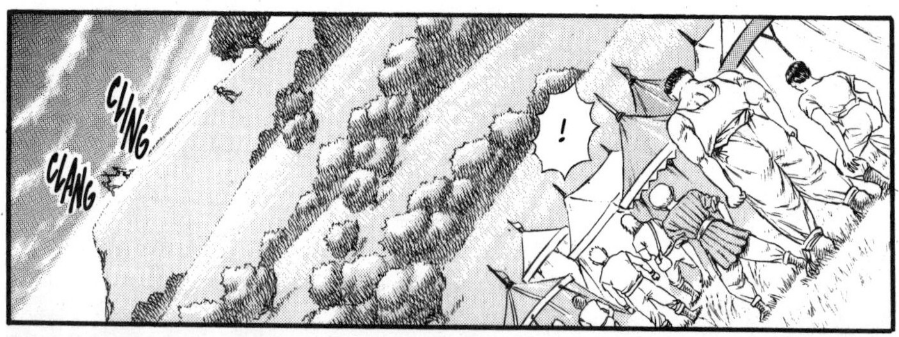
CLING
CLANG
!

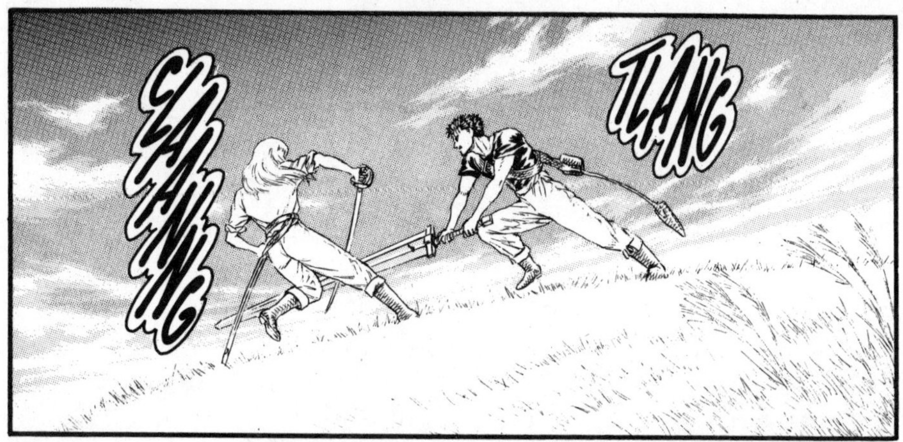
CLAANNNG
TLANG

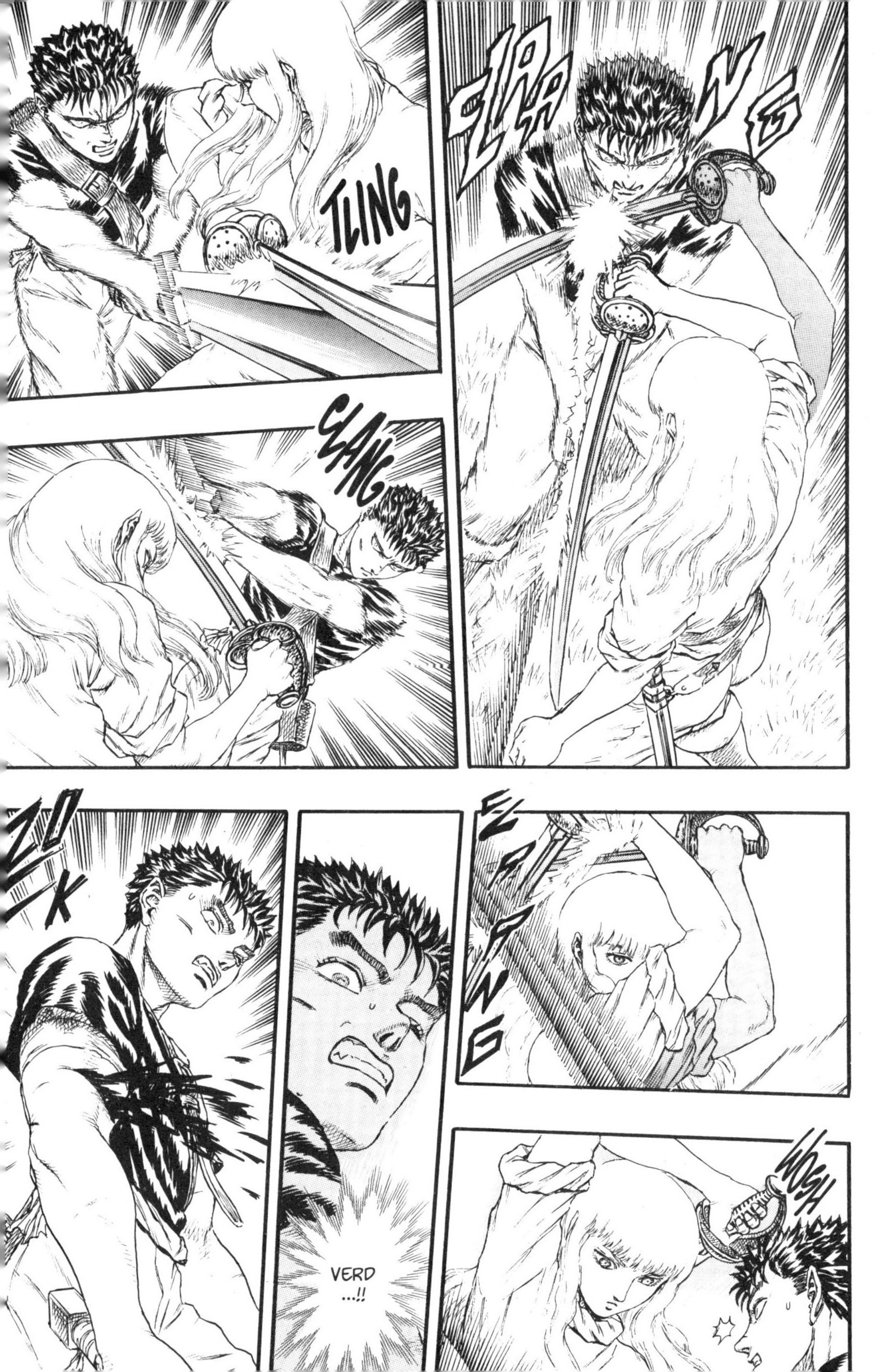
TLING
CLANG
VERD
...!!
WOSH

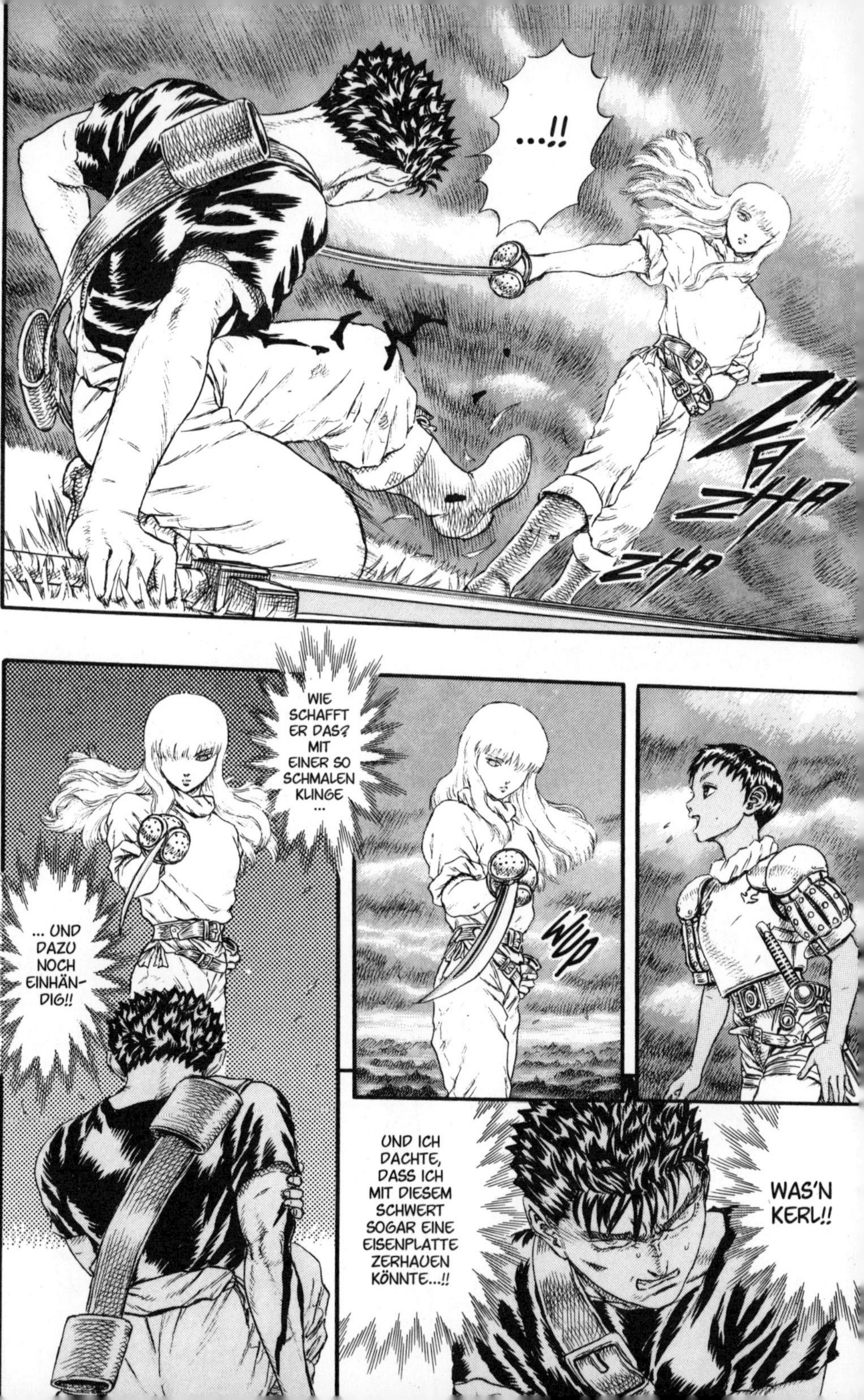

...!!

ZHA ZHA ZHA

WUP

WIE SCHAFFT ER DAS? MIT EINER SO SCHMALEN KLINGE ...

... UND DAZU NOCH EINHÄNDIG!!

WAS'N KERL!!

UND ICH DACHTE, DASS ICH MIT DIESEM SCHWERT SOGAR EINE EISENPLATTE ZERHAUEN KÖNNTE...!!

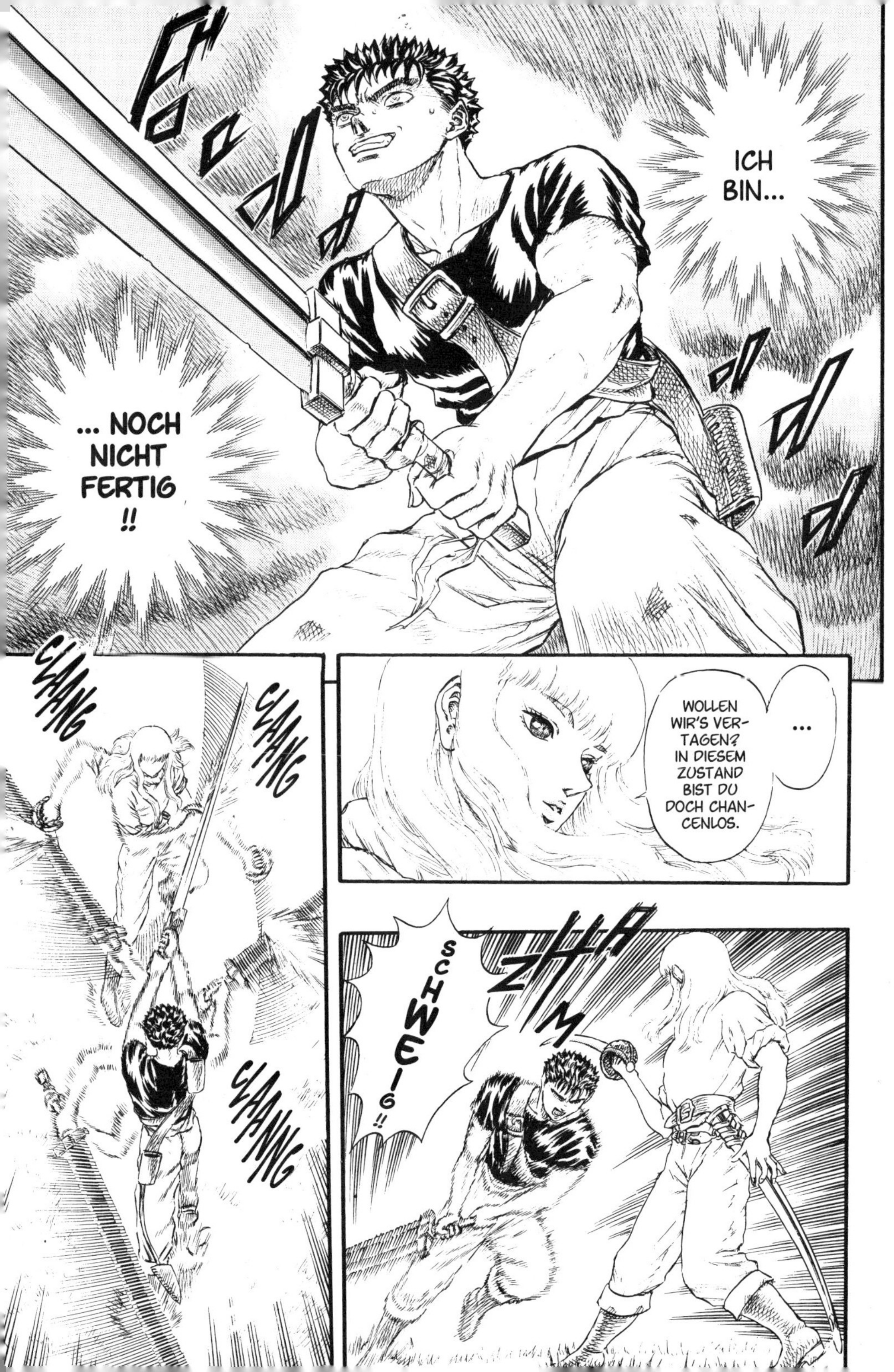
ICH BIN...
... NOCH NICHT FERTIG !!
WOLLEN WIR'S VERTAGEN? IN DIESEM ZUSTAND BIST DU DOCH CHANCENLOS.
...
SCHWEIG!!
CLAANG
CLAANG
CLAANG

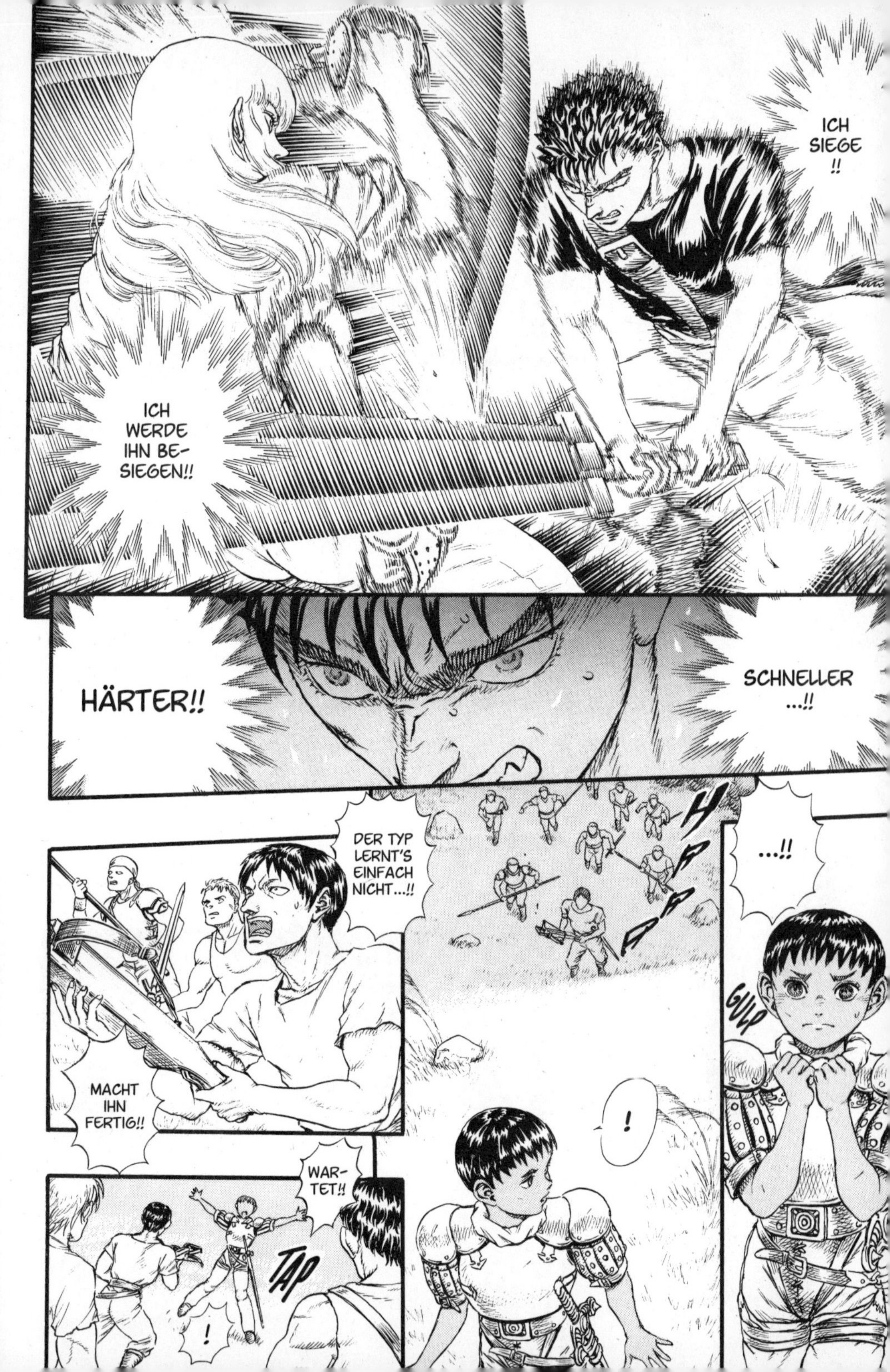
ICH SIEGE!!
ICH WERDE IHN BE-SIEGEN!!
SCHNELLER...!!
HÄRTER!!
...!!
GULP
DER TYP LERNT'S EINFACH NICHT...!!
MACHT IHN FERTIG!!
!
WAR-TET!!
TAP
!

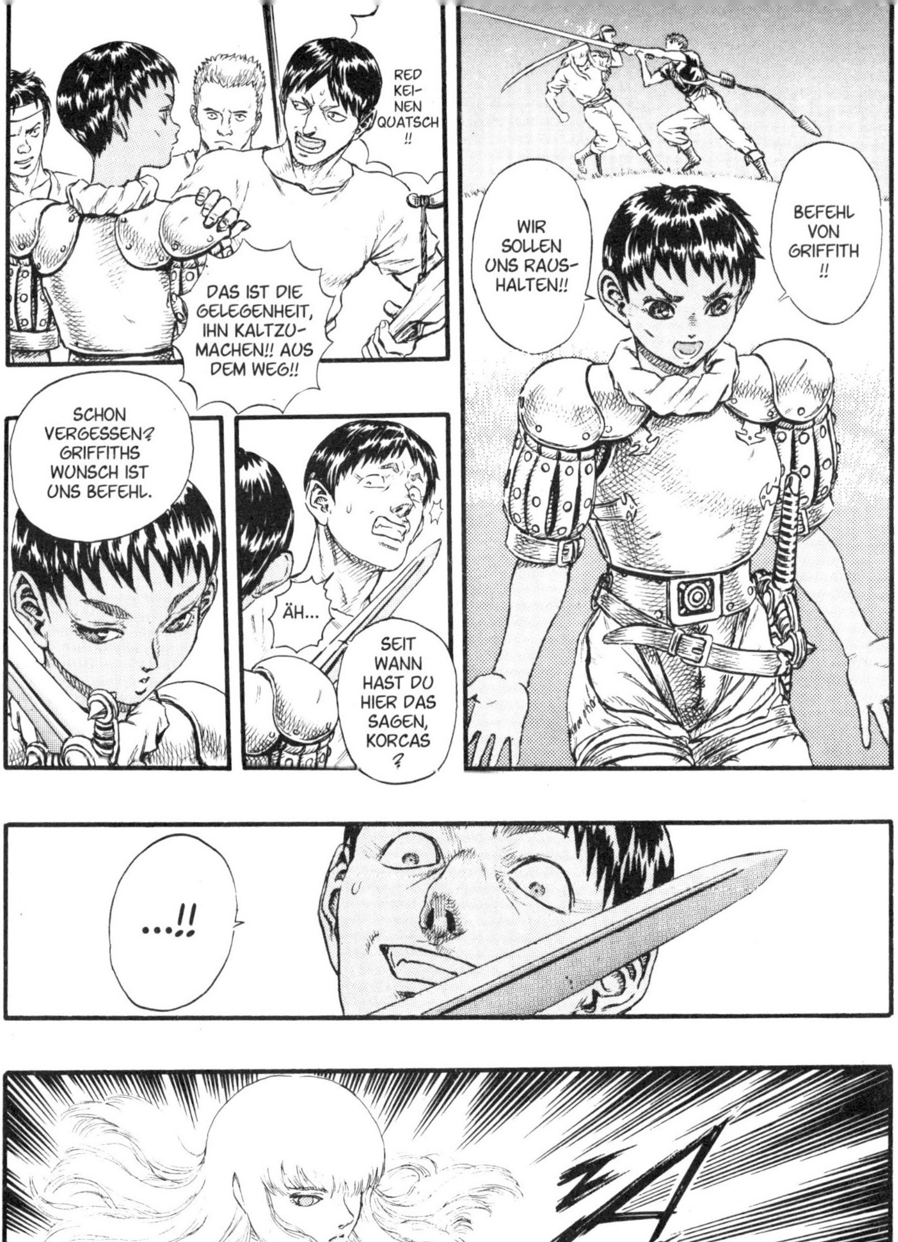

BEFEHL VON GRIFFITH!!
WIR SOLLEN UNS RAUSHALTEN!!
RED KEINEN QUATSCH!!
DAS IST DIE GELEGENHEIT, IHN KALTZUMACHEN!! AUS DEM WEG!!
SEIT WANN HAST DU HIER DAS SAGEN, KORCAS?
ÄH...
SCHON VERGESSEN? GRIFFITHS WUNSCH IST UNS BEFEHL.

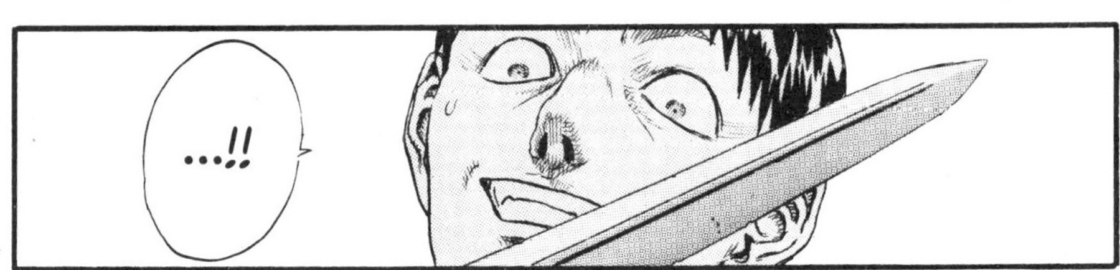

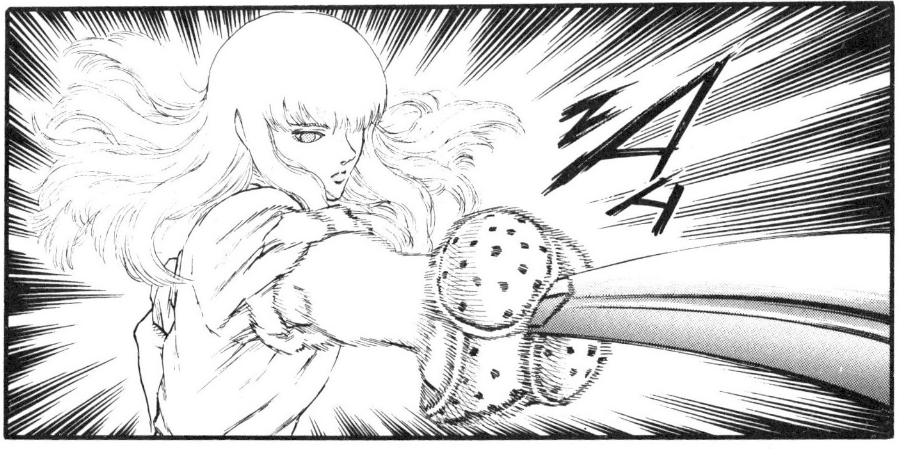

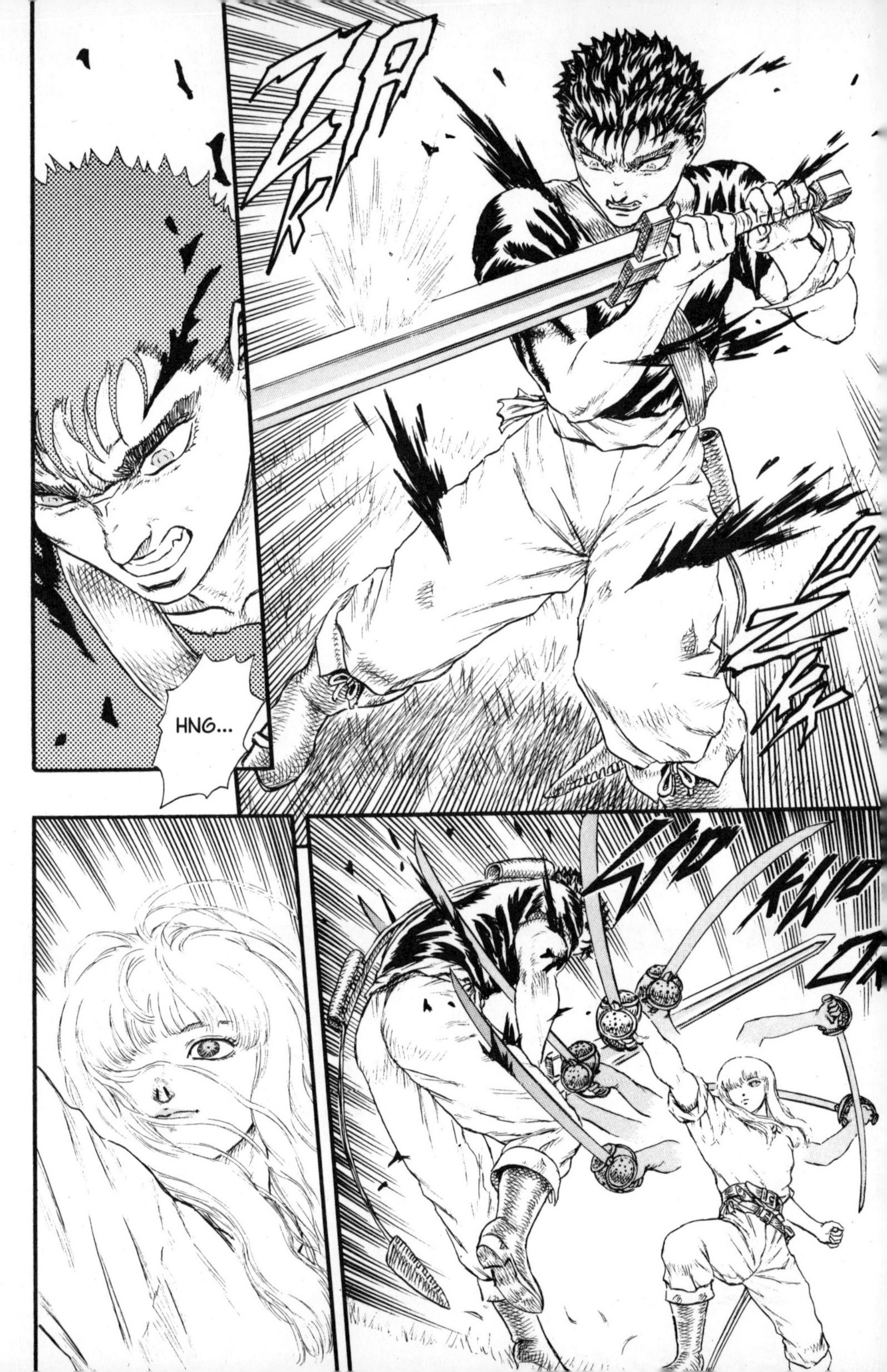
ZAK
HNG...

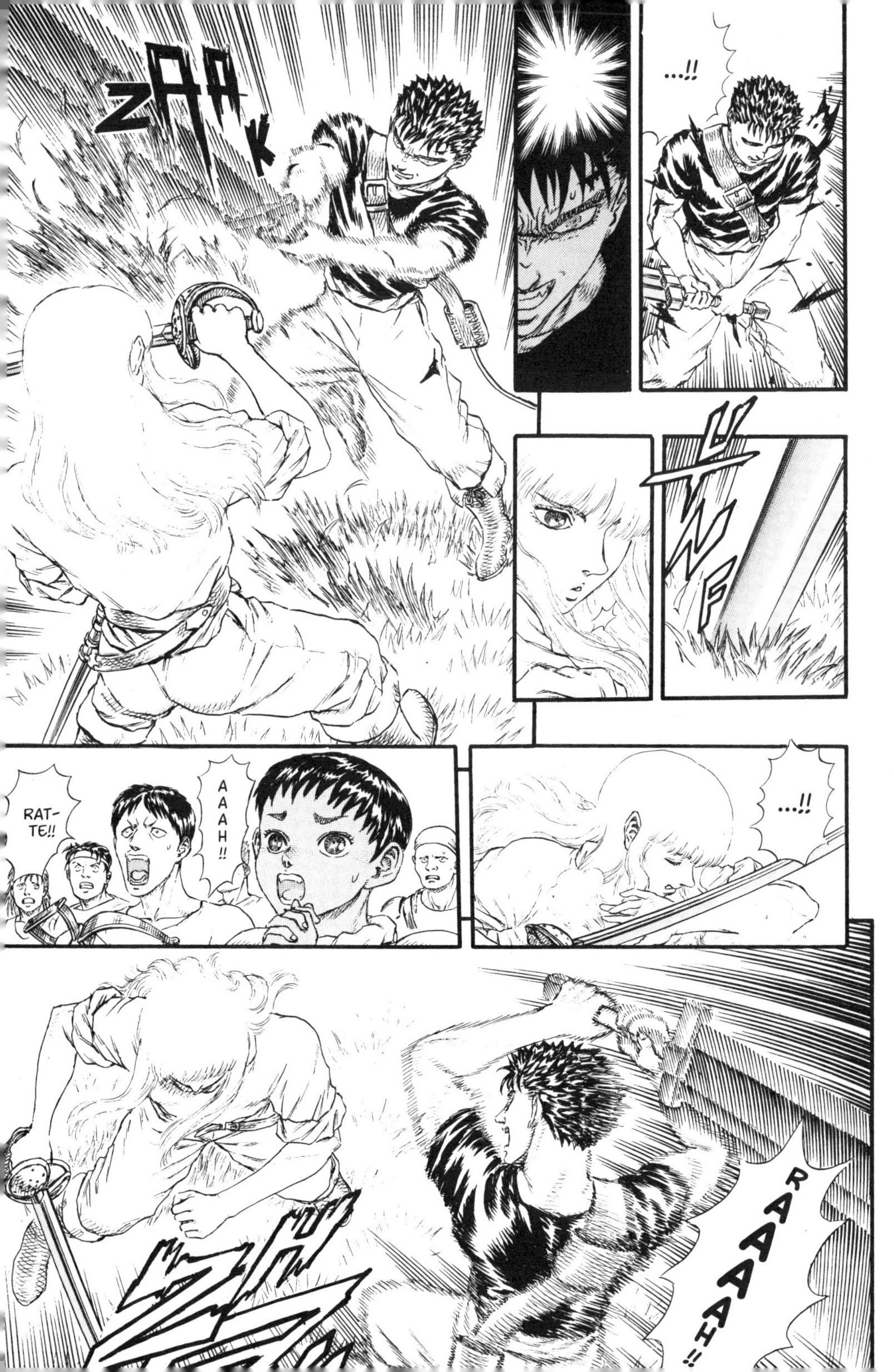
ZAAK
...!!
UNF
RAT-
TE!!
AAAH!!
...!!
RAAAAAH!!

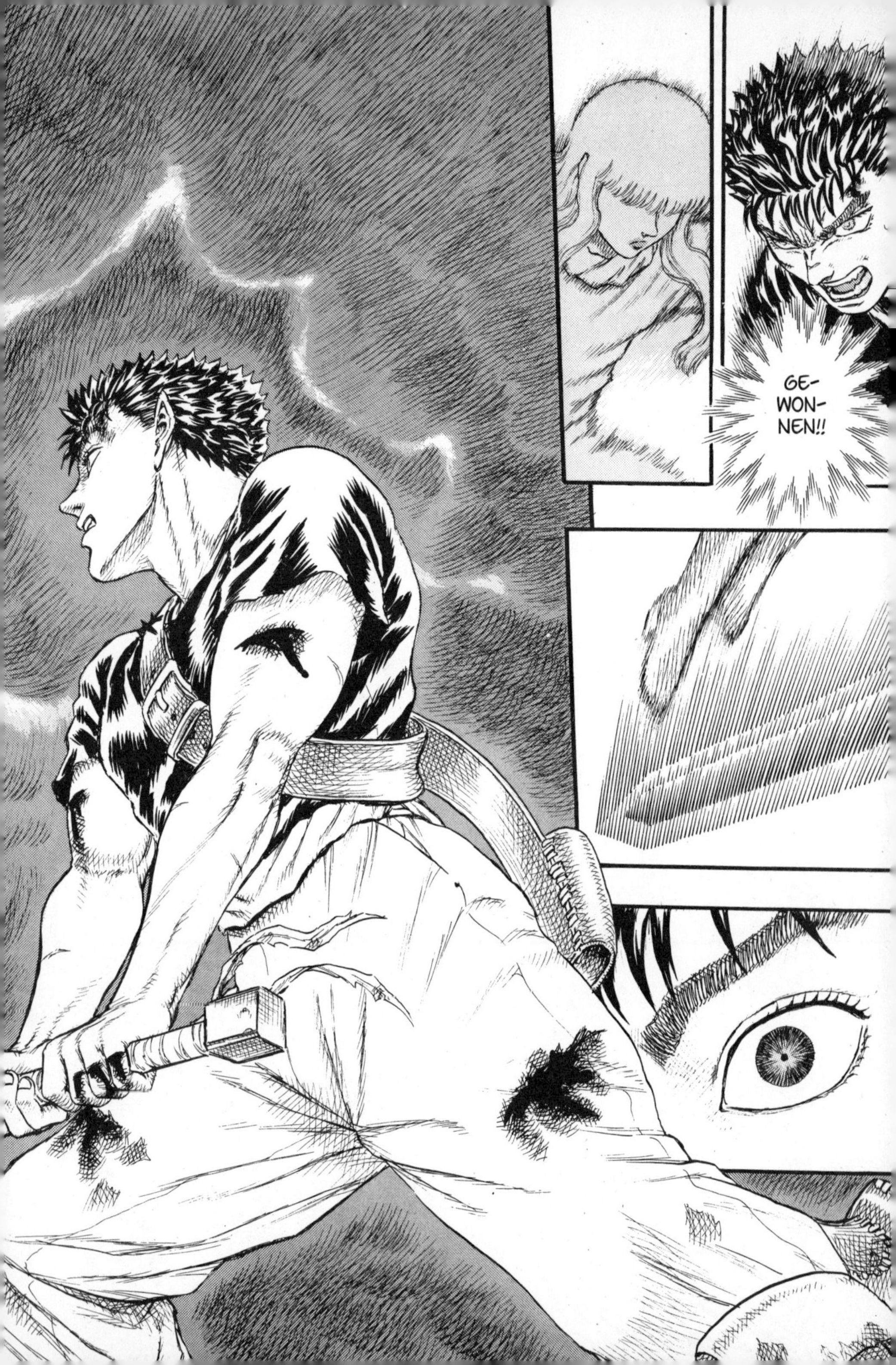
GE-
WON-
NEN!!

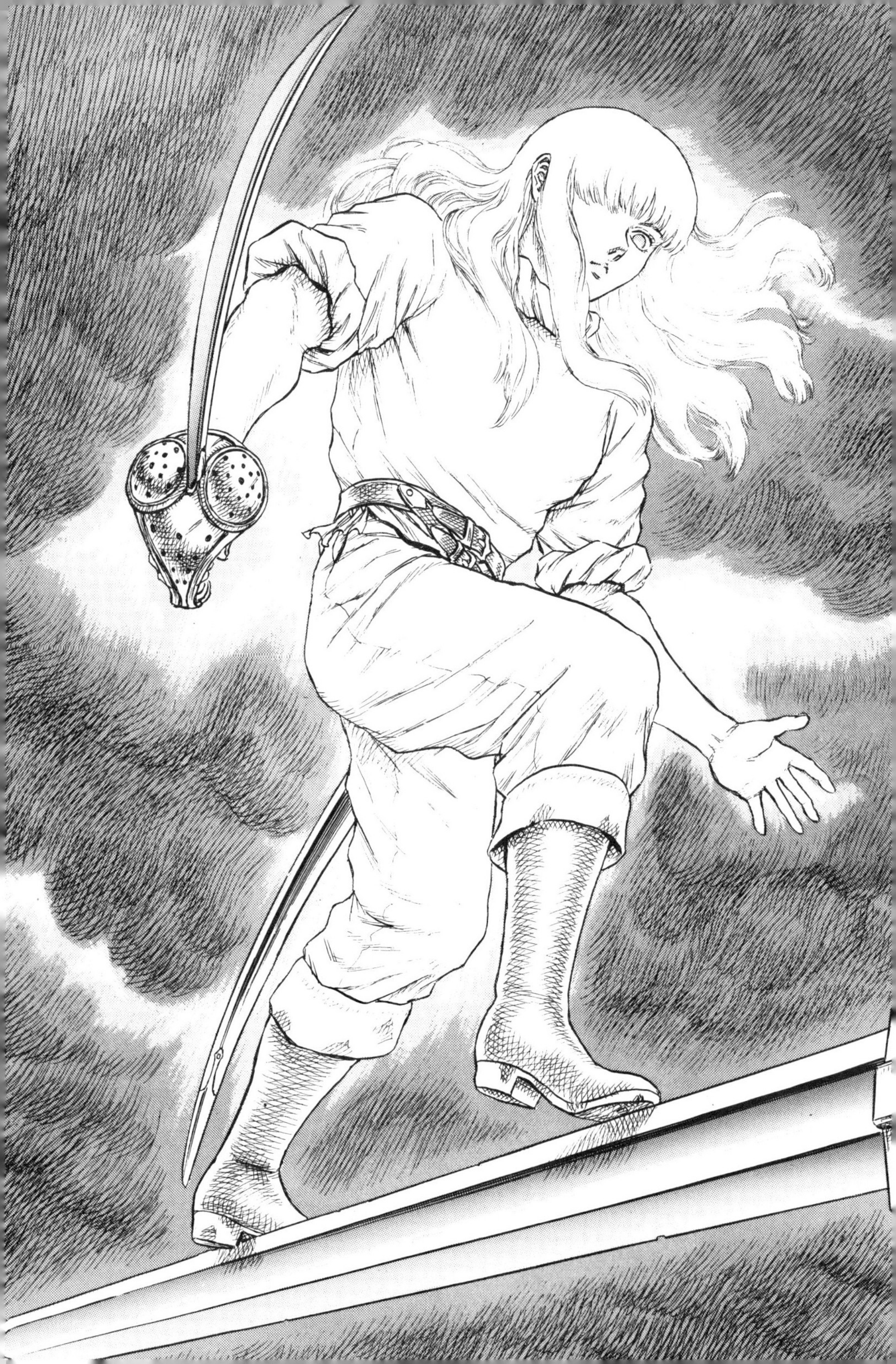

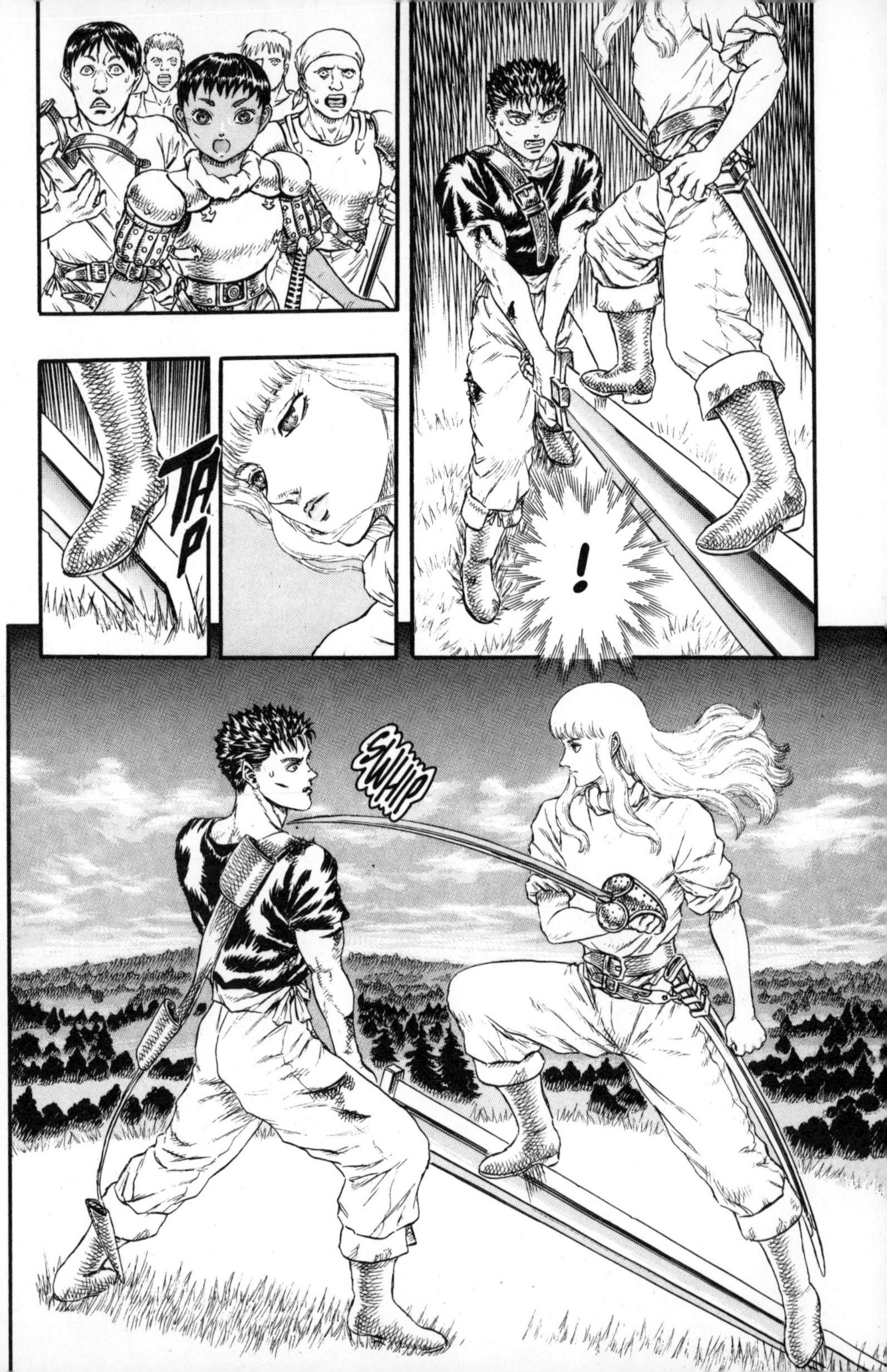
TAP
!
SWHIP

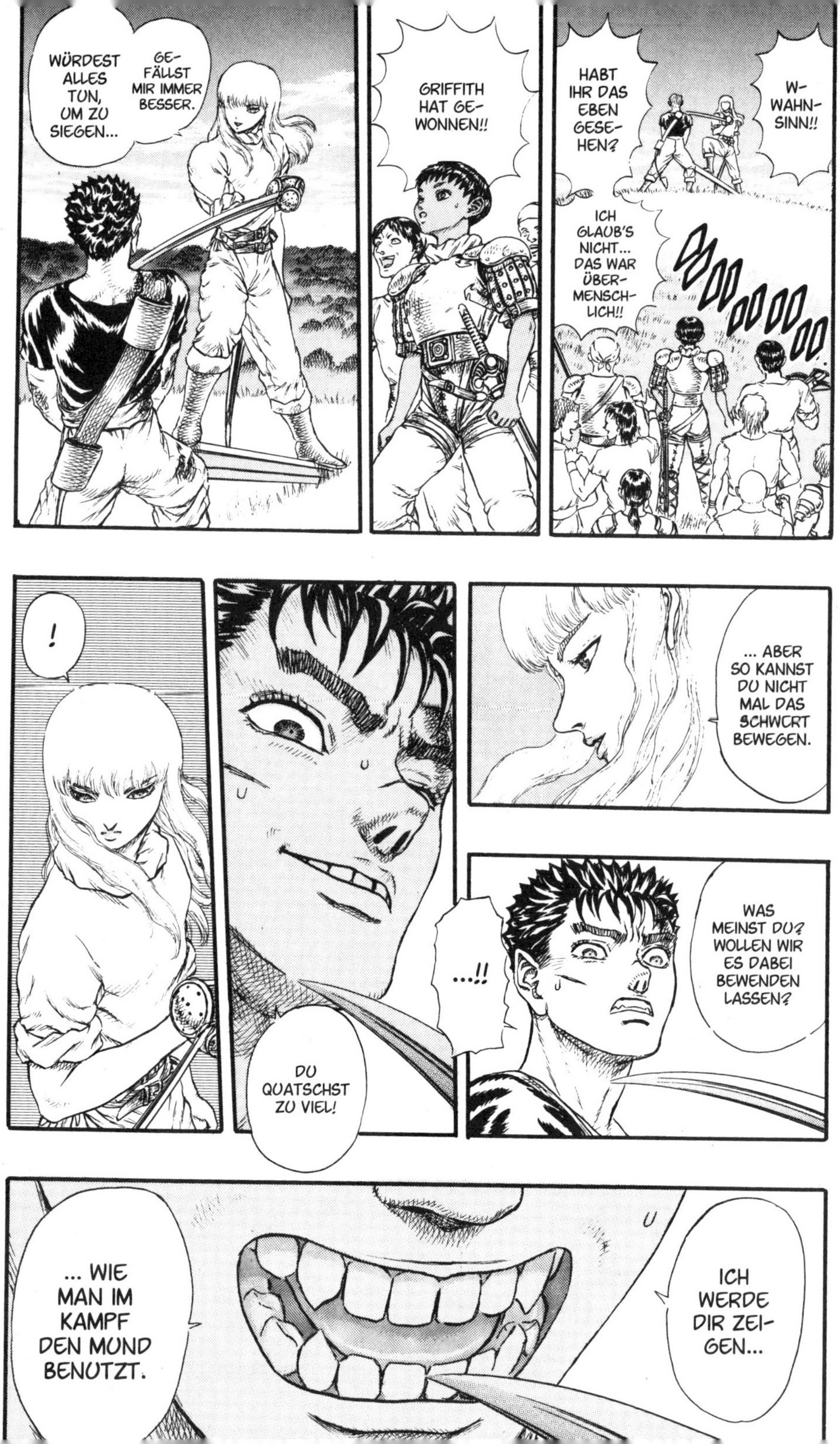

W-WAHNSINN!!

HABT IHR DAS EBEN GESEHEN?

ICH GLAUB'S NICHT... DAS WAR ÜBERMENSCHLICH!!

GRIFFITH HAT GEWONNEN!!

GEFÄLLST MIR IMMER BESSER.

WÜRDEST ALLES TUN, UM ZU SIEGEN...

... ABER SO KANNST DU NICHT MAL DAS SCHWERT BEWEGEN.

WAS MEINST DU? WOLLEN WIR ES DABEI BEWENDEN LASSEN?

...!!

DU QUATSCHST ZU VIEL!

!

ICH WERDE DIR ZEIGEN...

... WIE MAN IM KAMPF DEN MUND BENUTZT.

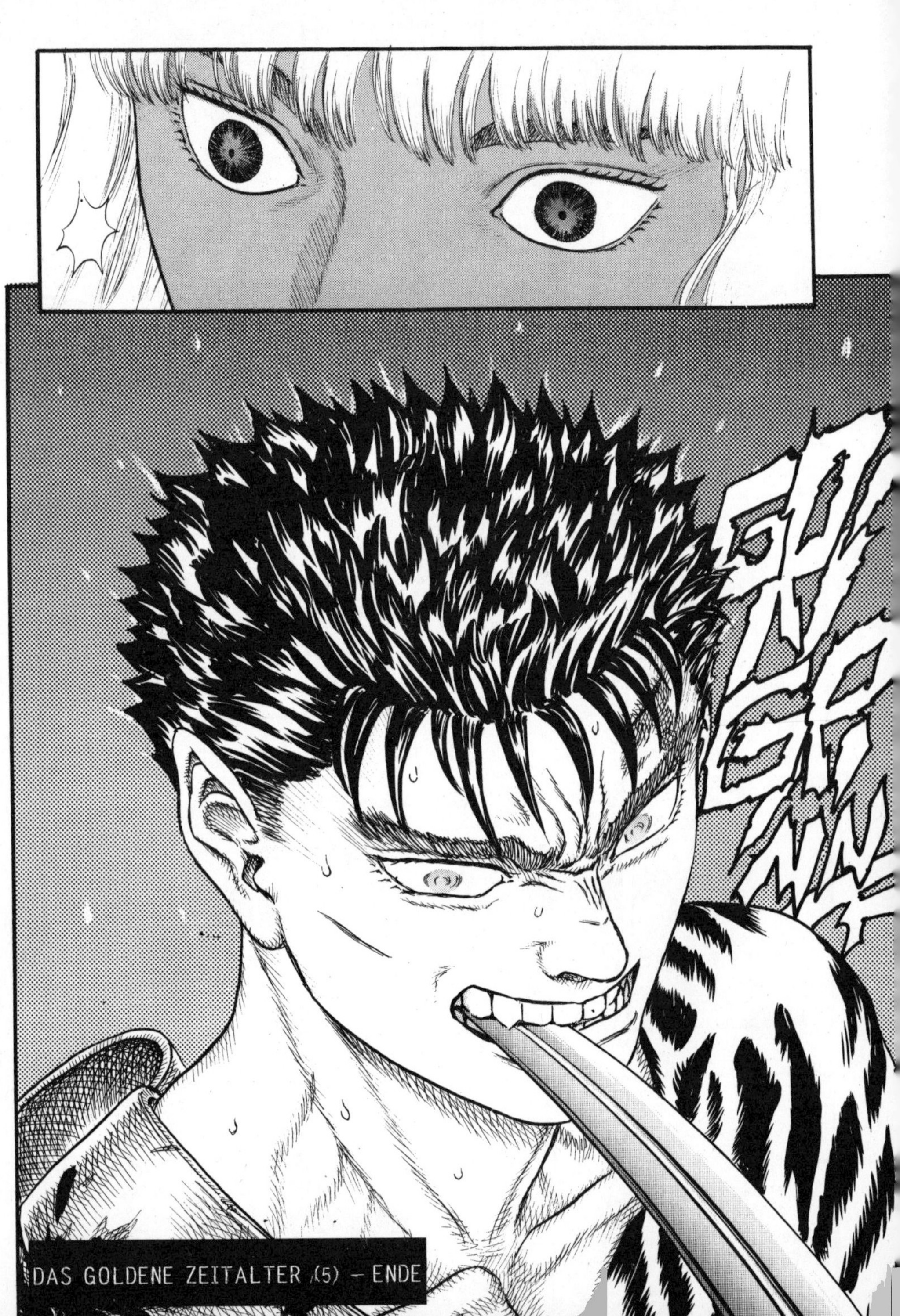
DAS GOLDENE ZEITALTER (5) – ENDE

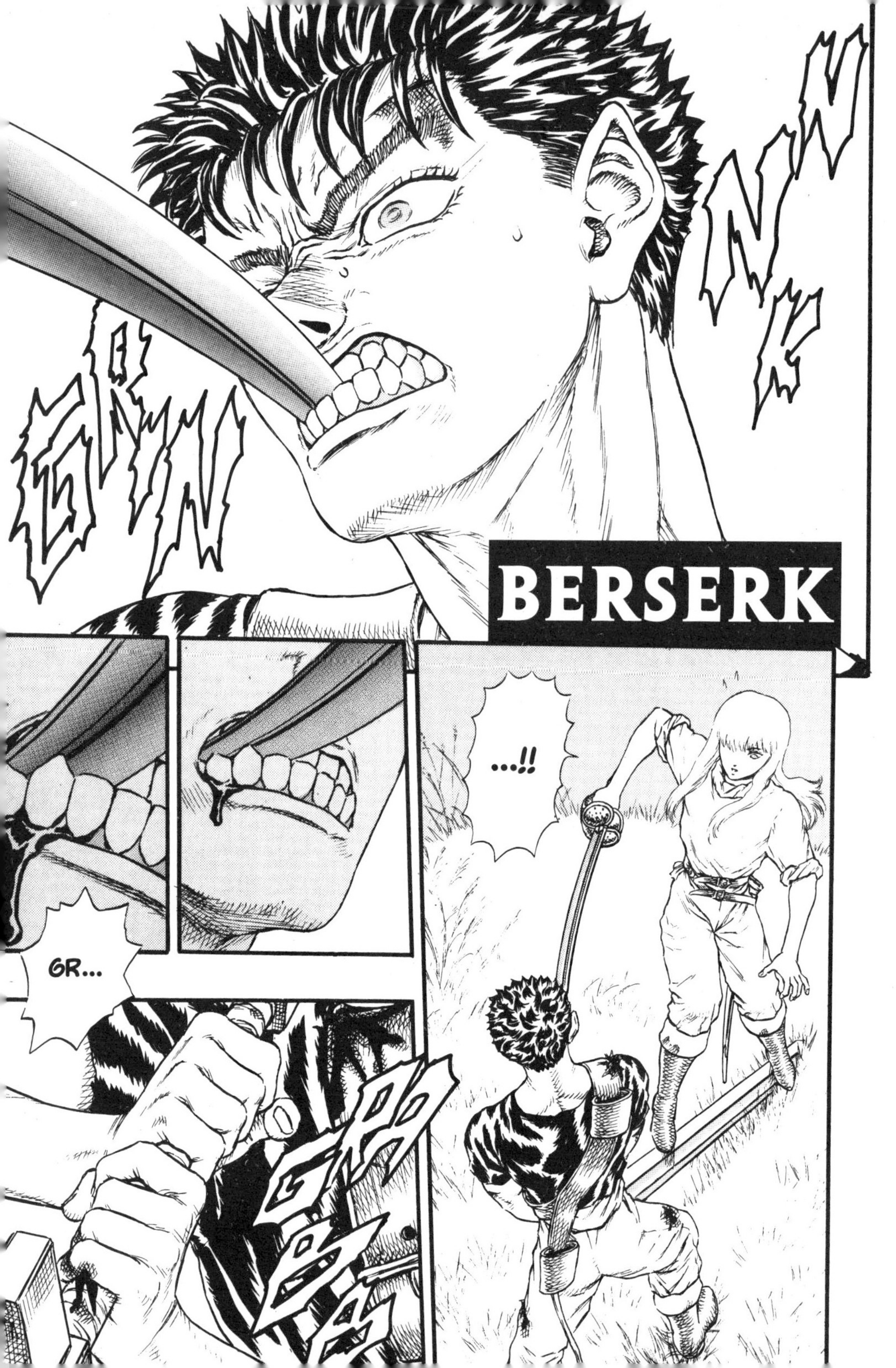
BERSERK
...!!
GR...

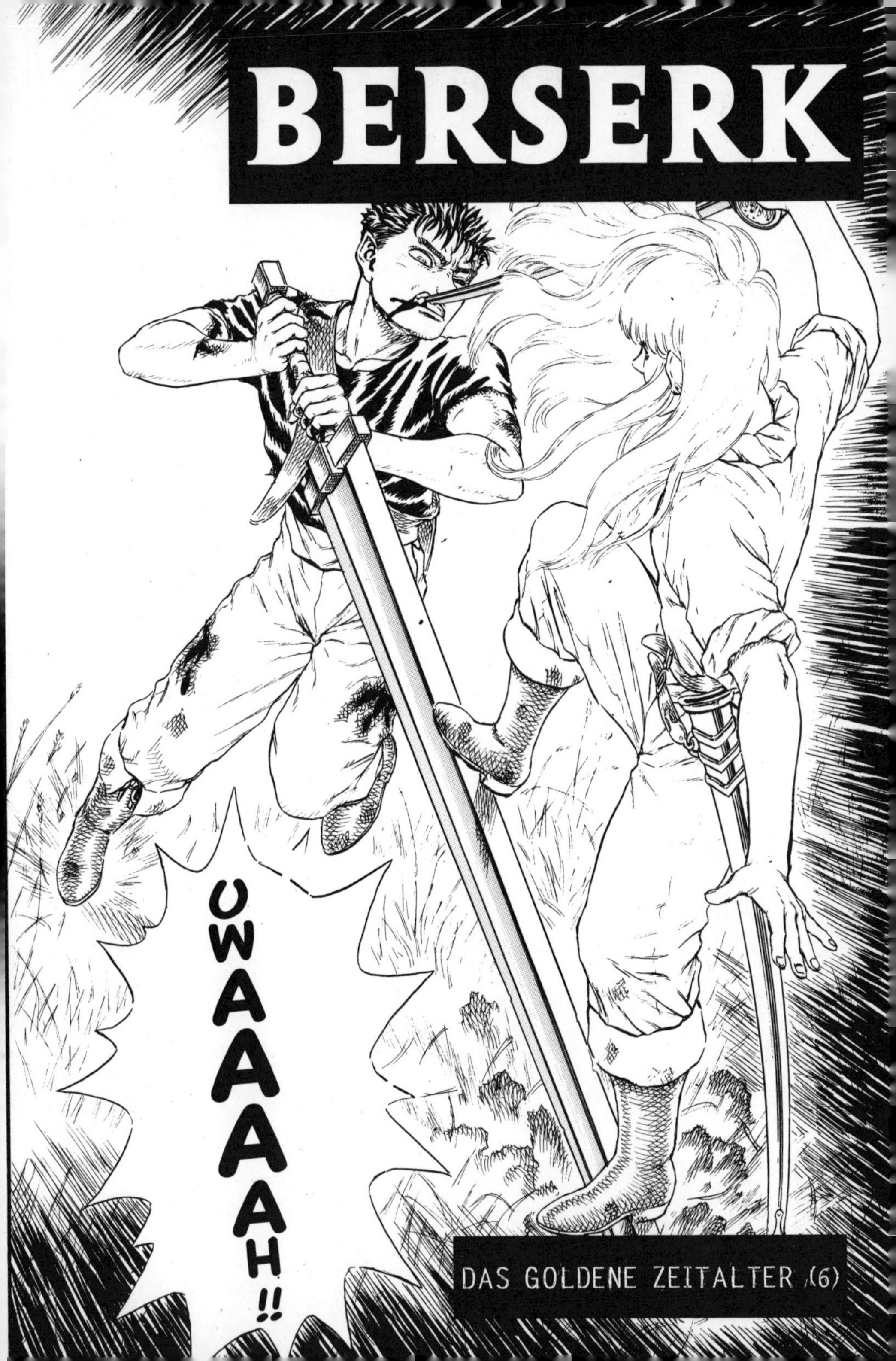

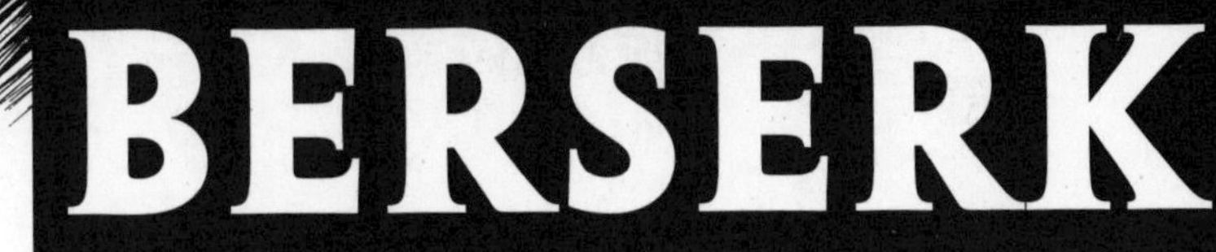

DAS GOLDENE ZEITALTER (6)

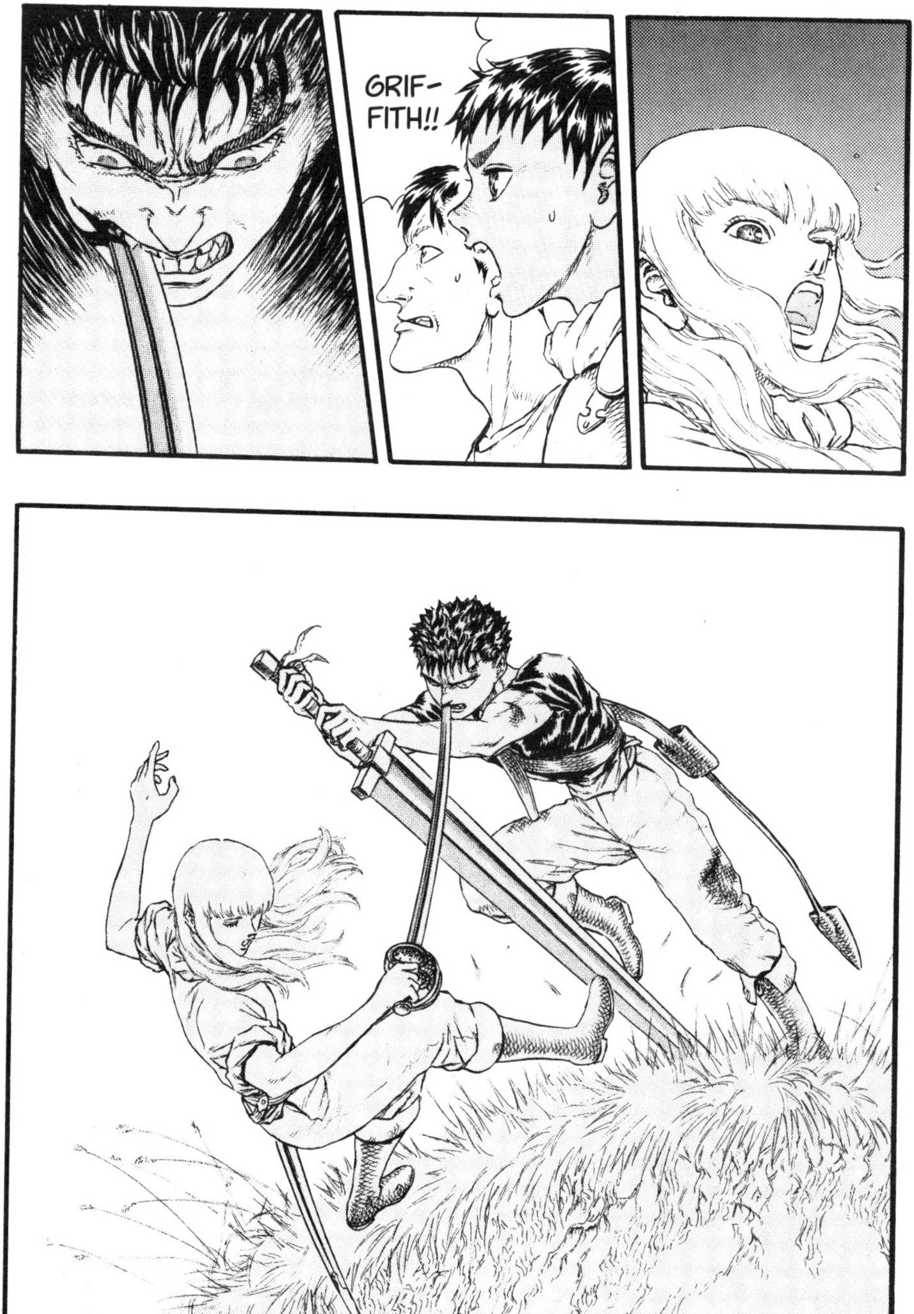

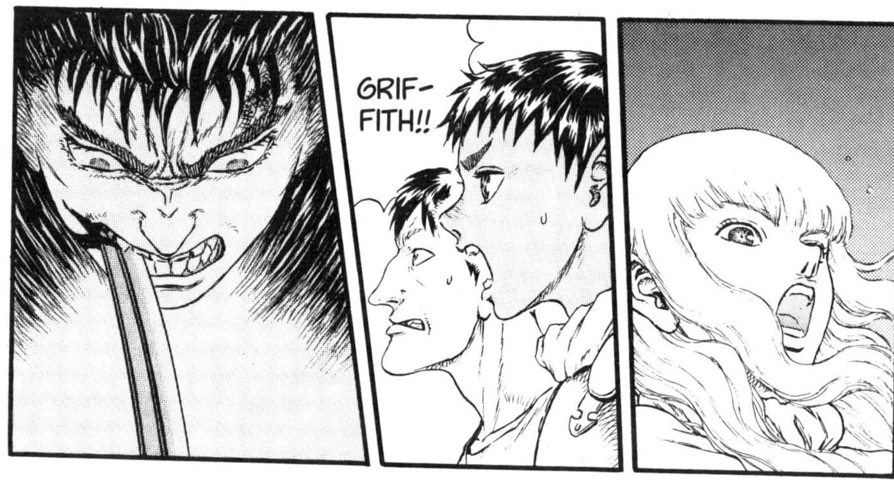
GRIF-
FITH!!

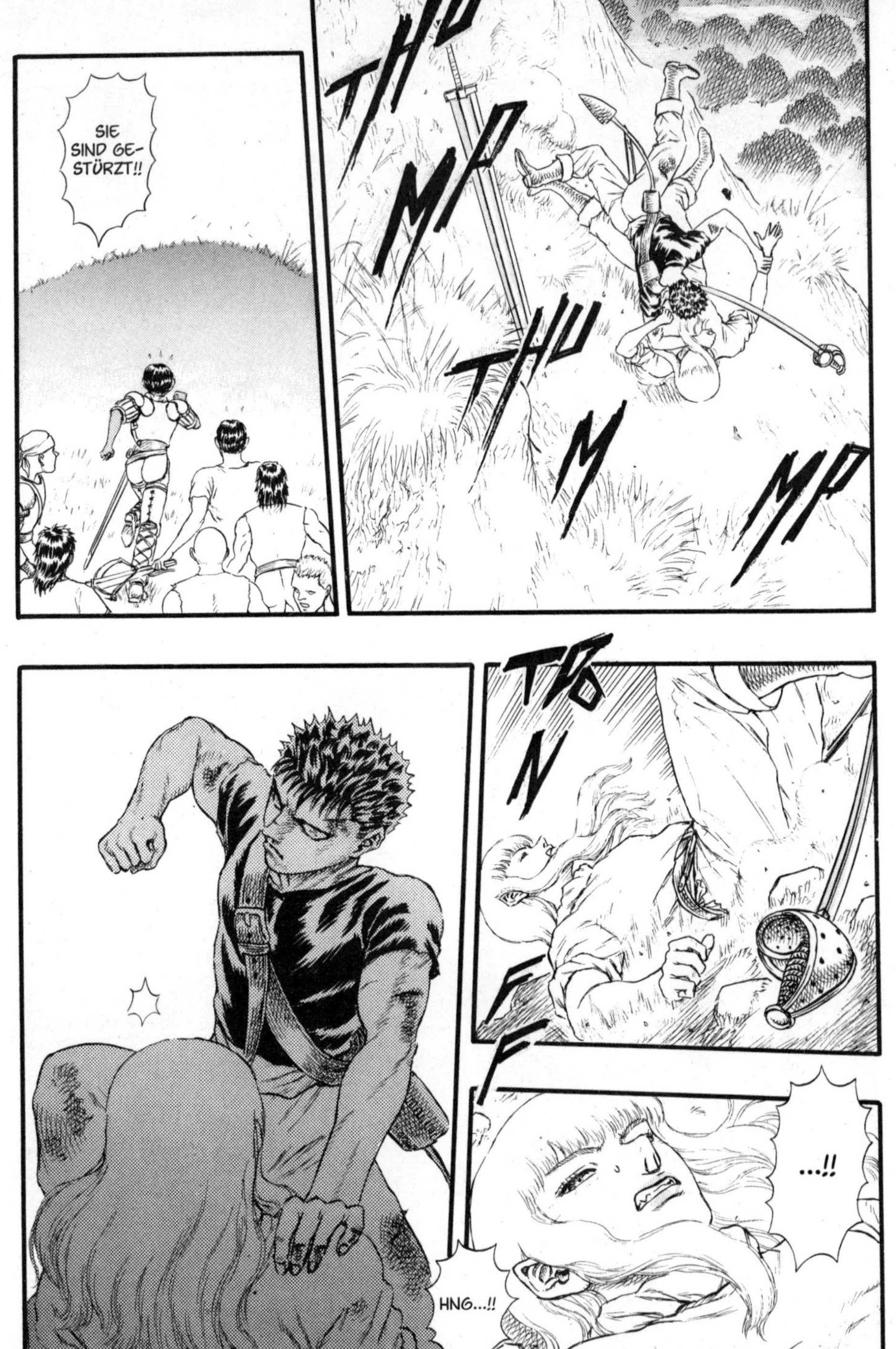
THUMP
THUMMP
SIE SIND GE-STÜRZT!!
...!!
HNG...!!

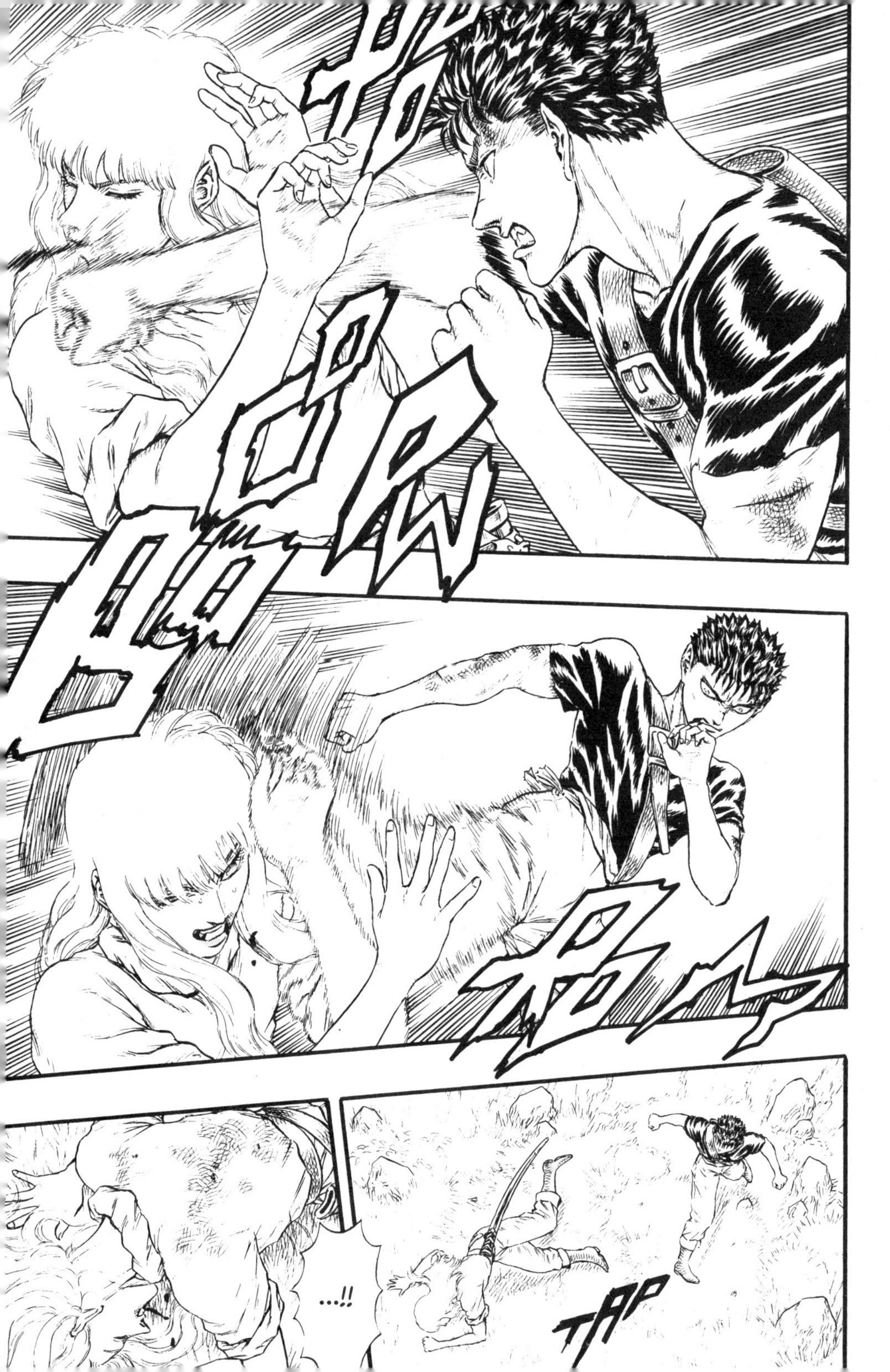
...!!
TAP

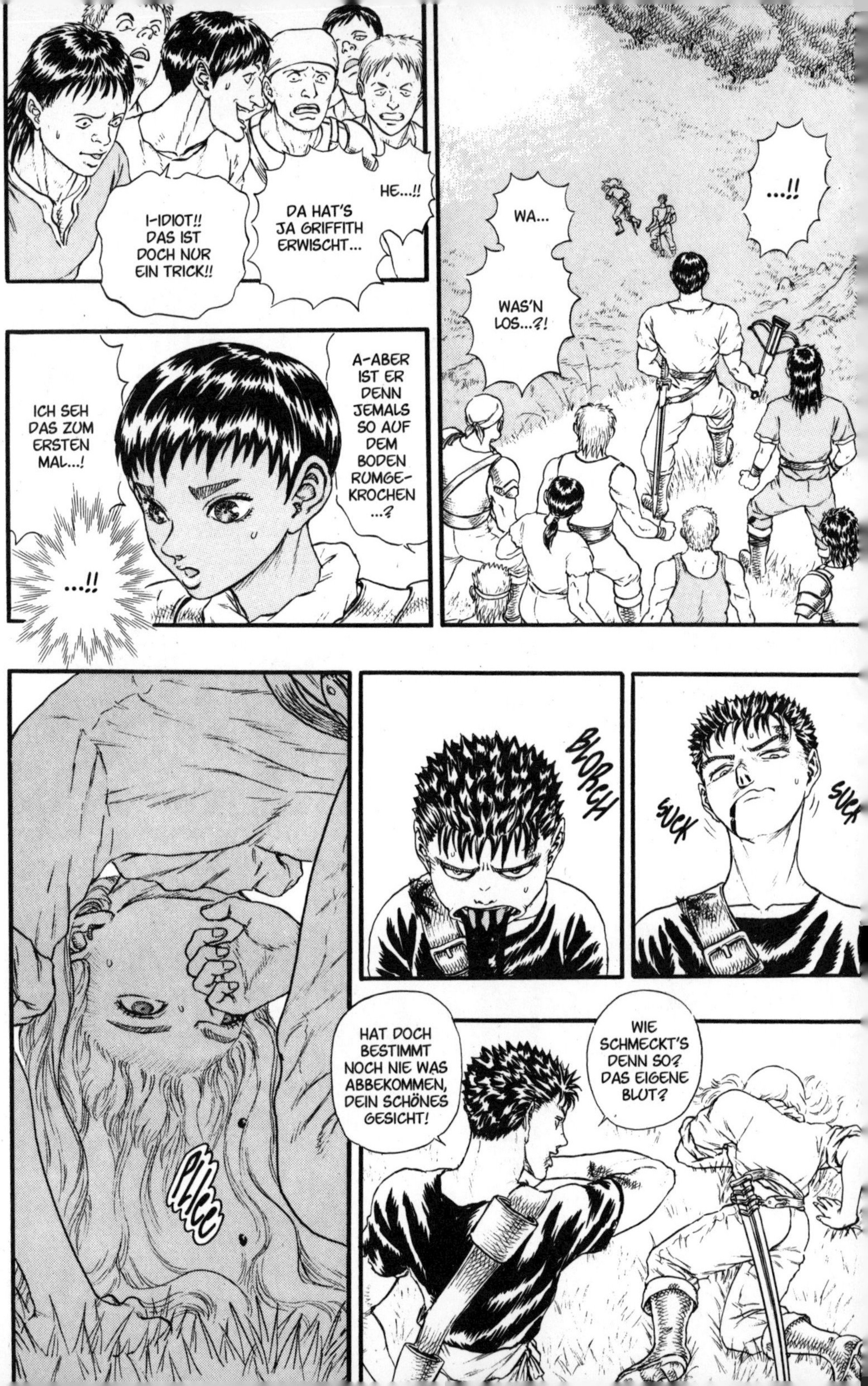

I-IDIOT!! DAS IST DOCH NUR EIN TRICK!!
DA HAT'S JA GRIFFITH ERWISCHT...
HE...!!
WA...
WAS'N LOS...?!
...!!
ICH SEH DAS ZUM ERSTEN MAL...!
A-ABER IST ER DENN JEMALS SO AUF DEM BODEN RUMGE-KROCHEN ...?
...!!
PLICC
BLORCH
SUCK
SUCK
WIE SCHMECKT'S DENN SO? DAS EIGENE BLUT?
HAT DOCH BESTIMMT NOCH NIE WAS ABBEKOMMEN, DEIN SCHÖNES GESICHT!

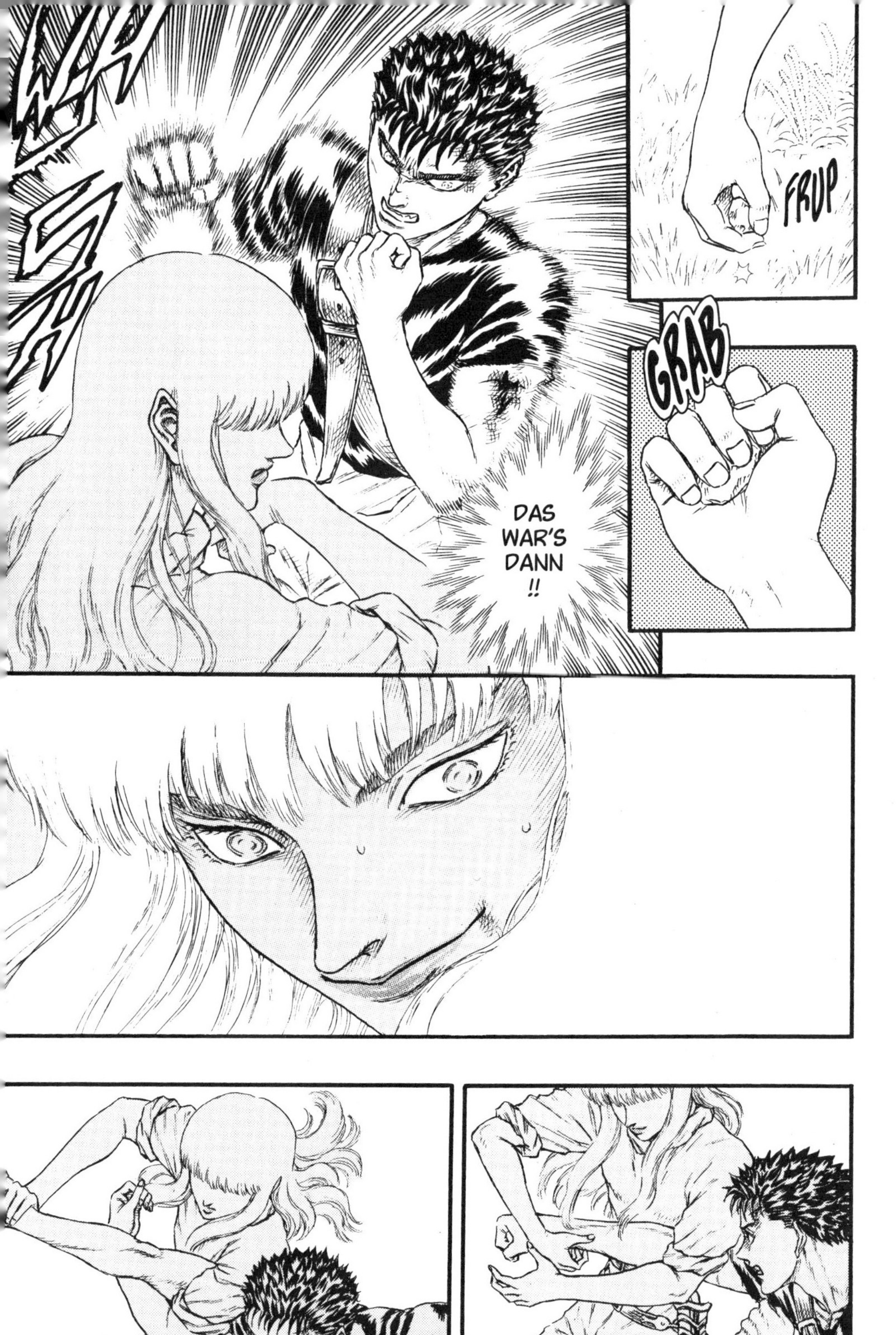
FRUP
GRAB
DAS WAR'S DANN !!

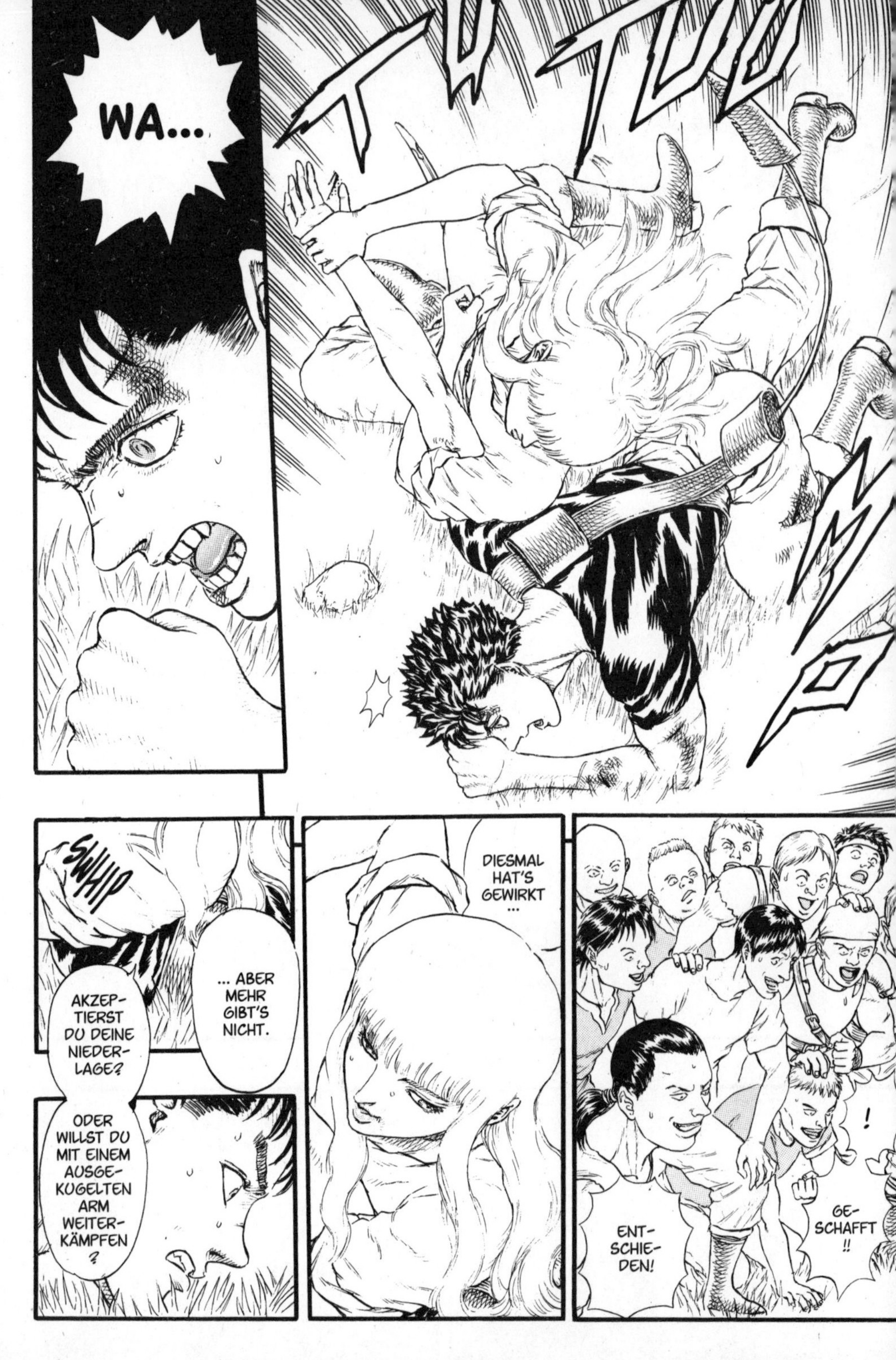
WA...
GE-SCHAFFT!!
ENT-SCHIE-DEN!
!
DIESMAL HAT'S GEWIRKT ...
SWHIP
... ABER MEHR GIBT'S NICHT.
AKZEP-TIERST DU DEINE NIEDER-LAGE?
ODER WILLST DU MIT EINEM AUSGE-KUGELTEN ARM WEITER-KÄMPFEN?

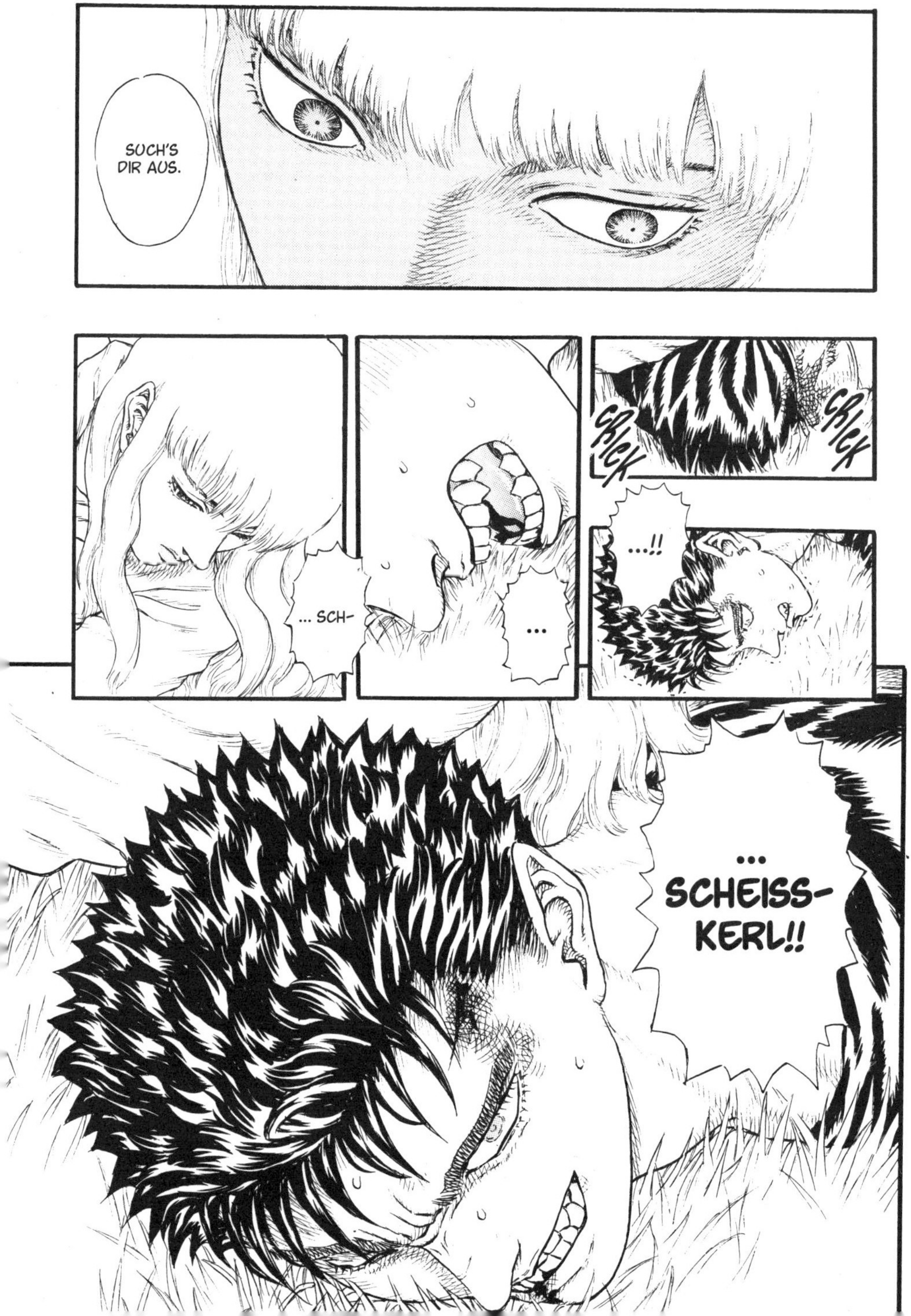

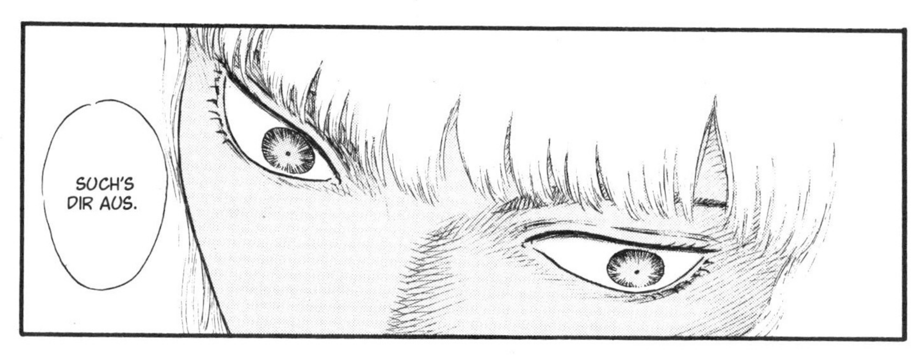

CRICK CRICK

...!!

...

... SCH-

... SCHEISS-KERL!!

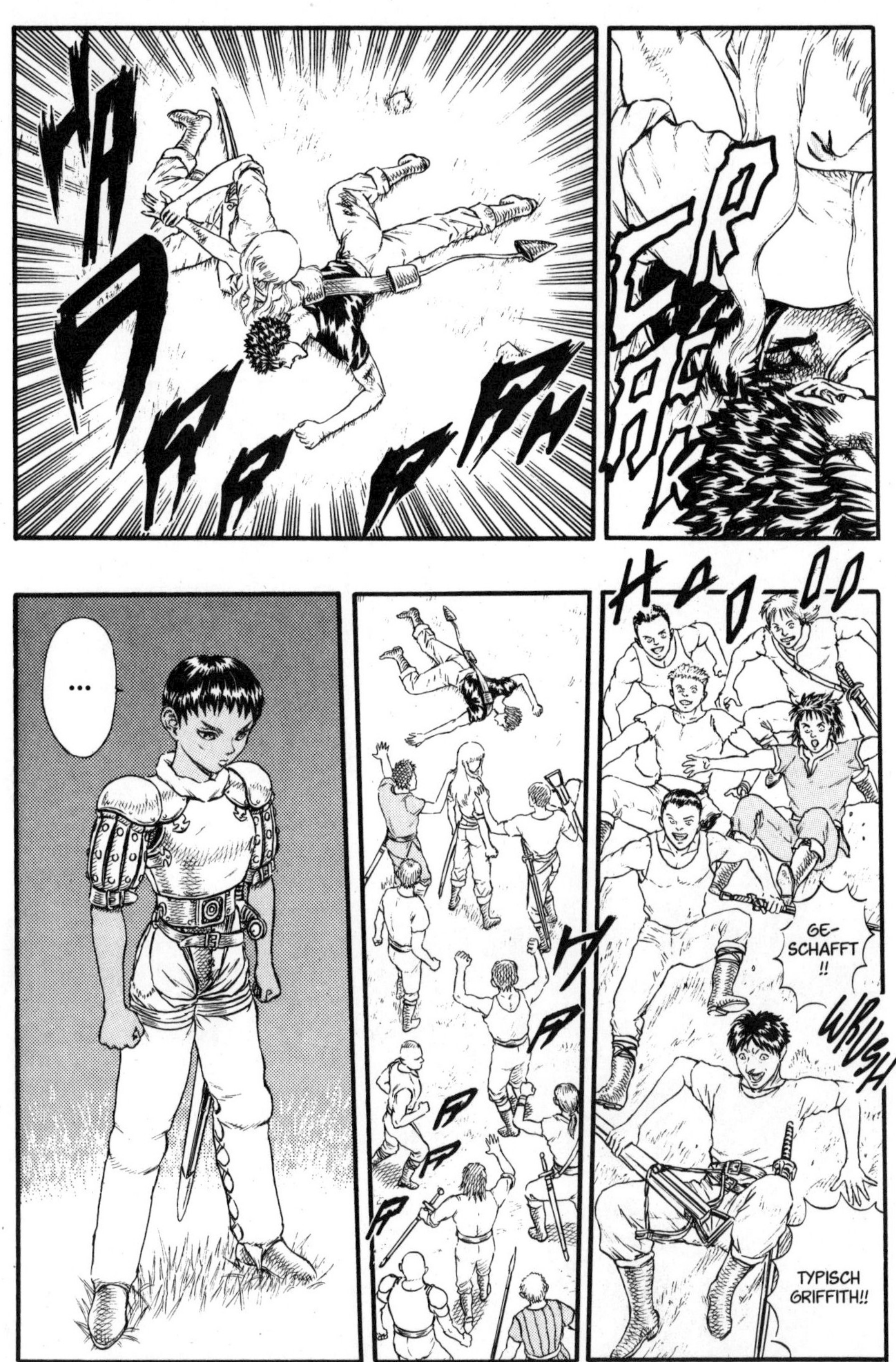
CRACK
WAAAAAH
HOOOO
GE-
SCHAFFT
!!
WUSH
TYPISCH
GRIFFITH!!
WAAAAA
...

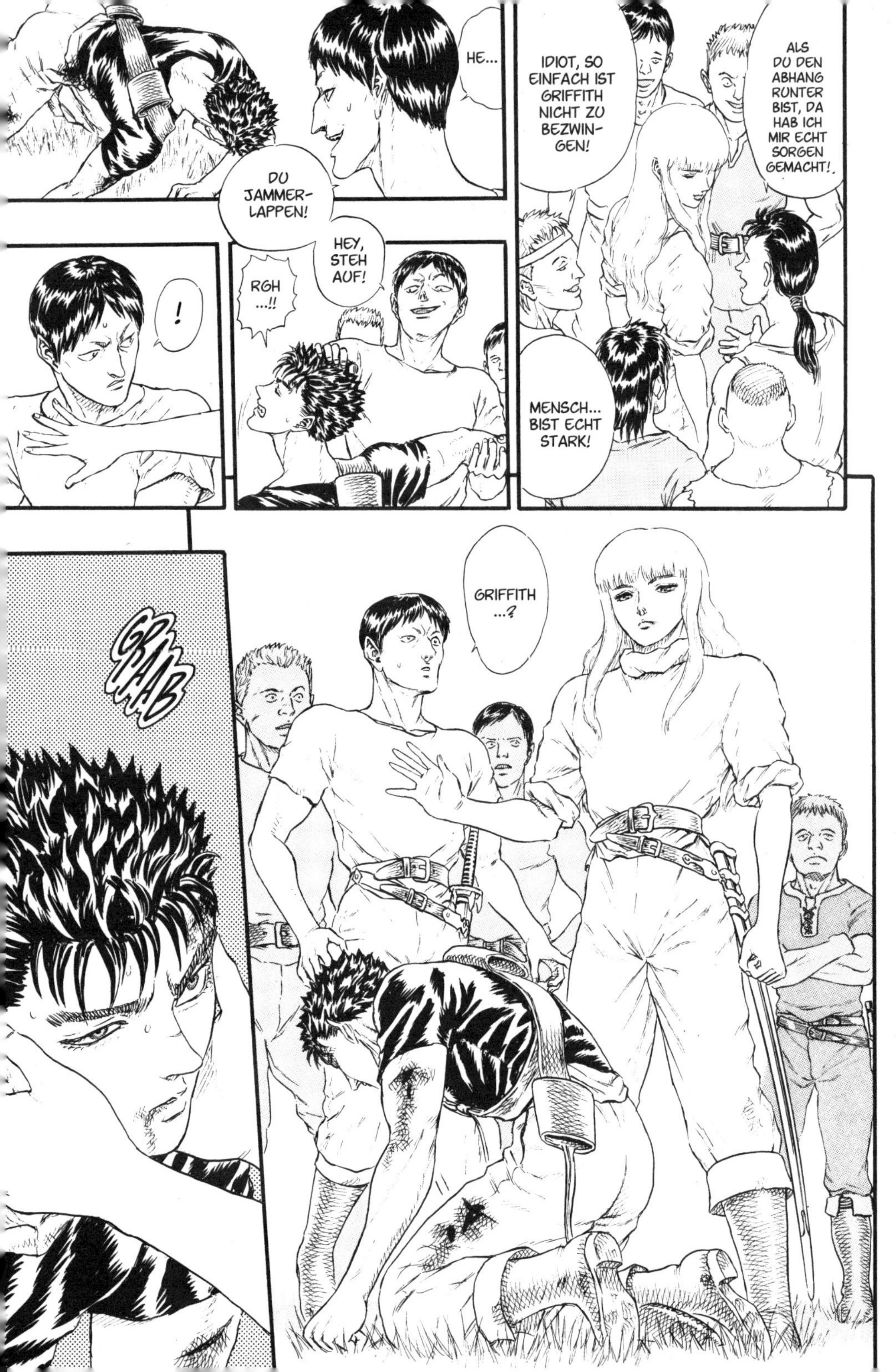
ALS DU DEN ABHANG RUNTER BIST, DA HAB ICH MIR ECHT SORGEN GEMACHT!
IDIOT, SO EINFACH IST GRIFFITH NICHT ZU BEZWIN-GEN!
MENSCH... BIST ECHT STARK!
HE...
DU JAMMER-LAPPEN!
HEY, STEH AUF!
RGH ...!!
!
GRIFFITH ...?
GRAAB

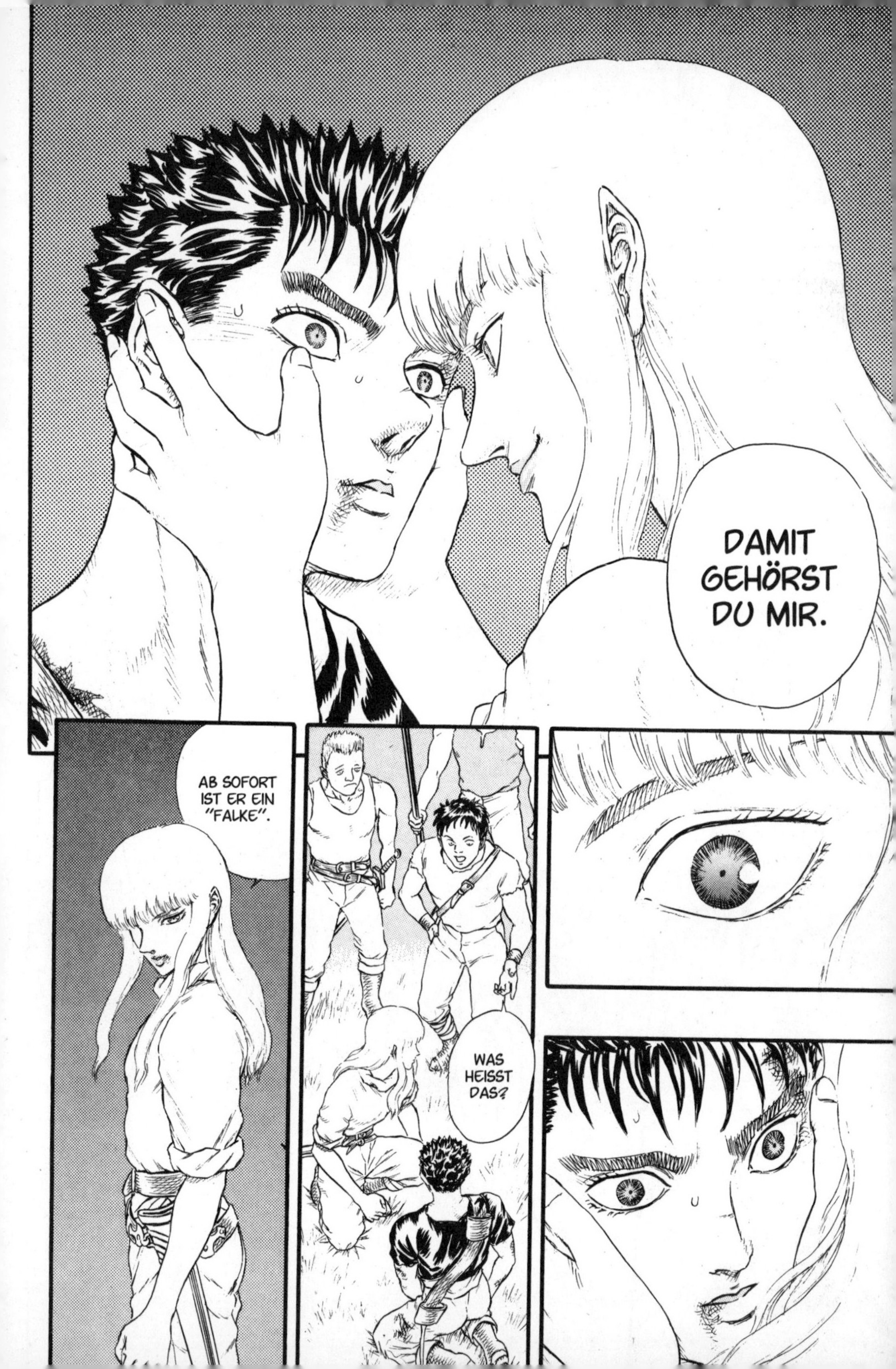
DAMIT GEHÖRST DU MIR.
AB SOFORT IST ER EIN "FALKE".
WAS HEISST DAS?

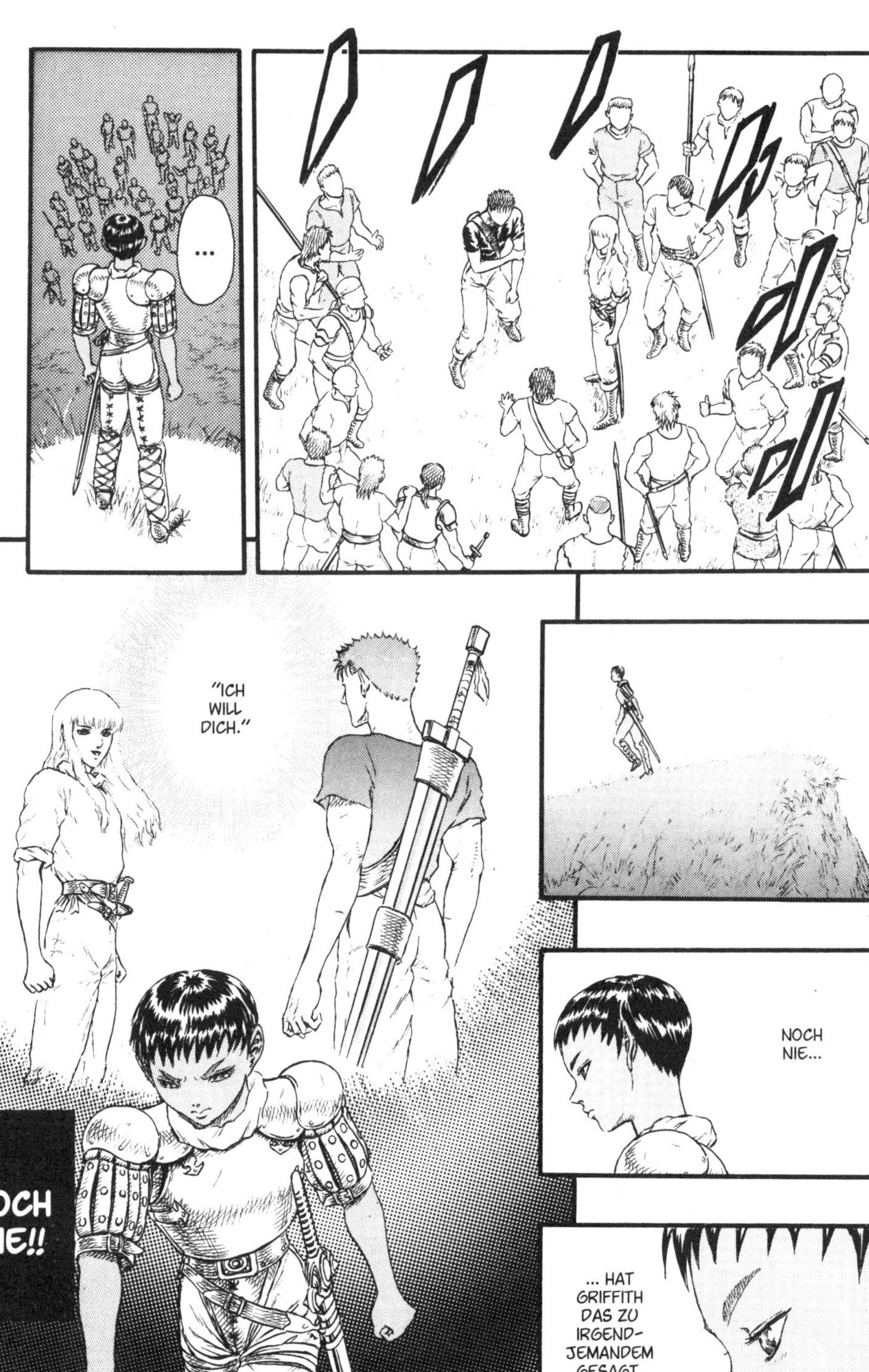
...
"ICH WILL DICH."
NOCH NIE...
... HAT GRIFFITH DAS ZU IRGEND-JEMANDEM GESAGT.
NOCH NIE!!

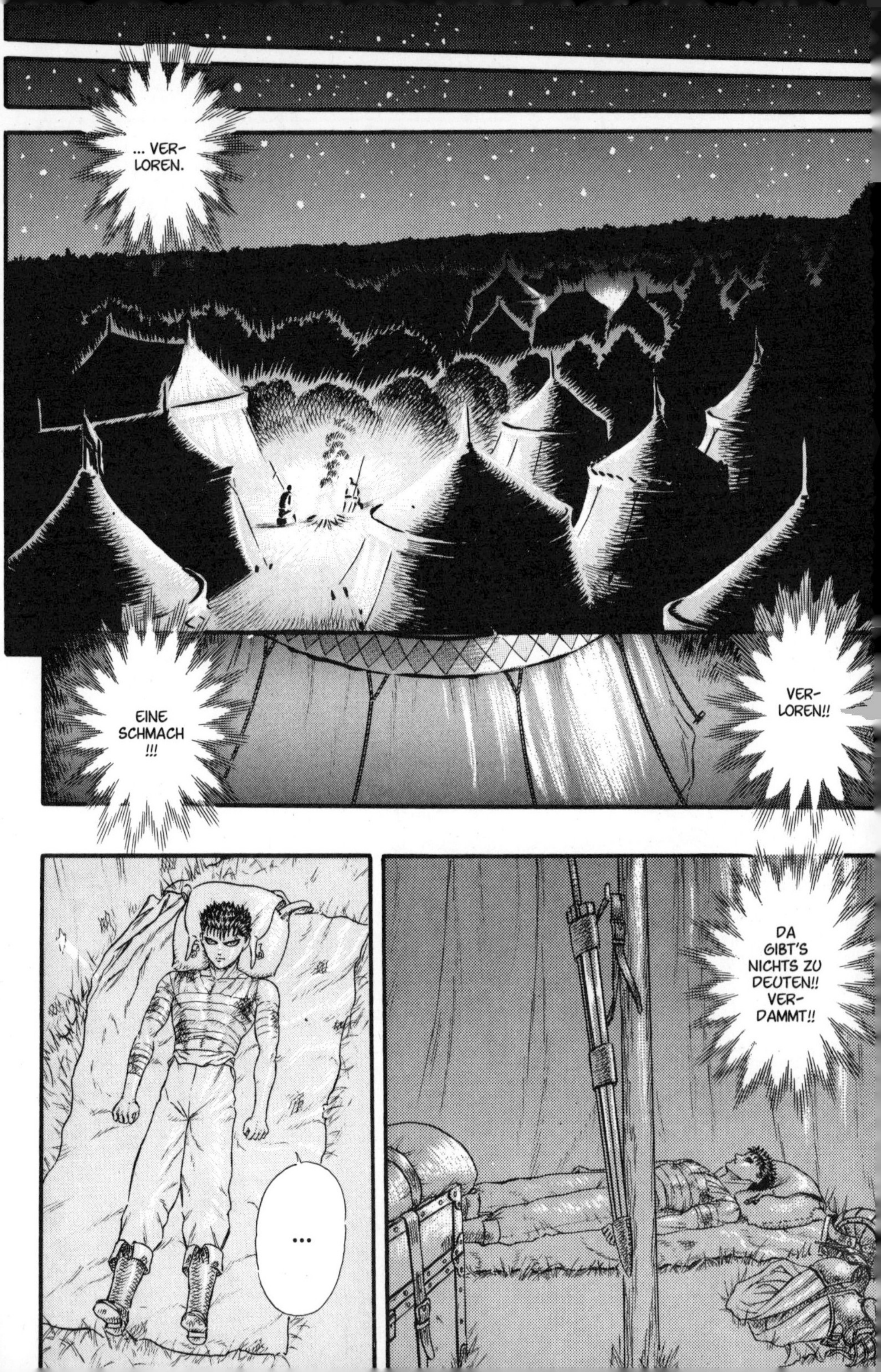

... VERLOREN.

VERLOREN!!

EINE SCHMACH!!!

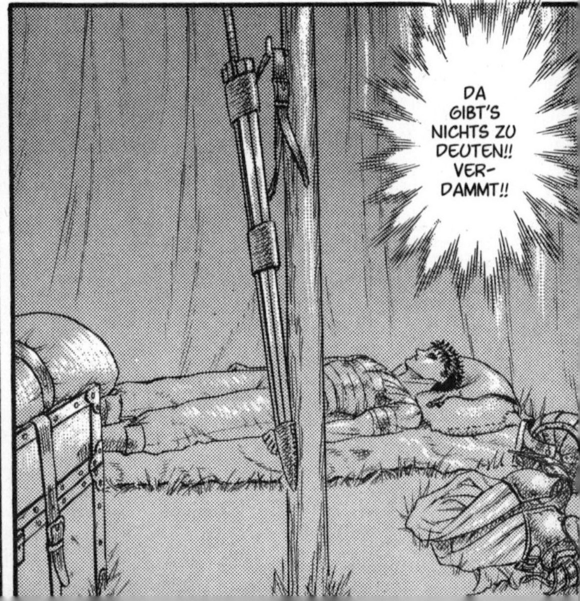

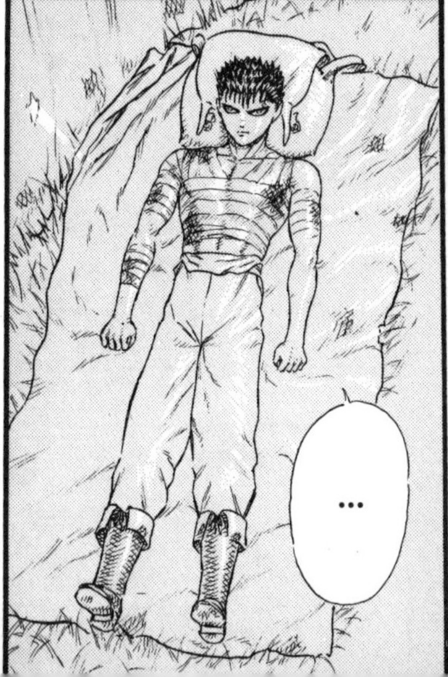

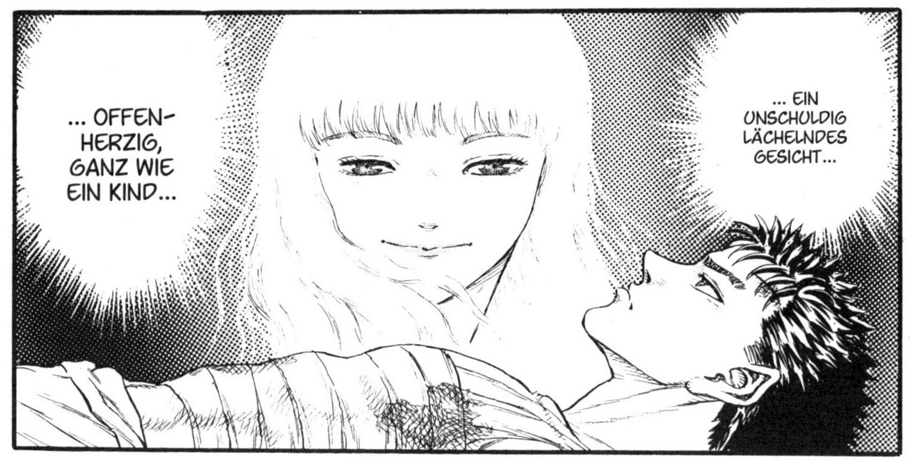
... EIN UNSCHULDIG LÄCHELNDES GESICHT...
... OFFEN-HERZIG, GANZ WIE EIN KIND...

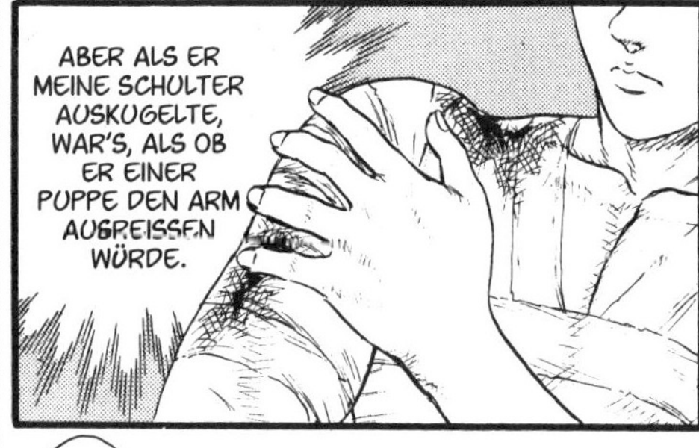
ABER ALS ER MEINE SCHULTER AUSKUGELTE, WAR'S, ALS OB ER EINER PUPPE DEN ARM AUSREISSEN WÜRDE.

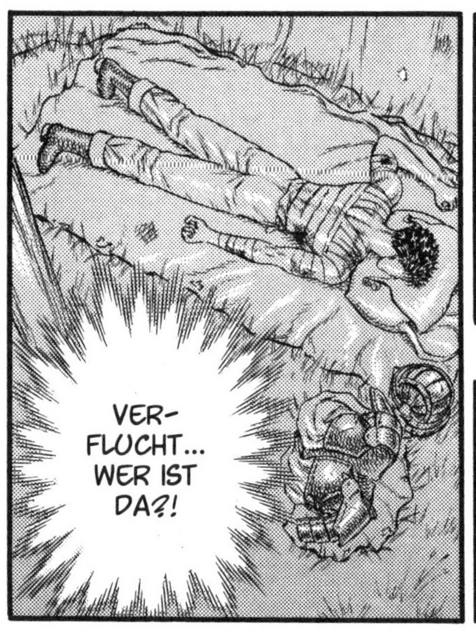
VER-FLUCHT... WER IST DA?!

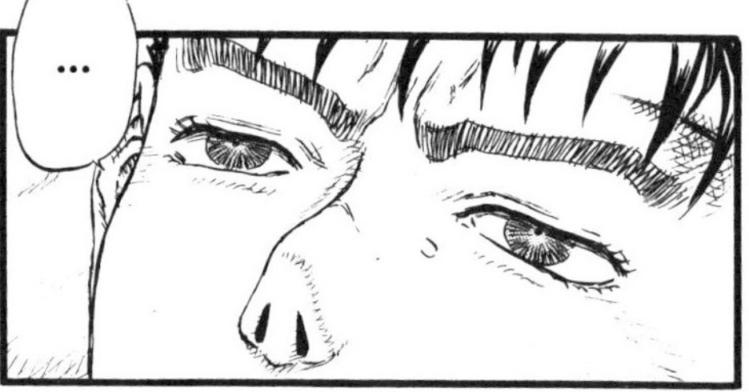
...

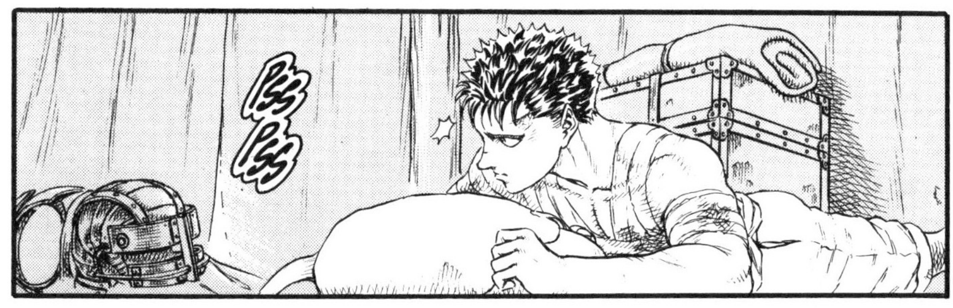
PSS PSS

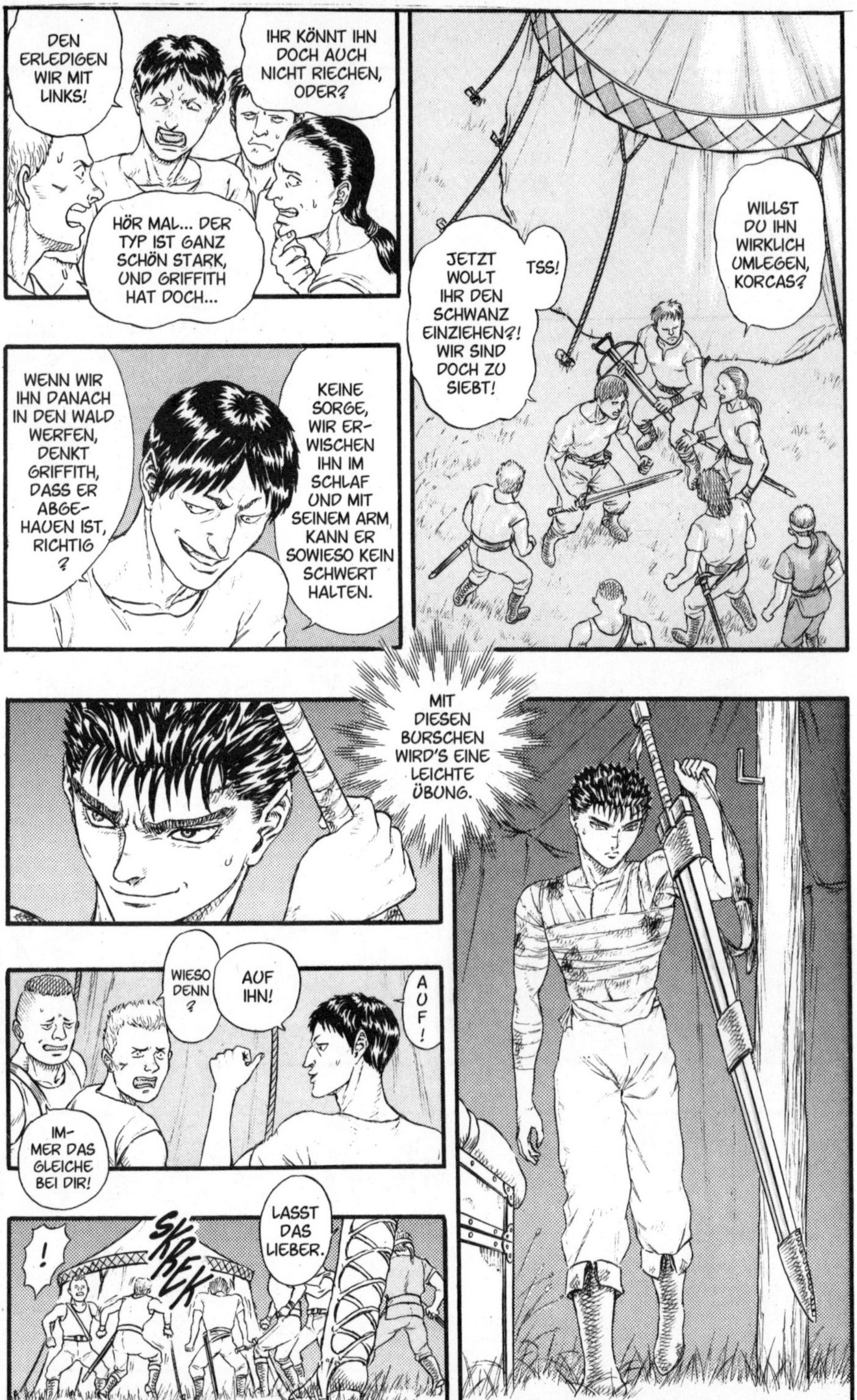

DEN ERLEDIGEN WIR MIT LINKS!

IHR KÖNNT IHN DOCH AUCH NICHT RIECHEN, ODER?

HÖR MAL... DER TYP IST GANZ SCHÖN STARK, UND GRIFFITH HAT DOCH...

WILLST DU IHN WIRKLICH UMLEGEN, KORCAS?

TSS!

JETZT WOLLT IHR DEN SCHWANZ EINZIEHEN?! WIR SIND DOCH ZU SIEBT!

WENN WIR IHN DANACH IN DEN WALD WERFEN, DENKT GRIFFITH, DASS ER ABGEHAUEN IST, RICHTIG?

KEINE SORGE, WIR ERWISCHEN IHN IM SCHLAF UND MIT SEINEM ARM KANN ER SOWIESO KEIN SCHWERT HALTEN.

MIT DIESEN BURSCHEN WIRD'S EINE LEICHTE ÜBUNG.

AUF!

AUF IHN!

WIESO DENN?

IMMER DAS GLEICHE BEI DIR!

!

SKREK

LASST DAS LIEBER.

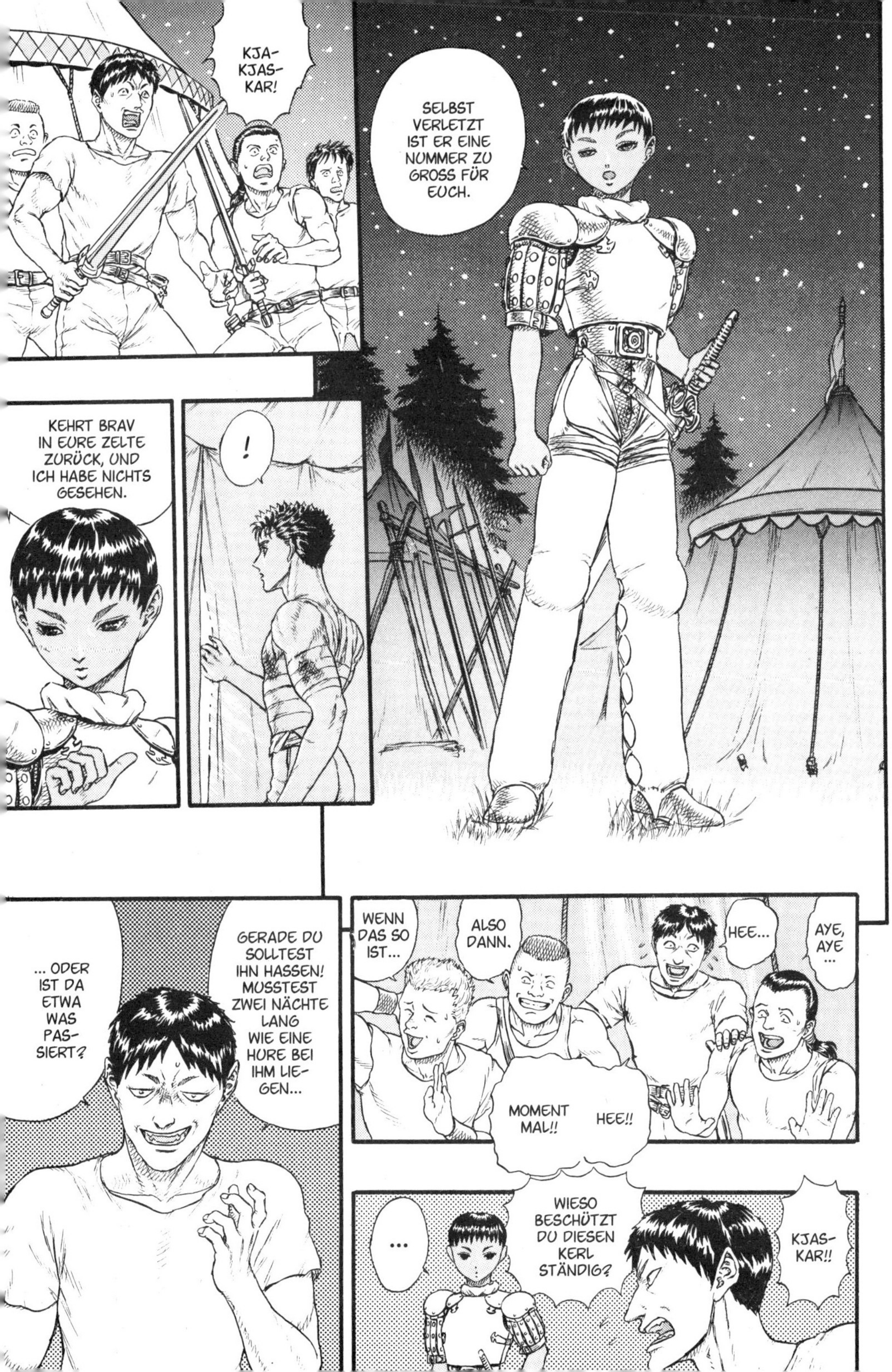

SELBST VERLETZT IST ER EINE NUMMER ZU GROSS FÜR EUCH.
KJA-KJAS-KAR!
!
KEHRT BRAV IN EURE ZELTE ZURÜCK, UND ICH HABE NICHTS GESEHEN.
AYE, AYE ...
HEE...
ALSO DANN.
WENN DAS SO IST...
MOMENT MAL!!
HEE!!
KJAS-KAR!!
WIESO BESCHÜTZT DU DIESEN KERL STÄNDIG?
...
GERADE DU SOLLTEST IHN HASSEN! MUSSTEST ZWEI NÄCHTE LANG WIE EINE HURE BEI IHM LIE-GEN...
... ODER IST DA ETWA WAS PAS-SIERT?

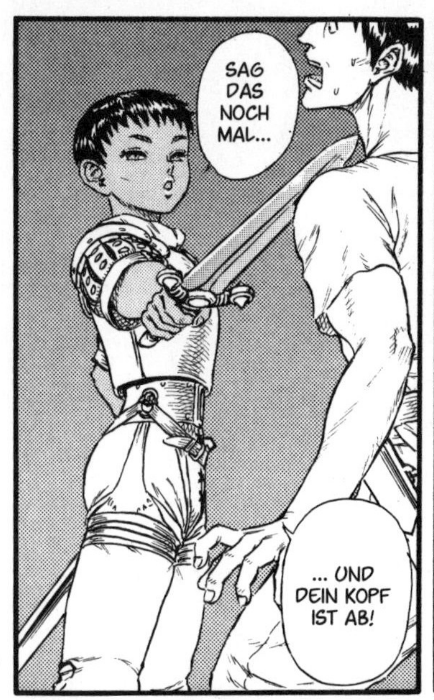
SAG DAS NOCH MAL...
... UND DEIN KOPF IST AB!

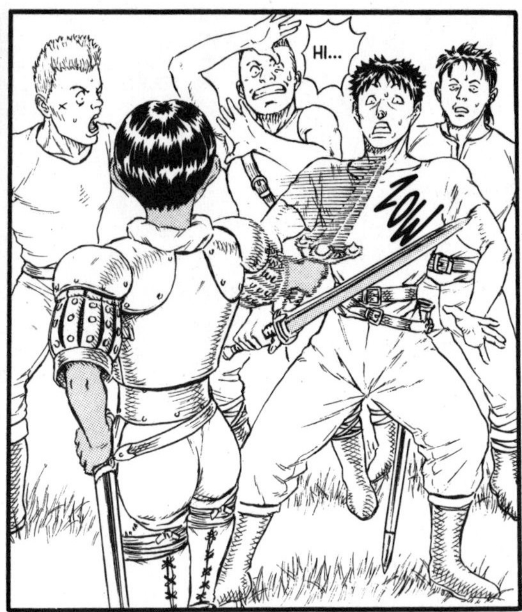
HI...
ZOW

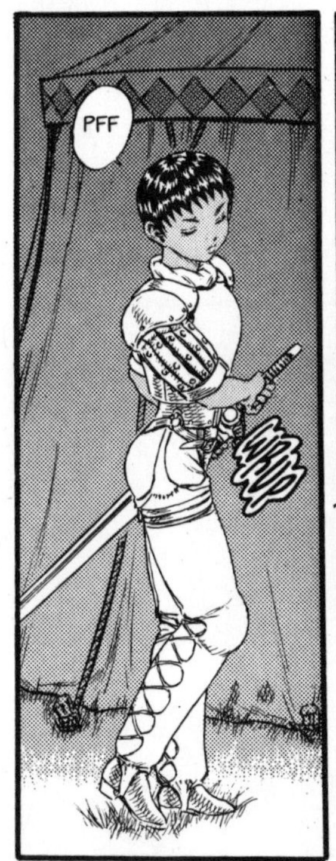
PFF

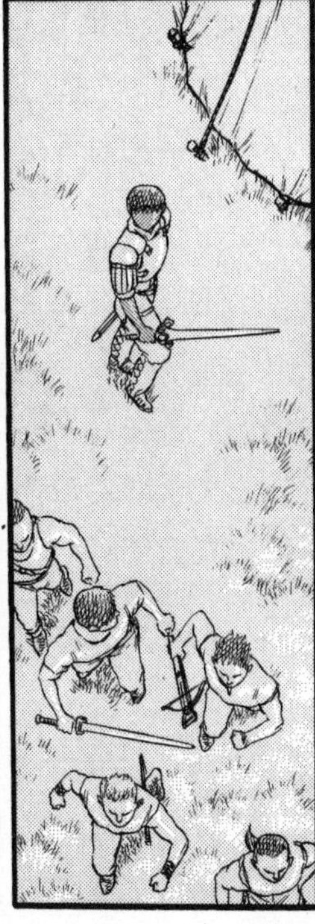

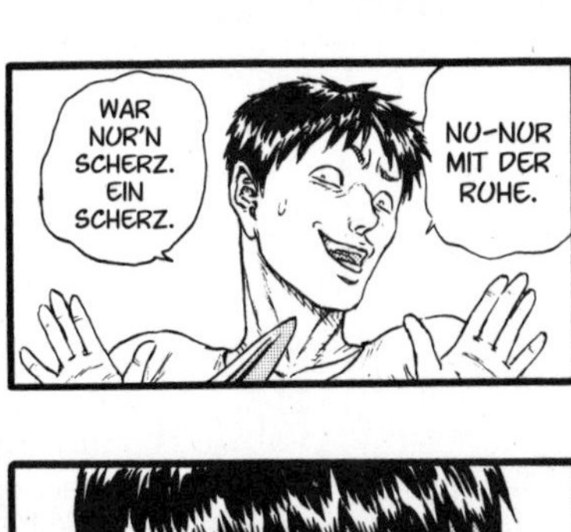
WAR NUR'N SCHERZ. EIN SCHERZ.
NU-NUR MIT DER RUHE.

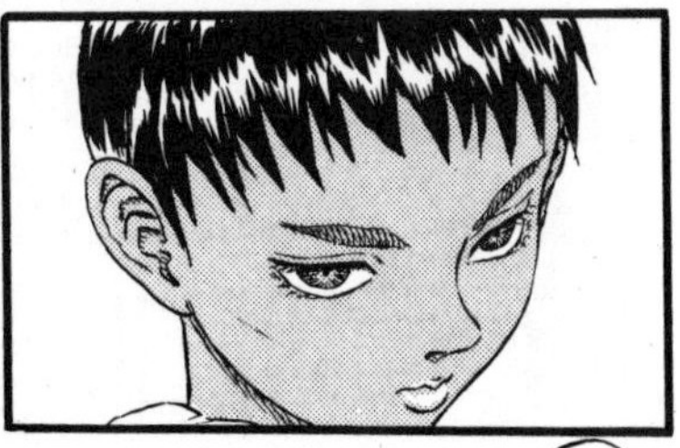

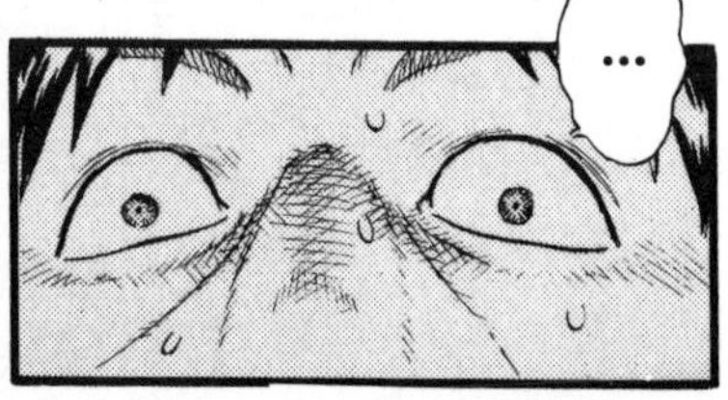
...

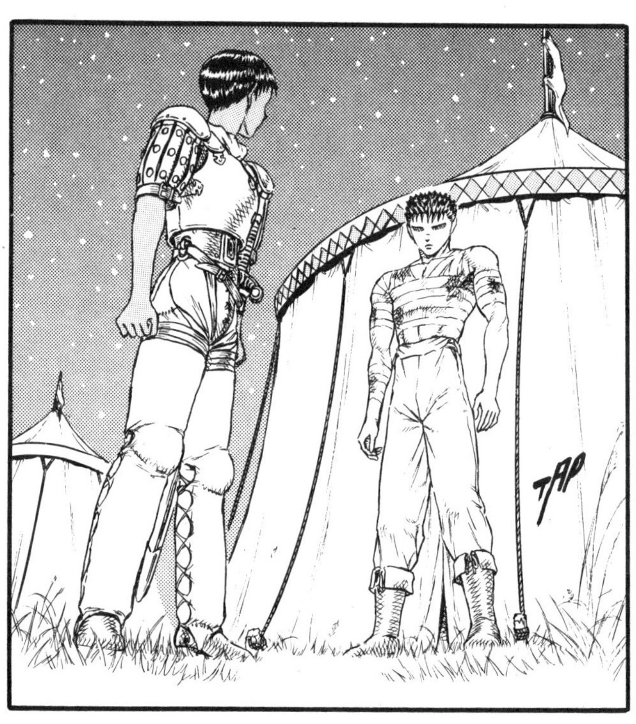
TAP

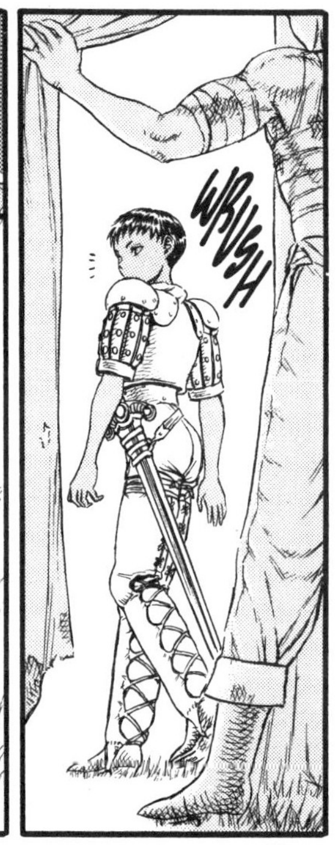
WRUSH

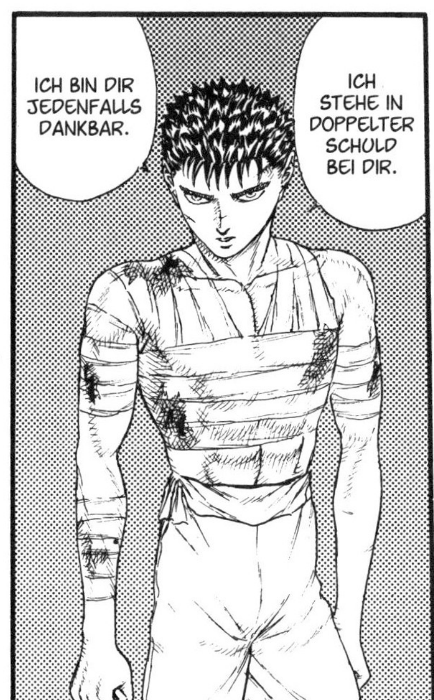
ICH STEHE IN DOPPELTER SCHULD BEI DIR.
ICH BIN DIR JEDENFALLS DANKBAR.

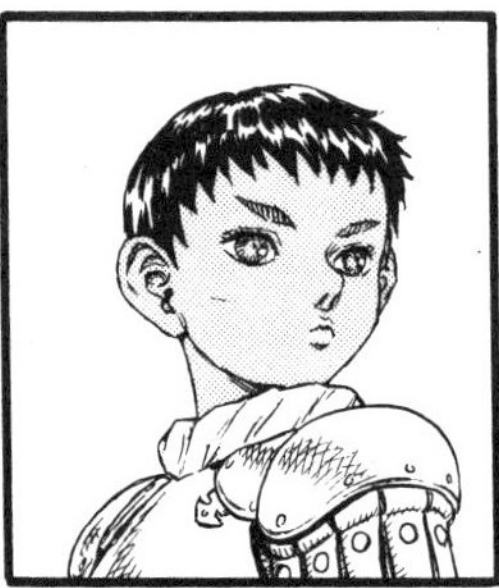

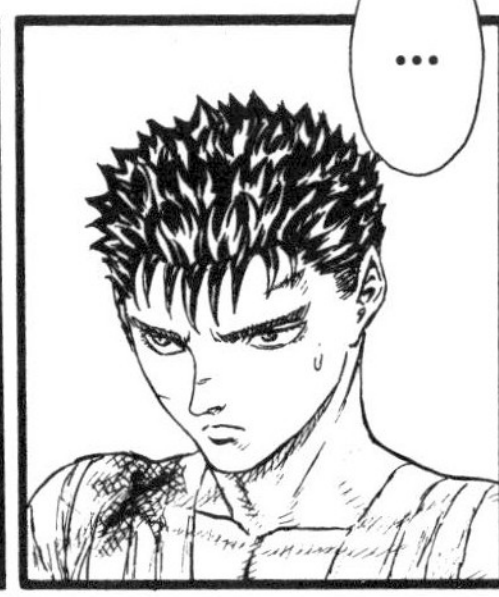
...

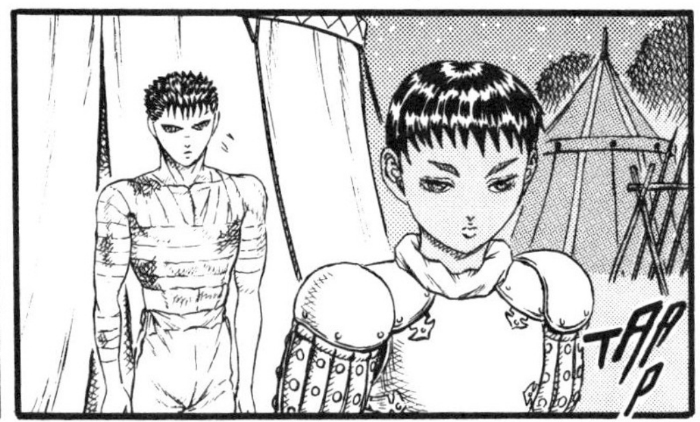
TAP

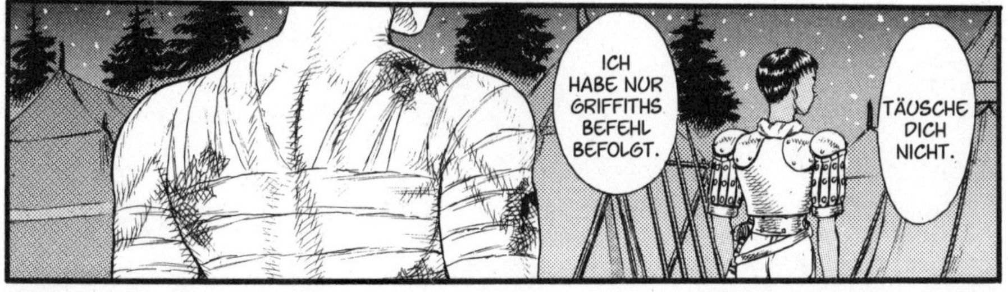
TÄUSCHE DICH NICHT.
ICH HABE NUR GRIFFITHS BEFEHL BEFOLGT.

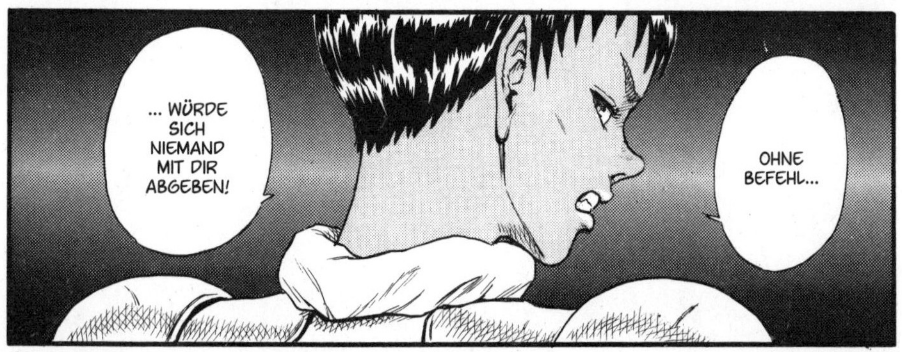
OHNE BEFEHL...
... WÜRDE SICH NIEMAND MIT DIR ABGEBEN!

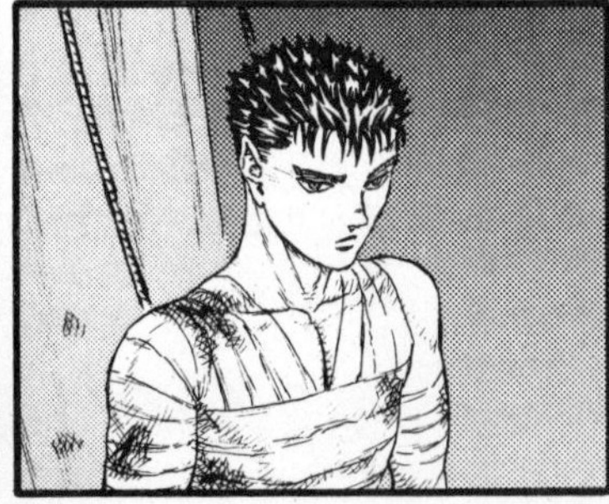

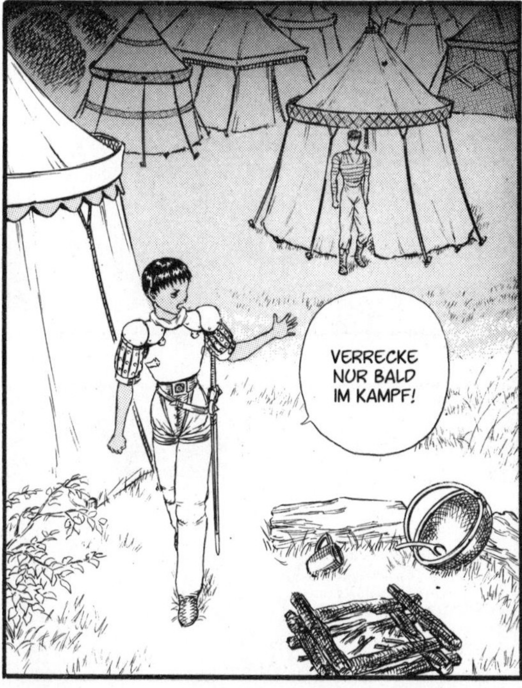
VERRECKE NUR BALD IM KAMPF!

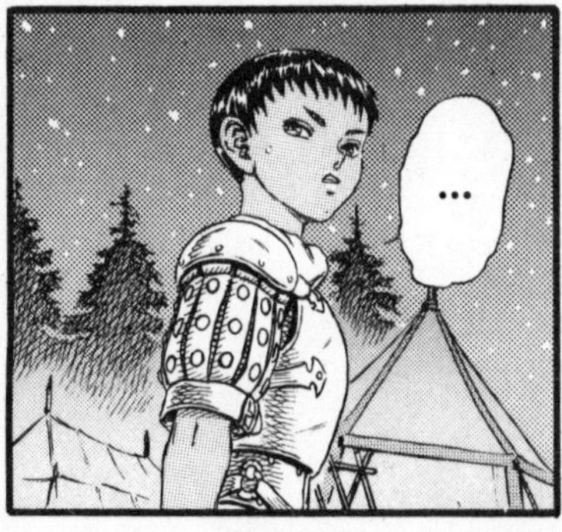
...

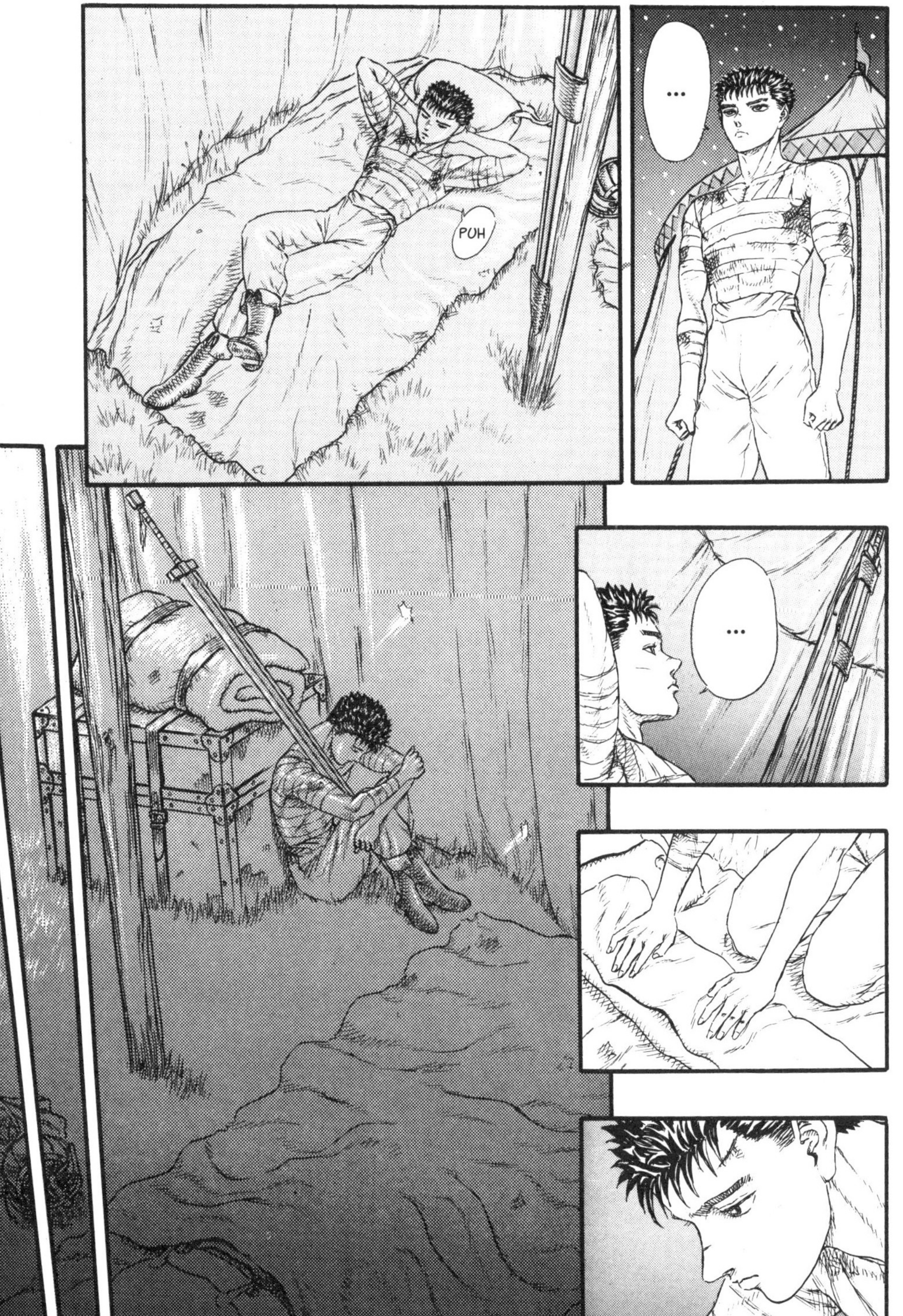
...
POH
...

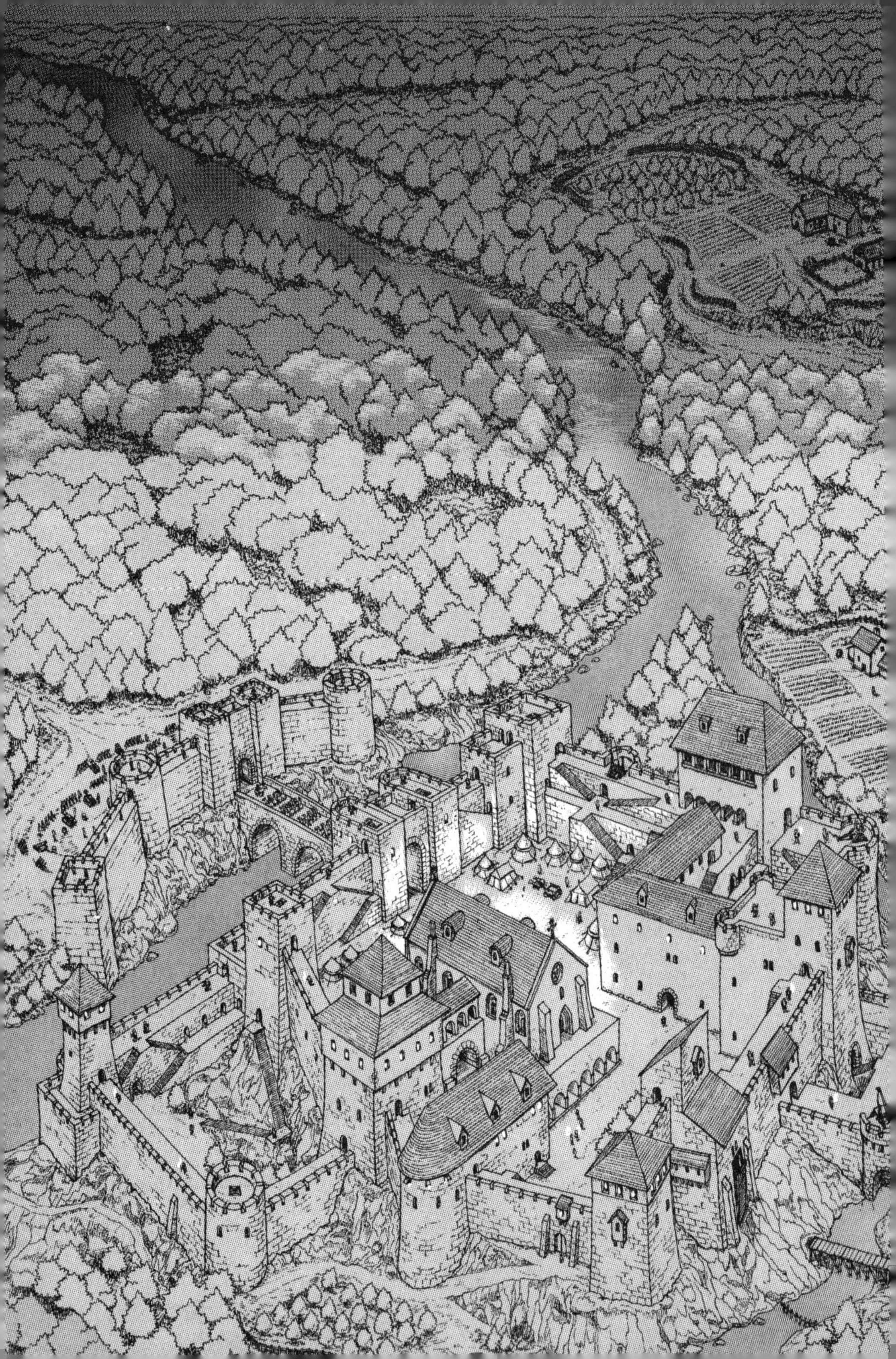

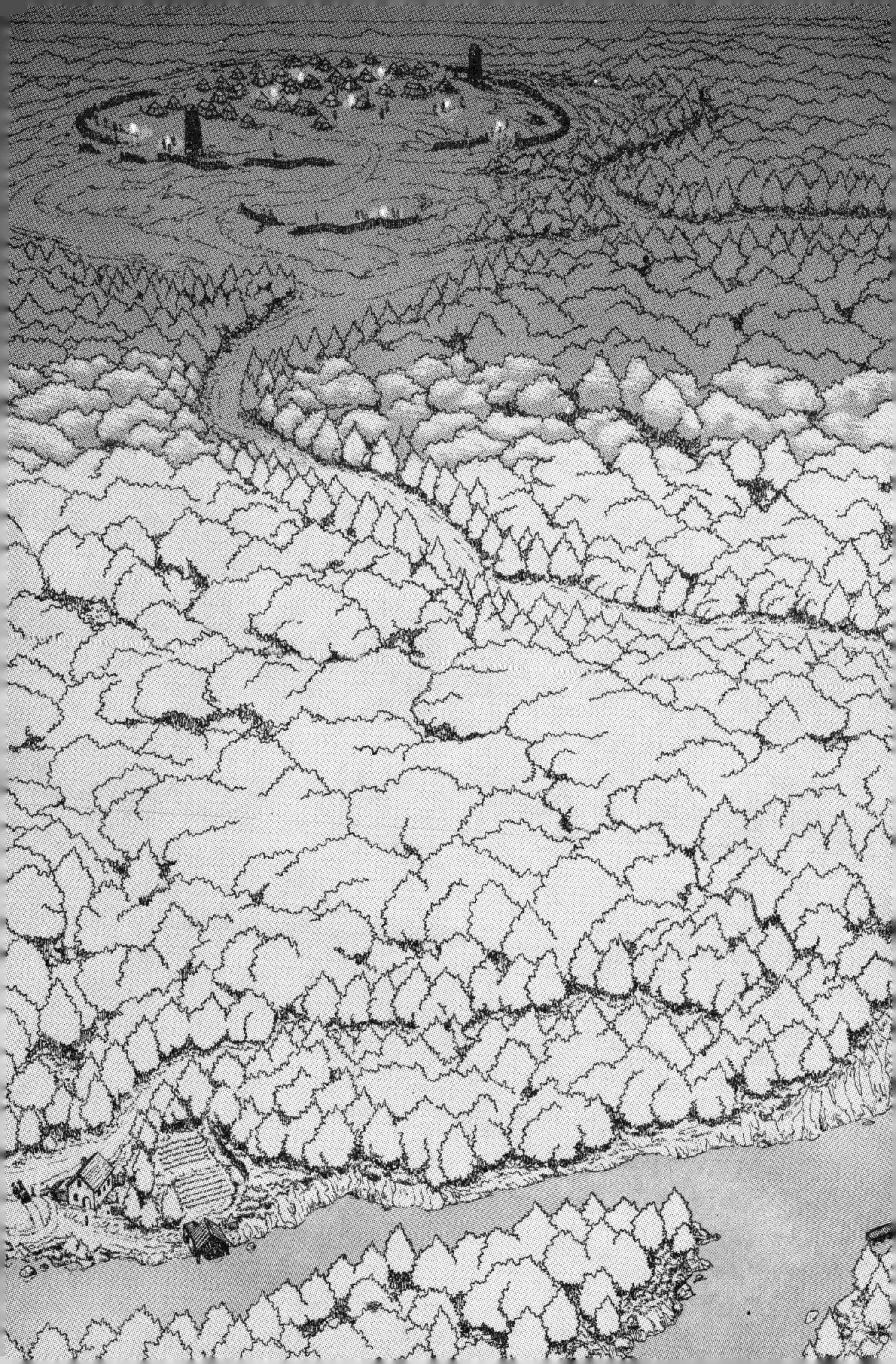

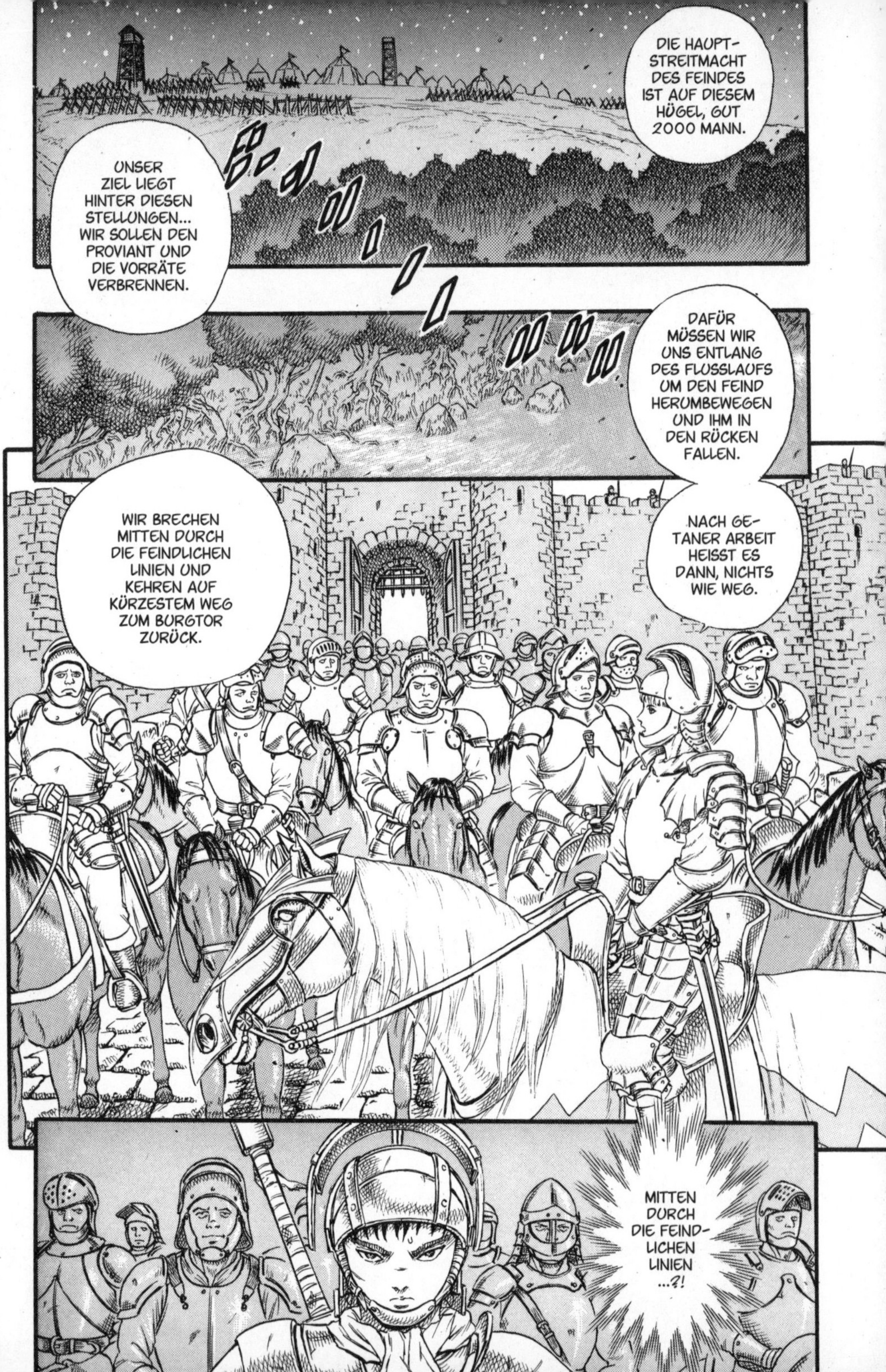
DIE HAUPT-STREITMACHT DES FEINDES IST AUF DIESEM HÜGEL, GUT 2000 MANN.
UNSER ZIEL LIEGT HINTER DIESEN STELLUNGEN... WIR SOLLEN DEN PROVIANT UND DIE VORRÄTE VERBRENNEN.
DAFÜR MÜSSEN WIR UNS ENTLANG DES FLUSSLAUFS UM DEN FEIND HERUMBEWEGEN UND IHM IN DEN RÜCKEN FALLEN.
NACH GETANER ARBEIT HEISST ES DANN, NICHTS WIE WEG.
WIR BRECHEN MITTEN DURCH DIE FEINDLICHEN LINIEN UND KEHREN AUF KÜRZESTEM WEG ZUM BURGTOR ZURÜCK.
MITTEN DURCH DIE FEINDLICHEN LINIEN ...?!

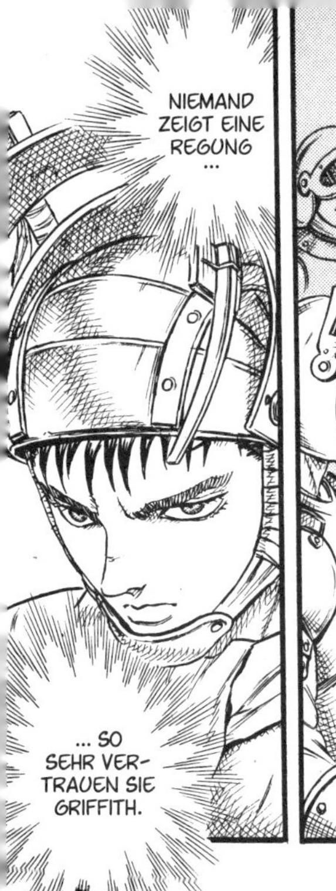
NIEMAND ZEIGT EINE REGUNG ...
... SO SEHR VERTRAUEN SIE GRIFFITH.

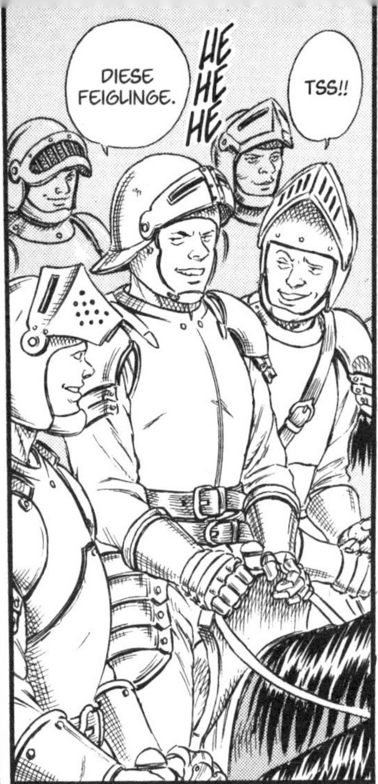
TSS!!
HE HE HE
DIESE FEIGLINGE.

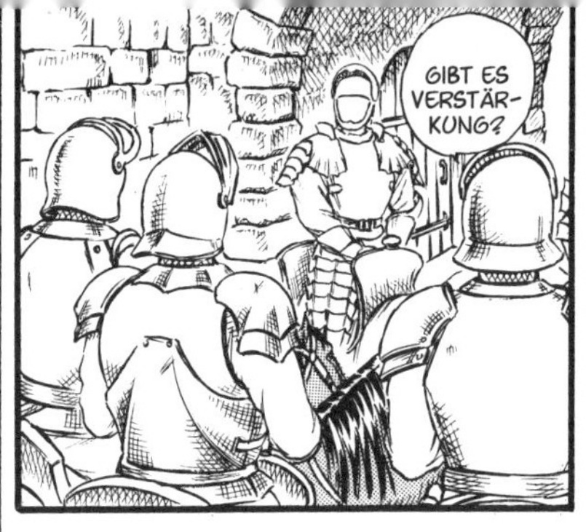
GIBT ES VERSTÄRKUNG?

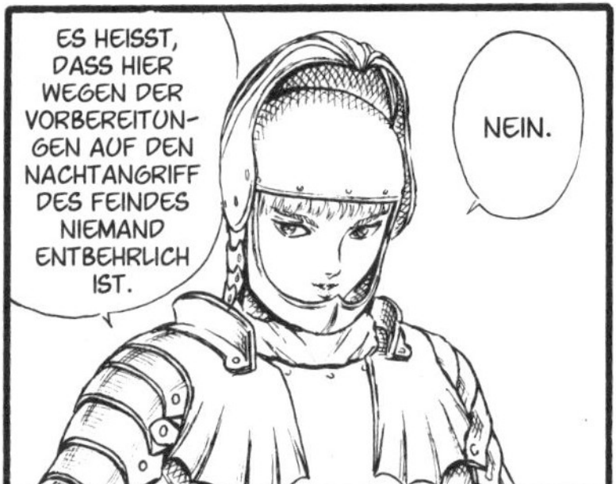
NEIN.
ES HEISST, DASS HIER WEGEN DER VORBEREITUNGEN AUF DEN NACHTANGRIFF DES FEINDES NIEMAND ENTBEHRLICH IST.

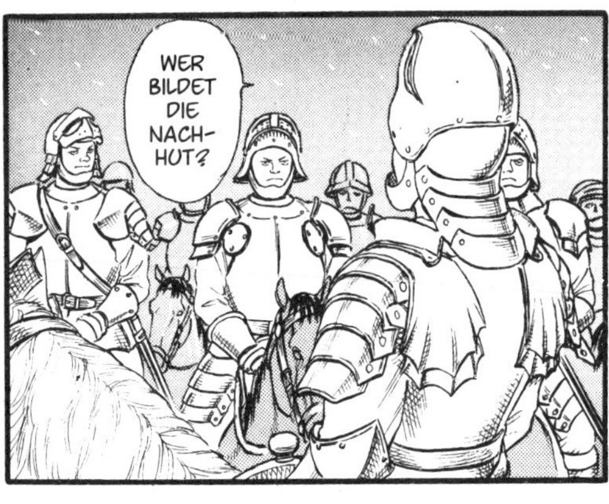
WER BILDET DIE NACHHUT?

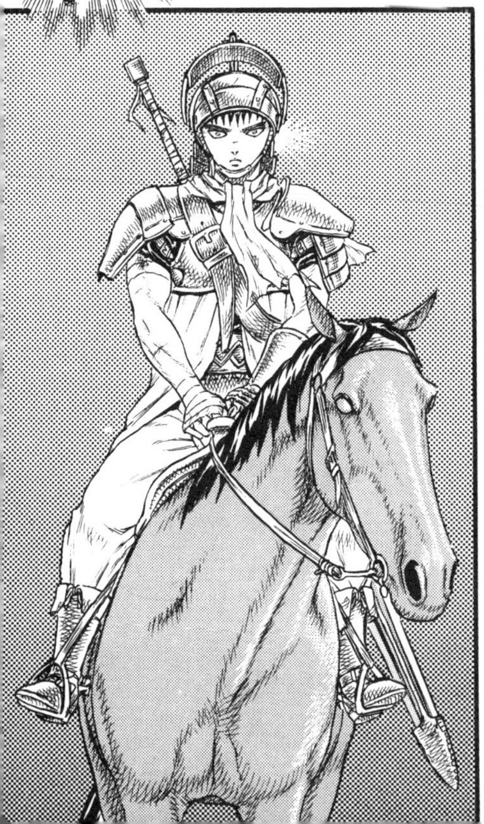

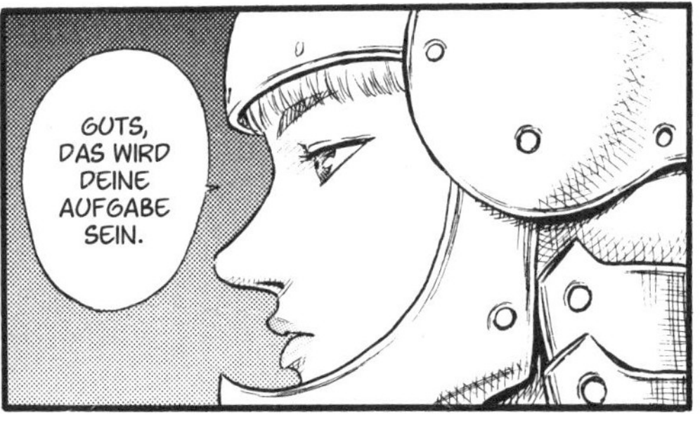
GUTS, DAS WIRD DEINE AUFGABE SEIN.

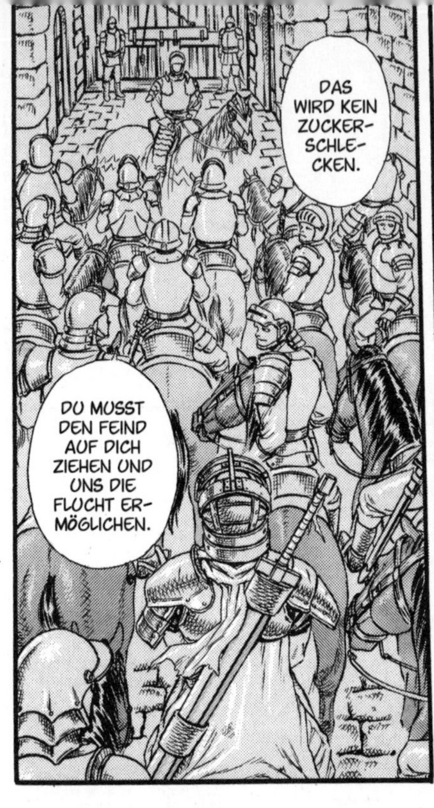
DAS WIRD KEIN ZUCKER-SCHLE-CKEN.
DU MUSST DEN FEIND AUF DICH ZIEHEN UND UNS DIE FLUCHT ER-MÖGLICHEN.
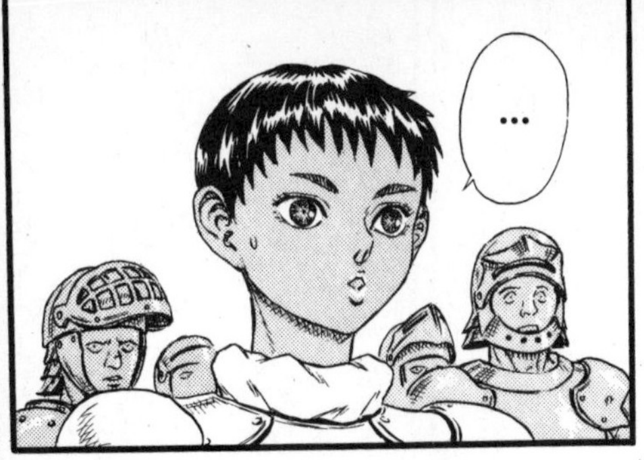
...
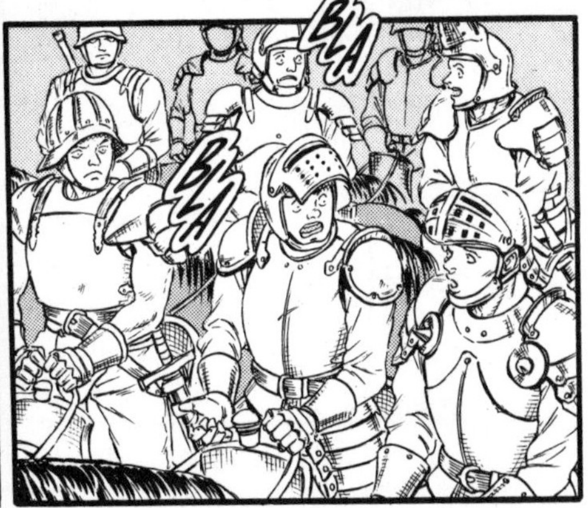
BLA
BLA
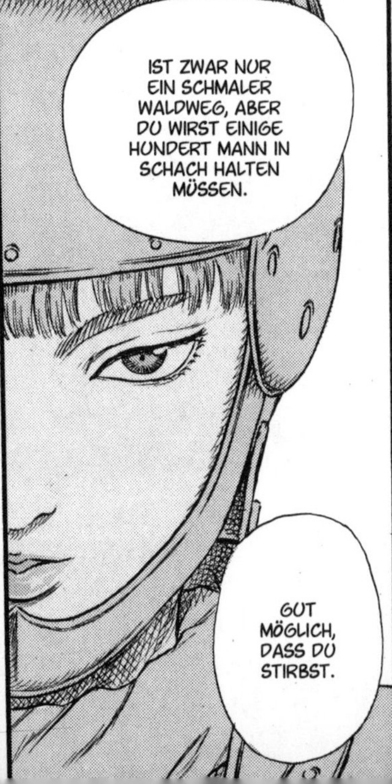
IST ZWAR NUR EIN SCHMALER WALDWEG, ABER DU WIRST EINIGE HUNDERT MANN IN SCHACH HALTEN MÜSSEN.
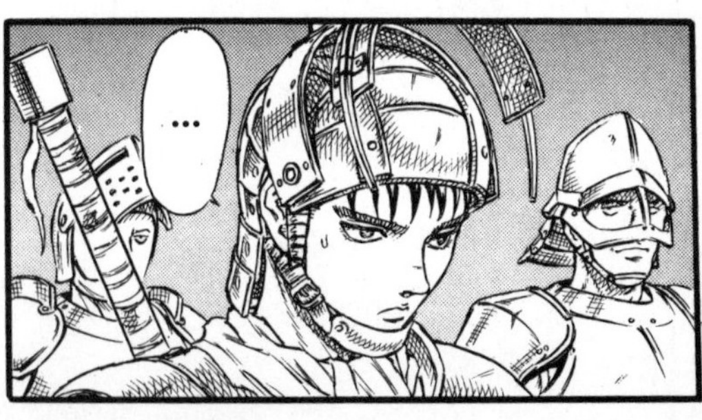
...
GUT MÖGLICH, DASS DU STIRBST.
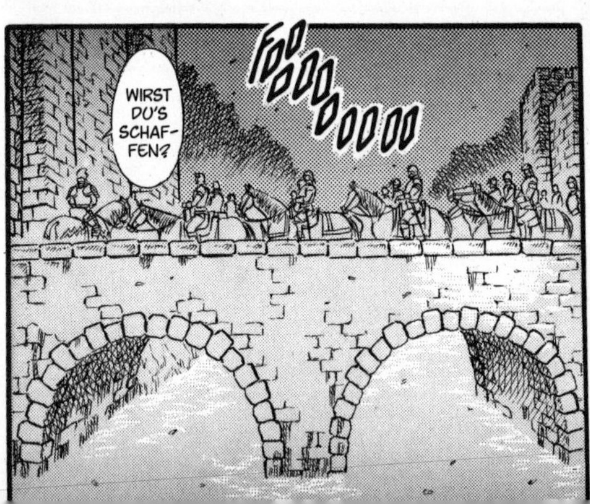
WIRST DU'S SCHAF-FEN?
FOOOOOOOOOO

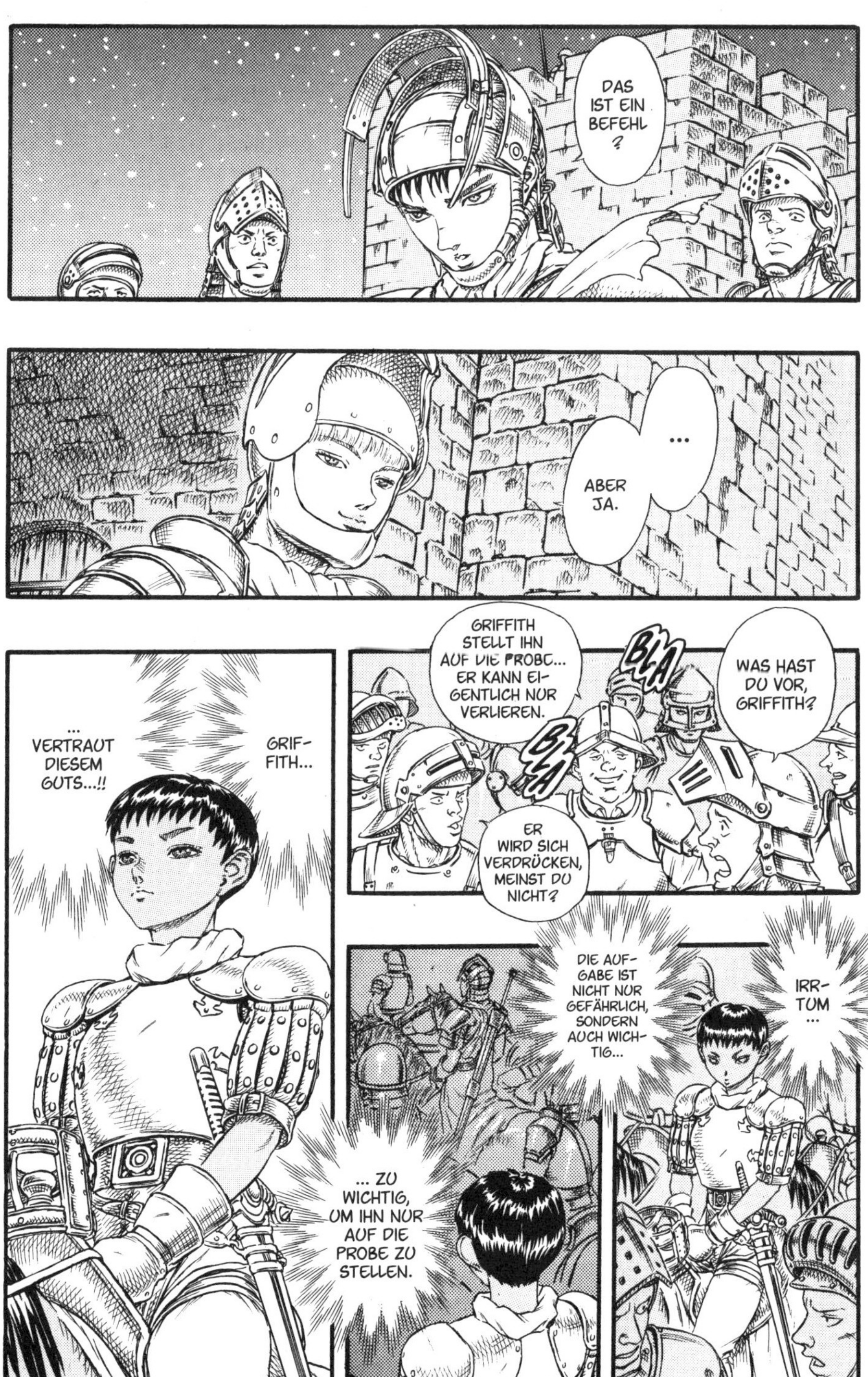
DAS IST EIN BEFEHL?
...
ABER JA.
WAS HAST DU VOR, GRIFFITH?
BLA
BLA
GRIFFITH STELLT IHN AUF DIE PROBE... ER KANN EIGENTLICH NUR VERLIEREN.
ER WIRD SICH VERDRÜCKEN, MEINST DU NICHT?
GRIFFITH...
... VERTRAUT DIESEM GUTS...!!
IRRTUM ...
DIE AUFGABE IST NICHT NUR GEFÄHRLICH, SONDERN AUCH WICHTIG...
... ZU WICHTIG, UM IHN NUR AUF DIE PROBE ZU STELLEN.

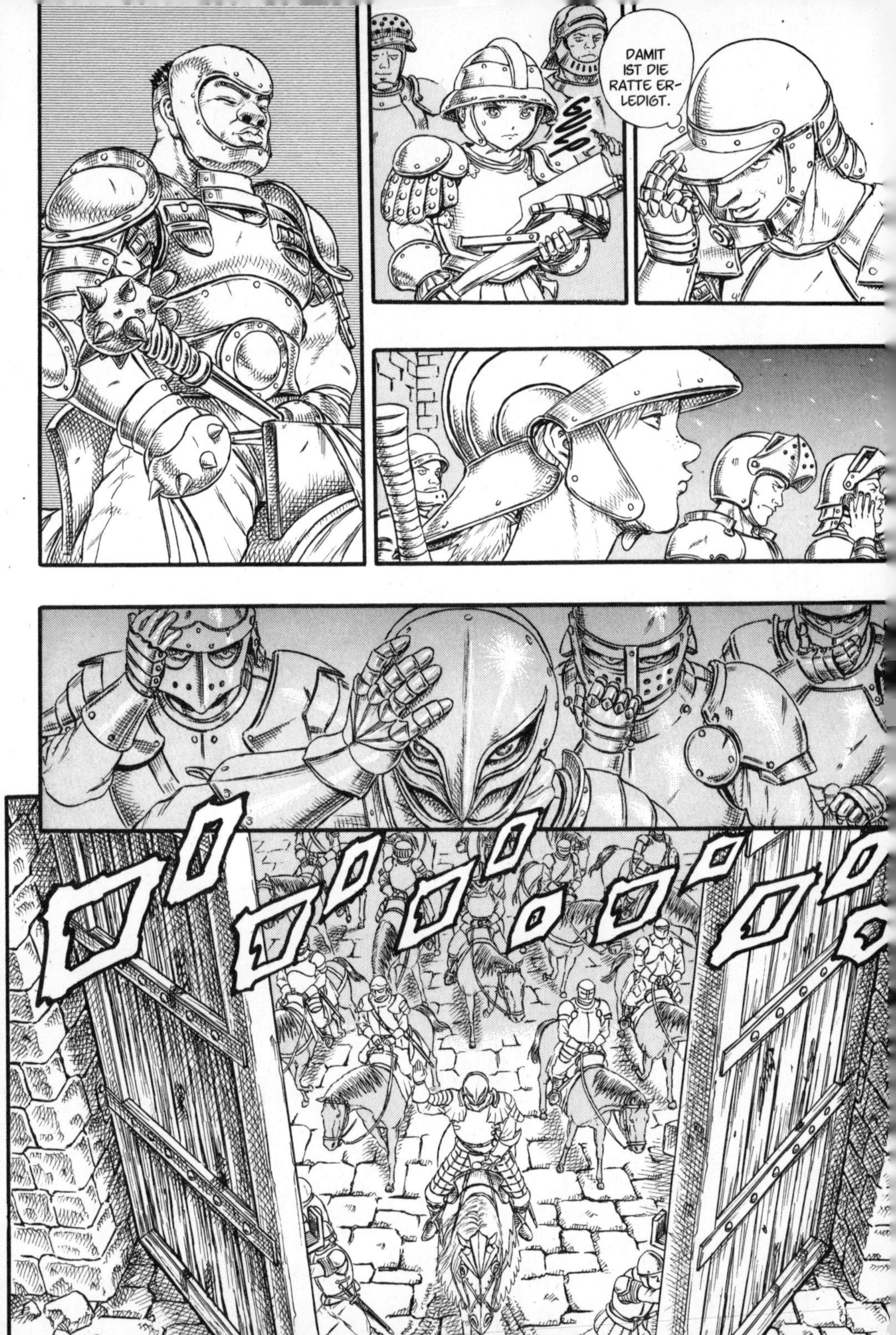

GULP
DAMIT IST DIE RATTE ER-LEDIGT.

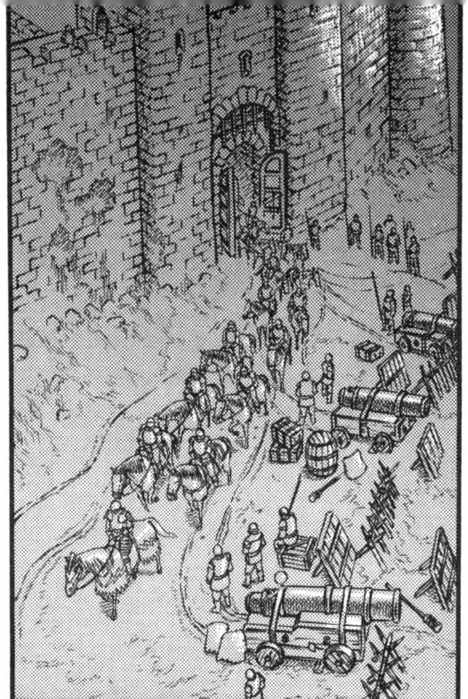
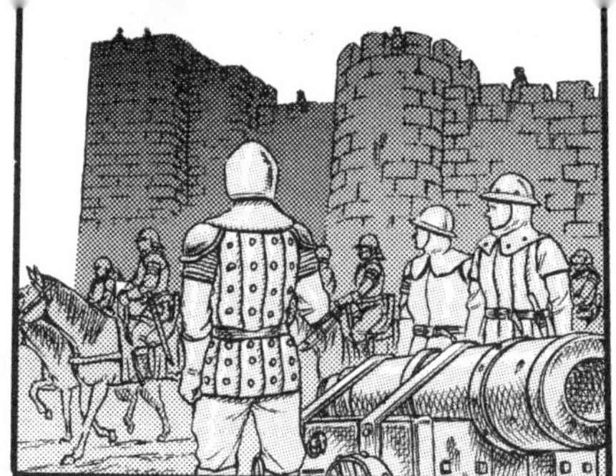
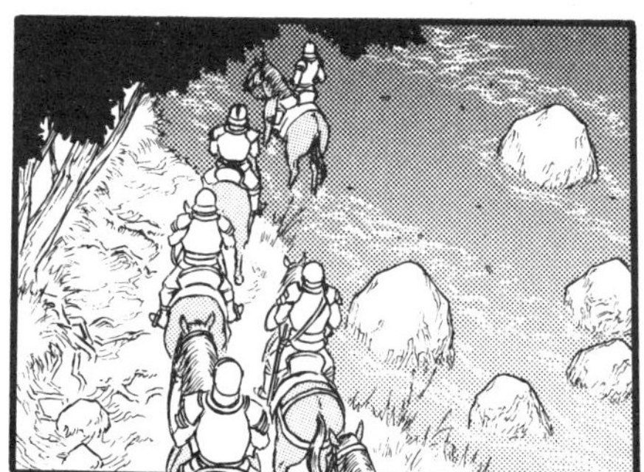
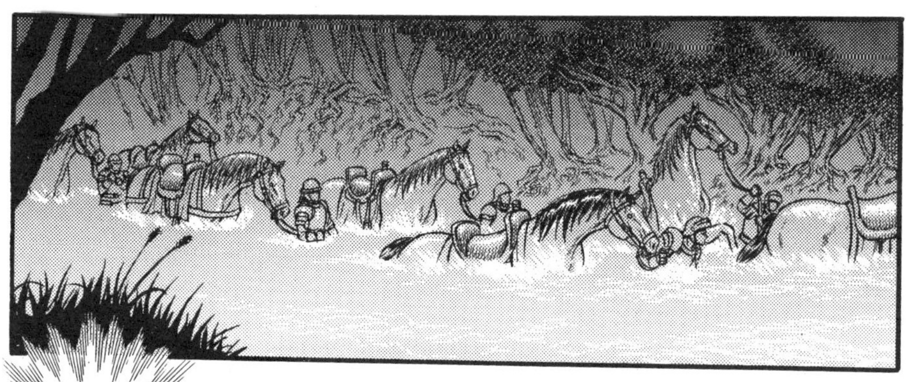
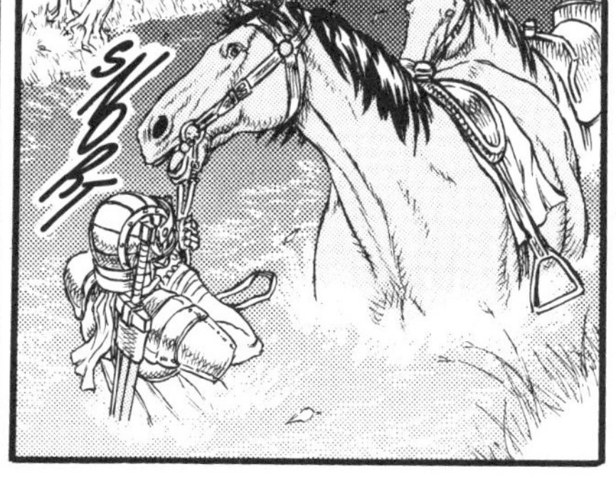
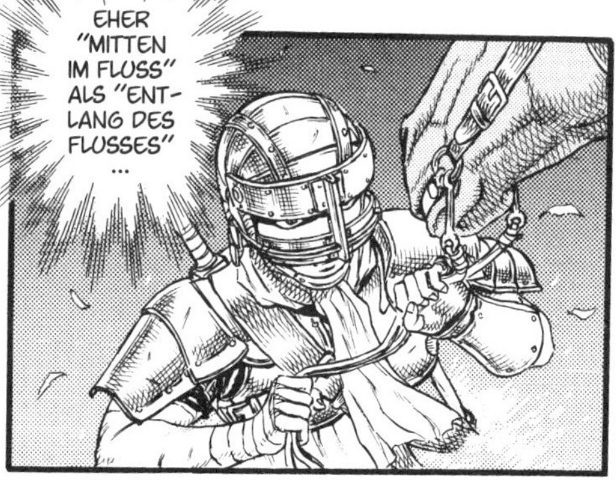
EHER "MITTEN IM FLUSS" ALS "ENTLANG DES FLUSSES" ...

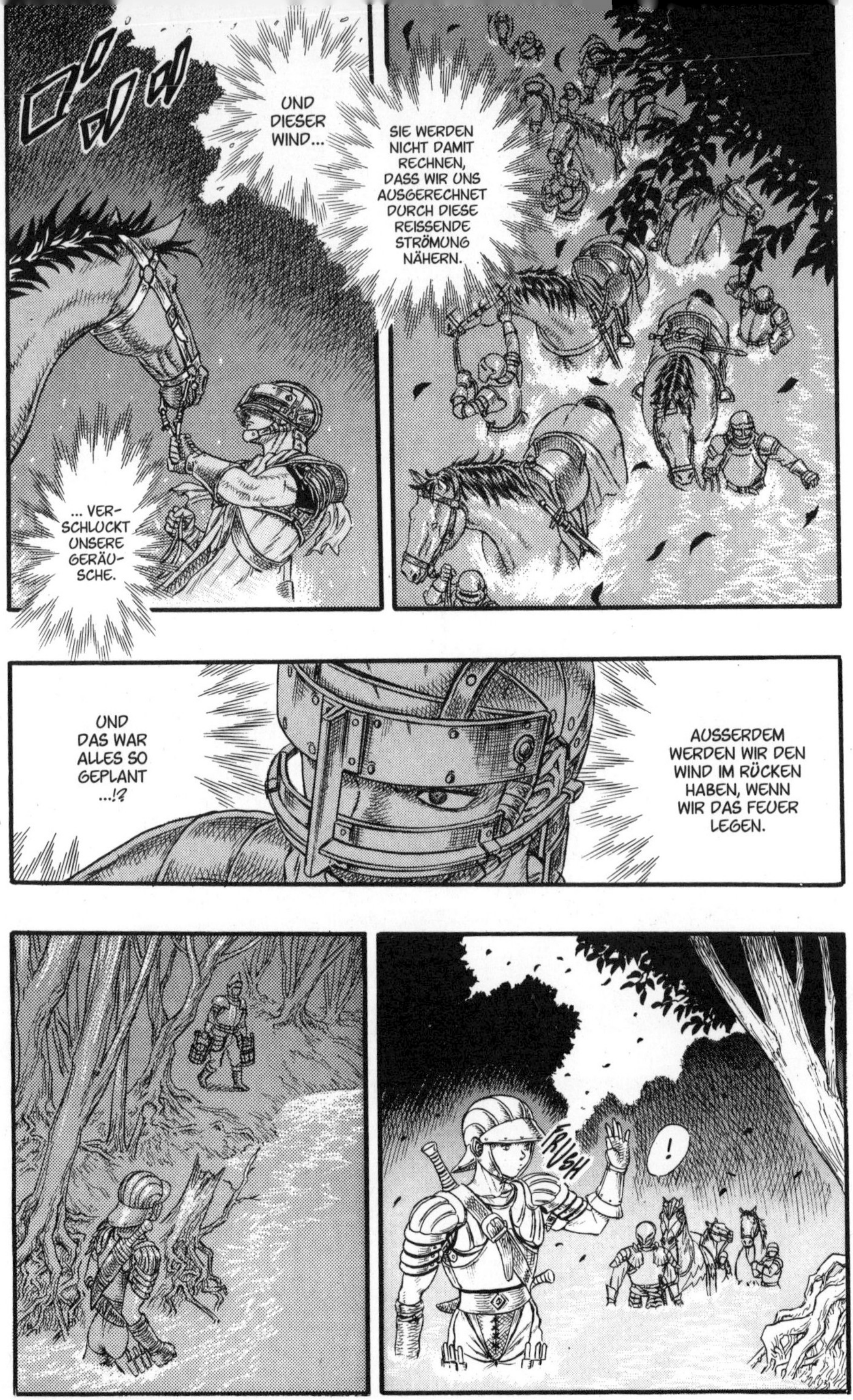

SIE WERDEN NICHT DAMIT RECHNEN, DASS WIR UNS AUSGERECHNET DURCH DIESE REISSENDE STRÖMUNG NÄHERN.

UND DIESER WIND...

... VER-SCHLUCKT UNSERE GERÄU-SCHE.

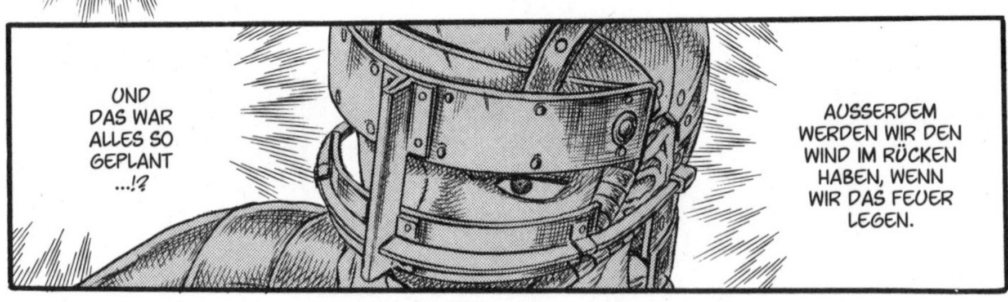

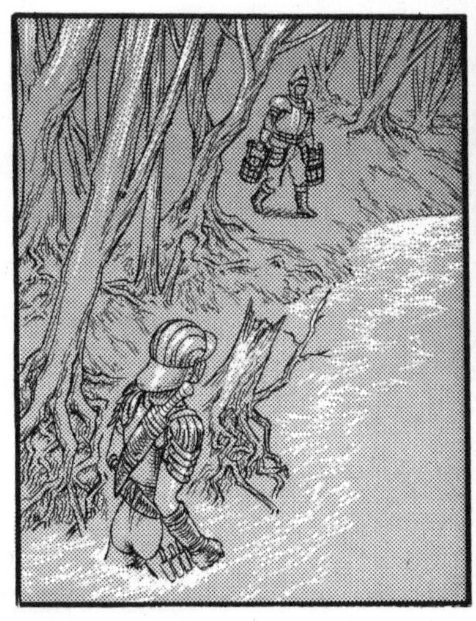

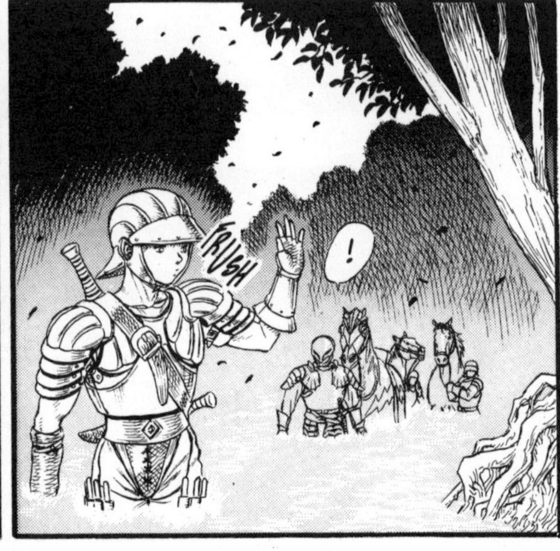

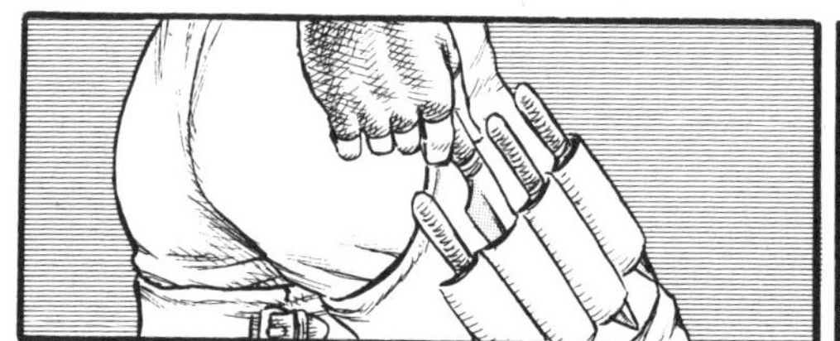

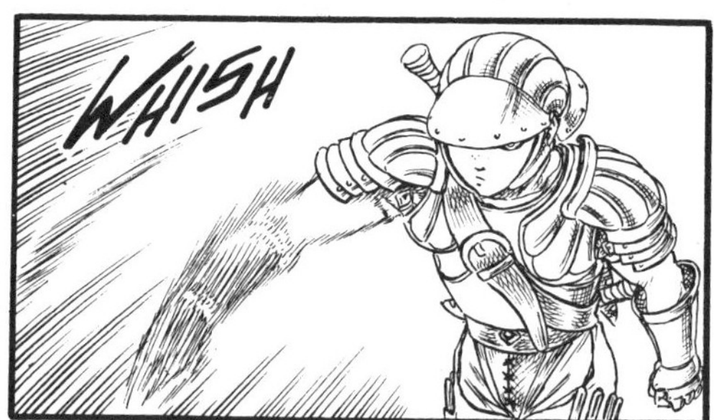
WHISH

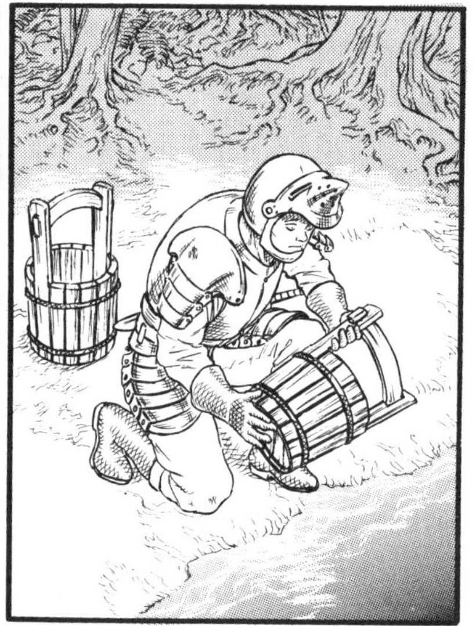

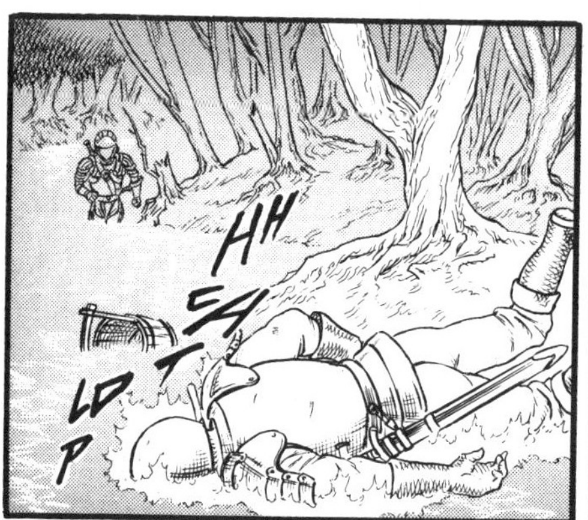

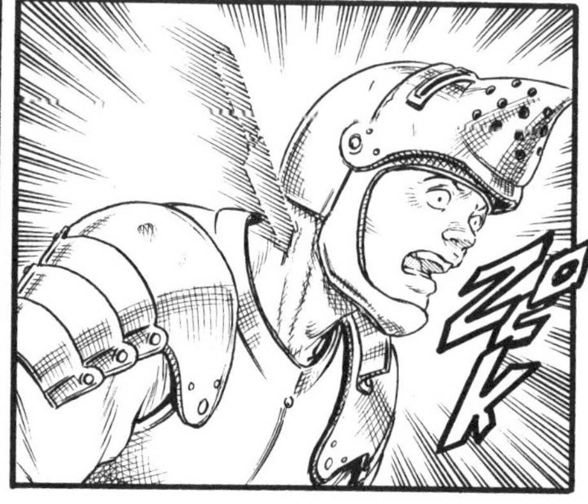

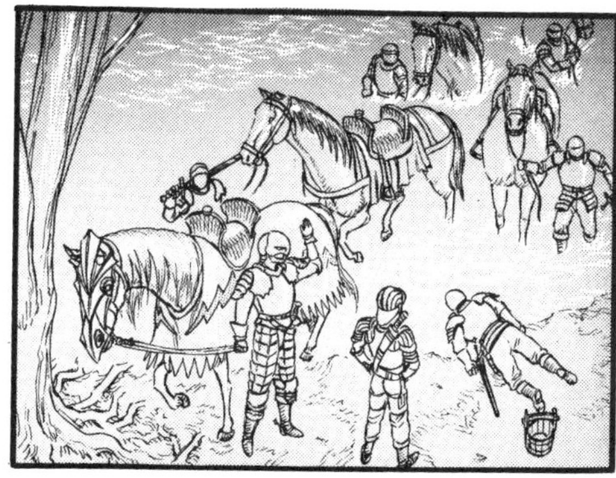

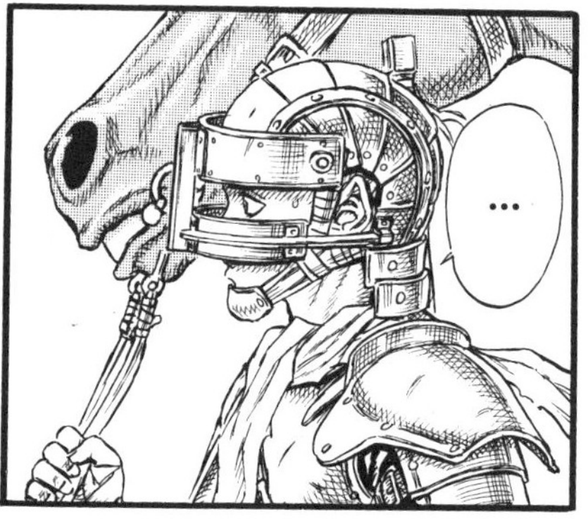
...

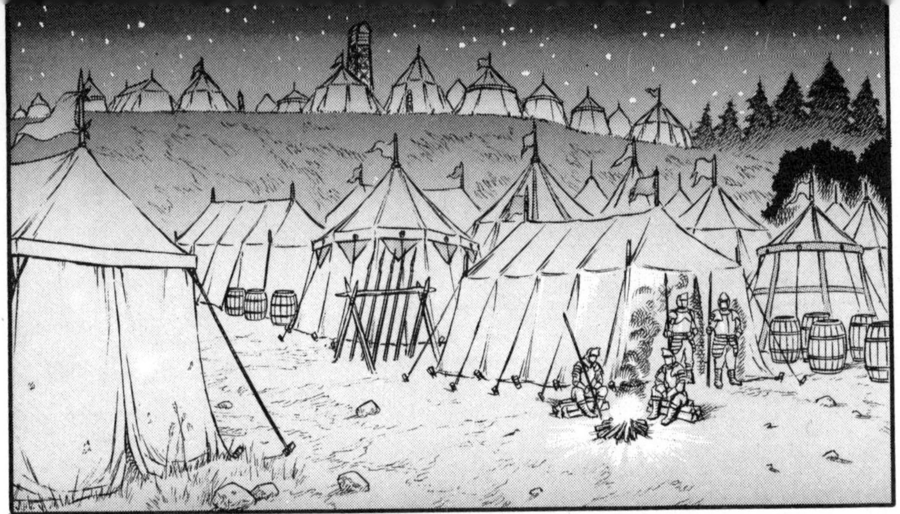

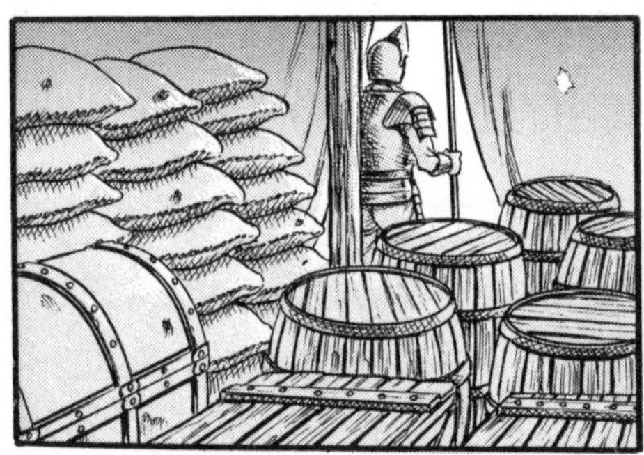

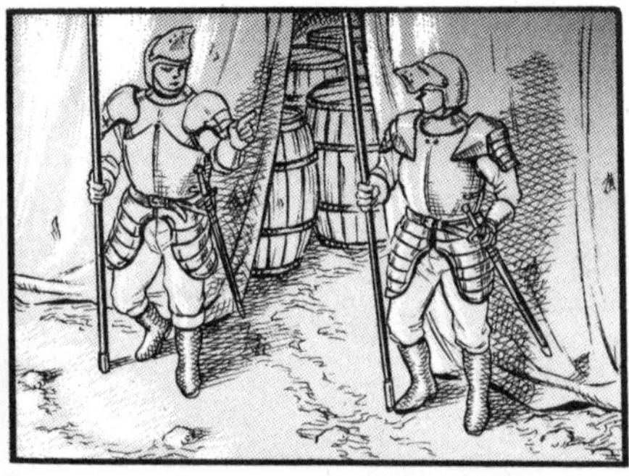

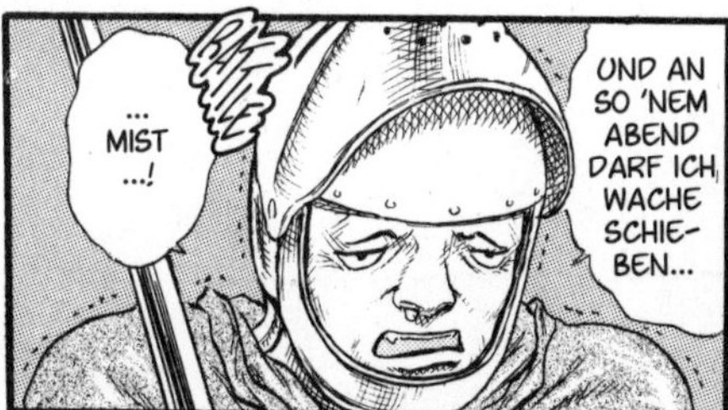
... MIST ...!
UND AN SO 'NEM ABEND DARF ICH WACHE SCHIE-BEN...

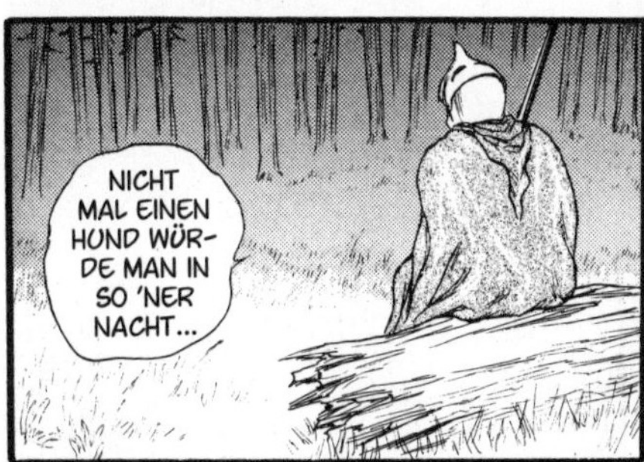
NICHT MAL EINEN HUND WÜR-DE MAN IN SO 'NER NACHT...

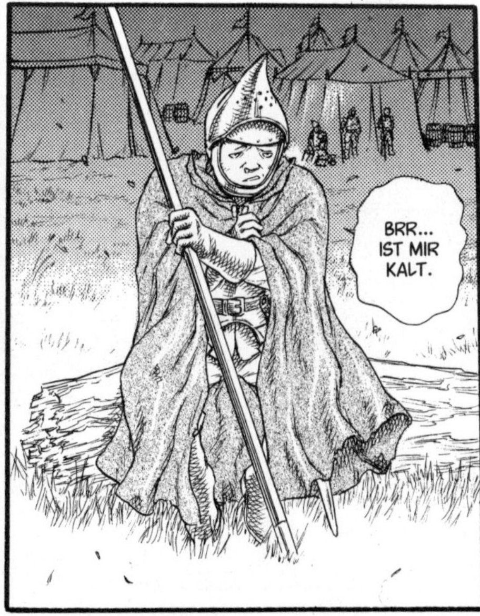
BRR... IST MIR KALT.

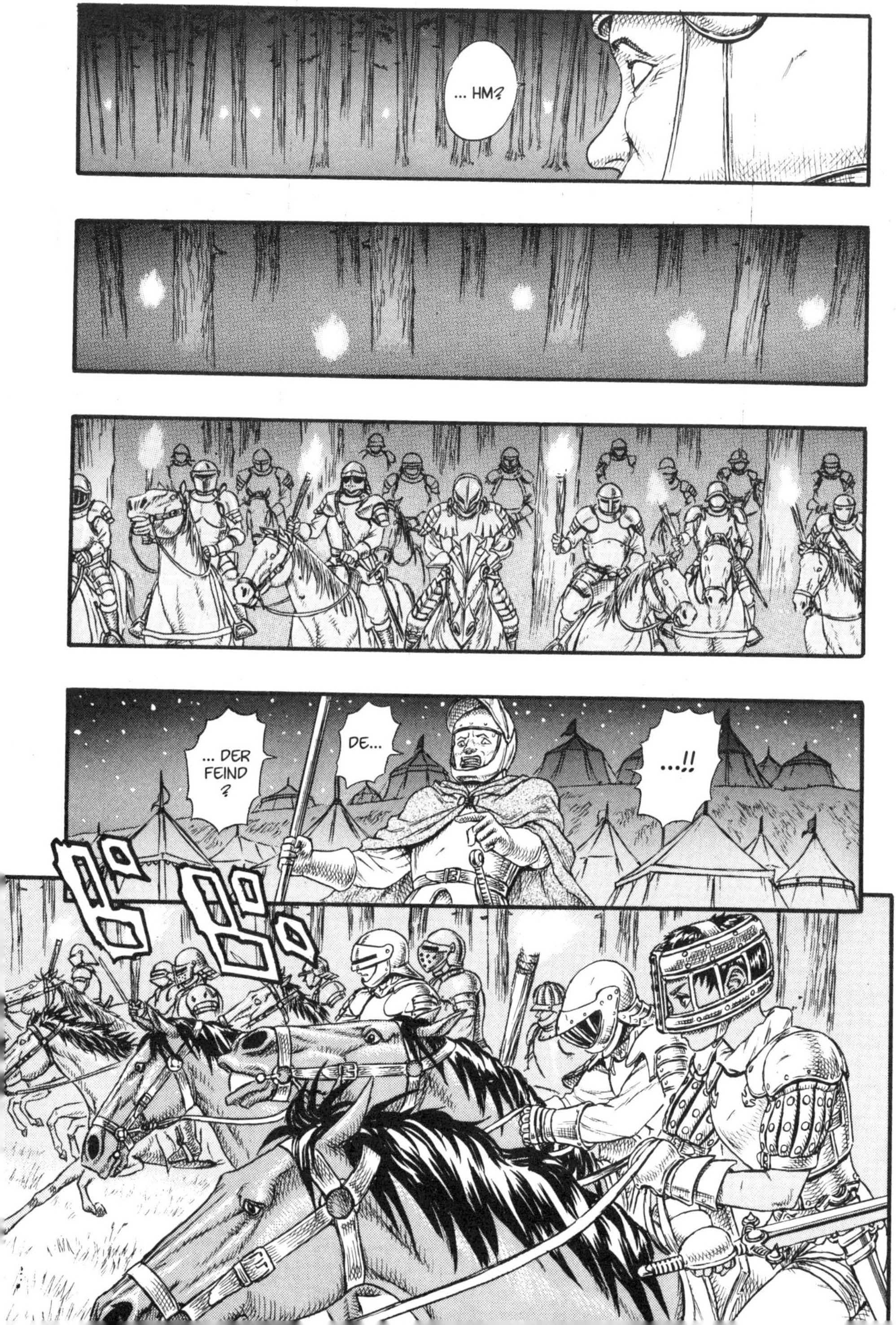

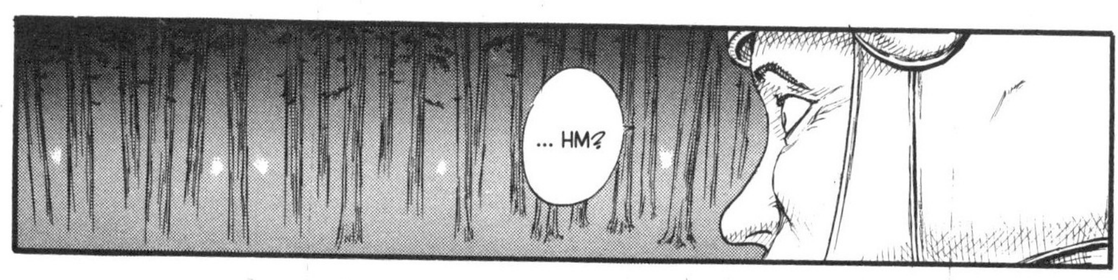

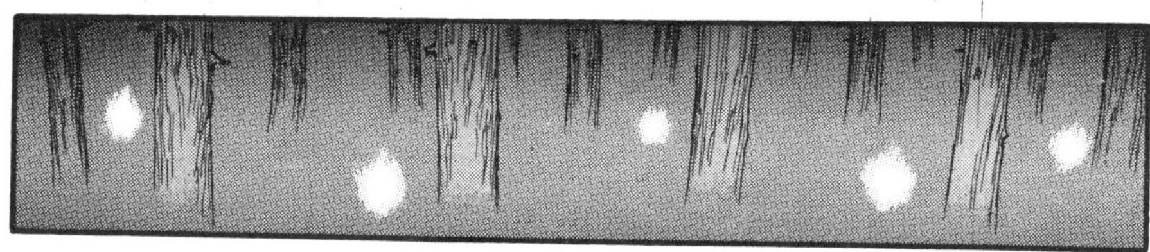

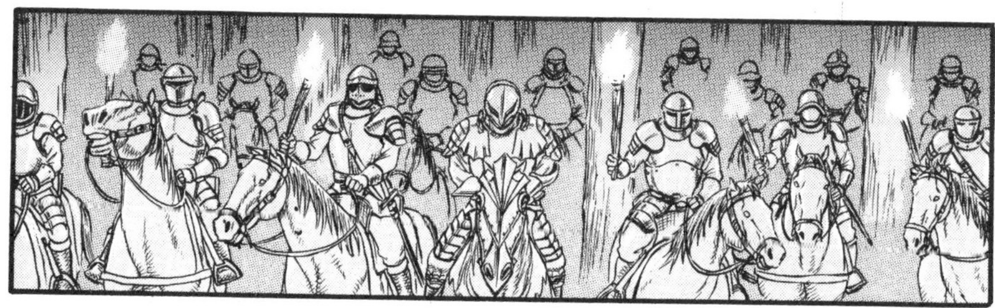

...!!

DE...

... DER FEIND ?

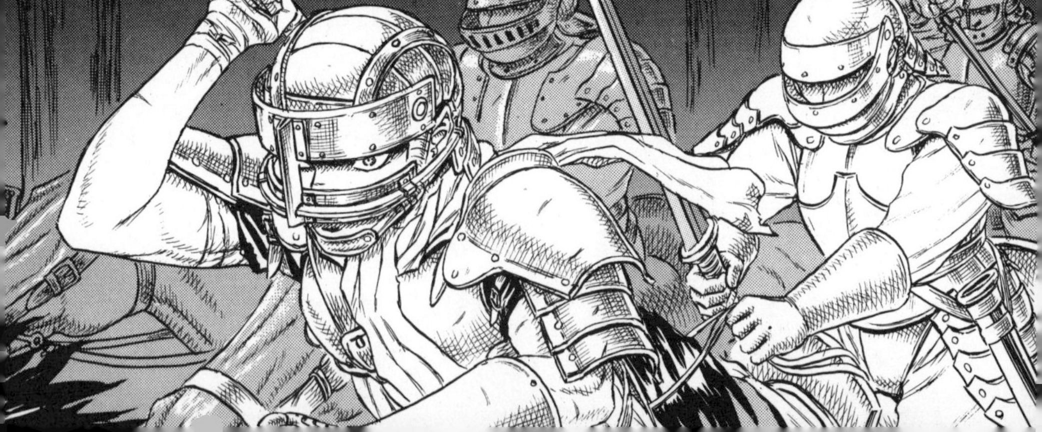

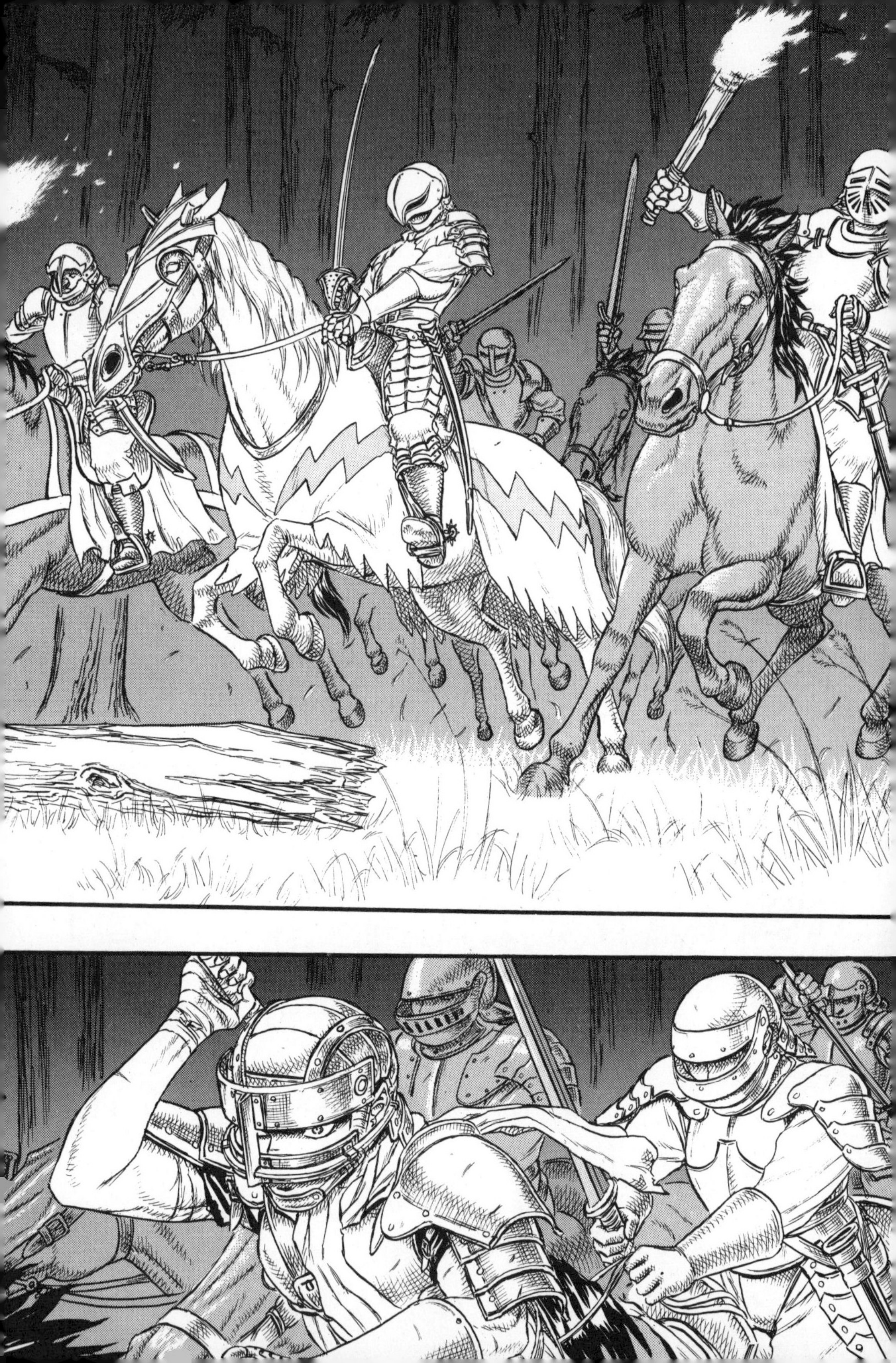

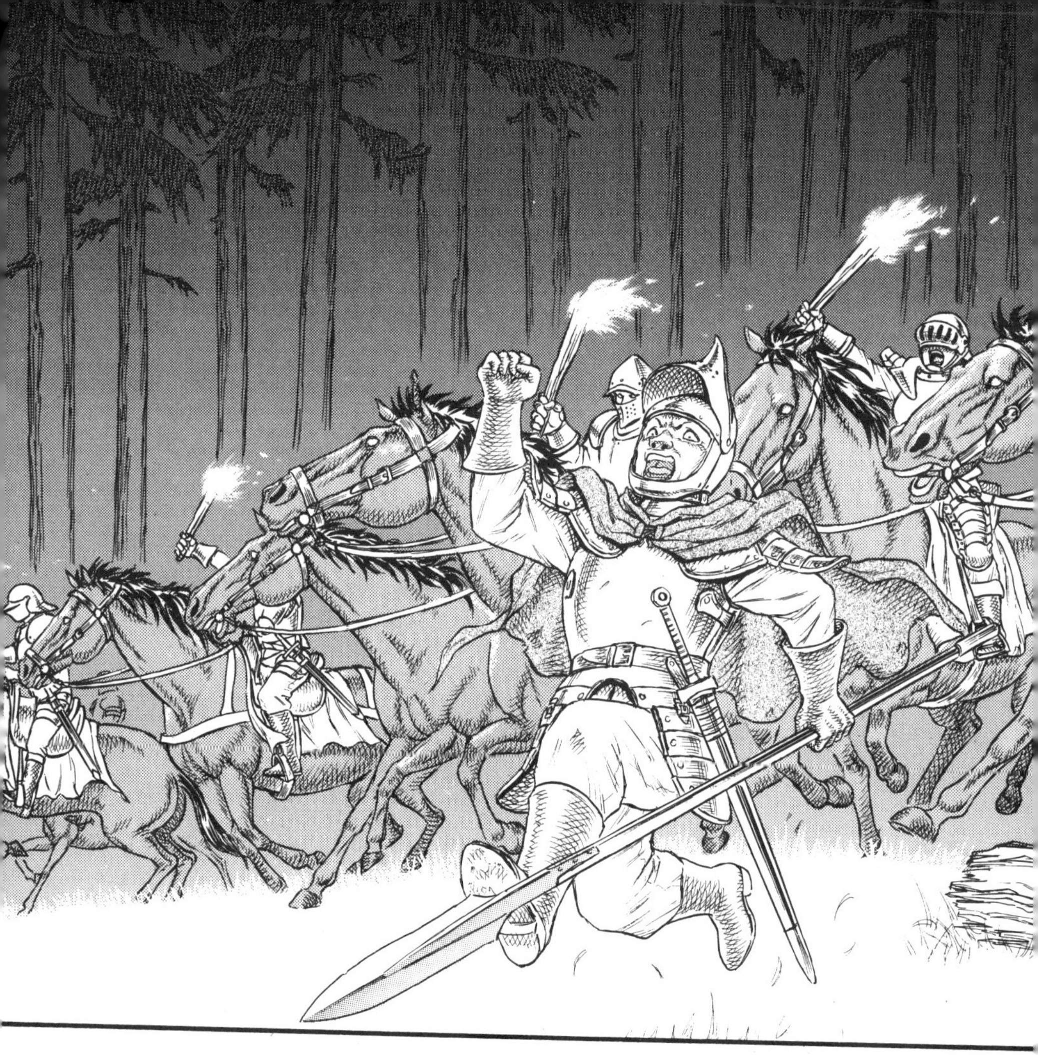

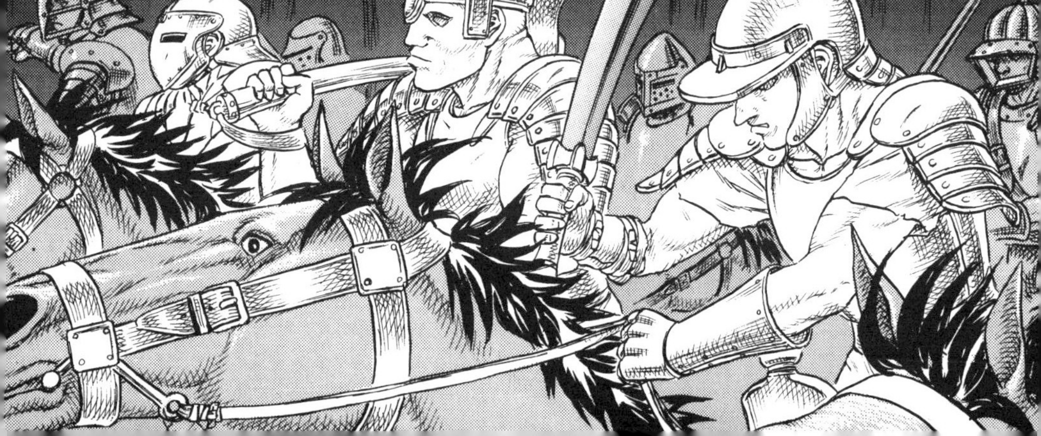

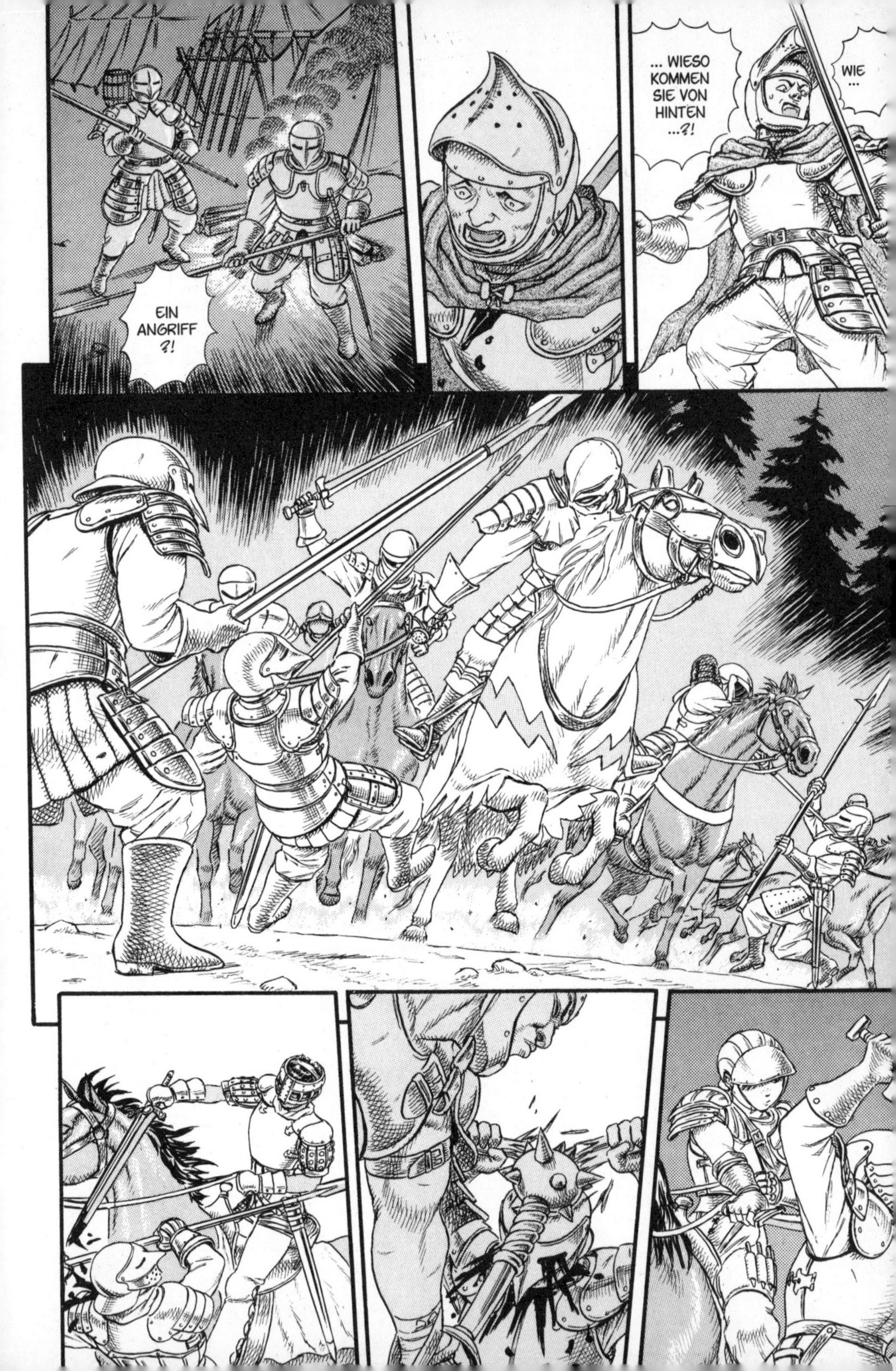
EIN ANGRIFF ?!
... WIESO KOMMEN SIE VON HINTEN ...?!
WIE ...

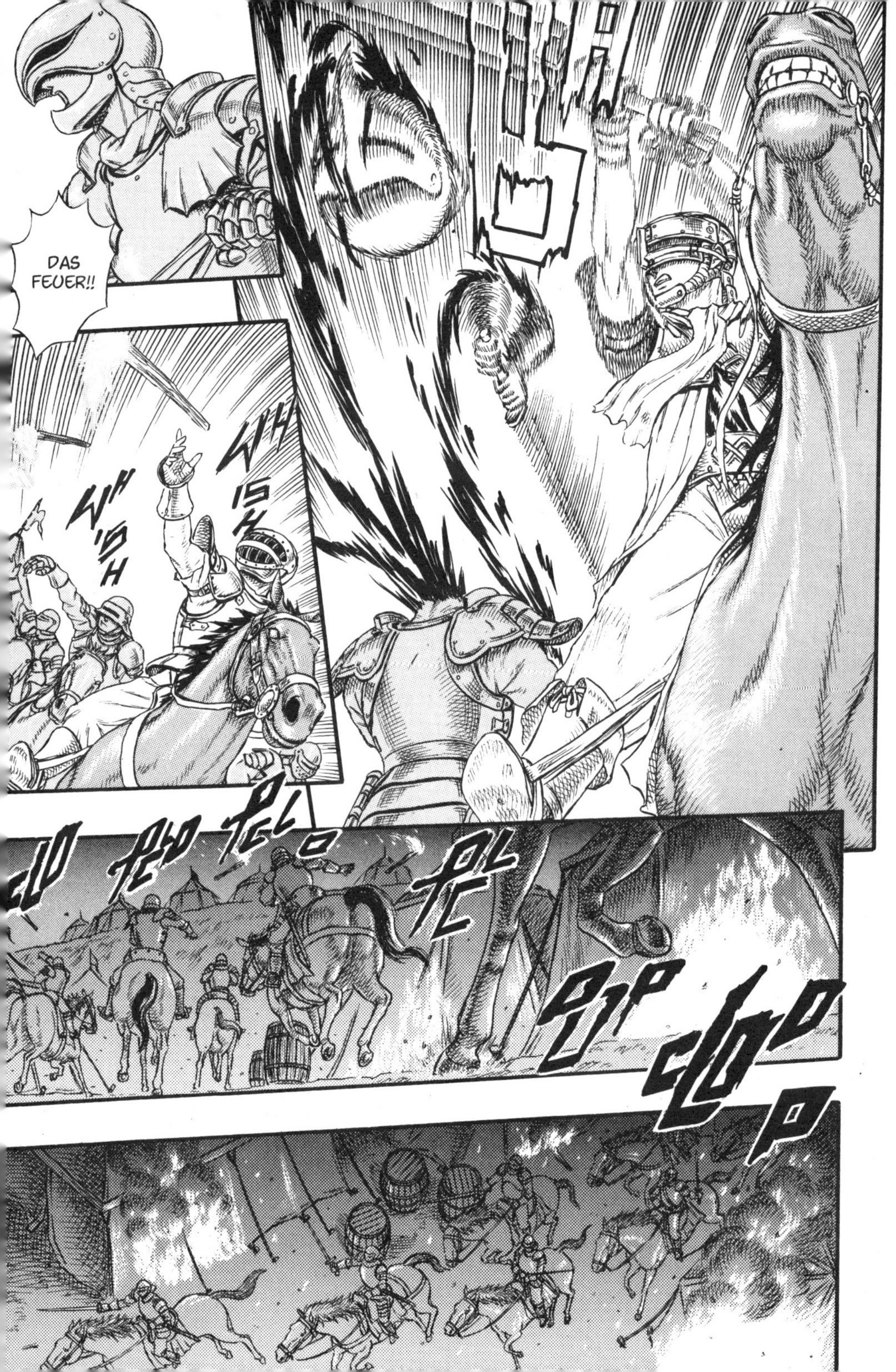
DAS FEUER!!

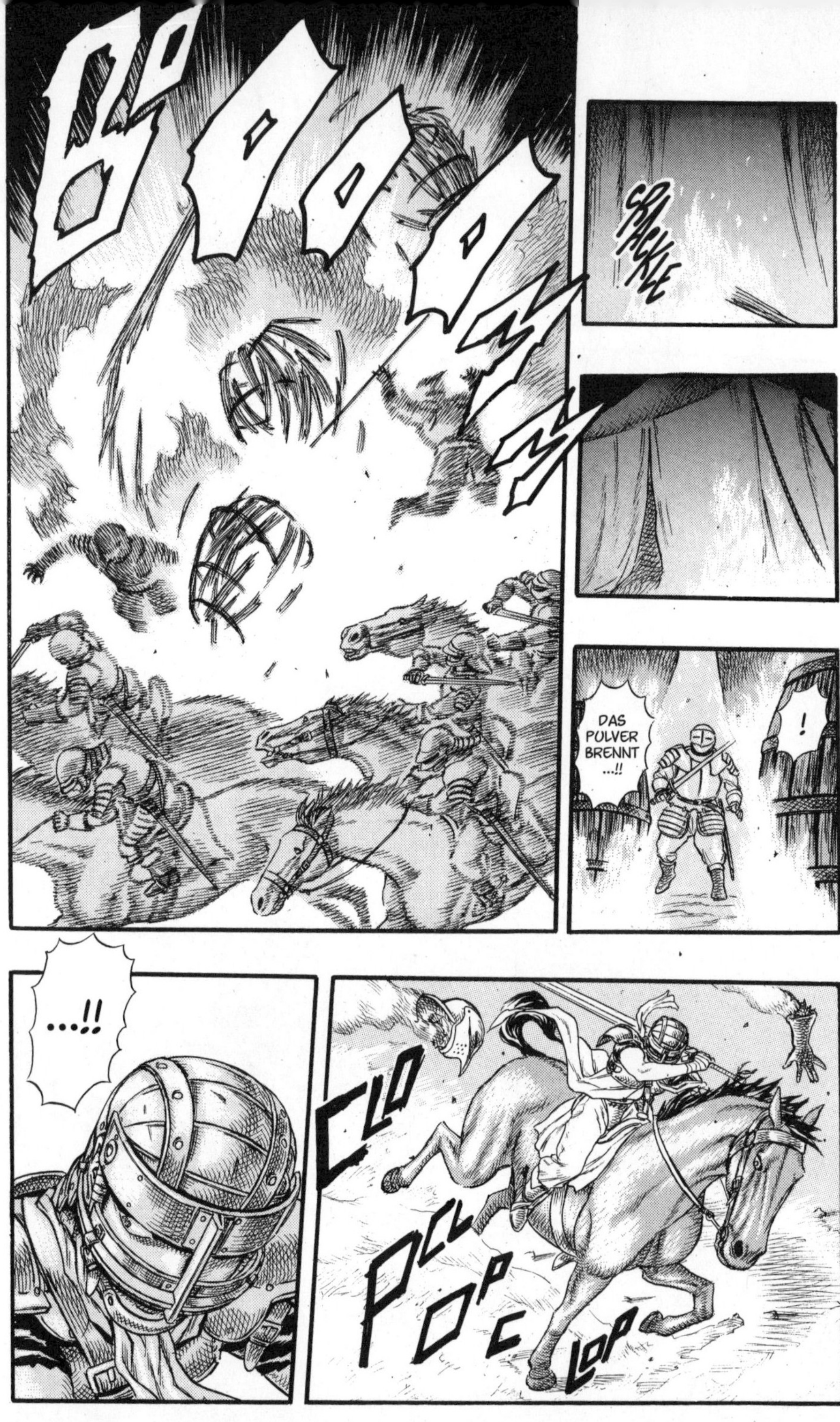

CRACKLE
DAS PULVER BRENNT ...!!
!
BOOOOMMM
CLOP CLOP CLOP
...!!

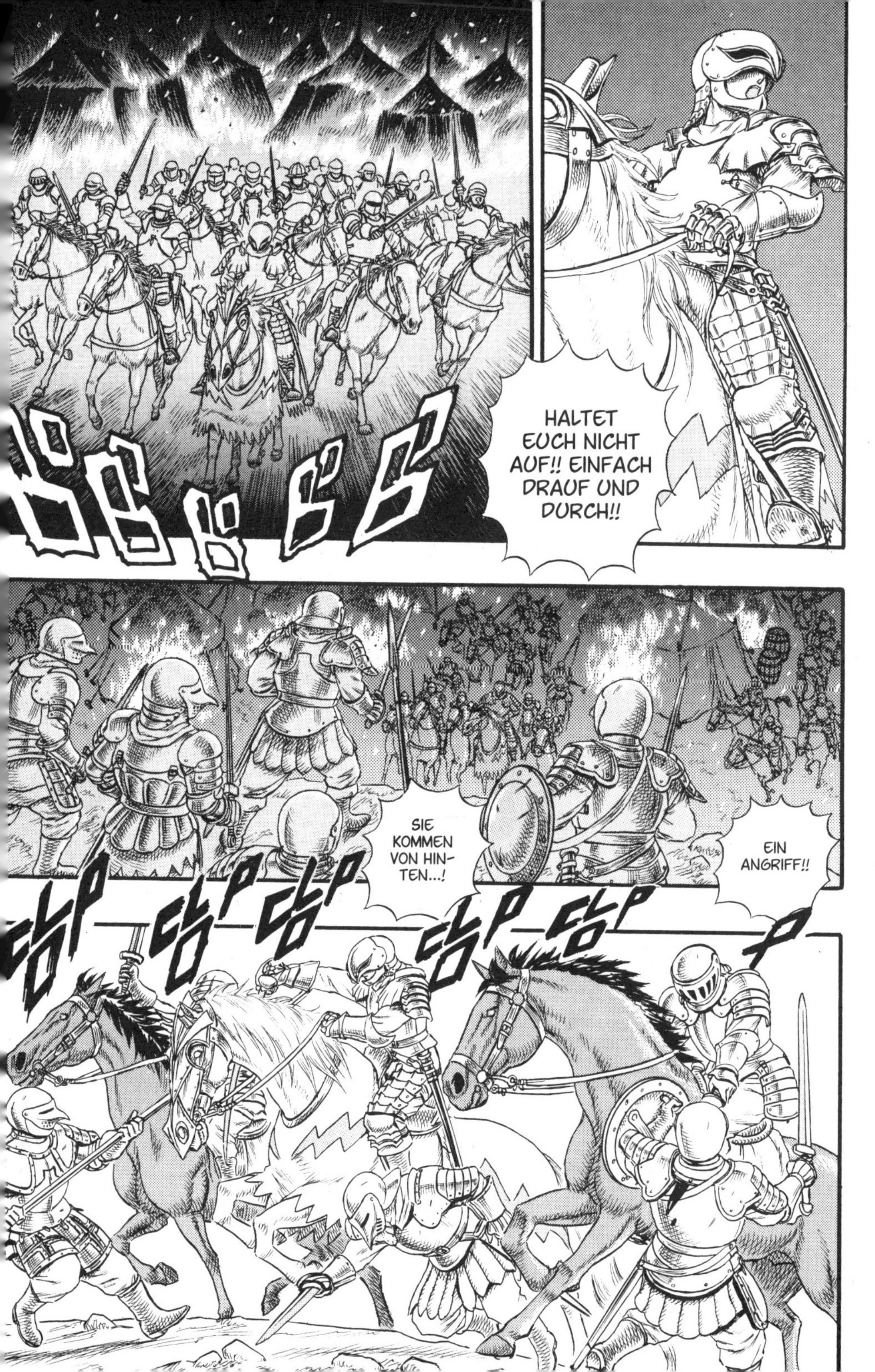
HALTET EUCH NICHT AUF!! EINFACH DRAUF UND DURCH!!
SIE KOMMEN VON HIN-TEN...!
EIN ANGRIFF!!

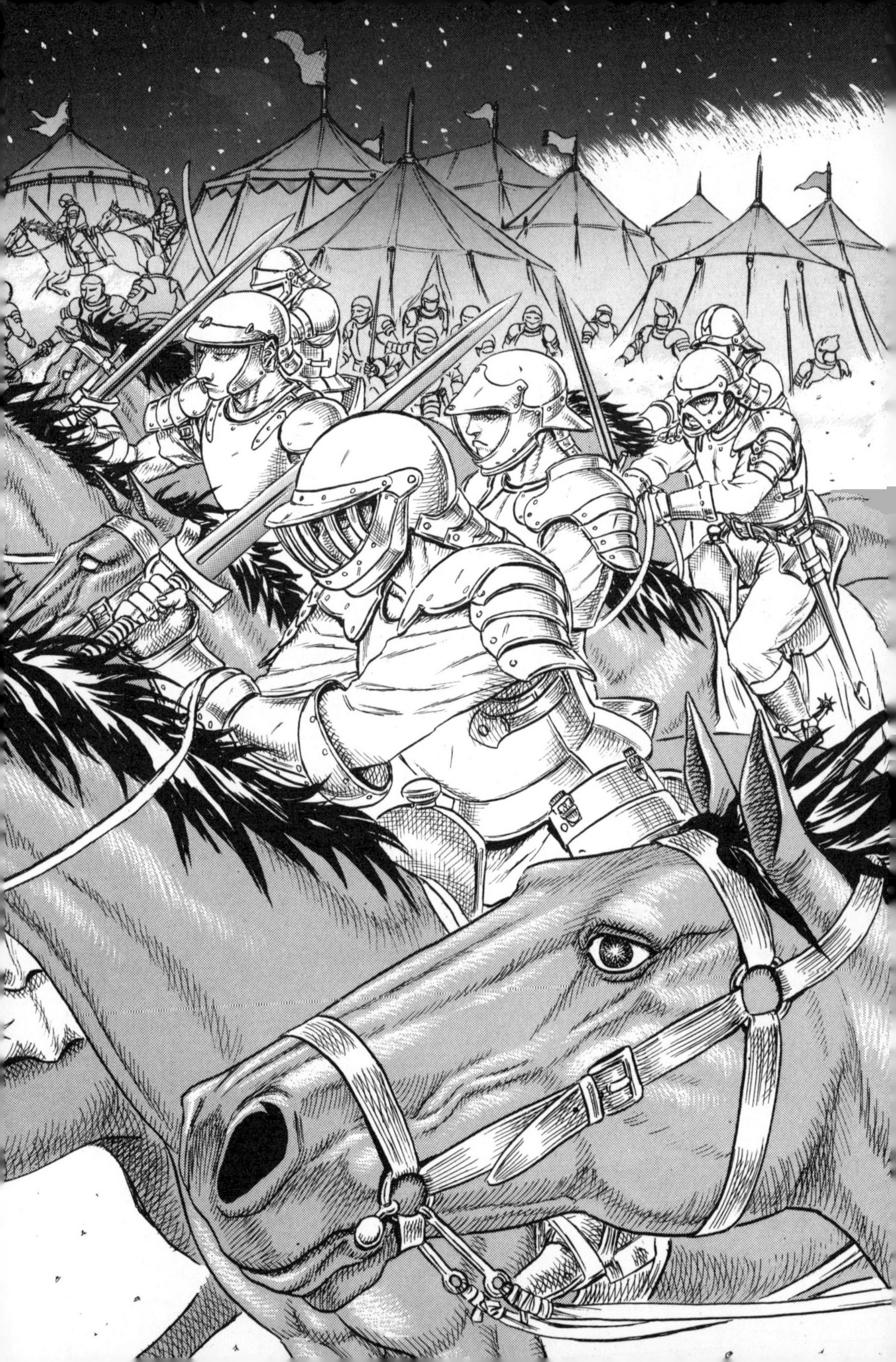

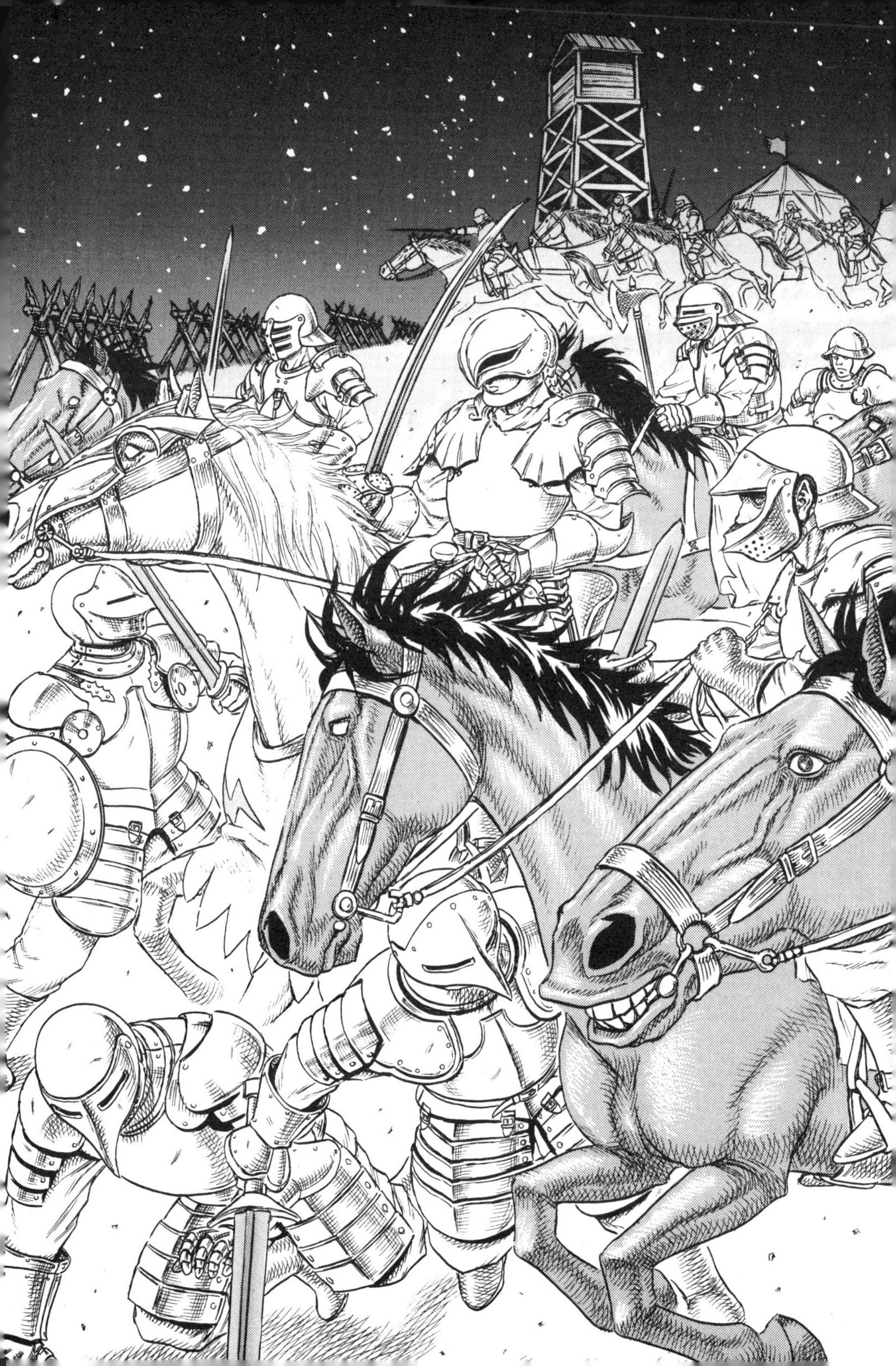

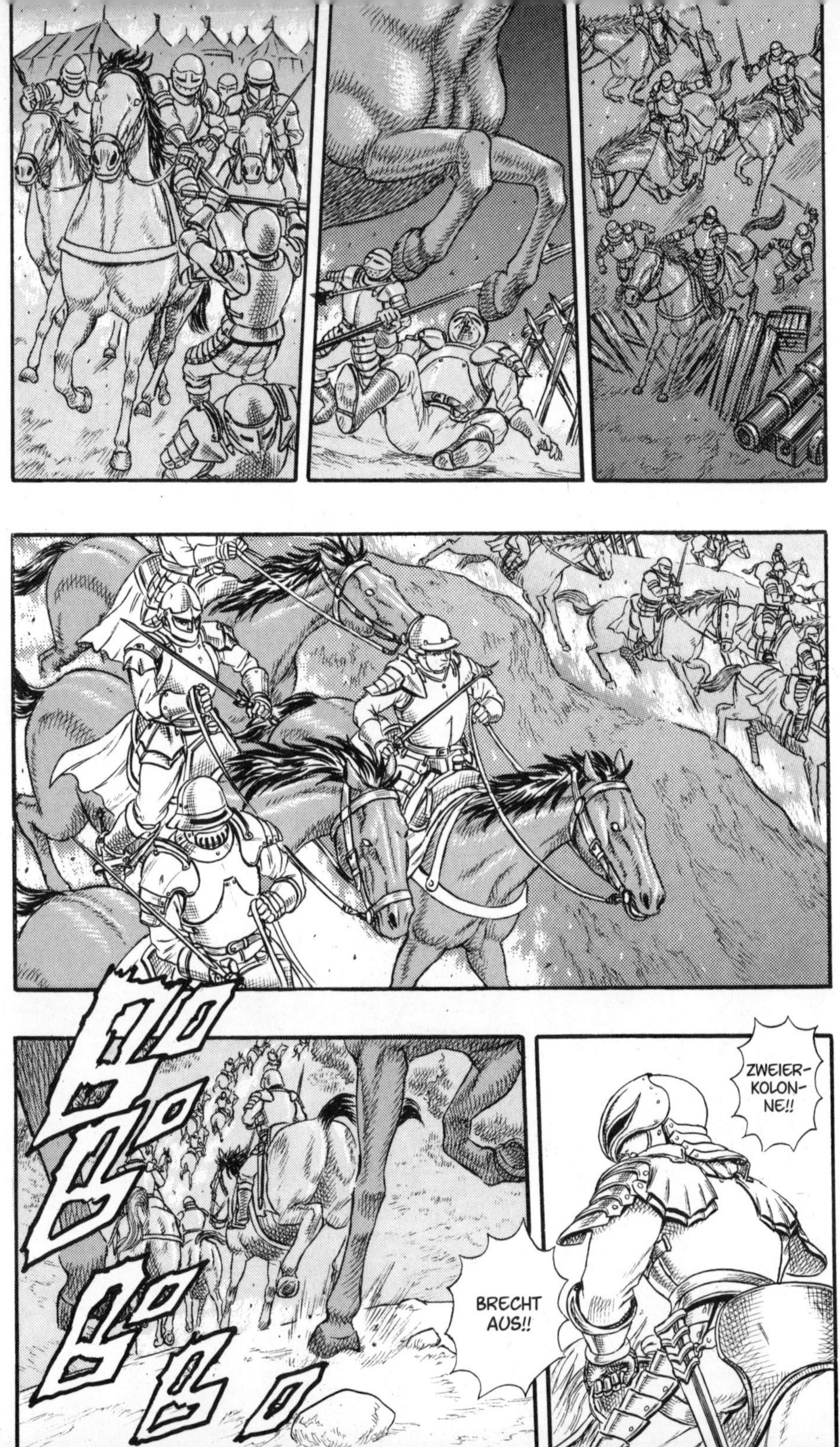
ZWEIER-
KOLON-
NE!!
BRECHT
AUS!!

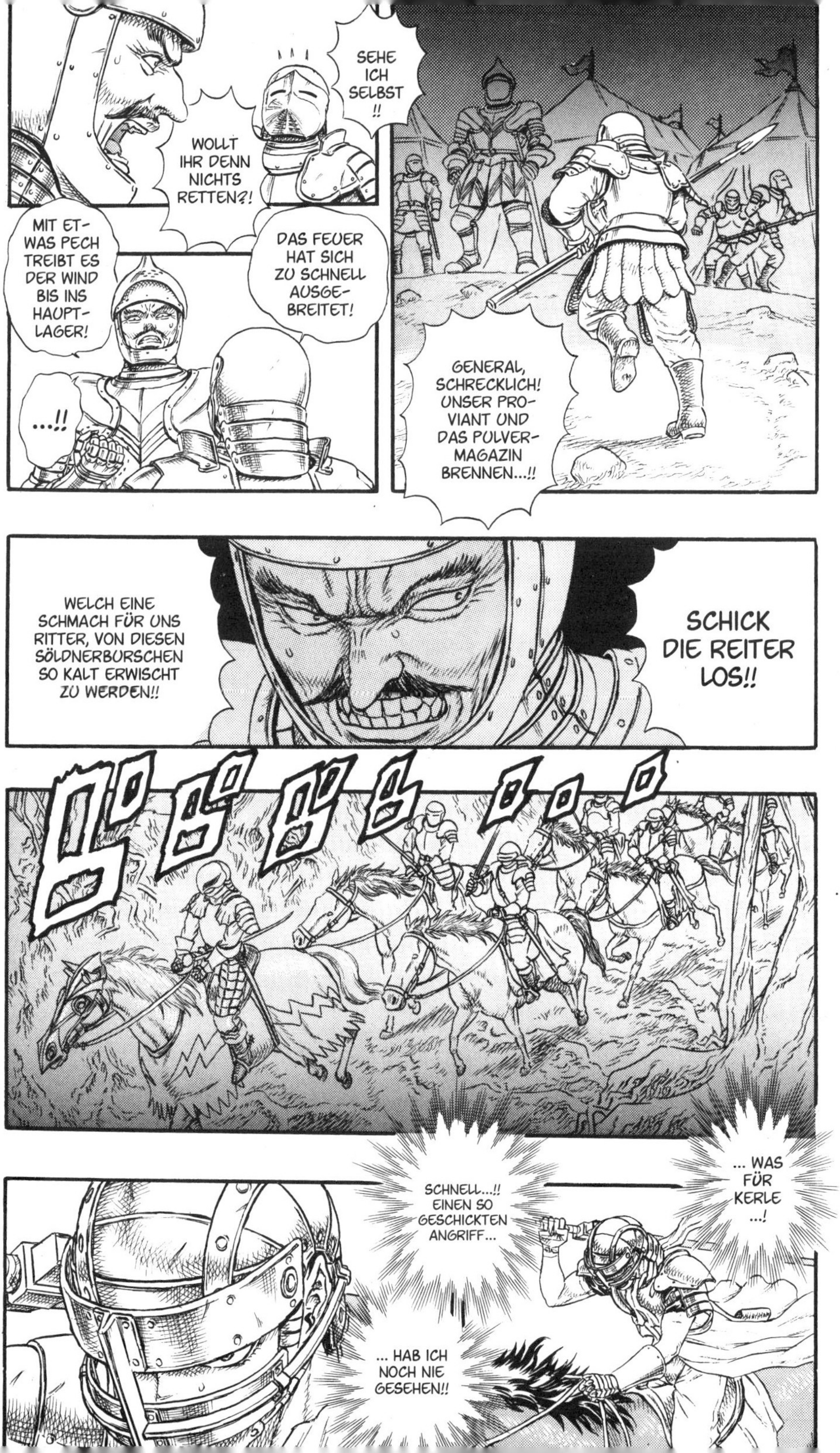

GENERAL, SCHRECKLICH! UNSER PROVIANT UND DAS PULVERMAGAZIN BRENNEN...!!

SEHE ICH SELBST!!

WOLLT IHR DENN NICHTS RETTEN?!

DAS FEUER HAT SICH ZU SCHNELL AUSGEBREITET!

MIT ETWAS PECH TREIBT ES DER WIND BIS INS HAUPTLAGER!

...!!

SCHICK DIE REITER LOS!!

WELCH EINE SCHMACH FÜR UNS RITTER, VON DIESEN SÖLDNERBURSCHEN SO KALT ERWISCHT ZU WERDEN!!

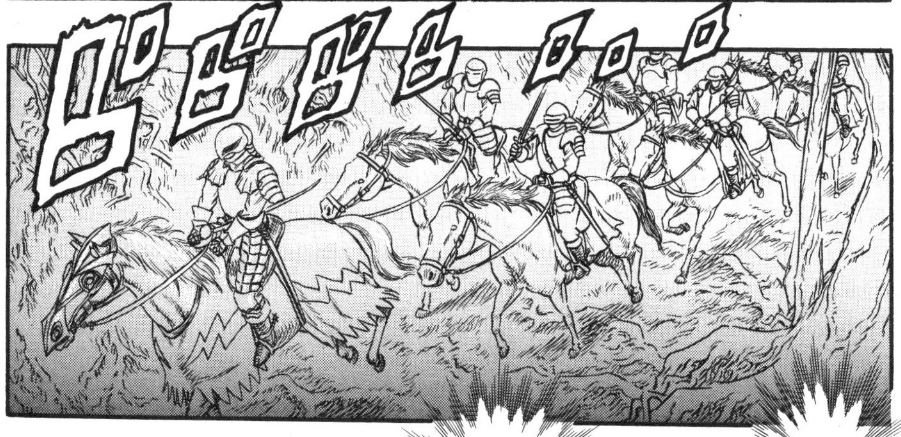

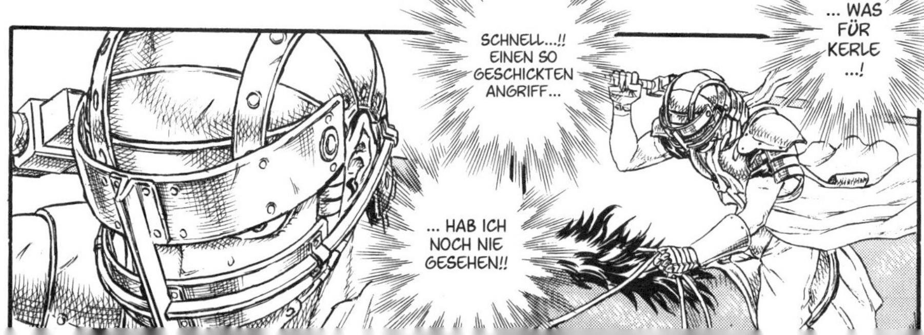

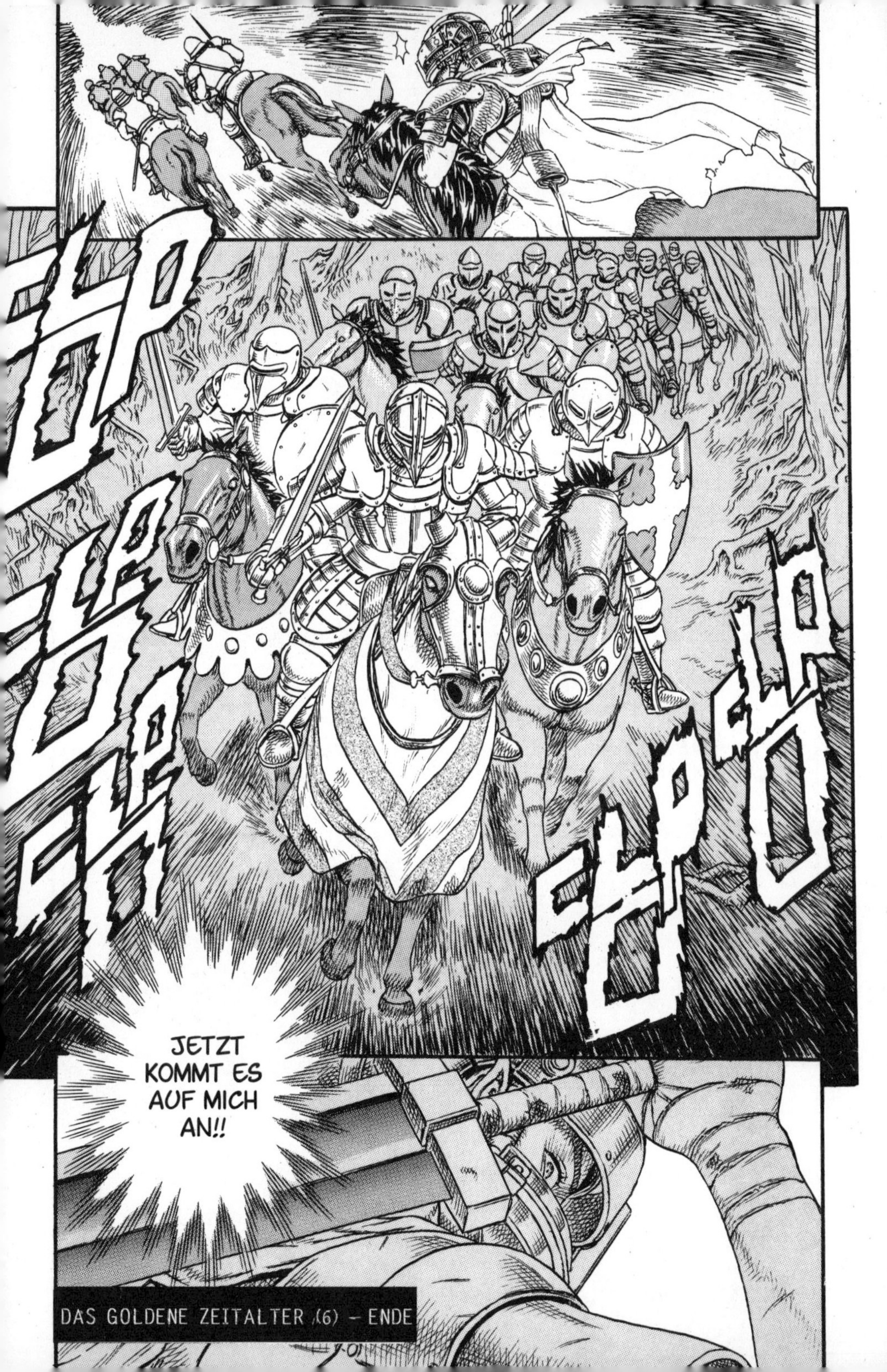
JETZT KOMMT ES AUF MICH AN!!
DAS GOLDENE ZEITALTER (6) – ENDE

NÄCHSTE NUMMER

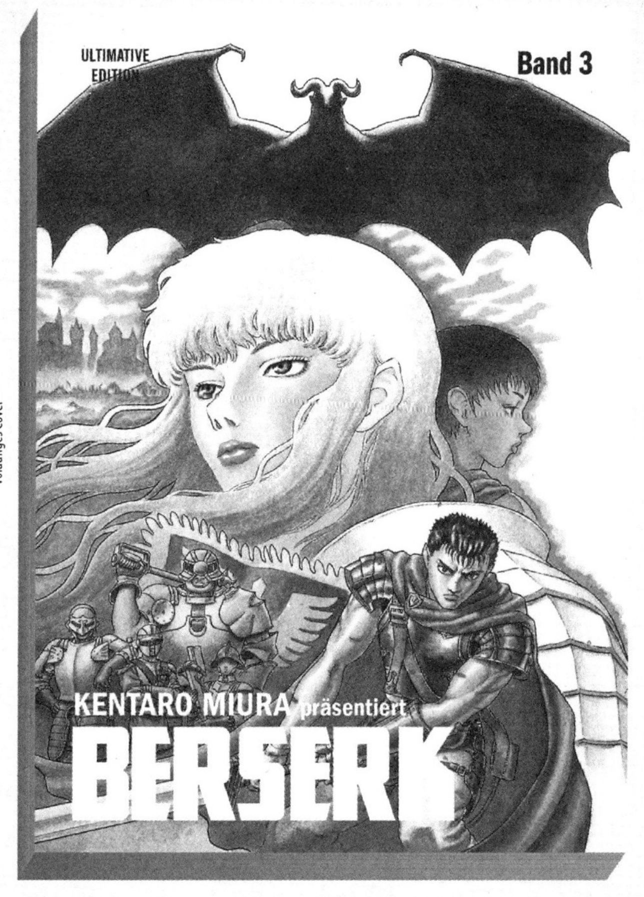

SEPTEMBER

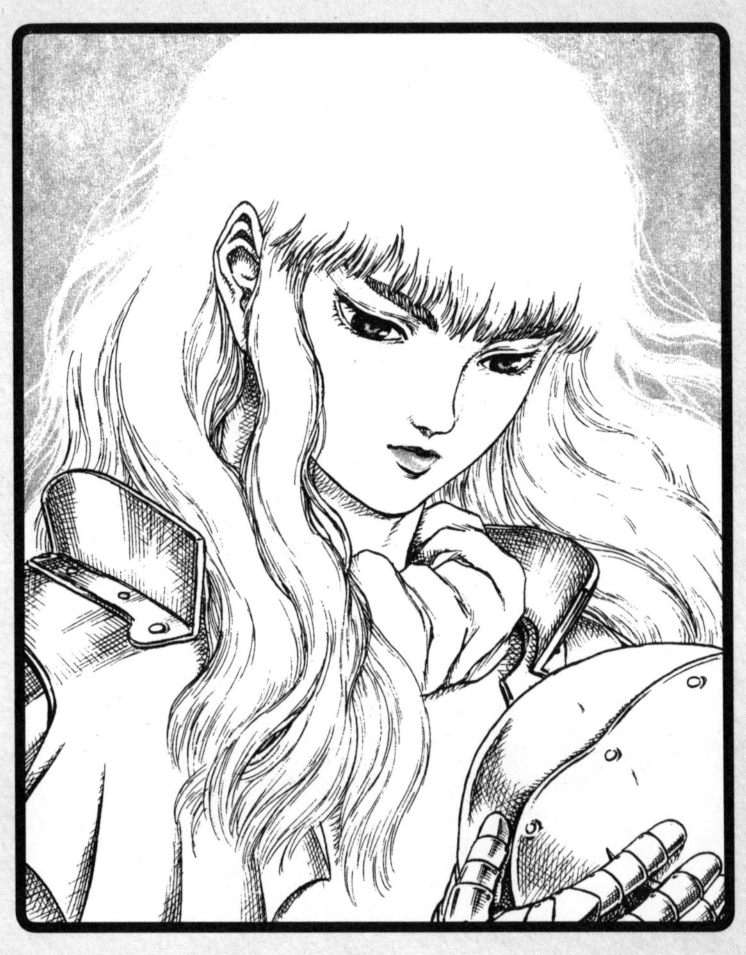

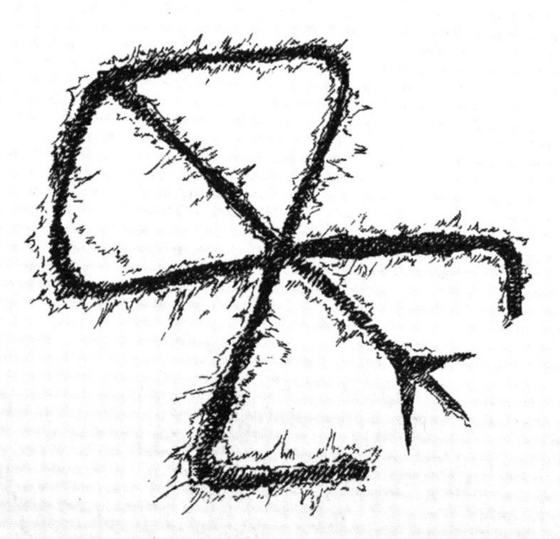

SERK

BER

BERSERK

Story & Zeichnungen

KENTARO MIURA

Übersetzung

HOLGER HERMANN HAUPT

JOHN SCHMITT-WEIGAND

Nachbearbeitung

TOMISLAV SUBASIC

Bearbeitung und Lettering

MONICA ROSSI

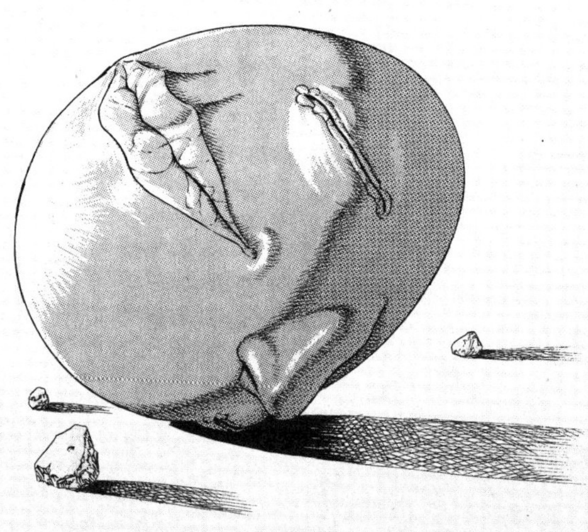

ACHTUNG!

Dieser Comic wird wie im Original gelesen:
von rechts nach links,
also fangt einfach von der anderen Seite des Buches an
und stürzt euch in die Welt von **BERSERK**!

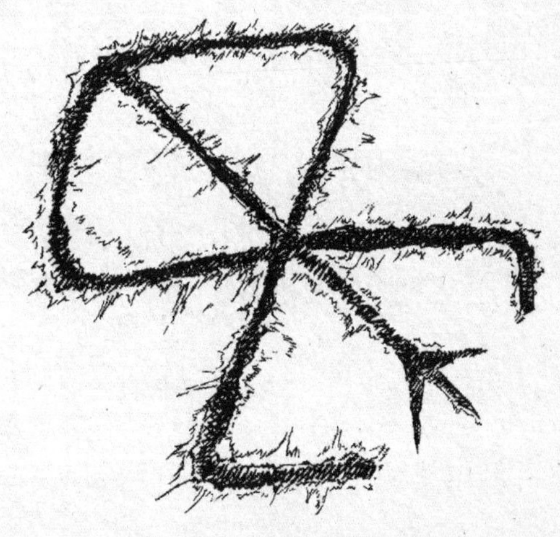

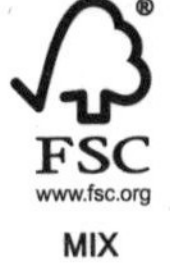

BERSERK: ULTIMATIVE EDITION erscheint bei **PANINI MANGA**, Rotebühlstr. 87, D-70178 Stuttgart. BERSERK: ULTIMATIVE EDITION wird unter Lizenz in Deutschland von PANINI Verlags-GmbH veröffentlicht. Druck: Tipografia Gravinese snc. Anzeigenverkauf: BLAUFEUER VERLAGSVERTRETUNGEN GmbH, info@blaufeuer.com. Es gilt die Anzeigenpreisliste Nr. 16 vom 01.10.2018. Direkt-Abos auf **www.paninicomics.de**. Geschäftsführer **Hermann Paul**, Publishing Director Europe **Marco M. Lupoi**, Finanzen **Felix Bauer**, Marketing Director **Holger Wiest**, Marketing **Rebecca Haar**, Vertrieb **Alexander Bubenheimer**, Logistik **Ronald Schäffer**, PR/Presse **Steffen Volkmer**, Publishing Manager **Lisa Pancaldi**, Redaktion **Stephanie Jakob**, **Matthias Korn**, **Daniela Uhlmann**, Übersetzung **Holger Hermann Haupt**, **John Schmitt-Weigand**, Proofreading **Tomislav Subasic**, grafische Gestaltung **Rudy Remitti**, **Nicola Spano**, Art Director **Mario Corticelli**, Redaktion Panini Comics **Beatrice Doti**, **Elisa Panzani**, Prepress **Francesca Aiello**, **Andrea Bisi**, Repro/Packager **Alessandro Nalli** (coordinator), **Mario Da Rin Zanco**, **Valentina Esposito**, **Luca Ficarelli**, **Simone Guidetti**, **Linda Leporati**, **Ivano Martin**, **Fabio Melatti**. **ISBN** 978-3-7416-1211-4

Bibliografische Information der Deutschen Nationalbibliothek
Die Deutsche Nationalbibliothek verzeichnet diese Publikation in der Deutschen Nationalbibliografie; detaillierte bibliografische Daten sind im Internet über http://dnb.d-nb.de abrufbar.